KERYGMA UND MELOS

11. August MCMLXX

KERYGMA UND MELOS

Christhard Mahrenholz 70 Jahre

Herausgegeben von
Walter Blankenburg
Herwarth von Schade
Kurt Schmidt-Clausen
unter Mitwirkung von Alexander Völker

Bärenreiter-Verlag · Kassel · Basel · Tours · London
Lutherisches Verlagshaus GmbH · Berlin und Hamburg

Die Handschrift Johann Sebastian Bachs auf dem Schutzumschlag ist der „Heiligen Bibel" von Johann Abraham Calov (Wittenberg 1681/82) aus Bachs ehemaligem Besitz entnommen. Diese Bibelausgabe steht heute in der Concordia Seminary Library, St. Louis, Mo. (USA), mit deren freundlicher Einwilligung die Reproduktion möglich war. Nähere Angaben sind auf S. 240, Mitte, zu finden.

1. Auflage 1970
© by Bärenreiter-Verlag, Kassel und Lutherisches Verlagshaus, GmbH, Berlin und Hamburg
Satz und Druck: Hansisches Druck- und Verlagshaus GmbH, Hamburg
Notengraphik: T. Freydanck, Hamburg
Umschlaggestaltung und Typograpie: Christoph Trautmann, Berlin
ISBN 3 7618 0012 6   ISBN 3 7859 0374 X

Inhaltsverzeichnis

Hanns Lilje	Grußwort	9
Herausgeber	Auf dem Wege	11
Karl Heinrich Rengstorf	Das Vaterunser in seiner Bedeutung für unser Zusammenleben	13
Bruno Jordahn	Agape und Abendmahl Eine liturgiegeschichtliche Betrachtung	26
Frieder Schulz	Das Kollektengebet Seine Frühgeschichte, die theologische Bedeutung seiner Gestalt und die Probleme seiner Rezeption in der Gegenwart	40
Hans-Christian Drömann	Kyrie und Gloria in den lutherischen Kirchenordnungen des sechzehnten Jahrhunderts	57
Joseph Pascher	Zur Kunstform und zur Aufgabe des Antwortgesanges	67
Herbert Goltzen	Die Stellung des Hymnus im Tagzeitengebet	71
Wilhelm Stählin	Einige Bemerkungen zu den gemeinsamen liturgischen Texten	87
Gerhard Rödding	Descendit ad inferna	95
Peter Brunner	Theologische Grundlagen von „Gottesdiensten in neuer Gestalt"	103
William Nagel	Kann eine Thematisierung der Gottesdienste zum Prinzip neuer Gottesdienstgestaltung werden?	115

Otto Dietz	Leiturgia im „Umbruch" Eine theologisch-kritische Untersuchung	123
Wolfgang Schanze	Ecclesia adorans	139
Kurt Schmidt-Clausen	Amelungsborn Sinn und Gestalt eines evangelischen Klosters	147
Wilhelm Thomas	Ora et labora Über die Komplementarität von Kultus und Ethos	164
Alfred Niebergall	Die Bedeutung der neuen römisch-katholischen Trauordnung 1969 Ein Beitrag zu der sog. Gemeinsamen Trauung	179
Henry Holze	Theologische Aspekte des Taufgespräches in der Evangelischen Kirche in Deutschland	200
Adam Adrio	Samuel Scheidts Cantiones Sacrae Octo Vocum von 1620 Beobachtungen und Anmerkungen	210
Alfred Dürr	Zur Textvorlage der Choralkantaten Johann Sebastian Bachs	222
Christoph Trautmann	Ansätze zu ideell-ideologischen Problemen um Johann Sebastian Bach	237
Martin Geck	Carl Eduard Herings Bautzener a-capella-Passion von 1860	246
Hans Klotz	Die Pfeifenmensuren der Alkmaarer Orgel Johanns von Koblenz von 1511	255
Christoph Wolff	Publikationen liturgischer Orgelmusik vom 16. bis ins 18. Jahrhundert Eine bibliographische Studie	258
Walter Haacke	Die Organisten an St. Wenceslai zu Naumburg a. d. Saale im 17. und 18. Jahrhundert	287
Walter Supper	Christhard Mahrenholz und die Orgel	300

Walther Lipphardt	Deutsche Kirchenlieder in einem niedersächsischen Zisterzienserinnenkloster des Mittelalters	310
Markus Jenny	Geschichte und Verbreitung der Lieder Zwinglis	319
Otto Brodde	Zur Typologie der Paul-Gerhardt-Lieder	333
Konrad Ameln	Über die Gestalt und den Gebrauch eines lutherischen Gesangbuchs zu Beginn des 18. Jahrhunderts	342
Eberhard Weismann	Christoph König, ein schwäbischer Schuhmacher und Hymnologe	352
Friedrich Hofmann	Ansätze zu neuem christlichen Liedgut	360
Heinrich Riehm	Die Idee des kirchlichen Chorverbandes und die Aufgaben in der Zukunft	374
Oskar Söhngen	Zu Clytus Gottwalds Pamphlet „Politische Tendenzen der Geistlichen Musik" Eine geharnischte Antwort	394
Walter Blankenburg	Neue Gottesdienstliche Musik — Notwendigkeit und kritische Maßstäbe	402
Ernst Gottfried Mahrenholz	Musik im Zeitalter der Massenkommunikation	413
Erich Ruppel	Die Mitwirkung der Synode bei der Leitung der Kirche	424
Johann Frank	Zur Frage der kirchlichen Ämter auf Zeit	435
Heinz Brunotte	Taufe und Kirchenmitgliedschaft	457
Herwarth von Schade	Zur theologischen Interpretation kirchlicher Verwaltung	471
Eberhard Sperling	Rechtsfragen der kritischen Kirche	483
Hans-Georg Jaedicke	Bernhard von Clairvaux Versuch eines Persönlichkeitsbildes	495

Nicolaus Heutger	Kloster Amelungsborn in der deutschen Literaturgeschichte	512
Hans-Walter Krumwiede	Gesetz und Evangelium Zur Begrifflichkeit reformatorischer Theologie in niedersächsischen Lehrschriften	518
Hermann Dörries	Erasmus oder Luther Eine kirchengeschichtliche Einführung	533
	Bibliographie Christhard Mahrenholz 1960-1970	571

Lieber Bruder Mahrenholz!

Wenn ich Ihnen zu Ihrem siebzigsten Geburtstag den Segen des barmherzigen Gottes wünsche und Ihnen dabei für vieles danke, das Sie mir und anderen gegeben haben, dann spreche ich nicht nur für mich persönlich. Es gibt viele Christen, die Ihrer an diesem Tage mit Verehrung, Liebe und Respekt gedenken. Ich darf mich zu ihrem Sprecher machen und dem Vater Jesu Christi für alles danken, was Er der evangelischen Christenheit deutscher Zunge durch Sie geschenkt hat. Ein ganzes Leben hindurch sind Sie der evangelisch-lutherischen Kirche ein rechter Lehrmeister des Singens, Lobens und Betens gewesen. Ob man von Orgeln oder Glocken, vom Gesangbuch oder der Agende, von der Bachforschung oder von den Kirchenchören spricht, überall trifft man auf Ihren Namen und sieht sich auf jedem dieser Gebiete einer umfassenden und Respekt heischenden Lebensleistung gegenüber, denen sich im Bereich der Theologie und des Kirchenrechts ein ebenso bedeutendes Wirken an die Seite stellen läßt. Unvergessen ist auch Ihre durch Jahrzehnte geübte Predigtgabe.

Als Ihr Bischof, als Ihr Kollege und als ein Begleiter Ihres Lebensweges seit vielen Jahrzehnten — genaugenommen seit dem Studium — spreche ich Ihnen für Ihr Wirken im hannoverschen Landeskirchenamt, in der Vereinigten Evangelisch-Lutherischen Kirche Deutschlands, im Lutherischen Weltbund und in der Lutherischen Liturgischen Konferenz Deutschlands Dank und Anerkennung aus. Es erfüllt uns mit dankbarer Genugtuung, daß Sie einer der Unseren sind. Möchten Ihnen unter dem Schutz des dreieinigen Gottes und nach Seinem Willen noch gute Jahre des Lebens und Schaffens beschieden sein.

In herzlicher Verbundenheit grüßt Sie

Ihr

Lilje.

Auf dem Wege

Die Weggefährten von Christhard Mahrenholz grüßen den Jubilar mit diesem Buch zur Vollendung seines siebten Lebensjahrzehnts am 11. August 1970. Weggefährten kommt es zu, den Weg auch zu deuten, den ihr Kollege, Bruder und väterlicher Freund mit ihnen ging. Für manchen war die Wegstrecke nur kurz; das gilt für die jüngeren unter den Autoren dieser Schrift und für die, deren Arbeits- und Dienstbereich den Lebensweg des Abtes zu Amelungsborn nur zu streifen schien. Doch die meisten von denen, die Christhard Mahrenholz hier grüßen, wissen sich schon ein gutes Stück Weges an seiner Seite und blicken sehr dankbar darauf zurück.

Der Titel dieser Schrift KERYGMA UND MELOS steht für den Versuch, Christhard Mahrenholz zu würdigen: ein Versuch, der schon im Ansatz an der so mannigfach erscheinenden, so breit angelegten, mit Charismen reich begabten Persönlichkeit, die es zu ehren galt, schier zu scheitern drohte. Denn wer kann Mahrenholz, den Mathematiker, recht schildern und kennt den ihn betreffenden Eintrag im „Wer ist Wer?", dem zufolge Mathematik seine besondere Liebhaberei ist? Oder wer würdigt den Artilleristen des 1. Weltkrieges, der damals als junger Soldat das Autofahren erlernt hat — zu einer Zeit, die noch kaum Autos kannte? Wer beschreibt den Großvater, den gelernten Orgelbauer, der freilich bei seinen Enkeln dadurch noch viel berühmter ist, daß er ganz wunderbare hochtechnisierte fromme Weihnachtskrippen baut? Und wer kennt wirklich den Humor dieses Mannes, der Anekdoten zu erzählen versteht, die jede Darstellung der neueren Kirchengeschichte bereichern würden?

Es blieb der Versuch, mit KERYGMA UND MELOS die Räume und die Wegstrecken zu beschreiben. Melos meint hier den Weg der evangelischen Kirchenmusik. Christhard Mahrenholz hat im Alter von siebzehn Jahren sein erstes öffentliches Orgelkonzert gegeben. Die evangelischen Landeskirchen kennen ihn als einen der maßgeblichen Schöpfer des ersten einheitlichen Gesangbuches in Deutschland, seit überhaupt deutsch gesungen wird. Die Musikgeschichte, die Hymnologie, der Orgelbau und die Orgelbewegung und die heutige Kirchenmusik besetzen darum einen vielstimmigen Chor für die Christhard Mahrenholz darzubringende Ehrung.

Der andere Chor sucht den Mann zu würdigen, der sich als lutherischer Theologe dem Kerygma verpflichtet weiß — also der Heiligen Schrift, und zwar der ausgelegten und gepredigten Schrift, der im stillen Kämmerlein, aber vor allem im Gottesdienst gelesenen Bibel. Hier grüßen die Brüder aus der Lutherischen Liturgischen Konferenz ihren Vorsitzenden. Hier finden die Freunde aus der liturgischen und liturgiewissenschaftlichen Arbeit mehrerer Jahrzehnte den Vater der lutherischen Agenden. Andere suchen den niedersächsischen Kirchenmann, den hannoverschen Kirchenverwaltungsbeamten, den Kirchenrechtsgelehrten anzusprechen. Und den Abt zu Amelungsborn, Vater seiner Konventualen und seiner Familiaritas — ein evangelisch-lutherischer Abt unter dem Kerygma! — erreichen die Stimmen derer, die mit ihm in den letzten zehn Jahren den Weg eines evangelischen Klosters aufzeigten.

Die Herausgeber und die beiden Verleger möchten hier nicht davon sprechen, wieviel sie persönlich Christhard Mahrenholz verdanken. Sie haben vielmehr ihrerseits geziemenden Dank abzustatten: den Autoren, die so bereitwillig ihre Arbeiten zur Verfügung stellten, sowie Pfarrer Alexander Völker, der außer der Fortführung der Bibliographie die umfangreiche Arbeit der Zusammenstellung, Durchsicht und Korrektur der Manuskripte besorgt hat. Frau Mahrenholz hat dankenswerterweise das Bild ihres Gatten für die Veröffentlichung zur Verfügung gestellt. Für die großzügige finanzielle Förderung des Werkes ist Dank abzustatten dem Niedersächsischen Kultusministerium, dem Lutherischen Kirchenamt der VELKD, dem Landeskirchenamt Hannover, den Landesverbänden Evangelischer Kirchenchöre, der Lutherischen Liturgischen Konferenz, der Neuen Bachgesellschaft sowie Konvent, Familiaritas, Kapitularen und Gästen des Klosters Amelungsborn. Es konnte einem schon das Herz froh machen zu erfahren, wieviel Menschen sich Christhard Mahrenholz gegenüber in einer Dankesschuld wissen.

Dem Empfänger aber, dem diese Schrift unter dem Zeichen des Kerygma und des Melos zugedacht ist, sprechen wir unsere Wünsche zu: er möge uns seine Weggefährten bleiben lassen. „Tretet hin an die Wege und schauet und fragt nach den Wegen der Vorzeit, welches der gute Weg sei, und wandelt darin" (Jer. 6, 16).

Die Herausgeber:	Die Verleger:
Walter Blankenburg	Herbert Renner
Herwarth v. Schade	Karl Vötterle
Kurt Schmidt-Clausen	

Karl Heinrich Rengstorf

Das Vaterunser in seiner Bedeutung für unser Zusammenleben

I

Nach einem Wort Friedrich Rittelmeyers, des Begründers der Christengemeinschaft, ist das Vaterunser „das Einzige, was alle eint, die Christen sein wollen".[1] Wenn es wirklich so ist, so beruht das nicht auf Maßnahmen kirchlicher Instanzen um die Einheit der Christenheit und ihre Dokumentation durch gemeinsames liturgisches Handeln im Laufe der Kirchengeschichte, sondern hat tiefere und sehr besondere Gründe. Es hängt, wie August Winnig es einmal ausgedrückt hat,[2] einfach damit zusammen, daß jemand, der das Vaterunser betet, dasselbe tut, was schon die ersten Christen getan und was alle christlichen Generationen nach ihnen von ihnen übernommen haben, was aber mit Sicherheit auch weitergetan werden wird, solange es Christen und christliches Beten geben wird. Beten des Vaterunsers stellt also hinein in die Kontinuität mit den Anfängen christlichen Glaubens und verbindet zugleich mit dessen wechselvoller Geschichte durch die Zeiten hindurch.

Jedes Beten des Vaterunsers beinhaltet damit ein Ja gewiß auch zur Zugehörigkeit zur Christenheit, vor allem aber zum persönlichen Christsein. Insofern tritt gerade dieses in Blickfeld und Bewußtsein, wenn und sooft das Vaterunser gebetet oder mitgebetet wird. Es hat daher seinen guten Sinn, wenn von jeher das Lernen des Vaterunsers und die Einübung in sein Beten zum Christwerden wie zum Hineinwachsen in ein bewußtes Christsein gehören und wenn das eine wie das andere wesenhaft gerade nichts schon mit einer bestimmten Form der Christlichkeit zu tun hat, sondern gewissermaßen der Zugehörigkeit zu ihr im Sinn einer unabdingbaren Voraussetzung vorgegeben ist.

Die Kirche hat von jeher gewußt, welchen Schatz sie im Vaterunser besitzt. Schon in der ältesten Kirchen- und Lebensordnung, die wir besitzen, der noch in das 1. Jahrhundert zurückreichenden „Lehre der zwölf Apostel", die wahrscheinlich im Ostjordanland entstanden ist, erscheint die Anweisung, das Vaterunser dreimal täglich zu beten,[3] so daß der Fromme mit ihm den Tag beginnt und schließt, mit ihm aber auch die Höhe des Tages durchschreitet und es so der Mitte seines Tagewerks zuordnet. Angesichts dessen verwundert es nicht, wenn bereits seit dem frühen 3. Jahrhundert bedeutende Theologen angefangen

---

[1] Friedrich Rittelmeyer, Das Vaterunser als Menschwerdung, Stuttgart 1938², S. 5.
[2] Bei Hermann Claudius/August Winnig, Was wir dem Vaterunser verdanken, Berlin-Steglitz, o. J., S. 10.
[3] Didache 8, 2.

haben, das Vaterunser zu erklären, damit es auch mit dem rechten Verständnis gebetet werden möchte. In ihrer Reihe steht unter vielen anderen Augustin, dessen Auslegung für das ganze Mittelalter wegweisend geworden ist. Luther hat das Vaterunser in seinem Kleinen Katechismus für die Hausväter als Häupter der Hausgemeinden und in seinem Großen Katechismus für die Pfarrer erklärt und ist auch sonst als Ausleger immer wieder zu ihm zurückgekehrt. Noch in der Gegenwart vergeht kein Jahr, ohne daß — über die ganze Christenheit hin verstreut und in vielen Sprachen — immer neue Auslegungen des Vaterunsers erscheinen, die ihrerseits je in besonderer Weise dessen zentrale Bedeutung für alle hervorheben, die im Namen Jesu Gott anrufen und zu ihm beten.

Zu den erstaunlichsten Eigentümlichkeiten des Vaterunsers gehört, daß es offenbar selbst darauf hindrängt, immer neu bedacht und in seinem Gehalt erschlossen zu werden, während es andererseits sich als ein Gebet erweist, das auch ohne Erklärung verstanden, angeeignet und gebetet werden kann. Es ist aber nicht nur nicht an bestimmte intellektuelle Fähigkeiten auf der Seite des Beters gebunden, von bestimmten Kenntnissen ganz zu schweigen, sondern es paßt sozusagen auch in jede nur mögliche Situation, und darüber hinaus ist es in seinen Bitten so gefaßt, daß es in seinem Bestand von der Zeit und ihrem Ablauf unabhängig ist. In ihm liegt für alle Christen immer und überall der Zugang zu Gott offen da, und es kommt nur darauf an, den Weg durch ihn hindurch auch zu nehmen. Ist es aber so, dann kann es nicht anders sein, als daß in ihm Kräfte wirksam sind, die darauf hinzielen, diejenigen, die es beten, wo und wie auch immer, aus der Vereinzelung herauszunehmen und sie unter den Augen Gottes zusammenzuführen und aneinander zu binden. Es mag sich lohnen, einmal zu versuchen, diesen Kräften nachzugehen, sie in ihrer Eigenart zu erfassen und zu bestimmen und nicht zuletzt dadurch auch Raum für sie zu schaffen.

II

Bevor das geschieht, bedarf es allerdings einiger Mitteilungen zur Überlieferung und Struktur des Vaterunsers, weil ohne sie das im folgenden Auszuführende weithin in der Luft hängen würde. Was zu bemerken ist, läßt sich relativ kurz sagen und im wesentlichen in vier Punkten zusammenfassen.

Erstens: Das Vaterunser liegt im Neuen Testament in zwei Fassungen vor. Einmal findet es sich Matth. 6, 9—13 im Rahmen eines Unterrichts Jesu für seine Jünger über das richtige Beten, um so ihnen gewissermaßen unmittelbar deutlich zu machen, wie man richtig, nämlich so betet, wie es Gottes Willen entspricht und seiner Würde angemessen ist; hier steht das Vaterunser daher ganz im Zeichen des richtigen Umgangs mit Gott. Daneben besitzen wir das Vaterunser Luk. 11, 2—4 innerhalb eines Stückes evangelischer Überlieferung, das zum Sondergut des Lukas-Evangeliums gehört, und zwar im Zusammenhang einer Tradition, nach der Jesus seinen Jüngern das Vaterunser deshalb übereignete, weil sie von sich aus mit der Bitte um ein eigenes Gebet für ihren Kreis an ihn herangetreten waren; hier will und soll das Vaterunser also nicht allein Gott gemäßes Gebet sein, sondern zugleich auch Ausdruck der Gemeinschaft der Jünger untereinander wie der Zusammengehörigkeit eben dieser Gemeinschaft mit Jesus — „christliches" Gebet somit, wie es der Bindung dieser Gemeinschaft an Jesus und ihrer Prägung durch ihn als Christus/Messias entspricht.

Zweitens: Verbindet sich mit dem Vaterunser dort wie hier vom Kontext aus je eine besondere Zielsetzung, so dient es weiter der Differenzierung, daß die beiden Fassungen sich in charakteristischer Weise unterscheiden. Das Vaterunser, wie Lukas es mitteilt, ist erheblich kürzer als seine Fassung bei Matthäus, sofern bei Lukas, wenn man von dieser ausgeht, die dritte und die siebente Bitte fehlen, so daß das Vaterunser hier, anders als dort, nicht sieben, sondern nur fünf Bitten umfaßt. Es gibt auch noch einige kleinere Unterschiede, die aber für jetzt auf sich beruhen können. Angesichts der verschiedenen Länge der beiden Fassungen ist es natürlich von hohem Gewicht, daß der Aufbau des Vaterunsers in beiden Fassungen derselbe ist. Hier wie dort stellt sich der Beter zunächst in die uneingeschränkte Solidarität mit Gott, sofern er dessen Ziele in seinen Willen hineinnimmt: „Dein Name ..., dein Reich ..., dein Wille ..." Erst an zweiter Stelle folgen, wieder in gleicher Reihenfolge, die eigenen Anliegen, die er Gott vorträgt, in den Bitten um das tägliche Brot, um die Vergebung der Schuld und um die Bewahrung vor Versuchung. Diese strukturelle Übereinstimmung der beiden Fassungen des Vaterunsers bei ihrer Unterschiedlichkeit ist so prägnant und so charakteristisch, daß sie weder auf einen Zufall zurückgeführt noch als das Ergebnis sehr früher Redaktionsarbeit angesehen werden kann.

Drittens: In der Fassung, in der das Vaterunser bei Matthäus vorliegt, ist es zum Gebet der Gemeinde Jesu schlechthin geworden. Es gibt Anhaltspunkte schon in den Briefen des Apostels Paulus[4] dafür, daß bereits die frühesten Sendboten es mit dem Evangelium von Jesus als Christus/Messias durch die Welt getragen und es zusammen mit diesem ohne Rücksicht auf Wohnort, Sprache, Volkszugehörigkeit und Kultur den von ihnen für den Glauben an Jesus Gewonnenen als das für sie als Christen unentbehrliche, zentrale Gebet im Namen ihres Herrn zugeeignet haben. Zwar wird nirgends ausdrücklich das Vaterunser zitiert; aber Anklänge sind nicht zu überhören, vollends im Blick auf die bereits angeführte Tatsache eines „liturgischen" Gebrauchs des Vaterunsers in der ältesten erhaltenen Kirchenordnung der Christenheit[5] noch vor dem Ausgang des Jahrhunderts ihrer Entstehung, und diese Anklänge drängen geradezu auf die Annahme, daß sich die Christenheit von Anfang an nicht nur als Gemeinde Jesu, sondern als seine eine Gemeinde in Verbindung mit dem Vaterunser begriffen und manifestiert hat, und das in einer Weise, daß für sie letztlich er selbst über das Vaterunser das eine wie das andere ermöglichte.

Viertens: Wenn die Überlieferung, wie sie in Luk. 11, 1 ff. verarbeitet ist und wie sie, anders akzentuiert, auch bei Matthäus erscheint, darin im Recht ist, daß sie das Vaterunser auf Jesus zurückführt, und zwar als Gebet für seine

---

[4] Vgl. nur Gal. 4, 6; Röm. 8, 15 neben Gal. 1, 4; 1. Kor. 1, 24; Phil. 2, 11.
[5] S. o. S. 13.

Jünger, d. h. wenn das Vaterunser schon von seiner Entstehung her etwas eigentümlich Christliches ist, dann muß sich dies auch in ihm selbst reflektieren. Das beinhaltet, daß sich von ihm ablesen lassen sollte, was zumindest die ersten Christen, wenn nicht überhaupt bereits Jesu persönliche Jünger, als das Neue an sich gegenüber ihrer Vor- wie ihrer Umwelt und auch an ihrer Gemeinschaft empfunden haben. Es gilt also, dem nachzugehen, was sich vor allem Matth. 6, 9 andeutet, wenn der Evangelist Jesus das Vaterunser mit den Worten einleiten läßt: „Folgendermaßen also betet *ihr*!" Hier erfolgt deutlich eine Abgrenzung der Jünger von den frommen jüdischen Betern der Zeit, und zugleich werden sie selbst aus der Vereinzelung herausgenommen und zur Betergemeinschaft verbunden. Dem Vaterunser wird also so etwas wie eine ekklesiologische Funktion zugewiesen, auch wenn das nicht ausdrücklich ausgesprochen wird. Läßt sich hieran nicht zweifeln, so bedarf es um so mehr der Klärung der Frage, was die ekklesiologische Funktion in diesem Fall genau bezweckt: Geht es nur um die Feststellung und Kennzeichnung eines religiösen Gegensatzes zwischen „Christentum" und Judentum? Oder geht es um mehr, nämlich um die Feststellung und Präzisierung dessen, was Jesus über das Mittel einer „christlichen" Gemeinschaft von Betern den Menschen ganz allgemein zuzuwenden gewillt ist, und zwar nicht allein im Blick auf Gott, sondern auch und gerade im Blick auf ihr Verhältnis zueinander? Darauf hin muß nun das Vaterunser selbst befragt werden.

III

Beginnen wir bei der Anrede! Sie lautet bei Lukas ganz schlicht „Vater!", während Matthäus die reichere Form „Unser Vater (, der du) im Himmel (bist)!" hat. Der Unterschied erweist sich bei näherer Untersuchung als in der Sache belanglos. Selbstverständlich meint die Anrede auch bei Lukas Gott als den himmlischen Vater, der anders als die irdischen Väter jenseits der Maßstäbe steht, durch die diese sich bestimmen lassen.

Steckt aber nun in dieser den Jüngern durch Jesus in den Mund gelegten Anrede Gottes als Vater schon etwas Neues und Belangreiches? Das ist eine Frage, die oft und bis in die jüngste Zeit immer wieder gestellt und erörtert worden ist. Sie legt sich aus einem doppelten Grund nahe. Einerseits besitzen wir wohl eine ganze Anzahl jüdischer Gebete, in denen die Anrede Gottes als „unser Vater, der im Himmel ist" ihren festen Platz hat; aber diese Gebete sind wahrscheinlich jünger als das Vaterunser, und dazu kommt, daß gerade diese Art, Gott anzusprechen, außerhalb der Gebetstexte nur verhältnismäßig selten begegnet. Auf der anderen Seite erscheint die Bezeichnung Gottes als „euer Vater im Himmel" in zahlreichen Worten Jesu, vor allem in solchen, die zu Bestandteilen der Bergpredigt geworden sind und in diesem Rahmen als spezifische Jünger-Worte hingenommen werden wollen. Gewiß ist es geraten, in einem Fall wie dem vorliegenden das chronologische Moment nicht zu hoch zu bewerten. Liegt es aber nicht von dem Ganzen der Verkündigung Jesu aus doch nahe, der Annahme zuzuneigen, in der Anrede Gottes als „Vater im Himmel" habe er seinen Jüngern Anteil an seinem eigenen Verhältnis zu Gott gegeben, wie es sich eben neu und originell in dem Gebrauch von „mein Vater" zur Beschreibung dieses Verhältnisses ausdrücke? Erreicht uns also in der Anrede des Vaterunsers unbeschadet dessen, daß Jesus und seine Jünger sicher nicht griechisch gebetet haben, noch so etwas wie seine eigene Stimme, seine „ipsissima vox",[6] genauer: die Stimme seines auf Gott gerichteten Herzens als Sohn schlechthin?

So bestechend solche Erwägungen sind, so wird es doch fraglich bleiben müssen, ob die ihnen zugrunde liegende Fragestellung glücklich und zudem fruchtbar ist. Bei der Lage der Dinge ist es ohnehin nicht oder jedenfalls noch nicht möglich, einen durchschlagenden Beweis für die Originalität Jesu in diesem Punkt zu führen. Von da aus dürfte es weiterführend und zugleich gewichtiger sein, daß, wie sich aus zwei Stellen der Briefe des Apostels Paulus (Gal. 4, 6; Röm. 8, 15) entnehmen läßt, Christen griechischer Sprache schon in den fünfziger Jahren des 1. Jahrhunderts die Anrede Gottes als Vater als ihrem Verhältnis zu Gott allein gemäß empfunden und daß sie sie im Wirkungsbereich des Geistes Gottes und im Bewußtsein der Gegenwart des lebendigen Jesus als des Sohnes Gottes im Gebet zu ihm gebraucht haben. Sie beteten zu ihm, indem sie ihn mit Abba, Vater, anriefen.

Um zu erfassen, was das in sich schließt, bedarf es wieder einiger Informationen. So ist nun daran zu erinnern, daß schon das Alte Testament sehr wohl um die Väterlichkeit Gottes weiß. Sind die Belege auch nicht sehr zahlreich, so sprechen sie doch eine deutliche Sprache. Gott erscheint bei Jeremia (3, 4.19; 31, 9) und bei Jesaja (63, 16) als Vater seines Volkes Israel (auch Deut. 32, 6), und in diesem Sinn sind die Glieder dieses Volkes seine Kinder (Deut. 14, 1; Hos. 2, 1), wobei das noch in besonderer Weise von dem König gilt (2. Sam. 7, 14; Ps. 89, 27). Grundlage dieses Verhältnisses ist die Erwählung Israels durch Gott zum Volk seines Eigentums in einem Akt, der von der Art einer Adoption ist, sofern in dem mit ihm gesetzten Verhältnis Gott bestimmend ist und bleibt. Das in diesem Verhältnis verwurzelte Selbstverständnis der Judenschaft hat sich im Laufe der Zeit immer deutlicher ausgeprägt und zugleich artikuliert, so daß in den Dokumenten persönlicher Frömmigkeit, die wir in den Apokryphen besitzen, auch der einzelne Fromme in Gott seinen Vater sehen und zu ihm aufblicken (Sap. 2, 16; 14, 3; Sir. 51, 14) und ihn geradezu mit dem Vaternamen anreden kann, wenn er betet (Sir. 23, 1), dies allerdings unter Einbettung in eine reiche liturgische Wendung. In den sog. Lobliedern von Qumran (1 QH) wird Gott allerdings, soweit der Text erhalten ist, niemals als Vater angeredet, obwohl er gelegentlich als Vater bezeichnet wird und die Genossen des Beters mehrfach mit diesem zusammen als „Söhne seiner/ deiner Wahrheit" erscheinen (6, 29; 7, 29; 9, 35 u. ö.) oder auch als „Söhne seines Wohlgefallens" (4. 32; vgl. 11, 9). Was alle diese Belege zusammenschließt und auch für weitere, hier nicht genannte zutrifft, ist, daß der Vatername für Gott ebensowenig von der Bindung Gottes an sein auserwähltes Volk absieht wie die Anwendung des Sohnesnamens auf die Frommen, die

---

[6] Vgl. Joachim Jeremias, Abba. Studien zur neutestamentlichen Theologie und Zeitgeschichte, Göttingen 1966, S. 59.

hier zu Wort kommen. Das ist auch nicht anders in den späteren synagogalen Gebeten, von denen manche, wenigstens in ihren Anfängen, in die Zeit des zweiten Tempels zurückgehen mögen. Überall sind die Vaterschaft Gottes und die Sohnschaft seiner Anbeter auf Israel bzw. das Judentum beschränkt; nirgends wird eine national-religiöse Grenze überschritten.

Auf diesem Hintergrund will die Anrede Gottes im Vaterunser gesehen werden. Sie setzt wohl die Zugehörigkeit zu Jesus, nicht aber die Zugehörigkeit zu einer wie auch immer gearteten und begründeten, national, kulturell oder kultisch orientierten Sondergemeinschaft voraus, wie es im Judentum der Fall ist. Das Vaterunser ist von Anfang an — darin stimmt, wie die Texte ausweisen, sein Rahmen bei Lukas mit dem bei Matthäus überein — Jüngergebet gewesen. Mag sich damit, wie sich dem lukanischen Rahmen noch entnehmen läßt, auf der Seite der Jünger zunächst ein partikularistisches Bewußtsein verbunden haben, so ist dieses infolge der Geschehnisse zu Ostern und Pfingsten verschwunden, wenn auch nicht auf einmal, so doch in einem länger währenden Prozeß, in den die Apostelgeschichte hineinblicken läßt. Immerhin belegen es die zitierten Stellen aus den Briefen des Paulus, daß zwanzig Jahre nach Jesu Kreuzigung und Auferstehung jüdische und griechische Christen aus ihrer gemeinsamen Bindung an Jesus heraus das Vaterunser beteten. Sie bekannten dadurch, daß sie beide ihr neues Verhältnis zu Gott Jesus verdankten, und bekundeten zugleich, daß sie seine Anliegen zu ihren eigenen Anliegen gemacht hatten, einfach deshalb, weil er — um mit dem Verfasser des Briefs an die Hebräer (2, 11) zu reden — „sich nicht schämt, sie Brüder zu heißen". Das Vaterunser als das Gebet aller Christen im Blick auf die Grundanliegen Jesu erscheint damit letztlich als die Auswirkung der Menschwerdung des Sohnes schlechthin. Insofern reflektiert sich sein „mein Vater" im „unser Vater" bzw. in dem Sinn nach gleichen bloßen „Vater" der Seinen. Wo immer Christen zu Gott als Vater beten, tun sie es als Brüder, weil in der Menschwerdung der eingeborene Sohn ihr Bruder geworden ist und sie dadurch als Brüder aufeinander und zueinander gewiesen und miteinander verbunden hat.

Gewiß sind vom Vaterunser aus nicht gleich „alle Menschen ... Brüder". Aber Brüder im Sinn einer vorgegebenen Gemeinschaft sind doch nun alle, die durch ihre Gemeinschaft mit Jesus in ein neues Verhältnis zu Gott versetzt sind. Diese Bruderschaft ist indes, weil Jesu Dienst universal ist, über den eigenen Kreis hinaus der ganzen Menschheit zugewandt. „Brot für die Welt" meint daher, wenn es sich um eine christliche Devise handelt, „Brot für die Brüder". Bruderschaft durch Jesus im Blick auf Gott als Vater stellt sich somit als das genaue Gegenteil einer in sich selbst abgeschlossenen und sich selbst genügenden Gemeinschaft dar. Wer dieser Bruderschaft angehört, sieht sich durch Jesus in die Mitverantwortung für eine Welt gestellt, die Gott geschaffen hat und die von seiner Väterlichkeit lebt, ob sie es nun weiß oder nicht. Solches Mitverantwortlichsein bringt sich zum Bewußtsein, sooft im Vaterunser das Gebet gebetet wird, das Jesus seinen Jüngern als Zeichen seiner Zugehörigkeit zu ihm wie als Ausdruck für ihr geordnetes Verhältnis zu Gott zugeeignet hat. Insofern hat Matthias Claudius den Kern der Sache, auf den es hier ankommt, erfaßt, wenn er in seinem Unterricht über das Vaterunser unter dem Titel „Über das Gebet, an meinen Freund Andreas" sich auf sein eigenes Beten des Herrengebets so vorbereitet:

> Sieh, wenn ich's beten will, so denk' ich erst an meinen seligen Vater, der so gut war und mir so gerne geben mochte. Und denn stell' ich mir die ganze Welt als meines Vaters Haus vor; und alle Menschen in Europa, Asia, Afrika und Amerika sind denn in meinen Gedanken meine Brüder und Schwestern; und Gott sitzt im Himmel auf einem goldnen Stuhl und hat seine rechte Hand übers Meer und bis ans Ende der Welt ausgestreckt und seine Linke voll Heil und Gutes, und die Bergspitzen umher rauchen — und denn fang' ich an: Vater unser, der du bist im Himmel.[7]

Mag uns diese Art bildhafter Meditation fremd geworden sein — deutlicher als in diesen Worten kann nicht gesagt werden, daß und wieso sich das Vaterunser gerade nicht im Gespräch des einzelnen mit Gott erschöpft, sondern daß sich in ihm für den Beter die Welt öffnet, die des Brotes wie des Friedens ermangelt, und daß er sich in ihm zu der Verantwortung für alle Menschen bekennt, an der er deshalb Anteil hat, weil er zu Jesus gehört und von ihm in den Dienst Gottes genommen ist.

IV

Die auf die Anrede folgenden drei (Matthäus) bzw. zwei (Lukas) Bitten lassen sich zusammen besprechen, weil es in ihnen allen um Gott und um seine Sache geht. Was den Beter beschäftigt, sind die Heiligung des göttlichen Namens, das Kommen der königlichen Herrschaft Gottes, die Durchsetzung seines Willens auf Erden gemäß dem, daß dieser im Himmel uneingeschränkt und unbestritten gilt. Nimmt man das zusammen, so laufen die Eingangsbitten des Vaterunsers auf das Anliegen hinaus, Gottes schlechthinniges Gottsein möchte zu universaler Wirkung kommen.

Dem christlichen Beter, der mit dem Vaterunser lebt, mag es als selbstverständlich erscheinen, daß gleich zu Anfang in dieser Weise Gottes gedacht wird. „Gott steht mir vor allem, das meine Seele liebt" — gibt es also etwas Natürlicheres, als dafür einzutreten, daß Gott überall und nun gerade auch in der Welt dessen, der ihn anruft und anbetet, den ihm zustehenden Raum gewinne? Von der Vorgeschichte des christlichen Betens her ist allerdings diese Vorordnung der göttlichen Ziele vor die Anliegen des Beters durchaus nicht das Gegebene. Insofern haben wir in ihr etwas durchschlagend Neues vor uns.

Wir können das mit großer Sicherheit sagen. In dem großen jüdischen Gebet, das seinem Inhalt und seiner Zielsetzung nach in enger Verwandtschaft mit dem Vaterunser steht, dem sogenannten Achtzehn-Bitten-Gebet, liegen die Dinge nämlich genau umgekehrt als im Vaterunser. Hier werden Gott, anders als im Vaterunser, zunächst die kleinen und dann die großen menschlichen Anliegen ans Herz gelegt; erst wenn das geschehen ist, werden die zeitlichen und ewigen göttlichen Ziele aufgenommen, und es wird um ihre Verwirklichung und Erfüllung gefleht. Das ist ein bedeutsamer Sachverhalt; denn das Achtzehn-Bitten-Gebet reicht gewiß in vorchristliche Zeit zurück, wenn auch nicht auszumachen ist, wie weit, und es wurde und wird täglich dreimal gebetet, nämlich morgens

---

[7] Matthias Claudius, Sämtliche Werke des Wandsbecker Boten, hrsg. von Urban Roedl, Stuttgart 1960, S. 196.

nach dem Erwachen, mittags auf der Höhe des Tages und abends beim Ausklang des Tages angesichts der Nacht und des Schlafs, und diese Gebetssitte ist wahrscheinlich das Vorbild für das täglich dreimalige Beten des Vaterunsers geworden, wie es eben schon die noch im 1. Jahrhundert verfaßte „Apostellehre" anordnet. Stellt man das alles in Rechnung, so läßt es sich zumindest nicht ausschließen, daß die der Komposition des Achtzehn-Bitten-Gebets entgegenlaufende Komposition des Vaterunsers nicht auf einem Zufall beruht, sondern von dem, der es formuliert hat, beabsichtigt ist, und zwar mit Bezug auf das zentrale Gebet des zeitgenössischen Judentums.

Ist aber nun mit dieser Komposition nicht der Ansatz des Vaterunsers, wie wir ihn in der Anrede entdeckt zu haben meinten, verlassen? Uns schien es doch so zu sein, daß in der Anrede Gottes als des Vaters Blick und Herz des Beters des Vaterunsers sich weiteten und die ganze Menschheit in ihrem Angewiesensein auf Gott in sich aufnähmen. Wieso setzen dann aber die Bitten, die der Anrede unmittelbar folgen, nun nicht bei den Bedürfnissen der Menschen ein? Muß man nicht sogar sagen, daß sie in geradezu unverständlicher Weise beiseitegeschoben werden, wenn der Beter gehalten wird, zuerst und vor allen irdischen Dingen sich mit Gott zu solidarisieren?

So einleuchtend solche Fragen zu sein scheinen — man vergesse nicht, daß da, wo Aufmerksamkeit und Verlangen des Beters um Gott kreisen, eben jene Mauern nicht allein eines religiösen, sondern überhaupt jedes Individualismus und Egoismus zerbrechen, hinter denen gerade auch religiös gebundene Menschen das Ansehen der eigenen Person, die Ausweitung ihrer Einflußbereiche und den Erfolg eigener Willensbewegungen anstreben und zu erreichen suchen. Die Motive mögen in einem solchen Fall aller Ehren wert sein; dennoch wird, was in dieser Weise zustande gebracht wird, immer irgendwie zu Lasten anderer gehen, zumal auch sie auf ihr Gedeihen und ihr Fortkommen bedacht sind. Angesichts dessen kann nicht genügend darauf hingewiesen werden, daß für das Vaterunser Gott außerhalb jeder Konkurrenz ist. Das liegt nicht nur daran, daß sein Name, seine Herrschaft und sein Wille jedem anderen Namen, jedem anderen Regiment und jedem anderen Willen schlechthin überlegen sind. Vor allem hat es seinen Grund darin, daß das, was Gott ist, tut und will, nicht in Spannung mit Gerechtigkeit für alle, mit allgemeiner Wohlfahrt und mit der Erfüllung der elementaren Bedürfnisse der Menschheit steht, sondern gerade auf dies alles ausgerichtet ist und damit auf Wahrheit und Frieden.

Von da aus ist das tragende Motiv für die drei Gottes-Bitten, mit denen das Vaterunser die Reihe seiner Bitten beginnt, der gemeinsame und verbindende Blick aller Beter auf Gott als den, der zugleich über allen Menschen und für alle Menschen ist. Seine Erhabenheit führt das menschliche Selbstbewußtsein auf das dem Menschen gemäße Maß zurück, seine Macht relativiert die Maßstäbe irdischer Machtbildung und Machtausübung, und sein Wille vollzieht sich in absoluter Unabhängigkeit von Faktoren außer ihm und neben ihm. Insofern befreit der gemeinsame Blick auf den Gott, der als der Vater schlechthin der Allmächtige bleibt, die Beter in ihrer Gemeinschaft zur Hinwendung zum Mitmenschen, zum Nebenmann und sogar zum Konkurrenten als Bruder und begründet damit alle Möglichkeiten menschlichen Miteinanders anstelle des

Gegen- oder des Ohneeinanders im gemeinsamen Angewiesensein auf den „Vater im Himmel". Was die weiteren Bitten des Vaterunsers als gemeinsames Anliegen aller Beter zur Sprache bringen, wäre seiner Glaubwürdigkeit beraubt, wenn es nicht in einer Haltung geschähe, die von Gott alles erwartet, weil sie ihm alles zutraut.

V

Ganz überraschend wendet sich die vierte (Matthäus) bzw. die dritte (Lukas) Bitte nicht, wie man es von den Eingangsbitten aus nun erwarten sollte, den inneren Bedürfnissen des Beters zu, sondern seiner Versorgung mit dem für den Lebenserhalt Notwendigen: „Unser täglich(es) Brot gib uns heute!" Die Sicherung vor dem Hunger erscheint damit im Vaterunser vor der Vergebung der Schuld, obwohl die Bitte um diese sich von den Eingangsbitten mit ihrer Proklamation der Würde und des Rechtes Gottes besonders nahezulegen scheint. Das mag, wenn man sich dessen bewußt wird, geradezu schockierend wirken. In der Tat, steht es nicht in Spannung zu allem, was uns das Neue Testament über das zeitliche und ewige Gewicht von Sünde und Gnade zu verstehen gibt? Wo bleibt hier die Gültigkeit des Satzes Jesu in der Bergpredigt, zuerst sei nach dem Reich Gottes und nach seiner Gerechtigkeit zu trachten, weil, wenn das geschehe, sich alles übrige, dies mit Einschluß der täglichen Bedürfnisse, gewissermaßen von selbst regeln würde (Matth. 6, 33)? Schwerlich wäre es richtig, weil nicht sachgemäß, wollte man in einem durch Jesus konzipierten und formulierten Gebet gar die Herstellung einer Beziehung zwischen „unseren Sünden" und Jesu Tod erwarten, wie Paulus sie etwa 1. Kor. 15, 3 unter Aufnahme einer älteren Formulierung vorgenommen hat, und das Erscheinen des täglichen Brotes im Vaterunser an seinem Ort daran messen. Aber ganz umgehen läßt sich die Frage doch nicht, ob sich in der Komposition des Vaterunsers nicht so etwas wie eine Unterschätzung der Sünde in ihrer Bedeutung für das Verhältnis des Beters zu Gott wie auch zu seiner eigenen Umwelt andeute.

Wie wenig die hier mehr skizzierten als ausgeführten Fragen aus der Luft gegriffen sind, läßt sich leicht nachweisen. Es mag erlaubt sein, aus den vorhandenen Belegen hier nur einen herauszugreifen, der allerdings besonders belangreich ist. Kein Geringerer als Ernst Lohmeyer, der bedeutende evangelische Exeget, hat die Brotbitte an ihrem Platz nur von daher verstehen zu können gemeint, daß eben hinter dem Brot, so gewiß es „das irdische Brot, das Brot der Armen und Darbenden" anspreche, mit der Gestalt Jesu als des Bräutigams, der den Seinen ein hochzeitliches Mahl und damit das „künftige Brot" im Heute gebe, „die Tatsache des Mahls" erscheine, „welche seine Teilnehmer der Gegenwart und Wirklichkeit dieses Reiches gewiß macht", nämlich des Reiches Gottes, wie es mit Jesus nahe herbeigekommen ist.[8] Man wird bei allem Respekt gegenüber dem Vertreter dieser Auslegung indes nicht leugnen können, daß sie doch auf nicht mehr als auf eine Verlegenheitslösung hinausläuft.

---

[8] Ernst Lohmeyer, Das Vaterunser, Göttingen 1946 ff., S. 109.

Die Fassung der vierten Bitte mit ihrer Betonung von „täglich" und „heute" spricht entscheidend dafür, daß es in ihr um die Befriedigung eines ebenso elementaren wie regelmäßigen Bedürfnisses geht. Fehlt dem Beter das Brot, so ist sein Leben gefährdet, und wo der Hunger das Feld beherrscht und dem Leben ein Ende setzt, da hören auch Gebet und Gottesdienst auf. So protestiert die vierte Bitte selbst, indem sie der Tatsache der Unentbehrlichkeit der Nahrung für die Existenz des Beters als Mensch Rechnung trägt, von sich aus gegen jeden Versuch, sie zu vergeistigen. Sie ist in ihrer ganzen Art viel naiver, als es ihr gelehrte und ungelehrte Ausleger immer wieder unterschieben, weil sie meinen es Jesu schuldig zu sein, ihn gegen den Verdacht schützen zu müssen, er habe seine Jünger angeleitet, sich in ihrem Gebet, wenn auch nur an einer einzigen Stelle, sozusagen ungeistlich zu verhalten.

Jede Neigung und jeder Versuch einer Vergeistigung der vierten Bitte erweisen sich indes als völlig überflüssig, ja sogar als durchaus unangebracht, sobald man erkennt, daß gerade der Horizont dieser Bitte durch das biblische Menschenbild bestimmt ist. Es ist merkwürdig genug, wie wenig dem bei ihrer Erklärung durchweg Rechnung getragen wird. Die Ausleger verwenden viel Zeit und Mühe, das schwierige griechische Wort *epiousios* zu erklären, das Luther mit „täglich" übersetzt hat, ohne daß es bisher gelungen ist, zu einer allgemeinen Übereinstimmung hinsichtlich seines Sinnes zu kommen. Darüber ist übersehen worden, daß das Angewiesensein auf das Brot, das nur mit Mühe der Erde abgerungen werden kann, für die Bibel nach Gottes eigenem Wort an Adam bei der Vertreibung der ersten Menschen aus dem Paradies das eigentliche Kennzeichen menschlicher Existenz ist (Gen. 3, 19). Die Erfüllung des Bedarfs ist in dem gleichen Wort Gottes an Adam an härteste Arbeit gebunden. Insofern impliziert dies Wort, daß dort, wo es an Kraft und an Gelegenheit zur Bearbeitung des Bodens fehlt, der Hunger und in seiner Folge Sterben und Tod eintreten.

Sofern die vierte Bitte auf die menschliche Ursituation zurückgreift und sie zum Bewußtsein bringt, tut sie dem, der sie Jesus nachspricht, einen doppelten Dienst. Auf der einen Seite erinnert sie an das Angewiesensein aller Menschen auf Gott und seine gnädige Zuwendung zu ihnen und ihren Bedürfnissen, und es mag sein, daß dabei weiter im Hintergrund die göttliche Verheißung steht, die Gott Noah gab, als er ihm nach der Sintflut zusagte, Saat und Ernte sollten nicht aufhören, solange die Erde stehe (Gen. 8, 22). Nicht weniger bedeutsam dürfte indes weiterhin sein, daß die vierte Bitte über diese biblischen Rückbezüge auch an die Unerläßlichkeit einer allgemeinen zwischenmenschlichen Solidarisierung angesichts des die Menschheit beständig bedrohenden Hungers erinnert; darauf darf um so eher hingewiesen werden, als die Notwendigkeit einer solchen Solidarisierung sich gerade auch in gewissen Gleichnissen Jesu reflektiert, am deutlichsten und einprägsamsten in seinem Gleichnis von den Arbeitern im Weinberg (Matth. 20, 1 ff.).[9] Indes mag sogar noch ein dritter Gedanke in die vierte Bitte hineinspielen: Mit dem Hunger beginnt nur zu

---

[9] Karl Heinrich Rengstorf, Die Frage des gerechten Lohnes in der Verkündigung Jesu, in: Festschrift Karl Arnold, Köln und Opladen 1955, S. 141—155.

leicht der rücksichtslose Kampf um die Erhaltung des eigenen Lebens auf Kosten anderer, der seinerseits unvermeidbar in Verschuldung der verschiedensten Art und Dimension führt.[10] Es mag sein, daß sich das wenigstens darin andeutet, daß im Vaterunser auf die Bitte um das tägliche Brot die Bitte um die Vergebung der Schuld folgt.

Trägt man moderne gesellschaftliche Terminologie an das Vaterunser heran, so läßt sich das, was die Überlegungen zur vierten Bitte ergeben haben, nur in dem Sinn formulieren, daß sie von höchster gesellschaftskritischer Relevanz, um nicht zu sagen: Brisanz, ist. Diese Bitte zerbricht, wenn sie richtig verstanden und entsprechend angeeignet wird, nicht nur jeden Egoismus, gleichgültig, welches Ursprungs und welcher Ausprägung; sie verpflichtet vielmehr jeden, der sich zu Jesus rechnet und in seinem Namen betet, zur Mitverantwortung für alle, die hungern, im Namen Gottes als „Vater im Himmel". Tätige Mitverantwortung in dieser Hinsicht ist um so unerläßlicher, als es Jesus bei verschiedenen Gelegenheiten seinen Jüngern einzuprägen gesucht hat, daß Gott nicht will, daß irgend jemand Hunger leide (vgl. neben Matth. 6, 25 ff. nur etwa Luk. 14, 16 ff.; Matth. 25, 31 ff.). Wie groß die Verantwortung ist, auf die die Christenheit beständig durch das Vaterunser hingewiesen wird, wird allein schon durch die Tatsache erwiesen, daß nicht wenige der großen sozialen Umwälzungen der neueren Zeit ihre Wurzeln in gesellschaftlichen Verhältnissen haben, deren Ungerechtigkeit und Unzumutbarkeit sich allein schon in der Rolle des Hungers reflektiert. Es muß als eine schlimme Sache gelten, wenn die unvermeidbaren und notwendigen Veränderungen in den gesellschaftlichen Strukturen immer wieder unter unmenschlichen Begleitumständen vor sich gehen, die auch durch Hunger verursacht sind. Die Christenheit kann darum die Herausforderung durch ihren Herrn in der vierten Bitte des Vaterunsers gar nicht ernst genug nehmen, auch einfach deshalb, weil Kampf gegen den Hunger in der Wahrung mitmenschlicher Solidarität zugleich Förderung jener Menschlichkeit bedeutet, die die Bibel meint, wenn sie alle Menschen nach dem Bilde Gottes geschaffen und damit gleicher Würde vor Gott sein läßt.[10]

VI

Zu den drei (Matthäus) bzw. zwei (Lukas) Bitten, mit denen das Vaterunser abschließt, bedarf es nun, vollends nach dem, was zur vierten Bitte ausgeführt wurde, langer Erörterungen nicht mehr. So ist von dem Zusammenhang von Hunger und Schuld bereits die Rede gewesen, und damit ist in gewisser Weise auch bereits erklärt, weshalb es sinnvoll ist, wenn auf die Bitte um das tägliche Brot die Bitte folgt, die es mit der Vergebung von Schuld bzw. mit der Tilgung dessen, was der Beter Gott schuldig geblieben ist, durch Gott selbst zu tun hat. Hinzuweisen ist nur — dies allerdings mit Nachdruck — darauf, daß der Beter selbst in der fünften bzw. vierten Bitte die Vergebung der eigenen Schuld durch

---

[10] Die Weite der Erklärung von „täglich Brot" durch Luther im Kleinen Katechismus sei immerhin erwähnt. Sie stellt die in dieser Bitte beschlossene gesellschaftliche Verpflichtung der Christen, wenn auch mit Bezug auf die Verhältnisse des 16. Jahrhunderts in Kursachsen, in denkbar umfassender Weise heraus.

Gott in ursächliche Verbindung mit der eigenen Übung der Vergebung gegenüber seinen Mitmenschen bringt. Die Bitte macht also ernst mit der Tatsache, daß es eine Solidarität der Menschheit mit Bezug auf schuldhaftes Verhalten und seine Folgen gibt, die nicht wichtig genug genommen werden kann, vollends wenn man mit Gott und seiner dem einzelnen Menschen zugewandten gnadenvollen Nachlassung von Schuld ihm gegenüber rechnet, wie es der tut, der im Namen Jesu Gott als „Vater im Himmel" anruft. Die Tendenz der Bitte geht damit auf verantwortliches Mitwirken jedes einzelnen Christen auf das hin, was die ganze Bibel unter Friede versteht; denn Friede kehrt für die Bibel dort ein, wo man gleichermaßen sich selbst Lebensraum zubilligen läßt, aber auch seinerseits den Lebensraum zubilligt und zuerkennt, den die Mitmenschen benötigen. Wie das gerade unter dem Gesichtspunkt vorhandener Verschuldung zu verstehen und zu praktizieren ist, verdeutlicht Jesu Gleichnis vom Schalksknecht in so unübertrefflicher Weise (Matth. 18, 23 ff.), daß es dazu weiterer Ausführungen an dieser Stelle nicht bedarf. Im übrigen verbietet das „wie (auch) wir" des Nachsatzes der Schuldbitte, irgend etwas, das mit Schuld zu tun hat, zu bagatellisieren, da niemand in der Lage ist, die Auswirkungen seines Verhaltens in vollem Ausmaß zu übersehen und zu kontrollieren.

Aus diesem Grunde greift auch das, was im Vaterunser mittels des Stichworts „Versuchung" zur Sprache gebracht wird, weit über den persönlichen Bereich hinaus und gewinnt Bedeutung für den gesamten Bereich der mitmenschlichen Beziehungen. Wo immer in der Bibel Alten und Neuen Testamentes von „Versuchung" die Rede ist oder auch Motive und Abläufe von „Versuchungen" dargestellt werden, zeigt sich auch, wie weitreichend die Auswirkungen in jedem einzelnen Fall sind und sein müssen, da es über eine „Versuchung" immer auch entweder zum Zerbrechen von Gemeinschaft oder, im Fall der Bewährung, zur Stabilisierung, Vertiefung oder Befruchtung von Gemeinschaft oder gar zu allem diesen kommt. Da sich mit einer „Versuchung" immer die Gefahr des Fallens verbindet, liegt die Bitte um Bewahrung vor ihr nicht nur im Interesse des unmittelbar Betroffenen, sondern auch im Interesse derer, die mit ihm, für ihn selbst erkennbar oder nicht erkennbar, verbunden sind und daher nicht unbetroffen bleiben können, wenn die „Versuchung" zum Fall führt. Der „gesellschaftliche" Bezug auch dieser Bitte liegt damit auf der Hand. Ganz wesentlich ist, daß das grundsätzlich gilt und nicht von der besonderen Art oder dem Ausmaß der jeweiligen „Versuchung" abhängt. Darauf will um so sorgfältiger geachtet werden, als nach der biblischen Sicht der „Versuchung" diese gerade dem Frommen zuteil wird, der sich als solcher zu bewähren hat. Es ist die Folge der Aufhebung der Vorstellung einer Verdienstlichkeit durch Jesus, wenn die Jünger Jesu, anders als die Frommen des Alten Bundes (vgl. z. B. Ps. 26, 2), nicht um die Gelegenheit zur Bewährung, sondern um die Bewahrung vor einer Lage bitten, deren Bewältigung über ihre Kräfte gehen kann. Sie tun es auch deshalb, weil es ihnen nicht um ihr persönliches Ansehen geht, sondern darum, daß die Sache Gottes in der Gemeinde Jesu und über sie in der Welt vorangehe, und weil sie wissen, daß dafür alle Kräfte benötigt werden.

Die letzte Bitte, die nur bei Matthäus steht, fällt ebensowenig wie die vorhergehenden Bitten aus dem Bezug auf das menschliche Miteinander heraus, in dem der Beter steht. Wenn sie auf die Erlösung vom „Bösen" bzw. besser, weil umfassender und den ganzen Jammer der Menschheit aufgrund ihres verdunkelten Urteils einbeziehend, vom „Übel" (Luther) ausgeht, so wird hier noch einmal auf das gemeinsame Verflochtensein aller Menschen in eine Welt verwiesen, die zwar von Gott geschaffen ist, aber noch weit davon entfernt ist, sich auch als seine Welt darzustellen. Daß es so ist, vermögen allerdings nur die zu erkennen, die in der Gemeinschaft Jesu und unter seinem Wort begriffen haben, wer Gott ist und wie sein Reich aussieht. Insofern richtet sich diese letzte Bitte noch einmal auch an die Bereitschaft und den Willen des Beters, um Jesu willen für Gott bereitzustehen und dafür einzutreten mit Wort und Tat, daß Welt und Menschheit dazu bestimmt sind, unter Gottes Regiment so zum Frieden zu kommen, wie jetzt „im Himmel", d. h. dort, wo Gott unumschränkt sein Regiment ausübt, schon Friede ist.

VII

Die hier angestellten Überlegungen dürften gezeigt haben, daß jeder — wer er auch sei —, der sich verantwortlich mit den großen Problemen des menschlichen Zusammenlebens beschäftigt, nicht an dem vorbeisehen und vorbeigehen kann, was dem Vaterunser dazu zu entnehmen ist. Es mag sein, daß manches von dem, was aus ihm erhoben wurde, allzu fragmentarisch geblieben und zudem auch zuwenig abgesichert worden ist. Immerhin sollte doch deutlich geworden sein, daß das Vaterunser nicht nur von unerhörter theologischer, sondern auch von einer ungewöhnlichen und bisher noch kaum erfaßten gesellschaftlichen Relevanz ist. Es dürfte sich lohnen, dem weiter nachzugehen.

Es hat von daher seinen guten Sinn, wenn das Vaterunser das Ich des Beters grundsätzlich in dem Wir sich reflektieren läßt, das sich aus seiner Zugehörigkeit zur Gemeinde Jesu ergibt. Die hier angestellten Überlegungen sollten gezeigt haben, daß es in diesem Wir weniger um Konstatierung der Zusammengehörigkeit mit den anderen Christen geht als vielmehr um die Konstatierung und die Bejahung gemeinsamer Verantwortung vor Gott für alle Menschen aufgrund gemeinsamer Verbundenheit in der Gemeinde Jesu als dessen, durch den Gottes Väterlichkeit offenbar geworden ist. Das Vaterunser ist deshalb auch alles andere als das von Jesus selbst stammende ideale Formular für das Gespräch des einzelnen Christen mit Gott: Es ist seinem Wesen nach anbetendes Bekenntnis zu dem Ziel, das Gott mit der Welt und der Menschheit hat und zu dessen Erreichung er sich nicht zuletzt jedes einzelnen Gliedes der Gemeinde Jesu bedienen will.

Deshalb hat das Vaterunser Anspruch auf zentrale Berücksichtigung, wo immer Christen sich im Namen Jesu versammeln: Sie stellen sich im Angesicht der Welt niemals eindeutiger als Gottes Aufgebot in der Welt dar, als wenn sie gemeinsam das Vaterunser beten. Seiner Form nach Homologie, zielt es auf die weltweite Diakonie der Jünger Jesu ab, in der sich der auf die Vollendung aller Dinge und der Welt wie der Menschheit gerichtete Dienst Jesu so lange fortsetzt, bis er selbst noch einmal ans Werk geht, um als der Sohn alles dem Vater zu übergeben, „auf daß Gott sei alles in allem" (1. Kor. 15, 28).

Agape und Abendmahl

Bruno Jordahn

Eine liturgiegeschichtliche Betrachtung

Christhard Mahrenholz hat zeitlebens Liturgik immer unter zwei Aspekten getrieben: einmal unter dem Aspekt, daß die Liturgik es nicht mit einer theologischen Hilfe für eine Art Restauration bei der Erstellung von liturgischen Formularen zu tun hat, sondern im Gegenteil darin ihre Aufgabe liegt, beständig zur Wachsamkeit aufzurufen, sich nicht im Theoretischen zu verlieren, vielmehr darauf zu achten, daß Ziel alles liturgischen Bemühens dieses sein muß, dem Menschen der Gegenwart nahezukommen; zum andern unter dem Aspekt, daß Liturgik nur dann in rechter Weise betrieben und liturgische Formulare erarbeitet werden können, wenn das geschichtliche Werden der Liturgie ständig beachtet wird, also das Historische die liturgische und jede liturgiewissenschaftliche Bemühung begleitet und begleiten muß. Dahinter steht das Wissen darum, daß Liturgik sich selbst aufgibt, wenn sie die Tradition aufgibt. Der Verfasser ist in den langen Jahren engster Zusammenarbeit mit dem nun Siebzigjährigen immer wieder mit diesen beiden Aspekten konfrontiert worden und bekennt, daß er aus dieser Konfrontation entscheidende Impulse für die Arbeit gewonnen hat. Der folgende Beitrag soll daher nichts anderes als ein kleines Zeichen großen Dankes sein.

I

Das Thema „Agape und Abendmahl" hat heute eine aktuelle Bedeutung erhalten, die es notwendig macht, sich gründlich mit ihm zu befassen. Einmal will man das Abendmahl mehr als es bisher der Fall war in das gottesdienstliche Leben hineinnehmen. So wurde, um nur auf die jüngere und jüngste Vergangenheit der Geschichte der evangelischen Kirche hinzuweisen, von den liturgischen Bewegungen, die immerhin auf eine weit in das 19. Jahrhundert zurückreichende Tradition blicken können, die Forderung erhoben, dem Abendmahl seine ursprüngliche zentrale Stellung im Gottesdienst zu geben,[1] eine Forderung, die in vielen liturgischen Vorlagen und vor allem in den offiziellen Agenden weithin erfüllt wurde. Nun wird aber seit einigen Jahren dieser genannten Forderung eine neue hinzugefügt, die sich dahingehend äußert, das heilige Abendmahl gerade nicht dem sakralen Bereich zu überlassen. Der Weg für diese Bestrebungen scheint in einer Verbindung des heiligen Abendmahls

---

[1] Daß es zur Gewohnheit wurde, das Abendmahl getrennt vom Hauptgottesdienst zu feiern und es an diesen anzuhängen, hatte Gründe, auf die hier nicht weiter eingegangen werden kann.

mit einer profanen Mahlzeit gegeben. Es mag auf ein krasses, wenn auch nicht zu verallgemeinerndes Beispiel hingewiesen werden: man hat außerhalb des Gemeindegottesdienstes in kleinem Kreis ein Essen mit gebratenen Hähnchen veranstaltet und inmitten dieses Mahles das heilige Abendmahl gefeiert. Damit wollte man deutlich machen, daß eben Essen und Trinken als Vorgang im leiblichen Bereich menschlichen Lebens auch das Sakrament einbeziehen kann und soll.

Nun sollte man nicht in den Fehler verfallen, solchen Bestrebungen von vornherein eine ernsthafte Intention abzusprechen. Abgesehen von der apologetischen Situation, in die sich heute die Kirche gedrängt sieht und die sogar bei manchen Leuten, die die Liturgie von dieser apologetischen Situation her neu verstehen und gestalten zu müssen glauben und nicht wissen, daß daran die Aufklärung bereits gescheitert ist, eine gewisse Panikstimmung erzeugt, verdienen es die Vertreter dieser neuen Position, daß man das, was man entweder für oder gegen ihre Beiträge zur Neugestaltung der Abendmahlsfeier ins Feld führt, begründet.

II

Das Neue Testament kennt den Begriff „Agape" im Sinne einer Mahlgemeinschaft nur Jud. 12, und zwar bereits unter einem negativen Vorzeichen. Es wird darüber geklagt, daß diese Agapen (Liebesmahle) in Schlemmereien ausgeartet sind.[2] Aber eine Beziehung zur Eucharistie ist nicht festzustellen.[3] Es ist daher vorgeschlagen worden, den Begriff „Agape" selbst für das Urchristentum überhaupt fallen zu lassen.[4] — Nun läßt es sich nicht bestreiten, daß es sich beim Herrenmahl um eine echte Mahlzeit gehandelt hat.[5] Das geht aus den Einsetzungsberichten hervor und wird zudem durch die Tatsache unterstrichen, daß Jesus sehr oft mit seinen Jüngern und mit anderen Menschen Mahlzeiten eingenommen hat.[6] Es geht aus der Mehrzahl der Quellen nicht hervor, daß diese Mahlzeiten kultischen Charakter hatten. Nur Matth. 15, 32; 15, 19 und Mark. 6, 36. 46 erwähnen, daß bei diesen Mahlzeiten (Speisungswunder) eine Entlassung stattfand. Damit ist uns ein wichtiger Hinweis gegeben. Denn es steht fest, daß *jede* jüdische Mahlzeit immer von religiösen Zeremonien begleitet war. Es handelt sich um die sog. *chabura*, die eine gewöhnliche Mahlzeit bezeichnet, bei

---

[2] Vgl. zum Inhalt, nicht zum Begriff 2. Petr. 2, 13. Dazu Stauffer in ThW I S. 55 Anm. 169.

[3] s. Maclean in Encyklopaedia 1950, Bd. I S. 168.

[4] so Ferd. Hahn, Die alttestamentlichen Motive in der urchristlichen Abendmahlsüberlieferung EvTh 1967 S. 354.

[5] Das geht aus der Bedeutung des Begriffs *deipnon* hervor. Mit diesem Begriff wird sowohl eine gewöhnliche Mahlzeit wie Luk. 14, 12 u. ö. als auch das Herrenmahl bezeichnet, so 1. Kor. 11, 20 *kyriakon deipnon*. s. Behm ThW II S. 33 f. und weitere Belege bei W. Bauer WB, S. 33. — „Das eucharistische Mahl der ersten Christen war ursprünglich eine ganz gewöhnliche Mahlzeit" (Cullmann, Die Bedeutung des Abendmahls, in: Vorträge und Aufsätze 1967 S. 510 und ders., Urchristentum S. 13 f.). Einen umfassenden Überblick gibt Ed. Schweizer in RGG³ I S. 10-21, vgl. auch Maclean aaO. S. 167, der auf Apg. 2, 46 (*trophe*) hinweist.

[6] Belege bei Bultmann, Theol. des NT., S. 41 und S. 55, dazu W. Nagel, Geschichte des christlichen Gottesdienstes, 1962 S. 10.

der das Brot gesegnet, nach dem Essen ein ausführliches Dankgebet gesprochen und dann der Wein ebenfalls gesegnet wurde. Man ist heute, wenn auch nicht ganz einhellig, der Ansicht, daß das Abendmahl eben seinen Ort in solcher Mahlfeier hatte, mithin also mit einem Sättigungsmahl verbunden war.[7] Hier stellt sich nun die für uns entscheidende Frage, ob mit der Begriffsbestimmung „heiliges Abendmahl gleich *chabura*" alles gesagt und die Bedeutung des Abendmahles erschöpfend umschrieben ist, oder ob nicht im heiligen Abendmahl etwas völlig Neues uns begegnet, das zwar den Mahlcharakter nicht ausschließt, ihm aber einen völlig neuen und damit andersartigen Inhalt verleiht. Um diese Frage beantworten zu können, müssen wir die Frage so formulieren: Was ist das Eigentliche und Zentrale im Neuen Testament?[8] Wir stellen fest:

1. Jesus erscheint als der im Abendmahl Handelnde, was aus dem Deutewort hervorgeht.[9]

2. Der Sinn des eschatologischen Zusatzes wird erhellt durch die Tatsache, daß sich hier Menschen, indem sie sich um den gemeinsamen Tisch scharen, als eschatologische Gemeinde verstehen, sich zu Christus dem Herrn bekennen und die Gemeinschaft mit ihm erleben.[10] Die Tischgemeinschaft mit dem Auferstandenen (Luk. 24 und Joh. 21) veranlaßte die Jünger zu dem eschatologischen Jubel, wobei die Erinnerung an die Erfahrung seiner Gegenwart eine bleibende war.[11]

3. Der Begriff *anamnesis* wird hier besonders bedeutungsvoll insofern, als seine Anwendung auf das Abendmahl nicht eine Art Gedächtnis im Sinne der antiken Mysterien bedeutet, sondern die immerwährende Praesenz Christi selbst im heiligen Mahl zum Ausdruck bringt.[12]

4. Das wird besonders unterstrichen durch den Ruf *Maranatha*, in dem wiederum um die Gegenwart Christi gebetet wird.[13]

---

[7] Schon v. d. Goltz, Tischgebete u. Abendmahlsgebete 1905 S. 5-13 hat darauf hingewiesen und auch die entsprechenden Texte abgedruckt. Dasselbe finden wir bei Lietzmann, Messe und Herrenmahl, S. 206, der zu dem Schluß kommt, daß der Kultakt des Abendmahles einen Teil der *chabura* bildet. — G. Dix, The Shape of the Liturgy, 1954, S. 50-82 bietet eine sehr breit angelegte Analyse aufgrund der Texte. Ein Vergleich mit den Texten des NT ergibt, daß *chabura* und Abendmahl ursprünglich eine Einheit waren. Kretschmar RGG³ I Sp. 40 schließt sich dem an. Damit ist die lange Zeit verfochtene These, es handle sich beim Abendmahl um eine christliche Passahfeier, ins Wanken gekommen, vgl. Ed. Schweitzer RGG³ I Sp. 17 f. Hier ist der Stand der gegenwärtigen Forschung zusammengefaßt. — Man wird aber berücksichtigen müssen, daß es in der alten Kirche eine Passahtradition gegeben hat, die bis ins 4. Jhdt. hinaufreicht, s. u. sowie B. Lohse, Das Passahfest der Quartadezimaner 1953 S. 18. — Auch die Ansicht Bultmanns, aaO. S. 146, es handle sich um die Übernahme hellenistischer Kultmähler, ist hinfällig, wie Käsemann, EvTh 7, 1947/48, S. 270 zeigt.

[8] Es kann hier nicht die ganze Diskussion um das Verständnis des Abendmahls entfaltet werden. Es kommt hier nur darauf an, die wichtigsten Merkmale aufzuzeigen.

[9] Behm ThW III S. 741.

[10] Du Toit, Der Aspekt der Freude im urchristlichen Abendmahl, 1965 S. 104, dazu Käsemann, aaO. S. 272 ff., F. Hahn, aaO. S. 344-347. vgl. auch Mark. 2, 18 f.; Luk. 14, 16-24.

[11] Hahn, aaO. S. 347, Bultmann ThW I S. 18 ff.

[12] Behm ThW III S. 739, vgl. ders., I S. 351. — Käsemann, aaO. S. 282 u. a.

[13] Kuhn ThW IV S. 475.

5. *koinonia* beinhaltet nicht Gemeinschaft in unserem gebräuchlichen Sinne, sondern die Teilhabe an Christus, der die Menschen zusammenführt als „eine übergeordnete Autorität".[14]

6. Der Ritus des Brotbrechens kann verschiedene Bedeutung haben. Im Mittelpunkt des Interesses stehen dabei die Aussagen von Apg. 2, 46; 2, 42; 20, 7; 20, 11 und 27, 35. — Nach jüdischer Auffassung ist Brot Typus für das Volk Gottes.[15] Die Christen bezogen das nun auf Christus und die Mahlgemeinschaft mit ihm.[16] Diese Mahlgemeinschaft, in deren Mittelpunkt der gegenwärtige Christus steht, gibt im Brotbrechen dem Menschen Anteil am Leibe des Herrn und macht die daran Teilnehmenden zum Volke Gottes.[17]

7. Das Hineingenommensein in den Leib Christi durch das heilige Abendmahl bedeutet eine Hineinnahme in den Herrschaftsanspruch Christi. Und wieder begegnet uns hier die Realpraesenz des Herrn. Im Begriff des *anaxios* (1. Kor. 11, 27), das ja in Beziehung zum Abendmahlsverständnis steht — da es darum geht, zu unterscheiden zwischen gewöhnlichem Essen und dem Empfang des Leibes Christi im Abendmahl —, wird auf das Endgericht reflektiert, was soviel bedeutet, daß hier der Herrschaftsanspruch Christi geltend gemacht ist, und zwar im Hier und in der Ewigkeit. Das Kriterium liegt darin, daß scharf zwischen dem *kyriakon deipnon* und dem *ideon deipnon* unterschieden wird. Dort wird Christus als der Herr anerkannt, der also im Abendmahl praesent ist, hier steht der Mensch im Mittelpunkt und nun auch im Empfang des heiligen Mahles. In 1. Kor. 10, 14—22 kommt das darin zum Ausdruck, daß es hier um die Entscheidung zwischen Christus und den Dämonen geht, eine Entscheidung, die gerade in der Tischgemeinschaft manifest wird. Tischgemeinschaft heißt Gemeinschaft mit dem Herrn oder mit den Dämonen. Es kommt also darauf an, wer dahintersteht.

Abendmahl heißt: der Kyrios ist gegenwärtig. Diese Gegenwart des Herrn ist Kern und Zentrum des ganzen Geschehens. Die Texte zeigen, wie diese Erkenntnis eigentlich hinter allen Aussagen des Neuen Testamentes über das Abendmahl steht. Kann es unter diesem Aspekt eine Verbindung zwischen Abendmahl und Sättigungsmahl geben? 1. Kor. 11 zeigt, daß gerade, weil Paulus eingetretene Mißstände geißelt, diese Verbindung ursprünglich bestanden hat. Ja, daß diese Verbindung zur Zeit, als Paulus seinen Brief geschrieben hat, noch bestand. Denn man wird einmal daran erinnern müssen, daß ja in der *chabura* das Herrenmahl mit dem Sättigungsmahl verbunden war, zum andern wird man sich dem Argument nicht verschließen können, daß nach V. 25 *(meta to deipnesai)* hier das Sättigungsmahl eingeschoben worden ist, es also zu der ganzen Feier hinzugehörte.[18] Damit ist bewiesen, daß das Abendmahl wohl im Rahmen der *chabura* und mit dieser zusammen gefeiert wurde, sich jedoch von dem Sättigungsmahl unterschied und eine Eigenbedeutung erhielt.[19] Es darf

---

[14] Käsemann, aaO. S. 282. [15] Eisler, ZNW 24, S. 161-192. [16] Hauck, ThW III S. 805.

[17] Haenchen, Die Apostelgeschichte S. 157 meint, in Apg. 2, 42 handele es sich um „das christliche Gemeinschaftsmahl". — In Apg. 20, 7 besteht kein Zweifel, daß das Herrenmahl gemeint ist.

[18] Conzelmann, Der erste Brief an die Korinther (Meyer) 1969, S. 234.

[19] Das betonen außer Conzelmann, Hahn, Käsemann auch Lietzmann und Dix.

aber auch nicht übersehen werden, daß die Verselbständigung des Sättigungsmahles zu den von Paulus angeprangerten Mißständen führte. Wird nun dadurch die Verbindung von Sättigungsmahl und heiligem Abendmahl als solche schlechthin abgelehnt? Dazu ist zu sagen, daß das Gegensatzpaar *idion deipnon* und *kyriakon deipnon* eine Gemeinsamkeit beibehält (*deipnon*!): Der Unterschied wird durch den Gegensatz *idion-kyriakon* bzeichnet. Daraus folgt: Wenn das Sättigungsmahl nicht mehr unter dem Vorzeichen des *idion*, sondern unter dem Vorzeichen des *kyriakon* steht, kann man die Verbindung beibehalten. Denn in diesem Falle hat man sich dem Alleinherrschaftsanspruch Christi, der in die *repraesentatio* des Herrn im heiligen Abendmahl einbezogen ist, gebeugt. Indem die Tradition der jüdischen Tischsitten beibehalten, wenn auch mit neuem Inhalt gefüllt ist, wird aus diesem Sättigungsmahl nicht ein profanes Mahl, das nach 1. Kor. 10 als fremdes, in unserem Falle heidnisches Kultmahl zu verstehen ist, sondern es bleibt ein Mahl, bei dem die damit urtümlich verbundenen religiösen Elemente beibehalten sind. Bleiben also Sättigungsmahl und heiliges Abendmahl in *einer* Feier vereinigt, muß dieses Sättigungsmahl auf das heilige Abendmahl bezogen und von ihm her verstanden und gestaltet werden. Auf alle Fälle bleibt also der Primat des heiligen Abendmahls erhalten. Geschieht das Umgekehrte, wird das heilige Abendmahl so in das Sättigungsmahl einbezogen, daß seine Eigenbedeutung darin aufgeht, man also nicht mehr „den Leib des Herrn unterscheidet" und so das Mahl „mit profaner Speise und profanem Trank verwechselt",[20] dann genießt man es *anaxios*, also „unangemessen".[21] Sind die genannten Voraussetzungen erfüllt, dann besteht kein Grund, die Vereinigung von Sättigungsmahl und Abendmahl in einer Feier schlechthin abzulehnen, aber es besteht auch kein Grund, diese Vereinigung unter allen Umständen zu fordern. Ja, man wird sogar der Möglichkeit, beide Mähler zeitlich getrennt zu feiern, Raum geben können.

III

Wenn nach den Aussagen des Neuen Testamentes die Möglichkeit offengelassen wurde, Agape und Eucharistie in einer gottesdienstlichen Handlung zu vereinigen und nur dann, wenn sich Mißbräuche eingestellt haben, davor zu warnen, das zu tun, so ist es wichtig, zu wissen, wie die Kirche sich im Laufe der Geschichte dazu gestellt hat.

Nach den Briefen des Ignatius von Antiochien steht die Agape in engstem Zusammenhang mit der Eucharistie, so daß beide Begriffe dasselbe bedeuten können.[22]

Der Zusammenhalt beider Handlungen und zugleich der Schutz vor Mißbräuchen ist dadurch gewahrt, daß nun der Bischof bei beiden Handlungen zugegen sein soll und sie auch vollzieht. Damit ist die Agape zu einer Institu-

---

[20] Käsemann, aaO. S. 279.   [21] so Käsemann ebenda.
[22] Smyrn 7, 1 bei Bihlmeyer, Die apostolischen Väter 1950 S. 108, vgl. Röm. 7, 3, ebenda S. 100 f. Zur Diskussion um das ganze Problem vgl. Maclean, aaO. S. 169.

tion der Kirche geworden.[23] In der Epistola Apostolorum (2. Jahrhundert) wird der enge Zusammenhang zwischen Agape und Eucharistie wiederum deutlich. Zwischen den beiden überlieferten Texten (aeth. und kopt.) besteht allerdings insofern ein Unterschied, als einmal (aeth.) die Eucharistie vor der Agape, nach dem koptischen Text nach der Agape gefeiert wird.[24] Den ersten greifbaren Hinweis auf die liturgische Gestaltung der Agape erhalten wir in der Didache.[25] Wir finden hier in den Kapiteln IX und X zwei Gebetsreihen, die durch eine Rubrik voneinander getrennt sind. Beide Male ist vom *eucharistein* die Rede. Aber der Unterschied ist doch augenfällig: Am Schluß der zweiten Gebetsreihe stehen nämlich die typischen Abendmahlsformeln: das *Hosiannah* und das *Maranatha*.[26] Dazu ist zu beachten, daß in XIV 1 auch Angaben über eine Feier der Eucharistie gemacht werden. Der Unterschied zwischen beiden Vorlagen ist der, daß IX 1-4 die Eucharistie mit der Segnung des Bechers beginnt, während nach XIV 1 am Anfang die Brotsegnung steht. Das bedeutet aber nicht, daß hier etwas grundsätzlich Neues geschaffen ist, sondern daß die Form der jüdischen Mahlzeit in einer wenig veränderten Weise beibehalten ist.[27]
Es ist nun die Frage zu beantworten, ob es sich hier nicht doch um zwei verschiedene Feiern handelt, einmal um eine Feier, in der Agape und heiliges Abendmahl einbegriffen sind, zum andern um eine reine Eucharistiefeier ohne Agape. Dieses würde bedeuten, daß in XIV 1 bereits die Agape von der Eucharistie getrennt erscheint. In IX-X ist aber der Zusammenhang eindeutig, selbst wenn man die Rubrik IX 5 für einen späteren Zusatz halten würde.[28] M. E. ist das Problem bisher nicht befriedigend gelöst worden.[29] Jedenfalls steht fest, daß die Didache-Gebete die Begriffsbestimmung von Ignatius noch erhalten haben, daß der Begriff *eucharistein* für beide Feiern gültig ist und so seine grundsätzliche Unterscheidung fortfällt, was nicht eine sachliche Vermischung von beiden bedeuten muß. Die Vermeidung einer solchen Vermischung ist in der Form der Feiern selbst gegeben. Nur auf eines sei verwiesen: Kommen wir nicht doch dem Phänomen der doppelten Erwähnung der Eucharistie (einmal mit Agape, zum andern ohne Agape) näher, wenn wir nun doch der These zustimmen, daß es sich hier in IX-X um eine häusliche Eucharistiefeier ge-

---

[23] Smyrn. 8, 2 bei Bihlmeyer S. 108. Phil. 4 wird gemahnt, nur an einer Eucharistie teilzunehmen, womit indirekt gesagt ist, daß diese Gefahr wie in Korinth (1. Kor. 10, 26) bestanden haben muß.

[24] Schneemelcher, Neutestamentliche Apokryphen 1959 S. 137 f. Es muß beachtet werden, daß hier das Gedächtnis des Todes Christi und d. h. die Eucharistie mit dem Passah in Verbindung gebracht wird, woraus zu schließen ist, daß die Passahtradition nicht abgerissen ist und die Urchristenheit daran festgehalten hat. — Vgl. B. Lohse, aaO., 13 ff.

[25] Zum Ganzen: Dix, aaO. S. 90-93. — Lietzmann, aaO. S. 202-209, v. d. Goltz, Das Gebet S. 207-223. ders., Tischgebete S. 31 ff., Drews, Art. Eucharistie RE³ V S. 563 f., Th. Schermann, Studien zur Geschichte und Kultur des Altertums, 1915 II S. 412-421. ders., Agapen in Ägypten, ThGl 5, 1913 S. 177-187. — Text: Bihlmeyer, aaO. S. 1-9.

[26] Bihlmeyer, aaO. S. 6.   [27] Drews, aaO. S. 263 f.

[28] Das tut Hahn, aaO. S. 335 Anm. 64a im Anschluß an Dibelius, Die Mahlgebete 1937, wobei zu beachten ist, daß Hahn IX 1-4 in Analogie zu Luk. 22 als eine urchristliche Passahfeier ansieht.

[29] S. die unter Anm. 25 angegebene Literatur. Eine nähere Beschäftigung mit den dort im Für und Wider dargelegten Argumenten trägt für unser Thema nichts Wesentliches bei.

handelt habe?[30] Für das 4. Jahrhundert wird das wohl doch bezeugt durch Ps. Athanasius, der eine solche Feier aus einem Nonnenkloster berichtet. Zunächst ist es eindeutig, daß es sich um eine Agapefeier handelt. Dabei ist es sehr interessant, daß die Form dieser Feier den Brauch bei einer jüdischen Mahlzeit aufnimmt und ihn mit christlichem Inhalt füllt.[31] Von Athanasius ist ein Gebet mitgeteilt,[32] das er für die Mahlzeit der Asketinnen, die diese nach der Non einnahmen, bestimmt hat. Diese Gebete tragen eindeutig eucharistischen Charakter, so daß auch für diesen Bereich die Zusammenfassung von Agape und Eucharistie nachgewiesen ist. Dasselbe gilt auch von den aprokryphen Thomasakten, die eindeutig häusliche Mahlfeiern schildern, wobei allerdings zu berücksichtigen ist, daß der Spender hier ein Apostel ist.[33] Die KO des Hippolyt vom Anfang des 3. Jahrhunderts bringt uns der Beantwortung der Frage nach der Relation von Agape und Abendmahl ein großes Stück näher.[34] Denn hier werden uns nicht nur Gebetstexte angeboten, sondern die Handlung selbst wird beschrieben. Diese Texte werden uns darüber Auskunft oder wenigstens Anhaltspunkte geben, ob es im Falle einer zeitlichen und auch grundsätzlichen Trennung von Agape und Abendmahl Anhaltspunkte dafür gibt, daß wenigstens Verbindungslinien geblieben sind, die das Abgleiten der Agape in die Profanität verhindert haben.

Bei dem von Hippolyt selbst stammenden Formular handelt es sich um eine Privatagape, die in keinem unmittelbaren Zusammenhang mit der Eucharistie steht.

1. Die Gläubigen empfangen vom Bischof das Brot, das dieser gebrochen hat. Sie nehmen davon ein Stück und essen es mit den Gläubigen. —

2. Aus der Hand des Bischofs nehmen sie ein Stück *(klasma)*, bevor sie ihr eignes Brot nehmen. Denn dieses Brot ist *eulogion* und nicht Eucharistie, nämlich der Leib des Herrn (Dix S. 45). —

3. Jeder nimmt einen Kelch und sagt Dank.

4. Die Katechumenen erhalten Exorzistenbrot; sie sollen einzeln den Kelch darbringen (Hauler S. 113).

---

[30] Das ist die These von v. d. Goltz, Tischgebete S. 32 f. und Gebete S. 214 f. — Lietzmann sieht beides in IX-X verbunden (aaO. S. 202-209), während Dix meint, die Didache sei für Laien geschrieben, so daß man ihnen eine Vorlage für die ganze Feier von Eucharistie und Agape darbieten mußte, während der Bischof, der die Freiheit zu formulieren hatte, eine solche Vorlage nicht brauchte, aaO. S. 93.

[31] S. v. d. Goltz, Gebete S. 224, Texte S. 344 f., Tischgebete S. 32-35 (Texte und Beschreibung). Schermann, Ägyptische Agapen S. 178 lehnt diese Thesen ab und behauptet, es handle sich um nichtsakramentale Mahlzeiten. Er verweist auf einen Brief des Hl. Basilius (Text MPG 32, 485), aus dem hervorgeht, daß in den Verfolgungszeiten ein Brauch aufkam, der sich sehr spät erhalten hat, daß nämlich Mönche Teile der Eucharistie nach Hause nahmen, um sie dort zu verzehren.

[32] peri parth. cap. XII-XIV. Text bei v. d. Goltz, Tischgebete S. 33 u. 35.

[33] Texte bei v. d. Goltz, Tischgebete S. 32 Anm. 1 u. Gebete S. 350-353; deutsch bei Schneemelcher, aaO. S. 318 ff.; 329; 359.

[34] Texte: Edm. Hauler, Didascalia Apostolorum 1900 S. 113 ff. — Dix, The Treatise on the Apostolic Traditions of St. Hippolytus of Rom 1937 S. 45-53 (in diesem Text finden sich auch als Parallele der Text der aethiopischen KO und die Canones Hippolyts sowie der Text aus dem Testamentum Domini Jesu Christi, s. u.). — Theodor Schermann, Die allgemeine Kirchenordnung 3. Teil. 1916.

5. Ein Katechumene soll nicht sitzen am Tisch beim Herrenmahl *(deipnon)*. Hauler S. 113: „Catechumeni in cena dominica non concumbant."

6. Er soll an den denken, „qui illum vocavit" (ebenda), und

7. daß er als der Eingeladene „sub tecto eius" eingegangen ist. —

8. Unter Hinweis auf Matth. 5, 13 wird zur Ordnung gemahnt. —

9. Was zum Mitnehmen bestimmt ist, davon soll man essen (Sättigungsmahl), doch so, daß der Gastgeber, wenn er will, es dem zuwenden kann, dem er es zuwenden will „mittat tamquam de reliquis sanctorum et gaudeat in fiducia" (Hauler S. 114). —

10. Es soll beim Mahl Ruhe bewahrt werden. Die Eingeladenen werden dazu gemahnt „qui vocat vos" (S. 113). Der Bischof kann Fragen stellen. Ist er nicht zugegen (in coena), sollen sie sich auch in Gegenwart eines Presbyters oder Diakonen so verhalten. Von ihnen sollen sie das gesegnete Brot empfangen. — Ebenso sollen die Katechumenen das exorzisierte Brot empfangen (Hauler S. 113). —

11. Wenn Laien unter sich sind, sollen sie nicht eine Brotsegnung vornehmen, „Laicus enim benedictionem facere non potes" (Hauler S. 114). —

12. Ein jeder esse im Namen Jesu (Hauler S. 114): „Unusquisque in nomine Domini edat."

13. „Wenn jemand Witwen zum Mahle laden will, die schon bejahrt sind, so entlasse er sie vor Abend. Im Falle der Verhinderung durch Amtsdienst sollen sie Speisen und Wein erhalten und nach ihrem Belieben zu Hause verzehren." [35]

Obwohl es sich um eine Ordnung für eine Privatagape handelt, läßt es sich nicht bestreiten, daß dennoch hier ein innerer Zusammenhang mit der Eucharistie besteht. Wir finden folgende Punkte, die das bestätigen.

a. Abgesehen davon, daß betont wird, es handle sich nicht um die Eucharistie, sondern um eine Eulogie, bleibt es dem Bischof allein vorbehalten, das Brot zu brechen.

b. Das wird noch durch die Tatsache unterstrichen, daß Laien das Brot nicht segnen können, sondern (in Vertretung des Bischofs) Diakone oder Presbyter diese Handlung vornehmen sollen.

c. Die Katechumenen dürfen nicht am Tisch Platz nehmen, an dem die Gläubigen sitzen, weil es sich bei der Agape um eine *coena dominica,* also um ein *deipnon kyriakon* handelt. Das ist um so erstaunlicher, als ja jegliche Verbindung mit der Eucharistie bestritten wird.

d. Die Mahnung, sich nicht zu betrinken usw., ist nicht eine Anprangerung von Mißständen, sondern eine Mahnung zur Anständigkeit, damit der Gastgeber nicht beleidigt wird. — Beachtenswert ist auch, daß bei dem Mahl eine Art Katechese gehalten werden soll.

Wir haben es bei dieser Vorlage nicht mit einem ausgesprochen kultischen Mahl, wohl aber mit einem kirchlichen Mahl zu tun. Zur Eucharistie besteht eine innere Verbindung. Sie zeigt sich darin, daß immer wieder das Mahl *coena dominica* genannt wird. Sie zeigt sich ferner darin, daß die Katechumenen nicht an einem Tisch mit den Gläubigen sitzen können. Sie zeigt sich auch darin, daß das Ganze mit Würde gefeiert werden soll, wie es sonst nur dem Abendmahl gebührt, wobei eine Katechese gehalten wird. Wir finden hier den Sachverhalt, der uns bei der Betrachtung des neutestamentlichen Befundes begegnete, wieder. Alles ist von dem Mittelpunkt her verstanden, der der Mittelpunkt der Kirche ist: der Herr. Dieses Mahl steht ganz im Raum des kirchlichen Lebens und wird

---

[35] Übersetzung bei Hennecke, Neutestamentliche Apokryphen S. 582, Text bei Hauler, aaO. S. 114.

vom Mittelpunkt dieses Raumes her verstanden. Von einer Profanisierung kann also keine Rede sein.[36]

Die aethiopische KO stellt eine östliche Version der KO des Hippolyt dar und ist von Rom unterschieden.[37] Vor der eigentlichen Agapenordnung steht ein Abschnitt, der von den Gaben an die Kranken handelt. Danach soll der Diakon den Kranken das „Siegel" bringen, womit offensichtlich die Eucharistie gemeint ist.[38] Die Kranken sollen es zusammen mit dem, was gegeben ist, verzehren, wobei der Diakon eine Danksagung spricht. Diese Gaben werden das „Brot der Armen" genannt. An diesen Abschnitt schließt sich nun eine höchst wichtige Ordnung an, die uns sehr genau den Verlauf einer Gemeindeagape schildert.

1. Am Abend wird durch einen Diakon das Licht hineingetragen. Der Bischof tritt mitten unter die Gläubigen. —
2. Er spricht das Gebet über dem Licht. Dieses Gebet, das im Wortlaut wiedergegeben ist, wird eingeleitet durch die *salutatio*, auf die unmittelbar das *Gratias* mit dem *Vere dignum* folgt. Das *Sursum Corda* wird jedoch nicht gesungen, weil es „zur Zeit des Opfers", d. h. bei der Messe gesungen wird. —
3. Es folgt die Mahlzeit. Danach sollen Kinder und Jungfrauen Psalmen singen. —
4. Der Diakon ergreift den Becher. *Prosphora*. —
5. Der Bischof reicht ihn weiter und spricht den Halleluja-Psalm, der zu dem Kelch paßt (Duensing S. 77). —
6. Danach soll er den Kelch benedicieren „und von den Brocken soll er auch allen Gläubigen geben" (ebenda).

Der erste Teil der Agapenordnung steht in Parallele zum jüdischen Lichtsegen, während der zweite Teil der jüdischen Sabbatkiddusch entspricht.[39] Beides ist aber dahingehend verändert, daß das Ganze — was sich vor allem in den Gebeten zeigt — mit christlichem Inhalt gefüllt ist.[40]

Für das 3. Jahrhundert ist uns eine ähnliche Abendfeier überliefert, und zwar durch Tertullian und Cyprian.

a. Tertullian schildert Apologeticum 39 eine Agape der Gemeinde, die unter Vorsitz durch Älteste (*seniores*) geleitet wurde. T. spricht ausdrücklich von

---

[36] Vielleicht hat Dix sogar recht, wenn er von einer Ausgliederung der Agape aus dem kirchlichen Raum spricht und dieses dem Umstand zuschreibt, daß die römische Gemeinde zu groß geworden war (The Shape S. 84 f.).

[37] Text: Dix, The Treatise S. 45-53 (engl.). H. Duensing, Der Aethiopische Text 1946 (deutsch). — Dazu: v. d. Goltz, Unbekannte Fragmente usw., in: Sitzungsberichte der kgl. preuss. Ak. d. Wissenschaft 1906 S. 147—153.

[38] S. Schermann S. 147 Anm. 1.

[39] Schermann, Agapen S. 182 ff.; dazu Lietzmann, aaO. S. 202 f., der den Text der jüdischen Sabbatkiddusch abdruckt. Dix, The Shape S. 85 ff.

[40] Auch nach Socrates (4. Jhdt.) wurde die Sabbatkiddusch mit Agape und Eucharistie gefeiert (hist. eccl. V 2, PG 67, 636) vgl. Sozomenos hist. eccl. VIII 9 (PG 67, 1487). In Ägypten scheint es keine Mißstände mehr gegeben zu haben. Das war bekanntlich im 2. Jhdt. noch anders. Clemens von Alexandria geißelt diese Mißstände sehr scharf (Paed. II I 4, 3). Aber wir finden auch hier einen Hinweis darauf, daß die Speise, wenn sie in rechter Weise gebraucht wird, nützlich sein kann: „Bewundernswert ist es also, wenn man zu der Wahrheit emporblickt, sich fest an die göttliche Speise, die droben ist, hält und sich von der unerschöpflichen Betrachtung des wahrhaft Seienden ganz erfüllen läßt, wodurch man die beständige und dauernde und reine Freude genießt. Daß wir dieses Liebesmahl erwarten müssen, das zeigt die Speise, die von Christus ist" (also die Eucharistie), Paed. II I 9, 3. Vgl. L. Fendt, Einführung S. 25 f.

einer Agape. Man ist freiwillig zusammengekommen. Es gibt keine Vereinskasse, sondern jeder gibt nach seinem Vermögen. Die Feier wird mit Gebet eröffnet, dann legt man sich zu Tische, es wird Wasser zum Waschen der Hände gereicht, und die Lichter werden angezündet. Es folgt das Mahl selbst. Den Schluß bilden Lobgesang und Gebet.

b. Bei Cyprian ep. 63, 16 ist die Agape ein privates Essen beim Bischof nach der abendlichen Eucharistie. Diese Agape wird auch mit einem religiösen Rahmen umgeben, und zwar unter Hinweis auf Ex. 12, 6 und Ps. 141, 2. In der Folgezeit finden wir für das Verhältnis von Agape und heiligem Abendmahl keine neuen Aspekte. Nur sei darauf hingewiesen, daß noch um 500 von einer *agape kyriake* die Rede sein konnte.[41] Man feierte auch weiterhin Agapen in den Kirchen und Häusern. So berichtet Paulinus von Nola (um 400) von einer großen Armenspeisung, die ein reicher Mann wie Pamachius in Rom veranstaltete.[42] Das geschah zu einer Zeit, in der gerade die Konzilien das ganz scharf verurteilten.[43]

Am erstaunlichsten ist es aber doch, daß noch im Sakramentarium Gelasianum (erste Hälfte des 8. Jahrhunderts) und im Gregorianum, besser Hadrianum (2. Hälfte des 8. Jahrhunderts) Gebete für die Agape angeboten werden.[44] Das ist insofern erstaunlich, als die Sakramentare bekanntlich Bücher für die Zelebranten waren und also dem Gebrauch bei der Messe dienten.[45] Es läßt sich nicht mehr feststellen, ob es sich hier wirklich um eine echte Agapefeier innerhalb der Messe gehandelt hat, oder ob es nur den Restbestand aus einer sehr alten Vorlage, auf die beide Sakramentare zurückzuführen sind, darstellt.

Aus den Texten, die uns die Taufe und die Eucharistie schildern, geht hervor: Die Agapen waren — wenn man von den häufigen Vorwürfen, in denen Mißstände aufgedeckt wurden, absieht — nicht nur ihrem Ursprung nach Sättigungsmähler, sondern immer auch Armenspeisungen und Veranstaltungen, bei denen für die Armen gesammelt wurde. Man schickte diesen dann die Gaben ins Haus. Hier brach die altchristliche und zum Christentum überhaupt gehörende Lehre von der Nächstenliebe sich Bahn. Agape war der in die Tat umgesetzte Begriff, wie er sich im Neuen Testament findet.[46]

---

[41] can. Hippol. Nr. 172; vgl. Nr. 164. — Duchesne, Origines S. 515.

[42] ep. XIII 11-16, PL 61, 211-213. Eine solche Agapefeier wird durch die Feier der Eucharistie eingeleitet (ebenda Kap. 14).

[43] Synode von Hippo (a. 393) Bruns, Canones Apostolorum 1831, S. 127, 138, 167. — Man war zwar im Notfall nicht dagegen, lehnte es dennoch prinzipiell ab. Bruns S. 127; vgl. Grangense 362 Bruns S. 108 Can. XI.; Laodicense Can. 58. Bruns S. 79 und schließlich Trullanum (a. 682) Bruns S. 58.

[44] Orationes pro his, qui Agape faciunt. Wilson, The Gelasian Sacramentary, Oxford 1894, S. 261 Nr. XLVIII (Gelasianum). — Oratio ad agapem pauperum bei Lietzmann, Sacramentarium Gregorianum LQF 3, 1921, S. 126 n. 210 (Gregorianum). — In den beiden Gebeten wird die agape (im Sinne des Liebesdienstes überhaupt) in das Licht des Handelns Gottes gestellt. Im Hadrianum wird zudem noch der Hl. Laurentius erwähnt.

[45] Martimort, Handbuch der Liturgiewissenschaft Bd. I, 1963, S. 301 und S. 307.

[46] Zum Ganzen s. die umfangreiche und die Quellen nahezu vollständig erschöpfende Monographie von Bo Reicke, Diakonie, Festfreude und Zelos, Uppsala 1951. Vgl. besonders Tertullian Apol. 39.

Die Agape jedoch erhielt ihren Vollsinn nur dadurch, daß sie wie auch immer mit der Eucharistie verbunden war. Gewiß wurde die Eucharistie in der Agape nicht nachgeahmt oder durch sie gar ersetzt. Die Ordnungen zeigen, besonders deutlich die aeth. Ordnung des Hippolyt, eine fast ängstlich anmutende Vermeidung jeglicher Parallelisierung. Dennoch behielten diese Agapen einen tief religiösen, d. h. christlichen Charakter. Dazu dienten die immerwährenden Mahnungen zum Ernst bei der Feier dieser Mahlzeiten.[47] Warum wurde, wie in der KO Hippolyts von Rom und noch in dem can. Hippol. um 500, die Möglichkeit vorgesehen, daß der Bischof eine Katechese oder eine Homilie hielt?[48] Das ist doch alles noch dagewesen, als die Agapen jedenfalls offiziell nicht mehr erwünscht waren. Man kann sich das nur so erklären, daß man sich in der Christenheit immer das Bewußtsein der Bruderschaft erhalten hatte, so wie es Tertullian in ergreifender Weise berichtet.[49] Die Verbindung zwischen Agape und Eucharistie wurde eben darin manifest und es blieb, daß man nie vergessen hatte, daß es immer um den einen Herrn ging, der im Abendmahl gegenwärtig ist und der die zu seinem Leibe Gehörenden zum Gehorsam und darum zur Liebe verpflichtete. Das gibt die Erklärung dafür, daß man vom *deipnon kyriakon* sprach und in älterer Zeit von der *eucharistia* redete (Ignatius, Didache und später bis zu den can. Hippol.), nicht beides vermischend, aber auch beides nicht trennend. Weil nach 1. Kor. 11 immer der Kyrios im Mittelpunkt stand, nun das *deipnon idion* nicht mehr möglich war, mußte Agape eben die Bezeugung der Liebe sein, auch und vor allem in dem Mahl, das entweder vor oder nach der Eucharistie gefeiert wurde. Es ist kein Zufall, daß schon verhältnismäßig früh in der syrischen Didaskalia dieser Gesichtspunkt der Liebe zu den Armen in den Vordergrund rückte.[50]

IV

Wir stehen nun gerade angesichts des eben Ausgeführten vor der großen Frage: Wie war es möglich, daß Agape und Eucharistie voneinander getrennt wurden? Die Erklärung dafür gibt uns die Entwicklung der Kirchengeschichte. Die Gemeinden der vorkonstantinischen Zeit waren überschaubare Gebilde. Dazu gehört, daß man sich auch innerhalb der Einzelgemeinde der Armen annehmen konnte. Wir wissen das aus dem Neuen Testament.[51] Wir wissen es aber auch aus der späteren Zeit. So gibt uns Tertullian ein sehr gutes Bild von der soziologischen Struktur der Gemeinde, indem er aufzeigt, für wen die Gemeinde bei ihrer Agape sorgen mußte.[52]

---

[47] „Da sie (die Agape) sich aus einer religiösen Verpflichtung herleitet, läßt sie nichts Niedriges, nichts Ungehöriges zu", Tert. apol. 39.
[48] „sermonicatur sedens" can. 177.
[49] apol. 39: „Doch mit wieviel mehr Recht heißen und sind uns Brüder diejenigen, die Gott als ihren einen Vater erkannt, die den einen Geist der Heiligkeit eingesogen haben, die aus dem einen Leib derselben Unwissenheit zu dem einen Licht der Wahrheit emporgeschreckt sind! Wir haben keine Bedenken, einander an unserm Vermögen teilhaben zu lassen."
[50] 3. Jhdt., hrsg. von Achelis-Fleming cap. IX S. 44 ff.
[51] S. Art. Armenpflege RGG³ I Sp. 619 f.   [52] apol. 39.

Das wurde mit dem Eintritt der Massen in die Kirche im 4. Jahrhundert radikal anders. Einerseits gewann die Kirche an Reichtum und Einfluß, andererseits wuchs die Zahl derer, die sie nun zur Behebung ihrer Armut beanspruchten, in erheblichem Maße. Die Kirche hat damals getan, was sie konnte, aber sie konnte es nicht mehr wie ehemals tun, nämlich allein durch Spenden aus den Agapen.[53] Schon Cyprian begründet ep. 63, 16 die Privatagape beim Bischof mit dem Hinweis, daß man das ganze Volk dazu nicht einladen könne. Später haben sich die Klöster in besonderer Weise der Armen angenommen. Es versteht sich von selbst, daß die reformatorischen Kirchen dem nacheiferten, wenn auch nun unter ganz anderen Voraussetzungen. Niemals aber hat sich die christliche Armenfürsorge mit der rein humanen Hilfe benügt. Hier taucht wieder der Gesichtspunkt auf, der uns durch die ganze Untersuchung geleitet hat: Auch als die Agape als gottesdienstliche Handlung vom Gottesdienst selbst gelöst wurde, blieb dennoch in denen, die sich der Armenpflege widmeten, das Bewußtsein von dem Zusammenhang mit dem gottesdienstlichen Leben erhalten. Indem diese Menschen den Armen dienten, wollten sie Christus dienen. Das tritt uns in besonderer Weise in dem diakonischen Werk aller christlichen Kirchen entgegen. Es ist kein Zufall, wenn im 19. Jahrhundert Wichern, Löhe u. a. immer höchsten Wert darauf gelegt haben, daß das Werk der Diakonie von dem Gebet und dem Sakrament getragen wird. Das gilt gerade von dem Mann, der im besonderen Maße sich der Armenfürsorge angenommen hat: Wilhelm Löhe. In seinen „Gedenkbüchern" findet sich der bekannte Satz: „Wem will ich dienen? Dem Herrn in seinen Elenden und Armen."[54] Aber ebenso verdient angemerkt zu werden, daß Löhe expressis verbis auf die Agapen der alten Kirche Bezug genommen hat. Er spricht von einer „lieblichen Erscheinung" und zeigt dann, daß es im Zuge der historischen Entwicklung unmöglich war, sie wieder zu beleben, was er bedauert.[55]

Der zweite Grund für das Verschwinden der Agape als besonderer Handlung im Gottesdienst ist darin zu sehen, daß das Abendmahl mit dem Wortgottesdienst verbunden wurde. Dieses geschieht ja bereits bei Justin 150 in Rom. Gewiß wird in Ap. 65 noch über eine Agape berichtet, die dem eigentlichen Gottesdienst voranging. Dennoch kündet sich hier eine Verschiebung der Akzente bereits an. Denn in Ap. 67 wird die eigentliche Gabendarbringung, also als Darbringung für Gott, innerhalb des Gottesdienstes vorgesehen.[56] Noch Hippolyt kennt diese beiden Handlungen.[57] Dann aber blieb nur eine Handlung übrig, aus der sich das Offertorium entwickelt hat. Zunächst brachte man noch außer Brot und Wein Gaben für die Armen, dann aber unterblieb das,

---

[53] vgl. dazu Uhlhorn, Art. Armenpflege RE³ II S. 92 ff. (dort auch Zahlenangaben) sowie RGG² I Sp. 540—549 (Mahlin) und Art. Diakonie ebenda Sp. 1903—1909 (Bruhn).
[54] Wilhelm Löhe, Gesammelte Werke IV, 1962 S. 614.
[55] ebenda S. 505 f.
[56] Zum Ganzen s. Jungmann, Missarum Sollemnia I S. 30-43 und II S. 1-31, wo das ganze Material zusammengetragen und dargeboten ist. Vgl. Martimort aaO. I S. 386 ff. und vor allem Art. Eucharistie von Drews RE³ V S. 561-573.
[57] Dix aaO. S. 6 und Hauler aaO. S. 106.

weil das Ganze einen zu großen Umfang annahm.⁵⁸ Immerhin war hier aber noch die Beziehung zur Eucharistie gewahrt. Es kam noch hinzu, daß der Gottesdienst in wachsendem Maße auf die Morgenstunden verlegt wurde. Das aber machte die Verbindung mit einer Agape unmöglich, allein schon aus zeitlichen Gründen. Wie dem auch sei: Im Vordergrund des Interesses müssen wir die Verbindung von Wortgottesdienst und Eucharistie sehen. Wie konnte es möglich sein, zwischen Wortgottesdienst und Eucharistiefeier eine Agapenfeier einzufügen! Das hätte das Ganze des Gottesdienstes gesprengt. Man wird von daher etwas milder über die Entwicklung des Offertoriums zu urteilen haben. Da nun das Justinische Schema sich im Abendland durchgesetzt hat und auch heute noch im Hintergrund unserer Liturgie steht, wäre es höchst unwahrscheinlich, hätte sich die Feier der Agape zusammen mit der nachfolgenden und vorangehenden Feier der Eucharistie behauptet. Übriggeblieben ist davon heute nur noch die Kollekte, die aber, jedenfalls nach Agende I, mit einem Dankopfer der Gemeinde abgeschlossen wird, eine letzte Erinnerung daran, daß alle Gabe in der Kirche letzten Endes auch eine Gabe für Gott und zur Ehre Gottes ist.⁵⁹

V

Was tragen, so muß zum Schluß gefragt werden, die vorliegenden — meist historischen — Betrachtungen zu dem Thema „Agape und Abendmahl" in der Gegenwart bei? Wenn wir versuchen wollten, das heilige Abendmahl in ein gewöhnliches Mahl einzuordnen, würden wir uns einer ungewöhnlichen Restauration schuldig machen. Wir würden damit bezeugen, daß wir gewillt sind, das Rad der Geschichte zurück zu bewegen. Aber vielleicht will man das auch gar nicht; vielleicht will man gerade fortschrittlich sein und das Abendmahl, wie wir schon zu Anfang sagten, für die Gemeinde der Gegenwart wiedergewinnen, indem man es zusammen mit einer Mahlzeit feiert. Der Vorschlag mag ehrenwert sein, aber er stößt ins Leere. Denn man vergißt dabei, daß das, was nun einmal zum Abendmahl gehört, Tischgemeinschaft ist, aber Tischgemeinschaft besonderer Art, nämlich eine Gemeinschaft, in deren Mittelpunkt der Herr steht. Die alte Kirche und die Christen des Neuen Testaments konnten diese Art Tischgemeinschaft darum ohne weiteres mit einem gewöhnlichen Mahl verbinden, weil auch dieses Mahl seinen Sinn allein von dem Kyrios Jesus empfing, weshalb man es bei allen Unterscheidungen Herren-

---

⁵⁸ Das Conc. Eliberitanum 300/306 verbot daher die Gabendarbringung. Can. 49 Bruns II S. 8.

⁵⁹ Es gehört aber auch dazu die hier und da geübte Sitte, etwa eine Weihnachtsfeier für alte und arme Menschen mit einem Abendmahlsgottesdienst einzuleiten und dann die Teilnehmer an diesem Gottesdienst zu einer Kaffeetafel einzuladen, bei der noch einmal kurze Gebete gesprochen werden, und zwar zu Anfang und zum Schluß. Die dazu benötigten Naturalien werden von wohlhabenden Leuten aus der Gemeinde gespendet. Diese Reichen sorgen zusammen mit der Gemeinde dafür, daß jeder Teilnehmer ein Paket mit Eßwaren zum Fest erhält, wozu auch u. a. ein Hähnchen gehört. Für die, die an der Feier nicht teilnehmen können, bringen junge Leute, meist Arbeiter, die Spenden ins Haus. (Hauptkirche Hamburg-Altona).

mahl nennen konnte. Das lag in der Übernahme der Form der jüdischen Mahlzeit begründet. Wir leben in unserer Zeit unter völlig anderen Bedingungen. Wie sich die Gesellschaft nach den Erkenntnissen heutiger Soziologen völlig gewandelt hat, so auch unsere Tischsitten und damit auch das Verständnis dessen, was Tischgemeinschaft heißt. Gewiß läßt das unter Christen übliche Tischgebet etwas von dem anklingen, was einst eine solche Tischgemeinschaft war. Aber niemand von uns wird sagen können, daß auch unter dieser Bedingung diese Tischgemeinschaft tatsächlich im Zeichen der Gegenwart des Herrn steht. Die Trennung von Agape und Abendmahl läßt sich nicht mehr rückgängig machen. Wer das tun wollte, ist auf dem besten Wege, dem Abendmahl seine Eigenbedeutung zu nehmen, womit das andere engstens verbunden ist, nämlich sich der Illusion hinzugeben, damit etwas gewonnen zu haben. Man gewinnt das Abendmahl für die moderne Welt nicht, indem man es in diese ganz anders geartete Welt eingliedert. Es könnte sein, nein, es ist so, daß wir damit sowohl das Abendmahl als auch die moderne Welt verlieren. Der Preis ist zu hoch. Hier gibt es nur ein Entweder-Oder!

Frieder Schulz

Das
Kollektengebet

Seine Frühgeschichte,
die theologische Bedeutung seiner Gestalt
und die Probleme seiner Rezeption in der Gegenwart

Das Kollektengebet[1] hat als charakteristisches Stück des sonntäglichen Propriums bei der Neuordnung des Gottesdienstes nach dem letzten Krieg in allen evangelischen Kirchen des deutschen Sprachgebietes, soweit sie dem abendländischen Meßtyp folgen, einen festen Platz bekommen.[2] Bei der Gestaltung des Kollektenzyklus konnte man sich auf das durch die Forschungen von P. Althaus d. Ä.[3] und H. L. Kulp[4] erschlossene Erbe, sowie auf die inzwischen erprobten neuen Kollekten von K. B. Ritter[5] stützen. Der von der Luth. Liturgischen Konferenz vorgelegte Kollektenkanon hat sich von den epigonalen Kollekten des 19. Jahrhunderts entschlossen abgewendet und die Vorarbeiten von Kulp und anderen[6] zusammengefaßt; er ist so für alle folgenden Agenden

---

[1] Der Terminus „Collecta" fehlt in den frühen lateinischen Sakramentaren, das Gebet heißt dort einfach „Oratio". B. Capelle hat wohl endgültig nachgewiesen, daß der Ausdruck eine Umformung des in den gallischen Liturgiebüchern üblichen *Collectio* ist und „zusammenfassendes Gebet" bedeutet, s. Révue bénédictine 42, 1930, S. 197—204; Wiederabdruck in: Travaux liturgiques Bd. 2, Louvain 1968, S. 192—199. Nach einer mißverstandenen Notiz im Micrologus des Bernold von Konstanz (MPL 151, 979) nahm man früher an, Collecta käme von *oratio ad collectam* = Gebet bei der Gemeindeversammlung. Den Kirchen der Wittenberger Reformation war der Begriff Kollekte von Anfang an vertraut, vgl. Luther, Formula Missae: „Oratio seu collecta".

[2] Nur das von O. Dibelius herausgegebene, auf die Gottesdienstblätter der Bekennenden Kirche zurückgehende „Buch der Gottesdienste", Berlin 1947, 1952[2] stand noch ganz in der Tradition der Preußischen Agende von 1895, immerhin mit ausgeführten Sonntagspropriien. Im Reformierten Kirchenbuch, Neukirchen 1951, verhinderte die andersartige liturgische Tradition eine Rezeption des Kollektenzyklus.

[3] Zur Einführung in die Quellengeschichte der kirchlichen Kollekten, Dekanatsprogramm, Leipzig 1919, Wiederabdruck in: Forschungen zur evangelischen Gebetsliteratur, Gütersloh 1927.

[4] Die Kollektengebete usw. in: Der Gottesdienst an Sonn- und Festtagen, Untersuchungen zur Kirchenagende I, 1, Gütersloh 1949, S. 283 ff.; ferner: Das Gemeindegebet im christlichen Gottesdienst, in: Leiturgia II, Kassel 1955, S. 355 ff.

[5] Gebete für das Jahr der Kirche, hrsg. K. B. Ritter, Kassel 1933, S. 12—20. 35 ff.; Dass., Kassel 1948[2]; nochmals umgearbeitet mit dem Titel: Die eucharistische Feier, Kassel 1961, S. 20 u. ö.

[6] W. Gohl, Kirchengebete, München 1940; Kollekten der lutherischen Kirche... zum Gebrauch in den Gottesdiensten der Hauptkirche St. Petri, hrsg. Th. Knolle, Hamburg 1942; Agende für den Dienst der Lagerpfarrer in Kriegsgefangenen- und Interniertenlagern, Stuttgart 1947 (Verfasser H. L. Kulp); Kirchenagende Bd. 1, hrsg. J. Beckmann, P. Brunner, H. L. Kulp, W. Reindell, Gütersloh 1948; Agende für die evangelische Kirche von Westfalen Bd. 1, Witten 1948.

vorbildlich geworden, auch wo sie die Texte sprachlich überarbeiteten.[7] Das Begleitwort, das der Jubilar dem gesondert veröffentlichten Heft „Kollektengebete" beigefügt hat, brachte die Erkenntnisse über Sinn und Struktur dieser Gebete in klarer, geschichtlich fundierter Weise zum Ausdruck.[8] Mit der Rezeption des gemeinsam erarbeiteten Kollektenzyklus in den Agenden der VELKD, der EKU und anderer Kirchen[9] kam eine Entwicklung zum Abschluß, die schon im 19. Jahrhundert begonnen hatte.[10]

Fast gleichzeitig mit dem Abschluß der Arbeit an einer festen gemeinsamen Grundordnung des evangelischen Gottesdienstes und an einem Grundstock gemeinsamer Gebets- und Liedtexte setzte die neue „liturgische" (oder wenn man will: „antiliturgische") Bewegung ein, die das so gründlich Erarbeitete ebenso gründlich in Frage stellte. Es kann nicht verwundern, daß gerade eine festgeprägte und sprachlich hochstilisierte Form wie das Kollektengebet die schärfste Kritik auf sich zog: es sei zu kurz, als daß man dadurch zum Beten erwärmt werden könnte;[11] es rede altfränkisch und archaisch;[12] es biete unverdauliche dogmatische Brocken;[13] es zwänge durch seinen strengen Stil die freie Bewegung des Betens in eine starre Form;[14] vor allem habe es keinerlei Gegen-

---

[7] Liturgische Blätter (Pfalz), Beilage S. 1—100, 1952 f.; Kirchenagende, Kirchenbuch für die vereinigte protestantisch-evangelisch-christliche Kirche der Pfalz Bd. 1, Speyer 1961, S. 157 ff. und 247 ff.; Gebete für den Gottesdienst (Baden), Karlsruhe 1954; Agende für die Evangelische Landeskirche in Baden Bd. 1, Karlsruhe 1965; Gottesdienstblätter der Evangelischen Kirche in Hessen und Nassau, Darmstadt 1955; Schriftworte und Gebete für den Gottesdienst, Darmstadt 1968 (Ringbuch); Agende für die Evangelische Kirche von Kurhessen-Waldeck, Kassel 1968.

[8] Neuendettelsau 1951. Für die endgültige Gestalt von Agende I wurden die 129 Kollekten des Sonderdrucks noch um 20 Kollekten erweitert, 5 Kollekten fielen weg. Vgl. auch die ergänzenden Ausführungen in: Chr. Mahrenholz, Kompendium der Liturgik, Kassel 1963, S. 98 ff., wo auf die Diskussion über das Kollektengebet anläßlich der Agendenreform eingegangen wird.

[9] Die Agende I der EKU ergänzte den Kollektenbestand um 12 weitere Kollekten, 51 Kollekten fielen weg. Die Agenden von Baden, Pfalz und Hessen-Nassau boten eine weitere Kollektenreihe, meist aus K. B. Ritter, zum Teil in starker Bearbeitung.

[10] Vgl. W. Löhe, Agende, Nördlingen 1844 (71 Kollekten); Dass. Bd. 1, Nördlingen 1853² (130 Kollekten); Ders., Evangelienbuch, Nürnberg 1861 (vollständiger Kollektenzyklus); L. A. Petri, Agende der Hannover'schen Kirchenordnungen, Hannover 1852 (62 Kollekten); G. Chr. Dieffenbach, Evangelische Hausagende, Mainz 1853 (neue Kollektengebete; in der Durchgestaltung des Kirchenjahrs eine Vorstufe zu den Arbeiten von K. B. Ritter); Agenden-Kern für die ev.-luth. Kirche in Bayern, Nürnberg 1856 (76 Kollekten); L. Fr. Schöberlein, Schatz des liturgischen Chor- und Gemeindegesanges Bd. 2, 1-3, Göttingen 1863 ff. (vollständiger Kollektenzyklus); Der Psalter, hrsg. A. Lortzing, Gütersloh 1869², 1889⁴ (75 Kollekten der römischen Tradition); Agende... der Provinz Hannover, hrsg. G. Uhlhorn, Hannover 1889 (83 Kollektenn).

[11] Vgl. R. Hupfeld, Liturgische Irrwege und Wege, Gladbeck 1952, S. 46 f.

[12] Vgl. M. Geck und G. Hartmann, 38 Thesen gegen die neue Gottesdienstordnung, München 1968, S. 17 ff.; M. Hennig, Über die Formulierung des Kollektengebets, in MPTh 55, 1966, S. 165 ff.; W. Schubert, Die Kollekte im evangelisch-lutherischen Gottesdienst, in: Liturgisches Jahrbuch Bd. 19, 1969, S. 177 ff.

[13] Vgl. Th. Klauser, Kleine abendländische Liturgiegeschichte, Bonn 1943, 1965⁵, S. 44.

[14] Vgl. K. F. Müller, Theologische und liturgische Aspekte zu den Gottesdiensten in neuer Gestalt, in: JbLH Bd. 13, 1968, S. 72.

wartsbezug und werde einfach nicht verstanden.[15] Nun hatten die Verfasser von Agende I nie gemeint, der von ihnen erarbeitete Kollektenkanon sei unantastbar. Darum wurden alsbald nach der kirchlichen Rezeption der Agende Kritik und Verbesserungsvorschläge zentral gesammelt, damit bei der vom Fortgang der Sprachentwicklung geforderten Revision das Material sofort verfügbar wäre.[16]

Aber die Kritik an der Kollekte geht tiefer, als daß sie durch neue Übersetzungen oder Modernisierung einzelner Ausdrücke, durch Auflösung des Sprachgefüges in einzelne kurze Sätze, durch inhaltliche Ausrichtung auf ein Gottesdienst-Thema,[17] durch Vermehrung der zur Wahl stehenden Kollekten,[18] durch moderne Neuschöpfungen[19] oder durch „Entdogmatisierung"[20] zum Verstummen gebracht werden könnte. Wenn trotz der „letzten Unzulänglichkeit all unseres Betens vor Gott"[21] gesagt worden ist, daß der Formelschatz der klassischen Kollekten „als eine der großen klassischen Schöpfungen der Menschheit bezeichnet werden muß",[22] so kann das ebensowenig ein Grund dafür sein, ihn beizubehalten, wie die unbestreitbare Tatsache, daß diese nicht leicht eingängige Gebetsform den Erwartungen und Bedürfnissen des modernen Menschen nicht entspricht, der Grund dafür sein kann, sich von diesem Erbe zu trennen.[23]

Im folgenden soll versucht werden, aus der Frühgeschichte des Kollektengebetes Einsichten über seine Struktur zu gewinnen und die theologische Be-

---

[15] Vgl. K. Gamber, Liturgie übermorgen, Freiburg-Basel-Wien 1966, S. 176 und 186.

[16] Vgl. Chr. Mahrenholz, Grundsätze für die Weiterarbeit an der Agende, in: Lutherische Monatshefte 7, 1968, S. 290 ff.

[17] Vgl. die Themakollekten von K. B. Ritter, siehe Anm. 5.

[18] Vgl. Das Gebet der Gläubigen, hrsg. G. Holzherr, Einsiedeln 1967. Hier wird der kanonische Bestand an Meßkollekten durch neu übersetzte Kollekten aus dem reichen Schatz der alten Sakramentare ergänzt.

[19] Vgl. den auf das Sonntagsevangelium ausgerichteten Zyklus kurzer „Kollektengebete" von S. Heinzelmann in der badischen Agende 1965 (nur für die geprägte Zeit des Kirchenjahres, ohne Bindung an die klassische Kollektenstruktur); nochmals abgedruckt in: Jeder Tag ist Gottes Tag, Brevier für Alltag und Sonntag, Neuffen 1966, S. 134 ff.

[20] Vgl. die paraphrasierenden Übertragungen der lateinischen Meßkollekten in: A. Schilling, Orationen der Messe, Essen 1967, 1968³. Durch Auffüllen der kargen lateinischen Texte mit biblischen Gedanken wird versucht, die Aneignung durch die Mitbeter zu erleichtern.

[21] J. H. Emminghaus, Überlegungen und Anmerkungen zur Übersetzung der lateinischen Orationen, in: A. Schilling, aaO., S. 25.

[22] Th. Klauser aaO., S. 41.

[23] H. Oosterhuis, dessen neue Gebetstexte die im deutschen Sprachgebiet gedruckten modernen Gebete an sprachlicher Qualität weit überragen, sagt in einer Betrachtung: „Ein Gottesdienst besteht darin, daß man sich in den Umgangsformen des Glaubens und im Stil des Glaubens übt... Liturgie ist das Wagnis, mit alten Worten umzugehen, die wir nicht selbst erdacht oder erfunden haben..." (Im Vorübergehn, Wien-Freiburg-Basel 1969, S. 159 f.). D. Bonhoeffer kann von der Arkandisziplin sprechen: „Im Arkanum geschehen die Lebensvorgänge des Glaubens, Lob, Bitte, Dank und Tischgemeinschaft, und diese werden nicht nach außen hin interpretiert..." (E. Bethge, Dietrich Bonhoeffer, München 1967, S. 992).

deutung seiner Sprachgestalt in den Blick zu bekommen.[24] Sofern die christliche Gemeinde ihren Gottesdienst von der an Wort und Sakrament gebundenen Gegenwart ihres Herrn bestimmt sein läßt, um von daher ihren Dienst in der Wirklichkeit der Welt zu tun, wird das Kollektengebet in seiner Funktion und als Modell hilfreich sein können, und sei es als eine zuweilen hartnäckige Zumutung und Erinnerung daran, daß nicht das Beten überhaupt, wohl aber das rechte Beten immer wieder gelernt und im Widerstand gegen Bedürfnisse und Zweckmäßigkeiten des Tages festgehalten werden will.

I

Die Kollektenforschung[25] hat sich im allgemeinen darauf beschränkt, die Kollekte als einen in den frühen lateinischen Sakramentaren plötzlich auftretenden Typ eines Gebetes im Eingangsteil der Messe zu betrachten, bei dessen Formung bestimmte, dem „lateinischen Genius"[26] eigene Stilgesetze beachtet worden sind. Die isolierte Betrachtung der Kollekte ist bei der damals üblichen Aufteilung der liturgischen Texte in „Funktionsbücher" für Liturg, Lektor, Chor usw. ganz verständlich; in den Sakramentaren sind die liturgischen Gebete tatsächlich aus dem Kontext des Ordinariums herausgelöst und listenmäßig aufgeführt.

Immerhin wies man schon bisher auf die aus sehr früher Zeit stammenden[27] Orationes sollemnes des Karfreitags hin. Dort sind die Fürbitten als „Kollektenkette" gestaltet,[28] wobei jeder einzelnen Kollekte eine mehr oder weniger ausführliche Gebetsaufforderung vorangestellt ist. Dabei zeigt sich, daß die Kollekte eigentlich nur Teilstück einer Gesamtgestalt ist, deren erster Teil sich

---

[24] Methodisch besteht eine gewisse Analogie zu den hilfreichen Strukturuntersuchungen über die Psalmen der Bibel, die C. Westermann vorgelegt hat. Nur muß die Frage gestellt werden, ob es post Christum möglich ist, sozusagen am Neuen Testament vorbei, aus den Psalmen inhaltliche Normen für das christliche Beten heute zu entnehmen. Ist z. B. die Klage, ein in modernen Gottesdiensten beliebtes Genus, um die Situation in den Gottesdienst einzubringen, eine mögliche Weise, recht zu beten, wenn man Matth. 8, 25 bedenkt, und zwar für eine Gemeinde, die sich im Namen Jesu versammelt hat und mit seiner Gegenwart rechnet? Es geht hier ja um das öffentliche, nicht um das private Beten.

[25] F. Cabrol, Le Livre de la Prière antique, Tours 1902, 1920[16], S. 53-56; J. Brinktrine, Die heilige Messe, Paderborn 1931, 1949[4], S. 82-93; Liturgy and Worship, London 1932, 1964, S. 374-378; G. Dix, The Shape of the Liturgy, London 1945, 1964, passim, bes. S. 532-537; M. Righetti, Manuale di Storia liturgica, Mailand 1945 ff., 1955[2], Teil I, Ziff. 154-159, Teil III, Ziff. 126-130; L. D. Reed, The Lutheran Liturgy, Philadelphia 1946, 1959[2], S. 278-287; J. A. Jungmann, Missarum Sollemnia, Freiburg 1948, 1958[4] Bd. 1, S. 468-499; A.-G. Martimort, Handbuch der Liturgiewissenschaft, Freiburg-Basel-Wien (Franz. Ausgabe Tournai 1961) 1963, Bd. 1, S. 149-151. 360-365.

[26] E. Bishop, The Genius of the Roman Rite, in: Liturgica Historica, Oxford 1918, S. 1 ff.

[27] Vgl. A. Baumstark, Missale Romanum, Eindhoven 1929, S. 20 f.

[28] Diesen Typus des Allgemeinen Kirchengebetes in Form einer Kollektenreihe mit jeweils vorangehender Gebetseinladung haben in der Reformationszeit die Kirchenordnungen von Schwäbisch Hall 1543, Württemberg 1553 und Waldeck 1556 aufgenommen. W. Löhe, Agende 1853, S. 204 ff. hat das „Diakonische Gebet" wieder bekanntgemacht; heute findet es sich in den meisten evangelischen Agenden.

an die betende Gemeinde wendet („Lasset uns beten für ..."),[29] während der zweite Teil die eigentliche Bitte an Gott enthält („Gott, schütze die Werke deines Erbarmens ..."). In der Meßkollekte ist die Aufforderung zusammengeschrumpft auf das kurze: „Lasset uns beten". Für die beiden zusammengehörigen Teilstücke finden sich in den außerrömischen lateinischen Liturgiebüchern die treffenden Termini „praefatio" und „collectio".[30]

Es liegt nun nahe, für die Kollekte als ein vom Liturgen auszuführendes kurzes Teilstück einer Gesamtstruktur in den Liturgien der morgenländischen Christenheit nach Vorbildern zu suchen, wobei zunächst von der Veränderlichkeit der Kollekte abgesehen wird. Gab es im Osten kurze Liturgengebete, die komplementär auf ein vorausgehendes prosphonetisches Beten bezogen waren? Ein Blick auf die Apostolischen Konstitutionen des 4. Jahrhunderts zeigt, daß es dort tatsächlich Gebete mit der funktional aufgegliederten Außenstruktur, ja sogar mit der Binnenstruktur der Kollekte gibt. Als Beispiel diene folgendes Morgengebet:

Diakon: Lasset uns vom Herrn erbitten sein Mitleid und seine Barmherzigkeit.
         Einen friedlichen und sündfreien Tag ...
         Den Engel des Friedens.
         Ein seliges Ende.
         Einen gnädigen und gütigen Gott.
Lasset uns selbst und einander dem lebendigen Gott durch seinen Eingeborenen befehlen.

Bischof: a) Gott der Geister und alles Fleisches ...
         b) der du die Sonne gegeben hast ...
         c) nimm unseren Morgendank an ...
         d) durch ihn sei dir ... Anbetung in Ewigkeit.
Alle   e) Amen.[31]

An der hier vorliegenden Gesamtgestalt eines Gemeindegebets sind Bischof, Diakon und Gemeinde beteiligt, und zwar so, daß der Diakon die prosphonetischen Stücke („Lasset uns bitten ..."), die Gemeinde die Akklamation („Amen", ggf. „Herr erbarme dich" nach jeder Bitte), der Bischof aber das

---

[29] Sprachlich ist dieser Teil als lockere Reihe gefügt, was sie für Ergänzungen offen hält. In der katholischen Liturgik spricht man von Gebetsmeinung, Gebetseinladung und Invitatorium, vgl. J. Pascher, Das Invitatorium, in: Liturgisches Jahrbuch Bd. 10, 1960, S. 149 ff. Auf evangelischer Seite ist es üblich, von der „Nennung der Gebetsanliegen" bzw. von Gebetsintentionen zu sprechen.

[30] Missale Gothicum (7. Jhdt., vermutlich im Elsaß entstanden). In der spanischen Liturgie (6./7. Jhdt.) heißen die entsprechenden Bezeichnungen: *Missa — Alia.* In den älteren lateinischen Begräbnisagenden finden sich zahlreiche gallikanische „Präfationen" (= Invitatorien), so im Gelasianum (Vat. Reg. 316, hrsg. L. C. Mohlberg) Nr. 1607. 1613. 1618. 1620 und im Rituale von Rheinau (Zürich Rh 114, hrsg. G. Hürlimann) Nr. 145. 159. 161. 162. Als wissenschaftliche Nomenclatur würde sich im Blick auf die zu beschreibenden Funktionen das Begriffspaar „Prosphonese" und „Epiklese" anbieten, wie schon E. Chr. Achelis, Lehrbuch der praktischen Theologie Bd. 1, Leipzig 1911³, S. 379 vorschlug. Freilich ist Epiklese in eingeengter Bedeutung für ein spezielles Eucharistiegebet, Prosphonese auf evangelischer Seite für das aus einer Prosphonesenkette entstandene, monologische „homiletische" Fürbittengebet gebräuchlich.

[31] Const. Apost. VIII 38, deutsch in: Griechische Liturgien, BKV Kempten 1912, S. 71. Den gleichen Typ mit erweiterter Prosphonese und bischöflicher Schlußkollekte bietet Const. Apost. VIII 6 u. ö., BKV Bd. 5, S. 32 ff.

kurze abschließende Gebet übernimmt.³² Die verschiedene Sprachgestalt der einzelnen Teilstücke ist also ein Ausdruck für verschiedene „Rollen" beim öffentlichen Beten.³³ Das folgende Gebet aus der Markusliturgie, deren Grundbestand ins 4. Jahrhundert zurückreicht,³⁴ bringt sogar die Kollektenreihung, die für die römischen Karfreitagsbitten charakteristisch ist.

Diakon: Betet um den Frieden der heiligen, allein katholischen und apostolischen, rechtgläubigen Kirche Gottes.
        a) Gebieter, Herr, Gott, Allmächtiger,
        b) —
        c) wir flehen und rufen dich an, gieße ... und verleihe ...
        d) —
Diakon: Betet für unseren Hierarchen ... und unsre rechtgläubigen Bischöfe.
Priester: a) —
        b) —
        c) Erhalte auch unseren heiligsten ... im rechten Dienst ...
        d) —
Diakon: Betet für diese heilige Kirche und die mit uns sich versammeln.
Priester: a) Herr,
        b) —
        c) segne unsere Versammlungen ... Schenke uns ...
        d) Durch die Gnade ... in alle Ewigkeit.
Gemeinde: Amen.³⁵

Hat man einmal erkannt, daß die Kollekte kein vollständiges, sondern ein „Konklusionsgebet" ist,³⁶ (wie bei uns das Vaterunser nach dem Kirchengebet oder wie die Doxologie nach dem Vaterunser), so wird die besondere hymnisch geprägte, knappe Sprachgestalt verständlicher. Für den Konklusions-Charakter des Kollektengebetes bietet die Liturgiegeschichte viele Beispiele: stets geht ihm ein entfaltetes gemeindliches Beten oder Handeln voraus.³⁷ Die im evangelischen

---

³² Vgl. J. A. Jungmann, Wortgottesdienst, Regensburg 1965, S. 87-113. Martimort aaO. Bd. 1, S. 150 Anm. 107: „Leider betet in den östlichen Liturgien der Zelebrant nur den Schluß dieser Gebete ... laut, alles übrige leise, während der diakonalen Litanei ... Das ist ohne Zweifel eine Abwertung."
³³ Umgekehrt verliert die funktionsgebundene Sprachgestalt ihre Evidenz, wenn der Dialog in Gesang und Gebet zum Monolog des einzelnen, nur noch sprechenden Liturgen verkümmert, während die Gemeinde zuhört. Manche Kritik an „starren Formen" verkennt, daß die liturgischen Formeln nicht für den „Zuschau- oder Zuhörgottesdienst" gedacht sind.
³⁴ F. E. Brightman, Liturgies eastern and western, Oxford 1896, Neudruck 1965, S. 121, 1 ff., deutsch in BKV Bd. 5, S. 168.
³⁵ Im Blick auf die knappere Gebetssprache der ägyptischen Markusliturgie ist eine Äußerung Augustins in Ep. 130, 28 (MPL 33, 501) bemerkenswert: „Dicuntur fratres in Aegypto crebras habere orationes, sed eas tamen brevissimas, et raptim quodammodo jaculatas, ne illa vigilanter erecta, quae oranti plurimum necessaria est, per productiores moras evanescat atque hebetetur intentio."
³⁶ Vgl. Cassian, De institutis coenobiorum II, 7 (CSEL 17, 23): „Cum autem is qui orationes collecturus est e terra surrexerit, omnes pariter eringuntur ... ne (ullus) non tam secutus fuisse illius conclusionem, qui precem colligit, quam suam celebrasse credatur."
³⁷ Vgl. Cabrol aaO., S. 56: „La collecte ... est toujours coordonnée à un rite qu'elle explique ou à une autre prière. On la trouve par exemple coordonnée à un exorcisme, ou à une lecture, ou à un psaume, ou à l'évangile, ou à une série de versets, ou à un cantique." So schließt im römischen Missale die Sekret den Opfergang, die Postcommunio den Abendmahlsempfang ab. J. A. Jungmann, Christliches Beten in Wandel und Bestand, München

Bereich entstandenen Kollekten nach Lesungen, homiletischen Summarien und Predigten sind dem gleichen Formgesetz des kurzen Abschlußgebetes verpflichtet.[38] Vielleicht sollte eine künftige Agenden-Revision nicht nur auf sprachliche Modernisierung der Kollekten bedacht sein, sondern auch ihre Funktion deutlicher zum Ausdruck bringen, etwa dadurch, daß zwischen der Gebetsaufforderung („Oremus") und der Kollekte ein stilles Gebet als Freiraum für die persönlichen Bitten des einzelnen Beters eingeschoben,[39] daß das Oremus gelegentlich zu einer Intentionsangabe für das folgende stille Gebet entfaltet wird[40] und daß an gloriafreien Tagen die Kyrie-Litanei wieder den einstmals innegehaltenen Platz erhält.[41]

II

Die eigentliche Bedeutung des Kollektengebets erschließt sich erst bei einer sorgsamen Analyse der Binnenstruktur. Schon immer ist die besondere Formung der Kollekte aufgefallen, zuweilen auch als formalistisch kritisiert worden. Die folgende Übersicht soll die Grundform mit ihren Entfaltungsstufen vor Augen führen:[42]

	Grundform	Stufe I	Stufe II
a) Anrede	Domine	Deus	Deus
b) Prädikation	—	protector …	qui … ostendis, ut … possint
c) Bitte	largire quaesumus pacem.	concede propitius, ut … exequamur …	praesta cunctis, qui … ut et … et …
d) Konklusion	—	per J. Chr., dominum nostrum.	per J. Chr., qui tecum et cum spiritu s. regnat …
e) Akklamation	Amen	Amen	Amen

Es fällt auf, daß die (variable) Bitte von festen geprägten Stücken umschlossen ist: Anrede und Prädikation drücken aus, daß der Beter weiß, an wen er sich zu wenden hat, und daß er sich der Verheißung, sozusagen des Rechts-

---

1969, S. 55, hat ferner aus dem Bereich des werktäglichen Gebetsgottesdienstes auf die Psalmenkollekten hingewiesen, die den Inhalt der Psalmen in christlicher Deutung betend zusammenfaßten.

[38] Vgl. die Textkollekten von V. Dietrich, neue Ausgabe: Die Evangelien-Kollekten des Veit Dietrich, hrsg. O. Dietz, Leipzig 1930; J. Mathesius, Schöne und christliche gemeine Gebetlein 1563. Hierher gehören auch die freien Gebete Luthers aus Predigten und Tischreden sowie die Schlußgebete aus den biblischen Vorlesungen Calvins, vgl. F. Schulz in JbLH Bd. 10, 1965, S. 126 f.

[39] Vgl. Mahrenholz, Kompendium aaO., S. 84.

[40] Vgl. Emminghaus aaO., S. 31; Chr. Zippert in: Nachdenken vor Gott, Kassel 1969, S. 58.

[41] Vgl. die „Litanie du Kyrie" in der Eucharistie de Taizé, Taizé 1959, S. 6; The Service Book and Hymnal der amerikanischen Lutheraner 1958; dazu JbLH Bd. 1, 1955, S. 133; Mahrenholz, Kompendium aaO., S. 95. Auch die erneuerte Gestalt des Eingangsteils der römischen Messe im deutschen Sprachgebiet zeigt mit der „Tropierung" des Kyrie Ansätze in dieser Richtung.

[42] Wegen der Übersichtlichkeit sind lateinische Textbeispiele ausgewählt. Für Strukturanalysen der vielgestaltigen lateinischen Kollekte vgl. P. Salmon, Les protocoles des oraisons du Missel Romain, in Eph. Liturg. 45, 1931, S. 140 ff.

titels für sein Beten versichert, ehe er seine Bitte ausspricht. Die Konklusion nennt Christus als den Bürgen und Fürsprecher und vertraut darauf, daß der Gott, der am Anfang steht, auch das Ende in seinen Händen hat.

Es ist zu beachten, daß die Formelhaftigkeit des Rahmens (wie bei den anderen Formeln der Liturgie) funktional begründet ist: Eine „Sprachregelung" ist immer nötig, wo mehrere in der Liturgie zusammenwirken. Übersieht man den funktionalen Aspekt und nimmt man einen solchen Text als Monolog eines einzelnen oder gar als reinen Lesetext, so ist die begründende Basis für die besondere Sprachlichkeit weggefallen. Ein solistisch auszuführender Text (ohne Akklamation usw.) kann und wird natürlich anders, zum Beispiel wie eine Predigt aussehen. Man bedenke auch, daß die Kollekte grundsätzlich gesungener Text ist, nicht weil es schöner ist oder weil der Liturg so schön singen kann, sondern weil die Kommunikationsebene des Singens den Vorbeter und die Gesamtheit aufeinander bezieht. Das Kollektenmodell ist darüber hinaus insofern bedeutsam, als es das Mitbeten in einem vertrauten Rahmen ermöglicht.[43] Neu geformte Gebete haben gerade darin ihre Schwierigkeit, daß die intellektuelle Leistung, einen unbekannten Text mit unbekannter Struktur aufzunehmen, dem Mitbeten abträglich ist.[44] Auch abgesehen von der liturgischen Funktion hat das Kollektenmodell sich als Grundstruktur für das freie und persönliche Beten bewährt.

Der von der Kirche rezipierte Grundbestand der lateinischen Kollekten ist ein großartiges Beispiel rhythmischer Prosa von einprägsamer Sprachkraft, der schriftlichen Fixierung und Überlieferung würdig.[45] Daß ein großer Teil der lateinischen Kollekten auch im deutschsprachigen evangelischen Bereich heimisch geworden ist, muß den Übertragungen der Reformationszeit zugeschrieben werden, bei denen es gelungen ist, die vorgegebene Struktur mit den Erfordernissen des deutschen Sprachgeistes zu verbinden; neben Luther sind vor allem Johann Spangenberg und Michael Coelius zu nennen. Kollekten, die dem „modo sit pia" Luthers nicht entsprachen, wurden verbessert oder gestrichen. Nicht ohne Grund sind Luthers deutsche Kollektengebete erstmals in einem Gesangbuch erschienen,[46] kraft ihrer gültigen Sprachgestalt als Einprägtexte für die Gemeinde bestimmt, die dann im Gottesdienst ihr Beten im vertrauten Wortlaut ausgedrückt fand, etwa so, wie heute das Vaterunser als sammelnder Gebetstext für alle gilt.

---

[43] Vgl. J. W. Suter, The Book of English Collects, London 1940, S. 29: „a listener accustomed to the collect-form can usually tell, after he has heard the opening words, approximately how the prayer will continue — sensing the pattern."

[44] Über die Bedeutung der Kollektenstruktur für das Zustandekommen einer betenden Gemeinschaft vgl. vor allem: H. Benckert, Gebetshilfe, Göttingen 1949, S. 27-38.

[45] Cabrol aaO. S. 53: „séries d'oraisons où l'on ne sait s'il faut admirer davantage la sublimité du language ou l'onction pénétrante et la profondeur théologique." Reed aaO. S. 280 zitiert den Kardinal N. P. St. Wiseman: „Nothing can be more perfect in structure, more solid in substance, more elegant in conception, or more terse in diction than the Collects, especially those of Sundays and of Lent. They belong essentially to the traditional depositories of the Church." Emminghaus aaO. S. 28: „Die römischen Orationen sind zu einem großen Teil sprachliche Kunstwerke und Zeugnisse religiöser Genialität."

[46] Klugsches Gesangbuch 1533, Facsimile-Ausgabe, hrsg. K. Ameln, Kassel 1954.

Für die Anglikanische Kirche haben Cranmers sprachmächtige englische Kollekten womöglich noch größere Bedeutung erlangt. Jedem Benützer des Book of Common Prayer stand seitdem ein fester Kollektenbestand zur Verfügung.[47] Die Übereinstimmung von theologischem Gehalt und sprachlicher Gestalt machte Cranmers Kollekten zu klassischen und somit wiederholbaren Texten, die auch das private Beten der Anglikaner geprägt haben.[48] Dafür zeugen die zahlreichen Einführungen und Betrachtungen über die Kollekten, die das geprägte Wort immer wieder erschließen und entfalten.[49] Sollte man, da die festen Texte kirchlicher Überlieferung (Vaterunser, Credo, Doxologien, Kirchenlieder) ohne Auslegung und Entfaltung nicht lebendig bleiben können, nicht auch für einen, aus den besten Texten bestehenden evangelischen Kollektenkanon solche Auslegungen wünschen?[50]

Inzwischen ist auch das Deutsch der Reformationszeit zur fremden Sprache geworden. Die sprachliche Qualität der klassischen Kollekten ist kein Argument, wenn sie nicht mehr verstanden werden können. So stellt sich von neuem die Aufgabe, die ursprünglich lateinischen Texte ins Deutsche zu übertragen und die Texte der Lutherzeit ins heutige Deutsch zu übersetzen. Dabei könnte für einen gemeinsamen Kernbestand eine evangelisch-katholische Gemeinschaftsarbeit sinnvoll sein.[51] Freilich ist das, was Luther, Cranmer und andere einst leisteten, gewiß nicht jedermanns Sache.[52] Als Meditationshilfe können auch vermeintlich oder wirklich altfränkische, ja fremdsprachliche Texte dem Vorbeter von heute bei eigenen Gestaltungen helfen.[53] Und der Benützer „mo-

---

[47] Als erste reformatorische Liturgie (nach der ohne Nachwirkung gebliebenen Preußischen Kirchenordnung 1525) bot Cranmers Book of Common Prayer einen vollständigen Kollektenzyklus nach dem Kirchenjahr an.

[48] L. E. H. Stephens-Hodge, The Collects, An Introduction and Exposition, London 1961, S. 31 ff., erwähnt die Möglichkeit, die Kollekten (wie das Vaterunser) gemeinsam zu sprechen.

[49] J. H. B. Masterman, Sunday Collects, London, 1916; E. Ch. Messenger, The Sunday Collects, London 1939; J. W. Suter jr., The Book of English Collects, New York und London 1940; Sh. C. Hughson, Lord Hear my Prayer, London 1954; J. W. C. Wand, Reflections on the Collects, London 1964.

[50] Diese Aufgabe erfüllt freilich L. Wolpert, Gebetsweisheit der Kirche, Freiburg 1925, mit seinen erbaulichen Andachten über die Kollekten nicht. Die Erläuterungen, die G. Kunze unter dem Titel „Predigthilfe" zusammen mit H. L. Kulp in: MPTh 39, 1950, S. 29 ff., 98 ff., 158 ff., 237 ff., 281 ff., 364 ff., 414 ff. veröffentlichte, beschäftigen sich mit dem sonntäglichen Proprium und den Lesungen in ihrer Zuordnung, bieten aber wenig über die Kollekten. Über die Theologie der Kollekten findet sich das meiste bei Kulp in: Leiturgia II, Kassel 1955, S. 355 ff.

[51] Über die stilistischen und sprachlichen Probleme vgl. besonders P. Schorlemmer, Die Kollektengebete, Gütersloh 1928; vgl. ferner Emminghaus (kath.) aaO. S. 35: „Manche Texte protestantischer Agenden könnten in dieser Hinsicht ein Vorbild sein."

[52] Emminghaus aaO. S. 23 stellt fest, „daß nur jemand Gebetstexte glaubwürdig übersetzen kann, der sprachlich gebildet und feinfühlig für Sprachqualität ist, der den Menschen der Gegenwart kennt in seiner Anonymität und Isolierung, auch in seiner Scheu, sein Inneres vor einer längst nicht mehr als Lebensgemeinschaft empfundenen Großstadtgemeinde zu bekennen..."

[53] Vgl. K. Barth: „Ich lese diese alten Gebete, aber nicht um sie wieder zu beten, sondern um mich anleiten zu lassen zum Beten..." zit. bei Zippert aaO. S. 49.

derner" Fassungen wird immer zu prüfen haben, ob nicht aus der Transformation einer veralteten Sprache unversehens eine Deformation der theologischen Substanz geworden ist.[54]

III

Mit dem Hinweis auf die lateinische Literaturgeschichte war für die Kollektenforschung die Frage nach der Herkunft der besonderen Struktur meist erledigt. Erst E. Norden hat mit seinen Studien über die Formengeschichte religiöser Rede[55] den Blick für die besondere Bedeutung der „relativischen Prädikation" geschärft und H. Rheinfelder[56] hat Nordens Erkenntnisse speziell auf die Kollekte angewendet. Nach Norden gehen griechische Prädikationen mit Artikel und Partizip am Anfang des Satzteils auf semitische Urformen zurück, wo ebenfalls (mangels einer präsentischen Verbform) der Artikel mit dem Partizip verbunden wird. Das wird bei einer Durchsicht des biblischen Psalters bestätigt. Dort findet man eine ganze Reihe solcher Prädikationen, die in der lateinischen Bibel dann mit einem Relativsatz wiedergegeben werden.[57] Es folgen einige typische Beispiele:

„Er-Stil": Ps. 103 (102), 3: qui propitiatur omnibus iniquitatibus...
       qui sanat omnes infirmitates tuas.
      4: qui redimit de interitu vitam tuam,
       qui coronat te in misericordia...
      5: qui replet in bonis desiderium tuum.[58]

„Du-Stil": Ps. 104 (103), 3: qui ponis nubem ascensum tuum,
       qui ambulas super pennas ventorum
      4: qui facis angelos tuos spiritus...
      5: qui fundasti terram super stabilitatem...
   Ps. 80 (79), 2: qui regis Israel, intende,
       qui deducis velut ovem Joseph.
       qui sedes super Cherubim...
      3: excita potentiam tuam et veni.[59]

---

[54] Bei der Besprechung einiger neuer Gebetstexte aus dem holländischen Katholizismus, die sich stark am Denken des heutigen Menschen ausrichten, weist S. Marsili, Liturgietexte für Menschen von heute, in: Concilium 5, 1969, S. 103, auf die Gefahr hin und bemerkt, „daß das liturgische Gebet nicht eine allgemeine religiöse Gebetsformel ist, die nur irgendwie die Beziehung zwischen Gott und dem Menschen zum Ausdruck bringen will. Das liturgische Gebet muß diese Beziehung in Christus ausdrücken und deshalb in die Heilsgeschichte eingefügt sein." Zippert aaO. S. 47 fordert, daß die Gebete im öffentlichen Gottesdienst nicht nur zeitgemäß, sondern auch gemeindegemäß und vor allem sachgemäß sein müssen.

[55] Agnostos Theos, Leipzig-Berlin 1913, S. 201 ff.

[56] Zum Stil der lateinischen Orationen, in: JbLW Bd. 11, 1931, S. 20 ff.

[57] Das Lateinische verlangt den Relativsatz, vgl. die Anrede im Vaterunser: *qui es in caelis*.

[58] Weitere Beispiele: Ps. 18 (17), 34. 35; 66 (65), 6. 7; 136 (135) ganz; 148 (147), 3-5. Vgl. dazu auch Liedtexte wie EKG 234: „der dich erhält; der künstlich und fein dich bereitet; der dir Gesundheit verliehen; der alles so herrlich regiert; der dich auf Adelers Fittichen sicher geführet".

[59] Vgl. zu Ps. 80 (79), 3: *excita potentiam tuam et veni* die wörtlich übereinstimmenden Kollekten zum 1. und 4. Advent in Agende I der VELKD. Weitere Beispiele für die Prädikation: Ps. 9, 14; 22 (21), 10. Vgl. C. Westermann, Das Loben Gottes in den Psalmen, Berlin 1953, S. 37: „Dieses Hinweisen Gottes auf seine früheren Heilstaten geschieht in der 2. Person: du hast getan!... Das ist die Struktur des berichtenden Lobes."

Die gleiche Stilform liegt beispielsweise vor im Gebet Salomos um Weisheit (Sap. 9, 1 ff).[60] Norden hat solche Prädikationen als Kriterien benützt, um die Herkunft von Texten aus der Spätantike zu ermitteln: die relativische Prädikation ist weder genuin griechisch noch römisch, sondern orientalisch-semitisch. Man kann die relativische Prädikation als eine Entfaltung nominaler Prädikationen („du bist"), und damit letztlich als Widerhall der Selbstprädikation Gottes („Ich bin"), die sich bekanntlich in der ganzen Bibel findet und von Norden als gänzlich unhellenisch und unrömisch angesehen wird, verstehen.[61] Auch für die nominale Prädikation bietet der Psalter Beispiele:

Ps. 18 (17), 2: Diligam te, Domine, fortitudo mea.
3: Dominus firmamentum meum et refugium meum, et liberator meus.
Ps. 65 (64), 6: Exaudi nos, Deus, salutaris noster,
spes omnium finium terrae et in mari longe.
Ps. 86 (85), 10: quoniam magnus es tu et faciens mirabilia.[62]

Übrigens ist die Kollekte nicht der einzige Gebetstyp, der den altbiblischen Stil der Rühmung Gottes durch die Prädikation aufgenommen und fortgesetzt hat. Auch die Präfationen müssen in diesem Zusammenhang genannt werden. Die klassische lateinische Präfation, die auch von den Reformationskirchen lutherischer und anglikanischer Prägung übernommen wurde, ist strukturell eng mit dem Kollektengebet verwandt.[63] Auch hier geht die Aufforderung voraus (Präfationsversikel), dann folgt ein fest geprägter Eingangsteil mit der Anrede. Der Schlußteil beginnt, wie bei der Kollekte mit dem Hinweis auf das Mittlertum Christi und führt im doxologischen Stil auf das akklamierende, trinitarisch verstandene Sanctus hin.[64] In unserem Zusammenhang wichtig ist das wechselnde Mittelstück, das bei der Präfation keine Bitte ist, sondern der Prädikation in der Kollekte entspricht. Hier wird jeweils eine besondere Ausprägung des göttlichen Heilshandelns entfaltet, sprachlich erinnert das wieder an biblische Satzstrukturen. Man vergleiche neben dem häufigen relativischen den kausalen Anschluß in den Präfationen (quia = quoniam):

Ps. 33 (32), 3: Cantate ei canticum novum ...
quia rectum est verbum Domini.
Ps. 130 (129), 4: quoniam apud te propitiatio est.
7: quia apud Dominum misericordia.[65]

Bei der inhaltlichen Beziehung zwischen dem Präfations-Mittelstück und den Credo-Formeln ist es nicht verwunderlich, daß sich die relativische Prädikation auch in den Credotexten findet:

---

[60] Vgl. auch das Gebet Nehemias (2. Makk. 1, 24 ff.).
[61] Norden aaO. S. 183. 222.
[62] Weitere Beispiele: Ps. 118 (117), 28; 140 (139), 7; 142 (141), 6.
[63] Cabrol aaO. S. 56: „Tout ce que nous avons dit des oraisons s'applique à la préface; celle-ci par bien des côtés ressemble à la collecte." In manchen Präfationen wird aus dem Dankgebet unversehens ein Bittgebet nach Art der Kollekte, vgl. die römische Apostelpräfation.
[64] Vgl. das Dankgebet der Kirche, Lateinische Präfationen des christlichen Altertums, übersetzt von G. J. Strangfeld, Freiburg 1952². Eine zweisprachige Sammlung der besten lateinischen Präfationen bietet: A. Dold, Sursum Corda, Salzburg 1954.
[65] Weitere Beispiele: Ps. 69 (68), 35. 36; 95 (94), 2; 107 (106), 8. 9; 118 (117) passim; 136 (135) passim; 139 (138), 13.

```
Credo in J. Chr. ...    qui conceptus est, natus ... passus usw.
                        qui propter nos homines ... descendit.
Credo in Spiritum s ... qui ex patre filioque procedit,
                        qui cum patre et filio simul adoratur,
                        qui locutus est per prophetas.⁶⁶
```

Wie das veränderliche Mittelstück der Präfationen in besonders eindrücklicher Weise auf das altbiblische und synagogale Erbgut zurückweist,⁶⁷ so sind auch die Prädikationen der Kollekten nicht einfach ein aus lateinischem Sprachgeist erwachsenes schmückendes Beiwerk, auf das man heute verzichten kann und muß. Sie haben vielmehr theologisches Gewicht als „Anamnesen", und zwar in doppelter Hinsicht: Sie erinnern Gott an seine Verheißungen und grundlegenden Heilstaten, und sie erinnern die betende Gemeinde daran, daß sie nicht ins Ungewisse betet, sondern zu dem Gott, der Anfang und Ende und so auch die Hilfsbedürftigkeit der Gegenwart wirksam umgreift.⁶⁸ So findet der Satz, daß Liturgie gebetetes Dogma sei, seine Verwirklichung gerade im Beten der Kollekte, deren Prädikationen und Konklusionen das Besondere und das Ganze des christlichen Glaubens zur Geltung bringen, in faßlicher Aufteilung und in steter Beziehung zu den Nöten und Hoffnungen der Gemeinde (die Kollekte ist ein Bittgebet!), die im Gebet ihren Glauben übt, womöglich noch wirksamer und lebensnäher, als es beim geschlossen rezitierten Credo geschieht.⁶⁹

IV

Von Nordens Forschungen ausgehend hat A. Baumstark in der Verbindung des jüdischen Lobgebetes (Beracha) mit der ausdrücklichen Bitte das Besondere am Gebet der Christen gesehen und dies auf den prägenden Einfluß des Vaterunsers zurückgeführt.⁷⁰ In der Tat lassen sich die Strukturmerkmale des Herrengebets ungezwungen mit denen der Kollekte in Beziehung setzen. Wieder erscheinen die typischen fünf Abschnitte:

```
a) Anrede         Vater unser              Pater noster,
b) Prädikation    im Himmel.               qui es in caelis:
                  Geheiligt werde d. Name... sanctificetur nomen tuum...
c) Bitte          uns. tägl. Brot gib uns ... Panem nostrum ... da nobis ...
d) Konklusion     Denn dein ist das Reich ... (Quoniam t. est regnum ...)
e) Akklamation    Amen.                    Amen.⁷¹
```

---

⁶⁶ Darauf weist schon Mahrenholz, Kompendium aaO. S. 99 hin.
⁶⁷ Vgl. A. Baumstark, Comparative Liturgy (engl. Ausgabe nach der 3. Franz. Ausgabe 1953, hrsg. B. Botte), London 1958, S. 43—51. 63—70.
⁶⁸ Wenn in modernen Gebeten die Anrede mitsamt der Prädikation auf ein sozusagen enklitisches „Herr" zusammenschrumpft oder gar verschwindet, so ist das nicht nur eine sprachliche Variante, sondern eine sachliche Änderung, die sich alsbald auf den sonstigen Inhalt auswirkt.
⁶⁹ Vgl. Cabrol aaO. S. 55: (Les collects) „font, pour parler comme l'école, un lieu théologique de première valeur". Vgl. ferner Stephens-Hodge aaO. S. 20: „In the collects as a whole we have a wonderful summary of essential Christian doctrine."
⁷⁰ Vgl. Baumstark, Comparative Liturgy aaO. S. 65.
⁷¹ Für die Konklusion mit „quoniam" vgl. das große Gloria: *quoniam tu solus sanctus* und Anm. 65.

Zum Vergleich: Achtzehnbittengebet (4. Bitte):

a) (Gepriesen seist du, Ewiger, unser Gott ...)
b) Du begnadigst den Menschen mit Erkenntnis ...
c) Begnadige uns mit Erkenntnis, Verstand und Einsicht.
d) Gepriesen seist du ewiger, der da begnadigt ...
e) (Amen).[72]

Daß dieser Typus im Neuen Testament weiterwirkt, zeigen folgende Beispiele:
Gebet bei der Jüngerwahl (Act. 1, 24 f.):

a) Herr,	Tu Domine,
b) der du aller Herzen kennst,	qui corda nosti omnium,
c) zeige an, welchen du ... hast,	ostende, quem elegeris ...
d) —	—
e) (Amen).	(Amen).

Gemeindegebet in der Verfolgung (Act. 4, 24 ff.):

a) Herr,	(24)	Domine,
b) der du ... gemacht hast,		tu es qui fecisti caelum ...
der du ... gesagt hast ...	(25)	qui spiritu sancto ... dixisti ...
c) ... siehe an ...	(29)	... respice in minas eorum
und gib ...		et da servis tuis ...
d) durch den Namen ... Jesus	(30)	per nomen sancti filii tui Jesu
e) (Amen).		(Amen).

Briefeingangsbitte (Gal. 1, 3 ff):

a) (Gott, unser Vater	(3)	(a Deo Patre
und Herr Jesus Christus)		et Domino nostro Jesu Christo)
b) der sich ... gegeben hat,	(4)	qui dedit semetipsum ...
daß er uns errette ...		ut eriperet nos ...
c) (Gnade sei mit euch)	(3)	(Gratia vobis)
d) welchem sei Ehre von	(5)	cui est gloria in saecula
Ewigkeit zu Ewigkeit.		saeculorum.
e) Amen.		Amen.[73]

Wie in den späteren Kollekten, so ist schon hier die Bitte jeweils eingebettet in die hymnischen Bekenntnisaussagen von Prädikation und Konklusion. Das Gebet der Christen ist also nicht nur Aussprechen der Not — das tun auch die Heiden —, sondern Aussprechen der Not vor Gott, und das heißt Bewältigung der Not im Glauben an die erfüllte Verheißung und die verheißene Erfüllung. Außer der strukturellen läßt sich auch eine funktionelle Analogie zwischen Kollektengebet und Vaterunser in der Liturgiegeschichte nachweisen. Im Stundengebet schlossen die Preces, falls Bischof und Priester fehlten, mit dem Vaterunser als der „Laien-Kollekte"; auch das kirchliche Tischgebet als Kleinst-Hore verfährt so: Psalm — Gloria Patri — Kyrie (= Rest der Bitten) — Vaterunser (= Kollekte) — Benediktion.[74] Ein anderes Beispiel findet sich in den von Bucer ausgehenden Liturgien. Dort endet das Fürbittengebet mit einer Vaterunserparaphrase, aber offenbar war das Bedürfnis nach einer festen Konklusion unbefriedigt; daher fügte man die Doxologie des Vaterunsers, die nie

---

[72] Deutsche Übersetzung nach P. Viebig, Das Judentum von Jesus bis zur Gegenwart, Tübingen 1916; hebräischer Text in: Altjüdische liturgische Gebete, hrsg. W. Staerk, Berlin 1930, S. 12 und 15.

[73] In diesem Zusammenhang gehört auch die Prädikation *qui tollis peccata mundi* und *qui sedes ad dexteram patris* im großen Gloria, das erste auch im Agnus.

[74] Vgl. Jungmann, Wortgottesdienst aaO. S. 64 f.

zum liturgischen Text gehört hatte, als Konklusion hinzu. Die nirgends in Frage gestellte Praxis, das Vaterunser als stereotype Kollekte für das Fürbittengebet zu verwenden, sollte eigentlich zum Verständnis für den Sinn eines Kollektengebetes beitragen können.

Trotz des sachlichen Gewichts der relativischen Prädikation ist die Frage, ob man den an die Anrede angeschlossenen Relativsatz „der du ... hast" bei einer Übertragung ins Deutsche so übernehmen könne, kontrovers geblieben. Man wird aber in der Erkenntnis, daß hier nicht nur ein sprachliches Problem, sondern das Proprium christlichen Betens verhandelt wird, darauf achten müssen, daß bei einer Auflösung des sprachlichen Gefüges nicht auch das theologische Gefüge verloren geht. Wahrscheinlich hat die zuweilen ermüdende Stereotypie der relativischen Prädikation in epigonalen Kollekten den Blick für die verschiedenen formalen Möglichkeiten verstellt. Die alte lateinische Kollekte bietet jedenfalls eine Fülle verschiedener Varianten für eine Prädikation. So könnte der relativische Anschluß als eine von mehreren Möglichkeiten durchaus beibehalten werden, zumal wenn man sich des hymnischen Charakters eines „Konklusionsgebetes" bewußt bleibt. Schon jetzt bietet der evangelische Kollektenkanon in deutscher Sprache eine ganze Reihe von Varianten für die Prädikation, zum Teil gerade in Anlehnung an die lateinische Urform:

a) Appositionale Prädikation (nominal):
O Gott, du Beschützer aller, die auf dich hoffen ... (3. p. T.)[75]
b) Appositionale Prädikation (verbal):
Herr Gott, himmlischer Vater, du weißt, daß wir ... (4. p. Ep.)[76]
c) Relativische Prädikation (nominal):
Herr, unser Gott, der du bist die Stärke aller ... (1. p. T.)[77]
d) Relativische Prädikation (verbal):
Nom.: O Gott, der du uns durch ... erfreust ... (4. Adv.)[78]

[75] Diese und die folgenden Beispiele sind deutsche Kollekten aus Agende I der VELKD. Zu Typ a) vgl. auch: Darstellung (2. Febr.); Exaudi Bittage II; ferner Agende I der EKU: 5. p. T.
[76] Die nicht nur sprachlich, sondern meist auch theologisch begründete Abneigung gegen das „genus reverentiae" der relativischen Prädikation „der du ..." hat in neueren Agenden meist zur Umformung in einen selbständigen Satz „du hast ..." und damit zur Auflösung des sprachlichen und theologischen Duktus geführt. Die deutsche Sprache bietet aber noch andere Möglichkeiten, den angeblichen religiösen „Hofstil" zu vermeiden, besonders dann, wenn vorausgenommene Satzerweiterungen (Akk.- und Dat. Objekte, adverbiale Bestimmungen, Prädikatsadjektiva u. ä.) eine Inversion ermöglichen und den Satz appositional qualifizieren, wie folgende Beispiele zeigen:
Herr, unser Gott, dein ist die Macht und Ehre, gib ...
    in deiner Güte hast du uns ... geschenkt, gib ...
    durch deinen Sohn ... hast du uns berufen, gib ...
    mit dir vermögen wir alles, gib ...
    dir verdanken wir alles Gute, gib ...
    aus deiner Hand kommt unser Leben, gib ...
    ohne dich können wir nichts tun, gib ...
Beispiele dafür EKU: 3. p. Ep.; Himmelf.; 8. p. T. Zum Typ b) vgl. auch EKU: Reminiscere; 12. p. T.; 16. p. T.; 19. p. T.
[77] Vgl. ferner VELKD: Joh. Ev. (27. Dez.); 24. p. T.; Allerheiligen (1.Nov.).
[78] So in 42 Kollekten VELKD. Vgl. dazu in Kirchenliedern: EKG 124; 161, 5; 185, 1; 215, 1; 210, 6; 277, 5; 353, 1; 45, 1 (Jochen Klepper); 352, 1 (Luther).

Gen.: Herr, unser Gott, dessen Weisheit... (8. p. T.) [79]
Dat.: O Gott, von dem allein alles Gute kommt... (Rogate) [80]
Akk.: Herr Gott, ... den die Chöre der Engel... (Kant.) [81]
e) Kausale Prädikation:
O Gott, weil sich die Gottlosen allenthalben... (Steph.) [82]

Daneben stehen dann noch 54 Kollekten, in denen der Anrede keine Prädikation folgt.

V

Auch der Platz des Kollektengebetes im Gefüge des Gottsdienstes sowie die Eigenart eines sonntäglichen „Textwechsels" verdient Beachtung. Ursprünglich begann der christliche Gottesdienst mit den Lesungen aus der Heiligen Schrift, die durch Zwischengesänge unterbrochen waren.[83] Wie die griechischen Liturgien von Jerusalem und Alexandria zeigen, ging lediglich ein liturgischer Gruß voraus. Ein unveränderliches Gebet vor der Schriftlesung findet sich nur in der ägyptischen Tradition; es folgt dem Gruß unmittelbar.[84] Das kurze Gebet vor den Lesungen in der römischen Tradition dürfte also wohl auf die auch sonst feststellbaren Einflüsse aus Alexandria zurückzuführen sein.[85] Es ist zu vermuten, daß das Eingangsgebet eine Zeitlang auch in Rom unveränderlich war und die Vorbereitung auf die Schriftlesung zum Inhalt hatte.[86] Sonntäglich wechselnde Gebetstexte lassen sich aus den sonntäglich wechselnden Lesungen und Zwischengesängen herleiten. So hat man für die wechselnden Eucharistie- und sonstigen Gebete der römischen und außerrömischen lateinischen Tradition eine einleuchtende Begründung: sie folgen alle den Schriftlesungen. Die außerrömischen lateinischen Liturgien haben sogar ein dem Kollektengebet entsprechendes wechselndes „Gebet des Tages" als Eröffnung des Kommunionsteils der Messe, freilich unter anderer Bezeichnung.[87] Wie kommt es aber zu dem wechselnden Kollektengebet vor den Lesungen? Es scheint, daß man in Rom, nachdem im 5. Jahrhundert das „ägyptische" feste Eingangsgebet übernommen worden war, etwas später für dessen Gestaltung das wechselnde Tages-

---

[79] Vgl. ferner VELKD: Bittag ges. Arbeit.
[80] Vgl. ferner VELKD: Danktage I; Kirchweihe.
[81] Vgl. dazu in Kirchenliedern: EKG 15, 3; 20, 1; 383, 1.
[82] Vgl. die lateinischen Vorlesungsgebete Calvins, bei denen die Prädikation fast durchweg mit *quando* angeschlossen wird, was dem *quia* und *quoniam* entspricht, vgl. Anm. 65; deutsche Auswahl in: Johannes Calvin, Gebete, übersetzt von W. Dahm, München 1935².
[83] Vgl. die Liturgie des Karfreitags in der römischen Kirche. Auch Augustin kennt vor den Lesungen nur einen Gruß: De civitate Dei 22, 8.
[84] Vgl. Euchologium des Serapion, in: J. Quasten, Monumenta eucharistica, Bonn 1935 ff., S. 49 und griechische Markusliturgie, Brightman aaO. S. 117; das Gebet ist wegen seiner antiarianischen Tendenz auf das 4. Jhdt. zu datieren.
[85] Dix aaO. S. 458; Jungmann, Missarum Sollemnia Bd. 1, S. 71 f. Anm. 25 (dort Zusammenstellung aller Berührungspunkte).
[86] Gebete um rechtes Hören, als zur Lesung hinführende Gebete sind sie wesensmäßig stereotype Gebete; man denke an die kurzen Kanzelgebete vor einer Predigt. Beispiele für nicht wechselnde Gebete vor der Wortverkündigung finden sich in der Tradition des südwestdeutschen Prädikantengottesdienstes: Straßburg 1530 ff.; Kurpfalz 1563 ff.; Baden 1686 ff.; Württemberg 1699 ff.
[87] Vgl. Anm. 30.

gebet der außerrömischen lateinischen Tradition aufgegriffen hat, welches dort das erste Meßgebet war.[88] Nur kann man die Knappheit des römischen Kollektengebetes auch bei wechselnden Texten erst verstehen, wenn man an die Funktion als „Konklusionsgebet" denkt, das einen liturgischen Gemeindeakt abschließt. Die römische Kollekte kann nicht aus dem Inhalt der (erst folgenden) Lesung begründet werden, sie gehört offensichtlich zu dem vorausgehenden Psalm, der seit dem ersten Drittel des 5. Jahrhunderts den Introitus-Akt begleitete, oder auch zu der Bitt-Litanei, die Ende des 5. Jahrhunderts nach dem Vorbild östlicher Liturgien vorübergehend in Rom eingeführt war. Das „de tempore" der lateinischen Kollekte konnte also nicht ein „de lectione" sein, sondern ein „de festo" und „de casu".[89] Natürlich gab es auch ein auf Lesung und Predigt antwortendes Gebet, zum Beispiel in den Predigtschlußgebeten der großen Prediger der alten Christenheit.[90] Auch die ursprünglich von charismatischen Liturgen frei geformten Mittelstücke der Präfationen lassen sich als „homiletische" Gebete deuten.[91] Dagegen ist der Eingangsteil der abendländischen Liturgie, den die Reformatoren mit übernommen haben, als „Anrufungsakt" der sich versammelnden Gemeinde zu verstehen, ein liturgischer Abschnitt, der sich vor den alten Lesungsteil vorgelagert hat. Es scheint, daß man bei diesem Anfangsteil bis zur Kollekte vor allem das Gestaltungsvorbild des Gebetsgottesdienstes (Psalmodie — Gemeindegebet — Vorbetergebet) voraussetzen muß, nach Struktur und Inhalt wird er am besten von daher zu würdigen sein.[92]

Diese geschichtlichen Hintergründe sind auch für die Gestaltung eines evangelischen Kollektenzyklus von Bedeutung. Man darf nicht übersehen, daß die Reformation nach Wegfall der Überzahl von Heiligengebeten keineswegs einen durchgehenden Kollektenzyklus für das Kirchenjahr konstruiert, sondern sich mit einer begrenzten Zahl von Fest- und allgemeinen Kollekten begnügt hat,[93]

---

[88] Vgl. Dix aaO. S. 532 ff.

[89] Vor allem die „grünen Sonntage" mit ihrer Epistel-Bahnlesung und dem ausgedehnten Sanctorale lassen schwerlich erwarten, daß die Kollekten einem nach der Lesungsthematik durchgestalteten Kirchenjahr folgen.

[90] Beispiele in: Gebete der Urkirche, hrsg. L. v. Winterswyl, Freiburg 1952², S. 66 ff.

[91] In der späteren römischen Tradition wurde die Zahl der Präfationen so stark beschnitten, daß heute durchaus eine maßvolle Vermehrung der Präfationen wünschenswert scheint, auch in den evangelischen Liturgien. Das könnte ein sachgemäßer Ort für freie neue Gestalten der Rühmung sein, ohne daß die üppig wuchernde Fülle der alten spanischen und gallikanischen Präfationen wiederkehren müßte.

[92] Vgl. Amalar, Lib. officialis III, 5, 1 (SteT 140, Rom 1950): „Introitus missae habet initium a prima antiphona quae dicitur Introitus et finitur in oratione quae a sacerdote dicitur ante lectionem"; Hrab. Maurus, De inst. cleric. I, 33 (MPL 107, 323): „Post introitum autem sacerdotis ad altare litaniae aguntur a clero, ut generalis oratio praeveniat specialem sacerdotis." Für das gleiche Grundschema im Stundengebet vgl. Synode von Agde (506), can. 30 (Mansi VIII, 329): „ut... post antiphonas collationes per ordinem ab episcopis et presbyteris dicantur."

[93] Vgl. Th. Kliefoth, Liturgische Abhandlungen, Bd. 8, 2, Schwerin 1861, S. 30. Für den Wittenberger Meßtyp bieten Brandenburg-Nürnberg 1533: 27 Kollekten; Sachsen 1555: 56 Kollekten; Braunschweig 1569: 56 Kollekten; Pommern 1569: 63 Kollekten; Österreich 1571: 200 Kollekten.

wofür es sogar in den frühen lateinischen Sakramentaren Beispiele gibt.[94] Infolgedessen konnte die Zahl der deutschen Kollekten begrenzt bleiben und sich der Gemeinde einprägen. Erst die in anderem Kontext stehenden Textkollekten von V. Dietrich und J. Mathesius haben den Zyklusgedanken von den Perikopen auch auf die Kollekte übertragen und damit die Gestaltung des Zyklus der Eingangskollekten in der zweiten Hälfte des 16. Jahrhunderts beeinflußt.[95] Das traditionsfreudige und vom römischen Vorbild beeindruckte 19. Jahrhundert begann dann erneut, das Kirchenjahr systematisch und thematisch durchzukonstruieren und erwies sich damit nur als Testamentsvollstrecker der Liturgik der Aufklärung.[96] Auch die evangelische Liturgik der ersten Hälfte des 20. Jahrhunderts steht noch in dieser Entwicklungslinie.

Vielleicht wäre es gut, die Kritik am Kollektengebet so anzunehmen, daß der Bestand der Kollektengebete auf die wirklich gültigen und womöglich kongenial revidierten oder neu übertragenen Kollekten reduziert würde. Auch beim verwandten Genus des Kirchenlieds hat die große Zahl der Lieder den Blick für die wirklich überzeugenden und lebensfähigen Dokumente des gestalteten Gotteslobs eher verstellt. Die so entstehenden Lücken wären bei den Kollekten durch strukturgerechte Neuschöpfungen „ad hoc" zu füllen.[97] Warum kann es neben einem gemeinsamen, womöglich ökumenischen Stamm von Kollekten nicht auch gebietskirchliche Blätter und Hefte geben, die neue Kollekten zur Erprobung anbieten?

Es sollte deutlich geworden sein, daß das Kollektengebet bei aller Vorläufigkeit und Wandelbarkeit in der sprachlichen Form als eine hilfreiche Tradition daran erinnert, daß das Beten der christlichen Gemeinde sich nicht in Reflexionen über die Situation und ihre Veränderbarkeit erschöpft. In einem Lehrbrief über das Beten heißt es bei Augustin: „Nobis ergo verba necessaria sunt, quibus commoneamur et inspiciamus quid petamus, non quibus Dominum seu docendum seu flectendum esse credamus."[98] Und mit Recht sagt der Anglikaner E. M. Goulbourn von der Kollekte, sie sei „a word of man to God based upon a word of God to man".[99]

---

[94] Erst Alcuin hat das gregorianische Sekramentar aus gallikanischer Tradition bei den „grünen Sonntagen" vervollständigt.

[95] Geschlossene Kollektenzyklen in den Kirchenordnungen: Buxtehude 1565 (Sehling Bd. VII, S. 92 ff.) und Grubenhagen 1581 (Seling Bd. VI, 2, S. 1087 ff.) mit Übernahme in Osnabrück 1588 und Verden 1606. Daneben M. Coelius, Wie ein Christ täglich... Erfurt 1556 und M. Ludecus, Missale, Havelberg 1589.

[96] Vgl. Anm. 10. F. Buchholz lieferte für den römischen Zyklus eine bemerkenswerte neue deutsche Übersetzung in Alpirsbacher Antiphonale, Die Laudes, Tübingen 1953, S. 91 ff. P. Schorlemmer aaO. gibt eine etwas trockene wörtliche Übersetzung des römischen Zyklus.

[97] Beispiele für neue deutsche Kollekten im klassischen Stil finden sich vor allem bei K. B. Ritter aaO. J. Schiller, Über die Formulierung des Kollektengebets, in: MPTh 64, 1965, S. 360 ff. bezieht sich in seinen neu formulierten Kollekten auf die (erst folgenden!) Lesungen. Vgl. ferner die 32 neuen Kollekten in: Neue Texte für den Gottesdienst, Arbeitskreis Gottesdienst, Sachsenhain 1969. Das Euchologium Anglicanum, hrsg. J. E. W. Wallis und L. M. Styler, London 1963 ist eine Sammlung neugeschaffener Kollekten in englischer Sprache mit beigefügter lateinischer Übersetzung.

[98] Ep. 130. 21 (MPL 33, 502).

[99] The Collects of the Day, London 1880, zit. bei Reed aaO. S. 281.

Hans-Christian Drömann

Kyrie und Gloria
in den lutherischen Kirchenordnungen
des sechzehnten Jahrhunderts

I

In seiner Formula Missae et communionis sagt Martin Luther zum Kyrie: „Kyrieleison, ut hactenus celebratum est, variis melodiis pro diversis temporibus amplectimur cum sequenti hymno angelico."[1] Und zum Gloria: „Gloria in excelsis, tamen in arbitrio stabit Episcopi, quoties illum omitti voluerit."[2] Daraus ergibt sich, daß Luther Kyrie und Gloria für die F M übernimmt, ohne deren textliche und musikalische Gestalt zu ändern und ohne deren liturgischen Ort innerhalb des Gottesdienstes neu zu bestimmen.

Was das Kyrie anlangt, gelten die verschiedenen, kirchenjahreszeitlich gebundenen und für den liturgischen Chor bestimmten neunmaligen Anrufungen weiter, die Luther in den alten Meßbüchern vorfand. Ein Bruch mit der liturgischen Tradition der vorreformatorischen Zeit ist nicht festzustellen.

Was das Gloria betrifft, wird man Luthers Rat, die Ausführung des Gloria bzw. die Auslassung desselben in die Entscheidung des Pfarrers zu stellen, keinesfalls als reformatorischen Neuansatz oder gar als bewußten Traditionsbruch bewerten können. Denn das Gloria mit dem anschließenden „Et in terra" und dem „Laudamus" wurde schon in der vorreformatorischen Kirche nicht an jedem Sonntag, sondern nur in den festlich geprägten Zeiten des Kirchenjahres gesungen.[3] Das Missale Magdeburgensis 1480 ordnet für den Sonntag Septuagesimä an: „Gloria in excelsis non cantabitur."[4] Von diesem Brauch her, in den Fastenzeiten das Gloria nicht zu singen, muß Luthers Vorschlag, daß das Gloria ausfallen könne, gesehen und verstanden werden. Jedenfalls kann aus dem Gesamtzusammenhang nicht gefolgert werden, daß Luther dogmatische Bedenken gegen das Gloria zu erheben hatte. Denn wo Luther Kritik an Stücken der spätmittelalterlichen Meßordnung zu üben hat, wird sie auch offen beim Namen genannt. Dafür gibt die F M im Hinblick auf die Offertorium- und Kanongebete der vorreformatorischen Messe das beste Beispiel ab. Gegen das Gloria aber hat Luther nichts vorzubringen, im Gegenteil, er rechnet es zu jenen Stücken, die „so fein und herrlich vom danken und loben gemacht und bis her blieben sein, als das Gloria in excelsis et in terra, das Alleluja, das Patrem, die prefation, das Sanctus, das Benedictus, das Agnus Dei. In welchem stücken findestu nichts vom opfer, sondern eitel lob und danck. Darump wir

---

[1] W A 12, S. 209.   [2] WA 12, S. 209.
[3] Vgl. Mahrenholz, Kompendium der Liturgik, Kassel 1963, S. 83.
[4] Diese Mitteilung verdanke ich Superintendent A. Boës, Köthen.

die auch jnn der Messen behalten."[5] In seiner Stellung zum Gloria steht Luther ebenfalls ganz in der vorreformatorischen Tradition.

Die Anweisungen der F M zu Kyrie und Gloria haben einen Gottesdienst für Städte und Lateinschulen zur Voraussetzung, bei denen ein liturgischer Chor zur Verfügung steht. Mit seiner Deutschen Messe wendet sich Luther den Gemeinden auf den Dörfern zu, die einen liturgischen Chor nicht aufweisen können. In dem Gottesdienst „für die Laien", wie Luther ihn nennt, wird die gottesdienstliche Aufgabe des Chores nun der Gemeinde übertragen. Für unsere Untersuchung bedeutet das: Das Kyrie wird von der Gemeinde gesungen, nun nicht in der hergebrachten Form des neunmaligen Anrufes, sondern in einem schlichten, der Gemeinde gemäßen von Luther angegebenen Modell, das den dreimaligen Anruf „Kyrie eleison, Christe eleison, Kyrie eleison" musikalisch und inhaltlich verbindet mit dem vorausgehenden im 1. Psalmton verfaßten Introituspsalm.[6]

Eine für das Gloria in excelsis entsprechende Anweisung fehlt, ja das Gloria wird innerhalb der D M überhaupt nicht aufgeführt. Hat Luther das Gloria zum Kyrie gerechnet und deswegen nicht erwähnt oder es bewußt ausgelassen?

Diese Frage wird in der Liturgiewissenschaft verschieden beantwortet: Rietschel spricht in seinem Lehrbuch der Liturgik von der Möglichkeit, „daß Luther dasselbe (das Gloria) als zum Kyrie gehörig ansah und deshalb nicht besonders erwähnte".[7] Rietschel beruft sich dabei auf die sogenannte Pseudo-Bugenhagensche Messe — die Verbindung der Messe des Kaspar Kantz mit der F M Luthers —, in der es heißt: „Das Kyrie eleison, das ist: Herr, erbarm dich unser, auf erdrich."[8] Entsprechend heißt es in der KO Brandenburg 1540: „Darauff das Gloria in excelsis, welches sampt dem Et in terra pax zu dem Kyrie gehöret."[8a]

Karl Ferdinand Müller vertritt die These, daß „die Meßformulare in den Kirchenordnungen in der Regel für das de tempore des 1. Advent aufgeschrieben wurden, an dem das Gloria ausfiel".[9] Dagegen kommt Otto Dietz in seinen Erläuterungen zu Luthers D M zu der Annahme, „daß Luther absichtlich alle nur für den Chor bestimmten Stücke der Liturgie zugunsten des Gemeindegesanges aufgegeben hat".[10] Ist diese Beobachtung richtig, so wird man Dietz in Folgendem nicht mehr zustimmen können: „Vielleicht hat Luther die unmittelbare Aufeinanderfolge von Kyrie und Gloria als einen zu unvermittelten Wechsel empfunden."[11] Von einem unmittelbaren Wechsel im Sinne eines „Stimmungswechsels" oder gar von einem inhaltlichen Gegensatz zwischen Kyrie und Gloria kann nicht die Rede sein, wenn man den gesamten Gloria-Text vor Augen hat. Im Verlauf des Gloria werden die Kyrie-Rufe durch die zweimaligen Anrufe „erbarm dich unser" wieder aufgenommen. Dieser Tatbestand weist darauf hin, daß Kyrie und Gloria als eine textliche Einheit anzusehen sind.

---

[5] W A 30, S. 614 f. [6] Handbuch der dt. ev. Kirchenmusik I, Nr. 1. [7] 2. Auflage, S. 352.
[8] Smend, Die evangelischen deutschen Messen..., Göttingen 1896, S. 73.
[8a] Sehling, Die ev. Kirchenordnungen, III, S. 68. [9] Leiturgia II, Kassel 1955, S. 24.
[10] Martin Luther, Liturgische Schriften, München 1950, S. 86. [11] aaO. S. 86.

Doch wenden wir uns der Erklärung zu, die K. F. Müller zu geben versucht. Was Müller „in der Regel" nennt, trifft, wenn man die reformatorischen KOO überblickt, eigentlich nur auf die Ordnungen Müntzers und auf die von Müntzer beeinflußten Ordnungen zu. Diese gehen bei der Aufteilung der Meßordnung in verschiedene, durch die Festzeiten des Kirchenjahres bestimmte Ämter von dem de tempore des 1. Advent aus. In Luthers D M aber läßt sich an keiner Stelle ein Bezug auf das Proprium des 1. Advent feststellen. Die These Rietschels scheint zunächst am überzeugendsten zu sein. Doch auch hier ergeben sich weitere Fragen: Gesetzt den Fall, Luther hätte das Gloria zum Kyrie gezählt und deswegen nicht für nötig gehalten, auf das Gloria besonders hinzuweisen: Welche Form des Gloria wollte er in dem Gottesdienst „der Laien" gesungen wissen? Eines der herkömmlichen Gloria-Modelle, das aus den alten Meßbüchern zu übernehmen wäre? Diese Annahme verbietet die Eigenart der D M, die doch darauf ausgerichtet ist, die lateinischen, melodisch weit ausschweifenden, weil für einen geschulten Chor bestimmten Stücke zu ersetzen durch schlichte für die Gemeinde singbare deutsche Weisen.

Man wird vielmehr im Hinblick auf das Gloria von einer Lücke innerhalb der D M sprechen müssen, die von Luther, ohne ausdrücklich genannt zu werden, offen gehalten wird, eine Lücke, die später durch das auf Luther zurückzuführende „All Ehr und Lob soll Gottes sein" und durch das Lied des Nicolaus Decius „Allein Gott in der Höh sei Ehr" ausgefüllt wird.[12] Ersteres tritt auf in der KO Naumburg 1537/38, letzteres in niederdeutscher Fassung ohne Noten in dem Gesangbuch Rostock 1525, mit Noten in dem Schumannschen Gesangbuch 1539.[13] Beide Weisen stellen den Versuch dar, das Gloria des Chores in eine für die Gemeinde sangbare Form zu übertragen, Luthers „All Ehr und Lob soll Gottes sein" in der Gestalt antiphonalen Singens, Decius' „Allein Gott in der Höh sei Ehr" in der Gestalt des Strophenliedes.

Wie werden Kyrie und Gloria in den *Wittenberger* Gottesdiensten ausgeführt? Die Ordnung der Visitatoren von 1528/33 nennt „das schlechte Kyrie dreimal, oder zu zeiten, besondern uf die feste, ein anders neunmal, wie gewonlich. Auf das schlechte kyrie singet man nicht gloria in excelsis deo, sondern auf andere, wenn man will, sonderlich uf die feste."[14] Und Musculus berichtet anläßlich seines Besuches in Wittenberg im Jahre 1536: „Post introitum ludebatur in organis et vicissim canebatur a pueris Kyrie eleison, quo completo cantabat minister gloria in excelsis."[15] Musculus hat in Wittenberg die Gottesdienste zu Rogate, Himmelfahrt und Exaudi miterlebt.[16] In den Gottesdiensten der österlichen Zeit werden also Kyrie und Gloria gesungen. Da die Ordnung der Visitatoren für die Feste das neunmalige Kyrie benennt, wird man daraus schließen müssen, daß die herkömmlichen Modelle weiter verwandt wurden. Das „schlechte" (schlichte) Kyrie — gemeint ist sicherlich das Kyrie aus der

---

[12] All Ehr und Lob soll Gottes sein: Handbuch der dt. ev. Kirchenmusik I Nr. 61, s. auch K. Ameln und G. Gerhardt: Die deutschen Gloria-Lieder, MGkK 43, 1938, S. 225 ff. Allein Gott in der Höh sei Ehr: Handbuch Nr. 60 a+b, EKG 131.
[13] Handbuch S. 570 ff.   [14] JbLH Bd. 4, 1958/59, S. 5.
[15] aaO. S. 5.   [16] aaO. S. 20.

D M — wird dagegen für die Fastenzeiten und für die festlose Hälfte des Kirchenjahres anzusetzen sein, bei denen das Gloria entfällt.

Dieser Befund wird bestätigt durch die von Adolf Boës edierte „Ordenung der gesenge der Wittembergischen Kirchen 1543/44", die im Hinblick auf Kyrie und Gloria vier verschiedene Ausführungsmöglichkeiten nennt und damit einen Einblick in den liturgischen Reichtum der Wittenberger Gottesdienste gewährt:[17]

1. In den festlich geprägten Zeiten werden Kyrie und Gloria in der herkömmlichen Form gesungen. Für Weihnachten und Epiphanias gibt die Ordnung das „Kyrie magnae Deus potentiae", für den Sonntag nach Epiphanias, der als Tag der Taufe Christi begangen wird, das „Kyrie fons bonitatis" und für Ostern bis Himmelfahrt einschließlich und für den Sonntag das „Kyrie paschale" an.[18]

2. Von dem „Kyrie feriale" wird ausdrücklich gesagt, daß es „sine gloria in excelsis Deo" zu singen sei. Dieses Kyrie gilt für den 2. bis 4. Advent, für die Sonntage Septuagesimä bis Oculi und für die festlose Hälfte des Kirchenjahres vom 1. Sonntag nach Trinitatis an. Daß in Wittenberg die Trinitatiszeit als Bußzeit begangen wird, begründet Boës mit der Aufforderung Luthers zum Gebet wider den Türken aus dem Jahre 1541.[19]

3. Für Judica und Palmarum wird das „Kyrie dominicale" angeführt. Dieses könnte das neunmalige sonntägliche Kyrie ohne Gloria sein. Boës hat auf die Möglichkeit hingewiesen, daß dieses Kyrie übereinstimmt mit zwei vierstimmigen Kyrie-Sätzen, die aus der Zeit um 1540 stammen und die Autorschaft Johann Walters nahegelegen sein lassen.[20]

4. In einem Brief Sixt Dietrichs vom 29. Mai 1543 heißt es: „Alle feste singt man ein herlich ampt in figuris: Introit, Kyrie, Et in terra, Pacem, Alleluja, Sanctus, Agnus und Communio wie von alters her, als daß lützel geändert ist.[21] Die Ordnung der Gesänge belegt, daß in Wittenberg die Festtage mit einer Figuralmesse begangen wurden. Insgesamt werden fünf Figuralmessen genannt: drei von Josquin des Pres, eine von Obrecht und eine von Adam Rener.[22]

Als Festtage, an denen Figuralmessen zur Aufführung gelangen, kommen in Betracht der 1. Advent, Weihnachten, Purificationis Mariä, Pfingsten und Michaelis. Zu beachten ist, daß der 1. Advent unter die Festtage gezählt wird. Hier ist gegenüber der Tradition, wie sie uns durch das Magdeburger Missale 1480 bzw. 1503 bezeugt ist, eine Änderung festzustellen: In Wittenberg wird der 1. Advent nicht zur Fastenzeit gerechnet, sondern als ein ausgesprochener Feiertag begangen.

II

Neben den Wittenberger Ordnungen zeichnen sich die *Naumburger* Agenden durch einen vielfältigen liturgischen Reichtum aus. Die handschriftliche KO Naumburg 1537/38 bietet das „Kyrie paschale", das „Kyrie summum" und

---

[17] aaO. S. 1 ff.
[18] aaO. S. 33 ff.
[19] aaO. S. 31 ff.
[20] Handbuch der dt. ev. Kirchenmusik I, 2. Teil, S. 515.
[21] JbLH Bd. 4, 1958/59, S. 20 f.
[22] aaO. S. 35 ff.

das „Kyrie fons bonitatis" an, die in ihrer musikalischen Gestalt auf vorreformatorische neunmalige Kyrie-Modelle zurückgehen, nun aber zu dreimaligen Kyrie-Anrufungen umgeformt und tropiert worden sind.[23] Das „Kyrie paschale" wird übernommen von

> einem wohl nach Wittenberg gehörenden Liederblatt,[24]
> dem Gesangbuch Nördlingen 1545
> und dem Gesangbuch Erfurt 1550.[25]

Das „Kyrie fons bonitatis" kehrt wieder in den gleichen Gesangbüchern und bei einer abweichenden Textunterlegung

> in der Agende Pommern 1569 und 1591
> und in einer dritten Form in Trillers Gesangbuch 1555.[26]

Für das Gloria werden in der Naumburger Ordnung auffälligerweise nicht verschiedene, kirchenjahreszeitlich bedingte Gloria-Modelle angeboten. Durch das ganze Kirchenjahr wird als Gloria Luthers „All Ehr und Lob soll Gottes sein" gesungen, dem die Intonation des Pfarrers „Ehr sei Gott in der Höhe" vorausgeht.[27] Chor und Gemeinde singen im Wechsel: „Und solche gesang alle die deutzsch seyn wen das volck versammelt ist werden ein Chor umb den andern gesungenn Also der Schuler Chor ein gesetz singet und anhebt, darnach das volck den andern Chor helt welches auch seynen eigen Cantorem hat."[28]

Die Naumburger Ordnung hat Einfluß genommen auf:
1. Die KO Nördlingen 1544. Diese bringt das Gloria nach dem „Kyrie paschale", sieht es aber auch für andere Festtage vor, nur daß dann das „Kyrie summum" mit einer anderen Intonation des Pfarrers vorausgeht.[29]
2. Die Officiäe Hof 1592/1605 bieten das Gloria zu Weihnachten an.[30]
3. Im Gegensatz dazu kehrt „All Ehr und Lob soll Gottes sein" im Klugschen Gesangbuch 1545, in den Spangenbergischen Kirchengesängen 1545 und in den von diesen beeinflußten Gesangbüchern als österliches Gloria wieder.[31]

In diesem Zusammenhang gilt es auf Kyrie-Tropierungen aufmerksam zu machen, die durch einen unterlegten Text eine Verbindung des Kyrie-Rufes mit dem besonderen Verkündigungsgehalt einzelner Feste und Festzeiten herstellen. Als derartige Tropierungen sind zu nennen:

> Das Kyrie summum der KO Mecklenburg 1540 [32]
> Das Kyrie summum der Kirchengesänge Spangenbergs 1545 [33]
> Das Kyrie paschale des Erfurter Gesangbuchs 1550 [34]
> Das Kyrie paschale des Straßburger Gesangbuchs 1560 [35]
> Das Kyrie paschale der KO Pommern 1569 [36]

---

[23] Handbuch der dt. ev. Kirchenmusik I, Nr. 9, 13 u. 14.
[24] aaO. S. 541.
[25] aaO. S. 563 u. 565.
[26] aaO. Nr. 13.
[27] aaO. S. 572.
[28] aaO. S. 572.
[29] aaO. S. 573.
[30] aaO. S. 574.
[31] aaO. S. 574.
[32] aaO. Nr. 11.
[33] aaO. Nr. 12.
[34] aaO. Nr. 14.
[35] aaO. Nr. 15.
[36] aaO. Nr. 16.

Daneben treten neunmalige Kyrie-Tropierungen, die vor allem bei den Böhmischen Brüdern, in den Ordnungen Müntzers und in den von ihm abhängigen KOO (Herzogin Elisabeth 1542, Agende Bringhausen 1560), bei Lukas Lossius 1553 und bei Spangenberg 1545 anzutreffen sind.[37] Gloria-Tropierungen sind nur bei den Böhmischen Brüdern zu verzeichnen.[38]

Von derartigen textlichen Erweiterungen her, die hier der Kyrie-Ruf erfährt, kommt die KO Pommern 1542 zu der Empfehlung, in den Festzeiten des Kirchenjahres als Kyrie den 51. Psalm zu singen.

Aufgrund der Tatsasche, daß die Kirchengesänge Spangenbergs 1545 eine weite Verbreitung gefunden haben, kann festgestellt werden, daß die genannten Kyrie-Tropierungen über den aufgezeigten Bereich bekannt waren und gesungen wurden.

Neuerdings hat Adolf Boës nachgewiesen, daß für die Gottesdienste der Dessauer Kirche im 16. Jahrhundert die Kirchengesänge Spangenbergs vorauszusetzen sind.[39] Für das Kyrie bieten die Dessauer Ordnungen die nach den Festzeiten zu unterscheidenden lateinischen und deutschen Modelle an. Neben dem herkömmlichen Gloria erscheinen wieder „All Ehr und Lob soll Gottes sein" und „Allein Gott in der Höh sei Ehr", denen jeweils die Intonation des Pfarrers „Gloria in excelsis Deo" vorausgeht. Auch in Dessau treffen wir auf die figurale Aufführungspraxis, wie sie uns von Wittenberg her schon bekannt ist. Überhaupt handelt es sich bei den Dessauer Quellen um Material, das für die Erforschung des reformatorischen Gottesdienstes wesentlich ist, in diesem Zusammenhang aber nicht eingehend behandelt werden kann. Doch sei noch hingewiesen auf die Bemerkung zum Schluß der Messe vom 1. Advent: „Ille ordo in aliis duoque dominicis diebus per Adventum in Missa servatur."[40] Was die Adventszeit anlangt, hat man in Dessau sich also anders entschieden als in Wittenberg. In Dessau wird an allen Sonntagen der Adventszeit das Gloria gesungen und damit unterstrichen, daß die Adventszeit nicht als Fastenzeit verstanden wird.

Wenden wir uns nun den *niederdeutschen* Ordnungen zu. Die für den niederdeutschen Raum maßgebliche KO Braunschweig 1528 von Johannes Bugenhagen sagt zu Kyrie und Gloria: „Dar na kyrie eleyson, und das Gloria in exelsis, welk me ock to tiden mach na laten."[41] Entsprechend verfahren die anderen Ordnungen Bugenhagens: Hamburg 1529, Lübeck 1531, Pommern 1535 usw. Die Bestimmung, daß das Gloria „to tiden" ausfallen kann, macht eine Anlehnung an Luthers F M deutlich. Wie aber ist „to tiden" zu verstehen: als bestimmte oder unbestimmte Zeit? Wägen wir die beiden Möglichkeiten ab, so muß der Deutung Vorzug gegeben werden, die „to tiden" im Sinne einer geprägten Zeit meint. Die These, daß „to tiden" nicht im Sinne von „gelegentlich", sondern als eine fest geprägte Zeit verstanden werden muß, findet eine Stütze in Bugenhagens KO Pommern 1535, in welcher zwischen „to tiden"

---

[37] aaO. Nr. 20—35. [38] aaO. Nr. 56—57.
[39] Amtsblatt der Evgl. Landeskirche Anhalts, Jahrgang 1963, S. 1 ff., 21 ff., Jahrgang 1964, S. 21 ff.   [40] aaO. Jahrgang 1964, S. 23.
[41] Sehling, aaO. VI, 1, S. 440.

und „nicht alle tidt" klar unterschieden wird.⁴² Daß Bugenhagen das Gloria gelegentlich auslassen konnte, weil es ihm nicht wichtig erschien, wird man nicht sagen können. Vielmehr setzt Bugenhagen voraus, daß das Gloria zu bestimmten Zeiten nicht gesungen wird. Die niederdeutschen Ordnungen übernehmen mit dem Kyrie auch das Gloria. „Das Kyrie eleison und Gloria in excelsis" heißt es in der KO Braunschweig-Wolfenbüttel 1569. Damit wird festgestellt, daß Kyrie und Gloria zusammengehören. Die KO Braunschweig-Wolfenbüttel 1569 kann in dieser Hinsicht als Beispiel für alle niederdeutschen Ordnungen angesehen werden. Aufschlußreich ist auch die Bestimmung der KO Oldenburg 1573, welche die besondere Wertschätzung des Gloria unterstreicht: „darzu denn vonnöten das der Oppermann oder Cüster sampt etlichen Schülern an einem gewessen ort bey der Gemein unter dem Chor steht und das deudsche Et in terra, wie auch andere deudsche lieder, mit umbwechslung der Vers und Gesetz Des öbern Chors singen, damit das volk des gesangs der Melodey und der wörter je lenger je mehr gewohne und lust und liebe darzu gewinne."

Für die *Nürnberger* Ordnungen ergibt sich ein entsprechendes Bild: Die erste reformatorische Ordnung — die Nürnberger D M 1524 — behält das neunmalige Kyrie bei. Dagegen bietet die Spitalmesse 1525, die zeitlich also vor Luthers D M anzusetzen ist, ein dreimaliges Kyrie, bei dem der Text eingedeutscht wird. Dieses Kyrie-Modell kehrt in den übrigen Nürnberger Ordnungen und darüber hinaus in der KO Pfalz-Neuburg 1557 ff. wieder.⁴³ Die KO Brandenburg-Nürnberg 1533 ordnet an, daß Kyrie und Gloria lateinisch oder deutsch zu singen seien. Die deutsche Fassung gilt für die Gottesdienste auf den Dörfern, während die lateinische den Kirchen vorbehalten ist, denen ein liturgischer Chor zur Verfügung steht. Wir dürfen in dieser Hinsicht mit einer reichen liturgischen Tradition rechnen. Denn der Ordo ecclesiasticus des Enoch Widmann aus Hof 1592 bietet für das Kyrie vier Modelle an: das Kyrie dominicale für die Trinitatiszeit,⁴⁴ das Kyrie für die Fastenzeit,⁴⁵ das Kyrie für die Adventszeit⁴⁶ und das Kyrie paschale.⁴⁷ Alle vier Modelle sind mit deutschem Text unterlegt, gehen aber hinsichtlich ihrer musikalischen Gestalt auf vorreformatorische Quellen zurück.⁴⁸ Der liturgische Reichtum ist über den Nürnberger Raum hinaus bis nach Mecklenburg und Österreich zu verfolgen: Die KO Mecklenburg 1545 zählt das Kyrie paschale, angelicum und dominicale auf. Im Hinblick auf das Gloria wird zwischen einer Ausführung in lateinischer und deutscher Sprache unterschieden: Der Chor singt den lateinischen Text „Et in terra", die Gemeinde dagegen das deutsche Gloria-Lied. Die KO Österreich 1571 weist ausdrücklich auf Luthers „All Ehr und Lob soll Gottes sein" hin, ein Zeichen dafür, wie weit diese Form des Gloria in der Reformationszeit bekannt gewesen ist.

---

⁴² Sehling, aaO. IV, S. 341. Vgl. die Anweisung der KO Pommern 1542: „In der vasten mach me dat gloria gar ute laten", S. 356.
⁴³ Handbuch der dt. ev. Kirchenmusik I, Nr. 2.   ⁴⁴ aaO. Nr. 513.
⁴⁵ aaO. Nr. 515.   ⁴⁶ aaO. Nr. 517.
⁴⁷ aaO. Nr. 519.   ⁴⁸ aaO. S. 639.

Eine Sondertradition hat sich in den Ordnungen des Herzogtum *Preußen* ausgebildet: Hier werden die Kyrie-Rufe dreisprachig ausgeführt. In der KO Preußen 1525 heißt es: „Von dem kyrieleyson ist fur gut angesehen, dieweil es dreimal gesungen wirt, das es in dreien zungen, wie man auch alhier pfleget, krichisch, lateinisch und deutsch gefangen werde."[49] In der KO Preußen 1568 wird ausdrücklich darauf hingewiesen, daß das Kyrie „laut der vorigen ordnung" zu singen sei.[50] Diese Sondertradition hat sich bis nach Riga hin ausgewirkt. Die in der Rigaer KO 1537 und 1559 angebotenen Kyrie-Modelle sind mit dem dreisprachigen Text unterlegt: „Kyrie eleison, Christe miserere, O Herre, erbarm dich unser."[51]

Dagegen sind im *Straßburger* Raum zweisprachige Kyrie-Modelle anzutreffen: Zum ersten Male in der Messe des Theobald Schwarz 1524 mit dem Text „Kyrieeleyson, Herre, erbarm dich unser. Christeeleyson, Christe, erbarme dich unser. Kyrieeleyson, Herre, erbarme dich unser."[52] Im Deutschen Kirchenamt Straßburg 1525 erscheint das als „Straßburger Kyrie" bekannte Modell, das zusammen mit dem Gloria auf Matthias Greitter zurückzuführen ist.[53] Auf den lateinischen Kyrie-Ruf des Chores antwortet die Gemeinde mit dem deutschen Text „Herr, erbarme dich". Das Gloria ist dagegen völlig eingedeutscht und wird im Wechsel zwischen Chor und Gemeinde gesungen. Eine Liedform des Gloria ist im Straßburger Raum nicht bekannt.

III

Damit haben wir das für das Kyrie und Gloria wesentliche Quellenmaterial der reformatorischen Ordnungen zusammengestellt. Nicht in Betracht kommen bei unserer Untersuchung die von dem mittelalterlichen Prädikantengottesdienst beeinflußten oberdeutschen Ordnungen, da — bedingt durch ihre Herkunft — Kyrie und Gloria bei ihnen fehlen. Bevor wir nach der Bedeutung von Kyrie und Gloria innerhalb des reformatorischen Gottesdienstes fragen, haben wir die verschiedenen Ausführungsmöglichkeiten der beiden Ordinarienstücke zu betrachten:

1. Das Kyrie wird von dem Chor und der Gemeinde gesungen. Die aus der vorreformatorischen Zeit übernommenen Kyrie-Modelle sind dem liturgischen Chor vorbehalten, der damit das Kyrie stellvertretend für die Gemeinde singt. Die in der Reformationszeit neu aufkommenden Kyrie-Modelle verfolgen die Absicht, daß die Gemeinde das Kyrie selber singt. Daß das Kyrie vom Pfarrer intoniert bzw. gesungen wird, ist den reformatorischen Ordnungen völlig unbekannt.

2. Hingegen wird das Gloria nach vorreformatorischem Brauch vom Liturgen intoniert. Danach nimmt der Chor das Gloria mit dem „Et in terra pax" auf, wobei keine Rolle spielt, ob der Gloria-Text lateinisch oder deutsch gesungen wird. Von Bedeutung ist, daß die Intonation zum Gloria auch dort bei-

---

[49] Sehling, aaO. IV, S. 32. [50] aaO. S. 81.
[51] Handbuch der dt. ev. Kirchenmusik I, Nr. 4-6. [52] MGkK 1, 1897, S. 6.
[53] Handbuch der dt. ev. Kirchenmusik I, Nr. 8 u. 49, siehe auch S. 562.

behalten wird, wo das Gloria in der Form des Liedes von der Gemeinde gesungen wird. Man erkennt das Bemühen der reformatorischen Ordnungen, das Gloria-Lied nicht zu einem selbständigen, aus dem Zusammenhang herausgelösten Lied werden zu lassen, sondern es in der engen Verklammerung mit dem Kyrie zu belassen. Die verschiedenen Gloria-Intonationen sind im Handbuch der evangelischen Kirchenmusik zu finden.[54] Einige Ordnungen lassen das Gloria im lateinischen Text vom Chor singen und die Gemeinde mit dem deutschen Gloria-Lied folgen.[55]

Bei der Frage, welche Bedeutung Kyrie und Gloria in den lutherischen KOO des 16. Jahrhunderts einnehmen, haben wir von folgenden Beobachtungen auszugehen:

a) Soweit die Gottesdienstordnungen an der Form der Messe orientiert sind, übernehmen sie Kyrie und Gloria als Ordinariumstücke des reformatorischen Gottesdienstes. Das bedeutet: Kyrie und Gloria sind nicht durch andere Lieder auswechselbar, sondern sind von ihrem Inhalt her als Gebet um Gottes Erbarmen und als Lobpreis des sich den Menschen zuwendenden Gottes für den reformatorischen Gottesdienst konstitutiv.

b) Kyrie und Gloria sind als eine Einheit anzusehen. In der Brandenburger KO 1540 heißt es vom Gloria: „welches sampt dem et in terra zu dem kyrie gehöret."[56] Kyrie und Gloria gehören nach den reformatorischen Ordnungen zusammen. Ein Gegensatz zwischen Bitte und Lobpreis wird von keiner der zahlreichen Gottesdienstordnungen empfunden. Vielmehr sind Bitte und Anbetung die beiden Brennpunkte des einen Gebetes, das Kyrie und Gloria umfaßt. Das Straßburger Kirchenamt 1525 zeigt das Bemühen, Kyrie und Gloria auch von der musikalischen Gestalt her zu einem Ganzen werden zu lassen. Das bedeutet: Die Absicht, Kyrie und Gloria als Einheit darzustellen, wird sogar durch die musikalische Formgestaltung verfolgt. Gleiches gilt für die Spitalmesse Nürnberg 1525.[57]

c) Die Einheit von Kyrie und Gloria wird auch dort nicht aufgehoben, wo dem Kyrie ein Sündenbekenntnis vorausgeht. Dieses ist der Fall in den Ordnungen Naumburg 1537/38, Hof 1592, Nördlingen 1544, die alle auf die gleichen Verfasser zurückgehen. Hier wird das Rüstgebet zwischen Introitus und Kyrie eingefügt. Davon, daß in den genannten Ordnungen das Kyrie ein verlängertes Sündenbekenntnis darstellt, kann nicht die Rede sein.[58]

d) Die reformatorischen Ordnungen sind bemüht, Kyrie und Gloria der Gemeinde zu übertragen. Wo ein Chor Kyrie und Gloria singt, tut er das stellvertretend für die Gemeinde. Auf der anderen Seite soll durch die einfachen, der Gemeinde gemäßen, angebotenen Modelle unterstrichen werden, daß die Ausführung der beiden Ordinariumstücke nicht von musikalischen Möglichkeiten oder Gegebenheiten abhängt, sondern auch in dem einfachsten dörflichen Gottesdienst möglich ist.

---

[54] Bd. I, Nr. 36 ff.
[56] Sehling, aaO. III, S. 68.
[57] Handbuch der dt. ev. Kirchenmusik I, Nr. 2 u. 50.
[55] Pommern 1542, Pommern 1569.
[58] aaO. S. 573 f.

e) Beachtet sein will, daß für das Kyrie der lateinische bzw. griechische Text verwandt wird, obwohl das Bestreben der Reformatoren dahingeht, für die Gemeinde alle gottesdienstlichen Texte einzudeutschen. Damit soll sicherlich hervorgehoben werden, daß der Ruf um Gottes Erbarmen, wie er im Kyrie laut wird, sich über alle Grenzen hinwegsetzt und die Kirchen aller Sprachen und Zungen untereinander verbindet.[59]

Was geschieht nun, wenn die Gemeinde in ihren sonntäglichen Gottesdiensten Kyrie und Gloria singt? Sie wendet sich zu Gott mit der Bitte um sein Erbarmen und bringt gleichzeitig den Dank dar für das Erbarmen, das Gott in Jesus Christus der Welt zuteil werden läßt. Christhard Mahrenholz führt in seinem Kompendium der Liturgik aus: „Kyrie und Gloria sind beides Huldigungen der Hoheit Gottes. Größe und Güte Gottes werden einmal durch das Bekenntnis unserer Hilfsbedürftigkeit und Armut, zum anderen durch das Bekenntnis seiner Herrlichkeit dargetan. Und wie jedes Gebet Bitte und Dank umschließt, so auch dieses der Gemeinde und dem Chor zufallende große Eingangsgebet der Hauptgottesdienstordnung."[60]

Damit sind wir am Ende unserer Untersuchung. Aus dem reichen Quellenmaterial reformatorischer Gottesdienstordnungen ist zu erkennen, daß für die Reformatoren Kyrie und Gloria zusammengehören. Gerade in der unmittelbaren Folge von Bitte und Lobpreis bringt die Gemeinde ihre Situation zum Ausdruck, in der sie sich auf dem Wege der Nachfolge Jesu befindet.

---

[59] Zu der Frage, ob der Gottesdienst allein in deutscher Sprache gehalten werden soll, siehe Luther in seiner D M: WA 19, S. 74.
[60] aaO. S. 87.

Joseph Pascher

Zur Kunstform
und
zur Aufgabe des Antwortgesanges

Immer wieder einmal geschieht es, daß das Wort Gottes wie ein Blitz von oben einschlägt wie bei Saulus vor Damaskus (Apg. 9, 4 ff.). Antonius, der ägyptische Mönchsvater, erfuhr es, als er die Worte vernahm: „Willst du vollkommen sein, so verkaufe alles, was du hast und gib es den Armen" (Matth. 19, 21). Bei Augustinus war es der Satz: „Wie am Tage laßt uns ehrbar wandeln, nicht in Schmausereien und Trinkgelagen, nicht in Wollust und Ausschweifungen, nicht in Streit und Eifersucht; zieht vielmehr den Herrn Jesus Christus an" (Röm. 13, 13.14).

Aber ebenso wie dieses Zufassen der Gnade durch die religiöse Erfahrung reich bezeugt ist, so weiß man doch auch, daß das nicht die Regel ist. Darum haben die religiösen Ordnungen kirchlicher Frömmigkeit ihre Lesegottesdienste gerne so gestaltet, daß das Herz des Hörenden Zeit hat, das Wort aufzunehmen und ihm zu antworten.

Heiliges *Schweigen* im Anschluß an die Lesung ist die Maßnahme, die am nächsten liegt. Dabei wird aber der Hörer mit der Gnade allein gelassen, und es macht sich das Bedürfnis geltend, darüber hinaus Hilfen zu gewähren. Im Grunde will die *Homilie* nichts anderes, als dem Hörer helfen, das Wort Gottes zu verstehen und dem, der da redet, die gemäße Antwort zu geben.

Besonderer Beliebtheit erfreut sich in den christlichen Gottesdiensten der *Antwortgesang*. In ihm wird die freie Resonanz des Herzens hilfreich gelenkt. Es entspricht der Hochschätzung des inspirierten Liedgutes der Heiligen Schrift, daß mit Vorliebe Psalmen zur Gestaltung der Antwort benutzt werden. Dem am Gottesdienst beteiligten Volk werden nur die kurzen Antwortverse zugemutet, der Psalmtext selbst ist dem Vortrag einzelner anvertraut. Aber beides zusammen: dieser Vortrag und die kurze Antwort, dienen dem einen Zweck, der *Resonanz der Herzen auf das Gotteswort*.

Der Antwortgesang hat seine Geschichte. In der responsorialen Psalmodie wurde ein Schema entwickelt, dem dann auch andere, besonders biblische Texte unterlegt wurden. Der Ursinn dieses an die Schriftlesung angelehnten Singens wurde teilweise verdunkelt. Schriftlesungen wurden mit Antwortgesängen versehen, die zwar auch das Herz bewegen mochten, aber doch nicht im Sinn des gehörten Wortes. Im kirchlichen Stundengebet schuf man z. B. nur gewisse Serien für ganze Bücher der Heiligen Schrift, so daß der Zusammenhang zwischen der bestimmten Lesung und dem Antwortgesang äußerst locker war.

Bei der Reform ihrer Liturgie hat die katholische Kirche diesem Punkt eine besondere Aufmerksamkeit geschenkt. Sowohl in der Messe als auch im Stundengebet hat man Wert darauf gelegt, jeder Lesung einen Gesang zuzuordnen, in dem der Gemeinde eine Hilfe für das Verständnis der Texte und für die so entscheidende Resonanz geboten wird.

Es dürfte kaum ein Zweifel sein, daß das Modell des Responsoriums *für den Gesang* entwickelt worden ist: Der Antwortvers wird vom Vorsänger geboten und vom Volk wiederholt. Nach bestimmten Regeln wird er vom Volk zwischen die Psalmverse eingeschoben, und schließlich steht er noch einmal am Ende des ganzen Gesanges. Im ersten Zwischengesang der Messe hat die katholische Liturgie heute wieder das richtig ausgebildete Modell des Responsorialgesanges. Daneben bestehen jedoch auch die zurückgebildeten und vereinfachten Modelle des „Responsoriums" im Anschluß an die Lesungen des „Officium lectionis" (früher „Matutin" genannt) und das sogenannte „Responsorium breve" etwa nach der Kurzlesung in den „Laudes matutinales" und der „Vesper" des Stundengebetes. Dabei zeichnet sich das „Responsorium breve" dadurch aus, daß es auch in der verkürzten Form seines Modells am Anfang die Verdoppelung des Antwortverses aufweist.

In der Diskussion über das Stundengebet hat der Ursprung der Responsorien im Gesang Schwierigkeiten bereitet. Eine ziemlich starke Strömung lehnte den Gebrauch dieser Stücke für den Sprechvortrag ab. Gegen das Responsorium im Stundengebet des Einzelnen, das ja weitaus am meisten verbreitet ist, wurde weiter geltend gemacht, diese Stücke seien typisch Gemeinschaftsformen und deshalb für das Beten des Einzelnen nicht geeignet.

Dabei wurde jedoch übersehen, daß das ursprüngliche Motiv für die Gestaltung der Antwortgesänge die Resonanz des Herzens auf das Gotteswort ist. Darum mußte die Entscheidung von dort aus gesucht werden in der Frage, ob die Responsorien auch im Sprechen und im Beten des Einzelnen ihre Aufgabe erfüllen können.

Die Sichtung der reichen, wenn auch nicht ausreichenden Bestände des überlieferten Gutes zeigte deutlich, welch hervorragende Möglichkeiten künstlerischer Leistung auch und gerade die Kurzmodelle von „Responsorium" und „Responsorium breve" bewiesen haben, wobei nicht verschwiegen werden soll, daß es in der Fülle des Materials starke Qualitätsunterschiede und auch Fehlleistungen gibt. Die hohe Qualität der meisten Stücke erwies sich bei der Prüfung als unabhängig von der Vertonung. Das Responsorium stellt eine überaus reizvolle Art liturgischer Dichtung dar.

Damit aber ist deutlich, daß der gesangliche Vortrag keineswegs allein sinnvoll ist. Daß diese Dichtung im Gesang ihren Ursprung hat, beweist, so gesehen, nichts.

Allerdings bleibt diese Art von Dichtung für ihren vollwertigen Vollzug an eine Vielheit von Vortragenden gebunden, wenn die innere Struktur ganz zur Geltung kommen soll. Aber auch hier mußte man sich vor voreiligen Schlußfolgerungen hüten. Jede dialogische Form der Rede kann auch von einem einzelnen verwirklicht werden, wenn auch nicht in letzter Vollendung des Vortrags. Eine Analogie — nur eine solche — bietet sich immer wieder in den Lesungen der Heiligen Schrift. Ohne Schwierigkeit können die Gespräche Jesu von einem einzelnen dargeboten werden. Allerdings zeigt die Lesung der

Passion in der Karwoche, daß ein gewisses Bedürfnis besteht, zum Dialog überzugehen.

Im Hintergrund steht das Problem, ob es sinnvoll sei, wenn der Einzelne in seiner Einsamkeit vor Gott eine Dichtung spreche. In der Tat fehlte es nicht an Fachleuten, die nicht nur die Responsorien, sondern auch alle Hymnen ablehnten, wenn das Stundengebet nicht in Gesang und nicht in Gemeinschaft gebetet werde. Die negative Folgerung erwies sich jedoch als eine Überspitzung, die sich in der lebendigen Wirklichkeit aller derer widerlegt sieht, die in der köstlichen Einsamkeit ihrer Mußestunden dem Lesen, ja dem Vortrag der Dichtung hingegeben sind.

Die letzte Entscheidung für das Stundengebet der vielen Einzelbeter kann aber nur von der Frage her erfolgen, ob auch bei ihnen das Responsorium seine Aufgabe zu erfüllen vermag. Das Urteil darüber kann aber nicht von dem bisherigen Stand der Dinge aus gefällt werden. Die oben dargestellten Mängel standen dem allzusehr im Weg. Nunmehr hat aber jede Lesung einen für sie komponierten Antwortgesang, in dem ein wichtiger Bezug des Textes aufgegriffen und mit Akzent versehen ist. Die Eignung mag das eine Mal größer, das andere Mal geringer sein. Qualitätsunterschiede sind menschlich unvermeidbar. Aber die Eignung an sich kann nicht in Frage gestellt werden. Man hat geltend gemacht, wenigstens die responsorische Form sei abzulehnen, zum mindesten entbehrlich. Aber auch das kann nicht zugegeben werden.

Leider hat die dem kommenden „Buch des Stundengebetes" vorausgeschickte „Instructio" dem Drängen nachgegeben und eine Konzession gemacht: „Die Responsorien, und zwar mit ihren Wiederholungsversen, behalten auch für das Beten des Einzelnen ihren Wert. Doch kann das Stück, das man zu wiederholen pflegt, beim Beten ohne Gesang ausgelassen werden, falls die Wiederholung nicht vom Sinn her erforderlich ist" (Art. 171).

Auch wenn der zu wiederholende Vers nicht vom Sinn her unbedingt erforderlich ist, soweit es den Zusammenhang der Sätze anlangt, ist er doch von der Aufgabe her erforderlich. Gerade der Antwortvers prägt sich ins Herz ein. Freilich muß er, um seiner Funktion gerecht zu werden, einen gewichtigen Gedanken enthalten. Es genügt nicht, wenn er vom Volk leicht zu vollziehen ist. Er muß der Mühe wert sein, wenn er nicht zu einer öden Wiederholung ausarten soll.

Ein in weiten Kreisen bekanntes Beispiel findet sich im kirchlichen Abendgebet zu der Kurzlesung:

Du bist in unserer Mitte, Herr,
deinen Namen dürfen wir tragen.
Verwirf uns nicht, Herr, unser Gott! (Jer. 14,9 b)
R.br. (aus Ps. 31 [30], 6)
In deine Hände, Herr, * befehle ich meinen Geist.
In deine Hände, Herr, * befehle ich meinen Geist.
V. Du hast uns gerettet, Herr, Gott der Wahrheit.
R. Dir befehle ich meinen Geist.
V. Ehre sei dem Vater und dem Sohn und dem Heiligen Geist.
R. In deine Hände, Herr, * befehle ich meinen Geist.

Der Fall zeigt, wie das Responsum den Kerngedanken wiederholt: „Dir befehle ich meinen Geist" und wie sich dieser Ausdruck des am Kreuzwort Christi orientierten Gedankens dem Herzen einprägt, und zwar als Frucht der Kurzlesung. Es wird aber auch deutlich, was aus dem ganzen Gebilde wird, wenn der Antwortvers wegfällt. Was übrig bleibt, ist verstümmelt, nicht nur weil ein dichterisch wertvolles Gebilde zerstört, sondern vor allem, weil seine Wirkung aufs stärkste beeinträchtigt wird.

Die oben bedauerte Konzession ist aus menschlichem Empfinden gemacht, weil man niemanden zu einer Form nötigen möchte, die ihm widerstrebt. So weit, so gut. Es ist aber zu wünschen, daß das Verständnis für die Kunstform und für ihre wichtige Aufgabe wächst, weil das Responsorium nur so dem Gotteswort den Weg bahnen kann und aus dem menschlichen Herzen die Antwort ruft.

Rückhaltlos bekennen wir uns dazu, daß diese Antwort nach der Formung im Gesang ruft, wie es der Bewegung des Herzens am meisten gemäß ist. Wo aber der Gesang nicht möglich ist, da vermag die Stimme auch aufzuwallen im Wort edler Dichtung, und des inneren Singens ist auch der Mensch in der Stille seines Alleinseins fähig.

Der Fall der Antwortgesänge ist nur ein einzelner in einem umfassenden Komplex: Das Verständnis der Liturgie überhaupt und das des Stundengebetes im besonderen ist niemandem wirklich zugänglich, der nicht sieht, wie sehr es sich hier um Kunst handelt: Dichtung — eigener Art freilich —, Musik, ja Dramatik.

Herbert Goltzen Die Stellung
des Hymnus
im Tagzeitengebet

Das Tagzeitengebet ist in der evangelischen Kirche der Gegenwart neu entdeckt worden. Das Fragen nach einer sinnvollen Heiligung der Zeiten des Tages in der liturgischen Erneuerungsbewegung stieß auf die traditionelle Begehung der Tageszeiten in den klassischen „Horen" der alten Kirche, wie sie Luther und die reformatorischen Kirchenordnungen zwar hatten erhalten wollen, die aber bis auf geringe Reste in evangelischen Stiften und trotz einiger Ansätze im Neuluthertum des 19. Jahrhunderts untergegangen war. In den Gebetbüchern kirchlicher Kreise[1] und in den erneuerten Agenden der Nachkriegszeit[2] und den ihnen folgenden Gesangbüchern[3] werden die Ordnungen des Tagzeitengebets in einer gemeindegemäßen Fassung angeboten. Dabei ist bewußt auf eine Kopie der „vollständigen" Reihe der acht monastischen Horen verzichtet. Herausgehoben werden die beiden schon aus dem Judentum und der alten Christenheit stammenden Gebetszeiten am Morgen (Morgengebet/ „Mette") und am Abend (Abendgebet/„Vesper"). Dazu kommt, angelehnt an die Struktur der monastischen „kleinen" Horen, das Mittagsgebet — und das, ebenfalls klösterlichem Brauch entstammende, aber über die Grenzen der Konfessionen wieder weit verbreitete Nachtgebet („Komplet").

In der römisch-katholischen Kirche waren die Tagzeiten zwar immer lebendig geblieben. Doch waren sie zum Pensum eines nur die Kleriker verpflichtenden Gebets im Brevier geworden, an dem das Volk keinen Anteil hatte. Nachdem auch dort die liturgische Bewegung durch Verdeutschungen versucht hatte, den Laien die freiwillige Teilnahme am Stundengebet zu erschließen, gab die Liturgiereform des Konzils eine Reform des Breviers frei, dessen Pensum für tätige Seelsorger ohnehin kaum mehr vollziehbar war. Dabei ergibt sich, nachdem dieses Gebet auch in der Muttersprache vollzogen werden kann, auch dort die Möglichkeit, die Gemeinde an einer freien Auswahl der Gebetszeiten zu beteiligen. Im kommenden Katholischen Einheitsgesangbuch werden ähnlich wie im Evangelischen Kirchengesangbuch Ordnungen und Texte für das Stundengebet

---

[1] Evangelisches Kirchengesangbuch. — Alpirsbacher Antiphonale, Tübingen 1953 ff. — Joh. G. Mehl, Der tägliche Gottesdienst. Zeilitzheim 1953. — Otto Brodde, Chorgebet. Kassel 1953. — Chorgebet, Teil II. Sarepta-Bethel 1964. — Allgemeines Evangelisches Gebetbuch. Hamburg 1965. — Evangelisches Tagzeitenbuch. Kassel 1967.
[2] Agende für ev.-luth. Kirchen und Gemeinden II: Die Gebetsgottesdienste. Berlin 1960. — Kleines Kantionale II. Hannover 1969.
[3] Evang. Kirchengesangbuch: Ausgabe Bayern 1958. — Ausgabe Oldenburg 1963. — Wir loben, preisen, anbeten dich, Beiheft Oldenburg 1967.

enthalten sein. Nachdem dort auf die Prim verzichtet wurde und dem Priester eine Auswahl aus den übrigen kleinen Horen freigestellt wurde, ergibt sich auch dort die dem Tagesrhythmus entsprechende Begehung von Morgen, Mittag, Abend und Tagesschluß.

Natürlich hat es zu allen Zeiten „Andachten" gegeben. Im Hause, bei Versammlungen und in der Kirche können Lieder gesungen, Schrifttexte gelesen und in freier Ansprache ausgelegt und gebetet werden; der Leiter der Andacht wird die Texte frei wählen und zusammenstellen. Das Tagzeitengebet der Kirche dagegen hat eine feste Struktur. Die Tageszeit, der Wochentag (der teilweise vom Ablauf der Schöpfungstage, teilweise vom Ablauf des Heilswerkes Christi in seinem Leiden und Auferstehen geprägt ist) und das Christus- und Kirchenjahr bestimmen das Motiv und den Ablauf der Gebetsstunde. Nicht nur die Schriftlesung, sondern auch die Ausdrucksformen des Gotteslobes und des Gebetes sind hier aus der Gesamterfahrung der Kirche vorgegeben. Die Elemente dieses Gotteslobes und der Rühmung der Heilstaten, mit denen die Verkündigung umgeben wird, entstammen der Geschichte des ganzen Gottesvolkes. Das Volk der Erwählung, Israel, hat die *Psalmen* gestaltet, die die Kirche in der Erbfolge Israels betet, indem sie sie für sich vergegenwärtigt, als Stimme des Herrn zu seinem Volk, als Stimme Christi zum Vater, als Rufen der Ekklesia zu ihrem Herrn und Gott.[4] Die Urkirche hat ihren Dank und ihre Freude über das in der Menschwerdung und im Erlösungswerk des Gottessohnes dargebracht in den *Cantica*, den Lobgesängen des Neuen Testaments: vor allem in den drei in die lukanische Geschichte eingefügten Lobgesängen des Zacharias, der Mutter Jesu und des Simeon, aber auch in den hymnischen Preisungen, die in den paulinischen Briefen und der Apokalypse stehen und deren Aneignung durch die Liturgie noch zu wünschen ist. Schließlich hat die Weltkirche des Orients und des Abendlandes ihren Beitrag zum Lobe Gottes und ihren Anruf zu Ihm dargebracht in den *Hymnen*. Es ist nicht selbstverständlich, daß die Hymnen als freie Dichtungen aus der Zeit, in der die Rezeption des Alten Testaments und die Bildung des Kanons des Neuen Testaments abgeschlossen war, ihre feste Stellung im Aufbau des kirchlichen Tagzeitengebets haben.

I

Paulus weist die Gemeinden an, vom Geist erfüllt dem Kyrios zu singen und dem Vater Dank zu sagen in „Psalmen, Hymnen und geistlichen Oden" (Eph. 5, 19; Kol. 3, 16). Diese wiederkehrende Reihung weist offenbar auf verschiedene Arten von Gebetsgesängen hin. Außer den vorgegebenen Psalmen, die zum Gebetsgut Jesu wie jedes Israeliten gehörten, erweckt das Pneuma (Eph. 5, 18), der Logos des Christus (Kol. 3, 16) — anders als der Rausch, der ja das Kennzeichen heidnischer Kulte ist — solche neuen Gesänge als Ausdruck

---

[4] Balth. Fischer, Die Psalmenfrömmigkeit der Märtyrerkirche. Freiburg 1949. — Ders., Die Psalmenfrömmigkeit der Regula S. Benedicti, in: Liturgie und Mönchtum, Heft 4, 5. Freiburg 1949. 1950.

des Lobes und der Danksagung, die zugleich zur Lehre und zum Aufbau der Gemeinde dienen. Wenn die *hymni et cantica spiritualia* wohl noch nicht streng abgegrenzt die Gattungen bezeichnen, die Elemente des späteren Stundengebets geworden sind, so unterscheiden sich diese neuen geistlichen Schöpfungen doch offenbar bereits von den aus synagogalem Brauch übernommenen Psalmen.

Die Psalmen sind vorgegebene Texte. Allerdings sind sie wohl nicht im ganzen und in der in der Synagoge üblichen Zuordnung übernommen worden, sondern im Rahmen der Propheten*lesung* als Hinweise auf den Kyrios Christus, als „Predigttexte" für das Kerygma von Jesus als dem Messias in der Urgemeinde verwendet worden. Das zeigen die Psalmzitate bei Jesus selbst und in den Briefen des Neuen Testaments. In den ersten beiden Jahrhunderten nahmen die neu entstehenden pneumatischen Hymnen und Gesänge offenbar die Stelle ein, die die Psalmen im alttestamentlichen Gottesdienst inne hatten. Die Christushymnen der Paulusbriefe (Phil. 2, 5—11; Kol. 1, 15—20; Röm. 11, 33—35; Eph. 5, 14) wie die Hymnen der Apokalypse (5, 9; 5, 12.13; 12, 10—12; 19, 1.2) lassen etwas von dem pneumatischen Rausch ahnen, der mit einem Philo entlehnten Wort *methe nephalios* später von Ambrosius *sobria ebrietas Spiritus* genannt wurde. Aus dem Text der Psalmen ließ sich die typologische Beziehung auf Christus und die paränetische und moralische Beziehung auf den Glauben der Ekklesia und des einzelnen Gläubigen nur durch eine neutestamentliche Neu-Interpretation gewinnen. Das gilt auch noch für die psalmähnlichen, wie aus Psalmzitaten erstellten lukanischen Lieder, die Zacharias, Maria und Simeon in den Mund gelegt werden. In den pneumatisch frei neu gebildeten urchristlichen Hymnen, von denen viele bald ihre feste Stelle in der Liturgie der Taufe (Eph. 5, 14), der Eucharistie und als Bekenntnisformeln fanden (2. Tim. 2, 11—13), konnte sich der Glaube der Kirche unmittelbar aussprechen. Vom Überschwang der Eulogie und des Gesanges „im Pneuma" bis zum Vortrag ähnlicher Gesänge *to noi*, in bewußt verständlicher Formung, auf die die Ekklesia respondieren kann, bilden diese Bekenntnisse, Danksagungen und Preisungen der Gottestaten die Antwort der Gemeinde auf das Kerygma und die Anamnesis des Heilswerkes des Kyrios.

Die Schwierigkeit der Verwendung der Psalmen im Gebet der Kirche liegt darin, daß der Psalter als kanonisches Buch abgeschlossen und in seiner Einteilung in fünf Bücher, die dem Lesungssystem der Thora, der fünf Bücher Mosis korrespondierten, für den Gottesdienst und das Festjahr Israels komponiert war. Die Aneignung dieser vorgegebenen Texte, ihre Zuordnung zu den Zeiten und Festen der Kirche ist nicht eindeutig mit dem Inhalt des einzelnen Psalms und seiner Stellung im Psalter gegeben. Daher hat bis heute die Verteilung der Psalmen auf die Festzeiten, Wochentage und Tageszeiten in der einzelnen Kirche und in den verschiedenen Territorial- und Konfessionskirchen vielfach gewechselt. Sofern man sich dem kanonischen, also inspirierten Text verpflichtet wußte, ließ sich vielfach die Persolvierung aller Psalmen als Pensum, ihre Verwendung einfach der Reihe nach, ohne Rücksicht auf ihren gegebenen Inhalt nicht vermeiden, wobei diesem Pensum jeweils oft nur durch eine allegorische Umdeutung und Akkommodation ein für den gegenwärtigen Beter erfaßbarer Sinn abgewonnen werden konnte.

Demgegenüber ist der Hymnus als Dichtung christlicher Beter unmittelbarer Ausdruck dessen, was zu dieser Stunde und aus diesem Anlaß vor Gott bekannt, erbeten und als Lob dargebracht werden soll. In dieser Freiheit ist der Hymnus aber auch gefährdeter als der Psalm. Er ist als *psalmus humano ingenio compositus* in der Gefahr, das Gemeinte nur unzureichend oder gar irreführend auszusagen. Den Gesetzen dichterischer Form unterworfen, kann diese Kunstform die Dichtigkeit und Notwendigkeit der Glaubensaussage beeinträchtigen. Als freies Wort des Gläubigen und der jeweiligen Gemeinde kann die Aussage des Hymnus überholbar, für Spätere nicht mehr gültig sein, ohne daß die Autorität einer Kanonisierung ihr Überdauern gewährleisten kann. Dafür ist die Hymnendichtung auch nie so abgeschlossen, wie es die kanonischen Schriften als Gesamtzeugnis der grundlegenden Begegnung mit der Offenbarung sein können. Über den Raum Israels und der hellenistischen Umwelt der Urkirche hinaus bringen mit ihr alle Zeitalter und Kulturkreise ihr antwortendes Zeugnis und Lob im freien Ausdruck ihrer Liederdichtung hinzu.

II

Ob das Protokoll des Statthalters Plinius aus der Vernehmung von Christen in Bithynien, „sie seien gewohnt, an einem bestimmten Tage *ante lucem convenire carmenque Christo quasi Deo dicere*"[5] den Gesang von Hymnen im eigentlichen Sinn meint, ist unsicher. Ignatius von Antiochien benutzt bei Mahnungen zur Einmütigkeit der Gemeinden gern das Bild von der „Bildung eines Chors", der in „Symphonie" „mit einer Stimme durch Jesus Christus dem Vater singt" (Eph. 4, 1 f.; Rom. 2, 2), wobei als Zusammenkünfte genannt werden „Eucharistie Gottes und Lob", also die Mahlfeier und die Gebetsgottesdienste (Eph. 13, 1). Von der charismatischen Fülle solchen Singens ist aber außer wenigen Resten nichts überliefert. Klemens von Alexandrien schließt seinen Paidagogos ab mit einem Hymnus auf Christus, den Hirten und Menschenfischer.[6] Die Grabschrift des Aberkios von Hierapolis um 200 ist ein Hymnus auf den Hirten und seine Herde, das „Volk mit dem strahlenden Siegel", dem das Mahl mit dem „Fisch" zugerüstet ist, „den die hl. Jungfrau gefangen".[7] Im Morgenofficium der Apost. Konst. (7, 47) findet sich eine arianisch gefärbte Fassung des Lobgesanges, der dann später in die abendländische Messe als das an das Gloria in excelsis angehängte Laudamus eingegangen ist. Basilios d. Gr. bezeugt als Bestandteil der *epilychnia eucharistia* das „Erheben der Stimme von altersher", wobei er aus dem griechischen Abendhymnus *Phos hilaron* zitiert.[8] Der liturgische Gebrauch dieser an die Kunstpoesie der orientalischen und hellenistischen Umwelt angelehnten Hymnodik wurde von der Kirche als bedenklich empfunden, als sich die gnostischen und manichäischen Häretiker der Hymnen bedienten, um mit diesem volkstümlichen Mittel ihre

---

[5] Relatio de Christianis ad Trajanum, c. 7 (Ench. font. hist. eccl. ant. 23. Barcelona 1947).
[6] Stomion polon adamon. Text: BKV Kempten, II, 8, S. 222 f.
[7] Florilegium Patristicum Bonn 1914, VII, S. 19—21.
[8] Text: Ev. Tagzeitenbuch, aaO. Nr. 803.

Lehren zu verbreiten. Von dem gnostischen Philosophen Bardesanes (um 172) berichtet Ephräm: „*Davidem imitatus est, ut ejus pulchritudine ornaretur ejusque similitudine commendaretur. Centum et quinquaginta composuit hic quoque psalmos.*"⁹ Gegen den Einfluß dieser den gnostischen Dualismus besingenden Poesie hat der syrische Asket Ephräm rechtgläubige Hymnen gedichtet. Aus den 12—14 000 Hymnen, die ihm zugeschrieben werden, sind in den orientalischen Kirchen heute noch Hymnen im Gebrauch. Die von der Kirche unterdrückten Hymnen von Valentinos, Marcion, Bardesan und seinem Sohn Harmonios sind nur noch aus der Polemik Ephräms zu erschließen. Auch die „Oden Salomos"¹⁰ sind gnostischer Herkunft, ähnlich wie der aus Hippolyts Polemik bekannte Naassenerpsalm.¹¹

Das Mißtrauen gegen die dogmatische Unberechenbarkeit freier Dichtung veranlaßte daher in der Großkirche seit etwa 200 eine biblizistische Reaktion: der Psalter als Sammlung inspirierter Texte, die als solche dogmatisch unverdächtig sind, wird von neuem als Gebetsgut der Kirche rezipiert und verdrängt vorerst die Hymnodik.¹²

Auch als in einem neuen Ansatz in der lateinisch sprechenden westlichen Kirche eine Hymnendichtung unbezweifelbar rechtgläubiger Kirchenmänner enstand, hat das Mißtrauen gegen die außerkanonische Dichtung zäh weitergewirkt. Sogar der häretische Bischof Paulus von Samosata bediente sich dieses Mißtrauens, um die ihm nicht genehmen Hymnen, die die Gottheit Christi bezeugten, zu unterdrücken: „Die Psalmen auf unsern Herrn Jesus Christus verbot er, weil sie zu neu und erst von neueren Dichtern verfaßt waren — ließ aber auf sich selbst durch Frauen inmitten der Kirche am großen Ostertage Lieder singen, bei deren Anhören man sich entsetzen möchte."¹³ Dagegen bezeugt Hippolyt in der Polemik gegen Paulus von Samosata (und dessen Vorläufer Artemon): Wie viele Psalmen und Lieder, die von Anfang an (scil. von Justin, Irenäus u. a.) von gläubigen Brüdern geschrieben wurden, besingen Christus als den Logos Gottes und verkündigen seine Gottheit!"¹⁴

Die Synode von Laodicea (um 360) hat aus diesem Mißtrauen in can. 59 den Hymnengesang verboten: *ou dei idiotikous psalmous legesthai en te ekklesia oude akanonista biblia, alla mona ta kanonika tes kaines kai palaias diathekes.*¹⁵ Noch 563 hat die Synode von Braga in can. 12 in der Kirche den Gesang aller Hymnen außer den Psalmen und Cantica der Schrift verboten, um der Häresie der Priscillianer zu wehren.¹⁶

Als aber im Abendland in der zweiten Hälfte des 4. Jahrhunderts eine eigenständige lateinische Hymnendichtung aufbrach, ließ sich die Einfügung dieser

---

⁹ Ephräm Syrus, Hymn. gegen die Irrlehrer 53, 6. BKV 61, S. 182.
¹⁰ Hennecke/Schneemelcher, Apokryphen II, S. 576 ff.
¹¹ Ebenda II, S. 575 f. — BKV 40, S. 111 f.
¹² Balth. Fischer, Psalmenfrömmigkeit der Märtyrerkirche, S. 2 ff.
¹³ Euseb. Kirchengeschichte VII, 30. BKV II, 1, S. 359.
¹⁴ Ders., V, 28. aaO. S. 258.
¹⁵ Mirbt, Quellen z. Gesch. d. Papsttums. Tübingen 1928. Nr. 128.
¹⁶ Mansi, Sacr. concil. ... coll. IX, 778, nach: Pascher, Das Stundengebet der röm. Kirche. München 1954. S. 102.

neuen Hymnen in das Gebet der Kirche nicht mehr aufhalten. Hilarius, Bischof von Poitiers (300—368), durch den arianischen Kaiser 356 nach Phrygien verbannt, lernte im Orient das Stundengebet des dortigen Mönchtums kennen, und darin auch den Hymnengesang, den er nach seiner Rückkehr 360 ins Abendland zu übertragen versuchte. Aus seinem *Liber hymnorum* sind nur Bruchstücke eines alphabetischen Hymnus erhalten, in kunstvollem asklepiadeischem Metrum: *Ante saecula qui manens.* Er besingt das in Nicäa bekannte Geheimnis der Geburt des eingebornen Gottessohnes, der dem Vater gleichwesentlich ist. Ebenso ist sein Zeitgenosse, der Bischof von Mailand, Ambrosius, ein Vorkämpfer kirchlicher Rechtgläubigkeit gegen den arianischen Zeitgeist. Seine Hymnen, die er der Gemeinde in Tagen der Bedrängnis durch die Staatsmacht als Ermutigung zum Bekenntnis nahebrachte, unterlagen daher nicht dem Mißtrauen gegen die nicht-biblische Dichtung.

Jedenfalls hat Ambrosius, wohl nicht nur veranlaßt durch die dramatische Lage der Gemeinde, die in der Karwoche 386 in der Portianischen Basilika eingeschlossen war, die Hymnen in die Mailänder Liturgie „nach morgenländischer Weise eingeführt", wie sein Schüler Augustin bezeugt. Nicht nur auf diesen wirkte dieser Gesang bewegend, auch die arianischen Gegner warfen Ambrosius vor, er verzaubere damit das Volk. Ambrosius selbst bejaht das: „Ich leugne es nicht ab. Erhaben ist dieser Gesang, und nichts ist mächtiger als er. Denn was sollte mächtiger sein als das Bekenntnis der Dreieinigkeit, die täglich durch des ganzen Volkes Stimme gefeiert wird? Wetteifernd bemühen sich alle, den Glauben zu bekennen. Den Vater, den Sohn und das heilige Pneuma wissen sie im Liede zu preisen; so sind sie alle zu Lehrern geworden..."[17] Augustinus bezeugt, daß bereits wenige Jahre nach der Einführung der Hymnen, als er seine Bekenntnisse schrieb (400), diese Einrichtung „bei vielen, ja fast allen deinen (Gottes) Herden und durch die übrigen Gegenden des Erdkreises nachgeahmt" wurde.[18] Außer den drei noch im römischen Brevier erhaltenen Hymnen: *Aeterne rerum conditor* (Laudes), *Deus creator omnium* (ad horam incensi), *Jam surgit hora tertia* (zur Terz), sind wahrscheinlich noch mindestens elf Hymnen von ihm erhalten. Sie alle waren von vornherein zum gottesdienstlichen Gebrauch bestimmt, nicht nur Ausdruck subjektiven lyrischen Empfindens. Die jeweils acht Strophen weisen auf die Osterzahl, die Ogdoas. Das schlichte Versmaß jambischer Dimeter macht die Lieder volkstümlich singbar. Christus wird in ihnen als Offenbarer des Schöpfers angerufen. Von der Stunde des Schöpfungstages geht der Gedanke über die Symbolik des Lichtes zur Paränese an die Gläubigen, die erwachen und im Licht Christi wandeln sollen.

Die Hymnen trafen so sehr die Mitte der Botschaft vom menschgewordenen und auferstandenen Gottessohn und riefen zur Nachfolge auf, daß bald dieser Typus kirchlicher Lieder, unabhängig von der Verfasserschaft, *ambrosianum* genannt wurde, wie Benedikt die zur Struktur der von ihm geordneten Horen gehörenden Hymnen bezeichnet.

---

[17] Sermo contra Auxentium 34. MPL 16, 1017 f.
[18] Confessiones IX, 7. Ausgabe Münster 1957.

Es können hier nicht die Schöpfungen der folgenden Hymnendichter charakterisiert werden, die zum klassischen Bestand abendländischen Gebetsgutes gehören: Prudentius, Coelius Sedulius, Venantius Fortunatus und der Dichter der karolingischen Renaissance, wie Rhabanus Maurus. Hervorgehoben sei nur ein geprägter Zyklus von sechs Hymnen über die Schöpfungswerke, die auf die ersten sechs Wochentage der Vesper zugeordnet sind und am Sabbat mit dem Vesperhymnus O *lux beata Trinitas* abgeschlossen werden. Sie werden dem Ordner der abendländischen Liturgie und des Kirchengesanges, Gregor I., zugeschrieben.

Das Mönchtum hat die Hymnen fest in den Zyklus der Horen eingefügt. Während um 500 noch die biblizistische Beschränkung die Tageszeitengebete bestimmte und die Antwort auf die Lesungen durch responsorisch vorgetragene Psalmen und Versikel ausgedrückt wurde, gibt schon Caesarius von Arles († 542) in seiner Regel für Nonnen bestimmten Hymnen ihren festen Platz, deren Texte er ausdrücklich nennt. Auch sein Nachfolger Aurelian von Arles († 549) sieht in den Klosterregeln für jede Gebetsstunde einen Hymnus vor. Deutlich greifbar wird die bis heute geltende Regelung in der *Regula monasteriorum* Benedikts von Nursia,[19] in der sich der Vater des abendländischen Mönchtums an schon in römischen Kirchen geltende Ordnungen anschließt. Damit ist seit etwa 530 nicht nur der Gebrauch von Hymnen, sondern auch ihre Stellung innerhalb der einzelnen Tagzeiten festgestellt. Im Unterschied zu Caesarius nennt Benedikt nicht die Anfangszeile jedes Hymnus, sondern nennt nur die Stellung des „ambrosianum" oder des „hymnus eiusdem horae". Damit drückt er aus, daß er sich in diesen Teilen seiner Anweisungen auf den bereits in Rom bestehenden, bekannten usus bezieht, während er etwa bei von ihm selbst geordneten Zuweisungen von Psalmen deren Zahl ausdrücklich nennt. Die „altbenediktinische Hymnengruppe" war also zu Beginn des 6. Jahrhunderts bereits anerkannte Ordnung.

Für uns ist an dieser Stelle wichtig der *Ort des Hymnus in den einzelnen Horen*. Für das *Officium divinum in noctibus* oder die *nocturna laus*, die *vigiliae* wird nach dem *Domine labia* des Eingangs der 94. (95.) Psalm mit Antiphon vorgesehen (später *Invitatorium* genannt). „*Inde sequatur ambrosianum*", darauf Psalmen, Lesungen, Responsorien. Am Sonntag soll nach der vierten Lesung mit ihrem Responsorium „*der Abt den Hymnus ‚Te Deum laudamus' beginnen*", dem die Lesung des Evangeliums folgt. Nach dem Evangelium läßt der Abt noch „*den Hymnus ‚Te decet laus' folgen*", wonach mit dem Segen sogleich die Überleitung zu den „*Matutinen*" folgt. Diese *matutina solemnitas* ist das Morgenlob, das den in der Frühe vor Sonnenaufgang gefeierten Nocturnen folgt und später als die eigentliche Morgenhore, die Laudes, verselbständigt wurde. Die Vigilien oder Nocturnen, deren Hauptinhalt Psalmen und Lesungen in reichem Wechsel bilden, geben den Hymnen also einen zweifachen Platz. Das *ambrosianum*, also der Hymnus ambrosianischen Stils, steht am Anfang, vor der Psalmodie. Er gibt das Motiv der Stunde an: *Mediae noctis tempus est*. Die „Hymnen" am Schluß der Reihen von Psalmen

---

[19] Regula S. P. Benedicti. ed. Raphael Walzer. Beuron 1929³.

und Lesungen sind andrer Art: das schon auf Vorlagen der griechischen Kirche zurückgehende *Tedeum* und der aus den Apostolischen Konstitutionen bekannte Hymnus *Te decet laus*. Diese kostbaren Reste der griechischen Hymnodie der Urkirche erhalten hier also eine andere eigene und im Rahmen des Tagzeitengebets einmalige Funktion am Schluß des nächtlichen Gebets. Dagegen bildet der Hymnus abendländischen Stils, der von vornherein lateinisch konzipiert ist, das *ambrosianum*, in den Nocturnen, die faktisch bereits in der Morgendämmerung gehalten werden (und folgerichtig später den Namen *matutinum* an sich ziehen), im Anfang dieser Gebetsstunde gleichsam den Auftakt, die Bezeichnung der Stunde, den Aufruf zum Erwachen und Aufstehen.

Anders dagegen ist die Stellung des eigentlichen Hymnus, des „*ambrosianum*", in der „*Matutinorum solemnitas*", dem *Morgenlob*, das später nach den regelmäßig zum Schluß der Psalmodie gebeteten Laudespsalmen 148—150 den Namen *Laudes* erhält. Hier folgt der Psalmodie (zu der ein alttestamentliches Canticum gehört), die mit den erwähnten Laudes-Psalmen abschließt, die Lesung aus der Apokalypse bzw. dem „Apostel" mit ihrem Responsorium — und darauf das „*ambrosianum*". Mit dem „*canticum de ‚Evangelia'*" (dem neutestamentlichen Lobgesang des Zacharias), das durch einen Versikel dem Hymnus angeschlossen wird, der Fürbitten-„*litania*" schließt die Hora mit dem (Vaterunser und) Segen. Die Schlußbemerkung zu Kap. XIII, das die Morgenhore behandelt, läßt erkennen, daß die *Agenda vespertina* die gleiche Struktur erhält, also dieselbe Stellung des Hymnus voraussetzt, was auch in Kap. XVII im Zuge der Anweisungen über die zu singenden Psalmen bestätigt wird. Im Morgen- und Abendgebet also steht der Hymnus *nach* dem Lesungsteil. Diese beiden Horen sind die aus der Synagoge stammenden und in der Urkirche bereits geübten Gebetsgottesdienste der *Gemeinde*. Ihnen eignet eine andere Struktur als den in der monastischen Gemeinschaft erwachsenen Horen. Da die Schriftlesung in den ursprünglichen Gemeindehoren eine zentrale Stellung hat, steht sie in der Mitte zwischen der biblischen Psalmodie und dem *Hymnus als der Antwort der Kirche*. Dies ist besonders deutlich an den Festen, den herausgehobenen Tagen des Jahres. Ihnen sind Hymnen zugeordnet, die die Heilstaten Christi besingen. Auch den Heiligentagen wurden später eigene Hymnen zugeordnet.

Wiederum anders ist der Aufbau der „kleinen" Horen, die alle drei Stunden den Tageslauf der monastischen Gemeinschaft gliedern: der Terz, der Sext und der Non, zu denen sich zuletzt noch als „novella solemnitas" zum Arbeitsbeginn, gleichsam als Ableger des Morgenlobes, die Prim zugesellte. Sie stellen kein ausführliches Gemeindegebet mit entsprechenden Texten dar. Daher gibt der Hymnus dort zu Anfang der Hore nur das Motiv der Tagesstunde an: den Anfang des Tageslichtes, sein Aufflammen am Vormittag, seine Höhe in der Mittagsglut, sein Absinken am klaren Abend und sein Scheiden zur Nacht. Dabei wird vom Lichtgedanken aus für die Haltung und den Wandel der Gläubigen die Zucht und Bewahrung des Geistes erbeten, an dessen Ausgießung vor allem zur dritten Stunde des Pfingstgeschehens gedacht wird. Ob diese Hymnen bereits Ambrosius zuzuschreiben sind, ist nicht ganz gewiß. Sie werden an allen Tagen, ohne Wechsel im Kirchenjahr, gebetet. Ihnen folgen je drei Psalmen, die ebenfalls die Woche hindurch Abschnitte aus Psalm 118 (119) und den folgenden bis 127 (128) entnommen sind.

Schließlich unterliegt auch die *Komplet*, der klösterliche Schluß des Tages vor dem Schlafengehen, keinem Wechsel der Texte. Nach drei feststehenden Psalmen, die inhaltlich der hereinbrechenden Nacht entsprechend ausgewählt sind, steht stets der Komplethymnus *Te lucis ante terminum,* der wahrscheinlich von Gregor I. stammt.

Diese Struktur der Hymnen, die in der Regel Benedikts erscheint, ist bis zur Gegenwart im monastischen Brevier, aber auch im späteren Kurialbrevier, das für die Weltpriester verbindlich wurde, durchgehalten worden. Kennzeichnend ist die Stellung des Hymnus in den für die *Gemeinde* wichtigen Horen am Morgen und am Abend, wo er der Lesung (und ihrem Responsorium) folgt, wobei besonders an den geprägten Festtagen das Festmotiv in dem Eigenhymnus zur Geltung kommt. In den Horen *klösterlicher* Herkunft dagegen steht der Hymnus, der vom Festgedanken nicht gefärbt wird, zu Beginn, er deutet das Motiv der Stunde aus der Symbolik des Sonnenlaufs.

Bemerkenswert ist, daß im 10. Jahrhundert der „altbenediktinische" Hymnenbestand großenteils verschwunden ist und durch einen Zyklus von Hymnen ersetzt wurde, die im irisch-keltischen Mönchtum gebraucht wurden. Unter ihnen ist eine geschlossene Reihe von Vesperhymnen, die Gregor den Großen zum Verfasser haben. Sie besingen die Schöpferwerke vom 1. bis zum 6. Schöpfungstag. Sie sind also keine reinen Abendhymnen mehr. Das entsprach der Entwicklung der Vesper, die schon am Nachmittag gehalten wurde, während die Begehung des eigentlichen Abends, an dem das Licht verschwindet, auf die inzwischen allgemein verbreitete Komplet übergangen war. Daß dieser Austausch fast des gesamten Hymnenbestandes vorgenommen wurde, beruht wohl darauf, daß das Officium der stadtrömischen Pfarrkirchen (im Unterschied zu den Ordenskirchen) die Hymnen bis ins 9. Jahrhundert noch nicht aufgenommen hatte. Auch die Einführung der gottesdienstlichen Ordnungen im Frankenreich schloß sich an die aus Rom erhaltenen Vorlagen an. Erst als im 9. Jahrhundert die Hymnen neu auch in das fränkisch-römische Officium aufgenommen wurden, wurde für sie die Hymnengruppe gewählt, die im irischen Mönchtum gebräuchlich war, weil die Autorität des Verfassers dieser Hymnen (wenigstens eines Teils von ihnen), Gregors des Großen, dahinterstand. Diese Autorität hat auch die Zurückhaltung der römischen Stadtkirchen gegenüber dem Hymnengesang überwunden.

Das Mönchtum also hat die Abneigung gegen die Hymnen überwunden. Allerdings bedurfte es oft erneuter Anstöße dazu. So hatte die Synode von Agde (unter Vorsitz von Caesarius von Arles!) 506 den Gesang der *hymni matutini et vespertini* am Schluß der Metten und Vespern (vor dem Gebetsteil) angeordnet. Und die Synode von Toledo 633 schärfte — entgegen der Bestimmung der Synode von Braga 563 (welche noch das „Psallieren von dichterischen Kompositionen" verboten hatte!) — ein: *„et hymnos in laudem Dei compositos nullus vestrum ulterius improbet, sed pari modo Gallia Hispaniaque celebret, excommunicatione plectendi qui hymnos rejicere fuerint ausi."*

Trotzdem hat es nicht einmal das im römisch-fränkischen Reich sich durchsetzende, von der Autorität des Namens Gregors I. getragene Officium vermocht, alle römischen Kirchen zur Annahme der Hymnen zu bewegen. Der *Ordo officiorum Ecclesiae Lateranensis*, der vom Kardinalprior der Laterankirche Bernhard von Porto 1145 herausgegeben wurde,[20] legt ausführlich alle Texte von Psalmen, Antiphonen, Responsorien, Lesungen, Riten im Kirchen- und Heiligenjahr fest. Er erwähnt aber keine Hymnen. Die Vokabel „hymnus" wird nur verwendet für den Gesang *Gloria, laus et honor* bei der Palmsonntagprozession und den *hymnus trium puerorum* an Quatembern und anderen Gelegenheiten. Erst als das Kurialbrevier sich dank der Bemühungen der Franziskaner allgemein durchsetzte und auch die Lateranbasilika sich unter Gregor XI. dem Officium der päpstlichen Kapelle konformieren mußte, war die Aufnahme der Hymnen allenthalben durchgesetzt. Die ursprüngliche Hymnenlosigkeit hat sich bis heute nur noch in den Tagen „liturgisch hochwertiger Zeit", den drei letzten Tagen der Karwoche, in der Osterwoche und in der Matutin von Epiphanias erhalten.

Die Texte der Hymnen sind in der Zeit des Humanismus dem Zeitgeschmack entsprechend „korrigiert" worden. Eine nicht so weit gehende „Verbesserung" nach den Regeln klassischer Metrik hat sich unter Urban VIII. schließlich 1643 für das römische Brevier durchgesetzt, während die alten Orden, aber auch die Peterskirche selbst, die Originaltexte der Hymnen bewahrt haben.

Die Struktur der Horen selbst mit der für die verschiedenen Horen charakteristischen Stellung der Hymnen ist nur ein einziges Mal zu ändern versucht worden: in dem „Kreuzbrevier" des Kardinals Franz Quinones,[21] das 1535 von Paul III. zuerst zugelassen wurde und Jahrzehnte lang wegen seiner rationalen Durchsichtigkeit und Einfachheit sehr verbreitet war. In der ersten Auflage waren die Hymnen mit wenigen Ausnahmen (als für die private Rezitation nicht gedacht) überhaupt weggelassen. 1536 wurden einige Radikalismen gemildert, auch die Hymnen wieder aufgenommen. Der Einfachheit halber waren die Strukturen der verschiedenen Horen rational gleichgestaltet: in allen Horen steht der Hymnus am Anfang *vor* der Psalmodie, nicht nur wie traditionell in den kleinen Horen und der Matutin, sondern auch in der Vesper und der Komplet. Matutin und Laudes faßt Quinones zusammen, daher entfällt in den Laudes der Hymnus. Die Psalmodie aller Horen umfaßt nur je drei Psalmen, ihre Verteilung auf eine Woche wird durch keinen Wechsel in Festzeiten unterbrochen. Trotz der pädagogisch beachtlichen Konzentration der Lesungen auf die Matutin, die die Heilige Schrift zusammenhängend darbieten sollten, hat sich diese schematische Konstruktion, die der Eigenart der Tagzeiten keine Rechnung trug, nicht gehalten. 1568 wurde das Kreuzbrevier verboten.

---

[20] Hrsg. Ludwig Fischer. München und Freising 1916.
[21] Breviarium Romanum ex Sacra Scriptura et probatis Sanctorum historiis collectum et concinnatum. 1535. Ed. J. Wickham Legg, Cambridge 1888. — The second recension of the Quignon Breviary. prep. and ed. by J. Wickham Legg. London 1908.

III

Die Wandlungen des Tagzeitengebets, die zur Einheitsgestalt des römischen Breviers von Pius V. und über Teilkorrekturen bis zur letzten großen Brevierreform unter Pius X. geführt hatten, betrafen den Festkalender und die Heiligentage, die Verteilung der Psalmen, die Textgestaltung und die Ausscheidung und Neuschaffung von Hymnen. Die Berechtigung des Hymnengesanges selbst ist nicht mehr angefochten worden, ebenso blieb ihre Stelle im Gefüge der einzelnen Horen selbst seit der Regel Benedikts unverändert, wie auch der wesentliche Bestand an Hymnen für die Tageszeiten und für die Hauptfeste des Christusjahres seit der Rezeption der irisch-keltischen Reihe etwa im 9. Jahrhundert erhalten blieb. Daß von den über 40 000 Hymnen lateinischer Sprache, die in den *Analecta hymnica* von Cl. Blume und Guido M. Dreves in 55 Bänden 1886—1922 (Leipzig und Frankfurt 1962²) gesammelt worden sind, nur eine Auswahl von etwa 80 alten Liedern fest in das Tagzeitengebet eingeordnet bleiben kann, ist ebenso selbstverständlich wie die Auswahl eines Liederstammes von etwa 400 Kirchenliedern im gegenwärtigen Evangelischen Kirchengesangbuch aus den etwa 90 bis 100 000 deutschen Kirchenliedern, die in den Jahrhunderten deutscher Liederdichtung entstanden sind.

Die Neuordnung des Tagzeitengebets in der abendländisch-katholischen Kirche wie in den reformatorischen Kirchen muß außer der Überprüfung seiner biblischen Begründung auch die Gemeinde der Gegenwart berücksichtigen, die zum Gotteslob im Ablauf der Zeit berufen ist. Die Liturgiekonstitution des II. Vatikanischen Konzils hat das Morgen- und Abendgebet als „die beiden Angelpunkte des täglichen Stundengebets" herausgestellt, während Matutin und kleine Horen (unter Wegfall der Prim) als Chorgebete betrachtet werden (Art. 89). Speziell über die Hymnen wird bestimmt (Art. 93): „*Hymni, quantum expedire videtur, ad pristinam formam restituantur, iis demptis vel mutatis quae mythologiam sapiunt aut christianae pietati minus congruunt. Recipiantur quoque, pro opportunitate, alii qui in hymnorum thesauro inveniuntur.*" Damit ist der Rückgang auf die Originalfassungen unter Ausscheidung der humanistischen, teilweise antikisierend mythologischen Textveränderungen ermöglicht, ebenso aber die Neuentdeckung der im Laufe der Revisionen verlorengegangenen wertvollen Hymnen besonders der klassischen Zeit, etwa des altbenediktinischen Cursus. Über eine veränderte Stellung im Gefüge der Horen ist nichts gesagt. Die Reihenfolge der Art. 91 Psalmen, 92 Lesungen, 93 Hymnen entspricht genau der Abfolge in Laudes und Vesper. Die Hervorhebung der beiden Hauptgebetszeiten am Morgen und am Abend, vor allem der Vesper (Art. 100), gibt ihnen den Rang wieder, den sie „nach der ehrwürdigen Überlieferung der Gesamtkirche ... als die vornehmsten Gebetsstunden" gehabt hatten, so daß die Beteiligung der „Laien" empfohlen wird, wenn sie „in der Kirche gemeinsam gefeiert werden" (Art. 100). Die Unterscheidung der Chor- und Klerikerhoren von den „Angelpunkten" der Heiligung des Tages läßt es sinnvoll erscheinen, daß sie auch in der verschiedenen Struktur zum Ausdruck kommt. Zu ihr gehörte auch der verschiedene Einsatz des Hymnus. Daß gerade für die Gemeindefeier ein reicheres Angebot von Hymnen außer der bisher stereotypen Auswahl ebenso erwünscht ist wie eine Auswertung der im volkssprachlichen Raum erwachsenen späteren Kirchenlieder, scheint in der Konsequenz der in der Konstitution angedeuteten Differenzierung zu liegen.

Um so erstaunlicher erscheint es, daß nach Mitteilung unterrichteter Liturgiker das kommende erneuerte Brevier eine *Umstrukturierung der Horen* vorsieht, und zwar die Wiederaufnahme des durchgehenden Schemas des — Kreuzbreviers von Quinones: *Alle Horen sollen mit dem Hymnus beginnen* und anschließend eine auf drei Psalmen beschränkte Psalmodie enthalten. Dementsprechend wird für das kommende Katholische Einheitsgesangbuch eine Gemeindevesper vorbereitet, die diese Abfolge vorsieht: Ingressus — Hymnus (bzw. hymnenähnliches Kirchenlied mit Gloria-Strophe) — drei Psalmen (von denen der dritte als neutestamentl. Canticum gesungen wird, z. B. Phil. 2, 5 ff. oder ein hymnischer Abschnitt der Apokalypse) — Schriftlesung — Antwortgesang (Responsorium) — Homilie — Magnificat — Fürbitten — Vaterunser — Tagesgebet — Entlassung. Damit werden die Horen zwar sehr übersichtlich und geradezu untereinander austauschbar. Aber gerade das Schwergewicht der beiden Hauptgebetszeiten, die nicht nur traditionell, sondern auch vom Sinn des Tageslaufes her für die Gemeinde die wichtigsten bleiben, wird dadurch beseitigt. Ihr Aufbau wird eingeebnet zugunsten der Struktur der bisherigen kleinen Horen monastischer Herkunft, bei denen die Lesung unwesentlich ist, die die Mitte der Gemeindehora bildet. Das Morgen- und Abendgebet würden dadurch kopflastig werden: dem gesungenen Hymnus folgt die gesungene Psalmodie, bevor die Schriftlesung mit der Auslegung einsetzt. Bei den kleinen Horen, die nur „gesungene Stoßgebete" darstellen, bildet der stets gleichbleibende Hymnus die Motivangabe der Tagesstunde, ohne daß er in Korrespondenz zur Lesung und zum Kirchenjahr stehen muß. Im Morgen- und Abendgebet dagegen ist die Lesung caput et principale der Hore, und in den geprägten Zeiten antwortet der hymnus proprius de tempore der Verkündigung.

Jungmann hat, hierin übereinstimmend mit Anton Baumstark,[22] in dem mit dem Capitulum bzw. den Lesungen beginnenden Abschnitt den eigentlichen Grundstock der Horen gesehen. Die vorausgehende Psalmodie dagegen stellte die „monastische Komponente" des Officiums dar, die „Vorstufe" der Horen, in der das ganze Psalterium nach mönchischem Ideal als fortlaufendes Pensum gebetet wird. „Der zweite Teil der beiden Horen ist nach dem uralten Schema gebaut: Lesung, Gesang, Gebet."[23] Hier können die Gedanken der neutestamentlichen Heilsordnung zum Ausdruck kommen. „Der Gesang, der auf die Lesung folgen muß, ist in unsern beiden Horen nicht mehr ein Responsorium, sondern dieses ist ersetzt durch einen metrischen Hymnus." „Die Stufe des

---

[22] Jos. A. Jungmann, Warum ist das Reformbrevier des Kardinals Quinonez gescheitert? In: Liturgisches Erbe und pastorale Gegenwart. Innsbruck 1960. S. 265 ff.
Anton Baumstark, Vom geschichtlichen Werden der Liturgie. Freiburg 1923. S. 64—70. Ders., Nocturna laus. LQF 32, Münster 1956.

[23] Jungmann, Beiträge zur Struktur des Stundengebetes. aaO. S. 208 ff.

Gesanges wird von altersher in beiden Horen dadurch gesteigert, daß nun noch eines der beiden großen neutestamentlichen Cantica folgt."[24]

Diese richtig erhobene Grundstruktur der Haupthoren, der die längere Psalmodie monastischer Herkunft vorgelagert ist, wird zerstört, wenn der Hymnus der Psalmodie vorgelagert und damit aus seiner Verbindung mit der Lesung gerissen wird. Das vorher gesungene Lied verlängert und verstärkt das Übergewicht der Psalmodie, während der ältere Teil dieser Horen, Kapitel und Hymnus, verkürzt wird, indem „der Hymnus als Echo des Gotteswortes"[25] hier ausfällt. Historisch ist ja der übermäßige Ausbau der als Pensum persolvierten Psalmodie in der Tat verbunden gewesen mit der Verkümmerung der Schriftlesung zu einem Rudiment, einem „Capitulum". Dazu kommt, daß der übergewichtige, der Lesung vorausgehende Gesangsteil in dem neuen Entwurf noch dadurch aufgewertet wird, daß der dritte der vorgesehenen drei „Psalmen" der Vesper eines der aus dem Neuen Testament neu herangezogenen Cantica sein wird, etwa Phil. 2, 5—11 oder aus der Apokalypse 4, 11; 5, 9—12; 11, 27 f.; 15, 3 f.; 19, 1. 2. 4—8. Dieser neutestamentliche „Psalm" wird eine von der Kursus-Psalmodie abweichende Eigenweise erhalten und damit vor der Lesung einen besonderen Schwerpunkt bilden, ein Gegenstück zu den traditionellen Cantica der Hore vor dem Gebetsteil. Gerade wegen dieser wertvollen Bereicherung der der Lesung vorhergehenden Psalmodie sollte der Hymnus seine Eigenstelle in den Gemeindehoren im Anschluß an die Psalmodie behalten.

In Gemeindehoren kann, jedenfalls nach der Praxis unserer Kirche, dort, wo die psalmodische Ausführung nicht immer möglich ist, der Psalm auch durch ein Psalmlied ersetzt werden, eine legitime gemeindegemäße Wechselform für den gebeteten ader antiphonisch aufgeführten Psalm. Würde der Hymnus dem Psalmabschnitt vorangestellt, so würden in diesem Fall zwei liedhafte Stücke aufeinander folgen, deren strukturelle Besonderheit damit für die Gemeinde unerkennbar würde. Es besteht ohnehin die Neigung, eine „Andacht" mit irgendeinem Lied einzuleiten, dem dann in beliebigem Wechsel Lesungen, Lieder, Ansprache und Gebet folgen. Soll die Hora, deren gefügte Ordnung in der Kirche wieder lebendig wird, nun mit einem Hymnus — und das heißt praktisch in manchen Gemeindeverhältnissen mit einem den Hymnus ersetzenden Gemeindelied (wie es auch für den Gebetsteil des Kath. Einheitsgesangbuchs vorgesehen ist) — anfangen, so ist der Unterschied zu einer freien Andacht kaum mehr zu merken. Solche Strukturverwischung wäre dem Verständnis der Gemeindemette oder Gemeindevesper nicht zuträglich.

Daß mit der schematischen Reihung Hymnus—Psalmodie—Lesung usw. die drei unterschiedenen Grundtypen der Tagzeiten: 1. der Gemeindehoren am Morgen und Abend, 2. der monastischen kleinen Horen mit Hymnus und Psalmen, 3. der von der Tagesstunde relativ unabhängigen Betrachtungshore der „Matutin" (mit dem einleitenden Invitatorium und Hymnus und der

---

[24] Ders., Laudes und Vesper, in: Der Gottesdienst der Kirche. Innsbruck 1955. S. 192 ff.
[25] Pius Parsch, Breviererklärung. Klosterneuburg 1940. S. 224, 225.

Reihung von längeren Psalmen und Lesungen) schematisch nivelliert werden sollten, vermag man nicht als eine Verbesserung des in der Liturgiekonstitution verheißenen Aufbaus des Stundengebets anzusehen. Man kann nur hoffen, daß diese Konzeption keine längere Dauer haben wird als — ihr Vorbild, das „Kreuzbrevier" des rationalistischen Humanismus.

IV

Die liturgische Entwicklung in den getrennten und benachbarten Kirchen kann heute nicht mehr unbeeinflußt voneinander gesehen werden. Erkenntnisse und Verluste, Erneuerung und Verfall der einen treffen auch die andere Teilkirche der abendländischen Christenheit. Seit die trennende Schranke der lateinischen Kirchensprache gefallen ist, stehen die benachbarten Kirchen in einem Austausch gemeinsamer Erfahrungen. So kann uns die nachkonziliare Umgestaltung aller liturgischen Ordnungen der römischen Kirche, mit der uns gemeinsames liturgisches Erbe verbindet, nicht unberührt lassen.

Das gilt auch für die gemeindegemäßeste Form des Glaubenszeugnisses: das kirchliche Liedgut und dessen Kern, die Hymnen, für ihre Bewahrung und Neugewinnung und für ihren Einsatz. Daß wir die Umstrukturierung der praecipuae horae, den Stellentausch ihres wesentlichen Elements, des Hymnus, nicht für begründet halten, ist oben dargelegt. So bestechend einfach der für alle Tagzeiten schematisch gleiche Aufbau erscheint: wir sollten diese Lösung nicht übernehmen. Der Gemeinde kann außer der Ordnung des Hauptgottesdienstes, der Evangelischen Messe, noch für alle Versammlungen unter der Woche die Grundordnung von Morgen- und Abendgebet vertraut werden. Sie ist sinnvoll und hilfreich: Psalm—Lesung—Hymnus—(neutestamentlicher Lobgesang)—Gebet. Alle kleinen überleitenden Stücke wie Ingressus, Responsorium, Versikel, Benedicamus brauchen die Aufmerksamkeit anfangs nicht zu belasten. Ist die Abfolge der Grundelemente verstanden, dann braucht zur Ausführung der Gemeinde nur zweierlei angezeigt zu werden: die Nummer des Psalms (bzw. der Psalmen), die Nummer des Hymnus (bzw. des den Hymnus vertretenden Liedes). Alles andere haben der Lektor (und Prediger) und der Vorbeter vorzubereiten. Dem Verständnis und der Einbürgerung des geprägten Tagzeitengebets würde es auch dienen, wenn auf die in den Gesangbuchordnungen fakultativ angegebenen Lieder vor dem Ingressus oder nach dem Segen verzichtet würde. Sie verunklaren nur die Struktur, verwischen die beiden bezeichnenden Formen des Gesanges zum Lobe Gottes, die Psalmen des alten Gottesvolkes und das Loblied der Kirche Christi. Der Gebetsgottesdienst der Gemeinde sollte mit dem Anfang anfangen, mit dem Ingressus — und er sollte mit dem Schluß schließen, dem Segen. Alles Zusätzliche ist nicht tiefer und reicher, sondern verwirrt.

Die Ersatzlösung, anstelle der biblischen Psalmen Lieder, wenn auch Psalm-Bereimungen zu singen, sollte nicht die Regel bleiben. Immerhin enthält das EKG eine eigene Gruppe von Psalmliedern, die die Erinnerung daran wachhält, daß diese Stücke einen eigenen Typus darstellen. Ebenso sollte auch die andere Parallellösung nicht die Regel bleiben, daß anstelle des Hymnus in freier Wahl irgendein Lied gesungen wird. So wie sich die feste Zuordnung von „Graduallliedern" zwischen den Lesungen der Messe als hilfreich und erziehlich erwiesen hat, so sollte auch für das Tagzeitengebet ein geordneter Einsatz der geprägten Hymnen, wenigstens ihnen äquivalenter Lieder angestrebt werden. Die Abfolge: Lied (statt Psalm) — Text und Ansprache — Lied (statt Hymnus) — (Canticum entfällt wegen Schwierigkeit) — Gebet, Vaterunser, Segen ist eben eine konturlose Andacht.

Dazu wäre erforderlich, daß ein kommendes Evangelisches Kirchengesangbuch (nicht nur die aus dem Empfinden der derzeitigen Generation „getexteten" Ergebnisse Tutzinger Preisausschreiben samt der ihnen angepaßten Geräuschkulisse, sondern auch) eine in sich geschlossene Gruppe von *Hymnen* für das Tagzeitengebet aufnehmen wird. Die gleichbleibenden Hymnen für das Mittagsgebet oder das Nachtgebet können bereits innerhalb ihrer Ordnung stehen. Dagegen sollte ein ausreichender Bestand von Hymnen für Morgen und Abend, sowie für die Feste und geprägten Zeiten des Kirchenjahres angeboten werden — und zwar mit Vorschlägen für ihre Zuordnung zu den Tagen der Woche, den Tageszeiten und den Kirchenjahreszeiten. Hilfreich könnten dazu Hinweise auf stilverwandte, den Hymnus vertretende Morgen- und Abendlieder und Festlieder sein, die in Strophenbau, trinitarischem Abschluß und vor allem in der *sobria ebrietas* der zentralen Glaubensaussage und des Gebetsausdrucks diese Stelle einnehmen können.

Verstreut in die nach Entstehungszeiten geordneten Liedgruppen des EKG sind einige gute Hymnenübertragungen zu finden, von Luther bis zu Riethmüller und Klepper — aber nur für den Kundigen. Im Kantionale II zur ev.-luth. Agende, den Chorgebet- und Tagzeitenbüchern von Brodde und Mehl, den Alpirsbacher Ordnungen, dem Tagzeitenbuch der Evangelischen Michaelsbruderschaft, dem Allgemeinen Evangelischen Gebetbuch, den Chorgebeten II von Sarepta, in Anhängen zum EKG (Bayern, Oldenburg) u. a. Veröffentlichungen finden sich bereits eine ganze Reihe guter Hymnenübertragungen, auch aus neuerer Zeit. Sie sind nur meist unverwendbar, weil die Gemeinde nicht im Besitz dieser Literatur sein kann.

Dazu müßte eine gezielte Bemühung um die Neuübertragung wichtiger Hymnen der lateinischen Kirche kommen. Man meine nicht, dies sei epigonenhaft oder undichterisch. Ambrosius und Luther haben nicht aus dem Drang poetischer Expression, sondern für die betende Gemeinde gedichtet und übertragen. Übrigens machen es die „Texter" moderner Gesänge in der Intention nicht anders. Genannt seien ohne Anspruch auf Vollständigkeit: *Splendor paternae gloriae* (Ambrosius); *Aurora lucis rutilat* (8. Jhdt.); *Tibi, Christe, splendor Patris* (für Michaelis, evangelisch umzuformen); *Nunc sancte nobis Spiritus* (Ambrosius); *Aeterne rerum conditor* (Ambrosius); *Deus creator omnium* (Ambrosius); *Ad coenam agni providi* (Ostern); *Jesu, nostra redemptio* (Himmelfahrt); *Hic est dies verus Dei* (Ambrosius — für Ostern!). Dazu käme die ganze Gruppe der Schöpfungshymnen von Gregor d. Gr., die für das wöchentliche Abendgebet wiedergewonnen werden sollten. — Zu den Liedern gleichen Versmaßes stehen wertvolle gregorianische Melodien zur Verfügung, die teilweise vertauschbar sind — und den Kirchenmusikern beider Konfessionen stehen unabsehbare Aufgaben für neue Singweisen offen! Solange die Sammlung eines gemeinsamen Stammes von Kirchenliedern anläßlich der Vorarbeiten zum Katholischen Einheitsgesangbuch noch offen ist — und je unabweisbarer die Vorarbeiten für eine künftige Revision des EKG werden, desto bewußter sollte die Sammlung und Einordnung des Bestandes geprägter Hymnen in deutscher Sprache angegriffen werden.

Die mühevolle Durchsetzung des Rechts kirchlicher Hymnen gegenüber biblizistischer Beschränkung auf Schrifttexte ist legitim, solange sie dem Glaubenszeugnis, dem Gotteslob und dem Weckruf an die Gemeinde Christi in der Zucht des Heiligen Geistes dient. Die Rezeption der lateinischen Hymnen in der Korrelation zur Lesung und Verkündigung der Botschaft und in der Kontrapunktik zu dem Gebetserbe Israels im (auf Christus hin verstandenen) Psalter hat dem muttersprachlichen Kirchenlied der europäischen Völker die Bahn gebrochen. Dem heute behaupteten Überdruß an den traditionellen gottesdienstlichen Strukturen und an der Überfülle der gereimten Gemeindelieder aus allen Frömmigkeitsepochen der reformatorischen Kirche, die wir bis heute für den geistlichen Reichtum unseres Kirchentums hielten, kann nicht nur die Freigabe von Experimenten mit neuen Strukturen und Texten abhelfen. Vielleicht kann die Wiedergewinnung des Typus der Hymnen in ihrer zuchtvollen Aussage des Heilsgeschehens in der Schöpfung und der Epiphanie Christi, in der geprägten Knappheit ihres Aufbaus und ihrer Sprache, in ihrer christologischen und trinitarischen Orthodoxie und ihrer erweckenden Paränese ein Heilmittel werden für die betende und singende Gemeinde.

Wilhelm Stählin   Einige Bemerkungen
                                   zu den gemeinsamen
                                   liturgischen Texten

Der vor einigen Jahren erarbeitete deutsche Text des Vaterunsers, der von den beiden Kirchen im gleichen Wortlaut gebetet werden soll, hat sich im Gebrauch überraschend schnell durchgesetzt. Es sind wohl in beiden Kirchen nur kleine Kreise, die sich dieser Neuerung verschließen und erklären, daß sie das Gebet des Herrn auch weiterhin ebenso beten wollen, wie sie es von kleinauf gewöhnt sind. Man kann diese Kreise, die sich an die bisherige Form des Vaterunsers gebunden fühlen, wohl verstehen; wir alle sind überaus empfindlich gegen jede Änderung in unseren gottesdienstlichen Formen, und die feste Gewöhnung an einen fixierten Wortlaut gehört zu den Voraussetzungen einer unproblematischen Teilnahme. Doch sollte niemand verkennen, wie sehr es die Andacht stört, wenn bei Gelegenheiten, wo katholische und evangelische Christen gemeinsam beten, kleine Verschiedenheiten des Wortlauts an die Trennung der Konfessionen erinnern, obwohl zumeist diese Verschiedenheiten mit den eigentlichen Unterschieden der Konfessionen wenig oder nichts zu tun haben. Darum ist es dankbar zu begrüßen, wenn es gelingt, daß wir nicht nur für das Gebet des Herrn, sondern auch für andere liturgische Stücke, die unseren gottesdienstlichen Ordnungen gemeinsam sind, einen gemeinsamen Wortlaut finden. Es wäre nicht zu verantworten, wenn wir nicht zu diesen Bemühungen ein entschiedenes Ja sagen wollten, auch wenn wir selbst dabei einige Sprach-Gewohnheiten aufgeben müssen, von denen wir uns ungern trennen.

I

Doch muß dabei immer beachtet werden, daß die beiden Kirchen gegenüber diesen Bemühungen in einer verschiedenen Lage sind. In der evangelischen Kirche des deutschen Sprachraums besteht eine in mehr als vier Jahrhunderten gewachsene lebendige Tradition; wir sind gewohnt, diese Stücke in deutscher Sprache zu beten, und wir gebrauchen sie — mit geringen landschaftlich bedingten Ausnahmen — in einer fest gefügten Form. In der römisch-katholischen Kirche dagegen wurde bisher nur ein Teil dieser liturgischen Stücke in deutscher Sprache gebraucht; der lateinische Text ist allen Gliedern der katholischen Kirche vertraut, und für den deutschen Text sind zum Teil sehr verschiedene Fassungen verbreitet, von denen keine sich auf eine jahrhundertealte Tradition berufen kann. Der Verzicht auf einen überkommenen Wortlaut um der erwünschten Gemeinsamkeit willen wiegt also für die evangelische Seite sehr viel schwerer, und wir werden solchen Änderungen nur zustimmen, und man wird uns solche Änderungen nur dann zumuten dürfen, wenn sie durch sachliche Rücksichten, d. h. durch die Rücksicht auf das theologisch oder sprachlich Richtige begründet sind.

II

In den fraglichen liturgischen Texten gibt es einige Fälle, in denen eine solche Rücksicht zweifellos gerechtfertigt, ja gefordert ist. Das klassische Beispiel ist das „Gloria in excelsis",[1] das die Hirten auf dem Felde als den Lobgesang der himmlischen Heerscharen gehört haben. Der Luther vorliegende und von ihm übersetzte Text ist dreigliedrig; es ist aber heute allgemein anerkannt, daß der ursprüngliche Text zweigliedrig ist, daß also das „bei den Menschen" eine Erläuterung und zugleich eine Begrenzung des „auf Erden" ist. Ebenso besteht Übereinstimmung darüber, daß das schwierige Wort *eudokia* weder ein Wohlgefallen, das den Menschen erwiesen wird, noch einen guten Willen der Menschen bezeichnet, sondern den Ratschluß, das freie Belieben Gottes, in dem gleichen Sinn, in dem es im 5. Artikel des Augsburgischen Bekenntnisses heißt, daß der Heilige Geist den Glauben wirkt, „wo und wann er will". Die in beiden Kirchen gebräuchlichen deutschen Fassungen („den Menschen ein Wohlgefallen" und „bei den Menschen, die guten Willens sind") sind also eindeutig philologisch (und wohl auch theologisch) falsch, und ein gemeinsamer Text muß versuchen, diese Stelle richtig zu formulieren. Gegen den Vorschlag „bei den Menschen Seiner Gnade" ist aber zu sagen, daß dieses umfassende Wort „Gnade" dem prägnanten Sinn jener *eudokia* nicht gerecht wird; „bei den Menschen, die Er erwählt hat" würde zweifellos dem Sinn des griechischen Textes besser entsprechen und die freie „Gnadenwahl" Gottes zutreffender kennzeichnen. — Bei dem gleichen *Gloria* tauchen aber noch einige andere Fragen auf. Zweifellos ist „Friede" eine richtige Übersetzung des griechischen *eirene;* aber da der griechische Text sicher auf eine aramäische Urform zurückgeht (auch wenn uns eine solche nicht überliefert ist) und das hebräische *schalom* eine viel umfassendere Bedeutung hat als unser Wort „Friede", so könnte das Wort „Heil" das, was hier gemeint ist, weit zutreffender wiedergeben, und die Übersetzung „auf Erden Heil" würde auch dem unausrottbaren Mißverständnis vorbeugen, als ob hier von dem Frieden im politischen Sinn und in dem Sprachgebrauch bestimmter Propaganda die Rede wäre. Ferner drückt das Wort „Ehre", für das sich die Kommission entschieden hat, nur einen Teil dessen aus, was das Wort *doxa* ausdrückt. „Ehre" ist sozusagen ein soziologischer Begriff, während *doxa* eine Seinsfülle, eine „majestas" auf dem Hintergrund strahlenden Lichtes ausdrückt. Darum haben die Reformatoren immer wieder Umschreibungen versucht wie „Lob und Preis"; es kommt dazu, daß das Wort „Ehre" heute so sehr auf menschliche Ehrerweisungen festgelegt ist, daß es schwer wird, dieses Wort in der Beziehung auf Gott zu verstehen. Vor allem aber ist es bedenklich, die im griechischen Text fehlende Kopula wie herkömmlich durch die Wunschform „sei" zu ergänzen; denn das Primäre und Entscheidende ist doch, daß diese *doxa* Gottes als die Wirklichkeit

[1] Luk. 2, 14.

Seines Wesens anerkannt wird; das schließt die Ehr-Erweisung nicht aus, sondern ein; aber es muß der Anschein vermieden werden, als ob Gott keine andere Ehre hätte, als die wir Ihm erweisen, während das Gotteslob, das nach der bekannten Liedstrophe unser „Amt" ist, doch vor allem die Anerkennung Seiner Würde bedeutet. Aus solchen Erwägungen ergibt sich eine Fassung, wie sie vor Jahren in einem (noch privaten) evangelisch-katholischen Kreis erarbeitet worden ist: „Herrlich ist Gott in der Höhe, und auf Erden Heil bei den Menschen, die Er erwählt hat."

Es gibt noch eine Reihe von anderen Beispielen, bei denen uns die Besinnung auf den biblischen Wortlaut oder auf den ursprünglichen Text des lateinischen (oder griechischen) Originals dazu verpflichtet, in einem neuen gemeinsamen Text einen sachlich falschen oder zum mindesten mißverständlichen Wortlaut zu ändern. Die Kommission war sich darin einig, daß das deutsche Wort „Hölle" (im Apostolicum Z. 10) in unserem Sprachgebrauch eindeutig den Ort der Verdammten bezeichnet und nicht mehr im Sinn von „hel" (= Hades als Ort des Todes) verstanden werden kann. Die *inferi* (oder nach dem älteren Text: die *inferna*) bezeichnen zwar diesen Bereich des Todes, freilich ohne daß von dem Tod als solchem überhaupt die Rede ist; aber der Ausdruck hat eine viel allgemeinere und umfassendere Bedeutung, als daß er mit „Tiefe des Todes" in seinem ganzen Sinngehalt wiedergegeben werden könnte. Man darf dabei nicht vergessen, daß nach der Erkenntnis der Tiefenpsychologie diese *inferna* zugleich die unbewußten Tiefen der Seele, das „kollektive Unbewußte" bezeichnen, daß wir also mit diesem Satz des Bekenntnisses auch die Herrschaft Christi über diese unbewußten Tiefen (nicht nur über das bewußte Seelenleben) bekennen. Diesem Bedeutungszusammenhang würde es am besten entsprechen zu sagen: „hinabgestiegen in alle Tiefen"; wobei eben dieses Wort „alle" die verschiedenen Dimensionen dieser „Tiefen" andeutet. Zugleich würde diese Übersetzung dem umfassenden Begriff der *inferna* am besten entsprechen, und indem die Worte „des Todes" wegfielen, bestünde kein Grund mehr, in der nachfolgenden Zeile (11) im Gegensatz zu allen anderen Sätzen das Verbum („auferstanden") an den Schluß zu setzen. Es könnte in Übereinstimmung sowohl mit dem herkömmlichen deutschen Text als auch mit allen anderen Sätzen wiederhergestellt werden „am dritten Tage wieder auferstanden von den Toten".

Eine weitere sachliche Schwierigkeit bereitet der Ausdruck *resurrectio carnis* (Apostolicum Z. 19). Daß das Wort „Fleisch" die Bedeutung der leibhaften Wirklichkeit im Gegensatz zu jeder Spiritualisierung („Unsterblichkeit der Seele") haben *kann,* sollte angesichts Joh. 1, 14 nicht bestritten werden; aber der paulinische Gebrauch dieses Wortes macht es schwierig, von der Auferstehung der *sarx* zu sprechen, und dieser Ausdruck verführt geradezu zu einem grob materialistischen Mißverständnis der Auferstehung. Auch der naheliegende Ausweg, von der Auferstehung des Leibes zu sprechen, ist vor jenem Mißverständnis keineswegs sicher, zumal wir nicht damit rechnen können, daß alle heutigen Menschen den Bedeutungsunterschied zwischen Körper und Leib (der für die Beurteilung aller sexuellen Fragen so entscheidend wichtig ist) wirklich verstehen und vollziehen. Darum ist doch wohl der von der Kommission gemachte Vorschlag „Auferstehung der Toten" die bessere Lösung.

Für das *Dominum et vivificantem* (Nicaenum Z. 11) hat die Kommission vorgeschlagen: „der Herr ist und Leben schafft", abweichend von der bisher üblichen Übersetzung „der Herr ist und machet lebendig". Die beiden Ausdrücke „Leben schaffen" und „lebendig machen" sind aber nicht gleichbedeutend. „Leben schaffen" weist hin auf die in der Schöpfung der Welt mitgeschaffene Potenz des Lebens, und es soll nicht bestritten werden, daß der Geist Gottes auch an dieser Schöpfung des Lebens beteiligt ist.[2] Gerade dieses ist im Zusammenhang des Dritten Artikels zweifellos nicht gemeint, sondern jene Wandlung aus dem Tode zum Leben, die in der Auferstehung Christi und in unserer eigenen Auferstehung das spezifische Werk des Heiligen Geistes ist. Dieser neutestamentliche Sinn des *vivificans* wird durch die Übersetzung „Leben schafft" verwischt. Darum ist die Übersetzung „der Herr ist und lebendig macht" nicht nur vorzuziehen, sondern als die sachgemäß richtigere zu wählen.

Ein letztes Beispiel einer solchen sachlich notwendigen Revision bedarf keiner weiteren Diskussion. Da nach allgemeiner Überzeugung in der 7. Bitte des Vaterunsers nicht von dem Übel *(to poneron)*, sondern von dem Bösen *(ho poneros)* die Rede ist, war die Entscheidung für die bisher von der reformierten Kirche gebrauchte Fassung „Erlöse uns von dem Bösen" richtig und notwendig.

III

Es gibt eine Reihe von weiteren Punkten, an denen die Bemühungen um einen gemeinsamen Text solcher liturgischen Stücke als Gelegenheit und Anlaß benützt werden sollten, um Entscheidungen früherer Zeiten zu revidieren. Es könnte sein, daß wir uns in sorgfältiger Überlegung dieser Fragen heute anders entscheiden müßten.

Das bekannteste Beispiel ist die Frage nach der angemessenen deutschen Wiedergabe des Wortes „katholisch". Der Kompromißvorschlag, im Apostolischen Bekenntnis das deutsche Wort „allumfassend", im Nicaenischen Bekenntnis aber ebenso allgemein das Wort „katholisch" zu gebrauchen, ist leider an dem Widerspruch der deutschen Bischofskonferenz gescheitert, und gegen die Übernahme des Wortes „katholisch" auch für den Gebrauch in der evangelischen Kirche haben sich lebhafte Einsprüche von seiten evangelischer Kreise und Kirchen erhoben. Es ist notwendig, sich zunächst den geschichtlichen Tatbestand klarzumachen. Das griechische Wort *katholikos* gehört ähnlich wie das Wort *mysterion* zu jenen unübersetzbaren Worten, die durch jede Übertragung in eine andere Sprache mindestens einen Teil ihrer Bedeutungsfülle und ihres prägnanten Wertes verlieren; daher das Wort auch in der lateinischen Sprache als Fremdwort beibehalten worden ist. Die Reformation hat sich durchaus als innerhalb der *ecclesia catholica* stehend verstanden, und das Augsburgische Bekenntnis war nach Form und Inhalt bewußt eine *confessio catholica*. In der Apologie des Augsburgischen Bekenntnisses[3] wird der

---

[2] Ps. 104, 30.   [3] Art. VII.

Glaube an die „katholische" Kirche ausdrücklich bejaht; noch im 17. Jahrhundert ist eine lutherische Dogmatik unter dem Titel „Lehrbuch der katholischen Religion" erschienen. Erst als dieses katholische Bewußtsein der evangelischen Kirche einem konfessionellen Sonderbewußtsein gewichen war, wurde die Bezeichnung „katholisch" zu einem besonderen Prädikat der römischen Kirche, freilich auch der griechisch-katholischen Kirche, während doch die römische Kirche, solange und soweit sie den Anspruch auf Alleingeltung erhebt, sich eben damit als nicht wirklich katholisch erweist. Wir entfernen uns ohne jeden Zweifel von dem reformatorischen Erbe, wenn wir die Bezeichnung „katholisch" der römischen Kirche überlassen, und wir entfernen uns damit ebenso aus der ökumenischen Gemeinschaft, da ja weitaus die meisten der nicht-römischen Kirchen sich selbst bewußt und ausdrücklich als „katholisch" verstehen. Dem naheliegenden Einwand, daß die meisten Glieder der evangelischen Kirche das Wort „katholisch" nur im Sinn der römisch-katholischen Kirche verstehen, und daß wir mit Rücksicht auf diese Gefühle der Abwehr die formal, aber eben nicht wirklich gleichbedeutende Fassung „allumfassend" annehmen müßten, ist entgegenzuhalten, daß wir unmöglich auf alles das verzichten können, was in unserem Kirchenvolk mißverstanden wird; das ist eine Sache der notwendigen Erklärung, während wir uns durch den Verzicht auf das Wort „katholisch" selbst auf einen falschen, konfessionell verengten Begriff dieses Wortes festlegen. Wahrscheinlich ist jeder Versuch vergeblich, für unsere evangelische Kirche in Deutschland das Wort „katholisch" zu retten; aber es sollte auch an dieser Stelle gesagt werden, daß „evangelisch" und „katholisch" in dem Sinn gleichbedeutend sind, als man nicht in Wahrheit katholisch sein kann, ohne evangelisch zu sein, und nicht in Wahrheit evangelisch, ohne katholisch zu sein.

Ein zweiter Punkt, wo eine festgefahrene und fragwürdige Tradition dem Vollgehalt der biblischen Aussage im Wege steht, betrifft das *Agnus Dei*, bei dem es in dem jetzt empfohlenen Text heißt: „Du trägst die Sünde der Welt." Es ist zwar gut und richtig, daß der Singular „die Sünde" dem Plural „die Sünden" vorgezogen wird, aber es ist nicht richtig, sondern theologisch bedenklich, daß auch in der neuen gemeinsamen Form der Ausdruck beibehalten wird „Du trägst die Sünde der Welt". Zwar kann sowohl das lateinische *tollere* wie das griechische *airein* auch heißen „auf sich nehmen", also „tragen"; aber das Entscheidende ist nicht, daß dieses „Lamm Gottes" die Sünde der Welt *trägt*, sondern daß es sie *hinwegnimmt*; denn in der merkwürdigen Sitte, von der 3. Mose 16 berichtet wird, und die zweifellos dem johanneischen Bild von dem Lamm Gottes zugrunde liegt, ist gerade dieses das Wesentliche, daß die Sünde des Volkes auf dieses Tier gelegt wird, damit es diese Sünde hinwegtrage in die Wüste, wo sie nicht mehr gefunden wird. Es besteht kein theologischer Grund dagegen, wohl aber ein ernsthafter theologischer Grund dafür, an dieser Stelle zu sagen: „der Du wegträgst" oder „hinwegträgst" die Sünde der Welt.

Die schwierigste Frage, die in diesem Zusammenhang erwähnt werden muß, betrifft das *Gloria patri,* mit dem in beiden Kirchen herkömmlicherweise der Introitus der Messe und jeder Psalm im Tagzeitengebet abgeschlossen wird und mit dem sozusagen der Psalm des Alten Bundes für den Glauben an den dreieinigen Gott in Besitz genommen wird. In diesem liturgischen Stück sind der Vater, der Sohn und der Heilige Geist durch ein zweimaliges „und" *(et)* miteinander verbunden; dieses „und" stellt zwar eine notwendige Verbindung her, aber es läßt die Frage offen, welcher Art diese Verbindung ist. Dieses in vielen Formeln gebräuchliche *et* hat dadurch viele Verwirrungen angerichtet, daß es die Art der Beziehung oder Verbindung nicht auszudrücken vermag. Es gibt eine ältere Fassung dieser trinitarischen Doxologie, die in Antiochia gebräuchlich war und die in deutscher Übersetzung lautet: „Ehre sei dem Vater durch den Sohn in dem Heiligen Geist." Diese Formel ist dann verworfen worden, weil sie auch von den Arianern gebraucht wurde, die sich scheuten, mit dem wiederholten „und" ein Bekenntnis zur Trinität auszusprechen. Aber dieser Gegensatz besteht heute nicht mehr, und damit entfällt jeder Grund, nicht zu der älteren Fassung zurückzukehren, die durch die beiden Präpositionen „durch" und „in" ganz im biblischen Sinn das innere Verhältnis des Glaubens an den Vater, an den Sohn, an den Heiligen Geist deutlich macht und den verwirrenden Anschein eines undifferenzierten Nebeneinander dreier göttlicher „Personen" vermeidet und damit den eigentlichen Sinn dieses trinitarischen Lobpreises deutlich macht. Ich habe noch niemanden gefunden, der nicht, als er von jener älteren Form mit den beiden Präpositionen Kenntnis erhielt, das nicht sofort als eine große Befreiung und Erleichterung für den Vollzug dieses Lobpreises empfunden hätte. Wir sollten die Kühnheit haben, zu jener viel besseren älteren Fassung zurückzukehren; denn nicht diese Form mit den beiden Präpositionen, sondern die allgemeingebräuchliche Form mit dem zweimaligen „und" ist heute dem schlimmsten Mißverständnis ausgesetzt. Es ist ein eklatantes Beispiel dafür, daß etwas, was in einer früheren Stunde richtig war, heute falsch sein kann, und daß etwas, was früher einmal als bedenklich verworfen wurde, sich heute gerade als richtig und hilfreich erweist.

Das Wort „Ewigkeit" (in dem gleichen *Gloria patri)* ist eine unglückliche Wortbildung unserer Sprache, die Luther unbedenklich übernommen hat. Noch wenige Jahre vor der Reformation war die Fassung gebräuchlich „von Ewen zu Ewen"; dieses Wort „Ewe", das sprachlich und sachlich dem griechischen *aion* entspricht, ist im Deutschen (nicht im Holländischen!) außer Gebrauch gekommen, und wir werden diese sehr sinnvolle Formel „von Ewen zu Ewen" (die genau dem hebräischen *meolam ad olam* entspricht) nicht wiedergewinnen können; aber die verkürzte Fassung „in Ewigkeit" ist sicher besser als die gebräuchliche Fassung „von Ewigkeit zu Ewigkeit".

IV

Eine Frage, die nur scheinbar kein unmittelbar theologisches Gewicht hat, spielt schließlich bei den Bemühungen um einen gemeinsamen Text liturgischer Stücke, aber auch bei jeder Bemühung um einen neuen Bibeltext eine wesentliche Rolle; das ist die Frage nach der sprachlichen Form. Niemand bestreitet, daß in Luthers Bibelübersetzung und ebenso in gebräuchlichen liturgischen Stücken einzelne Wörter oder Ausdrucksweisen vorkommen, die heute nicht mehr verständlich sind und die darum geändert werden müssen. Der altertümliche Klang der Sprache ist kein echter Ausdruck für die Würde der Sache, die damit angesagt werden soll. Darum wird in Kreisen, die sich um solche neuen Texte bemühen, immer wieder die Forderung erhoben, die Sprache müsse „zeitgemäß" sein, um nicht durch die Fremdheit der sprachlichen Form ein Gefühl der Fremdheit der Sache selbst gegenüber zu erwecken. Doch bedarf diese Forderung einer genauen Erklärung. Man hört — der Außenstehende ist ja in dieser Hinsicht auf Gerüchte angewiesen, die er nicht nachprüfen kann —, daß gerade von Germanisten die Forderung vertreten wird, die Kirche dürfe keine andere Sprache sprechen als die Sprache, die eben heute von den Menschen unserer Zeit praktisch gebraucht wird. In dieser allgemeinen Form beruht diese Regel auf einem fundamentalen und verhängnisvollen Irrtum. Denn wir alle *verstehen* viel mehr Vokabeln und sprachliche Formen, als die wir selber gebrauchen. Auszuscheiden ist das, was überhaupt nicht oder nicht richtig verstanden werden kann, aber nicht alles, was nicht zu den Sprachgewohnheiten der heutigen Zeit gehört. Niemand kann, niemand sollte wenigstens bestreiten, daß unsere deutsche Sprache in der Gegenwart nicht nur eine wesentliche Veränderung des Wortschatzes und der grammatikalischen Formen, sondern eine einschneidende Verengung ihrer Ausdrucksmöglichkeiten, eine beklagenswerte Verarmung erleidet. Und wie allgemein eine Ehrfurcht vor allem Geschaffenen (gegenüber allem künstlich Gemachten) zu den Verpflichtungen gehört, die der Kirche aus dem Glauben an Gott den Schöpfer erwachsen, so ist ihr auch die Sprache als eine der wichtigsten *vorgegebenen* Größen zu treuen Händen anvertraut, und sie darf sich nicht an der Verarmung und Verschlechterung der Sprache mitschuldig machen. Das hat mit der Verständlichkeit der Sprache nichts zu tun; denn es ist ein Irrtum zu meinen, daß eine gute und gepflegte Sprache weniger leicht verstanden werde als eine nachlässige und verkümmerte Sprache, die sich dem schlechten Geschmack und der allgemeinen Unbildung angepaßt hat. An zwei Beispielen aus den jetzt verhandelten liturgischen Texten ist die Tragweite dieser Erkenntnis deutlich zu machen. Im Nicaenischen Bekenntnis (Z. 20) heißt es in den beiden Formen des Entwurfs „und seiner Herrschaft wird kein Ende sein". In dem von der VELKD vor einer Reihe von Jahren angenommenen deutschen Text des Nicaenischen Bekenntnisses heißt es an dieser Stelle „sein Reich wird sein ohn' Ende". Diese Textfassung bedient sich der sogenannten „harten Fügung", in der zwei (oder mehr) betonte Silben aneinander gereiht sind, ohne daß sie durch unbetonte Silben unterbrochen werden; dieser harten Fügung hat sich Luther nach dem Vorbild der mittelalterlichen Dichtung gerne bedient, um eine Stelle dadurch besonders hervorzuheben, daß man zu langsamem Lesen oder Sprechen genötigt wird. Luthers Lied „Christ lag in Todesbanden"[4] enthält eine ganze Reihe von Beispielen dieser harten Fügung, die nicht um der flüssigeren Sprache willen beseitigt werden dürften. Niemand wird behaupten wollen, daß diese Stelle schwerer verständlich sei, wenn hier die drei betonten Silben „sein ohn' Ende" nebeneinander stehen; und man sollte darum auf diese Form besonderer Hervorhebung nicht verzichten.

[4] EKG 76.

Ein zweites und schwierigeres Beispiel: Jene Germanisten, die heute eine seltsame Art von Aufsichtsrecht über unsere Sprache beanspruchen, behaupten, daß es in der heutigen deutschen Sprache keinen Genitiv mehr gebe, und daß darum der Genitiv durch präpositionale Konstruktionen ersetzt werden müsse. Offenbar aus diesem Grunde heißt es in dem Entwurf für das Apostolicum (Z. 3) „Schöpfer von Himmel und Erde". Diese Ausdrucksweise kann ich nur ganz respektlos als ordinär bezeichnen. Das berühmte „Lieschen Müller" sagt wahrscheinlich: „die Schwester von meinem Vater" oder „das Dach von unserem Haus"; aber auch „Lieschen Müller" würde natürlich „das Dach unseres Hauses" oder „die Schwester meines Vaters" verstehen. Diese Ersetzung des Genitiv „des Himmels und der Erde" durch die Umschreibung „von Himmel und Erde" darf auf keinen Fall hingenommen werden, weil das einfach schlechtes Deutsch ist, und wenn man Bedenken hat gegen die Häufung des Artikels, so kann man den Artikel zwar nicht bei „Schöpfer" weglassen (weil sonst doch wieder die falsche Verbindung „den allmächtigen Schöpfer" einreißt), wohl aber, wie in der bei uns üblichen Fassung, bei „Himmels"; also „den Schöpfer Himmels und der Erde"; daß nicht leicht jemand von sich aus heute so sprechen würde, beweist keineswegs, daß es nicht von jedem Menschen verstanden wird.

Auf der gleichen Linie wie das Verdammungsurteil gegen den Genitiv steht die durchgängige Abschaffung der Deklinationsformen des Namens Jesus Christus. Wir werden uns damit abfinden müssen, daß dieser Name im allgemeinen nur im Nominativ gebraucht wird, obwohl auch die anderen Formen dem Verständnis keine ernsten Schwierigkeiten bereiten, und es nicht als ein Unglück zu erachten ist, wenn einzelne dann den Namen mit einer falschen Endung gebrauchen. Aber es ist ernstlich zu fragen, ob nun aus dem Verzicht auf die Deklination ein neues Staatsgesetz gemacht werden und dieser Verzicht auch in solchen Fällen durchgeführt werden darf, wo eine bestimmte andere Form sich durch den Gebrauch auch in Liedern eingebürgert hat. Das gilt besonders für die Anredeform, den Vokativ, der schon durch diese andere Form daran erinnert, daß es sich nicht um eine Aussage, sondern um eine Anrede handelt. Ich halte es für schwierig und glaube, daß es sich nicht einbürgern wird, auch in dem *Agnus Dei* zu sagen: „Christus, Du Lamm Gottes." Hier wird besonders deutlich, daß zwar kaum jemand heute von sich aus die lateinische Vokativ-Form „Christe" oder „Jesu" gebrauchen wird, daß aber niemand eine Schwierigkeit haben wird zu verstehen, wer mit dieser Anrede gemeint ist. Allein die Sorge um die Verständlichkeit ist hier maßgebend, aber nicht die immer bedenkliche Rücksicht auf das, was heute im allgemeinen Sprachgebrauch üblich ist. Diese Unterscheidung zwischen Verständlichkeit und Gebräuchlichkeit hat eine Tragweite weit über die fraglichen liturgischen Texte hinaus für den Gesamtbereich unserer Verkündigung; wir haben gewiß nicht das Recht, in einer Sprache zu reden, die von unseren Hörern nicht verstanden werden kann; aber wenn wir uns umgekehrt darauf beschränken, so zu sprechen, wie „man" heute spricht, so werden wir wahrscheinlich bald gerade das nicht mehr sagen können, was wir zu sagen haben.

Gerhard Rödding

Descendit ad inferna

Der Jubilar, der mit dieser Festschrift geehrt werden soll, hat einen guten Teil seines persönlichen Schaffens in den letzten Jahren der „Arbeitsgemeinschaft für gemeinsame liturgische Texte" (ALT) gewidmet, die im Auftrage der Kirchen im deutschen Sprachraum die gemeinsamen liturgischen Grundtexte aneinander angleichen und neu übersetzen soll. Zunächst bestand die Aufgabe in der Erarbeitung eines gemeinsamen Vaterunser-Textes, der inzwischen in nahezu allen deutschsprachigen Kirchen eingeführt ist und von den weitaus meisten Gemeinden gebraucht wird. Der neue Text ist an die Stelle von mindestens drei sehr unterschiedlichen Texten getreten, von denen jeder auch noch einige Varianten aufwies.

Nachdem diese Arbeit so erfolgreich abgeschlossen war, konnte man es wagen, sich der viel schwierigeren Problematik eines gemeinsamen Textes sowohl des Apostolischen wie des Nicaenischen Glaubensbekenntnisses zuzuwenden. In beiden Fällen liegen den Kirchenleitungen inzwischen Entwürfe vor, die auch in der Öffentlichkeit zur Diskussion gestellt worden sind. Infolge der dogmatischen Problematik, die in den beiden Bekenntnissen zum Tragen kommt, erwies sich die Übersetzungsarbeit als sehr viel schwieriger und folgenreicher als bei dem Text des Herrengebetes. Sie in ihrem gesamten Umfang darzustellen, würde den Rahmen dieses Aufsatzes sprengen. Aus diesem Grunde soll nur die Übersetzung des Satzes „descendit ad inferna" näher beleuchtet werden.

Zuvor muß bemerkt werden, daß es der ALT nie darum gegangen ist, eine grundsätzlich neue und originelle Übersetzung zu finden, sondern unter Berücksichtigung aller historischen und dogmatischen Fragen die in den Kirchen gebräuchlichen Übersetzungen aneinander anzugleichen. Es ging darum, bei diesen im Frömmigkeitsleben der Gemeinden tief verwurzelten Texten so wenig wie möglich, aber so viel wie nötig zu ändern. Außerdem ist zu betonen, daß niemals beabsichtigt war, ein „neues" Glaubensbekenntnis zu schaffen, wie das heute vielfach versucht und gefordert wird. Zur Lösung einer solchen Aufgabe, deren Dringlichkeit verschieden beantwortet werden kann, fühlte sich die ALT nicht berufen.

I

Zunächst sei festgestellt, daß ein dem *descendit ad inferna* entsprechender Satz im Nicaenischen Glaubensbekenntnis fehlt. Nach dem Zeugnis des Rufin von Aquileja fehlt dieser Satz auch im sogenannten altrömischen Symbol. Wenn der Text des altrömischen Symboles nach Rufin zu rekonstruieren ist, lautet der Text an dieser Stelle: „*... crucifixus sub Pontio Pilato et sepultus, tertia die resurrexit a mortuis ...*"[1] In seiner expositio in symbolum,[2] der wohl ältesten Auslegungsschrift des symbolum apostolorum, vergleicht Rufin die in der Gemeinde zu Aquileja gebräuchliche Form des Taufsymbols mit der der Gemeinde zu Rom.[3] Dort heißt es im Unterschied zum altrömischen Glaubensbekenntnis: „*... crucifixus sub Pontio Pilato et sepultus, descendit in inferna ...*"[4] An dieser Stelle finden wir den in das symbolum apostolorum eingefügten Satz zum ersten Male in lateinischer Sprache. Man kann vermuten, daß die hochangesehene expositio des Rufin zur Verbreitung und dann zur endgültigen Einfügung des Satzes entscheidend beigetragen hat, so daß wir vom Jahre 410 an damit rechnen müssen, daß er sich im Abendland zunehmend durchsetzte, wenngleich er im 5. Jahrhundert nur in Westeuropa, nicht hingegen in Afrika nachweisbar ist.[5]

Aber auch der griechisch sprechende Raum kennt ähnliche Formulierungen. In Hahns Bibliothek der Symbole[6] finden sich drei an dieser Stelle übereinstimmende Texte: der Text von Sirmium 359,[7] von Nike 359[8] und von Konstantinopel.[9] Diese enthalten die Formulierungen *eis ta katachthonia katelthonta*. Das Bekenntnis von Sirmium, das auch Athanasius[10] bezeugt, ist von Marcus von Arethusa formuliert und war ursprünglich wohl lateinisch,[11] so daß man den griechischen Text als eine Übersetzung anzusehen hat. Auch die Formeln von Nike und Konstantinopel scheinen selbständige Übersetzungen von lateinischen Vorlagen zu sein, möglicherweise der gleichen Vorlage, die auch dem Bekenntnis von Sirmium zugrunde lag. Es zeigt sich demnach, daß dem Osten diese Sache in der Mitte des 4. Jahrhunderts nicht fremd war, wenngleich sie nicht in das Nicaenum eingedrungen ist. Offensichtlich ist die hinter der Formulierung stehende Sache auch im Osten von einer gewissen Bedeutung gewesen, so daß sie auf den Synoden verhandelt wurde.

Der in den lutherischen Bekenntnisschriften rezipierte Text des symbolum apostolorum enthält die Formulierung *descendit ad inferna,* während der dort aufgenommene Text des symbolum Athanasii formuliert: *descendit ad inferos*.[12] Die letzte Formulierung entspricht auch dem Text des symbolum apostolorum im Breviarium Romanum, im Catechismus Romanus und im Ordo Romanus baptismalis,[13] also offiziellen Texten der römisch-katholischen Kirche. Diese Textvariante ist die einzige im Apostolicum, in der sich die Konfessionen unterscheiden. Daß sie von nicht wesentlicher Bedeutung ist, zeigt schon die Tatsache, daß die lutherischen Bekenntnisschriften die letzte Formulierung auch enthalten. Die Variante ist vom 5. Jahrhundert an bezeugt.[14]

---

[1] Vgl. Ferdinand Kattenbusch, Das Apostolische Symbol I 1894 (1962) S. 62.
[2] s. Migne, Patr. Cat. XXI 335—386. [3] Vgl. Kattenbusch aaO. I S. 59 ff.
[4] Vgl. Rufin aaO. cap. 14. [5] Vgl. Kattenbusch aaO. II S. 898.
[6] August Hahn, Bibliothek der Symbole und Glaubensregeln der apostolisch-katholischen Kirche, 1897³. [7] Hahn aaO. § 163.
[8] Hahn aaO. § 164. [9] Hahn aaO. § 167, vgl. Kattenbusch aaO. II S. 896.
[10] Athanasius, De decretis Nicaenae synodi cap. 8. [11] Vgl. Kattenbusch aaO. S. 896.
[12] Symb. Ath. 36. [13] D 30. [14] Kattenbusch aaO. II S. 898.

Es besteht nun die Frage, welchen Sinn die Hinzufügung des *descendit ad inferna (inferos)* hatte? Es ist wahrscheinlich, daß man die Antwort auf diese Frage nur vermuten, nicht aber mit echter Stringenz beweisen kann.

Rufin hat die Sache offensichtlich so aufgefaßt, daß die Gemeinde die in Frage stehende Formulierung als eine Interpretation des *sepultus* betrachtete.[15] Es würde sich dann nicht um eine Hinzufügung von etwas sachlich Neuem handeln, sondern nur um eine Auslegung des Vorhergehenden. Das *sepultus* kann ja als „Grabesruhe" aufgefaßt werden. Der Zusatz aber stellt sicher, daß die „Grabesruhe" eine Aktion, ein Heilswerk ist.[16] Es ist aber auch möglich, daß man in Aquileja doketischen Neigungen entgegentreten wollte.[17] In diesen beiden Richtungen wird man zunächst die Antwort zu suchen haben. Es ist für die Übersetzungsproblematik festzuhalten, daß man in diesem Einschub in das altrömische Symbol keine Neuerung, sondern eine Verstärkung und Auslegung des *sepultus* sah. Dieser Sachverhalt wird auch von vielen anderen altkirchlichen und mittelalterlichen Auslegern bestätigt, was im einzelnen bei Kattenbusch nachgewiesen ist.[18] Darüber hinaus gehört es zum wahren Menschsein Christi, daß er an den Ort geht, an dem sich nach antiker Vorstellung auch die gestorbenen Christen bis zur Auferstehung befinden. Dieser Gedanke ist am deutlichsten bei Tertullian bezeugt.[19] Gleichzeitig klingt bei ihm der Gedanke aus 1. Petr. 3, 19 ff. an, von dem noch zu sprechen sein wird.

So läßt sich der dogmengeschichtliche Sachverhalt folgendermaßen zusammenfassen: Obwohl das 2. und 3. Jahrhundert über den descensus Christi diskutiert,[20] wird er in dieser Zeit nicht zu einem Satz des Bekenntnisses. Erst in der zweiten Hälfte des 4. Jahrhunderts taucht er in Sirmium in einer Glaubensformel auf, ohne sich im Osten durchsetzen zu können. Vom Anfang des 5. Jahrhunderts an verbreitet er sich in Westeuropa unter dem Einfluß der expositio Rufini. Hier verstärkt er das *sepultus* des altrömischen Symbols, ohne dem Bekenntnis wesentlich Neues hinzuzufügen.

II

Vom neutestamentlichen Sachverhalt wird erst an zweiter Stelle gesprochen, weil offensichtlich bei diesem Text keine direkte Linie besteht, die vom Neuen Testament zum symbolum apostolorum führt. Erst später wird die wichtigste Stelle des Neuen Testamentes für diese Sache, 1. Petr. 3, 19 ff., zur Auslegung des Bekenntnisses herangezogen.

In 1. Petr. 3, 19 wird von Christus gesagt, daß er zu den Geistern ins Gefängnis ging und ihnen predigte. Damit sind wohl zunächst die gefallenen

---

[15] Rufin, aaO. cap. 18.
[16] s. auch Kattenbusch aaO. II S. 900.
[17] Kattenbusch aaO. II S. 901.
[18] s. aaO. II S. 900 ff.
[19] de anima cap. 55: Quodsi Christus Deus, quia et homo mortuus secundum scripturas et sepultus secundum easdem, huic quoque legi satisfecit, forma humanae mortis apud inferos functus, nec ante ascendit in sublimiora coelorum quam descendit in inferiora terrarum, ut illic patriarchas et profetas compotes sui faceret ...
[20] Ich verweise hier noch auf Origenes, contra Celsum II, 43, wo die Gedanken von 1. Petr. 3, 19 ff. wiederkehren.

Engel von Gen. 6 gemeint, dann aber in V. 20 die ungläubigen Zeitgenossen Noahs. Es ist aber auch möglich, daß der Verfasser unter dem Begriff *pneumata* beides zusammenfaßt.[21] Der Ungehorsam, von dem ja auch in Gen. 6 die Rede ist, wird hier vorausgesetzt. Es besteht die Vorstellung, daß diese Geister sich in einem Gefängnis befinden, in dem sie aufbewahrt werden. Darunter wird man aber weniger einen Strafort zu verstehen haben, als vielmehr den Hades, der hier, also im 2. Jahrhundert, innerhalb des christlichen Schrifttums erstmals sicher bezeugt ist, wenngleich sich einzelne Andeutungen auch schon früher finden.[22] In späterer Zeit wird die Vorstellung von der Hadesfahrt Christi immer häufiger. Sie findet sich bei Ignatius, der die Propheten Schüler Christi nennt, den diese erwarten, daß er sie lehrte.[23] Auch Irenäus spricht von den Toten Israels, zu denen Christus hinabstieg, um ihnen das Heil zu verkündigen.[24] Auf die bekannte Origenesstelle haben wir schon verwiesen.[25]

Es ist nicht nachzuweisen, auf welche Weise der orientalische Mythos von der Hadesfahrt des Erlösers in das Neue Testament gekommen ist und wo er zuerst gebraucht wurde. Es ist auch nicht auszumachen, aus welcher konkreten Quelle der Verfasser des Ersten Petrusbriefes schöpft oder welcher Tradition er sich verpflichtet weiß. Sicher ist nur, daß es eine Reihe von religionsgeschichtlichen Parallelen gibt, z. B. die Hadesfahrt der babylonischen Ischtar.[26] Es ist aber für das Neue Testament charakteristisch, daß hier kein ausführlicher Mythos erzählt wird, in dem z. B. ein Kampf des Erlösers mit dem Teufel stattfindet, sondern die Tätigkeit des Erlösers erstreckt sich allein auf die Verkündigung. Ansonsten wird nur das Faktum berichtet. Der Mythos wird seiner gesamten Dramatik entkleidet. Es wird aber auch nichts von der Folge der Predigt Christi gesagt. Offensichtlich will diese Stelle lediglich bezeugen, daß die Predigt des Evangeliums auch in den Raum des Hades eingedrungen ist.

Vielleicht hat Windisch recht mit seiner Vermutung, daß die Stelle 1. Petr. 3, 19 ff. eine antijüdische Tendenz hat, da gerade die als Empfänger der Christuspredigt genannt werden, die im Judentum als endgültig verworfen galten: die Sintflutgeneration.[27] Es ist aber auch möglich, daß man die Sache so zugespitzt nicht zu sehen braucht, sondern daß gesagt werden soll: Gerade denen wird das Evangelium verkündigt, die das Judentum für verworfen hält. Darin braucht man keine polemische Spitze zu sehen, sondern eher eine universalistische Tendenz. Gerade die letzte Auslegung würde eine positive Interpretation der Hadesvorstellung auch in unserer Zeit ermöglichen.

III

Die ALT fand an dieser Stelle zwei verschiedene Texte vor: die evangelischen Texte „niedergefahren zur Hölle" und die katholischen Texte „abgestiegen zu der Hölle". Beide Texte haben ihre jeweilige Tradition, die aber zu keiner unterschiedlichen theologischen Position zwingt. So gibt es auch evangelische

---

[21] s. Hans Windisch, Die katholischen Briefe, HNT 15, 1951 S. 71.
[22] Vgl. z. B. Röm. 10, 7. Eph. 4, 9 u. a.
[23] ad Magn. 9, 2.
[24] adv. haer. III, 20, 4.
[25] contra Celsum II, 43.
[26] Vgl. Gressmann, Altorientalische Texte, 1926² S. 206 ff.
[27] Windisch aaO. S. 72.

Texte, die „abgestiegen" oder eine ähnliche Formulierung gebrauchen.[28] Hier zeigen sich lediglich verschiedene sprachliche, nicht jedoch sachliche Traditionen. Wenn der Entwurf, den die ALT vorgelegt hat, die Formulierung „hinabgestiegen" enthält, dann ist diese Entscheidung lediglich als eine Einigung im sprachlichen Bereich zu verstehen. Es wäre durchaus möglich gewesen, die andere Formulierung zu wählen. Beide haben wegen ihrer räumlichen Komponente die gleichen Schwierigkeiten, die aber nicht ausgeräumt werden können, wenn man nicht das symbolum apostolorum seiner gesamten Bildhaftigkeit entkleiden will.

Handelte es sich bei der Frage, ob man „niedergefahren" oder „hinabgestiegen" sagen sollte, nur um ein sprachliches Problem, so war die Sache bei der Übersetzung der Formulierung *ad inferna (inferos)* völlig anders. Hier ging es nicht lediglich um eine Harmonisierung des Textes, da alle Konfessionen das Wort „Hölle" in diesem Zusammenhang gebrauchen. So hätte man sich die Sache leicht machen und bei diesem Begriff bleiben können. Die Mehrzahl der Mitglieder der ALT war jedoch der Meinung, daß dies nicht möglich sei und daß man zu einer neuen Formulierung kommen müsse. Das aber hatte zur Folge, daß die gesamte historische und dogmatische Problematik an dieser Stelle aufbrach und auf eine Lösung wartete.

Welches sind die Gründe, die gegen eine Beibehaltung des Wortes „Hölle" sprechen? Zunächst sei deutlich festgestellt, daß die ALT nicht der Meinung war, man könne eine Sache für den heutigen Menschen verständlicher sagen, wenn man an die Stelle eines überlieferten Bildes einen abstrakten Begriff setzt. Durch Abstraktionsprozesse sind die heutigen hermeneutischen Probleme nicht zu lösen. Die Mehrzahl der Mitglieder der ALT vertrat hingegen die Auffassung, daß das Wort „Hölle" zu undeutlich ist, um das auszudrücken, was der Satz des Bekenntnisses sagen will. An dieses Wort haben sich außerdem so viele populäre und pseudoreligiöse Vorstellungen assoziiert, daß es schwer wird, seinen eigentümlichen Gehalt überhaupt noch zu bestimmen und es als ernsthaftes Wort theologischer Sprache zu gebrauchen. So verstehen die einen darunter einen Strafort, die anderen mehr den Ort der endgültig Verdammten, die sich ein für allemal von Christus getrennt haben. Hinzu kommt die in der römisch-katholischen Kirche nachwirkende vierfache Bestimmung der Hölle in der scholastischen Theologie: das Fegefeuer, den limbus patrum, den limbus infantium und den Ort der endgültig Verdammten. So wird in römisch-katholischer Frömmigkeit zwischen Vorhölle und Haupthölle unterschieden. Für andere verbinden sich mit dem Wort humoreske Vorstellungen. Kaum jemand sieht dahinter jedoch den antiken Hades, den aber gerade der Satz des Bekenntnisses meint. Aus all diesen Gründen schien es nicht geraten, dieses Wort im Glaubensbekenntnis, also an sehr zentraler Stelle, beizubehalten.

Die ALT war zunächst der Meinung, man könne zu dem alten, religionsgeschichtlich korrekten Begriff „Totenreich" oder „Reich des Todes" zurückkehren, da dieser Begriff ja zweifellos das aussagt, was das Bekenntnis ursprünglich meint. Man hätte dann historisch korrekt übersetzt und hätte dabei auf

---

[28] z. B. der Katechismus von J. Brenz 1535.

Interpretation verzichtet, wie man es an anderen Stellen auch getan hat. Man hätte auf die Lösung der hermeneutischen Probleme verzichtet, was ja auch möglich wäre, da ja die Aufgabe lediglich darin bestand, einen gemeinsamen Text des Bekenntnisses zu finden, nicht aber das Bekenntnis zu interpretieren.

Freilich zeigt es sich bald, daß man an dieser Stelle jenen Standpunkt nicht beziehen konnte; denn Übersetzung und Interpretation sind gerade hier derart miteinander verwoben, daß eine lediglich historisch korrekte Übersetzung nicht ausreicht.

Es ist ein Interpretationsvorgang gewesen, der aus der ursprünglichen Hadesfahrt eine Höllenfahrt werden ließ. *Descendit ad inferna* besagt nach dieser Interpretationsgeschichte nicht mehr allein eine Verstärkung und Bekräftigung von *sepultus* aus, sondern mehr. Es ist der Kampf Christi mit den widergöttlichen Mächten in irgendeiner Form mitgemeint. Als ein wesentliches Beispiel für diese Interpretationsgeschichte mag man in diesem Zusammenhang die Konkordienformel nennen, die folgendes erklärt: „... wir einfältig glauben, daß die ganze Person, Gott und Mensch, nach der Begräbnus zur Helle gefahren, den Teufel überwunden, der Hellen Gewalt zerstöret und dem Teufel all sein Macht genummen habe."[29] Durch seine Interpretation hat das Symbol einen inhaltlichen Zuwachs erhalten, hinter den es heute kein Zurück mehr gibt. Der Sachverhalt eines inhaltlichen Zuwachses durch die Interpretationsgeschichte stellt ein schwieriges Problem dar, das sich auch an anderen Stellen des Bekenntnisses zeigt. So blieb nicht anderes übrig, als die Auslegungsgeschichte in den Übersetzungsvorgang mit einzubeziehen.

Da die erste Übersetzung öffentlich zur Debatte gestellt wurde, ist von Einzelpersonen, Gruppen und Kirchenleitungen eine Reihe von Übersetzungsvorschlägen gemacht worden, von denen einige hier wiedergegeben werden sollen. Folgende sind besonders charakteristisch:

Er ist hinabgestiegen oder niedergefahren
1. in das Inferno des Todes
2. in die Gottesferne
3. in das Reich des Bösen
4. in das Reich des Satans
5. in das Reich der Finsternis
6. in die Welt der Toten
7. zu den Toten
8. in den Bereich des Todes
9. in das gottfeindliche Reich des Todes
10. in die Nacht des Todes
11. zu den Seligen
12. zu den Vätern
13. die Menschheit erlösend von dem Zwange des Bösen
14. er hat den Tod überwunden.

Darüber hinaus ist auch der Vorschlag gemacht worden, bei dem Wort „Hölle" zu bleiben oder auf diesen Zusatz zum altrömischen Symbol zu verzichten.

---

[29] Sol. Decl. IX.

Die Mehrzahl der Übersetzungsvorschläge zeigt, daß man mehr von der Übersetzungsgeschichte des Satzes als von seinem Grundtext ausgeht.

Die ALT hat sich dann bei ihrem zweiten Vorschlag entschieden zu übersetzen: „... in die Tiefe des Todes." Nach Lage der Dinge schien dies die einzige Übersetzung zu sein, die einen gewissen Kompromiß darstellt zwischen dem verbindlichen textus receptus und der Forderung nach einer auslegenden oder paraphrasierenden Übersetzung.

Diese Übersetzung liegt durchaus noch auf einer historisch vertretbaren Linie. Sie verstärkt das *crucifixus* und *sepultus* und unterstreicht den Tod Christi. Andererseits läßt das Wort „Tiefe" einen Interpretationsspielraum nach verschiedenen Seiten hin offen. Es kann die äußerste Erniedrigung Christi ausdrücken. In Verbindung mit dem *tertia die resurrexit a mortuis* kann aber auch schon hier die Überwindung des Todes durch Christus anklingen. Die Parallelisierung „Tiefe des Todes" und „von den Toten" schafft sowohl Gegensätzlichkeit wie auch innere Verbindung. So mag diese Formulierung vielleicht das Übersetzungsproblem an dieser Stelle so weit gelöst haben, wie es heute überhaupt zu lösen ist.

IV

„Kein Stück des textus receptus ist für das allgemeine kirchliche Bewußtsein, im besonderen des Protestantismus, so sehr zum Rätsel, meistens zum Ärgernis geworden, als dieses." So schreibt Ferdinand Kattenbusch über den Satz *descendit ad inferna*.[30] Es besteht darum auch die Frage, ob es sich hier nur um ein Relikt vergangener theologischer Diskussion handelt oder ob der Satz der heutigen Gemeinde zugänglich gemacht werden kann.

Adolf von Harnack urteilt vorsichtig, aber er sagt doch auch: „Als selbständiges, ebenbürtiges Glied neben den anderen zu stehen, dazu ist der Satz zu schwach, und darum fehlte er mit Recht in den Symbolen der Kirche vor Konstantin..."[31] Paul Althaus, in dessen Dogmatik dieser Satz des Bekenntnisses im Gegensatz zu vielen Dogmatiken besprochen wird, sagt von ihm: „Er könnte im Aufbau der Dogmatik an sich fehlen. Denn es wird sich zeigen, daß er an dogmatischer Erkenntnis nichts bringt, was nicht in der Lehre vom Tode Christi... der Sache nach schon enthalten wäre... Es ist also nicht die Sache selbst, die uns zu den folgenden Ausführungen zwingt, sondern allein die Rücksicht auf die symbolische und dogmatische Tradition."[32] Man wird kaum ein Geheimnis verraten, wenn man berichtet, daß einzelne Mitglieder der ALT unter dieser schwierigen Problematik geseufzt und zeitweise gemeint haben, man solle doch lieber zum altrömischen Symbol zurückkehren, das diese und andere Schwierigkeiten des textus receptus nicht kennt.

Nun wird man sicher nicht behaupten können, daß die Vorstellung von der Hadesfahrt Christi zu den zentralen Stücken des christlichen Glaubensbekennt-

---

[30] Kattenbusch aaO. II, S. 895.
[31] Adolf von Harnack, Das apostolische Glaubensbekenntnis, in: Reden und Aufsätze I, Gießen 1904, S. 250.
[32] Paul Althaus, Die christliche Wahrheit, Gütersloh 1952³, S. 479.

nisses gehöre. Dafür ist sie im Neuen Testament zu schmal bezeugt. Aber man wird sich doch auch hüten müssen, den Text einfach zu übergehen. Zwar wird man nicht die neugierige Frage beantworten wollen, was denn mit den Menschen vor dem Erscheinen Jesu Christi geschehen sei und geschehen werde, die das Evangelium nie hätten hören können und dementsprechend auch nie an Jesus Christus hätten glauben können. Diese Frage gehört zu denen, die einer theologischen Beantwortung nicht zugänglich sind und zu denen wir als Theologen sagen müssen, daß wir das nicht wissen; denn das Evangelium ist eine Botschaft, die uns jeweils angeht und die den Menschen unserer Zeit zu verkündigen ist, die uns aber nicht befähigt, Fragen zu beantworten, auf die auch sonst kein Mensch zu antworten vermag.

Zunächst wäre in der theologischen Auslegung Hans Urs von Balthasar zuzustimmen, der im „Gang zu den Toten" Christi tiefste und letzte Solidarität mit den Menschen sieht.[33] Daß Christus bei den Toten ist, ist in der Tat die letzte Konsequenz von Christi Menschsein und muß als Gottes tiefste Solidarität mit den Menschen aufgefaßt werden. Dies kann Hans Urs von Balthasar auch inhaltlich füllen, wenn er sagt: „Man vergesse nicht: Unter den Toten gibt es keine lebendige Kommunikation. Solidarität heißt hier: Mit-Einsamsein."[34] Dieser Gedanke der Solidarität Christi mit dem Menschen, der in Leiden und Sterben steht, der am Sinn des Lebens zweifelt und der in dieser Anfechtung seinen Glauben verliert, wird an dieser Stelle des Bekenntnisses deutlich, wo vom Gang Christi zu den Toten die Rede ist.

Gleichzeitig ist aber noch ein anderer Gedanke hinzuzufügen. Der Satz des Bekenntnisses bringt die schlechthinnige Universalität des Evangeliums zum Ausdruck. Daß Christus bei den Toten ist, besagt, daß er auch dort ist, wo es keine Hoffnung gibt. Christus ist die Hoffnung in der absoluten Hoffnungslosigkeit. Auch die Ausschließlichkeit des Heiles in Christus wird an dieser Stelle angedeutet: Wenn es irgendein Heil für Lebende und eben auch für Tote gibt, dann ist es das Heil in Christus. Bis an die Grenzen des Aussagbaren reicht das Heil in Christus, ja dieses Heil hat keine Grenzen. Die uneigentliche, indirekte Rede des Mythos ist allein in der Lage, an dieser Stelle noch eine ahnende Aussage zu machen von dem, was die Sprache nicht mehr sagen kann.

Eine theologische Aussage über den Satz *descendit ad inferna* ist also auch heute möglich. Wer die Forderung aufstellt, diesen Satz zu streichen, muß sich die Frage gefallen lassen, ob er in seinem theologischen Denken diese Inhalte überhaupt noch vertreten kann, oder ob ihm die letzte Solidarität Christi mit den Menschen und die Universalität seines Heiles verschlossen und nicht mehr aussagbar sind. Angesichts dieser Folgen sind die Schwierigkeiten dieses Satzes, die die ALT durchzustehen hatte, verhältnismäßig gering.

---

[33] Mysterium Salutis, Grundriß heilsgeschichtlicher Dogmatik, hrsg. von J. Feiner und M. Löhrer, Bd. III, 2, S. 239 ff.
[34] aaO. S. 241.

Peter Brunner

Theologische Grundlagen von „Gottesdiensten in neuer Gestalt"

Mit dem Agendenwerk der Vereinigten Evangelisch-Lutherischen Kirche in Deutschland und der Evangelischen Kirche der Union waren langjährige Bemühungen um die Ordnung des Gottesdienstes zu einem relativen Abschluß gekommen. Es gehört zu den Überraschungen, die nicht selten in der Geschichte auftreten, daß fast gleichzeitig mit einem solchen Abschluß Ansätze zu einem radikalen Umbruch hervortreten. Jene Versuche, die unter dem Stichwort „Gottesdienste in neuer Gestalt" bekannt geworden sind, bestätigen offenbar die Regel, nach der mit der Erreichung eines Zielpunktes alsbald starke Gegenkräfte einer neuen Generation ausgelöst werden, die wie in einem Sprung über das Erreichte hinwegsetzen wollen, um völliges Neuland zu gewinnen. Ob und in welchem Sinne es sich hier tatsächlich um „Neues" handelt, wird freilich einer sorgsamen Analyse bedürfen.

Im Laufe des 7. Jahrzehntes unseres Jahrhunderts haben sich die Bemühungen um „Gottesdienste in neuer Gestalt" zu einer Bewegung, ja zu einer Aktion kristallisiert, die bereits eine breite Spur in ihren literarischen Produktionen hinterlassen hat und offensichtlich im Begriffe ist, da und dort auch eine „kirchenamtliche" Unterstützung und Geltung zu erlangen. Unter den vielfältigen Versuchen, zu neuen Formen des Gottesdienstes vorzudringen, zeichnet sich ein bestimmter Typus ab, der unsere besondere Aufmerksamkeit verdient. Er wird etwa durch folgende Veröffentlichungen repräsentiert:

Fantasie für Gott. Gottesdienste in neuer Gestalt. Hrsg. von Gerhard Schnath u. a., Stuttgart 1965

Fantasie für die Welt. Gemeinden in neuer Gestalt. Im Auftrag des Evangelischen Kirchentages hrsg. von Gerhard Schnath, Stuttgart/Berlin 1967

Werkbuch Gottesdienst. Texte, Modelle, Berichte. Hrsg. von Gerhard Schnath, Wuppertal 1967

Dieter Trautwein u. Roman Roessler: Für den Gottesdienst. Thesen — Texte — Bilder — Lieder. Gelnhausen/Berlin 1968

Drei Jahre „Gottesdienst der Jugend für die Gemeinde" in Frankfurt, hrsg. von Dieter Trautwein (erweiterter Auszug aus „Frankfurter Kirchenjahrbuch 1967")

Beim Studium dieser Texte drängt sich unabweisbar die Frage auf, ob in dem sich hier abzeichnenden Prozeß nicht eine tiefgreifende Krise des Gottesdienstes in akuter Gestalt manifest wird. Anlaß zu dieser Frage geben nicht in erster Linie Wandlungen der äußeren Gestalt, sondern des inneren Gehaltes. Es sind die theologischen Grundlagen dieser „Gottesdienste in neuer Gestalt", die der Analyse vor allem bedürfen. Die geistliche Dimension dieser Gottesdienste, ihre kerygmatische Aussage, ihre Zielsetzung, auch ihre äußeren Formen sind letzten Endes von diesen theologischen Grundlagen bestimmt und nur von ihnen aus zu verstehen. Es sind tiefgreifende dogmatische Fragen, die nicht nur über die zukünftige Gestalt des Gottesdienstes, sondern zugleich über den Gottesdienstcharakter dieser Gestalten entscheiden. Die Frage, ob und inwiefern die in der gesamten Literatur sich abzeichnenden Gottesdienste noch dem Wesen des Gottesdienstes der *Kirche Gottes* entsprechen, wird nicht zu vermeiden sein. — Es sei jedoch ausdrücklich betont, daß sich unsere Untersuchung nur auf den in der genannten Literatur hervortretenden Typus bezieht. Daß innerhalb eines solchen Typus auch eine gewisse theologische Variationsbreite besteht, versteht sich von selbst, wenn auch auf solche Unterschiede in den Nuancen bei unserer Analyse nicht näher eingegangen werden kann.

Die Gründe für die gegenwärtige Krise des Gottesdienstes sind vielfältig. Es gibt dafür geschichtliche Gründe, die bis in die Reformationszeit zurückreichen. Die Glaubenserkenntnis der Reformation mußte die überkommene Gestalt der Messe, zumal des Meßkanons, sprengen. Eine neue Gestaltung, die der reformatorischen Glaubenserkenntnis entsprach, blieb ein Problem, das die folgenden Jahrhunderte ständig begleitete.

Eine große Verschärfung der hier vorliegenden Problematik brachte jener Umbruch, den wir die Aufklärung zu nennen pflegen. Der Umbruch der Zeit, in dem wir heute stehen, kann als Folge und Zuspitzung jenes Umbruchs verstanden werden, der vor etwa zweihundert Jahren auch in die evangelischen Kirchen eindrang und mit Vehemenz auch den Gottesdienst ergriff. Keineswegs nur die Predigt, vielmehr der gesamte Gottesdienstvollzug sollte durch die Aufklärungstheologie in einen tiefgreifenden inhaltlichen, sprachlichen und formalen Umformungsprozeß hineingezogen werden. Was Aktualisierung und Konkretisierung des Gottesdienstes anlangt, was Umformung des Gottesdienstes in einen den Zeitgenossen verständlichen Vollzug anlangt, was Anpassung der gottesdienstlichen Sprache an die Sprache der Zeit anlangt, so haben die von der Aufklärung ergriffenen Theologen und Kirchenleitungen eine so bisher nie dagewesene Energie an diese Aufgabe gesetzt, freilich mit dem Ergebnis, daß die so entstandenen Formen innerhalb weniger Jahrzehnte hoffnungslos veraltet waren. Seit der Wende vom 18. zum 19. Jahrhundert ist die Forderung nach einem zeitgemäßen Gottesdienst, dessen Inhalt, Sprache und Vollzugsform dem Zeitgenossen und seinen Anliegen gerecht wird, nicht verstummt.

Die Auseinandersetzung mit den Reformversuchen der Aufklärung durchzieht die Arbeit am Gottesdienst das ganze 19. Jahrhundert hindurch. *Eine* Form dieser Auseinandersetzung war zweifellos jener Rückgriff auf alte, in der Überlieferung vorgegebene Formen, den man Restauration zu nennen pflegt, wobei jene Restauration ohne Verbindung mit einer neuen Zeitbewegung, der aufkommenden Romantik, wiederum nicht denkbar gewesen wäre. Freilich ist mit dem fast durchweg abwertend gebrauchten Wort „Restauration" nicht alles gesagt, was hier zu sagen ist. Nach meinem Urteil läßt sich das, was z. B. Wilhelm Löhe für die Erneuerung des Gottesdienstes bedeutet, mit dem herkömmlichen Begriff von Restauration keineswegs hinreichend beschreiben.

Umbrüche der Zeit haben auch in unserem Jahrhundert Einbrüche in den Gottesdienst gesucht. In einer theologisch und liturgisch primitiven Weise wurde das in den dreißiger Jahren an den Umgestaltungsversuchen der Deutschen Christen sichtbar. Auch die Neuordnungen des Gottesdienstes, die in der Zeit der Verfolgung durch den Nationalsozialismus und mitten unter den Zerstörungen des Zweiten Weltkrieges einsetzen, um in den fünfziger Jahren einen gewissen kirchenamtlichen Abschluß zu erreichen, tragen ebenfalls einen zeitgeschichtlichen Bezug an der Stirne. Diese neuen Ordnungen, wie sie in den Agenden der VELKD und der EKU einen exemplarischen Ausdruck gefunden haben, sind nicht denkbar ohne die Erfahrungen des Kirchenkampfes und ohne die Pfarrer und Gemeinden, die unter schweren Bedrängnissen in einer neuen Weise wieder etwas davon erfahren durften, was Evangelium ist und was Kirche in ihrem geistlichen Lebensvollzug sein kann. In der oben genannten Literatur wird dieser Bezug ausdrücklich anerkannt, wenn er auch nicht hinreichend geklärt wird. Man sagt dort so: Im Kirchenkampf hat das Erbe der Reformation gute Dienste geleistet, um sich einer pervertierten Staatsideologie zu widersetzen. *Daher* hat man damals den Gottesdienst im Anschluß an die reformatorischen Ordnungen reformieren wollen.[1] Weil nach 1945 Agenden, Liturgien, Gesangbücher, Lebensordnungen auf Gemeinden zugeschnitten wurden, die im Verlaufe des Kirchenkampfes sich bewährt hatten, wurden diese Formen restaurativ.[2] Restauration! Hier fällt das Stichwort für den Ausgangspunkt der Kritik an den gegenwärtigen Agenden und dem Evangelischen Kirchengesangbuch. Solche restaurativen Formen machen den Gottesdienst, so geht die Rede, notwendig zu einer längst überholten, musealen Gestalt, einem Ichthyosaurier vergleichbar, der sich seinerzeit dem evolutiven Prozeß nicht hat anpassen können und den wir darum mit Recht lediglich als eine längst abgestorbene Form in einem Museum besichtigen.[3]

Damit stehen wir im Vorhof der gegenwärtigen Diskussion um den Gottesdienst. Wenn man jene Bemühungen um die Mitte dieses Jahrhunderts um die Neuordnung des Gottesdienstes glaubt beschreiben zu können als eine „restaurative" Wiederherstellung reformatorischer Ordnungen, so hat man wichtige Sachverhalte offenbar nicht recht wahrgenommen. Zunächst wäre etwa darauf hinzuweisen, daß sowohl der Alpirsbacher wie auch der Berneuchner Kreis, ohne deren Arbeiten und Erfahrungen jene Bemühungen um die Neuordnung des Gottesdienstes nicht zu denken sind, wesentlich weitere theologie- und liturgiegeschichtliche Horizonte umspannten als die Reformation. Es ist darum in jenen Agenden keine einzige der reformatorischen Ordnungen als solche wiederhergestellt worden. Was wiederherzustellen versucht wurde, war ein Ursprüngliches, das freilich durch Geschichte vermittelt ist. Alle wahrhaft geistliche *renovatio* ist eine *restauratio* von ursprünglich Gegebenem in einer neuen Situation. Mit *restaurare* ist sachlich gleichbedeutend *instaurare*. *Omnia instaurare in Christo* ist ein apostolisches Grundwort! Eine solche „Wiederherstellung" ist gemessen an dem empirischen Dasein der Kirche gerade als *restauratio* ein Wurf in die Zukunft! Je tiefer die Erneuerung des ursprünglich Gegebenen

---

[1] Fantasie für Gott S. 6.   [2] Fantasie für die Welt S. 2.   [3] Fantasie für Gott S. 48.

greift, desto intensiver ist die Zukunftsbezogenheit einer solchen Wieder-herholung. *Instaurare in Christo* hat einen endzeitlichen Bezug. Könnte der Grund dafür, daß eine Gottesdienstordnung als hoffnungslos museal erscheint, nicht darin liegen, daß eine solche Ordnung als Versuch einer echten *restauratio* an einer *endzeitlichen* Zukünftigkeit teilhat, die jenem Beurteiler noch nicht aufgeleuchtet ist?

Mit dieser Frage nähern wir uns dem Schwerpunkt der Auseinandersetzung. Dieser Schwerpunkt ist ein eminent theologischer. Es kann keine Frage sein, daß dem, was uns als „Gottesdienste in neuer Gestalt" begegnet, eine ganz bestimmte theologische Überzeugung zugrunde liegt. So lesen wir gleich auf der Umschlagseite von „Fantasie für Gott", daß es in diesem Buch um folgende Frage geht: „Was ist heute die angemessene Form, Erkenntnisse der Theologie durch die Praxis der Verkündigung zur Sprache zu bringen und zu verwirklichen?" Dementsprechend heißt es dort auf Seite 55: „Die Frage der Reform der Kirche, der Predigt und des Gottesdienstes ist nicht eine Frage der Methode, sondern der inneren theologischen Erneuerung." Jeder, der sich um die Theologie des Gottesdienstes bemüht hat, wird diesem Satz von ganzem Herzen zustimmen. Aber was ist innere theologische Erneuerung? An der Antwort auf diese Frage hängt der zukünftige Weg der Kirche und damit auch die zukünftige Gestalt ihres Gottesdienstes. Das Gespräch über „Gottesdienste in neuer Gestalt" muß grundlegend theologisch geführt werden. Diejenigen, die hier gestaltet haben, verlangen dieses Gespräch von uns und wir sind es ihnen schuldig.

Zunächst wird man freilich feststellen müssen, daß die in der genannten Literatur in Erscheinung tretende „innere theologische Erneuerung" nicht allenthalben den gleichen theologischen Gehalt hat. Es wird aber auch nicht zu bestreiten sein, daß trotz gewisser Akzentunterschiede gemeinsame durchgehende theologische Grundzüge greifbar werden, die berechtigen, von einer relativ geschlossenen theologischen Schule zu sprechen, deren Theologie die Grundlage für ihre gottesdienstliche Neugestaltung liefern soll. Versuchen wir, einige Umrisse dieser Theologie der Gottesdienste in neuer Gestalt sichtbar zu machen.

Ihre theologiegeschichtliche und zeitgeschichtliche Einordnung bereitet keine großen Schwierigkeiten. Selbstverständlich wird der Vollzug der sogenannten Entmythologisierung der neutestamentlichen Aussagen und ihre Umsetzung in Aussagen der Glaubensexistenz vorausgesetzt. Aber damit ist noch nicht viel zur Kennzeichnung dieser Theologie gesagt. Denn irgendwie werden wir alle, die wir von der Theologie Luthers herkommen, an diesem Vollzug teilhaben; es fragt sich nur, wie! Deutlicher sprechen schon folgende Namen für die Einordnung dieser Schule: Dietrich Bonhoeffer in der Interpretation von Hanfried Müller und John A. T. Robinson, dessen merkwürdig flache Lehre von Gott einen merkwürdig günstigen Eindruck sogar auf bedeutende Theologen machen konnte. Auch Motive der Theologie der Hoffnung von Jürgen Moltmann dürften bewußt oder auch unbewußt aufgenommen sein. Daß Dietrich Bonhoeffer in der Zeichnung (um nicht zu sagen in der Ver-zeichnung) von Hanfried Müller herangezogen wird, ist zu beachten. Nach dem, was Eberhard

Bethge in seiner Biographie[4] über Bonhoeffers Verständnis des Gottesdienstes dargelegt hat, dürfte es zweifelhaft sein, ob die neuen Gestalten jener Gottesdienste mit den Intentionen Dietrich Bonhoeffers in Einklang stehen.

Doch nicht Namen entscheiden hier, sondern die Sache. Worum geht es sachlich? Wenn ich recht sehe, so müßten vor allem folgende theologischen Problemkreise geklärt werden: Gott und Welt, Gott und Geschichte, Jesus Christus und das apostolische Wort von ihm, Kirche und Welt, Kirche und Geschichte und mit all diesen Fragen zugleich die Frage nach dem Menschen und seinem Heil. Auch die Fragen nach einem evangelischen Amtsverständnis und nach dem rechten Abendmahlsverständnis werden bereits sichtbar und müßten gründlicher besprochen werden, als es hier geschehen kann. Beschränken wir uns zunächst auf die genannten Hauptpunkte.

Der dogmatische Hauptsatz unseres Gesprächspartners lautet: „Es gibt nur eine Wirklichkeit, nicht etwa eine Wirklichkeit Gottes plus eine Wirklichkeit der Welt oder gar des Teufels."[5] Dieser Satz ist gewiß einer Auslegung bedürftig. Wenn er lediglich sich dagegen wenden wollte, daß das Verhältnis Gott—Welt nicht so vorgestellt werden darf, als sei diese Welt, die wir sehen und erforschen können, gleichsam das untere Stockwerk eines Hauses und darüber gäbe es im unsichtbaren Himmel ein zweites Stockwerk, in welchem Gott für sich wohnt, und vielleicht gäbe es in diesem Hause auch einen untergründigen, unsichtbaren Keller, in welchem der Teufel sein Wesen treibt, so wäre gewiß kein Wort weiter über diesen Satz zu verlieren. Aber der Satz von der einen Wirklichkeit ist tiefer, grundsätzlicher gemeint. Er will offenbar sagen, daß wir Gott nur in der einen Wirklichkeit begegnen, in der wir leben, und daß wir auch Jesus Christus nur in dieser Wirklichkeit, die unsere gemeinsame Existenz ausmacht, wirklich begegnen können. Sind Gott und Welt als die eine Wirklichkeit zusammengeschlossen, dann verschwimmt sowohl die Kreatürlichkeit der Welt wie auch die gottheitliche personale Transzendenz Gottes. Wir stehen offensichtlich vor einer grundlegenden Entscheidungsfrage. Bin ich mit allem, was mir als Welt begegnet, Kreatur, ursprunghaft aus dem Nichts erschaffen, oder nicht? Steht Gott mir als mein Schöpfer und darum auch als mein eschatologischer Richter in jeder Hinsicht gegenüber als der Herr schlechthin oder nicht?

Indem wir die Entscheidungsfrage so formulieren, kommt bereits das Sprachproblem ins Spiel. Herr, Richter, Schöpfer, das sind doch alles nur bildhafte Wendungen! Was können solche Metaphern in der Welt, in der wir leben, noch aussagen? Was soll das Wort „Schöpfer" in einer Welt, in der nahezu alles machbar wird? Was soll das Wort „Richter" in einer Gesellschaft, in der alles, was Recht ist, offensichtlich von den Setzungen der Volksgemeinschaft ausgeht? Was soll das Wort „Herr" in einem Umbruch der Zeit, dessen wesentlicher Gehalt nicht zuletzt darin zu liegen scheint, daß alle autoritären Herrschaftsstrukturen radikal demokratisiert werden müssen? Was soll eine Sprache, welche die soziologischen, im wesentlichen patriarchalisch gestalteten Verhältnisse der Ackerbaukulturen voraussetzt, die jetzt endgültig in unserem tech-

---

[4] S. 988 ff.; vgl. auch Ev. Kommentare 1968, S. 196—202.   [5] Fantasie für Gott S. 52.

nokratischen Zeitalter zu Ende sind? Müssen wir im Umbruch der Zeit diese Sprache der Bibel nicht radikal umdenken — eben im Sinne jenes dogmatischen Hauptsatzes von der einen Wirklichkeit? Ich antworte: Vor allem müssen wir *denken*, was jene Worte „Schöpfer", „Richter", „Herr" sagen. Dann werden wir auch imstande sein, Worte zu finden, die auch heute das sagen, was jene biblischen Ausdrücke meinen. Dem Theologen dürfte deutlich sein, was gemeint ist, wenn wir in diesem Zusammenhange nicht nur jene biblischen Wörter wiederholt haben, sondern von der „gottheitlichen personalen Transzendenz Gottes" gesprochen haben. Ist *diese* Transzendenz Gottes in jenem dogmatischen Hauptsatz von der einen Wirklichkeit noch gewahrt? Wenn nicht, dann ist aber die christliche, in der Heiligen Schrift gegründete Überzeugung von der Gottheit Gottes selbst preisgegeben. Die Grundfrage, um die es hier geht, ist elementar einfach: Ist Gott dir eine funktionale Größe innerhalb der einen Weltwirklichkeit oder ist er dir das eine, aller Weltwirklichkeit gegenüberstehende Du, von dem und durch den und zu dem alles ist, was ist? An diesem biblischen „Alles" hängt hier tatsächlich alles, gerade auch das Verständnis von Gottesdienst und Kirche, von Offenbarung und Verkündigung, von Erlösung und Hoffnung.

Ein zweiter dogmatischer Hauptsatz, der nicht so eindeutig faßbar ist wie der erste, der aber für das Gesamtverständnis der Aktion für Gottesdienste in neuer Gestalt untergründig außerordentlich wirksam ist, lautet etwa so: Gott begegnet uns in der Geschichte, die *als Zukunft* auf uns zukommt und uns jetzt hier unbedingt beansprucht — und nur so begegnet uns wirklich *Gott*. Dieser Grundsatz wurde besonders deutlich im Gespräch mit einer Konstanzer Studentengruppe auf der Akademietagung in Herrenalb im Frühjahr 1969. Aber auch in Werner Simpfendörfers Reichsgotteslehre[6] ist er greifbar. Der Umbruch der Zeit wird hier unmittelbar als Umbruch theologisch relevant. Dieser Umbruch geschieht konkret im Felde des gesellschaftlichen Prozesses. Wir sind als Volk Gottes nicht in die Ruhe Gottes eingegangen, sondern gerade weil Friede und Freude im Heiligen Geist unter uns da sind, sind wir an eine hoffnungsvolle, verheißungsvolle Zukunft gewiesen, deren Nähe tathaft zu bezeugen und damit in die Gegenwart hereinzuholen ist. Daß die Welt durch uns so verändert wird, daß das Leben lebenswert wird und wir wahre Menschen werden können, darum geht es gerade auch im gottesdienstlichen Geschehen. Gottesdienst bedeutet entscheidend dies, daß wir Gott fragen. Wenn wir Gott fragen, so fragen wir, was uns aus der auf uns zukommenden gesellschaftlichen Zukunft heraus jetzt hier unbedingt angeht. Dem begegnen, was uns aus dieser Zukunft heraus jetzt hier unbedingt angeht, heißt konkret Gott begegnen. Denn in bestimmten Phänomenen des gesellschaftlichen Prozesses ist die Dynamis der Gottesherrschaft auf dem Plan. Der Gottesdienst kann und soll auf diese Weise unmittelbar zu dem Ort der Entscheidung für eine bestimmte politische Aktion werden, er wird in bestimmten Fällen geradezu unter diesem Aspekt mit diesem Ziel in seiner Gestalt und seinem Verlauf zu konzipieren sein.

---

[6] Fantasie für die Welt S. 113—119.

Aber auch dort, wo die Theologie des Gottesdienstes nicht unmittelbar eine Theologie der Revolution involviert, involviert sie doch unmittelbar ein auf Weltveränderung, auf Welthumanisierung ausgerichtetes sozialethisches Engagement. Die Diakonia, die mit der Leiturgia verbunden ist, bezieht sich weniger, grundsätzlich überhaupt nicht mehr auf den individuellen notleidenden Menschenbruder, sondern auf die Beseitigung der Ursachen der Not, die vor allem, wenn nicht gar ausschließlich, in den gesellschaftlichen Verhältnissen erblickt wird. An „christologischer" und „pneumatologischer" Begründung der geforderten gesellschaftspolitischen Entscheidungen fehlt es nicht. Christus, Gemeinde, Weltprozeß kommen in dieser Dynamik des Reichsgottesgeschehens durch Existenzvollzug zur Identität.

Damit sind wir auf die christologischen Fundamente der neuen Gottesdienstbewegung gestoßen. Die Theologie der „Gottesdienste in neuer Gestalt" kann nicht und will nicht an Jesus vorbeigehen. Sie ist bewußt christologisch oder besser jesuologisch fundiert. Das altchristliche christologische Dogma wird radikal uminterpretiert und dadurch faktisch eliminiert. Das apostolische Glaubensbekenntnis wird als ein geschichtliches Gebilde der Vergangenheit relativiert. Formeln von einer Fleischwerdung Gottes (nicht von der Fleischwerdung des Sohnes) erscheinen noch. Aber was besagen sie? Die Antwort ist in ihrem substantiellen Inhalt nicht leicht greifbar, sie ist fließend, verfließend und verschwimmend. Aber gewisse allgemeine Konturen, in denen sich diese Jesuologie bewegt, zeichnen sich ab.

Der dogmatische Hauptsatz darf etwa so formuliert werden: Jesus ist der eine Mensch, in welchem die Liebe Gottes zur Welt unüberbietbar konkret geworden ist, sowohl in seiner Person wie in seinem Geschick, derart, daß Glaube an ihn nur dies bedeuten kann, daß der in Jesus sichtbar gewordenen Bewegung zur Welt hin in einem konkreten Existenzvollzug entsprochen wird. Im Wirken Jesu steht seine Solidarität mit Sündern und Zöllnern betont im Vordergrund. Sein Tod erscheint als die gesellschaftlich notwendige Folge dieser seiner Hinwendung zu den Ausgestoßenen. Jesus ist der eine, der dort stand, wo wir nicht stehen wollen und doch stehen müßten. Jesus ist der Mensch, dem „Gott in Fleisch und Blut überging".[7] Jesus ist daher „ein qualitativer Sprung" in der Geschichte der Menschheit. Er ist eine „Mutation zum Besseren".[8] In diesem Sinne lokalisiert der Glaube in diesem einen Menschen Jesus Offenbarung. Dabei bleibt eine Präexistenzchristologie, die von der Fleischwerdung des ewigen innergöttlichen Sohnes spricht, konsequent ausgeschlossen. Wenn von Jesus als dem Sohne Gottes gesprochen wird, dann nicht darum, weil er dies von Ewigkeit her wesenhaft ist, sondern weil er sich in dem, was er sagt und tut, als Sohn Gottes erweist.[9] Sehr klar kommt diese Sohneschristologie in einem der Glaubensbekenntnisse zur Sprache: „Ich glaube an Jesus. Denn er war, was wir sein sollten: Diener aller Menschen und darum (!) Sohn Gottes."[10] Daß Jesus der Auferstandene ist, gilt als eine Glaubensaussage dafür, daß er weiter wirkt.

---

[7] Fantasie für Gott S. 65. [8] aaO. S. 66.
[9] Fantasie für die Welt S. 71. [10] Fantasie für Gott S. 159.

Nicht wirkt er weiter, weil sein Auferstandensein ein vorgegebenes Faktum wäre, sondern weil er weiterwirkt, erweist er sich als der Auferstandene.[11]

Jede Aussage über Jesus ist nur dann glaubwürdig, wenn sie in der Dimension unseres konkreten Existenzvollzuges aussagbar ist. „Es ist eines, Wahrheit zu haben, ein anderes, Wahrheit zu sein ... Jesus ist Wahrheit und zugleich Anspruch an uns, nicht nur Wahrheit zu haben, sondern Wahrheit zu sein ... Jesus erinnert uns daran, daß wir nicht Wahrheit *haben und weiterreichen* können, wenn wir ihn glaubwürdig vertreten wollen, sondern seine Wahrheit existieren müsse."[12] Jesu Wahrheit ist aber: radikal für andere dasein. Im Anschluß an Friedrich Heer wird unterstrichen: „Ich kann Gott und Christus, die Menschwerdung Gottes, nur in meinem Leben bezeugen." Dies wird folgendermaßen verdeutlicht: „Jesus muß je und je neu als Person, als Du begegnen. Er muß eingehen in eine neue Mitmenschlichkeit, in der er erfahrbar und greifbar werden will."[13]

Es ließe sich zeigen, wie die Grundstrukturen dieser Jesuologie auf jener theologiegeschichtlichen Linie vorgebildet sind, die von Schleiermacher zu Albrecht Ritschl führte. An Schleiermacher erinnert besonders die Zuhilfenahme von Evolutionsbegriffen, um die geschichtliche Bedeutsamkeit der Gestalt Jesu hervorzuheben, wie zum Beispiel „qualitativer Sprung", „Mutation". Auch die unsere Existenz bestimmende urbildliche Kraft dieser Person und ihres Verhaltens ist bei Schleiermacher vorgebildet. Daß Jesus der eine Mensch ist, dem „Gott" gleichsam in Fleisch und Blut übergegangen ist, hat Schleiermacher auf seine Weise ebenfalls sagen wollen. Die durchgehende Ethisierung dieser „Christologie" kam besonders intensiv durch Albrecht Ritschl in dieses jesuologische Schema hinein. Gemeinsam ist der neuen Theologie der neuen Gottesdienste mit Schleiermacher und den in seiner Nachfolge stehenden Theologen wie Richard Rothe vor allem die Betonung der gesellschaftlichen Auswirkungen, die der existentiell verstandene Jesusglaube für die Veränderung der Welt hat. Die Bedeutung, die nach Schleiermacher dem von der Gestalt Jesu ausgehenden Gemeinschaftsleben als formende Kraft für Weltgestaltung zukommt, läßt sich ohne Mühe transformieren in die die Welt verändernde Kraft, die von den Gottesdiensten in neuer Gestalt erwartet wird. Die Parallelen sind überraschend, wenn auch die Ausdrucksformen dieser zeitgenössischen Jesuologie gegenüber der philosophischen Tiefe eines Schleiermacher flach wirken. Problemgeschichtlich betrachtet erweisen sich die theologischen Grundlagen der „Gottesdienste in neuer Gestalt" als ein verflachender Rückfall in Positionen des 19. Jahrhunderts, zumal in ihrem Zentrum, im Christusverständnis.

Mit diesem Jesusverständnis hängt aufs engste zusammen *das Verständnis des biblischen Wortes*. Das biblische Wort hat auch für die Gottesdienste in neuer Gestalt eine Bedeutung, aber es hat nicht eine ihm eigene spezifische Autorität. Von vornherein muß das biblische Wort gerade hinsichtlich seiner uns angehenden Bedeutung mit unserer konkreten gesellschaftlichen Situation zusammengesehen werden. Es gibt keine einlinige Autorität von dem Schriftwort her zu uns, sondern die Situation ist *entscheidend* mitbestimmend, wenn

---

[11] aaO. S. 71.   [12] aaO. S. 72 f.   [13] ebenda.

es darum geht, das zu hören, was uns angeht. Es ist nicht zu bestreiten, daß in der Vergangenheit, etwa zur Zeit der biblischen Zeugen, tatsächlich Rede von Gott her ergangen ist. Aber was bedeutet solche geschehene Rede für uns? „Der Glaubende lebt in Erinnerung an faktisch geschehene Rede Gottes und in Erwartung kommender Rede Gottes. Dabei ist die Erinnerung an faktisch geschehene Rede Gottes so etwas wie eine Schulung des Gehörs, um künftige Rede in der geschichtlichen Gegenwart nicht zu überhören. Sie — nämlich die Erinnerung an faktisch geschehene Rede Gottes — liefert uns die Kategorien, die uns in den Stand setzen, auf die Herausforderungen der Stunde die richtige Antwort zu geben, anstatt sie zu verpassen."[14]

Dem entspricht genau der homiletische Umgang mit dem Text. In der Losung „vom Text zur Predigt" zeichnet sich jenes veraltete monologische Verhältnis von Kirche und Welt ab, das notwendig zum Monopol der monologischen Predigt führt. Die Wirklichkeit der konkreten Situation hat aufgrund des dialogischen Verhältnisses zwischen Kirche und Welt gleichberechtigt mit dem Text mitzureden. Genauer betrachtet muß man sogar folgendes sagen: Die Wirklichkeit der konkreten Situation hat das erste Wort. Das, was zu hören ist, ist letzten Endes gar nicht aus dem Text als solchem zu hören. Das, was zu hören ist, muß aus dem konkreten Anspruch der Stunde heraus vernommen werden. Was aus der auf uns zukommenden Zukunft heraus für die Entscheidung jetzt und hier als das uns unbedingt Angehende zu hören ist, ist diejenige Rede Gottes, auf die es ankommt. Die in der Vergangenheit faktisch ergangene Rede liefert uns allenfalls „die Kategorien", um dieses neue Reden Gottes zu artikulieren. Der Text ist lediglich eine Zwischenschaltung zwischen die uns aus der konkreten Situation heraus bedrängenden Fragen und das aus dem Anspruch dieser Situation zu vernehmende neue Reden Gottes. Der dazwischengeschaltete Text hat keine gradlinige direkte Autorität mehr. Die Zwischenschaltung ist letzten Endes keine Notwendigkeit, sondern eine Hilfsmaßnahme, die bei guter Schulung, bei scharfem Gehör prinzipiell überflüssig ist, wenn man auch gut daran tun wird, bis auf weiteres diese Zwischenschaltung vorzunehmen.[15]

Damit haben wir die entscheidende Grundposition zu Gesicht bekommen, auf der die Neugestaltungen des Gottesdienstes aufruhen. Diese Grundposition läßt sich am besten kennzeichnen mit den Stichworten: „radikale Hinwendung zur Welt, bedingungsloses Solidarischwerden mit dem Nächsten."[16] Was mit dieser Hinwendung zur Welt, mit diesem Solidarischwerden mit dem Nächsten im einzelnen gemeint ist, wird sich in der Reflexion gewiß in verschiedenen Weisen konkretisieren. Aber allen Verhältnisbestimmungen von Kirche und Welt bleibt dabei dies gemeinsam, daß beide Größen unlöslich ineinander liegen. Dieses Ineinanderliegen von Kirche und Welt darf nicht nur soziologisch verstanden werden. Denn dies ist selbstverständlich eine unbestreitbare Tatsache, daß die Kirche soziologisch betrachtet „ein Teilstück der Gesellschaft" geworden

---

[14] aaO. S. 65.
[15] Vgl. Martin Ohly, Verkündigung und Gespräch, in: Fantasie für Gott S. 63—77.
[16] Fantasie für Gott S. 84.

ist und die Gesellschaft keineswegs mehr als das einheitliche *corpus christianum* verstanden werden kann. Oder will die Theologie der Gottesdienste in neuer Gestalt nun gerade doch die Gesellschaft neu als *corpus christianum* verstehen, nämlich nicht von der Kirche, sondern von der Welt her? Die Weise, wie in dieser Theologie die radikale Aufhebung der Schranken zwischen „sakral und profan" betont wird bis hin zum Verzicht auf Kirchenbauten, die unerbittliche Konsequenz, mit der die Wirklichkeit des uns umgebenden Alltags und die Wirklichkeit des gesellschaftlichen Prozesses *als solche* in den Glauben einbezogen werden, die Forderung, die „eschatologische Identität zwischen Christus und Gemeinde" (Dietrich Bonhoeffer) in konkreten Entscheidungen für Veränderung der gesellschaftlichen Verhältnisse in der Richtung auf bessere Institutionen hin zu verwirklichen — weist das nicht darauf hin, daß hier letzten Endes Welt und Gesellschaft in einem geheimnisvollen Apriori bereits in die Kirche integriert sind derart, daß die Aufgabe der Kirche letztlich nur darin bestehen kann, der Welt und der Gesellschaft zu der ihr zukommenden Gestaltung zu verhelfen? Wenn also Menschen in einer Firma die Arbeitsbedingungen verbessern oder die Arbeitnehmer durch gerechte Formen von Mitbestimmung am Ertrag ihrer Arbeit beteiligt werden, dann sind solche Vorgänge für die Theologie der Gottesdienste in neuer Gestalt — wie ausdrücklich erklärt wird [17] — Vorgänge, in denen sich Christus inkarniert! Erweckt diese Theologie nicht den Eindruck, daß sie auf eine neue Weise, gleichsam mit umgekehrtem Vorzeichen, die Welt für die Kirche vereinnahmen möchte, indem sie die Kirche radikal welthaft versteht?

Nach dieser Theologie kann das Verhältnis zwischen Kirche und Welt nur als eine in jeder Hinsicht gleichgewichtige, komplementäre, durch und durch dialogische Wirklichkeit verstanden werden. Die Formel von der dialogischen Wirklichkeit darf freilich nicht so verstanden werden, als ob man aus dem Haus „Kirche" über die Straße hinüber zu einem Nachbarn in dem anderen Hause „Welt" reden würde. Das wäre kein echter Dialog. Echter Dialog hat zur Voraussetzung ein gemeinschaftliches Miteinandersein im gleichen Hause, am gleichen Tisch, auf gleicher Basis. Was uns als „Gottesdienste in neuer Gestalt" begegnet, setzt dieses *prinzipielle* dialogische Verhältnis von Kirche und Welt voraus. Es ergeben sich von dieser theologischen Sicht her dann im wesentlichen folgende Merkmale für den echten Gottesdienst in unserer Zeit.

a) Predigt kann nicht mehr einseitige Bezeugung des biblischen Wortes sein. In der mit geschichtlicher Notwendigkeit eingetretenen dialogischen Grundsituation kann Wortverkündigung auch formal nur dialogische Gestalt haben. Im Gottesdienst vollzieht sich das dialogische Gespräch durch mehrere Sprecher. Solches Gespräch ist keineswegs ein nur äußerliches Formelement, es ist vielmehr ein wesentliches Strukturelement der Verkündigung. Der Gottesdienst wird dadurch zu dem Ort, an dem das uns geltende Wort Gottes, der Anruf, der aus der auf uns zukommenden Zukunft ergeht, *durch das Gespräch* zur Sprache kommt.

---

[17] in Fantasie für Gott S. 57.

b) Die konkrete Umweltsituation muß ausdrücklich, konkret, detailliert und gezielt in den Gottesdienst hereingenommen werden. Dies soll mit allen möglichen Mitteln, vor allem aber auch worthaft geschehen. Worthaft geschieht dies exemplarisch durch gesprochene Wortformen, die eigentümlicherweise die Bezeichnung „Meditationen" tragen. Meditationen sind hier worthafte Verdichtungen und Konkretionen der tatsächlichen Wirklichkeit, in der wir leben. Solche Wirklichkeitsverdichtungen sind Voraussetzungen dafür, daß im Gottesdienst gebetet werden kann. Gerade das Gebet muß in die Bewegung des radikalen Solidarischwerdens mit der Welt hineingenommen werden. Die Meditation liefert die notwendige „Information" für das Beten. Das Gebet erinnert uns so an unsere Aufgabe, die wir in der konkreten Situation der Stunde haben.[18]

c) Für die Sprache des Gottesdienstes gilt die Forderung, daß sie „griffig", für jedermann leicht faßbar sein muß. Es müssen die gewöhnlichen Worte sein, die wir auch sonst gebrauchen. Damit ist auch die Forderung gestellt, daß die Sprache des Gottesdienstes durchaus der jeweiligen Zeit verhaftet sein muß. Die Sprache ist zwar der Leib der Wahrheit. Aber dieser Leib unterliegt wie jeder Leib dem Gesetz des Vergehens. Der Sprachleib wird geboren, aber er stirbt auch ab und vergeht. So muß dieser Leib immer wieder neu geboren werden. Dabei ist zu beachten, daß jede Sache ihr eigenes, ihr angemessenes Sprachgewand hat, so daß uns im Gottesdienst eine Fülle von je sich wandelnden Sprachgewändern begegnet.[19]

d) Die gleichen Überlegungen gelten für das gottesdienstliche Lied und seine musikalischen Formen. Im Gottesdienst soll ein solcher musikalischer Stil herrschen, „der unserer Wirklichkeit entspricht". Das prinzipiell verstandene dialogische Verhältnis von Kirche und Welt muß bis in diese Formfragen hinein wirklich ernst genommen werden.

e) Der Vollzug des Gottesdienstes muß dem Zeitgenossen verstehbar sein. Ein rationaler Grundzug ist diesen neuen Gestaltungen gemeinsam. Die Reflexion wird bewußt in das gottesdienstliche Geschehen hineingenommen. Dabei wird die Gefahr, daß der sprachliche Ausdruck, die musikalische Form, der gedankliche Inhalt flach wirken könnte, bewußt in Kauf genommen, vorausgesetzt, daß das Grundziel erreicht wird, nämlich jener Dialog, der die Welt zum Besseren verändert.

f) Vielleicht ist das hervorstechendste Merkmal dieser Gottesdienste ihr Ethizismus. Auch da, wo es um Lobpreis und Gebet geht, zeigt eine genauere Analyse, daß diese Gottesdienste auf das Tun ausgerichtet sind. Der Gottesdienst wird als ganzer zur ethischen Paränese. Bis in die Formulierungen der neuen Glaubensbekenntnisse hinein ist dieser Grundzug spürbar.

g) Mit dem Merkmal des Ethizismus hängt aufs engste zusammen die Tatsache, daß in diesen Gottesdiensten ein bestimmter „missionarischer" Elan lebendig ist. Mit diesen Gottesdiensten will man etwas. Sie zielen auf etwas Bestimmtes ab. Der Gottesdienst hat darum in der Regel ein konkretes Thema, dessen Inhalt durch den Vollzug des Gottesdienstes nicht nur gedanklich ge-

---

[18] Vgl. z. B. Fantasie für Gott S. 58. 127.   [19] Vgl. aaO. S. 83, Für den Gottesdienst S. 35.

klärt, sondern sozusagen verwirklicht werden soll, indem es in den konkreten Existenzvollzug leibhaftig eingeht. Diese Gottesdienste sind daher in der Regel genau geplante und gezielte Veranstaltungen, in die eine Fülle von Arbeit, von Überlegung, von Textvorbereitungen und Einübungen investiert wird. Als solche gezielte Veranstaltungen sind diese Gottesdienste selbst schon gezielte Aktionen, sie grenzen unmittelbar an Demonstrationen an. Solche Gottesdienste richten sich keineswegs nur an den draußenstehenden Zeitgenossen, ihr Ziel wird vielmehr in zunehmendem Maße die traditionelle Kirchengemeinde. Aus den Gottesdiensten in neuer Gestalt, die ursprünglich als Jugendgottesdienste und Tagungsgottesdienste in Erscheinung traten, werden „Gottesdienste für die Gemeinde", Gottesdienste, die die traditionelle Kirchengemeinde in dem Sinne „missionieren" wollen, daß sie in die gleiche Bewegung, in die gleiche dialogische Begegnung mit der Weltwirklichkeit hineingenommen wird, von der diese Gottesdienste Zeugnis geben wollen.

Die Analyse der theologischen Grundlagen, auf denen sich die untersuchte neue Gestalt des Gottesdienstes erhebt, dürfte ans Licht gebracht haben, daß es sich bei diesem Unternehmen keineswegs nur darum handelt, dem Gottesdienst neue äußere Formen zu geben. Das Wort „Gestalt" besagt hier vielmehr soviel wie *Wesen*. Eine Wesensveränderung bis hin zu einer Wesensverwandlung liegt hier vor. Dies ist ein Vorgang, angesichts dessen die Kirche Gottes erschrecken muß. Denn das innere geistliche Wesen des Gottesdienstes ist durch das apostolische Urzeugnis, das uns im Neuen Testament (in dem ihm eigentümlichen Zusammenhang mit dem Alten Testament) gegeben ist, ein für allemal festgelegt, so gewiß, wie der sachliche Inhalt dessen, was der christliche Glaube glaubt und als Heilsbotschaft verkündigt, ein für allemal durch das gleiche apostolische Zeugnis normiert ist. Daß jenes innere geistliche Wesen des christlichen Gottesdienstes sich in dem geschichtlichen Prozeß, an dem der Lebensvollzug der Kirche Gottes in der Zeit teilhat, in einer Variationsbreite geschichtlicher Gebilde verwirklicht, ist unbestritten. Auch wird nicht zu bestreiten sein, daß das, was christlicher Gottesdienst seinem Wesen nach sein soll, in seinen sich wandelnden geschichtlichen Gebilden oft nicht hinreichend oder auch mit fremden, das Wesen verdunkelnden Beimischungen verwirklicht wurde. Es dürfte keine Frage sein, daß *alle* gegenwärtigen, in unserer Umwelt vollzogenen Gottesdienste gemessen am Wesen des christlichen Gottesdienstes einer inneren geistlichen Erneuerung und darum auch neuer Formung bedürfen. Wo aber „die neue Gestalt" eine Wesensveränderung oder gar eine Wesensverwandlung einschließt, kann von einer Erneuerung oder Reform nicht mehr gesprochen werden. Sollten die evangelischen oder auch die katholischen Kirchen einem Typus von „Gottesdiensten in neuer Gestalt", wie er hier besprochen wurde, die Tore öffnen, müssen sie sich darüber klar sein, was sie tun! Statt zu einer in seinem Wesen begründeten Erneuerung und Reform des christlichen Gottesdienstes beizutragen, würden sie durch einen solchen Schritt seine Deformation fördern und an seiner Zerstörung selbst mitarbeiten.

William Nagel

Kann eine Thematisierung der Gottesdienste zum Prinzip neuer Gottesdienstgestaltung werden?

In seinen „Grundsätzen zur Weiterarbeit an der Agende"[1] hat Christhard Mahrenholz in einer bemerkenswerten Aufgeschlossenheit für liturgische Neuentwicklungen es als „eine Verpflichtung, von der die Kirche sich niemals dispensieren darf", bezeichnet, „neuen Formen des Gottesdienstes sich zu öffnen, das dort Entstandene zu prüfen und, wo es sich bewährt, in den Gebrauch der Gemeinde zu übernehmen". Meine Ausführungen möchten versuchen an einem, wie mir scheint, entscheidenden Punkt Gesichtspunkte für eine solche Prüfung zu gewinnen.

Allen wirklich neuartigen Gestaltungsversuchen, wozu ich eine die bisherigen liturgischen Strukturen nur interpretierende Ausgestaltung nicht rechne, ist eines gemeinsam: eine Thematisierung solcher Gottesdienste, welcher es entspricht, daß das jeweilige Verkündigungsanliegen die Auswahl, Gestaltung und Zusammenstellung aller anderen Gottesdienstelemente bestimmt. Das entscheidend Neue dabei ist die Art, wie dieses Verkündigungsanliegen und damit das Thema des jeweiligen Gottesdienstes gewonnen wird. Aus dem Empfinden heraus, daß die vielschichtige, problemgeladene Weltwirklichkeit von heute in den überkommenen gottesdienstlichen Formen nicht den ihr zukommenden Raum finde beziehungsweise nicht vorkomme, erarbeitet ein Vorbereitungskreis eine Thematik, von der man annehmen kann, der Mensch der Gegenwart werde sie als seine eigene empfinden. Ich greife aus der Fülle heute bereits vorliegender Beispiele Themen heraus, die für eine Reihe in jüngster Zeit in der Münchener evangelischen Kreuzkirche gehaltener Gottesdienste gewählt wurden: Die Inhumanität unseres Städtebaus — Die Reform der Entwicklungshilfe — Die Situation des Strafvollzugs — Sterben in unserer Gesellschaft.[2] Von einem solchen Thema her wird nun (wohl in der Regel) nach einem Schriftwort oder -abschnitt gesucht, der zu eindringlicher Auseinandersetzung mit dem betreffenden Problem hilfreich erscheint. Die unter der Fragestellung des Themas gesichtete Schriftaussage wird dann durch die Predigt oder andere Verkündigungsformen auf das anstehende Problem hin ausgelegt. Die Auswahl der anderen Komponenten eines solchen Gottesdienstes geschieht ebenso unter dem einen Gesichtspunkt, wieweit sie das gewählte Thema in seiner uns heute bedrängenden Problematik einleuchtend und die daraus erwachsenden Aufgaben eindringlich werden lassen können. Demgemäß ge-

---

[1] Vgl. Punkt 14 in: Lutherische Monatshefte 7, 1968, S. 290 ff.
[2] Vgl. in: Gottesdienst und Kirchenmusik 1970, 1, S. 24.

staltete Gebete wollen dazu helfen, Gott als Partner in solch konkreten Aufgaben der Weltbewältigung nicht aus den Augen zu verlieren.

Der Ausgangspunkt von solchen Gottesdiensten in neuer Gestalt ist also immer der fragende Mensch, ihr Ziel der leidenschaftliche Einsatz für die Welt und unsere Mitmenschen mit ihren gegenwärtigen Problemen, Aufgaben und Hoffnungen. Von daher erklärt es sich, daß das vor allem an der Verkündigung und dem Beispiel Jesu orientierte Ethische hier Vorrang gewinnt gegenüber speziellen Inhalten christlicher Glaubensgewißheit. Darin dokumentiert sich zugleich, wie sehr der ganze Komplex „Gott" heute für Unzählige mehr zu einer Frage geworden ist, statt die für den Glauben zentrale Gewißheit zu bedeuten, die unserem gottesdienstlichen Tun erst Sinn geben kann. Auch im Bereich der Liturgik verlagert sich also damit das Schwergewicht von der Theo-logie auf die Anthropologie; ihr aber erscheint heute ein Verhältnis zu Gott allenfalls noch auf dem Umweg über unsere Beziehung zum Mitmenschen möglich.

Man sollte dennoch bei all diesem den heißen Willen nicht geringschätzen, dem Gottesdienst eine neue Aktualität zu geben, damit der in seiner Welt verfangene Gegenwartsmensch nicht jede Bezogenheit auf die die Geschichte und Menschenschicksale durchwaltende Gotteswirklichkeit überhaupt verliere. Er soll durch solche Gottesdienste eine befreiende, hilfreiche und Hoffnung weckende Sicht auf seine Welt und die dort auf ihn wartenden Aufgaben gewinnen. Demgegenüber werden wir jedenfalls zugeben müssen, daß unsere Gottesdienste einschließlich der Predigt es an einem Eingehen auf die in der Gegenwart uns bedrängenden offenen Fragen und Nöte weitgehend fehlen lassen. Noch dazu hemmt eine in hohem Maß unverbindliche, ja nicht selten archaische Sprache ihre Wirkungsmöglichkeit. Es müssen darum sicherlich für unsere Gottesdienste neue Formen und eine gegenwartsnahe Sprache angestrebt werden; auch sind Überlegungen der Homiletik unerläßlich, auf welche Weise unsere Verkündigung mit wirklicher Lebensnähe gesättigt werden kann. Deshalb ist Freiheit zum Experiment mit gänzlich neuen Gottesdienstformen zu geben. Sie könnten manchem, der dem überkommenen Gemeindegottesdienst fernsteht, einen hilfreichen Dienst tun. Hat nicht selbst Calvin in der „Institutio"[3] von „Zeremonien" für werdende „unentwickelte" Christen gesprochen und damit die Notwendigkeit besonderer gottesdienstlicher Formen für solche zugestanden?

Aber zu fragen ist, ob die zuvor geschilderte anthropologisch bedingte Thematisierung für neue Wege im gottesdienstlichen Leben verheißungsvoll ist. Diese Frage erscheint mir auch darum dringlich, weil Gefahr besteht, daß mancher aus einem begreiflichen Unbehagen an dem ihm in den landeskirchlichen Agenden gebotenen Material, statt daran verantwortungsbewußt weiterzuarbeiten, sich verführen lassen könnte, durch solche Thematisierung zu „modernen" Gemeindegottesdiensten zu kommen, mag auch der Aufbau des Gottesdienstes sonst der bisherige bleiben. Ein zeitgegebenes Thema bestimmt in diesem Fall die Textwahl, und alle anderen Stücke des Gottesdienstes wer-

---

[3] IV 10 bzw. 6.

den diesem Thema angepaßt. Gerade je deutlicher wird, daß „Gottesdienste in neuer Gestalt" immer ein arbeitsfreudiges Team voraussetzen und einer zeitraubenden genauen Vorbereitung und Einübung bedürfen, desto mehr wird mancher reformfreudige Theologe versucht sein, ohne solch mühsamen Weg allein schon durch Übertragung jenes Thematisierungsprinzips auf den Gemeindegottesdienst zu dem von ihm angestrebten erneuerten Gottesdienst zu kommen. Statt des Weges vom Wort zur Gemeinde beschreitet er den umgekehrten Weg von der Gemeinde zum Wort als den einzig ihm heute noch möglich erscheinenden, wenn das Wort wirklich Aktualität gewinnen soll.

Wohin eine solche Thematisierung des Gottesdienstes vom Menschen her führt, könnte uns eigentlich aus der Gottesdienstgeschichte der letzten rund zweihundert Jahre längst deutlich sein. Im Gegenschlag zur Orthodoxie, die das Evangelium in hohem Maß zur Lehrverkündigung erstarren ließ, und zum Pietismus, der es einseitig nur auf die Einzelseele bezog, unternahmen schon die Aufklärung und vollends der Rationalismus den Versuch, aus den ethischen Idealen und praktischen Anliegen der Umwelt die den Gottesdienst bestimmenden Themen zu gewinnen. Diese und nicht der den Predigttexten eigene Skopus wurden für die Verkündigung richtunggebend. Predigt, Gebete und Lieder sollten dann miteinander korrespondieren, damit „eine gewisse Einheit oder Übereinstimmung zum Ganzen" (Seiler) dabei herauskäme. Wir wissen, wie die so vollzogene Anthropologisierung des Gottesdienstes schließlich in einem reinen Utilitarismus versandete.

Schleiermachers Gottesdiensttheorie hat diese Anthropologisierung nicht von Grund aus überwinden können. Gewiß gewann er im Gegensatz zum Rationalismus dem evangelischen „Kultus" die Gottbezogenheit insofern eindeutig zurück, als die Gemeinde im Gottesdienst ihre „durch die Gemeinschaft mit Christo, dem Erlöser, bedingte Gemeinschaft mit Gott"[4] „darstellt"[5] und in dieser der „Zeuge", der über ein stärkeres Gottesbewußtsein verfügt, die Gemeinde in ihrem schwächeren religiösen Bewußtsein stärkt. Aber worauf der eigentliche Akzent liegt, wird daran deutlich, daß das gottesdienstliche Geschehen dem Begriff des „Festes", der „Feier", subsummiert wird.[6] Dadurch gewinnt eine Anthropozentrik Raum, die die Gestaltung des Gottesdienstes als der feiernden Darstellung des in der Gemeinde vorhandenen religiösen Lebens den auch sonst geltenden soziologischen Gesetzen von „Fest" und „Feier" einordnet. So können sich dann in der Erbfolge Schleiermachers Bestrebungen durchsetzen, die dem Gottesdienst als Feier dadurch Rechnung tragen wollen, daß sie ihn zum Kunstwerk zu gestalten versuchen. Auf dem Wege einer den gesamten liturgischen Ablauf durchdringenden Thematik meint man diesem Ziel am ehesten nahekommen zu können. Man verlangte demgemäß eine strenge Einordnung aller liturgischen Stücke in das jeweilige gottesdienstliche Thema, dessen schwerpunktmäßige Entfaltung Aufgabe der Predigt wurde. Doch da sich im Gottesdienst ja die Gemeinde „darstellen" sollte — und dies gewiß nicht nur in ihrem religiösen Besitz, sondern genau so auch in ihrem Verlangen

---

[4] Die christliche Sitte etc. Berlin 1843, S. 32.   [5] aaO. S. 51.
[6] Die praktische Theologie etc. Berlin 1850, S. 69 ff.

nach Gott —, mußte eine solche Thematisierung, wenn auch nicht vom Menschen schlechthin, so doch vom religiösen Menschen her gewonnen werden.

Wir wissen, wie es in der älteren liturgischen Bewegung, die vor allem mit den Namen Friedrich Spitta und Julius Smend verknüpft ist, von hier aus zu einer Absage an die Tradition gekommen ist und man thematisch durchgeformte Gottesdienste, ergänzt durch neue kultische Ausdrucksformen, gefordert hat. Als Frucht dieser Bestrebungen hat vor allem das bekannte „Kirchenbuch" von Arper-Zillesen seit 1910 in einer Fülle von Auflagen sich auf die Gestaltung des Gottesdienstes in vielen deutschen Landeskirchen tiefgreifender ausgewirkt als die offiziellen Agenden. Hier wird offenbar, wie gemäß der Schleiermacherschen Theorie der Gottesdienst um die „Darstellung" von Themen kreist, die sich aus dem religiösen Besitz oder Verlangen einer durchschnittlichen evangelischen Gemeinde jener Zeit ergaben; sie der eigenen Gemeinde gemäß auszuwählen war dann die Aufgabe des Liturgen. Neben den Vorschlägen für die Festzeiten finden sich in diesem Buch Gottesdienstentwürfe für die „ungeprägten" Zeiten etwa unter Themen wie diesen: Gottes Majestät. Anbetung — Sehnsucht nach Gott — Verantwortlichkeit — Christliche Bildung (Erziehung) — Christliche Freiheit — Der Mensch unter Menschen — Ehe — Familie — Hoffnung — Leben in Gott. Der Einheitlichkeit solchen thematischen Gottesdienstes wurde auch die Schriftlesung möglichst eingepaßt, nicht selten um den Preis einer Zusammenfügung von Kurzabschnitten aus grundverschiedenen biblischen Büchern. Die Predigt hatte dann bezüglich der Textwahl dem Gesamtthema Rechnung zu tragen, ja, ihm im Grunde erst die zeitbezogene Entfaltung zu sichern; sie wurde so zum unbedingten Zentrum des ganzen Gottesdienstes, neben dem das Abendmahl, an den mit dem Segen beschlossenen Gottesdienst angehängt, zunehmend in den Schatten trat. Man hat nicht unzutreffend diese Art von Gottesdienst als „garnierte Predigt" karikiert. Es entsprach folgerichtig dieser Anthropozentrik des Gottesdienstes, wenn die Deutschen Christen (Nationalkirchliche Einung) schließlich nur noch von „Gottesfeiern" redeten und sich nun deren Thematik von ihrem religiös überhöhten Verständnis des „Dritten Reiches" und seiner Weltanschauung geben ließen. Demgemäß bietet ihre „Agende" „Gott mit uns. Hilfen zur Feiergestaltung"[7] — ganz abgesehen von einer neuen, damals als „artgemäß" eingeschätzten Struktur — für die einzelnen Gottesfeiern Themen wie diese: Ehrfurcht — Vertrauen — Kameradschaft — Die Pflicht — Ich dien' — Opfer — Leid — Du bist das Volk — Heimat und Vaterland — Das Reich — Zwischen Tod und Teufel. Sogar ein neugestaltetes „Feierjahr" sollte mit seinen zeitentsprechenden Themen in dieser Agende die Ordnung des „Kirchenjahres" ablösen.

Es ist das Verdienst von Oskar Söhngen, uns in seiner Schrift „Säkularisierter Kultus. Eritis sicut deus"[8] gezeigt zu haben, wie die Feiergestaltung der NSDAP diese ganze seit Schleiermacher anthropologisch orientierte Gottesdiensttheorie und -praxis ad absurdum geführt hat. Ein Gottesdienst, der in seinem Zentrum nur noch ein feierlich umrahmtes Redegeschehen war, inhalt-

---

[7] Weimar 1939.   [8] Gütersloh 1950.

lich ausgerichtet auf ein an der menschlichen Situation orientiertes Thema, ein Gottesdienst, der nicht mehr die Zukunft des Herrn zu seiner gottesdienstlich versammelten Gemeinde in Wort und Sakrament erwartete, mußte dem Zugriff der Partei offenliegen. So finden wir denn in den weltanschaulichen „Feiern" der Partei alle Formelemente jener thematischen Gottesdienste: den feierlichen Rahmen, die thematische und stilistische Einheitlichkeit, die Ansprache als Mittelpunkt, entsprechendes Liedgut und musikalische Ausgestaltung als Stimmung auslösenden und nährenden Faktor. Es klingt wie ein Hohn auf die Schleiermachersche Kultustheorie, wenn schließlich das Gaukulturamt Brandenburg „die Bezeichnung ‚Feier', auch in Verbindung mit anderen Begriffen, wie ‚Morgenfeier', ‚Abendfeier' und ‚Feierstunde', lediglich der Partei und ihren Gliederungen" vorbehält.[9]

Schon dieser geschichtliche Rückblick sollte zu höchster Vorsicht rufen, wenn uns heute erneut Gottesdienstformen als zukunftversprechend angeboten werden, deren hervorstechendes Spezifikum eine jeweils aus einer ganz konkreten menschlichen Situation und aus der Problematik unserer heutigen Umwelt gewonnene Thematisierung darstellt. Wir werden aber auch grundsätzlich darüber nachzudenken haben, weshalb eine solche den evangelischen Gottesdienst in seinem eigentlichen Wesen zu zerstören droht. Es handelt sich dabei zwar um Erkenntnisse, die in der Auseinandersetzung mit dem Erbe Schleiermachers schon von jenen Liturgikern gewonnen wurden, die von der Lutherrenaissance und der dialektischen Theologie herkamen; aber was heute auf dem liturgischen Experimentierfeld erarbeitet wird, macht erneute Besinnung auf die hier wieder drohenden Gefahren zu einem aktuellen Anliegen.

Daß auch der gottesdienstlichen Tradition eine Thematisierung bestimmter Art nicht völlig fremd ist, steht außer Frage. Das gilt in erster Linie von den „geprägten" Zeiten des Weihnachts- und Osterfestkreises und wirkt sich an der Gestaltung der Proprien für die Vorbereitungs- und Hauptzeiten dieser Feste aus. Eine solche thematische Bestimmtheit wird man im Zentrum der Festkreise deutlicher beobachten als in deren Randgebieten. Im Unterschied dazu ist an den Proprien etwa der Trinitatissonntage ähnliches nicht festzustellen, wenn man von einzelnen Tagen wie zum Beispiel dem 10. nach Trinitatis absieht. In solchen „ungeprägten" Zeiten gibt allein der gesamte Komplex von Lesungen, Psalmen, Gebeten und Liedern den einzelnen Sonntagen eine unterschiedliche Färbung. Das hat dazu veranlaßt, von „Leitbildern" für die einzelnen Sonn- und Festtage zu sprechen, deren Gehalt in der Regel vom altkirchlichen Tagesevangelium bestimmt ist. Damit trägt man zugleich der Tatsache Rechnung, daß die Evangelienlesung sich in den geprägten wie den ungeprägten Zeiten des Kirchenjahres stets in gewissem Maß als der „rector" für die Gestaltung des Propriums erweist; beide können dann auch einander in dieser und jener Richtung auslegen. Solche „Leitbilder" dürfen aber nicht mit dem gleichgesetzt werden, was wir unter „Thema" verstehen. Die „Bilder", in welchen hier das Verkündigungsanliegen des betreffenden Sonn- und Festtages vor Augen gestellt wird, wollen vielmehr Ausgangspunkt für eine

---

[9] aaO. S. 19.

meditative, sich den Tiefen der Texte hingebende Begegnung mit der Botschaft des jeweiligen Tages werden und damit allem nur abstrakten und begrifflichen Sich-der-Texte-bemächtigen wehren. Wilhelm Stählin haben wir es vor allem zu danken, daß er uns in solchen Leitbildern diesen, wie mir scheint, fruchtbaren Zugang zur Mitte des jeweiligen Verkündigungsanliegens gezeigt hat. Man muß den IV. Band seiner „Predigthilfen"[10] zu seiner Auslegung der Lese- und Predigtperikopen in den ersten drei Bänden jeweils hinzunehmen, um zu erfahren, wie jene Meditationshilfen in Gestalt der „Leitbilder" ganz neue Aspekte auf den konkreten Einzeltext vermitteln können. Wenn es gelingen könnte, in der begonnenen Revision der altkirchlichen Leseperikopen die oft in zufälligen historischen Vorgängen begründete, nicht selten völlige Disparatheit zwischen den Evangelien und den Episteln auszugleichen, kann auch dabei nicht eine begrifflich-theologische Einheitlichkeit das Ziel sein, sondern nur eine gewisse Konkordanz zwischen beiden Lesungen. Deren zusammenstimmende Aussage könnte so reicher und tiefer werden, wenn auch nicht selten von einer gewissen inneren Spannung zueinander erfüllt, und gerade so zu einer Begegnung in meditativer Hingabe an die doppelte Schriftlesung rufen.

Doch wodurch sind diese verschiedenartigen Ansätze zu einer gewissen „Thematisierung" im überkommenen Gottesdienst gemeinsam qualifiziert? Sie werden der Gestaltung des Gottesdienstes nicht von der menschlichen Situation her aufgezwungen. Und doch sollte man nicht sagen, das anthropologische Interesse käme dabei überhaupt nicht zu seinem Recht. Immer wenn es um die Botschaft der Schrift geht, ist Gott in deren Kraftfeld zwar der eine Pol, aber der Mensch, dem die Botschaft gilt, stets der andere. All die genannten Ansätze zu einer Thematisierung innerhalb der liturgischen Tradition bis heute ordnen sich zwar ganz der Verkündigung des Evangeliums ein und unter, wie diese mit wechselnden Schwerpunkten und in unterschiedlichen Gestalten bis hin auch zu Lied und Gebet ergeht; doch wollen sie der Gemeinde ein konzentriertes Hören erleichtern. Sie wollen letzten Endes dem einen Generalthema als Zeichen dienen: „Unser Gott kommt und schweiget nicht."[11] Er kommt zu seiner Gemeinde, will auch der Gemeinde von heute sein Lebenswort nicht versagen und ihr das „Brot des Lebens" brechen. Erst diese Zusage wird gewissermaßen zum „auslösenden Moment", das uns Freiheit und Freudigkeit geben kann, uns zum Gottesdienst zu versammeln, und jeder Gottesdienst vollzieht sich wiederum unter der Verheißung, uns im Vertrauen auf diese Zusage bestätigen zu wollen.

Erst im Licht der Verheißung, Gott wolle selbst im Gottesdienst zu seiner Gemeinde kommen und nicht schweigen, wird uns bewußt, was wir unternehmen, wenn wir den Gottesdienst vom Menschen her, zuerst im Blick auf seine Nöte, Fragen und Aufgaben, konstruieren wollen. Eine daraus erwachsende anthropologische Thematik wird notwendig von vornherein die Wahl des Predigttextes, der Lesungen, Lieder und Gebete auf den schmalen, von uns gewählten Sektor des jeweiligen Themas einengen. Außerdem ist damit

---

[10] Kassel 1966. [11] Ps. 50, 3a.

zu rechnen, daß so die Paränese gegenüber der Paraklese in den Vordergrund treten wird; denn Paraklese kann ja nur dort Vollmacht gewinnen, wo sie aus dem anbetenden Staunen über Gottes Bereitschaft für uns herauswächst. Diese Gewißheit kann aber nicht einfach von Welterfahrungen her abgeleitet werden. Sie nährt sich entscheidend aus der immer neuen Begegnung mit dem allein in Christus für uns offenbaren Heilshandeln Gottes. Darum muß das Evangelium, wie es uns innerhalb der Schrift bezeugt ist und durch Versenkung in sie für uns zum Leben erwachen will, sich im Gottesdienst uneingeschränkt entfalten können, auch und gerade in solchen Lesungen und Predigttexten, die uns nicht ohne weiteres von unserer Welterfahrung her verifizierbar und darum eingängig erscheinen.

Diese primäre Orientierung des überkommenen Gottesdienstes nicht an den Fragen des Menschen, sondern an der Schrift will also bezeugen, daß es das in die Schrift eingeborgene Wort Gottes ist, das alles lenkt und alles gestaltet. Wenn wir statt dessen von unseren Fragen ausgehen und diese zum gestaltenden Prinzip des Gottesdienstes erheben, werden wir erfahren, was es bedeutet, an die Schrift unzureichende oder gar falsche Fragen zu stellen. Schon 1927 schrieb A. Dedo Müller, dessen praktisch-theologischer Lebensarbeit wohl niemand Wirklichkeitsferne vorwerfen wird, den Satz: Die Bibel „ist kein Automat, der uns bereitwillig auf die Groschenware unserer Tagesfragen Auskunft gäbe".[12] Sie verbirgt ihre Vollmacht zur Antwort, wenn man ihr mit Fragen kommt, die nicht aus dem Wort selbst geboren sind. Es gehört nämlich zum Anspruch des Wortes Gottes, die Grundfragen an uns und unsere Existenz selbst zu stellen. Wer die Bibel wirklich zu begreifen beginnt, sieht sich durch sie in ein Gespräch verwickelt, in dessen Verlauf wir so eindringlich, ja beunruhigend angesprochen werden, daß wir selbst uns auf einmal gefragt empfinden; der Vorwitz vergeht uns dann, die Schrift an ihrer Ergiebigkeit für die uns gerade bewegenden Tagesfragen zu messen. Sie will ja dazu helfen, alles vom letzten Bezugspunkt aus zu sehen und dadurch uns schließlich zu einer persönlichen Entscheidung hinführen. Durch sie kann es dann zu einer heilsamen Unruhe auch angesichts der uns bewegenden Tagesfragen kommen. Von der Entscheidung für Gottes Anspruch her, aber auch gestützt und getröstet durch seinen Zuspruch, werden wir den Aufgaben in unserer Welt begegnen, um unserem Gott in ihnen zu dienen oder auch notfalls mit Gott an ihnen zu scheitern und uns darum doch nicht verloren zu wissen. Erst soweit Christus uns in der Begegnung mit dem Wort zu „Weg, Wahrheit und Leben" wird, wird es überhaupt gelingen, unseren Aufgaben in dieser Welt als der Welt Gottes nichts schuldig zu bleiben, ob im Siegen oder auch im Unterliegen. Die bisherige Struktur des Gottesdienstes aber kann und will den Raum dafür offenhalten, daß das Wort des Lebens für die Gemeinde Jesu Christi der Ausgangspunkt dafür wird und bleibt, dem Leben in dieser Weltwirklichkeit im Glauben zu begegnen und so ihre Möglichkeiten wie ihre Fragwürdigkeiten sich in deren ganzer Tiefe erschließen zu lassen, zugleich aber verheißungsvolle Ansatzpunkte für rechte Weltbewältigung zu gewinnen.

[12] Religion und Alltag etc. Berlin 1927, S. 29.

Darum wird es bei der heute so oft abgelehnten Grundrichtung des Gottesdienstes „vom Text zum Menschen" bleiben müssen, um dann freilich wieder vom Menschen und seinen Fragen, oft erst vom Wort ausgelösten oder zumindest vertieften Fragen, auf den „Text" zurückzugehen.

Wenn damit der spezifische Ausgangspunkt moderner Gottesdienstformen leidenschaftlich abgelehnt werden muß, soll das nicht bedeuten, daß nicht, vergleichbar einer Art „Evangelisation", gottesdienstliche Veranstaltungen dieser Art den am Rand der Gemeinde oder ganz außerhalb ihrer Stehenden dargeboten werden könnten. Doch sie können dann sozusagen nur den Rang erster Hinweise darauf haben, daß das Wort Gottes und unsere heutige Welt entgegen einer oberflächlichen Beurteilung doch in Bezogenheit aufeinander stehen. Sie können weiter dazu helfen, in einer ganz neuen Weise sprachliche, musikalische und möglicherweise auch visuelle Ausdrucksmittel zu erproben, die unserem Gemeindegottesdienst ungewohnt, meist völlig fremd sind und doch vielleicht helfen können, die Anliegen des Gottesdienstes mit einer dem Begreifen und Empfinden des Gegenwartsmenschen leichter assimilierbaren Ausdruckskraft zu vertreten. Aber alle, die hier Verantwortung tragen, werden mit heiliger Entschlossenheit darüber wachen müssen, daß die vom Wort Gottes bestimmte Grundstruktur unseres Gemeindegottesdienstes nicht angetastet wird. Das Wort des Lebens muß gegenüber dem fragenden Menschen das Primäre bleiben und, unbeschränkt durch vom Menschen vorgegebene Themen, seine Selbstmächtigkeit entfalten können. Sonst steht das Wesen eines dem Evangelium gemäßen Gottesdienstes in Gefahr. Unser und aller Welt Heil hängt doch an der Kondeszendenz Gottes nicht nur in seiner Selbstoffenbarung, wie diese in Jesus Christus ihre größte Dichtigkeit erreicht, nicht nur im irdisch-geschichtlichen Gefäß der Heiligen Schrift als dem Zeugnis davon, sondern zugleich im heute ergehenden Wort, wie es uns durch Predigt, Sakramente und Liturgie hindurch immer wieder begegnen und ansprechen will. „Unser Gott kommt und schweiget nicht" — diese Gewißheit und nur sie hat zu allen Zeiten dem christlichen Gottesdienst sein Proprium gegeben. Sie löst dem Volke Gottes in Gebet, Lobpreis, Bekenntnis und Zeugnis die Zunge. Wollten wir, statt dieser unserem Gottesdienst geltenden Verheißung zu trauen, ihn nicht vom Wort der Schrift, sondern von Themen her aufbauen, die wir uns von unserer Zeit und Umwelt geben lassen, dann würden wir die frohe Botschaft von Gottes gnädigem Sichneigen zu uns verraten. Man würde so schließlich statt christlicher Gottesdienste wohl ethisch hochstehende, Humanität und Kultur fördernde, wohl gar die Welt revolutionierende Feiern mitmenschlicher Gemeinschaft gestalten. Aber das Wort, das der Welt Leben und unzerstörbare Hoffnung bringt, wäre hier um seine Licht- und Salzkraft gebracht.

Otto Dietz
Leiturgia im „Umbruch"

Eine theologisch-kritische Untersuchung

Alles liturgische Handeln der Kirche ist der sinnenfällige Ausdruck ihres jeweiligen theologischen Erkennens und Bekennens. Darum müssen sich auch die gottesdienstlichen Bemühungen, die in unseren Tagen unter dem Stichwort „Gottesdienste in neuer Gestalt" zu einem festen Begriff und zu einer reformfreudigen „Bewegung" geworden sind, nach ihren theologischen Hintergründen fragen lassen.

Den Motiven dieser Bewegung sollte sich niemand verschließen, der um die Bedeutung des Gottesdienstes sowohl für das Leben einer christlichen Gemeinde wie für das jedes einzelnen ihrer Glieder weiß.

„Viele Menschen haben je länger je mehr das Gefühl, im Gottesdienst nicht mehr ‚vorzukommen'. Sie haben Respekt vor der Fülle der Glaubensaussagen, der Lieder und der Schriftworte, aber es fällt ihnen immer schwerer, in diesen Chor der Glaubenszeugen einzustimmen. Sie finden viel zu selten oder gar nicht in den Liedern und Gebeten, in der Liturgie und weithin auch in der Predigt ihre eigenen Probleme und die Nöte und Fragen unserer Zeit. Frieden zwischen den Völkern, Entwicklungshilfe, Wissenschaft und Forschung, Raumfahrt und Kybernetik, Hunger und Bildungsnotstand, Raumplanung und Infrastruktur, Sexualität und Familienpolitik, Neurosen, Krebs und andere Krankheiten, Freizeitprobleme, Straßenverkehr, Fragen der Berufstätigkeit der Frau, Fragen des Altwerdens, die Generationsfrage und vieles andere mehr — also unsere ganze heutige, bunte vielschichtige Welt, unsere Wirklichkeit, in der wir leben, kommt im Gottesdienst nicht oder nicht genügend vor. Es mag zutreffen, daß dieser Mangel durch eine wirklichkeitsbezogene und mit den offenen Fragen unserer Welt korrespondierende Predigt wettgemacht wird.

Was hilft aber die beste Predigt, wenn vorher und nachher Lieder gesungen und Gebete gesprochen werden, die wie ein altertümlicher, viel zu schwerer und viel zu großer Rahmen wirken, der die zarte Strichzeichnung oder das gewagte Aquarell der Verkündigung erdrückt?"[1]

Darum wurden und werden in vielen Gemeinden — nicht nur von seiten der Jugend — Versuche mit neuen Gottesdienstformen unternommen. Es wäre falsch, sie in traditionsgebundener Engherzigkeit und in ungeistlichem Konservativismus abzulehnen. Nach evangelischem Verständnis hängt das Heil nicht an den „Zeremonien". Keine gottesdienstliche Ordnung darf verabsolutiert werden. Der Glaube an das Wirken des Heiligen Geistes im hic et nunc unserer christlichen Existenz verlangt von uns, neue gottesdienstliche Formen mit Offenheit und Vertrauen aufzunehmen und zu erproben. Im Grunde können sich die Kirchen und die Gemeinden nur freuen, wenn Menschen nach Gottes-

---

[1] Der Gottesdienst der missionierenden Gemeinde. Herausgegeben vom Volksmissionarischen Amt der evang. Kirche im Rheinland. o. J. S. 3.

diensten suchen, die ihnen eine Hilfe für ihren Alltag zu sein vermögen, und bereit sind, an deren Gestaltung selbst aktiv mitzuarbeiten.

In Würdigung dieses Tatbestandes hat auch die vierte Vollversammlung des Ökumenischen Rates der Kirchen zu Uppsala 1968 die Notwendigkeit liturgischer Erneuerungen für unser „säkulares Zeitalter" anerkannt und zu entsprechenden Reformen aufgerufen (Bericht der V. Sektion). Dabei war man sich einig in der Erkenntnis: „Wir Christen befinden uns in einer Krise des Gottesdienstes, hinter der eine weitverbreitete Glaubenskrise steht." Diese Glaubenskrise wird auch sichtbar in der den Gottesdiensten in neuer Gestalt zugrunde liegenden Theologie.

Aus der Fülle der über sie informierenden Veröffentlichungen seien folgende genannt:

1. Gerhard Schnath u. a., „Fantasie für Gott". Gottesdienste in neuer Gestalt. Kreuz-Verlag, Stuttgart 1965;
2. Gerhard Schnath u. a., „Fantasie für die Welt". Gemeinden in neuer Gestalt. Kreuz-Verlag, Stuttgart 1967;
3. Gerhard Schnath u. a., „Werkbuch Gottesdienst". Texte, Modelle, Berichte. Jugenddienst-Verlag, Wuppertal 1967;
4. Dieter Trautmann und Roman Roessler, „Für den Gottesdienst". Thesen, Texte, Bilder, Lieder, Materialien und Beispiele. Burkhardthaus-Verlag, Gelnhausen-Berlin 1968;
5. Jürg Kleemann, „Neue Modelle für den Gottesdienst" in „Evang. Zeitstimmen", Heft 47, S. 38 ff., Herbert-Reich-Verlag, Hamburg 1968;
6. Karl Ferdinand Müller, „Theologische und liturgische Aspekte zu den Gottesdiensten in neuer Gestalt", in Jahrbuch für Liturgik und Hymnologie 1968, Kassel 1969;
7. Ernst Lange, „Chancen des Alltags". Überlegungen zur Funktion des christlichen Gottesdienstes in der Gegenwart. Verlagsgemeinschaft Burkhardthaus und Kreuz-Verlag, Gelnhausen/Stuttgart 1965;
8. Hans Dieter Bastian, „Theologie der Frage", München 1969;
9. Dorothee Sölle und Fulbert Steffensky, „Politisches Nachtgebet in Köln", Stuttgart/Mainz 1969.

So verschieden die Ordnungen der neuen Gottesdienste in ihrem Aufbau und Substanzgehalt auch sind, eines ist ihnen allen gemeinsam: Es sind nach K. F. Müller „thematisch bestimmte Verkündigungsgottesdienste, deren dahinterstehende Theologie eine neutestamentliche und reformatorisch orientierte dynamische Existenztheologie ist".[2] Dieses Selbstverständnis jener Theologie soll in den nachfolgenden Ausführungen kritisch überprüft werden. Wir betrachten zuerst (I) die theologischen Intentionen dieser jüngsten kirchlichen Erneuerungsbewegung und sodann (II) die sich aus ihnen ergebenden liturgischen Konsequenzen für die gottesdienstliche Praxis.

I

1. Ein entscheidendes Merkmal der zur Debatte stehenden Theologie ist, wie G. Schnath ausgesprochen hat, ihre „radikale Hinwendung zur Welt".[3] Diese „Hinwendung" ist in der Tat so „radikal", daß Gottesdienst und Weltdienst ein einheitlicher Vorgang sind: „Die Welt Gottes ist die Welt des Menschen und die Welt des Menschen ist die Welt Gottes. Das bedeutet die Aufhebung

---

[2] Müller, S. 75.   [3] Fantasie f. Gott, S. 84.

des Unterschiedes von sakraler und profaner, kirchlicher und weltlicher Zone."⁴
Daraus folgt:

„Der Sinn des Gottesdienstes kann unmöglich darin liegen, daß er den Menschen Zuflucht vor der Wirklichkeit ihres Lebens bietet; daß er sie von den Belastungen des Alltags, wenigstens vorübergehend, befreit, indem er sie teilhaben läßt an einer Art ‚Überwirklichkeit', sie hereinnimmt in eine besondere ‚Zone Gottes', in die heiligen Zeiten, heiligen Räume und heiligen Ordnungen, um sie alsbald wieder in die ‚Zone der Gottlosigkeit' zu entlassen. Dann muß der Gottesdienst als ‚Zuflucht' ein Mißverständnis sein, wenn nicht Schlimmeres."⁵

Diese Gedanken können von jedem Christen durchaus bejaht werden, wenn sie nicht mehr besagen sollen, als daß sein Gottesdienst nicht an der Tür des Gotteshauses zu Ende ist, daß jede Gottesbegegnung eine missio in sich schließt und Gott in unserem Alltag Raum gewinnen will. Auch Luther konnte bekanntlich vom Gottesdienst der Magd im Stall sprechen, wobei er freilich ganz gewiß im Gegensatz zu seinem späteren kulturprotestantischen Epigonen den Stall nicht attraktiver fand als einen der Wortverkündigung und Sakramentspendung „geweihten", das heißt ausgesonderten Raum. Wenn also die von unserem Gesprächspartner geforderte „radikale Hinwendung zur Welt" lediglich daran erinnern wollte, daß Leiturgia und Diakonia nur zwei unauflöslich miteinander verbundene Realisierungsweisen unseres Gottesbezuges und Lebensformen der Gemeinde Christi sind, dann wollen wir für solch ein in immer neuen Akkorden und vielfarbigen Registern erklingendes Monitum nur dankbar sein. Denn wer hätte diese Exhortatio („Das ganze Leben ist Gottesdienst"⁶) nicht nötig?

Nun aber beinhaltet die Parole „Ad mundum!" jener Theologen mehr. Denn sie fußt auf dem Theologumenon: „Es gibt nur eine Wirklichkeit, nicht etwa eine Wirklichkeit Gottes plus eine Wirklichkeit der Welt oder gar des Teufels."⁷ Mit diesem Satz wird das Gegenüber von Gott und Welt aufgehoben und Gottes transzendente Realität verdunkelt. Damit stellt dieses einseitige Immanenzdenken (das seine Wurzeln in der Aufklärung hat) zwangsläufig auch die Weichen für das Selbstverständnis der christlichen Existenz und für die Substanz ihrer religio, ihres Gottesbezuges. Wenn Gott und Welt so, wie es in dieser Theologie geschieht, in eins gesehen werden, erhebt sich ganz von selbst die Frage: Gibt es dann nur die der menschlichen Forschung zugängliche Natur und Geschichte? Roman Roessler schreibt in einem sehr wichtigen und in seiner Gesamtlinie erfreulichen „Plädoyer für den Gottesdienst" ganz richtig: „Hinter der Pilatusfrage ‚Was ist Wahrheit?' steht heute die Frage ‚Was ist Wirklichkeit?'" Und er sieht „hinter dem Drängen" der von ihm mitvertretenen gottesdienstlichen Erneuerungsbewegung „eine Leidenschaft für das Faßbare und Erfaßbare, Konkrete, Einzelne, Gegenwartsnahe, Wirksame" und kommt zu der irrigen These: „Realisierbarkeit wird zum entscheidenden Indiz für Realität."⁸ Wir fragen: Ist das von uns Menschen Nicht-Realisierbare, das uns Unerfaßbare, Abstrakte, „Jenseitige", Transzendente unreal? Wird hier nicht der biblische Wirklichkeitsbegriff zugunsten eines die menschliche Existenz

---

⁴ Müller, S. 59.
⁵ Lange, S. 24.
⁶ Für den Gottesdienst, S. 27.
⁷ Fantasie f. Gott, S. 52.
⁸ Für den Gottesdienst, S. 32 f.

verarmenden Rationalismus eingeengt? Gibt es keine übernatürlichen und übergeschichtlichen Möglichkeiten Gottes mehr? Wie ist es dann um Gottes Gottheit bestellt? Ist er dann noch der, von dessen letzter und höchster Autorität „in einem Lichte, da niemand zukommen kann"[9] die Menschen der Bibel mehr geahnt haben als diejenigen unsrer Zeitgenossen, die meinen, daß alle autoritären Herrschaftsstrukturen „radikal" demokratisiert, das heißt abgebaut werden müssen? Führt die Behauptung „Es gibt nur eine Wirklichkeit" nicht letzten Endes doch einmal konsequenterweise zur Toterklärung Gottes?

2. Eine zweite für die gegenwärtig gottesdienstliche Erneuerungsbewegung fundamentale These, die ohne Zweifel dem Elan ihres Auftragsbewußtseins und ihrer Experimentierfreudigkeit sehr förderlich ist, hängt mit ihrem Geschichtsverständnis zusammen. Wir können sie so formulieren: Gott begegnet uns nur in der Geschichte, die uns in unserem Heute und Hier „an-geht". Einige Sätze von K. F. Müller mögen diesen Grundsatz kommentieren:

„Geschichte ist gegenwärtiges Geschehen, Ereignis im hic et nunc. Was zeitlich dahinter liegt, ist Überlieferung, Tradition. Sie braucht deshalb noch nicht tot zu sein. Aber sie steht unter dem Gesetz der Versteinerung. Und was davor liegt, ist Zukunft, jedem Zugriff entzogen und darum Verheißung. So ist für den Christen nicht mehr die Vergangenheit, sondern die Gegenwart entscheidend. Weil er von der Zukunft her lebt, darf er der Zukunft vertrauen. Wer so von der Gegenwart auf die Zukunft hin lebt, hat die Vergangenheit hinter sich gelassen.
Die Folge dieses Geschichtsbewußtseins ist die Absage an das historische Denkschema: Vergangenheit, Gegenwart, Zukunft. Entscheidend ist vielmehr, was heute geschieht. Jede Zeit und Stunde hat ihr eigenes Gesicht. An die Stelle eines präformierten Denkens tritt ein existenzielles."[10]

In diesem Denken wird der „Umbruch" zur Lebensform der menschlichen, auch der christlichen Existenz deutlich. Er muß nicht nur von jeder Generation, sondern von jedem einzelnen Individuum immer wieder neu vollzogen werden. Nun wird gewiß niemand leugnen wollen, daß, gerade Geschichte „ein procedere, ein Prozeß" ist.[11] Zu diesem „procedere" kann es aber nach jener „Umbruchs"-Theologie nicht kommen, wo man von „präformierten" Antworten lebt. Antworten sind in dieser „Theologie der Frage" überhaupt suspekt.

„Auch im Blick auf ihren Gottesdienst wird unsere Kirche von rechts auf links, von Gewohnheiten auf Ungewohntes überwechseln müssen. Gewohnheiten verengen und stützen; Überraschungen desintegrieren und befreien. Der christliche Gottesdienst konfrontiert die theologische Didaktik mit einem Unternehmen, das von Grund auf neu zu bedenken ist. Er muß zu Fragen antreiben, die es nicht zulassen, daß Christen an ihrer politisch-sozialen Gegenwart vorbeibeten und vorbeisingen, vorbeireden und -handeln. Im traditionellen Gottesdienst wird die Welt nicht durchschaut, sondern als Thema der Frömmigkeit empfunden; die Wirklichkeit wird nicht erfragt, sondern mit gewohnten Antworten abgedichtet. Wirkliche Gemeinschaft des Glaubens fördert heute mehr Fragen als Antworten, schafft keine Zuschauer, sondern Komplicen. Sie ist nur denkbar mit Gewohnheiten, die einen Linksdrall besitzen, also sich ständig den neuen Verhältnissen opponierend oder stabilisierend anpassen."[12]

Jedenfalls steht nach der Überzeugung dieser theologia quaestionis in der Mitte der gottesdienstlichen Versammlung stets der fragende, der jeweils anders fragende Mensch. Das hat zur Folge, daß der spezielle Gottesdienst einer ständigen Neufassung unterzogen werden muß, um seine Funktion am Men-

---

[9] 1. Tim. 6, 16. [10] Müller, S. 59. [11] Für den Gottesdienst, S. 31. [12] Bastian, S. 88 f.

schen recht ausüben zu können. Er muß „ständig umfunktionalisiert und umstrukturiert werden, wobei die soziologischen, psychologischen und kybernetischen Aspekte mitzuberücksichtigen sind."[13]

Aus dieser Programmierung ergibt sich folgerichtig: „Jeder Gottesdienst trägt den Charakter der Einmaligkeit, je wie es der Aktualitätsbezug auferlegt, was wiederum eine Austauschbarkeit des Ortes und der Zeit verbietet."[14] In jedem Falle wird „der Aufbau der Strukturen von den Sachanliegen jeweils neu bestimmt ... So wird grundsätzlich nicht von einem Schema her gedacht. Die Strukturen sind vielmehr Ergebnis. Der Gottesdienst wird also von seiner Achse her in Gang gesetzt" ... „Er wird „jeweils neu erarbeitet, ... er ist nicht wiederholbar".[15] Das ist eine logische Konsequenz des „neuen Geschichtsbewußtseins"[16] dieser Bewegung und ihrer „Umbruchs"-Theologie.

Man könnte diese Theologie auch als „Weltveränderungs-Theologie" bezeichnen. Denn die Überzeugung „Gott will durch uns die Welt ändern"[17] durchglüht die ganze Arbeit an den Gottesdiensten in neuer Gestalt. „Die Geschichte beschreibt die Veränderungen der Wirklichkeit" ... „Die Naturwissenschaft mit ihren neuen Erkenntnissen hat die Weltwirklichkeit verändert. Das gleiche gilt auch von der Technik. Auch die Politik verändert die Wirklichkeit des Menschen."[18] Das bedeutet eine Herausforderung an die Verkündigung der Kirche: „Die Wirklichkeit verändert die Predigt",[19] aber es gilt „auch die Umkehrung dieses Satzes: Die Predigt verändert die Wirklichkeit".[20] Darum kann der Gottesdienst unmittelbar zum Ort der Entscheidung für eine, auch eine politische Aktion werden — wofür das „Politische Nachtgebet" in Köln die ersten Beispiele geliefert hat.

An diesem Punkt bedeuten die Gottesdienste in neuer Gestalt zweifellos ein wichtiges Korrektiv zu unsrer landläufigen „korrekten, aber nicht konkreten"[21] Verkündigung, der der Dialog mit der Welt von heute ja tatsächlich weithin fehlt. Nur bedarf dieses Korrektiv eines vor Utopien bewahrenden Gegenkorrektivs: Wenn nämlich die Kommunikation der Kirche mit der Welt dazu führt, daß die Kirche selbst Welt wird, dann kann sie die Welt nicht mehr verändern! Das Wort Christi: „Mein Reich ist nicht von dieser Welt"[22] muß bei allen Veränderungsexperimenten und Humanisierungsunternehmungen seiner Christen im Auge behalten werden.

3. Damit rühren wir an die christologischen Inhalte jener Theologie. Über sie bekommen wir die Auskunft: Es „steht nicht mehr das Problem der Zweinaturenlehre Jesu im Mittelpunkt des Interesses, sondern die Frage nach den Verhaltensweisen Jesu von Nazareth. Die Frage nach dem historischen Jesus und seine Botschaft bestimmt weitgehend den Glauben und nicht die Formulierungen des überkommenen Dogmas".[23] Apostolicum und Nicaenum sind lediglich Glaubensdokumente der alten Kirche, deren Aussagen für uns heute nicht mehr verbindlich sein können. Darum hat jene Bewegung auch schon eine

---

[13] Müller, S. 60. [14] ebenda. [15] ebenda S. 65.
[16] ebenda S. 59. [17] Werkbuch S. 7. [18] Fantasie f. Gott, S. 59 f.
[19] ebenda. [20] ebenda S. 51. [21] ebenda S. 52.
[22] Joh. 18, 30. [23] Müller, S. 59.

stattliche Zahl neuer Glaubensbekenntnisse vorgelegt, die zeigen, daß man einen Eingriff in das traditionelle Lehrgut der christlichen Kirche vor allem im zweiten Artikel notwendig findet. Jesus ist nur der Mensch, in dem die Liebe Gottes zu den Menschen in einem historischen Exempel Fleisch geworden ist. Sie muß von seinen Nachfolgern als „Mitmenschlichkeit" nachvollzogen werden.

Es besteht Grund zu der Annahme, daß an einer innergöttlichen Präexistenz des Sohnes Gottes nicht mehr festgehalten wird. Denn die für die Gottesdienste in neuer Gestalt vorgesehenen Glaubensbekenntnisse bezeugen nur Jesu vorbildliches Menschsein — etwa so:

„Ich glaube an Jesus,
der mit seinem Leben vorgelebt hat, was ein Mensch ist, der erfahren hat, wie Menschen von Menschen mißhandelt werden, und der gezeigt hat, wie man andere Menschen trägt bis zur Selbstaufgabe des eigenen Lebens." [24]

Als Kommentar zu diesem Credo können folgende Sätze verstanden werden:

„Nicht darum ist das, was er sagt, wahr, und das, was er tut, richtig, weil zuvor fest steht, daß er der Gottessohn ist; sondern weil das, was er sagt und tut, wahr und richtig ist, stellt sich heraus, daß er der Gottessohn ist. Nicht darum wirkt er weiter, weil zuvor fest steht, daß er der Auferstandene ist, als wäre seine Auferstehung eine indiskutable Garantie dafür, nicht im falschen Boot zu sitzen und auf die falsche Karte gesetzt zu haben; sondern weil er weiterwirkt, erweist er sich als der Auferstandene." [25]

Dieses Weiterwirken „hat seit Ostern Hand und Fuß in einer zwischenmenschlichen Wirklichkeit".[26] Die hermeneutische Methode ist also bei dem Zeugnis von der Auferstehung Christi die gleiche wie bei dem von seiner ewigen Präexistenz: Man argumentiert retroperspektiv, antiontologisch, antichronologisch.

„Weil alles darauf ankommt, daß Liebe nicht eine Idee wird, sondern geschieht, daß Vergebung nicht ein Gedanke und frommer Wunsch bleibt, sondern geschieht, darf er sich nicht auflösen in eine Idee, sondern muß je und je neu als Person, als Du begegnen. Er muß eingehen in eine neue Mitmenschlichkeit, in der er erfahrbar und greifbar werden will. Ich kann Gott und Christus, die Menschwerdung Gottes, nur in meinem Leben bezeugen: durch seine Qualität — wenn ich liebender, klüger, gütiger, vernünftiger, versöhnender, helfender, heilender bin als meine kranken, schwachen Brüder." [27]

Angesichts solcher Ausführungen beunruhigen uns zwei Fragen: Kann man nicht auch außerhalb des christlichen Bereiches „klüger" und „vernünftiger", „liebender" und „gütiger" sein als andere Zeit- und Weggenossen? Und: bedeutet dieser humanistische Jesuanismus, dieser jesusbezogene Ethizismus nicht eine gefährliche Verkürzung und Substanzminderung des Evangeliums Jesu Christi, das doch eine Rettungsbotschaft sein will auch für jene Gläubigen, die aus irgendwelchen leidvollen Anlässen die „Mitmenschlichkeit" nicht mehr praktizieren können?

4. Zur Aufhellung der theologischen Hintergründe der Gottesdienste in neuer Gestalt muß schließlich noch ein vierter Problemkreis erörtert werden: er betrifft das Schriftverständnis jener Bewegung. Das biblische Wort wird dem „Umbruch" eingeordnet, nicht als eine übergeordnete absolute Autorität, son-

---

[24] Werkhilfe Reformation, Jugenddienstverlag, Wuppertal-Elberfeld 1967.
[25] Fantasie f. Gott, S. 71.   [26] Lange, S. 96.   [27] Fantasie f. Gott, S. 72.

dern als eine die gesellschaftliche Situation verbessern sollende Kraft. „Das Interesse am Wort liegt nicht in der Verkündigung objektiver Wahrheiten, sondern darin, den Menschen zu einer neuen Existenz zu verwandeln."[28] Seine Botschaft ist „geschichtliches Ereignis" und „damit auch situationsbedingt".[29] Darum muß sich der biblische Text „von der Situation provozieren lassen". Die Situation ist kausativ für das im jeweiligen „Umbruchs"-Augenblick zu hörende und zu sagende Wort. Meyer zu Utrup schreibt: „Während (bisher) der Sonntagsgottesdienst — wie auch die Ausbildung der Theologen — gestaltet wird nach der Methode ‚vom Text zur Predigt', gehen die neuen Versuche den Weg vom Problem zum Text."[30]

Diese Grundhaltung läßt verstehen, daß Gottesdienst als „Lagebesprechung"[31] bezeichnet wird. Für sie ist

„entscheidend die verantwortliche Gestaltung durch eine ad hoc oder langfristig gebildete Gruppe, welche die Spannung von Kirche, Christentum und Gesellschaft einbringt und in Gespräch umsetzt ... Damit ist auch die Predigt als Gruppenprozeß gefordert, womit keinesfalls nur gemeinsame Vorbereitung und Nachgespräch gemeint sind, was heute sowieso niemand grundsätzlich bestreitet. Nein, die Vielstimmigkeit der Text- und Situationsaspekte und der Erfahrungen wird in der Predigt Gestalt gewinnen, sei es als freilaufende Podiumsdiskussion, sei es als inszenierter Dialog oder Einschub von Fragen durch Sprecher. Die Alternative ‚Verkündigung oder Diskussion' ist bei diesen Erfahrungen nicht mehr brauchbar."[32]

Wer wüßte nicht, daß es in der Kirche schon immer eine weltfremde und die konkrete Situation des Gottesdienstbesuchers übersehende Verkündigung gegeben hat? Auch daß eine in unzeitgemäßer Sprache vollzogene Liturgie am heutigen Menschen vorüberrauscht? Diese Not mußte nicht erst in unseren Tagen entdeckt werden. Demnach kann die Kirche nur dankbar sein, wenn sie heute neu mit dem brennenden Verlangen nach zeitgemäßen Gottesdiensten angegangen wird. Freilich muß sich unser Gesprächspartner bitten lassen, darauf zu achten, daß nun unter dem entgegengesetzten Extrem eines den Gottesdienst eigentlich nicht benötigenden Weltdienstes nicht die Situation zum Evangelium wird. Der anthropologische Ansatzpunkt für den Gottesdienst im Problemfeld der Welterfahrung bedeutet nicht nur eine Akzentverschiebung, sondern eine dem Begriff „Gottesdienst" wesensfremde und darum falsche Weichenstellung. Gottes-Dienst hat es immer und überall, zuerst und zuletzt mit Gott zu tun — das gilt im objektiven und subjektiven Sinn!

Damit ist unsere Darlegung an der Stelle angelangt, von der aus die liturgischen Konsequenzen der theologisch kurz umrissenen Leiturgia im „Umbruch" für die praktische Gestaltung des Gottesdienstes aufgezeigt werden können.

II

1. Zwar wird von den meisten Vertretern der neuen Gottesdienstbewegung der Begriff „Liturgie" abgelehnt. Denn sie verstehen darunter — wie weiland unsre „protestantischen" Groß- und Urgroßväter — das „Rahmenwerk zur Predigt", den entbehrlichen „Vorgottesdienst", der — schon wegen seiner

---

[23] Müller, S. 61.   [29] Kleemann, S. 52.   [30] Werkbuch, S. 45.
[31] Kleemann, S. 51 ff.   [32] ebenda S. 55.

antiquierten Sprache — vom modernen Menschen weithin nicht mehr mitvollzogen werden kann. Da — wie oben zitiert — „jeder Gottesdienst einmalig und unwiederholbar" ist, ist jede Tradition liturgischen Erbgutes von vornherein suspekt. Es wird zwar — zutreffend — gesagt: „Die Gottesdienste in neuer Gestalt sind nicht so traditionsfeindlich, wie es auf den ersten Augenblick aussieht"; aber der Satz wird fortgeführt mit den Worten: „wobei allerdings der Tradition nur soviel Wert beigemessen wird, wie zur Erkenntnis der Sachverhalte und Artikulation ihrer eigenen Anliegen unbedingt nötig ist."[33]

In diesem Zusammenhang sei eine Randbemerkung in Form einer Frage gestattet: Freilich „droht traditionalistische Liturgie zur Aufführung zu werden";[34] aber ist es grundsätzlich unwahrhaftig, wenn ich mir zu meinem Gebet Worte der Väter, überhaupt Worte eines anderen Beters leihe? Wenn dem so wäre, dürften wir nie ein Vaterunser beten oder ein Lied singen, dessen Worte und Melodie nicht von uns selber stammen. Auch der zeitliche Abstand meines Gebetes von dem eines Mitchristen von einst oder heute ist nicht entscheidend; die Substanz einer alten Oration kann u. U. (auch einen modernen Menschen!) mehr ansprechen als die eines erst heute ad hoc vorbedachten oder hic et nunc gesprochenen Gebetes. Nicht das Alter, sondern die sprachliche Ausdruckskraft ist ausschlaggebend.

Keine kirchliche Bewegung kann bestreiten, daß auch sie von tradiertem Gedankengut lebt und selbst auch „Tradition" schafft. Solange sich die christliche Kirche apostolisch nennt und sich als solche ernst nimmt, wird sie in historischer Kontinuität zu ihrer Vergangenheit bleiben. Verstehen wir unter kirchlicher „Tradition" die „Treue zum Ursprung" der Kirche, verliert der Begriff seinen „muffigen" Beigeschmack und gewinnt auch für den theologisch so bedeutsamen „Umbruch" substantielle Bedeutung. Wenn also die Gottesdienste in neuer Gestalt eine Verheißung für die Zukunft der christlichen Kirche sein sollen, dann werden ihre Schöpfer bei aller berechtigten, ja notwendigen Ablehnung eines steilen Traditionalismus doch zu der Tradition als Lebensträger eine positiveres Verhältnis anstreben müssen.

2. Die uns bei unserem Gesprächspartner fast durchwegs begegnende „Abkehr vom abendländischen Meßschema"[35] ist problematisch.

Man ahnt diese Problematik dort auch selbst; denn man gibt zu: „Wenn die neuen Gottesdienste das Meßschema in der gekennzeichneten Weise verlassen, muß zurückgefragt werden, ob der Gottesdienst auf die Dauer überhaupt ohne irgendein Modell, d. h. feste Orientierungspunkte und bestimmte Absprachen auskommen kann, um sich nicht in einem Subjektivismus zu verlieren oder zu einem reinen Gesprächsforum zu werden, das sich in der Darstellung und Analyse von Situationsvorgängen erschöpft."[36]

Nicht nur dieses Verlassen des Meßschemas mit seinen dem Kirchenjahr verbundenen Stücken, sondern vor allem der oben erwähnte Charakter der Einmaligkeit und Unwiederholbarkeit jedes Gottesdienstes hat zur Folge, daß die Gottesdienste in neuer Gestalt überhaupt kein Ordinarium mehr kennen. Es wird gefordert, „das alte Schema vom Ordinarium und Proprium so umzufunktionalisieren oder so umzugestalten, daß das Gesamtgefüge der Liturgie leichter überschaubar ... wird".[37] Wie soll das aber dadurch erreicht werden, daß Ordinarium und Proprium von dem stets wechselnden Thema des Gottesdienstes abhängig gemacht werden?

[33] Müller, S. 76.   [34] Lange, S. 60.   [35] Müller, S. 75.   [36] ebenda.   [37] ebenda.

3. Ein berechtigtes Anliegen jener Kreise hängt mit dem Problem der Sprache zusammen. Der Forderung, daß die Sprache des Gottesdienstes „griffig" sein und das Gepräge ihrer Zeit tragen soll, ist durchaus zuzustimmen. Ob sie aber den Stil der Massenmedien übernehmen muß, ist doch zu bedenken. Wir wollen sehr zu Herzen nehmen, was uns von dort gesagt wird: „Es scheint, als habe die Kirche die Sprache verloren. Die Worte, die sie weiß, verändern die Welt nicht. Und die Worte, die die Welt verändern, weiß sie nicht."[38] Und wir wollen uns ernstlich fragen: „Wie ist es möglich, daß diese Kirche die Sprache verliert, daß ihr die notwendigen Worte ausgehen, obgleich sie doch selbst die Frucht und der Zeuge des notwendigen Wortes ist? Wie kann es geschehen, daß das Wort, dem sie sich selbst verdankt, gleichsam ‚in ihrem Mund' seine Kraft verliert? Woher kommen ihr die neuen, die notwendigen Worte?"[39] Wir wollen auch dankbar alle Anregungen aufgreifen, die uns von seiten der gottesdienstlichen Erneuerungsbewegung bezüglich der schon erwähnten „Transformation" biblischer Texte und liturgischer Stücke gegeben werden.

„Dabei geht es um die Überlieferung, Übertragung, Vergegenwärtigung und Verfremdung, m. a. W. Transpositionen, Umformungen, Erklärungen von Sachbezügen der Gegenwart durch Umsetzen der Sinngehalte in aktualitätsbezogene Bilder, Verhältnisse und Beziehungen. Diese Freiheiten sind ein Gebot und eine Forderung der Gegenwart, wenn mit einem Verständnis der Bibel überhaupt gerechnet werden soll."[40]

Ob freilich durch „Lagebesprechung" im Gottesdienst das „notwendige Wort" gefunden wird, ob z. B. die „Information", die im „Politischen Nachtgebet" zu Köln praktiziert wird, dem Hörer das Wort vermittelt, das er in seiner Situation braucht, die keineswegs in jedem Falle mit der der Veranstalter identisch ist, wäre zu untersuchen. Auch ob man recht hat, wenn man sagt: „Unter dem Stichwort ‚Kommunikation' treffen sich in den neuen Gottesdienstmodellen die Anliegen moderner Nachrichtentechnik und theologischer Hermeneutik: Es geht auf dem Wege zur ‚informierten Gesellschaft' (K. Steinbuch) darum, die Störungen in der Kommunikation soweit als möglich zu beheben, weil, wie der Semantiker I. S. Hayakawa betont, ‚weiteste Kooperation innerhalb der Gattung durch den Gebrauch der Sprache der fundamentale Mechanismus für das menschliche Überleben ist'."[41] Selbstverständlich geht es im Gottesdienst um Kommunikation, es fragt sich nur: mit wem? Wenn sein liturgisches Gefälle nur in Imperative zum „Weltdienst" ausmündet, bleibt die Frage, ob er noch als Gottesdienst bezeichnet werden kann.

4. Dieselbe Frage stellt sich auch angesichts der aus dem Hauptsatz jener Theologie von der einen Wirklichkeit abgeleiteten Preisgabe der Unterscheidung zwischen einem sakralen und profanen Lebensbereich der christlichen Existenz, die bis zur grundsätzlichen Ablehnung besonderer gottesdienstlicher Räume und Gewänder reicht. Muß man die ästhetische Kategorie aus der von Gott geschaffenen und erlösten Welt verbannen? Was sind denn Fest und Feier anderes als „Zustimmung zur Welt"?[42] Gewiß ereignet sich der Gottesdienst stets „in der Profanität", aber doch in einer durch Gottes Gegenwart geheilig-

---

[38] Lange, S. 198.   [39] Lange, S. 199.   [40] Müller, S. 61.   [41] Kleemann, S. 62.
[42] Josef Pieper, Zustimmung zur Welt. Eine Theorie des Festes. München 1963.

ten Profanität. Darum gibt es im Grunde genommen eben keine Identität von Gottesdienst und außergottesdienstlichem Lebensstil.

5. Welche Konsequenzen aus dieser Gesamteinstellung zu den Problemen des Gottesdienstes zieht man nun in den Arbeitskreisen jener Bewegung hinsichtlich der Ausformung einzelner liturgischer Stücke?

a) Predigt soll nicht mehr einseitige Auslegung des biblischen Wortes sein, der „Umbruch" stellt den Menschen in jedem Augenblick in den Dialog mit seiner Umwelt. Darum soll auch die Verkündigung der Kirche in Dialogform geschehen.

„Der Gottesdienst vollzieht sich formal in einem ständigen Fragen und Antworten. Er ist Dialog, was nicht ausschließt, daß der sogenannte Predigtteil eine axiale Stellung einnimmt. Dieser ‚Predigtteil', um den alles andere gleichsam routiert, ist aber nicht mehr Monolog, sondern in den meisten Fällen Gespräch, das sich im Dialog mit einem oder mehreren Sprechern vollziehen kann, sei es als Lehrgespräch oder als Streitgespräch, wobei die Problemlage des Menschen unter einem vorher bestimmten Thema mit der Botschaft der Bibel konfrontiert wird mit dem Ziel, von der Botschaft Antwort und Lebenshilfe zu bekommen. Im Homilein wird auf diesem Wege die Botschaft neu in den Erlebnisbereich gerückt. Methodisch kommt dabei das Prinzip des Katechisierens neu zur Anwendung. An die Stelle des Gespräches tritt auch in besonderen Fällen — besonders in Jugendgottesdiensten — die Spielszene, wobei die Vielzahl optischer und akustischer Mittel als Anriß, Information, Mitteilung und somit Hilfe zur Situationsanalyse benutzt werden können. Auch hier ist das bestimmende Gestaltungsprinzip der Dialog als innerer und äußerer Vorgang." [43]

Bestimmte bisher mit Dialog-Gottesdiensten gemachte Erfahrungen stellen die Frage, ob der „Dialog" wirklich dem Wesen des Gottesdienstes entspricht oder ob er nicht einer außergottesdienstlichen Gemeindeversammlung (etwa in unmittelbarem Anschluß an den Gottesdienst) angemessener ist. Bei einer seelsorgerlichen Auffächerung des Gemeindelebens in verschiedene Arbeitsgruppen mit substanzgeladenen Veranstaltungen und gezielten Aktionen wird jedem Gemeindeglied die Möglichkeit geboten werden können, nach seinen persönlichen Bedürfnissen an der „dialogischen Wirklichkeit" der Kirche Christi auf Erden teilzuhaben. Übrigens kennt das Neue Testament zwei Formen des „Dialogs" der christlichen Existenz: Die eine könnte überschrieben werden mit dem Wort: „Da sprachen seine Jünger untereinander";[44] die andere wird eingeleitet mit dem Satz: „Er nahm ihn von dem Volk besonders."[45] Die missio in die Welt und die oratio im „Kämmerlein"[46] gehören zusammen. Was geschieht in unseren Gottesdiensten alter und neuer Gestalt für die Einübung dieses vertikalen Dialoges, ich meine: des Gebetes?

b) Sieht man sich die für die modernen Gottesdienste angebotenen Gebete näher an, dann fällt fast durchweg ein ihnen gemeinsamer Grundzug auf: sie sind wie der gesamte Gottesdienst auf das Tun des Menschen ausgerichtet. Die adoratio um ihrer selbst willen, die laudatio dei als Zentralinhalt der gottesdienstlichen Versammlung ist kaum mehr zu finden. Ihrer Form nach sind diese Gebete vor allem Meditationen, aber nicht — wie man in einem Gottesdienst erwarten sollte — über das im Gebet angesprochene göttliche Gegenüber und sein Heilshandeln an und mit den Menschen, sondern über die Situation des Beters und seine Umwelt. „Meditation heißt", so wird uns von dort gesagt:

---

[43] Müller, S. 68.   [44] Luk. 24, 32.   [45] Mark. 7, 33.   [46] Matth. 6, 6.

„Sachkundige bringen ihre jeweils ganz verschiedenen Erfahrungen ins Spiel miteinander."[47] Dieses „sachkundige Spiel" hat fast durchwegs keinen theologischen, sondern einen anthropologischen Ansatzpunkt. Darum kreisen diese Gebete weniger um Gottes Wirklichkeit und Zusagen an die Welt als vielmehr um die menschliche Situation und ihre Veränderung. Deshalb beinhalten sie meist in nur geringem Maß ihres Umfangs explizite Danksagungen und sofort als solche erkenntliche Bitten an das göttliche Du.

Diesem Tatbestand liegt eine bewußte Unterscheidung zwischen gottesdienstlichen Sprachrichtungen zugrunde, der „intentio directa" und der „intentio indirecta", wie sie Meyer zu Utrup[48] benennt. Er hat völlig recht, wenn er dazu sagt: „Jeder kann aus eigener Erfahrung bestätigen, daß ein Unterschied besteht zwischen dem Beten als Reden zu Gott und dem Nachdenken über Gott und eine bestimmte Frage, die mich angeht."[49] Aber nach normalem Sprachgebrauch ist ein „Gebet" eine oratio ad deum und nicht nur ein „Nachdenken" de deo oder gar nur de rebus sic stantibus. Ganz richtig wird uns an anderer Stelle gesagt: „Verdichtetes Reden über Gott und Menschen (!) ist nötig, um das Reden mit Gott vorzubereiten."[50] Jedoch hat diesen psychologisch-pädagogischen Dienst die Predigt zu leisten, nicht das Gebet.

Die ganze Problematik des neuen Gebetsstils spiegelt sich in folgenden prinzipiellen Ausführungen:

„Für alle dogmatischen Aussagen im Gebet ist grundsätzlich kein Platz mehr. Wenn etwas suspekt geworden ist, dann ist die alte These vom Gottesdienst als gebetetes Dogma. So kommen auch für die Gebete als Gestaltungsprinzip nicht nur eine Umstrukturierung, sondern auch Transformationen in Anwendung mit dem Ziel, die Probleme des Menschen vor Gott zum Ausdruck zu bringen und verständlicher zu artikulieren. Die Existenzbezogenheit bestimmt dabei den Inhalt. Das hat zur Folge, daß die Gebete jedesmal neu durchdacht und neu formuliert werden müssen. Auch sie tragen den Charakter der Einmaligkeit, oder man lehnt sich an vorgegebene Modelle an wie z. B. beim Vater unser und beim Fürbittengebet. Diese werden entweder paraphrasiert, variiert, vergegenwärtigt oder erhalten situationsbedingte Einschübe, werden transformiert und auch verfremdet durch bewußt schockierende Inhalte oder Redefiguren."[51]

Sehr erfreulich ist die Einbeziehung aller Lebensbereiche des modernen Menschen (auch mancher aus den Zeitungen entnommenen Nachrichten über Geschehnisse und Nöte in aller Welt) in das Fürbitt-Gebet, das meist von einem Team erarbeitet und von mehreren Sprechern in einer der Grundstruktur der alten Ektenien und Diakonischen Gebete nachgebildeten Form gesprochen wird. Aber die für das Beten in diesen Gottesdiensten Verantwortlichen sollten darüber wachen, daß aus dem Gebet keine Wiederholung der Predigt wird und daß Gebete nicht zu „Informationen" weder Gottes noch der Gemeinde „umfunktionalisiert" werden („Herr, du weißt...", „Herr, wir wissen...").

Hier einige Beispiele solcher als „Gebete" entworfenen Selbstdarstellungen und Situationsschilderungen:

„Herr, unser Gott, du bist barmherzig, wir aber sind hartherzig, und wir merken es nicht einmal. Wir lesen von hungernden Menschen, hören die letzten Worte Verschütteter, sehen die zerschmetterten Glieder der Toten, und der Bissen bleibt uns nicht im Halse stecken, der

---

[47] Lange, S. 213.   [48] Werkbuch, S. 13.   [49] ebenda S. 14.
[50] Fantasie f. Gott, S. 127.   [51] Müller, S. 70.

Atem stockt uns nicht einen Augenblick. Wir sind stumpf geworden für die Leiden anderer, undankbar für das eigene Wohlergehen. Durch unsere Hartherzigkeit andern gegenüber wird unsere Selbstliebe gefördert, und die Selbstliebe schafft das menschliche Leiden: Das Leiden des Großvaters, über den sich die Kinder lustig machen, weil er zu alt ist, und das des Kranken, der verlassen stirbt, das Leiden des ängstlichen Menschen, der sich nicht anvertrauen konnte, und das des Verzweifelten, der sich in den Kanal stürzte; das Leiden des auf der Straße Verunglückten, den wir nicht mitgenommen haben. Heute abend bitten wir dich, Herr, hilf uns barmherzig sein. Lehr uns auch die Liebe des Nächsten erkennen, der an uns Barmherzigkeit geübt hat. Laß uns zu dem Opfer bereit sein, das die Barmherzigkeit von uns verlangt, damit die Nächstenliebe nicht durch die Eigenliebe erstickt wird. Denn: Die Eigenliebe rät mir, den Armen zu geben, um mein Gewissen einzuschläfern und in Frieden zu leben. Die Eigenliebe spricht von mir und macht mich taub für das Wort des andern. Die Eigenliebe verkleidet und verstellt mich, sie will mich glänzend machen und die andern auslöschen. Die Eigenliebe beklagt mich und beachtet nicht das Leiden der anderen. Schenk uns Barmherzigkeit! Gib, daß sie eindringt in das Herz der Menschen, und laß uns nie vergessen, daß der Kampf um eine bessere Welt ein Kampf der Barmherzigkeit ist, im Dienst der Liebe. Amen." [52]

Ein Gebet, in dem auf eine Anrede Gottes völlig verzichtet wird:
„Was uns verbindet, bedenken wir, damit das Gemeinsame größer sei als das Trennende. Was uns anvertraut ist, achten wir, damit wir es nicht verlieren, sondern mehren und bessern. Was uns geschenkt ist, ehren wir, indem wir es andern gönnen und mitteilen.
Die Welt ist voller Mauern und Mißtrauen, aber die Liebe ist stärker. Die Menschen sind voller Neid und Mißgunst, aber Jesus ist Sieger. Die Völker sind voller Angst und Ichsucht, aber die frohe Botschaft bringt Frieden.
Arme und Kranke warten auf Barmherzigkeit, wir dürfen helfen. Trauernde und Einsame warten auf Freude, wir dürfen sie trösten. Angefochtene und Mutlose warten auf Zuspruch, wir dürfen ihnen beistehen.
Glaube überwindet die Welt, Liebe hört nimmer auf, Hoffnung wird nicht zuschanden." [53]

Ein Beispiel eines Sündenbekenntnisses:
„Herr,
wir wollen dich nicht belästigen. Wir wollen dir nur das sagen, worüber man sonst nicht spricht. Denn dir braucht man nichts vorzumachen. Du verstehst alles.
Du weißt, daß wir anders sein möchten, als wir sind; du kennst die quälenden Gedanken, die uns kommen, wenn wir taktlos sind, wenn unser Trotz uns für andere unerträglich macht. Du kennst die Enttäuschungen, die wir an uns selbst erleben. Du weißt, wie lieblos wir sein können. Wir werden allein damit nicht fertig.
Darum bitten wir dich:
Erbarme dich unser und vergib uns, Herr.
Und Herr —
unsere Eitelkeit. Es ist so wohltuend, wenn wir beachtet werden. Die kleinen Tricks, die so wirksam sind, die kleinen Künste, die so großen Erfolg haben. Wie uns die dummen Schmeicheleien gefügig machen und das ehrliche Wort persönlich kränkt! Es ist so enttäuschend, all das zu wissen und nichts dagegen zu tun. Erbarme dich unser und vergib uns, Herr." [54]

Schließlich das Beispiel einer Segensform am Ende des Gottesdienstes:
„Ich beauftrage Sie im Namen Gottes,
weiterzugeben, was Sie gehört haben.
Sie haben die Vollmacht,
Christus in der Welt zu vertreten.
Er verspricht Ihnen keinen Erfolg;
er verspricht Ihnen aber,
jeden Tag bei Ihnen zu sein." [55]

---

[52] Fantasie f. Gott, S. 170.
[53] Manfred Mezger, in: P. Cornehl, Analyse von Gebeten. Theologia practica 1969, Heft 4, S. 53.   [54] Werkbuch, S. 219.   [55] ebenda S. 283

Man spürt diesen Gebeten an, daß sich ihre Verfasser um einen Ausgleich zwischen der Sprache des Glaubens und der Sprache der Welt bemüht haben. Anderen Betern dieser Schule ist das weniger gelungen. Gebete der Kirche werden ja nicht dadurch zeitgemäß und anpackend, daß sie sich der Saloppheit des modernen Jargons und damit auch eines Pathos, nur mit umgekehrten Vorzeichen, bedienen.

Jedenfalls spiegelt sich gerade in den Gebetsformulierungen die ganze Problematik unserer augenblicklichen theologischen und gottesdienstlichen Situation.

c) Das gleiche gilt auch von den musikalischen Stücken, die uns in den neuen Gottesdiensten begegnen. Da es nur eine Wirklichkeit gibt, fällt mit der Aufhebung der Grenzen zwischen einem sakralen und profanen Lebensbezirk auch der Unterschied zwischen geistlicher und weltlicher Musik dahin. Wenn Hans Helmut Knipping zur Begründung dieses Wegfalls meint: „Die Liturgie kommt von der Straße"[56] und darauf hinweist, daß die Kirche der Reformation „eine ganze Reihe von Melodien mit weltlichen Texten — meistens Volkslieder mit neuen Texten versehen — in die Kirche aufgenommen"[57] hat, so kann dies nicht unwidersprochen bleiben. Abgesehen davon, daß solche „Übernahmen" nicht die Regel waren, ist die Ableitung der Liturgie „von der Straße" liturgiewissenschaftlich nicht haltbar. Luther und Calvin haben bewußt ihre Melodien dem von der Gregorianik herkommenden mittelalterlichen Traditionsgut entnommen. Offensichtlich war bei dieser Fehlanalyse der Wunsch der Vater des Gedankens. „Es darf keine sakrale Sondersprache im Lied mehr geben. Wir sind auf die Mittel der Welt unserer Zeit gewiesen."[58] „Aus der Volksmusik der Gegenwart bietet sich zunächst der Schlager an", ferner „der epische Song des Theaters von Bert Brecht" und „das Chanson des Kabaretts".[59] Dabei können natürlich auch Jazz-Elemente aufgenommen werden. Es geht auch hier nur darum, „zu der Einheit zurückzufinden, die uns verlorengegangen ist".[60]

Hans-Eckehard Bahr formuliert:
„In Christus wird die Zweiteilung der Welt in eine sakrale und eine profane Sphäre endgültig aufgehoben. In ihm entbirgt sich Gott ganz menschlich. Mit seinem Kommen in unsere alltägliche Lebenszone fallen alle sakralen Einschließungen Gottes dahin, denn Gott hat sich ja in seinem Sohn profanisiert."[61]

Und Kurt v. Fischer schreibt:
„Im Geschichtsraum des Alten Testaments gefiel es Gott, lokal, im Sakralzentrum sich finden zu lassen. Seitdem er in Jesus von Nazareth, einem Menschen, unter uns da ist, gibt es keine sakralen Räume und folglich auch keine sakrale Kunst im alttestamentlichen Sinn... Seit Christus wird alle Kunst grundsätzlich profan. Auch die Kunst, die von Christen entworfen wird, steht nicht mehr im heiligen Raum, sondern ist ganz und gar weltlich und unterliegt den Sachgesetzen, die für jede Kunst normativ sind. Umgekehrt verfehlt die profane Kunst, wenn sie zur Sakralbedeutung hinaufgesteigert wird, die humane Weltwirklichkeit, die in Christus prinzipiell entheiligt ist."[62]

Die Konsequenz dieser theologischen Sicht kann nur so heißen, wie sie Knipping zusammengefaßt hat: „Hier ist das Feld frei zu Experimenten, die in Spra-

---

[56] Fantasie f. Gott, S. 49.   [57] ebenda.
[58] ebenda S. 116.   [59] ebenda S. 50.   [60] ebenda.
[61] H. E. Bahr, Poiesis, Stuttgart 1961, S. 246.
[62] In: Moderne Literatur, Malerei und Musik. Zürich-Stuttgart 1963, S. 387.

che und Musik dem Evangelium die Freiheit geben, die es selber in sich trägt."[63]

So ist in jedem liturgischen Stück der Gottesdienste in neuer Gestalt wie in einem Brennglas die Ausstrahlung der sie hintergründig durchglühenden Theologie eingefangen, die dem ganzen Gottesdienstgeschehen bis in jedes einzelne Wort hinein ihr Gepräge gibt. Sie in ihren wichtigsten Intentionen und Konsequenzen zu kennzeichnen, war der Sinn der vorstehenden Untersuchung. Ihr Ergebnis sei mit folgendem *Breve criticum* abgeschlossen.

Die geschilderte Leiturgia im „Umbruch" tritt mit dem bald mehr, bald weniger exklusiv erhobenen Anspruch auf, den „Gottesdienst der Zukunft" zu praktizieren. Gegen diesen Anspruch erheben sich am Ende unserer Darlegungen doch einige Bedenken: Das von unserem Gesprächspartner geforderte Wirklichkeitsverständnis kann nicht für alle Gottesdienstbesucher als verbindlich erklärt werden. Vor allem nicht für jene, die im Gottesdienst mehr suchen als eine religiöse Durchleuchtung der Zeitprobleme und ihrer Alltagsfragen. Sie stehen dem idealistisch-aufklärerischen, humanistisch-moralisierenden Imperativ zur Weltveränderung durch Verwirklichung des Liebesgebotes Christi nüchterner, realistischer gegenüber. In ihrer und aller Menschen Gewissensnot angesichts der jedem Humanum gezogenen Grenzen verlangen sie nach der Botschaft von der Vergebung der Sünden und von der Tötung des Todes durch den auferstandenen Christus Gottes. Für sie bedeutet „Gottesdienst" nicht die Selbstdarstellung des menschlichen Geschöpfes und seiner Situation, sondern die Hinwendung zu seinem Schöpfer und die Heimkehr unter seine Alleinherrschaft. Für sie ist die Frage, wo der Gottesdienst im Leben „sitze", weniger interessant als die, wo ihr Leben seinen „Sitz" im Gottesbezug hat. Es geht ihnen um das personale Mensch-Gott- und Gott-Mensch-Verhältnis, um seine Verheißung, Tröstung und Kraft. Sie hören aus dem Wort „Gottesdienst" vor allem anderen die Zusage Christi: „Ich komme zu euch",[64] dann erst die Sendung: „Gehet hin in alle Welt."[65] Sie wissen um zwei Gebote ihres Herrn, in denen „das ganze Gesetz und die Propheten hanget": „Du sollst lieben Gott deinen Herrn von ganzem Herzen ... Dies ist das vornehmste und größte Gebot. Das andere aber ist ihm gleich: Du sollst deinen Nächsten lieben wie dich selbst."[66] Offensichtlich führt die theologische Weichenstellung in den Gottesdiensten in neuer Gestalt weithin an dem „vornehmsten und größten Gebot" vorbei zur Erfüllung des zweiten. Es scheint damit die Rangordnung der Kontakte vertauscht zu werden: Der Diakonia an den Brüdern muß die Leiturgia vor dem dreieinigen Gott vorausgehen. Alle „Mitmenschlichkeit" kann nur Antwort auf Gottes Communio mit seinen Erlösten sein. „Gottesdienst" ist das immer wieder neue Ereigniswerden dieser Communio in Wort und Sakrament. Sehr zutreffend bezeichnet Ernst Lange das Wesen des Gottesdienstes als „Bundeserneuerung".[67] Aber dieses transzendentale und sakramentale Geschehen wird durch die Intentionen der besprochenen Gottesdienste zugunsten von „Hilfen zur Bewältigung ethischen Verhaltens"[68] verdrängt. Die liturgische Pflege der vertikalen Komponente des christlichen Lebens wird von der mora-

---

[63] Fantasie f. Gott, S. 51.   [64] Joh. 14, 18.   [65] Mark. 16, 15.
[66] Matth. 22, 37 ff.   [67] Lange, S. 70.   [68] Müller, S. 51.

lisierenden Bemühung um die horizontale nahezu erstickt. „Was Anbetung ist, läßt sich heute nur schwer deutlich machen", heißt es im „Werkbuch Gottesdienst".[69] Das merkt man allerdings sehr deutlich in diesen Gottesdiensten, in denen die adoratio zu kurz kommt. Und man erfährt dabei: Ohne Anbetung ist die Gefahr einer intellektualisierenden und moralisierenden Pathetik kaum zu vermeiden. Ihr entgeht man nur, wenn das Christusgeschehen und nicht der fragende Mensch, die biblische Theologie der Antwort und nicht die der Frage Ansatzpunkt und Mitte des Gottesdienstes bilden. Das der zu seinen Füßen sitzenden, nur lauschenden Maria gespendete Lob des Herrn und sein Hinweis auf das *eine*, das not ist,[70] sollte doch wohl allen, die an den Fragen des Gottesdienstes arbeiten, ständig im Gedächtnis bleiben. Jedenfalls werden viele, auch durchaus „moderne" Gemeindeglieder die Verkürzung der transzendentalen Dimension in den neuen Gottesdiensten ablehnen.

Zu ihnen wird auch schwerlich Zugang finden, wer nach einer Ordnung seines geistlichen Lebens verlangt und nicht bei jedem Gottesdienstbesuch vor neue Strukturen und Ordnungen gestellt werden möchte. Er nimmt an der Mißachtung der nicht nur psychologisch-pädagogischen, sondern auch theologischen Kategorie der Stetigkeit und „Wiederholung" (Kierkegaard), der Entspannung und Feier Anstoß. Er empfindet die These von der einen Wirklichkeit mit der Ablehnung außerprofaner, sonntäglicher Räume, Zeiten und Zeichen als Ausdruck einer geistigen Verarmung, der die wahre Wirklichkeit des menschlichen Daseins nicht entspricht. Selbstverständlich muß das ganze Leben des Christen ein Gottesdienst sein und der Sonntag den Werktag durchdringen; jedoch muß der Sonntag um des Werktags willen Sonntag bleiben. Kein lebendiger Christ von heute wird einem sterilen Traditionalismus in rebus liturgicis das Wort reden, aber auch nicht der Bindung an Modeerscheinungen. Der Leiturgia des Volkes Gottes ist allein die überlegene Freiheit gegenüber beiden Extremen angemessen.

Es wird sich auch nicht jeder Gottesdienstbesucher, wenn er zur Kirche kommt, immer wieder neu schockieren lassen wollen — vor allem nicht durch Informationen, die ihm aus Presse, Fernsehen und Rundfunk bereits bekannt geworden sind. Versteht er den Auftrag der Predigt nicht richtig, wenn er aus ihr den Atem des Wortes Gottes erfahren möchte, das gewiß „schneidender ist als irgendein doppelt geschliffenes Schwert und Seele und Geist, Mark und Bein mit seiner Schärfe trennt und bloßlegt die Strebungen und Gedanken des Herzens",[71] das aber auch das Wort dessen ist, der die Mühseligen und Beladenen erquickt[72] und gerade auch an denen, die seinen Imperativen zur „Weltveränderung" in ihrer von Leib und Tod gezeichneten Situation nicht mehr gerecht zu werden vermögen, seine Verheißung verwirklicht: „Ich will euch trösten, wie einen seine Mutter tröstet."[73]?

Bei aller Kritik an den Gottesdiensten in neuer Gestalt sei aber nun zum Schluß ausdrücklich anerkannt, daß durch sie „das Gespräch über den Gottesdienst ganz neu in Gang gekommen ist".[74] Es muß aber auch gesehen werden,

---

[69] Werkbuch, S. 250.　　[70] Luk. 10, 42.　　[71] Hebr. 4, 12.
[72] Matth. 11, 28.　　[73] Jes. 66, 13.　　[74] Müller, S. 74.

wie folgenreich sich jeder „Umbruch" in der Theologie auf die gottesdienstliche Praxis auswirkt. Weil der Gottesdienst die Mitte des Gemeindelebens ist, ist sein Schicksal auch das der Kirche. Darum wird sie alles daran setzen müssen, daß die Formen ihres Liturgierens „flüssig" bleiben. Dazu gehört auch die Bereitschaft zum Experiment und zu dem mit jedem Wagnis des Glaubens verbundenen Risiko. Gottes Schritt durch die Geschichte ist immer nach vorn gerichtet. Wir wollen mit ihm im Schritt bleiben und dabei beachten: „Liturgie ist nicht die Quelle kirchlicher Erneuerung, sondern ihr letzte, wahrscheinlich ihre reifste und schönste Frucht. Aus einem in seiner ganzen Breite zum Gottesdienst freigegebenen alltäglichen Zusammenleben und Zusammensein ist einst der christliche Gottesdienst seiner Form nach entstanden. Nur aus der Wiedergewinnung der ursprünglichen Erkenntnis, daß für den Christen die Liturgie das Alltägliche und das Alltägliche Liturgie ist, wird er sich erneuern."[75]

---

[75] Lange, S. 223.

Wolfgang Schanze

Ecclesia
adorans

„Gott loben, das ist unser Amt." Durch die Jahrhunderte der Kirche hindurch klingt der Chor der Lobsänger Gottes, ein unaufhörlicher Strom von Anbetung, Preis und Ehre. Während die wechselnden Schicksale der Menschheit sich erfüllen, während Reiche und Kulturen aufsteigen und vergehen, während Erfolge blühen und Hoffnungen enttäuscht werden, betet die Kirche Christi an ihren Altären in der weiten Welt den zeitlosen Lobpreis: „Ehre sei dem Vater und dem Sohne und dem Heiligen Geiste, wie es war im Anfang, jetzt und immerdar, und von Ewigkeit zu Ewigkeit." Wessen Herz verschlossen ist, der vermag in solchem Lobpreis nichts als eine erstarrte Formel, ein Stück zeitferner und wirklichkeitsfremder Tradition zu vernehmen. Dem Glaubenden und Verstehenden aber tut sich hier eine Dimension geistlichen Seins auf, der etwas Tröstliches und Hilfreiches zu eigen ist: der Anbetende darf aus dem Bannkreise seines Ich, seines Schicksals, seiner Sünden, Sorgen, Freuden und Hoffnungen heraustreten und sein Angesicht dem zuwenden, der Anfang, Mitte und Ende ist.

In der gegenwärtigen Geisteslage scheint es allerdings ein sehr unzeitgemäßes Beginnen zu sein, dem Phänomen der Anbetung nachzugehen. Die Kirche unserer Tage gibt sich betont aktivistisch und weltzugewandt. Sozialpolitische Impulse beherrschen das Feld. Sie sind aus der Weltlage zu verstehen und haben ihr Recht. Aber sind sie nicht zum Absterben verurteilt, wenn im Zentrum der nach außen gerichteten Bemühungen ein geistliches Vakuum entsteht? Heute droht uns in besonderer Weise die Gefahr, die erwähnte Tiefendimension des Glaubens zu verlieren. Wenn Gott nur noch als eine im Grunde entbehrliche mythologische Kennmarke für zwischenmenschliche ethische Motive verstanden wird, ist Anbetung nicht mehr möglich. Wenn der Mensch zum Maß aller Dinge wird, kann er nur sich selber anbeten. „Eritis sicut Deus": wohin der Weg führt, an dessen Anfang diese verlockende Parole steht, zeigen zwar die ersten Seiten der Bibel mit beispielhafter Hellsicht. Aber wer beugt sich im Ernst dieser Erkenntnis! In dieser geistesgeschichtlichen Konstellation ist es unzeitgemäß, von Anbetung zu reden. Aber gerade darum ist es nötig.

Unsere Gebete kreisen zunächst und zuvörderst um Bitte und Dank. Das ist legitim und soll nicht entwertet werden. Aber nicht davon soll hier die Rede sein. Daneben und darüber hinaus ist uns eine andere Möglichkeit aufgetan, mit Gott zu reden. Wenn wir darüber nachdenken wollen, können wir es nur in der ehrfürchtigen Haltung tun, die versucht, gemeinsam mit der lobsingenden Kirche und mit den Chören der Vollendeten vor Gottes Thron zu stehen. Nur so können wir begreifen, worum es geht.

Gewiß kann man auch viel gelehrte Worte machen über das religionspsychologische Problem der Anbetung. Es dürfte sogar nötig sein, darüber nachzudenken, warum — auch abgesehen von der gegenwärtigen geistigen Zeitlage — so manchem Christenmenschen und besonders manchem Theologen der Zugang zur Anbetung der Kirche schwer ist. Der kritische Intellekt, der weithin das Kennzeichen protestantischen theologischen Denkens ist, fügt sich nur ungern dem Korrektiv, das vom Altar her auf ihn zukommt. Bis in die Gebete hinein drängt sich das, was man Verkündigung nennt und was doch oft nur Belehrung oder Psychagogie ist. Es war leider nicht nur ein Scherz, wenn erzählt wurde, ein Professor der Theologie habe den Kandidaten geraten, Gedanken, die sie in der Predigt vergessen hätten, im Kirchengebet nachzuholen. So treibt dann die pädagogische Absicht nicht nur auf der Kanzel ihr Wesen, sie drängt sich bis vor die Altäre. Sie fälscht die innere Richtung des Gebetes, das dann nicht mehr Gott gilt, sondern dem Menschen. Ein Gebet, das darauf abgestellt ist, auf die Hörer Wirkungen oder gar Reizeffekte auszuüben — seien sie nun belehrender oder gemütsmäßiger, ästhetischer oder willensbildender Art —, ist kein echtes Gebet. Es gilt nicht wirklich dem Herrn, den es anredet.

Der Zugang zur Anbetung ist noch aus einem anderen Grunde schwer. Der Beter muß von sich selbst, von eigenen Gedanken, Wünschen, Hoffnungen und Sorgen wegsehen und die volle Wendung auf Gott hin vollziehen. Das unterscheidet die Anbetung von anderen Arten des Gebets, die gewiß ihr unbestrittenes Recht haben und nicht im geringsten als minderen Grades angesehen werden sollen. In ihnen kommt primär der Mensch mit seinen Anliegen zu Worte. Wir Christen haben die Freiheit, Gott zu bitten um alles, was uns bewegt — „wie die lieben Kinder ihren lieben Vater bitten". Wir haben das Recht und die Pflicht, ihm das Opfer unseres Dankes darzubringen für das, womit er unser Leben im Kleinen und im Großen gesegnet hat. In Bitte und Dank spricht sich das Ich des Menschen aus und läutert sein Wollen, Wünschen und Erleben hinauf vor das Angesicht Gottes. In der Anbetung aber wird der eigene Wille und das eigene Denken still. Der Betende meint nicht mehr sich selbst. Er meint nur noch Gott. „Alles in uns schweige / und sich innigst vor ihm beuge."

Darin liegt das Befreiende und Beseligende der Anbetung. Der Beter darf den circulus vitiosus seiner Ichgebundenheit sprengen und eintreten in den Raum des Heiligen, wo Zufall und Schicksal, Wirken und Leiden ihrer irdisch bedrängenden Gewalt entkleidet werden. Er darf die Luft der anderen Welt atmen, in der der Glaube ihm Bürgerrecht gibt.

Darum trägt die Sprache der Anbetung den Charakter des Zeitlosen an sich. In ihr redet nicht das individuelle Hier und Heute. Ihr Ausdruck hat etwas Gültiges über alle Zungen und Zeiten hinweg. Und mehr als dies: in dem Dienst der Anbetung weiß sich die Kirche eins mit den Chören der Engel und verbindet ihre Stimme mit dem Lobpreis derer, denen unaussprechliche Worte in den Mund gelegt sind.

Gehen wir der Stimme der anbetenden Kirche durch die Jahrtausende nach und versuchen wir, ihr Geheimnis abzutasten. Wir können dabei nur weniges herausgreifen.

Feierlich und majestätisch klingt der Lobpreis der Seraphim, der göttlichen Thronwächter, deren Stimme Jesaja vernimmt in seiner Schau des himmlischen Herrschers.

Kadôsch Kadôsch Kadôsch   Heilig heilig heilig
Jahweh Zebaôth: ist Jahweh, Herr der Himmelsheere:
mal'âh kol-ha-arez kebodô   voll ist alle Welt seiner Majestät.

Die Kirche hat diesen himmlischen Lobpreis übernommen in der Liturgie des Sakramentes, und zwar an der Stelle, wo sie den in Brot und Wein sich ihr zuwendenden himmlischen Herrn begrüßt. Betrachten wir die gedankliche und sprachliche Gestalt dieser Doxologie, so machen wir eine Beobachtung, die sich fast allenthalben in der Sprache der Anbetung wiederholt: es wird hier wenig Gedankliches, intellektuell Greifbares ausgesagt. Es geht um den sprachlichen Ausdruck einer Devotion, die etwas im tiefsten Unaussprechliches meint. Darum wird das numinose Urwort „kadôsch" — *hagios, sanctus,* heilig —, ohne irgendwelche logische Beziehung hingestellt und durch wuchtige dreimalige Wiederholung potenziert. In der Sprache der Anbetung reichen die intellektuellen Kategorien nicht mehr aus. Das Wort muß hier eine tiefere Dimension aufreißen.

Dieses Ringen um das im Letzten unzulängliche Wort der menschlichen Sprache wird uns auch an den neutestamentlichen Lobgesängen deutlich. Die Offenbarung Sankt Johannis schenkt zwischen den Schreckgesichten der Vernichtung immer wieder einen Blick in den offenen Himmel. Da vernehmen wir die Anbetung der vier himmlischen Wesen, der vierundzwanzig Ältesten und der vieltausendmal Tausend um Gottes Thron:

„Das Lamm, das erwürget ist, ist würdig zu nehmen
Kraft und Reichtum und Weisheit und Stärke
und Ehre und Preis und Lob."

Das Bemühen der Exegeten, diese in der heiligen Siebenzahl sich wiederholenden Aussagen gedanklich zu fixieren und gegeneinander abzugrenzen, wäre vergeblich. Genauso wie bei dem dreifachen Heilig geht es bei dieser siebenfachen Prädikation nur darum, sich heranzutasten an das Unaussprechliche.

Ein kostbares Stück anbetenden Lobpreises ist der Abendhymnus der alten griechischen Kirche, der den tröstlichen Hauch geistlichen Friedens atmet:
Phos hilaron hagias doxes...

Freundlich Licht der heiligen Glorie
deinens ewgen Vaters droben
in den seligen Himmelshöhen:
Jesu Christe!

> Bei der Sonne Untergang,
> da wir schaun das Abendlicht,
> preisen Vater wir und Sohn,
> preisen Gottes heilgen Geist.
> Dir gebührt's, daß immerdar
> wir in Ehrfurcht benedeien
> Gottes Sohn, dich, Lebensspender!
> Und so huldigt dir die Welt.

Der majestätische Klang der biblischen Anbetungsrufe ist hier abgewandelt in den milderen Ton friedevoller Hingabe. Aber auch hier vollzieht sich der geistliche Vorgang in einer tieferen Schicht als der des Intellekts.

Die Hymnendichtung des lateinischen Gottesdienstes, die in breitem Strome von den Tagen des Ambrosius von Mailand bis heute fließt, ist gesättigt mit Anbetung. Ihre schlichten, meist vierzeiligen Strophen bringen wenig gedankliche Ausfaltungen und ebensowenig individuelle persönliche Anliegen. Sie kreisen betrachtend um die Wunder der Majestät Gottes, um das Geheimnis der Dreieinigkeit, um die Gaben des ewigen Heils. Manche von diesen anbetenden Strophen sind von den Reformatoren eingedeutscht und in das Liedgut der evangelischen Kirche übernommen worden. So ähnlich diese Hymnen in ihrem Typus dem flüchtigen Betrachter erscheinen, so groß ist doch die Spannweite ihrer geistlichen Haltung. Der sonntägliche Vesperhymnus Gregors des Großen, den Luther verdeutscht hat, atmet die friedevolle Wärme der Kontemplation:

O lux beata Trinitas	Der du bist drei in Einigkeit,
et principalis Unitas:	ein wahrer Gott in Ewigkeit:
iam sol recedit igneus.	Die Sonn mit dem Tag von uns weicht.
Infunde lumen cordibus.	Laß leuchten uns dein göttlich Licht.
Te mane laudum carmine,	Des Morgens, Gott, dich loben wir,
te deprecamur vespere.	des Abends auch beten vor dir.
Te nostra supplex gloria	Unser armes Lied rühmet dich
per cuncta laudet saecula.	jetzund, immer und ewiglich.

Im Unterschied dazu zittert der ehrfürchtige Schauder vor der unergründlichen Majestät Gottes durch das Große Gloria der abendländischen Liturgie:

Quoniam tu solus sanctus,	Denn du allein bist heilig,
tu solus Dominus,	du bist allein der Herr,
tu solus altissimus,	du bist allein der Höchst,
Jesu Christe,	Jesu Christe,
cum Spiritu Sancto	mit dem Heilgen Geist
in gloria Dei patris. Amen.	in der Herrlichkeit
	Gott des Vaters. Amen.

In feierlicher Schönheit schreitet einher das von Luther so meisterlich nachgeschaffene Tedeum, und das himmlische Gloria schwingt mit in dem Präfationsgebet der Sakramentsfeier, das dem Dreimal-Heilig vorausgeht:

„Wahrhaft würdig und recht, billig und heilsam ist's, daß wir dir, heiliger Herr, allmächtiger Vater, ewiger Gott, allezeit und allenthalben Dank sagen... Darum mit allen Engeln und Erzengeln, mit den Thronen und Herrschaften und mit dem ganzen himmlischen Heere singen wir deiner Herrlichkeit einen Lobgesang..."

Der Dienst der Anbetung hat seine besondere Stätte in den Metten und Vespern, in denen die alten Horengottesdienste der Klöster bei uns weiter wirken. Dabei erweist sich als besonders angemessener Ausdruck anbetender Verehrung die Psalmodie. In der gehaltenen kühlen Schönheit der Psalmtöne nehmen die beiden Halbchöre der Beter den Lobpreis einander ab und führen ihn ausschwingend weiter. Es geht dabei nicht um eine exegetische Verarbeitung oder intellektuelle Interpretation der Psalmtexte, sondern um die schlichte Darbringung des Gotteslobes mit den geheiligten Worten der Schrift. Wenn die lutherische Kirche diese den Reformatoren geläufige, den späteren Jahrhunderten fremd gewordene Art des anbetenden Dienstes heute wieder zu gewinnen sucht, so stößt sie dabei auf mancherlei Widerspruch. Gewiß kann solches Tun in jenes leere Werk entarten, das Luther grimmig mit „Lören und Tönen" bezeichnet hat. Wer aber in dem psalmodierenden Lobpreis der Kirche von vornherein nichts weiter als Geplapper zu hören vermag, beweist damit nur, daß ihm ein Bereich geistlichen Lebens verschlossen ist.

In mannigfaltiger Weise wird das Wort der Anbetung im evangelischen Kirchenlied laut. Zwar unterscheidet sich dieses Lied von der lateinischen Hymnendichtung dadurch, daß es in viel größerem Umfange Verkündigung, gedankliche Entfaltung, Lehre und persönliches Glaubenszeugnis enthält. Aber durch all das hindurch geht auch hier die Stimme der Anbetung. Besonders rein und innig wird sie spürbar bei Gerhard Tersteegen, dessen Herz der „schönen Ewigkeit" aufgeschlossen war: „Gott ist gegenwärtig. Lasset uns anbeten / und in Ehrfurcht vor ihn treten!" So lehrt Tersteegen die versammelte Gemeinde beten. Nicht anders aber gilt es für den einsamen Beter:

Nun schläfet man;
und wer nicht schlafen kann,
der bete mit mir an
den hohen Namen,
dem Tag und Nacht
wird von der Himmelswacht
Preis, Lob und Ehr gebracht:
O Jesu, Amen.

Auch in die weltliche Dichtung ist der Ton der Anbetung aus dem Raume des Altars her eingeflossen. Wir nennen drei Beispiele.

Der Leich Walthers von der Vogelweide gehört in eine frühe Zeit, in der das „Weltliche" und das „Geistliche" einander näher standen als in den letzten

Jahrhunderten. Im kultischen Stil preist der ritterliche Sänger die Dreieinigkeit Gottes. Man spürt allerdings, daß seine Sprache sich dem weniger willig zu fügen scheint als den gefälligen Aussagen der weltlichen Lyrik:

Got, dîner Trinitâte,
die beslozzen hâte
dîn fürgedanc mit râte,
der jehen wir: mit drîunge
diu drîe ist ein einunge...

Gott, deiner Trinität, die der Ratschluß deiner Vorsehung bestimmt hat, ihr gilt unser Bekenntnis: in der Verdreifachung ist die Drei eine Einheit...

Mit dem Gesang der Erzengel eröffnet Goethe den Prolog im Himmel und gibt damit der Faust-Tragödie einen bemerkenswerten Akzent. Hier klingt die biblische Anbetung der Seraphim nach. Aber sie entfaltet sich alsbald zu der schillernden Betrachtung der Schöpfung mit all ihrer Fülle und Schönheit. Der Blick wendet sich von Gott ab zu den „unbegreiflich hohen Werken".

Dem echten Gebet näher als der poetischen Betrachtung steht der Engelchor, mit dem in der Spätzeit der holländischen Renaissance Joest van den Vondel den ersten Akt seines Luzifer-Dramas schließen läßt:

Wie is het, die zoo hoogh gezeten,
  Zoo diep in't grondelooze licht,
Van tyt noch eeuwighheit gemeten
  Noch ronden, zonder tegenwight
By zich bestaet, geen steun van buiten
  Ontleent, maer ob zich zelven rust...

Wer ist es, der so hoch gesessen,
  so tief im gründelosen Licht,
den Zeit und Ewigkeit nicht messen,
  noch Raum —, der ohne Gegenhalt
in sich besteht, nicht Stützen sich von außen
  entlehnt, nur auf sich selbst beruht...

Aber lassen wir es genug sein mit den Beispielen. Sie drängen sich in reicher Fülle zu. Denken wir im Blick auf sie noch einen Augenblick nach über die Sprache der Anbetung.

Wir hatten schon darauf hingewiesen: der anbetende Lobpreis bringt etwas zum Ausdruck, das im tiefsten Grunde unaussprechlich ist. Darum bewegt sich die Sprache solcher Gebete an der Grenze dessen, was logisch faßbar ist. Sowohl die karge Monumentalität des dreimaligen Kadôsch wie die überquellende Plerophorie des Lobpreises sind ein Zeichen für diese sprachliche Grenzsituation. Die Sprache wird sich ihrer Unzulänglichkeit bewußt.

Es ist darum kein Wunder, daß der Mund des Beters die Grenzen der Sprache zu überschreiten geneigt ist. Und zwar nach beiden Richtungen hin: nach unten in das heilige Schweigen, nach oben in den wortlosen stammelnden Jubel hinein. Beide Erscheinungen, so gegensätzlich sie sind, entspringen dem gleichen Motiv.

„Der Herr ist in seinem heiligen Tempel.
Es sei stille vor ihm alle Welt."

Nicht nur der katholische Kultus, der die Wandlung der Elemente mit schweigendem Knien verehrt, auch Zwingli fordert die heilige Stille in dem Bewußtsein der Unzulänglichkeit und Zufälligkeit der menschlichen Worte. Die liturgische Kargheit seiner Gottesdienste hat wohl hier eine ihrer Wurzeln. Und der „Cherubinische Wandersmann" läßt sich vernehmen:

„Die heilige Majestät — willst du ihr Ehr erzeigen —
wird allermeist geehrt mit heilgem Stilleschweigen."

Dieses Beispiel des Angelus Silesius zeigt, daß die schweigende Anbetung den Betern naheliegt, die der Mystik zugeneigt sind. Darin wird die Gefahr deutlich, die in solcher Grenzüberschreitung der Sprache nach dem Schweigen hin droht. Der Mensch, der nicht mehr zu Gott hin redet oder singt, verschließt sich in sich selbst. Es kann bei dem „Schweigenden Dienst" dahin kommen, daß wir nicht mehr Gott meinen, sondern uns selbst — oder was wir in der Tiefe des eigenen Wesens vorzufinden wähnen und als göttlich zu bezeichnen geneigt sind. Das ist der Urirrtum aller Mystik. So unzulänglich das Wort ist: soll die Beziehung, die wir zu Gott haben, gesund bleiben, so kann sie nur durch das Wort des Evangeliums und die Antwort des glaubenden Herzens geschehen. Im Abgrund des Schweigens lauern die Dämonen.

Ähnlich liegt es bei der Grenzüberschreitung nach der anderen Seite hin. Es gibt einen Jubel der Anbetung, der den Raum des geprägten Wortes verläßt. Vielleicht ist das Zungenreden der Urgemeinde hier einzuordnen. Auch die Vielfalt geistgewirkter Oden und Psalmen, von denen der Apostel redet, kann auf eine Art des Lobgesanges gedeutet werden, der nicht mehr den Rahmen geordneter Rede einhält. Wir können heute diesen Erscheinungen nur noch schwer nachgehen. Aber deutlich vermögen wir die Rolle der musica sacra zu erkennen, die immer wieder den Jubel des anbetenden Wortes überhöht mit dem wortlosen Klang. Die Halleluja-Jubilationen spinnen den anbetenden Gesang aus in den Überschwang der Töne. Auch Luther, der sonst dem strengen wortgebundenen Gesang den Vorrang gibt, hat ein Gefühl für das Singen *in jubilatione*. In seinen frühesten Psalmvorlesungen gibt er zu dem Schriftwort „Jauchzet Gott mit fröhlichem Schall" die Erklärung: „Jubilus heißt ein Klingen aus der Erhebung des Herzens zu Gott, das weder mit Worten noch mit Buchstaben gefaßt werden kann." Die rauschende und quellende Fülle der Töne, mit denen Johann Sebastian Bach das „Singet dem Herrn ein neues Lied" ausmalt, läßt etwas spüren von dem Lobpreis, der nicht mehr mit Worten faßbar ist.

Und doch liegen auch hier die Gefahren zutage. So wie es beim schweigenden Dienst nur allzuleicht der Mensch selbst ist, der sich in solchem Schweigen wiederfindet, so herrscht bei dem stammelnden Wort oder bei dem wortlosen Jubel der Töne die menschliche Empfindung, das Pathos des gesteigerten Gefühls oft so stark, daß es im letzten wieder nicht mehr um Gott geht, sondern um den Menschen. Das Wesentliche echter Anbetung aber liegt, wie wir sahen, darin, daß wirklich Gott gemeint ist. Es kommt entscheidend darauf an, daß Er „groß gemacht" wird, und nicht der Mensch: Magnificat anima mea Dominum.

Das kann aber nur geschehen, wenn unsere Anbetung *Ant-„wort"* ist auf das Wort, mit dem Gott uns anredet und sich uns zu erkennen gibt. Ohne diese Bindung würde es sich nicht um echte Anbetung, nicht um ein wirkliches „Stehen vor Gott" handeln, sondern nur um gesteigertes religiöses Selbstgefühl. In dem fleischgewordenen Logos wendet sich Gott uns zu. Daß die Antwort unseres Herzens sich des anbetenden Wortes bedient, ist recht und angemessen, auch wenn das menschliche Wort nur ein armer Widerklang des ewigen Logos zu sein vermag.

Kurt Schmidt-Clausen Amelungsborn

Sinn und Gestalt
eines evangelischen Klosters

Besuchern des Weserberglandes begegnet auf der Straße von Holzminden nach Eschershausen das Gut Amelungsborn. Umgeben von einer langen Bruchsteinmauer finden sich dort neben den Gutsgebäuden eine große turmlose Kirche mit Dachreiter sowie die Reste einer mittelalterlichen Klosteranlage. Alle Gebäude sind aus dem heimischen Rotsandstein errichtet und zumeist mit den für die Gegend typischen Sollingplatten gedeckt. Kirche, Klostergebäude und Gut bilden zusammen die ehemalige Zisterzienserabtei Amelungsborn, die wohl älteste, zwischen 1129 und 1141 eingerichtete Niederlassung des Ordens in Niedersachsen. In landschaftlicher Hinsicht liegt das Kloster reizvoll inmitten von Wäldern, Hügeln und Weideflächen.

Die nach den schweren Zerstörungen des Zweiten Weltkrieges erneuerte Kirche gilt mit ihrer dreischiffigen romanischen Basilika und dem hochgotischen Chor als ein Juwel mittelalterlicher Kirchenbaukunst. Tausende bewundern alljährlich das hochragende Bauwerk, das durch seine Architektur und seine alten und neuen Buntglasfenster eine unverwechselbare Atmosphäre hervorruft. Für die Bewohner der Nachbardörfer Holenberg und Negenborn wird hier regelmäßig evangelischer Gottesdienst gehalten. Außerdem finden von Zeit zu Zeit geistliche Konzerte statt, die zahlreiche Besucher von nah und fern anziehen. Und endlich ist Amelungsborn seit 1961 wieder Sitz einer geistlichen Bruderschaft — des Konventes und der Familiaritas des Klosters —, durch die an diesem Ort evangelisches Klosterleben in moderner Gestalt sich ereignet.

Für viele Besucher von Amelungsborn ist dieser Sachverhalt neu und nicht selten befremdlich. Klöster können sie nur in römisch-katholischer Gestalt sich vorstellen, wenn sie nicht überhaupt dazu neigen, Klöster als unzeitgemäße Überbleibsel einer dunklen Vergangenheit anzusehen und abzulehnen. Daher stellen sie Fragen. Warum wurde das Kloster wieder ins Leben gerufen? Warum gilt es sogar als eine verfassungsrechtlich geschützte Körperschaft der hannoverschen Landeskirche? Welchen Bezug zum modernen Leben hat diese Einrichtung oder dient sie nur der kirchlichen Heimat- und Altertumspflege? Was tut man eigentlich in einem evangelischen Kloster?

Nicht nur Besucher und andere Kirchenglieder stellen solche und andere Fragen an das Kloster. Konventualen und Familiaren des Klosters sehen sich gleichfalls der Frage nach Sinn und Gestalt evangelischen Klosterlebens im 20. Jahrhundert gegenübergestellt — und zwar unablässig. Soll das Kloster einen für Kirche und Gesellschaft sinnvollen Dienst tun, dann kann es sich die Sinnfrage nicht — sozusagen stellvertretend — durch die Tradition beantworten lassen, sondern dann muß es in eigener Verantwortung eine überzeugende, biblisch authentische Antwort suchen. Einen Beitrag zu solcher Antwort, die sich dem apostolischen Dienst der Kirche Christi ebenso verpflichtet weiß wie den Ängsten und Nöten unseres Zeitalters, wollen die folgenden Zeilen versuchen, um damit dem Manne Dank abzustatten, der wie kein anderer das erste Dezennium des wiedererwachten Lebens zu Amelungsborn geprägt hat: Abt Christhard Mahrenholz.

I. *Aufgaben*

Wozu gibt es Klöster? Wozu gibt es insbesondere das evangelische Männerkloster Amelungsborn? Das erläutert die Verfassung der evangelisch-lutherischen Landeskirche Hannovers vom 11. Februar 1965: „Das Kloster Amelungsborn ist eine geistliche Körperschaft in der Landeskirche, die landeskirchliche Aufgaben zu erfüllen hat. Es besteht aus dem Abt und den Konventualen. Die Oberaufsicht über das Kloster führt der Kirchensenat; er erläßt die Klosterverfassung und bestimmt im Einverständnis mit dem Landessynodalausschuß die landeskirchlichen Aufgaben des Klosters. Der Abt wird nach Anhörung des Konvents vom Kirchensenat ernannt."[1]

Hieran ist wichtig, daß die Landeskirche in ihrer neuen Verfassung den Daseinszweck, die Aufgaben und das dazu notwendige personelle Instrumentarium des Klosters ausdrücklich überlegt und festgelegt hat. Es handelt sich bei Amelungsborn demnach nicht um eine aus Traditionalismus mitgeschleppte Erbschaft der Vergangenheit, sondern um eine 1965 ausdrücklich neu in den Bereich des landeskirchlichen Wirkens aufgenommene zusätzliche Aufgabe, zu der die Landeskirche in ihrer Verfassung ein rundes „Ja" spricht. Dies verdient festgehalten zu werden, weil es für alles weitere Überlegen zu dem Gegenwartsdienst des Klosters grundlegend ist.

Ebenfalls von Bedeutung ist die Bestimmung der Verfassung, wonach das Kloster nicht eine örtlich gebundene und auf einen Platz beschränkte Personalgemeinde — analog den anderen Personalgemeinden der Landeskirche (Anstaltsgemeinden, Militärgemeinden, Studentengemeinden) — darstellt, sondern eine „geistliche Körperschaft in der Landeskirche". Es geht also um die Bestimmung der Aufgaben einer Personengemeinschaft, deren Dienst im Auftrag der Landeskirche und nach präziser Aufgabenstellung durch das leitende Organ dieser Landeskirche geschieht. Die besondere Weise ihres Dienstes wird unter anderem dadurch unterstrichen, daß das Kloster in verwaltungsmäßiger Hinsicht und auch aufsichtlich nicht dem Landeskirchenamt unterstellt wird, sondern dem Kirchensenat. Der Umstand, daß das Kloster in der Kirchenverfassung durch den Begriff „geistliche Körperschaft" im Unterschied zur Gebietskörperschaft als Personengemeinschaft beschrieben wird, erinnert auf spezifische Weise daran, daß die Kirche Christi primär aus Personen besteht, auch wenn sie in missionarischer Abzweckung sich dem Territorialprinzip verpflichtet weiß.

---

[1] Kirchenverfassung der Evangelisch-lutherischen Landeskirche Hannovers vom 11. Februar 1965, Artikel 113, Abs. 1.

Entsprechend den Bestimmungen der Kirchenverfassung erließ der Senat am 11. August 1965 eine eigene Klosterverfassung für Amelungsborn. Diese regelt das Nähere zur Wahl und Resignation von Abt und Konventualen, die Vertretung des Abtes, die Zahl, Rechte und Pflichten der Konventualen, die Verwaltung des vorhandenen Grundvermögens und die Aufsicht über das Kloster durch den Senat; zugleich bestimmt sie, daß das Kloster im Rahmen dieser Verfassung[2] seine Angelegenheiten selbständig ordnet.[3] Es hat von dieser Ermächtigung durch eine Klosterordnung Gebrauch gemacht, die am 15. Februar 1969 in Kraft gesetzt wurde[4] und die vorläufige Ordnung ablöst.[5]

Ebenfalls gemäß den Bestimmungen der Kirchenverfassung hat der Kirchensenat nach längerer, sorgfältiger Überlegung aufgrund der Erfahrungen des ersten Jahrzehnts klösterlicher Existenz die Aufgaben des Klosters Anfang des Jahres 1970 näher bestimmt.[6] Danach ist „die landeskirchliche Aufgabe des Klosters Amelungsborn, an der Arbeit der Landeskirche durch Veranstaltungen mitzuwirken, die

a. der geistlichen Sammlung dienen,
b. in Besinnung auf die Grundlagen des Glaubens für den Christendienst in Familie, Beruf, Kirche und Welt zurüsten und
c. den Aufbau der Gemeinde und die Mitarbeit in Gemeinde und Kirche fördern".

Der Landessynodalausschuß hat zu diesem Senatsbeschluß das verfassungsmäßig notwendige Einvernehmen hergestellt und zugleich erklärt, „daß die Erfüllung der Aufgaben des Klosters im Rahmen der im landeskirchlichen Haushalt ausgewiesenen Mittel gefördert wird".[7]

Was ergibt sich aus dieser Aufgabenstellung allgemein? Das Kloster hat im Auftrag der Landeskirche und in enger Zusammenarbeit mit ihr selbständig Aufgaben anzugreifen und zu erfüllen, die den Bereich der gesamten Landeskirche berühren. Das Wirken des Klosters ist nicht auf den Ort beschränkt, an dem sich seine Gebäude befinden. Andererseits ist sein Wirken am Ort ebensowenig ausgeschlossen wie eine eventuelle Tätigkeit im überlandeskirchlichen oder ökumenischen Bereich. Primär jedoch wirkt es landeskirchlich. Hier in der Landeskirche liegt der Schwerpunkt der ihm zugemessenen Aufgaben. Das zeigen die Bestimmungen der Kirchenverfassung ebenso wie der Hinweis des Landessynodalausschusses auf den landeskirchlichen Haushaltsplan. Dies in Erinnerung zu behalten dient der Begrenzung des Aufgabenumfangs und der rechten Sinnbestimmung des klösterlichen Dienstes.

---

[2] Verfassung des Klosters Amelungsborn vom 11. August 1965, in: Ordnungen des Klosters Amelungsborn, Berlin-Hamburg 1969², S. 3 f.
[3] Verfassung des Klosters Amelungsborn vom 11. August 1965, § 5, Abs. 4.
[4] Klosterordnung für Amelungsborn vom 15. Februar 1969, in: Ordnungen des Klosters Amelungsborn, 1969², S. 5 ff.
[5] (Vorläufige) Klosterordnung für Amelungsborn vom 28. Februar 1961, in: Ordnungen des Klosters Amelungsborn, Berlin-Hamburg 1961¹, S. 9 ff.
[6] Beschluß des Kirchensenates vom 2. Februar 1970 (188. Sitzung), in: Mitteilung des Kirchensenates Nr. 102 vom 3. April 1970 an den Abt des Klosters Amelungsborn.
[7] Beschluß des Landessynodalausschusses gemäß Artikel 113 der Kirchenverfassung am 11. Februar 1970 (58. Sitzung), in: o. a. Mitteilung des Kirchensenates vom 3. April 1970.

Wichtig ist bei dieser Aufgabenstellung durch den hannoverschen Kirchensenat ferner die Großzügigkeit, mit der auf jede Festlegung der Art und Weise verzichtet wird, in der das Kloster die ihm übertragenen Aufgaben anpackt und ausführt. Man erwartet selbständiges Handeln, eigene Initiativen und unbeirrtes Vorgehen im Rahmen der besonderen Möglichkeiten, die dem Kloster aufgrund seiner Lebensform und Zusammensetzung gegeben sind.

Dieser dem Kloster zugemessene Freiheitsraum zeigt sich in der Verfassungsbestimmung, wonach das Kloster nicht durch die landeskirchlichen Organe, sondern durch den Abt des Klosters Loccum visitiert wird.[8] Damit ist die besondere Lebensform anerkannt, die es als angemessen erscheinen läßt, Gleichartiges Gleichartigem zuzuordnen. Dieser Sachverhalt erinnert daran, daß es in Niedersachsen außer den beiden Männerklöstern zu Loccum und Amelungsborn noch eine größere Zahl von Frauenklöstern und -stiftern gibt: Barsinghausen, Börstel, Ebstorf, Fischbeck, Helmstedt (Marienberg), Isenhagen, Lüne, Marienwerder, Medingen, Obernkirchen, Walsrode, Wienhausen, Wennigsen, Wolfenbüttel und Wülfinghausen, um nur die wichtigsten zu nennen. Sie haben eine andere Rechtsform als die beiden Männerklöster, sind teilweise dem Niedersächsischen Staate zugeordnet und sehen sich hinsichtlich der Sinngebung ihrer Existenz und der Fortsetzung ihrer Arbeit vor ähnliche Fragen gestellt wie das Kloster Amelungsborn.

Heutger hat in seiner Studie „Evangelische Konvente in den welfischen Landen und der Grafschaft Schaumburg"[9] die Frage gestellt, ob man in der Fortexistenz dieser evangelischen Stifter und Klöster bis in die Gegenwart nicht doch mehr sehen müsse als nur das Ergebnis zählebiger Überlieferungen, die man gedankenlos akzeptierte.[10] Diese Frage ist notwendig und bedarf der sorg-

---

[8] Verfassung des Klosters Amelungsborn vom 11. August 1965, § 6, Abs. 2.
[9] Nicolaus C. Heutger, Evangelische Konvente in den welfischen Landen und der Grafschaft Schaumburg - Studien über ein Nachleben klösterlicher und stiftischer Formen seit Einführung der Reformation, Hildesheim 1961, 190 S.
[10] aaO. S. 181 f.; vgl. hierzu auch Nicolaus C. Heutger, Evangelische und simultane Stifter in Westfalen - unter besonderer Berücksichtigung des Stiftes Börstel im Landkreis Bersenbrück, Hildesheim 1968, 168 S., desgl. von demselben Autor: Das Kloster Amelungsborn im Spiegel der zisterziensischen Ordensgeschichte, Hildesheim 1968, 102 S., ebenfalls von demselben Autor: Bursfelde und seine Reformklöster in Niedersachsen, Hildesheim 1969, 118 S. Vgl. zu diesem Komplex ferner Christhard Mahrenholz, Das Kloster Amelungsborn im Spiegel der niedersächsischen Klostergeschichte, in: Jahrbuch der Gesellschaft für niedersächsische Kirchengeschichte, Bd. 62, 1964, S. 5 ff., vom gleichen Verfasser: Studien zur Amelungsborner Abtsliste, in: Jahrbuch der Gesellschaft für niedersächsische Kirchengeschichte, Bd. 61, 1963, S. 13 ff., Bd. 63, 1965, S. 95 ff., Bd. 65, 1967, S. 187 ff. und Bd. 66, 1968, S. 141 ff. sowie von demselben Autor: Die Amelungsborner Bibel von 1280/1290 Berlin-Hamburg 1963, vgl. ferner Günter Gloede, Das Doberaner Münster - Geschichte, Baugeschichte, Kunstwerke, Berlin 1965, 116 S., 236 Abb. Georg Hoffmann, Sinn und Aufgaben evangelischer Klöster, Festrede, in: Kloster Amelungsborn - Neues Leben auf altem Boden, Berlin-Hamburg 1966, S. 115 ff. (Erich Ruppel und Dieter Andersen, Hrsg.): Loccum Vivum - Achthundert Jahre Kloster Loccum, Hamburg 1963, 323 S., Georg Schnath, Vom Wesen und Wirken der Zisterzienser in Niedersachsen im 12. Jahrhundert - Zur 800-Jahr-Feier des Klosters Loccum, in: Jahrbuch für Nieders. Landesgeschichte, Bd. 35, 1963. S. 1 ff.

fältig überlegten Antwort. Dabei ist als beachtlich der Freiheitsraum zu konstatieren, der diesen Einrichtungen — trotz teilweiser Enteignung und starker Kritik im Prinzipiellen — während der Reformationszeit und später dennoch gewährt wurde. Wahrscheinlich reflektiert dieser gewährte Freiheitsraum weniger den Respekt vor dem *faktisch* Gewollten und Bewirkten als vielmehr die Erwartung an das, was Klöster und Stifter bei rechter Sinngebung und Sinnerfüllung sein und wirken *könnten*.

Es will scheinen, als lebte solche heimliche Erwartung noch heute in der Art und Weise des Umgangs, den Staat und Gesellschaft diesen machtlosen, teilweise auch überalterten Kommunitäten zuteil werden lassen. Ein Beispiel hierfür mag das Dasein und Wirken der Hannoverschen Klosterkammer sein; ein zweites wird man in der Fürsorge sehen dürfen, die die hannoversche Landeskirche den ihr rechtlich nicht zugeordneten Frauenstiftern und -klöstern angedeihen läßt, beispielsweise durch die Betrauung einer Pastorin mit der Spezialseelsorge unter den Konventualinnen. Daß in alledem — auch in den Konventen — Hoffnung auf Erneuerung und Reform lebt, ist offenkundig.

Wichtig bleibt, daß Reform und Erneuerung sich auch faktisch ereignen können; etwa dadurch, daß man in den Konventen willig ist, von den modernen kommunitären Bewegungen in Deutschland, Frankreich, Großbritannien, Skandinavien und anderen Teilen der Welt[11] zu lernen; aber auch dadurch, daß Staat, Gesellschaft und Kirche weiterhin geduldig jenes Maß an Freiheitsraum gewähren, das für den Fortbestand und die Reform der Stifter und Klöster unerläßlich ist. Am wichtigsten aber bleibt, daß sich in den Stiftern und Klöstern selber etwas Entscheidendes ereignet. Sie dürfen sich selber nicht aufgeben, sondern sollten — indem sie sich der Erneuerung öffnen — ihren Daseinssinn wiederfinden. Sollte hierbei die biblische Maxime nicht erneut ihre Gültigkeit unter Beweis stellen, daß man das Gesetz Christi dadurch erfüllt, daß man des anderen Last mitträgt? Vielleicht könnten die Stifter und Klöster *miteinander,* als eine Arbeitsgemeinschaft, schaffen, wozu sie allein nicht in der Lage sind: Starke und schwache, Männer- und Frauenkonvente miteinander ein Ziel ansteuernd. Es ist freilich davon auszugehen, daß ohne Klärung der Sinnfrage hier wenig zu erwarten ist.

Im Unterschied zu den Frauenklöstern und -stiftern ist der Amelungsborner Konvent den größten Teil des Jahres von der Residenzpflicht befreit; die Mitglieder gehen ihren gewöhnlichen Berufspflichten nach. Das gleiche gilt für die

---

[11] Vgl. hierzu: Lydia Präger, Frei für Gott und die Menschen - Evangelische Bruder- und Schwesternschaften der Gegenwart in Selbstdarstellungen, Stuttgart 1959, 534 S. - Peter F. Anson, The Call of the Cloister - Religious Communities and kindred Bodies in the Anglican Communion, London 1958, 644 S. - François Biot, Communautés Protestantes - La renaissance de la vie régulière dans le protestantisme continental, Paris 1961, 238 S. - François Biot, Evangelische Ordensgemeinschaften, Mainz 1962, 194 S. - René H. Esnault, Luther et le Monachisme aujourd'hui, Genf 1964, 232 S. — Vgl. ferner zur modernen römisch-katholischen Ordensbewegung als Beispiele die folgenden Arbeiten: Thomas Merton, The Sign of Jonas - The Day by Day Experience and Meditations of a Trappist Monk, New York 1953. - Jean Canu, Die religiösen Männerorden, Aschaffenburg 1960, 125 S. - Mirjam Prager, Die religiösen Frauenorden, Aschaffenburg 1968, 166 S.

Familiaren. Die letzteren üben keine kirchlichen Berufe aus, sondern dienen als Ärzte, Kaufleute, Beamte, Künstler, Journalisten, Architekten, Dozenten und Landwirte im Alltag. Konvent und Familiaritas bilden miteinander die klösterliche Familie, das Kapitel des Klosters. Es gehört zu dem Amelungsborn gewährten Freiheitsraum, daß beide Möglichkeiten für die Mitgliedschaft bestehen. Warum sollte ähnliches nicht auch in den Frauenklöstern denkbar sein? Ein Bedürfnis danach besteht sicher.

Entscheidend für jede Art der Erneuerung und Reform ist, daß die Frage nach dem Sinn beantwortet wird. Von der Antwort auf die Sinnfrage wird der Erfolg jeder Erneuerungsbewegung abhängen, wie man aus der Geschichte unschwer erkennen kann. Das gilt ebenso für die Frauenstifter und -klöster Niedersachsens, von denen wir berichteten, wie auch für das Kloster Amelungsborn. Der Sinnfrage wollen wir daher besonders nachgehen, wenn wir im folgenden unter Anlehnung an den dem Kloster vom hannoverschen Kirchensenat gestellten Aufgabenkatalog jeweils eine Entfaltung der einzelnen damit angesprochenen Sachverhalte versuchen. Diese Art des Vorgehens verdeutlicht klösterliches Leben der Gegenwart in der evangelischen Kirche; zugleich hilft es uns, auch die Sinnfrage zu erhellen.

II. *Geistliche Sammlung*

Eröffnet wird der Aufgabenkatalog damit, daß von Veranstaltungen seitens des Klosters gesprochen wird, die dem Ziel der „Geistlichen Sammlung" dienen. Entsprechend dieser Aufgabenstellung haben Konvent und Familiaritas wesentliche Teile ihres bisherigen und künftigen Wirkens zu verstehen gesucht. Was ist „Geistliche Sammlung"? Grammatisch meint Sammlung das Zusammentragen von Auseinanderliegendem, Zerstreutem und Fremdgewordenem; es bezweckt die Wiederzusammenfügung, die Integration, das Hintragen zum Zentrum und damit die Konzentration. Geistliche Sammlung ist ein Sammeln nach der Weise des Geistes, der vom Vater und vom Sohne ausgeht und der die Neuschöpfung der Welt und aller Menschen zum Ziele hat. Im Sinne dieses österlich-pfingstlichen Verständnisses des Wirkens des Geistes bewirkt „Geistliche Sammlung" neues Leben, neue Schöpfung, Wiedergeburt und Erneuerung nach jeder Richtung.

Entsprechend dem Wesen und Verhalten der Menschen kann sich „Geistliche Sammlung" im Leben des Einzelnen als Versenkung, als Meditation, als Hinhorchen auf Wesentliches auswirken. „Mensch, werde wesentlich!" könnte in dieser Perspektive als ein Imperativ Geistlicher Sammlung interpretiert werden. In diesem Sinne haben christliche Mystiker aller Zeiten, insbesondere aber die von der neuplatonischen Mystik beeinflußten Mönchsbewegungen des Mittelalters ebenso wie die Mystiker des 16. und 17. Jahrhunderts „Geistliche Sammlung" praktiziert. Diese Weise geistlicher Sammlung berührt sich hier und dort mit dem allgemeinen Strom der Mystik, wie er sich unter anderem in den Hochreligionen Asiens, insbesondere im Buddhismus in vollendeter Gestalt vorfindet. Unter diesem Blickwinkel werden Chance und Grenze solcher „Geistlichen Sammlung" erkennbar.

„Geistliche Sammlung" kann aber auch als ein gesamtmenschheitlicher Prozeß verstanden werden, mithin als eine nicht nur in den einzelnen jeweils individuell sich vollziehende, sondern als eine die vielen insgesamt meinende Bewegung. In diesem Sinne begreift sich das kirchengründende Wirken der ersten Apostel, die — wie die Apostelgeschichte bezeugt [12] — vom Geist Gottes Befehle und Impulse für ihr Planen und Wirken empfingen, unmittelbar als „Geistliches Sammeln". Wenn Philippus dem Geistbefehl folgt, den Kämmerer der Königin Kandaze aufzusuchen, wenn Petrus den Hauptmann Kornelius in Caesarea aufsucht, wenn Paulus sich im Zickzack seines anatolischen Wanderweges schließlich über das Meer nach Philippi führen läßt, dann manifestiert sich der Gottesgeist hier als Subjekt der geistlich-missionarischen Sammlung des Volkes Gottes. Der gesamte Dienst des Gottesvolkes als Auferstehungsverkündigung, Taufe, Mahlfeier, Gebet und Liebesdienst ist so im Sinn des Sendungsbefehls des erhöhten endzeitlichen Herrn als „Geistliche Sammlung" zu interpretieren.[13]

Im Blick auf die Entfaltungen „Geistlicher Sammlung" in der Kirchengeschichte wird man allerdings folgendes hinzufügen müssen. „Geistliche Sammlung" — sei sie konkretisiert als missionarische Bewegung des wandernden Gottesvolkes oder als Konzentration und Verwesentlichung des Einzelnen — darf nur dann als christliche Möglichkeit gelten, wenn sie exklusiv an das Wort des beauftragenden Herrn gebunden bleibt. Fällt diese Bindung, so kann sich die Mission des Gottesvolkes in einen eigenmächtigen Propagandafeldzug der als Werbeorganisation mißverstandenen Kirche verwandeln; und die „Sammlung" als meditative Konzentration der einzelnen entartet zu hybrider Theurgie. Beide Möglichkeiten wurden geschichtliche Realität; auch die Gegenwart ist vor ihnen nicht sicher.

„Geistliche Sammlung" verdichtete sich zu geschichtlichen Schwerpunkten in verschiedenen „Erweckungsbewegungen", unter denen die monastischen hervorragen und ein eigenes Element einbringen. Die apostolische Urkirche ist nach der Struktur ihres Wirkens insgesamt als eine Erweckungsbewegung anzusehen; der individuelle und der kollektive Aspekt „Geistlicher Sammlung" fallen weithin zusammen. In dem Maße, als sich die Christenheit im Zuge ihres missionarischen Ausgreifens in die Völkerwelt in die katholische Großkirche verwandelt, entstehen in ihr wiederholt bedeutsame Erweckungsbewegungen, die gleichsam als Protest und als Erinnerung an die ursprüngliche Identität von Kirche und „Geistlicher Sammlung" zu verstehen sind: Gnosis, Montanismus, Donatismus und andere. Geschichtlich am wirksamsten wird die insbesondere im vierten Jahrhundert — parallel zum Friedensschluß mit dem Imperium Romanum — sich konsolidierende monastische Erweckungsbewegung. In ihr vor allem wurde versucht, die urchristliche Glut endzeitlicher Erwartung und dementsprechender „Geistlicher Sammlung" lebendig zu erhalten, während die Ekklesien mehr und mehr zu Großgemeinden wurden und ihr Feuer erkaltete. Insbesondere in Verbindung mit fortlebendem gnostischem oder neuplatoni-

---

[12] Apg. 2, 1 ff.; 8 ff.; 8, 26 ff.; 9, 18 ff.; 10, 1 ff.; 10, 44 ff.; 11, 12 ff.; 16, 6 ff.
[13] Vgl. Matth. 12, 30 f. und die einschlägigen Auslegungen in den Kommentaren.

schem Gedankengut hat es auch später Erweckungsbewegungen gegeben, die sich teilweise neben der monastischen Bewegung und in Verbindung mit ihr entwickelten, zum Teil aber auch gegen sie wandten und in ihr ein Mißverständnis „geistlichen Sammelns" erblickten.[14]

Ein neuer Ansatz zu „Geistlicher Sammlung" darf von den bisherigen geschichtlichen Konkretionen nicht absehen, will er einen fruchtbaren und eigenständigen Beitrag leisten. Das gilt insbesondere von geistlicher Sammlung auf der Grundlage reformatorischer Glaubensüberzeugungen. Bei ihr muß die Bindung an das Wort dominierend sein, auch wenn sie das Wagnis unternimmt, gute Früchte der Erfahrung geschichtlich wirksamer christlicher Erweckungsbewegungen — unter ihnen der monastisch geprägten — zu prüfen und im gegebenen Fall in das eigene Wirken einzubeziehen. Hier wird als Regel das apostolische Wort gelten dürfen: „Prüfet alles und das Gute behaltet!"[15] Tagungen und Freizeiten des Konvents und der Familiaritas haben bislang beachtet und werden noch stärker in Zukunft beachten, daß „Geistliche Sammlung" als Konzentration, aber auch als Hinwendung zur Welt im Sinn der Sendung exklusiv gebunden bleibe an die Botschaft von der Rechtfertigung des Sünders um Christi willen aus Glauben allein.

III. *Besinnung auf die Grundlagen des Glaubens*

Wie vollzieht sich nun evangelisches Klosterleben in Amelungsborn konkret? Bei oberflächlicher Betrachtung könnte man es mit dem Schlagwort kennzeichnen: „Mönchtum auf Zeit". Das will sagen, daß in Amelungsborn der Abt und die Konventualen im Kloster nicht auf Dauer, sondern nur für einen beschränkten Zeitraum wohnen; das gleiche gilt für die Familiaren. Doch wäre „Mönchtum auf Zeit" für diese Lebensform keine korrekte Bezeichnung, weil es sich hierbei nicht einfach um ein an evangelische Existenzbedingungen angepaßtes monastisches Ideal handelt. Vielmehr haben Einflüsse aus verschiedenen geistlichen Bewegungen — darunter auch aus der monastischen — den „Amelungsborner Stil" geprägt.

Zusammenkünfte des Konvents ebenso wie der Familiaritas vollziehen sich nach je eigenen Regeln. Die Familiaritas ist keine vom Konvent abhängige oder ihn imitierende Einrichtung, sondern besitzt ihr eigenes, frei gewähltes und vom Abt lediglich bestätigtes Leitungsorgan: Senior und Ältestenrat. Die Familiaritas plant selbständig ihre relativ häufigen Zusammenkünfte einschließlich

---

[14] Zur Geschichte der monastischen Bewegung vgl. insbesondere die folgenden einführenden Werke: Walter Nigg, Vom Geheimnis der Mönche, Zürich-Stuttgart 1953, 421 S. - Jean Décarreaux, Die Mönche und die abendländische Zivilisation, Wiesbaden 1964, 399 S. - Ludwig Lekai, Geschichte und Wirken der weißen Mönche - Der Orden der Zisterzienser, Köln 1958, 359 S. - Elisabeth von Schmidt-Pauli, Bernhard von Clairvaux, Düsseldorf 1953, 435 S. - Ida Friederike Görres, Das große Spiel der Maria Ward - Das Leben einer wagemutigen Frau, Freiburg 1960, 174 S. - Gilbert Keith Chesterton, Der heilige Franziskus von Assisi - Ein Heiligenbild ohne Goldgrund, Freiburg-Basel-Wien 1959, Gilbert Keith Chesterton, Der stumme Ochse - Über Thomas von Aquin, Freiburg-Basel-Wien 1960. - Ludwig Marcuse, Ignatius von Loyola. - Ein Soldat der Kirche, Hamburg 1956. [15] 1. Thess. 5, 31.

der Thematik und der gegebenenfalls einzuladenden Gäste. Sie finanziert auch ihr gesamtes Leben in Amelungsborn selbständig. Sie arbeitet eng mit dem Konvent zusammen und trägt zum Unterhalt des Klosters aus eigenen Mitteln bei. Der Familiaritas ist auf ihren Wunsch ein geistliches Mitglied des Konvents zugeordnet, das der Familiaritas als Spezialseelsorger und theologischer Berater dient. Dieser „Spiritual" der Familiaritas ist nicht ihr Leiter, sondern berät sie und dient zugleich als lebendiges Bindeglied zwischen Familiaritas und Konvent. Die Familiaritas kommt explizit weder in der Klosterverfassung noch in der dem Kloster gewidmeten Bestimmung der hannoverschen Kirchenverfassung vor; dennoch kann man sagen, daß ihre Bedeutung für das Leben des Klosters kaum geringer ist als die des Konvents.

Die Familiaritas, die ständig wächst und jetzt daran denken muß, ihre Aufgaben um der Übersehbarkeit und Gründlichkeit der Arbeit willen in mehreren Gruppen auszuführen, versteht sich primär als geistliche Bruderschaft von Laien, deren Hauptaufgabe die Zurüstung für das Leben in Beruf und Familie ist. Sie sieht als Schwerpunkte ihres Wirkens das gottesdienstliche Leben, die wiederholt erfahrene Wohn- und Lebensgemeinschaft und die theologische Besinnung auf die Zentralfragen des Glaubens ebenso wie auf die großen Zeitprobleme in Wissenschaft, Politik, Gesellschaft und Kunst. Die Zusammensetzung des Kreises sowie die Tatsache, daß als Spiritual ein ordentlicher Professor für Neues Testament dient, erlaubt die notwendige Sachgemäßheit dieser Bemühungen.

Sowohl die Familiaritas wie der Konvent sind davon überzeugt, daß auf dem Gebiet theologischer Arbeit nicht genug getan werden kann, um die Besinnung auf die Grundlagen des Glaubens zu fördern. Beide gehen davon aus, daß die modernsten theologischen Methoden gerade gut genug sind; wenn sie sich moderner Theologie gegenüber als befangen erklärten, wäre die notwendige Besinnung gefährdet. Freilich hindert sie ihr Engagement im methodischen Bereich nicht daran, verschiedene leichtfertig gezogene Konsequenzen bestimmter theologischer Schulen kritisch zu untersuchen und im gegebenen Fall auch eindeutig zu beurteilen.

Wie die Familiaritas bildet auch der Konvent von Amelungsborn ein sich selbst leitendes, verwaltendes und ergänzendes „team". Der Abt führt den Vorsitz, in seiner Vertretung der Prior. Damit folgt Amelungsborn der für Europa so bedeutsam gewordenen Tradition der monastischen Selbstverwaltung.[16] Diese praktizierte seit frühesten Zeiten — im Unterschied zur monarchisch geprägten Art weltlichen und kirchlichen Regierens im Mittelalter — eine quasi demokratisch-egalitäre Form gemeinsamer Willensbildung. Ein Klosterkapitel war eine Versammlung von Gleichberechtigten, die gemeinsame Angelegenheiten einschließlich Abtswahl durch Abstimmung zu regeln pflegte. Benedikts patriarchalische Auffassung vom Auftrag der Äbte änderte an diesen Grundsätzen nichts.[17]

---

[16] Décarreaux, aaO. S. 218 ff. 372 f.
[17] Vgl. hierzu auch Ildefons Herwegen, Der Heilige Benedikt - Ein Charakterbild, Düsseldorf 1951⁴.

Amelungsborn hat mit seiner Klosterordnung[18] an dieser Grundstruktur monastischen Wirkens, die unter anderem auch für das Wachstum des politischen Bewußtseins so bedeutsam wurde, festgehalten und sie neu aktualisiert. Das alte und zugleich so moderne Prinzip uneingeschränkter Selbstverwaltung gewährleistet im sinnvollen Rahmen ein optimales Maß an möglicher Zusammenarbeit. Daran ändern die vom hannoverschen Kirchensenat festgehaltenen Ernennungs- und Bestätigungsrechte bei Abts- und Konventualswahlen nicht das mindeste.[19] Diese Art der Selbstverwaltung des Konvents ist für alle Arbeit in Amelungsborn relevant. Sie ermöglicht eine weitgehende und sinnvolle Teilung der Arbeit, wie an der Beauftragung des Konventuals für die Familiaren deutlich wurde. Viele andere Beispiele ließen sich anführen.

Vor allem ermöglicht die Struktur der Amelungsborner Konventsarbeit eine präzise Konsensusbildung im theologischen Bereich. Dergleichen muß für einen Kreis wesentlich sein, der die Aufgabe gestellt bekam, Veranstaltungen abzuhalten, zu veranlassen oder zu leiten, die der Besinnung auf die Grundlagen des Glaubens dienen. Theologische Arbeit zielt ihrem Wesen nach auf die Bildung von Konsensus im Bereich der Sinn- und Wahrheitsfragen. In dieser Hinsicht ist der Konvent durch seine Arbeitsstruktur, seinen Auftrag und seine Zusammensetzung ähnlich qualifiziert wie eine Fakultät. Diese Analogie ist bedeutsam und signalisiert konkrete Möglichkeiten künftiger Arbeit, ohne daß damit ein Konkurrenzverhältnis behauptet wird. Die Kirchenleitung verfügt damit über ein wichtiges und hoffentlich effektives Instrument.

Theologische Grundlagenforschung geschieht auch, wie bereits erwähnt wurde, im Kontext der Arbeit der Familiaritas; hier ergeben sich durch das Miteinander der verschiedenen wissenschaftlichen und anderen Berufe und die sich damit verbindenden Problemstellungen interessante und relevante Möglichkeiten für die „Besinnung auf die Grundlagen des Glaubens". Was sich etwa an Fragen aus der zeitgenössischen biochemischen, psychotherapeutischen, pädagogischen, physikalischen, medizinischen, soziologischen, politologischen, chemischen oder mathematischen Forschung ergibt, bedarf der theologischen Erhellung. Die sich damit verbindenden philosophischen und historischen Probleme indizieren den Stellenwert all dieser und ähnlicher Fragen für das individuelle und soziale Verhalten. Trends und Perspektiven werden sichtbar, ohne die eine Zeitdiagnose und eine ihr angemessene Strategie für Theologie und Kirche kaum darzustellen wären. Wie sich in alledem die „Geistliche Sammlung" als Sendung des Gottesvolkes und als individuelle Verwesentlichung realisieren lassen, muß immer aufs neue durchdacht und konzipiert werden.

Natürlich können nicht alle genannten Themenbereiche im Rahmen der Arbeit der Amelungsborner Familiaritas angepackt werden; einiges jedoch ist möglich, auch schon in Angriff genommen. Diese Arbeit an den Grundlagen hat nicht wenige Gäste veranlaßt, um Aufnahme in die Familiaritas zu bitten.

---

[18] Klosterordnung für Amelungsborn vom 15. Februar 1969, Art. 25-27.
[19] Diese Rechte des hannoverschen Kirchensenats dienen im Gegenteil dazu, dem Kloster bei der Wahrung und Entfaltung seiner Eigenständigkeit zu helfen, Krisenzeiten überwindbar zu machen und ein gesundes Wachstum zu gewährleisten.

Auch der Konvent bedarf der ständigen Grundlagenbesinnung; im Unterschied zur Familiaritas fehlt ihm das Gegenüber der anderen Berufe und Wissensbereiche. Daher sind gemeinsame Tagungen der Konventualen und Familiaren unerläßlich; die bisherigen „Kapiteltage" bedürfen künftiger kräftiger Intensivierung.

Theologische Grundlagenarbeit wird sich besonders kraftvoll der Frage zuwenden, wie sich „Geistliche Sammlung" unter den Bedingungen der Moderne sachgemäß und effektiv bewirken läßt. Wichtig wird die Klärung sein, wie man die Schwerpunkte der verschiedenen christlichen Traditionen geistlicher Sammlung und Erweckung zu bewerten und für die Arbeit des Klosters fruchtbar zu machen hat; nicht alles, was einst sinnvoll und weiterwirkend war, muß es deshalb auch heute sein. Man wird daher sorgfältig prüfen, bewerten und auswählen müssen. Ohne solche Klärung wird undeutlich bleiben, welches Gewicht innerhalb der Amelungsborner Arbeit beispielsweise den Wortgottesdiensten, den eucharistischen Feiern, der Einzelbeichte, der individuellen seelsorglichen Aussprache, der Meditation, dem Rundgespräch, der thematisch orientierten Gesamtveranstaltung, der Einübung in das Gebet oder der Betreuung von Gästen zukommt. Alles hat seinen Platz; zu klären ist nur, welchen.

Von besonders zugespitzter Bedeutung wird die Klärung der mit dem Gebet verbundenen Sachverhalte sein, zumal sich gerade in diesem Bereich in letzter Zeit viele Fragen zu Wort gemeldet haben. Wenn Gebet als „Reden mit Gott" definiert wird, stellt sich die Vorfrage nach der Art der Realität und Personalität Gottes; erst von hieraus wird man Aussagen im Blick auf seine Anredbarkeit wagen können. Umgekehrt setzt — biblisch-theologisch gesehen — das „Reden mit Gott" voraus, daß Gott selber den Menschen angeredet hat. Gottes Rede als „Gesetz" und als „Evangelium" ergeht als lebendige und lebendigmachende Anrede (viva vox) im „heute und hier" der menschlichen Situationen; solches göttliche Anreden zu glauben und zu bezeugen setzt wiederum eine artikulierbare Vorstellung von der verborgenen und dennoch realen Gegenwart des sich selbst unter „Wort und Sakrament" vergegenwärtigenden Gottes voraus. Diese und ähnliche Fragen sind heute allenthalben umstritten und bedürfen daher der besonders sorgsamen Klärung.

Vom gottesdienstlichen Gebet zum Gebet des Einzelnen ist nur ein Schritt; von hieraus führt mancher Weg zum Phänomen der „Mystik". Handelt es sich hierbei um unerlaubte, hybride Spekulation und Verfügbarmachung des Unverfügbaren oder um ein legitimes Verhalten des christlichen Beters? Was meinen Worte wie „Versenkung", „Meditation", „Konzentration", „Verinnerlichung", „Verwesentlichung"? Welche Sachverhalte sind angesprochen? Um einen Schritt weiter in die außermonastische Tradition hinein zu tun, stellt sich die Frage nach dem präzisen Bedeutungsgehalt von „Bekehrung", „Wiedergeburt", „Reinigung", „Andacht", „Buße", „Glaubensfortschritt", „Täglich mit Christus sterben und auferstehen" und verwandten Inhalten. Aus alldem ist dasjenige auszusondern, was unter den Bedingungen der Moderne als brauchbar gelten darf, um Sinnträger des Evangeliums zu sein; hinzutreten muß die Überprüfung neuer und neuester Frömmigkeitsstile und -erfahrungen.

IV. Zurüstung für den Christendienst in Familie, Beruf, Kirche und Welt

Theologische Grundlagenbesinnung in Konvent und Familiaritas von Amelungsborn wird sich der „Geistlichen Sammlung" nicht nur im individuellen Bezug, sondern auch im Sinn des Sendungsauftrages Christi an seine endzeitliche Heilsgemeinde zuwenden. Dieser missionstheologische Bezug wird zu verdeutlichen suchen, was es heißt, an Christi Statt zu Botschaftern der Versöhnung berufen und bevollmächtigt zu sein. Aus dieser Mission des endzeitlichen Gottesvolkes, wie sie neu zu durchdenken und zu artikulieren ist, ergeben sich die mannigfachsten ethischen und ekklesialen Konkretionen. Darauf die Glieder und Gäste der Amelungsborner Familie zuzurüsten, wird in diesem und dem letzten Abschnitt zu bedenken sein.

Am Anfang dieser Überlegungen erinnere man sich, daß Amelungsborn als eine Missionsstation gegründet wurde. Diese Station war ein Glied in einer Familienkette anderer Stationen, die der Zisterzienserorden in Abstimmung mit der römischen Kirchenleitung eingerichtet hatte, um Ostmitteleuropa geistlich zu erschließen und für den Glauben zu gewinnen. Viele Jahrzehnte hindurch hat das Kloster dieser Aufgabe gedient. Die von ihm ausgegangenen Neugründungen in Ostdeutschland und anderen Bereichen Ostmitteleuropas bringen diese grundlegende Epoche ebenso in Erinnerung wie die im Gewölbe der Klosterkirche angebrachten Wappen osteuropäischer Landschaften, in denen der Orden von Amelungsborn aus gewirkt hat.

Gerade in Amelungsborn wird man daher eindringlicher als anderswo nach Sinn und Gestalt christlicher Mission in der Gegenwart zu fragen haben. Dabei wird man „Mission" so universal verstehen wie nur möglich, einmal als Welt- und Völkermission mit dem Ziel der Kirchen- und Gemeindegründung „in aller Welt" als endzeitliche Siegeszeichen des kommenden Herrn, zum anderen aber als die durch christliches Leben und Beispiel wirkende Mission an der eigenen Umwelt in Familie, Beruf und Öffentlichkeit. Die IV. Vollversammlung des Ökumenischen Rates der Kirchen (Uppsala 1968) hat die verschiedenen missionarischen Perspektiven, die sich dem Volke Gottes heute stellen, deutlich gesehen und ausgesprochen: Weltmission und Weltentwicklung bilden in ihrer Bezogenheit aufeinander das eine grundlegende Problem, Weltmission, Gottesdienst und Lebensstil der einzelnen Christen das andere. Wie kann man diese Einsichten konkretisieren und — etwa mit Hilfe der bescheidenen Amelungsborner Bemühungen — in unseren Alltag „übersetzen"? Hier stellen sich große Aufgaben.

In den verschiedenen Veranstaltungen, die, in thematischer und methodischer Hinsicht gefächert, hierzu anzubieten wären, müßte im Blick auf den Dienst des Christen in und an der Familie bedacht werden, um was für ein Phänomen es sich bei der „Familie" eigentlich handelt. Ihre Geschichte, ihre soziale und wirtschaftliche Bedeutung sind bekannt; was bedeutet sie im Prozeß der Humanisierung des Menschen und der zwischenmenschlichen Beziehungen? Was bedeutet sie für die christliche Kirche und ihren Auftrag? Was bedeutet sie als Erwerbs- und Bildungsgemeinschaft? Was hat es mit den Beziehungen zwischen Ehe und Familie auf sich? Was bedeutet sie für die Kinder, für die Erziehung, für das Bewahren der Humanität, für den Glauben? Wie kann sich der Christ in ihr „bewähren"?

Bewährung des Christen in der Familie heißt für die Amelungsborner Arbeit natürlich unter anderem auch, daß sich ein Konventuale oder Familiare in der klösterlichen Familie bewährt oder es doch jedenfalls versucht. Das ist in mancher Hinsicht einfacher als in „natürlichen" Familien, weil man sich seltener sieht und sich in der Regel nicht so nah kommt; es ist auch schwieriger, gerade weil man es mit Nichtverwandten zu tun hat und die Rücksicht auf das Ungewohnte für manchen drückender wirkt als auf das Gewohnte. Gerade die „geistliche Familie" als Lebensform gehört aber zu den unaufgebbaren Einsichten, die Amelungsborn aus den monastischen und anderen geistlichen Bewegungen übernommen hat und zeitgemäß anwendet.

Was heißt das? Konkret bedeutet das Leben der Konventualen und Familiaren als „geistliche Familie", daß ihr gemeinsames Leben in Amelungsborn — und von daher nach Möglichkeit auch das Leben hernach in Heim und Beruf — geprägt ist von einer durchdachten, sich in festen Rhythmen ausprägenden Zuordnung von Arbeit und Gebet. Für das Gebetsleben bestehen feste Ordnungen, die den ganzen Tag und das Jahr umgreifen, aber zugleich den nötigen Raum für die Freiheit lassen; die Ordnungen wollen Modelle denen bieten, die sich einüben. Sie setzen voraus, daß man mit Hilfe dieser Einübung das freie Gebet erlernt und angesichts der verschiedensten Situationen praktiziert.[20]

Das Arbeiten in Amelungsborn ist keineswegs nur ein symbolischer Vorgang. Man erwartet von jedem, daß er notwendige Arbeiten und Handgriffe verrichtet, auch wenn daraus nicht ein Ritus entwickelt wird. Auch hier ist die Freiheit, die in alldem angestrebt wird, die Grundregel. Der Dienst bei Tisch, die Arbeit in der Bibliothek, das Wirken in den küsterlichen Bereichen, der Dienst des Planens, Rechnens, Organisierens und vieles andere mehr gehört zum Selbstverständlichen, dem sich in Amelungsborn jeder ohne Ausnahme unterwirft. Man erfährt dabei die Wohltat gemeinsamen Wirkens, das vom Gebet umgeben und durchdrungen ist. Gleichwohl ist am Tage, daß dieser Bereich noch sehr viel sorgfältiger als bislang schon bedacht wird, damit auch unter diesem Gesichtswinkel theologische Grundlagenbesinnung geschieht. Das ist wichtig.

Warum ist das so wichtig? Wir leben in einem Zeitalter, in welchem aus guten Gründen die Arbeit besonders hoch geschätzt wird. Politische und gesellschaftliche Ideologie, Dichtung, bildende Kunst und Wissenschaft haben vereint der Arbeit einen Platz zugewiesen, wie ihn das heidnische Altertum nicht kannte und wie er erst im Bereich christlicher Glaubens- und Realitätserfahrung möglich wurde. Arbeit und Leistung gelten heute als Höchstwerte. Damit aber verbindet sich zugleich eine Gefahr für das Menschsein des Menschen. Aus der berechtigten Hochschätzung der Leistung kann sich ein unberechtigter Leistungsglaube entwickeln, der sich zum Maßstab aufschwingt, mit Hilfe dessen alle übrigen Phänomene dieser Welt bewertet werden.

---

[20] Vgl. hierzu Friedrich Heiler, Das Gebet, München 1921, 576 S. und Romano Guardini, Vorschule des Betens, Einsiedeln-Zürich 1943, 271 S.

Wird hier nicht ein künstliches Problem geschaffen? Keineswegs. Wo die Leistung als unbestrittener Höchstwert regiert, gilt nur etwas, wer etwas leistet; nur mit Hilfe der Leistung und der — als Statussymbole erkennbaren — Leistungserfolge vermag sich der Mensch vor seinen leistungsgläubigen Mitmenschen als wertvoll im Sinn des Leistungsglaubens zu rechtfertigen. Wer nichts leisten kann — etwa weil er alt, krank oder aus anderen Gründen körperlich schwach ist —, gilt nicht als wertvoll, gilt der faschistischen Spielart dieses grausigen Leistungswahns sogar als „lebensunwertes Leben". Der unter dem Einfluß solchen Irrglaubens stehende Mensch zwingt sich immer wieder, sich und sein Wirken vor dem Urteil der anderen als wertvoll zu rechtfertigen. Wer sich aber selber rechtfertigen muß, wird zwangsläufig selbstgerecht. Der selbstgerechte Mensch wird unfähig zur Liebe und zur Freiheit.

Die Reformation hat der Menschheit die Einsicht vermittelt, daß im Grunde kein Mensch sich vom Zwang zur Selbstrechtfertigung, die sich als Entfremdung von Gott und dem Nächsten auswirkt, selber befreien kann. Frei wird er dadurch, daß ein anderer die geschuldete Leistung für ihn vollbringt und ihn damit wirklich rechtfertigt: Die „fremde" Leistung des schuldlosen Christus am Kreuz macht den schuldigen Menschen zum Menschen, der zur Freiheit und Liebe fähig wird. Diesem Sachverhalt gemäß denken und handeln heißt der Leistung des Menschen den richtigen Platz zuzuweisen, den Leistungsglauben zu entmachten und einen wirksamen Beitrag zur Humanisierung der menschlichen Existenz darzubieten.

Was kann das konkret für die Amelungsborner Arbeit bedeuten? Die dem Kloster als Aufgabe gestellte „Zurüstung zum Christendienst in Familie, Beruf, Kirche und Welt" hat davon auszugehen, daß der Vermenschlichung der Welt mit einer allzu optimistischen Sicht vom Menschen, wie sie zur Zeit selbst unter manchen Theologen en vogue ist, nicht gedient wird. Der Nüchternheit des biblischen Menschenbildes entspricht die Realität stärker. Angesichts der die Welt bedrohenden Egoismen von Völkern, Klassen, Rassen, Ideologien und Einzelnen sowie angesichts der beispiellosen Verhöhnungen der Menschenwürde durch die Machthaber, Bevölkerungsplaner, biochemischen Menschenverwandler, Rauschgifthändler und Revolutionstechniker unseres Zeitalters kann der Welt durch verantwortliches Handeln nur dann eine Chance erkämpft werden, wenn der Mensch nicht schwärmerisch-utopisch idealisiert, sondern nüchtern als der beurteilt wird, der er ist: nämlich einer, der gestern, heute und in Zukunft einen „verknechteten Willen" hat und daher der fremden Rechtfertigung bedürftig bleibt.

Der durch Christi Kreuzestod und Auferstehung gerechtfertigte und also freigesprochene Rebell gegen Gott wird seine ihm geschenkte Freiheit als Liebe und Respekt gegenüber dem Nächsten begreifen, sich insbesondere für das Recht des anderen einsetzen und damit diese Welt in eine menschenwürdige, weil vom Recht geschützte Behausung verwandeln. Nur wo das Recht herrscht, kann auch der Friede wachsen, wird auch das Wirken im Beruf aus einem „Kampf aller gegen alle" zu einem „Dienst am Nächsten". In diesem Sinn wird sich die Amelungsborner Zurüstungsarbeit verstehen müssen, wenn sie ans Wort gebunden bleiben und das Erbe der Väter aktualisieren will.

Luftaufnahme des Klosters Amelungsborn

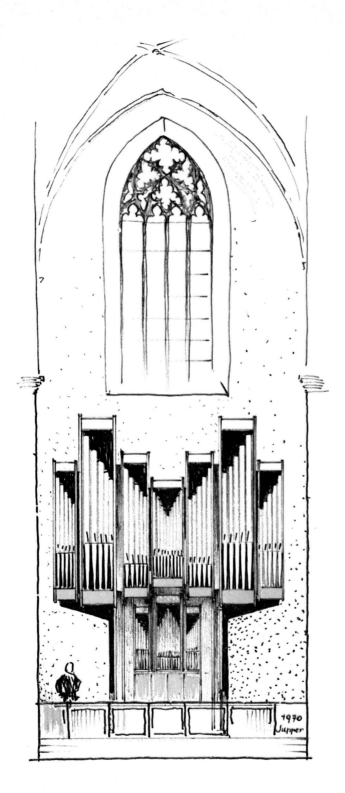

Orgel
der
Klosterkirche
von
Amelungsborn.

Das
Instrument
steht
im
Süd-Arm
des
Quer-Schiffs.

Im
Unterbau:
Spielschrank
und
Brustwerk;
Oberbau:
Hauptwerk
in den drei
Mittelfeldern,
das vom
Pedalwerk
links und rechts
in die
Mitte
genommen
wird.

Ob man auf der Grundlage des zuvor Durchdachten ein Berufsbildungsprogramm oder aber ein Erwachsenenbildungsprogramm im Rahmen der Amelungsborner Möglichkeiten in Angriff nimmt, wird sorgfältig zu überlegen sein. Im Zusammenhang mit dieser Planung wird man überlegen müssen, welche Grundlagen sich für eine moderne und zugleich biblische „Disziplin" oder „Asketik" aus den zuvor erörterten Sachbereichen anbieten, mit Hilfe deren es möglich sein wird, christliches Leben im Alltag als ein freies, entkrampftes und doch an den kommenden Herrn gebundenes Jüngerleben zu führen; einem Leben, in welchem sich Freiheit, Rechtsbewußtsein und Würde vereinen mit der Liebe zu Christus und den Menschen. Eine evangelische Asketik dieser Art könnte wirksamer zur Vermenschlichung der Welt beitragen als alle Umsturz- und Gewaltparolen zusammen. Es wäre viel, wenn Amelungsborn durch Erprobung und Grundlagenbesinnung an der Entwicklung einer solchen Einübung ins Christentum wirksam Anteil nehmen könnte.

V. *Förderung des Aufbaus der Gemeinde und der Mitarbeit in Gemeinde und Kirche*

Alle in den vorhergehenden Abschnitten bedachten Aufgaben des Klosters wollen der Kirche Christi dienen und helfen, sie zu erneuern. Das Kloster entstand als Ergebnis einer bedeutenden europäischen Erweckungs- und Erneuerungsbewegung in einer Zeit schwerer innerkirchlicher Krisen. Es wurde wieder ins Dasein gerufen und mit Aufgaben versehen, die der Aktualisierung des messianisch-österlichen Wesens der Kirche dienen sollen; dies geschieht zu einer Zeit, die ebenfalls schwere Bedrohungen für die Kirche mit sich bringt. Die „Geistliche Sammlung", die Besinnung auf die Grundlagen des Glaubens und die Zurüstung für den Christendienst in Familie, Beruf, Kirche und Welt haben miteinander den Zweck, zu klären, auf welche Weise die Kirche Christi während der kommenden Jahrzehnte ihren Dienst recht tun kann. Das Kloster will auf seine Weise dazu beitragen.

Damit ist eine ganz bestimmte Entscheidung bewußt vollzogen: das Kloster weiß sich an die Kirche gewiesen und verbunden. Zwar weiß es um die schweren Schäden, die sich hier und dort in der verfaßten Kirche und den Gemeinden finden; es weiß um die Notwendigkeit sinnvoller Reformen. Es widersteht aber der Versuchung, sich von der Kirche zugunsten einer von manchen Kirchenkritikern geforderten kirchenlosen Christlichkeit loszusagen. Es widersteht auch der anderen Versuchung, sachfremde und selbstgerechte Kritik an Zuständen zu üben, für die nicht „die Kirche", sondern ganz bestimmte Personen, Verhältnisse oder Sachentscheidungen verantwortlich sind. Es widersteht endlich der Versuchung, die Erneuerung der Kirche und ihres Dienstes vor allem auf dem Wege über sogenannte „Strukturreformen" voranzutreiben; es weiß, daß die Schäden in Lehre, Theologie, Verkündigung, Gottesdienst und Mission und mithin im eigentlich inhaltlichen Bereich liegen und dort auch geheilt werden müssen. Erst im Zusammenhang mit den notwendigen theologisch-dogmatischen Entscheidungen können dann auch die — in einer reformatorischen

Kirche grundsätzlich zweitrangigen — Struktur- und Formfragen angepackt werden. Das Verhältnis umzukehren wäre gegen die Wahrheit.

Eine weitere Entscheidung ist hier ebenfalls zu nennen. Indem sich das Kloster als eine „landeskirchliche" Einrichtung verfassungsmäßig erklären und seitens der Leitung der Landeskirche Aufgaben stellen läßt, verleugnet es zwar nicht die ökumenische Perspektive seiner Existenz, bejaht aber doch bewußt seinen Dienst in einer „großkirchlichen" oder „volkskirchlichen" Situation. Es sucht die Zukunft der Kirche nicht in der — vielfach romantisch verklärten — „freikirchlichen Existenzform". Es sieht die erheblichen Schwächen und Mängel dieses Systems genauso deutlich, wie es die noch immer vorhandenen Chancen und Möglichkeiten des „großkirchlichen" Daseins der Christenheit anerkennt, ungeachtet aller Angriffe und Verdächtigungen, die während der vergangenen Monate mit Hilfe einer gut organisierten und gesteuerten publizistischen Großkampagne und aus sehr handfesten Motiven gegen die „Volkskirche" in Deutschland gerichtet wurden. Da Amelungsborn missionarisch orientiert ist, sieht es die bedeutenderen Möglichkeiten in dieser Hinsicht bei der Volkskirche und hält gar nichts von der Flucht in die Anonymität der Sektenexistenz.

Die „ekklesiale Perspektive" ist für die Amelungsborner Arbeit grundlegend. Sie unterscheidet die Veranstaltungen des Klosters von allen sonstigen, irgendwie verwandt erscheinenden Einrichtungen (Evangelischen Akademien, Einkehrhäusern, Volkshochschulen u. dgl.). Diese ekklesiale Perspektive wird schon beim missionarischen Aspekt „geistlicher Sammlung" evident, tritt ebenso hervor bei der intendierten Vertiefung und Verwesentlichung der österlichen Existenz des Einzelnen: In Christus gerechtfertigtes und erneuertes Leben kann nicht bei sich bleiben, sondern sucht Kommunikation und meint den Nächsten immer mit.

Die ekklesiale Perspektive lebt auch in der Grundlagenbesinnung; das Credo bekennt den Glauben an die „eine, heilige, allgemeine und apostolische Kirche". Diese Perspektive verbindet sich mit den Tagesgottesdiensten, den Gebets- und Meditationsfreizeiten, der Einzel- und Gemeinschaftsbeichte und der eucharistischen Mahlfeier. Wo wie in Amelungsborn Gemeinschaft auf der Grundlage missionarisch interpretierter Wort- und Sakramentsfrömmigkeit wächst, zielen alle dazugehörenden Einzelvorgänge unvermeidlich und folgerichtig auf das Wachsen von Kirche, mag dieser Sachverhalt progressiv gestimmten Gemütern auch noch so rückständig vorkommen. Kirche ist in der Sicht des Klosters Amelungsborn das notwendige Instrument zur Verkündigung und zur Entfaltung des Rechtfertigungsglaubens, wie ihn die Bibel bezeugt.

Aus dieser ekklesialen Perspektive seines Wirkens und Seins erklärt sich, daß das Kloster auch die Arbeit der ihm benachbart liegenden Ortsgemeinden und des Kirchenkreises Holzminden kräftig fördert. Es stellt seine Räumlichkeiten zur Verfügung, hilft durch Predigt- und Vortragsdienst und ist auch im übrigen bestrebt, den lokalen Akzent der ekklesialen Perspektive nicht zu vergessen.

Nicht zuletzt erklärt es sich aus dieser Perspektive, wenn Amelungsborn sich ideell und praktisch für die Ausbildung von Nichttheologen für ehrenamtliche kirchliche Dienste einsetzt und zur Verfügung stellt. Dazu wurde schon vor Jahren ein sehr konkreter Vorschlag erarbeitet; man wird auch weiterhin in dieser Richtung wirken, bis eine überzeugende Lösung gefunden worden sein wird. Lehrgänge für Lektoren mit dem Recht freier Wortverkündigung könnten eine Möglichkeit zur Konkretisierung dieser Gedanken sein. Man wird sich auch für andere Varianten dieser Idee offenhalten müssen. Das Kloster ist davon überzeugt, daß die Zukunft der Volkskirche unter anderem davon abhängen wird, in welchem Maße es gelingt, Nichttheologen, die der Kirche nebenamtlich als Prediger oder in anderer Eigenschaft zu dienen bereit sind, mit der notwendigen soliden theologischen Ausbildung vertraut zu machen, so daß sie zu einem sachgemäßen, fundierten Urteil über kirchliche Fragen finden.

Man könnte es auch so ausdrücken, indem man sagt, daß Amelungsborn dazu beitragen möchte, daß „allgemeines Priestertum der Glaubenden" nicht nur ein — oft genug mißverstandenes oder mißbrauchtes — Schlagwort bleibt, sondern daß daraus an vielen Orten der Kirche konkrete Realität werde. Die Familiaritas ist dazu *ein* wichtiger Beitrag, die geplante Ausbildung von Nichttheologen für theologisch-kirchliche Aufgaben ein anderer.

Die Welt, der wir im Namen Gottes zu dienen haben, bedarf des Wortes und der Sakramente. Diese von Gott geliebte und sich selber zugleich so bedrohende Welt wächst von Tag zu Tag, sowohl im Blick auf die Personen wie im Blick auf die Chancen und Gefahren. In einer solchen Lage muß die Christenheit, will sie ihren Auftrag ausüben, allenthalben eine Verwandlung durchleben: sie muß aus einer von einigen wenigen Fachtheologen geleiteten Hörergemeinde fortwachsen in die Existenzform einer hörenden und zugleich bezeugenden, verkündigenden Gemeinde mündiger Christen. Es ist *ein* Evangelium, das diese Zeugen an Christi Statt auszurichten haben; und es handelt sich trotz aller Grenzen im gesellschaftlichen, sprachlichen und rassisch-ethnischen Bereich doch nur um *eine* einzige Welt, der wir diesen Dienst schulden. Hier wird die ganze Christenheit gebraucht; auch das Kloster Amelungsborn könnte dazu beitragen, daß dieser Ruf gehört und befolgt wird.

Ora
et
labora

Wilhelm Thomas

Über die Komplementarität
von Kultus und Ethos

I

Die Parole „Ora et labora", volkstümlich weiterentwickelt zu „Bet und arbeit / so hilft Gott allzeit", will ursprünglich eine Zusammenfassung der Mönchsregel des Heiligen Benedikt von Nursia sein. Gerade in ihrer Kürze und Schlichtheit ist sie nicht ungeeignet, als Maßstab für die kulturelle und religiöse Entwicklung des Abendlands zu dienen, durch alle Jahrhunderte — heute für den ganzen Erdkreis.

Das Nebeneinander von „Gebet" und „Arbeit" meint nicht einzelne herausgelöste Akte menschlichen Verhaltens, sondern den gesamten Umkreis menschlichen Handelns und Erlebens. Nun haben wir in deutscher Sprache ein Wort, das, wenn man seine beiden Bedeutungen zusammen sieht, ebenfalls unser ganzes Handeln und Erleben als ein Geschehen vor Gott umgreift: „Gottesdienst". Man lasse die verbreitete Deutung, als bezeichne dieses Wort den Dienst, den Gott uns leistet, da sie sprachlich irreführt, beiseite. Sprachlich bedeutet „Gottesdienst" eindeutig jene Huldigung, die wir Gott schulden und in Gebet und Lobgesang darbringen. Indem wir auf Gottes Wort hören, sakramental handeln, in Gebärden antworten, geschieht solcher Gottes-Dienst im ursprünglichen Sinn des Wortes. Der Lateiner nennt ihn *cultus, colere Deum*, also „Dienst gegen Gott". „Rein formell betrachtet läßt sich ... der gemeinherrschende Sprachgebrauch und -begriff in *colere* und *cultus* wie in dem deutschen Worte *Gottesdienst* nicht anders fassen, als daß die sakrifizielle Selbsttätigkeit des Menschen Gott gegenüber als allein betontes Moment erkannt sein will. Demgemäß sind gewisse Charakterformen, wie Opfer, Gebet und Anbetung, den verschiedensten Kulten gleich eigentümlich."[1]

Neben das aus dem Lateinischen entnommene *cultus* stellen wir aus dem biblischen Griechisch *leiturgia*, „Liturgie". Auch dieses Wort heißt „Dienst"; es wird zunächst für politische Dienstleistungen gebraucht, im griechischen Alten Testament aber für kultischen Dienst, einerlei ob sie den heidnischen Göttern oder dem einen Gott Israels dargebracht werden. In der alten Kirche ist dieser Sinn dann in den christlichen Bereich übernommen worden. In einem sehr äußerlichen Sinne gebraucht man wohl heute das Wort „Liturgie" für die (im Gegensatz zur Predigt) geprägten Formen (um nicht zu sagen: Formeln) des Gottesdienstes der Gemeinde. In Wirklichkeit ist das gottesdienstliche Ge-

---

[1] G. v. Zezschwitz, RE Bd. 5, S. 313.

schehen, wie es von der versammelten Gemeinde getragen und erlebt wird, eine Einheit, die wir griechisch *Liturgie*, lateinisch *Kultus*, deutsch *Gottesdienst* zu nennen haben.

Unsere christliche Erfahrung ist nun, daß wir, indem wir Gott dienen, immer wieder Gottes Dienst an uns erleben dürfen, wie er uns ja auch selbst allererst diesen Weg gewiesen hat. Trotzdem ist die weit verbreitete Theorie, „Gottesdienst" bedeute sprachlich diesen Dienst, den Gott uns tut, wie schon gesagt, falsch. Wie könnten wir sonst den „Gottesdienst" auf Sonntag 10 Uhr ansetzen? Verfügen wir über Gott, bestimmen wir, wann und wie er uns einen Dienst erweisen kann? Nein, aber wir sind es schuldig, über unsere Zeit zu verfügen Ihm zur Ehre; Stunden anzusetzen, in denen wir für nichts anderes da sind als für unser Gott-dem-Herrn-Dienen: für unser Gotteslob, für unser Gott-Bekennen, bald im Dank, bald in Klage und Bitte, weil wir Gottes Hilfe brauchen.

Gewiß: wie kommen wir überhaupt dazu, uns Gott zuzuwenden? Es ist die fundamentale Erkenntnis des Glaubens, daß Gott sich selbst — vor all unserem Bemühen — uns zugewendet, uns angesprochen hat und wir nun, wenn wir seiner Anrede gerecht werden wollen, ihm antworten müssen: antworten mit unserm Ja, vielleicht auch mit unserm Warum und Wieso, dann wieder mit unserm Lob und Dank, und letztlich immer wieder mit Bitten und Flehen, daß Gott fortfahre, mit uns zu reden, uns den Weg und schließlich das Ziel zu weisen. So ist alles, was zwischen Gott und Mensch geschieht, ein Geflecht solcher wechselseitiger Zuwendungen; wir wissen, daß wir unsern Gottesdienst nicht ausrichten könnten, wenn uns Gott dabei nicht zuvorgekommen wäre und uns immer wieder begleitete.

II

Neben die Verwendung des Wortes „Gottesdienst" für den Kultus tritt nun seine Anwendung für eine bestimmte ethische Haltung. In Luthers Bibelübersetzung steht bei Jesus Sirach:[2] „Von Sünden lassen, das ist der rechte Gottesdienst." Und entscheidend im Römerbrief:[3] „Begebet eure Leiber zum Opfer, das da lebendig, heilig und Gott wohlgefällig ist, welches ist euer vernünftiger Gottesdienst." Ähnlich bei Jakobus:[4] „So sich jemand läßt dünken, er diene Gott ... und hält seine Zunge nicht im Zaum, sondern verführet sein Herz, des Gottesdienst ist eitel. Ein reiner und unbefleckter Gottesdienst vor Gott dem Vater ist der: die Waisen und Witwen in ihrer Trübsal besuchen und sich von der Welt unbefleckt behalten."

Natürlich kann nur da der Dienst am Nächsten Gottesdienst heißen, wo er in der vertrauensvollen Zuwendung zu Gott wurzelt, wie etwa Hans Sachs es ausspricht:[5]

> Auf Gott allein hoffen und bauen
> und lieb haben den Nächsten sein,
> das ist der recht Gottesdienst allein.

---

[2] 35, 5.   [3] 12, 1.   [4] 1, 26 f.
[5] Vgl. zum Ganzen den Artikel „Gottesdienst" in Grimms Deutschem Wörterbuch.

Ja, bei Luther kann „Gottesdienst" rund heraus für die religiöse Grundhaltung selbst stehen, etwa Jesus Sirach 1, 17: „Die Furcht des Herrn ist der rechte Gottesdienst." Aber dieser Sprachgebrauch hat doch zu weit von dem Ursinn des Wortes abgeführt, als daß er sich neben diesem hätte behaupten können. Wir werden also auf die Dauer unter Gottesdienst nur auf der einen Seite den Kultus, auf der andern Seite das religiös begründete Ethos verstehen dürfen.[6]

III

Wie verhalten sich nun der im Kultus bestehende und der im ethischen Handeln bestehende Gottesdienst zueinander? Sollte die Untersuchung dieser Frage nicht vielleicht die von uns schon anvisierte Polarität von Gebet und Arbeit deutlich machen? Die Geschichte zeigt uns Beispiele einer Überschätzung bald der einen, bald der anderen Seite, aber auch den Versuch, die eine aus der anderen abzuleiten.

Die Boten einer betont und einseitig ethischen Religiosität versuchen immer wieder, ihrer ethischen Haltung dadurch Raum zu schaffen, daß sie den Kultus zurückdrängen oder aber der ethischen Haltung unterordnen, indem sie seine Zweckmäßigkeit für die Gewinnung einer ethischen Haltung behaupten.

Die alttestamentlichen Propheten sind die Vorkämpfer in dem Ringen gegen eine extrem kultische Frömmigkeit. Amos 5, 22: „Wenn ihr Mir auch Brandopfer und Speisopfer bringt, so habe Ich keinen Gefallen daran und mag auch eure fetten Dankopfer nicht ansehen. Tu weg von Mir das Geplärr deiner Lieder; denn Ich mag dein Harfenspiel nicht hören. Es ströme aber das Recht wie Wasser und die Gerechtigkeit wie ein nie versiegender Bach." Genauso schroff spricht Jesaja.[7] Diese Frontstellung etwa gegen den Opferkult wird um so verständlicher, je mehr dieser sich selbst nicht als Dank und Bitte, sondern als Pflichterfüllung gibt und damit den übrigen ethischen Pflichten unmittelbar Konkurrenz macht. So wird aus dieser prophetischen Haltung gegen den Kult in unsern Tagen jene Haltung, die bloße Mitmenschlichkeit als Inbegriff religiösen Lebens ansieht, weil ja notwendig dieser so ganz gesetzlich gesehene kultische Dienst immer Zeit und Aufmerksamkeit von dem, was hier „reine Mitmenschlichkeit" heißt, abzieht. Schon zur Zeit der Aufklärung konnte man sagen: „Das Wort Gottesdienst sollte verlegt und nicht mehr vom Kirchengehen, sondern bloß von guten Handlungen gebraucht werden."[8]

Wo der Kultus nicht als äußere Pflichterfüllung, sondern als Frucht wirklicher Ehrfurcht und Liebe zu Gott auftritt, besteht die Neigung, ihn um der lebendigen Auswirkungen willen, die er auf das Ethos des Menschen hat, als Mittel zum guten Zweck aufzufassen. Daß solche Auswirkungen bestehen, wo immer der Kultus eben im persönlichen Erleben verwurzelt ist, daran ist in

---

[6] „Es gehört zu der heilsökonomischen Situation, in der die Kirche auf dieser Erde steht, daß sie Gott in zwei miteinander verbundenen, aber zu unterscheidenden Weisen dient: in dem besonderen Gottesdienst der versammelten Gemeinde und in dem Lebensgehorsam des Wandels." So Peter Brunner, Leiturgia I S. 190.   [7] 1, 11.17.

[8] G. Chr. Lichtenberg (Physiker), zit. in Grimms Deutschem Wörterbuch, Art. „Gottesdienst".

keiner Weise zu zweifeln. Ein schönes Zeugnis dafür aus der orthodoxen Frömmigkeit bietet Nikolaus Gogol in seiner „Betrachtung über die göttliche Liturgie": „Alle, die eifrig der göttlichen Liturgie folgten, verlassen das Gotteshaus sanftmütiger, freundwilliger im Umgang mit anderen, menschenliebend und gelassen in allem, was sie tun. Darum ist es für einen jeden erforderlich, der den Wunsch hat, vorwärtszuschreiten und besser zu werden, so oft als möglich an der göttlichen Liturgie teilzunehmen und ihr aufmerksam beizuwohnen: unmerklich ‚erbaut' und erschafft sie den Menschen ... Gewaltig und unermeßlich kann die Wirkung der göttlichen Liturgie auf den Menschen sein, wenn er ihr so beiwohnt, daß er das Vernommene ins Leben trägt."[9] Deutlich wird hier von dem bloß gesetzlichen Vollzug der Liturgie hinweg zu einer innerlich erfüllten kultischen Haltung tendiert, als die die Liturgie ursprünglich geschaffen ist. Es besteht aber Gefahr, daß dadurch aus einem immerhin fruchtbaren Nebeneinander von Kultus und Ethos eine zweckhafte Abhängigkeit des Kultus von der ethischen Zielsetzung wird, eine Abhängigkeit, die Würde und Hoheit der Anbetung durch ihre Nützlichkeitserwägungen herabsetzt. Die Angriffe aus ethischer Sicht auf die kultische Frömmigkeit haben freilich auch eine Abwehrhaltung wachgerufen, die den falschen Anspruch einseitig ethischer Gottesdienstauffassung zurückdrängt. Dabei ist es sicher kein Zufall, daß diese Abwehr nicht Einzelheiten des Gebets- und Opferdienstes geltend macht, sondern die meditative Grundhaltung der Zuwendung zu Gott und Gottes Stimme in den Mittelpunkt stellt. Maria wird in Schutz genommen gegen Martha.[10] Das Wort Jesu in diesem Bericht wägt nicht rechnerisch ab zwischen dem gesammelten Hören Marias auf Jesu Wort und der *diakonia* ihrer Schwester; wohl aber stellt es die fundamentale Bedeutung der Kontemplation ins Licht und sichert so, was wir hier mit Kultus bezeichnen, gegenüber dem, was wir hier unter Ethos verstehen. Wenn die christliche Gemeinde schon frühzeitig den Dienst hingebender Diakonie in ihren eigenen Reihen geordnet hat,[11] so ist das nur möglich, weil Jesus nicht den Dienst der Fürsorge bei Martha verurteilt, sondern nur ihr Aburteilen über Marias Dienst der Anbetung und Verehrung verworfen hat.

Kultus und Ethos dürfen eben niemals gegeneinander ausgespielt werden. Nur so versteht man das, was als „Doppelgebot der Liebe" in die Geschichte des christlichen Glaubens eingegangen ist. 3. Mos. 19, 18 steht: „Du sollst deinen Nächsten lieben wie dich selbst." Ein kategorisches Gebot! Aber daneben steht schon 5. Mos. 6, 4f: „Höre Israel: Der Herr ist unser Gott, der Herr allein. Und du sollst den Herrn, deinen Gott, liebhaben von ganzem Herzen, von ganzer Seele und mit aller Kraft." Im Neuen Testament finden wir diese beiden so radikalen und uneingeschränkten Forderungen miteinander eng verbunden:[12] „Das vornehmste Gebot ist das: Höre, Israel, der Herr, unser Gott, ist allein der Herr, und du sollst Gott, deinen Herrn, lieben von ganzem Herzen, von ganzer Seele, von ganzem Gemüte und von allen deinen Kräften. Das andere ist dies: Du sollst deinen Nächsten lieben wie dich selbst." So wird die

---

[9] Zit. bei Honoratus Dietrich in: Liturgie und Diakonie, Freiburg 1965.
[10] Luk. 10, 38-42.   [11] Apg 6.   [12] Mark. 12, 29 ff. par.

Besinnung darauf, wie zwei so umfassende, radikale Forderungen nebeneinander bestehen können, ohne sich gegenseitig aufzuheben oder zu beschränken, zur unerläßlichen Aufgabe.

IV

Wenn wir zwei Begriffe zueinander in Beziehung setzen, so denken wir dabei in vielen Fällen zunächst an die Beziehung von Ursache und Wirkung. Unser Denken und Handeln beruht dann darauf, daß wir um die strenge Gesetzlichkeit kausaler Zusammenhänge zu wissen glauben. Wir machen die mögliche Wirkung einer geplanten Handlung zu ihrem Zweck und wissen im voraus: wenn wir hier eingreifen, dann hat das die und die Wirkung. Wir fristen unser Leben, wir greifen ein in das Leben unsrer Mitmenschen, indem wir immer wieder die uns bekannten Kausalzusammenhänge anwenden, um Finalzusammenhänge zu erzielen.

Die Frage ist nun, ob wir die Vorstellung von Kausalzusammenhängen auf das Nebeneinander von Gottesliebe und Nächstenliebe, von Gebet und Arbeit anwenden dürfen, unter der Vorstellung: Mit dem Gebet fördere ich meine Arbeit.

Ohne Zweifel sind wir manchmal in Versuchung, so zu denken, zu planen und zu handeln. Aber: Gott und der Nächste wollen beide um ihrer selbst willen geliebt sein, nicht bloß um des andern willen. Gebet, zumal wenn es sich nicht auf einen Hilferuf im Hinblick auf vor uns liegende Arbeitsaufgaben beschränkt, sondern in Lob und Klage das Gegenüber Gottes sucht, wirklich auf die Begegnung mit Gott aus ist, solches Gebet muß um sein Bestes kommen, wenn ich dabei auf möglichen Nutzen solcher Anrufung Gottes für meine Arbeit schiele. Gottesliebe und Nächstenliebe, Gebet und Arbeit, diese Gegensatzpaare gehören zueinander, aber nicht primär als Ursache und Wirkung, sondern als die zwei Seiten einer Medaille, die man nicht voneinander trennen, aber auch nicht gleichzeitig ins Blickfeld bekommen kann. Gewiß, bei einer guten Medaille gehören sie irgendwie, auch mit ihrem Bildinhalt, zusammen; aber jedes Bild will für sich betrachtet sein, stellt für sich allein schon ein Ganzes dar. Wir nennen diese Zusammengehörigkeit, die dauernde Bindung aneinander bedeutet, ohne daß die Einzelheiten des einen Komplexes kausal oder zweckhaft denen des andern Komplexes zugeordnet wären, Komplementarität. Komplementär sind solche Erscheinungen, die nicht kausal eine aus der andern abgeleitet werden können und doch unlöslich aneinander gebunden sind. Das bekannteste Beispiel sind die Teilchennatur und die Wellennatur des Lichtes. Jeder Lichtstrahl läßt sich experimentell als Summe atomarer Substanz und zugleich als reine Wellenbewegung des Äthers erkennen. Unser Verstand sagt, er könne nur eines von beiden sein, aber die Wirklichkeit, die unerschütterliche, experimentell erwiesene Wirklichkeit ist anders.[13] Genauso ist es mit der Liebe zu Gott und zum Nächsten, mit dem Aufgehen im Kultus und dem Aufgehen im ethischen Handeln.

---

[13] Vgl. im einzelnen Niels Bohr bei Günter Howe, Der Mensch und die Physik, Wuppertal 1958, S. 61 f.

Gottes Ordnung schreibt dem Menschen vor, daß er sich ihm mit ganzer Seele, mit allen seinen Kräften zuzuwenden habe. Gleichzeitig schreibt sie ihm vor, daß er mit ganzer Hingabe an das Heil seiner eigenen Seele und an das Heil des Nächsten zu denken habe. Sollte er das Gebet ganz primitiv als Mittel zur Erhöhung des Arbeitsertrages einsetzen, dann wäre es kein wirkliches Gebet, sondern eine magische oder psychologische Finesse, jedenfalls keine wirkliche Zuwendung zu Gott. Und das gilt von der ganzen Breite aller kultischen Handlungen vom stillen Stoßseufzer im Kämmerlein bis zur öffentlichen, festlichen, sakramentalen Feier der versammelten Gemeinde im Gotteshaus.

Zur Stille kommen ist eine wesentliche Voraussetzung dessen, was wir Gebet, Meditation, Kontemplation oder allgemein Zuwendung zu Gott nennen mögen. Die Stille als psychischer Zustand unterliegt den Gesetzen des seelisch-leiblichen Lebens; sie gewinnt ihre Bedeutung im Rahmen des Kultus als Voraussetzung für jede Zuwendung zu Gott. „Kierkegaard hat einmal gesagt: ‚Der heutige Zustand der Welt, das ganze Leben ist krank. Wenn ich Arzt wäre und man mich fragte: Was rätst du? — ich würde antworten: Schaffe Schweigen! Bringe die Menschen zum Schweigen! Gottes Wort kann so nicht gehört werden. Und wenn es unter der Anwendung lärmender Mittel geräuschvoll hinausgerufen wird, daß es selbst im Lärm gehört werde, so ist es nicht mehr Gottes Wort. Darum schaffe Schweigen!'"[14]

Es war die Größe der Reformation, und es ist die Größe der gegenwärtigen Reform im römischen Katholizismus, daß beide Bewegungen, Gebet und gottesdienstliches Handeln schlechthin aus der Sklaverei eines Zweckzusammenhangs „Was nützt das mir?" herausgelöst und wieder zum Ausfluß des freien Gehorsams gegen den Schöpfer und Erlöser gemacht haben. Das schließt nicht aus, daß auch Gebet und gottesdienstliches Handeln psychologische Voraussetzungen im Menschen und psychologische Rückwirkungen auf den Menschen haben,[15] nur daß wir sagen müssen: der hat sich nicht wirklich an Gott gewandt, dem es um psychische Ausstrahlungen des Gebets gegangen ist.

V

Wir können uns diese Zusammenhänge verständlich machen, wenn wir an das persönliche Verhältnis zwischen Menschen denken — etwa das Verhältnis des Kindes zu Vater und Mutter — und uns dabei bewußt sind, daß alles menschliche Für-einander-Dasein letzten Endes darin wurzelt, daß zuerst Gott

---

[14] Will Praetorius, Vom geistlichen Leben des Christen, Düsseldorf 1965, S. 27. Vgl. damit (ebenda) C. F. von Weizsäcker: „Welche Dämonen leiten unsere Technik, um die Kontemplation unmöglich zu machen, zu der wir von Zeit zu Zeit zurückkehren müssen, wenn wir die Technik in der Hand behalten wollen?"

[15] Ein gutes Beispiel solcher in ihrer Weise doch recht wichtigen Zusammenhänge findet sich bei Luther: „Am Abend mußt du auf jeden Fall eine Stelle aus der Heiligen Schrift im Gedächtnis mit dir zu Bett nehmen, womit du, wiederkäuend wie ein reines Tier, sanft einschlafen magst. Es soll aber nicht viel sein, eher ganz Weniges, aber gut durchdacht und verstanden, und wenn du am Morgen aufstehst, sollst du es wie die Hinterlassenschaft des Gestern vorfinden." Will Praetorius sagt dazu: „Das Nacheinander von rationalem und meditativem Denken kommt hier treffend zum Ausdruck." (aaO. S. 32)

sich im Menschen das entscheidend wichtige Gegenüber schuf. Das Kind, das seine Not, sein Begehren, das, wovon es in seinem Herzen träumt, vor seinen Eltern ausspricht, weil es in dieser Sache den Kontakt mit dem menschlichen Gegenüber sucht — erst in zweiter Linie, weil es anfängt zu erkennen, daß von einem solchen Kontakt bestimmte Wirkungen, nämlich die Erfüllung seiner Wünsche ausgehen könnte —, das Kind kann seine Bitte ungezählte Male wiederholen und, sobald es weiß, daß sie nicht erfüllt wird, zu etwas anderem übergehen. Wir Erwachsenen sind in unseren persönlichen Beziehungen untereinander wesentlich stärker zweckgebunden und müssen schon in die Lage besonderer Not oder auch überschwenglicher Freude kommen, wenn wir uns ohne Rücksicht auf mögliche Wirkungen einfach stimmungsmäßig Luft machen. Was sich so unter Menschen nur in besonderen Lagen ergibt, das gehört im religiösen Handeln zum Fundament. Es gibt keine echte Frömmigkeit, wo nicht das Zweckdenken radikal zurückgestellt und die bedingungslose Hingabe wiedergewonnen ist.

Hierbei handelt es sich um eine Entwicklung, die sich gerade in unsrer Zeit aufs äußerste zugespitzt hat. Durch Jahrhunderte, ja Jahrtausende wurden alle Lebensvorgänge nach dem Vorbild der persönlichen Begegnung gedacht; daher alles, was dem Menschen widerstand, in Götter- und Dämonengestalt gesehen wurde. Erst allmählich entwickelte sich ein kausales Denken, das die persönlichen Elemente abstößt und zunächst im Bereich materieller Dinge den reinen Mechanismus von Ursache und Wirkung am Werke sieht, im physikalischen wie im chemischen Bereich, dann im Bereich des psychischen Geschehens ebenso. Schließlich fordert dies moderne Denken, daß alle Lebensvorgänge diesem kausal-mechanischen Vorstellen unterworfen werden.

An zwei Punkten leistet gewissenhafte Prüfung der Dinge Widerstand gegen die kausal-determinierende Auffassung: da wo die physikalische Untersuchung des Lichts das Nebeneinander der Beobachtung kleinster Teilchen und feinster Wellenbewegungen und damit eine nicht mehr reduzierbare Komplementarität ergibt und da, wo die Ordnungen des kultischen Handelns nicht mehr aus mitmenschlichen Rücksichten abgeleitet werden können, sondern sich ebenfalls komplementär neben die ethischen Ordnungen stellen. Oft genug ist im Laufe der Zeiten das kultische Handeln in die Fallstricke kausalen Denkens geraten und zu einer Methode der Beeinflussung der göttlichen Mächte degradiert worden. Das bezeugen die alttestamentlichen Propheten in ihren Angriffen auf den zur Selbstsucht entarteten Opferkultus; davon redet ebenso das Neue Testament, wenn es in gleicher Weise die Werke des Opferkultus und jede Werkgerechtigkeit der Frommen verurteilt; davon redet auch die Reformation in der Erneuerung des prophetisch-apostolischen Einspruchs. Heute, wo sich die kausal-mechanische Betrachtungsweise unwiderruflich auf alle Lebensgebiete ausgedehnt hat, ist die Stunde gekommen, wo gleichzeitig deutlich werden muß, daß diese ganze kausal-mechanische Betrachtung nur die eine Seite der Sache deutet, das heißt sich einer Gesamt-Weltschau eingliedern muß, die weit darüber hinausführt. Jeder einzelne Vorgang im Weltgeschehen muß gleichzeitig in seiner kausalen Bedingtheit und in seiner letzten Unbedingtheit gesehen werden. Jedes Gebet, jeder Arbeitseinsatz unterliegt unerschütterlichen kausalen

Zusammenhängen und ist doch zugleich nur da wirklich Gebet zu Gott, wirklich Dienst am Nächsten, wo Gebet und Arbeit schlicht um Gottes und des Nächsten willen, in reiner Hingabe vollzogen werden.

VI

Nachdem die grundsätzlichen Fragen geklärt sind, treten wir ein in die Betrachtung dessen, was in der Geschichte der Kirche als Ruf ins Gebet und in die Arbeit sichtbar geworden ist.

„Ora et labora" — als Umschreibung des Ideals christlichen, vor allem mönchischen Lebens — vereinfacht das, was Benedikt von Nursia in seiner Regel sagt, insofern, als Benedikt, genau betrachtet, drei Lebensgebiete unterscheidet: Kultus, geistige Arbeit vorwiegend am geistlichen Stoff, und Handarbeit. Will man verstehen, was Benedikt darüber aussagt, so genügt nicht der Rückgang auf biblische Quellen: hier wirken sich Vorstellungen der griechischen Philosophie aus.

Unter Platos Einfluß war seinerzeit im Hain des Akademos vor den Toren Athens die „Akademie" entstanden, „wo zum ersten Male in der Geschichte die stille Arbeit des Denkers und Forschers, die vita contemplativa, einen festen Zufluchtsort gewann und durch alle Stürme von neun Jahrhunderten behielt".[16] Der Systematiker Aristoteles ist es dann gewesen, der drei Hauptwege des Lebens unterschied, die er *bios apolaustikos* (Leben des Genusses), *bios praktikos* (Wirken in Politik und Wirtschaft) und *bios theoretikos* (Leben der „Theorie", das heißt der Betrachtung und Forschung) nannte.[17] Wenn man das Leben des bloßen Genusses als des Weisen unwürdig ausschied und das Schwergewicht der Kontemplation, der *theoria*, nach dem Vorbild des Isiskultes in Ägypten,[18] weniger auf logische Reflexion als auf mystisch-gnostische Versenkung legt, sind wir schon nahe bei dem, was das frühchristliche Mönchtum zu dem den Mönch auszeichnenden Lebensinhalt erhob. Im Abendland wird vor allem von Bedeutung, daß Cicero und Seneca zur Übersetzung von *bios theoretikos* die Worte *contemplatio* und *vita contemplativa* gewählt haben. „Das Verbum *contemplo* und *contemplor* enthält ein Bild, das aus der Sprache des römischen Sakralrechtes stammt. Templum (gleichen Stammes wie das griechische *temnein* schneiden und *temenos* Abschnitt) hieß der abgegrenzte viereckige Bezirk, auf dem der römische Augur beim Erkunden des Götterwillens stehen mußte; und zugleich das Himmelsgewölbe, an dem er mit seinem Krummstab die Regionen abgrenzte und die Götterzeichen, Donner und Blitz vor allem, beobachtete. So ist das Wort *contemplari*, das demnach ursprünglich bedeutet ‚den heiligen Bezirk auf der Erde und am Himmel mit dem Blick umfassen', besonders geeignet, im übertragenen Sinne zunächst die forschende Betrachtung des Sternhimmels zu bezeichnen. Von Cicero an bis in späte Zeit

---

[16] Franz Boll, Vita Contemplativa, Sitzungsberichte der Heidelberger Akademie der Wissenschaften, Phil.-hist. Klasse, 1920, S. 3; zur Vorgeschichte dieser Entwicklung s. S. 7 ff.
[17] Boll, aaO. S. 4 f. und S. 20—25. Zum Ganzen vgl. ebenfalls Paul Rabbow, Seelenführung, Methodik der Exerzitien in der Antike, München 1954.   [18] Boll aaO. S. 5.

werden *contemplari* und die davon abgeleiteten Worte mit ausgesprochener Vorliebe in diesem Sinne verwendet. Erst, als die antike Philosophie immer tiefer von der Religion durchdrungen und beherrscht wurde, also mit dem Vordringen der hellenistischen Mystik und des Christentums, wird das Wort vom Anschauen Gottes gebraucht. Durch volle tausend Jahre, vom 5. Jahrhundert v. Chr. bis zum letzten Erben der antiken Kultur, zu Boëtius, ... reißt die Kette der Verherrlichungen des theoretischen Lebens als des einzig wahrhaft beglückenden nicht ab."[19]

Diese Erkenntnis muß uns helfen, die Parolen des entstehenden christlichen Mönchtums richtig zu verstehen. Hier konnte die rechte Wertung kontemplativer Lebenshaltung dadurch gesichert erscheinen, daß — im morgenländischen Mönchtum — getreu der biblischen Weisung „Betet ohne Unterlaß"[20] die zum Lebensunterhalt nötige Arbeit von gleichbleibenden, ununterbrochenen fortgesetzten Gebetsworten begleitet wurde, etwa das Korbflechten vom sogenannten Jesusgebet.[21]

Das abendländische Mönchtum, voran Benedikt von Nursia, ist einen anderen Weg gegangen. Es hat die Stunden des Tages auf die *vita contemplativa* und *vita activa* aufgeteilt. Dabei behält — jedenfalls bei Benedikt — die *contemplatio* den Vorrang, insofern sie in der Gestalt regelmäßiger Gebetsgottesdienste den ersten Rang im Tageslauf einnimmt: „Operi Dei nihil proponatur",[22] sich dann aber auch noch fortsetzt im Studium (und der Vervielfältigung!) geistlicher Texte während eines guten Teiles des Tageslaufes. Daneben steht, keineswegs vernachlässigt — wie ja auch Cicero das praktische Leben nicht geringer, gelegentlich sogar eindeutig höher wertet als das theoretische[23] —, die körperliche, die Handarbeit, die des Leibes Nahrung und Notdurft dient. Daß die Gebetshaltung während der Arbeit innerlich nachklingt, ist gewiß nicht ausgeschlossen, sondern sicher erwünscht; aber volle Konzentration auf das Gebet in den Gebetszeiten und volle Konzentration auf die Arbeit in den Arbeitsstunden — das ist das eindeutige Ideal.

Dabei ist dann noch zu beachten, daß gleichzeitig der Unterschied zwischen solcher Arbeit, die des freien Mannes würdig ist, und solcher, die nur dem Sklaven zugemutet werden kann, schlechterdings aufgehoben ist: alle haben an allem teil: eben nicht nur an dem heiligen Dienst der regelmäßigen Gebetsstunden, sondern auch — je nach den Begabungen des einzelnen — an dem umfassenden geistigen Ringen um die glaubensmäßige Durchdringung allen Kulturgutes und ebenso an aller, auch der simpelsten Handarbeit in der Küche und auf dem Acker.

Für die Verteilung der Stunden des Tages auf diese drei Lebensgebiete sind rein praktische Gesichtspunkte der vollen Ausnützung des Tageslichtes, der

---

[19] Boll aaO. S. 6 f., 15 f., dazu S. 25.   [20] 1. Thess. 5, 17.
[21] B. Benzing, Benediktus, Freiburg 1949, S. 39 f. Welche Mühe dieses Problem dem abendländischen Denken macht, zeigt die sehr gründliche Schrift von Radbert Kerkhoff OSB über „Das unablässige Gebet" (München 1954); in ihm wird auch Bezug genommen auf die Lösung, welche die christliche Gnosis (Clemens Alexandrinus) bietet: „Das ganze Leben ein Gebet" (Strom. VII, 73, 1; aaO. S. 9).
[22] Regula S. P. Benedicti, Beuron 1929, c. 43.   [23] Boll aaO. S. 34.

nicht zu heißen Tageszeit und der nächtlichen Stille maßgebend, wobei die unterschiedlichen Verhältnisse der verschiedenen Jahreszeiten genau beachtet werden, z. B. durch eine volle Ruhepause zu Mittag im Hochsommer. Aus dieser Dreiteilung des Tages ist dann bei der Unterweisung der jungen Mönche mit der Zeit die Zweiteilung *Ora et labora* geworden; darin bleibt aber deutlich, daß das Gebet einen zeitlichen Vorrang, im übrigen aber die Arbeit — einerlei welche Arbeit — den gleichen Rang im Tageslauf einnimmt. Man wird sagen müssen, das die Komplementarität von Kultus und Ethos nie so konkret und bestimmt in der Form des Tageslaufes und damit des ganzen Lebens zum Ausdruck gekommen ist, wie in der *Regula Benedicti*. Auch wenn es mit Worten nicht ausgesprochen ist, wird man sagen müssen, daß eine solche Ordnung nur erdacht und durchgesetzt werden konnte, wenn ein tiefes Wissen um die für alles Christenleben entscheidende Komplementarität von Kultus und Ethos dahinterstand.

VII

Nachdem einmal „Bete" und „Arbeite" zwei das Leben beherrschende Maximen geworden waren, konnte es nicht ausbleiben, daß das Rangverhältnis zwischen beiden immer wieder ein Problem wurde.

Schon im Bereich der griechischen Philosophie ist das Rangverhältnis zwischen Theorie und Aktion nicht immer eindeutig, wie wir gesehen haben. Ungleich schwerer wiegt eine Beobachtung über die Lage im hohen Mittelalter, weil eine klare Gleichrangigkeit beider Lebensinhalte im frühen Mönchtum festgelegt worden war. Und nun lesen wir in einem Schreiben Papst Innocenz III. vom 6. Januar 1205 an Petrus de Castronovo, seinen Generalbeauftragten für die Rückgewinnung Süditaliens, der aufgeben und sich in ein Kloster zurückziehen wollte:[24] „Mag die Muße Marias zu Füßen des Herrn dem Diensteifer Marthas vorgezogen werden, weil jener Zustand sicherer vor dem Lärm der Welt bewahren kann, so muß doch die Tätigkeit als die nützlichere beurteilt werden, weil sie sich und andern nützt." Innocenz beruft sich auf Röm. 5, 4—5. „Wenn wir dich also in zwingender Notlage von der kontemplativen Stille, die du erwählt hattest, glaubten herausrufen zu müssen, damit du, in den Dienst gestellt, für uns, nein für Christus als Gesandter fungiertest, so darfst du die Mühe nicht von dir weisen." Der Papst verlangt also, daß im vorliegenden Fall die Aktion als das Wichtigere angesehen wird im Verhältnis zur Kontemplation. So begreiflich uns heute solch eine Entscheidung erscheint — für jene Zeit bedeutet sie die Forderung eines radikalen Umdenkens, und damit einen Wendepunkt in der Geschichte der Kirche und der Menschheit. Wir werden Friedrich Heer zustimmen müssen, der in seiner „Europäischen Geistesgeschichte" hier die endgültige Konstituierung Westeuropas (und seiner Kirche als römischer Kirche) vollzogen sieht.[25]

Wenn der Papst forderte, daß gegebenenfalls die Aktion der Kontemplation vorgezogen wird, ist damit in der Tat eine Entscheidung gefallen, durch die

---

[24] Potthast, Regesta Pontificum Romanorum, Berlin 1874 ff., S. 628.
[25] Stuttgart 1957, S. 133.

alles geistliche Leben zwangsläufig gegenüber tätigem Wirken in den Hintergrund gedrängt wird. Man könnte auch sagen: Das monastische Ideal, das den mittelalterlichen Klerus so stark bestimmt hat — man sieht es daran, daß er Schritt für Schritt die Übernahme der Ehelosigkeit auf die Priester vollzog —, es unterliegt gleichzeitig dem Weltdurchdringungsideal des „Weltklerus". Das Bedenkliche daran ist nicht, daß der Wille zum aktiven Wirken sich Raum schafft, sondern daß eine deutliche Grenzziehung zum Schutze dessen, was als geistliches Leben unerläßlich ist, fehlt. Man kann das daran erkennen, wie Innocenz den neutestamentlichen Bericht von Maria und Martha seinen Ideen unterwirft, ohne Zweifel gegen die eindeutige Tendenz des biblischen Berichtes. Der Papst verlangt, seine amtliche Entscheidung soll die persönliche Entscheidung, wann jemand dem Willen zur Kontemplation nachgeben darf, wann dem Willen zur Aktion, kurzerhand ersetzen. Und diese Entscheidung fällt eben eindeutig für den Vorrang der Aktion.

Wenn also in dem Votum des Papstes die Entscheidung für eine Zurückdrängung der Kontemplation zugunsten des aktiven Einsatzes aller Kräfte gefallen ist, so erklärt sich von da aus die Entwicklung einer ganz auf die Gestaltung des profanen Lebens ausgerichteten Naturwissenschaft, Geisteswissenschaft und Technik im Abendland der Neuzeit. Der Tatbestand ist zwar dadurch verschleiert, daß das Mönchtum mit seinem fixierten Maß kultisch bestimmter Stunden in dem einen Flügel der abendländischen Christenheit, im römischen Katholizismus, nicht ausstirbt. Aber die schöpferischen Kräfte sind seitdem eben doch auf die weltbejahende Aktion konzentriert. Was ein Kolumbus mit der Entdeckung Amerikas eingeleitet hat, wiederholt sich seitdem auf allen Gebieten profanen Lebens bis hin zur Mondfahrt unsrer Tage und in der ganzen Breite physikalischer und psychologischer Entdeckungen der Moderne.

Die Restauration des 19. Jahrhunderts bedeutete zwar einen gewissen Rückschlag, weil sie die Zurückgewinnung kultischer Formen der Vergangenheit betrieb; aber die volle Erkenntnis des Eigenwertes des kultischen Lebens wurde nicht wiedergewonnen — das zeigt die Umdeutung des ORA ET LABORA in „Bet und arbeit / so hilft Gott allzeit" mit dem Gedanken an eine unmittelbare Nützlichkeit des Gebets für den Erfolg der Arbeit. So kehrt in den Tagesparolen unsrer Zeit die aus der Aufklärung bekannte Reduzierung des Gottesdienstes auf die Mitmenschlichkeit wieder. Nur eine radikale Besinnung auf den komplementären Charakter von Kultus und Ethos, auf ihre prinzipielle Verschiedenheit und trotzdem bestehende Zuordnung aufeinander, kann die seit dem Mittelalter laufende Entwicklung überwinden.

VIII

Was wir zu Beginn des 13. Jahrhunderts aufbrechen sehen, ist eine Entwicklung, die auf der einen Seite zu immer stärkerer Zurückdrängung des Kultus und auf der andern Seite zu seinem Ersatz durch das profane Spiel (das wir Freizeitbeschäftigung zu nennen pflegen) geführt hat. Wir wollen uns diese Entwicklung, die sich im wesentlichen außerhalb des mönchischen Bereichs vollzogen hat, am Beispiel der volkskirchlichen Gestaltung der Woche verdeutlichen. Die Sonntagsheiligung als christliche Lebensordnung wurzelt in der urchristlichen Auferstehungsfeier am ersten Tage der Woche. Aber seit die Iroschotten Einfluß gewannen, lebt sie für das allgemeine kirchliche Bewußtsein von einem ganz anderen Gedanken: von der Vorstellung des um einen Tag verschobenen Sabbath.[26] Damit knüpft die mittelalterliche Kirche an diejenige Lösung des Problems an, die das Judentum schon vor Christus entwickelt hat. Natürlich wurzelt diese Lösung nicht wie im abendländischen Mönchtum in einem zeitlichen Gleichgewicht zwischen Gebet und Arbeit, sondern in dem Vorrang des ersten Tages der Woche vor den sechs anderen Wochentagen. Die Unterbrechung der von Tag zu Tag weiterlaufenden Arbeit an diesem einen Tag der Woche erwies sich dabei als eindrücklich genug, um alle Arbeitstage der Woche dem geistlichen Geschehen, das den Sonntag beherrschte, unterzuordnen. In immer neuen Anläufen hat die Kirche diesen Rhythmus, diese Polarität, diese Komplementarität von Gebetszeit und Arbeitszeit herauszuarbeiten vermocht. Was ihr dabei gefährlich geworden ist, ist folgendes: Nachdem einmal die Ebenbürtigkeit von Kontemplation und Aktion erschüttert war — es sei erinnert an Innocenz III. —, erwuchs als zweiter Gegenpol zur Aktion — neben der geistlichen Muße in Gebet und Betrachtung — die weltliche Muße im Sinne der Freizeit. Sie besetzte zunächst die nicht unmittelbar durch den Kultus besetzten Stunden des Sonntags, dann darüber hinaus das ganze „Wochenende", wie man in Verwechslung der mit dem Ruhetag beginnenden christlichen Woche mit der mit dem Ruhetag abschließenden Sabbathwoche des Judentums sagte. Diese Entwicklung ermöglichte zwar dem, der wollte, die Teilnahme am regelmäßigen Gottesdienst, erleichterte aber zugleich das Abkommen von dieser Sitte — durch den Anreiz zu längeren Freizeitunternehmen wie etwa Sonntags- und Wochenendausflügen u. ä. Fehlt aber dem Wochenrhythmus der eindeutig geistliche Akzent, so ist dieser auch im Tagesrhythmus nur schwer zu konservieren.

Wir wollen freilich ganz offen die Frage so stellen: Mußte die Komplementarität von Kultus und Ethos nicht vielleicht ersetzt werden durch die Komplementarität von Arbeitsethos und Freizeitethos? Diese Frage wurde um so dringender, als eine ständig gesteigerte Intensität der Arbeit die Notwendigkeit eines wirklichen Ausspannens mit Leib und Seele immer unausweichlicher machte. Man könnte noch fragen, ob denn diese ständige Steigerung der Arbeitsintensität unausweichlich war. Sicher ist sie zum Teil dadurch unausweichlich, daß wir auf die höchstmögliche Ausnutzung der Maschine angewiesen sind. Auf der andern Seite gilt auch: Wenn das Herz des Menschen erst einmal zwischen zwangsläufiger Arbeit und Freizeitbeschäftigung geteilt ist, dann ist die Vermehrung der Freizeit wie die Komprimierung der Arbeitsleistung auf immer kürzere Stunden unvermeidlich.

Bleibt also doch die Frage, ob die Komplementarität von Gebet und Arbeit etwa zwangsläufig ersetzt werden mußte durch die Komplementarität von Arbeit und Freizeitgestaltung. Vom rein innerweltlichen Denken her ist so etwas

---

[26] Wilhelm Thomas, Der Sonntag im frühen Mittelalter, Göttingen 1929.

sicher möglich. Es sieht so aus, als würde dabei jedem das Seine: Für den Arbeitswütigen bestünde das Leben aus Arbeit und aus der für die Arbeitstüchtigkeit nötigen Erholung. Für den in den Tag hinein Lebenden ergäbe sich ein immer angenehmer Wechsel zwischen Zwang und Freiheit. Dem gläubigen Christen stünde es frei, seinen religiösen Bedürfnissen in der Freizeit zu genügen und von daher sein Arbeitsethos immer neu aufzubauen; nur daß es sich dann im Kultus eben um die Befriedigung religiöser Privatwünsche handelte und nicht um ein objektiv Notwendiges, das durch sein Vorhandensein erst die Ganzheit des Lebens herausstellt.

Was wir im hohen Mittelalter beginnen sahen — daß der Dienst am Mitmenschen das Übergewicht bekam über den unmittelbaren Gottes-Dienst — das könnte so bis zur vollen Verdrängung des Kultus durch beliebige Freizeitbeschäftigung führen. Man vergleiche alles, was zur Begründung eines Gottesdienstes, der im ethischen Handeln besteht, schon gesagt ist.[27] Die Worte aus Jesus Sirach und aus dem Römerbrief wie auch das Zitat aus Hans Sachs versäumen es alle, abzuwägen, in welchem quantitativen Verhältnis der Gottesdienst des Gebetes und der Gottesdienst der Aktion zueinander stehen. Man legt nur Wert darauf, das außerkultische Handeln eindeutig unter den Begriff „Gottesdienst" einzubeziehen. „Dem Protestanten ist auch die Berufstätigkeit ein Gottesdienst."[28] Man legt nur Wert auf ein Zusammensehen von Kultus und Ethos. Daraus hat sich — in Auswirkung des im hohen Mittelalter zum Durchbruch kommenden Aktivismus — mit der Zeit eine radikale Überordnung des Ethos über alles kultische Verhalten entwickelt. Ein Jacob Böhme kann sagen: unsern Nächsten sollen wir „als uns selber" lieben, „das ist der ganze Gottesdienst".[29] Und nun gar G. Chr. Lichtenberg: „Das Wort Gottesdienst sollte verlegt und nicht mehr vom Kirchengehen, sondern bloß von guten Handlungen gebraucht werden."[30]

IX

Es steht die Frage auf: Können wir uns damit abfinden, daß die Komplementarität von Kultus und Ethos durch die Komplementarität von Spiel und Arbeit ersetzt wird? Es ist unsere Überzeugung: wir würden damit das menschliche Leben, gelinde gesagt, um eine wesentliche Dimension verkürzen. Was wir im ursprünglichen Sinne „Gottesdienst" genannt haben, der Kultus, wäre dann zum Aussterben verurteilt. Daß unser Dienst am Mitmenschen letztlich Gottesdienst sein will, bliebe die heimliche Innenseite des Lebens — ohne jede Sicherung vor völligem Erlöschen dieser Schau. Wenn wir diese Gefahr klar ins Auge fassen und mit vollem Bewußtsein Widerstand leisten—, nur dann ist diese Entwicklung aufzuhalten. Und dazu müssen wir das relative Recht aller dieser Überlegungen anerkennen. Die Parole ORA ET LABORA ist einfach eine unzulässige Vereinfachung der Lebensordnung, unter der wir

---

[27] Vgl. oben Anm. 8.
[28] C. Justi in der Schrift über Winkelmann 1866, 1, S. 323, vgl. Grimm aaO. [29] Grimm aaO.
[30] Ver. Schriften 1800, 2, S. 125, zit. bei Grimm aaO.

stehen. Mit dem gewiß sehr wesentlichen Gegensatz von „Gottesdienst der Hingabe an Gott" und „Gottesdienst der Hingabe an den Menschen" überschneidet sich — im Leben der mittelalterlichen Mönche wie in unserm Leben — der völlig andere Gegensatz von wissenschaftlich bestimmten Zweckhandeln und zweckfreiem Spiel. Deutlich steht schon in der Benediktinerregel neben dem Kultus gemeinsamer und einsamer Gebetszeiten das vor allem dem einzelnen zufallende Ringen um die geistliche Durchdringung der Glaubensfragen in Meditation und Kontemplation. Im Vergleich dazu ist das gottesdienstliche Geschehen im Kloster ein einziges, großartiges, den ganzen Menschen leiblich und geistlich ergreifendes Spiel. Und wie sieht es in der modernen Welt aus? Da finden wir einen Kultus, der auf eine kurze Pflichtleistung zusammengeschrumpft ist; aber neben die „Berufsarbeit", streng wie einst die Handarbeit der Mönche, ist das weltliche Spiel getreten: weltliches künstlerisches Schaffen in Tanz, Musik und den bildenden Künsten, und neben die unmittelbar nützliche Berufsarbeit die profanwissenschaftliche Gelehrtenarbeit. Wenn wir wollen, daß der Mensch sich voll entfalte, dann müssen wir all dies nebeneinander stehenlassen: im profanen Bereich das kindliche Spiel, Geselligkeit, den Job auf technischem, wissenschaftlichem, künstlerischem Gebiet, die Ausübung der weltlichen Künste auch als Beruf, die Ausübung profaner Wissenschaft und Technik als Beruf — und daneben voll berechtigt geistliche Versenkung kontemplativer und meditativer Art, gottesdienstliches Handeln in Lobpreis, Klage, Bekenntnis, Verkündigung und Sakrament.

Wenn wir in solcher Weitschaft alle Möglichkeiten sinnvollen menschlichen Lebens und Wirkens bejahen, dann erfährt sowohl die in ihrer Weise einzigartige mittelalterliche Formel des ORA ET LABORA als auch die Wirklichkeit des heutigen kulturellen Lebens jeweils eine deutliche Korrektur! Wir erkennen, daß all unsre Bemühungen um diese Fragen nur dann nicht vergeblich gewesen sind, wenn wir uns zu solchen Korrekturen offen bekennen.

Gegen die benediktinische Gestaltung des Mönchslebens müssen wir geltend machen, daß die Einschränkung des Spiels auf den gottesdienstlichen Raum und die Einschränkung der Wissenschaft auf den geistlichen Raum von uns nicht bejaht werden können. Was außerhalb des Mönchtums an spielerischer Lebensgestaltung nie ausgestorben ist und zur Entfaltung aller Künste im weltlichen Bereich geführt hat, müssen wir rund heraus bejahen. Der ganze Reichtum gottesdienstlicher Gestaltung im Mönchtum wird von uns bejaht; vielleicht, daß er in Richtung auf das tänzerische Element sogar noch zu ergänzen ist.[31] Gleichzeitig muß das ganze profanwissenschaftliche Ringen als Grundlage der Technik bejaht werden; das wird möglich, sobald man erkennt, daß die profane Wissenschaft letztlich das geistliche Leben nicht verdrängen kann, sondern selbst an eine Grenze stößt, die in das ehrfürchtige Nebeneinander geistlicher und profaner Erkenntnis mündet.

Offen bleibt die Frage: Wenn in der Breite des Lebens die doppelte Komplementarität von Kultus und profanem Ethos auf der einen Seite und von

---

[31] Vgl. den Bericht über „Text, Musik, Spiel und Tanz im Gottesdienst" anläßlich einer Studientagung in der Akademie Remscheid Januar 1969, in: DtPfBl 1969, S. 305.

Spiel und Arbeit auf der andern Seite sich entfalten muß und darf, kann es dann Gruppen geben, die wie das alte Mönchtum den Akzent des Spiels auf den geistlichen Bereich und den Akzent herber Pflichtarbeit auf den weltlichen Bereich legen, ohne daß die positive Wertung des profanen Spiels (der andern, die nicht als Mönche leben) in ihrer Bedeutung unterschätzt wird? In dieser Form steht die Frage heute wohl vor der römischen Kirche. Vor uns evangelischen Christen bleibt sie in der Form bestehen, daß wir uns prüfen müssen, ob wir die Notwendigkeit der vollen Polarität des Lebens mit ungekürzter Spannung zwischen Kultus und profanem Ethos bejahen.

Nur so werden wir den wichtigsten Impulsen aus der Geschichte der Christenheit und den Forderungen der vor uns liegenden Zukunft gerecht werden.

Alfred Niebergall

Die Bedeutung der neuen römisch-katholischen Trauordnung 1969

Ein Beitrag zu der sog. Gemeinsamen Trauung

Eine Ordnung der kirchlichen Trauung, wie sie am 19. März 1969 von der Ritenkongregation der römisch-katholischen Kirche vorgelegt wurde,[1] ist zwar auch daran zu messen, in welchem Umfang sie die kirchliche Tradition bewahrt und in welcher Weise sie mit den Vorschriften des kirchlichen Eherechtes übereinstimmt. Der entscheidende Gesichtspunkt ist jedoch theologischer Art: Welches theologische Verständnis der Ehe hat in dem *Ordo* seinen Niederschlag gefunden? Oder anders ausgedrückt: Entspricht der theologische Gehalt des neuen *Ordo* den theologischen Vorstellungen, die innerhalb der römisch-katholischen Kirche in jüngster Zeit, vor allem also in den Verlautbarungen des Zweiten Vatikanischen Konzils zutage getreten sind?

Wir wollen dieser Frage nachgehen, indem wir uns zunächst die Eheauffassung des Zweiten Vatikanum in der gebotenen Kürze vergegenwärtigen (I). Danach wollen wir den *Ordo* selbst darstellen (II). Weiter soll ein Vergleich mit den bisherigen Trauriten des *Rituale Romanum* (1614) und der *Collectio Rituum* der deutschen Diözesen (1950) die Besonderheiten des neuen *Ordo* verdeutlichen (III). Da neben dem liturgiewissenschaftlichen Interesse *ein* Motiv unserer Untersuchung in der gegenwärtigen Debatte über die Möglichkeit einer sog. Gemeinsamen Trauung zu sehen ist, wollen wir schließlich der Frage nachgehen, in welchem Verhältnis der neue *Ordo* u. U. zu einer „Gemeinsamen Trauung" stehen könnte. (IV).

I

Das Zweite Vatikanische Konzil hat sich bei verschiedenen Gelegenheiten zu Fragen der Ehe und Eheschließung geäußert. Überprüft man die Konzilsdokumente, die auf diese Frage eingehen, so stellt sich rasch heraus, daß zwar die herkömmliche Auffassung von Ehe und Eheschließung vorherrscht, daß aber daneben ein neues Verständnis der Ehe sich bemerkbar macht. Nach der Überlieferung hat Christus die Ehe von Mann und Frau „zur Würde eines Sakraments erhoben", und zwar ist es nach dem *Codex Iuris Canonici* der *contractus matrimonialis inter baptizatos* (can. 1012, 1), also der „Ehevertrag" zwischen

---

[1] Rituale Romanum ex Decreto Sacrosancti Oecumenici Concilii Vaticani II instauratum auctoritate Pauli PP. VI promulgatum. Ordo Celebrandi Matrimonium. Editio Typica. Typis Polyglottis Vaticanis MCMLXIX.

getauften Christen, der den Charakter eines Sakraments erhält.² Als die *forma* dieses Sakraments hat nicht die *benedictio nuptialis*, sondern allein die Erklärung des *consensus* zu gelten,³ und es sind bekanntlich die Ehegatten selbst, die sich gegenseitig dieses Sakrament spenden.⁴ Fragt man nach dem *effectus* dieses Sakraments, so wird nach der Tradition in erster Linie die Erzeugung von Nachkommenschaft genannt und erst in zweiter Hinsicht die zwischen den Ehegatten bestehende Lebensgemeinschaft erwähnt.

Das Konzil behält die sakramentale Auffassung der Ehe an allen in Betracht kommenden Stellen bei.⁵ Aber es fällt auf, daß die Reihenfolge der Zwecke und Wirkungen der Ehe fast durchweg umgestellt wird. Nahezu überall wird nämlich zunächst die Heiligung und Hilfe erwähnt, die die Ehegatten sich gegenseitig erweisen sollen, danach erst die Erzeugung und Erziehung von Kindern. Im Unterschied zu früheren amtlichen Verlautbarungen wird nun der Sinn der Ehe mit einem besonderen Nachdruck in deren apostolisch-missionarischer Bedeutung für die Umwelt gesehen. Dieser Gesichtspunkt, der also der Ehe innerhalb der Kirche wie im Hinblick auf die „Welt" eine große und gewichtige Aufgabe zuweist, findet sich in vielen Konzilsdokumenten. Nach der „Dogmatischen Konstitution über die Kirche" (*Lumen gentium*) haben innerhalb des

---

² Decr. pro Armenis; Conc. Florentinum, 1438—1445 (D 702); Conc. Trid. 1545—1563, Sess. XXIV vom 11. 11. 1563 (D 969 ff.); De clandestinitate matrimonium irritante; „Tametsi", de reformatione matrimonii (D 990 ff.) u. ö.; vgl. auch „Entwurf des Votums über das Sakrament der Ehe" vom 20. 11. 1964. — Nach E. Eichmann - K. Mörsdorf (Lehrbuch des Kirchenrechts aufgrund des Codex Iuris Canonici, Bd. 2, Paderborn 1950⁶) ist „der Vertrag selbst das Sakrament" (S. 133). Der Vertrag gilt als das „äußere Zeichen des Sakraments. Ein Ehevertrag unter Christen ist aber nur dann ein Sakrament, wenn er kirchenrechtlich gültig, d. h. von der Kirche als rechtswirksamer Ehevertrag anerkannt ist. Das äußere Zeichen des Ehesakraments weist damit zwei Komponenten auf: Die Nupturienten, die ihren Ehewillen in rechtmäßiger Weise erklären, und die Kirche, welche die Ehewillenserklärung der Nupturienten ergreift und ihr ... jene Qualifikation verleiht, die den Ehevertrag zu einem kirchenrechtlich gültigen Vertrag und damit zum wirksamen Zeichen der sakramentalen Gnade macht. Die Dazwischenkunft der Kirche macht zugleich ersichtlich, daß christliche Gatten einen besonderen Stand in der Kirche einnehmen, daß der eheliche Bund eine Darstellung der Kirche in der gottgewollten Zelle ihres Wachstums ist und daß Mann und Frau für ihren verantwortungsvollen Dienst am Gottesreich eine kirchliche Sendung besitzen" (aaO. S. 134; vgl. auch S. 243 ff.). — „Die eheliche Willenseinigung ist für die Begründung des Eheverhältnisses so wesentlich, daß sie durch keine menschliche Macht ersetzt werden kann" (aaO. S. 208).

³ E. Eichmann - K. Mörsdorf, aaO. S. 131: „Das Materialobjekt des Vertrages sind die vertragsschließenden Personen selbst, das Formalobjekt ist die ungeteilte Lebensgemeinschaft." — „Wer als Katholik an die kanonische Eheschließungsform gebunden ist, kann eine kirchenrechtlich gültige Ehe nur unter Beobachtung dieser Form schließen" (aaO. S. 132). — Vgl. zu dem ganzen Problem J. Klein, Die Ehe als Vertrag und Sakrament im Codex Iuris Canonici, in: Skandalon. Um das Wesen des Katholizismus. Tübingen 1958, S. 239—287.

⁴ In welchem Maß trotz allem eine gewisse Unklarheit über die materia und über die forma des Ehesakraments herrscht, dafür vgl. E. Eichmann - K. Mörsdorf, aaO. S. 134 und S. 148.

⁵ Zitate nach: Das Zweite Vatikanische Konzil. Konstitutionen, Dekrete und Erklärungen. Lateinisch und Deutsch (LThK) Freiburg, Bd. I—III, 1966-1968.

„Volkes Gottes" die „christlichen Gatten" eine besondere Funktion; sie „bezeichnen das Geheimnis der Einheit und der fruchtbaren Liebe zwischen Christus und der Kirche und bekommen daran Anteil (vgl. Eph. 5, 32). Sie fördern sich kraft des Sakraments der Ehe gegenseitig zur Heiligung durch das eheliche Leben sowie in der Annahme und Erziehung der Kinder und haben so in ihrem Lebensstand und in ihrer Ordnung ihre eigene Gabe im Gottesvolk (*in suo vitae statu et ordine proprium suum in Populo Dei donum habent*; vgl. 1. Kor. 7, 7)". Auf diese Weise bilden sie eine „Art Hauskirche" (*velut Ecclesia domestica*), in der sie als Eltern „durch Wort und Beispiel für ihre Kinder die ersten Glaubensboten (*primi fidei praecones*) sein sollen" (Art. 11; Bd. I, S. 186 f.). Haben die Laien insgesamt die Aufgabe, als *validi praecones fidei* zu wirken, indem sie „mit dem Leben aus dem Glauben ohne Zögern das Bekenntnis des Glaubens verbinden", so gilt dies in besonderem Maß für die Eheleute: Sie sollen gemäß ihrer Berufung „sich gegenseitig und den Kindern den Glauben und die Liebe Christi bezeugen"; denn das Ehe- und Familienleben ist ein *exercitium et schola praeclara apostolatus laicorum* (Art. 35 f.; Bd. I, S. 276 f.; vgl. auch Art. 41; Bd. I, S. 296 f.).

Der Gedanke des Laienapostolats der Eheleute wird begreiflicherweise in der „Erklärung über die christliche Erziehung" (*Gravissimum educationis*; Bd. II, S. 366 ff.; hier Art. 3; S. 374 ff.) und in dem „Dekret über den Laienapostolat" (*Apostolicum actuositatem*; Bd. II, S. 602 ff.; hier Art. 11; S. 638 ff.) besonders hervorgehoben. Denn der „Apostolat der Eheleute und Familien" gilt nach dem Apostolat der Priester nicht nur als der wichtigste Bereich des Apostolats überhaupt, sondern hat eine „einzigartige Bedeutung für die Kirche wie für die Menschen der Gesellschaft", und zwar ganz besonders in unserer Zeit (Art. 11; Bd. II, S. 638 f.).

Dieser letzte Gesichtspunkt hat das Konzil bewogen, trotz des lebhaften Widerstands einer konservativen Gruppe und des Staatssekretariats, das vorgelegte Schema über „Ehe, Familie und Keuschheit" nicht als ein eigenes Lehrstück zu verhandeln und zu verabschieden (vgl. Bd. III, S. 595 ff.), sondern die dahin gehörigen Fragen in die umfangreiche „Pastoralkonstitution über die Kirche in der Welt von heute" (*Gaudium et spes*; Bd. III, S. 280 ff.) einzufügen, und zwar unter der Überschrift „Förderung der Würde der Ehe und Familie" als erstes Kapitel des zweiten Teiles dieser Konstitution, der sich mit „wichtigen Einzelfragen" beschäftigt (II, 1; Nr. 47—52; Bd. III, S. 426—447). Der Vorgang selbst wie auch der Ort, an dem innerhalb der Systematik der Pastoralkonstitution die Frage der Ehe abgehandelt wird, kennzeichnet den Wandel in der Auffassung: die Ehe gilt nun nicht mehr als eine Institution, die sich selbst genügt, als ein Sakrament, das seinen Wert in sich selbst trägt, sondern hat ihre besondere und unübersehbare Bedeutung an der Nahtstelle zwischen „Kirche" und „Welt".

Nach wie vor gilt im dogmatischen Sinn Gott selbst als der *auctor matrimonii*, ohne daß diese These im einzelnen mit biblischen Argumenten begründet wird (vgl. jedoch Art. 50; Bd. III, S. 438 f.). Die „Pastoralkonstitution" beginnt die eigentlichen Ausführungen über die Ehe mit dem Satz: „Die innige Gemeinschaft (*intima communitas*) des Lebens und der Liebe in der Ehe, vom

Schöpfer begründet und mit eigenen Gesetzen geschützt, wird durch den Ehebund (*foedus coniugii*), d. h. durch ein unwiderrufliches personales Einverständnis (*consensus personalis*) gestiftet. So entsteht durch den personal freien Akt (*actu humano*), in dem sich die Eheleute gegenseitig schenken und annehmen, eine nach göttlicher Ordnung feste Institution, und zwar auch gegenüber der Gesellschaft" (Art. 48; Bd. III, S. 428 f.). Die „Zeugung und Erziehung von Nachkommenschaft" wird zwar keineswegs außer acht gelassen; sie wird im Gegenteil nach wie vor als eine „Krönung" der ehelichen Gemeinschaft verstanden (Bd. III, S. 430 f.). Aber es läßt sich nun doch nicht übersehen, daß der erste, ja, man ist versucht zu sagen: der eigentliche Sinn der Ehe in der persönlichen Verbundenheit der Eheleute gesehen wird. Denn „Mann und Frau gewähren sich ... in inniger Verbundenheit der Personen und ihres Tuns gegenseitige Hilfe und gegenseitigen Dienst und erfahren und vollziehen dadurch immer mehr und voller das eigentliche Wesen ihrer Einheit" (Bd. III, S. 430 f.). Darin zeigt sich der Sinn der Ehe als Sakrament. Denn „im Geist Christi, durch den ihr ganzes Leben mit Glaube, Hoffnung und Liebe durchdrungen wird, gelangen sie mehr und mehr zu ihrer eigenen Vervollkommnung, zur gegenseitigen Heiligung und gemeinsam zur Verherrlichung Gottes", aber auch dazu, „diesen Weg des echten Menschentums, des Heils und der Heiligkeit zu finden" (Bd. III, S. 432 f.).

Das Besondere dieser Ausführungen liegt offenkundig darin, daß im Unterschied zu der früheren Lehrmeinung der Kirche die eheliche Liebe (*amor coniugalis*) ihren Sinn und Wert auch in sich selbst hat, weil es sich dabei um eine personale, die ganze persönliche Existenz umgreifende Beziehung und Bindung handelt: „Diese eigentümlich menschliche Liebe geht in frei bejahter Neigung von Person zu Person (*affectus voluntatis a persona in personam*), umgreift das Wohl der ganzen Person, vermag so den leib-seelischen Ausdrucksmöglichkeiten eine eigene Würde zu verleihen, und sie als Elemente und besondere Zeichen der ehelichen Freundschaft zu adeln" (Art. 49; Bd. III, S. 434 f.). Daraus ergibt sich nicht nur die volle Ebenbürtigkeit von Mann und Frau, sondern auch die gemeinsame Verpflichtung zu einer verantwortlichen Elternschaft. Denn „wenn wirklich durch die gegenseitige und bedingungslose Liebe die gleiche personale Würde (*aequalis dignitas personalis*) sowohl der Frau wie des Mannes anerkannt wird, wird auch die vom Herrn bestätigte Einheit der Ehe deutlich" (Art. 49; Bd. III, S. 436 f.). Und als Mitwirkende und „Interpreten" der Liebe Gottes des Schöpfers müssen die Eheleute „in menschlicher und christlicher Verantwortlichkeit ihre Aufgabe erfüllen und in einer auf Gott hinhörenden Ehrfurcht durch gemeinsame Überlegungen versuchen, sich ein sachgerechtes Urteil zu bilden. Hierbei müssen sie auf ihr eigenes Wohl wie auf das ihrer Kinder — der schon geborenen oder zu erwartenden — achten..." (Art. 50; Bd. II, S. 438 f.). Das Urteil steht als Gewissensentscheidung vor Gott den Eheleuten allein zu; dabei sollen sie jedoch auf die authentische Auslegung des „göttlichen Gesetzes im Lichte des Evangeliums" durch das kirchliche Lehramt hören (Art. 50; Bd. III, S. 440 f.). Die damit angeschnittenen Fragen werden in den folgenden Artikeln ausführlich behandelt, ohne daß wir im Zusammenhang unserer Untersuchung näher darauf eingehen können.

Überblickt man das ganze sich mit den Fragen von Ehe und Familie beschäftigende Kapitel der „Pastoralkonstitution", so stellt sich heraus, daß die Ehe zwar nach wie vor als Sakrament verstanden wird, und die Erzeugung und Erziehung von Kindern als *ein* „Zweck" der Ehe angesehen wird, daß aber im Unterschied zu der bisherigen Auffassung *das persönliche Moment in der Verbindung der beiden Eheleute, der gegenseitige Beistand und die gegenseitige Hilfe, nicht zuletzt die apostolisch-missionarische Verantwortung der Eheleute in ihrer Umwelt* nachdrücklich hervorgehoben werden. Ja, man könnte geradezu sagen, nach dem hier entwickelten Verständnis komme es in der Ehe weniger auf deren Konstitution und Institution an als auf den lebendigen Vorgang und Vollzug — und zwar gerade im Hinblick auf das Verständnis von Kirche und Welt in der heutigen Zeit.

Zum Abschluß dieses Kapitels werden die Priester ermahnt, nicht nur „unter der Voraussetzung einer genügenden Kenntnis des Familienproblems" ihren seelsorgerlichen Verpflichtungen gegenüber den Eheleuten nachzukommen, sondern sie auch durch die „Verkündigung des Wortes Gottes" und durch die „Feier der Liturgie" in ihrer Berufung und in ihrem Lebenswandel zu fördern (Art. 52; Bd. III, S. 446 f.). Auch wenn dabei nicht ausdrücklich auf die Trauung verwiesen wird, so dürfte sie in diesem Zusammenhang nicht auszuschließen sein. Dies kommt schon darin zum Ausdruck, daß dem Konzil der „Entwurf eines Votums über das Sakrament der Ehe" vorgelegen hat, das zwar nicht mehr verabschiedet, aber dem Papst zur weiteren Regelung übergeben wurde. „Wir haben es (dabei) mit einem wirklichen Votum des Konzils, jedoch nicht mit einem Konzilsdekret im eigentlichen Sinn zu tun" (B. Häring, Bd. III, S. 595). Ohne auf die grundsätzlichen Ausführungen in der „Pastoralkonstitution" zurückzugreifen, beschäftigt sich dieses Votum nahezu ausschließlich mit kirchenrechtlichen Aspekten. Es wird jedoch mit Nachdruck hervorgehoben, daß die Kirche dabei die „aus dem heutigen gesellschaftlichen Leben erwachsenden Gewohnheiten, Empfindungs- und Denkweisen" unserer Zeit berücksichtigen müsse (Art. 3; Bd. III, S. 596 f.). Was die „Form des Eheabschlusses" anlangt, so wird ausdrücklich gefordert, daß dessen kanonische Form neu gestaltet werden soll, damit auf diese Weise die „Anwendung der ordentlichen Form erleichtert wird" (Art. 6; Bd. III, S. 602 f.).

Damit stimmt überein, was das Konzil gleich zu Beginn der Verhandlungen in der „Konstitution über die heilige Liturgie" (Bd. I, S. 14 ff.) gefordert hatte: „Der Eheritus (*ritus celebrandi Matrimonium*) des Römischen Rituale soll überarbeitet und bereichert werden, so daß er deutlicher die Gnade des Sakramentes bezeichnet und die Aufgaben der Eheleute eindringlich betont" (Art. 77; Bd. I, S. 70 f.). Freilich hat sich dabei das Zweite Vatikanische Konzil die Entscheidung des Konzils von Trient zu eigen gemacht, daß „lobenswerte Gewohnheiten und Bräuche" in Partikularkirchen beibehalten werden können. Die regionalen Bischofskonferenzen erhalten die „Vollmacht (*facultas*), einen eigenen Ritus auszuarbeiten, der den Bräuchen des Landes und des Volkes entspricht", dabei muß jedoch gewährleistet sein, daß der „assistierende Priester die Konsenserklärung der Brautleute erfragt und entgegennimmt" (*firma lege ut sacerdos assistens requirat excipiatque contrahentium consensum;* Bd. I, S. 70; vgl.

Art. 63 b; Bd. I, S. 64 f.). Der Art. 78 derselben Konstitution bestimmt im einzelnen: „Die Trauung (*Matrimonium*) möge in der Regel innerhalb der Messe nach der Lesung des Evangeliums und nach der Homilie und vor dem ‚Gebet der Gläubigen' (Fürbitten) gefeiert werden. Der Brautsegen (*oratio super sponsam*) soll in geeigneter Weise überarbeitet werden, so daß er die gleiche gegenseitige Treuepflicht beider Brautleute betont; er kann in der Muttersprache erteilt werden. — Wenn aber die Trauung ohne die Messe gefeiert wird, sollen zu Beginn des Ritus Epistel und Evangelium der Brautmesse vorgetragen werden; den Brautleuten soll immer der Segen erteilt werden" (Art. 78; Bd. I, S. 72 f.).

Auch wenn unter „Liturgie" in erster Linie die Feier der Eucharistie zu verstehen ist, so gelten ohne Zweifel die in der „Konstitution" niedergelegten Prinzipien und Kriterien auch für die übrigen Sakramente und deren Feier. Bekanntlich wird in dieser Konstitution eine „allgemeine Erneuerung der Liturgie" gefordert, die mit der notwendigen Sorgfalt in die Wege geleitet werden soll (Art. 21; Bd. I, S. 32 f.). Dabei soll die „volle und tätige Teilnahme des ganzen Volkes ... aufs stärkste beachtet" (Art. 14; Bd. I, S. 28 f.), vor allem aber die „Schatzkammer der Bibel weiter aufgetan werden" (Art. 51; Bd. I, S. 54 f.; vgl. Art. 35, 1 u. 2; Bd. I, S. 40 f. u. ö.). Denn „in der Liturgie spricht Gott zu seinem Volk; in ihr verkündigt Christus noch immer die Frohe Botschaft. Das Volk aber antwortet mit Gesang und Gebet" (Art. 33; Bd. I, S. 38 f.; vgl. Art. 7; Bd. I, S. 20 ff.). In diesem Zusammenhang erhält die Predigt als Homilie bekanntlich eine besondere Bedeutung (vgl. z. B. Art. 7; Bd. I, S. 20 f.; Art. 9; Bd. I, S. 24 f.; Art. 24; Bd. I, S. 34 f.; Art. 35, 2; Bd. I, S. 40 f. u. ö.). Die Predigt wird nun als ein „Teil der liturgischen Handlung" selbst verstanden (Art. 35, 2; Bd. I, 40 f.; Art. 52; Bd. I, 54 f.). Die Reform der Liturgie soll nicht zuletzt der Erneuerung der Pfarrgemeinde dienen.

In die vorgesehene Reform werden die Riten ausdrücklich einbezogen. Gerade im Blick auf sie fällt das bekannte Wort vom „Glanz edler Einfachheit". „Die Riten mögen den Glanz edler Einfachheit an sich tragen und knapp, durchschaubar und frei von unnötigen Wiederholungen sein. Sie seien der Auffassungskraft der Gläubigen angepaßt und sollen im allgemeinen nicht vieler Erklärungen bedürfen" (Art. 34; Bd. I, S. 38 f.). Ähnlich drückt sich, wenn auch kritischer, Art. 50 (Bd. I, S. 52 f.) aus. Dieselben Prinzipien und Kriterien, die für die Liturgie im allgemeinen gelten, sollen auch auf die Riten und deren Reform angewandt werden (vgl. Art. 35). Vor diesem Hintergrund ist die schon erwähnte, in den Artikeln 77 und 78 (Bd. I, S. 70 ff.) geforderte Reform des Eheritus des *Rituale Romanum* zu verstehen.[6]

---

[6] Nähere Ausführungsbestimmungen bringt dazu auch die Instructio der Sacra congregatio Rituum vom 26. 9. 1964, und zwar unter den Nummern 70-75; A. A. S. A LVI, S. III, Vol. VI, 1964, S. 193 ff. Diese Instructio vom 26. 9. 1964 bezeichnet die Teile des Ordo celebrandi matrimonium etwas anders: „Brevis admonitio, lectio Epistolae et Evangelii lingua vernacula, homilia, celebratio Matrimonii, benedictio nuptialis" (A. A. S., 1964, S. 894, Nr. 74a).

II

Wie sich aus dem Titel ergibt, ist der neue *Ordo celebrandi matrimonium* als Teil des neuen, aufgrund des Beschlusses des Zweiten Vatikanischen Konzils herauszugebenden *Rituale Romanum* zu verstehen. Sowohl das Dekret der Ritenkongregation vom 19. März 1969 wie auch die ausführlichen Vorbemerkungen nehmen auf Verlautbarungen des Konzils ausdrücklich Bezug.

Zunächst fällt auf, daß dieser Teil des neuen Rituale drei verschiedene *Ordines* für die Trauung enthält, und zwar 1. „*Ordo celebrandi matrimonium intra missam*" (cap. I), 2. „*Ordo . . . sine missa*" (cap. II) und 3. „*Ordo celebrandi matrimonium inter partem catholicam et partem non baptizatam*" (cap. III). Der erste *Ordo* ist die eigentliche Form der *Celebratio matrimonii*; er wird, falls die Voraussetzungen dafür vorliegen, mit besonderem Nachdruck empfohlen. Die zweite Form, also der *Ordo sine missa*, ist für solche Fälle vorgesehen, wenn einer der beiden Partner zwar getauft ist, aber nicht der römisch-katholischen Kirche angehört, also insbesondere für Mischehen. Diese Form kann jedoch mit Zustimmung des zuständigen Bischofs auch innerhalb der Messe gefeiert werden, wobei jedoch der nicht-katholische Partner nicht kommunizieren soll. Daß die dritte Form nicht *intra missam* gehalten werden kann, versteht sich von selbst.

In einer der Vorbemerkungen (*Praenotanda*) werden als die wichtigsten Elemente der *Celebratio matrimonii* die *Liturgia verbi*, der *Consensus contrahentium* und die *Oratio (Benedictio)* genannt (S. 8, Nr. 6). Alle diese Elemente kommen in den drei Ordnungen vor, wenn auch in unterschiedlichem Maße.

Am Anfang der jeweiligen Ordnung steht der *Ingressus in Ecclesiam*, der in den beiden ersten Ordnungen nur Unterschiede im Hinblick auf die Kleidung des Priesters nennt. Der Priester soll, je nach Gelegenheit, die Brautleute an der Kirchentür oder am Altar begrüßen, um auf diese Weise zum Ausdruck zu bringen, daß die Kirche an der „Freude" der beiden Nupturienten Anteil nimmt, ohne daß dafür eine besondere Formulierung vorgesehen ist. Wenn eine Prozession vom Eingang der Kirche zum Altar stattfindet, so sollen dabei die Brautleute wenigstens von ihren Eltern und zwei Zeugen („*honorifice*") begleitet werden. Die dritte Ordnung spricht nur von einem „*Ritus receptionis*", sieht zwar auch die Begrüßung der Brautleute vor, sagt aber nichts über die Teilnahme der Kirche an deren Freude. Der *Ingressus* bzw. die *Receptio* sind fakultativ.

Dagegen ist in allen drei Formularen die *Liturgia verbi* vorgeschrieben. Hierbei tritt am deutlichsten das Neue dieses *Ordo* zutage — entsprechend den Wünschen und Beschlüssen des Konzils, daß die „Schatzkammer der Bibel weiter aufgetan werden soll" und daß die „Homilie . . . als Teil der Liturgie selbst sehr empfohlen wird" (Konstitution über die heilige Liturgie Nr. 51 f.; Bd. I, S. 54 f.; vgl. oben S. 184). Auch wenn diese Bestimmungen zunächst für die Eucharistiefeier gedacht sind, so werden sie auch auf den vorliegenden *Ordo* angewandt. Alle Formulare sehen vor, daß drei Lesungen gehalten werden können (entsprechend der neuen Leseordnung für die Messe), von denen die erste dem Alten Testament entnommen werden soll. Dafür bringt das letzte Kapitel des

Ordo (Nr. 67—105; S. 27—30) eine bemerkenswerte Zahl von Vorschlägen, nämlich acht alttestamentliche Lesungen, je zehn epistolische und evangelische Lesungen, dazu sieben *Psalmi responsorii* und vier *Versus ante Evangelium*.[7]

Nach der *Lectio* soll nach allen drei Ordnungen eine Homilie gehalten werden.[8] In den beiden ersten Ordnungen soll der Priester darin „aufgrund des heiligen Textes das Mysterium der christlichen Ehe, die Würde der ehelichen Liebe, die Gnade des Sakraments und die Pflichten der Ehegatten" darlegen und dabei auch die besonderen persönlichen Umstände nicht außer acht lassen. Die dritte Ordnung, die die Verbindung eines katholischen Partners mit einem nicht getauften Partner im Auge hat, begnügt sich mit dem Hinweis, daß die Homilie den Pflichten und Verhältnissen der Ehegatten sowie den übrigen in Betracht kommenden Umständen angepaßt sein soll. Die Homilie ist also als Kasualpredigt gedacht.

Der wesentliche Teil des Ordo ist zweifellos der nun folgende *Ritus matrimonii*.[9] Denn er enthält die Fragen nach den Voraussetzungen des *Consensus* („*Scrutinium*")[10] und den *Consensus* selbst. Die entscheidenden Stücke sind in allen drei Formularen bis in den Wortlaut hinein dieselben. Nur in der jenen Fragen vorangehenden Anrede des Priesters an die Brautleute („*brevis admonitio*", A.A.S., aaO. S. 894) ergeben sich einige beträchtliche Unterschiede. In den beiden ersten Ordnungen spricht der Priester davon, daß die Brautleute in das „Haus der Kirche" gekommen sind, um ihre Liebe „vor dem Diener und der Gemeinschaft der Kirche durch das heilige Siegel vom Herrn befestigen" zu lassen. „Diese Liebe segnet Christus in reichlichem Maß, und zur gegenseitigen und unaufhörlichen Treue und zur Erfüllung der übrigen Pflichten der Ehe bereitet und stärkt er diejenigen in eigentümlicher Weise durch das Sakrament, die er selbst schon durch die heilige Taufe geweiht hat". Das dritte Formular

---

[7] Da es von Interesse sein dürfte, die verschiedenen Lesungen kennenzulernen, seien sie im folgenden genannt. Aus dem Alten Testament: Gen. 1, 26-28, 31a; Gen. 2, 18-24; Gen. 24, 48-51. 58-67; Tob. 7, 9c-10. 11c-17; Tob. 8, 5-10; Cant. 2, 8-10. 14. 16a, 8, 6-7a; Sir. 26, 1-4. 16-21 (Gr. 1-4, 13-16); Jer. 31, 31-32a. 33-34a; aus dem Neuen Testament: Röm. 8, 31b-35. 37-39; Röm. 12, 1-2. 9-18 oder 1-2. 9-13; 1. Kor. 6. 13c-15a. 17-20; 1. Kor. 12, 31-13, 8a; Eph. 5, 2a. 21-33 oder 2a. 25-32; Kol. 3, 12-17; 1. Petr. 3, 1-9; 1. Joh. 3, 18-24; 1. Joh. 4, 7-12; Apk. 19, 1. 5-9a; — Matth. 5, 1-12a; Matth. 5, 13-16; Matth. 7, 21. 24-29 oder 21. 24-25; Matth. 19, 3-6; Matth. 22, 35-40; Mark. 10, 6-9; Joh. 2, 1-11; Joh. 15, 9-12; Joh. 15, 12-16; Joh. 17, 20-26 oder 20-23. Aus den Psalmen werden vorgeschlagen: Ps. 32 (33), 12 und 18, 20-22; Ps. 33 (34), 2-9; Ps. 102 (103), 1-2. 8-13. 17-18a; Ps. 111 (112), 1-9; Ps. 127 (128), 1-5; Ps. 144 (145), 8-15. 17-18; Ps. 148, 1-4. 9-14a. Als Halleluja-Verse und Verse vor dem Evangelium werden angeführt: 1. Joh. 4, 8 und 11; 1. Joh. 4, 12; 1. Joh. 4, 16; 1. Joh. 5, 7b.

[8] Schon vor dem Zweiten Vatikanischen Konzil äußerte der damalige Bischof von Mainz, A. Stohr, die Ansicht: „Gewiß ist das prädikatorische Element bei den Sakramenten nicht die Hauptsache, aber doch eine Seite und nicht die unwichtigste" (Vom Werden und von der Bedeutung der neuen Deutschen Rituale, in: Mainzer Universitäts-Reden Nr. 15, Mainz 1950, S. 23).

[9] Nach der Instructio der Ritenkongregation vom 26. 9. 1964 „celebratio Matrimonii" genannt (aaO. S. 894, Nr. 74a).

[10] Der Ordo von 1969 selbst spricht von „Quaestiones ante consensum", die übrigens fortgelassen werden können (S. 9, Nr. 13 f.).

spricht zwar auch davon, daß die Liebe der Nupturienten vor dem Diener und der Gemeinschaft der Kirche durch ein „heiliges Siegel" befestigt und für die gegenseitige, unaufhörliche Treue und für die übrigen Pflichten der Ehe gestärkt werden soll. Aber es fehlt sowohl der Hinweis auf das „Haus der Kirche" wie darauf, daß jenes Siegel von dem Herrn ausgeht, aber auch der Bezug auf den Segen Christi und auf die Taufe.

Die drei folgenden Fragen (*quaestiones ante consensum*) haben als die kirchenrechtlich notwendigen Voraussetzungen für die Abgabe des Konsens im Sinne eines *Scrutinium* zu gelten.[11] Sie beziehen sich auf die Freiwilligkeit und die innere Beteiligung des Eheabschlusses, auf die Bereitschaft, den „Weg der Ehe" zu gehen und sich gegenseitig ein Leben hindurch zu lieben und zu ehren, sowie auf die Bereitschaft, Nachkommen von Gott gerne anzunehmen und sie nach dem Gesetz Christi und seiner Kirche zu erziehen. Überflüssig zu sagen, daß diese wichtige Formvorschrift in allen drei Ordnungen denselben Wortlaut hat.

Der eigentliche *Konsens* wird mit den Worten des Priesters eingeleitet: „Wenn ihr also den Bund der heiligen Ehe eingehen wollt, legt eure rechten (Hände) zusammen und drückt vor Gott und seiner Kirche euren Konsens aus". Der Konsens kann entweder in der Form einer Erklärung oder als Antwort auf eine entsprechende Frage des Priesters erfolgen. Die Erklärung selbst lautet folgendermaßen:

Ego N. accipio te N., in uxorem meam (in maritum meum) et promitto me tibi fidem servaturum, inter prospera et adversa, in aegra et in sana valitudine, ut te diligam et honorem omnibus diebus vitae meae.[12]

Der Priester nimmt den Konsens mit folgenden Worten entgegen:

Hunc vestrum consensum, quem coram Ecclesia manifestatis, Dominus benigne confirmet et benedictionem suam in vobis implere dignetur. Quod Deus coniungit (!), homo non separet.

Es ist bemerkenswert, entspricht jedoch dem Kirchenrecht, daß Erklärung und Bestätigung des Konsens in allen drei Ordnungen, also auch im dritten *Ordo*, denselben Wortlaut haben.

Unmittelbar darauf folgt die *Benedictio et traditio anulorum*.[13] Der Priester segnet nach allen drei Ordnungen die Ringe mit den Worten:

„Es segne + der Herr diese Ringe, welche ihr, einer dem andern, übergeben sollt zum Zeichen der Liebe und Treue."

---

[11] Bemerkenswert ist, daß nach den „Praenotanda" (S. 9, Nr. 14) diese Fragen, wenn „es passend erscheint", in Wegfall kommen können. „Firma lex" ist nur, „ut sacerdos assistens requirat excipiatque contrahentium consensum".

[12] Falls der Konsens nach den Beschlüssen der jeweiligen Bischofskonferenzen von dem Priester erfragt werden soll, ist eine entsprechende Frage an die Nupturienten vorgesehen, die sich dem Inhalt nach mit der Konsens-Erklärung deckt.

[13] Nach Nr. 15b der „Praenotanda" können nach einem Beschluß der Bischofskonferenz sowohl die iunctio manuum als auch die benedictio und die traditio anulorum ausgelassen werden (S. 10).

Die Brautleute stecken sich gegenseitig die Ringe an und sagen dabei (auch im dritten Formular, also im Falle eines Nicht-Getauften!):

„N., nimm diesen Ring zum Zeichen meiner Liebe und meiner Treue. Im Namen des Vaters und des Sohnes und des Heiligen Geistes."

In der dritten Ordnung wird die Segnung der Ringe ausdrücklich als fakultativ erklärt.[14] Der Anhang sieht für diese Segnung zwei weitere Voten vor, von denen eins sich ausdrücklich auf die beiden Brautleute und nicht auf die Ringe selbst bezieht (S. 32, Nr. 111).

Die Feier geht nach dem ersten Formular in die Eucharistie über, in der die *Oratio fidelium* und die *Benedictio* der Braut bzw. der Brautleute vorgesehen sind: bei dem Offertorium der Eucharistie können Bräutigam und Braut Brot und Wein zum Altar bringen. Die beiden anderen Ordnungen kennen naturgemäß nur ein allgemeines Gebet und die Segnung der Brautleute. In der Eucharistiefeier hat sich noch ein Anklang an den alten Brautsegen erhalten:

„Den Herrn ... laßt uns demütig anflehen, damit er über dieser seiner Dienerin, die diesen Bräutigam geheiratet hat in Christo, den Segen seiner Gnade barmherzig ausgieße und die, welche er durch den heiligen Bund zusammengefügt hat, möge er einträchtig machen durch *eine* Liebe."

Das folgende Gebet ist der traditionellen Brautmesse entnommen; es bezieht sich zwar vorwiegend auf die Braut, verändert aber an manchen Stellen den überlieferten Wortlaut (so wird z. B. der Hinweis auf die „heiligen Frauen" des Alten Testaments weggelassen). Ein neuer letzter Teil dieses Gebets enthält eine ausdrückliche und ausführliche Fürbitte für die beiden Eheleute. Die beiden im Anhang mitgeteilten, übrigens wohlgelungenen, zur Auswahl gestellten Benediktionsgebete (S. 35 ff.; Nr. 120 und 121) beziehen sich auf beide Brautleute. Alle drei Gebete können in die drei Ordnungen übernommen werden, also auch in die dritte Ordnung, soweit es die Umstände nahelegen.

Die Feier endet — wieder nach allen drei Formularen — mit dem Herrengebet, einem einfachen Segen („*Benedicat vos*") oder mit einem feierlichen und ausführlichen Segen, für den der Anhang drei Vorschläge enthält (S. 38, Nr. 125—127). Im Anhang finden sich übrigens auch stets mehrere Versionen für die betreffenden Stücke der *missa pro sponsis*.

III

Um die Bedeutung dieses neuen *Ordo* würdigen zu können, empfiehlt sich ein Vergleich mit den entsprechenden Ordnungen des *Rituale Romanum* von 1614 und der *Collectio Rituum* der deutschen Diözesen aus dem Jahre 1950.

1. Während das *Missale Romanum* im Anschluß an das tridentinische Konzil 1570 von Pius V. erlassen wurde und bis vor kurzem bis auf geringfügige Änderungen unverändert in Geltung stand, wurde das *Rituale Romanum* wesent-

---

[14] Vgl. die vorige Anmerkung.

lich später herausgegeben.[15] Uns hat nur der Teil des Rituale zu beschäftigen, der sich auf die Trauung bezieht.[16] Bis zur Herausgabe des *Rituale Romanum* gab es in der römisch-katholischen Kirche kein einheitliches Trauformular; in der Art und Weise, wie man die Trauung vornahm, bestanden in den einzelnen Gebieten und Landschaften erhebliche Unterschiede. Das Tridentinum war bestrebt, vor allem den sog. heimlichen Ehen Einhalt zu gebieten.[17] Dem diente bereits die Verpflichtung zum kirchlichen Aufgebot, die das IV. Laterankonzil 1215 erlassen hatte. Das Tridentinum bekämpft das Unwesen der heimlichen Ehen in dem Dekret „*Tametsi*"[18] durch die Vorschrift, daß Ehen nur dann als gültig anzusehen sind, wenn der zuständige Pfarrer (oder sein legitimer Vertreter) nach dem dreimaligen Aufgebot Mann und Frau nach ihrem Konsens fragt und danach die Worte ausspricht:

Ego vos in matrimonium coniungo, in nomine Patris et Filii et Spiritus Sancti.[19]

Die damit im Zusammenhang stehenden kirchenrechtlichen Fragen müssen wir übergehen. Man wird natürlich die Tendenz des Tridentinum nicht übersehen können, zunächst eine einheitliche Form der Eheschließung zu schaffen und ferner die Eheschließung selbst an die sog. passive Assistenz des Ortspriesters

---

[15] Das Rituale Romanum von 1614 zitiere ich nach der ältesten mir erreichbaren Ausgabe von Antwerpen 1625, S. 220 ff.; vgl. H. A. Daniel, Codex liturgicus, Bd. I, Leipzig 1847, S. 266 ff. — C. Clemen hat in seinem „Quellenbuch zur praktischen Theologie" (I. Teil Quellen zur Lehre vom Gottesdienst; Liturgik. Gießen 1910, S. 156 ff.) nicht den Ritus der Trauung nach dem Rituale Romanum von 1614 abgedruckt, sondern einen Regional-Ritus, leider jedoch ohne Angabe der Quelle. — Weitere amtliche Ausgaben stammen aus den Jahren 1752, 1913, 1925 und 1952. Vgl. Fr. Schubert, Das neue Rituale Romanum, in: Liturgische Zeitschrift, 2. Jg. 1930, S. 161-174, bes. S. 171 f.

[16] Zur Vorgeschichte der Trauung und der Entstehung des Rituale Romanum, insbesondere des darin enthaltenen Ritus celebrandi matrimonii Sacramentum vgl. L. Eisenhofer, Handbuch der katholischen Liturgik, II. Bd., Freiburg 1941², S. 408 ff.; B. Löwenberg, Die Erstausgabe des Rituale Romanum von 1614, in: ZKTh, 66. Bd. 1942, S. 141-147; H. Jedin, Das Konzil von Trient und die Reform der liturgischen Bücher, in: Ephemerides Liturgicae, 59. Jg. 1948, S. 5-38; E. Eichmann - K. Mörsdorf, Lehrbuch des Kirchenrechts, Paderborn, 1950⁶, S. 243 ff. — G. Rietschel - P. Graff, Lehrbuch der Liturgik, Göttingen 1951², S. 678 ff., insbesondere S. 685 ff.; J. A. Jungmann, Das Konzil von Trient und die Erneuerung der Liturgie, in: G. Schreiber, Das Weltkonzil von Trient. Sein Werden und Wirken. Bd. I, Freiburg 1951, S. 325-336; H. Conrad, Das tridentinische Konzil und die Entwicklung des kirchlichen und weltlichen Eherechts, in: G. Schreiber, aaO. S. 297-324 (mit ausführlichen Literaturangaben); L. Eisenhofer - J. Lechner, Grundriß der Liturgik das römischen Ritus, Freiburg 1953⁶ S. 317 ff.; A.-G. Martimort (Hrsg.), Handbuch der Liturgiewissenschaft (aus dem Französischen) Bd. II, Freiburg 1964, S. 132 ff. Vgl. auch H. Reifenberg, Die Liturgiewissenschaft und die Liturgie der Teilkirchen, in: Archiv für Liturgiewissenschaft, Bd. XI, 1969, S. 176-213, besonders S. 201 ff., wo der Verf. auf das Mainzer Rituale als Beispiel eingeht.

[17] Bei den Clandestina matrimonia hat Luther diejenigen Ehen im Auge, die ohne Einwilligung der Eltern eingegangen werden, während die katholische Kirche dabei an formlos geschlossene Ehen denkt. In beiden Fällen waren die so begründeten Ehen rechtsgültig, obgleich sich dabei eine verwirrende Rechtsunsicherheit herausstellte. Vgl. E. Eichmann - K. Mörsdorf, aaO. S. 141.

[18] D 990 ff. Die Bekämpfung dieser „formlosen Ehen" ist der eigentliche Sinn des Dekrets „Tametsi". [19] D 990.

zu binden.²⁰ Aber das Dekret erklärt ausdrücklich, daß anstelle jener Formel auch andere Worte gebraucht werden können — entsprechend dem rezipierten Ritus der jeweiligen Kirchenprovinz und unter Wahrung der bereits erwähnten damals vorhandenen „lobenswerten Gewohnheiten und Bräuche".²¹ Ebenso wie in der evangelischen Kirche kam es übrigens auch im römischen Katholizismus bis in das 18. Jahrhundert vor, daß die Eheschließung durch einen Laien vorgenommen wurde.

Die Trauordnung im *Rituale Romanum* von 1614, die also nicht als verpflichtende Norm, sondern als empfehlenswertes Modell angesehen werden muß²² und die im Laufe der Zeit nur geringfügige Änderung erfahren hat, ist überraschend einfach gehalten,²³ wenn man einmal von den umfangreichen kirchenrechtlichen Vorbemerkungen und den liturgischen Rubriken absieht. Der Ritus beginnt sogleich mit der Frage nach dem Konsens, die der Priester in Anwesenheit von zwei oder drei Zeugen je einzeln an die beiden Brautleute (oder an deren Stellvertreter) richtet:

N., vis accipere N. hic praesentem in tuam legitimam uxorem (in tuum legitimum maritum) iuxta ritum sanctae matris ecclesiae?

Wenn der Priester sich von dem Konsens der Vertragschließenden (*consensus*

---

[20] B. Löwenberg, aaO. S. 141 und J. A. Jungmann aaO. S. 326 ff. betonen die seelsorgerliche Intention, die sich mit der Einführung des Rituale Romanum verband. — Unter einer „passiven Assistenz" ist die Anwesenheit des Pfarrers „beim Eheschluß nur als qualifizierter Zeuge" zu verstehen; die „aktive Assistenz" wird erst von dem Dekret „Ne temere" (2. 8. 1907) verlangt und bedeutet, daß der Pfarrer „zur Teilnahme an der Eheschließung aufgefordert sein und die Konsenserklärung der Brautleute anregen und entgegennehmen mußte" (H. Conrad, aaO. S. 310). — „Die Eheassistenz ist ein Akt hoheitlicher Hirtengewalt, nämlich ein Akt der freiwilligen Verwaltung (iurisdictio voluntaria; E. Eichmann - K. Mörsdorf, aaO. S. 232).

[21] Nach H. Conrad besteht das Neue in den von dem Tridentinum erlassenen Vorschriften in der „Umkleidung des Konsenses der Ehepartner mit zwingenden Rechtsförmlichkeiten" (aaO. S. 306). Das Erstaunliche ist jedoch darin zu sehen, daß weder das Dekret „Tametsi" noch das Rituale Romanum eine verbindliche Form für die „zwingenden Rechtsförmlichkeiten" vorschreibt, sondern dies dem Herkommen der einzelnen Kirchenprovinzen überläßt. Es scheint mir deshalb nur annäherungsweise zuzutreffen, wenn H. Conrad meint: „Zum ersten Male in der Geschichte der Kirche wurde (durch das Tridentinum) für die Eheschließung eine zwingende Form eingeführt" (aaO. S. 307).

[22] Während nach J. A. Jungmann das Missale Romanum von 1570 als das „Einheitsmissale für die ganze abendländische Christenheit" zu gelten hat (aaO. S. 328), kann das Rituale Romanum nach den Intentionen des Tridentinums selbst diesen Anspruch keinesfalls erheben. Trotzdem wurde unter Benedikt XIII. durch einen Erlaß vom 8. 11. 1726 eine „puntuale osservanza del Rituale Romano" gefordert (vgl. B. Löwenberg, aaO. S. 147). Was den Ordo celebrandi matrimonii Sacramentum des Rituale Romanum anlangt, trifft auch dafür die Bemerkung H. Conrads zu: „Die Bedeutung des tridentinischen Konzils für die Entwicklung des modernen kirchlichen und weltlichen Eherechts liegt vor allem in der Einführung einer zwingenden Formvorschrift für die Eheschließung sowie in der Anordnung, die bis dahin wenig verbreiteten Trauungsbücher (Ehebücher), in die vollzogene Eheschließungen eingetragen werden, allenthalben zu führen" (aaO. S. 306).

[23] Auch A. Stohr spricht von dem „sehr knappen und nüchternen römischen Rituale" von 1614 (aaO. S. 29). — Die Ausgabe von 1952 fügt als cap. III eine „Benedictio nuptualis extra missam danda ex Apostolico Indulto quando missa non dicitur" (S. 379 ff.) hinzu; vgl. auch cap. IV, S. 381 f.

contrahentium) überzeugt hat, läßt er sie die rechten Hände zusammenlegen und spricht die im Tridentinum festgelegte, vorhin erwähnte Formel oder die in der betreffenden Kirchenprovinz gültigen Worte.[24]

Die Segnung der Ringe (*Benedictio anuli*),[25] die sich unmittelbar anschließt, bildet auch hier einen integrierenden Bestandteil der Ordnung selbst. Der Priester verwendet dabei Weihwasser und spricht nach dem „*Adiutorium nostrum*" das Gebet zur Segnung des Ringes der Braut:

„Segne, Herr, diesen Ring, den wir in deinem Namen segnen, auf daß diejenige, die ihn trägt, unwandelbare Treue ihrem Verlobten gegenüber halte, in deinem Frieden und Willen bleibe und in gegenseitiger Liebe stets lebe. Durch Jesum Christum, unseren Herrn."[26]

Den so geweihten und gesegneten Ring steckt der Bräutigam der Braut an den Finger, während der Priester (*sic!*) sagt: „*In nomine Patris et Filii et Spiritus Sancti.*" Danach soll der Priester hinzufügen:

Confirma hoc, Deus, quod operatus es in nobis (!),
  A templo sancto tuo, quod est in Jerusalem.
Kyrie eleison, Christe eleison, Kyrie eleison.
Pater noster ...

Und nach dem „Libera nos a malo" soll man mit den *Preces* fortfahren:

Salvos fac servos tuos,
  Deus meus, sperantes in te.
Mitte eis, Domine, auxilium de sancto,
  et de Sion tuere eos.
Esto eis, Domine, turris fortitudinis
  a facie inimici.
Domine, exaudi orationem meam,
  et clamor meus ad te veniat.

Nach der *Salutatio* folgt eine *Fürbitte* für beide Brautleute in der Form einer Kollekte, in der darum gebeten wird, daß Gott ihnen gnädig beistehen möge, auf daß die durch ihn Verbundenen durch seine Hilfe bewahrt werden. Daran

---

[24] Die entscheidenden Sätze aus dem Dekret „Tametsi" lauten: „... Quibus denuntiationibus factis, si nullum legitimum opponatur impedimentum, ad celebrationem matrimonii in facie Ecclesiae procedatur, ubi parochus, viro et muliere interrogatis, et eorum mutuo consensu intellecto, vel dicat: Ego vos in matrimonium cuniungo, in nomine Patris et Filii et Spiritus Sancti, vel aliis utatur verbis, iuxta receptum uniuscuiusque provinciae ritum" (D 990).

[25] Noch immer (auch in der Ausgabe von 1952) ist nur von einem Ring die Rede, den der Bräutigam der Braut, ursprünglich als konstitutives Symbol des vollzogenen Rechtsgeschäfts, übergibt. Das Material des Ringes ist unerheblich. Später und in anderen regionalen Trauriten wird der Ring im Sinn eines geistlichen Symbols gedeutet, etwa als Zeichen der Liebe, die kein Ende hat usw.

[26] Schon in dieser Formulierung zeigt sich freilich, daß die Benedictio von der Sache auf die Person, von dem Ring auf deren Trägerin überzugehen beginnt.

schließt sich die *missa pro sponso et sponsa* an, wie sie in dem *Missale Romanum* vorgeschrieben ist.[27]

Man wird nicht fehlgehen, wenn man in dieser Ordnung zwei verschiedene Teile unterscheidet, nämlich einmal die Frage nach dem Konsensus und dessen Bestätigung durch den Priester und ferner die Segnung des Brautringes und die Fürbitte für beide Brautleute. Der erste Teil des Ritus läßt sich als „Eheschließung" und der zweite Teil als „kirchliche Trauung" bezeichnen. Daß in der Tat eine solche Unterscheidung gemacht werden muß, darauf deutet offensichtlich das „*Adiutorium nostrum*" hin, mit dem der zweite, wenn man so will, der eigentlich kirchliche Teil eingeleitet wird.

Das *Rituale Romanum* von 1614 kennt offensichtlich nur die Übung, daß Konsens und Segnung in enger Verbindung mit der Brautmesse stehen. Eine Ordnung *sine missa*, erst recht ein *Ordo* für den Fall, daß ein katholischer und ein nicht getaufter Partner die Ehe miteinander eingehen, ist erst in der Ausgabe von 1952 vorgesehen.[28] Das *Rituale Romanum* kennt ebensowenig jene Fragen innerhalb des *Ordo*, die als Voraussetzung für den Konsens zu gelten haben. In den ausführlichen Vorbemerkungen ist freilich ausdrücklich davon die Rede, daß der Priester sich vorher über die vorgeschriebenen Voraussetzungen informieren muß.

Auf das Ganze gesehen macht die Ordnung von 1614 einen sehr nüchternen Eindruck. Es wird natürlich die Anerkennung der Ehe als Sakrament vorausgesetzt; aber in der Ordnung selbst ist davon mit keiner Silbe die Rede. Das Schwergewicht liegt eindeutig darauf, daß der Priester es ist, der sich von dem Konsens der Nupturienten überzeugen muß und im Namen Gottes sowohl die *coniunctio* vornimmt als auch den Segen über den Brautring und die Fürbitte für beide Verlobten spricht.

2. In den deutschsprachigen Diözesen wurden unter Berufung auf das Dekret „*Tametsi*" die herkömmlichen Ritualien, also auch die traditionellen und regionalen Trauordnungen, gebraucht; z. T. verwandte man auch private Ordnungen. Zwischen den beiden Weltkriegen, ja noch in dem Zweiten Weltkrieg entstanden in fast allen deutschen und österreichischen Diözesen neue Ritualien,[29] in denen insbesondere darauf Wert gelegt wurde, daß sie aus verständlichen Gründen in der Volkssprache gehalten wurden; sie mußten jedoch entsprechend dem Can. 1257 CIC vom Apostolischen Stuhl approbiert werden.[30]

---

[27] „Brautsegen, solemnis (nuptiarum) benedictio genannt — im Unterschied zur Eheschließung (sog. benedictio nuptiarum simplex) — ist der insbesondere der Frau geltende Ehesegen (Bitte um Kindersegen und Berufsgnaden). Er darf grundsätzlich nur während der Messe gespendet werden und hat zu unterbleiben, wenn die Messe mit der Traufeier nicht verbunden wird oder (wie bei Mischehen) nicht verbunden werden darf" (E. Eichmann - K. Mörsdorf, aaO. S. 244). Anders dagegen in dem Ordo von 1969. [28] Vgl. Anm. 23.
[29] A. Stohr erwähnt 24 Diözesanritualien des deutschen Sprachgebiets, die in der Zeit von 1927 bis 1943 entstanden sind und approbiert wurden (aaO. S. 12 f.). J. Wagner spricht von „rund 35" geltenden Trauordnungen, die der Reformkommission vorlagen (Zum neuen deutschen Trauungsritus, in: Liturgisches Jahrbuch, 1961, S. 164-171; das Zitat entstammt S. 164. A 4).
[30] Vgl. die Enzyklika Pius' XII. De Sacra Liturgia „Mediator Dei" vom 20. Nov. 1947, Nr. 57 ff.

Die Approbation wurde offensichtlich in den meisten Fällen erteilt. Dabei ergab sich jedoch „eine Art Gefälle zwischen den Diözesen mit dem ‚fortschrittlichen' Rituale und den übrigen".[31] Angesichts der bestehenden Vielfalt und der daraus resultierenden Verwirrung begann sich der „Ruf nach einer Heilung durch ein Einheitsrituale zu erheben".[32] Im übrigen entsprechen die Motive für die Schaffung eines einheitlichen deutschen Rituale[33] den Intentionen, die sich in der Liturgischen Bewegung seit langem bemerkbar gemacht hatten, nämlich der Wunsch nach einem „größeren Raum für die Volkssprache",[34] das Verlangen nach „aktiver Teilnahme am hl. Tun und eine Abkehr vom bloßen Zuschauen und Zuhören"[35] und die Absicht, für das deutsche Sprachgebiet eine einheitliche Regelung zu treffen. In jahrelanger Arbeit — trotz eines gewissen Zögerns des bayrischen Episkopats und nach Überwindung mancher Widerstände bei der Kurie — „steht nun als Ergebnis ein einheitlicher Text für alle deutschen Diözesen vor uns".[36] Die Ritenkongregation konnte sich freilich nur dazu verstehen, die *Collectio Rituum* als *„ad instar appendicis Ritualis Romani"*, also nach Art eines Anhangs im *Rituale Romanum* zu bezeichnen, obwohl der deutsche Episkopat den Titel „*Rituale Romano-Germanicum*" gewünscht hatte.[37]

Was nun den *Ordo celebrandi matrimonii sacramentum* in der *Collectio Rituum* (1950) anlangt, so zeigt sich auf den ersten Blick, daß er einen weitaus größeren Umfang aufweist als der entsprechende *Ordo* von 1614, daß aber viele Einzelheiten daraus in den neuen *Ordo* von 1969 übernommen wurden.

Nach dem „*Adiutorium nostrum*" und einer Kollekte mit der allgemeinen Bitte um göttlichen Beistand kann ein „*Sermo*" gehalten werden, für den freilich alle weiteren Anhaltspunkte fehlen.[38] Darauf setzt — für uns über-

---

[31] A. Stohr, aaO. S. 12. — Vgl. auch B. Fischer, Grundsätzliches zum neuen Rituale, in: Trierer Theol. Zeitschrift (Pastor bonus) 60. Jg. 1951, S. 102—105. [32] A. Stohr, aaO. S. 13.
[33] Nach J. Wagner (aaO. S. 165) stand die Übernahme des Trauritus des Rituale Romanum „eigentlich nie zur Diskussion", und zwar deswegen, weil „es in Deutschland einen reicheren Ritus braucht" und weil der „römische Ritus ebenfalls teilweise veraltet war".
[34] A. Stohr, aaO. S. 21. — Ein interessantes Beispiel aus dem 19. Jahrhundert, das Rituale in die deutsche Sprache zu übertragen, ist die Arbeit von L. Busch, Liturgischer Versuch oder Deutsches Ritual für katholische Kirchen. Erlangen 1824³, S. 34-45. Die dort vorgesehene „Bestätigung des Priesters" lautet: „Dies Euer (Ihr) geschlossenes Ehebündnis wolle Gott, der Allgütige und Allmächtige segnen; ich aber genehmige und bestätige dasselbe nach dem Auftrag der Kirche, und Kraft des mir übertragenen Amtes, im Namen der heiligsten Dreyeinigkeit, des Vaters + des Sohnes + des heiligen + Geistes. Amen." (S. 43) — Eine bemerkenswerte Adaption an einheimische Gebräuche enthält der Vorschlag von J. Madey (bzw. B. v. Amelsvoort) „Diskussion um den Ritus der Eheschließung in Mittelafrika" (Liturgisches Jahrbuch, Bd. 11 1961, S. 172-175). [35] A. Stohr, aaO. S. 22.
[36] Davon berichtet A. Stohr als einer der Initiatoren und Autoren der Collectio Rituum sehr anschaulich. Das Zitat aaO. S. 23.
[37] Collectio Rituum ad instar appendicis Ritualis Romani pro omnibus Germaniae Dioecesibus a Sancta sede approbata, mit dem Datum vom 21. März 1950, Regensburg.
[38] J. Wagner erläutert dies so: „Im Gegensatz zur großen Mehrzahl der deutschen Ritualien verzichtete man darauf, eine Rede abzudrucken. Denn man hielt eine ein für allemal festgelegte Vorlage für unangemessen und wünschte das freie Wort, das jeweils der Situation entspricht." Dabei wird der Anschluß an einen biblischen Text als selbstverständlich vorausgesetzt (aaO. S. 166 f.).

raschend — die eigentliche Feier mit der *Benedictio anulorum* ein,[39] die von der späteren *Arrhatio cum anulis* wohl zu unterscheiden ist. Sie wird — für uns ungewöhnlich, aber im Anschluß an das *Rituale Romanum* von 1614 — mit einem zweiten „*Adiutorium nostrum*" eingeleitet. Zwei Benediktionsgebete werden zur Auswahl angeboten. Das erste entspricht im wesentlichen dem Gebet im *Rituale Romanum,* nun aber auf beide Ringe bezogen; das zweite wird an den *Creator et conservator humani generis, dator gratiae spiritualis, largitor salutis aeternae* gerichtet und bezieht sich auf das geistliche Leben der Nupturienten.[40] Das folgende Stück, „Scrutinium" genannt, ist nach A. Stohr eine „Neuprägung"; er erläutert dies Stück so: „Es ist sicher ein Vorteil, daß hiermit der Ehewille in seinen wesentlichen Punkten positiv formuliert und von den Eheleuten ausgesprochen wird. Früher wurden dieselben Gedanken an die Eheleute als Mahnung herangetragen." A. Stohr kann seine Bedenken gegen diese von den Kanonisten veranlaßte Einfügung nicht ganz unterdrücken: „Ob damit aber nicht etwas gar viel Recht in den Ritus eingedrungen ist, möchte ich nicht entscheiden."[41] Bei diesem *Scrutinium* handelt es sich — wie schon mehrfach erwähnt — um die Feststellung der Voraussetzungen für den Konsens; es wird also nach der Freiwilligkeit und Ungezwungenheit, nach der Bereitschaft, den Ehepartner zu lieben und zu ehren, Kinder aus Gottes Hand anzunehmen und zu erziehen, gefragt, und zwar ungefähr mit den gleichen Worten, die in dem *Ordo* von 1969 vorkommen. Diese Neuprägung hat also Schule gemacht. Daran schließt sich die *Arrhatio cum anulis* an, d. h. die Übergabe und das gegenseitige Anstecken der Ringe. Dabei sagt der Bräutigam zur Braut und umgekehrt: „Im Namen des Vaters und des Sohnes und des Heiligen Geistes: Trag diesen Ring als Zeichen deiner Treue", also ungefähr dieselben Worte, wie sie der *Ordo* von 1969 gebraucht.

Erst danach fordert der Priester zum *Consensus* auf: „Nun schließt den Bund heiliger Ehe..."[42] Der Konsens erfolgt, indem einer zum andern mit Worten spricht, die der Priester vorgesprochen hat:

„Vor Gottes Angesicht — nehme ich dich, N., — zu meiner Ehefrau (zu meinem Ehemann)."

Der Priester vollzieht danach die *Confirmatio* in einer besonders feierlichen, ja geradezu autoritativen Form:

Ego auctoritate Ecclesiae matrimonium per vos contractum confirmo et benedico. In nomine Patris + et Filii et Spiritus Sancti,

und appelliert an die Anwesenden als Zeugen des Vorgangs:

„Euch aber, die ihr hier gegenwärtig seid, nehme ich zu Zeugen dieses heiligen Bundes. ‚Was Gott verbunden hat, soll der Mensch nicht trennen'."

---

[39] Nach J. Wagner beginnt damit die „Vermählungshandlung" im Sinn eines „feierlichen Vertragsgeschäftes" (aaO. S. 167).
[40] Es stammt nach J. Wagner (aaO. S. 168) aus dem Kölner Rituale von 1929.
[41] A. Stohr, aaO. S. 29; vgl. J. Wagner, aaO. S. 168.
[42] Dabei umwindet der Priester die beiden rechten Hände der Nupturienten mit der Stola. Erst nach dem Appell an die Zeugen nimmt der Priester sie wieder zurück.

Daran schließt sich die eigentliche *Benedictio* an. Sie besteht aus Psalm 127 (128), dem *Kyrie eleison,* dem *Paternoster* mit den aus dem *Rituale Romanum* von 1614 bekannten *Preces* und einer *Oratio* mit der Bitte, Gott, der Adam und Eva erschaffen und zum heiligen Bunde vereinigt hat, möge diese seine Diener an Leib und Seele heiligen und segnen. Den Abschluß bildet ein feierlicher, fünfgliedriger Schlußsegen, der sich auf das künftige Leben der Ehegatten bezieht.[43]

Nach A. Stohr besteht das „ganz große Wagnis" dieser neuen Ordnung von 1950 darin, daß sie in den Gang der Messe eingegliedert ist. Ihr Platz ist zwischen Evangelium und Offertorium: „Wir glauben auf diese Weise die Ehe enger mit dem hl. Opfer verbinden zu können, wie ja auch die Erteilung aller hl. Weihen und die Ordensprofeß während der hl. Messe ihren Platz hat."[44]

Es ist für uns nicht ganz leicht, die innere Logik der Reihenfolge der einzelnen Stücke zu erkennen. Nach J. Wagner steigt die Vermählungshandlung „über *Scrutinium* und *Benedictio* auf zum *Consensus* und wieder herab zur *Confirmatio*" (aaO. S. 168). Die Trennung von *Benedictio anulorum* und *Arrhatio cum anulis* durch das *Scrutinium* läßt sich ebenfalls schwer einsehen. J. Wagner erklärt die Ringsegnung als „eine Art Vorspiel" zur Vermählungshandlung und die Arrhatio als „reale Beangabung und Treuebindung unmittelbar vor dem Vermählungsakt, auf dessen Annahmespruch sie hinzielt", als eine „Art letzter Verlobung unmittelbar vor dem Akt der Vermählung" (aaO. S. 169), muß jedoch zugleich feststellen, daß die neuere deutsche Tradition in dieser Hinsicht nicht einheitlich war.[45]

Das *Scrutinium,* das nach J. Wagner in Deutschland eine gewisse Tradition hat, bildet den ersten Teil des Konsensgespräches. Es ist „noch nicht die Eheschließung selbst, sondern die amtliche Feststellung der freien Bereitschaft zu einer wahren christlichen Ehe. Das Ja-Wort steht gleichsam zwischen Verlobung und Vermählung. Man könnte es als *Desponsatio de proximo futuro* bezeichnen".[46] Das *Rituale Romanum* von 1614 macht dem Priester ein solches *Scrutinium* vor der *Celebratio matrimonii* im Sinne eines Brautexamens im Amtszimmer oder wo immer zur Pflicht;[47] daran erinnert eine *Instructio* vom 29. 6. 1941. Die deutsche Reformkommission nimmt diese Fragen in den neuen Ritus selbst auf; das *Scrutinium* ist deshalb „nicht mehr und nicht weniger als gleichsam die *Solemnizatio* des Brautexamens".[48]

Der zweite Teil des Konsensgesprächs ist der eigentliche Konsens. Hier begnügt man sich mit Bedacht nicht mit einer Frage des Priesters, auf die die

---

[43] Nach A. Stohr stellt auch der Schlußsegen etwas Neues dar.
[44] A. Stohr, aaO. S. 26 f.; anders freilich sieht es J. Wagner, aaO. S. 166.
[45] Die ursprünglich vorgesehene, aus dem Ruodlieblied um 1030 entlehnte Formel beim Ringwechsel: „Mit diesem Ring binde ich deine Treue" mußte auf Einspruch der Ritenkongregation aufgegeben werden (vgl. J. Wagner, aaO. S. 171).
[46] J. Wagner, aaO. S. 168.
[47] Nach E. Eichmann - K. Mörsdorf ist das Brautexamen das „Kernstück des Ermittlungsverfahrens und verfolgt den Zweck, durch Befragung der Brautleute Gewißheit darüber zu gewinnen, ob der beabsichtigten Eheschließung nichts im Wege steht" (aaO. S. 156).
[48] J. Wagner, aaO. S. 168 f.

Nupturienten mit „Ja" antworten. Man entschließt sich vielmehr für einen „Annahmespruch", den der Priester vorspricht und den die Nupturienten nachsprechen. Nach J. Wagner macht „dieser Vorgang die Funktion des Traupriesters, wie sie vom kirchlichen Rechtsbuch verlangt wird, sehr deutlich: *requirat excipiatque consensum*" (CIC. can. 1095, § 1,3).[49] Der Konsens ist der „Höhepunkt der Handlung, der eigentliche Vermählungsakt";[50] denn er „besiegelt — sakramental — die Bindung und macht sie unwiderruflich".[51] Die größten Schwierigkeiten bereitet neben der *Benedictio anulorum* und dem *Scrutinium* die so gewichtig formulierte *Confirmatio*. Nach J. Wagner hat die oben mitgeteilte Konjunktionsformel des *Rituale Romanum* von 1614 in den deutschen Diözesen niemals so recht Eingang gefunden. Deshalb hält sich die Trauordnung der *Collectio Rituum* an „die in Deutschland seit Jahrhunderten bevorzugte Form der *Solemnizatio*, d. h. der feierlichen Proklamation des gültig getätigten Eheschlusses im Namen der Kirche durch den Priester".[52]

3. Vergleicht man nun die Trauordnungen von 1614, 1950 und 1969 miteinander, so zeichnen sich der *Ordo* von 1614 durch seine Kürze, die nur das Notwendigste enthält, und der *Ordo* von 1969 durch seinen klaren, in sich geschlossenen Aufbau aus. Der deutsche *Ordo von 1950* weiß sich stark der Tradition germanischer Provenienz verpflichtet, hat „*Quaestiones ante consensum*", das *Scrutinium* (das auch in neueren deutschen Agenden vorkommt) eingeführt bzw. beibehalten und die *Confirmatio* zu einer feierlichen Proklamation des Eheschlusses durch Priestermund ausgebaut — auch dies im Anschluß an die in Deutschland bestehende Überlieferung, die aber inzwischen obsolet geworden sein dürfte. Der römische *Ordo* von 1969 hat offensichtlich das *Scrutinium* vor allem aus den deutschen Ordnungen in den Ritus selbst — wenn auch fakultativ — übernommen und fügt damit der Trauung ein kirchenrechtliches Element ein, das zwar nach katholischer Auffassung als eine unerläßliche Voraussetzung für den Trau-Ordo selbst gelten mag, aber im Ritus selbst sich weder aus theologischen noch aus liturgischen Gründen vertreten läßt und auch aus kirchenrechtlichen Gründen nicht im Ritus selbst erforderlich sein dürfte. Überdies erweckt die Aufteilung des Konsensgesprächs in dies *Scrutinium* und den eigentlichen Konsens mindestens den Anschein einer Verdoppelung.[53]

Fragt man im Sinn einer immanenten Kritik danach, inwiefern sich aus den angeführten Ordines ergibt, daß die Ehe nach römisch-katholischer Lehre ein Sakrament ist, so wird sich darauf eine befriedigende Antwort schwerlich geben lassen. Der Hinweis darauf, daß die *Celebratio matrimonii* nach Möglichkeit innerhalb der Messe, in möglichst dichter Nähe des Opfers stattfinden

---

[49] J. Wagner, aaO. S. 170. W. vergleicht dies Vor- und Nachsprechen mit einer „feierlichen Eidesleistung".   [50] J. Wagner, aaO. S. 170.
[51] J. Wagner, aaO. S. 169. Wie hat man dies „sakramental" zu verstehen?
[52] J. Wagner, aaO. S. 171. A. Stohr bedauert, daß bei der Konjunktionsformel das in Mainz überlieferte „Ratifico" nicht eingeführt wurde (aaO. S. 28).
[53] Ähnliches gilt von der neuen Tauformordnung „Ordo baptismi parvulorum" vom 8. 9. 1969 mit der Verdoppelung der Erziehungsfrage vor dem eigentlichen Taufakt Nr. 39 und danach Nr. 56.

soll, ist keine ausreichende Auskunft, weil Eucharistie und Ehe zwei verschiedene Sakramente darstellen. Der römische *Ordo* von 1969 enthält in der Anrede des Priesters an die Nupturienten zu Beginn des Ritus (Nr. 23 bzw. Nr. 43; vgl. sogar Nr. 58) und in einigen Gebeten (Nr. 33 a, b, d; Nr. 120 a, c; 121 a, d) gewisse Andeutungen daran, wenn man einmal die Gebete innerhalb der *missa pro sponsis* und die „*Praenotanda*" (Nr. 1, 2, 5, 7, 11) außer Betracht läßt. Überdies wird Eph. 5, 21—33 als *eine* unter vielen möglichen Lesungen genannt; diese Verse können also nicht als *verba institutionis* gelten. Nach katholischer Auffassung bildet der *contractus* selbst das Sakrament der Ehe, der innerhalb des Trauritus im Konsens seinen Ausdruck findet (vgl. CIC, can. 1012).

Am wenigsten scheint der deutsche *Ordo* von 1950 der Lehre vom Sakrament der Ehe zu entsprechen. Denn hier findet man nichts, was daran erinnert, sieht man wieder vom Zusammenhang dieser *Celebratio matrimonii* mit der Messe ab. Dieser Ritus ist nichts anderes als eine — feierlich ausgeschmückte — Vermählungshandlung, wie J. Wagner mit Recht sagt. Der Charakter des Ritus wird durch das *Scrutinium* und insbesondere durch die so gewichtige und exklusive *Confirmatio* — wie bereits erwähnt — unterstrichen. Die im Dekret „*Tametsi*" von 1563 vorgesehene, aber eben gerade nicht obligatorisch vorgeschriebene Formel „*Ego vos in matrimonium coniungo*..." wird in dem deutschen *Ordo* von 1950 durch den Verweis auf die *auctoritas ecclesiae*, auf den Charakter der Ehe als Kontrakt usw. noch gesteigert. Um so sympathischer berührt die Art und Weise des römischen *Ordo* von 1969, der trotz des „*Tametsi*" sich mit einem so viel schlichteren Segensspruch begnügt: „... *Dominus benigne confirmet*..." (Nr. 26, 46, 61).

Beschränkt man sich auf die wesentlichen Punkte, so fällt ein Vergleich zwischen den Ordnungen von 1614, 1950 und 1969 ohne Zweifel zugunsten des neuen *Ordo* von 1969 aus. Denn hier tritt uns nicht nur eine in sich geschlossene, klar gegliederte und überschaubare Ordnung entgegen, sondern ein Ritus, der in mancher Hinsicht den Verlautbarungen des Zweiten Vatikanischen Konzils entspricht. Dazu ist vor allem die *Liturgia verbi* zu rechnen, also das relativ reiche Angebot an Schriftlesungen und die obligatorische Homilie. Als weitere Vorzüge sind das Nebeneinander der drei Ordnungen für die verschiedenen Gelegenheiten und die Auswahl von weiteren Gebeten an den dafür in Betracht kommenden Stellen anzusehen. Man wird ebenso eine gewisse Toleranz anerkennen müssen, die darin besteht, daß man gegebenenfalls auf die *Quaestiones ante consensum* sowie auf die *Benedictio anulorum* nach Nr. 13 f und 15 b der *Praenotanda* verzichten kann. Ich halte es insbesondere für einen Fortschritt, daß weder die Konjunktionsformel des Dekrets „*Tametsi*" und damit des *Rituale Romanum* von 1614 noch die überladene Formel der *Collectio Rituum* von 1950 übernommen wurde, sondern auf den Konsens der Nupturienten eine *Confirmatio* erfolgt, deren Subjekt Gott selbst ist. Hatte früher die *Celebratio matrimonii* den Charakter einer betont priesterlichen Handlung, so vermittelt der jetzt vorliegende Ritus den Eindruck, daß in ihr die Nupturienten selbst die Handelnden sind und der Priester sich mit der Funktion einer „Assistenz" in unserem Sinn des Wortes begnügt, namentlich wenn man an den möglichen Wegfall des *Scrutinium* und der *Benedictio anulorum* denkt. Insofern trägt die neue *Celebratio matrimonii* den Intentionen des Konzils Rechnung, auch wenn in den *Praenotanda* nach wie vor die Bestimmung auftaucht, *"ut sacerdos assistens requirat excipiatque contrahentium consensum"* (S. 9, Nr. 14 und S. 10, Nr. 17).

Dagegen wird man schwerlich sagen können, daß sich jenes neue Verständnis von der Ehe, wie es an vielen Stellen der Konzilsdokumente zum Ausdruck kommt, in dem neuen *Ordo celebrandi matrimonium* widerspiegelt. Ich denke vor allem an die Ausführungen des „Dekrets über den Laienapostolat" und an die „Pastoralkonstitution über die Kirche in der Welt von heute", durch die im Sinn des Laienapostolats und einer *Ecclesia domestica* Ehe und Familie mit Recht in unserer Zeit eine „einzigartige Bedeutung für die Kirche wie für die menschliche Gesellschaft" (Dekret über den Laienapostolat, Art. 11, Bd. II, S. 638 f.) eingeräumt und die „Förderung der Würde der Ehe und Familie" als wichtigste Frage in dem Verhältnis der Kirche der Welt von heute (Pastoralkonstitution II, 1; Nr. 47 ff.; Bd. III, S. 427 ff.) anerkannt wird. Wenn schon der neue *Ordo* im Titel auf den Begriff „sacramentum" verzichtet, hätte es nicht nahe gelegen, in den wenigen Bemerkungen, die zur obligatorischen Homilie *(Praenotanda* Nr. 5 sowie Nr. 22 u. ö.) veröffentlicht wurden, auf diese Intentionen des Konzils zurückzugreifen und anzuregen, ja geradezu vorzuschlagen, den personalen und apostolisch-missionarischen Charakter der Ehe hervorzuheben? Wäre es aufgrund der Auffassung des Konzils nicht an der Zeit, die *Celebratio matrimonii* als einen Akt der „Sendung" zu verstehen und zu gestalten, jedenfalls in weitaus stärkerem Maße als dies bisher der Fall ist? Ansatzpunkte dazu, aber doch nicht mehr als dies, enthält der „Schlußsegen", die *Benedictio super sponsum et sponsam,* also die *Conclusio celebrationis* (S. 14, Nr. 33; S. 35 f., Nr. 120 und Nr. 121). Wir sind nicht der Ansicht, daß die Ehe als ein von Christus gestiftetes Sakrament zu gelten hat. Aber ohne Zweifel läßt sich nach katholischer Auffassung der Gedanke des Sakraments mit dem der „Sendung" verbinden.

Man kann nur wünschen, daß sich die dafür zuständigen regionalen Bischofskonferenzen dazu entschließen, den neuen *Ordo celebrandi matrimonium* zu übernehmen und dabei von dem ihnen zustehenden Recht Gebrauch machen, auf die *Quaestiones ante consensum (Scrutinium)* und die *Benedictio anulorum* zu verzichten und — auf welche Weise auch immer — die erwähnten Intentionen des Konzils stärker zu berücksichtigen.

IV

Fragen wir schließlich danach, ob und in welcher Weise der *Ordo* von 1969 etwas zu dem Problem einer sog. Gemeinsamen Trauung beiträgt, so wird unsere Antwort aufs Ganze gesehen relativ positiv ausfallen können. Denn bei näherer Prüfung stellt sich heraus, daß die „Kernstücke" in dem neuen *Ordo celebrandi matrimonium* — freilich unter Wegfall der als fakultativ vorgesehenen Teile — denjenigen in den evangelischen Kirchenordnungen recht nahe kommen. Hier wie dort sind nach dem „Eingang" Lesungen und Predigt obligatorisch.[54] Die *Admonitio brevis*, mit der der *Ritus matrimonii* (S. 11, Nr. 23; S. 17, Nr. 43) eingeleitet wird, könnte in der Form, wie ihn der 3. Ordo (S. 22, Nr. 58) vorschlägt, kaum mißbilligt werden. Gegen die Konsens-Erklärungen und gegen das Votum der „*Confirmatio*" (S. 12, Nr. 25 f.; S. 18, Nr. 45 f.; S. 23 f., Nr. 60 f.) sind schwerlich Bedenken zu erheben; auch wenn die reformatorischen Kirchen keinesfalls die Auffassungen teilen, die dahinter stehen, so können die Formulierungen selbst keinen Widerspruch hervorrufen. Die darauf folgenden Gebete, an denen die eine oder andere Wendung gewiß Anstoß erregen kann, dürften schon nach der gegenwärtigen Praxis, erst recht in Zukunft kaum mehr obligatorischen Charakter tragen.

Das Problem der sog. Gemeinsamen Tagung enthält eine Reihe schwerwiegender Fragen, auf die wir hier nicht mehr eingehen können. Sie betreffen vor allem das verschiedene Verständnis des Kirchenrechtes und seine Verbindlichkeit, insbesondere bekanntlich die Frage, ob die sog. standesamtliche Eheschließung die Voraussetzung für den Konsens erfüllt oder gar an dessen Stelle treten kann. Nach dem vortridentinischen Kirchenrecht dürfte dies nicht ausgeschlossen sein. Wenn nicht alles täuscht, hat der *Ordo* von 1969 als ein Versuch zu gelten, das Dekret „*Tametsi*" zwar nicht ganz außer Kraft zu setzen, aber es anders zu interpretieren und wenigstens einige Intentionen des Zweiten Vatikanischen Konzils aufzugreifen.

Obgleich die Reformation die Ehe nicht als Sakrament anerkennt, zeigen die Agenden des 16. Jahrhunderts auf evangelischer wie auf katholischer Seite im Blick auf die Trauung unter den kirchlichen Amtshandlungen noch die geringsten Unterschiede. Unsere Untersuchung sollte den Nachweis führen, daß aufgrund einer genauen Analyse, insbesondere wenn man bedenkt, welche Stücke als fakultativ zu gelten haben und deshalb entfallen können, ein beträchtliches Maß von Gemeinsamkeit besteht — auch bei verschiedener Grundkonzeption.

---

[54] Wie erwähnt, sieht der Ordo celebrationis von 1969 eine überraschend große Zahl von Lesungen zur Auswahl vor (vgl. oben Anm. 7), während sich die evangelischen Trauordnungen, wie etwa die „Agende für evangelisch-lutherische Kirchen und Gemeinden" (Bd. III, 1962), auf die entsprechenden Verse aus Gen. 1 und 2, Mt. 19 und Eph. 5 (bzw. Kol. 3) beschränken. Sie werden als „Gottes Wort von der Stiftung und Ordnung des Ehestandes", also als „Verba institutionis" bezeichnet. Aber läßt sich diese Argumentation aufrechterhalten? Ist es nicht auch für uns an der Zeit, die „Schatzkammer" der Schrift weiter zu öffnen?

Theologische Aspekte des Taufgespräches in der Evangelischen Kirche in Deutschland

Henry Holze

I

1. Im vergangenen Jahre erschien das Buch eines jungen Theologen mit verschiedenen Beiträgen zum Gespräch um die Kindertaufe. Das Buch trägt den Titel: „Warum Christen ihre Kinder nicht mehr taufen lassen."[1] Ein provozierender Titel! Denn bei uns ist üblich und normal das andere: daß Christen ihre Kinder taufen lassen. Und das ist nicht nur bei uns, sondern in den meisten christlichen Kirchen die gewohnte Ordnung, und zwar nicht erst seit gestern und vorgestern, sondern seit den ersten Jahrhunderten der Christenheit, daß Christen ihre Kinder taufen lassen.

2. Freilich: Diese Ordnung unterliegt zunehmenden Bedenken. Die Kritik an der Kindertaufe nimmt zu. Wo liegen die Gründe?

Natürlich kommt viel Kritik von außerhalb der Kirche. Ich erinnere etwa an das „Plädoyer für die Abschaffung der Kindertaufe", mit dem Joachim Kahl[2] durch die Lande zieht, in dem er die Kindertaufe in der Bundesrepublik als verfassungswidrig bezeichnet, da sie das Grundrecht des Kindes auf Religionsfreiheit verletze, und in dem er einen Musterprozeß wegen der Kindertaufe vor dem Bundesverfassungsgericht empfiehlt, der nach seiner Meinung „der Auftakt zu einer tiefgreifenden Demokratisierung der Erziehung sein könne".

Ich erinnere weiter daran, daß Prozesse dieser Art mehrfach bereits geführt werden. Anlaß sind die Beschwerden über die Kirchensteuer. Es geht um die Frage, ob sich aus der Taufe eine Kirchenmitgliedschaft und von daher für die Kirche das Recht zur Kirchensteuererhebung ableiten läßt. Diese von der Kirche vertretene Meinung wird vielfach abgelehnt, denn „der getaufte Säugling ist zu irgendeiner rechtsverbindlichen Erklärung wegen seiner Geschäftsunfähigkeit nicht in der Lage". So laut „Spiegel"[3] das Argument eines der Prozeßführenden.

Natürlich möchte man diese Dinge auf die leichte Schulter nehmen. Man sollte es nicht! Dahinter steht ja die Erfahrung, daß Kirche und Gesellschaft sich in unserer Zeit nicht mehr decken, daß die durch die Kindertaufe zustande gekommene allgemeine Kirchenmitgliedschaft in Frage gestellt wird, daß die Zugehörigkeit zum christlichen Glauben und zur Kirche nicht mehr alle Glieder der Gesellschaft heute miteinander verbindet. Man mag das bedau-

---

[1] Dieter Schellong, Warum Christen ihre Kinder nicht mehr taufen lassen, Frankfurt 1969.
[2] Auszug aus: „Vorgänge 11 '68", S. 388 f.   [3] „Der Spiegel" vom 24. 3. 1969, S. 46.

ern oder begrüßen, zur Kenntnis nehmen oder ignorieren — es ist ein Tatbestand. Auch das zwingt uns, über das Zustandekommen der Kirchenmitgliedschaft, d. h. über die Kindertaufpraxis, nachzudenken.

Die Kritik an der Kindertaufe nimmt auch in der Kirche zu. Zuerst in unseren Gemeinden: vor allem in den Großstädten nimmt die Zahl der Taufen ab. Auch in der Pfarrerschaft wird die Praxis der Kindertaufe zunehmend kritisiert. Ich meine nicht nur die 30 bis 40 evangelischen Pfarrer in der Bundesrepublik und die gut 50 Pfarrer in der DDR, die seit einigen Jahren ihre Kinder nicht mehr taufen lassen. Ich meine auch die Gewissensnot vieler Pfarrer, die Sonntag für Sonntag taufen. Sie fragen die Eltern: „... Ihr sollt ... dieses Kind christlich erziehen und dafür sorgen, daß es ein lebendiges Glied der Gemeinde Jesu Christi bleibe — seid Ihr dazu bereit?" Die Eltern sagen alle: „Ja!" Die Pastoren fragen die Paten: „... Ihr sollt für die christliche Gemeinde Euch des Kindes annehmen, den Eltern bei der Erziehung helfen und darauf achten, daß es die Zehn Gebote, den christlichen Glauben und das Heilige Vaterunser lerne ... seid Ihr dazu bereit?" Die Paten antworten alle: „Ja!"

Sind diese Fragen an Eltern und Paten nicht oft, sehr oft, eine Verleitung zur Unwahrhaftigkeit? Aber was soll der Pastor in dieser Situation tun? Die Taufe verweigern? Taufzucht üben? Aber wann? Und nach welchen Kriterien? Taufzucht und Taufverweigerung sind schlechte Mittel, um aus dem Dilemma der Taufpraxis herauszukommen.

Die heftigste Kritik an der Kindertaufe stammt von einigen namhaften Theologen. Der bedeutendste ist Karl Barth. Schon 1943 hatte Barth in seiner kleinen Schrift „Die kirchliche Lehre von der Taufe" eine Tauflehre entwickelt, die weithin der Lehre der Kirche von der Taufe widersprach und die die Kindertaufe scharf kritisierte. Diese Arbeit wurde damals kaum beachtet. Im letzten Band seiner Kirchlichen Dogmatik hat Barth 1967 noch schärfer und noch nachdrücklicher sein Nein zur Kindertaufe gesagt. Das Aufregende dabei ist, daß er dieses Nein nicht aus Geringschätzung der Taufe sagt, sondern um die Taufe zu loben; es ist nach seiner Meinung ein Nein zur Kindertaufe um des Ja zur Taufe willen. Noch aufregender ist, daß Barth meint, das Nein zur Kindertaufe vom Neuen Testament her begründen zu können: Das Evangelium will gehört, will angenommen, will gelebt werden. Wo die Willigkeit des Menschen nicht da ist, hat das Evangelium keinen Platz. Weil bei der Kindertaufe die Willigkeit des Menschen nicht da ist, sagt Barth sein Nein zur Kindertaufe. Wir werden viel zu tun haben, um uns mit diesem Nein auseinanderzusetzen.

3. Diesem ersten Gedankenkreis der Kritik an der Kindertaufe möchte ich zwei weitere Gedanken hinzufügen:

a) Das Gespräch um die Kindertaufe haben wir nicht nur bei uns in Deutschland, sondern in nahezu allen christlichen Kirchen. Hier nur ein paar Stichworte:

In der ökumenischen Bewegung hat das Gespräch um die Kindertaufe vor etwa zehn Jahren begonnen. Der Weltrat der Kirchen hat 1968 erstmals ein umfassendes „Studiendokument über Taufe, Konfirmation und Eucharistie" erarbeitet, das alle die Fragen formuliert, die uns seit Jahren bedrängen. Es muß auch daran erinnert werden, daß die Ökumene nicht einheitlich die Praxis der Kindertaufe kennt. Die ökumenische Taufpraxis ist gemischt. Wir haben nicht nur in der Missionssituation immer wieder die Taufe Erwachsener. Durch die größte protestantische „Freikirche", die Baptisten mit ihren über 60 Mill. Mitgliedern, bleibt die Frage nach Recht und Unrecht der Kindertaufe den übrigen Kirchen immer wieder gestellt. Durch sie werden wir immer wieder gezwungen zu begründen, warum wir unsere Kinder taufen. In der Kirche von England ist das Gespräch um Kindertaufe und Konfirmation wie bei uns seit etwa dreißig Jahren im Gange. Seit 1968 ist eine Taufagende zur Erprobung freigegeben, in der die Erwachsenentaufe als Ursprungstyp der Taufe angesehen wird und gleichberechtigt neben der Kindertaufe steht. Die Reformierte Kirche Frankreichs hat seit 1951 eine doppelte Taufpraxis: sie hält an der Kindertaufe fest, räumt aber der Erwachsenentaufe den gleichen Grad von Rechtmäßigkeit ein. Selbst in der katholischen Kirche ist im Gespräch der Theologen die Kindertaufe nicht mehr unbestritten. Auf die Frage: „Was können die katholischen Christen von der Kontroverse um die Kindertaufe lernen?" wird geantwortet: „wie regelwidrig die gegenwärtige liturgische Praxis der römischen Kirche ist... Die Kleinkindertaufe ist heute noch eine Praxis, die nach einer Theologie sucht".[4]

b) Der Streit um die Kindertaufe ist im deutschen Protestantismus seit etwa dreißig Jahren im Gange. Er hat nicht erst mit Barths Schrift von 1943 begonnen, sondern schon einige Jahre vorher, zur Zeit der sog. Bekennenden Kirche. Damals kritisierten Bekenntnispfarrer die Praxis der volkskirchlichen Kindertaufe und riefen die Bekennende Kirche auf, die Taufe für Erwachsene freizugeben. Damals schrieb Bonhoeffer im Auftrage des Bruderrates der Altpreußischen Union 1942 sein heute noch lesenswertes Gutachten „Zur Tauffrage",[5] in dem alle theologischen Fragen und alle möglichen Antworten gegeben sind.

Taufe und Gemeinde
„Wie in der Missionssituation das Verhältnis von Taufe und Glaube in dem Vorherrschen der Taufe Erwachsener gelöst wird, so in der volkskirchlichen Situation in dem Vorherrschen der Kindertaufe. Beide Möglichkeiten sind in die Freiheit und Verantwortung der Gemeinde gegeben und werden je nach der geistlichen Lage der Gemeinde, nach dem Glauben der Gemeinde und nach ihrer Situation in der Welt geübt werden. Taufmißbrauch ist ebenso dort, wo die Kindertaufe unter Vernachlässigung der strengen Beziehung auf den Glauben der Gemeinde geübt wird, wie dort, wo der Glaube der Erwachsenen zum Werk wird, auf dem die Gültigkeit der Taufe beruhen soll. Die Kindertaufe droht immer, die Taufe vom Glauben zu lösen, wie die Erwachsenentaufe immer die in Christi Wort allein begründete Taufgnade zu zerstören droht. Ein Mißbrauch der Kindertaufe, wie er in der Vergangenheit unserer Kirche unzweifelhaft festzustellen ist, wird daher die Gemeinde notwendig zu einer sachgemäßen Einschränkung ihres Gebrauchs und zu einer neuen Würdigung der Erwachsenentaufe führen."

Zu der Frage, wie sich die Kirche zu Christen, welche die Kindertaufe aus Glaubensgründen ablehnen zu müssen meinen, stellen soll, schreibt Bonhoeffer:

---
[4] Concilium 3, 1967, S. 274 ff.
[5] Dietrich Bonhoeffer, Gesammelte Schriften 3, S. 431-454.

„Sie hat kein Recht, gläubige Gemeindeglieder, die ihre Kinder nicht taufen lassen, aufgrund der Heiligen Schrift in Zucht zu nehmen.
Dasselbe gilt gegenüber Pfarrern, die es mit ihrer Familie ebenso halten. Sie wird in beiden Fällen einen praktischen Hinweis auf den Ernst der Taufgnade erblicken.
Sie kann aber ihren Pfarrern nicht erlauben, solchen gläubigen Christen, die die Taufe für ihre Kinder begehren, diese zu verweigern, weil diese Verweigerung sich nicht aus der Schrift rechtfertigen läßt.
Sie kann ihren Pfarrern nicht erlauben, eine schriftwidrige Lehre von der Unerlaubtheit der Kindertaufe zu verkündigen, während sie ihnen nicht verwehren kann, die Erwachsenentaufe mit biblischen Gründen zu empfehlen.

Wenn man Bonhoeffer liest, muß man sagen, daß die heutige Diskussion schon damals geführt ist, nur daß wir sie nicht zur Kenntnis genommen oder jedenfalls keine Konsequenzen daraus gezogen haben. Vom Anfang der fünfziger Jahre an begannen die Auseinandersetzungen um die Kindertaufe in verschiedenen deutschen Landeskirchen.

Zuerst in Württemberg: In dem Gutachten der Tübinger Fakultät von 1950[6] steht wiederum schon fast alles, was heute immer noch erörtert und vorgeschlagen wird:
daß ein Schriftbeweis für die Kindertaufe nicht zu erbringen ist;
daß die Gültigkeit der Kindertaufe nicht bestritten werden kann;
daß die Erwachsenentaufe als Korrektiv möglich und nötig ist;
daß der Taufaufschub christlichen Eltern freigegeben werden müsse;
daß die Kirche bei keiner Taufunterlassung mit Zuchtmaßnahmen reagieren dürfe.

Die württembergische Landeskirche hat dann ohne viel Aufhebens 1964 eine neue Taufagende und eine neue Taufordnung geschaffen, die zwar keine Gleichstellung von Erwachsenentaufe und Kindertaufe haben, die aber jeden Zwang zur Taufe verurteilen:
zur Taufe kann nur eingeladen werden;
bei Eltern, die ihre Kinder nicht taufen lassen, dürfen keine Maßnahmen der Kirchenzucht ergriffen werden;
ungetaufte Kinder können auf Wunsch der Eltern in einem Gottesdienst der Fürbitte der Gemeinde namentlich empfohlen werden.

Von den Pfarrern heißt es: „In der Landeskirche kann niemand das geistliche Amt oder ein anderes leitendes Amt bekleiden, der die Zulässigkeit der Kindertaufe grundsätzlich verneint, und der die Bereitschaft der Kirche zur Kindertaufe nicht mitzuverantworten und mitzuüben willens ist."

Die Auseinandersetzungen in unierten Landeskirchen, in der rheinischen, westfälischen und Berlin-Brandenburgischen Kirche haben eine größere Publizität erlangt, sind aber noch nicht zu den Ergebnissen gekommen wie in Württemberg. Anlaß für die Auseinandersetzungen waren meistens Pastoren, die ihre theologischen Argumente und ihre Gewissensbedenken gegen die Kindertaufe, gegen die Kirchenordnungen und die Kirchenleitung durchhielten. Interessant dabei ist, daß es sich bei diesen Pastoren meist nicht um Vertreter der sog. modernen Theologie handelte, sondern eher um bibeltreue, pietistisch oder traditionell geprägte Pastoren. In Westfalen wurde auf einer Synodalentschei-

---
[6] ZThK 47, 1950, S. 265 ff.

dung im vergangenen Jahre bestimmt, daß die Kindertaufe in der Landeskirche die Regel bleibe, daß aber dem Verlangen von Eltern nach einer späteren Taufe zu entsprechen sei. Zu den Pfarrern wird gesagt, wer die Kindertaufe grundsätzlich verwerfe, könne nicht Pfarrer in der Evangelischen Kirche von Westfalen sein. Wer seine eigenen Kinder nicht taufe, aber zur Taufe der Kinder seiner Gemeindeglieder bereit sei, könne mit Einwilligung der Berufungsorgane sein Amt wahrnehmen. — Auch daß in der DDR die Tauffrage lebhaft diskutiert wird, sei jedenfalls ausgesprochen.

II

1. Zuerst geht es im Gespräch um die Kindertaufe immer wieder um *Taufpraxis und Tauflehre des Neuen Testamentes*. Hierüber läßt sich in Kürze das Wichtigste kaum sagen. Das Neue Testament kennt ja keine einheitliche Taufauffassung, die man systematisch geordnet darlegen könnte. Man müßte die Schriften des Neuen Testamentes einzeln befragen: Paulus, Johannes, Matthäus usw. Es reicht auch nicht aus, Einzelargumente und einzelne Schriftstellen für oder gegen die Kindertaufe zu sammeln. Diese Argumente lassen sich alle widerlegen. Es können nur einige Grundlinien und Gesamtzusammenhänge knapp aufgezeigt werden, dann muß gefragt werden, ob sich in diese Grundlinien über die Taufe die Kindertaufe einordnen läßt.

a) Die neutestamentlichen Aussagen über die Taufe haben immer die Missionssituation im Auge und meinen die Erwachsenentaufe. Die Frage, ob im Neuen Testament die Säuglingstaufe geübt ist, ist umstritten. J. Jeremias[7] hält die Kindertaufe schon in der Urkirche für möglich, vor allem beim Übertritt ganzer Familien zur Gemeinde. K. Aland[8] meint dagegen, nachweisen zu können, daß erst ab etwa 200 sich die Kindertaufe nach und nach durchgesetzt hat.

Aber wäre mit einem historisch eindeutigen Ergebnis wirklich etwas gewonnen? Es gibt neutestamentliche Bräuche, die sich in der Kirche nicht durchgesetzt haben. Es gibt kirchliche Bräuche, die man vor dem Neuen Testament verantworten kann. Deshalb ist wichtiger die Frage, was das Neue Testament inhaltlich zur Taufe sagt, ob das neutestamentliche Verständnis der Taufe die Kindertaufe zuläßt.

b) Die neutestamentlichen Aussagen über die Taufe meinen nicht einen magisch wirkenden Ritus, sondern ein zusammenhängendes Gesamtgeschehen, in dem der Mensch das Evangelium hört, glaubt, bekennt, zur Taufe tritt und durch die Taufe in die Gemeinde und in den Leib Christi eingegliedert wird — und in dem gleichzeitig Gott am Werke ist und handelt: den Glauben weckt, rechtfertigt, in die Gemeinde eingliedert und neues Leben schenkt. Das Taufgeschehen wird im Neuen Testament also in einer seltsamen Doppelheit beschrieben: Da ist immer der Mensch, der hört, glaubt, bekennt. Aber in diesem Hören, Glauben und Bekennen ist gleichzeitig immer Gott am Werk. Der

---

[7] J. Jeremias, Hat die Urkirche die Kindertaufe geübt? 1949.
[8] K. Aland, Die Säuglingstaufe im Neuen Testament und in der Alten Kirche, 1961.

Mensch ist der ganz Empfangende und gleichzeitig der ganz Verantwortliche. Gleichzeitig ist Gott der allein Handelnde, aber er handelt nicht magisch und dinglich, sondern am lebendigen Menschen. Man könnte diese Paradoxie auflösen und sagen: In der Taufe handelt allein Gott, die Taufe ist nur Tat Gottes. Oder man kann sagen: In der Taufe handelt nur der Mensch, die Taufe ist nur Tat des Menschen. Beides wäre rational einsichtig, würde aber den Aussagen des Neuen Testamentes nicht gerecht. Das Neue Testament sagt immer beides zugleich und hält diese Paradoxie durch.

c) Als sich in der Alten Kirche, veranlaßt durch verschiedene Faktoren, nach und nach die Säuglingstaufe durchsetzte, entstanden Schwierigkeiten. Am Anfang des Taufgeschehens standen bei der Kindertaufe nicht mehr Glaube und Bekenntnis des Täuflings, sondern die Taufhandlung und das in der Taufhandlung geglaubte Handeln Gottes. Glaube und Bekenntnis des Täuflings konnten erst für die Folgezeit nach der Taufe erbeten und erwartet werden. Hier setzt der Katechumenat der Kirche an. Hier liegen die theologischen Wurzeln für die spätere Konfirmation. Aber hat die Konfirmation die mit der Kindertaufe gegebenen Schwierigkeiten wirklich lösen können? Kann sie sie lösen?

Wie dem auch sei, man wagte die Kindertaufe, weil man im Glauben darauf vertraute, daß Gottes Gnade auch dem Kinde gelte, daß Gott in seiner Gemeinde gegenwärtig sei, handle und zu seiner Verheißung stehe, daß das getaufte Kind dereinst das Evangelium hören und selbst zum Glauben kommen könne. Gleichzeitig war die Versuchung da, dem isolierten Taufakt an sich eine Wirkung zuzutrauen, unabhängig vom Menschen und seinem Glauben, und so Glaube und Taufe auseinanderzureißen. Die Gefahr des magischen Mißverständnisses der Taufe hat den Weg der Taufe fortan begleitet.

d) Lassen die neutestamentlichen Aussagen über die Taufe die Kindertaufe zu?

Die Meinungen gehen auseinander. Die einen sagen: Nein! Was das Neue Testament über Buße, Glauben und Bekenntnis des Menschen sage, mache die Kindertaufe unmöglich. Die anderen sagen: Ja! Was das Neue Testament über Gottes Handeln am Menschen sage, mache die Kindertaufe möglich; und zwar dort und dann, wenn sie im Glauben darauf gewagt werde, daß Gott in seiner Gemeinde gegenwärtig sei, zu seiner Verheißung stehe und daß das Kind selbst später zum Glauben kommen werde.

2. Luther hat — und darin liegt seine Bedeutung für das Taufgespräch — eine theologische Begründung der Kindertaufpraxis versucht. Wir haben zu prüfen, ob sie ausreicht.

Er ging in seinen Aussagen über die Taufe wie auch sonst den Weg zwischen Rom und den Schwärmern. Gegenüber der sakramentalistischen Fehlentwicklung der mittelalterlichen Kirche, die Taufe wirke wie auch die anderen Sakramente durch ihren Vollzug, hat Luther den neutestamentlichen Tatbestand wieder entdeckt, daß zur Taufe der Glaube gehört. Gegen Rom also hielt er das sola fide (allein durch den Glauben) durch. Er schreibt 1520: „Nicht die Sakramente, sondern der Glaube an die Sakramente macht lebendig und gerecht, zumal viele das Sakrament nehmen und doch nicht daraus lebendig oder fromm werden. Wer aber glaubt, der ist fromm und lebt. Das will auch der Spruch Christi Marci am letzten sagen: Wer da glaubet und getauft wird, der wird selig. Er setzt den Glauben vor die Taufe. Denn wo der Glaube nicht ist, hilft die Taufe nicht, wie er selbst hernach sagt: Wer nicht glaubet, der ist verloren, wenn er auch getauft würde. Denn nicht die Taufe, sondern der Glaube an die Taufe macht selig." [9]

Aus dieser Entdeckung Luthers meinten die Schwärmer die richtige Konsequenz zu ziehen: Zum Glauben gehört das Wort, das verkündigte Wort. Kinder aber können das Wort nicht hören. Sie können deshalb nicht glauben. Deshalb können Kinder nicht getauft werden. Getauft werden können nur mündige Menschen, die das Wort hören und glauben. Gegenüber den Schwärmern argumentierte Luther entgegengesetzt. Er sah bei den Schwärmern die Gefahr einer neuen Gesetzlichkeit, die den Glauben zu einem frommen Werk macht. Gegen sie hielt Luther das „Taufsakrament" fest, mit allem, was dazugehört: Heilsnotwendigkeit, Kindertaufe usw. — natürlich nicht im Sinne einer objektiven, dinglichen, sakramentalen Kraft der Taufe, die durch ihren Vollzug wirkt, sondern unter Hinweis auf die Kraft des Wortes Gottes, des Wortes des Taufbefehls, des Wortes der Taufverheißung. Auf diese Worte hin wird getauft, diese Worte machen die Taufe gültig. „Wasser tut's freilich nicht, sondern das Wort Gottes, das mit und bei dem Wasser ist" (Kl. Kat.).

Freilich — über diesen Überlegungen wird der Glaube nicht vergessen. Denn Luther fährt fort: „Und der Glaube, der solchem Wort Gottes im Wasser trauet." Was ist das für ein Glaube? Dieser Glaube ist nicht der Glaube etwa der Paten: „Taufe hilft niemand, ist auch niemandem zu geben, er glaube denn für sich selbst, und ohne eigenen Glauben ist niemand zu taufen." [10] Es ist auch nicht der zukünftige Glaube des Kindes: „Es hilft auch nicht die Ausrede, daß sie sagen, die Kinder taufe man auf ihren zukünftigen Glauben, wenn sie zur Vernunft kommen. Denn der Glaube muß vor oder in der Taufe da sein, sonst wird das Kind nicht los von Teufel und Sünde." [11]

Luther meint hier vielmehr den Glauben des Kindes, und zwar in dem doppelten Sinne, daß Gott dem Kinde den Glauben gebe, und daß wir meinen und hoffen können, daß das Kind heute schon glaube. Er meinte, an der Kindertaufe mit guten theologischen Gründen festhalten zu können, weil auf Gottes Befehl und Verheißung, aber nicht auf den Glauben der Menschen getauft werde. Aber weil er wußte, daß Gottes Wort immer auf den Glauben des Menschen zielt, daß also auch Glaube und Taufe zusammengehören müssen, hielt er am Kinderglauben fest. 1522 schrieb er von der Wartburg an Melanchthon: „Wenn wir ihn nicht festhalten können, gibt es nichts weiter zu erörtern; dann muß die Kindertaufe schlechtweg verworfen werden." [12]

Luther meint mit dem Glauben also wirklich den Glauben, mit dem die Kinder zur Taufe kommen, genau wie die Erwachsenen, nur mit dem Unterschied, daß dieser Glaube der Kinder noch kein bewußter Glaube ist, den sie selbst bekennen können.

---

[9] in: „Grund und Ursache aller Artikel, so durch Römische Bulle unrechtlich verdammt sind".
[10] Fastenpostille 1525.   [11] ebenda.   [12] Clemen 6, S. 93.12.

Im Großen Katechismus weist Luther darauf hin, daß auch der Glaube des Erwachsenen nicht ausreiche, um darauf die Taufe zu gründen:
„Denn auch ich selbst und alle, die sich taufen lassen, müssen vor Gott also sprechen: Ich komme her in meinem Glauben und auch der anderen. Dennoch kann ich nicht darauf bauen, daß ich glaube und viele Leute für mich bitten. Sondern darauf baue ich, daß es Dein Wort und Befehl ist, gleichwie ich zum Sakrament gehe nicht auf meinen Glauben, sondern auf Christi Wort ... Also tun wir nun auch mit der Kindertaufe: Das Kind tragen wir herzu, der Meinung und Hoffnung, daß es glaube, und bitten, daß ihm Gott den Glauben gebe. Aber darauf taufen wir nicht, sondern allein darauf, daß Gott es befohlen hat."[13]

Man sieht, wie Luther hier nicht nur einen Satz sagt, sondern mehrere Sätze. Diese Sätze stehen nebeneinander: nur im Nebeneinander und Miteinander sind sie richtig. Es ist großartig, mit welcher Kraft Luther die Gültigkeit der Taufe auf Gottes Befehl und Verheißung gründet, und wie er gleichzeitig vom Glauben des Menschen redet, der allein den Nutzen der Taufe hat.

Aber an dieser Stelle setzen auch die Fragen an Luther ein: Kann man so vom Glauben reden? Ist evangelischer Glaube nicht doch Glaube an Gottes Verheißung, dem Menschen zugesprochen durch sein Wort? Sind hier nicht doch bei Luther Dinge ungeklärt geblieben?

Jedoch können auch die großen positiven Aussagen und das Interesse Luthers nicht ungehört bleiben: gegen Rom sein Festhalten an dem sola gratia, gegen die Schwärmer sein Festhalten an der Kraft und der Gültigkeit des Wortes Gottes, auf das allein sich die Taufe gründet. Mit seinen Aussagen versucht Luther Grenzen abzustecken, die nicht überschritten werden dürfen. Nur innerhalb dieser Grenzen wird das Geheimnis Gottes und wird das Geheimnis des Menschen bewahrt.

3. Die übrigen Bekenntnisschriften haben den Aussagen Luthers nichts wesentlich Neues hinzugefügt. Auch ihnen geht es um die Begründung der Taufe im Befehl und in der Verheißung Christi wie um die Wahrung des Zusammenhangs von Taufe und Glaube. Weil die Aussagen Luthers, vor allem die des Großen Katechismus, schon behandelt sind, bleibt als Hauptfundstelle CA IX. Dieser Artikel enthält vornehmlich in seiner lateinischen Fassung die Stichworte, mit denen vielfach von lutherischer Seite das angeblich ausschließliche Recht der Kindertaufe als der theologisch allein möglichen Taufpraxis behauptet wird: die Taufe sei heilsnotwendig (necessarius ad salutem), und der als Befehl verstandene Satz, daß die Kinder zu taufen seien (quod pueri sint baptizandi). Vor einer zu schnellen Verwendung dieser Termini muß jedoch gewarnt werden.

Zunächst muß bei Verwendung von Zitaten aus den Bekenntnisschriften immer vorweg nach der grundsätzlichen Autorität, dem Recht und der Grenze der Aussagen der Bekenntnisschriften für die Lehre der Kirche gefragt werden. Es muß speziell untersucht werden, ob in den Bekenntnisschriften das neutestamentliche Zeugnis richtig wiedergegeben ist, und welche Bedeutung die

---

[13] Die Bekenntnisschriften der evang.-luth. Kirche, S. 702.

Situation damals für die Bekenntnisformulierung hatte. Schließlich muß auch darauf hingewiesen werden, daß der deutsche, also der ursprüngliche Text der CA, auffallend behutsamer formuliert: „Von der Taufe wird gelehrt, daß sie nötig sei und daß dadurch Gnade angeboten werde, daß man auch die Kinder taufen solle, welche durch solche Taufe Gott überantwortet und gefällig werden." Im deutschen Text wird also nicht von der Heilsnotwendigkeit geredet. Vor allem aber hat man den Eindruck, daß es Melanchthon in dem ganzen Artikel nicht um einen dogmatischen Beweis für das Recht der Kindertaufe geht, sondern um die Bestreitung des Rechtes zur Verweigerung der Kindertaufe bei den Wiedertäufern. Der Satz der CA ist keine systematische Aussage über die Kindertaufe, sondern eine polemische Aussage gegen die Wiedertäufer. Deshalb ist eine Übertragung in die andersartige heutige Situation nicht ohne weiteres möglich.

III

1. Wir stehen mit unseren Überlegungen zur Kindertaufe in einem Gespräch, das durch fast alle christlichen Kirchen geht; es ist in den letzten Jahrzehnten im deutschen Protestantismus mit zunehmender Intensität geführt. Wahrscheinlich müssen in den siebziger Jahren hier noch einige wichtige Entscheidungen gefällt werden. Die theologischen Hintergründe dieses Gespräches sind bestimmt von den Fragen, ob angesichts der Aussagen des Neuen Testamentes über die Taufe die Kindertaufe möglich erscheint, und warum die Reformatoren, die das sola fide entdeckten, doch an der überkommenen Kindertaufe festhielten.

2. Das Fazit aus diesen Überlegungen ist nicht leicht zu ziehen, und zwar deswegen nicht, weil die Kindertaufe wie die Erwachsenentaufe gute Argumente für sich und ebenso gewichtige Argumente gegen sich haben. Die Argumente pro und contra halten sich nahezu die Waage.

Die *Erwachsenentaufe* macht deutlich, daß zur Taufe der Glaube gehört, der persönliche Glaube des Täuflings, der die Verkündigung hört und bejaht; darin besteht ihr Recht; aber sie ist in Gefahr, den Glauben nicht nur zu psychologisieren, sondern ihn zur Bedingung und zum menschlichen Werk zu machen und zu vergessen, daß Christus in der Taufe der in seinem Wort Gegenwärtige, Handelnde, den Glauben Schenkende und Erhaltende ist.

Die *Kindertaufe* macht deutlich, daß es in der Taufe um Gottes Handeln geht, und daß der Mensch ganz der Empfangende ist; darin besteht ihr Recht; aber sie ist in Gefahr, die Taufe zum magischen, durch sich wirkenden Ritus zu machen und zu vergessen, daß zur Taufe der eigene und persönliche Glaube gehört.

3. Das Fazit scheint mir zu sein, daß es kein Entweder-Oder von Kindertaufe und Erwachsenentaufe gibt, weil keine der beiden Positionen das alleinige Recht für sich beanspruchen kann, und weil beide Positionen exegetisch und dogmatisch Argumente für sich und genauso Argumente gegen sich haben. Deshalb sollten beide Gestalten der Taufe in der Kirche nebeneinander bestehen können. „Die Kirchen werden sich bewußt darauf einstellen müssen, daß mehr und mehr neben die Kindertaufen wieder die Erwachsenentaufen

treten und daß nach Auflösung der Staats- und Volkskirchen wieder das Nebeneinander der *Taufe von Erwachsenen*, die in eigener Glaubensentscheidung die Taufe begehren, und der *Taufe von Kindern*, die aufgrund der Glaubensentscheidung der Eltern zur Taufe herzugebracht werden, selbstverständlich wird, wie es in der Alten Kirche vor der Einführung des Staatskirchenrechtes üblich gewesen ist." [14]

Dabei sollte ruhig die Kindertaufe der Regelfall bleiben, wie es seit langem in der Kirche gewesen ist. Aber wer die Kindertaufe als die einzig mögliche ansieht, ist genauso im Unrecht wie der einseitige Verfechter der Erwachsenentaufe. Der Weg zu diesem Ziel, der Offenheit der Kirche für mehrere Formen der Taufe, dem Angebot einer breiteren Skala von Möglichkeiten, die von der Säuglingstaufe über die Taufe junger Menschen bis zur Taufe Erwachsener reicht, ist vielleicht noch lang. Aber einige erste Schritte auf dem Wege zu diesem Ziel sollten und könnten getan werden.

Die Teilnehmer einer Pastoralkollegstagung vom vergangenen Frühjahr, die sich mit der Frage der Kindertaufe beschäftigte, waren sich darin einig,
 daß unser bisheriges Taufgesetz von 1938 überprüft und teilweise neu formuliert werden müsse;[15] daß in Sonderheit alle diejenigen Bestimmungen entfernt werden müßten, die den Aufschub der Kindertaufe und die Erwachsenentaufe diskriminieren und die bestimmte Rechtsfolgen für Eltern vorsehen, die ihre Kinder nicht binnen sechs Monaten taufen lassen.

Diese Schritte sollten mit gutem Gewissen ohne Bedenken und möglichst bald getan werden. Es sind gewiß nur erste Schritte. Aber es sind Schritte hinein in eine größere Freiheit. Sie bauen den Zwang zur Kindertaufe ab. Die Taufe hat es immer mit der Freiheit zu tun; mit der Freiheit der Gnade Gottes und mit der Freiheit des Menschen, zu der Gott uns in der Taufe frei macht.

---

[14] E. Schlink, Die Lehre von der Taufe, Leiturgia V, S. 774.
[15] Kirchl. ABl. Hannover 1938, S. 31 ff.

Samuel Scheidts Cantiones Sacrae Octo Vocum von 1620

Adam Adrio

Beobachtungen und Anmerkungen

Samuel Scheidt, seit 1603/04 Organist an der Moritzkirche in Halle und seit 1609 Hoforganist des seit 1608 in Halle residierenden Administrators des Erzstiftes Magdeburg und 1619 zu dessen Hofkapellmeister ernannt, trat erst als 33jähriger mit seinen 1620 in Hamburg veröffentlichten und dem Administrator Christian Wilhelm von Brandenburg gewidmeten *Cantiones sacrae octo vocum* als Komponist hervor.[1] Die Frage, bei welchen Vorbildern und Anregern Scheidt mit diesem Opus 1 seines geistlichen Vokalschaffens angeknüpft hat, ist nicht leicht zu beantworten. Die Sammlung enthält 38 doppelchörige Werke. Nr. 39 ist ein Choralkonzert über „Komm heiliger Geist, Herre Gott" für zwei vokale und zwei nicht bezeichnete, im Baßschlüssel stehende Instrumentalstimmen, dessen Stellung am Schluß der ganzen Sammlung nicht recht verständlich ist und daher im folgenden außer Betracht bleiben soll.[2]

Die 38 doppelchörigen Werke bestehen zu etwa gleichen Teilen aus cantus-firmus-gebundenen Choralmotetten (Nr. 7, 8, 11, 12, 14—19, 22, 27—29, 32) und cantus-firmus-freien Kompositionen über deutsche Bibeltexte, vor allem Psalmen und andere Texte des Alten Testaments (Psalmen: Nr. 1—3, 4—5, 24/25, 36—38; Altes Testament: Nr. 30/31, 33 und 35). Eine dritte Gruppe bilden die acht Kompositionen lateinischer Antiphon- und Responsorientexte (Nr. 9, 10, 13, 20, 21, 23, 26, 34). Einen Einzelfall stellt der auch von Giovanni Gabrieli 1597 in seinen *Sacrae Symphoniae I* doppelchörig behandelte und bisher nicht identifizierte Passionstext „O Domine Jesu Christe, adoro te in cruce vulneratum" dar, eine berühmte Komposition, die Kaspar Haßler schon 1598 und Erhard Bodenschatz 1603 in seinem *Florilegium* veröffentlichten.[3]

Ein Prinzip bei der von Scheidt getroffenen Anordnung der Kompositionen ist nicht zu erkennen. Eine Ordnung nach dem De-Tempore scheint jedenfalls nicht vorzuliegen. So folgt auf die Pfingstsequenz „Veni sancte Spiritus, reple" (Nr. 7) und den Pfingstchoral „Komm, heiliger Geist, Herre Gott" (Nr. 8) der lateinische Himmelfahrtstext „Ascendo ad patrem meum" (Nr. 9); auf das

---

[1] Samuel Scheidts Werke, hrsg. von Gottlieb Harms und Christhard Mahrenholz. Bd. IV, Hamburg 1933.

[2] Zur Literatur: Christhard Mahrenholz, Samuel Scheidt. Sein Leben und sein Werk, Leipzig 1924; ders., Art. Samuel Scheidt, in: MGG XI, Sp. 1627 ff. — Mit den Cantiones haben sich bisher befaßt: Anna Amalie Abert, Die stilistischen Voraussetzungen der Cantiones sacrae von Heinrich Schütz, Wolfenbüttel-Berlin 1935; Walter Serauky, Musikgeschichte der Stadt Halle, Halle/S.-Berlin 1939 II, 1, S. 72 ff.

[3] Neuausgabe der Komposition Gabrielis in der Sammlung „Das Chorwerk" Heft 10, hrsg. von Heinrich Besseler, Wolfenbüttel-Berlin 1931.

Weihnachtslied „Gelobet seist du, Jesu Christ" (Nr. 11) folgt der Adventschoral „Nun komm, der Heiden Heiland" (Nr. 12) und darauf die lateinische Weihnachts-Antiphon „Angelus ad pastores ait" (Nr. 13), dem Neujahrslied „Das alte Jahr vergangen ist" (Nr. 14) schließt sich das Weihnachtslied „In dulci jubilo" (Nr. 15) an, um mit diesen wenigen Beispielen die offenbar ganz freie Folge der Stücke anzudeuten. Es gibt allerdings auch de-tempore-mäßig Zusammengehörendes, so folgen auf die Osterszene „Tulerunt Dominum / Cum ergo fleret" (Nr. 20/21) der Osterchoral „Christ lag in Todesbanden" (Nr. 22) und das Responsorium in der Freudenzeit „Surrexit pastor bonus" (Nr. 23) und als Nr. 26 die pfingstliche Benedicamus-Antiphon „Sic Deus dilexit mundum". — Die drei letzten Stücke der Sammlung (Nr. 36—38) sind Echo-Kompositionen, woraus möglicherweise auf ein musikalisch-technisches Prinzip der Anordnung geschlossen werden könnte, eine Vermutung, die sich aber kaum mit weiteren Argumenten wird stützen lassen.

Etwas mehr als die Hälfte der *Cantiones sacrae* verwendet zwei gleich hohe Chöre (21), beide Chöre mit den Claves naturales geschlüsselt, während in 17 Kompositionen einem hohen ein tieferer Chor gegenübergestellt wird. Mit Ausnahme von „In dulci jubilo" (Nr. 15) und „Lobet den Herren, denn er ist sehr freundlich" (Nr. 27) sind alle deutschen Kirchenlieder für zwei gleich hohe Chöre gesetzt, ebenso die vier Schlußnummern mit freien Kompositionen über deutsche Bibeltexte (Nr. 35—38) sowie die vier lateinischen Antiphonen bzw. Responsorien Nr. 9, 13 und 20/21. Die Ausnahme des „In dulci jubilo" mit hohem und tiefem Chor ist vermutlich mit den beiden obligaten Klarinen zu erklären, mit denen die Komposition von Groß-E der tiefsten Stimme des II. Chores bis zum a'' der Klarinen mehr als drei Oktaven des Klangraums umfaßt.

Zwei verschieden hohe Chöre, also die Gegenüberstellung eines hohen und eines tiefen Chores, werden vornehmlich für die deutschen Bibeltexte, mithin in Nr. 1—5, 24, 25, 30, 31 und 33 herangezogen, ferner für den lateinischen Anbetungstext „O Domine Jesu Christe" (Nr. 6) und für die vier lateinischen Antiphonen bzw. Responsorien Nr. 10, 23, 26 und 34.

Die Choralmotetten

Von den 15 Choralbearbeitungen behandeln 12 (bzw. 13, wenn die beiden zusammengehörigen Nummern 28 und 29 einzeln gezählt werden, s. u.) nur die erste Strophe des jeweiligen Kirchenliedes. Ihnen stehen zwei Choralbearbeitungen *per omnes versus* gegenüber: „Christe, der du bist Tag und Licht" (Nr. 19) mit allen 7 Strophen und „Vater unser im Himmelreich" (Nr. 32) mit allen 9 Strophen des Liedes. Doppelchörig behandelt werden in diesen beiden Fällen die erste und die letzte Strophe. In Nr. 19 hat die 4stimmig gesetzte 2. Strophe den cantus firmus (im weiteren abgekürzt: c. f.) in ganzen Noten im Cantus (Chor I), die 3. Strophe (Chor II, 4stimmig) im Tenor, die 2stimmig gesetzte 4. Strophe (Chor I) bringt den c. f. in zeilenweisem Wechsel zwischen Cantus und Alt, die wieder 4stimmige 5. Strophe (Chor II) hat den c. f. im Baß; die 6. Strophe, in der die beiden Cantusstimmen beider Chöre mit dem

c. f.-tragenden Tenor des I. Chores verbunden sind, erfährt ihre musikalischsubstantielle Verdichtung durch den strengen Kanon der beiden Oberstimmen. In ähnlichem Wechsel sind die 7 Binnenstrophen des „Vater unser im Himmelreich" (Nr. 32) gestaltet. Hier wechselt der c. f. zwischen Cantus (Strophe 2), Tenor (Strophe 3), Baß (Strophe 4) und Altus (Strophe 7), während die kanonische Intensivierung in der 3stimmig behandelten 5. Strophe mit dem c. f. im Baß und in der ebenfalls 3stimmigen 6. Strophe mit dem c. f. in der Tenor-Unterstimme erfolgt. Strophe 8 erfährt eine weitere kanonische Überhöhung: Cantus und Alt des I. Chores alternieren zeilenweise mit Tenor und Baß des II. Chores; der c. f. erklingt in der jeweiligen Oberstimme, begleitet von dem in beiden Unterstimmen identischen Kontrapunkt.

Diese konservative Anknüpfung an das strenge c. f.-Prinzip zeigt sich schon in der Bearbeitung der lateinischen Pfingst-Sequenz „Veni sancte spiritus reple" (Nr. 7, der ersten c. f.-Bearbeitung der ganzen Sammlung), in der die gregorianische Weise in ganzen Notenwerten vom Tenor des I. Chores durchgeführt wird. In allen deutschen Kirchenliedbearbeitungen dagegen ergibt sich der musikalisch-formale Aufbau der Komposition mit der imitativen Durchführung jeder Choral- bzw. c. f.-Zeile unter Verzicht auf eine den c. f. allein führende Hauptstimme. Eine Ausnahme macht lediglich das lateinische „Puer natus in Bethlehem" bzw. „Surrexit Christus hodie" (Nr. 18), das mit der intonierend vorangehenden Oberstimme des I. Chores und mit seinem knappen akkordischen Satz ohnehin einen Sonderfall darstellt. Ein besonders merkwürdiger Fall begegnet bei dem Liede „Herzlich lieb hab ich dich, o Herr". Hier teilt der Komponist das Lied in zwei Teile, indem Nr. 28 den Stollen mit seinen 6 Zeilen und Nr. 29 (als *Secunda pars*, vgl. den originalen *Index*) den Abgesang der ersten Liedstrophe bearbeitet (von „Und wenn mir gleich mein Herz zerbricht" bis zum Schluß der Strophe). Eine Parallele zu diesem Vorgehen ist mir bisher nicht bekannt geworden.

Ob und wieweit sich Scheidt mit der Verbindung zweier gleich hoher Chöre an die *Musae Sioniae* des Michael Praetorius angeschlossen hat, in denen die zahlenmäßig zunehmende Verwendung zweier gleich hoher Chöre zu beobachten ist (Teile I—IV, 1605—1607, Gesamtausgabe Band I—IV), mag vorerst offen bleiben. Eine fast notengetreue Übereinstimmung in Nr. 14 mit Praetorius' *Musae Sioniae* IV Nr. 1 bei „bewahret hast in diesem Jahr" darf in diesem Zusammenhang zwar erwähnt, aber nicht überbewertet werden. — Von den oben bereits erwähnten zwei Ausnahmen mit der Verbindung eines hohen und tiefen Chores (Nr. 15 und 27) kann für das „Lobet den Herren, denn er ist sehr freundlich", die erste Strophe des auf Psalm 147 zurückgehenden geistlichen Liedes „anstatt des Gratias zu singen nach dem Essen"[4] (Nr. 27), keine musikalisch-technische Begründung gegeben werden wie für das „In dulci jubilo" (Nr. 15).

---

[4] Michael Praetorius, GA 21 = Generalregister S. 33; der Text entstand um 1575 in Nürnberg; die Melodie stammt von Antonio Scandello, 1568. Scheidt hat die beiden ersten Strophen in Teil I seiner Geistlichen Konzerte nochmals bearbeitet, s. GA VIII. S. 71/72. — Außerdem Michael Praetorius, GA VIII, Nr. 290 und IX, Nr. 198—201, in beiden Fällen alle sieben Strophen.

Die lateinischen („liturgischen") Kompositionen

Das Gabrielische Vorbild für das lateinische „O Domine Jesu Christe" (Nr. 6) für hohen und tiefen Chor hat A. A. Abert schon namhaft gemacht und dabei auch auf die „weitgehende" Übereinstimmung mit H. L. Haßlers gleichnamiger Komposition hingewiesen.[5] Vier weitere lateinische Werke arbeiten mit der Gegenüberstellung von hohem und tiefem Chor. Zunächst Nr. 10, das „Duo Seraphim", dem das Responsorium und der Versus *In Festo SS. Trinitatis et in Dominicis per annum*[6] verbunden mit der 2. Antiphon *Ad Laudes, et per Horas* („Laus et perennis gloria Deo Patri, et...") *in Festo SS. Trinitatis*[7] zugrunde liegt. Der Text hat offenbar häufiger zu einer gleichen oder ähnlichen Bearbeitungsweise geführt, wobei die Zahlenbegriffe „Duo", „Tres" und „unum" in sinnfällig-bildhafter Tonsymbolik dargestellt werden. Den Anfang des Textes bis „Dominus Deus Sabaoth" singen die beiden Oberstimmen beider Chöre allein (Cantus und Altus), die Fortsetzung „Plena" bis „gloria ejus" wird, im wesentlichen akkordisch, vom Tutti vorgetragen. Es folgt das „Tres sunt", gesungen von den beiden Oberstimmen des I. und der untersten Stimme des II. Chores, während die Fortsetzung „Tres sunt qui testimonium dant in coelo" der 2. und 3. Stimme des I. und der 2. Stimme des II. Chores übertragen sind. „Pater, Verbum et Spiritus sanctus" singen Cantus 1 und 2 sowie die Unterstimme (Tenor) des I. Chores, das 3stimmige „et hi tres" erklingt fünfmal im Wechsel zwischen II. und I. Chor und das 3stimmig im I. Chor begonnene „et hi tres unum sunt" wird vom II. Chor aufgenommen, im I. und im II. Chor das Wort „unum" im Einklang symbolisierend, im I. Chor mit dem d', im II. mit g schließend. Nun folgt die Antiphone „Laus et perennis gloria..." (oder die Doxologie) im Tripeltakt-Tutti und im Alternieren beider Chöre, worauf Scheidt das „Sanctus" des Anfangs motivisch wieder aufgreift und in dichter Imitation — wobei wiederum die „Trinität" in der jeweils 3stimmigen Kombination zweier verschiedener „Dominus Deus"-Motive eine Rolle spielt — durch alle Stimmen führt und im „Dominus Deus Sabaoth" der beiden Oberstimmen des I. Chores, gestützt von der untersten Stimme des II. Chores, gipfeln läßt. Im knappen, akkordisch dicht gefügten Tutti des „Plena... gloria ejus" schließt die Komposition.[8]

---

[5] aaO. S. 213 ff.   [6] Antiphonale Romanum (1924), S. 181*.
[7] Antiphonale Romanum (1924), S. 518.
[8] Das „Duo Seraphim a 3 voci" mit Basso continuo in Claudio Monteverdis Vesperkompositionen von 1610 (Gesamtausgabe XIV 2 S. 190 ff.) weist die gleiche tonbildliche Darstellung — unter Einbeziehung der aus dem 16. Jahrhundert tradierten vokalen Verzierungspraxis — auf: zweistimmiger Beginn mit „Duo", dreistimmig mit „tres sunt", dann „Pater Verbum et Spiritus sanctus" nacheinander ein-, zwei- und dreistimmig; dann Wiederaufnahme des „Sanctus" vom einstimmigen Beginn bis zum weiter ausgeführten dreistimmigen Schluß. Auch der Einklang auf „unum" ist vorhanden. S. hierzu Adam Adrio, Die Anfänge des geistlichen Konzerts, Berlin 1935, S. 54 ff., ferner ebenda das die gleiche Konzeption aufweisende „Duo Seraphim" von A. Banchieri (1607), S. 35—37, und Notenbeispiel Nr. 8, Anhang S. 14 ff.; L. Viadanas gleichnamige Komposition zwei- bis dreistimmig mit Basso continuo (1602), bei der ebenso wie bei Banchieri die beiden Soprane als „Voce Serafim" bezeichnet werden, s. bei Max Schneider, Die Anfänge des Basso continuo, Leipzig 1918, S. 181 ff. — Zu Monteverdis „Duo Seraphim" s. ferner Arno

Das Responsorium der Freudenzeit[9] „Surrexit pastor bonus" (Nr. 23) bezieht seine musikalische Form zweifellos aus der Gliederung des Textes. Jeder der drei Sätze („Surrexit pastor bonus", „qui animam suam posuit pro ovibus suis", „et pro grege suo mori dignatus est") wird mit dem gleichen, alternierend beginnenden und zum Tutti führenden Tripeltakt-„Alleluja" beschlossen. In dieser Komposition treffen wir erstmals in der 2. (der tiefsten) Baßstimme des II. Chores auf die der menschlichen Stimme nicht mehr erreichbaren tiefen Töne: der klangliche Gesamtumfang umfaßt vom Contra-E des II. Chores bis zum a'' der Oberstimme des I. Chores über vier Oktaven. Selbst wenn man dem Vorschlag von Mahrenholz[10] folgen würde, die Komposition „um eine kleine Terz nach oben" zu transponieren, würde die tiefe Baßstimme zum Contra-G hinabsteigen, der 1. Cantus des I. Chores aber das c''' erreichen müssen. Beides ist unmöglich. Man wird den Gedanken der Transposition aufgeben und annehmen müssen, daß die vom Komponisten notierte Klanghöhe grundsätzlich der realen Klanghöhe entspricht. Das Problem löst sich mit der vokal-instrumentalen Mischbesetzung, mit der diese Kompositionen ausgeführt wurden; bei instrumentaler Wiedergabe des II. Chores, wobei eine Stimme auch vokal besetzt wird (bei dieser Komposition kommt die Oberstimme des II. Chores in Betracht: Altus), ergeben sich überhaupt keine Schwierigkeiten.

Dem gleichen Besetzungsproblem begegnen wir in der Benedicamus-Antiphon (Nr. 23) „Sic Deus dilexit mundum" (Joh. 3, 16) zur *Feria secunda — infra Octavam Pentecostes*,[11] wenn auch die tiefste Stimme des II. Chores hier nur bis zum Groß-C, die Oberstimme des hohen Chores (I) bis zum erreichbaren e'' geführt wird. Für die formale Gestaltung der Magnificat-Antiphon „Quaerite primum regnum Dei" (Nr. 34; Matth. 6, 33) für *Dominica XIV post Pentecosten*[12] hat A. A. Abert auf die Anregung durch Michael Praetorius und insbesondere auf dessen allerdings weit umfangreichere Motette „Benedicite Angeli" hingewiesen.[13] Die zweite Satzhälfte des nur aus einem Satz bestehenden Textes „et haec omnia adjicientur vobis" erhält hier „die Rolle eines Ritornellabschnitts und erscheint alle fünfmal unverändert im vollstimmigen, rein akkordischen Satz und Tripeltakt wieder, während mit der ersten Hälfte" fünfmal „eine andere Stimmgruppe in mannigfach verschiedener Weise unter Verwendung lebhafter Koloraturen konzertiert". Mit dieser quasi solistischen Behandlung der ersten Satzhälfte und der Gegenüberstellung des Tutti hat nach Aberts Meinung Scheidt „den entscheidenden Schritt zum Konzert getan". In formaler Hinsicht dürfte diese Feststellung wohl zutreffen. Ob die zu Beginn jedes „solistischen" Teils entweder klar oder wenigstens umspielt auftretende Quarte (bzw. Quinte) an den Anfang der gregorianischen Weise anknüpft, ob

---

Forchert, Das Spätwerk des Michael Praetorius, Berliner Studien zur Musikwissenschaft Bd. 1, Berlin 1959, S. 115, und in dieser Arbeit die aufschlußreichen Untersuchungen über die Zusammenhänge zwischen liturgischen Vorbildern („Modellen") und den zeitgenössischen Kompositionen.

[9] Mahrenholz verweist in Samuel Scheidt (1924) S. 4 auf Marbach S. 469.   [10] aaO. S. 126.
[11] Antiphonale Romanum (1924), S. 510.   [12] Antiphonale Romanum (1924), S. 567.
[13] aaO. S. 215; Michael Praetorius, Musarum Sioniarum Motectae 1607, GA X Nr. 34 („Canticum trium puerorum").

ferner liturgische Überlegungen die verschiedenen Stimmenkombinationen der fünf „solistischen" Teile veranlaßt haben,[14] muß vorerst dahingestellt bleiben. Die vertikale Klangbreite reicht vom Groß-E der tiefsten Stimme des II. Chores bis zum g'' der obersten Stimme des I. Chores, ein Umfang, der von der menschlichen Stimme bewältigt werden kann. Und es ist ja anzunehmen, daß die „solistischen" Stimmen dieser Komposition ausnahmslos gesungen werden sollen.

Vier weitere, mehr oder weniger eng an liturgische Texte gebundene Kompositionen (Nr. 9, 13, 20 und 21) fordern, im Gegensatz zu den bisher genannten liturgischen Werken, zwei gleich hohe Chöre, so daß alle acht Stimmen von Vokalisten (wenn auch mit Unterstützung durch Instrumentisten) dargestellt werden können. Der Himmelfahrtstext „Ascendo ad patrem meum" (Nr. 9) ist eine Verbindung der Benedicamus-Antiphon *In Ascensione Domini — Ad Laudes, et per Horas*[15] (oder auch des gleichlautenden Responsoriums *Ad Nonam in Ascensione Domini*[16]) mit Teilen der Magnificat-Antiphon zu *Sabbato ad Vesperas* der Himmelfahrts-Oktav.[17] Das „Angelus ad pastores ait" (Nr. 13) behandelt den Text der 3. Antiphon *Ad Laudes, et per Horas — In Nativitate Domini*.[18] Abert hat diese Weihnachtsmotette (Luk. 2, 10b—11a) beschrieben und angemerkt, daß sie „nicht nur ... in allgemeinen Eigenschaften der Bewegung und Deklamation, sondern nach Rhythmik und Diastematik der einzelnen Linie nahezu wörtlich mit Sweelincks Komposition des gleichen Textes" übereinstimme.[19] Abert betont sodann die Verbindung des motettischen Prinzips mit dem des Konzerts: das „annuncio vobis" singen (S. 61 in Band IV der GA) die beiden Oberstimmen allein streng kanonisch, das „gaudium magnum" erklingt im Tripeltakt-Tutti; es folgen, nach antiphonischer Einführung, die Worte „quia natus est vobis hodie", die von den beiden Oberstimmen beider Chöre wiederum streng kanonisch dargeboten werden, ehe dann mit „salvator mundi" der Satz zunächst wechselchörig, dann zum Tutti verdichtet und mit dem lebhaft-bewegten Tripeltakt-Tutti des „Alleluja" zum Abschluß gebracht wird.[20] Eine gleichnamige Komposition von Michael Praetorius[21] läßt kaum eine Anlehnung Scheidts erkennen, wenn man von dem ebenfalls ganz kurz kanonisch eröffneten „annuntio vobis", das aber bald imitativ in den doppelchörigen Satz übergeht und mit dem „gaudium magnum" durchimitierend weitergeführt wird, sowie von dem Tripeltaktabschnitt „gaudium magnum" und dem Tripeltakt-„Alleluja" absieht.

Eine der eindrucksvollsten „liturgischen" Kompositionen in der Reihe der *Cantiones* ist die zweiteilige Bearbeitung der mit der Magnificat-Antiphon zur

---

[14] Die 1., 4. und 8. Stimme werden dreimal, die 2. und 5. je zweimal, die 3., 6. und 7. je einmal herangezogen. Die erste Solopartie ist zweistimmig, die zweite und dritte dreistimmig, die vierte und fünfte vierstimmig besetzt. [15] Antiphonale Romanum (1924) S. 492
[16] ebenda S. 495.   [17] ebenda S. 496 f.   [18] ebenda S. 264 f.   [19] Abert, aaO. S. 214.
[20] Scheidt hat das Werk in: Pars Prima/Concertuum/Sacrorum, II. bis V., VIII. et XII. vocum, Hamburg 1622 unter Nr. 6 „modern" bearbeitet mit Generalbaß, Instrumenten und einer mehrfach auftretenden Sinfonie; siehe Mahrenholz, aaO. S. 9.
[21] Musarum Sioniarum Motectae 1607, GA X, Nr. 23.

Feria Quinta Infra Octavam Paschae[22] beginnenden und die Benedicamus-Antiphon „Praecedam vos in Galilaeam" zur *Feria Tertia Infra Hebdom. I. post Octavam Paschae*[23] einbeziehenden Osterszene „Tulerunt Dominum" (Nr. 20) mit der von W. Serauky[24] als „Versus" bezeichneten *Secunda pars:* „Cum ergo fleret" (Nr. 21). Hier bestimmt in der Tat das bild- und ausdruckshafte Geschehen am Grab des Auferstandenen die musikalische Gestaltung, so daß das in zwei Stimmen diatonisch abwärts geführte, ergreifende „quid ploras", die aufsteigenden Achtelfiguren bei „surrexit" im II. Chor oder das anschaulich in neun ganzen Noten zuerst im Baß des I. und anschließend im Cantus des II. Chores diatonisch abwärts schreitende „praecedet vos in Galilaeam", das durch die gleichzeitige erregte Vierteldeklamation der drei übrigen Stimmen, bei der Wiederholung zunehmend häufiger werdend, ungeheuer stark intensiviert wird. Den von Serauky[25] für den eine Oktave überschreitenden Abwärtsgang angenommenen „liturgischen c. f." habe ich nicht ermitteln können; ich glaube hier eher einen ganz persönlichen Gestaltungseinfall Samuel Scheidts annehmen zu dürfen:

(Chor II)

---

[22] Antiphonale Romanum (1924), S. 451. [23] ebenda S. 465.
[24] Musikgeschichte der Stadt Halle II 1, Halle-Berlin 1939, S. 77, wo der Verf. das „Tulerunt Dominum" als „Responsorium" und die Secunda pars als „Versus des Responsoriums" bezeichnet. — Den Text der Prima pars hat Michael Praetorius in Musarum Sioniarum Motectae 1607, GA X, Nr. 11; das Generalregister, GA 21 (hrsg. von W. Engelhardt), S. 45, sagt: „Text des Responsoriums am Osterdienstag mit geringer Änderung (Dicunt ei Angeli: Mulier, quid ploras? — Orig. Ait ei Angelus: Noli flere, Maria!) Joh. 20, 13. Matth. 28, 7, Ostermotette". [25] aaO. S. 77.

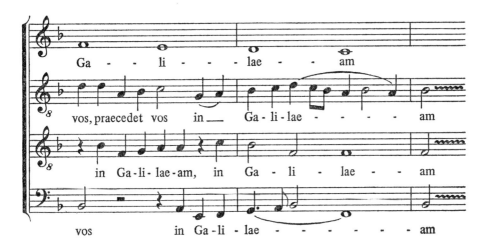

Die *Secunda pars* nimmt diesen 2. Teil der Komposition, beginnend mit der Wiederholung durch den II. Chor, wörtlich wieder auf (s. GA IV, S. 98 und S. 101), ebenso wörtlich das in lebhafter Vierteldeklamation verlaufende Schluß-„Alleluja", das sich dann zum Ende hin in halben und ganzen Notenwerten beruhigt. Im ersten Teil der *Secunda pars* dieser Refrain-Motette[26] treffen wir wieder auf ganz schlichte bildhafte Symbolik, wie sie etwa in dem fünftönigen, vorwiegend abwärts sich bewegenden „inclinavit se"-Motiv oder in der 2stimmigen, wieder kanonisch gesetzen Darstellung von „et vidit duos Angelos in albis sedentes" begegnet.

Die deutschsprachigen Bibelwort-Kompositionen

Die deutschen Bibelspruch-Kompositionen gehören der Besetzung nach wieder zwei verschiedenen Gruppen an. Hoher und tiefer Chor werden miteinander verbunden in den Psalmkompositionen Nr. 1—5, 24 und 25; ferner im zweiteiligen „Nun danket alle Gott" (Jesus Sirach 50, 24 bzw. V. 25 und 26 — Nr. 30/31) sowie in der Trauerkomposition für Scheidts Vater: „Zion spricht, der Herr hat mich verlassen" (Nr. 33: Jes. 49, 14—16b). Die am Schluß der *Cantiones* stehenden, als „Echo à 8 vocum" komponierten zwei Psalmen (Nr. 36—38) verwenden, dem Echo-Prinzip real entsprechend, zwei gleich hohe Chöre.

In der ersten Gruppe treffen wir wieder auf die der menschlichen Stimme nicht erreichbaren sehr tiefen Stimmen: bis Contra-A (Nr. 4), Contra-H (Nr. 3), Groß-C (Nr. 1, 2, 5), Groß-D (Nr. 25, 30), Groß-E (Nr. 24, 31, 33). Hier ist also instrumentale Ausführung bzw. Beteiligung unbedingt erforderlich, denn die Oberstimme des I. Chores verlangt in Nr. 1—5, 24 und 25 das a'', in Nr. 30/31

---

[26] Derselbe Text nochmals als „Refrain"-Komposition in Concertuum Sacrorum 1622 (Nr. 7 und 8), siehe Mahrenholz aaO. S. 9.

und 33 das f''', so daß hier wie dort eine Höhertransposition kaum in Betracht kommen kann.

Mit allem Recht stellt A. A. Abert fest,[27] daß die deutschtextigen Spruchkompositionen den lateinischen Werken „größtenteils an Ausdruckskraft weit überlegen" seien. Diese Überlegenheit beruht vor allem auf der auf die „Einzelausdeutung" des Wortes hin ausgerichteten Gestaltungskraft Scheidts. Abert hat Psalm 43 (Nr. 24/25) als eine „typische Komposition des deutschen Stils" ein wenig näher beschrieben und Psalm 121 (Nr. 4/5) als ein Werk charakterisiert, in dem „sich im ganzen genommen der deutsche Stil in reinster Gestalt verkörpert". Es würde an dieser Stelle zuviel Raum erfordern, Scheidts musikasches Verhalten zum „Wort" in seinem „gesteigerten Verlangen nach subjektiver Textausdeutung" mit den Belegen anzuführen, die in diesen Kompositionen in Hülle und Fülle anzutreffen sind. Um einige dieser Belege wenigstens anzudeuten, nennen wir hier aus Nr. 1 etwa das „und mich ängsten" (GA IV, S. 15/16), aus Nr. 2 das „über mich erheben" (S. 17), das „erleuchte meine Augen" (S. 17) und „daß ich nicht im Tod entschlafe" (S. 18) und das anschaulich im tiefen Chor endende „daß ich niederliege" (S. 19), die viermal auftretenden Achtelkoloraturen auf „singen" in Nr. 3 (S. 22), das eine aufsteigende Oktave umfassende und dann konsequent durchimitierte Anfangsthema von Nr. 4: „Ich hebe meine Augen auf zu den Bergen" (S. 23/24), die Anschaulichkeit, mit der „der Himmel" in den beiden Oberstimmen des I. Chores und der Kontrast „und Erden gemacht hat" mit den beiden tiefsten Stimmen des II. Chores bildhaft dargestellt werden (S. 25). — Wir übergehen den Psalm 43 (Nr. 24/25) mit seinen bildhaften „Harfen"-Koloraturen (GA IV, S. 118/119), mit der schon an anderer Stelle zitierten Sequenz, der großartigen Tonmalerei des „daß ich hinein geh zum Altar Gottes", die vor dem Hörer das Bild vom Durchschreiten eines großen Tores beschwört[28] — und mit der eine so überzeugende Sicherheit des Glaubens dokumentierenden lebhaften Achteldeklamation[29] bei „daß er meines Angesichtes Hülfe und mein Gott ist" (GA IV, S. 121). Wir sehen ferner davon ab, den offensichtlich ganz schulgerechten Doppelchor des zweiteiligen „Nun danket alle Gott" (Nr. 30/31) näher zu betrachten. Und hinsichtlich der den Beschluß des Bandes bildenden, zwei gleich hohe Chöre fordernden drei Echo-Kompositionen (Nr. 36/37: Psalm 148, 1—6 und *Secunda pars* 7—14 sowie Nr. 38 mit Psalm 150) seien schließlich nur noch das mit den beiden Oberstimmen beider Chöre herausgehobene „Jünglinge und Jungfrauen" (Nr. 37, GA IV, S. 183), die „Posaunen" und „Psalter und Harfen" in Nr. 38 (GA IV, S. 190 f.) als weitere Zeugnisse der im wesentlichen die Bildhaftigkeit des Textes aufgreifenden Gestaltungsweise Samuel Scheidts erwähnt.

Abschließend wäre noch ein Blick auf das wahrscheinlich persönlichste Stück der ganzen Sammlung zu werfen, auf die Totenklage „Zion spricht, der Herr

---

[27] aaO. S. 216 f.   [28] Musik und Kirche 24, 1954, S. 147 ff.
[29] Sie entspricht der gleichen Achteldeklamation in J. H. Scheins „Was betrübst du dich, meine Seele" im Israelbrünnlein von 1623 (Neuausgabe Bd. 1, BA 4491, Kassel 1963, Nr. 21, S. 141 f. und 144).

hat mich verlassen" (Nr. 33), die Samuel Scheidt *„In Obitum Conradi Scheidt"*, seines Vaters, im Jahre 1618 geschrieben hat.[30] Das nachstehend mitgeteilte Notenbeispiel möchte die seelische Tiefe und Wärme der Texterfassung und Textdeutung Scheidts andeuten mit der geistvollen chromatischen Durchführung der Worte „daß sie sich nicht erbarme" (GA IV, S. 161/162) und ihrer kraftvollen ausdrucksstarken Harmonik:

(Chor II)

---

[30] Conrad Scheidt ist am 15. August 1623 in Halle gestorben, s. Arno Werner, Samuel und Gottfried Scheidt, Sammelbände der IMG I 1899—1900, S. 435.

Die von Scheidt unter Nr. 35 aufgenommene, vom Bruder Gottfried Scheidt stammende und für zwei gleich hohe Chöre bestimmte und für denselben Zweck geschriebene Komposition[30a] desselben Jesaja-Textes, erreicht nicht die Ausdrucksintensität Samuel Scheidts. Die Einreihung dieser beiden persönlichen Werke in die Sammlung gerade an dieser Stelle — unmittelbar vor der Schlußgruppe der zwei deutschen Psalmen — gibt Veranlassung, noch einmal auf die eingangs gestellte Frage nach der Anordnung zurückzukommen. Am Anfang und am Ende der *Cantiones* stehen jeweils zwei Psalmen (Nr. 1-3 bzw. 4-5 und Nr. 36/37 bzw. 38). Von Nr. 6 an bis Nr. 32 werden, wenn man von Psalm 43 (Nr. 24/25) und der zweiteiligen Sirach-Komposition (Nr. 30/31) absieht, im wesentlichen de-tempore-mäßig gebundene Werke in mehr oder weniger freier Folge vorgelegt. Den Schluß-Psalmen, als Echo-Kompositionen einem bestimmten musikalischen Prinzip zugehörig, gehen die beiden Trauerkompositionen Nr. 33 und 35 voran; zwischen ihnen steht als Nr. 34 das lateinische „Quaerite primum". Es drängt sich die Frage auf, ob es sich hier um die Komposition des liturgischen Antiphon-Textes oder möglicherweise ebenfalls um eine persönliche, mit dem Tode des Vaters in Zusammenhang stehende Komposition des Schrifttextes Matth. 6, 33 handelt (Symbolum? Grabspruch? Text der Trauerpredigt?). Sollte diese vage Vermutung eines Tages eine Bestätigung finden, etwa durch das Auffinden der Leichenpredigt für Conrad Scheidt, so würden wir dem Ordnungsprinzip Scheidts vielleicht einen kleinen Schritt näherkommen.

Alle übrigen Kompositionen der *Cantiones* sind fraglos im Laufe der Jahre von etwa 1608 bis 1618 oder 1619 im Dienst der Hallenser Hofgottesdienste entstanden, was insbesondere mit den liturgischen Stücken und den Choral-

---

[30a] **Von Gottfried Scheidt** als „Parodia" bezeichnet, was sich (höchstwahrscheinlich) „auf eine wahrscheinlich anonyme Fassung" einer 5st. „Vulpius-Motette" bezieht, wie die Untersuchungen von Werner Braun, Samuel Scheidts Bearbeitungen alter Motetten, Archiv für Musikwissenschaft XIX./XX., 1962/63, S. 56-74 ergeben haben (s. hier auch zu Nr. 14 der Cantiones, s. o. Abschnitt I).

bearbeitungen belegt sein dürfte. Als Vorbilder und Anreger für den im deutschen und spätniederländischen Motettenstil gründenden eigenen Stil Scheidts dürften außer den *Musae Sioniae* des Michael Praetorius und den 5stimmigen *Cantiones sacrae* mit Basso continuo seines Amsterdamer Lehrers J. P. Sweelinck (1619) eine Reihe deutscher Zeitgenossen in Betracht kommen, so etwa H. L. Haßler, nicht zuletzt aber auch Johann Hermann Schein, dessen ebenfalls dem Magdeburger Administrator Christian Wilhelm von Brandenburg gewidmetes *Cymbalum Sionium* (1615) unter dreißig 5- bis 12stimmigen Werken insgesamt neun doppelchörige deutsche und lateinische Spruchkompositionen enthält (Nr. 19—27), die — was nachdrücklich in unserem Zusammenhang angemerkt werden darf — ausnahmslos mit einem hohen und einem tiefen Chor besetzt sind, und deren tiefe Baßstimmen die gleiche Problematik aufweisen wie Scheidts einschlägige Werke.[31] Wenn A. A. Abert feststellt,[32] daß sich in Scheidts *Cantiones* über die traditionelle Stilhaltung hinaus überall „mehr oder weniger stark der Einfluß des italienischen Konzertes bemerkbar" mache, so darf dieser Einfluß zumindest in diesem Opus 1 nicht überschätzt werden. Denn alle die hier auftretenden „solistischen" Partien wachsen aus dem Gefäß des mehrstimmig-motettischen, hier insbesondere des vokal-instrumentalen Musizierens und des *Concerto per choros* heraus; sie sind Ausdruck des Kontrastbedürfnisses, dem Tutti die Einzel- oder auch mehrere Einzelstimmen gegenüberzustellen, und das vor allem im Dienst einer bildhaften Veranschaulichung der im Text beschlossenen Inhalte. Die starke Neigung zum Bildhaften scheint Scheidts musikalischen Gestaltungswillen vornehmlich zu bestimmen. Sie verbindet sich im Beharren bei der „reinen alten Composition" mit der Neigung zur kontrapunktstrengen Polyphonie einerseits und mit einer stark originären harmonischen Potenz andererseits, die die weitgespannte Klangpalette des hohen und tiefen Chors in sich einschließenden Doppelchors ebenso durchdringt wie die zum homogenen Klangausgleich tendierende Verbindung zweier gleich hoher Chöre. Hinter beidem aber steht die deutsch-niederländische motettische Tradition und in ihr das in der überkommenen Musizierpraxis verwurzelte faszinierende Klangbild der vokal-instrumentalen Realisierung einer vom Wort und seiner musikalischen Interpretation bedeutungsträchtig getragenen Partitur.

---

[31] S. Johann Hermann Schein, Sämtliche Werke, hrsg. von Arthur Prüfer, Bd. IV, 2, hrsg. von Karl Hasse, Leipzig 1912.
[32] aaO. S. 213.

Zur Textvorlage der Choralkantaten Johann Sebastian Bachs

Alfred Dürr

Nirgends im Bachschen Kantatenwerk ist die Tendenz zu zyklischer Gestaltung so evident wie im Jahrgang der Choralkantaten von 1724—1725. Nicht nur die Kompositionen, auch die Texte wiederholen mit wenigen Ausnahmen dasselbe Schema: Beibehaltung der Rahmenstrophen eines Kirchenliedes im Wortlaut, Umformung der Binnenstrophen in madrigalische Rezitativ- und Ariendichtung; dabei bleiben gelegentlich einige Binnenstrophen erhalten, sei es als selbständige Kantatensätze, sei es, nach Art eines Tropus, durchsetzt mit freier Dichtung.

Für keine dieser Kantaten ist der Autor der Umformungen bekannt; doch liegt es auf den ersten Blick nahe, angesichts der Gleichartigkeit der Texte an einen einzigen Verfasser zu denken. Das ist auch in der älteren Literatur (Spitta) und bis hin zu Luigi Ferdinando Tagliavini[1] geschehen: In der Regel wurde Picander als Librettist vermutet. Erst Ferdinand Zander[2] bezweifelt — nicht nur aufgrund der neuen Chronologie, sondern auch mit germanistischen Argumenten — die Autorschaft Picanders und stellt fest, „daß vieles dafür, nichts dagegen spricht, in Bach selbst den (Um-)Dichter der Choralkantaten zu sehen". Auch trennt Zander zwei Gruppen voneinander — BWV 93, 178, 94, 101, 113 sowie 78, 96, 5, 115, 26, 62, 124, (126), 1 —, ohne daß er darum die Autorschaft gesonderter Verfasser als erwiesen ansieht.

Noch einen Schritt weiter geht Harald Streck,[3] der nach einer gewissenhaften Analyse der Verskunst nicht weniger als fünf Gruppen unterscheidet:

Gruppe 1: BWV 78, 8, 96, 5, 115, 26, 62, 124, 1, dazu als Nicht-Choralkantate: 181

Gruppe 2: BWV 9, 101, 113, 180, dazu als Nicht-Choralkantaten 190, 65, 66, 134, 184

Gruppe 3: BWV 33, 99, 114, 38

Gruppe 4: BWV 130, 139, 116, 91, 121, 133, 122, 41, 123, 3, 111, 125

Gruppe 5: BWV 20, 2, 7, 135, 10, 93, 178, 94, 92, 127

BWV 14 und 126 werden nicht eingeordnet.

---

[1] Luigi Ferdinando Tagliavini, Studi sui testi delle cantate sacre di J. S. Bach, Padua und Kassel 1956.

[2] Ferdinand Zander, Die Dichter der Kantatentexte Johann Sebastian Bachs, in: Bach-Jahrbuch 1968, S. 9-64.

[3] Harald Streck, Die Verskunst in den poetischen Texten zu den Kantaten J. S. Bachs, Phil. Diss. Hamburg 1969.

Mit Zuweisungen an bekannte Dichter ist Streck vorsichtig; lediglich für BWV 113 hält er die Autorschaft Francks für nicht ausgeschlossen. Nun ist freilich die Analyse des Germanisten nicht die einzige Möglichkeit, sich dem Problem zu nähern; und optimale Ergebnisse werden erst als Frucht einer Gemeinschaftsarbeit von Germanisten, Theologen und Musikwissenschaftlern zu erwarten sein. Aber bis dahin hat es anscheinend noch gute Weile. Immerhin lassen sich hierfür gewisse bescheidene und primitive Vorarbeiten leisten, und hieran sollen die folgenden Zeilen mithelfen.

Zuvor aber noch ein Wort zum Problem „ein oder mehrere Dichter?". Selbstverständlich ist es denkbar, daß Bach bei der Vertonung auf einen bereits fertig vorliegenden Textzyklus zurückgegriffen hat. Sehr wahrscheinlich ist dies jedoch nicht; denn die Form der Bachschen Choralkantaten ist ungewöhnlich und in diesem Ausmaß noch bei keinen anderen Komponisten beobachtet worden. Es liegt daher nahe, den Anreger zu diesem Zyklus in Bach selbst zu sehen. Doch selbst wenn dies nicht so wäre: Welcher Dichter unternimmt wohl die wenig reizvolle Aufgabe der Umformung einer Reihe von Kirchenliedern zum Kantatenzyklus gleichsam „auf Hoffnung", daß einst ein Komponist an dieser unpopulären Form Gefallen finde?

Je mehr aber die Wahrscheinlichkeit, daß die Texte ad hoc geschrieben wurden, wächst, desto mehr wächst auch die Möglichkeit, daß an ihrer Abfassung mehrere Dichter beteiligt waren —, eine Möglichkeit, die bei der Annahme eines Textentwurfs aus älterer Zeit kaum nahegelegen hätte. Wustmann hat in Christian Weiß d. Ä. einen für Bach arbeitenden Librettisten sehen wollen, und die Möglichkeit, daß auch Superintendent Salomon Dreyling sich als Textautor versucht habe, ist zwar seltener erwogen, aber auch nirgends widerlegt worden. Nun sang Bachs Kantorei abwechselnd in St. Nikolai und St. Thomae, und in der Tat zeigt Strecks Gruppeneinteilung bisweilen Ansätze zu wöchentlichem Wechsel, z. B. zwischen Gruppe 1 und 3:

Gruppe 1:

14. p. Trin.: BWV 78

16. p. Trin.: BWV 8

Gruppe 3:
13. p. Trin.: BWV 33
15. p. Trin.: BWV 99
17. p. Trin.: BWV 114 { dazwischen jedoch noch Michaelis

oder zwischen Gruppe 1 und 4:

Gruppe 1:
22. p. Trin.: BWV 115
24. p. Trin.: BWV 26
1. Advent: BWV 62

Gruppe 4:
23. p. Trin.: BWV 139
25. p. Trin.: BWV 116

Aber konsequent ist ein solcher Wechsel nicht zu beobachten. Entweder bedarf Strecks Einteilung der Revision oder die Autoren (sofern es überhaupt mehrere waren) verteilten ihre Arbeit nicht — oder nicht ausschließlich — auf den zu erwartenden Prediger.

Man wird also versuchen, den Blick durch Berücksichtigung anderer Kriterien zu erweitern. Es ließe sich z.B. fragen, welche Lieder der Textdichter verwendete, wie er sie verarbeitete und zum De-tempore-Charakter des Tages in Beziehung setzte. Im einzelnen:
1. Zur Liederwahl: Werden lutherische „Kernlieder" verwendet oder neuere, weniger bekannte? Werden Lieder gewählt, die Leipzigs Gesangbücher für jenen Tag vorsahen[4] oder entscheidet der Dichter selbständig und unabhängig?
2. Welche Kantaten verwenden außer in den Rahmenstrophen noch weitere im Wortlaut beibehaltene Liedtexte und wenn ja,
   a) als in sich abgeschlossenen Satz?
   b) untermischt mit hinzugedichtetem Text („Tropus")?
   c) nur als einzelne Zeilen innerhalb frei gedichteten Textes?
3. Wie eng hält sich der Dichter an die Vorlage? Insbesondere wäre zu fragen, ob zusätzliches Gedankengut aufgenommen wird,
   a) um die Verbindung zu den Lesungen des Tages herzustellen,
   b) ohne daß eine Beziehung zu Lied oder Lesung erkennbar wäre.

Wir wollen Bachs Choralkantaten nach einigen dieser Gesichtspunkte untersuchen, klammern jedoch Frage 1 aus, um das Ergebnis der erwähnten Arbeit (siehe Anm. 4) abzuwarten. Einbezogen werden alle diejenigen Choralkantaten, die madrigalische Umdichtungen enthalten, nicht also solche, in denen der Text des gesamten Liedes im Wortlaut beibehalten wird, gleichgültig, ob dabei eine Auffüllung durch freien Text stattfindet (BWV 80, 140) oder nicht. Wir folgen dabei der Entstehungszeit der Kompositionen Bachs, beginnend mit dem 1. Sonntag nach Trinitatis 1724, ohne damit behaupten zu wollen, die Dichtungen seien in eben derselben Reihenfolge entstanden. Dies gilt insbesondere für die später komponierten Texte zu BWV 9 und 14, die sehr wohl schon 1724 bzw. 1725 vorgelegen haben können.

Ein gewisses Problem stellt die Frage dar, wann eine Liedzeile noch als wörtlich übernommen anzusehen ist und wann nicht. Da wir auch in Bachs Choralsätzen mehrfach auf örtlich oder zeitlich bedingte, oft wohl auch nur durch Flüchtigkeit verursachte Abweichungen stoßen, wird man eine Differenz einzelner Wörter nicht allzu schwer nehmen dürfen.[5] Maßstab für unsere untenstehenden Angaben war die Beibehaltung des *Versmaßes* samt der *Silbenzahl*. Die Änderungen gegenüber dem Liedtext wurden durch Einklammerung der entsprechenden Kantaten-Textwörter gekennzeichnet.

Ähnlich problematisch ist die Abgrenzung bei der Frage nach Anspielungen auf den Lesungstext. Selbstverständlich sind Lieder wie z. B. „Nun komm, der Heiden Heiland" oder „Gelobet seist du, Jesu Christ" eine einzige Anspielung auf den De-tempore-Charakter des Tages. Als „Anspielung auf den Lesungstext" in dem von uns gemeinten Sinn ist jedoch nur der Einschub eines im

---

[4] Eine Untersuchung über die De-tempore-Register der Gesangbücher aus Bachs Umkreis wird z. Z. durch Detlev Gojowy vorgenommen; ihre Veröffentlichung ist geplant.
[5] Selbst innerhalb der völlig unverändert übernommenen Liedzeilen läßt sich gegenüber den von Wustmann-Neumann gekennzeichneten noch mancher Zuwachs feststellen.

Liede *nicht* enthaltenen Gedankens zu verstehen, der sich dann auch nicht nur auf den allgemeinen Charakter des Tages beziehen darf, sondern spezielle Dinge erwähnen muß, also z. B. zum 1. Advent Jesu Einzug in Jerusalem oder zum 1. Weihnachtstag die Schätzung, den Raummangel in der Herberge, die Hirten (selbst „Krippe" ist zu sehr Symbol, um als spezielle Anspielung auf die Lesung verstanden zu werden).

Endlich läßt sich auch schwer exakt definieren, wo die Umformung einer Liedstrophe aufhört und zur freien Dichtung wird. Daß der Dichter nicht nur in Tropussätzen, sondern auch in gewöhnlichen Strophen-Nachdichtungen Wendungen einflicht, die nicht der Liedvorlage entstammen, ist selbstverständlich. Wir erfassen daher im folgenden nur solche Stellen als „ohne Liedbeziehung", in denen ein *vollständiger* Kantatensatz jegliche Beziehung zu der gewählten Liedvorlage vermissen läßt.

Ist der Schlußchoral zweistrophig, so wird dies unter der Rubrik „beibehaltene Binnenstrophen" nicht berücksichtigt.

1. p. Trin. (11. 6. 1724)
BWV 20 „O Ewigkeit, du Donnerwort". 12 Strophen.[6]
Beibehaltene Binnenstrophen:
a) unverändert: Satz 7 = Strophe 8.
b) tropiert: keine.
Beibehaltene Liedzeilen:
Satz 2: Aus ihr ist kein Erlösung nicht (= Strophe 2, 8).
Satz 5: Nun aber, wenn du die Gefahr (= Strophe 5, 1).
       Die Zeit, so niemand zählen kann (= Strophe 5, 7).
Satz 6: Auf kurze Sünden dieser Welt
       (Hat er) so lange Pein bestellt (= Strophe 6, 4-5).
       Kurz ist die Zeit, der Tod geschwind (= Strophe 6, 8).
Satz 9: Pracht, Hoffahrt, Reichtum, Ehr und Geld (= Strophe 10, 2).
       Vielleicht ist (dies) der letzte Tag
       (Kein Mensch) weiß („wenn er) mag (= Strophe 9, 7-8).
Anspielungen auf den Lesungstext:
Satz 10: Ach, spiegle dich am reichen Mann ...
Sätze ohne Liedbeziehung: keine.

2. p. Trin. (18. 6. 1724)
BWV 2 „Ach Gott, vom Himmel sieh darein". 6 Strophen.
Beibehaltene Binnenstrophen: keine.
Beibehaltene Liedzeilen:
Satz 2: Sie lehren eitel falsche List (= Strophe 2, 1).
Satz 3: (Trotz dem), der uns (will) meistern (= Strophe 3, 7).
Satz 4: (Soll) sein die Kraft der Armen (= Strophe 4, 7).
       (Vgl. auch : „Die Armen sind verstört ... Ich hab ihr Flehn erhört"
       mit Strophe 4, 2 und 4).

---

[6] Die Angabe der Strophenzahl folgt ohne Einzelnachweis der mutmaßlich verwendeten Vorlage. Einzelheiten entnehme man der Kantatentextausgabe von Wustmann-Neumann sowie der einschlägigen hymnologischen Literatur (Wackernagel, Fischer-Tümpel).

Anspielungen auf den Lesungstext: keine.
Sätze ohne Liedbeziehung: keine.

    Johannis (24. 6. 1724)
      BWV 7 „Christ unser Herr zum Jordan kam". 7 Strophen.
Beibehaltene Binnenstrophen: keine.
Beibehaltene Liedzeilen:
Satz 3: Er sprach: (Dies) ist mein lieber Sohn (= Strophe 3, 5).
Anspielungen auf den Lesungstext: keine.
Sätze ohne Liedbeziehung: keine.

    3. p. Trin. (25. 6. 1724)
      BWV 135 „Ach Herr, mich armen Sünder". 6 Strophen.
Beibehaltene Binnenstrophen: keine.
Beibehaltene Liedzeilen:
Satz 2: (Ich bin sehr) krank und schwach (= 2, 2).
Satz 4: Ich bin vom Seufzen müde (= Strophe 4, 1).
Satz 5: Weicht, all ihr Übeltäter (= Strophe 5, 1).
        (Vgl. auch Satz 2: „Ach du Herr, wie so lange" mit Strophe 2, 8 und
        Satz 3: „Denn im Tod ist alles stille, da gedenkt man deiner nicht"
        mit Strophe 3, 5-6).
Anspielungen auf den Lesungstext: keine.
Sätze ohne Liedbeziehung: keine.

    Mariae Heimsuchung (2. 7. 1724)
      BWV 10 „Meine Seel erhebt den Herren". 10 Verse (Luk. 1, 46-55).
Beibehaltene Verse:
a) unverändert: Satz 5 (= Vers 9).
b) tropiert: keine.
Anspielungen auf den Lesungstext: keine.
Sätze ohne Beziehung zur Canticum-Vorlage: keine.

    5. p. Trin. (9. 7. 1724)
      BWV 93 „Wer nur den lieben Gott läßt walten". 7 Strophen.
Beibehaltene Binnenstrophen:
a) unverändert: Satz 4 = Strophe 4.
b) tropiert: Satz 2 = Strophe 2 ohne Schlußzeile.
             Satz 5 = Strophe 5.
Beibehaltene Liedzeilen:
Satz 3: Man halte nur ein wenig stille (= Strophe 3, 1).
        (Denn) unsres Gottes Gnadenwille (= Strophe 3, 3).
Satz 6: (Er) ist der rechte Wundermann (= Strophe 6, 5).
Anspielungen auf den Lesungstext:
Satz 5: Hat Petrus gleich die ganze Nacht...
Sätze ohne Liedbeziehung: keine.

    8. p. Trin. (30. 7. 1724)
      BWV 178 „Wo Gott der Herr nicht bei uns hält". 8 Strophen.
Beibehaltene Binnenstrophen:

a) unverändert: Satz 4 = Strophe 4.
b) tropiert: Satz 2 = Strophe 2.
                 Satz 5 = Strophe 5.
Beibehaltene Liedzeilen: keine.
Anspielungen auf den Lesungstext:
Satz 5: Gott wird die törichten Propheten ...
Sätze ohne Liedbeziehung: keine.

    9. p. Trin. (6. 8. 1724)
    BWV 94 „Was frag ich nach der Welt". 8 Strophen.
Beibehaltene Binnenstrophen:
a) unverändert: keine.
b) tropiert: Satz 3 = Strophe 3.
                 Satz 5 = Strophe 5.
Beibehaltene Liedzeilen:
Satz 6: Nicht hoch genug (erhöhen) (= Strophe 6, 2).
    Vgl. auch Satz 2: „Die Welt ist wie ein Rauch und Schatten" mit Strophe 2, 1 und „Darum: was frag ich nach der Welt" mit Strophe 2, 8).
Anspielungen auf den Lesungstext: keine.
Sätze ohne Liedbeziehung: keine.[7]

    10. p. Trin. (13. 8. 1724)
    BWV 101 „Nimm von uns, Herr, du treuer Gott". 7 Strophen.
Beibehaltene Binnenstrophen:
a) unverändert: keine.
b) tropiert: Satz 3 = Strophe 3.
                 Satz 5 = Strophe 5.
Beibehaltene Liedzeilen:
Satz 4: Warum willst du so zornig sein (= Strophe 4, 1).
Satz 6: Gedenk an (Jesu) bittern Tod (= Strophe 6, 1).
    Die sind ja für die ganze Welt
    Die Zahlung und das Lösegeld (= Strophe 6, 3-4).
Anspielungen auf den Lesungstext:
Satz 2: Daß wir nicht ... wie Jerusalem vergehen.
Sätze ohne Liedbeziehung: keine.

    11. p. Trin. (20. 8. 1724)
    BWV 113 „Herr Jesu Christ, du höchstes Gut". 8 Strophen.
Beibehaltene Binnenstrophen:
a) unverändert: Satz 2 = Strophe 2.
b) tropiert: Satz 4 = Strophe 4.
Beibehaltene Liedzeilen:
Satz 3: Fürwahr, wenn mir das kömmet ein (= Strophe 3, 1).
Satz 7: Ach Herr, mein Gott, vergib mirs doch (= Strophe 7, 1).

---

[7] Entgegen Wustmann-Neumann und Schering (Bach-Jahrbuch 1933, S. 67) ist Satz 7 nicht „frei hinzugedichtet", sondern eine Nachdichtung der Strophe 6, 5-8.

Anspielungen auf den Lesungstext:
Satz 6: Auf dieses Wort will ich ... wie der bußfertige Zöllner ... beten.
Sätze ohne Liedbeziehung: keine.

    13. p. Trin. (3. 9. 1724)
    BWV 33 „Allein zu dir, Herr Jesu Christ". 4 Strophen.
Beibehaltene Binnenstrophen: keine.
Beibehaltene Liedzeilen:
Satz 4: Gib mir (nur aus) Barmherzigkeit
        Den wahren Christenglauben (= Strophe 3, 1-2).
        (Vgl. auch Satz 2: „Und meine Sünd ist schwer und übergroß" mit
        Strophe 2, 1).
Anspielungen auf den Lesungstext:
Vielleicht Satz 2: ... willst du mich aus dem Gesetze fragen (vgl. Epistel).
Die Beziehung in Satz 5 (Gib daß ich ... als mich selbst den Nächsten liebe)
ist im Liedtext gegeben.
Sätze ohne Liedbeziehung: keine.

    14. p. Trin. (10. 9. 1724)
    BWV 78 „Jesu, der du meine Seele". 12 Strophen.
Beibehaltene Binnenstrophen: keine.
Beibehaltene Liedzeilen: keine.
Satz 3: Ach! ich bin ein Kind der Sünden,
        Ach! ich irre weit und breit (= Strophe 3, 1-2).
        Aber Fleisch und Blut zu zwingen
        Und das Gute zu vollbringen (= Strophe 4, 5-6).
        Rechne nicht die Missetat,
        Die dich, Herr, erzürnet hat (= Strophe 5, 7-8).
Satz 5: Dies mein Herz ... Herr Jesu Christ (= Strophe 10, 5-8).
Anspielungen auf den Lesungstext:
Satz 2: Du suchest die Kranken ...
Sätze ohne Liedbeziehung: keine.

    15. p. Trin. (17. 9. 1724)
    BWV 99 „Was Gott tut, das ist wohlgetan". 6 Strophen.
Beibehaltene Binnenstrophen: keine.
Beibehaltene Liedzeilen:
Satz 2: (Und) wird mich nicht betrügen (= Strophe 2, 2).
        Und (hat) Geduld (= Strophe 2, 6).
Satz 4: Ihm (will) ich mich ergeben (= Strophe 4, 4).
Anspielungen auf den Lesungstext:
Satz 4: Und haben alle Tage gleich ihre eigene Plage ...
Sätze ohne Liedbeziehung: keine.

    16. p. Trin. (24. 9. 1724)
    BWV 8 „Liebster Gott, wann werd ich sterben". 5 Strophen.
Beibehaltene Binnenstrophen: keine.
Beibehaltene Liedzeilen: keine.

Anspielungen auf den Lesungstext:
Vielleicht Satz 4: Mich rufet mein Jesus ...
Sätze ohne Liedbeziehung: keine.

Michaelis (29. 9. 1724)
BWV 130 „Herr Gott, dich loben alle wir". 12 Strophen.
Beibehaltene Binnenstrophen: keine.
Beibehaltene Liedzeilen:
Satz 2: Daß sie, Herr Christe um dich sein
Und um dein armes Häufelein (= Strophe 3, 3-4).
Anspielungen auf den Lesungstext: keine.
Sätze ohne Liedbeziehung: keine.

17. p. Trin. (1. 10. 1724)
BWV 114 „Ach lieben Christen, seid getrost". 6 Strophen.
Beibehaltene Binnenstrophen:
a) unverändert: Satz 4 = Strophe 3.
b) tropiert: keine.
Beibehaltene Liedzeilen: keine.
(Vgl. jedoch Satz 5: „Es muß ja so einmal gestorben sein" mit Strophe 4, 3).
Anspielungen auf den Lesungstext:
Satz 3: ... diese Sündenwassersucht ...
Wie oft erhebst du dich ... daß du erniedrigt werden mußt.
Sätze ohne Liedbeziehung: keine (in Satz 3 jedoch nur die Schlußzeilen liedbezogen).

18. p. Trin. (8. 10. 1724)
BWV 96 „Herr Christ, der ein'ge Gottessohn". 5 Strophen.
Beibehaltene Binnenstrophen: keine.
Beibehaltene Liedzeilen:
Satz 2: Im letzten Teil der Zeit (= Strophe 2, 2).
Anspielungen auf den Lesungstext:
Satz 2: ... den David schon im Geist als seinen Herrn verehrte.
Sätze ohne Liedbeziehung:
Satz 4 nur sehr vage an Strophe 4, 1-4 angelehnt.

19. p. Trin. (15. 10. 1724)
BWV 5 „Wo soll ich fliehen hin". 11 Strophen.
Beibehaltene Binnenstrophen: keine.
Beibehaltene Liedzeilen:
Satz 4: Was ich gesündigt habe (= Strophe 5, 3).
Anspielungen auf den Lesungstext: keine.
Sätze ohne Liedbeziehung: keine.

20. p. Trin. (22. 10. 1724)
BWV 180 „Schmücke dich, o liebe Seele". 9 Strophen.
Beibehaltene Binnenstrophen:
a) unverändert: Satz 3b = Strophe 4.
b) tropiert: keine.

Beibehaltene Liedzeilen: keine.
   (Vgl. aber Satz 6: „So dich vom Himmel abgetrieben" mit Strophe 8, 2).
Anspielungen auf den Lesungstext: keine.
Sätze ohne Liedbeziehung: keine.

   21. p. Trin. (29. 10. 1724)
   BWV 38 „Aus tiefer Not schrei ich zu dir". 5 Strophen.
Beibehaltene Binnenstrophen: keine.
Beibehaltene Liedzeilen: keine.
Anspielungen auf den Lesungstext:
Satz 2: ... wo Jesu Geist und Wort nicht neue Wunder tun.
Satz 4 passim.
   (Vgl. auch das häufige Auftreten der Wörter „Trost" und „Trostwort"
   in Satz 2-5, das nur in Strophe 3 eine Entsprechung findet).
Sätze ohne Liedbeziehung: Satz 4.

   22. p. Trin. (5. 11. 1724)
   BWV 115 „Mache dich, mein Geist, bereit". 10 Strophen.
Beibehaltene Binnenstrophen: keine.
Beibehaltene Liedzeilen:
Satz 4: Bete aber auch dabei
      Mitten in dem Wachen (= Strophe 7, 1-2).
Anspielungen auf den Lesungstext:
Vielleicht Satz 2: „Es möchte die Strafe dich plötzlich (!) erwecken".
Sätze ohne Liedbeziehung: keine.

   23. p. Trin. (12. 11. 1724)
   BWV 139 „Wohl dem, der sich auf seinen Gott". 5 Strophen.
Beibehaltene Binnenstrophen: keine.
Beibehaltene Liedzeilen:
Satz 4: Da lern ich erst, daß Gott allein
      Der Menschen bester Freund muß sein (= Strophe 3, 5-6).
Anspielungen auf den Lesungstext:
Satz 3: ... da sein Mund so weisen Ausspruch tut ...
Sätze ohne Liedbeziehung: Satz 3.

   24. p. Trin. (19. 11. 1724)
   BWV 26 „Ach wie flüchtig, ach wie nichtig". 13 Strophen.
Beibehaltene Binnenstrophen: keine.
Beibehaltene Liedzeilen: keine.
Anspielungen auf den Lesungstext: keine.
Sätze ohne Liedbeziehung: keine.

   25. p. Trin. (26. 11. 1724)
   BWV 116 „Du Friedefürst, Herr Jesu Christ". 7 Strophen.
Beibehaltene Binnenstrophen: keine.
Beibehaltene Liedzeilen: keine.

Anspielungen auf den Lesungstext: keine.
Sätze ohne Liedbeziehung: keine.[8]

   1. Advent (3. 12. 1724)
BWV 62 „Nun komm, der Heiden Heiland". 8 Strophen.
Beibehaltene Binnenstrophen: keine.
Beibehaltene Liedzeilen: keine.
Anspielungen auf den Lesungstext: keine.
Sätze ohne Liedbeziehung: keine.

   1. Weihnachtstag (25. 12. 1724)
BWV 91 „Gelobet seist du, Jesu Christ". 7 Strophen.
Beibehaltene Binnenstrophen:
a) unverändert: keine.
b) tropiert: Satz 2 = Strophe 2 ohne „Kyrieleis".
Beibehaltene Liedzeilen: keine.
Anspielungen auf den Lesungstext:
Vielleicht Satz 5: ... der Engel Chor ...
Sätze ohne Liedbeziehung: keine.

   2. Weihnachtstag (26. 12. 1724)
BWV 121 „Christum wir sollen loben schon". 8 Strophen.
Beibehaltene Binnenstrophen: keine.
Beibehaltene Liedzeilen: keine.
Anspielungen auf den Lesungstext:
Satz 4: So will mein Herze ... zu deiner Krippe brünstig dringen.
Satz 5: Doch wie erblickt es dich in deiner Krippe!
Sätze ohne Liedbeziehung: keine.

   3. Weihnachtstag (27. 12. 1724)
BWV 133 „Ich freue mich in dir". 4 Strophen.
Beibehaltene Binnenstrophen: keine.
Beibehaltene Liedzeilen:
Satz 3: Der allerhöchste Gott
       (Kehrt selber) bei uns ein ...
       Wird (er) ein kleines Kind
       Und heißt mein Jesulein (= Strophe 2, 5-8).
Satz 5: Wer Jesum recht erkennt,
       Der stirbt nicht, wenn er stirbt,
       Sobald er Jesum nennt (= Strophe 3, 6-8).
Anspielungen auf den Lesungstext: keine.
Sätze ohne Liedbeziehung: keine (in Satz 5 jedoch nur die Schlußzeilen liedbezogen).

   Sonntag nach Weihnachten (31. 12. 1724)
BWV 122 „Das neugeborne Kindelein". 4 Strophen.
Beibehaltene Binnenstrophen:
a) unverändert: keine.

---

[8] Entgegen älteren Behauptungen; vgl. dazu Krit. Bericht NBA I/27, S. 93.

b) tropiert (jedoch mit unterschiedlichen Textträgern): Satz 4 = Strophe 3.
Beibehaltene Liedzeilen: keine.
Anspielungen auf den Lesungstext: keine.
Sätze ohne Liedbeziehung: Satz 5.

Neujahr (1. 1. 1725)
BWV 41 „Jesu, nun sei gepreiset". 3 Strophen.
Beibehaltene Binnenstrophen: keine.
Beibehaltene Liedzeilen:
Satz 4: Dein seligmachend Wort (= Strophe 2, 12).
      (Vgl. auch Satz 2: „Laß uns, o höchster Gott, das Jahr vollbringen"
      mit Strophe 2, 1).
Anspielungen auf den Lesungstext: keine.
Sätze ohne Liedbeziehung: keine (Nachdichtung aber sehr frei, vgl. die Kürze des Liedes).

Epiphanias (6. 1. 1725)
BWV 123 „Liebster Immanuel, Herzog der Frommen". 6 Strophen.
Beibehaltene Binnenstrophen: keine.
Beibehaltene Liedzeilen: keine.
Anspielungen auf den Lesungstext: keine.
Sätze ohne Liedbeziehung: keine.

1. p. Ep. (7. 1. 1725)
BWV 124 „Meinen Jesum laß ich nicht". 6 Strophen.
Beibehaltene Binnenstrophen: keine.
Beibehaltene Liedzeilen: keine.
      (Vgl. aber Satz 3 „Ich lasse meinen Jesum nicht" mit Strophe 3, 6).
Anspielungen auf den Lesungstext:
Satz 4: ... bei Jesu schmerzlichem Verlust.
Sätze ohne Liedbeziehung: keine.

2. p. Ep. (14. 1. 1725)
BWV 3 „Ach Gott, wie manches Herzeleid". 18 Strophen.
Beibehaltene Binnenstrophen:
a) unverändert: keine.
b) tropiert: Satz 2 = Strophe 2.
Beibehaltene Liedzeilen:
Satz 5: Es dient zum Besten allezeit (= Strophe 16, 4).
Anspielungen auf den Lesungstext:
Vielleicht Satz 2: Drum schmecke doch ...
Sätze ohne Liedbeziehung: keine.

3. p. Ep. (21. 1. 1725)
BWV 111 „Was mein Gott will, das gscheh allzeit". 4 Strophen.
Beibehaltene Binnenstrophen: keine.
Beibehaltene Liedzeilen:
Satz 2: Gott ist (dein) Trost und Zuversicht (= Strophe 2, 1).
Anspielungen auf den Lesungstext:

Satz 3: ... im gläubigen Vertrauen ...
Satz 5: so hilf, damit in dir mein Glaube siegt.
Sätze ohne Liedbeziehung: keine.

Septuagesimae (28. 1. 1725)
BWV 92 „Ich hab in Gottes Herz und Sinn". 12 Strophen.
Beibehaltene Binnenstrophen:
a) unverändert: Satz 4 = Strophe 5.
               Satz 7 = Strophe 10.
b) tropiert: Satz 2 = Strophe 2.
Beibehaltene Liedzeilen: keine.
Anspielungen auf den Lesungstext: keine.
Sätze ohne Liedbeziehung: keine; jedoch z. T. sehr freie Anlehnung; Strophen 3, 7 nicht berücksichtigt.

Mariae Reinigung (2. 2. 1725)
BWV 125 „Mit Fried und Freud ich fahr dahin". 4 Strophen.
Beibehaltene Binnenstrophen:
a) unverändert: keine.
b) tropiert: Satz 3 = Strophe 2.
Beibehaltene Liedzeilen: keine.
Anspielungen auf den Lesungstext:
Satz 2: Ich will ... nach dir, mein treuer Heiland sehn.
Sätze ohne Liedbeziehung: Satz 2.

Sexagesimae (4. 2. 1725)
BWV 126 „Erhalt uns, Herr, bei deinem Wort". 5 Strophen und Schlußchoral.
Beibehaltene Binnenstrophen:
a) unverändert: keine.
b) tropiert: Satz 3 = Strophe 3.
Beibehaltene Liedzeilen: keine.
Anspielungen auf den Lesungstext: keine.
Sätze ohne Liedbeziehung: keine.

Estomihi (11. 2. 1725)
BWV 127 „Herr Jesu Christ, wahr' Mensch und Gott". 8 Strophen.
Beibehaltene Binnenstrophen: keine.
Beibehaltene Liedzeilen:
Satz 4b: Fürwahr, fürwahr, euch sage ich (= Strophe 6, 1).
        (Er) wird nicht kommen ins Gericht
        Und den Tod ewig schmecken nicht (= Strophe 6, 3-4).
Anspielungen auf den Lesungstext:
Satz 2: ... Jesus ... der mit Geduld zu seinem Leiden geht ...
Sätze ohne Liedbeziehung: keine.

Mariae Verkündigung (25. 3. 1725)
BWV 1 „Wie schön leuchtet der Morgenstern". 7 Strophen.
Beibehaltene Binnenstrophen: keine.
Beibehaltene Liedzeilen: keine.

Anspielungen auf den Lesungstext:
Satz 2: ... das Gabriel mit Freuden dort in Bethlehem verheißen.
Sätze ohne Liedbeziehung: keine.

6. p. Trin. (um 1732/1735)
BWV 9 „Es ist das Heil uns kommen her". 12 Strophen (Strophe 13-14 unbenutzt).
Beibehaltene Binnenstrophen: keine.
Beibehaltene Liedzeilen:
Satz 5: (Und seines) Vaters Zorn gestillt (= Strophe 5, 6).
Anspielungen auf den Lesungstext: keine.
Sätze ohne Liedbeziehung: keine.

4. p. Ep. (30. 1. 1735)
BWV 14 „Wär Gott nicht mit uns diese Zeit". 3 Strophen.
Beibehaltene Binnenstrophen: keine.
Beibehaltene Liedzeilen: keine.
(Vgl. jedoch Satz 3: „So zornig ist auf uns ihr Sinn" mit Strophe 2, 1).
Anspielungen auf den Lesungstext:
Satz 4: Wenn sie sich als wilde Wellen ... (vgl. aber Strophe 2, 5-6).
Sätze ohne Liedbeziehung: Satz 2 und 4 nur lose an Strophe 2 (der Satz 3 folgt) angelehnt.

Wenn wir versuchen, aus dieser Übersicht Erkenntnisse über die Arbeitsweise der Dichter bei der Umarbeitung zu gewinnen, so ist vorweg festzustellen, daß nicht jedes Lied gleiche Voraussetzungen schafft. Das Beibehalten von Strophen oder auch nur Liedzeilen fällt am leichtesten, wo die Strophenzahl annähernd der Zahl der Kantatensätze entspricht. Wo der Textredaktor jedoch wenige Strophen „strecken" oder allzuviele Strophen raffen muß, da würde sich das Verhältnis noch ungünstiger gestalten, würde er eine Liedstrophe mit einem Kantatensatz gleichsetzen. Tatsächlich werden daher ganze Strophen nur selten übernommen, wo die Gesamtstrophenzahl vier nicht übersteigt[9] oder wo sie zehn und mehr beträgt.[10] Um so bemerkenswerter ist es, wenn Strophen trotz auffallender Kürze[11] oder Länge[12] eines Liedes im Wortlaut beibehalten werden. Auch ließe sich das Argument umkehren: Ein Dichter, der bemüht ist, Strophen wörtlich zu übernehmen, könnte extrem kurze und lange Lieder vermeiden (sofern er nicht durch einen festgelegten Liedplan gebunden war).

Auch bezüglich der Anspielungen auf den Lesungstext sind die Voraussetzungen nicht überall gleich. Ein Lied wie BWV 91 bedarf keiner Interpolationen, um seine Beziehung zum 1. Weihnachtstag erkennen zu lassen, während andererseits ein Lied wie BWV 7, das die Taufe Christi erzählt (die *nicht* das Thema der Johannistags-Lesung ist!), den Gang der Nachdichtung nur schwer durch einen Hinweis etwa auf die Geburt des Johannes oder den Lobgesang des Zacharias (diese bilden die Evangelienlesung) unterbrechen kann. Wo aber die Lesung durch ein Lied ähnlichen Inhalts paraphrasiert wird — z. B. in BWV

---

[9] Vgl. BWV 33, 133, 41, 111.
[10] Vgl. BWV 78, 130, 5, 115, 26, 9.
[11] Vgl. BWV 122, 125.
[12] Vgl. BWV 20, 3, 92.

93 —, da liegt es nahe, und ist es nicht schwer für den Dichter, die Beziehung nun auch expressis verbis durch eine lesungsbezogene Interpolation herzustellen.

Endlich erweist sich auch das Einfügen nicht liedbezogener Sätze als abhängig vom gewählten Lied, da eine geringe Zahl der Liedstrophen oft nicht als Vorlage für alle Kantatensätze ausreicht, während es bei einer hohen Strophenzahl kaum möglich ist, auch noch liedfreie Textabschnitte einzufügen.

Doch selbst, wenn man dies berücksichtigt, so zeigt sich, daß eine Auswertung unserer Kriterien nur sehr annähernd zu ähnlichen Gruppen führt, wie sie Streck nach germanistischen Gesichtspunkten entwickelt hat. Ja, es ergeben sich überhaupt keine scharf voneinander abzugrenzenden Gruppen, wenngleich der Gegensatz zwischen den Extremen offensichtlich ist. Verallgemeinernd kann gesagt werden, daß die Liedbeziehung zu Beginn besonders eng ist, um dann vom 13. p. Trin. an merklich nachzulassen. Ein Tiefpunkt wird um das Jahresende erreicht und bis zum Auslaufen des Jahrgangs beibehalten, jedoch mit Unterbrechung durch die Kantaten zum 1. und 3. Weihnachtstag, zum Sonntag nach Weihnachten, 2. p. Ep., Septuagesimae, Mariae Reinigung und Sexagesimae. Aber nicht nur die Liedbeziehung, auch die Anspielungen auf die Lesungen des Tages verringern sich im Laufe des Jahrgangs: aufs Ganze gesehen, werden die Kantatentexte zunehmend selbständiger.

Nun könnte die Verselbständigung ja durchaus auch die Entwicklung eines einzigen Dichters widerspiegeln, der es allmählich leid wird, immer nur am vorgegebenen Liedtext entlang zu dichten; doch mahnen jene obenerwähnten Unterbrechungen zur Vorsicht. Wir wagen daher doch mit einigem Vorbehalt bestimmte Gruppen voneinander zu trennen, wenngleich die Zuordnung bei einer Reihe von Werken problematisch oder undurchführbar bleibt.[13]

Den Kern einer solchen Gruppe bildet BWV 93 mit einer extrem starken Lied- und De-temporebindung: drei von fünf Binnenstrophen kehren wörtlich wieder, dazu drei einzelne Zeilen aus den beiden übrigen Binnenstrophen. Die Tropussätze 2 und 5 gruppieren sich um den zentralen Satz 4, der zugleich Liedstrophe 4 ist; Satz 5 stellt zudem die gedankliche Bindung zum Sonntagsevangelium her. Kein Satz ist ohne Liedbeziehung.

Als Zwillingswerk hierzu stellt sich die in zeitlicher Nachbarschaft[14] entstandene Kantate 178 dar, der nur die einzeln beibehaltenen Liedzeilen fehlen; sonst ist die Disposition gleich. Von den drei folgenden Kantaten fehlt in BWV 94 und 101 die unverändert beibehaltene Strophe, in BWV 94 zudem die De-tempore-Anspielung, während BWV 113 nur einen einzigen Tropussatz enthält; im übrigen ist auch hier noch die Nähe zum Vorbild BWV 93 evident. Dann allerdings beginnt mit BWV 33 eine Serie, der beibehaltene Binnenstrophen völlig fehlen.

---

[13] Zum Folgenden vgl. auch die Darlegungen von Kurt Gudewill, Über Formen und Texte der Kirchenkantaten Johann Sebastian Bachs, in: Festschrift Friedrich Blume zum 70. Geburtstag, Kassel 1963, S. 162—175.

[14] Zwei Sonntage liegen dazwischen mit einer nicht identifizierbaren Aufführung zum 6. p. Trin. und einem nichtmadrigalischen Liedtext zum 7. p. Trin. (BWV 107).

Leichter als diese Abgrenzung der mit BWV 33 einsetzenden „mittleren Gruppen" ist jedoch die Definition des anderen Extrems gegenüber der Gruppe BWV 93, nämlich derjenigen Kantaten, die *keinerlei* Liedzitate in ihren Binnenstrophen aufweisen. Sie lassen sich noch danach befragen, ob sie De-tempore-Anspielungen enthalten — zu ihnen gehören BWV 8(?), 38, 121, 124, 14 — oder ob ihnen auch diese fehlen: BWV 26, 116, 62, 123. Besonders bei der zweiten Gruppe fällt wiederum ihre zeitliche Nachbarschaft auf.

Endlich ließe sich auch noch fragen, welche Kantaten in einem Satz auf die Liedbeziehung verzichten, um in ihm eine Anspielung auf den Lesungstext einzufügen. Dies geschieht in BWV 38, 139, 125 und 14. Ob diese als „Gruppe" anzusehen sind, bleibt freilich zweifelhaft.

Gewiß lassen sich auch noch andere Gruppen bilden, etwa durch Zusammenfassung aller Texte, die eine Binnenstrophe unverändert — BWV 10, 93, 178, 113, 114, 180, 92 — oder tropiert — BWV 93, 178, 94, 101, 113, 91, 122, 3, 92, 125, 126 — beibehalten; aber selbstverständlich eignen sich solche Kriterien, berücksichtigt man das oben zur unterschiedlichen Länge der Lieder Gesagte, nur sehr bedingt als Ordnungsprinzip zur Ermittlung verschiedener Dichter.

Vergleicht man nun die Gruppen Strecks mit den von uns gebildeten, so ergibt sich, wie erwähnt, keine volle Übereinstimmung. Dennoch läßt sich eine gewisse, annähernde Zuordnung treffen: Der eng an der Liedvorlage orientierten Kantatengruppe entsprechen Strecks Gruppen 5 und (mit Einschränkung) 2, der dieser Vorlage fernerstehenden Gruppe dagegen Strecks Gruppen 1 und (mit Einschränkung) 3 und 4. Ob sich durch unsere Betrachtung gewisse Korrekturen an Strecks Einteilung nahelegen, möge hier unbeantwortet bleiben; zu denken wäre etwa an eine Zuordnung von BWV 101, 113 zu Strecks Gruppe 5 statt 2 — oder umgekehrt: von BWV 93, 178, 94 zu Gruppe 2 statt 5 —, ferner der nicht genannten Kantate 14 zu Gruppe 4; auch wäre zu fragen, ob Gruppe 4 wirklich geeignet ist, so frei gedichtete Kantaten wie BWV 130, 139, 116, 121, 133, 41, 123, 111 mit solchen, die Tropussätze enthalten, wie BWV 91, 122, 3, 125, in einer einzigen Gruppe zusammenzufassen. Hier müssen künftige Untersuchungen weiterhelfen.

Christoph Trautmann

Ansätze zu ideell-ideologischen Problemen um Johann Sebastian Bach

I

Im Schaffen Bachs hat die „Gottesgelahrtheit" die Priorität vor der „Weltweisheit". Die Entgegnung Johann Adolph Scheibes im „Critischen Musicus"[1] auf Johann Abraham Birnbaums Verteidigung Bachs[2] gegen dessen Angriffe deckte erst die wahren Hintergründe der damaligen Meinungsverschiedenheiten auf:

Wie kann derjenige ganz ohne Tadel in seinen musicalischen Arbeiten seyn, welcher sich durch die Weltweisheit nicht fähig gemacht hat, die Kräfte der Natur und Vernunft zu untersuchen und zu kennen? Wie will derjenige alle Vortheile erreichen, die zur Erlangung des guten Geschmacks gehören, welcher sich am wenigsten um critische Anmerkungen, Untersuchungen und um die Regeln bekümmert hat, die aus der Redekunst und Dichtkunst in der Music doch so nothwendig sind, daß man auch ohne dieselben unmöglich rührend und ausdrückend setzen kan; ...

Es ging also nicht nur um musikalische Qualitätsfragen an sich, sondern Bach wurde mangelnde (moderne) „Weltweisheit" vorgeworfen. Wenn auch nicht ausdrücklich gesagt, so wird Bach zu tiefe Verwurzelung in der „Gottesgelahrtheit" angelastet, die lästig zu werden begann. Unter den Begriffen „schwülstig" und „verworren" wird gerügt, was wir heute als positiv-tiefsinnig immer mehr zu erkennen trachten.

Bachs Bibliothek gibt uns einen neuen Einblick in seine geistige Welt, ja gestattet uns einen neuen dokumentarisch belegten Einblick in seine tiefsinnige Arbeitsweise am musikalischen Kunstwerk: Die Neue Bach-Ausgabe greift zur Textkritik mangels einer anderen Quelle bis jetzt öfter auf eine Bibelausgabe zurück,[3] von der nicht belegt ist, ob Bach sie tatsächlich in Händen gehabt und benutzt hat. Wir sind nun aber in der Lage, auf eine Bibelausgabe Bezug zu nehmen, die aus Bachs persönlicher Bibliothek stammt.[4] Stellt man nun den

---

[1] Leipzig 1737 und 1745, neuestens abgedruckt in „Bach-Dokumente II: Fremdschriftliche und gedruckte Dokumente zur Lebensgeschichte Johann Sebastian Bachs 1685—1750". Kassel und Leipzig 1969, S. 316, Abs. 3.

[2] abgedruckt in „Bach-Dokumente II" aaO., S. 296 ff.

[3] „BIBLIA, / Das ist: / Die gantze / Heilige Schrifft, / ... Mit Königl. Polnischen und ChurFürstl. Sächsis. allergnädigstem PRIVILEGIO. / Nürnberg / ... Anno MDCCXX. (vgl. Neue Bach-Ausgabe - NBA, Serie III, Band 1, Kritischer Bericht. Kassel und Leipzig 1967, S. 45).

[4] Vgl. Chr. Trautmann, „Calovii Schrifften. 3. Bände." aus Johann Sebastian Bachs Nachlaß und ihre Bedeutung für das Bild des lutherischen Kantors Bach; in: Musik und Kirche 39, 1969, S. 145—160 (auch als Sonderdruck erschienen) und Chr. Trautmann, EX LIBRIS BACHIANIS - Eine Kantate Johann Sebastian Bachs im Spiegel seiner Biblio-

Versuch[5] an, einen Bibeltext, den Bach vertont hat, den beiden Bibeln gegenüberzustellen, ergibt sich folgendes Bild:

Nürnberg 1720	Bach-Vertonung	Calov-Bibel
Psalm 149	Psalm 149	Psalm 149
1. Halleluja. Singet dem HErrn ein neues Lied / die Gemeine der Heiligen soll Ihn loben.	1. Singet dem Herrn ein neues Lied die Gemeine der Heiligen sollen ihn loben.	1. HAllelujah. Singet dem HERRN ein neues Lied / die Gemeine der Heiligen sol ihn loben.
2. Israel freue sich deß / der ihn gemacht hat / die Kinder Zion seyen frölich über ihrem König.	2. Israel freue sich deß der ihn gemacht hat die Kinder Zion *seyn* (sind) frölich über ihrem *Könige*.	2. Israel freue sich / denn der ihn gemacht hat / die Kinder Zion *seyn* frölich über ihrem *Könige*.
3. Sie sollen loben seinen Namen *im* Reigen / mit Paucken und Harfen sollen sie Ihm spielen.	3. Sie sollen loben seinen Nahmen *im* Reyen mit Pauken und mit Harffen sollen sie ihm spielen.	3. Sie sollen loben seinen Namen mit Reigen mit Paucken / und Harffen / sollen sie ihm spielen.
Psalm 150	Psalm 150	Psalm 150
2. Lobet Ihn in seinen Thaten / lobet Ihn in seiner großen Herrlichkeit!	2. Lobe(t) den Herrn in seinen Thaten lobet ihn in seiner großen *Herrligkeit*.	2. Lobet ihn in seinen Thaten lobet ihn in seiner großen *Herrligkeit*.
6. Alles / was Odem hat / lobe den HErrn / Halleluja!	6. Alles was Odem hat lobe den Herrn, Halleluja!	6. Alles was Othem hat / lobe den HErrn / Hallelujah.

Ohne weiteres ist die Verwandtschaft zwischen dem von Bach verwendeten Text und dem der Calov-Bibel näher als zu der in der Neuen Bachausgabe benutzten Quelle. Daß Bach allein „Gemeine" als Plural auffaßt, Calov fälschlich „denn der ihn gemacht hat" druckt und Bach französierend „Reyen" schreibt, steht der näheren Beziehung der beiden Texte nicht entgegen. Allein „mit" gegen „im" Reigen kann die nähere Verwandtschaft auch nicht zerstören, denn Bach hat sicherlich „Reyen" mehr im Sinne des Reigen-Tanzes (räumlich) aufgefaßt als Calov. Die nähere Textverwandtschaft würde aber noch nicht alles sagen, käme nicht Calovs Erläuterung zu Psalm 149, V. 3, hinzu, die mit dem Text zusammen folgendermaßen aussieht:

v. 3. Sie sollen loben seinen Namen mit Reigen   (S. Ps. XXCVII. 7. Ps. LXIIX. 26. daß es also in Zusammenkunfften geschehe in ordentlichen Reigen / 2. Mos. XV. 20. 2. Sam. VI. 14.) mit Paucken . . . .

Dem Sinngehalt von „ordentlichen Reigen" in genanntem 2. Buch Mose 15, 20, nachzugehen, ist Bach offenbar wichtig gewesen; er konnte dort in Calovs Erläuterung zum Begriff „Reigen" lesen:

---

thek. Katalog einer internationalen Ausstellung zum 44. Deutschen Bachfest der Neuen Bachgesellschaft vom 25. bis 30. Juni 1969 in Heidelberg. Zürich 1969, S. 1 (Abdruck des Verzeichnisses der Bibliothek Bachs) und S. 3.

[5] Die Anregung zu dieser Studie verdankt der Verfasser einem Briefwechsel mit Herrn Prof. Alfred Mann, Westfield, N. J. (USA).

(Welche Reigen GOtt ihrem Erlöser zu Ehren angestellet worden von Mirjam als einer Prophetin / wie auch der König und Prophet David vor der Lade des Bundes offentlich getantzet / und wieder die Spötterin Michal solches vertheidiget hat 2. Sam. VI. 14. Besiehe auch 1. Sam. XIIX. 7. Psalm LXIIX. 26. Es haben aber hier Mirjam und die anderen Israelitischen Weiber nicht ein neues Lied angestimmet und gesungen / sondern was Moses mit den Israelitischen Männern ihnen vorgesungen / gleich als einen Echo nachgesungen / wie aus ihrem Responsorio im Anfang des Dancklieds zu sehen; und muß eine gewaltige Weise / und mächtiger Schall und Wiederschall von diesen zweyen Choren gewesen seyn / da so viel hunderttausend Männer / und nicht minder an der Zahl Weiber und Kinder zusammen gesetzt / und gesungen haben. Wird auch wol nicht leicht jemals ein solcher starcker Freuden-Gesang erschollen seyn / auft Erden / ohne von den Engeln GOttes bey der Geburth Meßiae unsers Heylandes Luc. II. 13.)

und schreibt an den Rand:

NB.
Erstes Vorspiel,
auf 2 Chören
zur Ehre Gottes
zu musiciren.

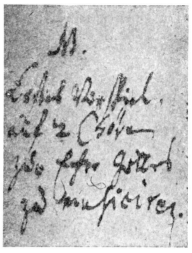

Diese Randbemerkung trifft den musikalischen Aufbau der Motette „Singet dem Herrn ein neues Lied" (BWV 225) im Kern, ist das erste Vorspiel (Vers 1a, die erste Antiphonal-Zeile) der Motette doch echte (simultane) Zweichörigkeit im höchsten musikalischen Sinne.

Dieses Bibel-Quellenstudium Bachs ist von solch bezwingender Kraft, daß man geneigt ist, bei der Motette „Singet dem Herrn ein neues Lied" noch zu verweilen. Die simultane Zweichörigkeit taucht nur noch einmal zu Psalm 149, V. 2a, der textlichen Begründung für die Eingangszeile (Vers 1a) wieder auf. In den übrigen musikalischen Stücken findet man (nur) alternierende Zweichörigkeit und in der Schlußfuge die zwar steigernde, aber musikalisch an sich nicht höherwertige Unisono-Doppelchörigkeit. Der von Bach in der Original-Partitur nach Choral/Aria angebrachte eigenhändige Vermerk „Der 2. Versus ist wie der erste, nur daß die Chöre ümwechsern, und das 1ste Chor den Choral + das 2de die Aria singe" wird in der Praxis allgemein unbeachtet gelassen, nur weil die Stimmen ihn nicht berücksichtigen. Dieser Meinung Vorschub zu leisten,[6] ist gewagt, denn Bach hatte in der Calov-Erläuterung von „Schall und Wiederschall gleich als in einem Echo" und von „keinem neuen Lied... sondern was

---

[6] Vgl. NBA, Serie III, Band 1, Kritischer Bericht, aaO. S. 49.

Moses ihnen vorgesungen" lesen können und hier sicherlich neben 8 und 4+4 sowie 4 = 4[7] auch noch an (4+4) : (4+4) = 8 : 8 Stimmen (schließt man die Wiederholung organisch ein) im Mittelteil des Werkes gedacht, was den Begriff „Reigen" quadrillehaft, d. h. räumlich-bewegt ausdrückt.

Schwierig wird nun allerdings die Frage der Datierung von BWV 225. Kaum dürfte Bach schon vor 1733 (s. u.) mit einem anderen Exemplar der Calov-Bibel an diesem Text gearbeitet und dann später diesen Zusammenhang in sein eigenes Exemplar nachgetragen haben. Durch die Calov-Bibel ergibt sich als terminus ante quem non das Jahr 1733, in welchem Bach diese Bibelausgabe in seinen Besitz genommen hat. Der Kritische Bericht datiert das Werk aufgrund der Wasserzeichen und Schreiber, aber ohne dokumentarischen Beleg, in das Jahr 1727, allerdings mit der Einschränkung (im Bach-Jahrbuch) „solange keine gewichtigeren Argumente dagegen ins Feld geführt werden".[8] Ohne Quellen nach möglichen Terminen für die Verwendung der Motette „Singet dem Herrn" zu suchen, was schon Arnold Schering für 1746 versuchte,[9] wird nicht zum Ziel führen. Erst die Bestimmung eines späteren Aufenthaltes von Johann Andreas Kuhnau, dem Hauptschreiber des Stimmensatzes,[10] in den Jahren nach 1733 in Leipzig, etwa zum Begräbnis (!) von Sabine Elisabeth Kuhnau, der Witwe seines Onkels Johann Kuhnau im Jahre 1743 oder zu einem anderen Zeitpunkt, könnte Licht in diese Frage tragen. So weitgehende Beschäftigung Bachs mit dem Sinngehalt der Bibel fußt jedenfalls in seinem Christ-Sein oder — in der Sprache seiner Zeit ausgedrückt — in seinem Willen zur „Gottesgelahrtheit".

Welche Autorität die Schrift überhaupt als Ordnungsfunktion über Bachs Leben hatte — wo seine „Gottesgelahrtheit" wurzelt —, beweist dokumentarisch ein anderer Satz, den Bach zu 1. Chronik 28, 21 (Ordnung der Priester und Leviten zu allen Ämtern im Hause Gottes) in die Calov-Bibel eingetragen hat:

NB. Ein herrlicher Beweiß, daß neben anderen Anstalten des Gottesdienstes besonders auch die Musica von Gottes Geist durch David mit angeordnet worden.

Die Abbildung dieser handschriftlichen Eintragung Bachs findet sich auf dem Schutzumschlag unserer Festschrift; sie soll diese Festschrift in den jedes Christenleben und seine Handlungen ordnenden höheren Sinn kleiden, von dem sich auch Bach vornehmlich erfassen ließ.

II

Bach war kein Universalgeist, sondern eher ein „halsstarriger" Lutheraner. Er war zwar ein universelles Genie: Er beherrschte die Musik bis in die Grenzbereiche von Akustik, Instrumentenbau, Mathematik, Rhetorik, Sprache, Gra-

---

[7] Vgl. Chr. Wolff, Bachs doppelchörige Motetten; in: Bach-Festbuch zum 44. Deutschen Bachfest der Neuen Bachgesellschaft. Heidelberg 1969, S. 96 f.
[8] Vgl. Kritischer Bericht (vgl. Anm. 6) S. 54 und Bach-Jahrbuch 1961, 48. Jahrg. 1962, S. 25—34.
[9] Vgl. Bach-Jahrbuch 1933, 30. Jahrg. 1934, S. 33—36.
[10] Vgl. NBA, Serie I, Band 4, Kritischer Bericht. Leipzig und Kassel 1964, S. 16.

phik und besonders den Ideengehalt der Kirchenmusik, alles um ihr — vorausgreifend über viel unzulänglichere Definitionen späterer Zeiten — auch im Sinne „Gesamtkunstwerk" gerecht zu werden. Immer wieder sind dafür die irreführenden Begriffe „Universalgeist" und „Menschheitsgenius" mit ebenfalls unzulänglichen Erklärungen wie „Allgegenwart des Geistes" und „Allgemeingültigkeit des Genius" bemüht worden.[11] Für Bach jedoch wären all diese Prädikate nur aus der christlichen Lehre von der „Allmacht Gottes" und der lutherischen Lehre von der „Allgegenwart Gottes" unzulässigerweise auf einen Menschen implizierte Eigenschaften gewesen. Bach war nicht bemüht, als Universalgeist in weltanschaulichen Bereichen zu wirken, noch nicht einmal suchte er überkonfessionelle Wirkungen auf sein Leben oder für seine Kirchenmusik. Seine Kinder gingen im reformierten Köthen in die lutherische Schule, und nach Dresden schickte Bach die Stimmen zu „Kyrie" und „Gloria" in der lutherischen Textfassung, wäre es ihm doch ein leichtes gewesen, die geringen Abweichungen nur für die Dresdener Stimmen zu berücksichtigen.

Ganz im Gegenteil, Bach konnte in seiner Bibliothek für unsere Tage unüberbrückbare Abgründe der konfessionellen Unterschiede finden: In Dr. August Pfeiffers „Anticalvinismus" findet sich am Schluß der Satz: „Wir haben gezeiget, daß die Reformierte Lehre den Grund des Glaubens umstoße, und also verdammlich sei." Auf S. 622 hatte er lesen können: „Im übrigen wird dennoch damit nicht alle und jede Gemeinschaft mit den Reformierten untersaget sondern, was bisher erwiesen, gehet einig und allein auf die Glaubenslehre."[12] Wer böswillig wäre, könnte behaupten, der Fortschritt war schon groß, man schlug den Andersgläubigen nicht mehr tot, was man für Heiden, Juden und Katholiken aus anderem zeitgenössischen Schrifttum fast noch geraten bekommt.

Bach hat aus seiner Welt heraus aber eben nie versucht, überkonfessionell fortzuwirken oder gar Weltgültigkeit in ideellen Bereichen zu erlangen. Wie weit Bach ahnte, daß er an einen entscheidenden Punkt in der Musikgeschichte gestellt war, steht hier nicht zur Diskussion. Wie viele versteckte Zeichen von Bachs orthodox-lutherischer Frömmigkeit es in seiner verschollenen Bibliothek[13] noch geben mag, läßt die Calov-Bibel zwar ahnen, aber weitere Titel

---

[11] Vgl. z. B. W. Vetter, Bachs Universalität oder H. H. Eggebrecht, Bach und Leibniz, in: Bericht über die wissenschaftliche Bachtagung 1950. Leipzig 1951, S. 131 ff. und S. 431 ff.

[12] Zit. nach H. Besch, J. S. Bach. Frömmigkeit und Glaube. Bd. 1: Deutung und Wirklichkeit. Das Bild Bachs im Wandel der deutschen Kirchen- und Geistesgeschichte. Kassel und Basel 1950², S. 9.

[13] In der Krauth-Memorial-Library in Philadelphia, PA. (USA), konnte der Verfasser ein Parallel-Exemplar der bisher nicht identifizierten Nr. 49 „Hunnii Reinigkeit der Glaubenslehre" aus Bachs Bibliotheksverzeichnis (vgl. Anm. 4) ausfindig machen, das folgenden Titel trägt:
APOSTASIA ECCLESIAE ROMANAE, oder ABFALL Der Römischen Kirchen von Der alten Apostolischen / und warhafften Christlichen Reinigkeit der heilsamen Glaubens-Lehre / Gottesdienst und Religion Aus ihrem selbst-eigenen Bekäntniß einig und allein doch deutlich erwiesen / Anfangs in . . . 1632 geschrieben von Nicolao Hunnio . . . In Lüneburg / verlegts Johann Stern, S. (1664).

gilt es erst noch zu finden: Was mag er in seine beiden Luther-Ausgaben für Randbemerkungen eingetragen haben?

Aber auch andere Zeichen gilt es noch aufzuhellen. Bach bringt z. B. in den Canonischen Veränderungen über „Vom Himmel hoch" in der freien Stimme des letzten Satzes gegen Schluß seinen Namen b-a-c-h an, aber einen Takt später (!) die Umkehrung h-c-a-b. Ebenso zeigt sein Siegel die Buchstabenfolge JSB letztlich einmal vorwärts und einmal rückwärts (BSJ) lesbar. Auch seine Bücher (vielleicht nur die geistlichen?) signiert er so, daß die Buchstabenfolge JSB durch monogrammartige Verschlingung beliebig lesbar wird. Mögen solche Dinge seinerzeit hundertmal Spielerei gewesen sein, bei Bach war es sicher Allegorie mit vollem Ideengehalt.

III

Die Wiederaufführung der Matthäus-Passion Bachs wurzelt auch im Wissen um das orthodox-lutherische Bekenntnis Bachs. Die bisherigen Darstellungen[14] des ideellen und geschichtlichen Hintergrundes der Wiederaufführung der Matthäus-Passion durch Felix Mendelssohn-Bartholdy im Jahre 1829 in Berlin gehen an verschiedenen Fakten und Zusammenhängen vorbei oder berühren sie noch nicht genügend.

Das allzu strapazierte Mendelssohn-Zitat, daß es erst eines Judenjungen und eines Komödianten bedurft hätte, den Leuten die größte christliche Musik wiederzugeben, und die allgemein bekannte aber bloße Tatsache der Taufe der Familie Mendelssohn genügen für die Aufhellung des Hintergrundes nicht.

Die Geschichtsforschung bemüht sich neuerdings in Ansätzen,[15] die damalige Zeit ernsthafter Diskussionen um Bekenntnis und Kirche schärfer und objektiver als bisher darzustellen.

Aber es bleibt einer neuen theologischen Bach-Forschung vorbehalten, deutlich zu machen, ob sich die Familie Mendelssohn überwiegend aus sozialgesellschaftlichen oder politischen Gründen oder wirklich auch aus „Kirchennähe" hat taufen lassen und ob Beziehungen zu irgendwelchen Geistlichen des damaligen Berlin neben Schleiermacher für Felix Mendelssohn-Bartholdy tragend gewesen sind.

Die Eltern Abraham und Lea Mendelssohn haben sich zwar erst 1822 in Frankfurt am Main taufen lassen, aber die Kinder Fanny, Felix, Rebekka und Paul wurden schon am 21. März (!) 1816 in der Neuen Kirche zu Berlin von Pastor Stegemann getauft.[16] Daraus folgt wenigstens, daß Felix Mendelssohn siebenjährig schon vorbereitenden Unterricht gehabt haben kann und die Taufe selbst nicht etwa in der Hof- und Domkirche, sondern an einem Wochentag

---

[14] Vgl. H. Besch, aaO. passim und M. Geck, Die Wiederentdeckung der Matthäus-Passion im 19. Jahrhundert. Die zeitgenössischen Dokumente und ihre ideengeschichtliche Deutung. Regensburg 1969 passim.

[15] Vgl. H. J. Schoeps, Die Preußische Union von 1817, Festvortrag zur 150-Jahr-Feier der EKU am 5. 11. 1967, Umdruck EKU-Kirchenkanzlei Berlin 305/67 passim.

[16] Diese Daten verdankt der Verfasser einer Mitteilung von Herrn Dr. R. Elvers, Staatsbibliothek Berlin, Mendelssohn-Archiv.

(Donnerstag) „nur" in der Neuen Kirche vollzogen worden ist. Es handelte sich also um kein spektakuläres Anliegen, sondern ein gewollter Weg zum Christentum war wohl bestimmend.

Hans Besch hatte 1935 eine Kopie der Liste [17] der Chormitglieder der Sing-Akademie aus dem Jahre 1829 zur Verfügung, deren Original inzwischen Kriegsverlust ist. Aus seiner Auswertung dieser Liste kann man aber leider keine Schlüsse auf die weitere Geistlichkeit in Mendelssohns Umkreis ziehen.

Auch ist die Umschreibung von Mendelssohns Stellung zu dogmatischen Fragen bei Hans Besch [18] mit zwei Zitaten nicht genügend erhellt. Gleichermaßen geht Martin Geck nicht weit genug, wenn er z. B. Henrich Steffens zwar im Zusammenhang mit der Breslauer Wiederaufführung erwähnt, aber dort negativ sieht. Aus Steffens Memoiren [19] ist bekannt, daß er oft im Hause Mendelssohn zu Gast war. Henrich Steffens gehörte zu den Begründern der Altlutheraner in Breslau und hat auch in Berlin hart gegen die Union gekämpft. So ist klar, daß der Kreis um Mendelssohn von den Fragen um die Erhaltung des lutherischen Bekenntnisses, dem Bekenntnis Bachs, nicht unberührt geblieben ist. Indirekt ist sogar Felix Mendelssohn-Bartholdy selbst mit Johann Gottfried Scheibel, dem Führer der Altlutheraner in Breslau, zur fraglichen Zeit in Fühlung gekommen: Theodor Mosevius, der Leiter der Breslauer Sing-Akademie, stand mit beiden (Scheibel und Mendelssohn) [20] sowie mit Schleiermacher in Briefwechsel. All diese tiefen Zusammenhänge in der Vorbereitungszeit der Wiederaufführung der Matthäus-Passion sind weithin im Dunkel, und Kriegsverluste werden ihre Erhellung sehr erschweren, aber nicht unmöglich machen. Man darf heute nicht mehr mit Begriffen des damaligen Kirchenkampfes operieren, wie dies Martin Geck noch gelegentlich tut.[21] Hans Joachim Schoeps hat deutlich gemacht, daß man damals viel mehr über die Gefahren der Union gesprochen hat, als man unter ihrer äußerlich devoten Anerkennung glauben gemacht hat.[22] Felix Mendelssohn war ein feuriger Geist und ließ sich mindestens von dem totalitären Eingriff in die Verfassung der Kirchen ereifern. Mag er auch um konfessionelle Fragen nicht offen gerungen haben — man sprach ja damals meist nicht offen gegen die Union —, gewußt hat er um die Tiefe von Bachs Bekenntnis ganz sicher, mindestens im Sinne des von Bach erstrebten Gesamtkunstwerks, das Gottes Wort zu verkünden hatte.

Heute schon behaupten zu wollen, die Wiederaufführung der Matthäus-Passion wurzele mit in einer positiven Résistance gegen die Union, lassen die Quellen vollends vielleicht noch nicht zu.

---

[17] Vgl. H. Besch, aaO. S. 61, Fußnote 3.
[18] Vgl. H. Besch, aaO. S. 60, Fußnoten 4 und 5.
[19] Vgl. H. Steffens, Was ich erlebte. 10 Bde. 2. Aufl. Breslau 1844, div.
[20] Vgl. „Briefe von Freunden Johann Gottfried Scheibels", Autographe Sammlung im Archiv des Oberkirchenkollegiums der „Ev.-luth. (altluth.) Kirche" in Breslau, Akte E - Scheibel (Kriegsverlust), zitiert nach M. Kiunke: Johann Gottfried Scheibel und sein Ringen um die Kirche der lutherischen Reformation. Theol. Diss. Erlangen 1941, S. 177.
[21] Vgl. M. Geck, aaO. S. 95 (die Breslauer Altlutheraner werden als „militant" bezeichnet).
[22] aaO. Siehe Anm. 15.

IV

Bach in unserer kirchlichen Landschaft — ist das ein Widerspruch? Geht man von der offiziellen Lehrmeinung der EKD und vom Begriff Gesamtkunstwerk, wie ihn Bach verstanden hat, aus, ergeben sich erhebliche Schwierigkeiten.

Die offizielle Lehrmeinung der EKD ist heute etwa folgende:[23]

Heute ist die Evangelische Kirche in Deutschland (EKiD, Zusammenschluß aller Landeskirchen Deutschlands lutherischen, reformierten und unierten Gepräges) Kirche, wirkliche Kirche, handlungsfähige und einheitliche Kirche. Sie steht auf gemeinsamem Fundament des Glaubens und des Bekennens. Dabei hat sich ergeben: Die Bekenntnisse der Reformation sind nicht kirchentrennend. Ihr Unterschied ist nicht größer als der der verschiedenen Theologien im Neuen Testament selbst, als der Unterschied zwischen der Theologie des Johannes von der des Paulus oder des Matthäus. In ihr, der Evangelischen Kirche in Deutschland, besteht Abendmahls- und Kanzelgemeinschaft.

Die Lehrunterschiede zwischen lutherischem und calvinistischem Dogma sind aber keineswegs aufgehoben noch etwa völlig unwesentlich geworden, und es gibt in Deutschland sogar im Raum der EKU sowohl Gemeinden, die lutherisch praktizieren als auch solche, die eindeutig reformiertes Gepräge zeigen, was ja der Gründungsidee der Union an sich auch entspricht.

Die Union ist nicht absolute Bekenntnis-Union geworden; je eher dies erkannt würde, desto eher könnte der einzelne Theologe oder Geistliche über Bach befreiter forschen und — auf unsere Tage bezogen — sprechen. Unsere kirchliche Lage ist nach allen Richtungen immer wieder neu zu durchdenken; denn wo Ökumene nicht ist, was sie nur sein kann, nämlich gemeinsames Liebespenden der Kirchen — unabhängig von Bekenntnissen, oder aber trotz oder eben *mit* den in Liebe tolerierten Bekenntnisunterschieden —, wo sie Bekenntnisse zu nivellieren beginnt, da können weder Luther noch Bach und natürlich auch Calvin nicht weiter leben. Ebenso wie in einem vereinten Europa weder die eine noch die andere Nationalsprache um ihres Wertes willen wird aufgegeben werden können, so sollte Bach nicht durch die Mitsprache anderer Theologien in unseren Tagen in seinem essentiellen Aussagewert verdeckt werden. So viel ist am reinen lutherischen Bekenntnis noch gelegen, daß es sich lohnt, Bach darunter stehen zu lassen. In einer einheitlichen Welt-Bekenntnis-Kirche, die ja wohl Traum bleiben wird, müssen Luther, Bach u. v. a. eben ihre Qualitäten verlieren. Z. B. wird den Bach-Kantaten mit ihren oft unterbewerteten Texten auf lange Sicht eine völlig neue Rolle zufallen. Diese Texte werden Luthers Bibelübersetzung in ihrer ursprünglichen Schönheit bewahren helfen, je mehr anderweitig notwendige Revisionen diese erfahren wird. Die Texte der Bach-Kantaten sind sicher auch nur deshalb oft als schlechte Dichtungen bezeichnet worden, weil wir heute in der Gefahr stehen, sie hinter dem Gipfel des goetheanischen Literaturideals sehen zu müssen.

Wie weit also die Kirche heute überhaupt noch in der Lage ist, Bach ganzheitlich zu integrieren, d. h. im täglichen Gottesdienst zu „verwenden", sei hier dahingestellt. Gewiß ist jedenfalls, daß schon das Alte Testament, von dem sich Bach für seine Auffassung von Kirchenmusik hat leiten lassen, Musik zu

---

[23] Vgl. R. Dietzfelbinger in „Christ und Welt" Nr. 22 vom 29. 5. 1964.

Gottes Lob und Ehre auch neben dem Gottesdienst, zusätzlich zum Gottesdienst oder gar als eine eigenständige Form des Dienstes an Gott, für richtig erachtet.[24]

Es lohnt sich heute, mit allem Nachdruck die von Hans Besch 1935 aufgestellte Forderung nach einem „Archiv für kirchlich-theologische Bach-Forschung"[25] zu wiederholen oder gar ein aktives „Institut für theologische Bach-Forschung" vorzuschlagen. Würden sich hieran alle Gliedkirchen der EKD als Träger beteiligen, würde die finanzielle Last tragbar sein und endlich begonnen, an Bach eine Schuld systematisch und gebührend abzutragen.

---

[24] Vgl. z. B. Ps. 92, 1 und 2.
[25] Vgl. H. Besch, aaO. S. 301—303.

Carl Eduard Herings Bautzener a-capella-Passion von 1860

Martin Geck

Was die evangelische Kirchenmusik des 19. Jahrhunderts an historisierenden Werken hervorgebracht hat, ist bisher zuwenig erschlossen, als daß man an die höchst fesselnde Aufgabe gehen könnte, eine gleichermaßen ideen- wie kompositionsgeschichtlich orientierte Gesamtdarstellung zu schreiben. Gäbe es eine solche — Carl Eduard Herings Bautzener Passion wäre in ihr gewiß unter die Rara oder Curiosa eingereiht. Hering hat nämlich eine Gattung „wiederbelebt", die es in dieser Form überhaupt nie gegeben hat: die durchkomponierte Passion in einem quasi-Falsobordone-Satz. Die Geschichte der Gattung kennt einerseits responsoriale Passionen, in denen die Turbae, gelegentlich auch die Worte des Evangelisten, im Falsobordone-Satz vom Chor vorgetragen werden. Sie kennt andererseits durchkomponierte Passionen, in denen der gesamte biblische Text, also auch der Part der Soliloquenten, mehrstimmig — indessen im echten Figuralsatz — gesungen wird. Sie kennt darüber hinaus zahlreiche Mischformen. Ein Vorbild für die Passion Herings findet sich jedoch nicht.

Diese besteht aus sechs Teilen. Jeder Teil schließt mit einem *Choral;* die Anfangszeilen dieser Choräle lauten:

Einleitung

M. Geck: C. E. Herings Bautzener Passion 247

Schluß des I. Teils

Schluß des II. Teils

Schluß des III. Teils

Schluß des IV. Teils

Im V. Teil

Schluß des V. und letzten Teils

Auf den *Choral* folgt der biblische Text nach einer Passions-Harmonie. Die Vertonung der Eingangsworte lautet:

An den Falsobordone-Satz, wie er in der evangelischen Kirchenmusik vor allem des 16. Jahrhunderts heimisch gewesen war, erinnern die gleichmäßige Deklamation und die vor allem für den Evangelistenbericht charakteristischen Akkord-Repetitionen. Nicht zum Falsobordone-Satz passen — das ist bereits aus diesem ersten Notenbeispiel ersichtlich — die zwar nicht gerade ausgreifende, aber doch verhältnismäßig lebhafte Melodiebewegung in den Partien direkter Rede sowie die von Anfang bis Ende auf moderne Reize ausgerichtete Harmonik.

Herings Passion weicht im weiteren Verlauf von dem beschriebenen Typus in einer Reihe von Einzelheiten ab. So werden die Partien des Kaiphas und des Pilatus von Männerstimmen allein gesungen. Petri Tränen werden madrigalisch ausgedeutet. An manchen Stellen ist das Prinzip eines syllabisch-homophonen Satzes zugunsten einer aufgelockerten, mehr dramatischen Diktion aufgegeben. So schildert Hering die Begegnung Jesu mit Judas in einem bewegteren Stimmgruppensatz:

Ähnlich vertont er den Bericht von der Kreuzigung:

Auch die Erregung der Natur nach dem Tod Jesu ist eher madrigalisch wiedergegeben. Schließlich ist der ganze Schlußteil mit der Grablegung in einem zwar hauptsächlich syllabischen, aber zugleich weit ausschwingenden, fließenden Satz gehalten, von dem das Vorwort sagt:

„Eine längere gleichmäßige ruhegebende Bewegung tritt erst in der letzten Scene ein, wo die Grablegung in einem längern Gesange erzählt wird, Handlung und Empfindung in einem Einigen sich verbinden."

Soweit die äußere Beschreibung der Passion. Doch wie ist Hering darauf verfallen, sie zu komponieren? — Carl Eduard Hering[1] wurde 1809 in Oschatz geboren, wo sein Vater Carl Gottlieb als Lehrer und literarisch wie kompositorisch aktiver Musikpädagoge lebte. Er studierte in Leipzig, u. a. als Schüler des Thomaskantors Theodor Schicht. 1837 bezog er als Organist des Petri-Domes und Musiklehrer des evangelischen Lehrerseminars in Bautzen seine Lebensstellung. Im Jahre darauf gründete er den nach ihm benannten Musikverein, 1876 wurde er emeritiert, drei Jahre später starb er. Hering hat Opern, Oratorien, eine Messe, Chor- und Sololieder, Orgelwerke und manches andere komponiert. 1861 ließ er eine Harmonielehre *(Buch der Harmonie)* erscheinen. Er war in Sachsen nicht unbekannt und korrespondierte mit Schumann, Mendelssohn und Spohr. Daß ihm größerer Erfolg versagt blieb, erklärt

---

[1] Literatur über Carl Eduard Hering: Eduard Bernsdorf, Neues Universal-Lexicon der Tonkunst, Bd. 2, Dresden 1857; 5. Bericht des landständischen Seminars in Bautzen, Ostern 1880; Reinhard Vollhardt, Geschichte der Cantoren und Organisten von den Städten im Königreich Sachsen, Berlin 1899, S. 18 ff. (mit ausführlichem Werkverzeichnis).

ein — vielleicht von ihm selbst inspirierter — Artikel in Eduard Bernsdorfs[2] *Neuem Universal-Lexicon der Tonkunst* von 1857 mit den Worten:

„Nur möchte man ihm nie vergessen, daß er nicht um den Beifall der Menge oder der Modemusiker buhlte, sondern einzig der Idee des Wahren und Schönen huldigte... Gründer und langjähriger Direktor eines Gesang-Vereins in seinem Wohnorte, ist er durch die Entschiedenheit, mit welcher er Aufführungen alles Mittelmäßigen entgegentrat, nicht bloß Leiter, sondern auch Bildner edlen Geschmacks gewesen, bis ihn auch auf diesem Gebiete Undank, Aufgeblasenheit und Gemeinheit trafen, welche die heilige Kunst zur Kurzweil herabwürdigen möchten."

Das klingt ein wenig forciert, dürfte aber einen wahren Kern haben. Doch auch wenn man Hering das Streben nach Ernsthaftigkeit — namentlich in der Kirchenmusik — ohne Bedenken zuspricht, verliert seine Passion nichts von ihrer Außergewöhnlichkeit. Herings Oratorien (David, Salomo, Die Heilige Nacht, Der Erlöser, Christi Leiden und Herrlichkeit), alle älter als die Passion, stehen nämlich im Zeichen Mendelssohns, lassen historische Züge kaum erkennen und verzichten selbstverständlich nicht auf Instrumentalbegleitung. Gewiß war das a-capella-Ideal um die Jahrhundertmitte in protestantischen Kreisen nicht unbekannt, und kein geringerer als Richard Wagner hat die erste Hälfte seines Dresdner Oratoriums *Das Liebesmahl der Apostel* mit — zumeist mehrchörigen — a-capella-Sätzen bestritten. Indessen sind die Wege von Carl von Winterfeld oder von Richard Wagner zu Hering gleich weit. Ob dieser in höherem Lebensalter im benachbarten Dresden Werke von Heinrich Schütz kennengelernt, ob er Winterfeld oder Schöberlein studiert hat? Jedenfalls besitzt die Sächsische Landesbibliothek Dresden die autographe Partitur[3] der Passionsmusik mit dem originalen Datum „19. bis 24. Februar 1860". Sie bewahrt ferner einen privaten Steindruck der Passion, dessen Existenz indessen neue Fragen aufwirft. Auf dem Titelblatt ist nämlich statt des Namens des Komponisten das Pseudonym „H. G. Keerin" angegeben, als Herausgeber zeichnet eine Person namens Gubert. Im Vorwort heißt es einleitend:

„Der Herausgeber hat dieser Musik die deutsche Übersetzung unterlegt, wodurch manchmal eine Teilung, manchmal eine Zusammenziehung der Akkorde nötig wurde, hat nach Erinnerung den Metronom und dynamische Zeichen, auch, um Irrung zu vermeiden, einige Bezifferungen des Basses beigefügt. Ob die Choräle entlehnt oder neu, ist ihm unbekannt."

Die erste Bemerkung muß überraschen, da bereits der autographen Partitur deutscher Text unterlegt ist. Sollte dem „Herausgeber" eine Fassung in lateinischer oder gar sorbischer Sprache — Bautzen war und ist ja ein Zentrum der Sorben — vorgelegen haben? Daß sich hinter dem „Herausgeber" der Komponist selbst verbergen könnte, wird unwahrscheinlich angesichts der oben mitgeteilten Bemerkung über die Herkunft der Choräle, die in einem solchen Falle eine grobe Irreführung darstellen müßte. Vielmehr muß man annehmen, daß der Druck erst nach Herings Tod zum Besten der Witwe erfolgt ist, die auch andere Werke ihres Mannes vertrieb.[4]

---

[2] Bd. 2, S. 385.
[3] Signatur des Autographs und des Privatdruckes: Mus 5501/D/5. Im Privatdruck fehlt der siebte, auf Ostern bezogene Teil des Autographs.
[4] Vgl. Vollhardt, aaO. S. 19 f.

Aufgeführt worden ist die Passion indessen schon zu Lebzeiten Herings, wenn nicht schon im Entstehungsjahr 1860, so jedenfalls 1874. In das Autograph ist nämlich eine mit Bleistift auf 1874 datierte Zeitungsnotiz eingeklebt, durch die eine Aufführung angekündigt wird. Danach sollte die Passion am Gründonnerstag, abends um 6 Uhr, vom Gesangverein im Saal der Domschule aufgeführt werden. Dieselbe Ankündigung enthält auch eine kurze Einführung in das Werk:

„Diese Musik ist sehr ernst und viel abweichend von der gebräuchlichen Form. Der Chor hat, außer mehreren Chorälen, in deklamatorisch-psalmodischer Weise die Erzählung des Evangelisten vorzutragen, und ändert diese Weise nur in der Schilderung des Erdbebens und bei der Grablegung, wo die Erzählung in einen melodischen Trauergesang aufgenommen ist. Arien, Duette, Recitative fehlen; hingegen werden durch ein Quartett die Worte Jesu harmonisch hervorgehoben. Es liegt demnach, wenn auch eine rhythmisch und harmonisch reiche, doch keine dramatisch abwechselnde Gestalt vor."

Ein Vergleich dieser einführenden Worte mit den „Bemerkungen des Verfassers", die der Herausgeber Gubert dem privaten Steindruck vorangestellt hat, lehrt, daß der eine Text vom anderen oder beide Texte von einer gemeinsamen Vorlage abhängig sind. Dabei erscheint es als das Wahrscheinlichere, daß Gubert nach dem Tode Herings dessen Aufzeichnungen oder aber den Zeitungsausschnitt, der in das Autograph eingeklebt ist, zu Rate gezogen hat.

Schon Gubert, der die Passion offenbar gehört oder selbst mitgesungen hat, konnte keine Angaben über die Herkunft der Lied-Texte machen. Meiner Meinung nach handelt es sich um geistliche Dichtung des 19. Jahrhunderts; ihren Autor habe ich indessen bisher nicht ermitteln können.

Einige stilkritische Beobachtungen mögen diesen Beitrag abschließen. So historisch sich Herings Passion der Gattung nach gibt, so modern klingt sie aufgrund der Harmonik. Gewiß absichtsvoll läßt der Komponist zwei entfernte Ebenen sich treffen: die seiner Zeit ferngerückte Ebene liturgisch-usueller Text-Interpretation, die aus der Distanz Züge von archaisch-geheimnisvoller, lapidarer Größe annimmt, und die zeitnahe Ebene gefühliger, doch trotz der mitkomponierten Intensität trügerischer Selbst-Interpretation. Wenn Hering in seiner von Gubert mitgeteilten Einführung akzentuiert hervorhebt: „Diese Musik ist nur für christlich-religiöse Sänger und Hörer, Andersgesinnte mögen ihr fernbleiben; Ort der Aufführung sei zunächst die Kirche", so leitet ihn gewiß subjektiv ehrliches Sendungsbewußtsein. In der Heraufbeschwörung des Alten glaubt er den Quell unverfälschter Frömmigkeit wiedergefunden zu haben; in der üppigen harmonischen Aufbereitung fühlt er sich als Hermeneut, der seinen Zeitgenossen zuliebe den Eindruck des allzu Kargen und Fremdartigen mildert und die vermeintliche Substanz auf angenehme Weise verfügbar macht. Auf diese Weise erscheint die Komposition gelehrt und sinnenfreudig, streng und reizvoll, geistlich und weltlich zugleich. Hering, der sich vielleicht nicht zu Unrecht von seinen seichtem Modegeschmack verfallenen Zeitgenossen verkannt wähnt, erfüllt gleichwohl die Wünsche der Minderheit unter diesen Zeitgenossen auf das treffendste: zu einer charakterfesten Elite gezählt zu werden und weltliche Genüsse dennoch verstohlen mitgeliefert zu erhalten.

Freilich hindert dieses Selbstverständnis die Ausprägung einer charakteristischen Werk-Physiognomie, wofür die Voraussetzungen ohnehin ungünstig sind. Denn allzubestimmend wird letztlich eine im Ganzen der Komposition funktionslose Reizharmonik. Hering, selbst Verfasser einer Harmonielehre, scheint es geradezu darauf abgesehen zu haben, durch Akkordumkehrungen, dissonante Akkorde, überraschende Modulationen oder Umdeutungen Eindruck zu machen; dabei läßt sich sein Vorgehen rasch auf einige „Handgriffe" zurückführen. Nicht alle Klänge sind freilich mit Hilfe der Harmonielehre oder Funktionstheorie ausgeklügelt; manche unter ihnen scheinen eher dem Repertoire des an der Orgel experimentierenden oder improvisierenden Organisten zu entstammen. Charakteristisch gerade in dieser Beziehung sind etwa die Schlußtakte der Komposition, angesichts derer die Assoziation „Fernwerk" auftaucht:

Auch durchlaufende Dissonanzen über einem ausgehaltenen Grundton erinnern an organistische Praxis.

Alte Form, neue Harmonik, keine Substanz — so lautet das Urteil über ein geistes- und musikgeschichtlich interessantes, musikalisch indessen belangloses Werk. Auf das gewiß gut gemeinte und mit großem Ernst betriebene Unternehmen Herings trifft ein Terminus seines Zeitgenossen Karl Marx zu: Entfremdung. Seinem kirchenmusikalischen Handwerk entfremdet, ohne die Kraft zu einem genialen Neuansatz zu haben, tradierter Frömmigkeit entfremdet, ohne es einzugestehen, schafft der Komponist aus musikalischen Versatzstücken ein Werk, das Identifizierung auf keiner seiner Ebenen zuläßt.

Hans Klotz

Die Pfeifenmensuren der Alkmaarer Orgel Johanns von Koblenz von 1511

In der Kunst der Mensurierung hatte das 15. Jahrhundert die alte Steilmensur durch die fortan als Vorbild geltende Form der Prinzipalmensur abgelöst. Die heute noch in der Grote Kerk St. Laurentius zu Alkmaar stehende Orgel Johanns von Koblenz von 1511 bezeugt weitere enorme Neuerungen in der Mensurationskunst: Meister Johann kennt neben der Oktavproportion 1 : 2 auch diejenigen von 2 : 3, 3 : 4 und 3 : 5, und neben den großen und kleinen positiven Stegen arbeitet er auch mit dem negativen und mit dem Nullsteg, welch letzterer ja erst durch die neuen Oktavproportionen ermöglicht war. Sehen wir uns die Mensuren der erhaltenen Register seiner Alkmaarer Orgel nun näher an:[1]

Mensuren des Hauptwerks der Orgel zu Alkmaar/Grote Kerk, erbaut 1511 von Johann von Koblenz/Amsterdam, für Durchmesser, Labienbreite und Aufschnitthöhe, in Millimetern

	F			c'			a^2		
Dove 6'	111	84	25	51	37	11	18	14	5
Koppeldove 3'	66	57	14	26	20	8	12	9	4
Mixtuur 1½'	36	30	10	16	12	5	6	4,5	1,5
Holpijp 6'	124	111	26	64	54	14	25	20	7
Baarfluit 3'	86/30	46	20	46/26	26	11	24/14	14	4
Gemshoorn 1½'	58	32	12	28	17	6	13	11	2,5

Die Holpijp ist als Rohrflöte gebaut, die Baarpijp ist konisch offen und das Gemshorn zylindrisch offen.

Doeff 6'

Die Plattenbreite der größten Pfeife beträgt mit 340 mm ein Fünftel der praktischen Länge von 1700 mm, das Oktavverhältnis ist 3 : 5, der Steg gleich Null; es handelt sich also um eine konstant verlaufende Mensur im Oktavverhältnis von 3 : 5.

Die Zeichnung liefert folgende Werte:

	F	c	f	c'	f'	c^2	f^2	a^2
Plattenbreiten	338	250	202,8	151	122	90,2	72,9	61,2 mm

Auch die Labienbreite folgt dem Oktavverhältnis 3 : 5; da auch hier der Steg mit Null festgesetzt ist, hält sie konstant die bei F vorgefundene Proportion 1 : 4 ein.

---

[1] Die von Herrn Orgelbaumeister D. A. Flentrop - Zaandam aufgemessenen Mensuren verdanke ich der freundlichen Mitteilung von Herrn D. M. A. Vente - Utrecht.

Coppeldoeff 3'

Die Plattenbreite beträgt mit 205,5 mm ein Viertel der praktischen Länge von 822 mm, das Oktavverhältnis ist 1:2, der Steg beträgt mit 18,7 mm $^1/_{11}$ der Plattenbreite F von 205,5 mm.

Des Amsterdamer Meisters Oktavmensur läßt sich auch formulieren als Summe intervallweise proportionierter Grundwerte und einer Additionskonstanten von 18,7 mm:

Grundwerte	186,8	124,5	93,4	62,3	46,7	31,2	23,4	18,7	mm
Steg	+ 18,7	18,7	18,7	18,7	18,7	18,7	18,7	18,7	mm
Plattenbreiten	205,5	143,2	112,1	81,0	65,4	49,9	42,1	37,4	mm

Mixtuyre 1½'

Die Plattenbreite beträgt mit 115 mm $^2/_7$ der praktischen Länge von 404 mm, das Oktavverhältnis ist 3:5, der Steg gleich Null; wir haben hier also wieder wie beim Doeff 6' eine konstant verlaufende Mensur. Die Zeichnung liefert folgende Werte:

Plattenbreiten	115	83,5	69	50,1	41,4	30	24,8	20,5	mm

Die Labienbreite F beträgt mit 30,7 mm $^4/_{15}$ der Plattenbreite F von 115 mm, das Oktavverhältnis ist 1:2, der Steg beträgt mit 2,05 mm $^1/_{15}$ der Labienbreite F von 30,7 mm.

Die Labienmensur der Mixtur kann auch formuliert werden als Summe intervallsweise proportionierter Grundwerte und einer Additionskonstanten von 2,05 mm.

Grundwerte	28,65	18,06	14,33	9,03	7,16	4,52	3,58	2,65	mm
Steg	+2,05	2,05	2,05	2,05	2,05	2,05	2,05	2,05	mm
Labienbreiten	30,70	20,11	16,38	11,08	9,21	6,57	5,63	4,70	mm

Holpijp 6'

Die Plattenbreite beträgt mit 389,2 mm $^2/_5$ der praktischen Länge von 973 mm, das Oktavverhältnis ist 3:4, der Steg beträgt mit —111,7 mm —$^2/_7$ der Plattenbreite F von 389,2 mm.

Meister Johanns Hohlpfeifenmensur läßt sich auch formulieren als Differenz zwischen intervallweise proportionierten Grundwerten und einer Subtraktionskonstanten von 111,2 mm:

Grundwerte	500	417	375	313	281	235	211	191	mm
Steg	—111	111	111	111	111	111	111	111	mm
	389	306	264	202	170	124	100	80	mm

Die Labienbreite F beträgt mit 111,2 mm $^2/_7$ der Plattenbreite F von 389,2 mm, das Oktavverhältnis ist 2:3, der Steg ist auch hier negativ und beträgt mit —9,3 mm —$^1/_{12}$ der Labienbreite F von 111,2 mm (die auffälligerweise gleich dem der Umfangszeichnung zugrundeliegenden Steg ist).

Die Reihe der Labienbreiten der Hohlpfeife kann auch begriffen werden als Differenz zwischen intervallweise proportionierten Grundwerten und einer Subtraktionskonstanten von 9,3 mm:

Grundwerte	120,5	93,3	80,3	62,2	53,6	41,5	35,7	28,3	mm
Steg	—	9,3	9,3	9,3	9,3	9,3	9,3	9,3	mm
Labienbreiten	111,2	84,0	71,0	52,9	44,3	32,2	26,4	19,0	mm

Der Labienquotient entwickelt sich von ±3,5 über ±3,85 nach ±3,6.

Baarfluit 3'

Der untere Umfang F dieses wohl noch mittelalterlichen, konisch offenen Registers beträgt mit 270 mm die Hälfte der praktischen Länge von 540 mm, das Oktavverhältnis ist 2:3, der Steg ist gleich Null; es handelt sich hier also um einen konstanten Mensurverlauf in der Proportion 2:3:

unterer Umfang   270   210   180   140   120   93,3   80   69,8 mm

Die Labienbreite F der Baarfluit beträgt mit 45 mm $^1/_6$ der Plattenbreite F von 270 mm, das Oktavverhältnis ist auch hier 2:3, im Gegensatz zum Verlauf des unteren Umfangs wird hier ein Steg eingeschaltet, der mit 3,0 mm $^1/_{15}$ der Labienbreite F von 45 mm beträgt:

Grundwerte	42,0	32,7	28,0	21,8	18,7	14,6	12,5	10,9	mm
Steg	+ 3,0	3,0	3,0	3,0	3,0	3,0	3,0	3,0	mm
Labienbreiten	45,0	35,7	31,0	24,8	21,7	17,6	15,5	13,9	mm

Der Labienquotient entwickelt sich von ±6,0 bis ±5,0.

Gemshoren 1½'

Die Plattenbreite F dieses zylindrisch-offenen Registers beträgt mit 184 mm die Hälfte der praktischen Länge von 368 mm, das Oktavverhältnis ist 3:5, der Steg beträgt mit 10,8 mm $^1/_{17}$ der Plattenbreite F von 184 mm. Die Mensur läßt sich formulieren als Summe von intervallweise proportionierten Grundwerten und einer Additionskonstanten von 10,8 mm:

Grundwerte	173,2	127,5	104,0	76,5	62,3	45,9	37,4	31,3	mm
Steg	+ 10,8	10,8	10,8	10,8	10,8	10,8	10,8	10,8	mm
	184,0	138,3	114,8	87,3	73,1	56,7	48,2	42,1	mm

Die Labienbreite F beträgt mit 32 mm $^4/_{23}$ der Plattenbreite F von 184 mm, das Oktavverhältnis ist 1:2, der Steg beträgt mit 9,1 mm $^2/_7$ der Labienbreite F von 32 mm; die Entwicklung der Labienbreite kann dargestellt werden als Summe von intervallweise proportionierten Grundwerten und einer Additionskonstanten von 9,1 mm:

Grundwerte	22,9	15,3	11,5	7,7	5,8	3,9	2,9	2,1	mm
Steg	+ 9,1	9,1	9,1	9,1	9,1	9,1	9,1	9,1	mm
	32,0	24,4	20,6	16,8	14,9	13,0	12,0	11,2	mm

Der Labienquotient entwickelt sich von ±5,75 bis ±3,75.

Die in der Alkmaarer Orgel realisierte Mensurationskunst sollte später nicht mehr wesentlich übertroffen werden. Sie ist eines der handgreiflichsten Zeugnisse von der Superiorität der damaligen niederländischen Orgelbaukunst, die in der Folgezeit den deutschen, französischen und spanischen Orgelbau mehr oder weniger nachhaltig befruchten sollte.

Publikationen liturgischer Orgelmusik vom 16. bis ins 18. Jahrhundert

Christoph Wolff

Eine bibliographische Studie

Was an Tastenmusik im 16., 17. und frühen 18. Jahrhundert in gedruckter Form publiziert worden ist, fällt zu einem nicht unbedeutenden Teil in den Bereich der liturgischen Orgelmusik. Es ist im allgemeinen nicht leicht, innerhalb des Repertoires der älteren Tastenmusik ausdrücklich für Orgel konzipierte Werke zu bestimmen. Es entspricht geradezu dem Charakter dieses Repertoires, daß zwischen den verschiedenen Klangmedien, handle es sich nun um die Orgel mit ihren verschiedenen Typen oder um besaitete Tasteninstrumente, keine scharfe Trennung herrscht. *Per ogni sorte di stromenti da tasti, intavolatura di cimbalo et organo* oder andere ähnliche Hinweise sind für die Titelblätter der Drucke üblich. Stilistische Unterscheidungsmerkmale sind so gut wie nicht vorhanden. Lediglich bei Musik zum liturgischen Gebrauch steht die Bestimmung für Orgel als dem typischen Kircheninstrument außer Frage. So kann dieses für die Orgel reservierte Sonderrepertoire infolge seiner Funktionsbezogenheit gegenüber dem Gesamtbestand der älteren Tastenmusik abgegrenzt werden (s. u. unter I). Der Überlieferungsstrom dieser spezifischen Orgelmusik, soweit in Drucken veröffentlicht und nachweisbar, bildet den Gegenstand vorliegender Studie, deren Hauptteil in einer detaillierten Bibliographie besteht.

Was nun die Gesamtüberlieferung der älteren Tastenmusik angeht, so stellen die gedruckten Quellen nur den weitaus geringeren Teil dar. Nicht so im Hinblick auf das liturgische Repertoire des behandelten Zeitraumes. Der Anteil der Drucke ist hier sehr viel bedeutender (s. u. unter II). Aus mehreren Gründen erscheint es gerechtfertigt, die Druckpublikationen für sich zu betrachten. Es ist nicht nur leichter, sich bibliographisch einen Überblick über die gedruckte als über die handschriftliche Überlieferung zu verschaffen. Es ist auch sinnvoller, die Drucke herauszugreifen, wenn man sich überhaupt einem Teilausschnitt zuwendet. Im allgemeinen sind Drucke zuverlässigere Quellen, besser geplante Zusammenstellungen von Werken, deren Zweck und Absicht durch genau formulierte Titel, oftmals ergänzt durch Vorreden, klar umrissen sind. Typendruck und Kupferstich als die zeitüblichen Vervielfältigungsverfahren sicherten auch bei geringer Auflagenstärke von vornherein eine ganz andere Verbreitung, als Manuskripte normalerweise erlangen konnten. Über regionale und konfessionelle Grenzen hinaus haben sich die Publikationen vielfach gegenseitig beeinflußt. Auch ihre weitere Einwirkung auf die Kompositionspraxis, wie sie in Einzel- und Sammelhandschriften dokumentiert ist, läßt sich verfolgen, während ihre Rolle im Blick auf die gerade im liturgischen Bereich so wichtige

Orgelimprovisationspraxis kaum mehr abzuschätzen ist, da deren Zeugnisse ein für allemal verloren sind.

Hauptziel der vorliegenden Arbeit ist, ein umfassendes, chronologisch geordnetes Verzeichnis der einschlägigen Publikationen vorzulegen. Die untere Zeitgrenze versteht sich mit dem Einsetzen des Musikdruckes um 1500 von selbst. Die Schlicksche Tabulatur von 1512 ist der erste Druck von Tastenmusik überhaupt, und sie enthält charakteristischerweise überwiegend liturgische Orgelmusik. Die obere Grenze hingegen ist unscharf, und das Abbrechen der Bibliographie um die Mitte des 18. Jahrhunderts mag willkürlich erscheinen. Die Publikationen liturgischer Orgelmusik hören hier durchaus nicht auf, wenngleich sie auch merklich sporadischer erscheinen. Insgesamt hat sich jedoch die Situation im gottesdienstlichen Leben fast überall zu jener Zeit mehr oder minder deutlich geändert, so daß der liturgischen Orgelmusik keine essentielle Funktion mehr bleibt, wie sie etwa durch die unmittelbar vorausgehenden beiden Jahrhunderte zu verfolgen war. Diese Tendenz läßt sich am Inhalt der späteren und spätesten Drucke geradezu ablesen.

Der Rahmen der Bibliographie ist weder konfessionell noch regional begrenzt. Gerade bei den Drucken liturgischer Orgelmusik würde sich jede derartige Begrenzung nur als nachteilig erweisen, da die Traditionen so eng zusammengehören. So wird der katholische, lutherische, reformierte und anglikanische Bereich in Italien, Spanien, Frankreich, England, den Niederlanden und Deutschland umspannt. Vollständigkeit ist angestrebt, aber infolge fehlender Vorarbeiten ist mit einigen, wahrscheinlich jedoch unbedeutenden Lücken zu rechnen.[1a]

Es bietet sich an, von der bibliographischen Zusammenstellung ausgehend, einigen sich aufdrängenden grundsätzlichen und speziellen Fragen nachzugehen, vor allem aber das sich ausbreitende Material zu ordnen und zu analysieren. Die nachfolgenden Abschnitte greifen hier lediglich einige wenige der vielen möglichen Aspekte heraus und behandeln die entsprechenden Fragenkreise aus Raumgründen mehr andeutend als erschöpfend. Doch weisen sie darauf hin, in welche Richtungen hin man die Bibliographie mit ihrem Informationsgehalt auswerten kann.

[1a] Von der benutzten Literatur sei vor allem genannt: Robert Eitner, Biographisch-Bibliographisches Quellen-Lexikon der Musiker und Musikgelehrten, Leipzig 1900—1904; Claudio Sartori, Bibliografia della Musica Strumentale Italiana stampata in Italia fino al 1700, Florenz 1952; Friedrich Wilhelm Riedel, Quellenkundliche Beiträge zur Geschichte der Musik für Tasteninstrumente in der zweiten Hälfte des 17. Jahrhunderts (vornehmlich in Deutschland) = Schriften des Landesinstituts für Musikforschung Kiel, Bd. 10, Kassel etc. 1960; darin Verzeichnis der von 1648 bis 1700 im Druck erschienenen Musik für Tasteninstrumente, S. 57—72; Howard Mayer Brown, Instrumental Music Printed Before 1600. A Bibliography, Cambridge (Mass.) 1965; Max Seiffert, Geschichte der Klaviermusik. Die ältere Geschichte bis um 1750, Leipzig 1899; Gotthold Frotscher, Geschichte des Orgelspiels und der Orgelkomposition, Berlin 1935—1936; Frank E. Kirby, A Short History of Keyboard Music, New York-London 1966; Willi Apel, Geschichte der Orgel- und Klaviermusik bis 1700, Kassel etc. 1967. — Auf Einzelnachweise und Dokumentation im laufenden Text mußte verzichtet werden.

I. *Zur Abgrenzung des Repertoires der liturgischen Orgelmusik*

Im Gottesdienst verwendbare Orgelmusik ist nicht notwendigerweise immer liturgische Musik. Diese umfaßt vielmehr ausschließlich solche Kompositionen, die funktional dem Proprium und Ordinarium der Messe bzw. des Offiziums (oder entsprechender liturgischer Formulare außerhalb des katholischen und lutherischen Bereiches) zugeordnet sind. Nach dieser an den historischen Gegebenheiten orientierten Definition läßt sich das Repertoire der liturgischen Orgelmusik vom 16. bis ins 18. Jahrhundert folgendermaßen aufgliedern:

1. Cantus firmus-gebundene Kompositionen
   a) Verse (Versetten), d. h. kurze mehrstimmige Bearbeitungen eines Teilabschnittes von Meß- oder Offiziumsgesängen.
   b) Hymnen, Psalmen, De-tempore- und sonstige Kirchenlieder, d. h. mehrstimmige Bearbeitungen vollständiger cantus firmi von Gesängen, die ihren festen liturgischen Platz haben.
2. Cantus firmus-freie Kompositionen
   a) Versetten ohne Verarbeitung von cantus firmus-Material, doch mit streng funktionaler Bindung an einen bestimmten liturgischen Ort.
   b) Intonationen als kurze Überleitungen zu einem liturgischen Gesangsstück, die außerhalb dieser Funktion als selbständige freie Werke musikalisch nicht sinnvoll sind.
   c) „Begleitmusik" liturgischer Akte, d. h. freie Kompositionen, die primär zu liturgischem Verwendungszweck geschrieben und als wortlose musikalische Begleitung von bestimmten zentralen liturgischen Handlungen gedacht sind.
3. Motetten-Übertragungen, d. h. Orgelintavolierungen cantus firmus-gebundener und cantus firmus-freier liturgischer Vokalstücke, wobei die Orgel als Vertreter des Chores wirkt.

Stücke der Gruppe 1a und b machen das Hauptkorpus der liturgischen Orgelmusik aus. Die Versetten, oft zusammengefaßt zu liturgisch-musikalischen Zyklen (Orgel-Messen, -Magnificat etc.) sind besonders charakteristisch für den italienischen und französischen Raum, wie sich an den Veröffentlichungen ablesen läßt. Der erste Orgelmessenzyklus wird von Attaingnant 1531 publiziert, gefolgt von Cavazzoni 154?, Merulo 1568, Valente 1580 etc. Für die italienische Tradition erscheint bemerkenswert, daß seit Cavazzoni immer wieder die drei Standardmessen *della Domenica, delli Apostoli, della Madonna* mit denselben cantus firmi auftreten, so im 17. Jahrhundert etwa bei Banchieri 1605, Bottazzi 1614, Frescobaldi 1635, Salvatore 1641, Croci 1642. In Frankreich setzt die Publikation von Orgelmessen erst wieder mehr als hundert Jahre nach Attaingnant mit Nivers 1667 ein, gefolgt von einer relativ dichten Reihe weiterer Messendrucke verschiedener Autoren wie LeBègue 1678—79, Gigault 1683, Raison 1688 etc. Entsprechend lassen sich auch Magnificatzyklen nennen, die als selbständige Drucke erschienen: Attaingnant 1531, Titelouze 1626, Kerll 1686, Guilain 1706, Corrette 1737, um nur einige zu erwähnen.

Scheidts *Tabulatura nova* (3. Teil) von 1624 ist die einzige protestantische Veröffentlichung dieser Art, enthaltend einen Meßzyklus und mehrere Magnificat. Kindermann 1645 kennt nur Magnificat-Versetten. Bei Scheidt überwiegt insgesamt, vor allem wenn man die beiden anderen Teile der Tabulatur mitrechnet, die Choralbearbeitung, wie es für den evangelischen Raum ganz charakteristisch ist. Seine zweite Veröffentlichung von 1650 enthält ausschließlich Choräle, wie dann auch Pachelbel 1693, Walther 1712, Kauffmann 1733—36, Telemann 1734—35 etc. Im anglikanischen und reformierten Raum finden sich dementsprechend Psalmenbearbeitungen: Speuy 1610, Noordt 1659, Blow 1700, Purcell 1718. Im katholischen Bereich bleibt jedoch das Repertoire derartiger Choralbearbeitungen auf die altkirchlichen lateinischen Hymnen beschränkt.

Unter den cantus firmus-freien Werken erhält Gruppe 2a vornehmlich im französischen Raum wachsende Bedeutung, wenngleich auch in Italien und Süddeutschland ähnliche Stücke zu finden sind. Wie die Sätze aus Gruppe 1a haben sie, aus der Überschrift jeweils ersichtlich, einen festen liturgischen Platz als Gloria-, Benedictus- o. ä. Stück, wie etwa bei Couperin 1690. Gegen Ende des 17. Jahrhunderts macht sich eine neue Gattung breit: versettenartige Stücke ohne festen liturgischen Ort. Es sind dies oft suitenartige Sammlungen, tonartlich geordnet, bestehend aus einer Anzahl kurzer „Charakterstücke". Diese lassen sich zwar liturgisch verwenden, stellen aber nicht spezifisch liturgische Orgelmusik dar. Solche vor allem in Frankreich populären Orgelbücher sind in unserer Bibliographie nicht enthalten (z. B. Nivers 1665, 1675, LeBègue 1676, Boyvin 1689, 1700, Chaumont 1695, DuMage 1708, Marchand 1706?, Clérambault 1710?).

Stücke der Gruppe 2b treten erstmalig bei Attaingnant 1531 auf. Eine größere Kollektion solch kurzer Präludien oder Intonationen zu liturgischen Gesängen findet sich dann bei Gabrieli 1593. Schmid, ein evangelischer Organist, übernimmt diese Stücke in seine Tabulatur von 1607; Kindermann 1645 bringt eigene derartige Werke. Selbstverständlich wurden zu Präludier- oder Postludierzwecken im Gottesdienst auch Ricercare, Fantasien, Toccaten etc. verwandt, doch haben diese Kompositionen ganz andere Ausmaße und sind musikalisch sehr viel komplexer, da eben nicht zu bescheideneren Intonationsaufgaben bestimmt. Ein Präludium zum Beginn des Gottesdienstes oder zur Einleitung einer vokalen „Hauptmusic" kann man im oben definierten Sinn nicht zur spezifisch liturgischen Orgelmusik zählen. Darum enthält vorliegende Bibliographie Publikationen wie Merulos *Ricercari, Toccate* oder *Canzoni d'intavolatura d'organo* (1567, 1589, 1592) und entsprechende spätere Drucke wie Georg Muffats *Apparatus Musico-Organisticus* (1690) nicht. Derartige Sammlungen, wie bei Merulo oft in tonartlich geordneten Serien herausgegeben, lassen nicht unmittelbar auf liturgische Funktion des Inhalts schließen, vielmehr deutet tonartliche Ordnung auf ein allgemeines Gliederungsprinzip bei instrumentalen Sammelwerken hin, das bis ins 18. Jahrhundert Gültigkeit hat.

Kompositionen der Gruppe 2c tauchen zuerst in Italien auf, und zwar vor allem der Typus der *Toccata per l'Elevazione* (etwa Frescobaldi 1635), eine besonders affekthaltige, ausdrucksstarke Komposition darstellend. Gleicherweise typisch für den französischen Raum sind die *Offertoires,* die als größere freie und sehr expressive Stücke liturgisch fest eingebettet sind. Noch im 18.

Jahrhundert erfreuen sich derartige „Begleitmusiken" großer Beliebtheit, wie die Drucke von Zipoli 1716, Torner um 1730 oder Corrette 1764 zeigen.

Ein durchaus verwandtes Genre, doch keineswegs liturgisch gebunden, bilden die italienischen *Pastorales* oder die französischen *Noëls*, zur Weihnachtszeit in Kirche und Haus erklingende Werke. Selten finden sich diese in direktem Anschluß an liturgisches Repertoire gedruckt wie bei LeBègue um 1685. Sie wurden vorwiegend als geschlossene Sammlungen publiziert wie etwa Daquins *Livre de Noëls pour l'Orgue et le Clavecin* (um 1745). Solche Drucke sind in vorliegender Bibliographie ausgespart. Im Verlauf des frühen 18. Jahrhunderts erweiterte sich dieses unterhaltsame Genre der Orgelmusik um Aria-Sätze und andere Galanterie-Stücke. Ein unverkennbarer, aber natürlicher Zug zur Verweltlichung im Musikleben vor allem der süddeutschen Klöster mit entsprechenden Parallelen in Italien und Frankreich deutet sich hierin an (vgl. Nauß 1748—52, Königsperger 1755).

Die Praxis der Motettenintavolierung nimmt im 17. Jahrhundert rapide ab. Von den Stücken der Gruppe 3 hatte Attaingnant wiederum die erste derartige Sammlung veröffentlicht, wie sie hernach vor allem im deutschen Raum auftreten: Ammerbach 1575, 1583, Schmid 1577, Paix 1583, 1589. Rühling 1583 bringt gar eine komplette Motettenkollektion für jeden Sonntag des Kirchenjahres vom 1. Advent bis zum 27. Trinitatis-Sonntag. Schmid 1607 ist der letzte Druck mit Orgelmotetten.

In den Titeln der angeführten Drucke finden sich vielfach präzise Hinweise auf die Ausführungsweise der Stücke, so z. B. auf die Alternatimpraxis, das versweise Wechseln von Orgel und Chor während der Meß- und Offiziumsgesänge: *Alternare in Voce & Organo* (1611[a]), *per rispondere alternamente al Choro* (1642); vgl. auch 1598, 1605, 1615, 1622, 1641, 1645[a] etc.

Über die obengenannten Gruppen hinaus enthält vorliegende Bibliographie noch Drucke von Werken, deren Aufnahme kurz begründet sei. Es handelt sich zunächst um Choralbearbeitungen aus dem protestantischen Raum, die — anders als etwa die De-tempore-Choräle — sicherlich nicht primär liturgischen Zwecken dienten, wie Pachelbels Sterbechoräle von 1683 oder Telemanns Choräle von 1734. Diese Manualiter-Stücke sind im Sinne der für ihre Zeit eigentümlichen häuslichen geistlichen Erbauungsmusik konzipiert, wobei natürlich gottesdienstlicher Gebrauch nicht ausgeschlossen ist. Zumal die De-tempore-Ordnungen infolge pietistischer Tendenzen im Aufweichen begriffen sind, und neuere Lieder aller Art Eingang in den Gottesdienst finden, erscheint eine Aufnahme solcher Choralwerke in den Randbereich des liturgischen Orgelrepertoires gerechtfertigt. In ähnlicher Weise muß die Aufnahme der pseudo-liturgischen und zumindest doppeldeutigen Stücke von Maichelbeck (1737) und anderen vornehmlich süddeutschen katholischen Autoren begründet werden. Völlig periphere und liturgisch kaum verwendbare Einzelstücke, wie die Chaconne „Lobt Gott ihr Christen" aus Vincent Lübecks *Clavier-Übung* (Hamburg 1728), bleiben hingegen unerwähnt.

Als eine weitere Gruppe von Drucken wurden Veröffentlichungen von Lehrstücken, soweit sie liturgisches cantus firmus-Material verarbeiten, mit aufgenommen. Hierher gehören Steigleders 40 Vaterunser-Variationen (1627), mit denen eine Vielfalt von Modellen zur kontrapunktischen Verarbeitung eines cantus firmus vorgeführt wird. Auf vergleichbarer Ebene befinden sich Buxtehudes *Canticum Simeonis* (1674) oder Bachs *Vom Himmel hoch* (um 1748). Die beiden letzteren Drucke verbindet die Tatsache, daß es sich um Dedikationswerke mit einem speziellen Anlaß handelt. Erst in zweiter Linie sind solche Stücke als cantus firmus-Träger liturgische Orgelmusik. Darüber hinaus repräsentieren ganz allgemein Sammlungen wie Frescobaldis *Fiori musicali* oder Scheidts *Tabulatura nova* unter anderem auch kontrapunktische Lehrwerke, aus welchem Grunde auch die Notationsform der Clavierpartitur verwandt wird. Daß liturgische Orgelstücke überdies in theoretischen Werken wie Bermudo (1555) und Diruta (1609) eine unübersehbare Rolle spielen, spricht für die bevorzugte Verwendung von cantus firmus-Material in der gelehrten Kontrapunkt-Kunst.

II. *Zum Verhältnis von handschriftlichem und gedrucktem Repertoire*

Eine genaue Vorstellung über Umfang und Wesen der liturgischen Orgelmusik vom 16. bis ins 18. Jahrhundert läßt sich nicht ohne Berücksichtigung der handschriftlichen Quellen gewinnen, deren älteste ins späte 14. Jahrhundert gehören. Das früheste bedeutende Denkmal mit liturgischen Sätzen (Orgelmessen (ist der Codex Faënza aus dem Anfang des 15. Jahrhunderts. Mit dem Beginn des Notendruckes wird dann auch gleich der Bereich der liturgischen Orgelmusik mitberücksichtigt (vgl. Schlick 1512). Offenbar war von vornherein ein gewisser Markt für derartige Publikationen vorhanden; anders wäre kaum zu erklären, daß das liturgische Repertoire einen so unverhältnismäßig großen Raum in der Drucküberlieferung der Tastenmusik einnimmt. In Italien fällt auf, daß sich die venezianischen Verleger G. und A. Vincenti sehr für diese Sparte der Orgelmusik interessieren, wie ihre Drucke von 1598, 1609, 1614, 1622, 1635, 1642 und 1645 beweisen.

Von den wenig über 60 nachweisbaren Drucken von Tastenmusik aller Art im 16. Jahrhundert bringen 23 Veröffentlichungen liturgische Orgelmusik, also gut ein Drittel. Nehmen wir die erste Hälfte des 17. Jahrhunderts, so enthalten nur drei [1b] von den neun in Deutschland erschienenen Drucken nicht-liturgisches Repertoire. In Frankreich gar sind im gleichen Zeitraum nur die beiden Titelouze-Drucke (1623—1626) erschienen. In Italien hingegen zeigt sich schon seit dem späten 16. Jahrhundert ein deutliches Übergewicht der nicht-liturgischen Tastenmusik, kein Wunder bei dem klaren Vorsprung Italiens vor den andern Ländern im Hinblick auf den durchschnittlichen Standard der Tasteninstrumenten-Spiel- und Kompositionskunst. Die Situation ändert sich jedoch später auch in den andern Ländern merklich. Zum Vergleich sei die zweite Hälfte des

---

[1b] Johann Ulrich Steigleder: Ricercar Tabulatura, Stuttgart 1624.
Johann Klemm: Partitura, seu Tabulatura Italica, exhibens triginta sex fugas, Dresden (W. Seyffert) 1631.
Christian Michel: Tabulatura, darin Praeludien, Toccaten auf dem Clavier..., Braunschweig 1645.

17. Jahrhunderts gewählt. Von den etwas über 100 insgesamt nachweisbaren Drucken lassen sich 27 für das gottesdienstlich-liturgische Repertoire in Anspruch nehmen, also etwa ein Viertel. Im 18. Jahrhundert schließlich nimmt es im Rahmen der gesamten Tastenmusikpublikationen einen kaum mehr nennenswerten Prozentsatz ein, der gegen Ende des Jahrhunderts noch wesentlich ungünstiger ist, als er gegen Anfang war.

Die Drucke sind, wie man sieht, durchaus repräsentativ für das liturgische Repertoire als solches. Die Handschriften unterstreichen die Tendenzen, wie sie oben kurz statistisch dargelegt wurden, so daß sich ein eindeutiger Kulminationspunkt im 17. Jahrhundert ergibt. Natürlich gibt es regionale Unterschiede im Verhältnis von gedruckter und handschriftlicher Überlieferung, die für das Gesamtbild wichtig sind. Aus dem englischen Raum z. B., in dem vor allem im 16., aber auch noch im 17. Jahrhundert eine beachtenswerte Tradition liturgischer Orgelmusik besteht (Komponisten wie Redford, Preston, Tallis, Byrd, Bull, Tomkins u. a.), ist kein einziger Druck erschienen, der liturgische Werke überliefert. Italien hingegen kennt eine fast gleichmäßig verlaufende Drucküberlieferung vom 16. bis ins 18. Jahrhundert hinein. Die handschriftlichen Quellen ergänzen dieses Bild, fügen aber kaum Wesentliches hinzu; Bernardo Pasquini und Alessandro Poglietti allerdings verdienen genannt zu werden. Ähnlich unwesentlich ist die handschriftliche Überlieferung in Frankreich. Wie die Drucke zeigen, bestehen offenbar wirkliche Lücken zwischen Attaingnant 1531 und Titelouze (1623, 1626) wie zwischen Titelouze und Nivers (1667); auch die Handschriften vermögen diese nicht aufzufüllen. Im letzten Drittel des 17. Jahrhunderts gibt es dann fast plötzlich eine reiche Fülle von *Livres d'orgue* und *Livres de clavecin*. Und der Inhalt der ersteren belegt eine regelrechte Blüte liturgischer Orgelmusik, die auf das übrige Europa ausstrahlt. Die Manuskripte aus dieser Zeitspanne sind demgegenüber nahezu bedeutungslos, wenn man von wenigen Ausnahmen (z. B. Louis Marchand) absieht.

Im deutschen Raum sieht es anders aus. Hier ist wohl im ganzen die handschriftliche Überlieferung mindestens gleichwertig, wenn nicht überlegen. Es ein Sonderfall, daß von Scheidt — vergleichbar mit Frescobaldi oder François Couperin — praktisch das Gesamtwerk im Druck festgehalten ist. Wenn von Komponisten wie Sweelinck, Scheidemann und anderen überhaupt nichts veröffentlicht wurde, so ist dies durchaus normal. Andererseits gibt es Organisten wie Kerll und Kindermann, die ausschließlich ihre liturgischen Werke publizierten, wohingegen etwa Pachelbel nur unliturgische oder halbliturgische Werke drucken ließ, nicht aber seine bedeutende Kollektion von Magnificatfugen. Im 18. Jahrhundert sind schließlich Bachs Drucke liturgischer Orgelmusik fast die einzig wirklich gewichtigen Veröffentlichungen im protestantischen Bereich, wenn man mit den Maßstäben des 16. und 17. Jahrhunderts mißt. Dennoch enthalten sie, wie auch bei Walther, nur den geringeren Teil seines Schaffens auf dem Gebiet des Orgelchorals. Im katholisch-süddeutschen Raum gibt es im späten 17. und frühen 18. Jahrhundert fraglos eine neue Blüte liturgischer Orgelmusik, die nicht unbeeinflußt von Italien und Frankreich ist. Das Handschriftenmaterial, wenngleich noch größtenteils nicht ausgewertet, muß hier unbedingt hinzugenommen werden ähnlich wie im protestantischen

Norden. Dennoch stellen die Drucke, wie etwa Muffat 1726, die qualitativen Höhepunkte dar.

III. *Über Inhaltsgliederung und Eigenart der Drucke*

Schon bei einem ersten Versuch, das sich in der Bibliographie abzeichnende farbige Bild der Publikationen systematisch zu analysieren, lassen sich Konstanten, Varianten und Tendenzen in mannigfacher Weise über die Jahrhunderte hin verfolgen und gruppieren. Zu den auffallendsten Fakten bis ins 18. Jahrhundert hinein gehört die Literaturgemeinschaft der Tasteninstrumente, die vor allem die umfangreicheren Drucke mit gemischtem Repertoire sichtbar machen. Sehr häufig sind neben der Orgel auch andere *clavierte musicalische Instrumente* (Woltz 1617) genannt, vor allem bei Veröffentlichungen, die auch Manualiter-Werke enthalten. Oft ist das Aufzählen mehrerer Tasteninstrumente reine Konvention, weil eben die betreffenden Stücke auf mehreren verschiedenen Medien klanglich realisierbar sind. Der verlegerische Grund, den Drucken durch die vielseitige Verwendbarkeit seines Inhalts einen größeren Abnehmerkreis zu sichern, ist nicht zu übersehen. Diese Tatsache dürfte auch noch für Bachs 3. Teil der *Clavierübung* eine maßgebliche Rolle gespielt haben bei der Aufnahme von kleinen Manualiter-Choralbearbeitungen. Dieses Werk ist somit nicht nur von hochqualifizierten Organisten auf großen Kirchenorgeln zu spielen, sondern die kleinen Stücke laden auch dazu ein, auf kleinen, pedallosen Orgeln oder im Hause auf Cembalo oder Clavichord zu Gehör gebracht zu werden, wobei der technische Schwierigkeitsgrad wesentlich geringer ist. Wie dann das Clavier-Werk schließlich als Ganzes mit seinen vielerlei Aspekten im Druck präsentiert ist, offenbart Bachs Meisterschaft im sinnvollen Ordnen, wie es beispiellos ist.[1c]

Schon wesentlich früher lassen sich gelegentlich innerhalb bestimmter Sammlungen gewisse Stücke eindeutig entweder der Orgel oder einem pedallosen Tasteninstrument zuschreiben. Ein Beispiel bietet etwa Frescobaldis 2. Toccatenbuch (1627: *d'intavolatura di cimbalo et organo*). Eine deutliche Abspaltung des Orgelrepertoires findet sich nicht nur mit den cantus firmus-Stücken für die Vesper, sondern auch innerhalb der Toccaten, von denen die 3. bis 6. mit dem Pedalgebrauch rechnen und überdies als *Toccate per l'Elevazione* gekennzeichnet sind, somit also eindeutig liturgische Stücke repräsentieren, wie sie sich im 1. Toccatenbuch z. B. nicht finden. Logischerweise nennt Frescobaldi dort im Titel die Orgel auch nicht, obwohl die Stücke durchaus manualiter auf der Orgel gespielt werden können. Sie sind jedoch offenbar nicht in dieser Weise konzipiert, wie auch stilistische Gründe nahelegen. Die Tendenz, bestimmte Kompositionen auf ein bestimmtes Klangmedium hin zuzuschneiden, wird also schon relativ früh deutlich. Dennoch bleibt es durchaus normal, Orgel- und Nicht-Orgelstücke in einem Bande zu vereinigen oder gar die Wahl des Instrumentes für die einzelnen Stücke völlig offenzulassen bzw. freizustellen.

[1c] Vgl. vom Verf. Ordnungsprinzipien in den Originaldrucken Bachscher Werke, in: Bach-Interpretationen, hrsg. von M. Geck, Göttingen 1969, S. 144—167.

Diese Literaturgemeinschaft der Tasteninstrumente, wie sie im 19. Jahrhundert ganz undenkbar ist, hält sich noch bis mindestens in die Mitte des 18. Jahrhunderts hinein. Krebs' *Clavierübung* (1752) stellt hier durchaus noch den Normalfall dar, obgleich seit dem späten 17. Jahrhundert die Tendenz zur Abtrennung der Orgelmusik von der übrigen Claviermusik immer stärker wird. Vor allem die Franzosen beginnen, ganz klar zwischen einem *Livre d'orgue* und einem *Livre de clavecin* zu unterscheiden. Und es ist ein höchst seltener Ausnahmefall, wenn d'Anglebert in seinen *Pièces de clavecin* (1689) am Schluß sechs Orgelwerke bringt, darunter ein *Quatuor sur le Kyrie à trois sujets tirés du plein chant*.

Wenn wir ins 16. Jahrhundert zurückgehen, haben wir uns die Literaturgemeinschaft der Tasten- und Lauteninstrumente zu vergegenwärtigen. Diese fällt bereits bei Schlick auf, wo allerdings das Repertoire deutlich zweigeteilt ist. Doch offenbar handelt es sich hier um eine ganz natürliche Kombination, da Organisten und Lautenisten nicht selten in einer Person vereinigt waren, wie wir es z. B. aus dem 15. Jahrhundert schon von Conrad Paumann wissen. So wundert es nicht, daß im 16. Jahrhundert eine Reihe von Lautendrucken auch liturgisches Repertoire (Messen, Motetten etc.) enthalten: z. B. Hans Newsidler: *Ein Newgeordnet Künstlich Lautenbuch ... Im andern Theil sein begriffen, vil ausserlesner kunstreicher stuck, von Fantaseyen, Preambeln, Psalmen und Muteten, die von den hochberümbten, und besten Organisten, als einen schatz gehalten, die sein mit sonderm fleiss auff die Organistisch art gemacht und colorirt.* (Nürnberg 1536); Melchiore de Barberiis: *Intabulatura Di Lauto ... De La Messa Di Antonio Fevino. Sopra Ave Maria* (Venedig 1546). Daß Lauten- und Tasteninstrumentenspieler sich das vokale Schaffen der Zeit zur Transkription und Einrichtung teilen, beweisen unzählige solcher Intavolierungen für beide Gruppen.

Die Mischung von Intavolierungen und originaler Tastenmusik ist für die Quellen des 16. und frühen 17. Jahrhunderts typisch. Dennoch gibt es auch schon von Anfang an Bestrebungen, die Gattungen zu trennen wie in den drei Orgelbüchern Attaingnants. Innerhalb der originalen Tastenmusik gibt es dann weitere Möglichkeiten zu Repertoiremischungen verschiedener Art, vor allem infolge des Nebeneinanders weltlicher und geistlicher Werke. Als einleuchtenden Grund für diese Tatsache dient der Sachverhalt, daß sich die Drucke jener Zeit in allererster Linie an professionelle Tastenmusiker wenden, und dies waren eben die Organisten, die selbstverständlich auch außerkirchliche Aufgaben hatten. Aus verständlichen Gründen liefern demnach die Drucke Material für beide Aufgabengebiete. Es ist nicht zuletzt ein sozialgeschichtlicher Prozeß, der sich im wandelnden Charakter der Drucküberlieferung im späteren 17. Jahrhundert zeigt. Mit dem Zunehmen der Laienmusikpflege gerade auf dem Sektor der häuslichen Clavierinstrumente war es erforderlich geworden, das weiterhin den professionellen Organisten dienende liturgische Repertoire, wenn möglich, separat zu publizieren. Ist dieses Ziel nicht angestrebt, so begnügt man sich weiterhin wie Maichelbeck (1737) und andere mit dem wechselweisen Gebrauch ad libitum und richtet sich im Niveau auf die zu erwartenden Verhältnisse ein.

Für die Mischung von geistlichen und weltlichen Werken im 16. und 17. Jahrhundert sind die Drucke von Venegas (1557) und Ammerbach (1575) oder Scheidt (1624) und Frescobaldi (1627) gute Beispiele. Die beiden letzteren Autoren kennen aber auch die Abtrennung der liturgischen Sätze in einer geschlossenen Sammlung: 3. Teil der *Tabulatura nova* und *Fiori musicali* nach dem Vorbild von Merulo (1568), Vincenti (1598), Banchieri (1605, 1611, 1622), Bottazzi (1614). Von nun an wird die getrennte Publikation liturgischer Orgelsätze üblich, wie bei Fasolo und Kindermann (1645) etc. Mischung geistlicher und weltlicher Werke wird zur Ausnahme, auch in den handschriftlichen Quellen.

Für die Gliederung des liturgischen Repertoires bieten sich verschiedene Möglichkeiten an. Eine natürliche Weise ist die sich nach dem liturgischen Ritus richtende Ordnung. Die reine Form des Meßzyklus, bestehend ausschließlich aus cantus firmus-Versetten, findet sich z. B. bei Attaingnant, Merulo oder Scheidt. Die reichere Form, in der die Versetten mit freien Stücken durchsetzt sind *(Toccata avanti la Messa, Canzon dopo l'Epistola, Ricercar dopo il Credo* etc.), tritt seit Frescobaldis *Fiori musicali* auf. Entsprechende Zyklen gibt es auch bei Magnificat-Kompositionen, so etwa bei Attaingnant, Titelouze oder Kerll. Daneben kennen wir auch mehr systematische Aufgliederungen, d. h. die gruppenweise Zusammenstellung von Meßversetten, Magnificatversetten, freien Stücken, Hymnen, Psalmen etc., so bei Cabezón, Banchieri, Fasolo und anderen.

Die Orgelmusik steht mit derartigen Drucken im 17. Jahrhundert keineswegs allein. Vor allem in Italien gilt die Orgel zwar als das normale, keineswegs aber einzige Kircheninstrument. So überrascht es kaum, ein instrumentales Ensemble in derselben Funktion wie die Orgel zu finden. Als Beispiel diene der Druck von Carlo Milanuzzis *Armonia Sacra. Di Concerti, Messa, & Canzoni à Cinque Voci Con il suo Basso Continuo per l'Organo* (Venedig 1622), dessen Inhalt mitgeteilt sei:

Concerto A 5.	*Per l'Introito*
Messa Liquide perle Amor A 5.	
Canzon A 5. detta la Zorzi.	*Per l'Epistola*
Concerto A 5.	*Per l'Offertorio*
Concerto à due Canti, o Tenori.	*Per l'Elevazione*
Canzon A 5. detta la Riatelli.	*Per il Post Comunio*
Canzon A 2. alla Bastarda.	*Per il Deo Gratias*

Neben solchen rein instrumentalen Publikationen, in deren Reihe späterhin auch die Sonate da chiesa gehören, treten gemischt vokal-instrumentale Werke, bei denen man sich an die Alternatimpraxis Orgel-Chor erinnert fühlt, z. B. Giulio Padovanos *Concerti Per Sonare Et Cantare ... Cioè Canzone, & Ricercari à Quattro & Otto, Motetti, Messe, Salmi, & Magnificat, à Cinque, Sei, Sette, Dieci, Dodeci, & Sedeci Voci* (Venedig 1607).

Um einen letzten Aspekt, der mit der Eigenart der Drucke zusammenhängt, herauszugreifen, sei kurz auf den didaktischen Charakter vieler Publikationen hingewiesen. Oft wird dies bereits aus dem Titel deutlich, wie schon bei Ammerbach (1575, 1583) und noch bei Königsperger (1755). Auf den Zusammenhang von Partiturnotation und didaktischer Absicht wurde bereits aufmerksam gemacht. Überdies ist nicht zu übersehen, daß theoretisch-praktische Lehrwerke gerade auf das liturgische Repertoire zurückgreifen (Bermudo, Diruta, Spiridion, „Wegweiser"). Es ist dies ein Zeichen, daß die Lehrer aus dem Kreis der Organisten kommen, und daß sie sich in erster Linie an werdende Organisten wenden. Ganz allgemein aber wird deutlich, welch zunehmende Rolle dem Tasteninstrument für den Musikunterricht zufällt, der sich dem Spielen wie dem Komponieren widmet.

IV. *Zu den Drucken liturgischer Orgelmusik im evangelischen Raum*

Schon anteilmäßig sind die Publikationen im evangelischen Raum von wesentlich geringerer Bedeutung, wie rasch zu sehen ist. Dem lutherischen Bereich fällt dabei noch der Hauptanteil zu, und die beiden großen Pole sind hier ganz zweifelsohne Scheidt und Bach. Die Reihe der Drucke beginnt mit dem des Leipziger Thomasorganisten Ammerbach 1575, gefolgt von: 1577, 1583[a], 1583[b], 1583[c], 1589, 1607, 1609[c], 1611[b], 1617, 1624, 1627[b], 1645[b], 1650[b], 1664, 1674, 1683[b], 1692, 1693, 1712, 1733—36, 1734—35, 1738, 1739[a], 1741, 1746, 1748, 1752—53. Der Inhalt der Drucke — und die handschriftliche Überlieferung präzisiert die Lage noch — zeigt deutlich, wie sehr verschieden der Charakter der protestantischen Veröffentlichungen von den katholischen ist. Meß- und Offiziumsversikel spielen so gut wie gar keine Rolle, mit Ausnahme nur des Magnificat, das aber auch recht selten auftritt. Ebenfalls gibt es keine liturgischen „Begleitmusiken" im Stile etwa der Elevations-Toccaten oder der Offertoires. Freilich kennt man im lutherischen Raum sub communione-Musik, doch handelt es sich hier um eine Praxis ohne eigenes Genre. Bevorzugt werden offenbar Choralbearbeitungen, von denen Scheidt z. B. den *Psalmus sub communione: Jesus Christus, unser Heiland* nennt. In jeder Hinsicht vorherrschend im liturgischen Repertoire der lutherischen Kirche ist das Kirchenlied und damit die direkte Zuordnung von Orgel und Gemeinde. Die Alternatim-Zuordnung von Chor und Orgel etwa im Magnificat oder auch die Chorvertreter-Stellung der Orgel bei den Mottenübertragungen scheint seit der Mitte des 17. Jahrhunderts kaum mehr eine Rolle zu spielen. Die neue Vokalmusik mit Konzert und Kantate mag hier einschneidend gewirkt und die Funktion der Orgel im Gottesdienst auf den Choral und das freie prä- oder postludierende Spiel beschränkt haben. So stellt es sich jedenfalls eindeutig aus dem Überlieferungsbild dar.[1d]

Eine Verselbständigung liturgischer Orgelmusik, wie wir es in Frankreich seit dem späteren 17. Jahrhundert an den Orgelmessen sehen, ist für den evangelischen Raum mit seiner deutlichen Herausstellung der wortgebundenen

---

[1d] Seit dem 17. Jahrhundert beginnt die Orgel als neue Funktion innerhalb des Gottesdienstes die Begleitung des Gemeindegesangs zu übernehmen. Da es sich hier jedoch nicht um selbständige Orgelmusik handelt, sind die Publikationen von Generalbaß-Choralbüchern nicht in unsere Bibliographie mit aufgenommen. Vgl. hierzu das (leider unvollständige und das 16. Jahrhundert nicht berücksichtigende) Verzeichnis bei M. Blindow, Die Choralbegleitung des 18. Jahrhunderts in der evangelischen Kirche Deutschlands = Kölner Beiträge zur Musikforschung, Bd. 13, hrsg. von K. G. Fellerer, Regensburg 1957.

Musik völlig undenkbar. Die Gesamtüberlieferung des liturgischen Repertoires legt auch nahe, daß ganz allgemein ein reicher Einsatz der Orgel im Gottesdienst, wie aus Scheidts 3. Teil der *Tabulatura nova* bekannt ist, mehr Ausnahme- als Normalfall ist. Scheidts Aufnahme eines Orgelmessen-Zyklus spiegelt die konservative Hallenser Lage wieder, die wie einige andere lutherische Zentren der Zeit mehr am 16. Jahrhundert orientiert war als daß sie für neue, in die zweite Hälfte des 17. Jahrhunderts weisende Konzeptionen im Gottesdienstverständnis offenstand.

Was ist aber nun der Grund für die relativ geringe Publikationsquote liturgischer Orgelmusik im protestantischen Bereich, wo doch insgesamt das Schaffen der evangelischen Organisten dem katholischen Repertoire anteil- und qualitätsmäßig zumindest gleich, wenn nicht gar überlegen ist? Hier gilt es zunächst zu differenzieren. Im deutschen Raum ist vor der zweiten Hälfte des 17. Jahrhunderts kein katholischer Orgelmusik-Druck erschienen. Diese beginnen erst mit den Orgelspiellehren (Spiridion 1668, „Wegweiser" 1669-83) bzw. mit Kerlls *Harmonia organica* (1686) und bescheiden sich in ihrer Verbreitung auf die monastische Sphäre im süddeutschen Raum. Der Anteil der protestantischen Publikationen bis um 1650 ist also nicht allzu schmal, wenngleich in keiner Weise vergleichbar mit dem, was die Italiener geschaffen haben. Letztere haben auch eine ganz andere Repertoire-Breite, gegen die sich vor allem die deutschen Drucke des 16. Jahrhunderts mit ihren Motetten-Kolorierungen nur recht ärmlich abheben.

Das Zurückgehen der evangelischen Drucke fällt vor allem in der späteren Zeit, nach 1650, auf. Die Anzahl der Drucke ist dabei noch nicht einmal so gering, doch handelt es sich bei vielen Veröffentlichungen nur um Editionen kleinen Umfanges, während die Franzosen stattliche Bände auf den Markt bringen. Keine Frage ist, daß der 30jährige Krieg gerade die protestantischen Lande wirtschaftlich besonders mitgenommen hat, so daß an Drucklegung größerer Werke nach der Jahrhundertmitte kaum zu denken war. Doch selbst in manchen größeren, wirtschaftlich wohlsituierten Städten, an deren Kirchen bedeutendere protestantische Organisten wirkten, vermissen wir Publikationen liturgischer Orgelmusik. Freie Orgelstücke wurden überhaupt nicht gedruckt. So existieren z. B. keine Gegenstücke zu F. Roberdays *Fugues e Caprices... pour l'Orgue* (Paris 1660), Muffats *Apparatus Musico-Organisticus* (Salzburg 1690). Es verwundert dann, wenn Reincken (*Hortus Musicus*, Hamburg 1687) oder Buxtehude (*VII Suonate a due, Violino e Violdigamba con Cembalo*, Hamburg-Lübeck 1696) Kammermusikwerke erscheinen lassen, die, verglichen mit ihren Orgelkompositionen, doch nur eine periphere Rolle in ihrem Schaffen spielen.

Der entscheidende Grund für das Fehlen von repräsentativen Drucken dürfte vermutlich nicht in der finanziellen Situation liegen, zumal das im 17. Jahrhundert entwickelte Kupferstichverfahren kostensparender war als der Typendruck, in der noch Scheidt seine Tabulaturen veröffentlichte. Wenn man nun der Frage nachgeht, worin sich die katholische Orgelmusik vom späteren 17. Jahrhundert an mit ihrem reicheren Publikationsschatz von der evangelischen unterscheidet, so fallen weniger die Differenzen im liturgischen Charakter als die in der musikalisch-kompositorischen Textur ins Gewicht. Und letztere steht in unmittelbarer Beziehung zu dem jeweiligen Instrumententyp, auf den hin sie angelegt ist. Wie wir gesehen haben, setzt der Druck von Werken einen gewissen Absatzmarkt voraus, der von den spieltechnischen Anforderungen und der Verbreitung des verlangten Instrumententyps abhängt. Diese Voraussetzung ist in idealer Weise für den überwiegenden Teil der katholischen Drucke gegeben. Was z. B. den Orgeltyp anlangt, so hat sich dieser in den italienischen, süddeutschen und französischen Orgellandschaften vom frühen 17. bis zum mittleren 18. Jahrhundert kaum verändert. Im italienischen und süddeutschen Raum spielt zudem das Pedal eine untergeordnete Rolle, so daß sich allein infolge der Manualiter-Faktur eine vielseitige Verwendung der Kompositionen anbietet, was der Verbreitung der Drucke nur dienlich ist. Von den Standardisierungen im Klangbild bleiben auch das Satzbild und die stilistische Erscheinungsform nicht unberührt. Im katholischen Süden lassen sich daher ganz anders als im protestantischen Norden klare Typisierungen in den musikalischen Strukturen ablesen. Unübersehbar ist dies auch bei den französischen Orgelsätzen.

Die fantasiereich disponierten Instrumente der mittel- und norddeutschen Orgellandschaft gepaart mit der zugehörigen, die klanglichen Möglichkeiten bis an die Grenze ausschöpfenden Musik mit ihren zum Teil hohen spieltechnischen Anforderungen bieten hier völlig andere Voraussetzungen. Ein Druck dieser hochindividualisierten Kompositionen, die vor allem bei den liturgischen Werken für die Präsentierung der cantus firmi einen gewissen Dispositionsreichtum verlangt, würde kaum Verbreitungschancen gehabt haben, zumal er nicht nur einen größeren Orgeltyp erfordert, sondern sich außerdem nur an qualifizierte professionelle Organisten wenden kann. Es ergibt sich hier eine deutliche Parallele zur Situation im Druck von evangelischer Vokalmusik. Der Rückgang dieser Drucke in der zweiten Hälfte des 17. Jahrhunderts ist ebenfalls zum großen Teil abhängig von der anwachsenden Individualisierung der Satzfaktur, dem Anpassen der Besetzungsverhältnisse und Stilmittel an lokale Verhältnisse in den kirchenmusikalischen Zentren.[1e] Bachs Vokalwerken blieb so der Druck ebenso verschlossen wie den großen Vokalkonzerten und Kantaten seiner Vorgänger und Zeitgenossen, während entsprechende Stücke, die sich im Zuschnitt und in der Wahl der Stilmittel am Durchschnitt der kirchenmusikalischen Verhältnisse ihrer Zeit orientierten, in populären Drucken verbreitet wurden (z. B. Briegels *Evangelischer Blumengarten*, 1666 ff. oder Telemanns *Harmonischer Gottesdienst*, 1725 ff.).

So nimmt es nicht wunder, wenn auch die Veröffentlichungen der liturgischen Orgelmusik im evangelischen Raum von Pachelbel bis Krebs keineswegs repräsentativ für Ausmaß und Gesamtcharakter des Repertoires sind. Die handschriftlichen Quellen bewahren das weitaus Bedeutendere. Die Druckpublika-

---

[1e] Vgl. Friedhelm Krummacher, Die Überlieferung der Choralbearbeitungen in der frühen evangelischen Kantate. Untersuchungen zum Handschriftenrepertoire evangelischer Figuralmusik im späten 17. und beginnenden 18. Jahrhundert = Berliner Studien zur Musikwissenschaft, Bd. 10, Berlin 1965, S. 45 ff.

tionen hingegen suchen mit wenigen Ausnahmen den Kompromiß. Und es schlägt sich im kompositorischen Niveau der meisten Werke nieder, daß sie sich dem Ziel anpassen, *nach besondern Genie und guter Grace elaborirte* (Kauffmann 1733—36) cantus firmus-Sätze sowohl als gottesdienstlich-liturgische Gebrauchsmusik für Durchschnittsverhältnisse als auch geistlich-häusliche Erbauungsmusik verwenden zu können. Vor allem Choralsuiten werden so zum gesuchten Genre (Pachelbel, Walther). Spielbarkeit der Kompositionen auf allen Clavierinstrumenten ist ein wichtiger verlegerischer Gesichtspunkt, und darum wird der Pedalgebrauch, der für die mittel- und norddeutsche Orgelmusik so überaus charakteristisch ist, zur Ausnahme. Nur wenige Komponisten im evangelischen Raum, die liturgische Orgelwerke zum Druck bringen, ordnen verlegerische Kalkulation der künstlerischen Konzeption unter wie Bach, der im 3. Teil seiner *Clavierübung* zwar mit der Einstreuung von Manualiter-Stücken eine Konzession an den Abnehmerkreis macht, sich aber bei den großen Pedal-Stücken nicht scheut, ohne Rücksicht auf Durchschnittsgeschmack, -verhältnisse, -instrumente, und -spieler gerade auch solche Kompositionen *denen Liebhabern, und besonders denen Kennern von dergleichen Arbeit, zur Gemüths Ergezung* anzubieten.

Bibliographie

Vorbemerkung: Die Titel werden, soweit sinnvoll, vollständig zitiert, allerdings ohne Berücksichtigung der typographischen Gestaltung der Originaldrucke (Zeilenumbruch usw.). Feststellbare Daten zu Ort, Verleger bzw. Drucker und Erscheinungsjahr (ggf. auch von Neuauflagen) werden anschließend notiert. Fallen mehrere Publikationen in ein und dasselbe Jahr, so werden die Jahreszahlen am linken Rand mit Ordnungsbuchstaben versehen. Der Anmerkungsteil weist ggf. auf die Bibliographien von Sartori, Riedel und Brown (vgl. Anm. 1) hin zum Zweck weiterer Nachweise (Konkordanzen und Editionen nur bei Brown). „E:" Editionen (jeweils neueste Urtext- oder Denkmälerausgabe des ganzen oder überwiegend vollständigen Werkes; keine Neudrucke bloßer Einzelsätze),[2] „F:" Faksimile-Neudrucke. „LI:" knappe Inhaltsangaben, beschränkt auf das liturgische Repertoire, sofern es nicht aus dem Titel zu entnehmen ist.

1512 Arnolt Schlick: Tabulaturen Etlicher lobgesang und lidlein uff die orgeln und lauten.
Mainz (P. Schöffer) 1512.[3]

1523 Marco Antonio Cavazzoni: Recerchari, Motetti, Canzoni... (lib. 1).
Venedig (B. Vercelensis) 1523.[4]

1531a Pierre Attaingnant (Herausgeber): Tabulature pour le jeu Dorgues Espinetes et Manicordions sur le plain chant de Cunctipotens et Kyrie fons. Avec leurs Et in terra. Patrem. Sanctus et Agnus dei.
Paris (P. Attaingnant) 1531.[5]

---

[2] Abkürzung nach MGG.
[3] Brown 1512[1]. LI: Hymnen, Versetten. E: hrsg. von G. Harms, Klecken 1924.
[4] Brown 1523[1], Sartori 1523. E: Die italienische Orgelmusik am Anfang des Cinquecento, hrsg. von K. Jeppesen, Kopenhagen 1943, rev. Ausg. 1960.
[5] Brown 1531[5]. E: PSFM I/1, hrsg. von Y. Rockseth, Paris 1925.

1531[b] Pierre Attaingnant (Herausgeber): xli Magnificat sur les huit tons avec Te deum laudamus. et deux Preludes, le tout mys en la tabulature des Orgues Espinettes & Manicordions.
Paris (P. Attaingnant) 1531.[6]

1531[c] Pierre Attaingnant (Herausgeber): lxxxi Treze Motetz musicaulx avec ung Prelude, le tout reduict en la tabulature des Orgues Espinettes et Manicordions et telz semblables instrumentz.
Paris (P. Attaingnant) 1531.[7]

1543 Girolamo Cavazzoni: Intavolatura Cioe Recercari, Canzoni, Himni, Magnificati ... (lib. 1).
Venedig (B. Vercelensis) 1543.[8]

154? Girolamo Cavazzoni: Intabulatura Dorgano, Cioe Misse, Himni, Magnificat ... (lib. 2).
Venedig o. J. (nach 1543); spätere Aufl. 154? = Nachdruck der drei Orgelmessen.[9]

1555 Juan Bermudo: Comiença el libro llamado declaracion de inst[r]umentos musicales.
Ossuna 1555.[10]

1557 Luis Venegas de Henestrosa: Libro De Cifra Nueva Para Tecla, Harpa, Y Vihuela, En El qual se enseña brevemente cantar canto llano, y canto de organo, y algunos avisos para contrapunto.
Alcalá de Henares (J. de Brocar) 1557.[11]

1568 Claudio Merulo: Messe D'Intavolatura D'Organo ... (lib. 4).
Venedig (C. Merulo) 1568.[12]

1575[a] Elias Nicolaus Ammerbach: Ein New kunstlich Tabulaturbuch, darin sehr gute Moteten und lieblich Deutsche Tenores jetziger Zeit vornehmer Componisten auff die Orgel unnd Instrument abgesetzt, beydes den Organisten unnd der Jugendt dienstlich. Mit gantzem fleis zusammen gebracht, auffs beste colorirt, uberschlagen, corrigirt und in Druck vorfertiget.
Nürnberg (D. Gerlach) 1575.[13]

1575[b] Rocco Rodio: Libro Di Ricercate A Quattro Voci ... Con Alcune Fantasie Sopra Varii Canti Fermi.
Neapel (G. Cacchio) 1575.[14]

---

[6] Brown 1531[6]. E: s. o.   [7] Brown 1531[7]. E: PSFM I/5, hrsg. von Y. Rockseth, Paris 1930.
[8] Brown 1543[1], Sartori 1543[b]. E: G. Cavazzoni, Orgelwerke, hrsg. von O. Mischiati, Mainz 1958.
[9] Brown 154?[2], Sartori s. a. (1543?). E: s. o.
[10] Brown 1555[1]. LI: Intonationen, Hymnen. F: Documenta musicologica I/11, Kassel etc. 1957.
[11] Brown 1557[2]. LI: Intonationen, Versetten (Psalm-Falsobordoni), Hymnen, Motetten. E: MME 2, hrsg. von H. Anglès, Barcelona 1944.
[12] Brown 1568[5]. Sartori 1568[a]. E: hrsg. von J. B. Labat, Paris 1865.
[13] Brown 1575[1].   [14] Brown 1575[5], Sartori 1575.

1577 Bernhard Schmid d. Ä.: Zwei Bücher. Einer Neuen kunstlichen Tabulatur auff Orgel und Instrument. Deren das Erste ausserlesne Moteten und Stuck zu sechs, fünff und vier Stimmen, auss den Kunstreichesten und weitberümbtesten Musicis und Componisten diser unser zeit abgesetzt. Das ander Allerley schöne Teutsche, Italienische, Frantzösische, Geistliche und Weltliche Lieder, mit fünff und vier Stimmen, Passamezo, Galliardo und Täntze in sich begreifft. Alles inn ein richtige bequemliche und artliche ordnung, deren dergleichen vormals nie im Truck ausgangen, Allen Organisten und angehenden Instrumentisten zu nutz, und der Hochloblichen Kunst zu Ehren auffs Neue zusamen gebracht, colloriret und ubersehen.
Straßburg (B. Jobin) 1577.[15]

1578 Antonio de Cabezón: Obras De Musica Para Tecla Arpa Y Vihuela.
Madrid (F. Sanchez) 1578.[16]

1580 Antonio Valente: Versi Spirituali Sopra Tutte Le Note, Con Diversi Canoni Spartiti Per Sonar Ne Gli Organi, Messe, Vespere, Et Altri Officii Divini ... (lib. 2).
Neapel (M. Cancer) 1580.[17]

1583[a] Elias Nicolaus Ammerbach: Orgel oder Instrument Tabulaturbuch, in sich begreiffende eine notwendige unnd kurtze anlaitung, die Tabulatur unnd application zu verstehen, auch dieselbige auss gutem grunde recht zu lernen. Darnach folgen auffs allerleichtest gute Deutsche, Lateinische, Welsche und Frantzösische stücklein, neben etlichen Passomezen, Galliarden, Repressen, unnd deutschen Dentzen, dessgleichen zuvor in offnem druck nie aussgangen. Jetzund aber, der Jugend und anfahenden diser kunst zu gutem, mit fleiss zusammen gebracht, und in druck verfertigt.
Nürnberg (D. Gerlach) 1583; Erweiterung der Ausgabe von 1575.[18]

1583[b] Jakob Paix: Ein Schön Nutz unnd Gebreüchlich Orgel Tablaturbuch. Darinnen etlich der berümbten Componisten, beste Moteten, mit 12. 8. 7. 6. 5. und 4. Stimmen ausserlesen, dieselben auff alle fürneme Festa des gantzen Jars, und zü dem Chormas gesetzt. Zü letzt auch allerhand der schönsten Lieder, Pass'è mezzo und Täntz, Alle mit grossem fleiss Coloriert. Zu trewem dienst den liebhabern diser Kunst, selb Corrigirt und in Truck verwilligt.
Laugingen (L. Reinmichel) 1583.[19]

---

[15] Brown 1577[6]. LI: Versetten, Hymnen, Intonationen, Motetten. E: Hispaniae Schola Musica Sacra VII—VIII, hrsg. von F. Pedrell, Barcelona/Leipzig 1894—1898.   [16] Brown 1578[3].
[17] Brown 1580[3], Sartori 1580. E: hrsg. von I. Fuser, Padua 1958.
[18] Brown 1583[2]. LI: Lateinische und deutsche (Choral-) Motetten.   [19] Brown 1583[4].

1583c Johannes Rühling: Tabulaturbuch, Auff Orgeln und Instrument Darinne auff alle Sontage und hohen Fest durchs gantze Jhar auserlesene, liebliche und künstliche Moteten so mit den Evangeliis, Episteln, Introitibus, Responsoriis, Antiphonis, Oder derselben Historien uberein kommen unnd eintreffen, der Fürnembsten unnd berümbsten Componisten, verfasset, und also geordnet, wie dieselben von den Autoribus im Gesang ohne Coloraturen gesetzt worden, damit ein jeglicher Organist solche Tabulatur auff seine Application bringen, und füglich brauchen kan. Mit sonderlichem fleiss auserlesen, in eine richtige Ordnung bracht, abgesatzt, und in Druck vorfertiget.
Leipzig (J. Beyer) 1583.[20]

1586 Simone Verovio: Diletto Spirituale Canzonette A tre et a quattro voci composte da diversi ecc.mi Musici.
Rom (M. van Buyten) 1586; 2. Aufl. 1592.[21]

1589 Jakob Paix: Thesaurus Motetarum. Newerlessner zwey und zweintzig herzlicher Moteten, Rechte Kunst Stück: der aller berhümbsten Componisten, in der Ordnung wie sie nach einander gelebt: Und jede Moteten zu ihrem gewissen Modo gesetzt. Mit sonderm hohen fleiss und müh zusamen getragen, und in diese breuchige Tabulatur gebracht.
Straßburg (B. Jobin) 1589.[22]

1593 Andrea und Giovanni Gabrieli: Intonationi D'Organo... Composte sopra tutti le Dodeci Toni della Musica... (lib. 1).
Venedig (A. Gardano) 1593; Neudruck der Stücke von A. Gabrieli bei Schmid, 1607 (in deutscher Orgeltabulatur).[23]

1596 Andrea Gabrieli: Il Terzo Libro De Ricercari... Insieme uno Motetto, Dui Madrigaletti, & uno Capricio sopra il Pass' è mezo Antico, In cinque modi variati, & Tabulati per ogni sorte di Stromenti da Tasti.
Venedig (A. Gardano) 1596.[24]

1598 Giacomo Vincenti (Herausgeber): Intavolatura D'Organo Facilissima, Accomodata in versetti Sopra gli Otto Tuoni Ecclesiastici, Con la quale si può giustamente risponder à Messe, à Salmi, & à tutto quello che è necessario al Choro.
Venedig (G. Vincenti) 1598.[25]

1603 Giovanni Maria Trabaci: Ricercate, Canzone Francese, Capricci, Canti Fermi, Gagliarde, Partite Diverse, Toccate, Durezze, Ligature, Consonanze Stravaganti, Et Un Madrigale Passeggiato Nel Fine. (lib. 1).
Neapel (C. Vitale) 1603.[26]

---

[20] Brown 1583[6].   [21] Brown 1586[8], 1592[11].   [22] Brown 1589[6].
[23] Brown 1593[4], Sartori 1593c. E: hrsg. von P. Pidoux, Kassel etc. o. J.
[24] Brown 1596[7], Sartori 1596c.
[25] Brown 1598[11], Sartori 1598e. E: Altitalienische Versetten in allen Kirchentonarten, hrsg. von M. S. Kastner, Mainz 1957.   [26] Sartori 1603c.

1605   Adriano Banchieri: L'Organo Suonario ... Entro il quale si pratica quanto occorer suole à gli Suonatori d'Organo, per Alternar Corista à gli Canti fermi in tutte le feste, & solemnità dell'anno. Trasportato, & traditto dal Canto fermo fidelissimamente, sotto la guida di un Basso in Canto figurato suonabile, & cantabile, & con intelligibile docilità diviso in Cinque Registri. Nel Primo si concerta la Santa Messa, nel Secondo gli Salmi Vespertini, nel Terzo gli Hinni, nel Quarto gli Magnificat, et nel Quinto le Sacre Lodi di Maria Vergine, Insieme vinti Suonate in spartituta, et nel fine una Norma, per conoscere ogni festa che Hinno corre, et die che tuono sarà l'Antifona del Cantico Magnificat. (Op. 13). Venedig (R. Amadino) 1605; cf. 1611, 1622.[27]

1607   Bernhard Schmid d. J.: Tabulatur Buch Von allerhand außerlesnen, Schönen, Lieblichen Praeludijs, Toccaten, Motteten, Canzonetten, Madrigalien unnd Fugen von 4. 5. und 6. Stimmen: deßgleichen kunstlichen Passomezen und Gagliarden, so von den berühmbtesten und besten Componisten und Organisten Deutsch und Welscher Landen componirt worden. Auff Orgeln und Instrumenten zu gebrauchen Allen Liebhabern Instrumentalischer Music, auch dieser Lieblichen und Rühmlichen Kunst zu sonderer Zierd, Ehr und Beförderung auffs New zusammengetragen, Kolorirt, in die Hand accomodirt, zugericht und aufgesetzt. Straßburg (L. Zetzner) 1607.[28]

1609a   Girolamo Diruta: Seconda Parte Del Transilvano Dialogo Diviso In Quattro Libri... Nel quale si contiene il vero Modo, & la vera Regola d'intavolare ciascun Canto, semplice, & diminuito con ogni sorte de diminutioni: & nel fin dell' ultimo libro v'è la Regola, la qual scopre con brevità e facilità il modo d'imparar presto à cantare. Opera nuovamente dall'istesso composta, utilissima, & necessaria a' Professori d'Organo. Venedig (G. Vincenti) 1609—10; 2. Aufl. 1622.[29]

1609b   Ascanio Mayone: Secondo Libro Di Diversi Capricci Per Sonare. Neapel (G. B. Gargano) 1609.[30]

1609c   Michael Praetorius: Musae Sioniae ... Deutscher Geistlicher in der Christlichen Kirchen ublicher Psalmen und Lieder Mit IV. Stimmen. Siebender Theil. Wolfenbüttel (Fürstl. Druckerei) 1609.[31]

---

[27] Sartori 1605d. [28] Sartori 1607g. Vgl. Gabrieli 1593. F: New York (Broude Brothers) 1967.
[29] Sartori 1609—1610. LI: Intonationen, Versetten (Messen, etc.), Hymnen.
[30] Sartori 1609f. LI: 3 c. f.-Ricercari.
[31] LI: 4 Choralbearbeitungen (*Pro Organicis: sine textu*). E: M. Praetorius, Sämtliche Orgelwerke, hrsg. von K. Matthaei, Wolfenbüttel 1930.

1610   Henderick Joostzoon Speuy: De Psalmen Davids, gestelt op het Tabulatuer van het orghel en de Clavercymmel met 2. Partijen.
Dordrecht (P. Verhaghen) 1610.³²

1611ᵃ   Adriano Banchieri: L'Organo Suonario... Nuovamente in questa seconda impressione, accordato in Tuone Corista, con gli Cerimoniali, Messali, Breviarij, et Canti fermi Romani, & compartito in cinque Registri; Opera utile, & neccesaria, à gli Studiosi Organisti, che desiderino Alternare in voce, & Organo à gli Canti fermi di tutte le Feste & Solemnità dell' Anno. Non solo delle Chiese de Reverendi Preti, ma in quelle de Canonici, Monaci, Frati, Monache, Suore, & Confraternite. (op. 25).
Venedig (R. Amadino) 1611; neue Aufl. 1620; cf. 1605, 1622.³³

1611ᵇ   Michael Praetorius: Hymnodia Sionia Continens Hymnos Sacros XXIV. Anniversarios selectos, in Ecclesia usitatos.
Hamburg (M. Hering) 1611.³⁴

1614   Bernardino Bottazzi: Choro Et Organo Primo Libro In cui con facil modo s'apprende in poco tempo un sicuro methodo di sonar su'l Organo Messe, Antifone, & Hinni sopra ogni maniera di canto fermo, Et Si trattano con ottimo ordine alcune regole di Intavolatura, & si danno alcuni necessarij avvertimenti, & essempi pertinenti a vero, & perfetto organista.
Venedig (G. Vincenti) 1614.³⁵

1615   Giovanni Maria Trabaci: Il Secondo Libro de Ricercate, et altri varij Capricci, Con Cento Versi sopra li Otto finali Ecclesiastici per rispondere in tutti i Divini Officij, & in ogni altra sorte d'occasione.
Neapel (G. Carlino) 1615.³⁶

1617   Johann Woltz: Nova Musices Organicae Tabulatura. Das ist: Ein newe art teutscher Tabulatur, etlicher außerlesenen Lateinisch: ud Teutschen Motteten und Geistlichen Gesängen, auch schönen lieblichen Fugen, und Canzoni alla Francese, von den berhümbtesten Musicis, und Organisten Teutsch: und Welsch Landen, mit 4. 5. 6. 7. 8. 10. 12. und mehr Stimen componirt: Welche bey Christlichen Versammlungen und sonstê ins gemein zu Gottes Lob, erweck: und auffmunterung Gottseliger gemüter, auff Orgeln, Positiff, und andern clavirten Musicalischen Instrumenten nusslich können gebraucht werden: Also mit den obristen und undristen volkommenen Stimmen zusammen gesetz, dass ein jeder Kunst zimlicher massen erfahrent, mit un-

---

³² E: Psalm Preludes, hrsg. von F. Noske, Amsterdam 1962.
³³ Sartori 1611c.
³⁴ LI: 6 lateinische Hymnen *(Pro Organico)*. E: s. o. Anm. 31.
³⁵ Sartori 1614b.   ³⁶ Sartori 1615c.

dermischung der ubrigen Stimmen solcke gar leicht ergreiffen mag.
Basel (J. J. Genath) 1617.³⁷

1620 Manuel Rodrigues Coelho: Flores de Musica pera o instrumento de Tecla, & Harpa.
Lissabon 1620.³⁸

1622 Adriano Banchieri: Organo Suonario ... In questa Terza impressione accordato con ogni diligenza E diviso in Cinque Registri. Libro utilissimo à qual si voglia Organista per alternare in voce Chorista alli Canti Fermi di tutto l'Anno Nelle Chiese Secolari, Regolari, Monache, e Confraternia secondo l'uso di Santa Madre Chiesa. (op. 43).
Venedig (A. Vincenti) 1622; neue Aufl. 1627, 1638; cf. 1605, 1611.³⁹

1623 Jean Titelouze: Hymnes de l'Eglise pour toucher sur l'orgue, avec les fugues et recherches sur leur plain-chant.
Paris (Ballard) 1623.⁴⁰

1624 Samuel Scheidt: Tabulatura Nova. Continens variationes aliquot Psalmorum, Fantasiarum, Cantilenarum, Passamezzo, et Canones aliquot, In Gratiam Organistarum adornata.
Pars secunda Tabulaturae Continens Fugarum, Psalmorum Cantionum et Echus Toccatae Variationes Varias Et Omnimodas. Pro quorumvis Organistarum captu & modulo.
III. Et Ultima Pars Tabulaturae Continens Kyrie Dominicale. Credo In Unum Deum. Psalmum De Coena Domini Sub Communione Hymnos Praecipuorum Festorum Totius Anni. Magnificat 1.2.3.4.5.6.7.8.9. Toni, Modum ludendi pleno Organo & Benedicamus.... In gratiam Organistarum praecipuè eorum qui Musicè pure & absque celerrimis Coloraturis Organo endere [sic] gaudent.
Hamburg (M. Hering) 1624; 2. Aufl. Hamburg (T. Gundermann) 1649 (?).⁴¹

1626ᵃ Francisco Correa de Arauxo: Libro de Tientos y Discursos de Música Práctica, y Theórica de Organo intitulado Faculdad Orgánica.
Alcalá 1626.⁴²

1626ᵇ Jean Titelouze: Le Magnificat, ou Cantique de la Vierge pour toucher sur l'orgue, suivant les huit tons de l'Eglise.
Paris (Ballard) 1626.⁴³

---

[37] Sartori 1617e.
[38] LI: Motetten, Versetten, c. f.-Bearbeitungen. E: Portugalia Musica A/1, hrsg. von M. S. Kastner, Lissabon 1959.
[39] Sartori 1622c.   [40] E: Guilmant-Archives 1, Paris/Mainz 1898.
[41] E: Scheidt-GA 6—7, hrsg. von Chr. Mahrenholz, Hamburg 1953, rev. Ausg. 1965.
[42] LI: Motetten, c. f.-Bearbeitungen, Tientos in allen Tönen. E: MME 6, 12, hrsg. von M. S. Kastner, Barcelona 1948, 1952.   [43] E: s. o. Anm. 40.

1627ª Girolamo Frescobaldi: Il Secondo Libro Di Toccate, Canzone, Versi D'Hinni, Magnificat, Gagliarde. Correnti, Et Altre Partite D'Intavolatura Di Cimbalo Et Organo.
Rom (L. Gallo) 1627; 2. Aufl. Rom (N. Borbone) 1637.[44]

1627ᵇ Johann Ulrich Steigleder: Tabulatur Buch Darinnen daß Vatter unser auff 2, 3, und 4 Stimmen componirt, und viertzig mal varirt würdt.
Straßburg (M. v. d. Heiden) 1627.[45]

1635 Girolamo Frescobaldi: Fiori Musicali Di Diversi Compositioni, Toccate, Kirie, Canzoni, Capricci E Ricercari In Partitura A Quattro Utili Per Sonatori. (op. 12).
Venedig (A. Vincenti) 1635.[46]

1641 Giovanni Salvatore: Ricercari A Quattro Voci, Canzoni Francesi, Toccate, Et Versi Per rispondere nelle Messe con l'Organo al Choro. (lib. 1).
Neapel (O. Beltrano) 1641.[47]

1642 Antonio Croci: Frutti Musicali Di Messe Tre Ecclesiastiche per rispondere alternamente al Choro, tra quale ci n'e una per quelli che non arrivano all' Ottava, con cinque Canzoni, & un Ricercaro Cromaticho composto nel istesso modo, con tre altri Ricercari pur Cromatici reali. (op. 4).
Venedig (A. Vincenti) 1642.[48]

1645ª Giovanni Battista Fasolo: Annuale che contiene tutto quello, che deve far un Organista, per risponder al Choro tutto l'Anno. Cioè tutti gl'Hinni delli Vesperi, tutte le Messe, cioè doppia, che serve ad ambe le classi, della Domenica, & della Beatissima Vergine Madre di Dio. Sono regolate sotto l'ordine de Toni Ecclesiastici. otto Magnificat, li cui Versetti per pigliare tutti li toni possono servire à tutte l'occorrenze di risposte, ciascuno hà sua risposta breve per l'Antifona: otto Ricercate, otto Canzoni francese; quattro Fughe, la prima sopra la Bassa fiamenga, la quarta sopra Ut, Re, Mi, Fa, Sol, La; la Salve Regina, & il Te Deum laudamus. (op. 8).
Venedig (A. Vincenti) 1645.[49]

1645ᵇ Johann Erasmus Kindermann: Harmonia Organica. In Tabulaturam Germanica composta. I. Praeambula per omnes Tonos Figurales. II. Fantasie. III. Fugae. IV. Intonationes. V. Magnificat.
Frankfurt und Ulm (J. Görlinus) 1645.[50]

---

[44] Sartori 1627ᵇ. E: hrsg. von P. Pidoux, Kassel etc. 1949.
[45] E: CEKM 13, hrsg. von W. Apel, 1968.
[46] Sartori 1635ª. E: hrsg. von P. Pidoux, Kassel etc. 1950.
[47] Sartori 1641ᶜ. E: CEKM 3, hrsg. von B. Hudson, 1964.
[48] Sartori 1642ᵇ. [49] Sartori 1645ᵈ. [50] E: hrsg. von R. Walter, Altötting o. J.

1650ᵃ Scipione Giovanni: Intavolatura di Cembalo, et Organo, Toccate, Capricci, Hinni sopra il Canto fermo, Correnti, Balletti, Ciaccone, e Passacagli diversi. (lib. 1).
Perugia (A. Laurenti) 1650.[51]

1650ᵇ Samuel Scheidt: Tabulatur-Buch Hundert geistlicher Lieder und Psalmen Herrn Doctoris Martini Lutheri und anderer gottseligen Männer. Für die Herren Organisten mit der Christlichen Kirchen und Gemeine auff der Orgel desgleichen auch zu Hause zu spielen und zu singen. Auf alle Fest- und Sonntage durchs ganze Jahr.
Görlitz (M. Herman) 1650.[52]

1659 Anthoni van Noordt: Tabulatuur-Boek van Psalmen en Fantasyen waar van de Psalmen door verscheyden versen verandert zijn soo inde Superius, Tenor, Als Bassus met 2. 3. en 4. part.
Amsterdam (W. van Beaumont) 1659.[53]

1664 Sebastian Anton Scherer: Operum musicorum secundum, distinctum in libros duos: Tabulaturam in Cymbalo et Organo. Intonationum brevium per octo tonos; et Partituram octo Toccatarum usui aptam cum vel sine Pedali.
Ulm (B. Kühn) 1664.[54]

1667 Guillaume Gabriel Nivers: Second Livre d'Orgue contenant la Messe et les Hymnes de l'Eglise.
Paris (R. Ballard) 1667.[55]

1668 Anonymus: Kurzer, jedoch gründlicher Wegweiser, Vermittelst welches man nicht nur allein aus dem Grund die Kunst, die Orgel recht zu schlagen, sowol was den General-Baß, als auch was zu dem Gregorianischen Choral-Gesang erfordert wird, erlernen, und durch fleißiges üben zur Vollkommenheit bringen: Sondern auch Weiland Herrn Giacomo Carissimi Sing-Kunst, und leichte Grund-Regeln, Vermittelst welcher man die Jugend ohne grosse Mühe in der Music perfectioniren kan, zu finden seyn. Wobey auch die eigentliche Unterweisung, den Choral-Gesang zu begreiffen, alle desselben Thon zu erkennen, und sich nach demselben in den Intonationibus, Kyrie, Hymnis, Psalmis, Benedictus, Magnificat &c. wissen auf der Orgel mit den Praeambulis zu richten. Deme hinzugefügt ein in Kupffer verfertigter Uebungs-Plan, bestehend in allerhand Praeambulis, Interambulis, Versa, Toccaten, Tastaten, Variationen, Fugen, und dergleichen, alle nach Ordnung der so wol regular, als transponirten 8. Kirchen-Thonen eingerichtet.

---

[51] Sartori 1650ᵈ, Riedel 58 f.
[52] Riedel 58 f. E: Scheidt-GA 1, hrsg. von G. Harms, Hamburg 1923.
[53] Riedel 58 f. E: hrsg. von R. Lagas, Amsterdam 1957.
[54] Riedel 58 f. E: Guilmant-Archives 8, Paris/Mainz 1907.
[55] Riedel 58 f. E: hrsg. von N. Dufourcq, Paris 1956.

Augsburg (J. Koppmayer und J. Görlin) 1668; 2. Aufl. 1689, 3. (erweiterte) Aufl. 1693; weitere Auflagen 1695, 1696, 1698, 1700.[56]

1669—83 Bertoldo Spiridion: Instructio Nova pro pulsandis Organis, Spinettis, Manuchordiis etc. hactenus in Scientiarum thesauro abscondita, nunc vero magno studio ac labore eruta, adeo facilis ac clara, ut quilibet callens Musicam & Organorum Claviarium ... intra paucos menses, se solo, non tantum Praeludia cujusvis generis suaviter, Canzonas vel Fugas eleganter, Toccatas chromatice, Bassum continuum perfecte sonare, sed insuper simul artem componendi Motettas Ecclesiasticas, quam profanas excellenter ediscere valeat. Opus in quatuor partes divisum.
Bamberg (J. G. Seuffert und J. J. Immel) 1669/70 (Pars Prima); 1671/72 (Pars Secunda); 1675 (Pars Tertia/Quarta); Würzburg (H. Hertz) 1683 (V. Pars = Musicalische Ertz-Gruben).[57]

1674 Dietrich Buxtehude: Fried- und Freudenreiche Hinfarth des alten großgläubigen Simeons ... in 2. Contrapuncten abgesungen.
Lübeck (U. Wettstein) 1674.[58]

1676 Johann Jungnickel: Fugen in Pedal und Manual durch alle tonos.
Frankfurt (J. Chr. Wust) 1676; verschollen.[59]

1678—79 Nicolas Antoine LeBègue: Second Livre d'Orgue ... contenant des pièces courtes et faciles sur les huit tons de l'eglise et la messe des fêtes solemnelles.
Paris (Baillon) o. J.; 2. Aufl. um 1685; 3. Aufl. um 1690.[60]

1683ᵃ Nicolas Gigault: Livre de Musique ... contenant les cantiques sacréz qui se chantent en l'honneur de son Divin Enfantement. Diversifiez de plusieurs manières à II-III- et IV parties qui peuvent estre touchez sur l'Orgue & sur le Clavessin.
Paris (N. Gigault) 1683.[61]

1683ᵇ Johann Pachelbel: Musicalische Sterbensgedanken.
Erfurt 1683; verschollen.[62]

1685 Nicolas Gigault: Livre de Musique pour l'Orgue.
Paris (N. Gigault) 1685.[63]

---

[56] Riedel 58 ff. E: hrsg. von R. Walter, Altötting o. J.
[57] Riedel 60 ff. E: hrsg. von R. Walter, Altötting o. J.
[58] Riedel 60 f. E: D. Buxtehude, Sämtliche Orgelwerke 4, hrsg. von J. Hedar, Kopenhagen 1952. F: hrsg. von M. Seiffert, Lübeck 1937.
[59] Riedel 60 f.   [60] Riedel 60 f. E: Guilmant-Archives 9, Paris/Mainz 1909.
[61] Riedel 62 f.
[62] Riedel 62 f. LI: vermutlich 4 Sterbechoräle mit Variationen. E: DTB 2/1, hrsg. von M. Seiffert, Braunschweig 1901.
[63] Riedel 62 f. LI: Versetten (Messen), Te deum. E: Guilmant-Archives 4, Paris/Mainz 1903.

um 1685	Nicolas Antoine LeBègue: Troisième Livre d'Orgue ... Contenant des grandes Offertoires et des Elevations; Et tous les Noëls les plus connus, des Symphonies et les Cloches que L'on pent joüer sur l'Orgue et le Clavecin. Paris (Bausseu) o. J.[64]
(nach 1685)	Giulio Cesare Arresti: Partitura Di Modulationi Precettive Sopra Gl'Hinni Del Canto Fermo Gregoriano Con Le Risposte Intavolate In Sette Righe Per L'Organo. (op. 7). Bologna o. J.[65]
1686	Johann Caspar Kerll: Modulatio Organica super Magnificat octo ecclesiasticis tonis respondens. München (M. Wening) 1686.[66]
1687	Giovanni Battista degli Antonii: Versetti Per Tutti Li Tuoni Tanto naturali, come trasportati per l'Organo. (op. 2). Bologna (G. Monti) 1687.[67]
1688	Andrè Raison: Livre d'Orgue Contenant Cinq Messes Différentes Pour Tous les Tons de l'Eglise ou Quinze Magnificats pour ceux qui n'ont pas besoin de Messes, avec des Élévations toutes particulières. En suite des Benedictus: Et une Offerte. Paris (A. Raison) 1688.[68]
1689	Jean Henri d'Anglebert: Pieces de Clavecin ... Quelques Fugues pour l'Orgue. Paris (J. H. d'Anglebert) 1689.[69]
1690a	Francois Couperin: Pièces d'orgue, consistant en deux messes 1. à l'usage ordinaire des paroisses, 2. pour les couvents des religieux et des religieuses. Paris 1690.[70]
1690b	Gilles Jullien: Premier Livre d'Orgue ... Contenant les huit tons de l'Eglise pour les festes Solemnels Avec Un Motet de Ste. Caecille a trois Voix et Simphonie. Paris (H. Lesclop) 1690.[71]
1692	Christian Flor: Todesgedanken in dem Liede: Auf meinen lieben Gott, mit umgekehrtem Contrapuncte fürs Clavier sehr künstlich gesetzt. Hamburg 1692.[72]
1693a	Johann Pachelbel: Acht Choräle zum praeambulieren. Nürnberg (J. Chr. Weigel) 1693; vermutlich bereits vorher erschienen (Erfurt o. J.) unter dem Titel: Erster Theil etlicher

---

[64] Riedel 62 f. E. s. o. Anm. 60.   [65] Sartori s. a. (post al 1665), Riedel 66 f.
[66] Riedel 62 f. E: hrsg. von R. Walter, Altötting 1956.   [67] Sartori 1687f, Riedel 62 f.
[68] Riedel 62 f. E: PSFM I/13, hrsg. von N. Dufourcq, Paris 1962.
[69] Riedel 62 f. LI: 6. Fuge = Kyrie. E: hrsg. von A. Guilmant, École classique de l'orgue 25, Paris 1903.   [70] E: hrsg. von P. Brunold, Monaco 1952.
[71] Riedel 62 f. E: hrsg. von N. Dufourcq, Paris 1952.   [72] Riedel 62 f.

	Choräle, welche bey währendem Gottesdienste zum Praeambulieren gebraucht werden.[73]
1693[b]	Johann Speth: Ars magna consoni et dissoni... Das ist: Organisch-Instrumentalischer Kunst- Zier- und Lust-Garten..., außerlesene Toccaten oder musikalische Blumenfelder,... Magnificat, samt denen darzu gehörigen Praeambulis, Versen, Clausulen... unterschiedliche Arien. Augsburg (L. Kroniger und G. Göbel) 1693.[74]
1696[a]	Giovanni Battista degli Antonii: Versetti Da Organo Per Tutti Li Tuoni. (op. 7). Bologna (M. Fagnani) 1696; 2. Aufl. 1697.[75]
1696[b]	Franz Xaver Anton Murschhauser: Octi-Tonium Novum Organicum, octo tonis ecclesiasticis, ad Psalmos & Magnificat, adhiberi solitis, respondens... cum Appendice nonnullarum Inventionum, ac Imitationum pro Tempore Natalis Domini. (op. 1). Augsburg (L. Kroniger und G. Göbel) 1696.[76]
1699	Nicolas de Grigny: Premier livre d'orgue, contenant une messe et les hymnes des principales festes de l'année. Paris (P. A. LeMercier) 1699; 2. Aufl. 1711.[77]
um 1700	John Blow: Psalms set full for the Organ or Harpsichord. London o. J.[78]
1702	Johann Caspar Ferdinand Fischer: Ariadne Musica, Neo-Organoedum, per viginti Praeludia, totidem Fugas atque quinque Ricercaras Super totidem Sacrorum anni Temporum Ecclesiasticas Cantilenas è difficultatum labyritho educens. Augsburg (J. Chr. Leopold) 1702; 2. Aufl. 1710; 3. Aufl. 1715; Exemplare der ersten beiden Auflagen nicht nachweisbar.[79]
1703	Gaspard Corrette: Messe du VIIIe ton pour l'orgue à l'usage des dames religieuses. Paris 1703.[80]
1703—07	Franz Xaver Anton Murschhauser: Prototypon Longo-Breve Organicum, super tonos figuratos magis usitatos, Modum novum ac artificiosum. tam constringendi quam deducendi, Fugas et Praeambula. Nürnberg (W. M. Endter) 1703; 2. Teil: 1707.[81]

---

[73] Riedel 62 f. E: DTB 4/1, hrsg. von M. Seiffert, Braunschweig 1903.   [74] Riedel 62 f.
[75] Sartori 1969e, Riedel 64 f.   [76] Riedel 64 f. E: hrsg. von R. Walter, Altötting 1961.
[77] Riedel 64 f. E: hrsg. von N. Dufourcq und N. Pierront, Paris 1953.
[78] E: J. Blow, Complete Organ Works, hrsg. von W. Shaw, London 1958.
[79] E: J. C. F. Fischer, Sämtliche Werke für Klavier und Orgel, hrsg. von E. von Werra, Leipzig 1901.   [80] E: Orgue et Liturgie 50—51, hrsg. von N. Dufourcq.
[81] E: DTB 18, hrsg. von M. Seiffert, Braunschweig 1917.

1706	Jean Adam Guilain: Pièces d'Orgue pour le Magnificat sur le huit tons différens de l'eglise. Paris 1706.[82]
1712	Johann Gottfried Walther: Musicalische Vorstellung Zweyer Evangelischer Gesänge, nemlich: Meinem Jesum laß ich nicht und Jesu meine Freude. Erfurt (L. Dreßler) 1712.[83]
1714	Andrè Raison: Second livre d'orgue sur les acclamations de la paix tant desirée... adjoûte plusieurs Noëls. Paris (A. Raison) 1714.[84]
um 1715	Pierre Dandrieu: Noëls, O filii, Chansons de saint Jacques, Stabat mater et Carillons, le tout revu, augmenté extrêmement varié et mis pour l'orgue et le clavecin. Paris o. J.
1716	Domenico Zipoli: Sonate d'intavolatura per organo, e cimbalo. Parte prima: Toccata, Versi, Canzone, Offertorio, Elevazioni post Comunio e Pastorale. Parte seconda: Preludij, Correnti, Sarabande, Gighe, Gavotte e Partite. (op. 1). Rom (?) 1716; Neuausgabe London um 1730.[85]
vor 1718	Daniel Purcell: The Psalmes set full for the Organ or Harpsichord as they are plaid in Churches and Chappels in the manner given out: as also with their Interludes of great Variety. London o. J.
1720	Giuseppe Maria Santini: Libro di Sonate d'organo d'Intavolatura... fatto per comodo da sonare alle Messe, Vespri, Compiete, ed altro. 1720.
1726	Gottlieb Muffat: 72. Versetl Sammt 12 Toccaten besonders zum Kirchen Dienst bey Choral Aemtern und Vespern dienlich. Wien 1726.[86]
1727	Azzolino Bernardino della Ciaja: Sonate per cembalo per alcuni Saggi, ed altri contrapunti di largo, e grave stile Ecclesiastico per grandi organi. (op. 4). Siena 1727.
um 1730	Joseph Nicolaus Torner: ABC per tertiam Majorem, continens VIII Cantilenas pro Offertorio latino, pro Elevatione, et VIII pro commnunione... XII Toccatae, Currentes atque Ariae cantabo. Mainz o. J.

---

[82] E: Guilmant-Archives 7, Paris/Mainz 1906.
[83] E: DDT 26—27, hrsg. von H. Leichtentritt und H. J. Moser, Wiesbaden 1958.
[84] E: s.o Anm. 68.
[85] E: D. Zipoli, Sämtliche Orgelwerke, hrsg. von L. F. Tagliavini, Heidelberg 1959.
[86] E: hrsg. von W. Upmeyer, Kassel etc. 1952. F: New York (Broude Brothers) 1967.

1733   Carlmann Kolb: Certamen Aonium, id est Lusus Vocum inter se innocuè Concertantium, Continens Praeambula, Versett: atque Cadentias, ab octo tonis.
Augsburg (J. Chr.Leopold) 1733.[87]

1733—36   Georg Friedrich Kauffmann: Harmonische Seelenlust Musicalischer Gönner und Freunde das ist: Kurtze, jedoch nach besondern Genie und guter Grace elaborirte Praeludia von 2. 3. und 4. Stimmen, über die bekanntesten Choral-Lieder.
Leipzig (J. Th. Boethius) 1733-36, erschienen in Lieferungen.[88]

1734—36   Johann Wolfgang Förtsch: Musicalische Kirchwey-Lust, bestehend 1, in einer Clavier Fugen nebst einer Arien mit vier Variationibus und dann 2, einer Choralfugen über das bekannte Kirchenlied Nun Lob mein Seel mit beygefügtem Bicinio componirt und gespielet am Kirchweyfest dieses 1734ten Jahres in der Hauptkirchen zu St. Laurenzen.
Nürnberg (J. W. Rönnagel) 1734; 1735 und 1736 erschienen bei fast gleichbleibendem Titel Fortsetzungen, von denen aber nur Exemplare der ersteren nachweisbar sind (mit dem Choral Allein Gott in der Höh).

1734—35   Georg Philipp Telemann: Fugirende und veraendernde Choräle.
Hamburg (G. Ph. Telemann) 1734—35.[89]

um 1735   Joseph Nicolaus Torner: ABC per tertiam Minorem, continens VIII Cantilena pro Offertorio latino, pro Elevatione, et VIII pro communione ... XII Toccatae, Currentes atque Ariae cantabo. (op. 4).
Augsburg (J. Chr. Leopold) o. J.

1737[a]   Michel Corrette: Premier livre d'orgue ... continent 4 magnificat, à l'usage des dames religieuses. (op. 15).
Paris 1737.

1737[b]   Franz Anton Maichelbeck: Die auf dem Clavier lehrende Caecilia, welche guten Unterricht ertheilet, Wie man nicht allein im Partiturschlagen, mit 3 und 4 Stimmen spielen, sondern auch, wie man aus der Partitur Schlag-Stück verfertigen, und allerhand Läuff erfinden könne. Darneben auch die Regeln zum componiren, sowohl von dem Contra-Punct, als nach dem jetziger Zeit üblichen Kirchen- und Theatral-Stylo, mit Beyfügung vieler Exempla, nebst denen 8 Choral-Tonen, wie auch denen Maniren zur Orgel, und 8 Kirchen-Tonen mit Schlag-Stücken an die Hand gibt, in drey Theil abgetheilet. (op. 2).
Augsburg (J. J. Lotter) 1737.

---

[87] E: hrsg. von R. Walter, Altötting o. J.
[88] E: hrsg. von P. Pidoux, Kassel etc. 1957.
[89] E: G. P. Telemann, Orgelwerke I, hrsg. von T. Fedtke, Kassel etc. o. J

1738	Johann Gottfried Walther: Harmonisches Denck- und Danckmahl, bestehend aus VIII. Vorspielen über das Lied: Allein Gott in der Hoh sey Ehr. Augsburg (J. Chr. Leopold) 1738.[90]
1739a	Johann Sebastian Bach: Dritter Theil der Clavier Übung bestehend in verschiedenen Vorspielen über die Catechismus- und andere Gesaenge vor die Orgel. Leipzig (J. S. Bach) o. J.[91]
1739b	Jean-Francois Dandrieu: Premier Livre de Pièces d'Orgue. Paris 1739.
nach 1741	Johann Gottfried Walther: Vorspiele über das Advents-Lied Wie soll ich dich empfangen? Und wie begegn' ich dir? Augsburg (J. J. Lotter) o. J.[92]
nach 1746	Johann Sebastian Bach: Sechs Choräle von verschiedener Art auf einer Orgel mit 2 Clavieren und Pedal vorzuspielen. Zella (J. G. Schübler) o. J.
um 1748	Johann Sebastian Bach: Einige canonische Veraenderungen über das Weynacht-Lied: Vom Himmel hoch da komm ich her. Vor die Orgel mit 2. Clavieren und dem Pedal. Nürnberg (B. Schmid) o. J.[93]
nach 1748	Georg Andreas Sorge: Choral Fugen. Nürnberg (B. Schmid) o. J.
1748—52	Johann Xaver Nauß: Die spielende Muse, welche die Jugend in leichten Praeludien nach den Kirchen-Tönen eingerichteten Versetten, Fugen und Arien auf dem Clavier nach der kurtzen Octave übet. Augsburg (J. J. Lotter) 1748—52, in fünf Teilen erschienen.
1752—53	Johann Ludwig Krebs: Clavierübung bestehend in verschiedenen vorspielen und veraenderungen einiger Kirchen Gesänge welche so wohl auf der Orgel als auch auf dem Clavier Können tractirt werden. Nürnberg (B. Schmid) 1752—53, in Lieferungen erschienen.[94]
1754	Johann Caspar Simon: Variirte und fugirte Choräle auf der Orgel. Nürnberg 1754.
1755	Marianus Königsperger: Der wohl unterwiesene Clavier Schüler... VIII. Praeambula, XXIV. Versette und VIII. Arien oder Galanterie-Stücke. Augsburg (J. J. Lotter) 1755.

[90] E: s. o. Anm. 83.
[91] E: NBA IV/4, hrsg. von M. Tessmer, Kassel etc. 1969.
[92] E: s. o. Anm. 83.
[93] E: NBA IV/2, hrsg. von H. Klotz, Kassel etc. 1958.
[94] E: J. L. Krebs, Gesamt-Ausgabe der Tonstücke für Orgel, Abt. 3, hrsg. von C. Geissler, Magdeburg o. J.

1756	Michel Corrette: Livre d'Orgue ... contenant les messes et les hymnes de l'eglise. Paris 1756.
um 1758—60	Franz Ziegler: 84 Interludia sive breviores Versiculi (fugettae) ad musicam choralem. Nürnberg o. J.: ein 2. Teil um 1760 erschienen.
1764	Michel Corrette: XII Offertoires pour orgue. Paris 1764.

Walter Haacke   Die Organisten
an St. Wenceslai zu Naumburg a. d. Saale im 17. und 18. Jahrhundert

Bachs Schwiegersohn *J. Christoph Altnikol* ist als Wenzelsorganist (1748 bis 1759) längst Gegenstand der Forschung gewesen. Er amtierte an der soeben von Zacharias Hildebrandt neu erbauten und 1746 von seinem späteren Schwiegervater und Gottfried Silbermann examinierten Orgel. Daß dies trefflich Werk bis heute wohlerhalten ist, ist das Verdienst von Christhard Mahrenholz, der in den Jahren 1931/33 die entscheidende Anregung zur Restaurierung gegeben hat. Diese Orgel hatte eine gute Vorgängerin, ein Werk von 38 Stimmen, das 1613 bis 1616 von dem Plauener Orgelbauer Joachim Zschucke, einem Schüler des Leipziger Orgelbauers Johann Lange, erbaut worden war. Beim Naumburger Fürstentag 1614 standen Musiker auf dem Baugerüst, als Michael Praetorius die Festmusik leitete.[1] Er und der ebenfalls anwesende Leipziger Thomaskantor Seth Calvisius gaben ihren Rat zum Orgelbau. Die Organisten Wolfgang Eisentraut aus Halle, Andreas Leser aus Gera und Peter Albrecht aus Eisleben wurden zur Abnahme gebeten. Eisentraut war 1596 einer der 53 Examinatoren der berühmten Schloßorgel von David Beck in Gröningen.

Am 13. Oktober 1616 nahm der Rat der Stadt Naumburg „Christian Engelln, Organisten, itzo in Leipzigk" zur Anstellung in Aussicht. Es handelt sich wohl um denselben *Christian Engel*, der als Komponist von acht Werken (Motetten und Geistliche Konzerte) von 6 bis 18 Stimmen im Katalog des Nachlasses von Kantor Unger (s. u.) aufgeführt ist.[2] Aus Chemnitz gebürtig, studierte er in Leipzig vom Sommer 1619 ab. 1615 war David Börner Wenzelskantor geworden, nachdem er von 1607 bis 1615 in seiner Geburtsstadt Chemnitz an St. Jakob als Kantor gewirkt hatte. Börner war von 1599 bis 1603 in Schulpforta Mitschüler von J. H. Schein gewesen. Vermutlich hat er Engel nach Naumburg empfohlen. Werner nimmt an, daß er mit dem gleichnamigen Organisten in Oschatz identisch ist (1643). Eitner führt ihn als Organisten und Musikus zu Naumburg und Herausgeber von „Concerto â 8 voc. Con il suo Basso cont. per org., auff die Hochzeitliche Ehren Frewde Des Laur. Maenii Med. Dr... Jehna 1619 Joh. Weidner. 8 Stbll. 4° Wem ein tugendsam Weib." Eben dieser Druck, den Eitner in der Königsberger Bibliothek und als Manuskript auch in der Berliner Bibliothek antraf, befand sich in

---

[1] Friedrich Hoppe, Die Pflege der Musik in Naumburg a. S. 1914, S. 13.
[2] Arno Werner, Die alte Musikbibliothek und die Instrumentensammlung an St. Wenzel in Naumburg a. d. Saale. AfMw 1927, S. 390.

Ungers Nachlaß. Es fehlt Nachricht darüber, wie lange Engel im Amt gewesen ist.

Die Naumburger Ratsakten „Neuen Organist betr.", die im Folgenden ausgeschöpft werden, melden am 13. Oktober 1632 die Berufung des Organisten zu St. Andreas in Eisleben, *Augustinus Vocke*. Von der gleichen Kirche kam 1616 Peter Albrecht als Examinator. Vocke fand die Orgel durch einige Arbeiten von Zschucke aus den Jahren 1629/30 verbessert vor. Gutachter war damals Samuel Scheidt aus Halle gewesen.

Aus den Pflichten, die Vocke auferlegt wurden, sei das Folgende herausgegriffen: 1. Dienst an Sonn- und Festtagen. Vesper sonnabends und am Tage vor den Festen. Brautmessen. 4. Beim Pfarrherrn Bescheid holen, was er im Gottesdienst schlagen soll. 5. Mit dem Kantor sich wegen der Musik besprechen. 6. „soll er sich befleißigen, daß er den Chorall der Teutzschen Lieder, die man in der Kirche singet jedes mahl vhor herschlage." 7. Bürgerkinder lehren. Mit diesem Punkte wurde Vocke die gleiche Auflage gemacht, wie sie in der Kirchen- und Schulordnung des ersten evangelischen Superintendenten Naumburgs, D. Nicolaus Medler, 1537 vorgesehen ist.[3] Es war damals nicht möglich gewesen, den Organisten zu besolden, ohne daß er zugleich der „Jungfernschull" vorstehe. 9. „Bey Rhatsbestetigungen soll er vor und nach Verrichtung derselben mitt dem Cantorn eine gute Music in der Kirchen halten." Vocke war kaum zwei Jahre im Amt, als der Schüler J. H. Scheins Andreas Unger 1634 die Nachfolge Börners als Wenzelskantor antrat. Unger entfaltete als Leiter der Musik eine rege Tätigkeit, wie der Katalog der von ihm angeschafften Musikalien ausweist,[4] der über fünfhundert Nummern umfaßt. An den Aufführungen hatte Vocke laut Dienstanweisung teil. So hat er zu Werken von Melchior Franck, Scheidt, Schein (64 Nummern), Schütz (35 Nummern) wohl den Generalbaß gespielt. Die Mitwirkung des Organisten verzeichnet der Katalog ausdrücklich bei Erhard Bodenschatz, Florilegium 1. Teil ... „der Generalbaß ist bey Kauffung ... dem Organisten auf die Orgel gegeben worden".

Vockes Dienstzeit ist nicht leicht gewesen. Anfang November 1632, also etliche Monate nach seinem Antritt, zog Gustav Adolf von Schweden durch Naumburg der Todesschlacht bei Lützen entgegen. Des Königs „treuer Aufwärter" Augustus v. Leubelfing wurde in St. Wenzel begraben. Dann folgten Brandschatzungen der Stadt durch Kaiserliche, Schweden und Franzosen. 1642 wurde eine fünftägige Belagerung der Schweden abgewiesen. 1650 verließen die letzten Schweden das Naumburger Gebiet. Vocke starb am 12. August 1654.

Am 28. August 1654 akkordierte der Rat mit dem Orgelbauer des Domkapitels[5] Ludwig Compenius, der um 1650 Reparaturen ausgeführt hatte, einen Pflegevertrag.

---

[3] Köster, Die Naumburger Kirchen- und Schulordnung von D. Nicolaus Medler aus dem Jahre 1537, S. 503, in den Neuen Mitteilungen des Thür.-Sächs. Vereins für Erforschung des vaterländischen Altertums ... Halle 1898.   [4] S. oben Anm. 2.
[5] Walter Haacke, Die Orgelbauten im Zeitzer und Naumburger Dom. AfMf VII 1942, S. 209.

Nach dem Tod Augustin Vockes bewarben sich um die Nachfolge *Nicolaus Preußler* aus Weißenfels, *Denart* (?) aus Querfurt und *Johann Leo* aus Halle. Dieser war nach einer Tätigkeit in Staßfurt am 27. März 1652 Organist an der Compeniusorgel in Glaucha bei Halle geworden[6] und wird auch als Leiter der Kirchenmusik in Hohenthurm bei Halle genannt.[7] Gemäß Ratsbeschluß erhielt Leo am 28. August 1654 den Dienst. Somit war am gleichen Tage für das Spiel und die Pflege der Orgel Anstalt getroffen worden. Kantor war noch Andreas Unger, der sich 1630 übrigens um die Nachfolge Scheins im Leipziger Thomaskantorat beworben hatte, das aber Tobias Michael zufiel. Kurz vor seinem Tode in den Weihnachtstagen 1657 bewarb Unger sich wiederum um die Nachfolge Tobias Michaels, die aber Sebastian Knüpfer antrat.

1662 wurde auf Leos Bitte von Ludwig Compenius eine dritte Klaviatur für das Brustwerk im Spieltisch eingebaut. Die Orgel Zschuckes, deren Disposition bei Dähnert zu finden ist,[8] besaß Oberwerk, Brustpositiv, Rückpositiv und Pedal. Das Brustpositiv wurde vom Klavier des Oberwerks aus gespielt. Zschucke hatte dem Rat am 19. Juni 1615 geschrieben, er sei von etlichen vornehmen Herren darauf angesprochen worden „ob das Werk nicht auch, inmaßen die Orgeln in Seestädten als in Hamburgk, Lübeck und anderen ortten mit dreyen Claviren verfertiget werden kontte". Daraufhin habe er unter Berufung auf Praetorius und Calvisius (s. o.) geantwortet „das solches hier zu Lande nicht breuchlichen".

Die Dienstanweisung, die Leo erhielt, gleicht der, auf die Vocke 1632 verpflichtet wurde. 1658 war nach Ungers Tod Heinrich Gottfried Kühnel Kantor geworden. Er wechselte aber schon 1663 nach Zeitz, wo er in der von Heinrich Schütz organisierten Hofkapelle als Kapellmeister bis zu deren Auflösung 1682 fungierte und wurde dann Thomasorganist in Leipzig.[9] Sein Nachfolger wurde 1663 Christoph Ursinus bis 1690 und dann bis 1717 Christoph Häußler. Leo hat also mit vier Kantoren zusammen musiziert.

Am 11. März 1675 supplizierte Leo an den Rat um 50 Gulden. Begründung: 1. sei er trotz Angeboten, für 200 Gulden und mehr in fürstliche Dienste zu treten, geblieben; 2. er habe viele Kinder; 3. 1654 hatte die Orgel nur zwei Klaviere. Er erhielt 100 Gulden Besoldung. Jetzt habe die Orgel drei Klaviere, also bäte er um 50 Gulden Zulage. Er fügte seiner Supplik folgende Spezifikation bei „wieweit meine itzige Besoldung nur in wohlfeiler Zeit gelanget: auff Eine person täglich gerechnet: 2 Brot 2 Pf, butter 2 Pf, Käse 1 Pf, kovent 7 Pf, thut auff ein Jahr 10 fl 3 gr 1 Pf. Auff zehn Personen 101 fl 9 gr 10 Pf Exclusive Zugemüße, Bier, fleisch, liecht, holtz, fuse, stänke, gewürtz und Kleidung etc". Der Rat bewilligte 10 Gulden Zulage und versprach für später weitere 10. Am 14. Juni 1675 bat Leo den Rat, die Zulage statt vierteljährlich auf einmal auszahlen zu lassen.

Im übrigen sei seit 1666 kein Orgelmacher dagewesen, so daß er alle Mängel selbst habe abstellen müssen. 1674 war er „mitsamt der Leiter herunter gefal-

---

[6] Walter Serauky, Musikgeschichte der Stadt Halle, II 1939, S. 169.
[7] Wilfried Stüven, Orgel und Orgelbauer im Halleschen Land vor 1800. (1964) S. 46.
[8] Ulrich Dähnert, Der Orgel- und Instrumentenbauer Zacharias Hildebrandt. 1962, S. 189.
[9] Arno Werner, Städtische und fürstliche Musikpflege zu Zeitz. 1922, S. 82.

len, da ich noch durch Göttliche Hülffe dz Gitter ergriffen, und mich erhalten". Erst 1686 wurde die Orgel von *Georg Zencker* überholt. Seinen Unfall brachte Leo am 5. August 1687 in Erinnerung, als er nochmals um Zulage anhielt. Auch sei „dz sonsten herrliche und berühmte Orgelwerck" in schlechtem Zustand. Der Rat bewilligte ihm 6 Gulden. 1688 bat Leo nochmals um Zulage, da er seit 23 Jahren 225 Defekte abgestellt habe und zwei Töchter ausstatten wolle. Der Rat bewilligte 50 Gulden „semel pro semper", wofür Leo bis an sein Ende die Orgel instand halten solle.

Desungeachtet machte der Rat 1692 doch Anstalten, einen guten Orgelbauer zur Reparatur heranzuziehen. Am 30. April schrieb *Friedrich Besser,* „Bürger und Orgelmacher zu Braunschweig", an den Rat, daß er unter gewissen Bedingungen die Reparatur übernehmen und die Arbeit auch beschleunigen wolle, da er künftigen Sommer noch ein weiteres Orgelwerk machen wolle. Es kam weder zu diesem noch jenem Vorhaben, da Besser 1693 starb.[10]

Am 31. Januar 1688 examinierte Leo die von dem Leipziger Orgelbauer *Christoph Donat* erbaute Orgel in der Schloßkirche zu Eisenberg. Seine Monita zeigen gründliche Sachkenntnis. Leos Sohn Johann Gottlieb, phil. stud., unterzeichnete das Protokoll „tanqvam testis ocularis".[11]

Am 12. Oktober 1691 beschwerte sich Leo darüber, daß sich Naumburger Bürger auswärts trauen ließen, um die Gebühren zu sparen: „Da doch kein Bürger alhier in der Stadt Naumburgk zeit seines lebens nicht einen dreyer zur Musick und Gottesdienst giebet, als dz er etwann Sontags und Festtags einen zweyer oder dreyer in den so genannten Klingebeutel wirfft, auch sich lebenszeit etwa einmahl verheurathet." Leo starb im September 1694.

Zu seiner Nachfolge traten drei interessante Aspiranten auf: *Johann Magnus Knüpfer,* ein Sohn des 1676 verstorbenen Leipziger Thomaskantors; *Michael Telonius,* sachsen-eisenbergischer Kapelldirektor; *Conrad Michael Schneider,* Sohn des Hoforganisten zu Ansbach und Studiosus zu Leipzig. Knüpfer erhielt die Stelle. So soll später von ihm und zunächst von den beiden anderen die Rede sein.

Conrad Michael Schneider wurde nach vergeblicher Bewerbung vom Leipziger Studium abgerufen, um Substitut des Ulmer Münsterorganisten S. A. Scherer zu werden. 1699 wurde er dort Viceorganist und 1712 nach Scherers Tod Director musices und Organist an der berühmten Sturmorgel, die 1730/35 von G. F. Schmahl restauriert wurde. Adlung erwähnt Schneider in Musica mechanica Organoedi S. 276 als Übersender der Ulmer Disposition. Zur Ergänzung seiner Biographie dienen drei Aktenstücke des Naumburger Ratsarchives (XXIV, 3) vom 19. 9. 1694. Er sei erfahren in der Komposition, im Klavierspiel und im Orgelbauwesen. Das wird bestätigt im Empfehlungsbrief des Leipziger Juristen Johann Seyfarth, der dem Naumburger Rat berichtete, daß der Sohn des Ansbacher Hoforganisten sich beim Orgelbauer Thayßner

---

[10] Uwe Pape, Die Orgeln der Stadt Braunschweig. 1966, S. 103.
[11] Staatsarchiv Altenburg. Dom. Fid. Kom. Arch. Repos. B X 7 und Ulrich Dähnert, Die Donat-Trost-Orgel in der Schloßkirche zu Eisenberg in Thüringen. Walcker Hausmitteilungen 1963, Nr. 31, S. 11.

aufgehalten habe; im Empfehlungsbrief des Leipziger Ratsschreibers Gottfried Scheidel, Schneiders Quartierwirt, heißt es, daß dieser den Bau der Nikolaiorgel beobachtet und den Organisten vertreten hätte. Es handelt sich um den Umbau der schon bei Praetorius im Syntagma genannten Orgel von Johann Lange (1598) durch Zacharias Thayßner im Jahre 1693. Im Sommersemester 1695 führt die Leipziger Universitätsmatrikel: Schneider Conr. Mich. Onoldo Franc (Franke aus Ansbach).

Michael Telonius ist am 7. 4. 1652 als Sohn des böhmischen Exulanten Johann Telonius geboren, „der in Zeitz an der Stiftsschule Baccalaureus, hernach Collega IV geworden."[12] Michael Telonius wirkte seit 1776 in Eisenberg als Stadtorganist. Als Eisenberg 1681 Residenz des von Sachsen-Gotha abgespaltenen Herzogtums geworden war, erhielt er Dienste als Prinzessineninformator und Mitspieler in der Hofkapelle. Wenn er sich als Bewerber um den Naumburger Dienst „Fürstl. Sächs. Kapelldirector auch Hoff- und Stadtorganist" nannte, so hatte er den Mund reichlich voll genommen. Denn 1692 waren J. G. Übelein, 1695 J. P. Holland, und bis 1696 Chr. Brehme Hoforganisten. Erst dann vereinigte Telonius bis zu seinem Tode 1714 die Ämter des Hofkapellmeisters, des Hof- und Stadtorganisten in seiner Hand. Allerdings verloren die Hofämter ihren Glanz, als mit dem Tode des Herzogs 1707 das Land Eisenberg an Gotha zurückfiel. Aus seiner Bewerbung an den Naumburger Rat interessiert noch: Er habe in Straßburg und Leipzig Kompositionen und „Orgelschlagen durch gute manuduction berühmter Künstler erlernt".[13] Er sei zeitzisches Stadt- und Stiftskind, was ihn in Naumburg empfehlen konnte, da Zeitz dem Naumburger Domkapitel unterstand. Schließlich habe er beim Gottesdienst „während der letzten Peter-Pauls-Messe ... in praeambulis auch mitmusicirung eines von dem Hn. Cantori ... vorgelegten schwer und künstlich gesetzen Kirchen Stückes so primo intuitu mitmachen müssen". Stiftskantor am Peter-Pauls-Dom war von 1690 bis 1726 Johann Andreas Hellbach, auf den sich nun auch der erfolgreiche Bewerber Knüpfer berief.

Von *Johann Magnus Knüpfer*, den Sohn des Thomaskantors Sebastian Knüpfer, bietet das Ratsarchiv drei Bewerbungsbriefe vom 13., 15. und 17. September 1694 sowie ein Schreiben vom 12. Januar 1695, in dem er seinem „Gevatter, dem StifftsCantori Joh Andreas Hellbach" wegen Fuhrlohn für 3 Personen und 4 Fuhren beim Umzug Erwähnung tut. Schließlich die „Punctation Nach welcher sich ein neuer Organist zu achten" vom 15. Januar 1695.

Vom 15. September 1696 stammt ein Empfehlungsbrief von Johann Friedrich Alberti auf Veranlassung des Merseburger Kapellmeisters. Alberti war

---

[12] Johann David Gschwend, Eisenbergische Stadt- und Land-Chronika, 1758, § IV und E. W. Böhme, Musik und Oper am Hofe Herzog Christians von Sachsen-Eisenberg, 1930, S. 39 und 43.

[13] Die Straßburger Universitätsmatrikel führt am 2. 9. 1634: Johannes Telonius Malesicensis Bohemus. Die Leipziger Universitätsmatrikel führt i. S. 1638 den Vater „Thelonius Joh. Malesitzio-Bohem" (Maleschau bei Kuttenberg), ferner i. W. 1661 „Telonius Joh. Math. Cizen" (Zeitz) und „Mich. Cizen", offenbar die Söhne. Michael erscheint nochmals i. S. 1671. Nach Eitner hat er 1674 oder 1675 als Organist die Nachfolge von Reinhard Keisers Vater Gottfried in Teuchern angetreten. Seine Trauung 1684 in Zeitz mit der Tochter des Kammermusikus Sultz teilt Arno Werner mit aaO. S. 60.

Domorganist in Merseburg,[14] der Kapellmeister dürfte der gebürtige Naumburger Johann Theile gewesen sein (s. u.), der nach seiner Tätigkeit in Gottorf, Hamburg und Wolfenbüttel seit 1691 der Merseburger herzoglichen Oper vorstand. Alberti wußte vom Studiosus Knüpfer zu berichten, daß er „zu Jena bei dem sel. Hartung und in Leipzig als stud. iur. gute fundamenta" gelegt habe. Im Klavierspiel sei er bewandert. Er könne „sehr gut und accurat accompagniren als auch eine fuga durchführen und extemporiren".

Am 17. 9. 1694 erwähnte J. M. Knüpfer selbst, daß er über acht Jahre in Jena den Stadt- und Kollegienkirchendienst und „officium Directoris Chori Musici" verwaltet habe. Wenn er sich nach Naumburg bewürbe, so das aus dem Grunde, seiner zum zweiten Male verwitweten, in Leipzig wohnhaften Mutter näher sein zu können. Er siegelt mit einem Arion auf dem Delphin mit seinen Initialen I M K. Soweit diese Quellen. Auf die erwähnte „Punctation" soll später eingegangen werden.

Die Daten J. M. Knüpfers beginnen in Leipzig mit dem Taufdatum vom 18. Juli 1661. Er wurde Thomasschüler. Möglicherweise war er wie Alberti, Schüler Abricis, als dieser 1681/82 Thomasorganist war, und Bewerber um dessen Nachfolge. Weder er, noch der ehemalige Naumburger Kantor Kühnel (s. o.), derzeit Hofkapellmeister in Zeitz, sondern Johann Kuhnau erhielt die Stelle. 1690 bewarb sich Knüpfer neben dem aus Eisenach eingetroffenen Johann Nikolaus Bach um das Organistenamt an der Kollegienkirche in Jena und erhielt es. Dies von Herbert Koch[15] mitgeteilte Ereignis stimmt aber nicht mit Knüpfers eigener Angabe im obenerwähnten Brief überein, wonach er bereits seit 1686 dort tätig gewesen sei. In der Jenaer Universitätsmatrikel erscheint Knüpfer am 1. Februar 1692. Eitner erwähnt nach Gerber I, daß Knüpfer nach dem Jurastudium „Notarius publ. Caesar." und ein angesehener Poet geworden sei, Organistenposten in Jena und Naumburg bekleidet und endlich an der fürstlichen Kapelle in Zeitz eine Kammermusikerstelle erhalten habe. Arno Werner[16] nennt ihn ohne Quellenangabe Kammermusikus in Zeitz. Sowohl Eitner-Gerber als Koch bringen Unstimmigkeiten in den Lebenslauf Knüpfers. Da in einem unten zu besprechenden Aktenstück vom 4. Juni 1715 von Knüpfer als unlängst verstorbenem Wenzelsorganisten die Rede ist, kann Eitner ihn nicht noch nach Zeitz schicken. Die Zeitzer Tätigkeit muß vor der Jenaer gelegen haben. Das sagt auch Koch, der zudem irrtümlich von einer Tätigkeit als Naumburger Domorganist spricht, bevor Knüpfer sich mit seiner Bewerbung um die Jenaer Kollegienkirche gegen Joh. Nik. Bach durchsetzte. Bach wurde 1694 in Jena Knüpfers Nachfolger, als er ausschied. Wohin er ging, sagt Koch nicht. Wir wissen es durch die Naumburger Akten.

Während seiner Dienstzeit an St. Wenzel in Naumburg von 1694 bis 1715 hat Knüpfer mit dem Kantor Christoph Ursinus zusammengearbeitet. Hatte Knüpfers Vorgänger Johann Leo während seiner Dienstzeit von 1654 bis 1694 je mehr und länger über die schlechte Verfassung der Wenzelsorgel klagen

---

[14] Geb. 1642, hatte er um 1670 bei Albrici in Dresden studiert.
[15] Mf. 21 1968, S. 291.
[16] aaO. S. 85.

müssen, so war Knüpfer das Glück beschieden, daß der Rat als Kirchenpatron schon einige Monate nach seinem Dienstantritt eine durchgreifende Erneuerung der Zschucke-Orgel beschloß. Nachdem die Heranziehung des Braunschweigers Friedrich Besser (s. o.) mißlungen war, wurde mit „Zacharias Thayßnern, Orgelmacher von Quedlinburgk" am 16. August 1695 kontrahiert. Zuvor hatte am 10. August 1694 kurz vor Leos Tod der Merseburger Domorganist Alberti (s. o.) angefragt, ob er am 16. August zur Besichtigung der so sehr ruinierten Orgel, wie ihm Capellmeister Theile berichtet habe, zurecht käme. Der berühmte Johann Theile wird uns noch öfter begegnen.

Über den Umbau von Z. Thayßner hat Dähnert[17] ausgiebig berichtet, so daß an dieser Stelle nur das Wichtigste und Ergänzungen aufgeführt werden sollen. Thayßner baute die Zschucke-Orgel ab und versetzte sie an die Westseite der Kirche. Das Werk wurde von 38 auf 45 Stimmen erweitert und in ein neues, heute noch erhaltenes Gehäuse gestellt, das Bildhauer Göricke schuf. Thayßner arbeitete von 1695 bis zu seinem Tod 1705 an diesem Umbau. Die lange Zeit erklärt sich daraus, daß er gleichzeitig die Reparaturen der Merseburger Domorgel und der Jenaer Kollegienorgel unter Händen hatte.

1715 treten nach dem Tode J. M. Knüpfers folgende Bewerber auf: 1. *Christian August Jacobi*, Sohn des Kantors der Fürstenschule Grimma, Thomasschüler in Leipzig, als stud. iur. daselbst Privatschüler von J. Kuhnau auf dem Klavier. Er beherrscht auch andere Instrumente und die Komposition. 2. *Christoph Haßcke*, der in Leipzig Vokal- und Instrumentalmusik, Klavier und Komposition studiert und Musikdirektor Melchior Hoffmann an der Neuen Kirche vertreten hat. Ein Zeugnis Hoffmanns bestätigt dies und Haßckes Beteiligung am Collegium musicum. 3. *Gottfried Keilig*, Substitut der Stifts- und Stadtkirche zu Wurzen. Er war 1691 Schüler des Leipziger Nikolaiorganisten Daniel Vetter. 1699 hat er dem Orgelbauer Thayßner beim Bau der Naumburger Wenzelsorgel zugesehen, Schnarrwerke gestimmt und J. M. Knüpfer vertreten.

Diese drei wurden abgewiesen. Die Stelle erhielt *Benedictus Friedrich Theile*. Von ihm, dem Vorgänger Altnikols, soll ausführlich die Rede sein.

Am 4. Juni 1715 wurde die Wahl Theiles bestätigt (Ratsprotokoll), nachdem er nach Aussage des Kantors Häußler tüchtig und bereit befunden worden war, auch Schuldienst zu tun. Die betreffende Urkunde lautet:

„Demnach von Uns Bürgemeistern und Rath der Stadt Naumburg an des unlängst verstorbenen Organistens bey Unserer Stadtkirchen zu S. Wenzel alhier, H. Johann Magnus Knüpfers Stelle, Herr Benedictus Friedrich Theil, welcher sich neben andern zu solchen Diensten angegeben, nach abgelegter Probe, wegen seiner befundenen Geschicklichkeit in Musicis einhellig erkießet und denominiret worden, dergestalt und also, daß er berührten Organisten Dienst auff arth und Weise, wie vorgedachter H. Knüpfer seel. denselben gehabt, überkommen, und darzu des nechsten angenommen auch gleichmäßiger Besoldung und accidentia erhalten hingegen aber auch, wenn es von ihm verlangt wird, bey der Schulen in infima classe einige labores gegen besondere Vergnügung zu übernehmen sich nicht entbrechen solle. Als wird ermeldtem Hn. Theilen solches hiermit zu wissen gethan, und hat er sich also hierauff zu verlassen, und soll wegen des Antritts solchen Dienstes weitere Abrede mit ihm ge-

---

[17] Dähnert aaO. S. 73, 86 ff., 190 ff.

nommen und ihme eine besondere Instruction wie er sich zu einem und anderem zu verhalten annoch schrifftlich ausgestellet werden. Urkundl. mit Unserm und gemeiner Stadt kleinern Insigel bedruckt und gegeben Naumburg den 4 Junij 1715.

Die besondere Instruction ist die oben erwähnte Dienstanweisung, auf die J. M. Knüpfer am 15. Januar 1695 verpflichtet wurde. Sie lautet:

Punctation Nach welcher sich ein neuer Organist zu achten, 1. soll Er auff die Sont und festtage, wie auch bei den Brautmeßen, und sonsten wenn es von nöthen, seinen Dienst mit Fleiß abwarten, und sich davon nicht absentiren, auch 2. ohne vorbewust und Erlaubnüs des Regirenden H. Oberbürgermeisters, oder in deßen Abwesenheit, des H. unterbürgermeisters, nicht verreißen, 3. auf die Orgel stetts gute und genaue Achtung geben, damit kein Schade darzu geschehen möge und da 4. an derselben an Pfeiffen, Windladen, Bälgen oder sonst etwas wandelbahr würde, solches bey E. Hoched. Rathe, oder dem H. Kirchen Vorsteher zeitlich anmelden, ingleichen 5. keinen frembden ohne Vorbewust des Regirenden Herrn Oberbürgermeisters die Orgel anvertrauen, oder schlagen lassen, 6. die Ihme anvertraueten Schlüßel in seiner fleißigen Verwahrung halten, und Niemandten, so nicht auff die Orgel gehörig, hinauff, weder zu den verschloßenen Stimmwercken, noch zu den windladen, oder zu den blaße bälgen laßen, sonderlich aber 7. winters zeit mit den liechten vorsichtiglich umbgehen, und, da Er, großer Kälte wegen, ja eines Kohlfeuers benöthiget, daßelbe wohlverwahret, in einer verdeckten Pfanne haben, 8. Die Orgel in alle Teuzsche lieder schlagen, bevoraus 9. mit dem H. Cantore der gesänge, Concerten, moteten, und anderer lieder wegen, sich vergleichen, auch damit alles in gute vertrauen, ordine et decenter verrichtet werde, fleißiger Correspondenz mit ihme halten 10. sich angelegen seyn laßen der Bürger Kinder be ... (unleserlich) andern, so seiner Information auff dem Clavire verlangen, umb die gebühr mit fleiß zu instruiren auch 11. wenn es verlangt wird, sich nicht entbrechen bey hiesiger Stadt Schulen in infima classe einige labores gegen eine Ergötzlichkeit, wie solche nach befinden auff 18 biß 20 fl. determiniret werden möchte, willig zu übernehmen, und endlich insgemein soll er 12. seinen Dienst also verrichten, daß dadurch zuförderst Gottes lob und Ehre, und der Kirchen wohlstand befördert werden möge, inmaßen denn auch 13. jährlich bey angehung und antretung E. neuen Raths in der RathsStube erscheinen, und wie gebräuchlich, umb seinen Dienst wieder anhalten, 14. Soll er dargegen gleich seinem Vorfahren, neben den gewöhnlichen Accidentien von Trauung und sonst empfangen 110 fl.-.- zum ordentlichen salario von der Kirchen, inclusive 10 fl. Zulage 7 fl. 10 g. 6 Pf. an einem Viertel Steuer frey Bier 3 fl. 9 gr.- Holtzgeld von dem Hospitahle zu St. Jakob und zum Heiligen Geiste nebst 20 fl.-.- zu einem jährlichen Haußzinß, biß ihm eine freye Wohnung angewiesen wird 8 ßr Weidenholtz.

Nachdehme der neue Organist gebeten, ihme etwas Zubuße zu Herschaffung Suppetuctilis zu geben; Alß haben die Herren von dreyen Räthen vor gut befunden, daß ihme 12 thlr von demienigen Salario, so nach des vorigen Organistens Johann Leonis Tode verfallen, aus der Cämmerey iedoch ohne consequentz gezahlet werden solten. Naumburg den 15ten Jan 1695. Urkundlich ist diese Punctation dem neuen Organisten, Herrn Benedicto Theilen, damit er sich darnach allendhalben achten möge, unter des Raths und gemeiner Stadt Insigel ausgestellet worden, Naumburg, den 2. Aug. 1715.

Diese Dienstanweisung ist eine erweiterte Fassung derjenigen, die am 10. VII. 1632 Augustinus Vocke in elf Punkten vorgelegt wurde.

Benedict Theile wurde in Kiel geboren. Sein Vater Johann war am 27. Juli 1646 zu Naumburg als Sohn eines Schneiders geboren. Als herzoglich-holsteinische Kapellmeister in Gottorf hatte er Anna Catharina, die Tochter des herzoglichen Tanzmeisters, am 20. Oktober 1674 geheiratet. Nach seiner Wirksamkeit in Hamburg und Wolfenbüttel war er 1691 in Sachsen-Merseburgische Dienste getreten (s. o.). Von Merseburg aus ist er öfters in Naumburg als Berater für die Sachsen-Zeitz-Merseburgische Oper tätig gewesen, die zur Peter-Pauls-Messe gespielt wurde. Bei einem dieser Besuche wird Johann Theile seinen Sohn dem Rat empfohlen haben. Mattheson[18] hat zwei Briefe, die Johann Theile 1718 an ihn geschrieben hat, zitiert, wo von der Berufung des Sohnes nach Naumburg die Rede ist: 1. „Daß mein hochgeehrter Herr in ihrem herausgegebenen Orchester[19] meiner Wenigkeit so rühmlich gedacht, solches hat mein Sohn den Organisten-Dienst zu Wege gebracht, ..." 2. „Es hatte Herr Doct. Laune, J. C. und Oberkämmerer in Naumburg den ersten Theil vom Orchester[20] meinem Sohn gezeiget, und ihn gefraget, ob er mein Sohn wäre? So ist die Antwort gewesen: Ja. Worauf der Herr Doctor erwiedert: er würde den Dienst gantz gewiß bekommen, um seines bekannten Vaters willen. Auf solche Weise ist er, Gott Lob! zum Dienst gelanget." Woher Benedict Theile damals kam, ist nicht erwähnt worden, als ihm am 1. August 1715 „20 rth. zubuße zu Herbeyschaffung seines HaußRaths, in consideration des fernen weges" bewilligt wurden. Dies ist auch der früheste Termin, zu dem Vater Johann bei dem Sohn sein Altersdomizil beziehen konnte.

Vater Theile „ist die vielleicht eigentümlichste Gestalt in der deutschen Musik des ausgehenden 17. und beginnenden 18. Jahrhunderts".[21] Der Sohn wird von der Vielfältigkeit des väterlichen Genies einigermaßen profitiert haben. Wie oft noch werden von ihm die Namen der Musiker erwähnt worden sein, mit denen er lernend und lehrend Verbindung gehabt hatte: Schütz in Dresden, Buxtehude und H. Hasse in Lübeck, Foertsch in Hamburg, Schmeltzer in Wien, Rosenmüller in Wolfenbüttel, Ziegler in Halle u. a. m. Am Johannistage 1724, dem 25. Juni, trug der Sohn den Vater zu Grabe, nachdem die Mutter am 12. April 1717 vorangegangen war.

Des Vaters Leibinstrument war die Viola da gamba, mit deren Spiel er als stud. iur. 1666 schon in Leipziger Patrizierhäusern geglänzt hatte.[22] Der Sohn Benedict war Lautenist. Im Naumburger Ratsprotokoll heißt es am 2. März 1722: „Dem Organisten, Hn Theilen wird, daß er biß anhero zu despect des Raths und seiner eigenen prostitution bey privat zusammenkünfften mit der Laute auf gewartet, sehr verhoben, und ihme dergleichen förderhin sich weiter nicht anzumaßen untersagt sub comminatione, daß man wenn er dergleichen wieder thun würde, ihme die Laute durch den Knecht würde entzwey schlagen laßen."

Dies Verbot mutet heute engherzig an, gründet sich aber auf die derzeitigen Anschauungen von Berufsehre, wofern man Theile nicht eine Erwerbsquelle verstopfen wollte, aus der zu schöpfen Recht der Stadtpfeifer war.

Benedict Theile hat seinen Vater nur um neun Jahre überlebt. Er hat unter drei verschiedenen Kantoren Dienst getan: bis 1717 unter Christoph Häußler, bis 1720 unter Gottfried Vetterling, bis zu seinem Tode 1733 unter Karl Wilhelm Kirsten. Für die Instandhaltung seiner Orgel schloß der Rat am 15. Oktober 1725 einen Kontrakt mit dem Orgelbauer *Fickert* aus Zeitz,[23] der

---

[18] Johann Mattheson, Grundlage einer Ehren-Pforte, 1740, S. 369. Neuausgabe hrsg. von Max Schneider, Berlin 1910¹, Kassel 1969².
[19] Johann Mattheson, Das neu-eröffnete Orchestre, 1713.   [20] ebenda.
[21] Martin Geck in MGG XIV, 1966, Sp. 277—281.
[22] Vgl. Mattheson, aaO. (s. Anm. 18).
[23] Hans Löffler, Johann Ludwig Krebs, Bach-Jahrbuch 1930, S. 107.

1718 übrigens die 1663 bei der Organisation der Zeitzischen Hofkapelle durch Heinrich Schütz erbaute Orgel reparierte.[24]

Die Organistenstelle an St. Wenzel wurde, als Theile 1733 gestorben war, von acht, zum Teil sehr namhaften Expektanten begehrt. Es waren dies: 1. *Johann David Stieler*, stud. theol. in Jena, wo er mit Joh. Nik. Bach verkehrte. Er war 1722/27 Stadtschüler in Buttstädt und Schüler von J. Tob. Krebs.[25] 2. *Johann Adam Koch*, der acht Jahre in Leipzig studiert hatte und eine Empfehlung des Thomasorganisten Johann Gottlieb Görner beibrachte. 3. *Johann Friedrich Pein*, der seit zwei Jahren Organist bei der französischen Gemeinde in Halle war, nachdem er sich „10 Jahre bei dem Director Musices H. Gottfr. Kirchhoff auf dem großen Werck (St. Marien) von 65 Stimmen geübet" hatte. Er fand, als er sich hören ließ, die Wenzelsorgel „gantz außer Stande". 4. *Johann Christian Kluge*,[26] Organist in Wiehe im Unstruttal. 5. *Carl Philipp Emanuel Bach,* der sich bewarb im Glauben, daß die Stelle am Peter-Pauls-Dom zu vergeben sei. 6. *Johann Ludwig Krebs* „musicae theoreticae et practicae cultor" schrieb: „ . . . Denn es hat nicht allein dem allerhöchsten Schöpffer gefallen, mir ein ziemliches Talent zur Music zu schencken, welches ich, ohne Prahlerey, nach dem Geständniß der besten Meister und bewehrtesten Kenner der Music, zu sagen mich erkühnen darf: sondern ich habe mich auch von Jugend an, theils unter treuer Anweisung meines lieben Vaters in Buttstädt, theils unter der hochzuschätzenden Anführung des weltberühmten Herrn Bachs in Leipzig sieben Jahr und drüber, dieser Wissenschafft gantz allein ergeben . . . " Der damals neunzehnjährige Bachschüler war 1733 in Leipzig als Gehilfe seines Meisters tätig und erhielt erst 1737 seine erste Stelle als Marienorganist in Zwickau. 7. *Johann Andreas Steiner*, seit zwölf Jahren Organist zu Querfurt. 8. *Johann Tobias Krebs*, der Vater von Joh. Ludwig, Organist zu Buttstädt. Er beklagte sich, daß die Orgel bei der Probe kaum Wind gehabt habe.[27]

Kluge machte das Rennen, wurde am 15. September 1733 gewählt und erhielt die gleiche Instruktion wie Knüpfer am 15. Januar 1695 und Theile am 3. August 1715. Er blieb bis 1748 im Amt, das er am 11. Juli dieses Jahres aufkündigte. Bei dieser Gelegenheit behauptete er, daß man ihm zum Tort die Orgel am Peter-Pauls-Tage zum Schweigen gebracht hätte, so daß er und der Director Musices Görner aus Leipzig den Fehler nicht schnell hätten finden können. Während Kluges Dienstzeit war Karl Wilhelm Kirsten Kantor. 1734 reparierte Zacharias Hildebrandt seine Orgel. Das 1705 von Thayßner reparierte Zschucke-Werk war in Verfall geraten. Die Bemühung um seine Erhaltung durch die Orgelbauer Kloß, Dietrich, Molau, Trost schildert Dähnert[28] S. 86 ff. ausführlich samt dem Neubau, der nach Ratsbeschluß vom 26. August 1743 durch Zacharias Hildebrandt ins Werk gesetzt wurde, samt den weiteren Schicksalen der Wenzelsorgel bis zur Gegenwart. Von Kluge ist weiter nichts

---

[24] Vgl. Arno Werner, aaO. S. 27, und Hans Löffler, aaO. S. 107.
[25] Hans Löffler, J. Tob. Krebs, Bach-Jahrbuch 1940/48, S. 140, und Bach-Jahrbuch 1930, S. 106.   [26] Hans Löffler, aaO. S. 110, 112.
[27] Hans Löffler, Joh. Tob. Krebs, aaO. S. 140.   [28] aaO. S. 86 ff.

zu berichten, als daß ihm 1748 vor seiner Kündigung mehrmals „liederliche Amtsführung" bescheinigt wurde, wodurch die Orgel verkäme. Indessen hatte Kluge seine Berufung als Hoforganist nach Altenburg in der Tasche.[29]

Über seinen Amtsnachfolger *Altnikol*, Bachs Schwiegersohn, der als Organist und Schulkollege aus Niederwiesa bei Greiffenberg kam, braucht nicht gehandelt zu werden. Als Konkurrenten bei seiner Wahl traten auf: 1. *George Theodorus Kloße* „von Dehlitz", seit 24 Jahren weißenfelsischer Hoforgelbauer, der als Geselle von Trost die Orgeln in den Schloßkapellen zu Freyburg (Unstrut) und Weißenfels hatte bauen helfen. 2. *Christian Seyffahrt*, der nach Studien auf der Merseburger Dom- und Stadtkirchenorgel seit 14 Jahren Schuldiener und Organist in Niederbeuna war. 3. Der Naumburger *Johann Andreas Schramm*,[30] der seit drei Jahren zur Aushilfe die Wenzelsorgel gespielt hatte. 4. Der Sohn des Zeitzischen Botenmeisters *Fritsche* mit Namen Christoph Gottlob, der einige Jahre beim Zeitzer Schloßorganisten Krebs und dann anderthalb Jahre in Leipzig bei Bach und Organist Schneider studiert hatte. 5. *Johann Friedrich Gräbner*, Bachschüler und Organist der Dresdner Garnisonkirche. Er wurde von Friedrich Wilhelm Graf Brühl dem Rat empfohlen und brachte zudem vom Konzertmeister Johann Georg Pisendel ein gutes Zeugnis bei. Aber am 30. Juli 1748 wurde vom Rat das Votum dem Altnikol erteilt, der bis zu seinem Tode 1759 amtierte.

Jetzt traten zwölf Bewerber auf, die in ihrer Gesamtheit nach Ausbildung und Empfehlung nicht ohne Interesse sind. 1. Derselbe *Schramm*, der nach Kluges Abgang die Orgel ein Vierteljahr gespielt hatte. 2. *Johann Samuel Maul*, Stadtorganist St. Petri Pauli zu Weimar. 3. *Christian Wilhelm Mylius*, Naumburger Ratsschüler und seit vier Jahren Verwalter des Organistendienstes seines Vaters zu Laucha. 4. *Carl Heynemann*, ein Orgelmacherssohn und Schüler des Jenaer Bach. 5. *Christoph Friedrich Wolf* aus Bockau bei Schneeberg, Vertreter des Leipziger Pauliorganisten. Zu seinen Gunsten verwandten sich der Theologieprofessor Chr. A. Crusius, der Univ. Mus. Dir. und Thomasorganist J. G. Görner, Gottsched und der Mathematiker und Musiktheoretiker Daniel Gottlob Rudolph. 6. *Carl Heinrich Schneider* aufgrund von Studien in Zittau und Leipzig. 7. *Johann Gottfried Voigt*, Schüler des Merseburger Schloß- und Domorganisten J. Gebhard Gneust.[31] 8. *Johann Gottfried Riedel* aus Triptis, Alumnus der Leipziger Thomasschule, empfohlen durch Görner, Theologieprofessor Stemler und C. Gotthilf Gerlach, „Director Musices an der Neuen Kirche und des großen concerts". 9. *Christian Günther*,[32] „Schüler des Stiefgroßvaters des jetzigen Dom- und Schloßorganisten Gneust zu Merseburg und des Zeitzer Schloßorganisten Krebs". 10. *Johann Christoph Rühlmann* aus Judendorf bei Freyburg, Organist der französischen Kirche zu Halle, empfohlen durch J. Anton Niemeyer, den Inspector des kgl. Paedagogiums. 11. *Johann Friedrich Gräbner*, Organist der Dresdner Frauenkirche, vorher in Großenhain und vor elf Jahren bereits Bewerber als Konkurrent Altnikols. 12. *Johann Valentin Frech* aus Zeitz.

---

[29] Löffler, Bach-Jahrbuch 1940/48 und 1930, S. 109.
[30] Löffler, aaO. 1930, S. 107.   [31] aaO. S. 107.   [32] aaO. S. 109.

Bei der Ratssitzung am 12. Oktober 1759 wurde der Vorzug Rühlemanns anerkannt. Da er aber unter brandenburgische Herrschaft gegangen sei, wird „bey ietzigen critischen Zeithen" seine Wahl zum Politikum. Altnikol hatte 1756 erleben müssen, daß die Naumburger Kgl. Polnisch-Sächsische Garnison vor den Preußen die Waffen strecken mußte. Am 9. September und am 13. Oktober 1757 war Friedrich der Große in Naumburg gewesen. Ihm folgte die Reichsarmee unter Soubise, die am 5. November in unmittelbarer Nähe der Stadt bei Roßbach ihre Niederlage empfing. Am 1. November begab sich der Rat zur Aufwartung ins Hauptquartier Friedrichs II. nach Freyburg. Im Jahre 1760 waren preußische Rekrutierungen. So verzichtete man auf den erwünschten Rühlemann und veranlaßte am 12. Oktober 1759 Gräbner, sich vorzustellen. Dieser ließ sich am 31. Oktober, am Reformationsfest, in St. Wenzel auf der Orgel hören, erhielt am 2. November das Votum des Rates und trat am 1. Weihnachtstag den Dienst an.

Gräbner gehört zu der weitverzweigten sächsischen Orgelbauer- und Organistenfamilie, die Flade mehrfach in seiner Silbermannbiographie erwähnt hat. Zu Gräbners Zeit war Michael Mehmel (1755 bis 1804) Wenzelskantor. Die Wenzelsbibliothek besitzt von Gräbner zwei handgeschriebene Choralbücher. Das erste stammt aus der Dresdner Zeit 1757; das andere wurde in Naumburg 1759 und 1765 angelegt. 1763 beantragte Gräbner eine Reparatur der Orgel, wozu der Leipziger Orgelbauer Johann Emanuel Schweinefleisch einen Anschlag vorlegte. Dieser hatte als Hildebrandts Geselle 1743/46 die Orgel bauen helfen. Am 14. Januar 1779 bat Gräbner sich seinen älteren Sohn Christian Gotthelf zum Adjunkten aus. Die Adjunktur wurde nach dem Probespiel am 30. März bestätigt. Am 26. November 1783 bat der 69jährige Gräbner, ihm nach dem Tode seines älteren Sohnes den jüngeren Johann Gottfried zu adjungieren. Erst am 14. September 1786 wurde die Adjunktur bestätigt. Beim Probespiel wurde die Bedingung gestellt, „daß der junge Gräbner die Chorale ordentlich spielen und das chromatische Wesen dabey weglassen solte". 1784 entwarf der alte Gräbner die Disposition zu einem Orgelneubau, der von Christian Friedrich Poppe aus Stadtroda in der Marienkirche, einer Filiale von St. Wenzel, errichtet wurde.[33] 1789 hat sich der alte Gräbner noch als Gutachter für einen Orgelneubau im Dom durch Matthias Vogler bestätigt.[34] Seit diesem Jahre schon hatte er sich oft von seinem Sohn vertreten lassen müssen. Der Alte starb achtzigjährig Anfang 1794.

Am 8. März 1794 bat *Johann Gottfried Gräbner* um die Anstellung als Wenzelsorganist und wurde am 10. März gewählt. Schon im Mai 1789 hatte er sich um die Organistenstelle am Dom bemüht, als er die Aufsicht über die Arbeiten Voglers mit seinem Vater auszuüben hatte. Der derzeitige Stelleninhaber, Domkämmerer Hermann, wollte krankheitshalber und weil er sich die neue Orgel nicht zu spielen getraue, resignieren. Im September 1789 hat Gräbner jun. „auf der neuen Orgel ein Praeludium, ingleichen eine Fuge, wozu

---

[33] Dähnert, aaO. S. 200.
[34] Protokolle des Naumburger Domkapitels vom 23. 9. 1788 und Akten XIX, 26 (1786 bis 1848) vom 23. 9. 1789.

das Thema von dem (auch zur Orgelprobe herangezogenen Merseburger) Domorganisten Schertzer angegeben worden und ein paar Verse aus einem Liede zur Probe gespielet". Er wurde tüchtig befunden und einstweilen, ohne spes succedendi, in den Dienst eingewiesen. Am 23. April 1790 hat Domkämmerer Herrmann den Dienst wieder übernommen. Gräbner wurde die Vertretung in Krankheitsfällen übertragen. So wird er froh gewesen sein, 1794 durch den Tod seines Vaters endlich zu St. Wenzel in ein festes Amt zu kommen.

Zum Abschluß werden aus der Fülle der zitierten Personen die wichtigsten nochmals aufgeführt.

1. An der 1613/16 durch Joachim Zschucke erbauten Orgel wirkten:

    1616-?   Christian Engel
    1632-1654 Augustin Vocke
    1654-1694 Johann Leo
    1694-1715 Johann Magnus Knüpfer als erster an der 1695/1705 durch Zacharias Thayßner umgebauten Orgel.
    1715-1733 Benedict Friedrich Theile
    1733-1748 Christian Kluge

An der 1743/46 von Zacharias Hildebrandt erbauten Orgel wirkten:

    1748-1759 Johann Christoph Altnikol
    1759-1794 Johann Friedrich Gräbner

2. Unter den vergeblichen Bewerbern sind bemerkenswert:

    1694 Michael Telonius von Eisenberg und Conrad Michael Schneider, der spätere Ulmer Münsterorganist.
    1733 Carl Philipp Emanuel Bach und Johann Ludwig Krebs.

3. Beim Bau und bei der Instandhaltung der Orgel traten als Gutachter und Orgelbauer in Erscheinung:

    1614 Seth Calvius - Leipzig
    1614 Michael Praetorius - Wolfenbüttel
    1616 Wolf Eisentraut - Halle
    1630 Samuel Scheidt - Halle
    1654 Ludwig Compenius - Naumburg
    1694 Johann Friedrich Alberti - Merseburg
    1695 Zacharias Thayßner - Quedlinburg/Merseburg
    1734 Zacharias Hildebrandt - Weißenfels
    1743 Christian Ernst Friderici - Gera
    1743 Heinrich Gottfried Trost - Altenburg
    1746 Johann Sebastian Bach - Leipzig
    1746 Gottfried Silbermann - Freiberg
    1766 Johann Christian Immanuel Schweinefleisch - Leipzig
    1787 Mathias Vogler - Naumburg

Die Belege befinden sich, falls nicht anders angegeben, im Ratsarchiv der Stadt Naumburg an der Saale.

Christhard Mahrenholz und die Orgel

Walter Supper

Lieber Abt Christhard! Sie begehen Ihren siebzigsten Geburtstag in demselben Jahr, da wir Deutsche — insbesondere wir Schwaben — des zweihundertjährigen Geburtstages von Friedrich Hölderlin gedenken. In dessen Dichtungen begegnete mir nur einmal der Name des Instrumentes, dem wir Beide uns verschrieben haben:

> *„Denn, wie wenn hoch von der herrlichgestimmten, der Orgel*
> *Im heiligen Saal,*
> *Reinquillend aus den unerschöpflichen Röhren,*
> *Das Vorspiel, weckend, des Morgens beginnt*
> *Und weitumher, von Halle zu Halle,*
> *Der erfrischende nun, der melodische Strom rinnt,*
> *Bis in den kalten Schatten das Haus*
> *Von Begeisterungen erfüllt,*
> *Nun aber erwacht ist, nun, aufsteigend ihr,*
> *Der Sonne des Fests, antwortet*
> *Der Chor der Gemeinde; so kam*
> *Das Wort aus Osten zu uns . . ."*

Diesem „Gesang", dessen Beginn hier wiedergegeben ist, gab der Dichter die Überschrift: „Am Quell der Donau", die sich — der Orgel mit ihrem Doppelquell Panflöte und Dudelsack gleich — aus den Wassern der Brigach und der Breg bildet und in die Richtung, von wannen *„das Wort aus Osten zu uns"* kam, strömt —, vielerlei Orgellandschaften durchfließend.

Ein gänzlich anderes Orgelland, ja, ganz andere Orgellande als diejenigen, in denen das Feld Ihrer Wirksamkeit liegt. Und beim Durchdenken aller geschichtlichen Orgellandschaften stellt sich in uns das Bewußtsein von der Vielschichtigkeit der „Orgel an sich" ein, die östlich und westlich, südlich und nördlich so mannigfache Ausprägungen erfahren hat: Die alt-italienische mit ihren sanglichen Prinzipalen, zum Ripieno gebündelt; die alt-französische mit ihren deklamatorisch-festlichen Klang-Elementen, die alt-spanische mit ihrem silbrigen Fanfarenton; die nüchtern-klare englische; die italienisch und deutsch beeinflußte der alten österreichischen Donaumonarchie; die der Schweiz, im Kreuzungsfeld von Italien, Frankreich und Deutschland liegend; und nicht zu vergessen: Holland, ehemals zum Reichsverband gehörend, das mit seinem brabantischen Typ sich mit der Orgel des Nordens im 17. und im 18. Jahrhundert verband und in Arp Schnitger kulminierte.

Vielgestaltigkeit ist indessen auch innerhalb der Grenzen unserer deutschsprachigen Lande: Es ist, als ob sich die sprachlichen und die dialekthaften Gepflogenheiten — cum grano salis freilich! — im jeweiligen Klange der Orgeln niedergeschlagen hätten. Wir hören die scharfgeschliffene Sprache des Nordens im kristallenen Klange dieser Orgeln sich widerspiegeln, und die Orgeln des Südens kennen etwas von der behäbig-breiteren Sprechformung der Orgellandschaft, in welcher ich mich befinde.

Multipliziert man mit diesem nur skizzierten historischen Horizontal-Schnitt den vertikalen des organalen geschichtlichen Werdegangs — von Panflöte mit Dudelsack über Blockwerk zur Registerorgel, über mechanisch gesteuerte Windladensysteme und die Einbrüche berechtigter und noch mehr unberechtigter ingenieurmäßig-technischer Mittel im 19. und 20. Jahrhundert in unser Instrument —, so standen wir, als wir uns mit der Orgel zu befassen hatten, vor einer geradezu überwältigenden, aber zugleich auch bedrängenden Vielfalt dessen, was an Klanggut, Bau- und Konstruktionsmöglichkeiten angeboten werden konnte.

Und genau in diese Zeit fiel Ihre „Begegnung mit der Orgel"; in eine Zeit also, da die Vielfalt der Erfindungen sich mit der Armut nach dem verlorengegangenen Ersten Weltkriege zu arrangieren hatte. Das konnte deshalb nicht gut gehen, weil eben Musikinstrumente nicht nur Gegenstände sinnreicher Konstruktionsweisen, sondern — primär! — Angelegenheiten des guten, organisch geordneten Klanges sind. Diesem konnten zudem damals nicht diejenigen Materialien zukommen, die ein tönendes Optimum hätten bewirken können, ganz abgesehen von der Tatsache, daß sich ein stilistischer Umbruch (wie so oft in der Geschichte des Orgelbaus) anmeldete, dem in den Notjahren um 1920 nicht das zukommen konnte, was er eigentlich hätte fordern müssen. Die Hierarchie der Werte konnte nicht beachtet werden, so daß damals dem wohlausgerüsteten Spieltisch keine Ebenbürtigkeit des Klanges sich gegenüberzustellen vermochte. Und dies zu einer Zeit, da ein Albert Schweitzer schon vor dem Ersten Weltkriege nicht nur zur Orgelreform aufgerufen, sondern sie auch anzubahnen hatte.

Wir müssen eingestehen, daß hier das 19. Jahrhundert besser daran war als die Umbruchsjahre nach 1918. Zunächst zehrte dieses Jahrhundert der Romantik noch vom großen barocken Erbe, bis es sich seine eigene Orgel formte: hervorragend in der Verwendung der Baumaterialien; unverwüstlich, solange die mechanische Traktur noch eingehalten werden konnte — auch, wenn es zur Kegellade kam; klanglich selbstverständlich anders als im bereits vielseitig gewordenen 18. Jahrhundert.

Stilumbrüche sind indessen keine Äußerlichkeiten. Das Dichterwort sagt: „Es ist der Geist, der sich den Körper baut" (manchmal ist es auch der Ungeist!); und wenn der Säkularisationsvorgang, der das 19. Jahrhundert einleitete, der Kirchen- und damit der Orgelmusik nicht mehr Platz im Kirchenraum gönnen konnte, so mußten sich Orgelbauer, Komponisten und Organisten auf dem außerkirchlichen Sektor ihr Betätigungsfeld schaffen.

Wir wissen wohl, daß auf der klanglich additiven Orgel des 19. Jahrhunderts Bach nicht „stilgetreu" klingt. Und doch gelang die Bachrenaissance damals. Spürt man den Gründen hierfür nach, so könnte nach meinem Dafürhalten *einer* der sein: Bach wurde dem Menschen des 19. Jahrhunderts deswegen zeitnah, weil seine Kompositionen in einem zeitnahen Klanggewand auftraten; sie wurden in die damalige Moderne transferiert. Ein *zweiter* Grund: Das noch so gute Klangmittel der Barockzeit hatte sich verbraucht, denn auch das beste Gestaltungsmittel verbraucht sich durch Häufigkeit seiner Anwendung.

Aber dieses sphinxhafte 19. Jahrhundert, zu dem wir erst jetzt zufolge des zeitlichen Abstandes ein Verhältnis zu gewinnen vermögen, hat doch etwas höchst Aktuelles eingetragen: Das neuerdings propagierte Mittel der (klanglichen) Um-Interpretation, — ein (wie mir scheint) nicht un-legitimes Verfahren, wenn man a) an den Erfolg der Bachrenaissance denkt, b) wenn wir bedenken, daß das die „Alten Orgelmeister" auch anzuwenden hatten, wenn sie vor einer ihren Klangvorstellungen nicht entsprechenden Orgel saßen und c), daß dies vieler reisender Konzertorganisten seit Jahren fast tägliches Tun sein muß, wenn sie Orgeln vorfinden, die z. B. nicht „nach Bach" klingen. Nur: ich vermag nicht einzusehen, daß aus solcher klanglicher Um-Interpretations-Notwendigkeit ein sogenanntes orgelwissenschaftliches Fach gemacht wird, denn eine aus dem „Wenden der Not" geborene Um-Interpretation ist weit eher eine Frage des guten Geschmacks als eine orgelwissenschaftliche. Geschmacksfragen können nie wissenschaftlicher Art sein, weil sie Ermessens- und Erwägungs-Überlegungen sind. Diese sollten indessen auch einmal dazu führen können, ein Stück dann vom Programm abzusetzen, wenn die Orgel nicht mehr mitkommt.

Das alles enthebt uns freilich nicht der wirklich wissenschaftlichen Frage, wie denn ein Bach oder ein Reger, ein Scheidt oder ein Reda, ein Frescobaldi oder ein Bruhns, ein Dandrieu oder ein Titelouze „wirklich" zu erklingen habe. Erst wenn man solche Fragen mit einer an Sicherheit grenzenden Wahrscheinlichkeit beantworten kann, darf die Um-Interpretation gewagt werden.

Es wird, lieber Abt Christhard, über Sie die sicherlich nicht erfundene Anekdote verbreitet: Sie hätten in jungen Jahren dem Abbruch einer noch gar nicht verbrauchten alten Meisterorgel zusehen müssen, einer schönen Orgel, die einer pneumatisch gesteuerten Taschenladenorgel aus Modernitätssucht Platz machen mußte. Das Fragliche dieses Unterfangens habe in Ihnen die Sorge um die Erhaltung einer hohen Orgelkultur ausgelöst, und somit die weitere Sorge, daß eines Tages keine Orgel mehr bestünde, die das Kompositionsgut großer Vergangenheiten klangecht wiedergeben könne.

Damit war in Ihnen ein höchst wissenschaftliches Anliegen entstanden, das Sie dazu trieb, Ihrer Landeskirche in Hannover den Schutz alter, wertvoller Orgeln zu empfehlen. Sie griffen mit Ihrem Anliegen auf, was Albert Schweitzer schon vor dem Ersten Weltkrieg vorbereitet hatte, und konnten für den Landeskirchenbezirk Hannover den ersten kirchlich-offiziellen Orgeldenkmalschutz erwirken. Und wir dürfen eine fruchtbringende Fügung darin erblicken, daß etwa um die gleiche Zeit — es war 1921 — der Musikwissenschaftler Wilibald Gurlitt in Freiburg/Br. eine Nachkonstruktion einer Orgel nach den klanglichen Vorstellungen des Wolfenbüttelers Michael Praetorius (vom Jahr 1618/1619) errichten ließ. Der durch Sie ausgelöste Orgeldenkmalschutz und die durch Gurlitt initiierte „Praetorius-Orgel" wurden zu einer unleugbaren Pioniertat sowohl für die wirklich wissenschaftliche Klangforschung als auch für die Erkenntnis über die klanggerechte Wiedergabe alter Orgelmusik. Pioniertat: Die Erkenntnisse über die Schleiflade und die mechanische Traktur mußten noch hinzugewonnen werden. Aber: Dem Orgelbau hatte sich neuesaltes Klanggut erschlossen; im Organisten war die Gewissensfrage nach der richtigen klanglichen Wiedergabe wach geworden; dem Komponisten waren Klanglichkeiten bereitgestellt, die ihn inspirierten; und der Denkmalpflege war ein neues Arbeitsfeld erwachsen.

Ich freue mich, daß gerade im Jahre Ihres siebzigsten Geburtstages die durch die Gesellschaft der Orgelfreunde 1957 erstellten „Richtlinien zum Schutz alter wertvoller Orgeln" (= Weilheimer Regulativ) für die bevorstehende Zweitauflage neu gefaßt werden konnten. Diese enthalten — auf internationaler Ebene (die Schweiz, Österreich, Italien und die Bundesrepublik waren in den Februartagen dieses Jahres in Zürich zusammen) — konzentriert die Gedankengänge zum Thema „Die Orgel als Denkmal", die schon Sie, Burgemeister, Grundmann, Gurlitt, Krauss, Mehl, Schweitzer und ich ausgebreitet hatten.

Weil diese „Neufassung Weilheim" zum 11. August — Ihrem Siebzigsten — noch nicht vorliegen kann — (die Übersetzungen ins Französische, Englische, Italienische, Spanische usw. müssen abgewartet werden) — soll mein Geburtstagsbrief Ihnen wenigstens die wichtigsten Punkte dieses Regulativs auszugsweise auf den Gabentisch legen:

„Unsere Zeit hat den Wert historischer Orgeln wieder schätzen gelernt. Sie hat hieraus starke Impulse für den Orgelbau und die Orgelmusik empfangen. Da der Bestand an alten Orgeln große Verluste erlitten hat, ist es notwendig, nicht nur die Orgelprospekte als Kunstdenkmäler, sondern auch die Werke als Klangdenkmäler zu erhalten. Diesem Zweck dienen folgende Richtlinien: Jede Orgel, die hinsichtlich des Gehäuses, der Prospektpfeifen und der inneren Anlage alt ist oder alte Teile enthält, und damit einer oder mehreren abgeschlossenen historischen Stilepochen angehört, ist architektonisch, klanglich oder technisch ein Denkmal, dessen Erhaltung im allgemeinen Interesse liegt."

In seinen weiteren Punkten befaßt sich unser Regulativ mit den Begriffen der Inventarisation und den an denkmalwerten Orgeln möglichen Maßnahmen: Der Konservierung (*Aufhalten des Verfalls einer historischen Substanz*); der Reparatur (*Schadensbehebung*); der Restaurierung (*Rückführung einer veränderten alten Substanz in einen beweisbaren früheren Zustand*); der Rekonstruktion (*Neuanfertigung verlorengegangener Teile*); der Ergänzung, der Erweiterung, des Umbaus und schließlich der Wartung.

Erstaunlich ist, daß gerade aus dem Lager der sogenannten musikwissenschaftlichen Grundlagenforschung die Notwendigkeit von Regulativen nicht erkannt werden will: Liefern doch die aus alter Zeit noch vorhandenen (und womöglich intakten) Instrumente hörbare, dazuhin greifbarere und noch einwandfreiere Forschungsgrundlagen als alte Berichte und Traktate, bei deren Abfassung oftmals nicht der (in früherer Zeit des Schreibens unkundige) Instrumenten- bzw. Orgelbauer mitgewirkt hat.

Die heute spürbare Allergie gegen alles, was Denkmalpflege heißt, übersieht, daß (nach Le Corbusier = C. E. Jeanneret) den historischen Kunstwerken

> *„ein schöpferischer Wert innewohnt, der eine Verkörperung des menschlichen Genius auf seiner höchsten Stufe ist. Sie gehören zum Erbgut der Menschheit, und diejenigen, in deren Besitz und Obhut sie sind, haben die Verantwortung und die Verpflichtung, alles zu tun, was zulässig ist, um den kommenden Jahrhunderten dieses noble Erbgut unversehrt zu überliefern".*

Weiterhin wird übersehen, daß immer dann, wenn — wie im 19. und frühen 20. Jahrhundert — Überwucherungen gewachsen waren, man sich auf das Wesentliche rückzubesinnen hatte. Das hat mit Historismus nichts zu tun, den man am wenigsten einem Vorwärtsstürmer auf dem Sektor der Architektur — Le Corbusier — unterstellen kann. Aber:

> *„Es ist ja eine bekannte Tatsache, daß man dort, wo man inzwischen schon selbst historisch gewordenen Anschauungen huldigt, andere gern des Historismus verdächtigt. Wenn aber der vielbeschriene Denkmalskult wirklich betrieben werden soll, dann opfere ich für meine Person lieber vor der Orgelkunst des 17. Jahrhunderts als vor der des 19. und beginnenden 20. Jahrhunderts."*

Diese Worte sprachen Sie, Abt Christhard, anläßlich der „Freiburger Tagung für deutsche Orgelkunst 1938" innerhalb Ihres Vortrages „Die Kleinorgel / Grundfragen ihres Baues und ihres Klanges".

Obwohl nun diese Kleinorgel, also das Positiv, anderen Formungsgesetzen unterliegt als die Großorgel, konnten Sie gerade durch diesen Vortrag der heute allgemein anerkannten Schleiflade in Verbindung mit der mechanischen Traktur damals zum Durchbruch verhelfen, — übrigens eine Bestätigung des oben zitierten Wortes von Le Corbusier vom „schöpferischen Wert", der alten Kunstwerken innewohnt. Denn: Die Tonkanzellenlade schafft die besten (wenigstens bis heute unübertroffenen) Voraussetzungen für den guten Klang, dessentwegen die Orgel ja da ist.

Ein Jahr zuvor — 1937, anläßlich des Festes der Deutschen Kirchenmusik — schilderten Sie innerhalb Ihres Festvortrages „Fünfzehn Jahre Orgelbewegung" von Ihrer Begegnung mit Albert Schweitzer:

> *„Als ich das erste Mal mit Albert Schweitzer zusammentraf (1927), legte er mir die Frage vor: »Glauben Sie an die Schleiflade?« Ich erwiderte ihm mit dem dem Kirchenvater Tertullian zugeschriebenen Satz: »Credo, quia absurdum«, ich glaube es, weil es sich nicht beweisen läßt. Heute würde ich Albert Schweitzer mit dem mittelalterlichen Theologen Abälard antworten: »Credo, quia intellego«, ich glaube es, weil mein Verstand mir den Beweis führt."*

Die Wissenschaft konnte inzwischen den exakten Beweis für die klanglichen Qualitäten der Tonkanzellenlade antreten und hat untermauert, was anfänglich nur erahnt werden konnte.

In Ihrem Vortrag über die Kleinorgel (Freiburg II 1938) führten Sie u. a. noch aus:

„Das Wesentliche liegt in der Erkenntnis beschlossen, daß die Kleinorgel nach der klanglichen und dispositionellen Seite hin nicht einen Ausschnitt aus der großen Orgel darstellt, sondern einen eigenständigen, in sich abgerundeten Organismus bildet. Ist damit die Kleinorgel gegen alle Instrumente abgegrenzt, die Abklatsch oder Ersatz der großen Orgel sein wollen, so muß die Kleinorgel doch, gerade wegen ihrer Eigenständigkeit und weil sie „Orgel" im Vollsinn des Wortes sein will, sich den allgemeinen klanglichen Gestaltungsgesetzen der großen Orgel unterwerfen — bei Wahrung aller Besonderheiten, die der Kleinorgel zugestanden werden müssen."

Ich habe denjenigen, die vor zweiunddreißig Jahren nicht dabei sein konnten, Ihre Worte zu zitieren, weil — wie wir alle wissen — in den letzten fünfzehn bis zwanzig Jahren eine Instrumentengattung aufkam: Verbluffend (verblüffend) hinsichtlich ihrer Konstruktionsweise, dabei nicht erkennend, daß sie eine Instrumentengattung *sui generis* hätte werden können, streng gegen die Orgelbewegung gerichtet und dabei deren Dispositionsstil sklavisch kopierend: das Orgel-Elektrium. Vielleicht wird es uns Orgelfreunden — bei aller Bewunderung über das ingenieurmäßige Zuwegebringen der „Kopie" einer Orgel — so unheimlich, nicht nur, weil der Klang erst im Lautsprecher entsteht; nicht nur, weil der der mechanischen Spieltraktur eigene und variable Anschlag fehlt; nicht nur, weil es keine Pfeifen mit deren Fluktuieren und Choreffekt hat usw., sondern, weil sich ein Mißbehagen einstellt, wenn ein Instrumentenbaukörper, sogar kleiner als ein Positiv, „es" einer Riesenorgel gleichtun will. Spieler wie Hörer erwarten, den Großklang architektonisch-räumlich-präsent vorbereitet zu sehen — sei es nun die Orgel oder der Klangkörper eines Orchesters oder der eines Chores. Hier jedoch: Ein Instrumentenkörper, kaum größer als ein Harmonium in Vernunft-Ehe mit dem Großklang der Orgel. Daß dabei einer der wertvollsten Ausstattungsgegenstände, bei denen — um Ihre Worte zu gebrauchen — *„Orgelbauer, Komponisten, Organisten, Bildschnitzer, Maler, Metallarbeiter in gleicher Weise wetteiferten an der Verherrlichung des Instruments"* (aus „Der gegenwärtige Stand der Orgelfrage im Lichte der Orgelgeschichte" / Bericht über die Orgeltagung Freiberg/Sa. 1927), verlorengeht bzw. verlorenginge, muß erkannt werden. Die den Orgel-Elektrien vorgeblendeten sog. „Orgelprospekte" sind der beste Beweis für die Richtigkeit der vom Beschauer empfundenen Diskrepanz zwischen kleinem Instrumentenbaukörper und dem durch Lautsprecher ermöglichten großen Klang.

Würde man mir entgegenhalten, Plattenspieler plus Stereo-Anlage seien noch kleinkörperiger und ermöglichten die größte Tongewalt, so hätte ich darauf zu antworten, daß ja solche Einrichtungen Studiozwecken, meinetwegen auch Unterhaltungszwecken zu *dienen* hätten. Keinem ernsthaften Konzertveranstalter dürfte es indessen einfallen, anstelle von Chor, Orchester oder — Orgel nur mit noch so vorzüglichen Schallplatten abzuspeisen (wobei eine vorzügliche Platten- oder Bandaufnahme zwar das Anhören originalen Musizierens in Kirche oder Konzertsaal weder erreichen kann noch erreichen will, indessen dennoch —

nach meinem Geschmack — besser klingt als Orgelmusik auf dem Orgel-Elektrium. Darüber täuscht mich auch die offenbar legitim gewordene Bezeichnung „Elektronen-Orgel" nicht hinweg).

Während nun im Verlaufe des Werdens der Orgel des 20. Jahrhunderts die Tonkanzelle und deren Wert früher erkannt wurden als der Wert der mechanischen (Spiel-)Traktur, so ist diese — namentlich in der Zeit nach dem Zweiten Weltkrieg — doch zum Durchbruch gekommen. Der Orgelbau lernte sie wieder zu bauen, — trotz der technisch hochentwickelten und leichter herstellbaren elektrischen bzw. elektropneumatischen Spielsysteme. Der Weg wurde über Kleinorgel, kleinere und mittelgroße Orgel gewonnen. Soweit große Orgeln erstellt werden konnten, meinte man, die elektrische Spieltraktur bei einer Registeranzahl von etwa 50 und darüber beibehalten zu müssen. Was jedoch — fast dichterisch — als der „verlängerte Finger des Spielers" bezüglich der mechanischen Traktur bezeichnet und erahnt wurde, hat die Wissenschaft belegt, und damit die Mechanik erst recht bei Großorgeln als unabdingbar erklärt: Wo der Weg von der Pfeife zum Ohr eine solche Entfernung beträgt, bei der akustische Verspätungen eintreten, ist der Tastsinn des Spielers primär geworden; sein Tastsinn regiert sein Spiel weitaus mehr, als das — bei größeren Entfernungen — dann sein Ohr noch könnte. Er spielt sozusagen mit der Erfühlung des (nur leichten!) Druckpunktes, und die von da rückwirkende Gegenmeldung auf das Nervensystem verschafft jedem Spielenden eine selbstbeobachtende Kontrolle über sein Agieren an der Orgel. Daß damit Dinge wie Anschlagsvariierung (und damit die erstrebte Anlaut-Variierung beim Ansprechen der Pfeifen, auch bei ihrem Absprechen) verbunden sind, daß der Spieler ein Gespür dafür bekommt, ob keine oder mehrere Koppeln (mechanische) angehängt sind, und die Leichtigkeit oder die Schwerigkeit des Tastenganges anzeigt, ob er etwa das vorprogrammierte Plenum oder gar einen nur geringregisterigen Klang zu erwarten hat, verschafft eine besonders innige Verbundenheit mit seinem Instrument. Und: Das Spiel bleibt genauer; man unterliegt nicht unbeabsichtigten Temporückungen, die sich namentlich bei der schleppenden pneumatischen Traktur (un-)gern einstellten, — sich jedoch auch zwangsläufig dort einstellen müssen, wo — bei elektrischer Traktur — die Klangquelle mehr als zehn bis zwölf Meter vom Ohr entfernt ist.

Wenn uns die Zeitlage — 1970 — wider unsere Überzeugung dazu zwingen sollte, auf „Electronic" zu gehen, dann wird die Entscheidung, ob Pfeifen-Orgel oder Orgel-Elektrium, meiner Vermutung nach fast noch mehr an der Traktur- als an der Klangfrage zu fallen haben. Vielleicht könnte aber eine den Kirchen auferlegte Armutei dazu beitragen, akustisch höchstwertige Räume zu bauen, in denen mit 15 bis 20 Registern das bewirkt werden kann, was ansonsten 25 bis 30 Stimmen bewirken konnten.

Damit ist das Wort „Register" gefallen. Jeder von uns Orgelsachberatern hat Ihr grundlegendes Opus „Die Orgelregister" in seiner Bibliothek stehen. Hoffentlich hat es jeder auch studiert! Zu demselben eisernen Bestande gehört Ihre tiefschürfende Studie über die Berechnung der Orgelpfeifenmensuren. Und immerzu hat der Forscher in Ihnen davor gewarnt, Überkommenes unbesehen auf das Heute zu übertragen. Sie warnten vor der blinden Nachahmung, riefen hingegen zu klanglichen Ordnungsprinzipien und Klanggesetzen, um einerseits aus Überwucherungen, andererseits aus ängstlichen Stilkopien herauszukommen. 1937 sagten Sie u. a. in Berlin:

„Bei richtiger Anwendung geben die genannten Gesetze ein Maß an Freiheit in der Gestaltung der Disposition, die überhaupt noch nicht im Entferntesten erahnt und ausgemessen ist. Wohlgemerkt, es handelt sich um Gesetze, aber nicht um Schemata. Die moderne Disposition verlangt, gerade weil sie unter Gesetzen steht, von dem Disponenten eine viel intensivere Arbeit, als dies bei der Anwendung von in der Praxis erprobten Schemata möglich ist. Das Schema führt zum Nivellieren; die Nivellierung aber ist das Ende der Kunst. Unser Wunsch ist, daß gerade die Gestaltung der Disposition noch lockerer, freier und beherrschter gehandhabt und die Möglichkeiten ... noch mutiger und kühner ausgeschöpft werden als bislang."

Das Wissen um diese Worte muß in einer Zeit, die es „chic" findet, vom „Muff unter den Talaren", vom „Toten Gott" und dem „Nur-rückwärts-gewandt-Sein der Orgel" zu reden, nachdenklich stimmen. Denn ganz abgesehen davon, daß man ein Phänomen wie die Orgelbewegung heute deswegen noch gar nicht be-urteilen (und damit auch nicht kurzerhand ver-urteilen) kann, weil jeder zeitliche Abstand zu ihr fehlt, erhellt sich aus Ihrem oben zitierten Wort, wie sehr es uns daran gelegen ist, den „Schritt nach vorn" zu wagen: Nicht in der Perfektionierung eines uns noch so wertvollen früheren Stils mit Addierung einiger andersgearteter Stilelemente — was oftmals zur Kompromiß-Orgel geführt hatte —, sondern in demjenigen Sinne, wie ich es 1968 in Hannover formuliert hatte:

„Nicht in der Perfektion findet der Schaffende seine Erfüllung, sondern an der ungetrübten Freude am Ewig-Schöpferischen."

Wir meinen: Die Orgel als wohlgeordnetes Kunstwerk. Soweit sie das werden konnte — es gelang teilweise nicht, teilweise jedoch in überragender Weise, und wir sind ja eigentlich noch „mitten drin", diesem hochgesteckten Ziele „nachzujagen" (Paulus) —, wird auf ihr jede Literatur darstellbar sein, weil sich Kunstwerk (hier Orgel) immer zu Kunstwerk (dort Komposition) ordnet — vorausgesetzt freilich, daß die Größenmaßstäbe stimmen. Und es wird Sie, lieber Abt Christhard, freuen, zu hören, daß kürzlich im Hinblick auf Cluster und Klangflächen samt Spiel bei abgedrosseltem Orgelwind und halbgezogenen Schleifen das Wort fiel: *„Wenn es die Schleiflade und die mechanische Traktur nicht schon gäbe, müßten beide hierfür erst noch erfunden werden!"*

Zwei Äußerungen von Ihnen müssen hier noch festgehalten werden. Die eine (gesprochen in Berlin 1937):

„Die Kompromißorgel ist im wahrsten Sinne die historisierende Orgel und, wie alles Historisieren, die entscheidende Gefahr; gefährlich auch darum, weil sie sich so tarnen kann, daß sie in erhebliche Nähe des ... Typs kommt, den die Orgelbewegung hervorgebracht hat."

Es scheint mir, daß bisweilen die Kompromiß-Orgel mit derjenigen verwechselt worden ist, die die Orgelbewegung geschaffen hat. Was eigentlich gemeint ist, sprachen Sie in Freiberg/Sa. 1927 schon aus, — und das ist die zweite Äußerung:

„Die Zielsetzung, die allein aber eine lebendige Verbindung mit dem allgemeinen Musikleben herstellt, kann nur heißen: Wie kann ich, ganz unbekümmert um die Orgelliteratur, das Instrument zu dem für meine Zeit Besten und Wertvollsten machen? Und gerade hierzu noch zweierlei: Es ist gewiß etwas Großes, daß uns die Orgelliteratur aus mehreren Jahrhunderten bekannt ist, und wohl uns, wenn wir sie nutzen. Nur möchten wir immer auch die Gefahr sehen, daß dieser Reichtum eine Last, ein Hemmschuh werden kann für den Weiterbau der Orgel in die Zukunft hinein, wenn wir das Instrument nur mit dem Maßstab der uns bekannten Orgelmusik messen und es nur in Richtung auf diese Orgelmusik hin bauen. Und andererseits: Es entspricht einer verkehrten Anschauung, wenn man meint, daß nur auf der Kompromißorgel die Orgelliteratur aller Zeiten ausgeführt werden könnte.

Es ist eine eigentümliche Tatsache, die sich analog auf allen Gebieten unseres Lebens vorfindet, daß, je rücksichtsloser und reiner eine Orgel ihren Stil durchführt, um so mehr sie dazu geeignet ist, auch den Kompositionen anderer Stilepochen eine Heimat zu gewähren, wie umgekehrt ja auch die Werke der großen Orgelkomponisten stets über die Orgel, für die sie geschrieben sind, hinausweisen. Nicht die Kompromißorgel, sondern die aus dem lebendigen Schaffen einer Zeit entstandene und das Klanggesicht der Zeit bewußt zur Schau tragende Stilorgel kommt der Orgel am nächsten, von der die Alten als der großen, ewigen, aller irdischen Unvollkommenheiten baren Orgel des Himmels träumten."

Zeitnaher, aber auch klarer hätte man — zudem vor dreiundvierzig Jahren — kaum ausdrücken können, was anzustreben ist. Man hätte indessen auch nicht klarer den oft nur wenig merklichen, für manche sogar nicht wahrnehmbaren Unterschied zwischen „Neuem Orgelstil an sich" und „Kompromiß-Orgel" herauskristallieren können.

Vielleicht hilft manchem Lesenden folgendes, um diesen feinen, aber wesenhaften Unterschied zu erkennen: Gibt man innerhalb einer lediglich als „klangliches Kunstwerk" entworfenen Orgel z. B. einer drahtigen Zunge zu 8' die ihr sich nahtlos verbindenden verschleierten Streicher Fugara 4' und Salicet 2' bei, so geschieht dies nicht deswegen, um etwa „romantisierende" Klangelemente einzuschmuggeln, denn gerade *das* wäre der Kompromiß; sondern ganz einfach deshalb, um diesem drahtig-harfigen Klang eine ihm gemäße Krönung im Sinne einer „Klangausweitung nach oben" zu verschaffen — ähnlich, wie wir (zerlegten oder unzerlegten) Kornett-Elementen Septimen, Nonen usw. hinzufügen, um sie als „Kunstwerk an sich" noch klangreicher zu gestalten und neue Klangräume zu erschließen. Und das sind nur einige der vielen lockenden Möglichkeiten des „Kommenden im Überkommenen".

Daß mit solchen — und noch viel mehr anderen, rein aus dem Klangschöpferischen geborenen — Maßnahmen der Weg in einen neuen Stil möglich wurde, in dem gemäß Ihren Worten auch *„Kompositionen anderer Stilepochen eine Heimat"* gewährt ist, das ist das Wunder.

> *„So will es der Geist*
> *Und die reifende Zeit,*
> *Denn einmal bedurften*
> *Wir Blinden des Wunders."*

Mit diesem Wort Hölderlins runde sich der Ring zum Eingang dieses Geburtstagsbriefes. Er wurde am 20. März, dem 200. Geburtstage des Dichters begonnen, und in der Nacht zum Osterfest 1970 beendigt. Lesen Sie, verehrter Abt Christhard Mahrenholz, zwischen den Zeilen den großen Dank von uns Orgelfreunden. Vielleicht ist es mit eine Geburtstagsfreude für Sie, zu wissen, daß die Gesellschaft der Orgelfreunde — auch in deren Namen sind diese Zeilen geschrieben — den *Ertrag* der Orgelbewegung, nämlich den heutigen Stil, weiterzuentfalten bestrebt ist. Ob dann uns und unserer Zeit gelingt, die Orgel so zu fördern, bis sie — um mit Ihren Worten zu schließen — zu dieser wird, „von der die Alten als der großen, ewigen, aller irdischen Unvollkommenheiten baren Orgel träumten"?

In herzlicher Verbundenheit
Ihr Walter Supper

Deutsche Kirchenlieder in einem niedersächsischen Zisterzienserinnenkloster des Mittelalters

Walther Lipphardt

Der folgende Beitrag wurde zuerst im August 1969 auf der Tagung der Internationalen Gesellschaft für Hymnologie in Graz als Referat gehalten. Sein Thema „Das Kirchenlied in einem niedersächsischen Zisterzienserinnenkloster des Mittelalters" scheint mir aus verschiedenen Gründen besonders geeignet als Festgabe für unseren verehrten Jubilar, der sein Leben lang dem Kirchenlied und seiner Erforschung nahe stand, der mit der Kirchengeschichte der niedersächsischen Heimat besonders vertraut ist, und der als Abt von Amelungsborn die Tradition weiterträgt, die einst die Zisterzienser in Niedersachsen gepflanzt haben.

I

K. Ameln und W. Thomas haben in den Jahren 1963 bis 1965 im „Jahrbuch für Liturgik und Hymnologie"[1] auf den Wert von vier norddeutschen Handschriften für die Erforschung des niederdeutschen Kirchenliedes aufmerksam gemacht. Alle diese Handschriften waren Orationalien[2] und verwendeten für die Melodieaufzeichnung rote linienlose Neumen.[3] Im Laufe des letzten Jahres konnte der Verfasser die Zahl solcher Orationalien mit roter Notation von 4 auf 18 (bzw. 14, da 4 ohne Neumen sind) erweitern und wichtige Feststellungen über Herkunft und Chronologie der Handschriften machen.[4] Es sind folgende Handschriften:

---

[1] K. Ameln, Mittelniederdt. Osterlieder aus vorreformatorischer Zeit, in JbLH Bd. 9, 1964, S. 126—133; ders., Ein vorreformatorisches Gebet- und Andacht-Buch als hymnologische Quelle, in JbLH Bd. 10, 1965, S. 131—138. W. Thomas, Mittelniederdt. Weihnachtslieder aus vorreformatorischer Zeit, in JbLH Bd. 8, 1963, S. 118—122; ders., Mittelniederdt. Osterlieder aus vorreformatorischer Zeit, in JbLH Bd. 9, 1964, S. 121—126.

[2] Orationale ist der von G. Dreves, Analecta hymnica, eingeführte Begriff für die lateinischen Andachtsbücher. Im Falle der Medinger Hsn. ist er wesentlich besser als „Stunden-" bzw. „Horenbücher" oder „Nonnenbrevier" wiederzugeben, denn alle diese Hsn. enthalten nicht nur Betrachtungen zum Offizium, sondern auch zur Messe. Er ist auch besser als „Betrachtungs-" oder „Andachtsbuch", da mit ihm die liturgische Komponente stärker herausgehoben wird. Es sind Betrachtungen, Gebete und Gesänge entlang der Liturgie.

[3] In HV¹, A, M und HV² wechselnd mit schwarzen Neumen.

[4] W. Lipphardt, Die Liederhandschriften des Zisterzienserinnenklosters Medingen aus dem 14.—16. Jahrhundert. Ein Beitrag zur Geschichte des deutschen Kirchenlieds in Niedersachsen während des Mittelalters (in Vorbereitung).
  Die Datierung der einzelnen Handschriften gibt schwierige Probleme auf, die hier im einzelnen nicht dargelegt werden können. Ein drastisches Beispiel bietet die Hs. Kopenhagen, Thott 130. 8., welche zuerst auf das 14. Jhdt., dann von C. Borchling in der 2. Hälfte des

* bedeutet nur schwach neumiert. — ** stark neumiert (Musikhs.)

** 1. A   = Amelns Fragment, s. JbLH Bd. 10, 1965, S. 131 ff.
             (vor 1340) lat. — Weihnachten [5]
   2. HB¹ = Hamburg STB in scr. 151 b
             (um 1498) nddt. — Ostern [6]
** 3. HI¹ = Hildesheim, Dombibl. J. 29
             (1465—1478) lat. — Ostern [7]
** 4. HI² = Hildesheim, Stadtarch. M 357
             (um 1480) lat. — Ostern [8]
[?5. HO   = Hoffmann v. Fallersleben — Germania II 1857
             (um 1430) lat. — Ostern] [9]
** 6. HV¹ = Hannover LB I 75
             (vor 1340) lat. — Ostern [10]
* 7. HV²   = Hannover LB I 74
             (um 1495) lat. — Ostern [11]

15. Jhdts., von A. Mante nach 1500 datiert wurde; oder die Hs. Münster Staatsarchiv 301, die K. Ameln richtig mit Ende des 15. Jhdts. nach Borchling datiert hat, die dann von mir in JbLH Bd. 14, 1969, aufgrund der hervorragenden Textualis auf frühes 15. Jhdt. datiert wurde, die aber mit dem Gebet für die Medinger Äbtissin auf Bl. 22b erst nach 1494 datiert werden kann. Den einzigen ganz sicheren Terminus bietet die Hs. Hildesheim, Dombibl. J 29, wo am Ende 1478 vermerkt ist.

[5] 30 Einzelblätter einer ursprünglich etwa 220 Bl. umfassenden Pergamenths., deren Texte zum größten Teil in der Hs. K¹ wiederkehren. Die von K. Ameln vorgenommene Ordnung der Blätter muß danach umgestellt werden.

[6] Aus der Spätzeit des Klosters offenbar für eine Lüneburger Patrizierfrau geschrieben, die an den Medinger Gottesdiensten teilnahm. Noten sind nur an einer Stelle eingetragen. Lat. Gesangstexte werden an allen Stellen übersetzt. Die liturgischen Vorgänge sind genau beschrieben und kommentiert.

[7] Diese wichtige Hs. galt nach 1946 für verloren, sie wurde erst kürzlich wiedergefunden. Sie stellt eine ziemlich genaue Abschrift der Hs. K² dar und ist, wie alle Hsn. der Tölner-Gruppe, mit Miniaturen am unteren Rande ausgezeichnet. Vgl. K. Ernst, Das Osterbrevier des Gymnasiums Josephinum, in: Unsere Diözese in Vergangenheit und Gegenwart. 4. Jahrg. Hildesheim 1930. Ernsts Lokalisierung nach Hildesheim ist falsch. Die Hs. ist in Medingen und für Medingen geschrieben und wohl im Jahre 1542 mit anderen „Pretiosa" von der Äbtissin vor dem Zugriff des Herzogs nach Hildesheim gebracht worden.

[8] C. Borchling, Mittelniederdt. Hsn. Reiseberichte I, Göttingen 1899, S. 205. Die Eintragung auf der Rückseite des Vorderdeckels „ex Medinck" verweist auf Herkunft aus der Medinger Bibliothek. Sie kam vermutlich auch 1542 nach Hildesheim. Sie leitet dazu an, die Gesänge und Riten, welche sie genau beschreibt, zur Grundlage der Meditation zu machen. Der strengere Charakter dieser Meditations-Agende weist sie als eine Frucht der Klosterreform von 1479 aus.

[9] Diese ehemals in Hannover befindliche Hs. (Privatbesitz) ist verschollen, nach der knappen Beschreibung Hoffmanns gehörte auch sie zu den an Miniaturen reichen Tölner-Hsn.

[10] C. Borchling aaO. I, S. 196. Älteste aller Medinger Hsn. Sie besteht aus zwei Büchern, die um 1500 in einem Lederband zusammengefaßt sind, der Abschrift des noch älteren Kurz-Orationale von Alt-Medingen und einem großen Orationale in lat. Reimversen um 1320 mit vielen lat. und niederdt. Gesängen. Die Hs. hat durch Tintenfraß sehr gelitten.

[11] C. Borchling aaO. I, S. 196. 289 Seiten (in losen Lagen) einer defekten Pergamenths., die zu den späten Abschriften aus der Tölner-Gruppe gehört, anstelle der Miniaturen aber vielfach aufgeklebte Inkunabelbilder benutzt. Auch diese Hs. hat stark durch Tintenfraß gelitten.

	8. K¹	=	Kopenhagen Kgl. Bibl. G. K. S. 3451⁰ (vor 1340) lat. — Weihnachten[12]
**	9. K²	=	Kopenhagen Kgl. Bibl. Thott 120.8 (um 1430) lat. — Ostern[13]
*	10. K³	=	Kopenhagen Kgl. Bibl. Thott 130.8 (1506—1550) nddt. — Adv. bis Christi Himmelfahrt[14]
**	11. L¹	=	Lüneburg, Ratsbibl. th. 4. 74 (um 1500) lat. — Philippus u. Jacobus — St. Mauritius[15]
*	12. L²	=	Lüneburg, Ratsbibl. th. 4. 73 (kurz nach 1505) lat. — St. Jakobus minor. — St. Anna — St. Barbara[16]
*	13. M	=	Münster, Staatsarch. 301 (um 1495) lat. — Ostern[17]
	[14. MA	=	Martens Hs (früher in Bremen?) (um 1530) Fastenzeit — Ostern][18]
*	15. T¹	=	Trier, Bistums-Archiv 529 (um 1350) nddt. — Ostern — Fronleichnam[19]
*	16. T²	=	Trier, Bistums-Archiv 529 (um 1380) nddt. — Weihnachten — Lichtmeß — Ostern — Pfingsten[20]

---

[12] C. Borchling aaO. II, 1909, S. 48. Diese Hs. enthält die Texte des gesamten Alt-Medinger Weihnachtsrepertoires und kann daher zur Rekonstruktion des noch älteren Fragments A dienen.

[13] Älteste und schönste der Tölner-Handschriften (C. Borchling, aaO. II, S. 34 f.) mit den besten Miniaturen.

[14] Letzte der Medinger Hsn., ohne jeden äußeren Schmuck, geschrieben in den letzten Jahrzehnten des Widerstandes gegen die vom Herzog geforderte lutherische Reformation des Klosters (1552). Vgl. aaO. Borchling II, S. 38.

[15] C. Borchling aaO. I, S. 166. Betrachtungsbuch für den 1. Mai (Philippus und Jacobus) und 22. Sept. (Mauritius).

[16] C. Borchling aaO. I, S. 166. Zur Gewinnung des Campostell-Ablasses und für das Patrozinium der 1502 von Propst Bülow erbauten St.-Anna-Kapelle.

[17] Repräsentative Pergaments. in altertümlicher Textura, geschrieben nach der Einsetzung der ersten Äbtissin (1494), gehört als späte Abschrift zu den Tölner-Hsn. mit Randminiaturen. Meine frühere Lokalisierung (JbLH Bd. 14, 1969) des Bestimmungsortes: Kloster im Kölner Raum wegen des hl. Severin, der in Bildern und im Text auftritt, trifft nicht zu. Das Buch ist für Medingen geschrieben.

[18] Martens Hs. gehört zu den verschollenen Quellen; der Beschreibung nach, die Martens gibt, gehört sie zu den schmucklosen Hsn. der letzten Zeit (16. Jhdt.). Vgl. Germania 20, 1875, S. 341—343.

[19] Den vollständigen Abdruck der älteren Trierer Hs. bietet A. Mante, Ein niederdeutsches Gebetbuch aus der zweiten Hälfte des 14. Jhdts., in: Lunder Germanistische Forschungen Bd. 33, 1960. Diese Hs. hat der Trierer Domherr Graf Chr. von Kesselstadt zur Zeit der Säkularisation in Hildesheim erworben und später nach Trier gebracht.

[20] C. Borchling aaO. IV, S. 185; A. Mante, S. XXVIII. Ebenfalls aus dem Erbe des Grafen Chr. von Kesselstadt, der diese Hs. im Paderbornischen (Kloster Brachel) erwarb. In ihren Osterteilen ist sie genaue Abschrift von T¹. Auch sie war für eine Lüneburger Patrizierfrau geschrieben, die in Medingen während der Hochfeste am Gottesdienst teilnahm.

17. W¹ = Wolfenbüttel Helmst. 1297
(um 1330) lat. — Ostern — Ass. BMV.[21]
** 18. W² = Wolfenbüttel Extrav. 300.1
(um 1470) nddt. — Weihn. — Ann. BMV. — Chr. Himmelfahrt bis Conc. BMV.[22]

Alle 18 Handschriften stammen aus dem Zisterzienserinnenkloster Medingen,[23] südlich von Lüneburg (bei Bevensen), dem Hauskloster des Lüneburgischen Patriziats, gegründet 1241 an anderer Stelle (Alt-Medingen), 1336 nach Neumedingen verlegt, 1494 erst zur Abtei erhoben, erst 1559 nach langem Widerstand gegen den Herzog von Lüneburg zum luth. Damenstift umgewandelt. Die Handschriften T², W², HB, HI², M und K³ besitzen ein Gebet für Stadt und Land Lüneburg. Die Handschriften T¹, T², HB, HI¹, HO, K², K³, M, HV², W² und L¹ nennen den hl. Mauritius als Patron. In der Umgebung Lüneburgs gibt es nur zwei Nonnenklöster mit diesem Patrozinium: *Ebstorf* (Benediktinerinnen) und *Medingen* (Zisterzienserinnen). *Alle* Handschriften sind eindeutig zisterziensischer Herkunft.[24] Das sind die drei Argumente für die Lokalitätsbestimmung: nur *Medingen* kommt in Frage. Andere Argumente sind der Kirchweihtag 26. August in W² [25] und die Repertoire-Einheit lateinischer und niederdeutscher Gesänge.

II

Da nachweislich alle Handschriften der Medinger Schreibstube entstammen, kann unter Beachtung verschiedener Kriterien (Material,[26] Format,[27] Lagenordnung,[28] Zeilenzahl,[29] Schmuck,[30] Miniaturen,[31] Schrift,[32] Einband,[33] Lederprä-

---

[21] Die Zugehörigkeit dieser Hs. aus einem niedersächsischen Zisterzienserinnen-Kloster zu Medingen ist nicht ganz sicher. C. Borchling III, S. 76.

[22] C. Borchling aaO. III, S. 134 ff. W. Lipphardt, in JbLH Bd. 14, 1969.

[23] Heute lutherisches Damenstift.

[24] Merkmale zisterziensischer Herkunft sind die doppelten Konvent-Ämter an Festtagen, die häufigen Bernhard-Zitate, die Nennung und Abbildung der Zisterzienserheiligen, der Stil der Miniaturen, die Herz-Jesu-Mystik, die Brautmystik des Hohen Liedes, die überaus gesteigerte Marienverehrung.

[25] Seit 1336 galt der 26. August als Kirchweihtag von Medingen. Das ist auch heute noch so. Nur von 1453 bis 1467 wurde der Kirchweihtag auf den Sonntag Exaudi verlegt, um am 26. August die Dedicatio der von Propst Lützken erbauten Kapelle feiern zu können. W² hat die Kirchweih wieder an der alten Stelle zwischen 15. August und 8. September.

[26] Pergament bei allen älteren Hsn. HV¹, W¹, A, K¹, T¹, T², HI¹ sowie die Hsn. nach 1494 (erste Äbtissin): M, HV², HB, L¹, L². Papier in der Zeit des wirtschaftlichen Niedergangs im 15. Jhdt.: W² und HI², sowie in der Zeit des Widerstandes gegen die Reformation K³ und M.

[27] Oktavformate am Anfang und am Schluß: 16×12 cm: HV¹, A, T¹, T², HB und K³. Mittleres Format 14×10 cm haben in älterer Zeit nur reine Text-Hsn. wie K¹, dann aber alle Hsn. der Tölner-Gruppe: K², HI¹, M, HV²; ebenso W²; kleinformatig in Duodez stellen sich die Hsn. HI², L¹ und L² dar (10×7,5 cm).

[28] Als Lagenordnung herrschen fast überall Quinionen vor, die am Ende der Lage mit einer roten Zahl gezählt sind: gemischte Lagen, mit Quinionen und Senionen wechselnd, erst am Ende: L¹ und L². Nur in K³ ist eine feste Lagenordnung überhaupt nicht mehr festzustellen.

[29] HV¹ hat in der Regel 20, K¹ und W¹ haben 16 bzw. 14 Zeilen, die Tölner-Hsn. K², HI¹, M, HV² haben zwischen 16 und 18 Zeilen. Am Ende des Jahrhunderts wird der Raum

gung der Einbände,³⁴ Orthographie,³⁵ Repertoire-Wechsel³⁶ eine chronologische Folge der Handschriften rekonstruiert und der Geschichte des Klosters (J. L. Lyßmann, Halle 1772)³⁷ zugeordnet werden.

Es ergeben sich folgende Gruppen:

I. 1310—1336 Höhepunkt Alt-Medingens unter Propst Christian: HV¹ W¹, K² und A. —

II. 1336—1383 Erste große Blütezeit in Neu-Medingen unter Propst Ludolf: T¹ und als spätere Abschrift T².

III. 1416—1446 Musikalischer Höhepunkt unter Propst Ludger Tölner: K², [HI¹, HO, M, HV²].³⁸

IV. Nachblüte vor und nach der Klosterreform von 1479:³⁹ HI¹, W² und HI².

V. Restaurative Glanzzeit unter der ersten Äbtissin 1494—1519: M, HV², L¹, L².

VI. Zeit des Widerstandes gegen die Reformation 1529—1550: K³, M.⁴⁰

 stärker ausgenutzt in den Oktavbänden W², HB und K³ 18—21 Zeilen, in den Duodezhsn. HI², L¹ und L² durchgehend 14 Zeilen.

³⁰ Kennzeichnend für alle Medinger Hsn. ist rote Notation und der farbige Wechsel der Schrift an bestimmten wichtigen Stellen der Meditation: rot, blau, grün und teilweise gold, eine Glossolalie in Farben in rhythmischem Wechsel. Ein Wechsel zeichnet sich im Schmuck der Initialen ab.

³¹ Schöne farbige Initialen mit Bildschmuck in HV¹, große kostbare Goldinitialen in T¹ und T², dort ebenfalls Randminiaturen musizierender Engel (s. Taf. I bei Mante aus T¹). Die entzückenden, für Medingen so charakteristischen Randminiaturen stehen zuerst in K² und werden bis zum Ende des 15. Jhdts. in den Hsn. HI¹ und M nachgeahmt. In HV² gelingt selbst diese Nachahmung nicht mehr. W², HI², HB (ohne die vorgesehenen Initialen), L¹, L² und die schmuckloseste Hs. K³ sind Zeugnisse der Sparsamkeit, der gewollten oder ungewollten Armut in der Spätzeit.

³² Äußerste Sorgfalt ist in älteren Handschriften auf eine mustergültige steile Textura gelegt: HV¹, A, K¹, W¹, T¹, T², K², HI¹. Diese Textura wird zur Zeit der ersten Äbtissin wieder sorgfältig nachgeahmt: HB, M, HV², L¹, L². Nur für die Papierhsn. W², HI² und K³ wird die zeitgemäßere norddeutsche Bastarda gewählt.

³³ Mit Ausnahme von K¹ und HV², deren Lagen nie einen Einband hatten, sind die älteren Ledereinbände, W¹, HB, mit zwei oder einer Schnalle noch fast alle erhalten. Meist ist es braunes Leder, auf Holz gezogen. Für einige Einbände ist rotes Leder charakteristisch: W² und K³.

³⁴ Die hierbei verwendeten Prägestempel finden auf mehreren der Einbände Verwendung, so daß auch auf eine gemeinsame Buchbinderwerkstatt in Medingen geschlossen werden muß.

³⁵ y—i; sc—sch; cgh—ggh—gg; td—dd; vns—vs; u. a.

³⁶ Hierzu siehe den Repertoire-Wechsel in der Liedtabelle S. 318.

³⁷ Johann Ludolph Lyßmanns, gewesenen Predigers zu Closter Meding, und nachherigen Superintendenten zu Fallersleben, Historische Nachricht von dem Ursprunge, Anwachs und Schicksalen des im Lüneburgischen Herzogthum belegenen Closters Meding, dessen Pröbsten, Priorinnen und Abbatißinnen, auch fürnehmsten Gebräuchen und Lutherischen Predigern &c. nebst darzu gehörigen Urkunden und Anmerkungen, bis auf das Jahr 1769 fortgesetzt. Halle, bey Joh. Just. Gebauers Wittwe und Johann Jacob Gebauer 1772 (Exemplare auf den Bibliotheken Wolfenbüttel und Lüneburg.)

³⁸ Die eingeklammerten Hsn. sind spätere Abschriften, müssen aber in ihrer Anlage zu den Tölner-Hsn. gerechnet werden.

³⁹ HI¹ und W² liegen vorher; HI² danach. Über die durch den Bischof von Hildesheim und die Oberen durchgeführte Reform siehe Lyßmann, aaO. S. 74.

⁴⁰ Lyßmann, aaO. S. 136—161.

III

Das Alt-Medinger Repertoire (vor 1336) besitzt im Osterteil 14 deutsche, im Weihnachtsteil vier deutsche Lieder, sechs lateinische Cantiones und drei lateinisch-deutsche Mischstrophen des Liedes *In dulci iubilo*.[41] Keines dieser Lieder hat in HV[1] und W[1] eine echte liturgische Funktion. Sie bilden dort den betrachtenden Abschluß der Horen. K[2] und HI[1], die offenbar in romantischer Weise nach 1420 auf das Alt-Medinger Repertoire zurückgreifen, bringen den größten Teil dieser Strophen (6) als Zwischenstrophen im Prozessionsgesang *Salve festa dies* unter. Da diese aber nicht ausreichen, werden von diesen beiden Handschriften noch 9 ähnliche Strophen verwendet, die ehemals vermutlich zur „brutlacht des Lammes"[42] Verwendung gefunden hatten. Der Gesamtcharakter all dieser Lieder — mit Ausnahme des *Also heylich is desse dach*[43] und der lateinischen Cantiones für Weihnachten — ist bestimmt von der Mystik und dem ritterlichen Minnegesang.[44]

IV

Nach der Neugründung des Klosters in Neu-Medingen gibt es einen völligen Wechsel des Repertoires. Anstelle der mystischen Texte der Handschrift HV[1] und der lateinischen Cantiones in K[1] treten jetzt meist Volksgesänge, denen nun fast überall eine liturgische Funktion zukommt. Die Cantio *Puer natus in Bethlehem* aus dem älteren Repertoire findet jetzt noch Verwendung als Tropus innerhalb des Introitus *Puer natus est* von Weihnachten. Als Tropus zum Gloria der 1. Weihnachtsmesse wird das Mischlied „*Gloria cum gloria*"[45]

---

[41] Es sind in Hs. A folgende Gesänge: *In obscuro nascitur* (Str. 6 zu *Dies est laetitiae*) — *Iacet in presepio cuius natalicio* — ***Nu weren alde danken min* — ***Me scal de soten marien louen* — **Gaudensin domino (Anal. hymn. 20, 242) — *O Ihesu sote mi[n]ne*. — **O ihesu parvule (2. Str. von *In dulci iubilo*).
Aus K[1] sind noch zu ergänzen: *De hogheste konig ouer al desse lant* (39a) — *In dulci jubilo, singet weset vro* (46a) — *Maria nostra spes, hep vns vrowe des* (bisher unbekannte Strophe zu *In dulci jubilo*) (47b) — *Nascitur in Bethlehem* (59a) — *Dies est laetitiae* (59a) — *Puer natus in Bethlehem* (133b) — *Puer nobis nascitur* (136a).
HV[1] hat für Ostern folgende deutschen Gesänge: *Help vs dat heyliker graf* (2) — *Nu is de werlt alle to gode* (4) — *Help vns o ware Paske-lam* (39, 41) — *O du dure scat* (82) — *Darumme scal alle herte* (**118, **177) — *Seraphin eyn chor der minne* (**199), *Cherubin hat sick neghet* (199) — *Wol den enghelen alghe-meyne* (201) — *De hemmelesche keyser* (**218) — *Din an-beghin is vroude* (230) — *Dar ik an der vroude sta* (**240) — *Exultandi et letandi + Stat alle stille stat* (**271) — *Alhir is lef mit herten leue* (293) — *Der hemmel chor is vp-ghe-sloten* (301) — *O vel eddele pasche-dach* (**307) — *Herscup vnde vruwede* (312) — *Exultandi et letandi + Also heylich is de dach*.

[42] Unter der *brutlacht des lammes* verstehen die Medinger Hsn. die mystische Hochzeit der Seele mit dem Lamme nach der Komplet des Ostertages. Sie stellt einen sprachlichen und dichterischen Höhepunkt in unsern Handschriften dar.

[43] Älteste Quelle für dieses Osterlied ist die den Medinger Hsn. nahestehende Hs. Cambridge Add. 4080 (aus der Zeit Rudolfs von Habsburg 1273—1291) Bl. 59b.

[44] Vgl. G. Lüers, Die Sprache der deutschen Mystik, München 1926. Vor allem für die Alt-Medinger niederdt. Liedstrophen gilt, daß sie der Sprache der großen norddeutschen Mystikerinnen Mechthild von Hackeborn, Gertrud von Helfta und Mechthild von Magdeburg ganz nahe kommen; auch die Thematik der Gebete ist von dort übernommen.

[45] Hierzu vgl. W. Lipphardt, in JbLH Bd. 14, 1969.

gesungen. Das beliebteste Zwischenstück für die Osterprozession ist „*Also heylich is desse dach*", erweitert um den Ruf der unmündigen Kinder: *Heyl heyl Osterdach.* Vor allem aber erscheinen jetzt deutsche Lieder an den wichtigsten Stellen der Messe, zur Elevation und zur Kommunion. An Weihnachten wird zur Elevation gesungen: *Ghe-louet sistu Jesu Crist*[46] und *Maria dine sone wil ich han,* das erste noch in Verbindung mit dem *Grates nunc omnes* zur 1. Weihnachtsmesse, das zweite ein Contrafactum des Liedes „*Ich soll und muß einen bulen haben*" ohne jede lateinische Einfassung zur 2. Weihnachtsmesse. An Ostern wird das Lied „*Help vns o ware pasche-lam*" zusammen mit „*O vere digna hostia*" zur Elevation gesungen. „*Crist is upstanden*" erscheint in einzelnen Handschriften zum „*Victime paschali*" der Ostermesse als Volksgesang,[47] desgleichen wird das Lied „*Sunte Mauricius*" in die Sequenz des Mauritiusfestes interpoliert. „*O Jesu parvule*", „*Crist is upstande*" und andere Volksgesänge erscheinen als Lieder zur Kommunion, ehe der liturgische Chor die Antiphon lateinisch anstimmt. Diese einzigartige Entwicklung ist in Medingen durch die besonderen Verhältnisse bedingt. Der Propst erhielt in Neu-Medingen seit 1336 die cura parochialis für das Volk der Umgegend und die vielen Lüneburger Gäste. Träger der Liturgie waren die vier bis fünf Geistlichen der Propstei, einige Capellani und die Schüler der Klerikerschule bei der Propstei.[48] Von Propst Tölner wissen wir, daß er auch die Schwestern und das Volk am Kirchengesang beteiligen wollte.[49] Eine der bevorzugten Stellen für die Interpolation anderer Gesänge ist bei den Zisterziensern die Elevation.[50] Zwar stand hier bei den Zisterziensern nur ein lateinischer Gesang, aber die mit dem Kloster verbundene cura parochialis[51] ermöglichte hier auch den deutschen Gesang. Das ist ein Grund mehr, für diese Lieder den Begriff „Kirchenlieder", nicht nur „Geistliche Lieder" zu verwenden. Hier widersprechen auch die Tatsachen manchen der Thesen Janotas von 1968.[52]

---

[46] ebenda.
[47] Für die Mischung der Sprachen, des Kleriker- und des Volksgesanges wird sogar in den Hsn. eine theologische Begründung versucht: *Ideo in sequencia populorum laudibus alternatim quia in christi resurrectione diuinis humana iunguntur* [HI¹ 39b].
[48] Lyßmann, aaO. S. 182—185 über das Personal der Propstei.
[49] Lyßmann, aaO. S. 50: „So bald er nun die hiesige Pröbstey angetreten hatte, gieng seine erste Sorge dahin, den Gottesdienst in hiesigem Closter, so viel möglich, den Conventualinnen angenehm, und bey der auswärtigen Gemeine ansehnlich zu machen. Dazu gebrauchte er, als ein bequemes Mittel, die Music, von welcher er ohnedem ein großer Liebhaber war; daher ließ er gleich zu Anfang ein Positiv auf den Jungfrauenchor setzen, und die große Orgel in der Kirche mit etlichen neuen Stimmen vermehren, hielt daneben etliche von den jüngern Conventualinnen und alle seine Capellannos zur Music an, und brachte es so weit damit, daß sie hernach an den Fest- und Apostelttagen sowol bey dem öffentlichen Gottesdienste, als unter ihren Horis eine angenehme Music machen konnten."
[50] J. A. Jungmann, Missarum Sollemnia, Bd. II, S. 262 Anm. 96.
[51] S. Lyßmann, aaO. S. 20. Schon Propst Ludolf von Lüneburg (1326—1355) hatte danach für die Propstei die *Jura parochialia* erworben.
[52] J. Janota, Studien zu Funktion und Typus des deutschen geistlichen Liedes im Mittelalter, in: Münchener Texte und Untersuchungen zur deutschen Literatur des Mittelalters, Bd. 23, München 1968.

Für eine ganze Reihe von Liedern bedeutet die Medinger Liste Neuland, für einige sehr bekannte Änderung der bisherigen Datierung. 1. *Gelobet sistu Jhesu Crist* (Text schon in T² um 1380; Mel. schon in W² um 1470). 2. *Help vns dat hl. graf* (erwähnt schon in Epen des 13. Jhdts, z. B. Herzog Ernst, Text zuerst 1350, Melodie zuerst 1380). 3. *We scollen alle vrolick sin:* Text schon 1380, Melodie um 1470 in Medingen.[53] 4. *Konighin der Hemele,* in Medingen schon um 1495 (mit Neumen).[54] 5. *Crist du bist milde.* Weise des 13. Jhdts. zuerst in Epen nachgewiesen. Text zuerst vor 1340, Melodie um 1470 in Medingen.[55] 6. *Nu bidden we den hl. geyst* früheste Melodieaufzeichnung Medingen um 1350.[56]

---

[53] Das Lied ist also nicht erst von den Böhmischen Brüdern ins Deutsche übertragen worden. Die Quelle des deutschen Textes von 1380 ist älter als die Bezeugung des lat. Textes in Hohenfurth 1410. Die dort überlieferte Melodie stimmt genau überein mit HI' und der des Medingen benachbarten Zisterzienserklosters Wienhausen um 1480 (im Wienhäuser Liederbuch).

[54] Das Lied wird von G. Witzel 1550 als mittelalterlich bezeichnet, Vehe hat vermutlich den Text nach Witzels Fassung 1537 schon abgedruckt, 1567 bringt Leisentrit dazu die Melodie, die große Ähnlichkeit mit der Melodie der neumierten Medinger Fassungen aufweist. Schon vorher hatte E. Alber das Lied mit seiner Melodie (Zahn Nr. 1979c) in einem Frankfurter Gesangbuch Ch. Egenolffs um 1535 veröffentlicht (s. W. Lipphardt, Frankfurter Gesangbuchdrucke vor 1569, in: Archiv für Frankfurts Geschichte und Kunst, Heft 53, 1970).

[55] Der Text des alten Marienliedes steht bei Alber als 3. Strophe und als Interpolation in ein „gebessertes" *Regina coeli laetare*.

[56] W. Lipphardt, in JbLH Bd. 14, 1969.

Neu-Medinger Repertoire (nach 1336) Weihnachten

* bedeutet Neumierung des Incipits; ** Neumierung der ganzen Strophe.

	T¹	T²	K²	HI¹	M	HV²	W	HB	HI²	K³
Weihnachten										
1. Gloria cum gloria	[—]	—	42a; 48b; 54b	[—]	[—]	[—]	**27b	[—]	**2b	[—]
2. Ghe-louet sistu	[—]	—	—	[—]	[—]	[—]	*32b; *57a	[—]	**2b; 43b	16b; 50b
3. Maria dine sone	[—]	30b; 44b	30a (B)	29a; 30b	*3a; *56a	**15	74a	165	—	—
4. O Jhesu parvule	[—]	30b; 38b	[—]	[—]	[—]	[—]	**41b; 60b; **42a; 52a	[—]	[—]	44a
Ostern, Pfingsten, Fronleichnam										
5. Nu is de werlt	7a	—	69b	*10a; 16b	15	*19	[—]	[—]	[—]	—
6. Help vns dat hl. graf	—	**88b	93a	**44b	27a	210	[—]	44a	**31b	66b; 157a
7. Ik se de lenter tyd	—	158b	133b	**44a	75b	171	[—]	—	**43b	168b
8. We scollen alle vrolick	—	79b; 175a	29b (B)	**13a; 70a(B)	15	**51	[—]	141a; 171a	—	—
9. Dilecte mi revertere	—	111a	[—]	[—]	[—]	[—]	[—]	131b	—	[—]
10. Crist is vpstande	44a; *110b	111b; *161a; 175a	**48b; *153b	40a; 118b	**64b; 137a	[—]	[—]	65b; 98a; 148a; 157a	**47b; 92a	**167a/b; 240b
11. Ik vntfa dik clare	80b	—	**50b	**44a	—	—	[—]	—	—	[—]
12. Du bist der erste	—	—	**50b	**44b	—	—	[—]	—	—	[—]
13. Dat is de aldersoteste sangh	—	—	93a; 29b	—	27a	210	[—]	44a	**31b	66b; 157a
14. Mir nement maken kan vro	—	—	—	—	*69a	**56	[—]	—	—	[—]
15. Konighin der hem.	—	—	**133b	—	11a	*7	[—]	—	**55b	[—]
16. Gaudia paschalia	—	122b	75b (B)	45a; 52a (B)	**49a; 105a; 114a (B)	**103	[—]	104b; 114a; 175b	186a; *192b; *251a; [199a	117b; 237a]
17. Help vns o ware pasche-lam	56b; 74b	**140b; 138a	**133b	—	11a	*7	[—]	155b; 174a	**168b; *82a	[—]
18. Also heylich is desse dach	*78a; *81a	122b; 138a	50b (B)	69b; 119	137a	161; 242	(—)	127b; 135a; 147a; 149b; 155b; 174a	*56b; *82a	[—]
19. Heyl heyl Osterdach	65a; 100a	*129b; *154b	**70a; *93a; 95a	—	—	—	[—]	181a; 185b	153a	237b
20. Exultandi et letandi	*108b	*161b	160b	—	135a	171	[—]	147a ff.	**153a	—
21. Her Jhesus springt	**108b	—	133b	**103a/b; 69a.	147b	110a	[—]	155b	—	—
22. O alme deus Sabaoth	100a	158b	*92b; *161b	**124a; **188	**144a; 210b	**188	[—]	189a; 198a	*150a	*150a
23. Crist heyliger god	—	183a	**161b	—	—	—	[—]	—	—	208b
24. Nu bidde we den hl. Geist	158a	—	—	—	—	—	*180a; 193b	—	—	157a
25. Crist du bist milde	192b; *200a	—	**161b; *153b	—	—	—	*197a	189a; 198a	*150a	208b
26. God si ghelouet	—	—	239a	—	—	—	**203a	—	—	—
27. Sunte Maria heyliger vrowe	228b	—	—	—	—	—	**214b	—	—	—
28. Sunte Mauricius gy eddele	[—]	[—]	[—]	[—]	[—]	[—]	**225b	[—]	[—]	[—]

Markus Jenny

Geschichte
und Verbreitung
der Lieder Zwinglis

Daß liturgisch verwendete Kirchenlieder und andere gottesdienstliche Gesänge ihre (manchmal sehr bewegte und umfangreiche) Geschichte haben und zu einer Verbreitung kommen können, wie sie nur wenigen Kunstwerken der Literatur und Musik zuteil wird, ist bekannt und begreiflich und gehört mit zu den Gründen, warum der Hymnologie — im weitesten Sinne des Begriffs[1] — in der Theologie-, Kirchen-, Literatur- und Musikgeschichte wie in den jeweils zugehörigen grundsätzlichen und (allenfalls) praktischen Bemühungen der Wissenschaft eine so wichtige Rolle zukommt. Gesänge, die einen festen Sitz im Leben erhalten haben, nehmen eben teil an den Wandlungen dieses Lebens.

Neben liturgisch verwendeten Kirchenliedern gibt es auch solche, die — soweit man das feststellen kann — keine liturgische Verwendung fanden, obwohl sie sich dazu ebensogut geeignet hätten wie andere, und schließlich solche, die sich für den liturgischen Gebrauch nicht eignen, die man aber aus drei Gründen dennoch zu den Kirchenliedern zählen muß: erstens, weil sich eine Definition, die sie ausschlösse, kaum finden läßt,[2] zweitens, weil sie nicht nur auf Liederblättern, in Sammlungen geistlicher Lieder oder in Privatgesangbüchern, sondern auch in eigentlichen Kirchengesangbüchern stehen,[3] und drittens, weil manche unter diesen Liedern, obwohl sie weder für den Gottesdienst

---

[1] Vgl. zur Umschreibung der Hymnologie als theologischer Disziplin meinen Aufsatz in: Reformatio XV, Bern 1966, S. 519—526.
[2] Eine derartige Definition wurde notwendig, als es darum ging, für die Quellenerfassung zur Edition „Das Deutsche Kirchenlied" die Grenzen festzulegen. Der Verfasser hat ihr dort vorläufig folgende Form gegeben: „Unter einem deutschen Kirchenlied wird verstanden: ein deutschsprachiger geistlicher Text christlicher Prägung — gleichgültig welchen Bekenntnisses — in metrischer Form von strophischem Bau mit einer Melodie von liedmäßigem Charakter, einer Mehrzahl von Singenden zum Gebrauch angeboten." Es ist hier nicht der Ort, diese Definition zu begründen und zu kommentieren. Aber darauf muß in diesem Zusammenhang doch hingewiesen werden, daß eine Umschreibung des Begriffes vom liturgischen Gebrauch her unmöglich ist. Weder können wir mit Sicherheit heute noch feststellen, welche Lieder tatsächlich liturgisch verwendet wurden und welche nicht, noch läßt sich das, was „liturgische Verwendung" heißen soll, für alle Zeiten und alle Konfessionsbereiche in gleicher Weise festlegen (Wieviel von der Definition des Begriffs „Liturgie" abhängt, zeigt die ausgezeichnete Arbeit von Johannes Jonata, Studien zu Funktion und Typus des deutschen geistlichen Liedes im Mittelalter, München 1968). Aus diesem Grunde wurde nur von einem Angebot an eine Mehrzahl von Singenden gesprochen.
[3] Grund dafür ist in erster Linie die Tatsache, daß das Gesangbuch vielfach nicht nur zum öffentlichen Gottesdienst, sondern auch für die private Erbauung diente und geschaffen war.

geschaffen noch auch dafür geeignet sind, tatsächlich liturgische Verwendung fanden und finden.[4]

Zu diesen „Randsiedlern" unter den Kirchenliedern gehören nun die drei Lieder, die unter dem Namen des zweiten der drei großen Reformatoren überliefert sind.[5] Daß sie eine so vielfältige Geschichte und eine so unübersehbar weite Verbreitung haben würden wie die Luthers oder wie der auf Calvins Initiative zurückgehende Genfer Psalter, ist nicht zu erwarten. Und doch ist ihre Geschichte kein völlig leeres Blatt und ihre Verbreitung nicht so eng beschränkt, wie man wohl vermuten möchte.

Der älteste Beleg aus der Geschichte der Lieder Zwinglis liegt zeitlich noch vor dem ältesten Druck eines solchen. Im Jahre 1536 hat Zwinglis Amtsnachfolger das Pestlied Zwinglis überarbeitet. Carl Pestalozzi hat als erster auf das Gedicht Bullingers aufmerksam gemacht und sofort auf die Ähnlichkeit mit Zwinglis Pestlied hingewiesen.[6] Das damals noch in Privatbesitz befindliche Autograph[7] ist seither in die Zürcher Zentralbibliothek gelangt,[8] wo Oskar Farner es nachgewiesen hat.[9] Obwohl er also das Original kannte, gibt er die Bullingerschen Verse nach Pestalozzi — in derselben irreführenden Aufteilung in 8 ungleiche Strophen und in halbwegs moderner Schreibweise mit fehlerhaften Zeilenverteilungen — und nicht nach dem Autograph wieder.[10] Deshalb folge hier zunächst ein genauer Abdruck des Textes:[10a]

[1.] Hilff, Herr Gott, hilff
      in diser nodt,
      diewyl der todt
      ist an der thür;
  5   stand, Christe, für,[11]
      dann du inn uberwunden hast.

---

[4] Man denke an ein Lied wie *Der Mond ist aufgegangen*, das des öftern in Abendgottesdiensten erklingt. Die beiden Strophen *Wir stolzen Menschenkinder* ... und *Gott, laß dein Heil uns schauen* ... sind sogar auch sonst liturgisch verwendbar.

[5] Es handelt sich um das Pestlied (*Hilf, Herr Gott, hilf*), die Bereimung des 69. Psalms (*Hilf Gott, das Wasser gaht*) und das Kappeler Lied (*Herr, nun heb den Wagen selb* — statt in Spittas neuhochdeutscher Übertragung: *Herr, nun selbst den Wagen halt* —). Der Abdruck des Urtextes aller drei Lieder mit den Melodien in: JbLH Bd. 14, 1969, 1970, S. 85—93 wird für die folgenden Ausführungen in der Hand des Lesers vorausgesetzt. — Es gibt keine Gründe, daran zu zweifeln, daß die drei Lieder nach Text und Weise von Zwingli stammen, ja es gibt in diesem Fall mehr indirekte und direkte Zeugnisse für die Autorschaft als bei vielen andern Liedern; vgl. dazu JbLH Bd. 14, 1969, S. 63—72. — Zur Frage, inwiefern Zwinglis Lieder als Kirchenlieder anzusprechen sind, vgl. meine Ausführungen über Bestimmung und Bedeutung der Lieder Zwinglis aaO. S. 93—102.

[6] C. Pestalozzi, Heinrich Bullinger. Leben und ausgewählte Schriften. Elberfeld 1858, S. 157.

[7] Pestalozzi, aaO. S. 630: Oberrichter B. Stockar.

[8] ZB Zürich, Ms T 406.21. Die Niederschrift gibt sich durch die charakteristische, absolut unverwechselbare Handschrift als Werk Bullingers zu erkennen.

[9] O. Farner, Huldrych Zwingli, Bd. II, Zürich 1946, S. 447.

[10] Farner, aaO. S. 367 ff.

[10a] Übergeschriebene Buchstaben sind kursiv danebengesetzt; a (u, o) mit übergeschriebenem e wird als ä (ü, ö) wiedergegeben.

[11] steh davor.

Zů dir ich gilff [12]
und bitt dich hoch:
verzych du doch
10 den finden min,
die mich gend hin
und uff mich weltzend disen last.
Ich opffers dir;
verzych ouch mir,
15 was ich begangen han
gen dir in thůn und lan.
Her Jesu Christ,
min Heyland bist;
verlaß mich nit,
20 ich trüwlich bitt.
Und hilff der kylch,
die ich dir bfilch, [13]
die ich hab gleert
und mit dinem [14] heylgen wort geneert.
25 Demnach ich bitt:
vergiss, o Herr, der minen nitt.

[2.] Tröst, Herr Gott, tröst!
Die todtsnot wachst.
Wee und angst fast
an Seel und lyb.
5 Darumm dich schyb
gen mir, einiger trost, mitt gnad,
die gwüß erlöst
einn yeden, der
sin hertzlich bger
10 und hoffnung setzt
in dich, verschetzt
darzů diß zyts all nutz und schad. [15]
Min zyt ist umm;
wenn ich erstumm,
15 mag sprächen nitt ein wort,
wenn all min krafft erdort, [16]
so ist min bitt,
das du min stryt
füerist fürhin, [17]

---

[12] schreie (der Reim gilff/hilff oder gelfen/helffen ist in der zeitgenössischen Literatur öfter anzutreffen).   [13] anbefehle.   [14] muß kontrahiert (dim) gelesen werden.
[15] (und dazu) Nutzen und Schaden (Vorteil und Nachteil, Gutes wie Böses, Gewinn und Verlust) dieser Zeit (d. h. im *aion houtos*) gering schätzt (weil er auf Christus und auf den *aion mellon* seine Hoffnung setzt, vgl. Röm. 8, 18, Phil. 3, 7 f. und Jesusworte wie z. B. Luk. 14, 26 f.).   [16] verdorrt.   [17] fürderhin führest.

20 da*nn* ich bin din.
Dru*mm* sterck min geist,
din zůsag leist:
min Seel mir bwar,[18]
nim sy zů dir ind Engel schar:
25 erbarm*m* dich min.
Herr Jesu Christ, min Seel nim*m* hin.
1.5.3.6.

Daß Bullinger Zwinglis Pestlied aus guter Quelle kannte, wissen wir.[19] Es dürfte darum unnötig sein, mit Farner nach einer gemeinsamen Urform, von der sowohl Zwingli als auch Bullinger (und dann erst noch Th. Beza mit seinem Pestlied) abhängig wären, zu suchen. Der Fall liegt klar: Bullinger hat Zwinglis Lied, das er kannte, für einen (uns nicht mehr bekannten) praktischen Verwendungszweck umgearbeitet. Aus 1, 23 geht hervor, daß er das Gedicht als Sterbegebet für sich oder für einen Amtsbruder niedergeschrieben hat. Die Faltung des kleinen Doppelblättchens von 7 × 9,5 cm, auf dessen erster bis dritter Seite das Gedicht steht, läßt vermuten, daß er es in der Tasche bei sich getragen hat.

Bullinger hat Zwinglis Strophenform richtig erfaßt; seine Bearbeitung verstößt in keinem Fall gegen das Schema. Auch inhaltlich steht sie hinter Zwinglis Werk nicht zurück. Es ist freilich jetzt nicht mehr möglich, das Gedicht metaphorisch zu deuten.[20] Wie man schon zu jener Zeit das Pestlied im rein vordergründig-biographischen Sinne als Beschreibung von Zwinglis Pesterkrankung Ende 1519/Anfang 1520 verstand und ihm einen allgemeinen Sinn nur als Lied für Kranke und Genesende gab, so hat Bullinger es durch seine Bearbeitung noch eindeutiger zum Sterbegebet eines Dieners der Kirche[21] gemacht. Steht bei Zwingli der Ausgang des Leidens immer noch offen, so steht es bei Bullinger fest, daß der Beter dem Tode entgegengeht. Deshalb ist in der ersten Strophe von Zwingli nur der erste Stollen und die erste Zeile des zweiten übernommen, und auch hier mußte in Vers 3/4 das „ich mein, der Tod sig an der Tür" in „diewyl der Tod *ist* an der Tür" geändert werden. Im gleichen Sinne mußte in der 2. Strophe (Vers 2) „Krankheit" durch „Todsnot" ersetzt werden und waren in den Versen 13—17 weitere Retouchen anzubringen. Der Schluß der Strophe (21—26) ist auch hier ganz neu geformt. Die 3. Strophe Zwinglis, die Genesungsstrophe, mußte unter diesen Umständen ganz wegbleiben; daran, daß man sie auf die Genesung zum ewigen Leben umdeuten und entsprechend umschreiben könnte, hat Bullinger offenbar nicht gedacht.

---

[18] bewahre.   [19] JbLH Bd. 14, 1969, S. 66.
[20] Vgl. meine Deutung des Pestliedes als metaphorische Darstellung des reformatorischen Kampfes Zwinglis, in: Neue Zürcher Zeitung vom 6. November 1966, Bl. 5.
[21] Aus 1, 11—13 könnte man vielleicht sogar entnehmen, daß es für einen Sterbenden geschrieben ist, der sich im Dienst der Kirche verzehrt hat, ja für einen eigentlichen Märtyrer. Denkbar wäre, daß Bullinger das Lied in dieser Form dem auf dem Schlachtfeld von Kappel sterbenden Zwingli in den Mund legen wollte. Nur ist bei dieser Annahme schwer zu erklären, was zur Entstehung einer so ausgerichteten Bearbeitung Anlaß gegeben haben könnte.

Die Haltung des Bullingerschen Gedichtes ist dieselbe wie die der Vorlage. Es dürfte schwer halten, gravierende Unterschiede der theologischen Aussage zwischen beiden Texten festzustellen. Nur, daß Bullinger das kirchlich-theologische Vokabular (opfern, Herr Jesu Christ, Heiland, Kirche, dein heiliges Wort, Seele, Engel) stärker heranzieht. Daß Zwingli weitgehend ohne dieses auskommt, macht mit den besonderen Wert seines Gedichtes aus.

Nicht nur Zwinglis Nachfolger, sondern auch sein Schwiegersohn, Rudolf Gwalther, hat des Reformators Pestlied gekannt und benützt. In seinem Sterbelied „Nie noch nimmer so ruht mein Gmüt",[22] einer meisterhaften Kontrafaktur des Gesellschaftsliedes gleichen Anfangs,[23] lehnt er sich an drei Stellen wörtlich an Zwinglis Pestlied an:

4, 3—7	Lös mit deinr Hand	
	der Seelen Band,	
	das mich truckt vast	1, 11. 12 nit laßt ein Stund
	und laßt kein Rast	mich haben weder Růw
	dem Herzen mein.	noch Rast.
5	Doch schaff mit mir recht was du wilt	1, 17. 18 Thůn, wie du wilt
	mich nüt befilt.[24]	mich nüt befilt.[24]
	Allein gib mir,	
	dass ich mög dir	
	gehorsamklich	
	und dapferlich	vgl. 2, 22
	auf dieser Erd	dasselbe Reimwort in 3, 6
	ohn alle Gferd[25]	3, 12 einfaltiglich ohn alle Gferd[25]
	dienen, dass dein Ehr priesen werd.	vgl. 3, 7—9

Nicht nur in einzelnen Wortfügungen, sondern mehr noch in seiner ganzen Haltung und Aussage steht dieses Lied dem Pestlied Zwinglis noch näher als die sich wörtlich daran anschließende Bearbeitung Bullingers.

Ein dritter, der in Zürich Zwinglis Pestlied gekannt und geschätzt haben muß, war vermutlich der Konstanzer Reformationschronist, Buchhändler und Verleger Gregor Mangolt, den man wahrscheinlich als Herausgeber und Betreuer des Konstanzer Gesangbuches nach der Katastrophe von 1548 betrachten muß. Er hat nicht nur die Lieder Ambrosius Blarers gesammelt und zur Veröffentlichung vorbereitet, sondern durch die Aufnahme des Pestliedes und des Liedes über den 69. Psalm in die (verschollene) Ausgabe des Konstanzer Gesangbuchs von 1549 diesen beiden Werken zur Verbreitung verholfen und das zweitgenannte überhaupt für die Nachwelt gerettet.[26]

---

[22] Wackernagel IV, Nr. 179; M. Jenny, Geschichte des deutschschweizerischen evangelischen Gesangbuches im 16. Jahrhundert, Nr. 185 (S. 44 f. und 249).
[23] K. Hennig, Die geistliche Kontrafaktur im Jahrhundert der Reformation, Halle 1929, Nr. 231.
[24] nichts ist mir zu viel, nichts verdrießt mich, ich leide es gerne.
[25] mittelhochdeutsch: âne allez gevaerde = ohne jede Arglist, aus lauterem Herzen, ehrlich und aufrichtig.
[26] Vgl. hierzu JbLH Bd. 14, 1969, S. 69 f. und Zwingliana XIII, Zürich 1969, S. 134 f. und 141—143.

Daß es jedoch in Zürich auch weiterhin eine lebendige, von den Froschauerschen Gesangbuchdrucken unabhängige Überlieferung zumindest des Pestliedes gegeben haben muß, zeigt sich an der Tatsache, daß der Redaktor des ersten offiziellen Zürcher Gesangbuchs von 1598, wohl Raphael Egli,[27] die Melodie dieses Liedes nicht etwa einfach aus den früheren Zürcher Gesangbüchern übernahm, sondern eine Melodiefassung abdruckte, die mit der ältesten, handschriftlichen Überlieferung genau übereinstimmt.[28]

In ähnlicher Weise wie es eben für das Pestlied nachgewiesen wurde, hat man Spuren des Kappeler Liedes in der zeitgenössischen Dichtung finden wollen. Spitta glaubt,[29] Thomas Blarer spiele in der Schlußzeile der 2. Strophe seines Liedes über den 94. Psalm[30] auf seinen markanten Anfang an. Sehr überzeugend scheint mir das jedoch nicht. Eher noch könnte man einen Nachklang der 3. Strophe in einem Liede Johannes Hospinians[31] sehen. Doch auch das ist unsicher.

Hingegen besitzen wir zwei unbezweifelbare Nachwirkungen des Kappeler Liedes in der schweizerischen Theatergeschichte des 16. Jahrhunderts, eine literarische und eine musikalische:

Unter dem Drucke der Gegenreformation rückten die beiden stärksten evangelischen Orte der alten Eidgenossenschaft, Bern und Zürich, die einander seit dem Unglück von 1531 etwas entfremdet waren, wieder näher zusammen. Zur Bekräftigung der gegenseitigen Treue und Freundschaft lud Bern eine starke Zürcher Delegation auf den 24. Mai 1584 zu einem Fest ein. Über 350 Zürcher ritten auf diesen Tag in die befreundete Bärenstadt. Zur Feier des Tages wurde unter anderem ein Festspiel aufgeführt, das Johannes Haller der Jüngere (1546—1596), Sohn des ersten Berner Dekans und Enkel des bei Kappel mit Zwingli gefallenen Theologen gleichen Namens, verfaßt hatte.[32] Gegen Ende dieses allegorischen Stücks treten zu Michael und Uriel, den Engeln der beiden Städte, die Gestalten der Liebe, Treue, Tapferkeit und Bescheidenheit und singen den Schlußchor. Es heißt: „Sie stond zusamen, und singen alle mit einander, In der wyß, Herr nun heb den wagen selb, etc.

I.

Gott sy lob in d'ewigkeit
gseit, das er uns hat erfröwt
und wyt vertryben alles leyd;
drumb all /sing*en* jm mit grossem Schall.

---

[27] Vgl. hierzu JbLH Bd. 7, 1962, S. 123—133.
[28] Wie in Ms F X 21 der UB Basel sind die Penultimae überall gespalten und findet sich in Z. 24 die Durchgangsnote im punktierten Rhythmus, die eine organischere Textunterlegung ermöglicht.   [29] MGkK 16, 1911, S. 103.
[30] Wackernagel IV, Nr. 209; Jenny (s. Anm. 22) Nr. 52; Spitta aaO., S. 99.
[31] Th. Odinga, Das Deutsche Kirchenlied in der Schweiz im Zeitalter der Reformation, Frauenfeld 1889, S. 109—11; Jenny Nr. 256 (*Herr Jesu Christe, wahrer Gott*, Str. 9).
[32] Das Stück ist beschrieben bei J. Baechtold, Geschichte der deutschen Literatur in der Schweiz, Frauenfeld 1892, S. 353 f. Es erschien im Druck; ein Exemplar ist erhalten in Mscr. F 32 der ZB Zürich (Wickiana XXII. Buch, 1584, Bl. 196ᵛ/170ʳ).

II.

B'hüt uns wyter auch, o Herr!
Mehr den friden und dyn gnad;
alls übel wende von uns ab,
das wir / allzeyt recht dienen dir.

III.

Zürich wöllst han in dyner hůt,
gůt glück jhnen gähn allzyt,
das sy dyn gnad ußkünden wyt
und Bern / hertzigklich lieben gern.

IV.

Und daß sy zů aller stund
Mund und hertz habend zůsamm
zů lobe dynem heilgen namm
und sy / dir, Herr, recht gfallind fry.

V.

Bern erhalt auch allwäg, Herr!
Verr[33] von jhnen unglück wehr;
dyn wort und geist in jhnen meer,
das wir / ewigklich lob sagen dir.

Der Zuchtmeister knüwet abermals nider und bättet."

Die fünf Strophen sind wie die des Kappeler Liedes durch ein Akrostichon verbunden. Der Schlagreim zwischen Vers 1 und 2 ist bewahrt, nicht hingegen der Binnenreim zwischen Vers 2 und 3. Der 3. Vers wird um einen Auftakt erweitert (was von der Melodie her ohne weiteres möglich ist), und der 5. Vers hat in der 1., 2. und 5. Strophe eine Silbe mehr (wozu die Melodie Anlaß gab).[34] In der Schlußzeile wird die des Kappeler Liedes fast wörtlich zitiert. Haller rechnet offenbar damit, daß den Zürcher Gästen ihres Reformators Lied gegenwärtig ist, handelt es sich doch hier insofern um eine echte Kontrafaktur, als die Wahl der Weise nicht zufällig und äußerlich ist. Das Wiederkehren der alten Treue, um das es in Zwinglis Lied ging, ist ja der Sinn dieser ganzen Veranstaltung gewesen.

Von anderer Art ist die Benützung des Kappeler Liedes in einem lateinischen Schuldrama des Frauenfelder und später Straßburger Pädagogen Petrus Dasypodius (Hasenfratz). Dieses schon 1530 entstandene, aber erst 1565, sechs Jahre nach dem Tode des Dichters, im Druck veröffentlichte Stück weist an vier Stellen, jeweils am Aktschluß, je ein Chorlied auf; die Melodien sind in dem

---

[33] fern.
[34] Vgl. zum Problem der Schlußzeile dieser Melodie und ihrer Textunterlegung den kritischen Apparat meiner in Vorbereitung befindlichen kritischen Edition der Lieder Zwinglis und die diesbezüglichen Ausführungen in der zugehörigen Abhandlung über Form und Entstehung dieser Lieder.

Druck wiedergegeben. Diejenige, die am Schluß des zweiten Aktes steht, ist die des Kappeler Liedes, allerdings ohne den charakteristischen Rhythmus am Ende der ersten Zeile, der ja nur mit dem alemannischen Urtext sinnvoll ist (kurze erste Silbe bei „Wagen" und „Namen"!). Die beiden Schlußzeilen sind zu einer einzigen zusammengefaßt und rhythmisch wie melodisch umgebildet:

Da es unter Gesangbuchüberlieferungen dieser Weise gerade die Straßburger ist, welche zu dem bis heute nachwirkenden Irrtum Anlaß gegeben hat, es handle sich um eine vierzeilige Melodie, und da es sehr unwahrscheinlich ist, daß Dasypodius schon 1530 — kaum war sie entstanden — die Zwinglische Weise in dieser Art umbildete, vermute ich, daß diese Melodien erst 1565, als das Stück gedruckt wurde, oder etwas früher, auf jeden Fall erst in Straßburg hinzugekommen sind.

Ob auch diejenige, die am Schluß des ersten Aktes steht, etwas mit dem Zwingli-Lied zu tun hat, ist fraglich. Auffallend ist immerhin, daß die erste Abgesangszeile große Ähnlichkeit hat mit der entsprechenden Stelle einer Liedweise in Heinrich Isaacs Missa carminum, in welcher H. J. Moser ein weltliches Vorbild für die Weise Zwinglis erkannt zu haben glaubt:[35]

---

[35] Vgl. dazu das Kapitel über Form und Entstehung der Lieder Zwinglis in der in Vorbereitung befindlichen kritischen Ausgabe der Lieder Zwinglis. — Zu den Melodien im „Philargyrus" des Dasypodius vgl. R. von Liliencron, Die Chorgesänge des lateinisch-deutschen Schuldramas im XVI. Jahrhundert, in: Vierteljahresschrift für Musikwissenschaft 6, 1890, S. 309 ff. (Abdruck der Melodien S. 376, über Dasypodius und sein Drama S. 334, wo bereits die Vermutung ausgesprochen wird, die Melodien könnten erst beim Druck hinzugefügt worden sein), und W. Nagel in: Monatshefte für Musikgeschichte XXI, Leipzig 1889, S. 109—112. Ein weiteres Exemplar des „Philargyrus" liegt auf der Stadtbibliothek von Schlettstadt (Elsaß).

Die meisten der bisher genannten Zeugnisse für das Weiterleben der Lieder Zwinglis[36] beruhen auf direkten Beziehungen zum Zürcher Reformator. Eine Verbreitung über den Kreis seiner Freunde hinaus ist schon wesentlich an den Buchdruck gebunden. Daß das Pest- und das Kappeler Lied einst im Kleinlieddrucken verbreitet waren, müßten wir annehmen, auch wenn nicht zufällig wenigstens zwei dieser leicht verderblichen Druckerzeugnisse erhalten geblieben wären: ein Druck des Kappeler Liedes aus Bern,[37] wo wir das Lied bereits angetroffen haben, und ein ähnlicher Druck mit dem Pestlied aus Basel,[38] wo Zwinglis Lieder offenbar auch in der zweiten Jahrhunderthälfte gerne gebraucht wurden,[39] wie das nächste Zeugnis zeigt. Für eine dauerhaftere Überlieferung sorgten freilich die Gesangbücher, die fast von Anfang an nicht nur liturgische Lieder, sondern auch solche für die private Erbauung enthielten. Nur in diesem Rahmen war ja ein Gebrauch vor allem des Pestliedes überhaupt denkbar. Daß es tatsächlich gebraucht wurde, wissen wir aus der Leichenrede für den Basler

---

[36] Wir haben dabei selbstverständlich von der Überlieferung der Lieder in ihren frühesten gedruckten und handschriftlichen Quellen fast ganz abgesehen. Darüber unterrichtet ausführlich das Kapitel über Überlieferung und Echtheit der Lieder Zwinglis im JbLH Bd. 14, 1969, S. 63—72.

[37] Zweiliederdruck aus der Presse des Siegfried Apiarius in Bern von 1563, erhalten im Sammelband Sar 151 der UB Basel (Nr. 17, Bl. 286 ff.), bisher nicht beschrieben.

[38] Anonymer Zweiliederdruck, wahrscheinlich von Samuel Apiarius (Basel um 1575/80), beschrieben in der kritischen Zwingli-Ausgabe im Corpus Reformatorum, Bd. I, S. 65 (H). Exemplar in der ZB Zürich (Zwingli 249).

[39] Vgl. hierzu M. Jenny, Zwinglis mehrstimmige Kompositionen. Ein Basler Zwingli-Fund, in: Zwingliana XI, 1960, S. 164—182.

Pfarrer und Professor Heinrich Just (1561—1610), der sich in seinen schwersten Stunden mit Zwinglis Pestlied getröstet haben soll.[40]

Nach Basel führt uns auch das einzige Zeugnis für einen Gebrauch des 69. Psalms. In einer kleinen Sammlung mehrstimmiger Musikstücke, die sich der spätere Basler Jurist Ludwig Iselin um 1574 während seines Musikunterrichts anlegte,[41] finden sich die Tenor-Weise dieses Zwingli-Liedes und der Alt des zugehörigen Begleitsatzes (Diskant und Baß sind leider verloren). In der Tenor-Stimme sind an allen Mutationsstellen (mit einer Ausnahme) die Solmisationssilben eingetragen. Es ist reizvoll, sich vorzustellen, wie im Basler Schulmusikunterricht um 1574 unter anderem Zwinglis Lieder als Übungs- und Musizierstoff dienten.

Doch zurück zu den Gesangbüchern, auf die wir uns im folgenden beschränken müssen. Auch da können wir nur einen Überblick und einige Hinweise geben. Über die tatsächliche Verbreitung eines Liedes in den Gesangbüchern wird man sich erst ein wirkliches Bild machen können, wenn die Inventarisierung der heute noch auffindbaren Gesangbücher abgeschlossen sein wird; und auch dann wird dieses Bild deshalb noch sehr ungenau sein, weil einstweilen nur die Gesangbücher mit Noten inventarisiert werden können.[42] Daß die Verbreitung der Lieder Zwinglis aber stärker war, als man aufgrund der bisherigen Literatur annehmen mußte,[43] wird jetzt schon klar.

Das Pestlied und der 69. Psalm haben sich — wenn man von unserem Jahrhundert absieht — nur in der Schweiz verbreitet. Seit 1549 stehen sie in allen Ausgaben des einstigen Konstanzer Gesangbuchs[44] und in den frühen Ausgaben des ersten offiziellen Zürcher Gesangbuches.[45] Mit der Einführung des vierstimmigen Kirchengesanges durch das (in seiner ersten Ausgabe von 1636 verschollene) Breitingersche Gesangbuch verschwinden diese beiden Lieder aus der Zürcher Tradition.[46]

---

[40] Siehe Stultifera Navis, Mitteilungsblatt der Schweizerischen Bibliophilen-Gesellschaft, II, Basel 1945, S. 123.

[41] Ms F X 25.26 der UB Basel. Näheres dazu in dem in Anm. 39 genannten Aufsatz.

[42] Diese Arbeit wird im Zusammenhang mit der Edition „Das Deutsche Kirchenlied" geleistet. Eine Erfassung auch der Gesangbücher und sonstigen Kirchenliedquellen *ohne* Noten hätte den Umfang des Titelkatalogs auf ein Mehrfaches anwachsen lassen und wäre mit den jetzt zur Verfügung stehenden Möglichkeiten nicht zu bewältigen gewesen.

[43] Vgl. z. B. Zahn Nr. 1570, wo für die Melodie des Kappeler Liedes ganze 13 Quellen genannt sind, ferner die Angaben bei A. Geering, Die Vokalmusik in der Schweiz zur Zeit der Reformation, Aarau 1933, S. 47, und bei Th. Bruppacher, Gelobet sei der Herr, Basel [1952], S. 291 und 378.

[44] Zürich 1549 (verschollen), um 1552, um 1560, um 1560/65, um 1565 (ohne Noten), um 1569, 1570, 1574, 1580, 1583, 1584, 1588, 1593, 1594, 1603, 1608 (vgl. Zwingliana XIII, 1969, S. 132 f.).

[45] Zürich 1598, 1599, 1605, 1612 (ohne Noten), 1615, 1633, 1636 (einstimmige Ausgabe). Vgl. JbLH Bd. 7, 1962, S. 123—133. Vermutlich sind zwischen 1615 und 1633 weitere Ausgaben erschienen, die jedoch bisher unbekannt geblieben sind. Eine notenlose Ausgabe von 1635 enthält sie nicht.

[46] Es sind allerdings zwei Ausgaben (von 1676 und 1691) bekannt, in welchen sie noch stehen, aber die Melodien sind nach Art der Genfer Psalmen zurechtgestutzt — ein rationalistisch anmutendes Verfahren, dem alle Melodien der Reformationszeit unterworfen wurden (vgl.

Für Basel hat schon Riggenbach genauere Angaben gemacht;[47] doch kannte er nur einen kleinen Teil der Basler Gesangbuchdrucke, die heute bekannt sind. Demnach wäre das Psalmlied in Basel seit 1636 und das Pestlied erst seit 1650 in den Gesangbüchern zu finden.[48] In dem liederreichsten unter den offiziellen Basler Gesangbüchern, dem von 1688,[49] stehen letztmals alle drei Lieder Zwinglis; das Psalmlied kommt dann noch 1690 und das Kappelerlied 1716 einmal vor.[50] Da in den Basler Drucken — das Gesangbuch Mareschalls von 1606 und 1636 und seine Neuausgaben durch J. J. Wolleb[51] ausgenommen — immer nur der erste Teil mit den Lobwasser-Psalmen Noten aufweist, werden die Zwingli-Lieder dort ohne Noten überliefert. Die einzige Ausnahme macht das erste Basler Gesangbuch von 1581, in welchem das Kappeler Lied mit Melodie steht.

In einem Berner Gesangbuch habe ich nur ein einziges Mal ein Lied Zwinglis angetroffen, nämlich den 69. Psalm in der Ausgabe von 1655.[52] In Schaffhausen findet man 1676 ein einziges Mal das Kappeler Lied.[53] Dieses verbreitetste Lied Zwinglis finden wir auch in St. Gallen, und zwar vierstimmig im Altherrschen Gesangbuch von 1606,[54] ebenso in dem in Basel gedruckten Gonzenbachschen Gesangbuch von 1659[55] (in anderem Satz) und in den Ausgaben von 1715, 1720 und 1729, Nachdrucken gleichzeitiger Zürcher Ausgaben, aus denen auch die Sätze übernommen sind. Ohne Noten steht es außerdem in einer Ausgabe von 1646. Am häufigsten finden wir das Kappeler Lied in Zürich, wo es schon um 1537 in der zweiten Ausgabe des Konstanzer Gesangbuchs gestanden haben muß.[56] Die spätesten Ausgaben des Zürcher Gesangbuchs, in denen ich es fand, stammen von 1802 und 1805.[57]

JbLH Bd. 3, 1957, S. 131 f., und H. Reimann, Die Einführung des Kirchengesanges in der Zürcher Kirche nach der Reformation, Zürich 1959, S. 87).

[47] Chr. Joh. Riggenbach, Der Kirchengesang in Basel seit der Reformation, Basel 1870, S. 21 f. und 188.
[48] Inzwischen konnte ich alle drei Zwingli-Lieder in der Ausgabe von 1639 (defektes Exemplar in Basel, vollständiges in Darmstadt) feststellen. Die von Riggenbach benützte Ausgabe von 1650 ist verloren; der musikalische Nachlaß von Notar Friedrich Bernoulli-Gengenbach ging in den Besitz von Frau Marie Hesse-Bernoulli (Gattin Hermann Hesses) über; das Haus im Tessin, in welchem er sich befand, ist in den vierziger Jahren dem Feuer zum Opfer gefallen (freundliche Mitteilung von Oberbibliothekar Dr. Ch. Vischer, Basel). Eine spätere Auflage dieses Miniatur-Gesangbuches von 1655 befindet sich in meinem Besitz. Ferner besitze ich eine nur fragmentarisch erhaltene Ausgabe, die vor derjenigen von 1636 liegen muß und die wahrscheinlich ebenfalls schon die beiden Zwingli-Lieder enthalten hat.
[49] Der Titel ist reproduziert in JbLH Bd. 1, 1955, S. 68.
[50] Riggenbach (s. Anm. 47) S. 188 (zu Nr. 14).   [51] Basel 1660, 1689, 1704, 1714 und 1743.
[52] Gutenberg-Museum X, Bern 1924, S. 88—96 (S. 90, Ps. 69).
[53] H. Weber, Geschichte des Kirchengesanges in der deutschen reformierten Schweiz seit der Reformation, Zürich 1876, S. 267 (Nr. 65, 4stg.).
[54] E. Nievergelt, Die Tonsätze der deutschschweizerischen reformierten Kirchengesangbücher im XVII. Jahrhundert, Zürich 1944, S. 87.
[55] Darüber vgl. JbLH Bd. 1, 1955, S. 63—71.
[56] Diese Ausgabe ist nur fragmentarisch erhalten; daß das Kappeler Lied im verlorenen Teil stand, habe ich in meiner Dissertation (s. Anm. 22) nachgewiesen (S. 102 und Abb. 32).
[57] Das von 1802 befindet sich in der Zürcher Bibelsammlung in der Sakristei des Großmünsters (Nr. 41), das von 1805 in meinem Besitz (beide 4stg.).

Ungefähr gleichzeitig wie in Zürich taucht das Kappeler Lied in einer leicht abweichenden Melodiefassung und mit einem Lesefehler im Text in Straßburg auf, wohin wahrscheinlich Zwingli selbst es seinerzeit vermittelt hat.[58] In den späteren Straßburger Gesangbüchern habe ich es bisher zehnmal festgestellt,[59] doch mögen unter den noch nicht eingesehenen Ausgaben noch einige weitere Vorkommen sein.

Weiter finden wir das Kappeler Lied im Bonner Gesangbuch. Ob es in der ersten Ausgabe von 1544 schon stand, ist nicht auszumachen, da sie verschollen ist. In der zweiten Ausgabe von 1550 steht es. Obwohl das Bonner Gesangbuch nachweislich aus einem Zürcher Gesangbuch geschöpft hat, finden wir das Kappeler Lied hier in der Straßburger Fassung. Es scheint, daß alle späteren Ausgaben dieses Lied beibehalten haben.[60]

Offensichtlich aus dem Bonner Gesangbuch hat das Heidelberger, das 1567 erstmals erschienen sein muß,[61] das Kappeler Lied übernommen. Wir finden es dort in vier Ausgaben,[62] immer mit der Melodie.

Und schließlich habe ich dieses Lied vor kurzem im Anhang eines Königsberger Gesangbuches von 1584 entdeckt.[63] Die an einer Stelle völlig singuläre Textfassung läßt vermuten, daß der Text (Noten enthält der Druck leider nicht) nicht aus einem der eben genannten Gesangbücher übernommen ist.[64]

Wenn sich das Lied in Deutschland im 17. Jahrhundert nicht gehalten hat, so liegt das nicht an seinem Inhalt. „Ein geistlich Lied um Hilf und Beistand Gottes in Kriegsgefahr" — so der Titel, der sich meist darüber findet — wäre in den Nöten des Dreißigjährigen Krieges willkommen gewesen, und die Art und Weise, wie Zwingli hier bittet, hätte wohlgetan. Auch wäre die Melodie geeignet gewesen, dem Lied eine gewisse Durchschlagskraft zu sichern. Aber

---

[58] Straßburg um 1537 (F. Hubert, Die Straßburger liturgischen Ordnungen im Zeitalter der Reformation, Göttingen 1900, Nr. 27); vgl. dazu den Apparat meiner in Vorbereitung befindlichen kritischen Ausgabe der Zwingli-Lieder und JbLH Bd. 14, 1969, S. 64 mit Anm. 2.

[59] Straßburg o. J., 1539, 1541, 1543, 1557 (Hubert Nr. 31, 30, 32, 34, 41), ferner 1560, 1561, 1568 und 1569, sowie 1559 im Wormser Nachdruck des Straßburger Gesangbuches (Hubert 44). Entgegen der Angabe bei G. Bork, Die Melodien des Bonner Gesangbuches, Köln und Krefeld 1955, S. 119 f., Nr. 273 und S. 200, Anm. 2, ist das Lied im Straßburger Gesangbuch von 1533 *nicht* enthalten. Es steht auch längst nicht in allen späteren Ausgaben des Straßburger Gesangbuches, wie Bork behauptet.

[60] 30 Ausgaben zwischen 1561 und 1630, von denen Bork 18 seit dem Kriege eingesehen hat. Meistens ist vom Kappeler Lied nur der Text abgedruckt, in den Ausgaben von 1550, 1561 und 1612 sowie in der Frankfurter Ausgabe von 1593 (und vielleicht noch einigen weiteren) steht auch die Melodie. — Laut Bork aaO. S. 120, Anm. 123, ist für die Ausgabe von 1561 offensichtlich der Zürcher Text mit herangezogen worden.

[61] H. Poppen, Das erste Kurpfälzer Gesangbuch und seine Singweisen, Lahr i. B. 1938. Die Abhängigkeit vom Bonner Gesangbuch (und zwar von einer der Ausgaben *nach* 1550) hat G. Bork aaO. S. 188—199 nachgewiesen.

[62] Heidelberg 1567, 1569 (eine bisher völlig unbekannte, erst vor kurzem in der UB Uppsala entdeckte Ausgabe), 1573 und 1575.   [63] Zwingliana XIII, 1969, S. 144—146.

[64] Prof. Dr. W. Hubatsch in Bad Godesberg hat eine Studie über die Beziehungen zwischen Bullinger und Königsberg, die gelegentlich in den Zwingliana erscheinen soll, in Aussicht gestellt. Sie wird wahrscheinlich den Nachweis dafür erbringen, auf welche Weise das Zwingli-Lied ins ferne Ostpreußen kam.

einmal stand der oberdeutsche Dialekt seines Textes einer stärkeren Verbreitung im Wege. Schon der Anfang mußte Schwierigkeiten machen: „Heb'" versteht man außer im Süden des deutschen Sprachgebietes nicht im Sinne von „halte", „lenke", sondern im Sinne von „hebe". Überdies kam — bei der zunehmenden Verhärtung der konfessionellen Fronten — eine Übernahme in lutherische Gesangbücher natürlich nicht in Frage. Wenn das Lied aber auch auf reformierter Seite weiter nicht mehr verbreitet wurde, so dürfte daran das seit 1583—1586 in Neustadt an der Hard gedruckte Pfälzer Gesangbuch schuld sein, „von dem fast die gesamte Gesangbuchliteratur der reformierten Kirche Deutschlands im Ende des 16. und im 17. Jahrhundert abhängt".[65] Hätte dieses Gesangbuch das in den vier vorangehenden Ausgaben des Pfälzer Gesangbuchs stehende Lied übernommen, wäre es zu einer Verbreitung gelangt, die hinter derjenigen anderer Lieder aus dieser Zeit kaum zurückstände.

Erst nahezu 300 Jahre später erinnerte man sich in der Pfalz wieder dieses Liedes. Es war der reformierte Dogmatiker, Liturgiker und Hymnologe — 1844—47 außerordentlicher Professor in Zürich — August Ebrard, der ihm in seinem umstrittenen Pfälzer Gesangbuch von 1859 Raum gab.[66] Als Melodie hatte er dem Liede die älteste Weise der Böhmischen Brüder beigegeben.[67] Es ist nicht ausgeschlossen, daß das die Anregung dazu gab, das Lied in den Entwurf für ein deutschschweizerisches Einheitsgesangbuch (1886) aufzunehmen; möglich ist es auch, daß der musikalische Bearbeiter dieses Gesangbuches, Musikdirektor Gustav Weber in Zürich, der zwei Jahre zuvor eine Studie über Zwinglis Lieder herausgegeben hatte, den Vorschlag machte. Es versteht sich, daß das Lied — es wurde gleich hinter Luthers „Ein feste Burg" eingeordnet — hier seine eigene Weise erhielt. Unerklärlicherweise fand das Lied in die endgültige Ausgabe dieses sogenannten achtörtigen Gesangbuches[68] keine Aufnahme. Dafür finden wir hier das Pestlied in der Bearbeitung Heinrich Webers, des Zürcher Hymnologen und Hauptredaktors dieses Gesangbuches.

Diese Bearbeitung wurde (z. T. mit anderen und besseren Melodien) übernommen in Spittas Elsässer Gesangbuch von 1899, ins Württembergische von 1912, ins Bayrische von 1928 und ins neue schweizerische von 1952/53. Im alten vierörtigen Schweizer Gesangbuch von 1868, das in den ostschweizerischen Kantonen Glarus, Graubünden, Thurgau und St. Gallen bis 1952 galt, stand noch die Umdichtung von F. Ch. Fulda (1826).

Der eigentliche Entdecker des Kappeler Liedes für unsere Zeit ist der Straß-

---

[65] W. Hollweg, Geschichte der evangelischen Gesangbücher vom Niederrhein im 16.—18. Jahrhundert, Gütersloh 1923, S. 43 f.

[66] E. E. Koch, Geschichte des Kirchenliedes und Kirchengesangs, Bd. 7, Stuttgart 1872, S. 99—101. — Im Entwurf von 1856 fehlt es noch.

[67] Zahn 1176 in ausgeglichener Form und mit Auftakt zur 4. Zeile. Vgl. zu dieser Melodie den Aufsatz von S. Fornaçon, in: Der Evangelische Kirchenchor 72, Winterthur 1967, S. 34—38.

[68] Vorauflage zur Beschlußfassung in den Synoden der einzelnen Kantonalkirchen von 1889, die ersten Ausgaben für den Gebrauch von 1890 und 1891, eine Schmuckausgabe mit Illustrationen von R. Münger erschien ohne Angabe des Druckjahres 1913 (s. MGkK 24, 1919, S. 171).

burger Neutestamentler und Hymnologe Friedrich Spitta. Im zweiten Jahrgang der von ihm begründeten „Monatschrift für Gottesdienst und kirchliche Kunst" hat der mit der Bearbeitung des lutherischen Gesangbuches für das Elsaß und Lothringen beschäftigte Forscher im Oktober 1897 das Lied in seiner Originalgestalt und in einer meisterhaften Übertragung ins Hochdeutsche unter Wahrung aller Eigenheiten vorgelegt; gleichzeitig erschien das Lied mit Sätzen von Heinrich Herzogenberg, die als Flugblätter verbreitet wurden. Noch im gleichen Jahrgang seiner Zeitschrift[69] konnte Spitta von einem durchschlagenden Erfolg in der Verbreitung des Liedes berichten. Und so fand es mit seiner angestammten Melodie erstmals ins evangelische Kirchengesangbuch zurück im elsässisch-lothringischen Gesangbuch von 1899. Die Lutheraner gaben Zwingli die Ehre, wo seine eigenen Landsleute sie ihm verweigerten! Das neue lutherische Gesangbuch für das Elsaß von 1952 hat die Spittasche Tradition fortgesetzt.

1915 erschien das „Deutsche evangelische Gesangbuch für die Schutzgebiete und das Ausland", in welches nach Spittas Vorbild das Kappeler Lied aufgenommen wurde. Und so kam es auch ins Deutsche Einheits-Gesangbuch (DEG) von 1929, das fortan allen landeskirchlichen Gesangbüchern Deutschlands zugrunde gelegt werden sollte. Mit dem Probeheft (1935) und dem Probeband (1941) zu ihrem ersten gemeinsamen Gesangbuch folgten dann endlich auch die Schweizer reformierten Kirchen. Aber noch ehe dieses Gesangbuch in seiner endgültigen Form erschien (1952), kam 1950 das neue Einheitsgesangbuch Deutschlands (das EKG) heraus, das dem Liede Zwinglis im Stamm keinen Platz geben wollte, sondern es den einzelnen Landeskirchen überließ, es in ihren Anhang aufzunehmen. Das ist immerhin in acht Fällen geschehen. Zuletzt haben es 1968 die Kirchen von Rheinland, Westfalen und Lippe aufgenommen. Dieses Gesangbuch ist unter den heute in Gebrauch stehenden das einzige, das die letzte Zeile des Kappeler Liedes mit der Textverteilung bringt, die aufgrund der Quellen als die richtige angesehen werden muß (vgl. die Kritische Ausgabe).

Überdies ist „das Zwingli-Lied" — wie man es eine Zeitlang gerne nannte — seit seiner Wiederentdeckung durch Spitta auch durch eine nicht kleine Zahl von verschiedensten Liederheften und -büchern verbreitet worden. Daß unter ihnen auch die 1933 unter ausdrücklichem nationalsozialistischem Vorzeichen erschienenen „Christlichen Kampflieder der Deutschen" sind, dürfte so etwas wie eine Ironie des Schicksals sein, will doch dieses Lied gerade nicht den Kampf, sondern den Frieden, wenn es auch nicht „ein Lied der Verzagnis",[70] sondern ein Lied des tapferen, aber eben demütigen Bekennens ist. Das ist der Grund, weshalb es auch unserer Zeit noch durchaus möglich ist, in die Worte Zwinglis einzustimmen. Die Verbreitung, die das Lied heute hat, gibt denn auch die Berechtigung zu der Annahme, daß diese Töne, solange überhaupt noch gesungen wird und solange man noch „alte" Lieder zu singen gewillt ist, bei den Evangelischen deutscher Zunge nicht so bald wieder ganz verstummen werden.

---

[69] MGkK 2, S. 263 f. und 320 f.
[70] F. Schmidt-Clausing, Zwingli (Sammlung Göschen Bd. 1219), Berlin 1965, S. 78.

Otto Brodde

Zur Typologie
der
Paul-Gerhardt-Lieder

Seit der Reformation ist das Kirchenlied wieder eine Funktion der Kirche. Wie in der alten Kirche der Psalm, so ist jetzt das Lied der Gemeinde konstitutives Zeichen, so daß Luther solches Singen zu den *notae ecclesiae* rechnen kann: „... erkennet man äußerlich das ... christliche Volk am Gebet (und) Gott loben und danken öffentlich. Denn wo du ... hörest, daß man das Vaterunser betet und beten lernt, auch Psalmen und geistliche Lieder singet nach dem Wort Gottes und rechtem Glauben, ... und den Katechismus treibet öffentlich, da wisse gewiß, daß da ein heilig christlich Volk Gottes sei."[1] Den umfassendsten Einsatz des Kirchenliedes betreiben Luther und seine Mitarbeiter; ihm stehen Martin Bucer und die Straßburger sowie ihre gleichgesinnten Freunde in Konstanz nur wenig nach; einen nur schmalen Ambitus des Kirchenliedes kennt die calvinistische Reformation: sie läßt nur den Liedpsalm gelten.

Für eine Typologie der Paul-Gerhardt-Lieder ist der lutherische Ansatz gestaltbestimmend.

Die lutherische Reformation gibt dem Kirchenlied einen dreifachen Auftrag: es wird verlangt und gebraucht als 1. *liturgisches Lied*, 2. *Lehrlied* und 3. *evangelistisches Lied*.[2] Die Einsetzung des Kirchenliedes in die liturgische Funktion findet sich bezeichnenderweise in der Gottesdienstordnung, die die lateinische Sprache als ökumenische Sprache beibehält, in der *Formula missae*:[3] „Ich wollt ... daß wir viele deutsche Gesänge hätten, die das Volk unter der Messe sänge oder neben dem Graduale und neben dem Sanctus und Agnus. Denn wer zweifelt daran, daß solche Gesänge, die nun der Chor ... singet ... vorzeiten die ganze Kirche (= Gemeinde) gesungen hat? Es können aber diese Gesänge ... also geordnet werden, daß sie entweder zugleich nach den lateinischen Gesängen oder ein (Sonn-)Tag um den andern, jetzt lateinisch, dann deutsch gesungen würden."

Was hier gefordert wird, wurde ein Jahrhundert lang im „gemischtsprachigen" Gottesdienst praktiziert, und zwar im Gegenüber zur Deutschen Messe, die nur das deutsche Kirchenlied als liturgischen Funktionsträger kennt. Im

---

[1] Von den Conciliis und Kirchen 1539, WA 50, S. 641.
[2] Da man diese Auftragsetzung von den Psalmtypen ableiten kann, ist der funktionale Gebrauch des Kirchenliedes im Calvinismus vom Gebrauch des Kirchenliedes im Luthertum nicht so weit entfernt, wie man annehmen könnte: dem liturgischen Lied entspricht der gottesdienstliche Psalm, dem Lehrlied der Weisheitspsalm und das evangelistische Lied könnte in der Nähe eines bestimmten Typus des Klagepsalms gesehen werden (Ps. 102, 19).
[3] Hier zit. nach der von Luther autorisierten deutschen Übersetzung des Paul Speratus.

übrigen ist es für das Verständnis dieses Grundtypus wichtig zu beachten, daß Luther unter *Gottesdienst* nicht nur die Versammlung im Namen Jesu versteht, sondern auch den Gottesdienst des Lebens, so daß auch die Lieder für den Hausgottesdienst — Morgen-, Mittags- und Abendlieder — oder die Lieder zu den Haustafeln in der Empfehlung für den geistlichen Vollzug des Alltags als liturgische Lieder zu sehen sind. Die Einsetzung des Kirchenliedes in die Lehrfunktion findet sich in der Vorrede zum Großen Katechismus: „Verlasse dich nicht darauf, daß das junge Volk allein aus der Predigt lerne und behalte. Wenn man nun solche Stücke (der Lehre) wohl weiß, so kann man danach auch etliche Psalmen und Gesänge, die darauf gemacht sind, vorlegen zur Zugabe und Stärke (Stärkung: Befestigung) desselbigen und also die Jugend in die Schrift bringen."

Das evangelistische Lied ist von Luther selber mit seinem Erstling *Ein neues Lied wir heben an* installiert, und zunächst von seinem Freund und Kantor Johann Walter realisiert worden (*Wach auf, wach auf, du deutsches Land, Der Herre Christ gewarnet hat, Ach Gott, es ist jetzt böse Zeit, Allein auf Gottes Wort* und andere), nach ihm von vielen anderen.

Natürlich gibt es in der Reformationszeit auch andere Liedtypen — gelebtes Leben läßt sich nicht schematisieren — so zum Beispiel das subjektiv-persönliche Lied der Art *Dein, dein soll sein das Herze mein* von Leo Jud —, aber aufs Ganze gesehen hat das zeitgenössische Lied die dargestellte dreifache Funktion: Kirchenlied in dieser Funktion ist gleichsam die Grundschicht.

Auf dieser Grundschicht baut sich im Laufe der Entwicklung ein Funktionskreis auf, der vergleichsweise als Sekundärschicht bezeichnet werden kann. Die stärkste und vielseitigste Entwicklung macht das Lehrlied durch. Einerseits bekommt es im Zeitalter der Gegenreformation apologetisch-polemische Züge, so daß sich nicht selten die Grenzen zwischen Lehrlied und evangelistischem Lied verwischen. So wird ihm in einer Vorrede Joachim II. („Der Alten reinen Kirchgesänge verdeutschet" 1569)[4] geradezu bewahrende Kraft zugesprochen: „Darum wir gewißlich dafür halten, wenn solche Kirchengesänge ... zu unsern Zeiten in stetiger Übung und Brauch erhalten, daß viel unnötige und ärgerliche Disputationen und Irrtümer, welche durch junge und in hohen göttlichen Sachen unerfahrene Theologen, die von der alten Kirche nichts wissen und Doktor Lutherum und andere, welche aus Gnaden Gottes das Licht des Evangeliums wieder an den Tag gebracht haben, gar verachten, zu vielen malen erreget worden, würden unterblieben sein."

Zukunftsweisend — und für Paul Gerhardt geradezu ein Grundtypus — wurde ein anderer Liedtypus, der auch aus dem Lehrlied entstand: das Vertrauenslied. Zwar gab es dieses vereinzelt schon in der Reformationszeit, aber in den mannigfachen Bedrängnissen der Gegenreformation und zugleich der Zeitläufte (Naturkatastrophen, Seuchen und ähnliche Nöte) kam es in den

---

[4] Wackernagel I S. 839.

Vordergrund: In der Lehre gewiß, ging es darum, aus der Kraft des Glaubens den Anfechtungen und Versuchungen zu trotzen und den Alltag mit seinen Nöten zu bestehen. Folgerichtig ist diesem Liedtypus auch das in der Leon-Ringwaldt-Nicolai-Zeit betonte eschatologische Lied zuzuordnen, gleicherweise ein Nachkomme des Lehrliedes: In der Lehre gewiß, geht es darum, auch den letzten Alltag zu bestehen. Der von der „reinen Lehre" getragene Glaube ermöglicht ein starkes Verhältnis zum Tode, gibt die Kraft, das Ende des Lebens alltäglich genauso vor Augen zu haben wie das Ende der Welt. Zwei wichtige Grundtypen dieser Sekundärschicht sind also das Vertrauenslied und das Lied von Tod, Gericht und Ewigkeit.

Ein dritter Grundtypus der Sekundärschicht ist wiederum aus dem Lehrlied zu verstehen. Nicolaus Hermans Lieder aus den „Sonntags-Evangelia" 1560 sowie den „Historien von der Sintflut..." 1562 hatten sich zum Ziel gesetzt, „den Kindern und christlichen Hausvätern" das Wort im vordergründigen Sinne zuzusingen, sozusagen Kenntnis des Wortes zu vermitteln und zu befestigen; in Paul Ebers Vorrede heißt es ausdrücklich: Wollet diese Lieder „euren Kindern... samt dem anderen Hausgesinde vorlegen, welche selbst lesen können, den andern aber, die nicht lesen können, vorsingen... Diese Übung wird dazu dienen, daß die jungen Leute und das einfältige Gesinde den Text der Evangelien... leichter verstehen und sich der vornehmsten Lehren... wieder erinnern werden".

Neben dem Bilder-Zyklus, neben der optischen *biblia pauperum*, war so das epische biblische Lied (das sich bis in die Wortwahl an die Vorlage band) zur *biblia pauperum* geworden. Das entsprechende epische Lied, das dogmatische Aussagen versifizierte —Modellbeispiel: Paul Speratus' *Es ist das Heil uns kommen her* oder Lazarus Spenglers *Durch Adams Fall* — wurde vergleichsweise zur *theologia pauperum*, gemeindeverständlicher Ausdruck des reformatorischen Dogmas. Dieser epische Liedtypus tritt im Zeitalter der Gegenreformation zurück. Der Laie ist nunmehr mit der Schrift vertrauter geworden, so daß jetzt das Bibelwort als bekannt vorausgesetzt werden darf, sofern und soweit der Christ ein glaubensmündiges Glied seiner Kirche ist. Jetzt übernimmt das Lied Meditationsfunktion: Das Wort wird betend bedacht, denkend gebetet, es wird meditiert. Exemplarisch deutlich wird diese Tendenz in Bartholomäus Ringwaldts „Evangelia auf alle Sonn- und Festtag" 1581, wo erst die Sonntagsperikope nach Hermanscher Art in Liedform erscheint und ihr dann unmittelbar „Ein Gebet" folgt, eine Liedmeditation, ein perikopengezeugtes Liedgebet. Bei Martin Behm — „Centuria precationum rhythmicarum / Einhundert andächtige Gebetlein reimweise" 1606: schon der Titel ist Programm — geht es folgerichtig weiter, wie Liedüberschriften deutlich machen: „Am Heiligen Pfingsttage: Aus dem Evangelium Johannes 14: Um die Pfingstgüter", „Ein Erntegebet am Siebenten Sonntag nach Trinitatis, aus dem Evangelium Markus 8", „Am Elften Sonntag nach Trinitatis: Aus dem Evangelium Lukas 18: Daß man in der Kirche Vergebung der Sünden holen möge".

Im Zeitalter der Gegenreformation sind also für die Sekundärschicht des lutherischen Kirchenliedes drei Grundtypen von besonderer Bedeutung: das Vertrauenslied, das Lied von Tod, Gericht und ewigem Leben, und die perikopenbezogene Liedmeditation. Ein weiterer Grundtypus, bei dem es aus zeitbedingten Gründen um apologetische Polemik geht — Umformung und Erweiterung des evangelistischen Liedes — ist für unsern Zusammenhang sekundär.

Paul Gerhardt kennt zwar noch die Grundtypen der Primärschicht, aber im wesentlichen ist sein Schaffen Entfaltung und Vollendung der Sekundärschicht. Paul Gerhardts 29strophige Liedpassion *O Mensch, beweine deine Sünd* entspricht formal genau dem Typus der klassischen Liedpassion, etwa Sebaldus Heydens *O Mensch, bewein dein Sünde groß;* diese ist offenbar Modell der Gerhardtschen Liedpassion, da Gerhardt Heydens Strophenform aufnimmt. Das Ganze ist episch-berichtendes Lied, lediglich erweitert um die Stationen der Passion, die Heyden nicht gebracht hat; gegenüber der Vorlage ist nur das Exordium breiter. Dieser Liedpassion entspricht formal die Osterhistorie *Nun freut euch hier und überall, ihr Christen, liebe Brüder!*, die in wahrhaft epischer Breite — 30 Strophen! — mit nur gelegentlichen meditativen Einschüben einen Osterbericht gibt und ihn mit einem Sechs-Strophen-Exordium beschließt. Auch hier gibt es klassische Modelle aus der Primärschicht, etwa Nicolaus Hermans *Erschienen ist der herrlich Tag*. Das Sieben-Worte-Lied übernimmt Gerhardt zwar auch aus der Primärschicht, aber hier bleibt er nicht bei der episch-berichtenden Form, sondern ordnet dem Bericht das betend-anbetende Bedenken des Berichteten zu:

> 2. Sein allererste Sorge war
> zu schützen, die ihn hassen,
> bat, daß sein Gott der bösen Schar
> wollt ihre Sünd erlassen:
> „Vergib, vergib",
> sprach er aus Lieb,
> „o Vater, ihnen allen!
> Ihr' keiner ist,
> der säh und wüßt,
> in was für Tat sie fallen."

> 3. Lehrt uns hiemit, wie schön es sei,
> die lieben, die uns kränken,
> und ihnen ohne Heuchelei
> all ihre Fehler schenken.
> Er zeigt zugleich,
> wie gnadenreich
> und fromm sei sein Gemüte,
> daß auch sein Feind,
> der's böse meint,
> bei ihm nichts find't als Güte.

Dieselbe Form — Zuordnung von Berichtsstrophe und Meditationsstrophe — nimmt Gerhard in dem Lied zur Grablegung des Herrn *Als Gottes Lamm und Leue entschlafen und verschieden* auf. Fast alle anderen De-tempore-Lieder Gerhardts entsprechen dem zeitgenössischen Grundtypus der Sekundärschicht und sind Liedmeditation. Die Ausnahmen sind *Kommt und laßt uns Christum ehren* und *Sei fröhlich alles weit und breit*, beide anknüpfend an den Typus des „Festliedes" der Art *Lobt Gott, ihr Christen alle gleich*. Von diesen Ausnahmen abgesehen, ist das Lied der Meditation vorherrschend. Auch dieses entfaltet der Dichter! Neben Liedern, die typologisch denen von Ringwaldt und Behm entsprechen, stehen solche, die alle Perspektive des angeschlagenen Themas entfalten. Exemplarisches Modellbeispiel dieses Typus ist *Wie soll ich Dich empfangen:* Strophe 1 und 2 haben den „historischen Advent" zum Hintergrund und zitieren Vers 8 der Adventsperikope Matthäus 21,

Strophe 3 und 4 stellen den „persönlichen Advent" dar, Strophe 5 und 6 weisen auf die letzten Zeiten vor dem Kommen des Herrn („... so sehet auf und erhebet eure Häupter, darum daß sich eure Erlösung naht": *Das schreib dir in dein Herze ... Seid unverzagt, ihr habet die Hilfe vor der Tür*), und der Schluß verweist auf den eschatologischen Advent. Einzeluntersuchungen könnten ergeben, daß alle Weihnachtsperspektiven in dem Lied *Fröhlich soll mein Herze springen*, alle Passionsperspektiven in *O Welt, sieh hier dein Leben* und alle Osterperspektiven in *Auf, auf, mein Herz mit Freuden* zusammengefaßt sind. *Zeuch ein zu Deinen Toren* ist nur in den ersten beiden Strophen — wie die Pfingstlieder der Grundschicht — Bitte um den Geist, in den Strophen 4 bis 8 wird die Eigen-Art des Geistes meditiert, und in den restlichen acht Strophen (des Originals: im EKG fehlen die Strophen 9 bis 11) geht es nach Römer 8, 14 und 15b in das Beten.

Meditativ entfaltet wird auch das Tagzeitenlied. Bekanntlich liegt vielen Liedern für den Hausgottesdienst zum Morgen, Mittag und Abend das jeweilige Gebet aus Luthers sogenanntem *Hausbüchlein* zugrunde. *Die helle Sonn* von Nikolaus Herman ist der gedichtete Morgensegen, *Hinunter ist der Sonne Schein* der Abendsegen. Paul Gerhardt geht auf dieselben Gebetsmodelle zurück und formt sie aus meditativem Entfalten. Das wird nicht nur bei *Lobet den Herren* deutlich, auch hinter *Wach auf, mein Herz* ist der Aufriß des Morgensegens nicht zu übersehen:

Ich danke Dir, mein himmlischer Vater,	Strophe 1
durch Jesum Christum, Deinen lieben Sohn,	
daß Du mich diese Nacht	Strophe 2
vor allem Schaden	Strophe 3 (fehlt im EKG)
und Gefahr	Strophe 4 (= EKG 348, 3)
behütet hast	Strophe 5 (= EKG 348, 4)
(Einschub: Wiederholung des Dankes:)	Strophe 6 + 7 (= EKG 348, 5 + 6)
und bitte Dich,	Strophe 8 (= EKG 348, 7)
Du wollest mich diesen Tag auch behüten	
vor Sünden und allem Übel,	
daß Dir all mein Tun und Leben gefalle:	Strophe 9 (= EKG 348, 8)
Denn ich befehle mich,	
meinen Leib und Seele und alles in	
[Deine Hände.	
Dein heiliger Engel sei mit mir,	Strophe 10 (= EKG 348, 9)
daß der böse Feind keine Macht an mir finde.	

In ähnlicher Weise kann man den Abendsegen als „Disposition" im Aufbau des Liedes *Der Tag mit seinem Licht fleucht hin* entdecken. Es ist nur folgerichtig, wenn Gerhardt dann *Die güldne Sonne* und *Nun ruhen alle Wälder* auf Meditationstexten aufbaut: dieses geht auf eine Abendbetrachtung, jenes auf eine Morgenbetrachtung aus Johann Arnds *Paradiesgärtlein* zurück.

Wie in der Mehrzahl der De-tempore-Lieder, wie bei den Liedern für den Hausgottesdienst, so geht Paul Gerhardt auch in seinen Psalmdichtungen eigene Wege, die in der zeitgenössischen Sekundärschicht wurzeln. Von den rund 130 Liedern Paul Gerhardts nehmen 26 Lieder Psalmen auf, ein Lied *(Merkt auf, merkt, Himmel, Erde)* geht auf das Canticum des Mose (5. Mose 32) zurück: ungefähr ein Fünftel aller Gerhardt-Lieder sind Psalmlieder! Auf diesem Gebiet knüpft Gerhardt in der Art an die Überlieferung an, daß er seine Verse so eng wie möglich an die biblische Vorlage bindet und lediglich „synonym" — also ganz aus dem Geist des parallelismus membrorum — verbreitet und entfaltet. Man vergleiche:

Ich erhebe, Herr, zu Dir meiner beiden Augen Licht, mein Gesicht ist für und für zu den Bergen aufgericht't, zu den Bergen, da herab ich mein Heil und Hilfe hab.	Ich hebe meine Augen auf zu den Bergen, von welchen mir Hilfe kommt.
Meine Hilfe kommt allein von des Höchsten Händen her, der so künstlich, hübsch und fein Himmel, Erde, Luft und Meer und was in dem allen ist, uns zum Besten ausgerüst't.	Meine Hilfe kommt von dem Herrn, der Himmel und Erde gemacht hat.
Er nimmt deiner Füße Tritt, o mein Herze, wohl in acht, wenn du gehest, geht er mit und bewahrt dich Tag und Nacht. Sei getrost! Das Höllenheer wird dir schaden nimmermehr.	Er wird deinen Fuß nicht gleiten lassen, und der dich behütet, schläft nicht.
Siehe, wie sein Auge wacht, wenn du liegest in der Ruh, wenn du schläfest, kommt mit Macht auf dein Bett geflogen zu seiner Engel güldne Schar, daß sie deiner nehme wahr.	Siehe, der Hüter Israels schläft noch schlummert nicht.
Alles, was du bist und hast, ist umringt mit seiner Hut, deiner Sorgen schwere Last nimmt er weg, macht alles gut; Leib und Seel hält er verdeckt, wenn dich Sturm und Wetter schreckt.	Der Herr behütet dich, der Herr ist dein Schatten über deiner rechten Hand,
Wenn der Sonne Hitze brennt und des Leibes Kräfte bricht, wenn dich Stern und Monde blendt mit dem klaren Angesicht, hat er seine starke Hand dir zum Schatten vorgewandt.	daß dich des Tages die Sonne nicht steche noch der Mond des Nachts!

Nun, er fahre immer fort, der getreue fromme Hirt, bleibe stets dein Schild und Hort, wenn dein Herz geängstet wird, wenn die Not wird viel zu groß, schließt er dich in seinen Schoß.	Der Herr behüte dich vor allem Übel, er behüte deine Seele,
Wenn du sitzest, wenn du stehst, wenn du redest, wenn du hörst, wenn du aus dem Hause gehst und zurücke wieder kehrst, wenn du trittst aus oder ein, woll er dein Gefährte sein.	der Herr behüte deinen Ausgang und Eingang von nun an bis in Ewigkeit.

Das Beispiel zeigt: Gerhardt verpflichtet die Versgestalt des Psalms weitestgehend dem Prosatext, meist so, daß er die Wortwahl Luthers beibehält. Die kleinen Erweiterungen sind durchweg hinweisende Ergänzungen, die nur selten in die Nähe der „Interpretation" kommen, mehr Verdeutlichung als Deutung. Solche Verdeutlichung ist gern Aufnahme anderer Schriftstellen. So wird zum Beispiel im abgedruckten Psalmlied der „Herr" des Psalmverses 7 in Strophe 7 nach Psalm 23 zum „getreuen frommen Hirten". In Psalm 143 *Herr, höre, was mein Mund / aus innerm Herzensgrund / ohn alle Falschheit spricht* assoziiert Vers 6 („Ich breite meine Hände aus zu Dir: meine Seele dürstet nach Dir wie ein dürres Land") das Bild aus Psalm 42:

10. Ich lechze wie ein Land, dem Deine milde Hand den Regen lang entzeucht, bis Saft und Kraft entweicht und alles verdorret.	11. Gleich wie auch auf der Heid ein Hirsch begehrlich schreit nach frischem Wasserquell, so ruf ich laut und hell nach Dir, o mein Leben.

Die neutestamentliche Auffüllung, die bei Luther aus „Heil" (Psalm 67, 3b) *Jesus Christus, Heil und Stärk* (EKG 182, 1, 7) werden läßt, fehlt bei Gerhardt zwar nicht, ist aber verhältnismäßig selten. So ist der schon zitierte Psalm 143 bei Gerhardt mehr eine auf Christus bezogene Paraphrase der Psalmvorlage als ein Liedpsalm — eine der wenigen Ausnahmen! In Psalm 25 wird der „Israel" des Verses 22 nach Luthers *Aus tiefer Not* (Strophe 4, 5) interpretiert; aus „Gott, erlöse Israel" wird

16. Regier und führe mich zu Dir,
auch andre Christen neben mir,
nimm, was Dir mißfällt, von uns hin,
gib neue Herzen, neuen Sinn.

Diese Beispiele mögen andeuten, daß Paul Gerhardts Liedpsalmen und Psalmlieder wiederum auf der Mitte stehen: gleichsam zwischen der Marot-Beza- (bzw. Lobwasser-Jorissen-)Lösung und der Waldis-Becker-Interpretation.

Die Mehrzahl der Lieder Gerhardts gehört aber dem „neuen" Typus an, sind Vertrauenslieder, Hilfe des Glaubens zur Bewältigung des Alltags: „Aktualisierung" der „Lehre". Sie gehen zu einem geringen Teil von Meditationsvorlagen aus, insbesondere von Gebeten aus Johann Arnds „Paradiesgärtlein"; viele sind Meditation, betende Entfaltung eines Bibelwortes, viele — zahlenmäßig der zweiten Gruppe ungefähr gleich — sind freie Dichtung, und zum dritten Mal, viele sind Gelegenheitsdichtung, Trostlieder „auf den Tod eines Kindes" oder „Trost-Gesang über den unversehenen Todesfall des wohlseligen..." Da wird zum Beispiel Jeremia 10, 23 — „Ich weiß, Herr, daß des Menschen Tun steht nicht in seiner Gewalt, und steht in niemands Macht, wie er wandle oder seinen Gang richte" — in 18 Strophen (von denen 14 unter Nummer 384 in unser EKG eingegangen sind) aufgeschlossen und entfaltet. Da steht der große Zuspruch *Du bist ein Mensch, das weißt du wohl* neben der Ermutigung *Schwing dich auf zu deinem Gott* sowie dem Zuruf und Zeugnis *Warum sollt ich mich denn grämen?* Und da sind mehr als ein Dutzend Gelegenheitsdichtungen, die fast ohne Ausnahme allgemeiner Trost sind, „Gelegenheit", um den Trost des Glaubens zu aktualisieren. Was über diesen Liedtypus insgesamt zu sagen ist, hat Gerhardt selber geradezu programmatisch formuliert in dem von Psalm 145 ausgehenden Trost- und Hoffnungslied *Ich, der ich oft in tiefes Leid / und große Not muß gehen / will dennoch Gott mit großer Freud / und Herzenslust erhöhen:*

6. Wie mancher hat vor mir Dein Heil
und Lob mit Fleiß getrieben;
und siehe, mir ist doch mein Teil
zu loben übrig blieben.
Ich will von Deiner Wundermacht
und der so herrlich schönen Pracht
bis an mein Ende reden.

7. Und was ich rede, wird von mir
manch frommes Herze lernen,
man wird Dich heben und für und für
hoch über alle Sternen;
Dein Herrlichkeit und starke Hand
wird in der ganzen Welt bekannt
und hoch berufen werden.

9. Es muß ein treues Herze sein,
das uns so hoch kann lieben,
da wir doch in den Tag hinein,
was gar nicht gut ist, üben.
Gott muß nichts anders sein als gut,
daher fließt seiner Güte Flut
auf alle seine Werke.

Das Vertrauenslied ist eigentlich der Liedtypus unter Paul Gerhardts Liedern, der des Dichters einzigartige Stellung in der Geschichte des Kirchenliedes ausmacht. Würden Gerhardts Tagzeitenlieder unserm Singen fehlen, entstünde eine Lücke, die sich durch andere Lieder in etwa beheben ließe. Würden Gerhardts Lieder zum Kirchenjahr fehlen, so wäre die Lücke schon empfindlicher. Würden aber Gerhardts Vertrauenslieder fehlen, so wäre die entstehende Lücke kaum auszufüllen! Denn Paul Gerhardt vertritt in einzigartiger Weise den Liedtypus, den man vielleicht als seelsorgerliche Anamnese bezeichnen kann. Ist nach Herbert Girgensohn[5] „Seelsorge ... die Konkretisierung des Wortes Got-

---

[5] EKL III Sp. 902.

tes ... in die individuelle Lebenslage des Menschen hinein", so geschieht das in Gerhardts Vertrauenslied, und zwar in einer Weise, die die *objektiven* Glaubensinhalte als *subjektive* Erfahrung bezeugt!

Paul Gerhardt ist im Kirchenjahreslied der Dichter der umfassenden Perspektive. Paul Gerhardt dichtet im Vertrauenslied den Zuspruch der subjektiven Objektivität. Was er dem jüngeren Freund Joachim Pauli als Geleit zu dessen Liedern schrieb, gilt von ihm selber in besonderem Maße:

>   Unter allen, die da leben,
>   hat ein jeder seinen Fleiß
>   und weiß dessen Frucht zu geben;
>   doch der hat den höchsten Preis,
>   der dem Höchsten Ehre bringt
>   und von Gottes Namen singt.
>
>   Unter allen, die da singen
>   und mit wohlgefaßter Kunst
>   ihrem Schöpfer Opfer bringen,
>   hat ein jeder seine Gunst;
>   doch der ist am besten dran,
>   der mit Andacht singen kann.

„Die Andacht des Christen als das Herzstück der Frömmigkeit umfaßt ... immer zwei Stücke: Das Hören und Vernehmen der Offenbarung Gottes in Jesus Christus, die den Glauben in uns erweckt, und die Antwort unseres Glaubens darauf" (Alfred Niebergall).

Über die Gestalt und den Gebrauch eines lutherischen Gesangbuchs zu Beginn des 18. Jahrhunderts

Konrad Ameln

In Württemberg gab es schon sehr früh ein von der Obrigkeit vorgeschriebenes Gesangbuch: Im Jahre 1583 erschien auf Befehl des Herzogs Ludwig ein *Württembergisches Kirchen-Gesangbuch*,[1] von dem bereits 1591 eine neue Auflage gedruckt wurde. Neben diesem Buch von kleinem, handlichem Format veröffentlichte 1596 der Tübinger Drucker Georg Gruppenbach mit Zustimmung des Herzogs Friedrich ein *Groß Kirchengesangbuch*[2] in Folio-Format, das nicht nur für die Kirchen und Schulen des Herzogtums Württemberg, sondern auch für andere Kirchen der Augsburger Konfession gedacht war. Obwohl es im Titel heißt „dergleichen hieuor niemals außgangen", war sein Vorbild ganz offenbar das große Straßburger Gesangbuch von 1541,[3] das ebenfalls für Stadt- und Dorf-Kirchen, lateinische und deutsche Schulen bestimmt war. In seiner Vorrede zu diesem Druck hatte Martin Bucer eingehend dargelegt, welchem Zweck dies große Gesangbuch[4] dienen solle: bisher seien die Psalmen und geist-

---

[1] Württembergisches ‖ Kirchen-Ge-‖sangbuch, ‖ Darinnen außerlesene, reine, ‖ Geistliche Lieder, Psalmen vnd ‖ Kirchen-Gesäng ‖ Auß Gnädigem Befelch deß Durchl. ‖ Hochgebornen Fürsten und Herrn, ‖ Herrn Ludwigen ‖ Hertzogen zu Württemberg &c. ‖ in die Kirchen vnd Schulen im Land geordnet. ‖ Tübingen bey Gregorius Kerner 1583. — Trotz eifrigen Suchens ist bisher kein Exemplar dieses Gesangbuchs, auch nicht seiner 2. Auflage von 1591, gefunden worden (Freundliche Mitteilung von Oberkirchenrat Eberhard Weismann, Stuttgart). Der Wortlaut des Titels ist entnommen dem: Entwurf eines Gesangbuchs für die evangelische Kirche in Württemberg, Stuttgart 1906, S. 524. Vgl. auch E. E. Koch, Geschichte des Kirchenlieds und Kirchengesangs, 2. Bd. Stuttgart 1867³, S. 293 f. Der in den Originaldrucken übergeschriebene Buchstabe e bei a, o, u wird als ä, ö, ü wiedergegeben.

[2] Groß Kirchengesang-‖buch / ‖ DArinn außer-‖lesene / reine / Geistliche Lieder / ‖ vnd Psalmen / auch lehrhaffte ‖ vnd trostreiche Christliche ‖ Gesäng / ‖ Für die Kirchen vnnd Schulen ‖ im löblichen Hertzogthumb Würten-‖berg / auch andere reiner Augspurgischer Confession Ver-‖wandte Kirchen / zusamen geordnet ‖ vnd in diser grossen Form / mit schönen ‖ kandtlichen Figural Noten / Rubricken / vnnd großen leßlichen ‖ Schrifften (dergleichen hieuor niemals außgan-‖gen) mit fleiß getruckt sein / ‖ Z ‖ Zu Tübingen / ‖ Bey Georgen Gruppenbach. ‖ ANNO M. D. XCVI. — Vgl. E. E. Koch, aaO. S. 294; Zahn VI 322.

[3] Gesangbuch / darinn ‖ begriffen sind / die aller‖fürnemisten vnd besten ‖ Psalmen / Geistliche Lieder / vnd ‖ Chorgeseng / aus dem Wittem-‖bergischen / Strasburgischen / vnd anderer ‖ Kirchen Gesangbüchlin züsamen ‖ bracht / vnd mit besonderem ‖ fleis corrigiert vnd ‖ gedruckt. ‖ Für Stett vnd Dorff Kirchen / ‖ Lateinische vnd Deudsche ‖ Schülen. ‖ ... ‖ Gedruckt zü Strasburg / ‖ ANNO M. D. XLI. — Eine wesentlich verkleinerte Faksimile-Ausgabe erschien in Stuttgart 1953.

[4] Format 48,5×33 cm, Satzspiegel 36×24 cm.

Groß Wurtembergisches Neu-Vermehrtes Kirchen-Gesang Buch/

Darinnen neben denen bißher gewohnlichen Alten Liedern und Psalmen / auch ein ziemlicher Anhang anderer Neuer schönen Geistreicher und bereits an unterschiedlichen Orthen eingeführten Gesängen enthalten/

Und

Mit Neuen Schrifften/ und Musicalischen Noten versehen.

Zu Dienst

Kirchen und Schulen/

Deß Löblichen

Hertzogthums Würtemberg/

Und Anderer Reiner Evangelischer Orthen angeordnet.

Mit Hoch-Fürstl. Gnad und Freyheit nicht nachzudrucken.

STUTGART/

Gedruckt und verlegt bey Christian Gottlieb Rößling/ Hoch-Fürstl. Württembergischen Hof- und Cansley-Buchdruckers seel. Wittib.

ANNO M.DCC.XI.

1. Titelblatt des Großen Württembergischen Gesangbuchs von 1711 (stark verkleinert; Original in Schwarz und Rot gedruckt).

lichen Lieder gedruckt in „handbüchlin / welche die Christen / jeder für sich selb inn den Kirchen versamlungen vnd sunst gebrauchen"; dieser Druck aber solle an die Stelle der geschriebenen Gesangbücher treten, die in vielen Gemeinden für die Jugend zubereitet worden waren, um die Jugend „desto bas zů gleichförmigem mensurischem gesang zů gewehnen vnd anzuhalten". Daneben wird noch hervorgehoben, daß „die Psalmen vnd geistliche Lieder / so hierin begriffen / auffs seuberlichest / vnd zům besten corrigieret ausgiengen". Weil aber die Kinder ohnedies zum Gesang geneigt seien, sollten die Erzieher „die kinder solich heilige götliche Lieder getrewlich leren / auch dieselbigen zů singen anhalten / vnd alle leichtfertige / weltliche bůlerische lieder / jhnen weder zůhören noch zůsingen gestatten". Der große Band, der nur knapp die Hälfte der damals in anderen Straßburger Gesangbüchern gedruckten Lieder enthält, diente also nicht für den Hausgebrauch, sondern war für den Gesang der Schüler in Kirchen und Schulen bestimmt. Neben dem pädagogischen Zweck sollte er auch dazu dienen, daß der Kirchengesang einheitlich und fehlerfrei gestaltet wurde. Noten und Buchstaben waren in so großen Typen gedruckt, daß sie — wenn das Buch auf ein entsprechendes Pult gelegt wurde — von mehreren Sängern gelesen werden konnten.[5] Daß dieses große Gesangbuch einem Bedürfnis entsprach, zeigen die Neuauflagen von 1560, 1572 und 1616, die offenbar nicht nur in Straßburg, sondern weit darüber hinaus in lutherischen Gemeinden benutzt worden sind, auch in Württemberg.[6]

Daß trotzdem für dieses Land ein eigenes Gesangbuch im Großformat erschien, hat wohl zwei Ursachen: Einmal versprach sich offenbar der Drucker einen guten Absatz, zum anderen sollte die Liedauswahl, die Herzog Ludwig für das kleine Gesangbuch von 1583 verordnet hatte,[7] nun auch in großem Format „mit schönen kandtlichen[8] Figural Noten / Rubricken vnnd großen leßlichen[9] Schrifften" zugänglich gemacht werden, wobei die Zweckbestimmung genau die gleiche war wie bei dem großen Straßburger Druck. Auch das Württemberger große Gesangbuch ist mehrfach wieder aufgelegt worden[10] und weit länger in Gebrauch geblieben als das Straßburger. Seine letzte Ausgabe vom Jahre 1711[11] ist äußerlich noch ganz so gestaltet wie die entsprechenden Drucke des 16. und 17. Jahrhunderts, in seinen Maßen von 36,5 × 23 cm (Satzspiegel 31 × 17 cm) zwar kleiner als der große Straßburger Druck, jedoch immer noch groß genug, daß mehrere Sänger daraus singen konnten. Die Liedauswahl des Hauptteils ist sehr konservativ; er enthält 122 Gesänge, darunter fünf Prosa-

---

[5] Die Art und Weise, wie ein solches großes Gesangbuch verwendet wurde, zeigt das bekannte Bild aus dem Straßburger Gesangbuch von 1559 (bzw. 1562), wiedergegeben in der Einführung zu der Faksimile-Ausgabe des Straßburger Gesangbuchs von 1541 (s. Anm. 3) und in: JbLH Bd. 1, 1955, S. 104.
[6] Vgl. E. E. Koch, aaO. S. 26 f. und S. 293.
[7] Ebenda S. 294.   [8] kandtlich = erkennbar.   [9] leßlich = lesbar.
[10] Spätere Ausgaben erschienen 1664 (s. Zahn VI 699), 1686 und 1711 (s. Zahn VI 862). Zur Geschichte der württembergischen Gesangbücher vgl. den Entwurf (s. oben Anm. 1), S. 523—526, und den Beitrag von Stadtpfr. Jehle, Zur hymnologischen Bibliographie, in: MGkK 14, 1909, S. 272—275.
[11] S. die Faksimile-Wiedergabe des Titels auf S. 343. Der Umfang zählt (8) 532 (3) Seiten.

wahr/ so sin gen wir Al-
le lu ja.

2. JEsus Christus wohn uns
bey/ und laß uns nicht verderben :/:
Mach uns aller Sünden frey/ und
hilff uns selig sterben. ꝛc.

3. Heiliger Geist wohn uns bey/
und laß uns nicht verderben :/: Mach
uns aller Sünden frey/ und hilff uns
selig sterben. ꝛc.

Ein Christlich Lobgesang/ zur H. Dreyfaltigkeit.

lein Gott in der Höh sey Ehr/
Darum daß nun und nimmermehr/

2. S. 75 des Gesangbuchs von 1711 mit dem Schluß des Liedes *Gott der Vater, wohn uns bei* und dem Beginn von *Allein Gott in der Höh sei Ehr*, zugleich als Beispiel für die verschieden großen Noten- und Text-Typen.

texte,[12] mithin 117 Lieder; von den 122 Gesängen sind 106 mit Melodien versehen.[13] Ein umfangreicher Anhang trägt den Sondertitel: *Zugabe / || Einiger Neuer und || Geistreicher Lieder / || Welche in den Evangelis. [!] Kirchen / || besonders in dem Hertzogthum Würtemberg / || auch gemeiniglich pflegen gesungen zu werden.* Im Haupttitel war diese „Zugabe" genannt ... *ein ziemlicher Anhang anderer || Neuer schönen Geistreicher und bereits an unterschiedlichen Orthen || eingeführten Gesängen,* und in der Vorrede des Konsistoriums vom 1. August 1711 wird gesagt, daß „zu Entzündung und Vermehrung der Andacht unter dem gemeinen Volck / die schon ziemliche Zeit gewohnte und zum offentlichen Choral eingeführte Neue Gesänger und Melodien / in groser Anzahl / sich derselben bey fürfallenden allerhand Fällen und Zeiten heilsamlich bedienen zu können / mit eingerucket worden". In der Tat ist dieser Anhang mit seinen 93 (gezählten) Liedern und 57 Melodien fast so umfangreich wie der Hauptteil. Man geht wohl nicht fehl mit der Feststellung, daß mit dieser „Zugabe" die Kirchenleitung dem immer stärker vordringenden Pietismus Zugeständnisse machte, wobei allerdings die Liedauswahl wiederum recht konservativ genannt werden muß: Die „neuen" Lieder stammen zu einem guten Teil aus *Christliches Hauß-Gesangbuch,* Tübingen 1664, und auch die anderen sind mindestens vierzig, manche sechzig Jahre alt.[14] Drei von ihnen sind nachträglich, d. h. nach Fertigstellung des Drucks, noch hinzugekommen, nämlich Nr. XC *Ach HErr, mich armen Sünder* (S. 527), XCI *ERschienen ist der herrlich Tag* (S. 528) und XCII *WO soll ich fliehen hin* (S. 529). Dies ist einmal daran zu erkennen, daß das letzte Lied, *Zwei Orth / O Mensch / hast du für dir,* wieder die Nr. XC trägt und die beiden Seiten, die es einnimmt, nochmals mit 527 und 528 paginiert sind, zum andern daran, daß die Textanfänge der eingeschobenen Lieder in das Register nachträglich eingedruckt worden sind.[15]

Der Hauptteil ist gegliedert in

>   Geistliche Lieder auf die Fest- und Feyertäg
>   Geistliche Gesäng, darinn der Catechismus erklärt wird
>   Psalmen Davids
>   Andere Geistliche Lob-, Lehr- und Bet-Gesänge
>   Geistliche Sterb- und Begräbnuß-Gesänge
>   Die Teutsche Litaney.

Der de tempore-Abschnitt enthält auffallend wenig, nämlich nur 32 Lieder; es folgen 13 Katechismus-Lieder, 27 Psalmlieder, 40 Lob-, Lehr- und Bet-

---

[12] Es sind dies: Das Straßburger Kyrie (S. 77) und Gloria (S. 78), das Straßburger Credo (S. 93) und Vater unser (S. 97) und die Litanei (S. 343), diese ohne Melodie.
[13] E. E. Koch, aaO. Bd. 5, 1868³, S. 18, zählt irrtümlich im Hauptteil 119 Lieder und 103 Melodien. — Das Register des Gesangbuchs enthält 214 Textanfänge; es müssen aber 215 sein, denn *Erstanden ist der Heilig Christ* (S. 57) ist nicht in das Register aufgenommen, weil dies Lied als dritter Teil von *Christ ist erstanden* angesehen wird.
[14] Vgl. E. E. Koch, aaO. Bd. 5, S. 18 f., Anm.
[15] Darf man daraus schließen, daß im Konsistorium ein Kompromiß ausgehandelt worden ist: zwei Lieder aus dem Jahrhundert der Reformation (von C. Schneegaß und N. Herman) gegen eins aus späterer Zeit (J. Heermann)?

LIX.

Nun ruhen alle Wälder/ Vieh/ Menschen/ Städt und Felder/ es schläfft die gantze Welt/ ihr aber meine Sinnen/ auff/ auff/ ihr sollt beginnen/ was eurem Schöpffer wohl gefällt.

2. Wo bist du Sonne blieben/ die Nacht hat dich vertrieben/ die Nacht des Tages Feind/ fahr hin ein andre Sonne/ mein JEsus meine Wonne/ gar hell in meinem Hertzen scheint.

3. Der Tag ist nun vergangen/ die güldne Sternen prangen/ am blauen Himmels-Saal/ also werd ich auch stehen/ wann mich wird heissen gehen/ mein GOtt auß diesem Jammerthal.

4. Der

3. S. 468 des Gesangbuchs von 1711 mit dem Liede *Nun ruhen alle Wälder* als Beispiel für die melodische Veränderung einiger Lieder.

gesänge und die Gruppe der 10 Sterbe- und Begräbnislieder, in der auch das Lied „von der Zukunfft Christi" *Wachet auff, rufft uns die Stimme* untergebracht ist. — Der Anhang hat keine solche Gliederung.

Die Lieder des Gesangbuchs von 1711 sind in verschieden großen Typen gedruckt; auch die Melodien sind (in Holzschnitt) teils mit besonders großen, teils in kleineren Noten wiedergegeben, im ersten Teil noch mit den zur Reformationszeit üblichen langen Notenwerten (Brevis und Minima, seltener Semiminima [16]); im Anhang werden dagegen die kleineren Notenwerte (Viertel- und Achtelnoten) häufig verwendet. Dabei treten große und kleine Noten- und Texttypen in den verschiedenen Kombinationen auf, nicht nur beide groß und beide klein, sondern auch große Noten- zusammen mit kleinen Texttypen. Daß dies innere Gründe hätte, ist nicht auszumachen: So z. B. ist das Neujahrslied *Nun wölle GOTT, daß unser Gsang* mit großen Noten- und kleinen Texttypen wiedergegeben, während das unmittelbar folgende „Lied von der Empfängnuß" *Ein Engel schon / von GOttes Thron* auch große Texttypen hat. Andererseits ist ein so wichtiges und offenbar viel gesungenes Lied wie *Allein GOtt in der Höh sey Ehr* nur mit kleinen Typen wiedergegeben.[17] Es müssen also wohl äußere Gründe — etwa die Raumeinteilung oder nicht ausreichende Bestände an großen Typen oder beides — gewesen sein, die den Drucker zu dieser Benutzung und Verteilung großer und kleiner Typen bewogen haben. Es läßt sich daraus also nicht auf eine Bevorzugung bestimmter Lieder, auf ihre häufige Verwendung oder ihre Beliebtheit schließen. Auch die Möglichkeit, daß etwa die weniger bekannten Lieder mit großen Typen besonders gut lesbar gemacht worden seien, während die vertrauten, von den Sängern meist auswendig gesungenen Lieder mit kleinen Typen gedruckt werden konnten, scheidet bei einer Durchsicht des Gesangbuches aus; denn gerade von den bekanntesten Liedern ist die Mehrzahl mit großen Typen wiedergegeben.

Mehr und Genaueres zu all diesen Fragen verrät ein Exemplar des Gesangbuchs von 1711, das jüngst im Antiquariatshandel angeboten und von mir erworben wurde. Es ist in einen mit Metallecken und -schließen versehenen, mit weißem Leder überzogenen und mit Stempeln reich verzierten Holzdeckelband gebunden und zeigt viele Spuren eifrigen Gebrauchs wie Fingerflecken, eingerissene Blätter, Wachsflecken, ja sogar auf einem Blatt (S. 219 f.) Brandspuren, die wohl von einer umgefallenen Kerze herrühren mögen.[18] Auf dem ersten Vorsatzblatt steht ein alter Besitzvermerk:

Anno 1718 ist dieses Würtenbergische Kirchen-gesangbuch zu dem gebrauch der Evangelischen Gemeind zu Salach von dem alldasigen Heiligen angeschafft worden vor 5 fl. 40 Krz zu welcher Zeit Pfarrer allda gewesen
M. Georg. Philipp. Kerler Ulmensis.

[16] S. die Faksimile-Wiedergaben auf S. 345 und 347.
[17] S. dazu die Faksimile-Wiedergabe auf S. 345 und die Ausführungen unten S. 350.
[18] Da dies Blatt auch sonst viele Gebrauchsspuren zeigt, darf man daraus schließen, daß das darauf stehende Lied *Wie schön leuchtet der Morgenstern* zu denen gehört, die viel gesungen worden sind.

4. S. 453 des Gesangbuchs von 1711 mit dem Liede *Liebster Herr Jesu, wo bleibst du so lange* als Beispiel für die in der „Zugabe" häufige Notierung der Melodien in kleinen Notenwerten.

Der erste Besitzer des Bandes war also die evangelische Gemeinde zu Salach in Württemberg.[19] Auf den beiden folgenden Seiten der Vorsatzblätter ist von zeitgenössischer Hand in großen Buchstaben das Lied *Was fürchtst du, Feind Herodes, sehr* (nur Text) aufgeschrieben; daraus ist zu schließen, daß dies Luther-Lied in Salach — wohl regelmäßig an Epiphanias — gesungen wurde. Sechs Pergamentstreifen, die als Merkzeichen am rechten Rand der betreffenden Blätter angebracht und mit den Seitenzahlen und Liedanfängen beschriftet sind, erleichtern das Aufschlagen der Lieder

Allein Gott in der Höh sei Ehr (S. 75)
Ein feste Burg ist unser Gott (S. 149)
Kommt her zu mir, spricht Gottes Sohn (S. 282)
Ich hab mein Sach Gott heimgestellt (S. 320)
Freu dich sehr, o meine Seele (S. 387)
Liebster Jesu, wir sind hier (S. 454).

Bei drei anderen Liedern müssen ebensolche Pergamentstreifen angebracht gewesen sein; beim ersten ist noch ein kleiner Rest erhalten, bei den beiden andern zeigen viereckige Löcher im Papier, daß solche Streifen ausgerissen sind:

Der Herr ist mein getreuer Hirt (S. 134)
Allein zu dir, Herr Jesu Christ (S. 276)
Alle Menschen müssen sterben (S. 360).

Während bei diesen Liedern mit Sicherheit angenommen werden kann, daß sie gleich nach dem Erwerb des Gesangbuchs durch die Pergamentstreifen gekennzeichnet worden sind,[20] wurden andere Merkzeichen wahrscheinlich erst später angebracht. Sie sind aus Papier und finden sich — im Gegensatz zu den Pergamentstreifen — fast immer dicht am oberen Rande der Blätter oder nur wenig darunter. Diese Papierstreifen sind doppelt, auf die Vorder- und die Rückseite des Blattes, aufgeklebt; sie ragten ursprünglich wohl über den Blattrand hinaus, sind aber nun alle soweit abgerissen, daß sie am Blattrand aufhören. Da sie nicht beschriftet sind, kann man an zwei Stellen nicht mit Sicherheit sagen, was mit dem Merkzeichen leicht gefunden werden sollte; wo dies der Fall ist, steht die zweite Möglichkeit in Klammern dabei.

Ich glaub in Gott Vater (S. 93)
Wohl dem Menschen, der wandelt nit (S. 121)
 (oder Beginn des Abschnitts Psalmlieder)
Wachet auf, ruft uns die Stimme (S. 340)
Herr Jesu Christ, du höchstes Gut (S. 408)
Zwei Ort, o Mensch, hast du für dir (S. 531)
 (oder das darauf folgende Register?)

---

[19] Die Gemeinde Salach war konfessionell seit der Reformationszeit Simultaneum; die ev. Kirchengemeinde wurde entweder von Burg Staufeneck (Eybach bei Geislingen) oder von Groß-Süssen aus versehen (vgl. A. Aich, Geschichte der Gemeinde Salach und der Burg Staufeneck. Salach 1960). — Den Besitzvermerk schrieb der Mag. Georg Philipp Kerler, geb. 1673 in Ulm. Er war 1707—1714 Pfarrer („diaconus") in Langenau bei Ulm, sodann in Groß-Süssen, wo er am 23. Mai 1720 gestorben ist. (Freundliche Mitteilung des Landeskirchl. Archivs Stuttgart, vermittelt durch Dekan i. R. Ernst Schieber, Stuttgart).

[20] Auch der Charakter der Schriftzeichen auf den Streifen bestätigt dies.

Wahrscheinlich war noch mit einem Merkzeichen versehen das Lied *Es ist das Heil uns kommen her* (S. 221); da die rechte Hälfte des vorhergehenden Blattes teils angebrannt, teils ausgerissen ist, läßt sich dies allerdings nur vermuten.

Von diesen 14 oder 15 Liedern kann man also mit großer Sicherheit sagen, daß sie in der Gemeinde Salach häufig gesungen worden sind. Es finden sich darunter solche, die wahrscheinlich in jedem Gottesdienst erklangen (wie das Gloria-Lied, das Straßburger Credo und *Liebster Jesu, wir sind hier* aus dem Anhang), drei Psalmlieder, zwei aus der Gruppe „Geistliche Lob-, Lehr- und Bet-Gesänge" *(Allein zu dir, Herr Jesu Christ* und *Kommt her zu mir, spricht Gottes Sohn),* eins aus der Gruppe der Sterbe- und Begräbnis-Lieder *(Ich hab mein Sach Gott heimgestellt)* und das Lied von der Zukunft Christi *(Wachet auf, ruft uns die Stimme).* Die andern Lieder stehn im Anhang; von ihnen sind zwei unter die Sterbelieder zu rechnen *(Freu dich sehr, o meine Seele* und *Alle Menschen müssen sterben),* eins gehört zu den Bußliedern *(Herr Jesu Christ, du höchstes Gut)* und eins ist das „Lied von der Verdammnis" *(Zwei Ort, o Mensch, hast du vor dir),* das — auch nach dem Einfügen der drei oben genannten Lieder — den Schluß bildet.

Es liegt in der Natur der Sache, daß eigentliche De-tempore-Lieder, die ja in der Mehrzahl nur einmal im Jahr gesungen werden, keine Merkzeichen erhalten haben; demgemäß sind aus dem Abschnitt der „Lieder auf die Fest- und Feiertage" nur das Gloria-Lied und das deutsche Credo mit Merkzeichen versehen. Bei der Beurteilung der Liederauswahl, die durch diese Merkzeichen erkennbar wird, darf man nicht vergessen, daß das Gesangbuch ausdrücklich für den Gebrauch in den Kirchen und Schulen bestimmt war. Es ist zweifellos auch in Salach so gebraucht worden; der große Band wanderte also ständig zwischen Kirche und Schule hin und her. Und die durch Merkzeichen herausgehobenen Lieder wurden von den Schülern eingeübt und gesungen. Daraus kann man zwar nicht ohne weiteres auf das Singen der Gemeinde schließen; doch muß mit der Zeit durch das Vorsingen der Schüler dies Liedgut bekannt und vertraut geworden sein, und mit den Jahren wurden die Schüler selber zu erwachsenen Mitgliedern der Gemeinde.

Die hymnologische Forschung steht immer wieder vor der Frage, welche aus der großen Zahl der in gedruckten Gesangsbüchern angebotenen Lieder nun wirklich gesungen worden sind. Anhaltspunkte zur Beantwortung dieser Frage bieten die handschriftlichen Choralbücher, deren genauere Untersuchung erst in letzter Zeit in Angriff genommen worden ist.[21] Das hier untersuchte Exemplar des großen Gesangbuchs von 1711 läßt zu seinem Teil erkennen, welches Liedgut in einer lutherischen Gemeinde um 1720 in Württemberg lebendig war.

---

[21] Vgl. K. Ameln, Das handschriftliche Choralbuch des Organisten C. I. Engel vom Jahre 1775, in: JbLH Bd. 12, 1967, S. 171—186 und S. 265.

Christoph König, ein schwäbischer Schuhmacher und Hymnologe

Eberhard Weismann

Im Jahr 1968 erhielt die Württembergische Landesbibliothek in Stuttgart eine eigenartige Schenkung. Es handelte sich um die hymnologische Handbibliothek eines fünfundfünfzig Jahre zuvor verstorbenen Mannes. Da stehen neben den altbekannten Standardwerken von Wackernagel, Fischer-Tümpel und Zahn, neben Kochs Geschichte des Kirchenlieds (in allen drei Auflagen), Bodes Quellennachweis, Mützells und Rambachs Sammlungen mehr als 400 Gesangbücher: nicht nur die lückenlose Reihe der um die Jahrhundertwende im Gebrauch befindlichen landeskirchlichen Gesangbücher, sondern auch eine faszinierende Auswahl von Drucken vor allem des 18. Jahrhunderts. So findet sich der „Porst" in mindestens vier Ausgaben, Herrnhuter Gesangbücher von 1731 an, Freylinghausen, Bogatzky, Lavater und eine ganze Galerie von Liederschätzen, Seelenharfen, Erquickstunden und Davidischen Psalterspielen, nicht zu reden von den zahlreichen Regionalgesangbüchern von Königsberg über Dresden, Leipzig, Nürnberg bis herunter zu den schwäbischen Reichsstädten. Werke wie Gottfried Arnolds Kirchen- und Ketzerhistorie (natürlich Erstausgabe), Bengels Gnomon und allerlei Schleiermacheriana zeugen von dem nicht nur aufs Kirchenlied beschränkten weiten theologischen Horizont des früheren Besitzers.

Wer war dieser Christoph König, dessen Erben alle diese Schätze neben einem großen handschriftlichen Nachlaß nun der Öffentlichkeit zugänglich gemacht haben? Ein Schuster, der glücklicherweise nicht bei seinem Leisten geblieben ist, eines der vorzeiten nicht allzu seltenen schwäbischen Originale, oder noch kürzer: der „Liederkönig", wie er von seiner Umgebung halb spottend halb verehrend genannt wurde.[1] Er ist am 8. Dezember 1843 in Eberdingen, einem kleinen Dorf des mittleren Neckarlandes, geboren und ebendort am 18. Juni 1913 gestorben. Auch sein Vater betrieb schon die Schuhmacherei, verbunden mit einer kleinen Landwirtschaft, wie es hierzulande üblich war. Die frommen pietistischen Eltern hatten für ihren Ältesten ursprünglich eine andere Laufbahn vorgesehen: er sollte Pfarrer werden. Seine glänzende Begabung war dafür eine gute Voraussetzung. Er erhielt Privatunterricht beim Ortspfarrer, wechselte dann auf die Lateinschule in Korntal über und sollte

---

[1] Quellen zur Vita: Friedr. Jehle, Christoph König †, in: Ev. Kirchenblatt für Württemberg 1913, S. 205 f. Ders., Christoph König, Hymnologie, in: Württ. Nekrolog 1913 (1916), S. 103-105. - Th. Delinger, Der Liederkönig, in: Deutsche Reichspost. Unterhaltungsbeilage vom 2. Juli 1913. - Erwerb der hymnologischen Sammlung König durch die Württ. Landesbibliothek (Gottfr. Mälzer) in: Blätter f. württ. Kirchengeschichte 1968/69, S. 644 ff. - Mündliche Nachrichten aus der Familie.

schließlich im berühmten Eberhard-Ludwigs-Gymnasium in Stuttgart den letzten Schliff vor dem gefürchteten „Landexamen" erhalten, das den Weg in eines der theologischen Seminare der Landeskirche öffnete. Doch es kam ganz anders. Bei einem Klassendiebstahl — es soll sich um eine goldene Uhr gehandelt haben — fiel der Verdacht auf den Sohn eines angesehenen kirchlichen Würdenträgers und auf den jungen König. Der Bauernbub wurde geopfert. Erst viele Jahre später wurde ihm seine Unschuld bestätigt. Die unmittelbare Folge war: Heimkehr, Einweisung in des Vaters Handwerk, Bauernarbeit. Wenige Jahre später starb der Vater; der Älteste hatte nun für die Mutter und fünf Geschwister zu sorgen. Doch fand er im Kreis der Familie bald auch Helfer in dem nie sonderlich geliebten Beruf.

Sein eigentliches Handwerkszeug waren und blieben sein Leben lang die Bücher. Der Ortspfarrer Hermann, einer der gelehrtesten Köpfe der damaligen Landeskirche, nahm ihn weiter in seine wissenschaftliche Obhut und vermittelte ihm eine gründliche klassische Bildung: Latein, Griechisch, Französisch und Literaturgeschichte, dann auch Philosophie und Hebräisch. König konnte seine Bibel genau so gut in den Ursprachen lesen wie die professionellen Theologen. Auch in Kirchengeschichte und Dogmatik bildete er sich weiter. Als das Konsistorium davon erfuhr, bot es ihm ein nachträgliches Theologiestudium an. Doch König, von einem Freund beraten, lehnte ab. Zu fest war er in der Heimatgemeinde und ihrem geistlichen Leben verwurzelt und hatte dort ihm gemäße Aufgaben gefunden. Er diente als Sprecher in der altpietistischen Gemeinschaft, hielt auch Verbindung zu weiteren pietistischen Kreisen der Umgebung und nahm lebhaften Anteil an allen kirchlichen Gegenwartsfragen.[2] Zu dieser Entwicklung hat wohl nicht wenig seine fromme und kluge Mutter beigetragen, die unmittelbar vor ihrer Heirat sechs Jahre in Basel im Hause von Johann Tobias Beck, dem nachmaligen Tübinger Theologen, als Magd gewesen war und von dort mehr als nur hauswirtschaftliche Kenntnisse mitgebracht hatte. Die Arbeit im Handwerk konnte König im Laufe der Jahre mehr und mehr in andere Hände legen, so daß ihm neben der Landwirtschaft noch genügend Zeit zu seinen Studien blieb, zumal er nicht heiratete.

Merkwürdig ist, daß König erst mit fünfzig Jahren anfing, sich mit Hymnologie zu beschäftigen. Liebe zur klassischen Dichtung hatte er von jeher besessen, vor allem Schiller war sein Mann. Die Liebe zum Kirchenlied hatte ihm seine Mutter vererbt. Dazu kam, daß sein ältester Jugendfreund Friedrich Jehle, zuletzt Stadtpfarrer in Stuttgart, schon seit Jahren sich der Hymnologie verschrieben hatte.[3] König warf sich mit der ihm eigenen Emsigkeit und Begeisterung auf das neue Arbeitsgebiet und brachte in den ihm noch vergönnten zwanzig Jahren die Ernte eines Lebens ein. „Du mit deinem merkurialischen Geist!" hatte einst ein alter Bruder, wohl ein Schüler Ötingers, zu ihm gesagt. Ein treffendes Urteil! Lebhaftigkeit der Empfindung, rasche Auffassungsgabe

---

[2] So schrieb er zur Leugnung des historischen Jesus durch A. Drews einen christologischen Aufsatz.
[3] Zahlreiche Beiträge und Miszellen von Jehle in MGkK zeugen davon.

und ein phänomenales Gedächtnis waren für die Arbeit am Kirchenlied die denkbar besten Voraussetzungen. Der Ertrag dieser Arbeit schlug sich in einem dreifachen Ergebnis nieder.

I

Im Jahre 1897 gab König eine Liedersammlung heraus unter dem Titel „Kleiner Liederschatz für Familie und Gemeinschaft" (Stuttgart, Verlag der Ev. Gesellschaft). Diese Sammlung von 855 Liedern war als eine Gabe an die pietistischen Gemeinschaften und Familien seiner schwäbischen Heimat gedacht und enthielt, „was sich als probehaltiges Gemeingut ... schon bewährt hat", wie es im Vorwort heißt. Sind von Luther 11 und von Paul Gerhardt 31 Lieder aufgenommen, so sind es von Philipp Friedrich Hiller 141, von Zinzendorf 40, von Woltersdorf 39, von Michael Hahn, dem schwäbischen Bauern und Theosophen, 38, von Tersteegen 31, von Rambach 20. Die Einteilung folgt noch dem damals üblichen Schema der drei Glaubensartikel: Lieder von Gott, Lieder von Jesus, Lieder vom Heiligen Geist (einschl. Kirche, Gnadenmittel, christliches Leben usw.). Ein vierter Teil enthält Lieder für besondere Zeiten und Gelegenheiten, ein anhangartiger fünfter Teil Kinder-, Jugend-, Vereins- und Versammlungslieder. Charakteristisch für König ist jedoch vor allem die sprachliche Gestalt der Lieder. Der Herausgeber wollte sie „in möglichst ursprünglicher Form" darbieten. Das war für das damalige Württemberg ein entscheidender und gewagter Schritt. Nachdem in der Aufklärung die geistliche Liedtradition weithin zerbrochen war, hatte das Reformgesangbuch von 1842 zwar eine mäßige Anzahl älterer Lieder wieder restituiert, jedoch meist in dem geglätteten Wortlaut von Albert Knapp, einem der führenden Mitarbeiter an diesem Gesangbuch. König bemühte sich um weitgende Annäherung ans Original und sah mit andern darin den Weg zu einer einheitlichen Liedfassung über die landeskirchlichen Grenzen hinweg. In seiner ersten Veröffentlichung ging er diesen Weg noch mit einer gewissen Vorsicht. Doch war es für schwäbische Ohren schon genug der Zumutung, nach hundertjähriger Entwöhnung wieder von der „geliebten Seele", von „Adelers Fittichen" und vom „Gras von Rechte" zu singen oder gar die dritte Strophe von „Allein Gott in der Höh sei Ehr" — wohl das einzige Mal in der württembergischen Gesangbuchgeschichte — mit „Erbarm dich unser! Amen" zu schließen. Es ist nicht ganz unmöglich, daß diese ungewohnten Textfassungen an der verhältnismäßig geringen Verbreitung des Buches mit schuld waren.

II

Königs hymnologische Arbeit wuchs in die Breite, als er sich der landeskirchlichen Gesangbuchproblematik zuwandte. Der Ruf nach einer Revision des württembergischen Gesangbuchs von 1841/42 hatte sich seit Beginn des Jahrhunderts verstärkt erhoben. König nahm im Ev. Kirchenblatt für Württemberg 1904 dazu Stellung. Sein Aufsatz „Zur Gesangbuchfrage" war als Ergänzung zu einer Arbeit von Rudolf Günther gedacht, der bei einem württembergischen Kirchengesangstag 1903 über das Thema „Unser württembergisches Gesangbuch vom Standpunkt der neueren Gesangbuchbewegung" referiert hatte. Die von König vertretenen Gedanken sind nicht weit entfernt von den Gedanken, die bei der Schaffung des Evangelischen Kirchengesangbuchs von 1950 maßgebend waren. Für die Liedauswahl bei einem neuen Gesangbuch werden folgende Grundsätze aufgestellt:

1. Das Buch muß den Kern des evangelischen Liederschatzes enthalten, d. h. die anerkannten Lieder, bei denen sich dichterische Qualität und biblischer Gehalt die Waage halten (das entspricht der Idee eines „Stamms").

2. Der spezifisch württembergische Charakter des Buches muß dabei erhalten bleiben (Erhaltung des landschaftlichen Sonderguts, später in den „Anhängen" verwirklicht).

3. Lieder, die „nicht auf dem Heilsgrund der christlichen Kirche stehen", müssen als ausgeschlossen betrachtet werden (Priorität des theologischen Maßstabs).

Als Weg zu einer guten Auswahl wird ein Vergleich aller damals geltenden Gesangbücher vorgeschlagen. Für die Textgestalt soll der Grundsatz gelten: „möglichste, wenn auch nicht absolute Treue gegen das Original", mit der bedeutsamen Einschränkung: „absolute Treue gegen das Original ist absolut unmöglich".

Zwei Jahre später (1906) gab Christoph König zusammen mit Rudolf Günther und (als musikalischem Mitarbeiter) Heinrich Lang einen privaten „Entwurf eines Gesangbuchs für die evangelische Kirche in Württemberg" heraus. Die Anregung und das Geld dazu hatte der Stuttgarter Verleger D. Gundert gegeben, in dessen Verlag das Buch erschien. Hier konnten nun die geschilderten Grundsätze zum erstenmal verwirklicht werden in einer Weise, die diesen Entwurf weit über das später erschienene landeskirchliche Gesangbuch von 1912 hinaushob. Es zeigte sich wieder einmal, daß die gemeinsame Arbeit weniger Fachkenner profiliertere Ergebnisse erbringt als die Mehrheitsbeschlüsse landeskirchlicher Kommissionen. Das Buch enthält 455 Lieder, einen „Anhang geistlicher Lieder" mit 45 und einen „liturgischen Anhang" mit 18 Nummern. Es trägt bei aller (noch zu großen) Respektierung der Tradition einen für die damalige Zeit sehr progressiven Charakter — wenn man unter „progressiv" nicht „modernistisch" versteht, sondern den Mut zur Wiedergewinnung des klassischen evangelischen Liedguts, das mehr als hundert Jahre zuvor den schwachen Fabrikaten des Zeitgeistes zum Opfer gefallen war. Unter den etwas mehr als 500 Liedern waren 144 Neuvorschläge. Stark die Hälfte davon (79) gingen später in das landeskirchliche Gesangbuch über, darunter Lieder wie: *Auf, auf, mein Herz, mit Freuden; Aus meines Herzens Grunde; Christ ist erstanden; Dir, dir, Jehova; Jauchz, Erd, und Himmel; Jerusalem, du hochgebaute Stadt; Lobt Gott, ihr Christen* u. a. 27 von den Neuvorschlägen kamen in Württemberg erst 1953 (im Rahmen des Evangelischen Kirchengesangbuchs) zum Zug, so z. B. *Auf meinen lieben Gott; Christe, der du bist Tag und Licht; Der Herr ist mein getreuer Hirt; Du höchstes Licht, ewiger Schein; Erschienen ist der herrlich Tag; Heilger Geist, du Tröster mein; O gläubig Herz, gebenedei; Vater unser im Himmelreich* und viele andere. Ähnlich wie in der zweiten Hälfte des 16. Jahrhunderts übte Straßburg einen nachhaltigen Einfluß auf die Liedwahl aus, diesmal in Gestalt des Elsaß-lothringischen Gesangbuchs von 1899, das vor allem durch seine Pflege des alten oberdeutschen Liedguts bedeutsam geworden war. Aber auch das „moderne" 19. Jahrhundert kam ausgiebig zu seinem Recht (89 Lieder); dabei tauchten neben der Droste, Rudolf Kögel, Julie Hausmann u. a. auch eine Reihe schwäbischer Namen erstmals im Gesangbuch auf, so Christian Gottlob Pregizer, Albert Zeller, Karl Gerok. Auch in der Anordnung der Lieder folgte der Entwurf schon heute geltenden Grundsätzen, nämlich der „Idee des Gottesdienstes", d. h. der liturgischen Praxis.[4] Innerhalb der einzelnen Rubriken sind die Lieder in der historischen Reihenfolge der Dichter aufgeführt.

Bei der Bearbeitung der Texte hatten sich die Herausgeber geteilt: Günther hatte die älteren Lieder bis Spener übernommen (er war dem Urtext gegenüber etwas zurückhaltend), König die neueren von Spener bis zur Gegenwart. Durch diese Aufgabe war König genötigt, vor allem zum Liedbestand des 18. und 19. Jahrhunderts, für den es noch keine wissenschaftlichen Editionen gab, Quellenstudien zu treiben. So fing er an, Originaldrucke zu sammeln. Sein Name war in den Antiquariaten des damaligen Deutschen Reiches weit und breit bekannt. Was er nicht selbst erwerben konnte, das lieferten ihm die Bibliotheken von Stuttgart, München, Leipzig, Wernigerode, Göttingen usw. in seine dörfliche Abgeschiedenheit. Mit vielen bekannten Hymnologen seiner Zeit pflegte er eine lebhafte Korrespondenz, deren Niederschlag noch unausgewertet in der Württ. Landesbibliothek ruht. Dabei konnte es vorkommen, daß Briefe an „Herrn Professor König in Eberdingen" adressiert waren — ein kleines Zeichen der Hochachtung, die dem Zunftgenossen eines Hans Sachs und Jakob Böhme entgegengebracht wurde. Ein unmittelbarer Ertrag seiner Forschertätigkeit war sein „Kleines Kirchenlieder-Lexikon, enthaltend den Liederbestand der offiziellen Deutschen evangelischen Gesangbücher, einschließlich des ‚Eisenacher Büchleins', des Militär- und des Fischer-Bunsenschen Gesangbuchs" (Stuttgart 1907, 96 S.). In diesem Buch ergänzte König eine von Philipp Dietz 1904 herausgegebene „Tabellarische Nachweisung" des Liederbestandes der gebräuchlichen landeskirchlichen Gesangbücher nach der hymnologischen Seite, indem er zu jedem der 3760 Lieder Strophenzahl, Dichter und Quelle angab. Dabei nahm er natürlich den wissenschaftlichen Ertrag seiner Zeit mit auf, kam jedoch bisweilen auch zu abweichenden Ergebnissen.

Inzwischen hatte die württembergische Landessynode den Gedanken der Gesangbucherneuerung aufgenommen. Eine Kommission wurde eingesetzt, die von 1908 bis 1911 arbeitete. König war neben Prälaten, Konsistorialräten, Professoren, Dekanen der einzige „Laie", der dazu berufen worden war. Das Ergebnis dieser Arbeit war der „Amtliche Entwurf" für ein württembergisches Gesangbuch (Stuttgart 1911), ein Werk, das bei vielen Hymnologen dadurch beliebt geworden ist, daß es in einer Randspalte die abweichenden Fassungen des Urtextes bietet und damit manche mühsame Nachschlagearbeit erspart. Genau dieser Vorzug des Buches ist zu einem großen Teil Christoph Königs

---

[4] So hatte es schon Chr. D. F. Palmer um 1840 gefordert („Revision des neuen Gesangbuchs-Entwurfes für die evangelische Kirche Württembergs". Stuttgart 1840).

Werk. Im Vorwort S. VII heißt es: „Die Einsicht in die Originaltexte war in dankenswerter Weise dadurch erleichtert, daß das Konsistorium von dem Hymnologen Christoph König eine handschriftliche Sammlung von Originalliedertexten erworben und der Kommission zur Verfügung gestellt hatte. Diese Sammlung wurde inzwischen teils durch König, teils durch andere Kommissionsmitglieder noch ergänzt und erweitert, so daß sie jetzt etwa 880 Nummern umfaßt." Auch zur literarischen Vorbereitung des neuen Gesangbuchs, das 1912 erschien und die ursprünglichen Intentionen von Günther und König leider nur unvollkommen erfüllte, trug König sein Teil bei durch verschiedene Artikel in kirchlichen Zeitschriften, vor allem im Ev. Kirchenblatt für Württemberg.[5]

III

Die Vollendung und Drucklegung seines eigentlichen „Lebenswerkes" erlebte jedoch Christoph König nicht, und das blieb ein dunkler Schatten über seinen letzten Jahren. In einer langen Zeit rastlosen Forschens und Sammelns hatte er die Originaltexte sehr vieler in Gesangbüchern und andern Liedersammlungen gängigen Lieder zusammengebracht, in der Absicht, „die Hymnologie für alle Zeiten auf eine solide Grundlage zu stellen".[6] Ein kritischer Apparat dazu war ebenfalls nahezu fertig. Nun fehlte nur noch eines: die Mittel, etwa 25 000 Mark, um dieses Werk als würdiges Seitenstück zu den bekannten hymnologischen Standardwerken zu drucken. Über die näheren Umstände und die Bemühungen darum berichtet ein Brief Königs an seinen Freund Jehle:

Eberdingen, den 28. April 1911

Lieber Freund!

Bezüglich der besprochenen Angelegenheit will ich Dir doch einiges zur Sache Gehörige schreiben. Zuvor danke ich Dir für die Zusendung von Zahn etc. herzlich. Doch zur Sache!
Vorausschicken will ich, daß weder Wackernagel noch Tümpel ihr Werk ohne Unterstützung von Gönnern und Behörden hätten zu Ende bringen können; ersterer nicht ohne Friedrich Wilhelm IV., letzterer nicht ohne die K. Akademie in Berlin. Was nun mich betrifft, so arbeite ich jetzt 17 Jahre auf diesem Gebiet, anfangs allerdings neben ländlicher Beschäftigung. In dieser Zeit habe ich ungefähr 3000 M Honorar eingenommen. Daß man davon nicht 17 Jahre lang leben, eine teure Bibliothek anschaffen, eine weitläufige und kostspielige Korrespondenz führen kann, versteht sich ja von selbst. Was ich in dieser Zeit an Nahrung, Kleidung etc., für Reisen und zur Sache gehöriges Material gebraucht habe, habe ich aus meinem Privatvermögen zugesetzt. —
Meine Arbeit, die Du ja eingesehen hast, ist nun die, daß ich alle verbreiteten Lieder — ungefähr 9000 — im Originaltext zusammengestellt und einen kritischen Apparat für 10—11 000 Lieder angefertigt habe. Mit dem Druck dieser Sammlungen wäre wohl die Hymnologie in ihren wirklich [schwäb. = heutzutage] verbreiteten Erscheinungen auf soliden Fuß gestellt. Ich weiß nun recht wohl, daß das K. Konsistorium für Unterstützungen, die es in solchem Fall, z.B. H. Gundert beim Entwurf, gewährt hat, scharf angegriffen worden ist. Ich würde deshalb einen Vorschlag machen, der jedenfalls solcher Art ist, daß

---

[5] So im Jahrgang 1906, S. 57 ff., 73 ff. „Zur Gesangbuchfrage"; 1908, S. 186 ff. „Die Lieder unsres Gesangbuchs"; S. 309 ff. „Lieder, die fürs künftige Gesangbuch in Betracht zu ziehen sein dürften"; 1911, S. 273 f. „Zum neuen Gesangbuchsentwurf".
[6] Jehle im Nekrolog 1913, S. 104.

kein vernünftiger Mann eine Behörde deshalb tadeln würde: Ich habe, wie Du weißt, dem K. Konsistorium seiner Zeit ein „handschriftliches Kirchenliederlexikon" gegen ein sehr anständiges Honorar abgetreten, das alle in den offiziellen G. G. [= Gesangbüchern] und in Knapps „Liederschatz" stehenden Lieder umfaßt.

Wie Du nun gesehen hast, habe ich eine noch weitschichtigere Arbeit gemacht, d. h. die verbreitesten deutschen Liedersammlungen: Dölker, Große Missionsharfe, Straubes Reisepsalter, die Lieder in Goßners sehr verbreitetem Schatzkästlein ebenso behandelt und glaube sagen zu dürfen, daß sich kaum ein Lied von Bedeutung findet, das nicht kritisch bearbeitet ist.

Würde man mir nun das erstgenannte Exemplar zurückgeben und das zweite gegen eine entsprechende Entschädigung erwerben, so wäre die Konsistorialkanzlei im Besitz eines Werks, das so ziemlich alles Verbreitete umfaßt und kritisch bzw. literarhistorisch behandelt.

Fände sich Gelegenheit, das Werk zu drucken, so hätte die hohe Behörde ja immer noch Gelegenheit, ihre Ansprüche geltend zu machen.

Denkst Du nun, mein Vorschlag sei sachgemäß, so schicke, bitte, diesen Brief an Herrn Prälat von Hermann! Ich bin, wie Du weißt, den Behörden gegenüber etwas linkisch.

Zum Schluß nur noch das: es handelt sich bei mir derzeit hauptsächlich um die Möglichkeit, einige unentbehrliche, teure Hilfsmittel anzuschaffen, überhaupt um die Möglichkeit, dem Werk den Schlußstein oder die Schlußsteine einzufügen.

Und nun Dir und den lieben Deinigen herzlichen Gruß

von Deinem alten Freund Chr. König

Die Bemühungen hatten leider keinen Erfolg. König wäre sogar bereit gewesen, seine ganze Bibliothek und seine Manuskripte zu veräußern, um zu Geld zu kommen. Aber auch das hätte zur Drucklegung des Werkes nicht ausgereicht. So blieb das ganze Manuskript und harrt noch der Untersuchung durch eine kundige Hand.[7] Vermutlich gäbe es dabei manches zu entdecken. Gewiß, die hymnologische Forschung hat inzwischen ihre Methoden verfeinert und ist in vielen Fällen, die zu Beginn des Jahrhunderts noch zweifelhaft waren, zu festen Ergebnissen gelangt. Auch wird man nicht übersehen dürfen, was der unbestechlich ehrliche Freund in einem Nachruf über König schrieb: „Peinliche Genauigkeit war nicht die Stärke des lebhaft empfindenden, rasch aber immer treffend urteilenden kleinen Mannes."[8] Aber gerade diese Urteilsfähigkeit, der hymnologische Eros und das Gespür für geistige Zusammenhänge lassen vermuten, daß in dieser Hinterlassenschaft noch manches ruht, was wert wäre, der Verborgenheit entrissen zu werden. Erst viel später, fast vierzig Jahre nach Königs Tod, versuchte ein Angehöriger der Familie noch einmal die Schätze zu heben und eine Geldquelle für die Herausgabe des Werkes zu finden.[9] Ich traf den alten Herrn tagaus tagein in der Landesbibliothek, von

---

[7] Die durch die Zerstörungen des Krieges verursachte Raumnot in der Württ. Landesbibliothek und der bevorstehende Umzug in einen Neubau machen den Zugang zur Sammlung König zur Zeit leider unmöglich.

[8] wie Anm. 6. König war von kleiner Statur.

[9] Oberlehrer i. R. August Brunner, inzwischen verstorben, machte sich an die Riesenarbeit, das gesamte Material zu Königs Textsammlung durchzuarbeiten. Er berichtet: „König führte die Sammlung in zwei Auslesen durch. Die erste Auslese war annähernd druckreif, die zweite mußte noch zu einem großen Teil nach den angegebenen Originalquellen geprüft werden." (Entwurf eines Vorworts.) Die genannte zweite Arbeit holte Brunner mit unendlicher Mühe nach. Um wenigstens eine Übersicht über das Werk Königs zu geben, fertigte er 3 Register an: a) ein Verzeichnis der Dichter, nach Zeitperioden geordnet, mit den ihnen zugehörigen Liedern; b) ein alphabetisches Verzeichnis der Dichter; c) ein

alten Gesangbüchern umgeben, die er sich aus allen Himmelsrichtungen kommen ließ. Aber die Zeit war vorbei. Das Evangelische Kirchengesangbuch war herausgekommen, die Quellenfrage für die dort erschienenen Lieder weithin gelöst, das Bedürfnis nach einem umfassenden Sammelwerk von Originaltexten erloschen.

Christoph König wurde in den beiden letzten Jahren seines Lebens noch durch ein schweres Krebsleiden geführt. Wenn man heute in sein Heimatdorf kommt, erinnern sich die Alten, vorab im Kreis der engeren und weiteren Familie, noch mit großer Liebe an ihn. Sie rühmen, was für ein gütiger, fröhlicher und grundgescheiter Mann er war, aufgeschlossen für jedes Kind, dem er begegnete, in seinem Äußern bis zuletzt ein Bauer und gerade so — der Liederkönig.

alphabetisches Gesamtverzeichnis der Lieder mit näheren Angaben. Von diesen Registern, die 1955 abgeschlossen wurden, befinden sich mehrere Exemplare in der Württ. Landesbibliothek.

Ansätze zu neuem christlichen Liedgut

Friedrich Hofmann

I. *Viele Stimmen*

Die Zahl der Lieder aus unserer Zeit ist in den letzten Jahren in einer beinahe beängstigenden Weise gewachsen. Es mögen jetzt vielleicht, alles in allem, 600 bis 700 Nummern sein, die in Büchern und Heften veröffentlicht worden sind; fast jeden Tag tritt Neues hinzu. Eine nicht unerhebliche Menge kann auf Schallplatten abgehört werden. Wer sich mit der Sache beschäftigt, dem wird es nicht ganz leicht gemacht, erst einmal einen Überblick zu gewinnen. Zum Glück ist manches aus dieser umfangreichen Produktion bereits im Hintergrund verschwunden und nach dem Gesetz, nach dem es angetreten, nämlich Verbrauchsgut zu sein, zu seinem Ende gekommen. Immerhin fordert der Bestand, der gebraucht wird oder sich dafür anbietet, die Beachtung aller, die sich für das Singen in der Kirche Jesu Christi verantwortlich wissen. Einerseits muß es als erfreulich bezeichnet werden, daß das Angebot durch eine laute Nachfrage einen solchen Umfang bekommen hat. Andererseits ist der Gemeinde auch auf diesem Gebiet die Aufgabe gestellt, alles zu prüfen und das Gute zu behalten (1. Thess. 5, 21), die Geister kritisch zu beurteilen (1. Joh. 4, 1) und daraus konkrete Folgerungen zu ziehen. Das geschieht jetzt beispielsweise dadurch, daß die meisten Landeskirchen Gebrauchshefte herausbringen, die den Gemeinden einiges aus der Fülle der bisher veröffentlichten Lieder unserer Tage zur Erprobung anbieten.[1] Den Impuls dazu hat der „Verband evangelischer Kirchenchöre Deutschlands", der eigentliche Autor des „Evangelischen Kirchengesangbuchs" gegeben.

In zahlreichen Aufsätzen und einigen Dokumentationen[2] haben sich sowohl die Initiatoren und Förderer des „modernen Lieds" zu Wort gemeldet als auch die Kritiker Grundsätzliches und Praktisches zu dem ganzen Fragenkreis beigetragen. Wiederholt haben öffentliche Tagungen oder Arbeitsseminare das gleiche Thema behandelt, so daß die Zahl dieser literarischen Stimmen schier heranreicht an die Menge der Lieder selbst. Fürwahr ein beachtliches Faktum der Hymnologiegeschichte, auch wenn die Qualitätsfrage sofort der Skepsis genügend Nahrung liefert. Weniger wäre mehr! Dennoch gilt es nüchtern die Tatsachen zur Kenntnis zu nehmen und sich dem Problem so positiv wie mög-

---

[1] Den Anfang hat Hamburg mit seinem „Anhang '70" (ausgewählt durch O. Brodde und H. v. Schade) gemacht.

[2] z. B. G. Hegele, Warum neue religiöse Lieder? Regensburg 1964 (dort auch zahlreiche Hinweise auf positive und negative Äußerungen).

lich zu stellen. Das wird heute auch von denen bejaht, die vor einem Jahrzehnt dem freilich schier hoffnungslosen Dilletantismus nur ablehnend gegenüberstanden. Immerhin haben gerade Mitarbeiter am „Evangelischen Kirchengesangbuch" (EKG) vor einigen Jahren eine kritische Bestandsaufnahme des aus der Tradition kommenden, aber zum Teil behutsam neue Wege beschreitenden Liedguts veranstaltet und sich grundsätzlich zur hymnologischen Situation geäußert.[3]

Das Gespräch derer, die das hymnologische Erbe als Verpflichtung und Kriterium für Lieder aus der Gegenwart sehen, mit den Forderern und Förderern „moderner" Lieder hat begonnen. Es hat beginnen können, weil es *sachlich* möglich geworden ist. Während die ersten Initiatoren der „neuen religiösen Lieder" die Frage nach der textlichen und musikalischen Qualität für belanglos oder drittrangig erklärt hatten, ist man sich heute auf beiden Seiten — sofern man etwas vereinfachend von zwei Seiten reden will — darin einig, daß Qualitätsmaßstäbe unentbehrlich sind. Wir werden in dem Kapitel über Sachfragen darauf noch einzugehen haben. Das jetzt möglich gewordene Gespräch hat zugleich die *gemeinsame* Arbeit am Liedgut unserer Zeit in Gang gesetzt.[4] Das ändert zunächst nichts an der Tatsache, daß einiger Wildwuchs weiterhin in Erscheinung treten wird; ihn hat es übrigens fast zu allen Zeiten gegeben, wobei wir die Blütezeiten des Kirchenlieds keineswegs ausnehmen wollen.

Mit der kritischen Sichtung des Bestands sind Fachleute und Liebhaber in zum Teil mühevoller Kleinarbeit beschäftigt. Voraussichtlich werden in Bälde auch Publikationen davon zeugen. Eine Sammelstelle, von einer Reihe interessierter Gruppen getragen, befindet sich im Aufbau.[5]

So wird aus dem kakophonischen Durcheinander der vielen Stimmen — sowohl der Lieder wie der literarischen Auseinandersetzungen — doch allmählich ein Chor, in dem man wenigstens einzelne Stimmen in ihrer sinnvollen Führung erkennen kann, so wenig uns ein wirklichkeitsfremder Optimismus verkennen lassen darf, daß vieles unklar bleibt. Aber man wird dankbar sein dürfen dafür, daß einige sachliche Voraussetzungen anerkannt worden sind, daß das Gespräch seinen Anfang genommen hat und daß sich wenigstens bescheidene Ansätze zu neuem christlichen Liedgut zeigen.

II. *Parodie — Provokation — Politik*

Peter Rühmkorf vertritt die Ansicht, daß die Parodie unserer Zeit besonders gemäß sei.[6] Daß diese Meinung auch für den Bereich der Kirche in Anspruch genommen wird, beweisen die Kabarettveranstaltungen auf den Kirchentagen und darüber hinaus. Es muß nur konsequent erscheinen, daß sich dieser Sachverhalt auch bei den Ansätzen zum Lied unserer Tage niederschlägt. Zur

---

[3] Zeitgenössische Kirchenlieder, hrsg. von Fr. Hofmann, Grundausgabe, Berlin 1967.
[4] Im folgenden wird wiederholt auf eine Tagung Bezug genommen: Autorenseminar Aumühle Januar 1970, hier mit AS zitiert.
[5] Koppelsberg (Schleswig-Holstein), Evang. Jugendpfarrer.
[6] P. Rühmkorf, Kunststücke, Hamburg 1967, S. 118 ff.

Kennzeichnung der Situation darf dann freilich nicht nur dienen, was Lied im engeren Sinn oder gar Gemeindelied genannt werden kann, sondern auch die „Randerscheinungen" der Lyrik, die die Atmosphäre der Parodie anzeigen. Rühmkorf liefert einen volkstümlichen Beitrag dazu, der die Beachtung literarischer Kreise gefunden hat:[7]

> Der Mond ist aufgegangen.
> Ich, zwischen Hoff- und Hangen,
> rühr an den Himmel nicht.
> Was Jagen oder Yoga?
> Ich zieh die Tintentoga
> des Abends vor mein Angesicht.

Daß es hier nicht einfach darum geht, das Erbe lächerlich zu machen oder gar zu zerstören, wird man den ernsthaften Vertretern der Parodie zubilligen müssen. Sie wollen wachrütteln, in Frage stellen, zur Aktivität rufen. Im Hintergrund steht unverkennbar Bertolt Brecht. Die Parodie ist eine Form der Provokation, die auch in anderen Gestalten auftritt und nicht selten Parodie-Elemente hereinnimmt. Das provozierende Lied, das in irgendeiner Weise für den kirchlichen Gebrauch gedacht ist, stellt eine zwar nicht zahlenmäßig, aber dem Gewicht nach zu beachtende Gattung dar. Anläßlich des AS, bei dem eine Reihe von Texten und Melodien jeweils anonym vorgelegt wurden, damit das kritische Gespräch nicht durch die Rücksicht auf die Autoren beeinträchtigt wurde, begegnete den Teilnehmern u. a. der folgende Text, von dessen sechs Strophen nur die letzten zwei zitiert seien:

> Was geht da draußen vor?
> Schon wieder irgendein Protest
> und haargenau am Osterfest.
> Das müßte man verbieten.
>
> Wer hat denn da gesagt:
> Kommt zu mir, Kinder, hier ist Platz?
> Was soll das WORT und der Rabatz?
> Das müßte man verbieten.

Die meisten Teilnehmer des AS konnten sich vorstellen, daß das „Lied" — etwa von einer Jugendgruppe gesungen — als Auftakt zur Predigt im Gottesdienst oder auch als Einleitung zu einem Gespräch beim Gemeindeabend gesungen werden könnte.

Ein Stück anspruchsvoller in seiner literarischen Qualität, aber gleichwohl provozierend, erschien den Teilnehmern des AS der folgende Text:

> Gott des Alltags
> tu ab
> deinen Seelenplüsch
> tu ab

---

[7] aaO. S. 86; die anderen Strophen provozieren z. T. wesentlich stärker.

den Gott der Bilderbücher
der Kathedralen

den Kunstgott
laß der Kunst

den Bach- und Haydngott
laß den Konzertsälen
zu dem Gott des Alltags geh

sieh zu
daß du
mit ihm
zurechtkommst
der Einsatz lohnt

Der Text wurde übrigens auch komponiert angeboten.

Der beschränkte Raum für diese Ausführungen macht es nötig, uns nun gleich dem dritten P der „Randerscheinungen" zuzuwenden, dem politischen Engagement zeitgenössischer „Lieder".[8]

Hirtenlied

Wir waren die ersten, Herr, wir fanden dich,
du warst ein Kind und lagst in einer Krippe.
Wir fielen aufs Knie und beteten:
Gedenke unser, wenn du groß sein wirst.

Wir haben weder Land noch Herden,
die Erde ist sehr ungerecht verteilt.
Von den Menschen, die heut leben,
wird nur jeder vierte satt.

Der weiße Mann hat Schuhe, Hosen, Hemden
und eine Waffe, die vernichtet, was er will,
hat Kirchen dir aus Stein gebaut;
wir nächtigen auf freiem Feld.

Kennst du das Buch, in dem sie geschrieben,
was du getan hast damals, was gelehrt,
wie du gestorben bist und wie dann auferstanden?
Komm wieder, Herr, komm, wir erwarten dich.

Arnim Juhre[9] schlägt hier den sozialkritischen Ton an, der sich in den folgenden Jahren verstärkt und offensiver wird. Inzwischen hat die sogenannte Theologie der Revolution weiteren Stoff geliefert und Mut zu Aussagen dieses Genres gemacht. Daß die literarischen Erzeugnisse oft stark changieren, vom neutestamentlichen Bußruf und der Bergpredigt bis zum Ruf auf die Barri-

---

[8] Vom „Protestsong" kann hier aus Platzgründen nicht gehandelt werden.
[9] A. Juhre, die hundeflöte, Berlin 1962, S. 25

kaden, liegt in der Natur der Sache. Der Prüfung der Geister vom Neuen Testament her kommt hier um so größere Bedeutung zu. Wesentlich schärfer akzentuiert und politisch stärker zugespitzt wirkt ein Gedicht, das dem AS — wie oben angeführt: anonym — zur Beurteilung vorlag. Man merkt den Unterschied der Jahreszahlen auf diesem Sektor deutlich: das Hirtenlied aus einer Sammlung von 1962, die folgende Vorlage Ende 1969:

Anderes Osterlied

Das könnte den Herren der Welt ja so passen,
wenn erst nach dem Tode Gerechtigkeit käme,
erst dann die Herrschaft der Herren,
erst dann die Knechtschaft der Knechte
vergessen wäre für immer.

Das könnte den Herren der Welt ja so passen,
wenn hier auf der Erde stets alles so bliebe,
wenn hier die Herrschaft der Herren,
wenn hier die Knechtschaft der Knechte
so weiterginge wie immer.

Doch ist der Befreier vom Tod auferstanden,
ist schon auferstanden und ruft uns jetzt alle
zur Auferstehung auf Erden,
zum Aufstand gegen die Herren,
die mit dem Tod uns regieren.

Mit Jesus ins Leben! Sein Leben ist Freiheit.
Der Herr hat die Herrschaft der Herren gebrochen
und selbst der Tod ist kein Herr mehr.
So wanken, stürzen die Herren.
So loben wir den Befreier.

Rein formal ist die Gestaltungskraft des Autors unverkennbar. Er weiß mit dem Wort umzugehen und seiner Dichtung Architektur zu geben. Es ist interessant, daß sich bei dem AS die Diskussion vor allem der Frage zuwandte, ob die letzte Strophe nicht gestrichen werden müßte. Wenn das auch um der theologischen Aussage willen bedauerlich wäre, so muß man zugeben, daß von der Atmosphäre her tatsächlich ein gewisser Bruch vorzuliegen scheint. Die letzte Strophe „paßt" nicht ganz dazu. Sie könnte für sich stehen und wäre dann dem Kirchenlied der Tradition mehr verpflichtet als dem „Fortschritt". Die eigentlich interessante und „politische" Wendung begegnet uns in der dritten Strophe, wo ein überraschender Zusammenhang zwischen der Auferstehung (Jesu) und dem „Aufstand gegen die Herren" hergestellt wird. Hier geschehen Dinge, die unsere kritische Aufmerksamkeit in besonderem Maße erfordern.

Es erscheint mir bei diesen Überlegungen nützlich, sich daran erinnern zu lassen, daß das kritische und aggressive Lied in der Hymnologiegeschichte nicht neu ist. Luther legt sogar Kindern recht scharfe Worte in den Mund, wenn er sie — die Überschrift heißt ja „Ein Kinderlied wider die zween Erzfeinde Christi" — singen läßt: „und steur des Papsts und Türken Mord".[10] Kein Blatt vor den Mund nimmt der Reformator in seiner Ballade „Von den zween Märtyrern Christi in Brüssel" (1523), wo es u. a. heißt:

> Noch lassen sie ihr Lügen nicht,
> den großen Mord zu schmücken...
> ... die laß nun lügen immerhin,
> sie haben's keinen Frommen..."

Ohne uns hier auf eine ausführlichere Erörterung des Fragenkreises „Politisches Lied der Kirche" einlassen zu können, sollen doch Luthers scharfe Verse gegen Herzog Heinrich von Braunschweig-Wolfenbüttel (1541) zeigen, daß dieses Genre nicht neu ist und damals sogar konkreter war als heute:

> Ach du arger Heinze,
> was hast du getan,
> daß du viel frommer Menschen
> durchs Feuer hast morden lan!
> Des wirst du in der Helle
> leiden große Pein.
> Lucifers Geselle
> mußt du ewig sein.
> Kyrieleison!
>
> Ach verlorn Papisten,
> was habt ihr getan,
> daß ihr die rechten Christen
> nicht kunntet leben lan!
> Des habt ihr große Schande,
> die ewig bleiben soll,
> sie geht durch alle Lande,
> und sollt ihr werden toll.
> Kyrieleison![10a]

Besonderes Gewicht bekommen diese Verse, weil sie zugleich eine Parodie des damals bekannten Judasliedes sind: „Ach du armer Judas."

III. Sachfragen

Qualität ist wieder gefragt, wie unser erstes Kapitel bereits festgestellt hat. Vor Jahren hörte man andere Töne: „Die Kirche... steht vor der Frage, ob sie sich antizyklisch verhalten und alles, was sie zu geben hat, drei Etagen höher ansetzen darf, in der Hoffnung, der Gläubige in spe werde schon nachklettern, oder ob sie nicht vielmehr das Niveau ein wenig senken sollte, um überhaupt einen Kontakt herbeizuführen."[11] Abgesehen davon, daß hier meines Erachtens

---

[10] zit. nach W. Stapel, Luthers Lieder und Gedichte, Stuttgart 1950, S. 69, S. 71 ff., S. 93.
[10a] Ebenda.
[11] G. Hegele, zit. nach „Die Zeit" 1963/Nr. 7.

eine falsche Alternative aufgestellt wird, kommt — was zu begrüßen ist — ein wichtiger Punkt der Auseinandersetzungen über das christliche Liedgut von heute zum Vorschein: die Qualitätsfrage. Sie wurde oft — und wird heute noch manchmal — als theologisch irrelevante Formfrage behandelt, während sie in Wirklichkeit das Substanzproblem des Lobopfers betrifft, so groß auch die Stufenleiter der Werte sein mag. Eine neutrale Stimme hat erst vor kurzem im Rückblick auf die Tutzinger Versuche festgestellt: „Die Plattentexte boten ebenso Angriffspunkte wie die Verknüpfung mit den Modetänzen ... das Argument, daß schlechte Musik auf jeden Fall zur Ehre Gottes untauglich sei, war nicht zu widerlegen."[12] Es scheint mir sehr bedenkenswert zu sein, was Johannes Pfeiffer[13] dazu zu sagen hat: „Genügt hier nicht eine kirchliche Gelegenheitsdichtung, die zum gottesdienstlichen oder seelsorgerischen Gebrauche da ist und sich in solchem Gebrauche erschöpft? ... Die dichterische Mitteilungsform (also), weit entfernt davon, nur eine Zutat zur geistlichen Vergewisserung zu sein, beglaubigt vielmehr die Echtheit und Ursprünglichkeit dieser Vergewisserung selber ebenso wie sie den Mangel an solcher Echtheit und Ursprünglichkeit verrät; insofern darf man sagen, daß Schwächen und Unstimmigkeiten der Gestaltung stets zusammenhängen mit Schwächen und Unstimmigkeiten in der religiösen Grundhaltung." Theologisch dürfte gegen eine bewußte Geringschätzung der Qualität vor allem ins Gewicht fallen, daß das Lobopfer des Liedes als Dank für Gottes Wohltaten in seinem Wesen verkannt oder mißachtet wird. Zum andern wird die Verantwortung des Haushalters über das ihm anvertraute Gut nicht gesehen, wenn ihm von vornherein Nachlässigkeit und Bequemlichkeit auf diesem Gebiet zugebilligt werden.

Es ist sicher nicht ganz leicht, literarische, kirchliche und musikalische Kriterien aufzustellen und praktisch zu handhaben, wenn das Angebot an Liedgut aus unserer Zeit auf sein spezifisches Gewicht gewogen werden soll. Aber man braucht diese heikle Aufgabe keineswegs in den unverbindlichen Bereich der Geschmacksfragen abzuschieben. Gerade das AS hat alle Beteiligten darin bestärkt, daß Fachleute sehr wohl zu Ergebnissen helfen können. Wer könnte seine Zustimmung verweigern, wenn ein Fachmann sagt, es sei notwendig, die Sprache als etwas Lebendiges zu entdecken; sie habe ihr eigenes Leben, jedes Wort habe seine Geschichte, die nicht belanglos sei. Sehr verdichtet ruft Horst Bienek[14] zu solcher Verantwortung:

> Worte
> meine Fallschirme
> mit euch springe ich ab
> ich fürchte nicht die Tiefe
> wer euch richtig öffnet
> schwebt[14a]

---

[12] K. R. Brachtel, Fonoforum 1970/4, S. 251.
[13] J. Pfeiffer, Dichtkunst und Kirchenlied, Hamburg 1961, S. 8 f.
[14] Zitat aus einem Vortrag von A. Juhre (AS 1970).
[14a] Entstanden 1968, zuerst abgedruckt in: Jahresring 1963/70, DVA Stuttgart.

Es spricht für die inzwischen gewachsene Einsicht, daß dort, wo der literarische Dilletantismus nicht Trumpf ist, auch gut gemeinte und in ihrer Tendenz zu bejahende Erzeugnisse sehr schnell der Ablehnung verfallen, wie es mit den folgenden Versen bei dem AS einhellig geschehen ist:

>   1. Der Mensch lebt nicht vom Brot allein;
>   doch erst zu leben, braucht er Brot.
>   Hast du vergessen Hungers Pein?
>   Hast du sie nie gekannt, die Not?
>   ...
>   6. Befreie dich vom Flitterkram
>   und hilf, wo Helfen ist Gebot;
>   denn deine Hilfe wundersam
>   hilft deinem Gott aus Gottesnot.

Wir können auf eine Kritik, die ins Einzelne geht, verzichten. Aber vor Jahren (und heute da und dort) hätte das Lied sehr wohl seine Liebhaber gefunden. Man kann eben nicht „drei Stockwerke tiefer" ansetzen, ohne „parterre" zu werden und damit die Qualifizierung für den Gebrauch in der Kirche zu verlieren.

An den obigen Versen kann andeutungsweise auch abgelesen werden, warum sich fast alle Fachleute darin einig sind, daß das Lied unserer Zeit nur in den seltensten Fällen noch den Endreim verträgt: Er ist fast völlig abgenützt. Der Möglichkeiten gibt es nicht so viele, daß der Reim seine Abnutzungserscheinungen verbergen könnte. Darum wird von den ernstzunehmenden Autoren in der Regel darauf verzichtet. Lediglich die Gattung der Parodie und des provozierenden Liedes behalten ihn aus einsichtigen Gründen bei. Damit ist der weitere Gebrauch des überkommenen Reimliedes in keiner Weise abgeschafft. Auch die Ausnahme, daß ein nach seiner Provenienz dazu bevollmächtigter Dichter unserer Zeit den Endreim unpathetisch in Dienst nimmt, wird damit nicht etwa unmöglich gemacht. Aber der Ausnahmecharakter muß von uns zur Kenntnis genommen werden, wenn wir die Landschaft der Lyrik, die für das Singen in der Kirche in Betracht kommt, richtig sehen wollen.

Dem Wortrhythmus wird freilich zur gleichen Zeit große Aufmerksamkeit geschenkt. Wie könnte es anders sein, wenn man die Sprache ernst nehmen will! Es wird niemand wundern, daß einige Textautoren die rhythmisch geprägte Form der Bibelübersetzung Luthers neu entdeckt und für ihre Versuche nutzbar gemacht haben (soweit die Revisionen den Fluß der Hebungen und Senkungen nicht zerstört haben).

Ein Beispiel dafür wurde dem AS (anonym) vorgelegt.

>   Ernte des Lebens
>
>   Gott aber kann machen,
>   daß seine Gnade
>   unter euch reichlich sei,
>   damit ihr in allen
>   Dingen alle -

> wege volle Genüge habt
> und noch reich seid
> zu jedem guten Werk.
>
> Gott, der euch den Samen
> einst für die Saat gab
> und der das Brot jetzt schenkt,
> der wird in euch selber
> Samen säen,
> nämlich Saat seiner Gerechtigkeit;
> ihr sollt reich sein
> an Gottes Lob und Dank.
>
> Dann aber gebt weiter
> mit vollen Händen,
> was ihr empfangen habt,
> denn Gott liebt den Geber,
> der voll Freude
> brüderlich seine Gabe bringt;
> wer so reich ist,
> hat nichts für sich allein.

Es mag sein, daß auf dieser Spur noch einiges entsteht, das dadurch schon die Nähe zur Bibel behält und damit die wichtige Brückenfunktion des Kirchenlieds zwischen Heiliger Schrift und Christenleben fortführt.

Leider können andere Typen unter den heutigen Ansätzen hier aus Platzgründen kaum vorgestellt werden. Wir müssen uns mit einigen Andeutungen begnügen. Eine gewisse literarische Typologie mit bemerkenswerten Hinweisen auf besondere Merkmale der heutigen „Gebrauchsdichtung" findet sich in der Untersuchung von Henning Schröer, Gebrauchsdichtung und kirchliche Texte.[15]

Es sollte festgehalten werden, daß sich von den literarischen Kriterien her von vornherein eine stärkere Sichtung als noch vor Jahren ergibt, die nur zu begrüßen ist, gerade weil die Bezeichnung „Gebrauchsdichtung" kein Alibi für mindere Qualität sein darf.

Zu den Sachfragen, von denen hier gehandelt wird, gehört auch das Problem der Verständlichkeit der Aussagen. Es wird ja dem EKG immer wieder vorgeworfen, daß es wegen des Alters seiner Lieder an nicht wenigen Stellen für den Menschen von heute schwer oder gar nicht mehr verständlich sei, und daß auch die erklärenden Fußnoten dem nur unzulänglich abhelfen könnten. Wenn auch längst nicht alles bei den christlichen Liedern von heute auf den ersten Blick verständlich ist, so kann doch das Bemühen um Verstehbarkeit weithin als eine Grundtendenz der Autoren erkannt werden. Nicht immer wird dann die Gefahr des Abgleitens ins Banale und Flache vermieden. Besonders schwer scheint die Übersetzung biblischer Grundbegriffe in eine eingängige Alltags-

---

[15] Loccumer Protokolle Nr. 5, 1969, Das neue Lied der Kirche, Seite 20 ff.

sprache zu sein (eine Erscheinung, die sich auch bei der „modernen" Predigt zeigt), so daß diese dann wenig oder nicht entfaltet ihren Platz auch in sog. modernen Liedern finden. Auf der anderen Seite ist unverkennbar, daß die Könner unter den Textautoren auf die Überraschung und Verfremdung kaum verzichten können und den Impuls zum Nachdenken auch durch mehrdeutige Chiffren geben. Wo käme echte Dichtung je ohne Verdichtung, ohne Hintergründigkeit und ohne eine Atmosphäre aus, die sich einem kühlen Intellektualismus höchstens wie ein Türspalt öffnet! Das muß nicht so weit gehen wie in manchen sehr individualistischen Ausprägungen moderner Lyrik. Aber auch geistliche Gebrauchsdichtung hat teil an ihrer Gesamterscheinungsform und darin eine spürbare Begrenzung der Verständlichkeit.

Von der Theologie her erweisen sich einige Fragen zur Sache als besonders schwierig, weil heute stärker als vor Jahren scheinbar unerschütterliche Grundbegriffe in Frage gestellt werden. Daß dem Thema „Mitmenschlichkeit" in mancherlei Ausprägungen viel Platz gegeben wird, liegt auf der Hand. Wieweit die Texte dann manchmal ins rein Humane abgleiten und ihren biblischen Wurzelboden verlieren, muß von Fall zu Fall sorgfältig beobachtet werden. Es scheint, daß an diesem Punkt der theologischen Kritik in den nächsten Jahren nicht ganz leichte Aufgaben gestellt werden. Daß heute schon viel Unklarheit auftritt, manchmal gewollt, öfter vielleicht ungewollt, verrät die Unsicherheit der Theologie von heute ebenso, wie dadurch die theologisch-kritische Aufgabe unterstrichen wird.

IV. Zur musikalischen Gestalt

Wenn es um christliches Liedgut geht, kann die musikalische Form nicht außer acht gelassen werden, ja in vielen Fällen ergibt erst die Einheit aus Wort und Ton den rechten Eindruck. Gleichwohl verträgt die musikalische Seite eine gesonderte Untersuchung, auch wenn sie sich hier in bescheidenen Grenzen halten muß und um der Übersichtlichkeit willen die einzelnen Bestandteile der Reihe nach vornimmt.

Der Rhythmus

Noch vor Jahren haben die Initiatoren der Jugendgottesdienste große Hoffnungen gehabt, daß das rhythmische Element neuer Lieder eine wesentliche Belebung bringen könnte. Heute ist man in dieser Hinsicht bescheidener geworden. Die Synkope hat sozusagen nicht gehalten, was sie zu versprechen schien. Es hat sich einfach gezeigt, daß eine größere Gemeinschaft von Singenden einer einigermaßen exakten Ausführung nicht gewachsen ist. Sehr schnell wird die Synkope „zurechtgesungen", das heißt in das geläufige Betonungsschema eingeordnet. Bei nicht wenigen Melodien, die der Synkope Raum gegeben haben, wird dann ihre „Nacktheit" offenbar, sie erweisen sich als kraftlos und schlecht gebaut. Die Synkope war oft eine unnötige Zutat, ein Feigenblatt, das dem Lied schlecht anstand. Wo aber die Synkope echt ist, braucht sie die geschulte Singgruppe, die Combo oder Band, um leben zu können. Ist eine Melodie nach melodischen Prinzipien gut gestaltet, dann verträgt sie eventuell den Verlust der Synkope oder ihre mangelhafte Ausführung und lebt dennoch weiter.

Eine rhythmische Belebung durch den off-beat ist dort möglich, wo Schlaginstrumente zur Begleitung herangezogen werden, in gewisser Weise und in manchen Fällen auch durch die Orgel. Aber beide Fälle werden wohl noch lange oder immer eine Ausnahme darstellen.

Für die Gemeindemelodie bleiben dennoch Modifizierungen des rhythmischen Ablaufs möglich, wenn man aus nüchternen Überlegungen auf die Jazz-Synkope verzichtet. Sogar bei einem zunächst scheinbar herkömmlichen, in Wirklichkeit aber bereits differenzierten Vierviertaltakt läßt sich der Rhythmus in erfreulicher Weise beleben, wie das folgende Beispiel [16] zeigt.

Text: Jens Rohwer aus "Zeitgenössische Kirchenlieder" (Merseburger, Berlin)

Andere Belebungsformen sind der (nicht neue) Wechsel von Zweier- und Dreiertakt oder der freie Rhythmus ohne Taktschema, wobei z. B. die Viertel als Grundschlag den Ablauf anzeigen.

Die Melodik

Die Forderung nach „typischen Merkmalen" der neuen Musik im zeitgenössischen christlichen Lied läßt sich leicht aufstellen, aber die Singbarkeit für eine größere Gemeinschaft setzt jedem dodekaphonischem Versuch sofort Schranken. Natürlich läßt sich auch eine serielle Melodie singen, wenn sie mit Kirchenmusikern eingeübt und von der Orgel kräftig gestützt wird, wie das vor Jahren demonstriert wurde. Aber das geht nicht über das Phänomen einer Rarität hinaus. Was bleibt dann noch offen, wenn in zunehmender Weise — parallel zu den literarischen Kriterien — erkannt wurde, daß auch die Melodik der Unterhaltungsmusik dem Qualitätstest nicht standhält? Auch die musikalische Gestalt — und dabei besonders die Melodie — muß Qualitätsmerkmale aufweisen, wenn sie zum Lobopfer für Gott verwendet werden soll. Die

---

[16] Aus: Zeitgenössische Kirchenlieder, Melodienausgabe, Berlin 1967.

billige und oft raffinierte Machart der Unterhaltungsmusik gibt ihr einen anderen Sitz im Leben als den des Umgangs mit Gott.

Daß die zeitgenössischen Melodien dann kaum eine andere Möglichkeit haben als eine behutsame Erweiterung des Dur-moll-Systems und der Kirchentonalität, braucht uns noch nicht in die Resignation zu treiben. Solange sich kein anderer gangbarer Weg zeigt, muß der Vorwurf ertragen werden, daß hier nur ein Neo-Barock gepflegt werde. Es soll noch am Rande angemerkt werden, daß auch die typische Jazzfärbung durch nicht eindeutige diatonische Stufen nicht weiterhilft.

Man muß den Kritikern der „neuen" Melodien allerdings zugeben, daß den meisten Komponisten in der Tat nicht viel eingefallen und daß der Vorwurf der „Dorisierung" (Jungheinrich) nicht ganz unberechtigt ist. Immerhin scheint das Reservoir des diatonischen Raums noch nicht hoffnungslos ausgeschöpft zu sein, wovon etwa die Liedweisen von Felicitas Kukuck und Jens Rohwer Zeugnis ablegen; auch einige andere Komponisten wären in diesem Zusammenhang zu nennen. Wenigstens ein Beispiel möge als Illustration des Gesagten dienen.

Text: Jochen Klepper   aus „Neue Weihnachtslieder" BA 1345

Beim Arrangement, das in der Unterhaltungsmusik geradezu entscheidend ist, stellt die Melodie meist ein unter- oder nebengeordnetes Element dar. In dem uns interessierenden Bereich des Liedguts für die Gemeinde oder Gemeindegruppen handelt es sich um eine Randerscheinung, die aus mehreren Gründen wenig Bedeutung für die Praxis hat. Nur eine wirklich gekonnte Reproduktion erfüllt ihren Zweck. Die Nähe zur Unterhaltungsmusik läßt von vornherein kritisch nach der Eignung fragen.

Besonderheiten

Wenn auch der Typus nicht neu ist, so tritt er bei den gegenwärtigen Ansätzen stärker als früher hervor: Das Refrainlied, bei dem der Chor oder ein Vorsänger den laufenden Text singt und die Gemeinde sich auf einen Kehrvers beschränkt. Eine Modifizierung hat von der exotischen Folklore her Eingang gefunden: Zeile für Zeile wird vorgesungen und von der Gemeinde wiederholt.

Wieweit hier fruchtbare Fortentwicklungen möglich sind, wird man heute noch nicht beurteilen können. Daß die Spirituals am besten in der Originalsprache gesungen werden und deshalb am Rande stehen, ist eine Erkenntnis, die sich immer mehr durchsetzt. Es gibt kaum eine Übersetzung, die als gut bezeichnet werden kann.

Es mag verwunderlich erscheinen, daß Fragen der Harmonik nicht besonders angesprochen worden sind. Bei näherem Zusehen zeigt sich, daß es nicht unbedingt nötig ist, weil sich das meiste von der Melodie her ergibt. Die Frage der Begleitung durch andere als die herkömmlichen Tasteninstrumente würde den Rahmen unserer Untersuchung sprengen.

V. *Bescheidene Ansätze*

Beides muß betont werden: Es sind tatsächlich Ansätze zu neuem christlichen Liedgut da. Aber sie sind in der Tat bescheiden. Gerade die besten unter ihnen wollen bewußt bescheiden sein. Sie hüten sich vor großen Worten und vor anspruchsvollen musikalischen Gesten. Ein Beispiel mag das illustrieren.

2. Bevor die Sonne sinkt, will ich das Sorgen lassen. Mein Gott, bei Dir bin ich zu keiner Stund vergessen.
3. Bevor die Sonne sinkt, will ich Dir herzlich danken. Die Zeit, die Du mir läßt, möcht ich Dir Lieder singen.
4. Bevor die Sonne sinkt, will ich Dich herzlich bitten: Nimm Du den Tag zurück in Deine guten Hände.
Worte: Christa Weiß/K. Rommel - Weise: Martin Striebel/K. Schmid
(Eigentum des Verlages G. Bosse, Regensburg)

Unter den Liedern von heute findet sich bisher nach meinem Eindruck nichts, was schlechthin den Eindruck erwecken könnte, es sei *das* Lied unserer Tage. Vielleicht ist es charakteristisch, daß das obige Lied zwei Text- und zwei Melodieautoren aufweist.

Ein Dilemma begegnet uns immer wieder: Wo gute Qualität in Text und Melodie vorhanden ist, hat es das Lied schwer, sich durchzusetzen. Auf der einen Seite erklingt der Ruf nach mehr Volkstümlichkeit mit der Erwartung einer spürbaren Qualitätsminderung, auf der anderen Seite kritisiert man die Nähe zum hymnologischen Erbe: Da sei kaum ein Unterschied zwischen der Sammlung „Zeitgenössische Kirchenlieder" und dem Liederheft „Gott schenkt

Freiheit". [17] „Die vielleicht etwas vereinfachenden Etiketten Gebundenheit, Schlichtheit, Glätte, Perspektivenlosigkeit gelten ... für beide" urteilt H. Jungheinrich in einem Vortrag. [18] Er dürfte es sich doch zu einfach machen. Es ist wohl ein gutes Zeichen, wenn neues Liedgut wieder stärker in die Nähe einer gesunden Tradition rückt.

Ein letztes Beispiel mag verdeutlichen, wie überkommene Elemente in Text und Weise eine neue Modifizierung finden können: [19]

Felicitas Kukuck *1914

Manch-mal ken-nen wir Gottes Willen,
manch-mal ken-nen wir nichts. Erleuchte uns, Herr, wenn die Fragen kommen.

2. Manchmal sehen wir Gottes Zukunft / manchmal sehen wir nichts. / Bewahre uns Herr, wenn die Zweifel kommen.
3. Manchmal spüren wir Gottes Liebe / manchmal spüren wir nichts. / Begleite uns, Herr, wenn die Ängste kommen.
4. Manchmal wirken wir Gottes Frieden / manchmal wirken wir nichts. / Erwecke uns, Herr, daß dein Friede kommt.

Kurt Marti/Arnim Juhre 1966

Es ist vieles in Bewegung gekommen. Die Kirche gleicht manchmal einer versprengten Truppe, die mühsam ihren Standort festzustellen sucht, dabei aber ständig gestört wird durch Angriffe von außen und die eigene Unentschlossenheit, was denn in dieser Situation zu tun sei. Das äußert sich auch in ihrem Singen.

Dennoch klingt immer wieder der alte Cantus firmus durch und entfaltet trotz allem seine sammelnde und stärkende Kraft, die auch in manchen bescheidenen Ansätzen zu neuem christlichen Liedgut wie ein leises Echo zu hören ist:

> Nun freut euch, lieben Christen g'mein,
> und laßt uns fröhlich springen,
> daß wir getrost und all in ein
> mit Lust und Liebe singen,
> was Gott an uns gewendet hat
> und seine süße Wundertat;
> gar teu'r hat er's erworben.

---

[17] Hrsg. von D. Trautwein, Frankfurt (Main) 1968. [18] Loccumer Protokolle Nr. 5, 1969, S. 65 ff. [19] Eigentum des Burckhardthaus-Verlags, Gelnhausen.

Heinrich Riehm

Die Idee
des kirchlichen Chorverbandes
und die Aufgaben in der Zukunft

In seiner Festansprache „75 Jahre Verband evangelischer Kirchenchöre Deutschlands" hat Christhard Mahrenholz in Erläuterung der nach dem politischen Umbruch von 1933 notwendig gewordenen organisatorischen Umgestaltung des Kirchenchorwesens unter anderem folgendes ausgeführt: „In den Landesverbänden wurde ... noch entscheidender als beim Gesamtverband ... der Charakter des freien Vereins abgestreift und die kirchliche Gebundenheit auch in äußeren Angelegenheiten herausgestellt, ohne daß dies von den Kirchenbehörden gefordert worden war. Wir haben keinen einzigen Tag für die von vielen als so wichtig angesehene vereinsmäßige ‚Unabhängigkeit' des Verbandes von der Kirchenleitung gekämpft, sondern uns freiwillig von dem Verständnis unseres Amtes aus eingeordnet und durch die in den Satzungen vorgesehene kirchliche Bestätigung unserer Obmänner dafür gesorgt, daß diese zugleich Vertrauensmänner der Kirchenleitungen sind. Der Verband hat damals einen Charakter angenommen, der dem des kirchlichen ‚Werkes' nahesteht. Das Nebeneinander von kirchlicher Gebundenheit und eigenverantwortlicher Selbständigkeit in der Planung und Durchführung der Aufgaben hat sich bewährt und ist auch nach dem Kriege von uns in Ost und West gleicherweise festgehalten worden."[1]

Diese wenigen Sätze bezeichnen bereits die ganze Problematik, die dem gestellten Thema zugrunde liegt und die es zu entfalten gilt. Hier sind die drei Namen genannt, die sich die Kirchenchorvereinigungen im Laufe ihrer nun bald hundertjährigen Geschichte gegeben haben: Verein — Verband — Werk. („Kirchengesangverein" bis 1933; „Kirchenchorverband" bis heute in Westdeutschland; „Kirchenchorwerk" nach 1945 in Ostdeutschland.) Hier ist das Selbstverständnis der Chöre und ihre Einstellung zur verfaßten Kirche angesprochen, wobei die genannten Namensbezeichnungen eben dies ausdrücken. Hier ist gleichsam das Feld abgesteckt, auf dem wir uns bei der Suche nach dem Sinn und der Aufgabe des kirchlichen Chorverbandes bewegen.

Wir werden uns freilich in unserer Untersuchung vor Vereinfachungen hüten müssen, die etwa darauf hinauslaufen, bestimmte Namensbezeichnungen mit bestimmten Inhalten vorschnell zu verbinden. Es wird gerade die Aufgabe dieses Beitrages sein zu zeigen, wie vielschichtig die Probleme liegen. Es ist sicher nur eine grobe Einteilung, die noch näher erläutert werden muß, wenn

---

[1] Veröffentlicht in: Musik und Kirche 29, 1959, S. 11.

man in bezug auf die Kirchenchorarbeit sagt: in der Form des Vereins will sie frei und unabhängig von der Kirche sein, in der Form des Verbandes schließt sie sich stärker der Kirche an und in der Form des Werkes ist sie integriert. Entscheidend sind letzten Endes nicht die Formen, sondern die Inhalte, also das, was innerhalb der oft vorgegebenen oder manchmal sogar aufgenötigten Organisationsformen gedacht und getan wird.

Auf der anderen Seite werden wir uns aber auch vor einer Vereinfachung dieses eben genannten Gedankens hüten müssen, also vor einer Unterschätzung der Form. Wie sehr eine Form, vor allem wenn sie von vornherein mit bestimmten Vorstellungen verbunden ist, den Inhalt beeinflussen, ja verändern kann, macht die Organisationsform des Vereins in ihrer Anwendung auf das Kirchenchorwesen besonders deutlich. Die kritischen Jahre um 1933 haben eindrücklich gezeigt, wie in der organisatorischen Umgestaltung auch inhaltlich viel mit im Spiel war. Daß die Formen nicht unwichtig sind, hat auch die Kirche im Blick auf ihre gesamte Gestalt in den letzten Jahren neu erkannt. Das Bemühen um neue Strukturen in Gemeinden und Landeskirchen kommt aus der Erkenntnis, daß Inhalt und Form nicht beziehungslos nebeneinander stehen, sondern zusammengehören. Die Form kann den Inhalt verdunkeln. Sie kann aber auch, wenn sie sachgerecht und ihm angemessen ist, den Inhalt besonders aufleuchten lassen. Durch die Form wird ja der Inhalt dargestellt.

Wir werden also bei der Frage nach der Idee des kirchlichen Chorverbandes unter der jeweiligen Organisationsform den Inhalt, um den es geht, aufspüren und dabei nach der Zuordnung von Gehalt und Gestalt fragen müssen. Auf eine ausführliche Darstellung der Historie wird in diesem Zusammenhang verzichtet. Wohl aber soll unter den eben genannten Voraussetzungen beispielhaft an einigen Ereignissen und Dokumenten gezeigt werden, wie sich die Absicht und die Zielsetzung der Kirchenchorarbeit geäußert hat und wie diese Idee heute angesichts der Zukunftsaufgaben zu beurteilen ist.

I

Setzen wir ein bei der Diskussion um den „Vereinscharakter", wie sie besonders heftig in der zweiten Hälfte der zwanziger Jahre und zu Beginn der dreißiger Jahre geführt wurde, um sozusagen am negativen Beispiel, aber auch und vor allem an der Abwehr und Kritik des Vereinsmäßigen zu erkennen, welches die treibenden Kräfte der Chorarbeit und ihrer Zusammenschlüsse waren.

Oskar Söhngen hat 1939 in seinem Vortrag „Der Kirchenchor eine Einrichtung der Kirchengemeinde" einen kleinen Katalog zusammengestellt, der, fast karikierend erscheinend aber leider doch der Wirklichkeit entsprechend, die Kluft sichtbar macht, die zwischen dem Chor als Verein und der Kirche beziehungsweise dem Pfarrer in den vorausgegangenen Jahren immer stärker aufgerissen worden war und die in diesem Vortrag leidenschaftlich bekämpft wird. Es gibt

„den Kirchenchor mit Vereinsstatuten, der seinen Dirigenten selber wählt, dessen Mitglieder- und Jahresversammlungen mit ihrem Kampf um die Vorstandsposten und allen sonstigen

Merkmalen des Vereinsehrgeizes einen kleinen Jahrmarkt der menschlichen Eitelkeiten darstellen;

den Pfarrer, der dem Leiter des Kirchenchores auf seine Bitte um gemeinschaftliche Planung der Gottesdienste antwortet: „Machen Sie mit Ihren Leuten da oben ruhig, was Sie wollen; ich mache auch, was ich will";

den Kirchenchor, der auch heute noch den Gottesdienst verläßt, wenn er seine Motette gesungen hat;

den Pfarrer, der seinen Kirchenmusiker mit der Mitteilung überrascht, um der Gemeinde einmal etwas Besonderes zu bieten und Mittel für die Einkleidung bedürftiger Konfirmanden zu bekommen, habe er die X.Y.'sche Chorvereinigung eingeladen, am Palmsonntag Haydn's ‚Jahreszeiten' in der Kirche aufzuführen;

den Kirchenchor, der es unter seiner Würde hält, einen Choral im Gottesdienst, geschweige denn einstimmig zu singen;

die Werbekarte, die in Berlin vielfach an evangelische Brautpaare versandt wird, wenn sie ihr standesamtliches Aufgebot bestellen: ‚Eine bleibende Erinnerung an Ihre kirchliche Trauung ist ein weihevoller Gesang, ausgeführt von Mitgliedern des X.'ten und des Y.'schen Chores. Chor-Konzertvereinigung Z, Lieder nach Ihrer Wahl; Honorar 6,— DM pro Herr';

die Männerquartette, die von geschäftstüchtigen Beerdigungsinstituten und Sargtischlern den Leidtragenden für die Trauerfeier empfohlen werden, die nachmittags auf dem Friedhof und abends, um leben zu können, im Weinlokal singen und in der Fachgruppe ‚Artistik' geführt werden. Wie das Repertoire dieser Männerquartette aussieht, brauche ich nicht erst zu sagen: ‚Wo findet die Seele die Heimat, die Ruh' und ‚Wie sie so sanft ruhn' stellen noch Glanzstücke darin dar." [2]

Dieses Zitat zeigt sozusagen die Endstufe des Vereins, der in seinem Selbstverständnis und in seiner Wirksamkeit nicht nur bewußt ein Eigenleben beansprucht, sondern durch sein spürbares Geltungsstreben sich auch von der Sache der Kirche entfernt und insofern zu einer Gefahr wird.

In unzähligen Aufsätzen und Referaten wurde damals das Vereinsdenken und die Vereinsmeierei im Kirchenchorwesen bekämpft. So schrieb der badische Landesobmann Karl Hesselbacher 1925 in der Zeitschrift „Die evangelische Kirchenmusik in Baden": „Viele unserer Leute stehen dem Kirchenchor so gegenüber: er ist ein ‚Verein', wie irgendein anderer Gesangverein. Nur daß er sich in der Kirche hören läßt, statt im Wirtssaal, und daß er bei Bezirkskirchengesangfesten mitsingt, statt bei großen Sängerwettstreiten mitzumachen. Aber das soll und darf der Kirchenchor gerade nicht sein. Nicht ein Verein neben anderen Vereinen, sondern — ein Stück Kirche!" [3]

Ähnlich klagt Wilhelm Stählin 1927 in seinem berühmt gewordenen Vortrag über „die Bedeutung der Singbewegung für den evangelischen Kirchengesang": „Der Kirchenchor — ach, und nicht nur der Kirchenchor, sondern weithin die Kirche selbst — ist der soziologischen Form des ‚Vereins' anheim gefallen, in dem Menschen nur zu einem bestimmten Zweck gelegentlich zusammenkommen, sonst aber einander nichts angehen. So vereinigt auch die Kirchenchorprobe zu bestimmter Stunde eine Anzahl von Menschen, die sich kaum kennen und auch im Grunde gar nichts voneinander wissen wollen. Aber kann man denn, als ein solcher Haufe von Individuen, das ‚Wir' und ‚Uns' und ‚Unser' der alten evangelischen Choräle überhaupt singen?" Und wenig später: „Leider läßt oft schon der Ort, wo der Kirchenchor sich aufstellt, das Bewußt-

---

[2] Oskar Söhngen, Der Kirchenchor eine Einrichtung der Kirchengemeinde, Kassel 1939, S. 15.
[3] Die ev. Kirchenmusik in Baden 1, 1925, S. 41.

sein gar nicht aufkommen, daß der Chor nur der singende und singend hervortretende Teil der Gemeinde ist, sondern begünstigt diese unverbindliche Gastrolle der ‚musikalischen' Kräfte. Und kennen wir nicht alle die Not, daß von manchen Kirchenchören einfach nicht zu erreichen ist, daß alle Sänger und Sängerinnen dem ganzen Gottesdienst beiwohnen, daß die Damen während Kirchengebet und Vaterunser einstweilen ihre Toilette in Ordnung bringen, weil sie das alles ja gar nichts angeht; sie sind ja schon ‚dran' gewesen." [4]

Wohl beeinflußt von diesem Vortrag Stählins schrieb Hermann Poppen ein halbes Jahr später in der badischen Kirchenmusikzeitschrift eine grundsätzliche Besinnung unter der Frage: „Kommen wir weiter?" Er kommt dort am Schluß auf die innere Einstellung der Chöre zu sprechen und führt aus:

„Auch sie ist uns im gegenwärtigen Augenblick eine Schwierigkeit. Denn wir kommen aus einer Zeit her, in der nach dem Zusammenbruch aller kirchenmusikalischen Einrichtungen der Vergangenheit unter der Zersetzung des Aufklärungszeitalters sich nach dem Vorbild der Männerchöre unsere Chöre als Vereine gebildet haben, die die Pflege des kirchlichen Chorgesanges, überhaupt des ausgesprochen kirchenmusikalischen Lebens ihrerseits in die Hand genommen haben. Das war zu ihrer Zeit überaus verdienstlich, und es ist gar nicht auszudenken, wo wir hingekommen wären, wenn nicht in dieser Weise die sangestüchtigen Gemeindeglieder selber in die Bresche gesprungen wären ... Aber doch hat sich in gewissem Sinn auch hier ein Wandel vollzogen. Wir stehen heute wieder anders zu Gottesdienst und gottesdienstlichem Leben, als es noch unsere Väter getan haben. Gottesdienst soll uns wieder viel stärker Feier für uns selber sein, nicht Veranstaltung, die an uns vollzogen wird. Wir selber, die wir uns zusammenfinden, wollen feiern, und unsere Musik soll dem Ausdruck geben, den höchsten und tiefsten Ausdruck, den wir zur Feier beizutragen vermögen. Es muß deswegen die Einstellung verschwinden, die sich nicht selten als Folge der vereinsmäßigen Organisation herausgebildet hat: daß es etwas überaus Verdienstliches ist, was wir da tun, womöglich gar ein Opfer, das wir bringen. Aller Charakter des Verdienstlichen muß aus unserer Arbeit verschwinden; Bedürfnis, eigenes inneres Bedürfnis muß sie uns sein, diejenige Form, in der wir als musikalisch Befähigte und musikalisch Geschulte die Feier des Gottesdienstes zu feiern vermögen — ja feiern müssen. Etwas von der Selbstverständlichkeit jenes Wortes ‚muß ich nicht sein in dem, was meines Vaters ist' muß der Urgrund auch unseres Handelns und Singens sein. Das ist die Hauptforderung, die unsere Zeit wieder an uns stellt. Kommen wir auch in ihrer Erfüllung weiter? Sind wir weitergekommen?" [5]

Ein neues Verständnis von Kirche und Gottesdienst setzt sich in diesen Jahren langsam durch und stellt die Kirchenchorarbeit vor Entscheidungsfragen. „Es ist schon an anderen Stellen und in anderem Zusammenhang wiederholt ausgesprochen worden und es muß auch hier wieder gesagt sein: wir müssen das rein Vereinsmäßige stärker abstreifen. Wir müssen mehr zu einer priesterlichen Gesinnung unserem Werk gegenüber kommen und mehr zu einem priesterlichen Verhalten auch in den Äußerlichkeiten unseres Auftretens." [6]

Sogar Kirchenleitungen setzen sich mit diesem Problem auseinander und rufen Kirchenvorstände auf, „ihren Kirchenchor als einen Teil des kirchenmusikalischen gottesdienstlichen Gemeindelebens zu betrachten und als ihre eigene Angelegenheit zu behandeln." „Solange hierin nicht Wandel geschaffen werden kann, wird jeder Appell an die Chöre, von der vereinsmäßigen Form,

---

[4] Der 30. dt. ev. Kirchengesangsvereinstag in Nürnberg Okt. 1927, Kassel 1928, S. 45 und 46.
[5] Die ev. Kirchenmusik in Baden 4, 1928, S. 19.
[6] Hermann Poppen in: Die ev. Kirchenmusik in Baden 5, 1929, S. 2.

die ursprünglich geschichtliche Notwendigkeit war, allmählich abzurücken, nur beschränkten Erfolg haben können." „Man helfe den Chören, von der vereinsmäßigen Form abzukommen und sich als Organe der Kirchengemeinde zu fühlen."[7]

An dieser Auseinandersetzung um den „Vereinscharakter" der Kirchenchöre hatte die Singbewegung wesentlichen Anteil. Wir erwähnten schon den Vortrag von Wilhelm Stählin 1927 in Nürnberg, der damals ein weites Echo fand. Fast ebenso bekannt wurden später die Thesen von Richard Gölz, die er 1932 in Wittenberg aufgestellt und erläutert hat. „Ein Stück Problematik bezeichnet der Name unseres Vereins: KGV. Wie verhalten sich der Vereinscharakter und der kirchliche Charakter unserer Arbeit zueinander? Ein besonderer Fall, wo wir zu kirchlichem Verhalten aufgefordert sind, ist die Erscheinung der sogenannten Singbewegung und unsere Stellung zu ihr."[8]

In frontalem Angriff war die Singbewegung gegen das Vereinsdenken im Kirchenchorwesen vorgegangen und unsere heutige Generation kann sich nur noch mit Mühe ein Bild von der Schärfe und Leidenschaft dieser Auseinandersetzung machen.

Um so erstaunlicher ist in diesem Zusammenhang die Offenheit und Weitsichtigkeit, die Hermann Poppen bereits 1929 in einem Neujahrsgruß in der evangelischen Kirchenmusikzeitschrift in Baden bewiesen hat. Dort heißt es:

„Ein ganz großer Wunsch ist uns weiterhin für das neue Jahr, daß sich unser Kirchenchor-Leben und die singende Jugendbewegung besser zusammenfinden mögen, als das weithin der Fall ist. Das ist ein ganz besonders schwieriges Gebiet, das als solches sich geltend macht überall, wo von der Lage der Kirchenchöre gesprochen werden muß, auf Sitzungen der Gesamtdeutschen Verbände genauso wie in unseren begrenzt badischen Verhältnissen und in einzelnen örtlichen Zusammenkünften. Da liegen für uns alle ganz große und schwere Aufgaben, und sie können nur mit viel Liebe zur Sache und gutem Willen von beiden Seiten gelöst werden. Wir wollen in den ersten Wochen des neuen Jahres eine Besprechung von Führern von beiden Seiten haben und hoffen, daß es da gelingt, etwas festen Boden für ein Zusammenkommen unter die Füße zu bekommen. Aber das kann ja natürlich mit einer einmaligen Aussprache nicht gemacht sein, sondern da muß ein dauerhaftes ehrliches Wollen und Streben das ganze Jahr hindurch am Werk sein. Und es wird, wenn so zwei zusammenkommen wollen, die eigentlich zusammengehören und doch vorerst noch so verschiedener Meinung sind, auf beiden Seiten nötig sein, an die Brust zu schlagen und zu fragen: Ist wirklich auch bei mir alles in bester Ordnung? und liegt wirklich alle Schuld nur auf der anderen Seite? daß wir auch hierin einen guten Schritt weiterkommen, sei ein besonders dringlicher Wunsch über das neue Jahr!"[9]

Dieser Wunsch hat sich — wenn auch erst später und mit einigen schmerzlichen Erfahrungen verbunden — erfüllt. Der Gegensatz Kirchenchor—Singbewegung und die Problematik Verein—Kirche ist heute weithin entschärft. Daß heißt zwar nicht, daß die Frage des Vereins erledigt sei. Aber sie stellt sich heute anders.[10] Damals ging es um die Abwehr einer Erstarrung, in die das Kirchenchorwesen gefallen war. Die Form hatte den Inhalt zu sehr be-

---

[7] Ebenda S. 42.
[8] 50 Jahre ev. Kirchengesangsverein für Deutschland 1883-1930, Essen 1933, S. 161.
[9] S. oben Hermann Poppen aaO.
[10] Vgl. dazu Martin Hörrmann, Nürtingen: Am Anfang war der Verein, in: Fantasie für die Welt, Stuttgart 1967, S. 43 ff.

herrscht und ließ das eigentliche Anliegen nicht mehr durchkommen. Die Organisationsform als Verein wurde mit Recht bekämpft und mußte auch im Zuge der Umbildung nach 1933 abgelegt werden. Sie konnte keine Gestalt mehr sein, in der sich der neuerworbene und wiederentdeckte Gehalt sachgemäß zu äußern und zu entfalten vermochte.

II

Es wäre aber nun verkehrt, den Vereinsgedanken von vornherein in Bausch und Bogen zu verurteilen und ihm in der Geschichte des Kirchenchorwesens jede Berechtigung abzusprechen. Sicher hat er seine negative Seite; sie ist vor allem in der Zeit nach dem ersten Weltkrieg verhängnisvoll sichtbar geworden. Aber er hat auch seine positive Seite, und die hat sich in den Anfängen der Kirchenchorvereinigungen gezeigt. Es geht keineswegs nur um die Feststellung, daß der Verein im 19. Jahrhundert eben die Form war, in der sich alle Zusammenschlüsse und Gruppierungen — nicht nur innerhalb der Kirche — vollzogen und organisiert haben (Missionsverein, Bibelverein, Gustav-Adolf-Verein, Frauenverein, Jungfrauenverein, Jünglingsverein, Enthaltsamkeitsverein u. a. m.). Sondern es geht vor allem um die Feststellung, daß der Vereinsgedanke im Kirchenchorwesen Ideen und Kräfte freigesetzt hat, die heute keineswegs überholt und veraltet sind. Hier ist nun wirklich der Inhalt zu beachten, auf den es ankommt. Man ist immer wieder erstaunt, wenn man sich mit dem Studium dieser ersten Jahre beschäftigt, wie zentral und positiv dort kirchliche Aufgaben gesehen und verwirklicht worden sind.

Nur einige Merkmale seien hier genannt:

1. Die Kirchengesangvereine haben sich von Anfang an der Sache der Kirche verpflichtet gewußt. Sie wollten ihren Dienst keinesfalls gegen die Kirche, sondern für sie und in ihr tun. Bereits auf dem 1. deutschen evangelischen Kirchengesangvereinstag in Stuttgart 1882 betonte Heinrich Adolf Köstlin:

„Die Kirchengesangvereine, deren Aufgabe darin besteht, der Kirche, und zwar in ihrer bestimmten geschichtlich gewordenen Form als Landeskirche zu dienen, müssen vor allem danach streben, daß ihre Sache eine Sache der Kirche werde, daß der Kirchenchor, sozusagen das verkörperte musikalische Wissen der Gemeinde, ein integrierendes Glied an dem Organismus der Kirche, der kunstmäßige Chorgesang ein wesentliches Element des gottesdienstlichen Lebens werde. Deshalb haben die Kirchengesangvereine mit dem Kirchenregiment auf allen seinen Stufen wie mit den ordnungsmäßigen Faktoren des kirchlichen Lebens engste Fühlung zu suchen und zu halten, dürfen aber auch erwarten, daß von seiten des Kirchenregiments den Wünschen der Laienschaft nach reicherer und würdigerer Ausgestaltung des Gottesdienstes Rechnung getragen und dem Chorgesang in Gotteshaus und Gottesdienst volles Heimatrecht gewährt, eine würdige Stelle angewiesen werde."[11]

Und Theophil Becker führte zum gleichen Thema aus: „Die Kirchengesangvereine wollen der Kirchengemeinde dienen, ihr Arbeitsfeld ist der Gottesdienst." Zur Frage der Vereinsform, vor allem auch der der Landesverbände, sehr bemerkenswert: „Die Kirchengesangvereine sind als freie Vereine entstanden und nur als freie Vereine können sie ihre Mission innerhalb der evan-

---

[11] 50 Jahre ev. Kirchengesangsverein S. 26.

gelischen Kirche erfüllen, nur aufgrund freier Beweglichkeit kann sich das in den Vereinen pulsierende Leben ausgestalten." Auf die Frage „Wozu bilden wir die Vereine?" gab er eine dreifache Antwort: 1. „Zur Reform des Choralgesangs, denn dieser ist verdorben durch seine Langsamkeit und Schläfrigkeit", 2. „Zur Verwertung des reichen liturgischen Schatzes, um den evangelischen Gottesdienst etwas reicher und belebter zu gestalten und der Gemeinde einen größeren Anteil an der gottesdienstlichen Handlung zuzusprechen", und 3. damit die Chöre „dem für die kunstvolle Ausgestaltung des Gottesdienstes so wichtigen Orgelspiel ein reges Interesse widmen" (ein Punkt, der gewiß überrascht).[12]

Auch in den folgenden Jahren wurde die dienende Funktion der Kirchengesangvereine innerhalb der Kirche immer wieder stark herausgestellt und damit jene Frage eindeutig beantwortet, die wir heute in der Rückschau oft so gern in Zweifel ziehen. Freilich, sie wurde beantwortet in der Form des Vereins, die wir ebensowenig wie die damalige Sprache für uns heute akzeptieren können. Die folgenden Sätze, die Wilhelm Nelle 1898 in Leipzig in seinem Referat „Der kirchliche Charakter der Kirchengesangvereine und ihrer Tätigkeit" gesprochen hat, sind dafür ein anschauliches Beispiel:

„Die Liebe zur Kirche führte die Herzen zusammen, daß sie dem neuen Leben Raum schafften und Stätten bereiteten. Die Liebe zur Kirche ließ unsere Kirchengesangvereine sich zusammenschließen, um dem Heiligtume des Gottesdienstes das wiederzugeben, was ihm einst angehört hatte, aber verlorengegangen war. Es gilt, der Königin das Geschmeide wieder anzulegen, welches sie einst trug, die Kleinoden weihevoller Tonkunst an heiliger Stätte. Dazu haben sich in unseren Kirchengesangvereinen hin und her in Deutschland freie, freiwillige Kräfte zusammengetan. Aber so freiwillig dieser Dienst ist, so willig ist er, ein kirchlicher Dienst zu sein. Denn, noch einmal sei's gesagt, die Kirchengesangvereine wollen der Kirche geben, was der Kirche ist, wollen dem Leben der Kirche wieder eingliedern, was dem Leben der Kirche entstammt: die heilige, die gottesdienstliche Musik. Das wundervolle Wort Kirchengesangverein, das, so oft mein äußeres oder inneres Ohr es vernimmt, wie Musik mir durch die Seele zieht, ist ein Dreiklang. In ihm bildet die Kirche den Grundton. Darin liegt das mir gestellte Thema beschlossen. ‚Der kirchliche Charakter unserer Vereine und ihrer Tätigkeit' ergibt sich aus dem Worte Kirchengesangverein. Diesen kirchlichen Charakter unseres Wesens und Wirkens nach einigen Seiten hin zu erschließen, ist die Aufgabe, die mir obliegt."[13]

2. In den eben zitierten Sätzen von Wilhelm Nelle ist bereits ein weiteres Merkmal angesprochen, das für die Entstehung und Entfaltung der Kirchengesangvereine eine Bedeutung hat, die man nicht hoch genug einschätzen kann, und die uns heute nach wie vor unmittelbar angeht: Die Laienbewegung und die Freiwilligkeit in der Kirche. Es ist bekannt, daß die verschiedenen restaurativen Bemühungen des 19. Jahrhunderts, der Kirchenmusik und vor allem dem Kirchengesang im Gottesdienst wieder den ihm gebührenden Platz einzuräumen, nicht in die Breite gegangen sind. Besoldete Domchöre aus Knaben und Männern, aber auch Militär- und Schulchöre, die auf Betreiben von Friedrich Wilhelm III. im Zusammenhang mit der Einführung der neuen Preußischen Agende entstanden sind, sowie etwa die Berliner Singakademie oder auch die

---

[12] Zit. nach Walter Blankenburg, 75 Jahre Landesverband ev. Kirchenchöre in Kurhessen-Waldeck, Schlüchtern 1966, S. 9.
[13] Der 14. dt. ev. Kirchengesangsvereinstag zu Leipzig Okt. 1898, Darmstadt 1898, S. 37.

Männergesangvereine haben nicht die erhoffte Auswirkung auf die Kirchenmusik und die Erneuerung des gottesdienstlichen Singens gehabt. Dagegen waren es die damals entstehenden Kirchengesangvereine, die als breite Bewegung die künftige Entwicklung bestimmt haben. Und diese Vereine waren freiwillige Chöre, nicht aufgrund einer kirchenregimentlichen Verfügung entstanden, sondern aus Liebe zur Musik und der Freude am mehrstimmigen Singen. Diese Volksbewegung war von der Schweiz mit ihrem für die reformierten Gemeinden charakteristischen mehrstimmigen Gemeindegesang ausgegangen. Es ist also kein Zufall, daß der deutsche evangelische Kirchengesangverein seine Anfänge in Süddeutschland hat und sich darin ein typischer Beitrag der reformierten Kirche niederschlägt, dem die lutherischen Kirchen auch längere Zeit skeptisch gegenüberstanden. Was K. Schuster in seinem Artikel in RGG VI über das Vereinswesen schreibt, trifft auch auf die Geschichte der Kirchenchöre in Deutschland zu: „Die Einsicht, daß selbständige Mitarbeiter in vielen neuen Funktionen des Vereinswesens in haupt- und ehrenamtlichem Dienst zuallererst einen Gewinn darstellten und darum die besondere Förderung durch Staat und Kirche verdienten, überforderte noch für lange Zeit die meisten Träger der Behördenapparate." [14]

Hier war ein bisher nicht ausgenütztes Betätigungsfeld für selbständig denkende und handelnde Laienchristen, und es darf nicht übersehen werden, daß die Mündigkeit und die aus eigener Initiative erwachte Aktivität des Christen, die wir heute so betonen, eine außerordentlich kräftige Entfaltung im Vereinswesen des ausgehenden 19. Jahrhunderts erfahren hatte.

Ein Blick in die Statistik bestätigt dies. Als Beispiel seien nur einige Zahlen aus Baden genannt: Im Gründungsjahr 1880 bestand der Landesverein aus 21 Chören. Bereits ein Jahr später zählte er 45 Chöre mit nahezu 1500 Sängern.[15] In der Denkschrift über den 14. deutschen evangelischen Kirchgesangvereinstag 1898 in Leipzig erscheinen für Baden 144 Ortsvereine bzw. Kirchenchöre mit 5677 aktiven und 167 inaktiven Mitgliedern.[16] Beim 25jährigen Jubiläum im Jahre 1905 waren es 169 Vereine mit etwa 6500 Sängern. Das ist schon etwas mehr als die Hälfte der heutigen Stärke.

3. Schaut man sich die Liste der in den ersten 50 Jahren auf den Kirchengesangvereinstagen gehaltenen Vorträge und Referate an,[17] so erkennt man, daß die Aufgabe des Kirchengesangvereins in Deutschland keineswegs nur auf die Pflege des Kirchengesanges beschränkt war. Man beschäftigte sich mit Fragen der Ausbildung der Kirchenmusiker, mit ihren materiellen und gesellschaftlichen Verhältnissen, mit der Frage der kirchenmusikalischen Fortbildung der Pfarrer, mit dem Singen in der Schule, mit der Aufgabe der Orgel, mit der Frage der zeitgenössischen Musik in der evangelischen Kirche, mit Problemen der Kunst und des Kirchenbaus und selbstverständlich mit dem Gesangbuch und der Gottesdienstordnung. Diese und noch andere Themen wurden auf den Kirchengesangvereinstagen, über die gedruckte Denkschriften heraus-

---

[14] RGG³ VI 1320. [15] Die ev. Kirchenmusik in Baden 6, 1930, S. 41.
[16] Der 14. dt. ev. Kirchengesangsvereinstag S. 33.
[17] 50 Jahre ev. Kirchengesangsverein S. 163 f.

kamen, und im Korrespondenzblatt des Kirchengesangvereins behandelt. So nahm sich der Kirchengesangverein des gesamten Gebietes der Kirchenmusik im weitesten Sinn des Wortes an. Er war ja damals die einzige über das deutsche Land sich erstreckende Vereinigung mit kirchenmusikalischen Aufgaben.

Von Anfang an waren die beiden vordringlichsten Anliegen die Aufgabe des Chores im Gottesdienst und die Frage eines einheitlichen Gesangbuches. Es ist bewegend zu sehen, wie beide Themen durch die Höhen und Tiefen der Kirchenchorgeschichte aktuell geblieben sind. Zum ersten Thema nur einige Sätze aus dem bereits erwähnten Vortrag von Wilhelm Nelle im Jahre 1898:

„Kirchenchorgesang ist gottesdienstliches Tun, ist liturgisches Handeln, welches der Chor mit und neben dem Geistlichen, mit und namens der Gemeinde vollzieht." „Auch die fünf Stücke" (Kyrie, Gloria, Credo, Sanctus und Agnus Dei) „können im Gottesdienst durch Chorgesang ausgezeichnet werden. Zwar man wird sie nicht gern der Gemeinde nehmen, um sie dem Chore allein zuzuweisen. Aber man kann sehr wohl das Kyrie der Gemeinde durch ein solches des Chores einleiten, das Gloria der Gemeinde vom Chor aufnehmen und abschließen lassen." „Wo es gilt, den kirchlichen Charakter des Chorgesangs vor der Gemeinde erst noch zu legitimieren, da eignet sich in ganz hervorragender Weise noch eine andere Art des Eingreifens des Chores. Das ist der Wechselgesang im Gemeindelied zwischen Gemeinde und Chor. Darauf scheint mir weit mehr Wert gelegt und Mühe verwandt werden zu müssen, als seither, in den mir bekannt gewordenen Gebieten wenigstens, geschehen ist." [18]

Müßte dieser letzte Satz heute nicht genauso noch gesprochen werden? Zum zweiten Thema gibt die gegenwärtige Situation genügend Anschauungsmaterial. Wir haben das deutsche Einheitsgesangbuch. Und daß der V. e. K. Vertragspartner mit den Landeskirchen ist, gibt Zeugnis genug davon, daß die Verantwortung für das Kirchenlied in besonderer Weise der Kirchenchorarbeit aufgetragen ist. Aber das neu geschaffene Evangelische Kirchengesangbuch kann nicht Endpunkt, sondern wird wieder Ausgangspunkt für die künftigen Fragen des Kirchenliedes sein. Der V. e. K. hat sich auch mit der Frage des neuen geistlichen Liedgutes intensiv beschäftigt und wird es weiter tun müssen.

Diese wenigen Hinweise in den drei genannten Merkmalen haben genügend gezeigt, zu welch positiven Ergebnissen eine Untersuchung der Idee des Kirchengesangvereins von den Anfangsjahren her führt. Die Kirchengesangvereine haben sich von der Sache her immer an die Kirche gebunden gefühlt. Sie haben auf ihre Weise versucht, den reformatorischen Gedanken von der Mündigkeit des Christen in die Tat umzusetzen und haben eine große Laienbewegung hervorgebracht. Sie haben schließlich von der Kirche vernachlässigte Aufgaben aus freien Stücken angepackt und wieder zu Ehren gebracht. Die Kirchengesangvereine stehen damit in einer Reihe mit vielen anderen kirchlichen Vereinen, die gegründet wurden, um offensichtliche Versäumnisse und Mängel im kirchlichen Leben aus eigener Initiative zu überwinden. Wir könnten in mancher Hinsicht heute froh sein, wenn sich, wie im Vereinsgedanken des ausgehenden 19. Jahrhunderts, Eifer und Einsatz für die Sache der Kirche in dieser Breite in unseren Gemeinden regen würden.

---

[18] Der 14. dt. ev. Kirchengesangsvereinstag S. 38 und 49.

III

Unter Berücksichtigung des bisher Bedachten stellt sich die Verurteilung des Vereinscharakters der Kirchenchöre als eine zeitbedingte — deshalb nicht weniger notwendige — und eben diese negative Seite der Vereinsidee berechtigt angreifende Kritik dar. Das Kirchenchorwesen ist in seiner Organisationsform der Wandlung unterworfen, die nicht ohne Neubesinnung und Kampf vonstatten geht. Der Ruf zum Umdenken und die Auseinandersetzung in den dreißiger Jahren und davor brachte aber nun nicht einfach die Wiederherstellung der alten Idee. Dazu war die jetzt abgelehnte Form zu sehr mit dem Inhalt verflochten. Es zeigte sich ein neuer Zug. Die Konzentration nach ihrer inneren und äußeren Seite bekam mehr Gewicht und bestimmte stärker die Idee des Chorverbandes. Der Gedanke daran taucht bereits in der Einleitung zur Beschreibung der Jahre 1908 bis 1924 durch Friedrich Flöring auf, wo dieser nach einem kurzen Überblick über die Aufgabe und die Triebkräfte des Kirchengesangvereins schreibt:

„Man konnte sich nur zuweilen die Frage vorlegen, ob die Formen des evangelischen Kirchengesangvereins in Deutschland — ganz abgesehen von der menschlichen Unzulänglichkeit seiner Leiter — genügend waren, um alledem zu entsprechen. Seine föderative Art, die absolute Freiwilligkeit, auf die er bei seinen Gliedern, den Landes- und Provinzialverbänden angewiesen war, machte eine energische einheitliche Leitung vielfach zu einer Unmöglichkeit." [19]

Die Singbewegung und der Kirchenkampf waren dann bekanntlich die so völlig ungleichen Partner, die aber doch zusammen der Kirchenchorarbeit zur Konzentration verholfen haben. Wir haben die Kritik der Singbewegung an den Kirchenchören bereits erwähnt. Sie muß nun ergänzt werden durch den Hinweis auf besagte Konzentration, die sie forderte. Die erste These des oben schon herangezogenen Referates von Richard Gölz 1932 in Wittenberg lautete:

„Die Erschütterungen der Gegenwart (in Volk, Kirche, Kunst) lassen kräftigere Führung durch die Organe des deutschen Kirchengesangvereins geboten erscheinen, als sie in den letzten Jahrzehnten des vorigen Jahrhunderts nötig und möglich war." [20]

Dieser äußeren Seite der geforderten Konzentration entsprach eine innere. Sie drückt sich am besten aus in der Einladung zur ersten Singwoche, die im Bereich der badischen Landeskirche Ende 1928 vom Finkensteiner Bund in Heidelberg durchgeführt wurde und zu der erstmals der badische Kirchengesangverein eingeladen hatte:

„Auf die Singwoche sollen vor allem Menschen kommen, die in Haus, Schule, Gemeinde, Bünden und Vereinen sich irgendwie verantwortlich fühlen für eine Neugestaltung des Lebens. Wir fordern von ihnen den Willen zum Dienst, das ist das ‚hochzeitlich' Kleid, das jeder mitbringen muß. Alle Menschen mit solchem ehrlichen Willen sollen uns willkommen sein. Ort: Heidelberg-Handschuhsheim. Jugendherberge. Zeit: Sieben volle Arbeitstage. Anreisetag: Mittwoch, 26. Dezember: Jeder Teilnehmer verpflichtet sich im Laufe des 26. Dezembers einzutreffen und bis zum Mittwoch, 2. Januar zu bleiben. Unterkunft: In der neu eingerichteten Jugendherberge. Auf Wunsch werden Einzelzimmer gegen eine Sondergebühr vermittelt. Tageslauf: 7 Uhr Wecken anschließend Morgenturnen, Waschen und Ankleiden, Morgenfeier, Frühstück, Atem-, Stimm- und Gehörbildung, Lehre, Singen, Vortrag und Aus-

---

[19] 50 Jahre ev. Kirchengesangsverein S. 113.　　[20] Ebenda S. 161.

sprache, 12 Uhr Mittagessen. Nach einer reichlichen Mittagspause Arbeit, ähnlich wie am Vormittag, 19 Uhr Abendbrot, 20 Uhr Feierabend mit Vortrag oder Instrumentalmusik, 21.30 Uhr Abendlied. Haussitte: Jeder Teilnehmer, auch wenn er nicht aus der Jugendbewegung stammt, erklärt sich bereit, 1. während der ganzen Woche, auch außerhalb der gemeinsam zu verbringenden Zeiten, auf alkoholische Getränke und Tabak zu verzichten, 2. an allen Arbeits- und Ferienstunden ohne Ausnahme und Vorbehalt teilzunehmen, von denen er nicht vorher durch die Wochenleitung auf begründeten Antrag beurlaubt ist. Gebühren: Mk. 25.- für die ganze Woche (Lehrbeitrag, Verpflegung, Unterkunft). Wer nicht soviel leisten kann, nenne die Grenzen seiner Kraft. Umgekehrt, wer es schaffen kann, sende Mk. 30,- oder Mk.- 35,- und mehr, damit niemand des Geldes wegen abgewiesen werden muß. Für Entferntwohnende wird Fahrpreisausgleich angestrebt. Meldung bei der Geschäftsstelle des Finkensteiner Bundes, Karl Vötterle, Kassel-Wilhelmshöhe, Rasenallee 77. Schluß der Anmeldefrist: 5. Dezember. Mindestalter: Teilnehmer 18 Jahre, Teilnehmerinnen 16 Jahre. Mitzubringen: Außer den Liedbüchern, Teilnehmer: Turnhose und möglichst Turnhemd, Teilnehmerinnen: Turnanzug." [21]

Ebenso läßt sich die Konzentration, die der Kirchenkampf forderte — wenn auch anders motiviert und gelagert — nach einer äußeren und inneren Seite definieren. Am 6. Dezember 1933 wurde auf einer außerordentlichen Zentralausschußsitzung der Entwurf einer neuen Satzung einstimmig angenommen, nach der der Kirchengesangverein in den V. e. K. umgewandelt und mit dem Kirchenmusiker- und dem Posaunenchor-Verband im „Reichsverband für evangelische Kirchenmusik" zusammengeschlossen wurde. An der Spitze des V. e. K. stand nun ein Reichsobmann, der in der Leitung erhebliche Selbständigkeit bekam. Der Zentralausschuß wurde in den Zentralrat umgewandelt, dem die Landesobmänner wiederum in großer Eigenverantwortlichkeit angehörten. Daß der V. e. K., der durch die politischen Verhältnisse notwendigerweise ein „Zwangsverband" geworden war — selbständige Vereine waren verboten — an dieser neuen Organisationsform nicht zerbrach, sondern die Chöre sich ohne nennenswerte Schwierigkeiten ihm anschlossen, ist nur zu erklären durch die gleichzeitige und natürlich vorbereitete innere Konzentration.

In diesem Zusammenhang ist ein Artikel von Hermann Poppen aufschlußreich, den er im Oktober 1933 in der badischen Kirchenmusikzeitschrift geschrieben hat. Einige Sätze daraus seien hier zitiert:

„Für eine Kirche, die mit solcher Entschiedenheit, wie es jetzt geschieht, ihre Neuordnung durchführt und dabei auf die Grundlagen ihres Wesens zurückgeht, kann eine solche Lösung wohl nur heißen: nicht mehr kirchliche Gesangvereine, sondern Gemeindechöre! Die kirchliche Gemeinschaft muß es sein, die ihren Chor als Teil ihres Wesens einschließt, der Chor muß eigenste Angelegenheit der Gemeinde sein... Das wird für die Praxis im einzelnen heißen müssen: 1. Die Gemeinde fühlt sich für das Zustandekommen einer Chorgemeinschaft verantwortlich... 2. Die Gemeinde beruft den Chorleiter, stellt ihn an und kommt für seine Bezahlung auf. Er gehört genauso zum Lebenskreis einer kirchlichen Gemeinde und zum gottesdienstlichen Leben wie der Organist... 3. Die Gemeinde stellt ihrem Chor einen Übungsraum... 4. Die Gemeinde stellt ihrem Chor einen bestimmten Betrag für Notenbeschaffung zur Verfügung... Das sind die Forderungen, die jetzt zu erheben sind, die Lösungen, zu denen voraussichtlich die Reichskirche kommen wird, anders, als wir gewohnt sind. Es wird gut sein, wenn sie auch bei uns jetzt schon gesehen werden, und die kommende Umstellung

---

[21] Die ev. Kirchenmusik in Baden 4, 1928, S. 93/94.

vorbereitet ist. Zeiten-Umbruch! Es muß anders Ernst gemacht werden auch in diesen Dingen. Es muß eine neue Entschiedenheit auch auf diesem Gebiet unseres kirchlichen Lebens wach werden!"[22]

Auf dem 33. Kirchengesangvereinstag im Juni 1933 in Stuttgart war — auch das ist ein wesentlicher vorbereitender Schritt gewesen — die Anerkennung des evangelischen Kirchengesangvereins für Deutschland als „kirchliche Arbeit" seitens der Kirchenbehörde bekanntgegeben und einstimmig akzeptiert worden.[23]

Vom Verständnis ihres Amtes her war es für die Kirchenchorarbeit, vor die Frage gestellt, ob sie sich als Verein politisch gleichschalten lassen wollte oder unter Aufgabe ihres Vereinscharakters auch der äußeren Form nach sich als kirchliche Gemeinschaft verstehen und in der organisierten Kirche leben wollte, eindeutig klar, daß sie den zweiten Weg wählte. Wie dieser Weg verlief und welche schweren Probleme er mit sich brachte, ist in diesem Zusammenhang zu beschreiben nicht unsere Aufgabe.[24] Was es für unser Thema festzuhalten gilt, ist dies: Die Idee des Verbandes zeigte sich von ihrem Inhalt her als eine an die Kirche mit ihrem Gottesdienst ausdrücklich und bewußt gebundene. Sie konnte sogar — allerdings nur gezwungenermaßen — auf die Äußerung in einer freien selbständigen Form weitgehend verzichten. Dagegen behauptete sie ihre Eigenständigkeit um so mehr im Gegenüber zu außerkirchlichen Stellen und Einflüssen.[25] Ihre innere Gebundenheit an die Kirche gab ihr diese Freiheit.

Das Problem von Freiheit und Bindung stellte sich nach 1945 neu. Sollte der V. e. K., nachdem der politische Druck gewichen war, seine freie und eigenständige Form — wenn auch in anderer Gestalt und mit anderem Namen als vor 1933 — wieder anstreben und möglichst unabhängig von der Kirche sein? Oder sollte er die gemachten Erfahrungen positiv aufnehmend eine stärkere Gebundenheit an die Kirche sich zum Ziel setzen? Viele kirchliche Gruppierungen und Zweige, die früher Vereine gewesen waren, wurden ja nun zu „Werken", was die bewußte kirchliche Orientierung zum Ausdruck brachte und zugleich auch die Erkenntnis, daß die Kirche selbst hier eine eigene Aufgabe erkannt hatte. Sollte der V. e. K. diese Richtung einschlagen, zumal ihm in Ostdeutschland durch die neue politische Lage gar nicht viel anderes übrigblieb? Dort wurden ja nun die Landesverbände „Kirchenchorwerke". Wenn der V. e. K. im Ganzen wie auch in den einzelnen Landesverbänden Westdeutschlands seinen Namen beibehielt, so wollte er damit zum Ausdruck bringen, daß er bei aller kirchlichen Gebundenheit, die durchaus stärker war als vor 1933, doch seine eigenverantwortliche Selbständigkeit nicht aufgeben wollte.

In den „Grundsätzen für die Organisationen der Landesverbände" von 1950 ist dieses doppelte Verständnis des V. e. K. näher beschrieben:

---

[22] Ebenda 9, 1933, S. 74/75.
[23] Der 33. dt. ev. Kirchengesangsvereinstag in Stuttgart, Juni 1933, Kassel 1934, S. 63.
[24] Hierzu Christhard Mahrenholz, 75 Jahre Verband evangelischer Kirchenchöre Deutschlands, in: Musik und Kirche 29, 1959, S. 10 f.   [25] Ebenda S. 12/13.

A. Die Landesverbände haben Werk-Charakter
   1. durch die Gebundenheit ihrer Satzung an die Ordnung der Landeskirche;
   2. dadurch, daß der Landesobmann der Bestätigung durch die Kirchenleitung bedarf;
   3. durch die Organisationsform des Landesverbandes, die ihren Schwerpunkt im Amt des Landesobmannes und des Verbandsrates und nicht in der Hauptversammlung hat. Ausgangspunkt der Arbeit ist der Auftrag der Landeskirche, nicht der Auftrag einer quasi-synodalen Hauptversammlung;
   4. dadurch, daß die Kirchenleitung jederzeit die Möglichkeit hat, an den Sitzungen des Verbandsrates beratend teilzunehmen.
B. Die Landesverbände haben Verband-Charakter
   1. durch die Freiheit von behördlicher Verwaltung und Steuerung;
   2. durch die eigene Finanzverwaltung;
   3. durch die Freiheit, in der Arbeit des Verbandes eigene Wege gehen zu können.[26]

Das Nebeneinander von kirchlicher Gebundenheit und eigenverantwortlicher Selbständigkeit, von dem Christhard Mahrenholz in seinen zu Beginn unserer Untersuchung zitierten Sätzen sagt, daß es sich bewährt habe und auch nach dem Krieg vom V. e. K. in Ost und West gleicherweise festgehalten worden sei, bestimmt heute die Idee des kirchlichen Chorverbandes und muß Ausgangspunkt für alle weiteren Überlegungen und Diskussionen mit Bezug auf das Selbstverständnis des Verbandes in Zukunft sein.

IV

Der Versuch, dem wir uns nun zuwenden, die Idee des Verbandes heute darzustellen, zu begründen und vor den Aufgaben der Zukunft zu rechtfertigen, muß einsetzen bei der grundsätzlichen Frage: Hat der Verband heute noch eine Berechtigung? Muß nicht, was die Organisationsform betrifft, heute auch für den Verband gelten, was Oskar Söhngen schon 1939 für den Kirchenchor gefordert hatte? „Der Kirchenchor wird in dieser Zielsetzung so eng in die Gemeinde hereingezogen, daß für eine Selbständigkeit seines organisatorischen Aufbaus kein Raum mehr verbleibt."[27] Wenn sich die Erkenntnis durchgesetzt hat — sie schlägt sich jedenfalls in der Chorordnung nieder, die der Zentralrat des V. e. K. 1965 als Angebot für die Landesverbände und Chöre verabschiedet hat[28] — daß der Kirchenchor eine Einrichtung der Kirchengemeinde ist und auch von ihr getragen wird, müßte dann nicht auch vom V. e. K. und den Landesverbänden gelten, daß sie Einrichtungen der Kirche sind? Sollte nicht — das ist zunächst einmal die Frage im Blick auf die äußere Seite — in einer Zeit

---

[26] Verwaltungsdienst für den V. e. K., Hannover 1957, S. 31 — Vergleiche dazu auch die Satzungen und Ordnungen der Landesverbände sowie der Chöre, auf die hier nicht näher eingegangen wird.
[27] S. O. Söhngen, aaO. S. 17.   [28] Veröffentlicht in: Der Kirchenchor, 25, 1965, S. 53 ff.

der Einheitsbewegung, in der aber auch die Angriffe gegen die Kirche immer hörbarer werden, der oft so unseligen Zersplitterung und Eigenbrödelei durch eine straffere Eingliederung gewehrt werden? Aber noch wichtiger erscheint die Frage nach der Berechtigung des Verbandes von ihrem Inhalt her. Hat nicht die Kirche heute weithin erkannt und zu ihrer eigenen Sache gemacht, was der Kirchengesangverein in früheren Jahren gefordert hatte? Jede Kirchenleitung hat heute einen Referenten für Kirchenmusik. Fast in jeder Landeskirche besteht ein Amt für Kirchenmusik. Es gibt Kirchenmusikschulen bzw. Institute als Einrichtungen der Kirche. Hauptamtliche Kräfte sind von der Kirche eingesetzt, angefangen von den Landeskirchenmusikdirektoren bis zu den Sing- und Jugendsingwarten, ganz abgesehen von der vor allem in Süddeutschland in den letzten Jahrzehnten stark erhöhten Zahl der hauptamtlichen Kirchenmusiker in den Gemeinden. Die Kirche hat sich aber auch der anderen Aufgaben, die der Kirchengesangverein damals in eigener Initiative aufgegriffen hatte, angenommen. Es gibt heute landeskirchliche Kommissionen und Ausschüsse für Gesangbuch- und Gottesdienstfragen, um nur die zwei wichtigsten Gebiete zu nennen.

Es zeigt sich hier der gleiche Vorgang wie bei vielen anderen Arbeitszweigen auch, die ursprünglich nur von freien Vereinigungen getan worden sind, dann aber von der verfaßten Kirche als ihr eigenes Anliegen übernommen wurden wie etwa die Innere Mission oder auch die Kindergottesdienstarbeit. Müßte sich der Verband angesichts dieser Tatsache nicht ganz nüchtern sagen: Unsere Zeit ist vorbei? Wir haben unsere Mission erfüllt. Nicht die Sache hat ihr Ende gefunden; sie ist ja gerade von der Kirche aufgenommen worden. Aber die Form, in der sie vertreten wird, könnte überholt sein. Wenn heute zum Beispiel die Mutterhausdiakonie, die ihre große Zeit gehabt hat, zurückgeht und früher oder später aufhört, so hört damit nicht die Diakonie auf, wohl aber ihre Ausprägung in dieser Form. Sicher ist jedes Problem wieder anders gelagert und Vergleiche sind gefährlich. Aber auch die Sache der Kirchenmusik würde durch die Auflösung des Verbandes nicht untergehen, nachdem sie so zur Sache der Kirche geworden ist. Bedarf es da nicht einfach eines mutigen Schrittes?

Wir werden uns die Gegenargumentation nicht leicht machen dürfen. Wir werden uns vor allem hüten müssen, nur aus Bequemlichkeit oder liebgewordener Tradition etwas festzuhalten, was sich nicht mehr rechtfertigen läßt. Aber es müssen nun genauso ernsthaft einige Punkte bedacht werden, die hier zwar nur skizziert werden können, deren Gewicht uns aber doch für die weitere Diskussion beachtlich erscheint.

1. Bei aller Anerkennung des Erreichten und bei aller Würdigung der vielen Einrichtungen und Ämter, in denen die Kirche zum Ausdruck bringt, daß sie die Kirchenmusik als ihre ureigenste Sache ansieht, muß doch die Frage aufrechterhalten bleiben: Hat der Verband wirklich seine Mission erfüllt? Ist das Anliegen der Kirchenmusik, um das es dem Verband immer ging und geht, wenn auch, wie wir gesehen haben, in sich wandelnden Ausprägungen, überall aufgenommen und hat es den ihm gebührenden Platz? Gibt es nicht doch noch viel Desinteresse und mangelnde Bereitschaft? Angesichts der starken Kritik innerhalb der Kirche gegen alles Hergebrachte und nicht sofort Verständliche

wird es der Kirchenmusik heute eher wieder schwerer gemacht als noch vor einigen Jahren. Öffentlichkeitsarbeit und missionarische Aktion stehen heute hoch im Kurs. Die Kirchenmusik hat es daneben schwer. Wenn aber die Kirchenmusik ein unaufgebbarer Bestandteil der Kirche ist und dieses Anliegen in seinem Zentrum, nämlich im Singen, vom kirchlichen Chorverband vertreten wird, dann ist das Bestehen eines solchen Verbandes in unserer Zeit um so berechtigter. Denn ein Verband kann mehr erreichen als ein einzelner Chor. Er ist wirksamer als eine kleine Gruppe oder nur eine Stimme. Wie nun der Verband wirksam werden soll und welche Aufgaben sich ihm heute stellen, davon wird noch zu reden sein.

2. Selbst wenn das, was der Verband will, bei den Kirchenleitungen und Behörden gut aufgehoben und als ordentliches Aufgabengebiet der Kirche eingerichtet ist, geht es noch um ein anderes Problem. Das ist die Initiative, die ein Verband aus sich heraus viel stärker und wirkungsvoller entwickeln kann als eine Behörde. Die Kirche ist nun einmal als Organisation ein bürokratischer Apparat und durch viele juristische Verpflichtungen aber auch andere Umstände, die aus ihrer Größe und Vielseitigkeit erwachsen, gehemmt. Ein Verband dagegen ist freier und beweglicher. Seine Aktivität empfinden die Mitglieder stärker als ihre eigene Sache und sind dabei mehr engagiert, als wenn die Kirchenleitung etwas durchführt oder anordnet. Würde etwa die Leitung der Kirchenchorarbeit bei der Kirchenbehörde selbst liegen, es würde nicht das geschehen können, was heute im V. e. K. geschieht. Ein Verband kann es sich auch eher leisten, beispielhafte Experimente und wegweisende Modelle durchzuführen und anzubieten, wobei eine andere Frage ist, ob er diese Möglichkeit genügend nutzt.

Wir müssen an dieser Stelle noch einmal auf jenen Punkt verweisen, der am Anfang der Kirchenchorbewegung eine große Rolle gespielt hat: Die Freiwilligkeit. „Die Kirchengesangvereine sind als freie Vereine entstanden, und nur als freie Vereine können sie ihre Mission innerhalb der evangelischen Kirche erfüllen, nur aufgrund freier Beweglichkeit kann sich das in den Vereinen pulsierende Leben ausgestalten." So hatte Theophil Becker auf dem ersten deutschen evangelischen Kirchengesangvereinstag 1882 in Stuttgart gesagt.[29] Solchen Aussagen begegnete man lange Zeit mit Mißtrauen, was immer dort auch berechtigt war, wo eine ungute Konkurrenz zu anderen der gleichen Sache verpflichteten kirchlichen Arbeitszweigen aufkam. Eine ungute Konkurrenz ist natürlich auch heute vom Übel. Aber es hat sich doch die Erkenntnis durchgesetzt, daß die Laienarbeit in der Kirche einen Reichtum bedeutet und daß die auf der Basis der Freiwilligkeit bestehenden Zusammenschlüsse, wenn sie bereit sind, sich immer wieder am Evangelium zu orientieren, für die Kirche nur fruchtbar sein können. Das Leben in der Kirche vollzieht sich damit in einem partnerschaftlichen Gegenüber der Kräfte, das im letzten Grunde ein Miteinander ist. Hier hat der Verband seinen Platz und seine Berechtigung.

3. Mit diesen letzten Sätzen ist eine Frage angesprochen, deren Beantwortung eine eigene Arbeit fordert, die wir in diesem Zusammenhang nicht leisten

---

[29] S. Anm. 12.

können, die uns aber doch so dringend erscheint, daß wir sie wenigstens bruchstückhaft und in manchen Aussagen auch ungeschützt andeuten wollen. Es gibt in der Kirche ein falsches Uniformitätsdenken, das seinen tiefsten Grund in der Unsicherheit und in mangelndem Glauben hat. Der so oft zitierte Satz aus dem hohenpriesterlichen Gebet Jesu „auf daß sie alle eins seien" (Joh. 17, 21) darf nicht im Sinne einer Gleichmacherei mißverstanden werden. Die Bewegung, die heute durch den römischen Katholizismus geht, zeigt etwas von der Auseinandersetzung mit diesem Mißverständnis eines verhängnisvollen Uniformitätsideals. Es gibt die Vielfalt in der Einheit. Sie ist das Zeichen echter Lebendigkeit. Im Blick auf das biblische Zeugnis müssen hier nicht nur die bekannten biblischen Aussagen von den Gaben und Ämtern in der Gemeinde Erwähnung finden, sondern es muß ebenso bedacht werden — und dies gilt es für unsere Gemeinden heute erst wieder neu zu entdecken —, daß das gesamte Zeugnis der Bibel eine Vielfalt von Stimmen darstellt, die nicht unbedingt Gleiches aussagen, aber in ihrer Verschiedenheit gerade ein Erweis der Lebendigkeit und Kraft des Evangeliums sind. Paulus hat eine andere Theologie als Lukas. Eine Karfreitagspredigt über die letzten Stunden Jesu am Kreuz nach dem Bericht des Matthäusevangeliums wird, wenn sie sich wirklich an den Text hält, etwas anderes betonen als die Karfreitagspredigt nach dem Zeugnis des Johannesevangeliums. Diese Verschiedenheit — und das Alte Testament geht ja darin noch viel weiter — ist nicht Mangel, sondern Fülle und Ausweis der ganzen Wahrheit und Wirklichkeit des Lebens.

Die Bewältigung des Pluralismus in der Kirche, von dem heute so viel geredet wird, muß hier ihren Ausgangspunkt aber auch ihren Maßstab haben. Maßstab ist die Liebe und die Bereitschaft zum Dienst an der gleichen Sache. Hier liegen die Probleme nicht nur für die Ökumene, sondern auch für die verschiedenen Gruppierungen und Strömungen in den Landeskirchen und in den einzelnen Gemeinden. Die Frage, wieweit wir das Nebeneinander verschiedener Ausprägungen des Evangeliums — diese Frage wird für die Zukunft eine große Rolle spielen — in der Kirche ertragen können, muß zunächst einmal dahingehend beantwortet werden, daß es durchaus legitim ist, wenn es nicht nur verschiedene Gaben und Ämter, sondern auch verschiedene Strukturen und Organisationsformen in der Kirche gibt. Dies ist unter der Voraussetzung des großen gemeinsamen Zieles nicht nur notwendig, sondern auch fruchtbar. Von daher wird die früher zitierte These von Oskar Söhngen, die freilich 1939 einen ganz anderen „Sitz im Leben" hatte und unter den damaligen Gegebenheiten auch voll berechtigt war, daß nämlich für eine Selbständigkeit des organisatorischen Aufbaus des Kirchenchores kein Raum mehr verbleibt,[30] heute noch einmal neu bedacht werden müssen.

V

Die Geschichte des V. e. K. ist ein beredtes Zeugnis dafür, daß das Wissen um die gemeinsame Sache zusammenführt und auch zusammenhält, aber den-

---

[30] S. O. Söhngen, aaO. S. 17.

noch die Verschiedenheit respektiert und nicht in eine aus „Einheits"-gründen betriebene Gleichmacherei verfällt, sondern gerade so für das Ganze einen Gewinn bringt.[31] Wenn wir nun von den Aufgaben in der Zukunft sprechen, dann stellt sich von daher zunächst gleichsam als Generalaufgabe für den Verband, daß er diese Erkenntnis, die er in seiner eigenen Geschichte gewonnen hat, im Gesamtgefüge der Kirche immer wieder mit Nachdruck vertritt und so selbst einen fruchtbaren Beitrag in diesem Pluralismus der Kirche leistet.[32]

Freilich, dieser Beitrag besteht nicht einfach nur im Vorhandensein des Verbandes. Es müssen von ihm neue Impulse ausgehen. Und das geschieht, wenn sich der Verband auf seine urspüngliche Aufgabe besinnt. Er hat damals viele Menschen begeistert und dazu gebracht, in der Kirche einen Dienst zu tun mit ihren Möglichkeiten. Er hat verlorengegangene Schätze für die Kirche wieder entdeckt und sie mit neuem Leben erfüllt. Er hat aus eigenem Antrieb Fragen aufgegriffen, die einer Antwort bedurften, und nicht gewartet, bis ein Erlaß der Kirchenbehörde kam. In dieser Unabhängigkeit war er frei gerade zum Dienst für die Kirche. „Die entscheidende Aufgabe", so führte Christhard Mahrenholz am Schluß seines eingangs erwähnten Festvortrages aus, „ist vom ersten Tage an die gleiche geblieben und braucht nicht erst erklügelt oder konstruiert zu werden; es ist das gottesdienstliche Amt! Doch gleichwohl: Die Gestaltung und Ausführung dieses Amtes verlangt in jeder Zeit und von jeder Generation neue, besondere Lösungen."[33] Diese Lösungen zu suchen und mit der Leidenschaft und Initiative der ersten Jahre neue Wege zu gehen, auch auf die Gefahr hin, daß nicht genau abgesehen werden kann, wohin der Weg führt — unsere Väter konnten das damals auch nicht — ist das Vorrecht des Verbandes und die Aufgabe für die Zukunft. Sicher wird dabei nichts leichtfertig aufs Spiel gesetzt werden dürfen. Aber die Idee des Verbandes, die sich doch, wie wir gesehen haben, darin zeigt, daß inhaltliche Bindung an die Kirche und eigenverantwortliche Selbständigkeit miteinandergehen, wird auch darin zum Tragen kommen, daß der Verband etwas für die Kirche unternimmt auf eigene Faust, daß er der Kirche voraus ist, daß er Modelle schafft, an denen die Kirche sich selbst wieder prüfen kann.

Aus dem großen Aufgabengebiet, das sich an dieser Stelle für den kirchlichen Chorverband auftut, seien nur einige wichtige Punkte herausgegriffen:

1. Die Gestalt des Gottesdienstes ist in den letzten Jahren wieder erneut in den Mittelpunkt der Diskussion gerückt. Diese grundsätzlich erfreuliche Erscheinung sollte den Verband in viel stärkerem Maße, als es bisher geschieht, anregen, in die gegenwärtige Diskussion einzugreifen und Hilfen zu geben. Das gottesdienstliche Amt war von Anfang an die Hauptaufgabe der Kirchenchorarbeit und soll es auch bleiben. Wie in früheren Jahren müßten auch heute vom Kirchenchorverband neue Impulse für die Gottesdienstgestaltung ausgehen. Das bedeutet nicht, daß der Verband jede neu auftauchende Idee

---

[31] Dies betonen in ihrem Rückblick sowohl Friedrich Flöring (50 Jahre ev. Kirchengesangsverein S. 114 f.) als auch Christhard Mahrenholz aaO. S. 17.
[32] Vgl. dazu auch K. Schuster in RGG³ VI 1322.
[33] Musik und Kirche 29, 1959, S. 19.

akzeptiert und mitmacht, im Gegenteil: er wird aus seiner Erfahrung und seiner Sachkenntnis heraus korrigierende Positionen setzen, die allzu stürmischen Neuerungsversuchen das notwendige Gegenüber verteidigen. Aber er wird im Gespräch bleiben, er wird offen sein für die Fragen, er wird sich mitbemühen um die rechte Gestalt und vor allem um das verantwortbare Niveau des Gottesdienstes. Er wird in all dem versuchen, positive Beiträge zu liefern, Aufträge zu vergeben, Modelle zu schaffen. Der badische Landesverband hat im vergangenen Jahr eine Schallplatte herausgebracht, die beispielhaft solche positiven Beiträge zeigen will.[34]

2. Die Reform des Kirchenliedes und seine rechte Pflege war ebenfalls von Anfang an eines der Hauptziele der Kirchenchorarbeit. Das Zustandekommen des Evangelischen Kirchengesangbuches, wie wir es heute haben, ist nicht nur eine Errungenschaft im Blick auf die Einheit, die ohne den Einsatz des Verbandes nicht möglich gewesen wäre, sondern ebensosehr ein Zeugnis für das ständige Bemühen um das vertretbare und das gesamte Glaubensgut der Kirche darstellende Lied. Dieses Bemühen wird nie am Ende sein. Es ist heute in ein besonders schwieriges Stadium getreten angesichts der starken Kritik am Evangelischen Kirchengesangbuch und angesichts der großen Zahl von neuen Liedversuchen. Allein in den letzten zehn Jahren sind mehr als 500 neue Lieder entstanden und veröffentlicht worden. Auch in der Auseinandersetzung mit diesen vielen Versuchen hat der Verband heute eine besondere Aufgabe, die zwar mancherorts schon aufgegriffen ist, aber doch noch intensiver und mutiger wahrgenommen werden darf.[35] Man kann übrigens heute schon feststellen, daß jene neuen Lieder, die vom Text her stark am Psalter orientiert sind und eine überzeugende Wort-Ton-Verbindung vorzuweisen haben, am meisten ernstgenommen werden und auch längere Lebensdauer zeigen.

Hierher gehört auch die Frage der stärkeren Berücksichtigung von Singsprüchen und Psalmversen. Wo bleiben — um nur ein Beispiel zu nennen — Aufträge, die so etwas wie eine Gemeindekantate fordern, bei der die Gemeinde in ihren verschiedenen Gruppen mitwirkt (Kirchenchor, Posaunenchor, Kinderchor, Flötengruppe, Instrumentalkreis, Orgel, Gemeinde) und die im Wechsel von Lied, Psalmversen, Sprüchen und Lesungen mit modernen und den Möglichkeiten der Gruppen entsprechenden Mitteln den Gottesdienst gestaltet? Auch da könnte der Verband beispielhafte Modelle schaffen und fördern.[36]

3. Nicht anders verhält es sich mit der Stellung des Verbandes zur zeitgenössischen Musik. Auch dieses Thema war in der Geschichte der Kirchenchorarbeit immer wieder behandelt worden. Mehr als bisher sollte auch in dieser Beziehung der Verband nicht nur Forum für die Diskussion mit den verschiedensten Erscheinungen auf diesem Gebiet sein, sondern auch durch Förderung und Auftragserteilung Komponisten, Interpreten und Hörer herausfordern,

---

[34] „Kommt, laßt uns anbeten", Cantate-Schallplatte Nr. 657 609, Kassel 1969.
[35] Letzteres gilt etwa in bezug auf die Sammlung Zeitgenössische Kirchenlieder von Friedrich Hofmann, Merseburger, Berlin 1967.
[36] Ansätze und Versuche dieser Art zeigen die Bausteine für den Gottesdienst, Hänssler-Verlag, Stuttgart-Hohenheim.

sich mit dem geistlichen Aspekt des zeitgenössischen Musikschaffens auseinanderzusetzen. Man wird sich dabei allerdings hüten müssen, vorschnell Urteile zu fällen oder Zensuren zu verteilen. Der Kuriosität halber seien hier einige Sätze aus einem Diskussionsbeitrag wiedergegeben, die im Anschluß an den Vortrag von Oskar Söhngen über das Thema „Evangelium, Kirche und zeitgenössische Kirchenmusik" und das dazugehörige Korreferat von Arnold Mendelssohn auf dem Stuttgarter Kirchengesangvereinstag 1933 gesprochen wurden:

„Es sind während der letzten Jahre auch kirchliche Chorwerke entstanden, wenn auch nicht uninteressante, die einem gesunden Musikempfinden nicht immer entsprachen, denen vielmehr eine künstlerische Formung und Reife, vor allem auch ein natürlicher Sinn für Wohlklang wenig erstrebenswert schien. Noch immer tauchen gelegentlich Dinge auf, in denen die Ersetzung des seit Jahrhunderten geregelten Terzenaufbaues unserer Akkorde durch Quartenaufbau oder Sekundenpackungen eine Rolle spielen, in denen, sogar im zweistimmigen Satze, fortlaufende Quarten - und Quinten - Parallelen das Ohr verletzen. Noch immer werden uns da gelegentlich überklingende Kontrapunkte zugemutet, Beziehungslosigkeiten zu einer festen Tonart, musikalische Gebilde, denen die nötigen logischen Ausdeutungen fehlen. Noch immer tritt — und ebenfalls in seinen Wurzeln dem November 1918 entstammend — ein gewisses krankhaftes Verhältnis zwischen Dissonanz und Konsonanz in Erscheinung, das unser Ohr zuweilen peinigt. Und das alles gewiß angewendet in der Meinung, dadurch andachterweckend zu wirken (Ich nenne hier absichtlich keine Namen). Die wachsende Abneigung, auch in singbewegten Kreisen, gegen derartig ‚zeitgemäße' Kirchenmusik, Musik ohne Ewigkeitswert, sollte uns jedenfalls zu denken geben und zur Vorsicht mahnen." [37]

Der Verband wird gerade auch solchen Stimmen das Wort nicht entziehen, die sich heute entsprechend etwa gegen die Reihentechnik und ähnliche oder auch ganz andere Erscheinungen erheben. Aber er wird sich als Verband nicht zu Empfehlungen oder Entschlüssen verleiten lassen dürfen, in denen bestimmte Formen abgelehnt werden, die vielleicht in zehn oder zwanzig Jahren selbstverständlich geworden sind. Die Offenheit und die Bereitschaft, das Neue mit Bezug auf seine Aussagekraft zu hören und zu prüfen, muß die Haltung und den Arbeitsstil des Verbandes bestimmen.

4. Eine weitere, wenn auch in ganz andere Richtung gehende Aufgabe betrifft das Feld der Organisation. Es gibt heute viele Chöre, die zu klein sind, um größere Werke aufzuführen. Andererseits sind sie zu groß, um in einem anderen Chor aufzugehen oder sich selbst aufzulösen, was sie meist auch nicht wollen. Entweder übernehmen sie sich dann mit zu anspruchsvollen Werken, die sie nie befriedigend bewältigen oder ihre Arbeit verläuft so anspruchslos, daß die wenigen guten Sänger die Lust verlieren und wegbleiben, was die Situation noch unbefriedigender macht. Abgesehen von einer guten Literaturberatung, die erfahrungsgemäß in solchen Fällen vieles bessern kann, hat der Verband als übergreifende Organisationsform hier besondere Aufgaben. Er kann die Chöre ermuntern und auch Hilfen dazu anbieten, sich wenn auch nicht ständig so doch für bestimmte Zeiten und für bestimmte Vorhaben zusammenzutun, miteinander zu proben und auch abwechselnd in den Gottesdiensten zu singen. Vor allem in den Städten wäre diese Aufgabe noch viel entschiedener anzupacken, als es bisweilen schon geschieht. Auch wird für die

---

[37] Der 33. dt. ev. Kirchengesangsvereinstag S. 109 (Otto Richter).

Zukunft mehr und mehr die Frage auftauchen, ob nicht in einer Zeit, in der sich immer weniger Leute bereit finden, regelmäßig zur Probe und zum gottesdienstlichen Singen zu kommen, man dazu übergehen sollte, Gemeindeglieder nur für bestimmte Zeiten und begrenzte Aufgaben zu gewinnen, von denen sie nach einiger Zeit wieder entbunden werden. Der Verband sollte in dieser Hinsicht mutige Vorschläge machen und Mittel einsetzen, damit neue Wege gefunden und auch begangen werden können.

5. Es mag anmaßend erscheinen und kann auch nur als These behauptet werden, wenn wir zum Schluß als eine mögliche Zukunftsaufgabe formulieren: Der Verband als solcher wird je länger je mehr ein Modell für die Kirche der Zukunft darstellen müssen. Er wird in dem, was er tut und was er ist, das vorausnehmen und zeigen — er sollte es jedenfalls sichtbar machen —, was die Kirche in ihrem späteren Erscheinungsbild vielleicht einmal sein wird: eine Freiwilligkeitskirche, eine Gemeinde, in der jeder aktiv ist. Die Aufgabe, die dem Verband hier erwächst, besteht also nicht nur darin, bestimmte strukturelle Veränderungen — wie etwa die Überwindung der Grenzen von Parochien durch übergemeindliche Aktionen — beispielhaft zu praktizieren, sondern ein Erscheinungsbild darzustellen und dessen lebendige Auswirkung als immer neu zu verwirklichende Zukunftsaufgabe zu verstehen, ein Bild, das für die Kirche wesentlich und entscheidend ist und somit auch die Idee des Verbandes heute rechtfertigt.

Was in der rechten Chorarbeit geschieht — und nichts anderes will der Verband fördern — ist Rühmung Gottes, ist Lob und Verkündigung, ist Befreiung zur guten Tat, ist Ausrüstung zu einem Leben in Glaube, Liebe, Hoffnung. Was wird in der Kirche und durch ihren Dienst anderes getan?

Oskar Söhngen

Zu
Clytus Gottwalds Pamphlet
„Politische Tendenzen der Geistlichen Musik"

Eine geharnischte Antwort

Im letzten Heft des Jahrgangs 1969 der „Württembergischen Blätter für Kirchenmusik" erschien ein Aufsatz von Clytus Gottwald mit dem Titel: „Politische Tendenzen der Geistlichen Musik."[1] Die Redaktion hatte der Veröffentlichung eine Erklärung vorangestellt: „Auf Mehrheitsbeschluß der Teilnehmer am ‚Studio für Neue Musik in Eßlingen' hin wird das Referat von Dr. Gottwald den Lesern der ‚Württembergischen Blätter für Kirchenmusik' zur Kenntnis gebracht." Damit distanzierte sie sich von dem Abdruck einer Kampfschrift, die sie offenbar als eine Verunglimpfung des Kirchenmusikerstandes empfand. Wer an den damaligen Vorgängen beteiligt war, muß sich in der Tat an den Kopf fassen und sich fragen, ob er träume, wenn er liest, daß zahlreiche Formulierungen des bekannten Straube-Aufrufs aus dem Mai 1933, mit dem sich führende deutsche Kirchenmusiker gegen den Einbruch der faschistischen „Deutschen Christen" in die Kirchenmusik zur Wehr setzten, „faschistisch" seien und einen Geist der Ausrottung verrieten, „die wenig später gesamtvölkisch in Auschwitz terminierte". Die Unterzeichner des Aufrufs, darunter unser Jubilar, als Schreibtischtäter von Auschwitz, — grotesker lassen sich die Dinge nicht auf den Kopf stellen, als das hier geschieht.

Aber zunächst einmal wenden wir uns dem Aufsatz als Ganzem zu.

I

Gottwalds Pamphlet ist eine Kampfschrift. Das brauchte kein Nachteil zu sein. Oft sieht das Auge des Gegners sogar schärfer als das des Freundes. Voraussetzung dafür ist allerdings, daß sich der Gegner auf die Ebene des Widersachers begibt, daß er ihn von seinen eigenen Voraussetzungen her zu überführen und zu widerlegen unternimmt. Sonst treffen die Angriffe ins Leere. Wer darum über geistliche Musik reden will, muß auch wirklich geistliche Musik *meinen*, nicht ein Gebilde seiner eigenen Phantasie. Wie steht es damit bei Gottwald?

Wer den Titel seines Aufsatzes „Politische Tendenzen der Geistlichen Musik" unvoreingenommen liest, wird annehmen, daß in den Ausführungen und in der Argumentation des Verfassers von Entartungen und Fehlleistungen, vielleicht auch von unbeabsichtigten politischen Nebenwirkungen der geistlichen Musik die Rede sein werde. Das ist freilich *auch* der Fall, so etwa wenn

[1] S. 154—161.

Gottwald die fragwürdige Behauptung aufstellt: „Die politische Tendenz der geistlichen Musik des 17. bis 18. Jahrhunderts ist konservativ-staatserhaltend", oder wenn er die den Tatsachen ins Gesicht schlagende Unterstellung wagt: „So gereinigt vom Eschatologischen, konnten ihre Vertreter (sc. der kirchenmusikalischen Erneuerungsbewegung) in vielen Fällen sich mit der anbrechenden Naziherrschaft als dem kommenden Äon ohne Schwierigkeiten identifizieren." Auf die musikgeschichtlichen Einzelheiten werden wir später zurückkommen. Nicht das macht Gottwald der geistlichen Musik zum Vorwurf, daß sie politische Tendenzen vertreten hat, sondern daß es nicht die *richtigen* politischen Tendenzen waren. Geistliche Musik darf nach Gottwalds Meinung nicht nur, sondern *muß* politisch sein.

Wie, wird hier der einfältige Leser fragen, bisher habe ich geglaubt, „geistlich" sei die deutsche Übersetzung des griechischen *pneumatikos,* und mit geistlicher Musik sei ein Musizieren zum Lobe Gottes gemeint —, gilt das jetzt nicht mehr? Das ist in der Tat die Meinung Gottwalds, der es der geistlichen Musik gerade zum Vorwurf macht, daß sie „zum Lobamt verniedlicht, in Abhängigkeit zum Verkündigungsamt" geraten sei. Statt dessen hat sie eine politische Aufgabe zu erfüllen, nämlich mitzuwirken an der revolutionären Umgestaltung der Welt. Um das von Anfang an klarzustellen, weist Gottwald das „Mißverständnis" ab, als sei Politik ein weltliches Geschäft, das am Geistlichen seine natürliche Grenze finde, „wo beide Sphären doch nur zwei verschiedene Versionen des gleichen Herrschaftssystems darstellen". Heute steht die geistliche Musik noch und — im Zeichen *Pendereckis* — wieder „im Dienste jener, die an der Erhaltung des Status quo ihr einziges Interesse haben". Von der Regel der mittelalterlichen Mönchsorden ausgehend, die so umfangreiche Offizien zu absolvieren hatten, „daß damit entscheidende Energien der Konvente gebunden und gleichsam nach innen abgelenkt wurden", kommt Gottwald zu dem vernichtenden Urteil: „Die Rolle der Musik bei der Domestizierung der Konventualen, ja des ganzen Kirchenvolks blieb bis zum heutigen Tage eine durchaus vorherrschende." „In der Tat funktionierten die Liturgien als stete Einübung von Unterwerfung, Demut und Gehorsam gegen Gott, trüb vermischt mit dem Gehorsam gegen die Kirchenoberen."

Demgegenüber gilt es, Ernst zu machen mit der wahren politischen Aufgabe der geistlichen Musik: „vieles hinter sich lassend, nach vorn sich streckend nach dem Ziel der Verwirklichung des Evangeliums". Ihrer „Funktion im Herrschaftsmechanismus" soll die geistliche Musik den Abschied geben, um das große Ziel anzusteuern, „das einst die Predigt Christi als das Reich gemeint hatte". Denn „der neue Äon und Reich Gottes sind im Neuen Testament keineswegs so unpolitisch gemeint, wie schon Paulus das seine Adressaten glauben machen wollte". Die geistliche Musik soll mithelfen an der Heraufführung einer Welt, „die nicht nur besser ist als jene von heute, in der Religion vielmehr dadurch aufgehoben wurde, daß sich Reich Gottes in ihr verwirklichen konnte (!)". Daß hier Jesu Proklamation des Reiches Gottes sozialrevolutionärsäkularistisch mißdeutet wird, ist für den, der auch nur ein klein wenig von der Theologie des Neuen Testaments weiß, ebenso deutlich, wie der Versuch, Paulus eine Entpolitisierung der Reich-Gottes-Erwartung anzulasten, abwegig ist. Jesus und Paulus lebten in gleicher Weise in der Gewißheit der unmittelbar bevorstehenden Parusie.

Aber wo bleibt denn Gott in dem neuen Konzept der geistlichen Musik, das Gottwald vertritt? Die Vermutung, daß für ihn darin kein Raum ist, daß Gott für Gottwald tot ist, bestätigt sich in den weiteren Ausführungen. Luthers bekannte Devise, daß die Musik im Dienste dessen stehen solle, der sie geschaffen hat, wird von Gottwald aufgegriffen, um sie sofort ihres theologischen Bezuges zu entkleiden: nicht Gott hat die Musik geschaffen, sondern der Mensch; der, in dessen Dienst sie zu treten hat, ist deshalb auch der Mensch, und Gottwald geniert sich nicht, das Lutherzitat durch einen entsprechenden Zusatz „des Menschen" zu explizieren und zu verfälschen. Gleichzeitig mokiert er sich über Luthers Devise, mit der die Formel geprägt worden sei, „nach der geistliche Musik in der evangelischen Kirche nach oben zu schielen hat: im Dienste". Offenbar verträgt sich die Gottesvorstellung nicht mit seinem radikal antiautoritären Denken. Ja, sie scheint bei ihm sogar heftige Ressentiments auszulösen, wenn ihm schon die Bezeichnung „Messe" suspekt ist, weil sie „immer noch den runden Buckel" vorweise! Kein Wunder, daß er da die Schale des Spottes über die ausgießt, die als die Kennzeichen der Kirchenmusik das Lob- und das Verkündigungsamt ansehen. Kein Wunder auch, daß er kein Verständnis dafür besitzt, wenn „Musica sacra noch immer das Bild von der integeren Welt, von der integeren Kirche, vom integeren Menschen malt"; denn das Wissen darum, daß Jesus Christus durch sein Leiden, Sterben und Auferstehen die gefallene Schöpfung „wiedergebracht" und uns sein Bild „integriert" hat, bleibt dem Glauben vorbehalten. Was Gottwald als „geistliche Musik" bezeichnet, fällt unter den Begriff „Etikettfälschung".

Aber wie kann und soll sich denn die geistliche Musik nach Gottwalds Meinung an der Heraufführung einer neuen, besseren Welt beteiligen? Nicht dadurch, daß sie revolutionäre Texte singt, sondern dadurch, daß sie sich selbst erneuert, den Auszug aus Ägypten wagt und sich aller Bindungen an Überkommenes entledigt. „Sie muß selbst frei sein, um frei machen zu können." Befreite Musik aber ist eine Musik, „die vom Utopischen so sich erfüllt weiß, daß fürs Geschichtliche kein Raum mehr bleibt: sie tönt in einem anderen Äon". In Mauricio *Kagels* „Hallelujah" sieht Gottwald solche Musik beispielhaft verwirklicht, die eben nicht nur „formalistische Spiegelung der spätkapitalistischen Produktionsweise und deren Kritik ist, sondern ebenso — um Blochs Vokabel zu gebrauchen — Vorschein von einem Anderen, Besseren". Gottwald hat offenbar eine hohe Meinung von der ebenso gleichnishaften wie Geister scheidenden Macht solcher Musik „als Formulierung von Utopischem, von — um es theologisch zu sagen — Eschatologischem": sie wird „in dieser Welt nicht nur Freude, sondern ebenso Kritik am Bestehenden" wachrufen.

Welcher Art ist denn die Musik, in der Gottwalds Utopie „in revolutionärem Impetus" sich verwirklichen soll? „Autonomie des Kunstwerks", „Zurücknahme der Musik in die paradiesische Einheit mit der Sprache", „musikalisch linkes Material, Chromatik und Dissonanz", aber offenbar auch das Fehlen von „Flüssigkeit" und Mühelosigkeit, überhaupt von „Musikantentum", der Verzicht „auf die Disposition von Wirkungen", das sind einige Stichworte, die

Gottwald, über den Hinweis auf die Beispiele von *Nono, Kagel* und *Schnebel* hinaus, gibt. Offenbar schwebt ihm eine musikalische Sprache vor, die in „pfingstlich-blasphemischem Zerbrechen der Sprache"(*Wolf-Eberhard von Lewinski*) deren Elemente in die Musik einschmilzt: „Damit fällt auch das Geistliche als Institution: Geistliches ist nicht mehr vorgegeben als biblisch-kirchliches Gehäuse, in das ein Komponist schon durch die Wahl eines Textes eintritt, sondern spricht sich in Musik selbst aus."

Ist es schon entwaffnend, wie selbstverständlich Gottwald seine Utopie mit dem identifiziert, was er als musikalischen Fortschritt ansieht — Max Reger hat auch einmal geschrieben: „Ich reite unentwegs links", hätte aber nicht im Traum daran gedacht, das zeitbedingte musikalische Material als „links" zu etikettieren und zu verabsolutieren, es kann ja einmal ein ganz anderes Material symptomatisch für den musikalischen Fortschritt werden —, so kommt ihm offenbar auch gar nicht in den Sinn, daß es daneben noch andere Utopien geben könnte, wie etwa die Verschmelzung von Maß, Musik und Weltall bei Paul *Hindemith*, oder wie die Stiftung einer Vereinigung mit unserem Nächsten und mit dem höchsten Wesen, Gott, bei Igor *Strawinsky*, oder auch wie die Darstellung der Welt als theatrum Dei bei Carl *Orff* — Utopien, die ebenso den Anspruch erheben dürfen, als solche ernstgenommen zu werden. Da aber Gottwald als getreuer Adept Adornos diese Komponisten mit der gleichen Intoleranz wie sein Meister verwirft, gerät er in den Widerspruch, die avantgardistische Musik einer bestimmten geschichtlichen Situation als absolut setzen zu müssen, wo doch gerade Kriterium seiner Utopie sein sollte, „daß fürs Geschichtliche kein Raum mehr bleibt". Wie eng und einseitig Gottwalds Schau auf den Tag ausgerichtet ist, zeigt seine Stellung zu dem Schaffen von Krzysztof *Penderecki*, den er als Renegaten haßt, weil er von seinen avantgardistischen Anfängen weg zu einer Rolle hinübergewechselt sei, „die jener Strawinskys zu Beginn der zwanziger Jahre nicht unähnlich ist". Dadurch hat er sich „der Konsumgesellschaft ausgeliefert" und hat „teil an der allgemeinen Zementierung der Verhältnisse". Offenbar ist es eine schlechte Empfehlung für die Qualität einer Musik, wenn von ihr kommunizierende Wirkung ausgeht und sie bei den Hörern „ankommt". Vielleicht hat Penderecki doch noch eine Chance, wenn er sich bei der nächsten Wegbiegung wieder auf die „linken" Materialien besinnt? Aber so ist das nun einmal bei den heutigen Avantgardisten: sie sind rechthaberischer als jeder Dogmatiker und unduldsamer als ein spanischer Großinquisitor. Selig werden kann man nur auf *eine*, auf *ihre* Façon!

II

Revolutionäre Geister pflegen Welt und Geschichte so zu sehen, wie sie sie sehen wollen. Von daher kann es nicht wundernehmen, daß auch Gottwald weithin mit den üblichen Klischees arbeitet. Es hat deshalb wenig Zweck, mit ihm in eine Diskussion über Einzelheiten einzutreten; nichts liegt ihm ferner, als eine objektive, wissenschaftliche Darstellung zu geben. Damit aber die Leser nicht für bare Münze nehmen, was Gottwald schreibt, sollen wenigstens einige Streiflichter gesetzt werden.

Selbstverständlich wird ihm jeder aufgeklärte Geist sogleich beistimmen, wenn Gottwald bei der dunklen Geschichte der mittelalterlichen Päpste, ihrem Kampf gegen den heiligen Franziskus, gegen die Katharer und Chiliasten, einsetzt und den „blutigen Weg der Kirche durch die Geschichte" geißelt. Nur ist nicht recht einzusehen, was das für das Thema seines Aufsatzes austrägt. Denn das schon oben angeführte Argument, daß die Päpste das große Pensum an Offizien und liturgischen Gesängen zu dem Zweck verordnet hätten, um den Mönchsorden den ‚sozialrevolutionären Giftzahn' herauszubrechen, ist eigentlich zu billig, als daß es von Gottwald ernst gemeint sein könnte. Mit der gleichen Logik hätte er nämlich die Pflege der Wissenschaft und die Feldarbeit, einschließlich der Rodung der Wälder, als autoritäre Mittel zur Domestizierung anführen können! Im übrigen waren es nicht die Päpste, sondern die Stifter der Mönchsorden, die das Gebet und die Arbeit als den eigentlichen Inhalt des mönchischen Lebens festgesetzt haben.

Auch die von Gottwald so geliebten Schwärmer, die „Theologen der Revolution", sind ein ungeeignetes Objekt für seine Beweisführung. Andreas *Karlstadt* sieht in seiner Disputation vom Jahre 1522 „De cantu gregoriano" in der Musik ein Hindernis der wahren Andacht; allenfalls will er den einstimmigen Gesang gelten lassen, wie es auch nur *einen* Gott, *eine* Taufe und *einen* Glauben gibt. Und sein Gesinnungsfreund in der Schweiz, Konrad *Grebel*, verwarf das Singen in jeder Gestalt und an jedem Ort; er hat, nach der Meinung der heutigen Wissenschaft, den Anstoß dazu gegeben, daß Zwingli die Musik überhaupt aus den Gottesdiensten der Züricher Kirche verbannt hat.

Erschreckend in der Simplifizierung ist das Bild, das Gottwald von der geistlichen Musik des 15. Jahrhunderts zeichnet, die „um sein zu können, gegen den Geist sündigen mußte": „Liturgisch gebändigt, hatte sie, vom Reiche Gottes singend, alle Hörer von der Unantastbarkeit des Ordo zu überreden, der kaum in einem Punkte sich mit der Idee vom Reiche deckte. Durch ihre angeblich nur sich selbst gehorchende Stimmigkeit hindurch regierte jener fremde Arm, der aus unruhigen Geistern ‚feine und geschickte Leute' machen sollte. Dadurch entfremdete sie sich jenen, die sie beherrschen half, und wurde auf eine Schicht von Kennern geworfen, mit denen sie schon deshalb nichts zu tun haben wollte, weil diese in ihr höchst selten die Sache selbst, die Musik, schätzten, sondern deren Funktion im Herrschaftsmechanismus." Mit solchen Klischeevorstellungen wird eine musikalische Epoche charakterisiert, in der eine Fülle von großartigen und unterschiedlichen Musikerindividualitäten wie *Dufay, Dunstable, Binchois, Okeghem, Isaac, Obrecht* und *Josquin des Prez* gewirkt hat! Freilich entdeckt das Auge Gottwalds auch einige Lichtpunkte: die geistliche Musik jenes Jahrhunderts habe gegen die klerikale „Vergiftung" angekämpft a. durch die Chanson-Messen, b. durch Partizipierung an der vulgär-geistlichen Musik der Lauda (deren Ausbreitungsgebiet freilich auf Oberitalien beschränkt war!) und c. durch die „Riesenmessen" der Josquin-Zeit, die über den liturgischen Rahmen hinausgewachsen seien und dadurch die „Autonomie des Kunstwerks" bewährt hätten. Welch primitives vulgär-marxistisches Klischee! Dabei ließen sich gerade aus dem Umbruch der Josquin-Zeit wesentliche Argumente für ein marxistisches Geschichtsbild ziehen: der Vorstoß in den Schaffensbereich der musica poetica, in dem sich der Komponist nicht zuletzt durch sein „Ingenium" und die Originalität seiner Tonsprache ausweisen mußte; die Entdeckung des Individuums und der Persönlichkeitswerte; die beginnende Respektierung des Künstlers als solchen („Josquin komponiert nur, wenn er Laune hat") u. a.

Aber wenden wir uns nunmehr dem ärgsten point honteux des Gottwaldschen Pamphlets zu, seiner Darstellung der kirchenmusikalischen Erneuerungsbewegung und ihrer Rolle im Dritten Reich. Dabei ist eine Vorbemerkung unerläßlich: Gottwald war, als Hitler an die Macht kam, ein Knabe von — wenn ich recht unterrichtet bin — noch nicht acht Jahren, hat also die damaligen Vorgänge nicht bewußt miterleben können, wie ihm erst recht deren Hintergrund verborgen bleiben mußte. Um so mehr hätte man erwarten dürfen, daß er sich wenigstens literarisch vorher gründlich informiert hätte, bevor er zu seinem Angriff gegen die Kirchenmusik der dreißiger Jahre aushole. Aber offenbar genügte ihm dafür *Adornos* Loccumer Vortrag „Kritik des Musikanten".[2] Die reiche Materialsammlung meines Buches „Kämpfende Kirchenmusik. Die Bewährungsprobe der evangelischen Kirchenmusik im Dritten Reich"[3] war ihm unbekannt, als er seinen Vortrag erstmals in Darmstadt hielt. Der Verleger Karl *Vötterle* hat ihm daraufhin das Buch zugesandt, mit dem einzigen praktischen Ergebnis, daß Fußnote 8 des gedruckten Vortrages[4] einen Zusatz erhielt. Wer wird denn auch einem „Detailfetischismus" huldigen, zumal wenn die Tatsachen gar nicht in das System passen? Aber hier muß Fraktur geredet werden!

1. „Geistliche Musik wurde ... gegen die wichtigsten Zeitströmungen abgedichtet und stilistisch uniformiert."

Angesichts dieser Behauptung wird Herr Dr. Gottwald gebeten zur Kenntnis zu nehmen, daß es in den zwanziger und dreißiger Jahren neben der Moderne Arnold *Schönbergs* noch eine andere, den Tendenzen der Wiener Schule entgegengesetzte Moderne gab, die von den Namen Igor *Strawinsky*, Béla *Bartók* und Paul *Hindemith* bestimmt war. Diese Moderne hat sich, nicht nur in Deutschland, zunächst durchgesetzt, und zwar in der gesamten musikalischen Öffentlichkeit, wie z. B. die Programme der Donaueschinger Musikfeste beweisen. Wer jene Zeit bewußt miterlebt hat, wird sich auch daran erinnern, welche sensationellen Ereignisse die Ur- oder Erstaufführungen der neuesten Werke der genannten Komponisten waren. Für die „Zweite Moderne" Arnold Schönbergs schlug die Stunde in Deutschland erst zu Beginn der fünfziger Jahre.

Die „Erste Moderne", von dem Bewußtsein einer „Stilwende der Musik" getragen, wollte gegenüber der Fin-de-siècle-Musik des ausgehenden Jahrhunderts einen neuen Anfang setzen: Wiederentdeckung des elementaren Rhythmus, Befreiung des Melos und der Tonalität von den Fesseln der Funktionsharmonik, Linearität der musikalischen Sprache, Verzicht auf alle Elemente einer Aufladung der Musik mit außermusikalischen Bedeutungsgehalten und Rückkehr der Musik zu sich selbst, zu ihren Urelementen, das waren

---

[2] Abgedruckt in „Dissonanzen. Musik in der verwalteten Welt", Göttingen 1956, S. 62—101.
[3] Kassel und Basel 1954. [4] S. 158—159.

die „linken" Materialien jener Zeit, und die Kirchenmusik hat von ihnen reichen Gebrauch gemacht und sich nicht gegen diese Zeitströmung „abgedichtet". Im Gegenteil, Neue Musik und die Neue Kirchenmusik eines Ernst *Pepping* (der einer der ersten Avantgardisten in Donaueschingen war), eines Johann Nepomuk *David* und eines Hugo *Distler* sind aus der gleichen Wurzel erwachsen.

2. „Die schwächer werdenden Pressionen von kirchlicher und weltlicher Obrigkeit wurden ersetzt durch ein der geistlichen Musik immanentes Zensurwesen. Diese Selbstkontrolle..."

Wie wenig Gottwald bereit ist, die Dinge objektiv zu beurteilen, macht der obige Satz deutlich. Denn „Selbstkontrolle" — damit wird doch das Vorhandensein eines Berufsstandes vorausgesetzt, der in relativer Freiheit über das, was seines Amtes ist, entscheidet. Daß in jenen Jahren ein neuer Berufsstand von hauptberuflichen Kirchenmusikern geschaffen worden ist — von der Kirche geschaffen worden ist —, der ein Element der Selbständigkeit darstellt, sieht Gottwald entweder nicht, oder es interessiert ihn nicht.

3. „Lang bevor der Nationalsozialismus die ‚entartete Musik' indizierte, hatte ... geistliche Musik diesen Akt des Ungeistes vorweggenommen. Als ‚übersteigerte Subjektivität' merzte sie das musikalisch Relevante aus..."
Was Gottwald in seinem denunziatorischen Vergleich als „Akt des Ungeistes" bezeichnet, ist nichts anderes als der Versuch, eine klare Unterscheidung zwischen Kirchenmusik und geistlicher Musik zu treffen. Obwohl mir zweifelhaft erscheint, ob bei Gottwald die nötigen Verständnisvoraussetzungen gegeben sind, will ich, worum es ging, mit einigen kurzen Worten beschreiben: Die junge Kirchenmusikergeneration, die aus den seichten Niederungen der geistlichen Musik der ersten Jahrzehnte unseres Jahrhunderts gekommen war, erlebte die Wiedergeburt einer liturgisch gebundenen Kirchenmusik als eine echte Entdeckung, — die Entdeckung nämlich, daß zwischen Kirchenmusik und geistlicher Musik ein tiefgreifender Unterschied bestand. Geistliche Musik war subjektives Bekenntnis ihres Schöpfers, während die Kirchenmusik aus dem Gottesdienst, der Liturgie erwuchs. Liturgie aber ist durch ein Doppeltes gekennzeichnet: daß hier nicht ein einzelner, sondern die Gemeinschaft der Gemeinde handelt und bekennt und daß Handeln und Bekennen der Gemeinde coram Deo, in der unsichtbaren Gegenwart des erhöhten Herrn geschieht. Von beiden Momenten her aber ergibt sich die Forderung, daß Kirchenmusik nicht nur zuchtvoll sei, sondern auch — bei allem blutvollen Beteiligtsein ihres Schöpfers — eine Sprache spreche, die alles Nur-Persönliche, allzu Subjektive hinter sich läßt. Daß damit nicht auf künstlerische Entfaltung der Kirchenmusik verzichtet wird, beweist deren Geschichte zur Genüge. Anton *Weberns* geistliche Musik war damals überhaupt noch nicht ins Blickfeld getreten, konnte deshalb auch nicht indiziert werden; sie sprach ein Idiom, das in die musikalische Landschaft der zwanziger und dreißiger Jahre nicht gepaßt hätte. Hier von „Brutalität gegen Andersdenkende" zu sprechen, ist eine Unterstellung, die sich selbst richtet.

4. „So gereinigt vom Eschatologischen, konnten ihre Vertreter (sc. der kirchenmusikalischen Eneuerungsbewegung) in vielen Fällen sich mit der anbre-

chenden Naziherrschaft als dem kommenden Äon ohne Schwierigkeiten identifizieren, und die geistliche Musik der zwanziger Jahre konnte dank der in ihr betriebenen faschistischen Vorarbeit bruchlos in dem noch erlaubten Gemeinschaftsstil des Dritten Reiches aufgehen."

Hätte Gottwald das Buch „Kämpfende Kirchenmusik" wirklich gelesen, würde er nicht wagen eine solche Behauptung auszusprechen. Wenn Werke der jungen Komponisten der Kirche von der nationalsozialistischen Presse als „kulturbolschewistisch" angeprangert wurden, wenn eine so starke schöpferische Potenz wie Hugo *Distler* im Dritten Reich in den Tod getrieben wurde, wenn der gregorianische Choral und alle Musik, die auf ihm basierte, als „artfremd" denunziert wurde, wenn man grundsätzlich Kirchenmusiker vom Wehrdienst nicht freistellte und der Kirchenmusikerstand von allen musikalischen Berufen die schwersten Blutopfer bringen mußte, so spricht das für das genaue Gegenteil dessen, was Gottwald behauptet.

5. Die Erklärung führender deutscher Kirchenmusiker vom 18. Mai 1933. Man kann dieser Erklärung nur gerecht werden, wenn man sich die damalige Lage vergegenwärtigt. Auf den nationalsozialistischen Kampfbund für deutsche Kultur gestützt, versuchten die „Deutschen Christen" die Schlüsselstellungen in den kirchenmusikalischen Verbänden zu erobern. Was der Kirchenmusik geblüht hätte, kann man noch heute in deren Schriftenfolge „Kirchenmusik im dritten Reich" nachlesen: „Der Grundstein unserer Kultur ist die arische Gotteserkenntnis. Und diese Erkenntnis schlummert im Unterbewußtsein, in der rassischen Grundlage unseres Volkes." „Als wortloses Ausdrucksmittel seelischer Vorgänge" soll die Kirchenmusik „der sehnsuchtsträchtigen nordischen Seele Erfüllung, Hingabe, Ergriffenheit und damit die Gotterkenntnis verschaffen". Von der Orgelbewegung hieß es schlicht: „Sie ist zu beseitigen." Da die damals schon herrschende nationalsozialistische Partei alles tat, um den „Deutschen Christen" zur Macht zu verhelfen — einen Monat später öffnete ihnen der Staatskommissar die Tür zum Einbruch in die Kirchenleitungen und -behörden —, war höchste Gefahr im Verzug. In dieser Stunde entschlossen sich die führenden Kirchenmusiker zum Handeln. Ihr Aufruf war also eine Kampfmaßnahme, kein „taktisches Manöver", wie Gottwald die Erklärung zu bagatellisieren versucht! Dabei ging es um ein einfaches „Entweder ihr — oder wir". Von daher erklären sich auch die scharfen Formulierungen, die dem sonst nicht sonderlich empfindlichen Herrn Gottwald mißfallen. Außerdem ist noch folgendes zu berücksichtigen: Die „Deutschen Christen" stellten eine mächtige Organisation dar. Diese auszuschalten war nur möglich, wenn mit Hilfe der „Erklärung" erreicht wurde, daß die Partei den „Deutschen Christen" die Unterstützung versagte. Das ist gelungen, und die Kirchenmusiker sind die einzige kirchliche Organisation, die von allen deutsch-christlichen Einwirkungen freigeblieben ist und konsequent den Weg gehen konnte, den ihr musikalisches und kirchliches Gewissen vorschrieb. Dafür werden sie jetzt von Herrn Gottwald als Faschisten und Schreibtischtäter von Auschwitz beschimpft.

Schade für das Image des großartigen Chorleiters Clytus Gottwald!

Neue Gottesdienstliche Musik — Notwendigkeit und kritische Maßstäbe

Walter Blankenburg

Die Behandlung des Themas verlangt vorweg eine Klärung der Begriffe „gottesdienstlich" und „neu", da beide heute mehrdeutig sind. Mit „gottesdienstlich" soll ganz schlicht das, was im Gottesdienst der versammelten Gemeinde geschieht bzw. geschehen kann oder sollte, gemeint sein. Dabei ist nicht entscheidend, ob der Gottesdienst nach einer herkömmlichen agendarischen Ordnung oder in einer offenen Form gestaltet ist, wie auch das Wort „Gemeinde" nicht zu exklusiv verstanden wird, sondern vielmehr mancherlei Menschen unter den Gottesdienstbesuchern einbeziehen möchte, die nicht zu den regelmäßigen, ja vielleicht sogar seltenen Kirchgängern gehören. Ausschließen möchte der Begriff „gottesdienstlich" jedoch das, was in bestimmten Kreisen, etwa der Jugend, vor allem bei Studenten, praktiziert und experimentiert wird. Nicht weil dies das Prädikat „gottesdienstlich" etwa nicht verdiente, sondern weil unsere Frage bewußt im Hinblick auf eine Allgemeinheit von Gottesdienstbesuchern, auf deren Aufnahmefähigkeit sowohl wie auf deren aktive Teilnahme, gestellt werden soll. Dadurch wird das Problem, um das es geht, nicht einfacher, sondern umgekehrt wesentlich schwieriger. Es wird daher auch die Geistliche Abendmusik nicht berücksichtigt, obwohl auch sie weithin als „gottesdienstlich" bezeichnet werden kann; jedoch erfolgt bei ihr eine andere Bezugnahme auf die teilnehmenden Menschen. Ohnehin hat sich seit dem Düsseldorfer Heinrich-Schütz-Fest von 1956 durch einen viel beachteten Vortrag von Wolfgang Fortner die Unterscheidung von gottesdienstlicher und geistlicher Musik herausgebildet, wobei die letztere eben keine Rücksichtnahme auf irgendwelche Schichten von Gottesdienstbesuchern zu nehmen braucht.[1]

Mit dem Begriff „neu" soll sodann nicht jene, heute bereits als klassisch bezeichnete Kirchenmusik, die als Frucht der kirchenmusikalischen Erneuerungsbewegung aus der Ära Distler, Pepping, Micheelsen u. a. vor dreißig bis vierzig Jahren hervorgegangen ist, verstanden werden; denn als „neu" im Sinne der Gegenwart gilt diese keineswegs mehr, da sie weithin zu allgemeiner Gültigkeit gelangt und in das konventionelle Repertoire der gottesdienstlichen Musik integriert ist. Unter „neu" soll demgegenüber das verstanden werden, was heute in einem irgendwie gearteten modernen Stil steht und komponiert wird.

Nach der Klärung dieser Vorfragen wenden wir uns der ersten Hauptaufgabe unseres Themas, der Frage nach der Notwendigkeit neuer gottesdienst-

---

[1] Fortners Vortrag ist in Musik und Kirche 27, 1957, S. 9 ff., erschienen.

licher Musik zu, wobei die Zusammengehörigkeit von Gottesdienst und Musik vorausgesetzt wird. Warum ist neue gottesdienstliche Musik, die heute und morgen komponiert wird, notwendig? Auf diese Frage werden von verschiedenen Seiten in der Regel drei teilweise sich deckende und teilweise sich ergänzende, jedoch auch teilweise sich widersprechende Antworten gegeben.

Die erste lautet: Das geschichtliche, auch das kirchengeschichtliche Urteil über das, was wir auf dem Gebiete der Kirchenmusik unserer Tage tun und lassen, wird nicht nach dem bemessen werden, was wir immer und immer wieder singen und musizieren, sondern nach dem, was wir zur Geschichte der gottesdienstlichen Musik neu beitragen. Erst das neu Geschaffene zeigt das vorhandene Maß geistigen und geistlichen Lebens; Restauration steht immer unter dem Verdacht des Epigonentums. Man wird folgende Sätze von Wolfgang Herbst, die sowohl für den Pfarrer wie den Kirchenmusiker gelten, nicht überhören dürfen: „Während wir Sonntag für Sonntag die alten Formen pflegen, bekommen wir in immer stärkerem Maße ein schlechtes Gewissen dabei; denn wir zitieren die Väter aus Mangel an eigener Sprache und eigenem Denken. Aber nur der hat das Recht, sich der Worte der Väter frei zu bedienen, der das, was er zu sagen hat, auch mit eigenen Worten sagen könnte."[2]

Die zweite Antwort lautet: Neue gottesdienstliche Musik ist notwendig im Hinblick auf die Strukturveränderungen der menschlichen Gesellschaft und die eigentümliche Situation, in der sich die Kirche in der heutigen Welt befindet. Hinter dieser Antwort verbirgt sich die Sorge, die Kirche könnte in der schnellebigen Zeit, in der sich die Ausdrucksweise und der Geschmack des Menschen ständig und schnell wandeln, über Nacht in einem völligen Getto landen. Allein die notwendige Offenheit der Kirche und ihrer Gottesdienste zur Welt hin, zu den Menschen und ihrem jeweiligen Lebensbereich, fordert unerläßlich neue gottesdienstliche Musik, wenn anders die Kirche sich in der Gegenwart noch verständlich machen will. Aus dieser Sorge heraus sind die zahlreichen bekannten Versuche von neuem Liedgut in Anknüpfung an Elemente des Jazz und des Spiritual, des Blues, der Beat- sowie der Unterhaltungsmusik erwachsen. Sie kann zu so vernichtenden Worten über die Kirchenmusiker führen wie die folgenden: „In einer Zeit, in der überall in der Welt junge Leute — einzeln und in Massen — zur Gitarre singen, verschwenden sie ihre Zeit noch mit Posaunenchören, was erträglich wäre, wenn kirchlicherseits wenigstens ein paar Gitarristen ausgebildet würden. Jedenfalls: fern von der musikalischen Welt, in der die versammelten Gottesdienstteilnehmer leben, unfähig, einen musikalischen Schlager auch nur einigermaßen fachgerecht zu klimpern, und ohne Gefühl für die Verantwortung des Kantors in der missionierenden Gemeinde, haben sich die Fachleute hinter ihren Orgeln versteckt und lassen von dort ihre abfälligen Bemerkungen über mangelndes musikalisches Niveau ertönen."[3] Diese Worte zeigen die Diskrepanz, die man zwischen der konventionellen Kirchenmusik und dem, was heute in der Welt vor sich geht und demzufolge auch in der Kirche sein sollte, zu erkennen glaubt.

---

[2] Musik und Kirche 39, 1969, S. 269, in dem Aufsatz „Musik in einer politisch engagierten Kirche".   [3] Theo Lehmann (Karl-Marx-Stadt) in DtPfBl 1968, S. 234 ff.

Die dritte Antwort wiegt theologisch am schwersten und wird uns daher eingehend zu beschäftigen haben. Sie betrifft das in jüngster Zeit immer wieder erörterte Problem „Sakral — Profan" und damit im Zusammenhang die theologische Kritik am angeblich herkömmlichen Kultverständnis. Ein Satz von Kurt von Fischer zeigt, worum es geht: „Alle Pflege älterer Musik birgt, grundsätzlich gesprochen, die Gefahr eines sakralen Reservates, einer Flucht in vergangene Zeiten in sich. Dasselbe gilt wohl auch von jeder pseudo-modernistischen Kirchenmusik, die sich, um kirchlich-liturgisch zu wirken, auf mittelalterliche und barocke Praktiken abstützt."[4] Hier wird also, damit der Gottesdienst nicht der Gefahr eines sakralen Reservates erliegt, nicht nur von der Notwendigkeit neuer gottesdienstlicher Musik gesprochen, sondern darüber hinaus deren Ausschließlichkeit gefordert. In letzter Konsequenz ist das gleiche beim XXI. Internationalen Heinrich-Schütz-Fest im Mai 1969 von Hans Heinrich Eggebrecht in dem Vortrag „Schütz und Gottesdienst. Versuch über das Selbstverständliche" u. a. mit folgenden Worten geschehen: „Die gottesdienstliche Kraft und gegenwärtige Aktualität der Musik von Schütz hat ihren Grund in der Evidenz, mit der sie eine christlich evangelische Wesensbestimmung gottesdienstlicher Musik kompositorisch in Erscheinung bringt. Diese Evidenz aber ist in ihrer Art ein Unwiederholbares, das unwiederholbare Ergebnis einer bestimmten geschichtlichen Lage der Musik ... Gottesdienst ist nicht die feierliche Zelebrierung von Fremdleistungen der Geschichte, sondern die Tilgung von Feierlichkeit und Wiederholung durch die Banalität des Alltags als der Wirklichkeit, in der allein Gottesdienst effektiv werden kann ... Das Haus mit dem Ofen Schütz wärmt mich nicht, läßt mich allein; die Kirche mit Schütz hat die Welt im Stich gelassen; Schützpflege übertüncht ein Unvermögen, dem Gnade nicht sein kann; die Präsenz von Schütz bedeutet die Abwesenheit Gottes, Schütz-Feste sind Totfeierungen Gottes."[5] Es wird also nunmehr von einer für den Gottesdienst tödlichen Gefahr, die mit der Pflege der alten Kirchenmusik verbunden sei, gesprochen, einer Gefahr, die daraus erwachse, daß die durch die spätere musikgeschichtliche Entwicklung entschärfte historische Musik und die längst eingetretene Gewöhnung an deren Klang im zeitlichen Abstand zu ihrer ursprünglichen Aktualität und Unmittelbarkeit in die Illusion und den Selbstbetrug eines ausgesparten, sakralen Bezirks führe. Jedwede alte Kirchenmusik kann daher, so meint man, nicht wahrhaft gottesdienstliche Musik sein; denn sie erweckt den betörenden Eindruck, daß Kirchenmusik etwas Besonderes sei, das sich von der übrigen Musik abhebt und seinen eigenen Stil hat. Nun gehört es sicher zu den unumstrittenen Aussagen aller Schattierungen der modernen Theologie, daß die Welt ein Ganzes ist und daß es demzufolge keine besonderen Gestaltungsgesetze für den gottesdienstlichen Bereich gibt, daß auch hier alle Gestaltungsmittel nur von Menschen gehandhabt und der empirischen Welt entnommen werden können. Auch Kirchenmusik ist immer

---

[4] Kurt Marti, Kurt Lüthi und Kurt von Fischer, Moderne Literatur, Malerei und Musik. Drei Entwürfe zu einer Begegnung zwischen Glaube und Kunst, Zürich 1963, S. 392.
[5] Vgl. Heft 3 der Veröffentlichungen der Walcker-Stiftung für orgelwissenschaftliche Forschung, Stuttgart 1969, S. 8 und 10.

geschöpflicher Natur und d. h. weltlich und nicht sakral. Der Gottesdienst geschieht in der Profanität. Bei Ernst Käsemann heißt es: „Die Christenheit steht heute überall vor der Notwendigkeit eines Exodus, d. h. eines Aufbruchs aus den geheiligten Räumen und Traditionen..., der Raum der Kirche ist die Welt."[6] Die Konsequenz, die sich aus solcher Erkenntnis für die Kirchenmusik zu ergeben scheint, ist die Leugnung aller stilistischen Unterschiede zwischen sog. geistlicher und sog. weltlicher Musik. Jedes musikalische Mittel ist im Gottesdienst grundsätzlich möglich und erlaubt, und sei es noch so trivial und profan, mit Ausnahme allein von jenen Mitteln, die sich sakral geben und mit einem Schein des Heiligen versehen. Höchst instruktiv für derlei Überlegungen sind Dieter Schnebels folgende, im Hinblick auf die herkömmlichen Vorstellungen von Kirchenmusik kritisch-ironisch gemeinten Worte: „So wäre es denn höchst unpassend, wenn in geistlicher Chormusik Vokalisten Zischlaute kultivierten oder den Kunstgesang um depravierte Abarten wie Grölen, Brummen, Kreischen bereicherten; wenn in Fortsetzungen solcher Vokalität auch noch Tierstimmen laut würden. Schwieriger noch würde es, sofern nicht nur geistliche Texte vertont würden, sondern auch Weltliches, gar Unheiliges zu Wort käme. Oder es mag unschicklich erscheinen, wenn dem Orgelklang, welche die mechanische Erzeugung den Schein eines Jenseits von Subjektivität verschafft — sicher nicht von ungefähr ward gerade die Orgel zum Kultinstrument gemacht —, obligate Klänge aus individuellem Bereich, gewissermaßen aus der Intimsphäre, amalgamiert werden wie in Kagels ‚Phantasia'. Auch daß man Pfeifen aus ihren Löchern nimmt, außerdem ein Staubsauger als hauptsächlicher Blasbalg benutzt wird, wie in Zachers genialer Interpretation von Ligetis erster Etüde, mag höchst unfein anmuten... Wie der Kult selbst gewissermaßen in einem Jenseits der Zeit angesiedelt ist, ist ihr Ziel Weihe und Beruhigung, aber auch das mit Maßen. Dies vermag nur eine reduzierte Musik zu leisten, die ihr dynamisches Wesen verleugnet."[7]

Zusammenfassend sei zu den drei Antworten folgendes gesagt: Die zweite und dritte stimmen darin überein, daß neue gottesdienstliche Musik notwendig sei um der heute unerläßlichen Hinwendung der Kirche zur Welt hin. Dieser von deren Vertretern vollzogene Exodus, ja revolutionäre Ausbruch, erfolgt nun aber, wie sich gezeigt hat, in zwei völlig extreme Richtungen, ein höchst beachtenswerter Vorgang! Denn er besagt, daß Hinwendung zur Welt mindestens mehrere Möglichkeiten impliziert, weil die Welt verschiedene Seiten hat. Die Vertreter der zweiten Antwort begeben sich in die Niederungen und Untiefen der profansten Musik. Sie sehen „dem Volk aufs Maul" und beziehen dies auf die zivilisierte Industriegesellschaft. Sie knüpfen bei den Klängen der Cafés und Gasthäuser, der Tanzkapellen an und bei dem, was man heute irgendwo zur (nicht gezupften, sondern geschlagenen) Gitarre singt. — Für die Vertreter der dritten Antwort, die Avantgardisten, bedeutet Hinwendung zur

---

[6] Exegetische Versuche und Besinnungen I, 1960, S. 117. Auch an die von Hans-Eckehard Bahr herausgegebene Aufsatzsammlung: Kirchen in nachsakraler Zeit, Hamburg 1968, Furche-Verlag, deren verschiedene Autoren sämtlich in die gleiche Richtung weisen, ist hier zu erinnern.
[7] Vgl. D. Schnebel, Musica sacra ohne Tabus in: Melos 1968, S. 372.

Welt Hinwendung zum Bereich der Klänge als solchem, zur Erschließung neuer, bisher ungeahnter musikalischer Welten, also zur absoluten Musik, zu deren Freiheit und unbegrenzten Möglichkeiten, die nicht gehemmt ist von dem betörenden Nimbus, dem „Getue und Gehabe" (D. Schnebel) eines sakralen Stils. Man kann also sagen: Hinwendung zum Primitiven auf der einen und Hinwendung zu künstlerischer Höchstleistung auf der anderen Seite. Zwischen beiden Gruppen besteht jedoch naturgemäß so gut wie keine Verbindung, obwohl deren Ausgangspunkt der gleiche ist; denn selbstverständlich können die Avantgardisten für die Befürworter der geistlichen Schnulze im Grunde nur ein mitleidiges Lächeln haben, und umgekehrt stehen diese jenen Progressiven mehr oder weniger völlig verständnislos gegenüber.

Zwischen diesen beiden extremen Ausbrüchen vollzieht sich nun nach wie vor — kaum verändert — die sonntägliche Arbeit der Organisten und Kantoren. Was sollen sie auch anders tun? Der Zwang ihrer Lage ist ihre Gefahr, die Gefahr, dem Anachronismus zu verfallen, aber vielleicht auch ihre Verheißung: denn sie bleiben — weil sie müssen — bei dem Durchschnittsmenschen. Um dieser merkwürdigen Situation der Kirchenmusik in unserer Zeit willen wurde 1968 gemeinsam vom Verband ev. Kirchenchöre und dem Kirchenmusikerverband Deutschlands eine Aufsatzreihe unter dem Titel „Kirchenmusik im Spannungsfeld der Gegenwart" veröffentlicht.[8] „Im Spannungsfeld der Gegenwart" sollte dabei nur eine Abkürzung für „Im Spannungsfeld zwischen Avantgardismus und Unterhaltungsmusik" sein. Der Titel will darüber hinaus jedoch zum Ausdruck bringen, daß die herkömmliche, konventionelle Kirchenmusik durchaus berührt wird von den besagten Ausbrüchen, daß sie so, wie sie insonderheit von den Avantgardisten völlig in Frage gestellt wird, sich ihrerseits auch wirklich in Frage stellen lassen muß und weithin auch stellen läßt; denn geistige und geistliche Lebendigkeit, Zukunftsträchtigkeit gibt es nur dort, wo sich auch schöpferische Kraft zu neuen Wegen kundtut. Damit ist, wenn auch zunächst nur allgemein, zur ersten der drei Antworten ein Jawort gegeben. Neue gottesdienstliche Musik *ist* notwendig um der Lebendigkeit der Geschichte willen, und auch die Kirchengeschichte ist Geschichte. Geschichte jedoch ist nichts Unabänderliches, sondern ruft zu Entscheidungen und zur verantwortlichen Mitarbeit auf. Nur unter solcher unabdingbaren Voraussetzung darf nunmehr die freilich ebenso unerläßliche Frage nach den kritischen Maßstäben für neue Kirchenmusik gestellt werden.

Wir befassen uns zunächst mit der avantgardistischen geistlichen Musik. Daß aus ihrem Bereich in absehbarer Zeit einmal praktikable gottesdienstliche Musik hervorgehen wird, erscheint unvorstellbar. Zwei Gründe sprechen dagegen: Einmal deren völlig fehlende Rücksichtnahme auf die Aufnahmefähigkeit nicht einmal nur des Durchschnittsmenschen, zum andern die immensen technischen Schwierigkeiten, die mit der Wiedergabe avantgardistischer geistlicher Musik verbunden sind. Mit der Möglichkeit des Nachvollzugs aber steht und fällt gottesdienstliche Musik. Die sog. „Informellen Gottesdienste", die Clytus Gottwald als praktischer Exponent dieser Richtung in Stuttgart

---

[8] Sie ist in Kassel erschienen.

durchgeführt hat, erfordern auch bei dem vorhandenen Berufschor einen unvorstellbaren Zeitaufwand. Zudem ist diese Musik zu einem Gutteil überhaupt nicht zum Nachvollzug durch Menschen bestimmt, sondern wird durch elektronische Apparate und deren Manipulation, durch Lautsprecher und Tonbänder wiedergegeben. Zwar sieht auch Schnebel die Problematik der Realisierbarkeit avantgardistischer geistlicher Musik im gegenwärtigen gottesdienstlichen Leben, aber er verbindet doch damit eine Hoffnung für die Zukunft, wenn er sagt: „Allerdings sprengt derartige Musik den herkömmlichen Gottesdienst. Solche Bewegung ist keineswegs zu scheuen, besonders da auch Liturgie neue Form finden muß. Darüber hinaus mag neue musica sacra, statt bloß Bestehendem zu dienen — was eh auf Restauration hinausläuft —, Musik für einen Gottesdienst dereinst entwerfen, dessen gänzlich andere, womöglich völlig säkularisierte Form antizipierend. Geistliche Musik dieses Schlages gewänne den ursprünglich eschatologischen Charakter zurück, der ihr als einer Äußerung einer prinzipiell eschatologischen Bewegung ohnehin wohl anstünde."[9] Der Begriff „Eschatologie" wird hier offenbar im Sinne eines optimistischen Fortschrittsglaubens, einer innerweltlichen Zukunftshoffnung verstanden. Eine solche Hoffnung bringt auch Eggebrecht in dem nachstehenden Satz zum Ausdruck: „Der Verweltlichungsprozeß der sakralen Musik ist identisch mit dem Prozeß der Vergeistlichung der profanen und erreicht den Punkt, wo sakral und säkular zur völligen Einigung in einem höheren Begriff sich aufheben, so daß die Regeneration einer spezifisch gottesdienstlichen Musik nicht noch einmal wiederholbar ist."[10] Hier zeigt sich, daß der eigentlich kritische Punkt bei den Avantgardisten deren Geschichtsverständnis ist. Naiver Fortschrittsglaube steht in Korrelation mit totalem Pessimismus gegenüber jeder Tradition. Gegen den letzteren aber sollten wir uns nicht weniger wenden als gegen die Utopie des ersteren; denn daß es weiterwirkende Geschichte gibt, daß Geschichte zum Ereignis, daß Vergangenheit zu neuer Gegenwart werden kann, läßt sich weder für die Kirchen- noch für die Musikgeschichte bestreiten. Kann im Ernst in Abrede gestellt werden, daß im 20. Jahrhundert alte Musik zu ungezählten Malen als lebendige Glaubensaussage neu erstanden ist und — wenn nicht alles trügt — Glauben gestärkt, wenn nicht gar neu geweckt hat? Gewiß ergibt sich geschichtliche Entwicklung auch durch Antithese zur Vergangenheit; aber auch darin zeigt sich, daß unsere Geschichtlichkeit nicht punktuell ist. Nun wird freilich ernsthaft bestritten, ob das, was die Avantgardisten komponieren, überhaupt noch als Musik zu bezeichnen ist, wodurch u. U. deren musikalisches Zukunftsbild in Frage gestellt wird. Dieses Problem wurde zuerst in Friedrich Blumes Vortrag bei den Kasseler Musiktagen 1958 „Was ist Musik?"[11] gestellt und ist seitdem nicht mehr verstummt; Wilhelm Kamlah hat sie erneut aufgegriffen und zwischen „Musik" und „nicht mehr Musik" unterschieden.[12] Das, was die einen als Vollendung der Kunst ansehen, ist für

---

[9] aaO. S. 376.   [10] aaO. S. 27.
[11] Er ist 1959 in der Reihe Musikalische Zeitfragen, Kassel erschienen.
[12] Wilhelm Kamlah, Der Anfang der Schützbewegung und der musikalische Progressismus, in: Musik und Kirche 39, 1969, S. 207 ff.

die anderen der Verrat an ihr, „Denaturierung", wie Friedrich Blume gesagt hat, also ihre Verderbnis. Für die Avantgardisten gehört jedoch jeder Klang, der natürliche wie der künstliche, der schöne ebenso wie der häßliche, der geformte Ton wie der unartikulierte Schrei, der menschliche wie der tierische Laut, zur Musik. Und man kann Dieter Schnebel z. B. dabei ertappen, wie es ihm weithin um das musikalische Material als solches geht, eben um absolute Musik, so wie er sie versteht, wenn er auch unvermittelt dann wieder gesellschaftskritische und endzeitlich heilsgeschichtliche Vorstellungen damit verbindet.

Es war notwendig, die Beurteilung der avantgardistischen geistlichen Musik etwas ausführlicher vorzunehmen, nicht allein deshalb, weil sie für manche etwas Faszinierendes an sich hat, sondern weil hier auch Verbindungen zu gewissen Strömungen der derzeitigen Theologie spürbar werden. Freilich, die kritischen Maßstäbe, die wir anzulegen haben, sind im Grunde viel vordergründiger; es sind ganz einfach die der Verständlichkeit und der Realisierbarkeit. Vor diesen aber kann die avantgardistische geistliche Musik vorerst keinesfalls bestehen. Sicherlich gibt es heute Kompositionen, die in deren Richtung liegen und eine große Aussagekraft haben. Dazu gehört ein Werk wie das „Meißener Te Deum" von Wolfgang Hufschmidt, das als Auftragskomposition zur Tausendjahrfeier des Meißener Bistums 1968 uraufgeführt worden ist.[13] Freilich ist auch hier der Rahmen gottesdienstlicher Musik durch den erforderlichen Aufführungsapparat, vielleicht aber auch durch den überaus realistischen Hintergrund der Dichtung von Günter Grass, auf dem das Te Deum erklingt, völlig gesprengt. Es besteht die Gefahr, daß — gleichnishaft gesprochen — der Rahmen das Bild, das er zur Geltung bringen soll, erdrückt, daß dieser als Situationsschilderung Eigenwert beansprucht und zum Selbstzweck wird.

Wir wenden uns nun der Frage nach den kritischen Maßstäben zu, die wir an die Schöpfungen derjenigen anlegen müssen, die dem anderen Extrem, der Propagierung der leichten Muse, der Billigkeit und dem musikalischen Mindestangebot zustreben. Hier geschieht im Vergleich zum Avantgardismus das krasse Gegenteil. Hier wird umgekehrt die Aufnahmefähigkeit des heutigen Menschen, dessen Ausdrucksweise und Geschmack, zum alleingültigen Maßstab gemacht. Oberstes Kriterium ist die Frage nach dem, was „ankommt". Der Satz „Liturgie kommt von der Straße und will auf die Straße" ist bereits zu einem modischen Schlagwort geworden. „Die Aufgabe des Kirchenmusikers beim vielfachen Engagement der Amateure sehe ich darin, den musikalischen Niveauverlust als Sekundärverpflichtung so gering wie möglich zu halten.[14] Wird er das können?" Aber muß man nicht fragen: Wird er das dürfen? Diese Frage ist im Grunde die nach den legitimen Kriterien für das Kirchenlied. Daß ein dringender Bedarf nach neuem gottesdienstlichen Liedgut besteht, daß auch neue Lieder Maßstab für lebendiges kirchliches Leben sind oder wenigstens

---

[13] Eberhard Schmidt hat darüber in Musik und Kirche 38, 1968, S. 182 ff. berichtet.
[14] Ulrich Kellermann in dem Vortrag „Ist der Gottesdienst noch die Mitte des Gemeindelebens?" Evangelische Kirche im Rheinland — Landeskirchenamt 1968, S. 23.

sein können, aber vor allem sein sollten, dies alles sind Erfahrungen der letzten Jahre. Jedoch welches sind die Maßstäbe, mit denen gottesdienstliches Liedgut gemessen werden muß? Ich möchte drei nennen:
1. eine Kirchenliedweise muß eine Sprachrohrfunktion ausüben,
2. sie muß einen ästhetischen Wert haben und
3. sie muß im zeitgemäßen Sinne volkstümlich-gemeindegemäß sein.

Was bedeuten diese Forderungen im einzelnen?

Zu 1: Karl Barth hat im Band I, 2, Seite 275 ff., seiner „Kirchlichen Dogmatik" (1938 u. ö.) im Anschluß an einen Aufsatz von Lukas Christ in „Zwischen den Zeiten" (Jahrgang 1925, Seite 358 ff.) die Geschichte des evangelischen Kirchenlieds als die Geschichte seiner allmählichen „Säkularisierung" dargestellt, da in ihr allmählich und in ständig zunehmendem Maße der Ausdruck des subjektiven Erlebens und der persönlichen Glaubenserfahrung den Vorrang vor der dichterischen Aussage der Verkündigung erhalten hat. Unter diesem Blickwinkel habe ich dann selbst die musikalische Geschichte des evangelischen Kirchengesangbuchs untersucht.[15] Wenn das Kirchenlied als gottesdienstliches Lied der Gemeinde Antwort auf das an sie ergangene Wort der Verkündigung und somit Bekenntnis, Lobpreis und in alledem selbst weitersagende Botschaft ist, dann sind Kirchenliedweisen an ihrem Wort-Ton-Verhältnis zu messen, dann ist zu prüfen, ob diese eine Sprachrohrfunktion ausüben oder einen illegitimen Eigenwert beanspruchen. Nun zeigt die geschichtliche Entwicklung, daß mit dem von Christ und Barth dargestellten Säkularisierungsprozeß zugleich ein Verabsolutierungsprozeß des Musikalischen Hand in Hand geht. In dem Maße, in dem das subjektive Erlebnis und die Glaubenserfahrung in der Kirchenlieddichtung mehr und mehr in den Vordergrund rücken, erhalten und beanspruchen die Melodien als Ausdrucksträger solcher Erfahrung ein Eigenrecht. War der individuelle Ausdruck im Anfangsstadium des evangelischen Kirchenlieds musikalisch ganz und gar an den überindividuellen, darum keineswegs unpersönlichen Charakter des Lobpreises und der hymnischen Aussage gebunden, so tritt an dessen Stelle mit der Zeit das musikalische Sentiment als Selbstzweck; die Sprachrohrfunktion der Kirchenliedweisen ist in den neueren Kirchenliedmelodien mehr und mehr verkümmert. Daß dieser Entwicklung gewisse theologische Strömungen, in denen Glaube mit Gemütserhebung und -bewegung gleichgesetzt zu werden drohte, Vorschub geleistet haben, sei nur am Rande erwähnt. Seit den Tagen der liturgischen und kirchenmusikalischen Restauration des frühen 19. Jahrhunderts versucht man diese Entwicklung aufzuhalten, jedoch nur mit teilweisem Erfolg. Seitdem, wenn nicht schon seit der Zeit des Pietismus, fährt daher der Kirchengesang zweigleisig; es wird in den offiziellen Gottesdiensten weithin ein anderes Liedgut gesungen als zu Hause und in den kirchlichen Kreisen. Die Erweckungsbewegung hat den Bruch vollends vollzogen und im späteren „Reichsliederbuch" s. Z. einen ernsthaften Konkurrenten für die landeskirchlichen Gesangbücher hervorgebracht. Was wir heute nun mit dem großen Angebot an neuen Melodien einschließlich ihrer Arrangements, ihrer „Verpackung", erleben, ist nur die Fortsetzung

---

[15] Vor allem in Band II, 2 des Handbuches zum Evangelischen Kirchengesangbuch, Göttingen 1957.

dessen, was der evangelische Kirchengesang seit der Zeit des Pietismus immer wieder erfahen hat. Darum muß trotz der riesigen Flut neuer Lieder und Weisen, die doch zunächst einmal zu begrüßen ist, die Frage nach ihrer Sprachrohrfunktion gestellt werden. Es muß nach dem eigentlichen Zweck der hier eingesetzten musikalischen Mittel gefragt und untersucht werden, ob denn nicht die heutigen Unternehmungen eine Fortsetzung jenes Säkularisierungsprozesses der Geschichte des evangelischen Kirchenlieds darstellen. Diese Frage wird weiter unten wieder aufzugreifen sein.

Zu 2: Eine Kirchenliedweise muß einen ästhetischen Wert haben. Es ist dies wohl derjenige Maßstab, der heute auch von ernsthaften Betrachtern am meisten in Frage gestellt wird. Ist nicht das Entscheidende, daß der Mensch unserer Tage, ganz gleich mit welchen musikalischen Mitteln, erreicht wird und daß vor allem der junge Mensch auf seine Weise sich in der Kirche aussprechen darf? Heiligt der Zweck nicht jedes Mittel? Ulrich Kellermann sagt in dem erwähnten Vortrag: „Die Frage der Ästhetik und der Dauerhaftigkeit ist kein Primärmaßstab für das im Gottesdienst gesungene Lied. Das Wort hat die Priorität. Ich halte jede Melodie und jeden Stil für legitim, der im Gottesdienst die Gemeinde wirklich zum Singen bringt."[16] Dazu aber ist zu sagen: Gerade weil der Satz „Das Wort hat die Priorität" unanfechtbar ist, kann der folgende Satz nicht so lauten. Die Erfahrung lehrt: Je dicker etwas musikalisch aufgetragen ist, desto lieber singt es der Mensch, desto mehr aber wird das Wort überwuchert und seiner Priorität beraubt. Die geschichtliche Entwicklung hat erwiesen, daß mit dem allmählichen Verlust der Sprachrohrfunktion der Kirchenliedweisen auch mehr und mehr deren künstlerischer oder sei es auch nur ihr guter handwerklicher Wert verloren ging. Damit hängt es zusammen, wenn vor allem im 19. Jahrhundert die Trivialität, d. h. der Umgang mit verbrauchten musikalischen Mitteln, allein um Sentimentalität zu erregen, in die Kirchenmusik Einzug gehalten hat. Es muß immer zu denken geben, daß es die sparsame Anwendung musikalischer Mittel war, die die älteren Kirchenliedweisen ausgezeichnet hat. — Wenn angeblich der Zweck, beim Menschen unserer Tage „anzukommen", jedes Mittel rechtfertigt, dann darf gerade in der Kirche der Gegenwart, die sich weithin als missionierende Kirche verstehen muß, zudem keinesfalls übersehen werden, daß in der modernen pluralistischen Gesellschaft die einen durch das, womit man andere zu gewinnen glaubt, abgestoßen werden. Es wäre leichtfertig, dann die Ästheten zu schelten. Denn erheben diese nicht oft mit Recht den Vorwurf der Ehrfurchtslosigkeit vor den Gaben des Schöpfers? Die Behauptung der Irrelevanz der ästhetischen Kategorie im Bereich des gottesdienstlichen Lebens ist daher höchst bedenklich. In einer Zeit, da tagtäglich durch die Massenmedien nicht nur Fluten von seichter Musik auf die Menschen einströmen, sondern auch von viel guter Musik, und in der demzufolge auf großer Breite die Begriffe von guter und schlechter Musik klarer geworden sind, ist in gleichem Maße die Empfindlichkeit vieler Menschen gegenüber der Geringschätzung oder gar Mißachtung der Kunst in der Kirche gewachsen. Eine solche Kirche erscheint vielen Menschen suspekt; denn Mißachtung der

---

[16] aaO. S. 23.

Kunst ist gleichbedeutend mit Mißachtung von vorgegebenen Gesetzen und Ordnungen der Schöpfung, mit der es jede wahre Kunst zu tun hat. Die Frage, ob Kunst oder Nicht-Kunst, ist daher nicht minder eine höchst aktuelle volksmissionarische Frage als die der Zeitgemäßheit eines Liedes. Von daher ist es zu verstehen, wenn sich viele Kirchenmusiker gegenüber den neuen geistlichen Liedern schwer tun; denn sie haben das künstlerische Gewissen der Kirche zu sein. Erfahrungsgemäß handelt es sich hier nicht um eine Generationsfrage. — Schließlich ein Drittes bei der Forderung eines ästhetischen Werts für die gottesdienstlichen Liedweisen: Zu guter Handwerklichkeit und echter Kunst gehört Dauerhaftigkeit und Lebensfähigkeit. Der Schlager indes lebt von der Aufdringlichkeit, die ihn schnell in aller Munde bringt, der aber bald der Überdruß folgt. Es ist ein Gebot der Seelsorge, den Menschen etwas zu bieten, von dem sie für die Dauer leben können. Die Frage der Dauerhaftigkeit ist daher, wenn nicht ein Primärmaßstab, so doch auf alle Fälle ein unaufgebbarer Maßstab für das gottesdienstliche Lied.

Zu 3: Neues gottesdienstliches Liedgut in einer zeitgemäßen Volkstümlichkeit, das ist heute fraglos die zentrale Forderung. Niemand wird bezweifeln, daß sie berechtigt, ja notwendig ist, und daß es ein gutes Zeichen ist, daß die Forderung nach einem zeitgenössischen gottesdienstlichen Lied um des Maßstabs der Volkstümlichkeit willen heute nachdrücklich erhoben wird. Dennoch ist vor einer ausschließlichen Anwendung dieses Maßstabs nachdrücklich zu warnen; denn es gibt in der heutigen Gesellschaft weder eine Übereinkunft darüber, was zeitgemäß ist, noch darf die Forderung des Zeitgemäßen um jeden Preis gelten. Denn sie kann nicht alleiniger Maßstab sein, sondern nur einer, wenn auch ein unerläßlicher, neben dem der Sprachrohrfunktion und dem handwerklich-künstlerischen. Nicht die Berechtigung dieses Maßstabs steht in Frage, sondern dessen ausschließliche Anwendung, die dann konsequent die Ablehnung des überkommenen Melodienguts nach sich zieht. Das aber hat zwangsläufig zur Folge, daß der Dialog mit der Geschichte und demzufolge die Anwendung aller drei geforderten Maßstäbe aufgegeben wird.

Nun ist unübersehbar, daß die Hemmungslosigkeit, mit der zuweilen das gottesdienstliche Singen umfunktioniert wird, nur ihrerseits eine radikale Hinwendung zur Welt darstellt, der Versuch eines totalen Neubeginns an einem geschichtslosen Punkt Null, an dem alle Brücken zur Überlieferung um des Zieles einer totalen Säkularisierung des gottesdienstlichen Singens willen abgebrochen werden. Was ist dies anderes als eine besondere Form des Kampfes gegen das sog. Kultische im evangelischen Gottesdienst, gegen jedwede Unterscheidung zwischen geistlichem und weltlichem Stil? Solange es sich um das theologische Problem des Kultischen, um die Behauptung eines kultischen Reservats handelt, gibt es gewiß heute keinen Dissensus. Die Gefahr besteht jedoch, daß damit zugleich die Unterscheidung zwischen gottesdienstlicher und außergottesdienstlicher *Art* aufgehoben wird, als ob der Gottesdienst keine andere Aufgabe hätte als ein Café oder ein Tanzlokal, und als ob nicht die Musik recht verschiedene Seiten, u. a. auch eine dionysische Seite mit ekstatischer, provozierender oder benebelnder Wirkung in einer schwülen Atmosphäre hätte. Ist denn Welt gleich Welt? Der Hinweis, daß es in früherer Zeit keinen Unterschied gegeben habe zwischen geistlichem und weltlichem Stil, ist nicht einmal eine halbe Wahrheit; denn es hat stets und allenthalben die Unterscheidung von gottesdienstlicher und außergottesdienstlicher Art gegeben. Hier geht es um die zentrale Frage, was am Menschen um des Evangeliums willen im Gottesdienst mit Hilfe der Musik geschehen soll. Soll diese nur ein Mittel sein, die Menschen in Bewegung zu setzen, zu erregen, zu provozieren und zu schockieren, womöglich in Ekstase zu treiben, oder gilt auch heute noch Luthers Wesensbestimmung der Musik aus seinem Encomion musices (1538), daß diese eine nobilis, laeta et salutaris creatura ist? Ist sie nicht im Gottesdienst dazu bestimmt, den Menschen über sich selbst hinauszuführen und zur Freiheit des Gotteslobs zu verhelfen? Liegt darin nicht ihre ureigentliche gottesdienstliche Aufgabe?

Sicherlich wird in den musikalischen Ausbrüchen aus der herkömmlichen kirchenmusikalischen Praxis eine berechtigte Kritik laut, daß es dem gottesdienstlichen Singen und Spielen nur allzu oft an Spontaneität und Urwüchsigkeit fehlt. Daraus kann jedoch nicht das Recht abgeleitet werden, das Wesen und die Aufgabe gottesdienstlicher Musik zu verändern, als ob Zeitgemäßheit ein absoluter Wert sei. Wenn heute immer wieder über den Wirklichkeitsverlust der Gottesdienste geklagt wird, dann ist zu fragen, ob ihnen nicht ein viel schwerwiegenderer Wirklichkeitsverlust, nämlich der der Anbetung und der Freiheit des Gotteslobs, droht. Täuscht nicht alles, verlangt aber der Mensch unserer Tage weit mehr, als geahnt wird, und sei es unbewußt, nach dieser Wirklichkeit. Was Ulrich Conrads auf der Evangelischen Kirchbautagung in Darmstadt 1969 warnend gesagt hat, gilt genauso für die Kirchenmusik: „Die Kirche ist dabei, mit ihren Räumen auch ihren Atemraum zu verspielen."[17]

So kommt es für die weitere Entwicklung des neuen geistlichen Lieds unserer Tage, das gewiß eine Verheißung hat, entscheidend auf die gemeinsame Anwendung aller drei genannten Maßstäbe, des der Sprachrohrfunktion, des ästhetischen Werts und der Zeitgemäßheit, an. Kein Maßstab hat den Vorrang vor dem anderen. Rezepte für das ideale neue geistliche Lied gibt es bisher ebensowenig wie für die neue gottesdienstliche Musik überhaupt. Es ist jedoch eindringlich davor zu warnen, den erwähnten Säkularisierungsprozeß und damit die Zweigleisigkeit des kirchlichen Singens blindlings fortzusetzen oder gar das Hauptgleis abzubauen und nur noch auf dem Nebengleis zu fahren. Hoffen kann man allein, daß beide Gleise endlich wieder ineinander einmünden, so daß beide Liedbereiche, das herkömmliche Gesangbuchlied und das neue geistliche Lied, sich im praktischen Gebrauch gegenseitig befruchten.

Abschließend sei für beide behandelten Bereiche noch einmal nachdrücklich ausgesprochen: Die geforderten kritischen Maßstäbe heben die Notwendigkeit neuer gottesdienstlicher Musik keinesfalls auf, auch wenn es heute manche Ratlosigkeit gibt. Es wird jedoch weder der musica sacra noch dem Gottesdienst noch dem Menschen der Gegenwart ein guter Dienst getan, wenn es heißt: Neue gottesdienstliche Musik um jeden Preis!

---

[17] Ulrich Conrads, Krise im Sakralbau? In: Bauen für die Gemeinde von morgen, Hamburg 1969, S. 29.

Ernst Gottfried Mahrenholz

Musik im Zeitalter der Massenkommunikation

Vom Zeitalter der Massenkommunikation zu sprechen ist nur insofern fehlerhaft, als die Massenkommunikation nicht das einzige Element ist, das diese Zeit prägt. Der erste Ausdruck für unser Zeitalter war „Atomzeitalter". Wir könnten hinzufügen: das elektronische Zeitalter, das Zeitalter der Information, das Zeitalter des Managements, das Zeitalter der Globalpolitik usw. Erst solche grundsätzlichen Aspekte insgesamt geben dem Zeitalter seinen Charakter.

Für die Musik, als Musikausübung und Musikhören, ist der Aspekt der Massenkommunikation von vorrangiger Bedeutung. Die Massenkommunikationsmittel prägen den Musikbetrieb. Dies ist den wenigsten derer bewußt, die Liebhaber oder Professionelle der Musik sind. Nur wenige Fachleute in der Wissenschaft und Publizistik, im Rundfunk und in der Schallplattenindustrie beschäftigen die Veränderungen der Struktur des Musiklebens durch die Medien der Massenkommunikation. Im folgenden soll von einigen Aspekten dieses Prozesses im Zusammenhang mit dem Radio und der Schallplatte als den „Musikmedien" die Rede sein.

I

Die Entwicklung der Technik ist die Voraussetzung für jede Art von Massenkommunikation. Bezogen auf die Medien Schallplatte (zu der das Tonband immer mitzudenken ist) und Radio bedeutet der Fortschritt der Technik zunächst eine rein äußerliche Veränderung des Verhältnisses vom Künstler zum Publikum. Gegenüber der früheren Situation hebt die Platte die Gleichzeitigkeit von Musizieren und Hören auf, während das Radio diese Gleichzeitigkeit über Tausende von Kilometern hinweg konstituieren kann. „Publikum" stellt sich damit in beliebigen Situationen her, die nur ein gemeinsames Merkmal verbindet: die Abwesenheit der Musizierenden und der anderen Zuhörer, also der Publikumssituation, die wir meinen, wenn wir von Publikum sprechen.

Musik, die in beliebigen Räumen zu beliebiger Zeit und während beliebiger Beschäftigungen gehört wird, ist aber nicht mehr die gleiche Musik wie die, die ein Publikum hört, mögen sich auch die Noten gleichen. Musik hat ein soziales Element. Sie vollendet sich im Hörer, d. h. aber im Zuhörer. Dies gilt jedenfalls für die sogenannte E-Musik, wie der Rundfunkjargon alle Arten von opernhaft oder konzertant aufzuführender „ernster" Musik im Gegensatz zur U-Musik, der Unterhaltungsmusik, nennt.

Vergegenwärtigen wir uns drei Situationen, die zweistimmigen Intentionen von Bach zu hören: einmal als Cembalomusik im Konzertsaal, zweitens als Cembalomusik aus dem häuslichen Radio und drittens als Saxophonmusik zu Beginn der Jazzkonzerte Lennie Tristanos. Dem äußeren Anschein nach ist die Musik der ersten und der zweiten Situation identisch, denn in beiden Fällen erklingt der unveränderte Bach. Aber dem Anspruch dieser Musik nach gilt dies eher für die Musik der ersten und die der dritten Situation. Sie trifft nicht auf Hörer in einer privaten Sphäre, die überwiegend oder wenigstens großenteils mit anderen Dingen beschäftigt oder Störungen Dritter ausgesetzt sind. Schneidet der Rundfunk die Aufführung einer Bachschen Passion mit und sendet sie zu einem späteren Zeitpunkt, so sind die Hörer dieser Sendung — trotz denkbarer Personenidentität mit dem Publikum — doch nicht mehr ein Publikum, denn die Bachsche Passion wird vor dem häuslichen Lautsprecher anders gehört als in der Kirche oder im Konzertsaal: man vermeidet die Unterhaltung nicht vollständig, man raucht und trinkt, läßt sich durch ein Buch, durch Zeitungen oder Familienangehörige ablenken oder will gar die Musik nur als feiertagbegleitende Musik hören, während man anderen Beschäftigungen nachgeht. Diese Musik ist kein Ereignis.

Gewiß ist es ein kaum zu überschätzender Fortschritt, Musik von der Platte oder aus dem Radio hören zu können; ebenso gewiß gibt es konzentriert lauschende Hörer solcher Musik. Aber wenn es richtig ist, daß in der Musik Eigenschaften wie „Ernst, Erhebung, Freude" leben, „die auf der Voraussetzung des Ausnahmezustandes beruhen und ihn in sich selbst enthalten, wenn der Intention nach ein Prozeß der Verinnerlichung, dem große Musik als ein von der äußeren Objektwelt sich Befreiendes überhaupt ihren Ursprung verdankt",[1] Musiker und Hörer ergreift, läßt die labile Situation des Hörers eines Massenmediums den Anspruch der Musik nur allzu oft scheitern und reiht sie in eine bestimmte Gattung gehobener Unterhaltungsmusik ein.

Eine andere Art, in der die Massenmedien Musik als soziales Element verändern, läßt sich als Relativierung kennzeichnen. Der Musik Hörende orientiert sich in seinem Urteil inzwischen an einem Qualitätsstandard, der ihm vor dem Auftreten der Medien unzugänglich war. Schallplatte und Rundfunk arbeiten in der Regel mit erstrangigen Kräften. Ungewollt entlarven die Medien daher Mittelmäßiges schneller als Mittelmäßiges. Das gilt nicht nur für Aufführungen bzw. für Aufnahmen, sondern insbesondere für die Orchester und Ensembles, die nicht durch Verträge ihrer Mitglieder mit staatlichen oder kommunalen Opernhäusern oder mit öffentlich-rechtlichen Rundfunkanstalten geschützt sind und also auf dem freien Markt der Konzertsaison und der Schallplatte ihr Auskommen finden müssen. Hier hat nach 1948 ein Sterben insbesondere der Kammerorchester eingesetzt, über dessen Umfang genauere Unterlagen freilich nicht vorzuliegen scheinen.

Ein dritter Aspekt der Veränderung der Musik durch die Massenkommunikation ist die Einmischung der Technik in die „Produktion" von Musik. Die

---

[1] Th. W. Adorno, Einleitung in die Musiksoziologie, rde 292/293, S. 140, 142.

Technik verändert einmal den Raumklang durch Auswahl und Aufhängung der Mikrophone oder durch die Hallplatte, die die Akustik sogar solcher Räume verbessert, die von ihr viele Kilometer entfernt sind, wenn nur eine Leitung die Musik über die Hallplatte leitet, bevor sie aufs Band kommt. Die Technik „idealisiert" also den Raumklang. Über die Mikrophone oberhalb des Klangkörpers erreicht der Ton direkter das Band als das Ohr des Saalpublikums. Wer einmal während einer stereophonen Produktion im Magnetophonraum den Kopfhörer aufgesetzt hat, hört sich plötzlich zu Füßen des Dirigenten einem Klangbild ausgesetzt, das er im Publikum nicht hat. Manipulationen mit Hallplatten können sodann eine größere Klangfülle erzeugen, etwa einen „Streicherwald" von Geigen, wovon insbesondere bei der Produktion von Unterhaltungsmusik Gebrauch gemacht wird. Das play-back-Verfahren erlaubt die zeitversetzte Produktion zusammengehöriger Stimmen, also insbesondere ein bequemes Produzieren eines schwierigen Solo auf ein bereits auf Band vorhandenes Tutti; im Extremfall könnte auf diese Weise ein Streichquartett mit einem einzigen Musiker produziert werden. Schließlich ermöglicht die Technik Schnitte; unter beliebig vielen Wiederholungen bestimmter Passagen werden die besten ausgesucht und nach Beendigung der Produktion zur endgültigen Musik „montiert".

Alles in allem liegt hier eine Qualitätssteigerung vor, die nur die Technik ermöglicht. Das Produkt der Aufnahme, die Musik, ist nicht mehr ein Ereignis, sondern ein Monument, an dem mit Genauigkeit und Fleiß gemeißelt worden ist. Der Toningenieur ist eine Zentralfigur in der Musik der Massenkommunikation. Er hebt das Inperfekte und Ursprüngliche des Musizierens auf, von den älteren Erlebnisweisen der Musik her gesehen eine geradezu anstößige Tätigkeit.

II

Sind die Wirkungen der Medien auf die Musik nahezu identisch, so unterscheiden sie sich doch voneinander in ihrem eigenen Verhalten gegenüber der Musik.

Die Schallplatte ist der stärkste Ausdruck der Kommerzialisierung der Musik. Die Musik erhält Warencharakter. Natürlich hatte sie ihn bis zu einem gewissen Grade seit jeher. Musiker hatten ihren Preis und musikalische Aufführungen, jedenfalls im nichtgottesdienstlichen Raum, ihren Eintrittspreis. Aber beides waren gewissermaßen Artikel in geringer Stückzahl. Es gab keinen überregionalen Markt für eine jederzeit verfügbare Ware Musikkultur. Diesen eröffnet erst die Platte. Erst sie bringt eine käufliche h-moll-Messe.

Diese Entwicklung zu einer Kommerzialisierung, die aus jeder Musik, auch aus der gottesdienstlichen, ihren Profit zu ziehen sucht, ist nicht denkbar ohne eine emanzipierte Ästhetik, die jede Musik als Profanmusik sieht und mit den gleichen Maßstäben mißt. Bereits die Aufführungspraxis des 19. Jahrhunderts begann z. B. die großen geistlichen Oratorien dem Kirchenraum zu entziehen.

Nicht nur jede Art von Musik ist durch die Platte zur Ware geworden, sondern zwangsläufig damit auch die Stimme, das instrumentale Können, das

Dirigieren. Der Markt des musikalischen Künstlertums ähnelt inzwischen der Situation Afrikas zur Zeit der Kolonialisierung: mächtige Schallplattenfirmen suchen sich im raschen Zugriff die kommerziell für sie wichtigen Talente zu sichern und stecken damit Grenzen ihres Machtbereichs ab, die diejenigen am Zusammenarbeiten hindern, die zusammen Hervorragendes produzieren könnten.

Joachim Matzner berichtete zwei Beispiele:[2] Die Wiener Philharmoniker sind bei Decca unter Vertrag, ihre alten „Hausdirigenten" Wilhelm Böhm und Herbert von Karajan dagegen bei der Deutschen Grammophon. Der Schallplattenkonsument kann also keine Konzerte der Wiener Philharmoniker unter ihren besten Dirigenten erleben. Die Deutsche Grammophon hat sich auch die Berliner Philharmoniker verpflichtet. Sir John Barbirollis Mahler-Aufführungen mit den Berliner Philharmonikern gehören zwar, wie J. Matzner urteilt, „zum Größten, was seit Furtwänglers Tod dem Musikleben zuteil wurde", bleiben aber ungepreßt, da Sir John zu Electrola gehört.

Es geht hier nicht um vorwerfbares Verhalten und auch nicht um Überlegungen, bestimmte Entwicklungen zu redressieren. Wo Kulturgut Konsumware wird, die Gewinne zu erbringen hat, kann die Situation gar nicht viel anders sein, als sie es zur Zeit ist, selbst wenn Extremfälle, wie die eben genannten, bei besserer Einsicht korrigierbar sind.

Für den Rückgang des Konzertbesuches sind vermutlich Schallplatte und Radio, neben dem anderen Freizeitangebot, insbesondere dem Fernsehen, gleichermaßen mit ursächlich. Doch wirkt der Rundfunk diesem Trend durch die Veranstaltung öffentlicher Konzerte mit eigenen, durchweg qualifizierten Orchestern entgegen.

Das Statistische Jahrbuch für die Bundesrepublik Deutschland führt für die Konzertveranstaltungen und für die Konzertbesucher keine absoluten Zahlen auf, sondern verzeichnet lediglich Daten zu den Theaterorchestern. Hiernach hat die Theatersaison 1967/68 gegenüber der Theatersaison 1958/59 einen Rückgang an Konzerten von 460 auf 372 gebracht; die Besucherzahlen haben im gleichen Zeitraum von 464 000 auf 326 000 abgenommen.[3]

Zur Entwicklung der Orchestersituation in der Bundesrepublik gibt das Statistische Jahrbuch keine Anhaltspunkte. Nach einer Erhebung des Deutschen Musikrates hat die Zahl der Planstellen an 89 Kulturorchestern, von denen Daten vorlagen, einschließlich der Kulturorchester des Rundfunks, von 1960 auf 1966 von 5486 auf 6083 zugenommen. Die Zahl der insgesamt bestehenden Kulturorchester liegt geringfügig über der Zahl 89.[4]

In der DDR ist die Zahl der Konzertveranstaltungen insgesamt, also nicht nur die der Theaterorchester, relativ konstant geblieben. Im Jahre 1960 (Kalenderjahr) gab es 6924 Konzerte, 1967/68 (Spielzeit) 6843. Doch ging die Zahl der Konzertbesucher von 3,4 Millionen auf 2,1 Millionen zurück, was,

---

[2] Die Schallplatte als Dirigent, in: „Die Welt" vom 14. 11. 1968.
[3] Statistisches Jahrbuch für die Bundesrepublik Deutschland, 1960, S. 115; 1969, S. 89.
[4] Musikberufe und ihr Nachwuchs II, Statistische Erhebungen 1965/67 des Deutschen Musikrates, hrsg. von H. Sass, S. 11, 50 f., 74.

bezogen auf je 1000 Einwohner, einem Rückgang von 199 Besuchern auf 125 Besucher entspricht.[5] Die außerordentlich hohe Zahl von Konzerten rührt aus einer starken Ausweitung des Begriffs „Konzert" her, der z. B. die Opern einschließt, wie sich aus älteren Statistischen Jahrbüchern der DDR ergibt.

Zur Orchesterentwicklung meldet die Statistik der DDR für die Zeit von 1952 bis 1960 einen Rückgang von 120 auf 89 Orchester. Ob es sich hier um Zusammenfassungen zu größeren Ensembles handelt, würde sich nur anhand des Rückgangs der Orchesterstellen ermitteln lassen, die jedoch für diesen Zeitraum nicht angegeben sind.[6] Für die Zeit von 1960 bis zum Ende der Spielzeit 1967/68 wird ein Rückgang in der Zahl der Orchester von 89 auf 81 gemeldet. Dem steht allerdings kein gleich hoher Rückgang an Orchesterstellen gegenüber. Orchestermitglieder gab es 1960 4617 und 1967/68 4473 (Differenz 144.[7]

Für die Rundfunkorchester und -Chöre der Bundesrepublik einschließlich des Rias ergibt sich folgende Entwicklung: 1951 unterhielten die Anstalten 23 Orchester und 6 Chöre, 1970 23 Orchester und 5 Chöre. Diese Zahl täuscht indessen darüber hinweg, daß die Rundfunkanstalten mehrere Rundfunkorchester aufgelöst und kleinere Ensembles, die in dieser Statistik als Orchester erscheinen, für die Produktion von Tanz- und Unterhaltungsmusik neu gebildet haben. Ein besserer Vergleich ergäbe sich aus einer Gegenüberstellung der jeweiligen Zahl der Orchesterstellen, die indessen für 1951 nicht vorliegt. Zur Zeit gibt es 1407 Orchester- und 219 Chorstellen.[8] Die entsprechenden Zahlen sind für die DDR aus den Statistischen Jahrbüchern nicht zuverlässig zu entnehmen. Die Sparte „Rundfunkorchester" des Jahrbuchs von 1956 weist für 1952 4 und für 1956 10 Rundfunkorchester aus. Das Statistische Jahrbuch 1960/61 nennt unter der Sparte „Rundfunksinfonieorchester" für das Jahr 1958 die Zahl 3 und für 1960 die Zahl 2.[9] Das neueste Statistische Jahrbuch von 1969 kennt nur noch eine Sparte „Orchester".

Die Existenz von Rundfunkorchestern und -chören ist kulturpolitisch um so bemerkenswerter, als die Rundfunkanstalten für ihr Programm auf sie nicht angewiesen sind. Sie könnten ihren Bedarf an Musik auf dem Plattenmarkt decken. Sie würden allerdings ihre Verhandlungsposition gegenüber Gema und GVL (Gesellschaft zur Verwertung von Leistungsschutzrecht) schwächen, wenn über Mehrforderungen zur Befriedigung der Urheberrecht-

---

[5] Statistisches Jahrbuch der Deutschen Demokratischen Republik 1969, S. 395.
[6] Statistisches Jahrbuch der Deutschen Demokratischen Republik 1960/61, S. 143.
[7] dasselbe 1969, S. 395.
[7] H. Engel gibt für 1955 die Zahl der Mitglieder der Theaterorchester in der DDR mit 25 536 an (bei 54 Orchestern). Hier liegt mit Sicherheit ein Irrtum vor (H. Engel, Musik und Gesellschaft, 1959, S. 53).
[8] Deutsches Bühnenjahrbuch 1951 und 1970; die im Jahrbuch 1970 nicht enthaltene Zahl der Chor- und Orchesterstellen des Bayerischen Rundfunks wurde von mir bei der Programmdirektion Hörfunk des Bayerischen Rundfunks erfragt.
[9] Statistisches Jahrbuch der Deutschen Demokratischen Republik 1956, S. 126; 1960/61, S. 143.

und Leistungsschutzrechtgläubiger verhandelt wird. Doch gäbe es für eine gewisse Verhandlungsphase mit Hilfe von Aufnahmen guter Laienorchester und -chöre bzw. Laienbands und -combos Möglichkeiten für den Rundfunk, sich gegen übermäßige Forderungen zu wehren; und für die Ermittlung des richtigen Kompromisses gibt es neutrale Sachverständige. Rundfunkorchester und -chöre sind zwar in erster Linie sicher zur Deckung eines eigenen Bedarfs aufgebaut worden, werden heute aber vor allem aus einer kulturpolitischen Verpflichtung heraus unterhalten. Sie haben daher auch die Kassenebbe der Rundfunkanstalten vor der Gebührenerhöhung von 1970 überstehen können. Daß kulturpolitische Gesichtspunkte gerade auf dem Gebiete der Musik in solchen Situationen auch vernachlässigt werden können, hat das Land Niedersachsen gezeigt, als es das Niedersächsische Sinfonieorchester während der vergangenen Rezession auflöste, um im Haushaltsvoranschlag des Kultusministeriums eine Million pro Jahr (!) zu sparen.

Dieses Engagement der Rundfunkanstalten führt zu einem beträchtlichen finanziellen Aufwand: So weist der 1969 verabschiedete Etat des Norddeutschen Rundfunks für das Jahr 1970 Erträgnisse von 205 Mio. DM an Hörfunk-, Fernsehgebühren und Werbeeinnahmen aus. Für seine drei Orchester und einen Rundfunkchor wendet der NDR ohne Produktionskosten 13,1 Mio. DM auf. Dazu kommen die personellen und sächlichen Kosten des Unterhalts der Produktionsstätten (Orchesterstudios, die z. T. die Größe eines Konzertsaales haben; technische Einrichtungen) und die an die Verlage abzuführenden Entgelte für das Große bzw. Kleine Recht sowie ein gewisser Teil der an die Gema und GVL abzuführenden Pauschalen. Mit den sonstigen Produktionskosten (Zubestellungen, Verwaltungsaufwand usw.) dürften die jährlichen Kosten, die dem Norddeutschen Rundfunk aus der Haltung und Beschäftigung seiner vier Klangkörper entstehen, nicht viel weniger als zehn Prozent seiner Gesamteinnahmen ausmachen.

Dazu kommt eine quasi-mäzenatische Funktion des Rundfunks gegenüber den vielerlei Festspielen, Musiktagen usw. Quasi-mäzenatisch ist diese Funktion deshalb, weil der Rundfunk einerseits von den erworbenen Aufnahme- und Senderechten für das Programm Gebrauch macht. Insofern handelt er dem Anschein nach stets im eigennützigen Programminteresse. Aber nicht selten ist die Sendung in erster Linie der rechtfertigende Grund für Subsidien des Rundfunks an die Veranstalter, damit diese ihre Veranstaltungen überhaupt finanzieren können.

Für die sogenannte Neue Musik ist der Rundfunk inzwischen zum entscheidenden Förderer geworden. Das Programm macht den interessierten Hörer mit den neuen Entwicklungen bekannt; die Funkhäuser haben eigene, nur der Neuen Musik gewidmete Veranstaltungsreihen ins Leben gerufen, deren älteste und bekannteste „musica viva" (Bayerischer Rundfunk) und „neues werk" (Norddeutscher Rundfunk) sind; Aufnahmen der Rundfunkanstalten bei den zentralen deutschen Tagen der Neuen Musik (Donaueschingen, Darmstadt, Hannover, Schwetzingen) finanzieren diese Festivals; Kompositionsaufträge helfen den materiellen Status der Komponisten sichern; sie scheinen allerdings im Rückgang begriffen zu sein und inzwischen in erster Linie den bereits Arrivierten zugute zu kommen. Hier fehlt es an näheren Daten, die das kulturpolitische Handeln der Anstalten transparenter machen.

In diesen Zusammenhang gehören auch die Aufnahmen des Rundfunks, übrigens auch der Schallplatte, mit Laienchören. Die Laienchorarbeit ist in einer Gesellschaft mit wachsendem Freizeitangebot, gerade auch seitens der Massenmedien, und einer bildungspolitischen Lage, in der die Bedeutung des musischen Elements für die Erziehung nicht genügend reflektiert wird, früher nicht gekannten Gefährdungen ausgesetzt. Für sie bedeuten Aufnahmen eine beträchtliche und notwendige Ermutigung ihrer Arbeit. Daten über Aufnahmen der Rundfunkanstalten und Schallplattenfirmen mit Laienchören sind leider ebenfalls nicht bekannt.

Als letztes soll auf die Förderung junger Künstler mit Konzertreifeprüfung durch die Rundfunkanstalten hingewiesen werden; sie stellen diese Künstler dem Publikum vor, verschaffen ihnen auf diese Weise Konzerterfahrung und erste Publicity und geben ihnen darüber hinaus die Chance weiterer Förderung durch überregionale Institutionen, wie z. B. die „Bundesauswahlkonzerte junger Künstler", einer Einrichtung des Deutschen Musikrates und des NDR.

Der Rundfunk berücksichtigt nach dem ARD-Jahrbuch von 1969 E-Musik und U-Musik im Verhältnis von 30 Prozent : 70 Prozent = 1 : 2,3.[10] Bei diesem Verhältnis spielen noch vorhandene Definierungsunschärfen in den von den einzelnen Anstalten angegebenen Musiksparten kaum eine wesentliche Rolle. Das Verhältnis darf als gut gelten, wenn man berücksichtigt, daß der Rundfunk als öffentlich rechtliche Anstalt allen Hörerinteressen angemessen Rechnung zu tragen hat und das Interesse an U-Musik-Sendezeit sicher größer als nur das Zweieinhalbfache der Sendezeit für E-Musik ist.

Unterschiedliche Einstellungen des Rundfunks einerseits und der Schallplattenindustrie andererseits zum Musikleben haben, wie hervorzuheben ist, keine anderen Gründe als solche, die im jeweiligen System liegen. Die Schallplattenindustrie kann nur profitorientiert arbeiten, will sie auf dem Markt bestehen. Der Rundfunk dagegen wird zwar gleichfalls nach wirtschaftlichen Gesichtspunkten geführt, ist aber nicht profitorientiert. Er lebt nicht vom Absatz, also von der Zahl der Zuhörer, die sein Programm anzieht. Die Gebühren sichern ihm vielmehr eine von der Zustimmung breiter Hörermassen unabhängige Existenzgrundlage. Daß diese Struktur für das Programm die Gefahr einer gewissen Schwerfälligkeit mit sich bringt, sei hier nur angemerkt. In unserem Zusammenhang ist wichtiger, daß nur seine öffentlich-rechtliche Struktur den Rundfunk zu einem dauerhaften Beitrag zur Musikkultur befähigt. Wo der Rundfunk privatwirtschaftlich organisiert ist, also weitgehend von Werbeeinnahmen abhängig ist und seine Sendungen zwangsläufig gleichfalls Warencharakter bekommen, kann ein eigenständiger Beitrag des Rundfunks zum Musikleben nicht mehr erwartet werden.

---

[10] ARD-Jahrbuch 1969, S. 291—299.

III

In der Musik kommen Schallplatte und Radio zu intensiver, wenn auch indirekter Kooperation. Das Radio erhält von der Industrie Spitzenprogramme auf dem Gebiet der E- und U-Musik und sorgt auf der anderen Seite mit seinen Musiksendungen für den Absatz der Platten, insbesondere über Hitparaden, Magazinsendungen, aber auch über Schallplattensendungen und -kritiken auf dem Gebiet der E-Musik.

Diese „Symbiose" erfüllt im Gesamtsystem der Massenkommunikation eine zusätzliche kommunikationspolitische Funktion: sie schwächt das Interesse der Musikindustrie am kommerziellen Rundfunk, soweit solche Interessen durch den Wunsch nach Sendungen absatzfördernder Musik hervorgerufen werden könnten. Dies um so mehr, als gegenwärtige Programmtendenzen der Rundfunkanstalten, die eine Ausweitung der jugendbetonten Unterhaltungsmusik mit sich bringen, den Interessen der Schallplattenindustrie parallel laufen.

Dagegen ist die Form direkter Kooperation zwischen Rundfunk und Schallplatte selten. Sie ist, wie im Fall des „Floß der Medusa" von Hans-Werner Henze oder der Lukaspassion von Krzysztof Penderecki verwirklicht worden, um Werken zur Produktion zu verhelfen, die die Schallplattenindustrie wegen der hohen Produktionskosten bzw. wegen des geschäftlichen Risikos des Absatzes allein nicht produziert hätte. Der Rundfunk ist an solchen Produktionen interessiert, weil er eine kulturelle Verantwortung für das Zustandekommen dieser Produktionen sieht, oder auch weil er die künstlerische Leistungsfähigkeit seiner Klangkörper an einem besonders schwierigen Werk dokumentieren will.

IV

Unter den musiksoziologischen Aspekten der Massenkommunikation soll uns über das unter I Angedeutete hinaus nur die Frage beschäftigen, wieweit die Massenkommunikationsmittel das Verhältnis zur Musik verbessern, stabilisieren oder lockern.

Für die sogenannte Unterhaltungsmusik haben Radio und Schallplatte ein erweitertes Bedürfnis geweckt und befriedigt. Unterhaltungsmusik ist arbeits- und freizeitbegleitende Musik geworden. Arbeitsstätten verschiedenster Art kennen Lautsprechermusik für die Arbeitszeit. Das Autoradio kam auf, bevor es sich die Verkehrslenkung zunutze machte. Die Jugend geht mit Transistorgeräten spazieren. Aber auch die Intellektuellen haben Zugang zu Teilbereichen der Unterhaltungsmusik gefunden. So haben Platten der Beatles und Rolling Stones wie die Jazz-Platten (und wie die Grafik der Pop-Künstler in der bildenden Kunst) Eingang in die Sammlungen dieser Schicht gefunden. Dies zeigt, daß „Unterhaltungsmusik" kaum noch eine taugliche Kategorie abgibt. Der Unterschied von Pop-Musik und Schnulzen ist größer kaum zu denken.

Mitteilenswerte Ergebnisse hat je eine Umfrage des Instituts für Demoskopie Allensbach für den Süddeutschen Rundfunk und für den Südwestfunk erbracht. Die Umfragen wurden im Mai bzw. im Spätherbst 1968 durchgeführt.

Die wichtigste Errungenschaft des Hörfunks in den letzten Jahren ist die Einführung der Stereomusik im Frequenzband der Ultrakurzwelle. Die Stereomusik hat deutlich zu einem intensiveren Hören beigetragen. Während nur 12 Prozent der Rundfunkhörer ein Stereogerät besitzen, sind von denen, die täglich mehr als vier Stunden Radio hören, 19 Prozent Besitzer eines Stereogerätes. Stereogeräte-Besitzer suchen zu 30 Prozent nach einer bestimmten Sendung, Rundfunkhörer im allgemeinen nur zu 4 Prozent. Von den Absolventen höherer Schulen haben 25 Prozent ein Stereogerät gegenüber 7 Prozent Stereogerätebesitzern unter den Hörern mit Volkschulbildung. Von den politisch interessierten Radiohörern gehören zur Gruppe der Stereohörer 18 Prozent. Großstädter haben zu 17 Prozent eine Stereoanlage, Dorfbewohner nur zu 9 Prozent. Hier zeigt sich über das intensivere musikalische Interesse hinaus ein aufschlußreiches soziologisches Profil der Stereohörer. Über das musikalische Interesse der Stereohörer liegen keine Angaben vor; allenfalls ist ein vorsichtiger Schluß in Richtung der E-Musik erlaubt, da der Anteil der Absolventen höherer Schulen doppelt so hoch ist wie der Anteil der Stereohörer insgesamt.

Die Einbuße an Hörfunkbeteiligung unter dem Einfluß des Fernsehens beträgt in der Hauptabendzeit bis zu zwei Dritteln. Der Trendvergleich, den das Institut für Demoskopie Allensbach für den Südwestfunk durchgeführt hat (Januar 1964—Mai 1968) läßt den Schluß zu, daß die Erwartungen des Hörers an das Radioprogramm sich zumindest über die vier Jahre, die der Vergleich erfaßt, trotz des vermehrten und differenzierten Freizeitangebots und trotz der Einflüsse des Fernsehens nicht verändert haben, trotz eines nicht nur durch das Fernsehen ständig vermehrten und differenzierten Freizeitangebots. Der Trendvergleich ergab für beide genannten Zeitpunkte ein Interesse an Sinfonien und Kammermusik bei 11 Prozent der Befragten, für Opern und Opernmusik 22 bzw. 19 Prozent Interessierte, für gute Unterhaltungsmusik und Schlagermusik 73 bzw. 72 Prozent, für Volksmusik 67 bzw. 66 Prozent Interessierte. Auf Fragen zum Hörfunkprogramm am Sonnabendabend haben immerhin 15 Prozent für Opern und 8 Prozent für Sinfonien oder Kammermusik votiert.

Einer der ältesten Aspekte des Verhältnisses von Musik und Massenkommunikation ist der Vorwurf, das Radio zerstöre die Kultur der Hausmusik.[11] Dem, der diese Konstatierung, ihre Gründe oder fehlenden Gründe näher besieht, bestätigt sich vielfach Adornos — und nicht nur Adornos — These, die Empörung über das angebliche Massenzeitalter habe sich in einen Konsumartikel für die Massen verwandelt, zugleich tauglich, sie gegen eine demokratische Gesellschaftsverfassung aufzubringen.[12] An dieser These muß es liegen, wenn Adorno mit den Äußerungen gewisser Verteidiger der Hausmusik gegen das Radio auch diese selbst ablehnt, mit dem Bade sozusagen auch das Kind ausschüttet: „Wer den Verfall des häuslichen Musizierens beklagt, hat recht und unrecht. Sicherlich war es der Humus von Musikalität großen Stils, wenn

---

[11] Vgl. hierzu Rundfunk und Hausmusik, Musikalische Zeitfragen, Bd. III, Kassel und Basel 1958.   [12] Th. W. Adorno, aaO. S. 143.

man, sei's auch noch so unbeholfen, Kammermusik spielte; Schönberg ist auf diese Weise, fast ohne es recht zu merken, zum Komponisten geworden. Auf der anderen Seite aber wird solches häusliche Musizieren überflüssig, wenn die Aufführungen, die man durchs Radio hören kann, das dem häuslichen Amateur Erreichbare übertreffen, und das zehrt an seiner objektiven Substanz. Die Fürsprecher einer Wiederbelebung der Hausmusik vergessen, daß diese, sobald einmal durch Schallplatte und Rundfunk authentische Interpretationen verfügbar sind, die freilich nach wie vor in beiden Medien zu den seltenen Ausnahmen zählen, nichtig wird, private Wiederholung von Akten, die dank der gesellschaftlichen Arbeitsteilung anders besser und sinnvoller vollzogen werden können. Sie legitimieren sich nicht mehr daran, daß sie eine sonst unerreichbare Sache sich zueigneten, sondern werden herabgewürdigt zum unzulänglichen Tun nur um des Tuns und des Tuenden willen."[13]

Adorno vergißt, daß Hausmusik anders motiviert ist als durch den Versuch, eine sonst unerreichbare Sache sich zuzueignen. Hausmusik dürfte getrieben werden, weil diese Form der Aneignung von Musik den Hausmusiktreibenden die für sie adäquate oder bloß einfach die schönste ist; weil Hausmusik über die musizierten Stücke hinaus die musikalischen Erfahrungsmöglichkeiten erweitert; weil Hausmusik einfach als eine unter vielen Formen menschlicher Geselligkeit gesucht wird, vergleichbar einem Wanderverein oder einem gemischten Doppel beim Tennis. Jedenfalls bedeutet Adornos Urteil über die Hausmusik zugleich das Verdikt über beinahe jede Form von „Liebhaberei": über die Sonntagsmalerei, über die Beschäftigung mit dem Motor des eigenen Autos usw.; hier gibt es überall „Authentischeres", vor dem solches Tun zum „unzulänglichen Tun" herabgewürdigt wird; es sind immer nur rein private Akte, die nach Adorno die gesellschaftliche Arbeitsteilung um ihren Sinn bringen.

Aber es geht hier nicht nur um Fragwürdigkeiten in der Einstellung zur Hausmusik, mögen sie nun von „rechts" oder von „links" vorgetragen werden, sondern vor allem um die Frage, ob die Hausmusik überhaupt und wenn ja, ob sie unter Radio und Platte leidet. Ansätze zu einer Hilfe des Rundfunks für die Hausmusik, etwa in der früheren Sendung des Rias „Wir machen Hausmusik", in der Hausmusikfreunde Anregungen, Hinweise auf Literatur usw. erhielten, sind wieder verkümmert. Daß die Verbreitung des Beat und anderer Formen von Popmusik durch Funk und Platte eine Fülle von Laienbands hervorgebracht hat, ist jedenfalls ein generelles Indiz gegen die Lähmung musischer Initiativen durch die genannten Medien.

Ob Hausmusik verkümmert, ist zuverlässig wohl auch noch nicht beantwortet. Dies ließe sich nur durch eine Analyse des Absatzes der entsprechenden Intsrumente und Notenliteratur und durch kostspielige trendvergleichende Erforschungen des Freizeitverhaltens ermitteln. Erst wenn diese Ermittlung

---

[13] Ebenda; auch die Fortsetzung über die hier zitierte Stelle hinaus ist lesenswert, weil Adorno mit seiner Polemik gegen Hausmusik wichtige Einsichten in den Zustand der Gesellschaft verbindet.

ein für die Hausmusik negatives Ergebnis erbringt, taucht die zweite Frage auf: Ist das Radio die Hauptursache oder sind es eher veränderte Freizeitgewohnheiten, für die das Radio nur eine — allem Anschein nach seit der Konkurrenz des Fernsehens in ihrer Wirkung geminderte — Ursache unter vielen ist. Eine weitere Frage richtet sich auf den Zusammenhang von musischer Betätigung und sozialer Struktur der Gesellschaft. Hat nicht nur eine bestimmte Schicht der Gesellschaft Hausmusik betrieben? Müssen nicht, wenn eine überkommene Sozialstruktur sich ändert, deren Äußerungsformen in Mitleidenschaft gezogen werden? Und müßte nicht schließlich für die Diskussion um Bildungsziele die Frage entstehen, ob musische Bildung, gleich welcher Art, einen höheren Rang beanspruchen darf als den des Mauerblümchens?

Dieser letzte Gesichtspunkt ist über die Frage nach dem Fortleben der Hausmusik hinaus wichtig. Das Verhältnis zur Musik ist eine Bildungsfrage, wie das Verhältnis zu jedem anderen kulturellen Gut auch. Ebensowenig wie philosophische oder wirtschaftswissenschaftliche Vorträge im Rundfunk ohne entsprechende Vorbildung Interesse zu erwecken vermögen, so wenig kann das Angebot der Massenmedien an Musik ohne eine entsprechende Bildung genutzt werden. Musische Bildung ist aber bisher in erster Linie der Privatinitiative des Elternhauses überlassen geblieben. Sie befindet sich damit in einer soziokulturellen Abhängigkeit von einer bestimmten Bildungs- und Vermögensschicht, die kulturpolitisch nicht verantwortbar ist.[14] Dies macht die Forderung nach der Verlagerung der musischen Bildung aus der Sphäre der privaten in die der gesamtgesellschaftlichen Initiative, also vor allem der Schule, dringlich.

---

[14] Diese Abhängigkeit ist in dem instruktiven Buch von A. Silbermann, Musik, Rundfunk und Hörer, 1959, in seiner Behandlung „direkter und erhoffter musikalischer Erziehung" durch das Radio zu kurz gekommen (S. 127 ff. und S. 81 ff.). Hier sei auch auf H. Eckardt, Die Vorliebe für Musikgattungen und ihre wechselseitigen Beziehungen, Bertelsmann-Briefe Mai 1969, hingewiesen: „Es gibt keine Musikgattung, an der Volksschüler und Abiturienten gleichermaßen interessiert sind" (S. 6). Die stärkste Differenz tritt erwartungsgemäß bei der klassischen Musik auf: 61 % zu 10 % (Auswertung von 322 Fragebogen, die Mitglieder einer Schallplattengemeinschaft ausgefüllt hatten).

Die Mitwirkung der Synode bei der Leitung der Kirche

Erich Ruppel

I

In dem Artikel „Synoden" in Herzog-Haucks Realenzyklopädie für protestantische Theologie und Kirche, Ausgabe 1907, den Hauck selbst verfaßt hat, heißt es am Schluß: „Die Synoden haben die hohen Erwartungen, die man an ihre Einführung geknüpft hat, nur zum Teil erfüllt. Der Grund liegt mit darin, daß man von der neuen Verfassung zuviel erwartete; keine Verfassungsform kann Leben schaffen." Wie sehr sich das allgemeine Urteil über die Synoden seitdem geändert hat, wird schon dadurch deutlich, daß sogar in der katholischen Kirche Planung und Praxis von Synoden zunehmende Bedeutung gewonnen haben. Es liegt im Zuge der Bewegung der Demokratisierung, daß die Betroffenen bei allen Vorgängen öffentlicher Planung und Willensbildung möglichst frühzeitig mit fragen und planen wollen. So rückt auch das Synodalwesen in der evangelischen Kirche erneut in das allgemeine Interesse. Hier kann von der elementaren Feststellung ausgegangen werden, daß im heutigen evangelischen Kirchenwesen Synoden zu den selbstverständlichen Elementen kirchlichen Verfassungslebens gehören, mag auch ihre theologische, grundsätzliche Deutung umstritten und die Zuordnung zu den anderen Organen prinzipiell problematisch sein.[1] Ihre Mitwirkung ist unentbehrlich geworden und praktisch auch unbestritten bei der kirchlichen Gesetzgebung, bei der Ordnung des kirchlichen Finanzwesens, bei der Bildung der ständigen Leitungsorgane, insbesondere bei der Berufung des leitenden geistlichen Amtsträgers und, wie hier zunächst einmal allgemein gesagt werden mag, bei der Beobachtung und Beratung aller wichtigen kirchlichen Angelegenheiten.

Das Wort „unentbehrlich" (von Smend in diesem Zusammenhang gebraucht) deutet an, daß hier weniger eine grundsätzliche Notwendigkeit im Sinne des Jus Divinum gegeben ist, als daß Größe und Geschichte unserer volkskirchlichen Kirchenkörper eine Wirksamkeit der Synoden uns als praktisch nötig erscheinen lassen. Das bedeutet nicht, daß nicht spezifisch kirchliche Gesichtspunkte die Ausgestaltung und Praktizierung des Synodallebens, die vom kirchlichen Verfassungsgeber entsprechend der historischen Situation zu konkretisieren ist, ausschlaggebend beeinflussen müssen. In unseren weiteren Überlegungen wird von selbst das Verhältnis des Regierens der Kirche mit dem Wort und des

---

[1] Rudolf Smend, Zur neueren Bedeutungsgeschichte der evangelischen Synode ZevKR 10, 1963/64, S. 248 ff. (259).

Regierens mit dem Recht in seinem Unterschied und in seiner Verbindung Beachtung verlangen. Zunächst genüge es hier festzustellen, daß kirchliche Gesichtspunkte für die Auffassung des Synodalwesens von ausschlaggebender Bedeutung sein müssen. Das liegt in den neueren kirchlichen Grundordnungen fest und entspricht auch der Tendenz nach der Praxis der Synoden. Allerdings ist ohne weiteres zuzugeben, daß eine grundsätzliche Besinnung und eine Verbesserung der Praxis sich gerade angesichts der Forderung der Demokratisierung nahelegen. Denn der in verschiedener Hinsicht gebrauchte Begriff der Demokratisierung enthält jedenfalls die Aufgabe besseren Zusammenwirkens aller Kräfte in freiheitlicher Weise.

II

Eine Betrachtung des derzeitigen Synodalwesens zeigt, daß in ihm dieses Zusammenwirken in Verantwortung und Freiheit schon angelegt ist.

Als erstes Merkmal kann dabei genannt werden, daß die Synode Ausdruck übergemeindlicher Gemeinschaft und Einheit in der Kirche ist. Selbst wenn auf einer Synode nichts beschlossen werden würde, so hätte sie schon einen Hauptzweck erfüllt, wenn Glieder aus verschiedenen Gemeinden zusammenkommen, sich das Evangelium verkünden lassen, zusammen singen und beten und, ohne gleich Beschlüsse anzustreben, sich von ihren Freuden und Sorgen berichten und in einen Erfahrungsaustausch in den Fragen des kirchlichen, gemeindlichen und übergemeindlichen Lebens eintreten. Die Synode ist in Dasein und Funktion eines der wichtigsten Gegengewichte gegen das von der Reformation her kommende einseitige Verständnis der Kirche allein von der reinen Verkündigung des Evangeliums und der rechten Verwaltung der Sakramente. Diese Einseitigkeit ist von der Zeit des Obrigkeitsstaates her durch die ausschließliche Betonung des Anstaltscharakters der Kirche institutionell verhärtet worden. Auch heute wird dieses Verständnis, worauf Professor Reinhard Wittram hingewiesen hat, manchmal zusätzlich gefährlich gefördert durch Aktivitäten der kirchlichen Spezialfunktionäre. Demgegenüber ist die Synode Ausdruck der congregatio sanctorum im Sinne des Art. 7 CA, die Gemeinschaft nicht nur an den Sakramenten, sondern gegenseitiger Anteilnahme und Hingabe in einer sonst so nicht vorkommenden beispielgebenden Weise. Friedrich Karl Schumann[2] hat hervorgehoben, daß das Wort synodos (d. h. Zusammenkommen, den Weg zueinander finden) Vollzug der christlichen Liebe unter Brüdern ist, unter den Nächsten, die sich gegenseitige Bezeugung dessen schulden, was sie lehren, was sie tun, was sie leisten und, wie ich gerade heute hinzufügen möchte, auch dessen, was sie bedrückt, was sie im Hinblick auf den künftigen Weg der Kirche theologisch beschäftigt und was sie hinsichtlich der äußeren Gestalt der Kirche, ihres Rechts und ihrer Finanzen, befürchten. Bei den zunehmenden Verflechtungen aller Lebensvorgänge mit dem gesellschaftlichen Entwicklungsprozeß und dem regulierenden und dosierenden Einfluß des Staates gewinnt eine ebenfalls von Schumann oft hervorgehobene Aufgabe Bedeutung: der ge-

---

[2] Schriften des theologischen Konvents Augsburg. Bekenntnisses, Heft 9, 1955, S. 166 f.

genseitige Halt der Gemeinden und der Christen gegenüber den öffentlichen Gewalten und Einflüssen. Was hier zu sagen und zu raten ist, das legitimiert sich durch die in ihm zutage tretende Weisheit und geistliche Vollmacht von selbst. Deshalb sind die noch zu behandelnden Gesichtspunkte, daß die Synodalen ordnungsmäßig berufen sein müssen und nicht jeder Beliebige auf der Synode mitreden kann, sowie daß die verschiedenen Gaben und Aufgaben ihre Berücksichtigung finden sollten, nicht belanglos. Aber in unserem Zusammenhang ist noch wichtiger, daß die Synodalen, wie es in § 91 der Badischen Grundordnung vom 23. 4. 1958 — ABl EKD 1958 S. 236 — heißt, „aus ihren Erfahrungen im kirchlichen Leben und aus ihrer besonderen Sachkenntnis heraus beschließend und beratend im Dienst an der Kirchenleitung zusammenwirken". Die Synoden haben deshalb hier sinnvolle Aufgaben auch dann, wenn sie nicht Amtsträgersynoden sind, d. h. vorwiegend aus Amtsträgern und Delegierten der Kirchenkreise und Kirchengemeinden bestehen. Hier kann der Einzelne vom Einzelnen lernen, und wird das „Gegenüber" von Organen auch da, wo die Mitglieder der Kirchenleitung nicht in der Synode sind, durch den persönlichen Stil aufgelockert. Dieses Zusammenkommen muß sich zu einem Zusammenwirken entwickeln. Smend hat hierzu Emil Herrmann, den späteren Präsidenten des Berliner Oberkirchenrats und damaligen Professor in Göttingen aus seiner Programmschrift von 1862: „Die nothwendigen Grundlagen einer die consistoriale und synodale Ordnung vereinigenden Kirchenverfassung" S. 37 zitiert, „daß Konsistorium und Synode einen in wirklicher Gemeinschaft zusammenhandelnden Gesamtkörper bilden müßten".

III

Noch wichtiger ist in der Gegenwart die Bedeutung der Synode als Ausdruck der mannigfachen Gaben und Aufgaben der Kirche. Von den Zeiten des Neuen Testamentes her treten in der Gemeinde Jesu Christi mancherlei Gaben, aber auch mancherlei Meinungen hervor. Es gehört zu den Stärken der evangelischen Kirche, enthält aber auch Gefahren, daß in ihr keine Instanz mit abschließender Lehrgewalt besteht. Das Amt, das wir in unserer Kirche haben, ist das Amt der Verkündigung. Es entscheidet die anstehenden Lehrfragen nicht mit Rechtsgewalt. Das gleiche gilt, wenn Christen sich ihre Überzeugungen bekennen. Geschieht dies in Freiheit, so können Verkündigung und Zeugnis um so wirkungsvoller sein. Dabei ist die Synode der Ort, an dem die verschiedenen Auffassungen, Anliegen und Bedürfnisse in einem Klärungsprozeß geordneter Art zusammengefaßt und integriert werden. Zu den großen Problemen und Schwierigkeiten der Verkündigung und kirchlichen Arbeit überhaupt gehören die Unterschiede, mit denen die Kirchenglieder der Kirche gegenüberstehen, Unterschiede der kirchlichen und allgemeinen Vorbildung, des intellektuellen Niveaus und der Bildung, der privaten und gesellschaftlichen Interessen, der Lebensformen, des Lebensalters und des Lebensgefühls, überhaupt die Unterschiede, in denen der Pluralismus der heutigen Gesellschaft zum Ausdruck kommt. Hier behutsam für Bewertung und Beachtung zu sorgen, ist gerade eine Aufgabe einer verantwortlichen christlichen Versammlung und übersteigt die Kräfte und die Möglichkeiten weniger. In allen diesen Dingen ist die Synode mehr als Resonanzboden oder auch kritisches Gegenüber zur Kirchenleitung. Sie hat vielmehr die Aufgabe, selbständig nicht einfach die verschiedenen Strömungen der Gesellschaft oder die Interessen „des Kirchenvolkes" zum Ausdruck und zur Geltung zu bringen, sondern die Sache der Kirche als eine verfügbare Vorgegebenheit den Menschen unserer Zeit darzubieten und die Gestalt der Kirche entsprechend zu ordnen. Dabei ist es nicht die unwürdigste Funktion, wenn die Synode und die Synodalen Maßnahmen, die von ihnen oder der Kirchenleitung beschlossen sind, den Kirchengliedern verständlich machen und in den Gemeinden draußen vertreten, auch dann, wenn sie neuartig, unpopulär und auf den ersten Blick befremdlich sind, und wenn sie daraus wieder Erfahrungen in die Synodalarbeit zurückbringen.

Eine Zusammensetzung der Synode aus allen wichtigen Bereichen müssen vor allem die Gestaltung des Wahlrechts und die entsprechende Handhabung des Wahlrechts zu erreichen versuchen. Zwei Tendenzen der Kreise der Kirchenreform verdienen dabei Interesse. In einer Zeit, die nach Demokratisierung ruft, ist es bemerkenswert, daß diese Kreise die Einrichtung der zusätzlichen Berufung von Synodalen durch den Bischof oder die Kirchenleitung auch positiv würdigen. In der Tat ist mit dieser Berufungsmöglichkeit ein Weg eröffnet, auf dem besondere Experten, Vertreter größerer kirchlicher Werke, Führer neuer kirchlicher Arbeitszweige oder auch Anhänger kirchlicher Minderheitsgruppen in die Synode kommen können. Natürlich kommen bei diesen Synodalen ihre Anliegen und ihre besondere Kenntnis im Plenum und auch in den Ausschüssen gelegentlich zur Geltung, doch lehrt die Erfahrung, daß sie sich nicht von den übrigen Synodalen abzuheben brauchen; dazu kann auch die Sitzordnung beitragen.

Auf eine Verlebendigung des Synodalwesens zielt ferner der Vorschlag ab, den Konrad Müller auf dem Hannoverschen Kirchentag im Juni 1967 in der Arbeitsgruppe Kirchenreform gemacht hat. Er erhofft von der Belebung einer Tätigkeit kirchlicher Gruppen Orientierungshilfe zur Wahl, vorbereitende Klärung zur Behandlung anstehender Gegenstände, Aktivierung der Synode und Minderung ihrer Abhängigkeit von der Sachkunde der Bürokratie. Der Vorschlag verdient auch dann weitere Prüfung, wenn zugegeben werden muß, daß das Gruppenwesen in früheren Synoden zu schematischer Fixierung von Gegensätzen und zur Nivellierung schwieriger Erörterungen beigetragen hat. Die Gruppenbildung sollte jedenfalls nicht von vornherein als einer Synode nicht würdig oder gegen den Gemeinschaftsgeist verstoßend abgelehnt werden. Unbewußt und vielleicht manchmal auch bewußt dürften in unseren Synoden auch jetzt schon Mitglieder von gruppenartigen Gebilden gemeinsam prozedieren, etwa die Mitglieder eines Ausschusses, wenn sie eine Vorlage vertreten und zur Annahme bringen wollen.

IV

Eine wichtige Aufgabe aller Synoden besteht in der Ausübung oder der Regulierung der Ausübung der eigenständigen Rechtsgewalt der Kirche. Diese Formulierung will die Bedeutung der Synode auf dem weiten Gebiet herausstellen, das nicht nur in brüderlicher Beratung, theologischem Gespräch und praktischer Anregung behandelt sein will, sondern gestaltende Ordnungsarbeit verlangt. In der Gegenwart nimmt offenbar das Bedürfnis nach gesetzlicher Ordnung und nach Neukodifikation immer mehr zu und erstreckt sich auf immer neue Gebiete. Allein das Recht der kirchlichen Amtsträger, der Pfarrer und der kirchlichen Mitarbeiter, macht viele legislatorische Arbeit nötig. Was den Bediensteten der öffentlichen Hand recht ist, ist nun einmal unseren Amtsträgern billig, wobei in den grundsätzlichen Überlegungen, die gerade auch die Synoden anstellen müssen, die Frage nicht zum Schweigen kommen darf, inwiefern die Kirche es verantworten kann, im Zuge dieser Fürsorge auch Verpflichtungen zu übernehmen, die in künftigen Zeiten vielleicht nur schwer zu erfüllen sein werden. Das Ämterrecht ist nur ein Beispiel. Es zeigt aber deutlich die Parallelität und Verwobenheit des kirchlichen Rechtslebens mit dem allgemeinen Rechtsleben. Demgegenüber ist die Frage, ob es nicht Wichtigeres oder Dringenderes für die synodale Arbeit gebe, gar nicht so einfach zu beantworten, und gerade beim Amtsrecht wird erkennbar, daß die öffentlich-rechtliche Stellung der Kirche in Deutschland auch davon abhängt, daß sie einen konstituierten, einen verfassungsmäßig geordneten Gesetzgeber hat und selbst ordentliches Recht schafft.[3] Ein weiteres den Rang des kirchlichen Gesetzgebers beleuchtendes Beispiel ist die Mitwirkung der Synoden bei Abschluß von Kirchenverträgen. Man kann über Möglichkeit und Sinn des Abschlusses von neuen Kirchenverträgen bei der neueren Entwicklung der gesellschaftlichen Verhältnisse für den gegenwärtigen Zeitpunkt verschiedener Meinung sein. Die Kirchenverträge, die nach 1945 abgeschlossen worden sind, sind von den Beteiligten auf beiden Seiten als Ausdruck partnerschaftlicher Zusammenarbeit und als Bekenntnis zu einem gemeinsamen Rechtsethos aufgefaßt worden, das über die Unterschiede in der religiösen Auffassung der maßgebenden Persönlichkeiten hinweg vor allem in der Zeit des totalitären Systems gewachsen war. Sollen die Kirchenverträge (auch in Parallele zu den Konkordaten) ihren Rang behalten, dann gehört zu ihnen, daß auf seiten beider vertragschließenden Teile ein konstituierter Gesetzgeber (bei uns die Synode) vorhanden ist und daß auf beiden Seiten eine verfassungsmäßige Zuständigkeit für den Abschluß gleichwertiger Verträge besteht.

Historisch sind die Synoden (wie auch die anderen kirchlichen Wahlkörperschaften) in der Zeit der beginnenden Distanzierung von Staat und Kirche im 19. Jahrhundert die ersten Organe gewesen, die ganz oder mit der überwiegenden Zahl ihrer Mitglieder ohne Mitwirkung des Kirchenregiments und des Staates zustande kamen. Von daher ist es ihre besondere Aufgabe geblieben, in Unabhängigkeit von staatlichen und anderen Instanzen die Stimme der Kirche frei zu Gehör zu bringen und der kirchlichen Ordnung ihren eigenständigen Charakter zu wahren, auch in ihrer Mitwirkung bei vertraglicher Regelung der Beziehungen zum Staat. Kirchliche Gesetze haben wohl mehr noch als andere Gesetze gegen sich den Einwand des Schematismus, der Anwendung von ge-

---

[3] Vgl. Arnold Köttgen, Das anvertraute öffentliche Amt, Smend-Festgabe 1962, S. 119 (S. 148 f.).

sellschaftlichem Einfluß und der Gesetzesgerechtigkeit. Gleichwohl bleiben sie wohltätig, indem sie eine bleibende Art des Verbindens und eine gleichmäßige Art des Zusammenlebens ermöglichen, wie sie Großorganisationen nötig haben.

So sehr die geistliche Aufgabe der Synode zu betonen ist, so sehr ist ihre unentbehrliche Funktion in der Handhabung der Rechtsgewalt herauszustellen. Alle Wesensbeschreibungen kirchlicher Organe und alle berechtigten geistlichen Postulate für ihr Handeln dürfen nicht übersehen lassen, daß die Kirche auf allen ihren Stufen und in allen ihren Ämtern sich als ein hoheitlicher Rechtsorganismus darstellt. In ihr werden Entscheidungen gefällt, die unabhängig von der Zustimmung der Betroffenen gelten und Gehorsam verlangen können. Kirchenverfassung und Kirchengesetze sehen deshalb mit Grund durchweg vor, daß derartige Entscheidungen nicht nur von einzelnen Personen allein, und seien es auch Inhaber zentraler geistlicher Ämter, sondern von kollegialen Gremien, und zwar auf kirchengesetzlicher Grundlage getroffen werden. Weil ihre Mitglieder den Rechtsunterwerfern nahestehen, ist die Synode besonders geeignet, wie es in der hannoverschen Kirchenverfassung heißt, „über den ordnungsgemäßen Bestand und die Wirksamkeit aller zur Arbeit in der Landeskirche berufenen Stellen zu wachen".

V

Amt und Gemeinde sehen wir als Wesensgrundlage evangelischer Kirchenordnung an.[4] Wie nun aber Amt und Gemeinde, beide für sich und beide im Verhältnis zueinander gestaltet werden sollen, das ist eine Aufgabe menschlicher rechtlicher Ordnung. Weil wir immer unter Evangelium und Gesetz leben, wird man sagen müssen, daß kein kirchliches Organ wirksam werden kann und soll, ohne daß in ihm die Stimme des Amtes zur Wirkung kommt. Diesem Gesichtspunkt ist sinnvoll und ausreichend Rechnung getragen, wenn in allen kollegialen Organen, einschließlich der Landessynode, Vertreter des Amtes voll verantwortlich mitwirken, und wenn die Repräsentanten der geistlichen Leitung der Landeskirche jederzeit mit Evangelium und Gesetz und mit sachlicher Stellungnahme zu Worte kommen. Gleichzeitig ist aber nach reformatorischer Auffassung die Kirchengewalt nicht allein den Inhabern des Amtes der Verkündigung vorbehalten; sondern sie liegt bei der ganzen Kirche, also bei dem Priestertum aller Gläubigen, einschließlich dem Urteilen über die Lehre. Alles geistliche Wirken und alle Berufungen in der Kirche sollen deshalb nicht gegen den Willen und ohne Mitverantwortung des allgemeinen Priestertums geschehen. Deshalb kann nicht sorgfältig genug dafür gesorgt werden, daß das Volk Gottes und die Christen aus der Kirche bei allem Raten und Tun zu Worte kommen.[5] Bei Abwägung von Amt und Gemeinde in unserer evangeli-

---

[4] Vgl. dazu grundlegend: H. Brunotte, Sacerdotium und Ministerium als Grundbegriffe im lutherischen Kirchenrecht, Smend-Festgabe 1962, S. 263.

[5] Für die alte Kirche: Wilhelm Maurer, Schriften des theologischen Konvents Augsburg. Bekenntnisses, Heft 9, 1955, S. 81, mit der Forderung, daß „auch die Fragen des Glaubens nicht durch das Lehramt allein, nicht ohne die Zustimmung der Gemeinde beantwortet werden. Lehrentscheidungen sind Manifestationen des Geistes, dessen die ganze Gemeinde teilhaftig ist."

schen Kirche wird man zu dem Ergebnis kommen müssen, daß institutionell und in der Handhabung des Verfassungslebens mehr als bisher für die geistlichen Wirkungsmöglichkeiten der Glieder des allgemeinen Priestertums im Vergleich zur Stellung der Glieder des Amtes und auch der kirchlichen Funktionäre und Amtsträger gesorgt werden sollte.

Ein weiterer gerade nach 1945 sehr beachteter Gesichtspunkt kirchlichen Verfassungslebens ist die Zuordnung der äußeren Verwaltungs- und Rechtssachen auf der einen Seite und den geistlich-theologischen Sachen auf der anderen Seite. Die Aufteilung hat seit dem vorigen Jahrhundert für das Verständnis der Synode solange eine Wirkung gehabt, als man zwar Synoden mit gelegentlichen Tagungen zulassen, diesen aber nur einenen begrenzten Einfluß einräumen wollte. Eine solche Beschränkung ergab sich einerseits aus dem dem staatlichen Konstitutionalismus entnommenen Gedanken, daß die Synode lediglich zur Mitwirkung bei bestimmten Leitungsakten, insbesondere bei der Gesetzgebung berufen sei. Hinzu kam aber auch der aus Theologie und Kirche hervorgehende Gedanke, daß die Synode im Gegenüber zu dem Wirkungsbereich des geistlichen Amtes ihr Interesse vorwiegend auf die Externa zu richten habe. Nun ist der Gedanke, die vom geschichtlichen Wirken der Kirche geschiedenen Externa zunächst den Bedürfnissen und Anschauungen der geschichtlichen Entwicklung anzupassen, im Kirchenkampf kompromittiert und überwunden. Es hat sich gezeigt, daß in der Wirklichkeit des kirchlichen Lebens Geistliches und Weltliches nicht klar zu scheiden sind, und daß das äußere Rechts- und Verwaltungsleben allzu rasch in eigene Gesetzlichkeit verfällt, die sich mangels innerer Orientierung zunehmend den säkularen Ordnungen anpaßt. Zur Abwendung der hier bestehenden Gefahren erscheint es naheliegend, die Zuständigkeit für die Externa und die Interna bei geistlich bestimmten Einheitsorganen zusammenzufassen, wofür sich die Leitung durch den Bischof (wie zeitweise in Kurhessen-Waldeck) oder durch die Landessynode anbieten. Ähnliche Erwägungen spielen eine Rolle bei der bekannten rheinischen Konstruktion, die in dem Satz zusammengefaßt ist: „Die Evangelische Kirche im Rheinland wird von der Landessynode geleitet." (Art. 168 Abs. 1 KO.) Aber auch wo derartige, sozusagen systemreine Lösungen nicht eingeführt sind, hat man vielfach versucht, den Gefahren der Scheidung von Externa und Interna durch ausdrückliche, auch rechtlich verpflichtende Grundsatzbestimmungen zu begegnen. In der Berlin-Brandenburger Grundordnung geschieht das etwa durch die Betonung des geistlichen Charakters aller Ämter, durch die Unterwerfung allen Handelns unter die Maßstäbe der Heiligen Schrift und die Verpflichtung aller Organe und Amtsträger „zur einheitlichen und brüderlichen Zusammenarbeit", für welche Sorge zu tragen gerade auch dem Bischof zur ersten Pflicht gemacht ist (Art. 172 I GO.)

Daß auch die Synode wegen einer gewissen Allzuständigkeit gerade auch für die Einheit der Kirche verantwortlich ist, ist oben hervorgehoben. Gleichwohl darf nicht übersehen werden, daß die hiernach der Synode besonders obliegende Wahrung der geistlich-rechtlichen Einheit doch auch gewissen praktischen Schwierigkeiten begegnet. In dem Entwurf des hannoverschen Verfassungskonvents von 1959, den die Synode dann als theologisch zu überladen nicht akzeptiert hat, war auch der oft zitierte Satz aus der Badischen Grundordnung von 1958 (Art. 90 Abs. 2) enthalten: „Die Leitung der Landeskirche geschieht geistlich und rechtlich in unaufgebbarer Einheit. Im Dienst der Leitung wirken zusammen die Landessynode, der Landesbischof, das Landeskirchenamt und der Oberkirchenrat." (Der hannoversche Verf.-Konvent hatte noch den Nebensatz hinzugefügt: „Wobei alles Recht dem Auftrag der Kirche zu dienen hat.") Im Unterschied zu Kurhessen, das ihn in die Verfassung vom 22. 5. 1967 aufgenommen hat (Art. 89), hat man Bedenken getragen, diesen Satz in die neue hannoversche Kirchenverfassung, die seit dem 1. 4. 1965 gilt, zu übernehmen, und zwar weil er theologisch gerade in seiner generalisierenden Formulierung nicht klar genug und überdies Illusionen hinsichtlich der Ausgestaltung des kirchlichen Rechtslebens hervorzurufen geeignet sei. Man meinte, und zwar wohl nicht zu Unrecht, daß mit einem Postulat allein die Einheit des Kirchenbegriffs nicht erreicht und die reformatorische Trennung von geglaubter und verfaßbarer Kirche damit noch nicht in ihrer Tiefe gewürdigt und in sachgemäßer Weise überwunden sei. Die Landessynode fürchtete, daß aus einer zu einseitigen Betonung derartiger Programmsätze eine Spiritualisierung und Klerikalisierung des kirchlichen Rechtslebens abgeleitet werden könne. Geistliches könnte, statt sich auf das Wirken des Wortes und der Gnadenmittel zu verlassen, mit Rechtsautorität ausgestattet und durchgesetzt werden. Und Rechtlich-Hoheitliches könnte unter Verhüllung seines Charakters als Menschenwerk mit geistlicher Autorität durchgesetzt werden. Außerdem war man gerade entschlossen, bei aller Betonung der Zusammenarbeit eine Aufgliederung der Funktionen vorzunehmen, auch unter dem Gesichtspunkt der gegenseitigen Begrenzung der Organe.

VI

Eine völlige Gewaltenteilung nach dem Schema Gesetzgebung, vollziehende Gewalt (d. h. Regierung und Verwaltung) und Rechtsprechung hat es im engeren Sinne in der evangelischen Kirche, erst recht natürlich in der katholischen Kirche, bisher nicht gegeben. Auch Günther Holstein,[6] der einen besonderen Abschnitt „Die Dreiteilung der kirchenrechtlichen Gewalten" hat, teilt nicht nach dem aus dem staatlichen Bereich kommenden Schema, sondern nach der Repräsentation von Verfassungsprinzipien, nicht ohne auch sehr die „Linien der Gewaltenverbindung" (S. 263) herauszuarbeiten. Trotz aller Betonung des Einheitsgedankens und des „Ineinandergreifens der verschiedenen zentralen Organe der Kirche" hat die Funktionen-Aufteilung doch ihren Platz in unserem Verfassungswesen behalten. Und zwar aus praktischen Gesichtspunkten, auf die noch näher einzugehen ist, auch aus dem prinzipiellen Gesichtspunkt, daß eine Aufteilung und Gegenüberstellung zur Begrenzung, Disziplinierung und Rationalisierung der Ausübung der Rechtsgewalt führt. Eine prinzipielle Stärkung des Gedankens der Gewaltenteilung hat neuerdings auch der Ausbau der kirchlichen Gerichtsbarkeit in Gestalt der Disziplinargerichtsbarkeit und auch

---

[6] Die Grundlagen des evangelischen Kirchenrechts, 1928, S. 259 ff.

der kirchlichen Verwaltungs- und Verfassungsgerichtsbarkeit mit sich gebracht, wobei die lutherischen Kirchen führend vorangegangen sind. Ansehen und Wirkung der Urteile solcher Gerichte im weltlichen Bereich hängen auch davon ab, ob die Gerichte gemäß den heute selbstverständlichen Grundsätzen richterliche Unabhängigkeit besitzen. Diese Unabhängigkeit ist auch kirchlich zu rechtfertigen: einmal dadurch, daß auch die gerichtlichen Organe an Recht und Bekenntnis gebunden sind, und sodann dadurch, daß ihre gehobene Sachkenntnis geeignet ist, durch eine sowohl kirchliche als auch rechtliche Entscheidung eine Meinungsverschiedenheit zu einem Ende zu bringen und dadurch zum Frieden beizutragen. Entscheidend für dieses Verständnis ist dabei, daß ihm ein Begriff des kirchlichen Rechts zugrunde liegt, der im Bereich des Kirchentums nach Art des weltlichen Rechts Kompetenzen zuteilt und die Zuständigkeiten ordnet und begrenzt. Es nimmt nicht wunder, daß gerade da, wo bisher unter dem Vorwurf der Restauration gegen solches Ordnungsdenken und unter verzerrter Darstellung der lutherischen Verfassungen weitgehende spirituelle Legitimation in Anspruch genommen wurde, neuerdings der Ruf nach allgemeiner Demokratisierung laut wird, bis hin zu Abstimmungen über Glaubensfragen.[7]

Wenn hiernach eine gewisse Aufteilung von Funktionen und ein Zusammenwirken verschiedener Organe aus traditionellen und praktischen Gründen gerechtfertigt ist, so muß gefragt werden, was in der Konstellation der leitenden Organe das die Synode Auszeichnende und für sie Charakteristische ist. Hier ergibt sich nun, daß die Synode auf jeden Fall für die Mitwirkung bei allen besonders wichtigen Angelegenheiten (so der Gesetzgebung) zuständig ist, und ferner, daß von der Beobachtung und Erörterung durch die Synode prinzipiell kein kirchlich wichtiger Tatbestand ausgeschlossen ist, daß sie aber schon wegen der für die Synode unumgänglichen Arbeitsweise sich nicht um alles kümmern kann. Das berücksichtigt die Verfassung schon dadurch, daß sie den anderen zentralen Organen bestimmte Zuständigkeiten zuweist. Das Nebeneinander oder Gegenüber, die Nichtidentität von Kirchenleitung und Synode folgt nicht aus der Notwendigkeit eines Gegenüber von Amt und Gemeinde, ergibt sich vielmehr, wie die praktische Entwicklung auch im Rheinland zeigt, aus praktischen Erfordernissen, nämlich durch Wesensunterschiede, die aus der Verschiedenheit der einfach vorliegenden Aufgaben und der Arbeitsweise (z. B. der Zahl der Sitzungen) entstehen. Natürlich fällt die Behandlung von Grundsätzlichem und Exemplarischem durch die Synode auch unter den Begriff der Leitung im weiteren Sinne. Im allgemeinen verbinden wir aber mit dem Begriff der Leitung die Vorstellung einer permanenten, die Tätigkeit anderer laufend regulierenden und anregenden Wirksamkeit. So hat sich auch im Staatsleben neben der Stellung des Parlaments die Überzeugung von der Notwendigkeit der Regierung durchgesetzt als einer zusammenfassenden Leitung des Ganzen mit ständiger unmittelbar reagierender Initiative und gestaltender und bildender Einwirkung auf Verwaltung. So andere Versuche gemacht worden sind, hat

---

[7] H. D. Strack, Demokratie in der Kirche 1/70, S. 15 (S. 21).

die Parlamentschaft leicht zu diktatorischer Regierweise von Ausschüssen geführt, oder es kam doch zur Entwicklung einer Regierung.[8]

Wenn die Verfassung anderen Organen Aufgaben zuweist, für die die Synode nicht so geeignet ist, so haben diese auch gegenüber der Synode Eigenverantwortung und Unabhängigkeit. Diese Folgerung hat nun auch Kurhessen gezogen. Wenn die neue Grundordnung neben dem Bischof jetzt auch die Synode herausstellt und in Art. 89 Abs. 3 sogar sagt: „Die Landessynode hat in allen kirchlichen Fragen die letzte Entscheidung", so soll das nach Pirson[9] nicht bedeuten, daß „die Synode die Kompetenz anderer Organe an sich ziehen und die Entscheidung dieser Organe gegebenenfalls dirigieren und korrigieren könnte." Anders ist übrigens in einzelnen Landeskirchen das Verhältnis von Kirchenleitung und Kirchenverwaltung geregelt. So sind in der Berlin-Brandenburger Grundordnung Weisungen der Kirchenleitung an das Konsistorium vorgesehen (Art. 140 GO). In Hannover kann der Kirchensenat dem Landeskirchenamt „Grundsätze und Richtlinien für die kirchliche Verwaltung, insbesondere für seine Geschäftsführung" geben (Art. 105 Abs. 1 c). „Grundsätze" heißen wieder die Normen, die in Berlin-Brandenburg die Synode aufgestellt und nach denen die Kirchenleitung ihre Tätigkeit auszuüben hat.[10]

VII

Was das Amt der Synodalen anlangt, so kann hinsichtlich der Legitimation nicht genug betont werden, daß er Vertreter der ganzen Kirche im reformatorischen Sinne ist. Er ist Verwalter aller Gnadengaben und Schätze der Kirche und verantwortlich für alle Pflichten und Verantwortungen, die der Kirche heute obliegen. Dabei ist bemerkenswert, daß in keiner neueren Kirchenverfassung den geistlichen und den Laien-Synodalen eine verschiedene Aufgabe zugewiesen ist. Sie sind alle zu gleichem Zeugnis verpflichtet und da, wo das Zeugnis aus der Sache heraus zur Verkündigung des Evangeliums in der Synode werden muß, hat der Synodale Anteil am Amt der Wortverkündigung, wie wir uns heute darüber klar sind, daß nicht nur die Pastoren, sondern auch viele andere Amtsträger bis zu Kindergottesdiensthelfern und Leitern von Gemeindekreisen an der Wortverkündigung teilhaben.

Gewiß lassen sich die Berufungs- und Wahlverfahren noch verbessern. Für den Synodalen ist entscheidend, daß er ordnungsmäßig ins Amt gekommen ist. Damit ist für ihn die volle Verantwortung und Befugnis der Mitarbeit und damit die Legitimation gegeben. Art. 119 Abs. 3 GO Berlin-Brandenburg sagt demgemäß: „Jeder Synodale trägt persönlich in alleiniger Bindung an Jesus Christus und Sein Wort die Mitverantwortung für die ganze Kirche." Hierher gehören dann auch die in den meisten Verfassungen enthaltenen Sätze, daß die

---

[8] U. Scheuner, Der Bereich der Regierung, Smend-Festschrift 1952, S. 283.
[9] ZevKR 13, S. 262.
[10] Zur Bedeutung der Grundsätze, Richtlinien usw., vgl. E. V. Benn, in: Grundfragen des Kirchenrechts heute (Ruppel-Festschrift), 1968, S. 200.

Synodalen an Weisungen und Aufträge nicht gebunden sind und wegen ihrer synodalen Tätigkeit nicht zur Rechenschaft gezogen werden dürfen.

Unsere Synoden sind keine Deputiertenversammlungen, bestehend aus Vertretern etwa von regionalen oder sonstigen kirchlichen Ständen. So erwünscht es ist, daß die Synodalen in der kirchlichen Mitarbeit Erfahrungen gewonnen haben, so sind sie doch nicht Vertreter der Gemeinden und Kreise in Ämtersynoden, wie das die historisch berühmten Synoden der sich bildenden Reformationskirche Frankreichs oder der Kirche unter dem Kreuz am Niederrhein waren, die nicht aus speziell Deputierten, sondern aus den schon im Amt befindlichen Vorstehern der Gemeinden oder auch Klassikalsynoden bestanden.

Aus Vorstehendem ergibt sich auch, daß für ein Amt in der Synode die gleichzeitige Wahrnehmung eines anderen kirchlichen Amtes nicht Voraussetzung ist. Es braucht also nicht jeder Synodale auch mindestens irgendwo Kirchenvorsteher oder dergl. zu sein. Es müßte überhaupt mehr darauf geachtet werden, daß wir unsere sog. Laien nicht zu sehr strapazieren. Es tauchen ohnehin bei uns schon immer wieder dieselben Gesichter auf. Viel wichtiger und im Sinne recht verstandener, der Kirche gemäßer Demokratisierung entscheidend ist es, die Zahl derer, die mitdenken, mitbeobachten und mitarbeiten, immer größer zu machen. Hier liegt eine wichtige Voraussetzung nachhaltiger Wirksamkeit des Synodalen: an der ständigen inoffiziellen Kommunikation aller in der Kirche Verantwortlichen teilzunehmen und zugleich in der Kirche die umfassendste und rechtlich einflußreichste offizielle Befugnis wahrzunehmen.

Johann Frank Zur Frage
der kirchlichen Ämter
auf Zeit

Dem kirchlichen Ämter- und Dienstrecht ist Christhard Mahrenholz auf mancherlei Weise verbunden. Auch auf diesem Arbeitsgebiet hat er während seiner jahrzehntelangen Tätigkeit in der Leitung und Verwaltung seiner heimatlichen Kirche sowohl an der historischen Bestandsaufnahme[1] wie an der rechtlichen Gestaltung[2] mitgewirkt. Als Mitglied der Lutherischen Generalsynode war er an der Beratung des Pfarrergesetzes der Vereinigten Evangelisch-Lutherischen Kirche Deutschlands beteiligt,[3] dessen hannoversche Ergänzungsbestimmungen er vor der Landessynode erläuterte.[4] Sein Interesse gilt nicht zuletzt dem Pfarrbestellungsrecht, vor allem im Hinblick auf die Patronatsrechte. Stets hat er die Verbindung von Dienstrecht, Ordination und agendarischer Ordnung gesehen und betont. So darf in den Zusammenhang dieser Festgabe eine gegenwärtig lebhaft erörterte Frage des kirchlichen Amtsrechts gestellt werden, die Frage der befristeten Besetzung kirchlicher Ämter.[5]

I

Noch vor wenigen Jahren schien das Thema der Ämterbesetzung in der Kirche „am Rande kirchlicher Rechtsordnung" zu liegen.[6] Formen und Dauer der Amtsübertragung standen im wesentlichen unangefochten fest. Es gab keine prinzipielle Kritik an dem Grundsatz des kanonischen und des evangelischen Kirchenrechts, daß kirchliche Ämter in der Regel unbefristet übertragen werden. Dieser Grundsatz ist heute in Frage gestellt. Die Überlegungen zur Kir-

---

[1] Chr. Mahrenholz, Die Verfassungs- und Rechtsgestaltung der Ev.-luth. Landeskirche Hannovers in Geschichte und Gegenwart, ZevKR 8, 1961/62, S. 113 ff.; ders., Die verfassungsmäßige Ordnung der Kirchen in Hannover bis zur Kirchenverfassung 1922/24, in: Grundlagen einer neuen Kirchenverfassung, Referate auf der Informationstagung der 16. Ord. Landessynode vom 27.—29. 10. 1959, hrsg. vom Landeskirchenamt Hannover.
[2] So als Verfasser des hannoverschen Amtsträgergesetzes vom 11. 10. 1941 (KABl. 1942 S. 107).
[3] Protokollband Lutherische Generalsynode 1963, Berlin 1964, S. 261—263.
[4] Niederschrift über die 64. Sitzung der VI. Tagung der 16. Ord. Landessynode am 12. 5. 1964.
[5] Der folgende Beitrag geht auf Vorarbeiten für eine gutachtliche Stellungnahme des Rechtsausschusses der VELKD zurück. Er berücksichtigt die vom Ausschuß angestellten Erwägungen.
[6] G. Hoffmann, Wahlen und Ämterbesetzung in der Kirche, in: Festschrift für Erich Ruppel, 1968, S. 164.

chenreform und zur Demokratisierung der Kirche schließen die Forderung nach Amtszeitbegrenzungen ein. Ausgelöst ist diese Forderung im katholischen Bereich vor allem durch die Auswirkungen des II. Vatikanischen Konzils,[7] im evangelischen Bereich durch eine gesellschaftspolitisch orientierte Theologie.[8] Sie ist seitdem Gegenstand der Strukturdiskussion in den Diözesen und Landeskirchen. In der kirchlichen Publizistik, aber auch von Teilen der Pfarrerschaft, von Bischöfen und von Synoden ist sie aufgenommen worden.[9] Dabei ist abgrenzend festzustellen, daß es im evangelischen Bereich nicht um die presbyterialen und synodalen Wahlämter (Kirchenvorstände, Kreissynoden, Landessynoden, gesamtkirchliche Synoden) geht, da deren Amtsdauer ohnehin nach geltendem Recht durchweg befristet ist. Auch gilt das Interesse im allgemeinen nicht dem hauptamtlichen kirchlichen Dienstverhältnis als solchem; daß es auch weiterhin grundsätzlich auf Lebenszeit begründet werden kann und soll, ist nicht ernstlich bestritten. Gefordert wird aber die befristete Übertragung bestimmter Funktionen, wobei sowohl an die kirchlichen Aufsichts- und Leitungsämter wie an das Gemeindepfarramt gedacht ist. Für die Pfarrstelleninhaber ist außerdem die Frage leichterer Versetzbarkeit im Gespräch.

Am 21. Mai 1969 sprach sich der Generalkonvent des Sprengels Schleswig in einer Resolution für die befristete Ämterbesetzung in der Kirche aus.[10] Am 13. November 1969 beauftragte die Landessynode der Ev.-luth. Landeskirche Schleswig-Holsteins die Kirchenleitung, ihr einen Gesetzentwurf über die Befristung der Amtszeit für Pröpste vorzulegen.[11] Mit Beschluß vom 28. August 1969 richtete die Synode der Ev.-luth. Kirche im Hamburgischen Staate an die leitenden Organe der Vereinigten Evangelisch-Lutherischen Kirche Deutschlands einen Antrag auf Änderung des in den Gliedkirchen der VELKD gemeinsam geltenden Pfarrerrechts.[12] Danach sollen Pfarrer auf etwa zehn bis zwölf Jahre in die Pfarrstelle gewählt oder berufen werden, wobei Wiederwahl zulässig sein und eine Befristung der Amtszeit vom 50. Lebensjahr des Pfarrers an nicht mehr eintreten soll. Die Wahl auf Zeit soll auch für die Inhaber kirchenleitender Ämter, vor allem die Bischöfe gelten. Außerdem wird beantragt, die rechtlichen Möglichkeiten zur Versetzung der Gemeindepfarrer zu erweitern. Ähnliche Erwägungen werden anläßlich einer Verfassungsreform in der Ev. Landeskirche in Baden[13] und im Zuge der Überprüfung des Pfarrbestel-

---

[7] Vgl. den Vorschlag der Kath.-Theol. Fakultät Tübingen, Befristete Amtszeit residierender Bischöfe?, Theol. Quartalsschrift 1969, S. 105 ff.

[8] Hierzu K. Dienst, Demokratisierung als Politisierung der Kirche?, DtPfrBl 1970, S. 68 ff mit ausführl. Nachw. Von Laien ist die Forderung nur selten zu hören.

[9] Vgl. K. Dienst aaO. mit Nachw., sodann die Beiträge „Demokratie in der Kirche — was ist das?" von H. Simon, G. Wendt, G. Heintze u. a., Ev. Kommentare 1969, S. 211 ff.; E. G. Mahrenholz, Die Kirchen in der Gesellschaft der Bundesrepublik Deutschland, 1969, S. 92 ff. sowie den oben folgenden Text.

[10] Konvent kirchl. Mitarbeiter, 1969, Heft 7/8, S. 133.

[11] Vorlage Nr. 15 der Landessynode Rendsburg, November 1969.

[12] Drucksache 286/69 zur 30. Sitzung der Zweiten Synode 1969.

[13] Entwurf und Begründung eines 2. kirchl. Gesetzes zur Änderung der Grundordnung, Vorlage des Landeskirchenrats zur Tagung der Landessynode Oktober 1969, Anlage 1 der Verhandlungen (§§ 54, 90, 103 und S. 26 f., 30, 32 der Begr.).

lungsrechts in der Ev.-Luth. Landeskirche Mecklenburgs[14] angestellt. Die neue Verfassung der Ev.-luth. Landeskirche in Braunschweig vom 6. Februar 1970 läßt aufgrund der Beratungen in der Landessynode ausdrücklich die Möglichkeit offen, daß der Landesbischof auf Zeit gewählt wird.[15] In der Ev. Landeskirche Württemberg wurde die letzte Wahl des Landesbischofs bereits unter Befristung der Amtszeit auf zehn Jahre vollzogen.[16]

Der kirchliche Gesetzgeber ist also bereits vor die rechtspolitische und auch theologisch relevante Frage gestellt, ob er die Befristung von Amtszeiten allgemein oder für bestimmte Ämter einführen will und welcher rechtlicher Änderungen es dazu bedarf.

II

1. Nach geltendem katholischen und gemeinevangelischen Kirchenrecht werden Gemeindepfarrer grundsätzlich unwiderruflich in ihr Amt berufen und können gegen ihren Willen nur unter kirchengesetzlich geregelten Voraussetzungen versetzt werden.[17] Dieser Grundsatz ist in den Kirchenverfassungen mehrerer deutscher Landeskirchen verankert.[18] Er ist darüber hinaus allgemein im Pfarrerrecht enthalten. Einige Pfarrergesetze stellen den Grundsatz ausdrücklich fest,[19] andere setzen ihn, wie die erschöpfende Aufzählung von Versetzungstatbeständen zeigt, voraus.[20] Im Bereich der Vereinigten Evangelisch-Lutherischen Kirche Deutschlands ist nach § 71 des Pfarrergesetzes vom 14. Juni 1963 (ABl. VELKD Bd. II S. 14) eine Versetzung gegen den Willen des Pfar-

---

[14] Schreiben des Oberkirchenrats an die Ev. Kirchenkanzlei vom 2. 6. 1969 Nr. 173 VI 33 b.
[15] Vgl. Art. 74 Abs. 2.
[16] Erklärungen des Synodalpräsidenten vom 9. 6. 1969 und des Rechtsausschusses vom 10. 11. 1969, Protokolle der 7. Landessynode, 27. und 28. Sitzung, S. 820 und 891. Inzwischen ist die Verfassung im Sinne der Amtszeitbegrenzung geändert durch Kirchengesetz vom 13. 11. 1969 (ABL. 1970 Bd. 44, S. 55).
[17] Zum kan. Recht: c. 2163 CIC; vgl. Erik Wolf, Ordnung der Kirche, 1961, S. 283; J. Neumann, Wahl und Amtszeitbegrenzung nach kanonischem Recht, Theol. Quartalsschrift 1969, S. 117 ff.; E. Ruppel, Art. Pfarrer (rechtlich), RGG³ V Sp. 280.
Zum ev. Kirchenrecht: P. Schoen, Das ev. Kirchenrecht in Preußen, Bd. 2, Neudruck 1967, S. 126 f. mit Nachw.; E. Ruppel aaO. Sp. 282; G. Hoffmann aaO. S. 175. Der Grundsatz gilt auch weithin in der nichtkatholischen Ökumene, wie Auskünfte des Ökumenischen Rates der Kirchen und des Lutherischen Weltbundes bestätigen. So bestimmt die Approved Constitution for Synods — Lutheran Church in America — in Section II Ziff. 4 a: „The regular call of congregation when accepted by a pastor shall constitute a permanent relationship which shall be terminated only for the folllowing causes . . .“ Es folgen dann Gründe, die dem geltenden deutschen Pfarrerrecht völlig entsprechen. Ähnlich die Dritte Generalversammlung 1966 der American Lutheran Church zum Amt des Pfarrers: „The Call shall normally be for an indefinite time." Ämterbesetzungen auf Zeit finden sich in der Schweiz, doch müssen hier bei Fristablauf Wiederwahlen ausdrücklich angeordnet werden; vgl. G. Hoffmann, aaO. S. 175.
[18] So Art. 35 Verfassung Hannover vom 11. 2. 1965 (KABl. S. 65), § 42 Verfassung Thüringen vom 2. 11. 1951 (ABl. S. 217) und Art. 54 Grundordnung Baden vom 23. 4. 1958 (VBl. S. 17).
[19] Vgl. § 70 PfG VELKD, B Abs. 1 Satz 2 und § 70 Pfarrerdienstgesetz Baden vom 2. 5. 1962 (VBl. S. 21).
[20] So § 49 Pfarrerdienstgesetz der EKU vom 11. 11. 1960 (ABl. EKD S. 55).

rers nur möglich, wenn die Pfarrstelle aufgehoben wird oder unbesetzt bleiben soll (§ 71 Abs. 1 Buchst. a PfG), wenn aufgrund eines Kirchengesetzes Pfarrer im kirchlichen Interesse planmäßig anders verwendet werden sollen (§ 71 Abs. 1 Buchst. b PfG) oder wenn ein gedeihliches Wirken auf der bisherigen Pfarrstelle nicht mehr gewährleistet ist (§ 71 Abs. 1 Buchst. c PfG). Da § 71 PfG Raum für weitere kirchengesetzliche Regelungen läßt,[21] haben einige Gliedkirchen in ihren Anwendungs- und Ausführungsbestimmungen noch andere Versetzungsmöglichkeiten geschaffen.[22] Bei diesen Ergänzungen handelt es sich überwiegend um die Ermöglichung organisatorischer Veränderungen oder gesundheitlicher Rücksichtnahme. Als Ausnahmeregelungen bestätigen sie den Grundsatz der Unversetzbarkeit, der im übrigen nur noch im Vollzuge von Entscheidungen in Lehr- oder Amtszuchtverfahren durchbrochen werden kann. Ähnlich ist die Rechtslage in anderen Kirchen.[23] Unter dem geltenden Recht dürfte deshalb die Einführung befristeter Ämterbesetzungen nur in Thüringen möglich sein, weil die Thüringer Kirchenverfassung vom 2. November 1951 (ABl. S. 217) in § 42 vorsieht, daß ein zwingender Grund zur Versetzung insbesondere dann vorliegt, wenn der Pfarrer im Interesse der Kirchengemeinde nach längerer Amtstätigkeit an demselben Ort abzulösen ist. Hier wäre eine zeitliche Konkretisierung des Begriffs der „längeren Amtstätigkeit" im Verwaltungswege denkbar, obwohl sich andererseits die Frage nahelegt, ob nicht das Pfarrergesetz der Vereinigten Kirche im Prozeß der Rezeption die pfarrerrechtlichen Bestimmungen der gliedkirchlichen Verfassungen stärker modifiziert hat als das deren Bestandskraft zunächst zulassen konnte.[24]

2. Den Pfarrern im übergemeindlichen Dienst oder, wie das Pfarrergesetz der VELKD (§§ 16, 29) formuliert, mit allgemeinkirchlicher Aufgabe kann nach geltendem Recht im kirchlichen Interesse jederzeit eine andere Aufgabe übertragen werden (§ 77 PfG VELKD).[25] Sie können also versetzt und damit auch für ihren Dienst auf Zeit bestellt werden. Hierüber gibt es in einzelnen Landeskirchen ausdrückliche kirchengesetzliche Regelungen.[26] Doch geht auch die Verwaltungspraxis allgemein dahin, daß die übergemeindlichen Dienste befristet übertragen werden (Jugendpfarrer, Studentenpfarrer, Sozialpfarrer, Rektoren der Pastoralkollegs und Predigerseminare).

3. Die Inhaber von Aufsichtsämtern auf der mittleren kirchlichen Ebene (Superintendenten, Pröpste, Dekane) unterliegen grundsätzlich dem Pfarrer-

---

[21] Der Vorbehalt bezieht sich sowohl auf ergänzende Regelungen wie auch auf Versetzungsgründe an anderer Stelle des Pfarrergesetzes (vgl. §§ 44 Abs. 4, 48 Abs. 3, 88).

[22] Hierzu Art. 1 §§ 16—18 des Anwendungsgesetzes Hannover vom 2. 4. 1965 (KABl. S. 156).

[23] Vgl. § 49 PfG EKU.

[24] Zum Verhältnis von gesamtkirchlichem und gliedkirchlichem Recht J. Frank, Möglichkeiten und Formen gesamtkirchlicher Rechtsetzung, ZevKR 15, 1970/71 Heft 2/3.

[25] So auch § 70 Abs. 2 Pfarrerdienstgesetz Baden. Die Rechtslage nach kanonischem Kirchenrecht ist nicht ohne weiteres vergleichbar und soll hier außer Betracht bleiben.

[26] Kirchengesetz Schleswig-Holstein über die Rechtsstellung der in landeskirchliche Pfarrstellen berufenen Geistlichen vom 16. 11. 1962 (KGVOBl. S. 129).

recht. Nach dem übereinstimmenden Verfassungsrecht der Landeskirchen muß oder soll das Aufsichtsamt mit einem Gemeindepfarramt verbunden sein.[27] Die Inhaber des Aufsichtsamtes werden daher im allgemeinen unbefristet berufen, können jedoch von ihrem Aufsichtsamt auf Antrag, aus organisatorischen Gründen oder auch im Disziplinarwege entbunden werden, wobei regelmäßig auch Wechsel oder Verlust der Pfarrstelle eintritt.[28] Allerdings gibt es in denjenigen Landeskirchen, in denen das Aufsichtsamt eine besondere presbyterialsynodale Ausprägung besitzt, wie im Rheinland und in Westfalen, seit längerem befristete Amtszeiten (acht Jahre),[29] freilich mit der meist praktizierten Möglichkeit der Wiederwahl.

4. Die Rechtsverhältnisse der Visitatoren mit bischöflichen Aufgaben, die das Pfarrergesetz der VELKD (§ 30) ordinierte Inhaber eines kirchenleitenden Amtes nennt, sind in der Regel dem für die Bischöfe geltenden Recht nachgebildet. Daher werden die Landessuperintendenten in Hannover und die Kreisdekane in Bayern wie der Landesbischof auf Lebenszeit berufen und können ohne ihre Zustimmung nicht versetzt werden.[30] Dasselbe gilt für die Prälaten in Baden und die Pröpste in Kurhessen-Waldeck.[31] Demgegenüber werden die Pröpste in Hessen und Nassau wie der Kirchenpräsident auf Zeit (sechs Jahre) gewählt.[32]

5. Nach dem Verfassungsrecht der meisten Landeskirchen werden die Bischöfe auf Lebenszeit gewählt.[33] Hier ergeben sich auch wieder Berührungen mit den Grundsätzen des kanonischen Rechts.[34] Überall im evangelischen Bereich gibt es verfassungsrechtliche oder spezialgesetzliche Möglichkeiten des

---

[27] § 15 Abs. 5 Verfassung Sachsen (luth.) vom 13. 12. 1950 (ABl. S. A 99), Art. 54 Verfassung Hannover aaO., Art. 50 Verfassung Braunschweig aaO.; Art. 59 Abs. 2 Rechtsordnung Schleswig-Holstein vom 6. 5. 1958 (KGVOBl. S. 83), Art. 78 Abs. 2 Grundordnung Berlin-Brandenburg vom 15. 12. 1948 (KABl. 1949, S. 3), § 82 Grundordnung Baden aaO. (Möglichkeit des Hauptamtes!) und Art. 40 Vorentwurf 1970 der Verfassung Bayern, Claudius-Verlag München. Vgl. auch P. Schoen aaO. Bd. 1 S. 266.

[28] Hierzu Art. 82 Grundordnung Kurhessen-Waldeck vom 22. 5. 1967 (KABl. S. 19), § 52 PfG EKU, Art. 1 § 18 Anwendungsgesetz Hannover zum Pfarrergesetz VELKD, § 85 Amtszuchtgesetz VELKD vom 7. 7. 1965 (ABl. VELKD S. 182).

[29] Art. 159 der Kirchenordnung Rheinland vom 2. 5. 1952 (KABl. S. 57), Art. 105 Kirchenordnung Westfalen vom 1. 12. 1953 (KABl. 1954 S. 25), ferner § 83 Abs. 2 Grundordnung Baden, Art. 25 Kirchenordnung Hessen und Nassau vom 17. 3. 1949 (KABl. S. 27), § 68 Verfassung ref. Nordwestdeutschland vom 9. 5. 1958 (KGVOBl. XI S. 179) und Art. 154 Kirchengesetz Lippe betr. die kirchlichen Klassen vom 26. 11. 1959 (GVOBl. S. 15).

[30] Kirchengesetz Hannover über die Rechtsstellung der Landessuperintendenten vom 29. 6. 1967 (KABl. S. 189), Art. 105 a, 111 a Anwendungsgesetz Bayern zum Pfarrergesetz VELKD vom 2. 3. 1964 (KABl. S. 34).

[31] § 88 Grundordnung Baden, Art. 122 Grundordnung Kurhessen-Waldeck.

[32] Art. 48 Kirchenordnung Hessen und Nassau.

[33] § 29 Verfassung Sachsen (luth.), Art. 65 Verfassung Hannover, Art. 81 Rechtsordnung Schleswig-Holstein, § 91 Verfassung Thüringen, Art. 117 Grundordnung Berlin-Brandenburg, Art. 116 Grundordnung Kurhessen-Waldeck, § 103 Abs. 3 Grundordnung Baden.

[34] Vgl. Erik Wolf, aaO. S. 260 und J. Neumann, aaO.

Rücktritts oder der Abberufung in besonderen Verfahren.[35] Dagegen ist eine Altersgrenze nicht allgemein eingeführt. Anders als im Beamten- und Pfarrerdienstrecht ist die Berufung des Bischofs auf Lebenszeit bisher im Sinne „relativer Lebenslänglichkeit" des Amtes verstanden worden.[36] Nachdem die neueren Pfarrergesetze die Inhaber des bischöflichen Amtes grundsätzlich in ihre Geltung einbezogen haben, zeichnet sich eine deutliche Tendenz zur Amtszeitbefristung durch gesetzliche Altersgrenzen nach dem Vorbild des Pfarrerrechts ab.[37]

Eine zeitliche Begrenzung des Bischofsamtes kennen die Landeskirchen mit Betonung des presbyterial-synodalen Prinzips. Die Präsides im Rheinland und in Westfalen, der Kirchenpräsident in Hessen und Nassau sowie die Landessuperintendenten in ref. Nordwestdeutschland und — neuerdings — in Lippe werden demgemäß auf Zeit gewählt, allerdings mit der Möglichkeit und dem Gewohnheitsrecht der Wiederwahl.[38]

6. Für die Mitglieder der obersten kirchlichen Behörden ist die Berufung oder Wahl auf Lebenszeit in einer Reihe von Kirchenverfassungen statusrechtlich festgelegt.[39] Darüber hinaus gilt Pfarrer- oder Kirchenbeamtenrecht mit grundsätzlichem Ausschluß der Versetzung gegen den Willen des Amtsträgers.[40] Möglich bleibt die Überführung in einen anderen Dienst im Einvernehmen aller Beteiligten.[41] Gelegentlich werden in gesamtkirchlichen Dienststellen Beamtenverhältnisse auf Zeit, die das kirchliche Beamtenrecht wie das weltliche zuläßt,[42] begründet; doch geschieht das regelmäßig im Wege der Abordnung oder Beurlaubung aus einer Landeskirche unter Fortdauer des zu ihr bestehenden Rechtsverhältnisses. Kirchliche Wahlbeamte auf Zeit gibt es nur ausnahmsweise.[43]

7. In den Leitungen der gesamtkirchlichen Zusammenschlüsse sind die Amtszeiten befristet. Dies hängt jedoch mit der im Prinzip nebenamtlichen Beset-

---

[35] Z. B. Art. 67 Verfassung Hannover mit VO vom 30. 9. 1937 (KABl. S. 199) und Kirchengesetz Mecklenburg über die Wahl des Landesbischofs und sein Ausscheiden aus dem Amt vom 4. 4. 1963 (KABl. S. 53).

[36] H. Liermann, Das evangelische Bischofsamt in Deutschland seit 1933, ZevKR 3, 1953/54, S. 23.

[37] So Kirchengesetz Schleswig-Holstein über das Ausscheiden des Bischofs aus seinem Amt vom 15. 11. 1962 (KGVOBl. S. 133), Art. 62 Kirchenverfassung Lübeck i. d. F. vom 5. 2. 1969 (KABl. S. 257), Art. 70 Abs. 2 Vorentwurf 1970 Kirchenverfassung Bayern (überall grundsätzlich 70. Lebensjahr).

[38] Art. 197 Kirchenordnung Rheinland, Art. 141 Kirchenordnung Westfalen, Art. 46 Kirchenordnung Hessen und Nassau, § 96 Verfassung ref. Nordwestdeutschland. In Lippe beruht die Befristung auf Synodalbeschluß. Vgl. auch Anm. 16.

[39] So Art. 95 Abs. 3 Verfassung Hannover, Art. 81 Abs. 3 Verfassung Braunschweig, Art. 112 Abs. 2 Rechtsordnung Schleswig-Holstein, § 109 Abs. 2 Grundordnung Baden, Art. 135 Abs. 3 Grundordnung Kurhessen-Waldeck.

[40] Vgl. § 64 Kirchenbeamtengesetz Hannover vom 5. 12. 1962 (KABl. S. 137), Art. 111 a Anwendungsgesetz Bayern zum Pfarrergesetz VELKD.

[41] Vgl. § 57 Kirchenbeamtengesetz VELKD vom 12. 12. 1968 (ABl. Bd. III S. 86).

[42] § 58 Kirchenbeamtengesetz VELKD.

[43] § 96 Verfassung ref. Nordwestdeutschland, § 4 Kirchenverwaltungsgesetz Hessen und Nassau vom 13. 11. 1969 (ABl. S. 169).

zung dieser Organe zusammen. Sowohl der Rat der Evangelischen Kirche in Deutschland als auch die Kirchenleitung der Vereinigten Evangelisch-Lutherischen Kirche Deutschlands und der Rat der Evangelischen Kirche der Union werden für bestimmte Amtsperioden gebildet.[44] Dabei sind die Phasen der Amtszeit des Leitenden Bischofs der VELKD und der synodalen Mitglieder der Kirchenleitung gegeneinander verschoben.[45]

Der Überblick über das geltende Recht zeigt, daß die Einführung befristeter Amtszeiten auf allen kirchlichen Ebenen und die Eröffnung weitergehender Versetzungsmöglichkeiten nicht nur mit Änderungen gesamtkirchlichen und gliedkirchlichen Pfarrerrechts, sondern weithin auch mit Änderungen gliedkirchlichen Verfassungs- und Pfarrbestellungsrechts verbunden wäre.

III

Der kirchliche Gesetzgeber wird die Frage zu prüfen haben, ob der geforderten Befristung kirchlicher Ämter und einer weiteren Durchbrechung des Grundsatzes der Unversetzbarkeit der Pfarrer theologische Gründe entgegenstehen. Denn bei der hier anstehenden Frage handelt es sich um die Veränderung materieller Gestaltungsprinzipien kirchlicher Ordnung, nicht nur um die formale Berührung geltenden Rechts.

Als gesicherte Erkenntnis kann — jedenfalls in dieser Allgemeinheit — heute gelten, daß die kirchliche Rechtsordnung die Aufgabe hat, die nach menschlicher Einsicht besten Bedingungen und Voraussetzungen für die Erfüllung des Auftrages der Kirche zu schaffen und insbesondere den Dienst der öffentlichen Wortverkündigung und der Sakramentsverwaltung nach dem Bekenntnis der Kirche zu fördern und zu gewährleisten.[46] Sie ist daher an theologische Vorgegebenheiten gebunden, im übrigen aber frei in der praktischen Ausgestaltung. Nach der im Glauben erleuchteten Vernunft und den Bedürfnissen des kirchlichen Lebens ist zu entscheiden, wie dem ministerium verbi divini rechtlich Raum geschaffen und die communio sanctorum rechtlich geordnet wird. Auch ohne nähere Entfaltung dieser theologischen Grundlagen und Vorgegebenheiten läßt sich feststellen, daß zu ihnen die lebenslängliche Besetzung der einzelnen kirchlichen Ämter und Dienste nicht gehört. Die Schriften des Neuen Testamentes gehen zwar von einer engen Bindung zwischen der Gemeinde und „ihren Hirten und Lehrern" (Eph. 4, 11) aus. Besonders die Bilder von Hirt

---

[44] Art. 30 Abs. 4 Grundordnung EKD, Art. 12 Abs. 2 Verfassung VELKD, Art. 16 Abs. 1 Ziff. 2, 3 und 5 Ordnung EKU.

[45] Art. 10 Abs. 1 Verfassung VELKD und § 5 Abs. 2 Kirchengesetz VELKD über das Amt des Leitenden Bischofs und die Kirchenleitung i. d. F. vom 5. 2. 1969 (ABl. VELKD III S. 102).

[46] Hierzu und zum folgenden S. Grundmann, Art. Kirchenrecht (I A—D) in: Ev. Staatslexikon 1966 Sp. 966 ff.; ders., Art. Kirchenverfassung (IC), aaO. Sp. 1017 ff.; W. Maurer, Art. Kirchenrecht (I E) in: Ev. Staatslexikon; D. Pirson, Art. Kirchenverfassung (I B) in: Ev. Staatslexikon Sp. 1013 ff.; H. Brunotte, Grundsatzfragen zu einer ev.-luth. Kirchenverfassung, ZevKR 8, 1961/62, S. 137 ff.; H. Liermann, Der Eigenweg evangelischen Kirchenrechts, Luth. Monatshefte, 1963, S. 213 ff., alle mit weiteren Nachw.

und Herde und der Vergleich mit der Ehe werden gern gebraucht (Joh. 10, Eph. 5). Daraus folgt jedoch nicht, daß zwischen dem Pfarrer und der konkreten Kirchengemeinde oder Aufgabe eine unauflösliche Beziehung besteht.[47] Ebensowenig lassen die Bekenntnisschriften der lutherischen Kirche Anhaltspunkte dafür erkennen, daß das ministerium verbi divini in lebenslänglicher Bindung an einen einmalig übertragenen Aufgabenbereich ausgeübt werden müßte. Im Gegenteil ist den Reformatoren der Pfarrstellenwechsel durchaus geläufig, wie die Ordinations- und die Vokationspraxis ihrer Zeit zeigen.[48] Die befristete Ämterbesetzung würde auch nicht im Widerspruch zu der Theologischen Einführung zum Pfarrergesetz der VELKD,[49] zu der Ordnung des kirchlichen Lebens der VELKD[50] und zu dem Gutachten des Theologischen Ausschusses der VELKD über das ministerium ecclesiasticum und die Ordination[51] stehen. Alle diese Äußerungen gehen zwar von einem bestimmten, heute z. T. angefochtenen Amtsverständnis aus,[52] enthalten aber nicht die Forderung nach unbefristeter Wahrnehmung der einzelnen kirchlichen Ämter. Die für lutherisches Denken wichtige Zuordnung von Amt und Gemeinde läßt sich auch bei befristeten Amtszeiten gewährleisten. Auch das dem geltenden Verfassungs- und Pfarrerrecht zugrunde liegende Ordinationsverständnis zielt nicht prinzipiell auf eine unwiderrufliche Beauftragung des Pfarrers ab. Die Ordination ist sicherlich auf Dauer angelegt. Dem entspricht, daß sie in der Regel die Begründung eines Dienstverhältnisses als Pfarrer voraussetzt.[53] Andererseits verleiht sie keinen character indelibilis und wird bei Wechsel der Pfarrstellen oder bei Wiederherstellung verlorengegangener Rechte aus der Ordination nicht wiederholt.[54] Nach dem Pfarrerrecht kann das Dienstverhältnis von vornherein in der Übertragung einer allgemeinkirchlichen Aufgabe bestehen und demnach mit der Versetzbarkeit verbunden sein. Zudem sind die ordinierten Vikare und Hilfsgeistlichen vor der Anstellung auf Lebenszeit versetzbar. Daher ist aus der Ordination der Rechtsgrundsatz der unbefristeten Berufung und der Unversetzbarkeit nicht herzuleiten, zumal er die schon genannten wichtigen Ausnahmen einschließt. Zu beachten ist auch, daß in zunehmendem Maße kirchliche Amtsträger ordiniert werden, bei denen eine nur befristete

---

[47] Gegen die „jahrhundertelange Verabsolutierung und Vorzeichnung des Bildes von Hirt und Herde" vgl. Bericht des Arbeitskreises der Kirchenprovinz Sachsen für die Neuordnung des geistlichen Dienstes zur Tagung der Synode vom 19.–22. 10. 1968, ABl. 1969 S. 2 ff.; gegen die „Ideologie vom Ehebund" (sc. zwischen Bischof und Diözese) J. Neumann aaO. S. 119.
[48] Vgl. J. Heubach, Art. Ordination (III), RGG³ IV Sp. 1674; E. Ruppel, Grundsatzfragen einer Regelung des Pfarrerdienstrechts der VELKD, ZevKR 9, 1962/63, F. 123.
[49] Protokollband Luth. Generalsynode 1961, S. 426 ff.
[50] Vom 27. 4. 1955 (ABl. VELKD Bd. I S. 10, Abschnitt IX).
[51] Vom 2. 6. 1955 (ABl. VELKD Bd. I S. 39). Dem Theol. Ausschuß liegen z. Z. Thesen zur Ordination vor, die befristete Amtszeiten ausdrücklich für möglich erklären.
[52] Vgl. dazu Anm. 47 und etwa die Auseinandersetzung zwischen H. Brunotte, Sacerdotium und Ministerium als Grundbegriffe im lutherischen Kirchenrecht, Smend-Festgabe 1962, S. 263 ff., und S. Grundmann, Verfassungsrecht in der Kirche des Evangeliums, ZevKR 11, 1964/65, S. 24 ff.
[53] § 11 Abs. 1 PfG VELKD.   [54] J. Heubach aaO.; E. Ruppel aaO. S. 120.

Wahrnehmung des Dienstes durchaus möglich oder sogar wahrscheinlich ist (Pastorinnen, Pfarrverwalter).[55]

An den im Auftrag der Kirche beschlossenen Vorgegebenheiten ist auch die Forderung nach Demokratisierung kirchlicher Strukturen zu messen. Die durchaus zulässige Analogie zwischen weltlicher und kirchlicher Ordnung[56] darf nicht zu einer unkritischen Übernahme weltlicher Ordnungsmodelle in den kirchlichen Bereich führen. Dies muß auch für den Problemkreis Kirche und Demokratie gelten.[57] Der kirchliche Gesetzgeber kann nicht an der Tatsache vorbeigehen, daß im weltlichen Bereich über Wesen, Formen und Funktionsmöglichkeiten der Demokratie unterschiedliche Vorstellungen herrschen. Es gibt keinen einheitlichen Demokratiebegriff, aus dem rechtliche Konsequenzen zwingend abzuleiten wären. Wer Demokratie in der Kirche fordert, müßte präziser angeben, welches Bild von Demokratie er meint, ob etwa die parlamentarische Form, die Präsidialdemokratie oder das Rätesystem.[58] Sowohl die Sicht der Demokratie als Inhaberschaft der Staatsgewalt wie auch die Vorstellung einer Identität von Regierenden und Regierten[59] lassen sich auf die Kirche nicht übertragen, weil sie dem Wesen der Kirche nicht entsprechen. Auch der Gedanke, daß Demokratie als System verantwortlicher Regierung verstanden werden muß,[60] kann nicht ohne weiteres übernommen werden, weil die kirchlichen Amtsträger bis hin zu den Kirchenvorstehern und Synodalen nicht Repräsentanten von Gruppen sein können.[61] Daran zeigt sich, daß abstrakte Demokratievorstellungen für die Ausgestaltung des kirchlichen Rechts- und Organisationslebens nicht ausschlaggebend sein dürfen. Maßstab ist der Auftrag der Kirche. Er erlaubt und fordert allerdings, daß der Gedanke des allgemeinen Priestertums der Getauften ernstgenommen und im Sinne verantwortlicher Mitwirkung der Gemeindeglieder auch an Entscheidungsvorgängen verwirklicht wird.[62] Ebenso zwingt der vorgegebene Auftrag die Kirche zu ständiger Prüfung der Frage, ob ihre Lebens- und Organisationsformen den Anforderungen ihres Dienstes in der Welt entsprechen oder ihnen entgegenstehen.[63] Unter diesem Gesichtspunkt können sicherlich bewährte demokratische Gestaltungsprinzipien aus dem weltlichen Raum übernommen werden, zumal dann, wenn sie von der urchristlichen Gemeinde praktiziert worden sind.[64] Aus all dem ergibt sich aber nicht zwingend die Einführung befristeter Amtszeiten. Mit demo-

---

[55] Vgl. z. B. Pastorinnengesetz Hannover vom 18. 11. 1969 (KABl. S. 234), dort bes. § 12, ferner Pfarrverwaltergesetz Hannover vom 21. 8. 1968 (KABl. S. 135), dort bes. §§ 2 und 7 Abs. 3. Auf das Problem der Frauenordination kann hier nicht weiter eingegangen werden.
[56] Hierzu E. Ruppel, Das Recht der Kirche in einem weltlichen Staat, in: Festschrift für Eb. Müller, 1966, S. 137 ff.
[57] So auch die in Anm. 9 genannten Beiträge sowie M. Trimpe und P. Kuhn, Zur Amtszeitbegrenzung für Bischöfe, Hochland 1969, S. 548.
[58] R. Zippelius, Allgemeine Staatslehre, 1969, S. 141 ff.
[59] R. Bäumlin, Art. Demokratie (I), Ev. Staatslexikon, Sp. 278 ff.   [60] R. Bäumlin, aaO.
[61] Hierzu etwa S. Grundmann, Art. Kirchenverfassung (C 2 c), Ev. Staatslexikon, Sp. 1022.
[62] In diesem Sinne die Anm. 9 genannten Beiträge, Ev. Kommentare 1969 Heft 4.
[63] Hierzu K. Hesse, Freie Kirche im demokratischen Gemeinwesen, ZevKR 11, 1964/65, S. 337 ff.; E. G. Mahrenholz aaO. und pass., ferner den Anm. 47 erwähnten Bericht des Arbeitskreises der Kirchenprovinz Sachsen.   [64] Chr. Schütze, Ev. Kommentare 1969, S. 217.

kratischem Verständnis kann durchaus vereinbar sein, daß Inhaber bestimmter Verantwortungsbereiche unbefristet gewählt werden, aber unter näher geregelten Voraussetzungen abwählbar sind. Das demokratische Element liegt weniger in der Befristung, als in den Möglichkeiten der Wahl und der Nachprüfbarkeit. Daher haben die kirchlichen Demokratieforderungen für die Gestaltung des Wahlrechts und für den Prozeß der Willensbildung im kirchlichen Wahlverfahren größeres Gewicht als für die Dauer der Besetzung kirchlicher Ämter.

Es erweist sich demnach als notwendig, ohne ideologisches Vorurteil zu prüfen, ob befristete Amtszeiten in der Kirche und eine größere Flexibilität in der Stellenbesetzung die Ausrichtung des Auftrages der Kirche fördern und den Bedürfnissen des kirchlichen Lebens besser entsprechen.

IV

Es wäre nicht sachgemäß, die gestellte Frage ausschließlich oder primär auf die kirchlichen Aufsichts- und Leitungsämter zu beziehen, wie es hin und wieder geschieht. Zwischen den Theologen in diesen Ämtern und den Pfarrstelleninhabern kann qualitativ grundsätzlich nicht unterschieden werden, weil es auf allen Ebenen um die Wahrnehmung des Auftrages der Wortverkündigung und der Sakramentsverwaltung geht.[65] Die Prüfung kann also bei den Gemeindepfarrern einsetzen.

1. Das Berufsbild des Pfarrers, besonders des Gemeindepfarrers, ist gegenwärtig einschneidenden Veränderungen unterworfen, die mit den neueren gesellschaftlichen Entwicklungen zusammenhängen. Gleichwohl wird es, wie die vorliegenden Analysen zeigen,[66] weiterhin hauptamtlich bestellte Träger des Dienstes der Wortverkündigung und Sakramentsverwaltung, der Seelsorge und der Unterweisung in den Gemeinden geben.

Mehrere Gründe sprechen dafür, daß die Gemeindepfarrer auch künftig unwiderruflich in ihr Amt berufen werden. Voran steht der für das geltende Recht wesentliche Gesichtspunkt der inneren Freiheit und Unabhängigkeit des Pfarrers in seiner gesamten Amtsführung, wie er in den Pfarrergesetzen verschiedentlich seinen Ausdruck findet.[67] Die Gewährleistung sachlicher und

---

[65] §§ 23, 29, 30 PfG VELKD.
[66] Vgl. den Anm. 47 genannten Arbeitsbericht der Kirchenprovinz Sachsen; ferner die Verlautbarung der Kirchenleitung (Ost) Berlin-Brandenburg „Das Berufsbild des Pfarrers", Grüner Dienst des epd Nr. 13/70 vom 26. 3. 1970, den Modellentwurf der Strukturkommission I der Ev. Kirche in Hessen und Nassau „Die Ortsgemeinde im Nachbarschaftsbezirk" vom 1. 3. 1970 sowie H. H. Brunner, Kirche ohne Illusionen, 1968. Auch alle neuen kirchlichen Verfassungsüberlegungen gehen in diese Richtung, vgl. den Vorentwurf 1970 der Verfassung Bayern und den ebenfalls nach eingehenden Strukturerwägungen vorgelegten Entwurf der Intersynodalen Nordelbischen Kirchenkommission „Die Nordelbische evangelisch-lutherische Kirche" vom 29. 11. 1969 (als Manuskript gedruckt).
[67] Vgl. oben Anm. 19 und 20 mit Text, ferner die Begründung zu § 70 PfG VELKD, Protokollband Lutherische Generalsynode 1961, S. 442, auch § 3 Abs. 1 PfG VELKD (Verpflichtung des Pfarrers zu reiner Lehre „in ausschließlichem Gehorsam gegen Gott") und § 42 PfG VELKD (Unabhängigkeit schließt Annahme von Geschenken aus).

persönlicher Unabhängigkeit soll die Freiheit der Verkündigung sichern, ähnlich wie im weltlichen Recht die Unversetzbarkeit den Hochschullehrern die Freiheit der Forschung und Lehre,[68] den Richtern die Freiheit der Rechtsprechung[69] garantieren soll. Dieser Gesichtspunkt hat, wie die Versuche staatlicher Einflußnahmen auf kirchliche Amtstätigkeit etwa in der Zeit des Kirchenkampfes zeigen, besondere Bedeutung im Wechsel der politischen Verhältnisse, selbst wenn rechtliche Sicherungen keinen absoluten Schutz bieten können. Er ist aber auch innerkirchlich relevant. Es sollte ausgeschlossen sein, daß der Pfarrer sein Verhalten und die Wahrnehmung seiner Dienstpflichten bewußt oder unbewußt danach einrichtet, ob er jederzeit oder nach bestimmten Amtszeiten abberufen werden kann. Er soll deshalb unabhängig von Gruppen und Strömungen in der Gemeinde amtieren können. Für die im Grundsatz unwiderrufliche Amtsübertragung spricht ferner, daß die geistliche und pastorale Begleitung der Gemeinde ein kontinuierliches Wirken voraussetzt, und daß seelsorgerliches Vertrauen nur in längeren Zeiträumen wachsen kann. Dies gilt auch für die gegenwärtig viel erörterte Einrichtung der Gruppen- und Nachbarschaftspfarrämter.[70] Ein durch gesetzliche Fristen unterstützter häufiger Pfarrstellenwechsel kann dazu beitragen, daß Aufbauarbeit unnötig gefährdet wird. Auch können Differenzierungen innerhalb der Pfarrerschaft nach Pfarrern, die bei befristeten Amtszeiten wiedergewählt, und solchen, die nicht erneut berufen werden, zu unnötigen psychologischen Belastungen führen.

Wichtig ist ferner der Gesichtspunkt, daß es gerade für den geistlichen Dienst in der Kirche weitgehende Freizügigkeit in der Wahl des Arbeitsplatzes geben sollte. Der Eigenart dieses Dienstes ist ein System freiwilligen Wechsels und vertrauensvoller Beratung mit den kirchenleitenden Organen angemessen. Wenn auch der Gedanke der inneren Berufung im Blick auf eine konkrete pfarramtliche Tätigkeit nicht überbetont werden darf, so ist doch jedenfalls die menschliche Bereitschaft zur Übernahme einer neuen Aufgabe eine unentbehrliche Grundlage für gedeihliches Wirken. Hierin liegt zugleich ein Stück demokratischer Freiheit.[71] Dabei zeigt der Blick in den weltlichen öffentlichen Bereich, daß auch dort zunehmend Rücksicht auf persönliche Verhältnisse genommen und daß von den Versetzungs- und Abordnungsmöglichkeiten des staatlichen Beamtenrechts in der Regel im Sinne des Einvernehmens aller Beteiligten Gebrauch gemacht wird.[72] In diesem Zusammenhang ist die Visitation in der Kirche, auf deren Dienst Pfarrer und Gemeinden Anspruch haben,[73] nicht zu unterschätzen.

---

[68] Hierzu § 203 Abs. 1 des Nieders. Beamtengesetzes vom 14. 7. 1960 (Nds.GVBl. S. 145).
[69] Art. 97 des Bonner Grundgesetzes.   [70] Vgl. Anm. 66.
[71] Auf das Problem der Geltung allgemeiner Grund- und Freiheitsrechte im kirchlichen Raum soll hier nur hingewiesen werden.
[72] Zum Vordringen der allgemeinen Freiheitsrechte (bis hin zum Rechtsschutz) in das staatl. Beamtenrecht, C. H. Ule, Öffentlicher Dienst, in: Die Grundrechte, hrsg. von Bettermann-Nipperdey, Band IV/2 S. 537 ff.
[73] So § 54 PfG VELKD. Vgl. auch Chr. Link, Art. Kirchenvisitation, Ev. Staatslexikon, Sp. 1057 ff.

Von großer praktischer und rechtlicher Bedeutung ist die Frage, wie und wann diejenigen Pfarrer, die nach Ablauf einer befristeten Amtszeit nicht erneut auf die bisherige Stelle berufen werden,[74] in anderen Gemeinden oder Aufgaben verwendet werden können. Bei der gegenwärtigen und auch der künftigen Personallage der Kirche wäre nicht zu verantworten, in größerem Umfange Versetzungen in den Warte- oder Ruhestand auszusprechen und Kräfte brachliegen zu lassen. Auch die finanziellen Konsequenzen einer solchen Praxis wären nicht zu rechtfertigen.[75] Gleichwohl werden nahtlose Übergänge von einer pfarramtlichen Tätigkeit in die andere nicht immer gewährleistet sein, schon weil bei solchen „Revirements" mit organisatorischen Schwierigkeiten bis hin zu Problemen der Wohnungsbeschaffung gerechnet werden muß. Vor allem aber kann nicht bei allen Gemeinden die Bereitschaft vorausgesetzt werden, Pfarrer zu wählen, die in ihrer bisherigen Gemeinde nicht wiedergewählt worden sind, oder älteren Bewerbern den Vorzug vor jüngeren Kandidaten zu geben.[76] Aus Gründen dieser Art wird es nötig sein, das geltende Pfarrbestellungsverfahren zu ändern. Der kirchenrechtliche Grundsatz, daß Gemeindepfarrstellen alternierend durch Wahl der Kirchengemeinde und Ernennung durch die Kirchenleitung besetzt werden,[77] wird bei Einführung befristeter Amtszeiten kaum aufrechterhalten werden können. Den Kirchenleitungen wird das Recht eingeräumt werden müssen, den zum Wechsel der Pfarrstelle verpflichteten Pfarrern im unmittelbaren Anschluß an die abgelaufene Amtszeit eine andere Aufgabe zu übertragen. Das kann aber nur Einschränkung der Besetzungsrechte der Gemeinden bedeuten, da — zumal bei unterschiedlichen Fristen für die einzelnen Pfarrstellen — nicht damit gerechnet werden kann, daß immer in genügender Zahl freie Pfarrstellen zur Besetzung durch die Kirchenleitungen anstehen. Die Wahlrechte der Gemeinden werden daher im Prinzip nur noch subsidiär gelten können und im Einzelfall der Inanspruchnahme des Besetzungsrechts durch die Kirchenleitung weichen müssen. Damit wäre aber das in allen Kirchenverfassungen verankerte Selbstverwaltungsrecht der Kirchengemeinden, das sich wesentlich in der Mitwirkung im Pfarrbestellungsverfahren ausdrückt,[78] nicht unerheblich beeinträchtigt, so daß sich die Frage stellt, ob nicht die Forderung nach Demokratisierung kirchlicher Strukturen hier geradezu in das Gegenteil umschlägt, nämlich zur Gefährdung

---

[74] Dies wäre immer der Fall, wenn Wiederwahl von Rechts wegen ausgeschlossen würde, was gelegentlich gefordert wird.

[75] Vgl. hierzu auch die kritischen Erörterungen um die „politischen Beamten" im weltlichen Bereich.

[76] Hier hilft auch eine Altersgrenze, etwa im Sinne des Hamburger Vorschlages (Anm. 12), wenig. Pfarrer, deren befristete Amtszeit kurz vor der Altersgrenze abläuft, müssen sich zur erneuten Wahl oder Berufung stellen. Sie können dann leicht das Nachsehen haben, wenn die Gemeinde in einem verständlichen Egoismus auf jüngere Kräfte zugeht.

[77] Vgl. H. Liermann, Deutsches evangelisches Kirchenrecht, 1933, S. 239 f. Das alternierende System ist auch neuerdings im Vordringen, so Kirchengesetz Bayern vom 13. 3. 1968 (KABl. S. 46).

[78] Hierzu Art. 16, 37, 44 Abs. 2 der Kirchenverfassung Hannover. Zum Wesen des kirchlichen Selbstverwaltungsrechts (im Unterschied zum staatlichen) vgl. die Nachweise bei J. Frank, ZevKR 13, 1967/68, S. 417 f. (Urteilsanmerkung).

der in der Kirche längst vorhandenen Demokratieelemente führt. Die Freiheit der Wahl und der Vokation ist Ausdruck auch des partnerschaftlichen Verhältnisses von Amt und Gemeinde. Es kann zudem nicht übersehen werden, daß die Amtszeitbegrenzung bei den Pfarrern kaum ohne Konsequenzen für den Rechtsstatus der hauptamtlichen Mitarbeiter der Gemeinde bleiben kann. Diese sind grundsätzlich auf Lebenszeit von der Gemeinde berufen und aus rechtlichen Gründen nur innerhalb der Gemeinde versetzbar.[79] Will man ein Übergewicht der Mitarbeiter gegenüber den auf Zeit berufenen Pfarrern vermeiden und zugleich der Tendenz nach weitgehender Angleichung der Dienstrechte in der Kirche folgen, so werden auch die Mitarbeiter von der Landeskirche angestellt und auf Zeit in die Gemeinde entsandt werden müssen. Damit wäre aber wiederum den Gemeinden ein Stück Selbstverwaltung und Personalhoheit genommen.

Mit der Forderung nach befristeten Amtszeiten wird gelegentlich die Erwartung verbunden, daß die Pfarrer während der Frist in der Gemeinde bleiben und auf einen Pfarrstellenwechsel verzichten.[80] Ob diese Hoffnung berechtigt ist, mag sehr zweifelhaft sein. Jedenfalls wird man die Pfarrer rechtlich nicht zum Verweilen auf der befristet übertragenen Stelle zwingen können, wenn man nicht die Bewerbungs- und Bewegungsfreiheit einschränken will.[81] Eine feste Bindung der Pfarrer wird auch auf befristete Zeit nicht zu erreichen sein, zumal vorzeitiges Ausscheiden aus gesundheitlichen und anderen Gründen nicht ausgeschlossen werden kann. Ebenso werden die gesetzlichen Versetzungstatbestände erhalten bleiben müssen, weil sie auch während der befristeten Amtszeiten relevant werden können.

Am Rande ist zu vermerken, daß die Einführung befristeter Amtszeiten in einigen Kirchen zu einer Überarbeitung des Pfarrbesoldungsrechts führen müßte, weil es zum Teil noch Besoldungssysteme gibt, die nach Art der Pfarrstellen gestaffelt sind.[82] Ein gesetzlich angeordneter Pfarrstellenwechsel müßte Fragen des rechtlichen Besitzstandes auslösen, wenn der Pfarrer auf einer nicht gleichwertigen Pfarrstelle wiederverwendet werden würde. Auch hier zeigt sich die Notwendigkeit, der finanziellen Seite des Problems größere Aufmerksamkeit zuzuwenden.[83]

Gegen eine Amtszeitbegrenzung für Pfarrer spricht schließlich, daß sich eine solche Maßnahme allzu leicht als Vortäuschung kirchenreformerischen Fortschritts erweisen könnte. Die Frage ist berechtigt, ob nicht die befristeten Amtszeiten längst Wirklichkeit sind. Nach allen Erfahrungen der Praxis wechseln die Pfarrer in regelmäßigen Abständen die Stelle, wobei die unter-

---

[79] Vgl. §§ 11, 37 Kirchenbeamtengesetz Hannover vom 5. 12. 1962 (KABl. S. 137).
[80] So Oberkirchenrat Scholtyssek, Hamburg, in einem Referat vor dem Rechtsausschuß der VELKD am 26. 9. 1969, Anlage zur Niederschrift.
[81] Problematisch erscheint die Regelung in § 48 PfG EKU, wonach ein Pfarrstellenwechsel vor Ablauf von fünf Jahren der Genehmigung der Landeskirche bedarf. Die Einschränkungen, die in derselben Bestimmung zugunsten der Freizügigkeit enthalten sind, bestätigen das.
[82] So Pfarrbesoldungsgesetz Bayern vom 15. 3. 1963 (KABl. S. 49), § 5.
[83] Dies gilt auch für die Frage der Umzugskosten!

schiedlichsten Motive und Gründe ausschlaggebend sind. Erste statistische Erhebungen, die vor allem in der Ev.-luth. Landeskirche Hannovers vorgenommen worden sind, haben diese Erfahrungswerte überraschend eindeutig bestätigt.[84] Sie zeigen, daß Gemeindepfarrer die Stelle im Laufe ihres Amtslebens zwei bis dreimal zu wechseln pflegen, wobei das durchschnittliche Lebensalter vor dem letzten Wechsel zwischen 46 und 50 Jahren liegt. Die durchschnittliche Amtszeit auf einer Pfarrstelle beträgt danach acht bis zwölf Jahre. Weiter hat sich ergeben, daß die Zahl derjenigen Pfarrer, die die Pfarrstelle überhaupt nicht wechseln, noch wesentlich kleiner ist als zunächst angenommen. Im Durchschnitt der hannoverschen Landeskirche beträgt die Verweildauer auf der ersten Pfarrstelle bei nur 1,9 Prozent der Pfarrerschaft mehr als zwanzig Jahre, auf der zweiten Pfarrstelle, also nach einmaligem Wechsel, bei nur vier Prozent der Pfarrerschaft mehr als zwanzig Jahre. Daraus läßt sich auch schließen, daß lediglich in einigen extremen Fällen überhaupt nicht gewechselt wird. Die natürliche Fluktuation bewirkt demnach bereits Amtszeitbegrenzungen, wie sie gegenwärtig gefordert werden. Um so berechtigter ist die Frage, welche Gründe für die gesetzliche Anordnung befristeter Amtszeiten sprechen würden und ob ein solcher Schritt des Gesetzgebers die Wahrnehmung des kirchlichen Auftrages fördern könnte.

Bei der geltenden Regelung ist unbefriedigend, daß die Gemeinde keine hinreichenden Möglichkeiten hat, ihr Verhältnis zum Pfarrer verantwortlich zu überprüfen und sich unter Umständen ihrerseits vom Pfarrer zu lösen. Während sich der Pfarrer jederzeit um eine andere Verwendung bewerben und die Gemeinde kurzfristig verlassen kann,[85] ist die Gemeinde auf Initiativen anderer angewiesen und kann in Konfliktfällen nur informierend oder im Wege der Anhörung tätig werden.[86] Das entspricht aber nicht der Polarität und Partnerschaft von Amt und Gemeinde. Die Gemeinde sollte in Abständen die Möglichkeit haben und genötigt sein, im Sinne auch des demokratischen Willensbildungsprozesses Bilanz zu ziehen. Zwar kann hier schon die Visitation Hilfen geben. Doch werden die Möglichkeiten der Visitation nicht immer genutzt. Feste Amtszeiten würden eher den Anstoß für eine echte Entscheidung der Gemeinde geben können. Das ist besonders wichtig in solchen Fällen, in denen Pfarrer auch nach langjähriger pfarramtlicher Tätigkeit in derselben Gemeinde nicht bereit sind, die Pfarrstelle zu wechseln. Es sind dies die allerdings nicht zahlreichen Fälle, die von der statistisch feststellbaren natürlichen

---

[84] Die statistischen Erhebungen sind Oberkirchenrat Dr. Rohde vom Landeskirchenamt Hannover zu verdanken. Sie zeigen für längere Verweildauer auf den Pfarrstellen folgende Durchschnittswerte (ohne Wehrdienst und Kriegsgefangenschaft):
auf der 1. Stelle 10 Jahre und länger = 7,9 % der Pfarrerschaft
auf der 1. Stelle 15 Jahre und länger = 3,4 % der Pfarrerschaft
auf der 1. Stelle 20 Jahre und länger = 1,9 % der Pfarrerschaft
auf der 2. Stelle 10 Jahre und länger = 16,7 % der Pfarrerschaft
auf der 2. Stelle 15 Jahre und länger = 8,0 % der Pfarrerschaft
auf der 2. Stelle 20 Jahre und länger = 4,0 % der Pfarrerschaft
Die Werte steigen für die 3. und 4. Stelle etwas an und gehen ab 5. Stelle wieder zurück.
[85] Vgl. § 69 PfG VELKD.   [86] §§ 71 ff. PfG VELKD.

Fluktuation ausgenommen bleiben.[87] Hier kann das Verhältnis von Pfarrer und Gemeinde belastet sein, ohne daß greifbare Versetzungstatbestände vorliegen. In Situationen dieser Art würden befristete Amtszeiten eine Hilfe bedeuten, weil sie objektive Zwänge setzen. Aber auch bei gutem Einvernehmen zwischen Pfarrer und Gemeinde kann ein durch Ablauf der Amtszeit herbeigeführter Pfarrstellenwechsel für alle Beteiligten nützlich sein, weil die Mobilität der Gesellschaft und die Notwendigkeit ständiger geistiger Auseinandersetzung immer neue Impulse und Aktivitäten der kirchlichen Amtsträger und entsprechende Mitarbeit der Gemeinde erfordern. Das beweist das in der natürlichen Fluktuation der Pfarrstellenwechsel zum Ausdruck kommende Bedürfnis. Befristete Amtszeiten können dabei dem Pfarrer zu der inneren Freiheit verhelfen, an anderer Stelle einen neuen Anfang zu machen und gewonnene Erfahrungen in neuer gemeindlicher Umgebung zu bewähren und weiterzugeben. Dies gilt gerade auch für besonders qualifizierte Pfarrer, die mitunter Bedenken haben, ihre Gemeinde zu verlassen, die aber mit ihren Gaben auch anderen Gemeinden dienen sollten. Andererseits ersparen es befristete Amtszeiten der Gemeinde, heimlich oder offen gegen ihren Pfarrer initiativ zu werden. Sie kann sich klar entscheiden, auch im Sinne der Wiederwahl. Ebenso werden Auseinandersetzungen innerhalb der Gemeinde, die sich in der Frage des Verbleibs oder Wechsels des Pfarrers nicht selten ergeben, leichter vermieden.

Zu beachten ist weiter der Gesichtspunkt, daß bei befristeten Amtszeiten voraussichtlich eine größere Zahl von Bewerbern für länger vakante Pfarrstellen zur Verfügung stehen wird. Bei der gegenwärtigen Personallage in den Kirchen läßt es sich nicht vermeiden, daß zu besetzende Stellen länger als vertretbar vakant bleiben und die betroffenen Gemeinden deutlich benachteiligt sind. Ein Ausgleich der Kräfte wäre auch hier erwünscht.

Schließlich spricht für befristete Amtszeiten, daß das Versetzungsverfahren nach § 71 Abs. 1 Buchst. c PfG VELKD und ähnlichen Vorschriften anderer Pfarrergesetze nach aller Erfahrung sehr schwerfällig und zeitraubend ist, nicht zuletzt wegen der Eröffnung des zweistufigen kirchlichen Rechtsmittelzuges sowohl gegenüber der Feststellung der Notwendigkeit einer Versetzung (§ 72 Abs. 2 PfG) wie gegenüber der späteren Versetzung in eine andere Stelle (§ 73 Abs. 2 PfG).[88] Obwohl es in diesem Verfahren auf die Frage des Verschuldens nicht ankommt, empfinden es in der Regel der betroffene Pfarrer und auch die unterrichteten Gemeindekreise doch als Makel, wenn der Mangel gedeihlichen Wirkens in der Gemeinde festgestellt wird. Der Eindruck einer disziplinarähnlichen Maßnahme kann nicht immer vermieden werden. Er würde aber gar nicht erst aufkommen, wenn eine objektive Frist Anlaß für einen Pfarrstellenwechsel ist.

Das Abwägen aller hier erörterten Gesichtspunkte führt zu dem Ergebnis, daß weder die geltende Regelung noch ein starres Prinzip fester Amtszeiten

---

[87] Vgl. oben Anm. 84.
[88] Vgl. hierzu Urteil des Verfassungs- und Verwaltungsgerichts der VELKD RVG 2/66 vom 29. 11. 1966, Rechtsprechungsbeilage zum ABl. VELKD Bd. II Stück 16, S. 9.

voll befriedigen können. Beide Systeme haben deutliche Vor- und Nachteile, wobei die Nachteile einer Amtszeitbegrenzung kraft Gesetzes überwiegen dürften. Dieses Ergebnis legt den Vorschlag nahe, die Lösung auf einer mittleren Linie zu suchen. Sie könnte darin bestehen, daß es grundsätzlich bei der unbefristeten Übertragung der Pfarrstelle bleibt, daß aber Pfarrer und Gemeinde verpflichtet werden, in Abständen, möglichst im Rahmen des Visitationsverfahrens, ihre Zusammenarbeit in formalisierter Weise zu überprüfen. Die Landeskirche sollte das Recht haben, dem Pfarrer nach einer bestimmten Amtsdauer eine andere Pfarrstelle zu übertragen, wobei die bisherige Gemeinde über die Anhörung hinaus verantwortlich, gegebenenfalls auch initiativ, mitzuwirken hätte und wobei es auf die Frage des gedeihlichen Wirkens in der Gemeinde nicht mehr ankäme. Eine solche Lösung würde die Bedürfnisse nach gesetzlicher Unterstützung der natürlichen Mobilität in der Pfarrerschaft und nach verantwortlicher Mitwirkung der Gemeinde berücksichtigen und zugleich den freiheitlichen Elementen des Personalrechts wie auch der Gemeindeautonomie Rechnung tragen. Sie entspräche Ansätzen, wie sie das Pfarrergesetz der VELKD, die Thüringer Kirchenverfassung und das mecklenburgische Pfarrstellenbesetzungsrecht ausgebildet und wie sie sich in einigen neueren kirchlichen Gesetzesentwürfen niedergeschlagen haben.[89] Sie würde schließlich der Lage der Kirche angemessen sein, die finanzielle und personelle Experimente verbietet, wenn der gewünschte Effekt auch mit wesentlich geringeren Mitteln erreicht werden kann.

2. Da die Pfarrer mit allgemeinkirchlicher Aufgabe schon nach geltendem Recht versetzbar sind, bedarf es hier einer gesetzgeberischen Maßnahme nicht. Werden allerdings befristete Amtszeiten für Gemeindepfarrer eingeführt, so sollte auch für die Wahrnehmung der übergemeindlichen Dienste eine gesetzliche Richtlinie angestrebt werden, wie sie der Praxis entspricht.[90]

3. Für die unbefristete Berufung von Pfarrern in Aufsichtsämtern (Superintendenten, Dekane, Pröpste) spricht, daß es in diesen Ämtern ausreichend Zeit zur Einarbeitung, zum Kennenlernen und zur regelmäßigen Visitation der Pfarrer, Mitarbeiter und Gemeinden im Kirchenkreis, vor allem auch zur Entfaltung und Verarbeitung von Initiativen geben muß.[91] In der Regel sind

---

[89] Vgl. § 71 Abs. 1 Buchst. b PfG VELKD, wonach Pfarrer versetzt werden können, wenn sie aufgrund eines Kirchengesetzes im kirchlichen Interesse planmäßig anders verwendet werden sollen. Hier ginge es um eine Konkretisierung des Versetzungstatbestandes. Vgl. ferner § 42 Verfassung Thüringen (oben Text II 1) und § 4 des mecklenburgischen Kirchengesetzes über die Übertragung der Pfarrstellen vom 30. 11. 1969 (KABl. 1970 S. 6). Nach diesem Kirchengesetz kann der Pfarrer förmlich aufgefordert werden, die Pfarrstelle zu wechseln, und soll nur unter Angabe von Gründen ablehnen können. Vgl. schließlich den in Anm. 13 genannten badischen Entwurf zur Änderung der Grundordnung; er formuliert in § 54 Abs. 3, daß der Pfarrer in der Regel nicht länger als zwölf Jahre in einer Pfarrstelle sein soll und daß der Ältestenkreis der Gemeinde ein begründetes Interesse an einem Pfarrerwechsel geltend machen kann. Auch dies sind zunächst Richtlinien ohne rechtliche Durchsetzbarkeit. [90] Vgl. oben Anm. 25 und 26 mit Text.

[91] Vgl. die Aufgabenstellung etwa in Art. 53 Verfassung Hannover und Art. 52 Verfassung Braunschweig. Im einzelnen H. Schnell, Gemeinde für alle, Heft 18 der Schriftenreihe Missionierende Gemeinde, 1968, S. 41 ff.

Pfarrer bei der Berufung in ein Aufsichtsamt über 40 Jahre alt; sie unterliegen auch im Aufsichtsamt dem Pfarrerrecht und damit der gesetzlichen Altersgrenze. Die Bestellung auf Lebenszeit führt daher im Ergebnis zu derselben Amtsdauer, wie sie sich bei befristeter Amtszeit (etwa von zwölf Jahren) und einmaliger Wiederwahl ergibt. Die Möglichkeit der Wiederwahl sollte aber bei befristeter Amtszeit unbedingt gegeben sein, schon weil es sich die Kirche nicht leisten kann, bei der Besetzung von Aufsichtsämtern auf bewährte und noch leistungsfähige Amtsträger nur um eines Prinzips willen zu verzichten.[92] Das führt zu der Frage, ob überhaupt genügend qualifizierte und zur Übernahme eines Aufsichtsamtes bereite Pfarrer zur Verfügung stehen. Diese Frage kann in der gegenwärtigen Situation mit einem aufgrund des letzten Krieges unnatürlichen Altersaufbau in der Pfarrerschaft nicht ohne weiteres bejaht werden. Deshalb ist keineswegs gewährleistet, daß die Einführung befristeter Amtszeiten eine bessere Ausrichtung des kirchlichen Auftrages auf Kirchenkreisebene bewirkt. Ferner ist zu berücksichtigen, daß es auch unter den Inhabern kirchlicher Aufsichtsämter eine natürliche Fluktuation gibt, etwa durch Wechsel des Aufsichtsamtes oder durch Berufung in ein kirchenleitendes Amt.

Auch der Inhaber eines kirchlichen Aufsichtsamtes muß die Gewähr innerer Freiheit und Unabhängigkeit haben.[93] Er sollte nicht Gefahr laufen müssen, während seiner Amtszeit unbewußt oder bewußt auf seine Wiederwahl oder Wiederberufung hinzuarbeiten. Er soll kein Gruppenrepräsentant sein und sich in seinem Verhalten nicht nach bestimmten Interessen und Strömungen in der Pfarrerschaft, in den Organen und in den Gemeinden des Kirchenkreises richten müssen. Die objektive Wahrnehmung des Aufsichtsamtes könnte bei befristeter Besetzung sowohl zu den Gemeinden wie zur Kirchenleitung hin gefährdet sein. In diesem Zusammenhang ist auch zu beachten, daß bei befristeter Amtsübertragung die hauptamtlich besetzten und kontinuierlich arbeitenden Verwaltungsstellen des Kirchenkreises ein nicht unerhebliches Übergewicht erlangen könnten, dem sich ein neuer Inhaber des Aufsichtsamtes schwerlich wird entziehen können und das er bei seiner Amtsführung in Rechnung stellen muß.

Bei befristeter Amtsübertragung müßte nach Fristablauf die Möglichkeit der Versetzung des Amtsinhabers aus der Gemeindepfarrstelle gegeben sein, damit diese zusammen mit dem Aufsichtsamt wiederbesetzt werden kann. Werden befristete Amtszeiten für die Gemeindepfarrer nicht eingeführt, wäre damit der Inhaber des Aufsichtsamtes leichter versetzbar als jeder andere Gemeindepfarrer. Das könnte sich auf die Bereitschaft zur Übernahme eines solchen Amtes nachteilig auswirken.[94] Befristete Amtszeiten würden im übrigen eine Änderung des geltenden Besoldungsrechts voraussetzen, da geprüft werden müßte, ob in Zukunft an Inhaber von Aufsichtsämtern nur noch Funk-

---

[92] Dies gegen den Ausschluß der Wiederwahl (in derselben Propstei) im Vorschlag der Vorlage Nr. 15 zur Tagung der schlesw.-holst. Landessynode, November 1969.
[93] H. Schnell, aaO. S. 46.
[94] Die Frage, ob das Aufsichtsamt von der Gemeindepfarrstelle gelöst und der Superintendent (versetzbarer) Pfarrer mit allgemeinkirchlicher Aufgabe werden sollte, ist noch in der Diskussion. Vgl. H. Schnell, aaO. S. 92 ff.

tionszulagen gezahlt werden und in welchem Umfange diese Zahlungen ruhegehaltfähig wären.

Zugunsten einer befristeten Amtsübertragung ist anzuführen, daß die Beanspruchung der Inhaber von Aufsichtsämtern gerade auf der mittleren kirchlichen Ebene besonders groß ist. Zwar stehen neben- und ehrenamtlich besetzte Organe des Kirchenkreises und hauptamtliche Mitarbeiter zur Verfügung, doch kommt es in allen Entscheidungs- und Beurteilungsvorgängen wesentlich auf den Inhaber des Aufsichtsamtes an. Von besonderem Gewicht ist die neuere Sicht des Kirchenkreises als kirchlicher Aktionseinheit und Dienstgemeinschaft zwischen Kirchengemeinde und Landeskirche.[95] Sie unterstreicht die Forderung nach geistiger Beweglichkeit, Spannkraft, Initiative und Kontaktfähigkeit des leitenden Geistlichen im Kirchenkreis.[96] Von ihm erwarten Pfarrer, Mitarbeiter und Gemeinden ständige Impulse für die theologische Auseinandersetzung und den missionarischen Gemeindeaufbau. In der Konfrontation mit den verschiedensten kirchlichen Kreisen und gesellschaftlichen Kräften muß er sich immer neu um Orientierung bemühen und die Ansätze seiner Arbeit überprüfen. Es ist eine Erfahrung, daß die Lebendigkeit eines ganzen Kirchenkreises entscheidend von dem Inhaber des Aufsichtsamtes abhängen kann. Der Möglichkeit des Nachlassens der von ihm geforderten Kräfte würde durch befristete Amtszeiten Rechnung getragen werden können. Dabei wäre es nicht sachgemäß, die Wiederwahl oder die Verwendung in einem gleichartigen Amt nach Ablauf der Amtszeit rechtlich auszuschließen. Die Erfahrungen zeigen, daß längere Amtsperioden durchaus angebracht sein können. Andererseits ist es schon unter dem geltenden Recht gelegentlich vorgekommen, daß sich Inhaber von Aufsichtsämtern nach eigenem Urteil ihren Aufgaben nicht mehr gewachsen fühlten und sich um Pfarrstellen ohne Aufsichtsfunktionen bewarben. Das spricht für befristete Amtszeiten. Unter diesem Gesichtspunkt ist auch denkbar, daß sich qualifizierte Pfarrer mittleren Lebensalters, die ihre Kräfte kennen und die Übernahme eines Aufsichtsamtes wegen der Länge der Amtsdauer heute scheuen, für eine befristete Amtszeit eher zur Verfügung stellen.

Da sich Autorität in unserer Zeit stets neu legitimieren muß, könnten befristete Amtszeiten für kirchliche Aufsichtsämter eine Hilfe sein und einem falschen Autoritätsverständnis entgegenwirken. Sie würden auch besser dem Umstand Rechnung tragen, daß der Inhaber des Aufsichtsamtes rechtlich in der Regel den Status des selbständigen Organs hat. Zudem würde die These von der Gleichwertigkeit aller pfarramtlichen Dienste glaubwürdiger, wenn aufgrund befristeter Amtszeiten ein natürlicher und von niemand als diskriminierend empfundener Wechsel zwischen Gemeindepfarramt und Aufsichtsamt einträte. Die innere Freiheit eines Pfarrers, sich von einem Aufsichtsamt zurückzuziehen, würde gestärkt. Im Ergebnis erscheint die Einführung von Amtszeitbegrenzungen (zehn bis zwölf Jahre) für die Inhaber der Aufsichtsämter durchaus erwägenswert, auch unabhängig von den für die Gemeindepfarrer

---

[95] H. Schnell, aaO. und oben Anm. 47.
[96] In diesem Sinne Vorlage Nr. 15 zur Tagung der schlesw.-holst. Landessynode 1969 mit Begr.

geltenden Regelungen. Allerdings sollte die Möglichkeit der Wiederwahl gegeben sein.[97] Wichtiger als die Befristung des Amtes ist freilich die Beteiligung des Kirchenkreises an der Bestellung des leitenden Geistlichen. Hier sollte eine Mitverantwortung und Mitentscheidung in dem Sinne begründet werden, daß die Kirchenleitung der Landeskirche die Bewerber vorschlägt und das synodale Organ des Kirchenkreises wählt.[98]

4. Was für die Inhaber der kirchlichen Aufsichtsämter gilt, daß nämlich der Amtsträger in der Lage sein muß, sich den theologischen und gesellschaftlichen Anforderungen wie auch den praktischen kirchlichen Aufgaben ständig mit neuen Kräften und Intiativen zu stellen, trifft in besonderer Weise auch auf die bischöflichen Visitatoren zu. Gleichwohl empfiehlt sich hier eine Befristung der Amtszeit nicht. Das Amt der Landessuperintendenten, Kreisdekane und Prälaten ist wegen der Aufgaben der Visitation und Ordination im Sprengel, der Seelsorge an den Pfarrern und hauptamtlichen Mitarbeitern sowie der Vertretung der Kirche in der Öffentlichkeit auf Kontinuität angelegt.[99] Es bedarf, um wirksam ausgeübt werden zu können, gründlicher Einarbeitung und genauester Personal- und Ortskenntnisse. Bei der Größe der Sprengel und bei der Zahl der Pfarrer und Gemeinden ist hier jahrelange Arbeit erforderlich.[100] Es wäre nicht sachgemäß, eine organische Entwicklung durch Fristen abzuschneiden und damit die Effektivität des Wirkens und die Auswertung gewonnener Erfahrungen zu gefährden. Zu bedenken ist auch, daß zu Landessuperintendenten, Kreisdekanen oder Prälaten in aller Regel nur solche Pfarrer berufen werden, die jeweils längere Zeit sowohl im Gemeindepfarramt wie auch im Aufsichtsamt (oder in einer übergemeindlichen Aufgabe) gestanden und damit ohnehin mehrere „befristete Amtszeiten" hinter sich haben. Auch stehen sie bei der Berufung in einem Lebensalter, das eine natürliche Amtszeitbegrenzung bis zum gesetzlichen Ruhestand setzt. Die bischöflichen Visitatoren sind anders als die Pfarrer in Aufsichtsämtern auf der mittleren kirchlichen Ebene nicht selbständiges Organ im Rechtsinne, wie auch der Sprengel keine Rechtskörperschaft ist. Sie stehen nicht in einem Zusammenspiel mehrerer Organe, das von Zeit zu Zeit überprüft werden sollte. Dagegen sind sie nach übereinstimmendem Verfassungsrecht der Landeskirchen an der landeskirchlichen Leitung beteiligt.[101] Sie sollten hier auch weiter-

---

[97] Das Pastoralkolleg der hann. Landeskirche vom 18.—27. 6. 1968 schlägt eine Amtsdauer von acht Jahren mit einmaliger Wiederwahl im Kirchenkreis vor, vgl. den Arbeitsbericht Nr. 3/1968 der Angebote des Amtes für Gemeindedienst Hannover.

[98] So Verfassung Braunschweig Art. 51 Abs. 1. Eine synodale Struktur des Kirchenkreises ist allerdings nicht überall vorhanden. Sie fehlt z. B. in Thüringen (§§ 55 ff. Verfassung). Nach dem neuen Dechantenstatut des Bistums Osnabrück (KNA Nr. 39 vom 7. 5. 1970) soll der Dechant von der Priesterkonferenz gewählt und vom Bischof auf sechs Jahre ernannt werden.

[99] Vgl. Verfassung Hannover Art. 68, 69.

[100] Nachweise zur Bischofs- und Sprengelfrage bei J. Frank, Hoffnung für Nordelbien?, Luth. Monatshefte, 1968, S. 74 ff.

[101] Dies in unterschiedlicher Weise. In Bayern gehören z. B. die Kreisdekane zum Landeskirchenrat, in Hannover bilden die Landessuperintendenten mit dem Landesbischof den besonderen Bischofsrat, ein Landessuperintendent gehört dem Kirchensenat an.

hin zu der Gruppe der Amtsträger gehören, die kontinuierlich an der kybernetischen Verantwortung teilnehmen, während im synodalen Leitungselement Amtsfristen gelten, die zu regelmäßig wechselnder Zusammensetzung der synodal-episkopal-konsistorial verfaßten Leitungsorgane führen.

5. Aus denselben Gründen, die für eine unbefristete Berufung der Visitatoren mit bischöflichen Aufgaben anzuführen sind, sollte weiterhin an der Regel der unbefristeten Berufung der Bischöfe festgehalten werden. Hier fällt besonders ins Gewicht, daß die Bischöfe einen umfassenden Dienst für die ganze Landeskirche zu leisten und entsprechende Verantwortung zu tragen haben. Sie sind im Sinne der Kontinuität mit den anderen in der Zusammensetzung wechselnden Verfassungsorganen der Landeskirche verbunden und verflochten. Bei ihnen wäre es in hohem Maße unsachgemäß, der Entfaltung der Gaben und Kräfte nach der naturgemäß längeren Zeit der Orientierung und Einarbeitung Grenzen zu setzen. Will man an dem Bischofsamt, wie es sich im evangelischen Bereich seit den zwanziger Jahren in einer organischen Entwicklung herausgebildet hat,[102] festhalten, so sollte man ihm die Freiheit zu einem langfristigen und integrierenden Dienst bewahren. Es wäre verfehlt, allein die kirchenleitende Tätigkeit des Bischofs in den Mittelpunkt der Betrachtung zu stellen und ihn in Analogie zum politischen Repräsentanten zu sehen.[103] Die Bischofswahlen der letzten Zeit zeigen auch sehr deutlich, daß sich Kandidaten in der Zahl, wie sie in der Diskussion um die Amtszeitbegrenzung unbefangen zugrunde gelegt wird,[104] keineswegs finden lassen. Nicht von ungefähr ist es in Kirchen mit befristetem Bischofsamt auch regelmäßig zur Wiederwahl gekommen. Schließlich muß realistisch gesehen werden, daß die Eigenart des bischöflichen Dienstes die Weiterverwendung in einer anderen Tätigkeit jedenfalls erschweren würde.[105] Auf die besoldungs- und versorgungsrechtlichen Fragen sei auch hier nur anhangweise hingewiesen.

Notwendig erscheint dagegen die durchgängige Einführung einer gesetzlichen Altersgrenze für die Bischöfe. Insoweit ist den Forderungen nach befristeter Amtsdauer zuzustimmen und die bereits eingeleitete Entwicklung zu unterstützen. Gerade bei den Belastungen, die das Bischofsamt mit sich bringt, spricht nichts dafür, die Bischöfe anders zu stellen als die übrigen kirchlichen Amtsträger. Alle Erfahrungen zeigen, daß eine objektive Frist für alle Beteiligten die angemessene Regelung ist. Die Altersgrenze sollte wie im Pfarrergesetz der VELKD (§ 86 PfG) bei 68 oder 70 Jahren liegen. Außerdem sollte der Bischof die Möglichkeit haben, ohne Angabe von Gründen sein Amt nieder-

---

[102] Vgl. die Anm. 100 nachgewiesene Literatur.
[103] Mit Recht wenden sich insoweit M. Trimpe und P. Kuhn, aaO., gegen den Vorschlag der Kath.-Theol. Fakultät Tübingen, aaO.
[104] Auch hierin liegt ein Mangel in der Argumentation des Vorschlages der Kath.-Theol. Fakultät Tübingen, aaO.
[105] Dies verkennt der Vorschlag Anm. 104 für den kath. Bereich. Im evangelisch-landeskirchlichen Raum sind die Schwierigkeiten noch größer, weil die Breite des Ämterwesens in einer weltweiten Kirche fehlt. Es wäre auch unrealistisch, wenn man die persönlichen und psychologischen Schwierigkeiten übersehen wollte, die sich bei der Übertragung einer anderen Aufgabe an einen nichtwiedergewählten Bischof ergeben können.

zulegen oder vorzeitig in den Ruhestand zu treten. Hiermit würden die Stimmen aufgenommen, die eine befristete Amtsdauer unter dem Gesichtspunkt befürworten, daß der Bischof aus Gründen der Selbstprüfung die Möglichkeit haben muß, eine als zu schwer erkannte Aufgabe zurückzugeben.[106]

6. Berechtigt sind auch die Wünsche nach größerer Auflockerung in der Zusammensetzung der obersten kirchlichen Behörden. Die Einführung von befristeten Amtszeiten dürfte jedoch wegen ihrer sonstigen Auswirkungen ein ungeeignetes Mittel sein.

Die Arbeit in den Kirchenbehörden wird notwendig bestimmt von den Prinzipien der Sachkunde und Erfahrung, der langfristigen Planung und der Gleichmäßigkeit der Rechtsanwendung und Verwaltungspraxis im Dienst an der Kirche.[107] Ein ständiger Wechsel der leitenden Mitarbeiter würde zu Lasten einer so orientierten kontinuierlichen Arbeit gehen und die Verantwortung weitgehend auf die übrigen hauptamtlichen Verwaltungskräfte in den Behörden übergehen lassen. Hier zeigt sich besonders deutlich, daß im Wechsel als solchem noch kein positiver Effekt zu liegen braucht. Es muß beachtet werden, daß die kirchlichen Behörden durchweg nach allgemeinen Grundsätzen und Richtlinien synodaler Kirchenleitungen oder synodaler Organe arbeiten.[108] Diese Leitungsorgane sind auf Zeit gebildet und haben ständig die Möglichkeit, ihrerseits Impulse auch aufgrund veränderter Zusammensetzung zu geben. Die Kirchenbehörden finden ihre Entsprechung im weltlichen Bereich nicht in dem auf Zeit gewählten politischen Repräsentanten, sondern in den Ministerial- und ähnlichen Verwaltungen, für deren Angehörige befristete Amtszeiten keineswegs gefordert werden.[109] Die Schwierigkeit, Juristen und andere Laien bei befristeter Amtszeit für die Kollegialbehörden zu gewinnen und nach Fristablauf im kirchlichen Dienst weiterzuverwenden, ist nicht zu unterschätzen. Hier müßte man — will man die Nachwuchsprobleme nicht verstärken — höhere Vergütungen und Abfindungen in Kauf nehmen. Beläßt man es für die Juristen bei der Berufung auf Lebenszeit, die für den Nachwuchs auch künftig Voraussetzung für den Eintritt in den kirchlichen Dienst sein wird, so würde eine Befristung der Amtszeit bei den Theologen bedeuten, daß die Juristen als kontinuierliches Element ein Übergewicht in der Behörde erhielten und daß damit auch das Funktionieren des kollegialen Prinzips gefährdet wäre.

Die gewünschte Auflockerung sollte deshalb in der Weise versucht werden, daß nebenamtliche Referenten und wissenschaftliche Berater auf Zeit berufen werden, daß die Referate innerhalb der Kollegien häufiger gewechselt werden und daß ein stärkerer Austausch unter den Kirchenbehörden der Landeskirchen angestrebt wird. Außerdem sollten die synodalen Körperschaften bei der Be-

---

[106] In diesem Sinne G. Heintze, aaO.
[107] Hierzu R. Smend, Die Konsistorien in Geschichte und heutiger Bewertung, ZevKR 10, 1963/64, S. 134 ff., E.-V. Benn, Zur Stellung und Aufgabe der landeskirchlichen Behörden, in: Festschrift für Erich Ruppel, 1968, S. 197 ff. mit Nachw.
[108] So Art. 91 Abs. 2, 92 Abs. 1, 105 Abs. 1 Buchst. h—j Verfassung Hannover.
[109] Vgl. M. Trimpe und P. Kuhn, aaO. S. 553.

setzung der Stellen stärker beteiligt sein.[110] Im übrigen wird der gegenwärtig ungünstige Altersaufbau, der zu extrem langen Amtszeiten in Leitungsämtern führen kann, im Laufe der Zeit normalisiert werden.

7. Im Für und Wider der Gesichtspunkte zeigt sich, daß es in der Frage befristeter Amtszeiten gute Gründe für rechtliche Änderungen, aber auch gute Gründe für die Erhaltung geltenden Rechts gibt. Der weiteren Erörterung und besonders der gesetzgeberischen Arbeit ist zu wünschen, daß für die notwendige Differenzierung gesorgt wird und daß die praktischen Erfahrungen und Gesichtspunkte in ausreichender Weise zum Zuge kommen. Eine gegenseitige Konsultation der landeskirchlichen und gesamtkirchlichen Gesetzgeber erscheint dringend erforderlich, damit die rechtlichen Gemeinsamkeiten im evangelischen Raum nicht unnötig beeinträchtigt werden. Rechtslage und Praxis in der Ökumene sollten nicht außer Betracht bleiben.

---

[110] So Art. 81 Abs. 3 Verfassung Braunschweig. Danach werden die Mitglieder des Landeskirchenamtes von der Landessynode gewählt.

Heinz Brunotte

Taufe und Kirchenmitgliedschaft

Die Frage nach der Bedeutung der Taufe hat nicht nur eine theologische Seite, sondern auch eine kirchenrechtliche. Die christliche Taufe hängt von Anfang an aufs engste auch zusammen mit der Zugehörigkeit des Getauften zur Gemeinde der Jünger Jesu, mit der Gliedschaft am Leibe Christi, mit der Mitgliedschaft in einer christlichen Kirche. Die Bedeutung der Taufe erschöpft sich freilich nicht in einer Zeremonie der Aufnahme in die Kirche. Aber wir lassen für die folgenden Überlegungen einerseits das Handeln Gottes an uns, die Zusage Gottes durch sein Wort, unter dem sichtbaren Zeichen des Wassers, und andererseits den auf Gottes Wort bezogenen Glauben des Getauften und die damit verbundene persönliche Heilsgewißheit beiseite und fragen nach den Folgen, die durch die Taufe für die Gemeinschaft aller Getauften entstehen.

Wenn hierzu über die Rechtslage innerhalb der Evangelischen Kirche in Deutschland berichtet werden soll, so kann das nicht ohne einen kurzen geschichtlichen Rückblick geschehen. Denn die heutige Rechtslage ist ja nicht zufällig oder willkürlich festgesetzt. Sie hat sich aus historischen Zusammenhängen entwickelt und ist nur von daher zu verstehen. Das bedeutet zugleich, daß wir diese Frage nicht vom Standpunkt einer bestimmten Theologie im Bereich der evangelischen Kirche allein, sondern im ökumenischen Zusammenhang zu sehen haben. Kein anderes theologisches Problem steht heute so eng in Beziehung zur „Kirche der Väter" einerseits (Kirchengeschichte) und zur „Kirche der Brüder" andererseits (Ökumene).

I

Das Neue Testament sagt über die Zugehörigkeit der Getauften zur Gemeinde Jesu wenig, aber es schweigt auch keineswegs völlig darüber. Daß Jesus selbst zwar getauft wurde,[1] aber nicht seinerseits durch eigene Tauftätigkeit eine Anhängerschaft sammelte wie Johannes der Täufer oder die Qumrangemeinde, ist kein Gegenbeweis. Die nachösterliche Gemeinde hat von Anfang an die Taufe auch als Sammlung zur Schar der Jünger Jesu verstanden. Wenn wir den sog. Taufbefehl[2] nicht als ein Wort des historischen Jesus, sondern als ein Stück des Kerygma, der Verkündigung der ersten Gemeinde verstehen, so ergibt sich doch von Anfang her der enge Zusammenhang von Taufe und Zugehörigkeit zur Christenheit: „Machet zu Jüngern, d. h. zu Anhängern und

[1] Mark. 1, 9 par. [2] Matth. 28, 19.

Nachfolgern Jesu, alle Völker, indem ihr sie tauft und indem ihr sie lehrt."
Taufe, Unterweisung im Evangelium und Gemeinschaft der Glaubenden sind eine untrennbare Einheit.

Dasselbe finden wir in den Johannesschriften: Die Taufe aus Wasser und Geist bedingt die Aufnahme in das Reich Gottes.[3] In der lukanischen Apostelgeschichte bleiben die Getauften in der Apostel Lehre, in der Gemeinschaft, im Brotbrechen und im Gebet.[4] Ebenso ist es bei Paulus:[5] Die christliche Gemeinde ist ein Leib, weil ein Herr, ein Glaube, eine Taufe das Band der Einheit sind. Die Taufe, die ursprünglich nicht „im Namen des Vaters und des Sohnes und des Heiligen Geistes" geschah, sondern „in den Namen Jesu hinein", ist die Eingliederung des Getauften in den Leib Christi[6] und damit in die durch das Haupt zusammengehaltene Gemeinschaft aller Glieder untereinander.

Diese Grundanschauung findet in der ersten urchristlichen Kirchenordnung, der Didache, ihren ersten kirchenrechtlichen Niederschlag. Nachdem die Didache in 7, 1 ff. den Zusammenhang von Unterricht und Taufe sowie eine Ordnung der Taufhandlung festgestellt hat, sagt sie in 9, 5: „Niemand aber esse von eurer Eucharistie außer denen, die getauft sind auf den Namen des Herrn." D. h. wer nicht getauft ist, gehört nicht voll zur Gemeinde und hat keinen Zugang zu ihrem eigentlichen Geheimnis, dem heiligen Abendmahl. Damit ist schon zu Beginn des zweiten Jahrhunderts die Praxis festgelegt, die in der gesamten alten Kirche auch später gegolten hat: Christ wird man durch die Taufe! Es gibt allerdings ein Vorstadium, in welchem man schon in einer geordneten Beziehung zur Gemeinde steht: den Katechumenenstand. Die Taufbewerber haben einen gewissen Status in der Gemeinde. Sie nehmen am Predigtgottesdienst und an einem besonderen Taufunterricht teil, normalerweise drei Jahre lang. Aber wenn in der gottesdienstlichen Versammlung die Eucharistiefeier beginnt, werden die Katechumenen hinausgeschickt: „Ite, missa est!" In der Frühzeit bestand vielleicht eine gewisse Neigung, den Katechumenenstand als eine Art „Christsein vor der Taufe"[7] anzusehen. Diese Neigung schwand aber, als es, wie noch das Beispiel des Kaisers Konstantin zeigt, Mode wurde, die Taufe hinauszuschieben und sie möglichst erst auf dem Sterbebett vollziehen zu lassen — nicht aus Gleichgültigkeit gegen die Taufe, sondern in der abergläubischen Meinung, man könnte den Segen des Bades der Wiedergeburt durch ein nachfolgendes, unvermeidlich sündhaftes Leben wieder verlieren. Es mehren sich daher im 3. und 4. Jahrhundert die Warnungen vor einem sozusagen weniger verbindlichen Christenstand ohne Taufe und die Betonung der älteren These: Christ und Angehöriger der seligmachenden Kirche ist nur, wer getauft ist. Immerhin stand aber schon die alte Kirche vor dem Problem, das heute wieder aktuell zu werden scheint: Gibt es ein Christsein ohne Taufe? und welchen Status haben die Taufbewerber?

Diese Frage ist auch geblieben, als die Kirche im 4. Jahrhundert immer mehr Zuwachskirche und die Kindertaufe zur selbstverständlichen Regel wurde.

---

[3] Joh 3, 5.   [4] Apg 2, 42   [5] Eph 4, 4 ff.   [6] Eph 4, 15 f.
[7] Vgl. G. Kretschmar, Die Geschichte des Taufgottesdienstes in der alten Kirche, Leiturgia V S. 66.

Bis in unsere Gegenwart hinein erhielt sich im Gemeindebewußtsein die Vorstellung, daß ungetaufte Kinder noch „kleine Heiden" seien. Erst durch die Taufe werden sie Christen und Glieder der Kirche. Gerade die ernstgenommene Verantwortung für das Seelenheil der Säuglinge hat ja zur Einführung der Nottaufe geführt. „In periculo mortis" ist nach kanonischem Recht der katholischen Kirche und nach den Taufordnungen der lutherischen Kirche jeder Christ berechtigt, ja verpflichtet, das Taufsakrament zu spenden. Nur eine größere Zahl reformierter Kirchen verwirft die Nottaufe und behält die Spendung des Taufsakramentes dem Pfarrer vor. Die lutherische wie die anglikanische Kirche ordnen eine nachträgliche „Bestätigung" der Nottaufe durch einen Pfarrer an. Unsicher blieb bis in die neuere Zeit die Frage nach dem Schicksal eines zufällig doch ungetauft verstorbenen Säuglings. Im allgemeinen zog man sich hier auf die uns verborgene Barmherzigkeit Gottes zurück. Die reformierte Lehre von der doppelten Prädestination ließ freilich auch eine härtere Beurteilung zu. Auf jeden Fall blieb bestehen, daß das ungetauft gestorbene Kind nicht Christ und nicht Gemeindeglied geworden ist. So wurden solche Kinder dann früher auch wohl in einer besonderen Ecke des Friedhofs beigesetzt.

Ein kurzer Blick ist noch auf die Missionspraxis im 19. und im beginnenden 20. Jahrhundert zu werfen. Nach Georg Vicedom[8] ist die Taufe in der Mission allgemein außer der Gabe Gottes und der persönlichen Glaubensentscheidung für Gott auch die Aufnahme in die Gemeinde und damit die Eingliederung in den Leib Christi. Der Status des Taufbewerbers wird in der Mission nüchtern als der des Noch-nicht-Christen, als eine Zeit der Probe und der Bewährung, nicht als ein „Christsein vor der Taufe", angesehen.

II

Diese geradlinige historische Entwicklung findet ihren systematischen Ausdruck in allen Lehrbüchern des Kirchenrechts unserer Zeit. Schon das kanonische Recht der katholischen Kirche verlangt aus diesem Grunde,[9] daß die Kindertaufe, die es wahrscheinlich von Anfang an in der Christenheit gegeben hat, die aber erst durch das II. Laterankonzil von 1139 gesetzlich festgelegt wurde, so früh als möglich erteilt werde, spätestens bis zum vollendeten siebten Lebensjahre. Aber auch in der evangelischen Theologie steht die These ohne jeden Zweifel fest, daß Christ und Kirchenmitglied nur der ist, der die Taufe empfangen hat. So sagt z. B. Edmund Schlink:[10] „Durch die Taufe auf den Christusnamen wird der Glaubende zum Glied der Kirche." Der Mensch tritt nicht durch eigenen Entschluß der Kirche bei, wie man sich bei einem Verein oder einer Partei als Mitglied anmeldet, sondern er wird in sie aufgenommen. Dafür ist die Taufe die Voraussetzung und der Taufunterricht die unerläßliche Bedingung, sei es, daß er *vor* der Taufe stattfindet (Erwachsenentaufe), sei es, daß er ihr *nachfolgt* (Kindertaufe). Schlink sagt:[11] „So hört der Glaubende in

---

[8] Art. Taufe in EKL III Sp. 1308 ff. [9] CIC 770. [10] Leiturgia V S. 698.
[11] aaO. S. 701.

der Taufe auf, ein Einzelner zu sein." Hier sei an das bekannte Wort von Zinzendorf erinnert: „Ich statuiere kein Christentum ohne Gemeinschaft." Schlink sieht [12] durchaus die Gefahr, daß die Taufe im Bewußtsein der Gemeindeglieder zum Aufnahmeritus in die äußere Kirche reduziert wird. Es muß immer wieder betont werden, daß die Taufe Eingliederung in den Leib Christi, in die mit dem dritten Glaubensartikel geglaubte Gemeinschaft der Heiligen bewirkt. Das bedeutet zugleich: herausgerufen aus der Welt und gesendet zum Dienst an der Welt.[13]

Die gleiche Anschauung von dem Zusammenhang von Taufe und Kirchenzugehörigkeit findet sich in den Lehrbüchern des evangelischen Kirchenrechts. Als Beispiel sei auf Erik Wolf, den von Karl Barth beeinflußten gelehrten Vertreter einer betont reformierten Auffassung vom Kirchenrecht verwiesen.[14] Erik Wolf geht nach einer geschichtlichen Darstellung von can. 87 des CIC aus, von der ökumenisch feststehenden These: durch die Taufe wird der Mensch Person in der Kirche Christi, mit allen Rechten und Pflichten eines Christen. Er formuliert weiter: „Die Taufe ist das aller kirchlichen Ordnung und den Grund legende heilige Geschehen. Nur Getaufte dürfen weitere Sakramente empfangen."[15] Auf dem Boden des evangelischen Kirchenrechts, das er als „Bekennendes Kirchenrecht" versteht und in die „Verkündigungsordnung" und die „Sakramentsordnung" einteilt, formuliert Erik Wolf präzise: „Die Taufe ist nach (ökumenisch-)reformatorischer Lehre das äußere Kennzeichen (nota externa) der Zugehörigkeit eines Menschen zur sichtbaren Gemeinschaft der Kirche Christi."[16] Oder an anderer Stelle: „Die gültige Taufe ist nach dem Bekenntnis der Grund- und Lebensordnungen aller Gliedkirchen der EKD unverzichtbare Voraussetzung der Kirchenmitgliedschaft. Auf ihr ruht die Fähigkeit, Träger kirchlicher Rechte und Pflichten zu sein."[17]

Diese Auffassung Erik Wolfs findet in den übrigen Darstellungen des Kirchenrechts der Gegenwart ihre Bestätigung. Mir ist kein Vertreter evangelischen Kirchenrechts bekannt, der den unlösbaren Zusammenhang von Taufe und Kirchenmitgliedschaft bezweifeln oder bestreiten würde.

III

Um so verwunderlicher muß es zunächst erscheinen, daß in den Kirchenverfassungen unserer Landeskirchen bis in die neueste Zeit hinein klare Bestimmungen über die Merkmale der Kirchenmitgliedschaft weithin fehlen, und insbesondere die Taufe häufig nicht ausdrücklich als ein solches Merkmal genannt wird. Ich bin dieser Frage in einem Aufsatz „Personalitätsprinzip und landeskirchliches Territorialprinzip"[18] näher nachgegangen. Hieraus sei folgendes mitgeteilt:

---

[12] aaO. S. 704. [13] aaO. S. 702.
[14] Ordnung der Kirche. Lehr- und Handbuch des Kirchenrechts auf ökumenischer Basis, Frankfurt a. M. 1961, 832 S.
[15] aaO. S. 301.   [16] aaO. S. 531.   [17] aaO. S. 575.
[18] ZevKR 7, 1961, S. 348 ff.

Schon 1925 hat der Göttinger Kirchenrechtslehrer Paul Schoen[19] darauf aufmerksam gemacht, daß die Kirchenverfassungen aus der Zeit nach dem Ersten Weltkriege (1919—1922) sehr verschiedene und durchweg sehr lückenhafte Bestimmungen über die Frage enthalten: Unter welchen Voraussetzungen ist man Glied der Kirche Christi? oder Glied einer verfaßten Landeskirche? wie wird man es? und wodurch hört man auf, es zu sein? Die damaligen Kirchenverfassungen lassen nicht erkennen, daß diese Frage nach 1918 gesehen und systematisch durchdacht worden wäre. Sie haben mehr oder weniger das seit dem 19. Jahrhundert praktizierte Gewohnheitsrecht kodifiziert, nach welchem jeder, der im Bereich einer evangelischen Kirchengemeinde seinen Wohnsitz oder dauernden Aufenthalt hatte, als Glied der Gemeinde angesehen wurde, sofern er nicht der katholischen Kirche, einer Freikirche oder Sekte oder der jüdischen Religionsgemeinschaft angehörte oder aber — in relativ seltenen Fällen — aus der Kirche ausgetreten war.

Die spezielle Frage von Paul Schoen, ob man zunächst Glied der Landeskirche sei und von dieser sozusagen einer örtlichen Kirchengemeinde zugeteilt werde, oder ob man umgekehrt zuerst Glied einer Kirchengemeinde sei und diese sich mit ihresgleichen zur Landeskirche zusammengeschlossen habe, mag für unser Thema als unerheblich übergangen werden. Es sei nur soviel gesagt, daß auch in den Verfassungen (Grundordnungen, Kirchenordnungen) der Landeskirchen nach 1945 noch keine völlige Übereinstimmung darüber besteht, ob ein Christ primär Glied einer Kirchengemeinde und erst sekundär seiner Landeskirche sei oder umgekehrt. Von einer primären Mitgliedschaft in der Landeskirche gehen noch heute die 5 Kirchenverfassungen von Bremen (§ 1, 1), Pfalz (§ 3), Baden (§§ 5-8), Lübeck (§ 6, 1-2) und Thüringen (§ 5, 1) aus. Der größere Teil der neueren Verfassungen (16) geht von der Mitgliedschaft in der Gemeinde aus: 6 Gliedkirchen der Evangelischen Kirche der Union, nämlich Berlin-Brandenburg (Art. 7, 1), Greifswald (Art. 8, 1), Görlitz (Art. 7, 1), Westfalen und Rheinland (Art. 13, 1) sowie Anhalt (§ 1 und 2); ferner: Hessen und Nassau (Art. 1, 2), Kurhessen-Waldeck (Art. 5), Bayern (Art. 1, 2), Mecklenburg (§ 5, 1), Hamburg (Art. 5, 2), Schleswig-Holstein (Art. 7, 1), Oldenburg (Art. 9, 1), Eutin (Art. 9), Nordwestdeutschland-ref. (§ 4) und Lippe (Art. 14, 1). In der Grundordnung von Provinz Sachsen stehen beide Mitgliedschaften unverbunden nebeneinander (Art. 4 und 12). Nur zwei Landeskirchen vertreten den richtigen Gesichtspunkt, daß es bei der Mitgliedschaft zur Kirchengemeinde und zur Landeskirche kein *Nacheinander* und kein unverbundenes *Nebeneinander* geben kann, sondern daß das gleichzeitige *Ineinander* die angemessene Ausdrucksform dafür ist, daß sich sowohl in der örtlichen Gemeinde wie auch in der regionalen Landeskirche der Leib Christi, die eigentliche ecclesia darstellen kann. Demgemäß formulierte Sachsen schon 1950 (§ 4, 1): „Glied einer Kirchengemeinde der Landeskirche und *damit zugleich* der Landeskirche selbst ist..." Und Hannover 1965 (Art. 6) faßt „Glieder der Landeskirche und einer Kirchengemeinde" unter dem gemeinsamen Begriff

---

[19] Kirchenmitgliedschaft und Kirchengemeindemitgliedschaft nach den neuen evangelischen Kirchenverfassungen, in Verw. Archiv 30, S. 113 ff.

„Kirchenglieder" zusammen und bestimmt (Art. 5, 1): „Jedes Glied der Landeskirche ist *zugleich* Glied einer Kirchengemeinde." Diese Gleichzeitigkeit findet ihre Ausnahme (Art. 5, 3) lediglich in Ostfriesland, wo man im Geltungsbereich der sogenannten Emder Konkordate von 1599 unter Umständen einer reformierten Kirchengemeinde, aber der lutherischen Landeskirche angehören kann (und umgekehrt).

Von dieser Unsicherheit über die primäre Zugehörigkeit abgesehen, enthalten aber die neueren Kirchenverfassungen nach 1945 auch sonst manche Lücke und Unklarheit in der Bestimmung der Merkmale der Kirchenmitgliedschaft. Bemerkenswert ist doch, daß eine Reihe von Kirchenverfassungen innerhalb der Evangelischen Kirche in Deutschland eine ausdrückliche Bezugnahme auf die Taufe vermissen lassen, wenn sie zu bestimmen versuchen, wer als Mitglied der Kirche anzusehen ist. So erwähnen die Taufe als Mitgliedschaftsmerkmal nicht: Bayern (Art. 7, 2), Bremen (§ 1, 1), Mecklenburg (§ 5, 1), Pfalz (§ 3) und Nordwestdeutschland-ref. (§ 4). Einige Verfassungen bestimmen, daß Glieder der Kirche bzw. der Gemeinde „alle evangelischen Christen" sind, die ihren Wohnsitz im territorialen Bereich dieser Kirche bzw. Gemeinde haben. Es wird offenbar als selbstverständlich vorausgesetzt, daß Christen getauft sind, was jedoch unter den heutigen Verhältnissen nicht in jedem Fall gewährleistet ist. Wie steht es mit Kindern evangelischer Eltern, deren Taufe aus Gleichgültigkeit oder neuerdings aus Prinzip bis ins Konfirmationsalter oder bis zum 18. oder 21. Lebensjahre oder noch weiter verzögert wird? Müßte nicht heute auch verfassungsmäßig genauer festgelegt werden, was die Taufe für die Mitgliedschaft in Kirche und Gemeinde bedeutet?

IV

Dies geschieht denn auch in der Mehrzahl der heutigen Kirchenverfassungen: Berlin-Brandenburg (Art. 7, 1), Greifswald (Art. 8, 1), Görlitz (Art. 7, 1), Provinz Sachsen (Art. 4), Anhalt (§ 2, 1), Westfalen und Rheinland (Art. 13, 1), Hessen und Nassau (Art. 1, 2), Kurhessen-Waldeck (Art. 5, 1), Sachsen (§ 4, 1), Thüringen (§ 5, 1), Lübeck (Art. 6, 1 und 2), Schleswig-Holstein (Art. 7, 1), Eutin (Art. 9, 1), Baden (§ 5, 1), Lippe (Art. 14, 1) und Hannover (Art. 5, 1). Dabei wird jetzt auch fast allgemein der Vorrang der Taufe *vor* dem Erfordernis des Wohnsitzes betont. Früher — so noch heute in Westfalen, Rheinland, Bremen und Lippe — ging man von dem *territorialen* Gesichtspunkt aus und verwandte die Taufe als zusätzliche nähere Bestimmung: Glied der Gemeinde ist jeder in ihrem Bereich Wohnende, der getauft ist. Heute betont man an erster Stelle den *theologischen* Gesichtspunkt der Taufe und setzt den territorialen Aspekt an zweiter Stelle hinzu: Glied der Gemeinde ist jeder getaufte evangelische Christ, der seinen Wohnsitz in der Gemeinde hat. Diese zweite Form dürfte kirchenrechtlich angemessener sein.

Nun kann allerdings nicht übersehen werden, daß das Merkmal der Taufe im Mitgliedschaftsrecht seine kirchenrechtlichen Schwierigkeiten hat. Diese ergeben sich aus der im übrigen erfreulichen Tatsache, daß die Taufe einen ökumenisch verbindenden Charakter hat. Alle großen christlichen Kirchen, mit

Ausnahme der Kirchen, die nur die Erwachsenentaufe gelten lassen, wie z. B. die Baptisten, erkennen die Taufe gegenseitig an, wenn angenommen werden kann, daß sie rite, d. h. durch Untertauchen oder Begießen (nicht nur Besprengung) mit Wasser und unter Anrufung des dreieinigen Gottes, geschehen ist. Die römisch-katholische Kirche kennt eine bedingungsweise Wiederholung der Taufe, grundsätzlich aber nur, wenn Grund zu der Annahme besteht, daß die nicht-katholische Taufe nicht rite vorgenommen wurde. Das ist leider zeitweise im Bereich der evangelischen Kirche vorgekommen, wenn z. B. vor 60 Jahren ein liberaler Pfarrer „im Namen des Guten, Wahren und Schönen" oder nach 1933 einzelne extreme Deutsche Christen auf „Blut und Boden" tauften. Es könnte sich wieder ereignen, wenn etwa eines Tages ein Pfarrer anfangen sollte, auf „Frieden, Freiheit und Mitmenschlichkeit" oder dergleichen zu taufen. Im allgemeinen bleibt es dabei, daß man durch jede ordnungsmäßig vollzogene Taufe Christ wird. Entscheidend ist nicht die jeweilige theologische *Lehre* von der Taufe, sondern ihr *Vollzug*. Die Taufe als solche bestimmt also noch nicht ohne weiteres die Zugehörigkeit zu einer organisierten, rechtlich verfaßten Kirche, zu einer bestimmten Denomination oder Konfession. Ein Kind aus einer evangelisch-katholischen Mischehe, das katholisch getauft wurde, kann sehr wohl später Glied der evangelischen Kirche sein, und zwar entweder, wenn die Erziehungsberechtigten es durch Teilnahme am Religionsunterricht der Schule und an der Konfirmation einer evangelischen Erziehung zugeführt haben, oder wenn das religionsmündig gewordene Kind mit dem 14. Lebensjahr selbst eine Entscheidung darüber trifft, zu welchem Bekenntnis es gehören will. Hierfür gilt noch immer das Reichsgesetz über die religiöse Kindererziehung vom 15. Juli 1921.[20]

Für die rechtliche Zugehörigkeit zu einer Landeskirche bedarf es also neben der Taufe noch anderer Merkmale. Es gibt eben nur eine christliche Taufe, nicht eine evangelische, katholische, anglikanische usw. Taufe. Darum werden die Mitgliedschaftsmerkmale in den Kirchenverfassungen zusätzlich genauer präzisiert. Es heißt dann nicht einfach: Mitglieder sind „alle Getauften", sondern etwa: „alle getauften *evangelischen* Christen". Durch die Taufe wird die Aufnahme in die geistliche Kirche Jesu Christi, die im dritten Glaubensartikel bekannte una sancta bewirkt. Die Zugehörigkeit zu einer verfaßten Landeskirche bedarf weiterer Kriterien. Es war also sachlich gar nicht so falsch, daß der sogenannte Konventsentwurf zur hannoverschen Kirchenverfassung 1959 in seinem Artikel 8 vorschlug zu formulieren: „(1) Die Gliedschaft in der Kirche Christi gründet sich auf die Taufe. — (2) Die Gliedschaft in der Evangelisch-Lutherischen Landeskirche Hannovers und ihren Kirchengemeinden *setzt* den Empfang der Taufe *voraus*."[21] Die am 11. Februar 1965 beschlossene hannoversche Kirchenverfassung enthält dagegen keine ausdrückliche Aussage über die Taufe. Aber sie definiert die Kirchenzugehörigkeit in Artikel 5 Absatz 1 Satz 1 wie folgt: „Glieder der Landeskirche sind alle getauften evangelischen Christen, die im Gebiet der Landeskirche ihren Wohnsitz oder gewöhnlichen Aufenthalt haben, es sei denn, daß sie einer anderen evangelischen Kirche oder

[20] RGBl. S. 939.   [21] ähnlich Lübeck Art. 6.

Religionsgemeinschaft angehören." Damit sind alle üblichen Merkmale der Kirchenmitgliedschaft verfassungsrechtlich erfaßt und formuliert: a) die christliche Taufe; b) die Zugehörigkeit zum evangelischen Bekenntnis; c) der Wohnsitz im Gebiet der Landeskirche.

Die hannoversche Kirchenverfassung als eine der zuletzt erlassenen hat im übrigen die genauesten Bestimmungen über die Kirchen- bzw. Gemeindemitgliedschaft (Art. 5-8). Sie macht präzise Angaben über die Art der Zugehörigkeit von ungetauften Kindern (Art. 5, 2), von Zugezogenen und von religionsmündigen Kindern (Art. 6), von neu Getauften, Übergetretenen und wieder aufgenommenen Ausgetretenen (Art. 7). Solche Bestimmungen fehlen in vielen geltenden Kirchenverfassungen anderer Landeskirchen.

V

Das war in der Vergangenheit vielleicht ausreichend, als noch das unumstrittene Gewohnheitsrecht herrschte. Heute ist aber die Situation an mehreren Punkten nicht mehr so selbstverständlich. Es hat sich angesichts einiger gegen die Kirche angestrengten Prozesse immer stärker als notwendig erwiesen, das kirchliche Mitgliedschaftsrecht innerhalb der EKD *einheitlich* zu gestalten und es sehr viel *präziser* zu kodifizieren, als das früher üblich war, einfach schon deswegen, weil die Mitgliedschaft immer auch die Kirchensteuerverpflichtung einschließt.

Welche Probleme heute auftreten können, zeigt ein beim Bundesverfassungsgericht in Karlsruhe noch anhängiges, also noch nicht entschiedenes Klagebegehren eines Hamburgers, der getauft ist, seiner Landeskirche viele Jahre widerspruchslos angehörte und an sie Kirchensteuer zahlte, nach seinem Umzug in eine benachbarte Landeskirche aber erklärte, dieser Landeskirche gehöre er nicht an; er brauche auch aus ihr nicht auszutreten, denn er sei nie in sie eingetreten. — Hier entsteht also die Frage, ob die Mitgliedschaft in *einer* Landeskirche der Evangelischen Kirche in Deutschland ohne weiteres bei einem Umzug in eine andere fortbesteht, oder ob die Kirchenmitgliedschaft durch Fortzug beendet wird und in einer neuen Landeskirche durch Willenserklärung neu begründet werden muß. Jahrhundertelang ist das überhaupt kein Problem gewesen. Heute müssen solche Fragen kirchenrechtlich geregelt werden.

Der Rat der Evangelischen Kirche in Deutschland hat aus diesen und ähnlichen Gründen Ende 1967 auf Anregung der Synode der EKD eine Kommission zur „Klärung des geltenden Mitgliedschaftsrechts in den Gliedkirchen" berufen. Diese Kommission sollte Vorschläge für ein einheitliches und vollständiges Mitgliedschaftsrecht erarbeiten. Sie ist zu dem Ergebnis gekommen, den Gliedkirchen und dem Rat der EKD den Abschluß einer Vereinbarung, also eines förmlichen Vertrages zwischen allen Gliedkirchen vorzuschlagen; sie hat auch einen formulierten Entwurf für diesen Vertrag vorgelegt. Von der Möglichkeit, einfach ein Kirchengesetz der Evangelischen Kirche in Deutschland mit Wirkung für die Gliedkirchen[22] zu erlassen, ist abgesehen worden, weil das

---

[22] Art. 10 GO EKD.

Mitgliedschaftsrecht wohl in allen Gliedkirchen *verfassungsrechtlich* geregelt ist und die EKD ihrer Struktur nach hier nicht eingreifen kann. Die förmliche Vereinbarung hat aber verfassungsrechtlichen Charakter und kodifiziert in Form eines Vertrages das in der EKD künftig geltende Mitgliedschaftsrecht einheitlich.

Nachdem alle Gliedkirchen der EKD in der Bundesrepublik und in West-Berlin die Vereinbarung durch ihre zuständigen Organe mit kirchengesetzlicher Kraft bestätigt hatten, ist diese am 27./28. November 1969 durch den Rat der EKD mit Wirkung vom 1. Februar 1970 in Kraft gesetzt worden.[23] Es ist anzunehmen, daß die Gliedkirchen mit bisher unzureichenden Vorschriften ihre Verfassungen entsprechend ändern oder ergänzen werden. Sehen sie hiervon ab, gilt die Vereinbarung aller Gliedkirchen der EKD als übergreifendes Recht in Ergänzung bisheriger Vorschriften auch bei ihnen.

Für unser Thema ist der erste Satz des Abschnittes I der Vereinbarung wichtig, in welchem es heißt: „Innerhalb der Evangelischen Kirche in Deutschland wird nach herkömmlichem evangelischem Kirchenrecht die Kirchenmitgliedschaft durch die *Taufe*, durch evangelischen *Bekenntnisstand* (Zugehörigkeit zu einem in der EKD geltenden Bekenntnis) und durch *Wohnsitz* in einer Gliedkirche der EKD begründet." Die Taufe bleibt nach bisher gewohnheitsmäßig geltendem Recht in der gesamten Evangelischen Kirche in Deutschland Voraussetzung der Zugehörigkeit zur Kirche.

Damit ist endgültig klargestellt, daß es eine Kirchenmitgliedschaft ohne Taufe nicht gibt. Die Bestimmung einer 1944 von den Deutschen Christen in Thüringen (Landesbischof Rönck) geplanten „Kirchenordnung", nach welcher der Landesbischof in bestimmten Fällen die Mitgliedschaft von Nichtgetauften zulassen konnte, war eine Konzession an die NS-Partei und hat keinen Bestand gehabt. Es ist also kirchenrechtlich nicht möglich, daß jemand erklärt: Ich trete der Organisation „Kirche" aus Überzeugung bei, betrachte mich als Christ und will auch Kirchensteuer zahlen, aber unterrichten und taufen lasse ich mich nicht. Es bleibt dabei, wie es immer war: in die Kirche tritt man nicht ein wie in einen Verein oder eine Partei. In die Kirche wird man aufgenommen, und zwar durch das Sakrament der Taufe. Es geht eben hier wirklich nicht nur um die Aufnahmezeremonie in eine irdische Organisation, sondern letzten Endes um die geistliche Eingliederung in den Leib Christi, durch das mit dem Wasser verbundene göttliche Verheißungswort und den mit diesem Wort entstehenden und verbundenen Glauben.

VI

Ein besonderes Problem bleibt die Zugehörigkeit (noch) ungetaufter Kinder evangelisch-lutherischer Eltern. Über diese Frage ist es schon zu Anfang unseres Jahrhunderts aus Gründen des Kirchensteuerrechts zu Erörterungen gekommen. Eine Zeitlang haben staatliche Gerichte die These vertreten, Kinder evangelischer Eltern würden bereits durch die *Geburt* Mitglieder der evangelischen Kirche und also kirchensteuerpflichtig, sofern sie eigenes Einkommen hätten.

[23] ABl. EKD 1970, Heft 1, Nr. 2.

Diese Auffassung war wohl eine späte Konsequenz staatskirchlichen Denkens, das im übrigen in der Auflösung begriffen war. Die meisten geltenden Kirchenverfassungen sagen über die Kirchenzugehörigkeit von Kindern überhaupt nichts aus. Sicher ist, daß *getaufte* Kinder auch im Rechtssinne Mitglieder der verfaßten Kirche sind. Was die (noch) ungetauften betrifft, so kann die evangelische Kirche nach allem, was bisher ausgeführt wurde, sie nicht als Kirchenmitglieder im Rechtssinne ansehen, weil eben das Merkmal der Taufe fehlt. Als eine von wenigen bestimmt die hannoversche Kirchenverfassung von 1965 (Art. 8, 2): „Ein ungetauftes Kind evangelisch-lutherischer Eltern *gilt* als Glied der Landeskirche, solange seine Taufe nicht schuldhaft verzögert wird." Das Kind *ist* also nicht eigentlich Mitglied der Landeskirche, da es ja mangels der Taufe nicht Glied der Kirche Christi ist. Es wird aber kirchenrechtlich einstweilen als Mitglied behandelt, in der Annahme, daß der Übergangszustand des Ungetauftseins nach angemessener Zeit beseitigt wird. Diese Rechtsauffassung setzt voraus, daß die Kindertaufe geltende und bindende kirchliche Ordnung ist und daß christliche Eltern kirchlich verpflichtet sind, ihre Kinder taufen zu lassen. Insofern kann die hannoversche Verfassung von „schuldhafter" Verzögerung sprechen, und das hannoversche Taufgesetz vom 16. Februar 1938[24] sieht gegen säumige Eltern kirchenzuchtliche Maßnahmen vor: Sie können nicht Paten werden und verlieren das kirchliche Wahlrecht. Was als angemessene Frist für die Taufe zu betrachten ist, richtet sich nach der Ordnung der Gemeinde, soll aber 6 Monate nicht überschreiten. Nach Ablauf eines Jahres können die Sanktionen gegen die Eltern eintreten.[25]

Ähnlich sieht es auch die „Ordnung des kirchlichen Lebens" der Vereinigten Evangelisch-Lutherischen Kirche Deutschlands vom 27. April 1955 vor, in deren Abschnitt I („Von der heiligen Taufe") Ziffer 4 es heißt: „Durch die heilige Taufe wird der Mensch Glied der Gemeinde Jesu Christi." Ziffer 3 Abs. 3 besagt, daß Eltern, die ihr Kind nicht innerhalb eines Jahres taufen lassen, die kirchliche Ordnung verletzen und daher „das Wahlrecht, das Recht zur Patenschaft und die Fähigkeit zur Bekleidung kirchlicher Ämter" verlieren. Das gilt grundsätzlich auch für Pfarrer, die auch Gemeindeglieder sind.

Alle diese kirchenrechtlichen Bestimmungen, die sich in ähnlicher Form in allen Landeskirchen finden, gehen davon aus, daß die Kindertaufe bindende kirchliche Ordnung ist. Wie würde dieses Problem nun kirchenrechtlich zu betrachten sein, wenn die heute von einigen Theologen, gelegentlich auch von publizistischen Organen vertretene Tendenz zum Zuge käme, die Kindertaufe — zwar nicht einfach zugunsten einer allgemeinen Erwachsenentaufe abzuschaffen, aber doch, wie man sich rechtlich unklar ausdrückt, „freizugeben"?

Über die rechtlichen Folgen dieser Theorie, deren theologischer Zusammenhang mit den biblisch-reformatorischen Grundlagen hier nicht zu prüfen ist, hat man sich offensichtlich wenig Gedanken gemacht. Sie ist auch in sich nicht konsequent. Konsequent ist die Forderung des Herausgebers der Zeitschrift „Der Spiegel", Rudolf Augstein, Säuglinge dürften nicht willenlos zur Taufe gebracht werden wie zur Schluckimpfung. Aus dieser Anschauung würde kir-

---

[24] Kirchl. ABl. 1938, S. 31 ff.   [25] aaO. § 16.

chenrechtlich folgen, daß die Kindertaufe nicht freizugeben, sondern abzuschaffen sei. Nach Augstein und einigen neueren Theologen kann man Christ nur werden, wenn man sich im mündigen Alter ohne gesellschaftlichen Druck selber dazu entschließt. Das würde aber die alleinige Möglichkeit der Erwachsenentaufe bedeuten, die dann wohl nicht vor dem vollendeten 18. Lebensjahre stattfinden dürfte. Dieser Auffassung liegt ganz offensichtlich die Meinung zugrunde, die Taufe sei nichts anderes als der Aufnahmeritus in die irdisch organisierte Kirche, eine gesellschaftliche Gruppe wie jede andere. So hat es auch die NS-Kirchenpolitik verstanden, als sie im Warthegau durch Verordnung vom 13. September 1941 juristisch festlegen wollte, niemand könne vor Eintritt der Volljährigkeit Mitglied einer christlichen Kirche sein.[26]

VII

Besonnenere moderne Theologen erheben aber die Erwachsenentaufe nicht zur alleinigen Forderung, sondern regen die „Freigabe" der Kindertaufe an. Die Kindertaufe soll hiernach nicht mehr eine grundsätzlich für alle geltende kirchliche Ordnung sein, sondern es soll in das Belieben der jeweiligen Eltern gestellt werden, ob und wann sie ihre Kinder taufen lassen, oder ob sie sie bis zur eigenen Entscheidung zum Zeitpunkt ihrer Volljährigkeit ungetauft lassen wollen. Diese Forderung nach Freigabe wird meist theologisch damit begründet, die Kindertaufe sei im Neuen Testament weder *geboten* noch *verboten*; sie sei also theologisch *möglich*, aber nicht *notwendig*.

Wir haben hier nicht die theologische Frage der Kindertaufe zu untersuchen; wohl aber ist auf die kirchenrechtlichen Folgen einer Freigabe hinzuweisen. Die erste Folge wäre, daß es künftig in ein und derselben Kirche Kinder evangelischer Eltern mit einem doppelten Status geben würde. *Getaufte* Kinder von Eltern, die selbst Mitglieder der Kirche sind, wären auch Kirchenmitglieder und gegebenenfalls kirchensteuerpflichtig. Ihre Entscheidungsfreiheit bestände darin, daß sie nach Erlangung der bürgerlichen Volljährigkeit aus der Kirche austreten und die von ihren Eltern eingeleiteten Wirkungen der Taufe aufheben könnten. Diese Entscheidungsfreiheit ist nicht gering zu achten. Kinder unterliegen auch in anderen Fragen, z. B. solchen der schulischen und beruflichen Weichenstellung, zunächst der verantwortlichen Vorentscheidung der Erziehungsberechtigten. — Einen völlig anderen Status hätten dagegen *ungetaufte* Kinder evangelischer Eltern. Sie wären nicht Mitglieder der Landeskirche, der ihre Eltern angehören. Sie könnten es auch nicht dadurch werden, daß ihre Eltern sie zu Hause beten lehren und in den Religionsunterricht der Schule oder in den Kindergottesdienst schicken. An der Konfirmation könnten sie nicht teilnehmen, da die Voraussetzung der Taufe für die Erteilung der Zulassung zum heiligen Abendmahl fehlt. Am Abendmahl der Gemeinde könnten sie nicht teilnehmen, auch nicht, wenn sie über das Kindheitsalter hinaus wären, und selbstverständlich könnten sie keine Patenschaft übernehmen. Wir würden

---

[26] Paul Gürtler, Nationalsozialismus und evangelische Kirchen im Warthegau, Arbeiten zur Geschichte des Kirchenkampfes 2, 1958, S. 75 ff. und S. 262.

also bei einer Freigabe der Taufe tatsächlich Kinder evangelischer Eltern mit zweierlei Status haben, — eine unerwünschte Quelle von organisatorischen Unklarheiten und rechtlichen Irrtümern.

Die zweite Folge wäre die kirchenrechtlich schwierige Bestimmung des Status der ungetauften Kinder. Sind sie im Sinne der alten Kirche oder der Heidenmission als Taufbewerber anzusehen? Hätten sie also den Status von Anwärtern auf eine Kirchenmitgliedschaft? Zweifellos nicht. Denn das müßte im Sinne der Vertreter einer Freigabe schon als unzulässiger Druck auf die unmündigen Kinder angesehen werden. Wenn man sie nicht gegen ihren Willen taufen darf, kann es auch kaum erlaubt sein, sie auf die Taufe hin zu erziehen. Es wäre auch nicht sachgemäß, 14 oder 18 oder 21 Jahre oder noch länger als Taufbewerber gelten zu wollen. Die erste Christenheit und die Mission sahen etwa drei Jahre für den Katechumenenstand vor, eine Zeit, in der durch intensiven Unterricht und Gottesdienstbesuch das Ziel der Taufe bewußt angesteuert wurde. Das wäre bei einer sogenannten Freigabe der Erwachsenentaufe nicht gegeben. Es müßte also kirchenrechtlich dabei bleiben: Ungetaufte Kinder von Kirchenmitgliedern könnten in keinem Sinne Kirchenmitglieder oder auch nur Anwärter sein. Ein Verhältnis zu einer verfaßten Kirche würde erst begründet werden, wenn sie selbst aus eigenem Entschluß die Absicht bekundeten, sich taufen zu lassen, alsdann in den Taufunterricht eintreten und erst dadurch „Katechumenen" werden würden.

Die dritte Folge ist eine praktische, die aber weitreichende Konsequenzen hat. Wie viele ungetaufte Kinder würden, wenn die Unterlassung der Kindertaufe zur Regel würde, als Jugendliche oder als Heranwachsende den Entschluß fassen, unter so erschwerten Bedingungen noch Glieder einer Kirche zu werden? Die systematische Förderung der Spättaufe würde einen Mitgliederschwund der Kirche zur Folge haben, der so gar nicht zu verantworten wäre, weil er in Wirklichkeit nicht durch einen selbständigen Entscheid zustande käme, sondern durch einen negativen Vorentscheid der Eltern und unter der späteren Repression eigener Gleichgültigkeit und Bequemlichkeit. Wenn die evangelische Kirche heute noch etwas davon weiß, daß es sich bei der Taufe nicht bloß darum handelt, einer Kirchenorganisation Mitglieder und Steuerzahler zu verschaffen, sondern daß es hier um das einmalige Angebot der Gnade des lebendigen Gottes und also um der Seelen Seligkeit geht, für die die Kirche nach dem Missionsauftrag ihres Herrn Jesus Christus Verantwortung trägt, dann kann sie um einer zeitgebundenen theologischen Schulmeinung willen die Taufe der Kinder ihrer eigenen Mitglieder — nur darum handelt es sich! — nicht aufgeben. Es ist einfach eine Übersteigerung des vermeintlichen Selbstbestimmungsrechtes des Kindes, wenn man in der Kindertaufe einen unerlaubten Zwang sieht. Das Schlagwort Augsteins von der Schluckimpfung spricht im übrigen nicht gegen die Kindertaufe, sondern dafür. Wenn der Staat es für nötig halten würde, die Polio-Schluckimpfung zwangsweise einzuführen, um der Geißel dieser Kinderkrankheit entgegenzuwirken, wie er das bei der Pockenimpfung bereits tut, dann würde er damit seine Fürsorgepflicht für die Allgemeinheit wahrnehmen. Mutatis mutandis würde die Kirche ihren missionarischen Auftrag verletzen, wenn sie es unterließe, die Kinder ihrer eigenen

Mitglieder zu taufen, und sie damit dem Zufall einer späteren Begegnung mit dem Heiland der Welt überlassen würde.

Die vierte Folge wäre eine nicht gering zu achtende Erschwerung der mühsam errungenen ökumenischen Verbundenheit und jedenfalls wohl eine endgültige Absage an eine evangelisch-katholische Annäherung. Alle großen Kirchen der Welt außer den Baptisten haben die Kindertaufe. In Amerika sind seit langem auch frühere Freiwilligkeitskirchen zu Zuwachskirchen geworden, indem sie selbstverständlich die Kinder ihrer Mitglieder taufen. Die Freiheit persönlicher Entscheidung sieht man dort in der Möglichkeit, später jederzeit einer anderen Denomination beizutreten, was in den USA üblicher ist als bei uns, oder ganz aus der Kirche auszutreten. Diese Freiheit besteht auch bei uns seit Jahrzehnten. Wir würden die jahrhundertealte gegenseitige Anerkennung der Taufe in der Ökumene, mindestens gegenüber Rom und den Orthodoxen, durch eine Verunklarung der kirchenrechtlichen Wirkungen der Taufe ganz unnötig gefährden. Ja es könnte sogar die Anerkennung der evangelischen Kirche als Kirche Schaden leiden. Es ist noch nicht lange her, daß wir bei den genannten Kirchen sowieso als Sekte angesehen wurden.

Es kann daher im Hinblick auf die Geschichte unserer Kirche, auf die reformatorische Theologie und auf die ökumenische Situation nur dringend davor gewarnt werden, aus einer heute längst nicht einmütig anerkannten theologischen Lehre von der Taufe allzu schnell kirchengesetzliche Folgerungen zu ziehen, deren Tragweite nicht ausreichend vorbedacht ist. Ein einseitiges Vorgehen einzelner Landeskirchen könnte sogar die vielfach belastete und so sehr wünschenswerte Einigkeit innerhalb der Evangelischen Kirche in Deutschland auf das ernsteste gefährden. Aus diesem Grunde sollte keine Landeskirche in der EKD die kirchenordnungsmäßig geltende bisherige Regelung selbständig ändern, ohne vorher den Versuch zu machen, wenigstens über die kirchenrechtlichen Folgen eine für die ganze Evangelische Kirche in Deutschland geltende einheitliche Vereinbarung anzustreben.

Wie eine kirchengesetzliche Neuregelung, etwa als Ersatz für bestehende landeskirchliche Taufgesetze, aussehen könnte, läßt sich kurz in folgenden Thesen andeuten:

1. Als Grundsatz müßte vorangestellt werden: In der Evangelischen Kirche von (Name) besteht die Kindertaufe als geltende kirchliche Ordnung.

2. Die Taufe der Kinder findet in der Regel im ersten Lebensjahre statt.

3. Mit den Eltern ist in jedem Falle ein eingehendes Taufgespräch zu führen.

4. Die Taufe eines Kindes ist zu versagen, wenn die Eltern (Erziehungsberechtigten) zwar die Taufe verlangen, die kirchliche Unterweisung und eine christliche Erziehung (in Haus, Schule und Kirche) jedoch ausdrücklich ablehnen.

5. Gegen Eltern, die selbst Mitglieder der Landeskirche sind, ihre Kinder jedoch nicht im Kindesalter taufen lassen, werden Maßnahmen der Kirchenzucht (bisher: Verlust des Rechtes auf Patenschaft, des kirchlichen Wahlrechts und der Übernahme kirchlicher Ämter) nicht getroffen. Mit ihnen soll ein seelsorgerliches Gespräch geführt werden. Unterlassen sie auch dann die Taufe, so

verstoßen sie zwar gegen die kirchliche Ordnung; diese Unordnung muß aber getragen werden.

6. Kinder, die nicht im ersten Lebensjahre getauft worden sind, können bis zum vollendeten 14. Lebensjahre getauft werden, wenn sie einen entsprechenden Unterricht (kirchliche Taufunterweisung) erhalten haben. Stehen die Kinder bereits im Konfirmationsalter, so können sie am Konfirmandenunterricht teilnehmen. Sie werden dann nicht konfirmiert, sondern getauft.

7. Kinder, die im ersten Lebensjahre oder bis zum Konfirmationsalter getauft werden, sind damit Mitglieder der Landeskirche im Rechtssinne. Ungetaufte Kinder können nicht Mitglieder der Kirche sein. Die Eltern sind gegebenenfalls ausdrücklich hierauf hinzuweisen.

8. Für Jugendliche über 14 Jahre, für Heranwachsende über 18 Jahre und für Erwachsene über 21 Jahre, die nicht einer christlichen Kirche angehören, besteht die Möglichkeit der Erwachsenentaufe, wenn sie an einer hierfür eingerichteten Taufunterweisung teilgenommen haben. Sie werden mit der Taufe Mitglieder der Kirche.

9. Pastoren, die ihre eigenen Kinder nicht taufen lassen, verstoßen damit, wie andere Gemeindeglieder, gegen die geltende Ordnung der Landeskirche. Mit ihnen und ihrer Ehefrau soll der Bischof (Prälat, Landessuperintendent) ein Gespräch führen. Unterlassen sie auch dann die Taufe ihrer Kinder, so muß auch diese Unordnung getragen werden. Maßnahmen der Amtszucht werden gegen diese Pastoren nicht getroffen.

10. Pastoren, die sich weigern, Kinder von Gemeindegliedern auf deren Antrag zu taufen, oder die gegen die Kindertaufe als kirchliche Ordnung Propaganda treiben, können in einem pfarramtlichen Dienst der Landeskirche nicht weiter verwendet werden.

Herwarth von Schade

Zur theologischen Interpretation kirchlicher Verwaltung

Christhard Mahrenholz hat über den bei weitem längsten Abschnitt seiner aktiven kirchlichen Dienstzeit im Hauptamt einer landeskirchlichen Verwaltungsbehörde gestanden. In seiner kirchlichen Verwaltungstätigkeit muß man für den theologischen Referenten, Oberlandeskirchenrat und schließlich Geistlichen Dirigenten bzw. Vizepräsidenten seiner Behörde die Basis sehen, von der aus er sein Lebenswerk, dem Kerygma der Kirche und dem Melos verpflichtet, entfaltet hat.

Was aber tut ein Theologe in einer kirchlichen Verwaltungsbehörde? Was ist das theologische Proprium seines Dienstes, der wie jeder pastorale Dienst an das Ordinationsgelübde gebunden und von der akademischen und praktisch-theologischen Ausbildung ebenso wie von der Ordination her bestimmt ist? Kirchliche Verwaltung scheint sich doch kaum zu unterscheiden von allgemeiner öffentlicher Verwaltungstätigkeit überall sonst. Vielmehr gerade in der Tätigkeit der kirchlichen Verwaltung und darin, daß es kirchliche Verwaltung notwendigerweise geben muß und seit alters gibt,[1] wird häufig die Weltzugehörigkeit und Weltförmigkeit der Kirche bewiesen gesehen. Die Kirche hat eine Bürokratie! Und das, obschon sie evangelische, lutherische Kirche sein will, also einen umfänglichen judikatorischen Apparat für die Handhabung beispielsweise des römisch-katholischen Eherechts in der bischöflichen Jurisdiktion nicht zu unterhalten braucht. Gleicht aber das verwaltende Tun der Kirche ununterscheidbar dem allgemeinen öffentlichen Verwaltungshandeln, so muß sich die Frage stellen, wozu es dann in der Kirchenverwaltung des evangelischen Theologen bedarf. Ist der Theologe lediglich der Spezialist für bestimmte Fachfragen, beispielsweise für Kerygma oder Melos? Wäre er dann nicht leicht und besser zu ersetzen durch spezialausgebildete Beamte oder erfahrene Verwaltungsangestellte? Oder vermag er, und nur er, vielmehr doch auch im Verwaltungshandeln seiner Kirche der ordinierte Sachwalter für Wort und Sakrament zu bleiben?

Kirchliche Verwaltung hat bislang mit der öffentlichen wie der privaten Verwaltung das Schicksal der Undefiniertheit geteilt. Verwaltung läßt sich nicht definieren. Das verbreitete Lehrbuch des Verwaltungsrechts von Ernst

---

[1] Yorick Spiegel, Kirche als bürokratische Organisation (Theologische Existenz heute, Nr. 160, 1969), erwähnt (S. 9) die Tatsache, „daß in der europäischen Geschichte zuerst die Kirche nach dem Vorbild des spätrömischen Reiches eine voll ausgebildete, differenzierte und in mancher Hinsicht bürokratisierte Institution ausgebildet hat".

Forsthoff[2] beginnt mit der Feststellung: „Von jeher ist die Verwaltungsrechtswissenschaft um eine Definition ihres Gegenstandes, der Verwaltung, verlegen. Das hat seinen Grund nicht in einer mangelnden Durchbildung der Wissenschaft. Es handelt sich überhaupt nicht um einen behebbaren Mangel der Theorie. Vielmehr liegt es in der Eigenart der Verwaltung begründet, daß sie sich zwar beschreiben, aber nicht definieren läßt. Die Mannigfaltigkeit, in der sich die einzelnen Verrichtungen der Verwaltung ausfächern, spottet der einheitlichen Formel."

Sofern anderswo in der Literatur der Versuch unternommen wurde, „Verwaltung" zu definieren, bediente man sich wie in der scholastischen Attributenlehre der „via negationis" und beschrieb kirchliche Verwaltung im Anschluß an die historische Gewaltenteilungstheorie als jenen Anteil an übergeordnetem kirchlichen Handeln, der nicht Rechtssetzung, nicht Rechtsprechung und nicht „geistliche Wirksamkeit" ist.

Damit war der Kirche jedoch vermacht und hat die evangelischen Landeskirchen und ihre Verwaltungsbehörden oft genug belastet, daß an kaum einer Stelle die Trennung von Leitung und Verwaltung im Idealsinn der Gewaltenteilungstheorie (Legislative, Exekutive, Judikatur) durchführbar erschien. Die Trennung von Leitung und Verwaltung wird nicht einmal durchgehend gewollt. Die mit den Erfahrungen aus dem Kirchenkampf neu konzipierten Verfassungen der evangelischen Landeskirchen kennen hier mindestens vier Typen durchaus verschiedener Anordnung der „konsistorialen" (jedenfalls behördlichen und administrativen) Verfassungselemente zu den kirchenleitenden episkopalen und synodalen Elementen: Verfassungstypen der völligen Integration von Bischof und Behörde als Kirchenleitung (zum Beispiel: Bayern); Verfassungskonzeptionen von Kirchenleitung durch Bischof und synodale Vertreterschaften mit deutlich davon geschiedener Verwaltungsbehörde (zum Beispiel: Hamburg); Verfassungstypen, in deren Kirchenleitung sich episkopale, konsistoriale und synodale Komponenten ausgleichend mischen (zum Beispiel: Hannover); und eindeutig synodal bestimmte Typen von Kirchenleitung (zum Beispiel: Rheinland).[3] Es liegt auf der Hand, daß damit auch die kirchliche Verwaltung unter jeweils ganz verschiedenen Blickwinkeln gesehen und beurteilt wird.

Ein Überblick über die Versuche zur Interpretation kirchlicher Verwaltung läßt zunächst erkennen, daß solche Versuche im allgemeinen allein von juristischen Verwaltungsfachleuten[4] unternommen wurden und daß Kirchenverwaltung, wo man sie überhaupt hinterfragt oder interpretiert hat, daher allein aus Verwaltungsperspektiven, mithin nicht spezifisch theologisch, gesehen wurde.

---

[2] Ernst Forsthoff, Lehrbuch des Verwaltungsrechts, Erster Band: Allgemeiner Teil, 8. neubearb. Auflage 1961, S. 1.
[3] Nach Hans Dombois, Formen der Kirchenleitung, ZevKR 12, 1966, S. 39.
[4] Das Juristenmonopol ist in staatlichen Verwaltungen seit langer Zeit weitgehend unbestritten; in den Kirchenleitungen hat sich ein „doppeltes Monopol" durchgesetzt, das von Theologen und Juristen, nicht ohne mancherlei Auseinandersetzungen und mit unterschiedlichen Verhältniszahlen: Yorick Spiegel aaO. S. 44.

So zeigt etwa ein Vergleich der letzten beiden Auflagen des theologischen Nachschlagewerks „Die Religion in Geschichte und Gegenwart", daß in der 2. Auflage ein besonderer Artikel über unsern Gegenstand überhaupt fehlt; unter „Kirchenbehörden" werden dort Organe „jurisdiktionellen bzw. regimentlichen Charakters" (!) zur Wahrnehmung eines abgegrenzten Teils kirchlicher Aufgaben verstanden.[5] Das ist 1929 geschrieben. Ein Menschenalter später, nach Hitlerzeit und Zweitem Weltkrieg, beschreibt Erich Ruppel 1962 in der 3. Auflage des Nachschlagewerks die kirchliche Verwaltung im Subtraktionsverfahren als „die gesamte Tätigkeit der Kirchenbehörden, soweit sie nicht geistliche Wirksamkeit ist."[6] Hier wie in der sonstigen Literatur ist die Verlegenheit zu spüren, in die man gerät, wenn man Kirchenverwaltung zu definieren sucht. Dem Ansatz zu einer theologischen Interpretation begegnet man bei Erik Wolf:[7] kirchliche Verwaltung ist in jedem Bereich geistlich auszurichten; sie ist um der Verkündigung willen da, und ihr Recht ist Dienstrecht. Diese Thesen nehmen ihren theologischen Ansatz bei Karl Barth. — Kurz vorher hatte Friedrich Risch in einem leider kaum beachteten Aufsatz[8] das Ziel aller Kirchenverwaltung darin gesehen, daß das Evangelium lauter gepredigt und die Sakramente richtig verwaltet werden. Neu und interessant ist bei Risch die Erkenntnis über das „Gespräch" als einer Form kirchlichen Verwaltungshandelns; wir kommen unten darauf zurück. Theologisch beachtenswert erscheint schließlich die These des ehemaligen Hamburger juristischen Kirchenrates, daß kirchliche Verwaltungsmaßnahmen nur aus Glauben und Liebe erfüllt werden können. Risch begründet diese These mit der Feststellung, daß „Kirche" und „Gewalt" für immer unauflösliche Gegensätze abgeben und das Wort „Verwaltungszwang" in der Kirche einen Widerspruch darstelle.

Um eine theologische Sicht der kirchlichen Administration bemüht sich Karl Wagenmann in seinem Handbuch.[9] Er versteht Kirchenverwaltung als den Dienst, der der Kirche und den in ihr tätigen Menschen die Erfüllung des Auftrages ermöglichen soll, der der Kirche von ihrem Herrn gegeben ist. Kirchenverwaltung ist danach „ein Handeln kirchlicher Stellen an der geistlichen Aufgabe der Kirche".[10] Diese Betrachtungsweise läßt sich neuerlich aufzeigen in den Arbeiten von Ernst-Viktor Benn „Zur Stellung und Aufgabe der landeskirchlichen Behörden" und Wilhelm Maurer „Verwaltung und Kirchenleitung".[11]

In jüngster Zeit ist die Kirchenorganisation mit kritischer Schärfe betrachtet und für alle unterlassenen Reformen, für das Ausbleiben kirchlicher Innovationen verantwortlich gemacht worden von Yorick Spiegel.[12] Spiegel glaubt fest-

---

[5] Rudolf Oeschey, RGG² Art. Kirchenbehörden Bd. III, 1929, Sp. 867 f.
[6] Erich Ruppel, RGG³ Art. Kirchenrecht Bd. VI, 1962, Sp. 1388 f.
[7] Erik Wolf, RGG³ Art. Kirchenrecht Bd. III, 1959, Sp. 1508.
[8] Friedrich Risch, Kirchenverwaltung, Informationsblatt für die Gemeinden in den niederdeutschen lutherischen Landeskirchen 4, 1955, S. 197 ff.
[9] Karl Wagenmann, Die kirchliche Verwaltung. Handbücherei für Gemeindearbeit, Heft 24 (2. Aufl. 1964). [10] Karl Wagenmann, aaO. S. 14. [11] In Festschrift für Erich Ruppel (1968).
[12] Yorick Spiegel aaO. (Anm. 1); ders.: Kirchliche Bürokratie und das Problem der Innovation, Theologia Practica 4, 1969.

stellen zu müssen, daß die kirchliche bürokratische Organisation vornehmlich der Machtanwendung dient, und spricht von „der bürokratischen Wirklichkeit, die Herrschaftsausübung bedeutet".[13] Eine solche Kirchenorganisation sei zur Vornahme von Innovationen oder Reformen weder legitimiert noch überhaupt in der Lage, sondern „muß sich mit Ordnungsfunktionen begnügen".[14] Da Reformen in bürokratischen Organisationen heute weitgehend von Spezialisten angeregt und durchgeführt werden, sei der Kirche besonders vorzuwerfen, daß in ihrer Organisation eine Spezialisierung bisher kaum vorhanden sei. Es gebe zwar Juristen in den Kirchenleitungen, doch gelte schon die Anstellung eines Pädagogen als ungewöhnlich.

Doch der gravierendste Vorwurf, den Yorick Spiegel der kirchlichen Bürokratie macht, ist doch der der bloßen unkontrollierten Machtausübung: sie „übt Macht aus, und zwar vor allem auf die in der kirchlichen Organisation Beschäftigten"[15] und repräsentiert mithin eine Art von kirchlichem Machiavellismus. Hier hat Spiegel sich zweifelsfrei geirrt. Wir sehen davon ab, daß in den beiden genannten Arbeiten von Yorick Spiegel an keiner Stelle zwischen Kirchenleitung und kirchlicher Verwaltung unterschieden wird. Synonym gleichsetzend spricht er von Kirche, Kirchenleitung, kirchlicher Bürokratie und kirchlicher Administration. So sind Fehlurteile unvermeidlich. Daß aber kirchliche Verwaltung allein schon aus dem einfachen Grunde keine Machtanwendung sein kann, weil ihr das Instrumentarium und die Autorität des Verwaltungszwanges mangelt, muß Spiegel, sich widersprechend, selbst zugeben. Er zitiert Max Weber, der in „Wirtschaft und Gesellschaft" (1964) festgestellt hatte: „Stets ist die Frage: wer beherrscht den bestehenden bureaukratischen Apparat? Und stets ist seine Beherrschung dem Nicht-Fachmann nur begrenzt möglich." Als Zeugen für die Anwendung der Erkenntnis von der Macht-Losigkeit auf die kirchlichen Verwaltungen führt Spiegel schließlich den Hamburger Bischof an. Hans-Otto Wölber[16] habe dargetan, „daß die Apparate durch die unendliche Verzweigtheit des deutschen Protestantismus ein derartiges Ausmaß von Verbindungs-, Koordinations- und Weitergabearbeit mit Ämterhäufung leisten müssen, daß sie mehr Maklerdienste als wirkliche Kybernese zustande bringen".[17]

Man kann sich dem Eindruck nicht leicht entziehen, daß Yorick Spiegel mit seiner Kritik an den kirchlichen Verwaltungsapparaten aus nur begrenzter Übersicht an einer einzelnen Stelle ansetzt — nämlich an der Situation der Rheinischen Kirche, „die dem Verfasser im besonderen vertraut ist"[18] — und daß er sodann unbegründet verallgemeinert. Um so weniger verständlich ist seine Behauptung, „die Kirchenleitung hat ihre Stellung durch die Lehrbean-

---

[13] Kirche als bürokratische Organisation, S. 19; Kirchliche Bürokratie und das Problem der Innovation, S. 367.
[14] Yorick Spiegel, Kirche als bürokratische Organisation, S. 21; ders.: Kirchliche Bürokratie und das Problem der Innovation, S. 368.
[15] Yorick Spiegel, Kirche ... S. 18, Kirchliche Bürokratie ... S. 366.
[16] Hans-Otto Wölber, Kirchenreform, S. 279.
[17] Zit.: Yorick Spiegel, Kirche ... S. 65.
[18] Yorick Spiegel, Kirchliche Bürokratie ... S. 367, Anm. 24.

standungsordnung der EKU wie durch das Amtszuchtsgesetz der VELKD gestärkt".[19] Die Rheinische Kirchenleitung? Da Spiegels Kontext an dieser Stelle allein von der Lehrzucht handelt, drängt sich der Verdacht auf, der Verfasser müsse das Amtszuchtsgesetz der Vereinigten Kirche mit irgend etwas anderem verwechselt haben.

Der weiteren theologischen Interpretation mag zunächst eine Wortuntersuchung dienen. Das Synonym für Verwaltung, „Administration" entstammt der Sprache der lutherischen Bekenntnisschriften und hat dort „seine wesentlichste Bedeutung"[20] im Zusammenhang mit dem Auftrag der Kirche zur Darreichung der Sakramente. In der Kirche ist das Evangelium rein zu predigen und sind die Sakramente evangeliumsgemäß zu reichen, „recte administrantur sacramenta" (CA VII — ebenso „sacramenta administrare" CA XIV u. ö.). Diese Ausdrucksweise ist in die kirchliche Sprache eingegangen: man spricht von der „Sakramentsverwaltung". Im Ordinationsformular von Agende IV ist solcher Sprachgebrauch liturgisches Formular geworden. „Administration" sollte darum nicht als legitime Umschreibung für kirchliche Verwaltung benutzt werden, sondern als Ausdruck der geordneten Sakramentsverwaltung reserviert bleiben. Das muß gegen Friedrich Risch festgehalten werden. Risch hat die kirchliche Verwaltung als Administration verstehen wollen, um mit diesem Begriff die Unterscheidung und Trennung des verwaltenden Handelns vom Kirchenregiment sichtbar zu machen: „In dem Wort ‚administratio' ist das ‚minus' enthalten, das dieses ‚weniger als regieren' ausdrückt."[21]

„Verwaltung" beschreibt die lateinische Sprache hingegen als „cura", in einem einzigen biblischen Text (Lukas 16, 1—9) auch als „vilicatio", also im Gleichnis vom ungerechten Haushalter: „Tu Rechnung von deinem Haushalten (vilicatio), denn du kannst hinfort nicht Haushalter (vilicator) sein." Der griechische Urtext hat hier *oikonomia* bzw. *oikonomos*.

„Cura" und sprachverwandte Ausdrücke finden sich in biblischen und profanen Texten häufig in rechtskundlichen Zusammenhängen oder in solchen der Versorgung. Die Bedeutung von „cura" für die Umschreibung kirchlicher Verwaltungstätigkeit ist u. a. gegeben in dem seit dem 12. Jahrhundert aufkommenden Namen für die päpstliche römische Kirchenverwaltung, die „Kurie". In Abhandlungen aus dem Investiturstreit taucht die „cura animarum" der Bischöfe auf. Das geistliche Regiment der weltlichen Obrigkeit, das landesherrliche Kirchenregiment, wurde in der nachreformatorischen Zeit als die „cura religionis" des Landesfürsten bezeichnet, womit Leitung, Verwaltung und Rechtsfeststellung in der Kirche umschrieben wurden. Freilich hat sich die von Luther unternommene Ableitung des Wortes „Kirche" von *Kyria*, „wie man's lateinisch ‚Curiam' nennet",[22] als falsch herausgestellt. „Curia" begegnet in der Vulgata nur an einer Stelle in den Apokryphen, 1. Makk. 8, 15 und 19, als Bezeichnung für den Römischen Senat.

---

[19] Yorick Spiegel, Kirche..., S. 23.
[20] Karl Wagenmann aaO. S. 12.   [21] Friedrich Risch aaO. S. 197.
[22] Gr. Kat., zum Dritten Artikel, Bekenntnisschriften, S. 656.

Bei der Beschreibung von Kirchenverwaltung als „cura" fällt nun aus dem biblischen Zusammenhang des Wortes ein Licht auf ihre Tätigkeit. Eine Stelle im Alten Testament, 1. Kön. 5, 7, berichtet, daß die Amtleute des Königs Salomo den königlichen Hof monatlich versorgten „und ließen es an nichts fehlen" („cum ingenti cura"). In ähnlichem Zusammenhang begegnet das Wort 1. Tim. 5, 8: wenn jemand die Seinen, sonderlich seine Hausgenossen, nicht versorgt („curam non habet"), hat er den Glauben verleugnet und ist ärger als ein Heide. Als Grund für die Aufforderung, alle Sorge auf Gott zu werfen, gibt 1. Petr. 5, 7 an: „quoniam ipsi cura est de vobis", „denn er sorgt für euch". Und im Gleichnis vom Barmherzigen Samariter (Lukas 10, 30—37) wird beschrieben, wie der Mann aus Samaria den Verwundeten versorgt: er hob ihn auf sein Tier, führte ihn in die Herberge und „curam eius egit" („und pflegte sein"). Bei seiner Weiterreise am andern Morgen bezahlt er den Herbergswirt und trägt ihm die weitere Sorge für den Überfallenen auf: „Curam illius habe" („Pflege sein!").

Das griechische Äquivalent zu „curam agere" oder „curam habere" an dieser Stelle bei Lukas ist *epimeleisthai*, ein Verb, das im Profangriechischen für „Verwaltungstätigkeit ausüben" benutzt wird. *Epimeletes* ist der „Verwalter", zum Beispiel *epimeletes hodou*, „Straßenbaukommissar", also der lateinische „curator viae". *Hoi epimeletai* sind „die Behörden", und *hoi en te polei epimelomenoi* sind „die städtischen Behörden".

Im Bereich der evangelischen Kirche sollte es ferner möglich sein, daß kirchliche Verwaltung theologisch interpretiert wird als Dienst, Hilfe, Haushalterschaft, Bruderschaft und Seelsorge. Die Interpretation als *Dienst* legt sich nahe. Kirchenverwaltung ähnelt darin der öffentlichen Verwaltung, obschon diese sich ihres dienenden Charakters bewußt zu werden und ihn publik zu machen („Service") kaum Gelegenheit hat. Kirchenverwaltung hat zu dienen und hat sich solcher Verpflichtung zum Dienst bewußt zu sein. Das muß gegen Yorick Spiegel festgehalten werden, der die These vertritt: „Der Begriff des Dienstes verhindert sehr stark eine klare Einsicht, daß faktisch die Kirchenleitung Macht ausübt",[23] und „da die Kirchenleitung nach ihrem Verständnis nur eine dienende Funktion ausübt, aber Entscheidungen zu treffen hat, die das Schicksal von Menschen bestimmen, führt dieser Widerspruch dazu, Entscheidungen von Gewicht hinauszuschieben und in Personalfragen häufig nur zögernd und sehr verdeckt durchzugreifen. Faktisch trägt er also dazu bei, rasche Urteile zu verhindern und die Schwerfälligkeit des Apparates zu vergrößern".[24] Man kann Spiegel hier schon wegen der Fragwürdigkeit seiner Prämisse nicht folgen.

Mit der Interpretation kirchlicher Verwaltung als Dienst stimmt am besten eine Verfassungskonzeption überein, die Leitung und Verwaltung möglichst deutlich voneinander scheidet. In einer Reihe landeskirchlicher Verfassungen ist das geschehen, so auch in der Verfassung der Evangelisch-lutherischen

---

[23] Yorick Spiegel, Kirche als bürokratische Organisation, S. 18, vgl. Kirchliche Bürokratie und das Problem der Innovation, S. 367.
[24] Yorick Spiegel, Kirche als bürokratische Organisation, S. 20.

Kirche im Hamburgischen Staate (1959, Neufassung 1969). Die Hamburgische Kirchenverfassung hat die Leitung der Kirche in Art. 24 der Synode, dem Bischof und dem Kirchenrat „in gemeinschaftlicher Verantwortung" übertragen, die Verwaltung der Kirche hingegen einem Landeskirchenamt anbefohlen, für dessen Dienst die wesentlichen Verfassungsbestimmungen lauten:

Artikel 53
(1) Das Landeskirchenamt ist die Verwaltungsbehörde der Landeskirche.
(2) Es führt die laufende Verwaltung nach grundsätzlichen Anweisungen des Kirchenrates, soweit diese Verwaltung nicht anderen kirchlichen Stellen zusteht.
(3) ...
(4) Das Landeskirchenamt hat im Rahmen dieser Verfassung und der kirchlichen Gesetze die Aufsicht über die Verwaltung der Kirchengemeinden und der gesamtkirchlichen Ämter. Es kann im Rahmen seiner Zuständigkeit Verwaltungsanordnungen erlassen.
(5) Zum Landeskirchenamt gehören die Kanzleien der Synode, des Bischofs und des Kirchenrates.

Artikel 54
(1) Das Landeskirchenamt besteht aus dem Präsidenten und aus juristischen, theologischen und weiteren Mitgliedern, die hauptamtlich oder nebenamtlich bestellt werden können. Der Präsident und die Mitglieder des Landeskirchenamtes werden vom Kirchenrat berufen. Dieser regelt die Stellvertretung des Präsidenten.
(2) Der Präsident des Landeskirchenamtes muß die Befähigung zum Richteramt haben.
(3) Das Landeskirchenamt entscheidet durch Beschluß, soweit nicht bestimmte Aufgaben allgemein oder im Einzelfall dem Präsidenten zur Entscheidung übertragen worden sind. Das Nähere bestimmt die Geschäftsordnung, die der Genehmigung des Kirchenrates bedarf. Der Bischof ist zu allen Sitzungen einzuladen und über alle Verwaltungsangelegenheiten von Bedeutung zu unterrichten...
(4) ...

Wilhelm Maurer[25] hat diese Konzeption kritisiert und gemeint, daß eine kirchliche Verfassung, die die Verwaltung „degradiert" „zur bloßen Kanzlei, zur technisch funktionierenden Verwaltungsstelle", die heutige Wirklichkeit verfehle: „Die Verwaltungsbehörde hat Anteil an der Kirchenleitung — dieser Grundsatz ist für das evangelische Verfassungsrecht konstitutiv." Die Hamburgische Kirchenverfassung weist jedoch, so lautet Wilhelm Maurers Auffassung, dem Landeskirchenamt lediglich eine untergeordnete Stellung zu; das Verhältnis von Leitung und Verwaltung zueinander sei in dieser Konzeption zudem nicht geklärt.

---

[25] Wilhelm Maurer, Verwaltung und Kirchenleitung, in: Festschrift für Erich Ruppel, 1968, S. 120 f. und S. 127 f.

Diesem Urteil Wilhelm Maurers wird man entgegenhalten müssen, daß sich nach Hamburger Erfahrungen dieser Verfassungstyp einer klaren Trennung von Kirchenleitung und Kirchenverwaltung ohne Friktionen umfassend bewährt hat, so daß er auch zur Weiterführung in der Verfassung einer künftigen Nordelbischen Kirche vorgesehen ist. Die Zuordnung von Leitung und Verwaltung und die Bezogenheit beider aufeinander vollzieht sich in Hamburg im übrigen praktisch so, daß das Kollegium des Landeskirchenamtes, „juristische, theologische und weitere Mitglieder", zu denen sich, ganz im Sinne von Yorick Spiegel, ein Volkswirt, ein Baufachmann und Dr.-Ing. sowie ein Journalist gesellen, an den Sitzungen der Kirchenleitung (des Kirchenrates) mit beratender Stimme teilnimmt, der Bischof seinerseits hinwiederum bei den Sitzungen des Kollegiums zur Verwaltungsbesprechung häufig zugegen ist. Aus den Synodalprotokollen über die Verfassungsberatung in der Hamburgischen Landeskirche ist ersichtlich, daß man die Trennung von Leitung und Verwaltung der Kirche in Hamburg als eine Grundkonzeption aufgefaßt hat, die den Dienst der Kirchenverwaltung überhaupt und in seinem eigentlichen Sinne erst ermöglicht.[26] Hingegen erscheint die Vermischung leitenden und verwaltenden kirchlichen Handelns — vom Worte Gottes und dem kirchlichen Bekenntnis her unverboten und im Raum der örtlichen Kirchengemeinde durchaus üblich — in einer Landeskirche zu Schwierigkeiten zu führen: sie führt Kompetenzprobleme herauf und erschwert das freie, zweckentsprechende und sachdienliche Tun. „Die Erfahrung hat gelehrt, daß die Vermischung von Leitung und Verwaltung zu ungesunden Verhältnissen geführt hat."[27]

Unter dem „Dienst" der Kirchenverwaltung ist freilich nicht *diakonia* im neutestamentlichen Sinne von Predigtamt zu verstehen. Die Verwaltung dient der Christenheit nicht *mit* Wort und Sakrament. Sie ist vielmehr Dienst *für* Wort und Sakrament, Dienst für die Kirche und Dienst für die Gemeinde — Dienst, der sich den Voraussetzungen für Wortverkündigung und Sakramentsverwaltung zuzuwenden hat. So kommt ihr beispielsweise die Aufgabe zu, kirchliche Baulichkeiten und Räume zu planen, zu erstellen und zu erhalten. Der Dienst der kirchlichen Verwaltung soll ermöglichen und die Möglichkeiten fort und fort verbessern, daß Gottes Wort und Sakrament zu den Menschen kommt. So dient die Kirchenverwaltung der Verbreitung und äußerlichen Ermöglichung des eigentlichen Auftrages der Kirche. In diesem Sinne dürfte Karl Wagenmann seine Erklärung kirchlicher Verwaltung als „Hilfsdienst an der einen Aufgabe, die der Kirche von ihrem Herrn gestellt ist",[28] verstanden wissen wollen.

Zum Proprium und dem besonderen Anteil des Theologen am Dienst in der Kirchenverwaltung gehören Einbringung und Weitergabe von Informationen aus den örtlichen Kirchengemeinden. Am Tisch der Verwaltung, gerade wenn es sich um einen grünen Tisch handelt, sitzt der Theologe als Kenner und Anwalt der Gemeinde. In vielen landeskirchlichen Verwaltungsbehörden wird

---

[26] Vgl. Synodalprotokoll, 65. Sitzung, 9. 1. 1959, S. 39.
[27] Friedrich Risch, aaO. S. 198.   [28] Karl Wagenmann aaO. S. 3.

dafür gesorgt, daß die theologischen Mitglieder Recht und Möglichkeit zur Predigt und zur Sakramentsverwaltung behalten. Nach dem Hamburgischen Modell weist die Kirchenleitung die theologischen Räte einer Gemeinde zu, in der sie regelmäßig predigen und mit beratender Stimme an den Sitzungen des Kirchenvorstandes teilnehmen. Yorick Spiegel behauptet zwar: „Aus Gesprächen gewinnt man den Eindruck, daß das Bild, das Oberkirchenräte von den Gemeinden haben, kaum präziser ist als das des Verfassungsschutzes über den SDS."[29] Die geschilderte Form der Einbringung detaillierten Informationsmaterials und umfassender Kenntnisse vom kirchlichen Leben in der Ortsgemeinde dürfte Spiegels Vermutung weithin widerlegen.

Wilhelm Maurer, der vom „Verwaltungsdiakonat" der Kirche sprechen kann, zitiert aus der bayerischen „Ordnung des geistlichen Amtes" von 1939: „Wie in der Gemeinde, so dienen auch im Gesamtgebiet einer Kirche Aufsicht und Verwaltung, Ordnung und Recht ausschließlich dem geistlichen Aufbau der Gemeinde durch Wort und Sakrament."[30] In einem solchen Dienst aber findet auch der ordinierte Theologe seine ihm zukommende Aufgabe. In den Beratungen des verwaltenden Kollegiums ist er der theologische Sachwalter für die Belange des Wortes Gottes und die Geltung des Bekenntnisses, auf die er ordiniert ist. Er ist der theologische *diakonos* in der Diakonie der Verwaltung in dem Maß, das seinem theologischen Studiengang und seiner kirchlichen Ausbildung entspricht. Ein Versuch, die Tätigkeit kirchlicher Verwaltung theologisch als *Hilfe* zu interpretieren, hat an die Zuordnung von Leitung und Verwaltung nebeneinander zu denken. Bemerkenswert ist die Formulierung im „Kirchengesetz betreffend die Leitung der Vereinigten Evangelisch-protestantischen Landeskirche Badens" von 1953, die dem „Evangelischen Oberkirchenrat", einer sonst als Aufsichts- und Verwaltungsinstanz konzipierten Behörde, in einem mehr als 20 Ziffern umfassenden Katalog von Aufgaben als erste die zuerkennt, „den Landesbischof bei der geistlichen Leitung der Landeskirche zu unterstützen". Wie wenig präzise diese Aufgabenbeschreibung auch ist, wie wenig sie auch der Grundkonzeption einer Trennung von Leitung und Verwaltung entspricht, sie läßt doch erkennen, daß die Verwaltung einer Kirche in der Tat eine Hilfe für die Kirchenleitung abgeben soll. Jede Kirchenleitung wird sich ihrer Verwaltung in solcher Weise mannigfach bedienen. Sind die *antilempseis* (Luther: „Helfer") von 1. Korinther 12, 28 solche Verwaltende, solche Hilfeleistungen in der Ekklesia, bezeichnenderweise dort unmittelbar neben den *kyberneseis* (Luther: „Regierer") erwähnt?[31]

Friedrich Risch hat es unternommen, diese hilfeleistende und hilfreiche Zuordnung der Kirchenverwaltung zur Kirchenleitung zu beschreiben:[32] „Die

---

[29] Yorick Spiegel, Kirche als bürokratische Organisation, S. 74.
[30] Wilhelm Maurer, aaO. S. 116 f.
[31] Vergl. Hans Conzelmann, Der erste Brief an die Korinther, Meyers kritisch-exegetischer Kommentar, 1969, S. 253 f.: die Dienstleistungen sind nicht „scharf zu definieren; die Bezeichnungen deuten auf mehr technische Funktion: Verwaltungsarbeit". „Das Bild vom Steuermann für das Regieren ist sehr beliebt."
[32] Friedrich Risch, aaO. S. 198.

Kirchenverwaltung hat die Entschlüsse der Kirchenregierung nach geübter Praxis oder nach besonderen Weisungen der Kirchenleitung im Rahmen der geltenden Gesetze, aber in eigener Verantwortung durchzuführen und durchzusetzen."

In solcher Sicht wird eine evangelische Kirchenverwaltung in ihrer auxiliaren Funktion auch zu einer Hilfe für die ihr anvertrauten Gemeinden werden. „Überall, wo es sich um Verwaltung handelt, sind Beratung, Förderung und Hilfe ebenso wichtig wie die Ausübung von Befugnissen. Dadurch wird der Gebrauch der Befugnisse reguliert."[33] Die Rechtsordnung für die evangelisch-lutherische Landeskirche Schleswig-Holsteins 1958 hat das verfassungsrechtlich fixiert: das Landeskirchenamt hat den Gemeinden „Rat und Hilfe zu gewähren" (Art. 110). In welch hohem Maße das möglich und nötig ist, hat jede Gemeinde, hat jeder Gemeindepfarrer und jedes gemeindliche Kirchenbüro längst vielfältig erfahren. Welches Maß an Hilfeleistung liegt aber auch in der auftragsgemäßen Vertretung der Kirche vor außerkirchlichen, staatlichen Instanzen, den Behörden und Gerichten oder gegenüber der Presse. Auch durch die finanzielle und finanzausgleichende Fürsorge der Verwaltung geschieht Hilfe an den Gemeinden, den Werken und Anstalten der Kirche wie auch an einzelnen Gliedern und Mitarbeitern.

Hier erweist sich, wie zutreffend die rückübersetzende Interpretation kirchenverwaltender Tätigkeit mit dem Begriff „cura" und seinem exegetischen Ort in der Perikope vom Barmherzigen Samariter ist, bis hin in die Gebärde jenes Helfers im Gleichnis, mit der er „herauszog zwei Groschen ... und sprach: Pflege sein!" (Luk. 10, 35). Die kirchliche Verwaltung, die ihre Aufgabe dem Bild des barmherzigen Samariters entnimmt, wird Augen zu sehen haben müssen — im Gegensatz zum Gesetz, zur blinden Justitia, und zu den Männern des Gesetzes im Gleichnis, die wohl „sehen", aber dennoch vorübergehen.

Es gehört ferner zur theologischen Bestimmung der Kirchenverwaltung, daß sie im neutestamentlichen Bild des Haushalters wiederzuerkennen ist, des *oikonomos*. Man möchte hier von der *Haushalterschaft* oder dem Haushalteramt der Verwaltung sprechen. Diese Kennzeichnung ist berechtigt insofern, als Kirchenverwaltung in jedem Falle auch Geldverwaltung ist: Finanzverwaltung, Vermögensverwaltung, Kirchensteuerverwaltung, Verwaltung von Stiftungen, Fonds und Pfründen, Grundstücksverwaltung — um einige Formulierungen zu nennen, mit denen Kirchenverfassungen und Gesetze diese Aufgabe von Kirchenbehörden umschreiben.

Der Haushalter und seine Tätigkeit im Gleichnis (Luk. 16, 1—9) werden mit den Wörtern *oikonomos, oikonomein, oikonomia* beschrieben. Die lateinischen Synonyme im Text der Vulgate sind „vilicus", „vilicare" und „vilicatio", auch „dispensator". Die griechische Etymologie von *oikonomos* stellt bekanntlich ab auf *oikos* „Haus" („vicus") und *nemo* „teilen" (mit „nehmen" und „numerus" verwandt): er ist der, der den „im Hause" Befindlichen das Ihrige „zuteilt". Das „klügliche" Handeln des Haushalters im Gleichnis wird

---

[33] Erich Ruppel, Rechtliche und nichtrechtliche Faktoren im kirchlichen Organisationsleben, ELKZ 1956, S. 229 f.

vom Herrn gelobt. Der Spruch „Wer im Geringsten treu ist, der ist auch im Großen treu" hat sich dem Gleichnis angeschlossen, und 1. Kor 4, 1 will der Apostel sein hohes Amt unter dem Begriff des treuen „Haushalters über Gottes Geheimnisse" verstanden wissen. „Wer ist denn der treue und kluge Haushalter" (Lk 12, 42): dieses Herrenwort ist den Kirchenverwaltungen über die Tür geschrieben. Die kirchliche Gesetzgebung hat sich das Bild im übrigen bereits zu eigen gemacht. Als Beispiel sei hier zitiert die „Verwaltungsordnung der Evangelischen Kirche im Rheinland und der Evangelischen Kirche von Westfalen" (1960): die Verwaltung des kirchlichen Vermögens „ist so zu führen, wie es sich für rechte Haushalter gebührt" (§ 2, 1).

Es muß zum Wesen und zur theologischen Bestimmung der Kirchenverwaltung gehören, daß sie eine Erscheinungsform christlicher *Bruderschaft* ist. Das wird sich bereits dort zu zeigen haben, wo in der (kleinen) örtlichen Kirchengemeinde Leitung und Verwaltung noch dicht ineinander liegen. Darüber hinaus ist in zahlreichen Kirchenverfassungen die „kollegiale" Zusammensetzung der Verwaltungsbehörde ausdrücklich betont. Erstaunlichen Ausdruck hat die Konzeption kollegialer Verwaltung übrigens im römisch-katholischen Kirchenrecht gefunden. Hans Liermann[34] weist darauf hin: „Der Bischof, der nach außen als der absolute Herr der Diözese erscheint, ist bei der Verwaltung des Kirchenguts intern bei allen Fragen von einiger finanzieller Bedeutung an die kollegiale Zusammenarbeit des Kapitels gebunden. Da fast alles, was in den juristisch-säkularen Raum hineinragt, Geld kostet, ist er tatsächlich auf dem Gebiet der Verwaltung weithin ein in seinen Befugnissen kollegial eingeschränkter primus inter pares."

In der wenigen vorliegenden Literatur zu unserm Gegenstand ist erstaunlicherweise zweimal auf den Zusammenhang von Kirchenverwaltung und *Seelsorge* hingewiesen. Wir haben erwähnt,[35] daß Friedrich Risch in seiner Untersuchung die Bedeutung des Gespräches im kirchlichen Verwaltungshandeln herausstellt. „Eine Art der Verwaltungshandlung, die in den Lehrbüchern über Verwaltungsrecht nicht oder nur unzureichend vermerkt wird, ist in der Kirche das Gespräch. ... Es erfüllt nicht unmittelbar den Verwaltungszweck, aber es läßt die Dinge in der Vorstellungswelt und im Willen des ‚Betroffenen' heranreifen. Es kommt zu einem Verstehen, von dem aus unmerklich eine Entscheidung aus Glaube und Freiwilligkeit heranwächst. Es ist möglich, daß dieses Gespräch mit einem Inhaber des geistlichen Amtes in ein seelsorgerliches Gespräch übergeht."[36]

Hier dürfte deutlich werden, wie wenig die Kirchenverwaltung aus rechtlicher Perspektive allein beschreibbar ist und in welchem Maß sie der Theologie und der geistlichen Bestimmtheit bedarf. Vermag die „cura" doch zur „cura animarum" werden. In einem Glückwunsch-Aufsatz für Kurt Scharf hat Erich Andler dazu geschrieben: „Die Glieder der Kirchenleitung, denen die Verwaltungsarbeit aufgetragen ist, haben, wenn sie ihr Amt recht verstehen,

---

[34] Hans Liermann, Grundlagen des kirchlichen Verfassungsrechts nach lutherischer Auffassung, Luthertum, 1954, Heft 11, S. 12.
[35] oben S. 473.   [36] Friedrich Risch aaO. S. 198.

täglich ein erhebliches Maß an Seelsorge zu erfüllen." „... auch in der Abfassung kirchenamtlicher Schreiben, wenn sie sich von dem formellen Stil lösen und zu einem geistlichen Gespräch (!) mit dem Empfänger werden."[37]

Im Übergang von der verwaltenden Tätigkeit zur seelsorgerlichen muß dann allerdings eine sonderliche Teilnahme der Verwaltung am Urauftrag der Kirche konstatiert werden: mitten in ihrem Verwaltungshandeln beginnt Verkündigung Gottes als Seelsorge. Das wird freilich allenfalls in Spuren und Ansätzen nachgewiesen werden können. Im seelsorgerischen Gespräch wächst die Kirchenverwaltung gleichsam über sich selbst hinaus.

Zusammenfassend ist festzustellen: zweifellos besitzt die kirchliche Verwaltung einen mittelbaren Anteil am Auftrag der Kirche. Sie hat freilich keine erlösende Funktion, vielmehr: sie dient. Kirchliche Verwaltung ist nicht durch sich selbst gerechtfertigt oder durch einen wie auch immer gearteten Nachweis der Notwendigkeit ihrer Existenz; gerechtfertigt wird sie allein aus Gnaden. Kirchliche Verwaltung erscheint mithin als eine Funktion der Knechtsgestalt der Kirche.

Zur wesentlichen, auf ihr Ordinationsgelübde bezogenen Aufgabe theologisch ausgebildeter Kirchenverwaltungsbeamten aber wird die theologische Interpretation der kirchlichen Verwaltung gehören. Die Fachtheologen werden von Bibel und Bekenntnis her zu reflektieren, zu formulieren und auszusagen haben, was die Verwaltung tut. Die von Yorick Spiegel für die Anregung von Innovationen so dringlich gewünschte Erweiterung des Kreises von Theologen und Juristen um andere „Spezialisten" wird sich um der Kirche willen dem theologischen Dialog nicht entziehen dürfen. Die theologische Interpretation wird ein verwaltendes Handeln der Kirche zu formen haben, das „christuskonform" ist, und „die bürokratischen Strukturen so gestalten, daß sie der Herrschaft Christi angemessen sind".[38]

---

[37] Kirchenleitung als brüderlicher Dienst, EvTh 12, 1952/53, S. 156 ff.
[38] Yorick Spiegel, Kirchliche Bürokratie und das Problem der Innovation, S. 379.

Eberhard Sperling

Rechtsfragen der kritischen Kirche

I

Mit zunehmender Sorge hat man in den letzten Jahren insbesondere unter der akademischen Jugend eine wachsende innere Unruhe beobachten müssen, die sich zu Demonstrationen und offenem Aufruhr gesteigert hat. Dabei wurde alle bestehende herkömmliche Ordnung in Frage gestellt. Diese Unruhe hat eigenartigerweise vornehmlich die westliche Welt erfaßt, in der ein Höchstmaß persönlicher und politischer Freiheit gewährt wird und — jedenfalls in der Bundesrepublik Deutschland — durch eine stabile Wirtschaft allgemeiner Wohlstand und soziale Sicherheit erreicht werden konnte. Gewiß soll nicht verkannt werden, daß es auch in dieser auf den ersten Anschein wohlgeordneten Welt Probleme gibt, die für den Nachdenklichen ein gewisses Unbehagen auslösen. Diese Probleme — etwa die ausweglose Situation im Vietnam-Krieg, die atomare Bewaffnung, die Probleme der sogenannten Dritten Welt, Biafra, der Hunger in der Welt oder die Fragen der Notstandsgesetzgebung, der längst fälligen Hochschulreform, der unbewältigten Pressefreiheit, der mangelnden Opposition im Bundestag nach der Bildung der großen Koalition zwischen der CDU/CSU und der SPD — waren die Anlässe, die zu den studentischen Demonstrationen und zur Sammlung der Unzufriedenen in der sogenannten außerparlamentarischen Opposition (APO) geführt haben. Bei den Aktionen der APO ist es zu schweren Auseinandersetzungen gekommen. Insbesondere der freie Teil Berlins war der Schauplatz der Auseinandersetzungen zwischen der oppositionellen und der staatlichen Autorität.

Wenn man versucht, den Ursachen der Unzufriedenheit nachzugehen, so deutet vieles darauf hin, daß es den in der Bundesrepublik Deutschland herrschenden Kräften trotz aller Erfolge bei dem äußeren Aufbau nicht gelungen ist, der Jugend inneren Halt durch eine tiefere Besinnung auf das christlich-abendländische Kulturgut zu geben, auf dem unsere rechtsstaatliche freiheitliche Grundordnung beruht. Hierauf dürfte es jedenfalls mit zurückzuführen sein, daß eine wenn auch kleine, aber lautstarke Gruppe innerhalb der studentischen Jugend Zuflucht bei den linksradikalen Ideologen Marcuse, Adorno, Mao, Ho Chi Minh u. a. sucht und Systeme verherrlicht, die in der Konsequenz zu Anarchie oder Unfreiheit führen.

Zunächst schien es so, als bezögen sich die inneren Unruhen nur auf die Bereiche der Politik. Bei den studentischen Umtrieben wurden jedoch sehr bald auch Aktivitäten der Evangelischen Studentengemeinde sichtbar, die sich teilweise sogar in nicht unbedenklicher Weise mit den Forderungen des SDS und der APO identifizieren, Teilnehmern einer nichtgenehmigten politischen Demonstration im Studentenheim der Westberliner Studentengemeinde Asyl gewährten und selbst als Vertreter der Kirche erkennbar an Demonstrationsmärschen teilnahmen. Diese „Linksabweichungen" der Evangelischen Studentengemeinden mußten freilich zu Spannungen mit der verfaßten Kirche führen, die sich zunächst um eine Vermittlerrolle zwischen den rebellierenden Studenten und den staatlichen Organen bemühte. In diesem Zusammenhang sei insbesondere auf die Gespräche des Bischofs D. Scharf mit dem Berliner Senat und sein öffentliches Eintreten für den Studenten Teufel verwiesen, das jedoch wiederum in konservativen kirchlichen Kreisen, etwa beim Kirchengemeinderat der Kaiser-Wilhelm-Gedächtnis-Kirche in West-Berlin zu energischem Widerspruch und Unzufriedenheit geführt hat. Inzwischen sind auch im Bereich der Kirche Fragen aufgebrochen, die zu tiefgreifenden Spannungen geführt haben, die bis an die Existenz der Kirche und ihre überlieferte Aufgabe heranreichen.

II

In den folgenden Ausführungen soll versucht werden, die unterschiedlichen Regungen, mit denen Kritik an der Kirche vorgebracht wurde, in drei Fallgruppen stichwortartig zusammenzufassen:
1. Gottesdienststörungen, Provokationen, Akte des Ungehorsams;
2. Irrlehren und Bestrebungen, die Kirche umzufunktionieren;
3. Aktion Kirchenreform, Demokratisierung der Kirche, Abbau autoritärer Strukturen.

Zu 1.: Gottesdienststörungen haben sich wiederholt in der Kaiser-Wilhelm-Gedächtnis-Kirche in West-Berlin, in der Michaeliskirche in Hamburg und im Zusammenhang mit den Osterunruhen 1968 anläßlich des Attentats auf den SDS-Ideologen Rudi Dutschke auch in anderen Städten, u. a. in Hannover, zugetragen. Die Gottesdienststörungen erfolgten in der Regel in der Form, daß sich junge Leute zusammenrotteten und mit Plakaten, auf denen entweder politische Parolen oder gotteslästerliche Thesen standen, in die Kirchen eindrangen. In Einzelfällen versuchten die Störer auch die Kanzeln zu besteigen, um sich von dort für ihre politischen Forderungen Gehör zu verschaffen. In Hamburg verteilten die Gottesdienststörer sogar Handzettel mit einer blasphemischen Veränderung des Vaterunser-Textes.[1] Die Reaktionen der Gottesdienstbesucher und der amtierenden Geistlichen auf diese vom SDS gesteuerten Störungsmanöver waren unterschiedlich. Während man überwiegend Ruhe wahrte, kam es in der Kaiser-Wilhelm-Gedächtnis-Kirche in West-Berlin zu Tätlichkeiten zwischen Gottesdienstbesuchern und Demonstranten, die ein

---

[1] „Kapital Unser, das du bist im Westen, Amortisiert werde deine Investition, Dein Profit komme, Deine Kurse steigen, wie in Wallstreet, also auch in Europen, Unser täglich Umsatz gib uns heute und verlängere uns unsere Kredite, wie wir stunden unseren Gläubigern, Und führe uns nicht in Konkurs, sondern erlöse uns von den Gewerkschaften; denn dein ist die halbe Welt und die Macht und der Reichtum seit zweihundert Jahren, Mammon."

polizeiliches Einschreiten erforderlich machten. Bemerkenswert an den Gottesdienststörungen in Hannover war es, daß an der Spitze der Demonstranten zwei Geistliche im Talar zogen, die ihre Gemeinden am Karfreitag verlassen hatten, um sich aktiv an den Gottesdienststörungen beteiligen zu können. Bei den Gottesdienststörungen handelte es sich im wesentlichen um einmalige Demonstrationen, die als „Go in" unter dem Aspekt der Provokation aufgezogen worden sind. Ähnlich wie die Gottesdienststörungen dürfte auch das „Go in" der außersynodalen Opposition bei der Synode in Spandau zu werten sein, bei dem die Demonstranten Spruchbänder beleidigenden Inhalts mit Aufschriften wie „Ihr Heuchler, Ihr Mietlinge" usw. entfalteten. Inzwischen haben sich die Methoden der außersynodalen Opposition — auf die in anderem Zusammenhang noch eingegangen wird— allerdings wesentlich geändert und verfeinert.

Zu 2.: Wesentlich ernster als die bisher erörterten Fälle ist das Umsichgreifen von Irrlehren zu nehmen, das unter einem Teil des Theologennachwuchses umgeht. Hier sei daran erinnert, daß der Studentenvertreter an der Kirchlichen Hochschule in Berlin — ein Theologiestudent — bei seiner Ansprache anläßlich der Immatrikulationsfeier am 23. Oktober 1968 spöttisch von der „Leerformel Christus" gesprochen hat oder das Neue Testament von der Basisgruppe Theologie in Tübingen als Produkt neurotischer Spießer, als Manifest der Unmenschlichkeit und großangelegter Massenbetrug hingestellt wurde oder die Versuche von SDS-Studenten in Heidelberg, das Seminar für praktische Theologie von Professor Seitz umzufunktionieren. In diesen Zusammenhang gehören auch die „Gott-ist-tot-Theologie" der Frau Sölle, die politischen Nachtgebete in Düsseldorf und Köln und die Bestrebungen der linken Theologen, die sich im Herbst 1968 zu der inzwischen wieder aufgelösten Celler Konferenz zusammengeschlossen hatten, die die Kirche mit einer raffiniert ausgeklügelten Partisanenstrategie unterwandern wollten und sich zum Ziel gesetzt hatten, die Kirchenleitungen und das Kirchenvolk zu belügen, um die Kirche zur Plattform ihrer sozial-revolutionären politischen Ziele zu machen. Hierher gehören auch die Aktionen des Bremer Pfarrers Wolfgang Schieches, der in einem Streitgespräch mit dem Dozenten Dr. Dahn vom Theologischen Seminar Herborn erklärte, die Kirche sei eine überfällige Institution, an deren Beseitigung er sich beteilige, um den religiösen Aberglauben zu zerstören. Jesus bezeichnet er dabei als den störenden Faktor in der Kirche. Folgerichtig hat er dann auch in seiner Gemeinde die Gottesdienste abgeschafft und durch aktionsgerechte Gespräche ersetzt.

Zu 3.: Positivere Ansätze enthalten dagegen die Bestrebungen, die man unter dem Begriff „Kirchenreform" zusammenfassen kann. Unter dem Arbeitstitel Kirchenreform befassen sich im Bereich der Bundesrepublik Deutschland zahlreiche Gruppen, die sich zum Ziel gesetzt haben, die Strukturen der Kirche an die Erfordernisse unserer Zeit anzupassen. Bekannt geworden ist der Arbeitskreis Kirchenreform des Kirchentages, von dem richtungsweisende Vorschläge für eine künftige verfassungsrechtliche Gestaltung der Kirche auf der bewährten Basis der Volkskirche ausgegangen sind. Im Herbst 1968 haben sich die verschiedenen Gruppen, die sich mit Kirchenreform befassen, im Anschluß an eine Akademietagung in Loccum zur „Aktion Kirchenreform" zusammengeschlossen. Die in der Aktion Kirchenreform vereinigten Gruppen verfolgen allerdings die unterschiedlichsten Ziele, so die Freigabe des Taufalters (Rheinland), Politisierung der Gottesdienste (Köln), Herstellung einer kritischen Öffentlichkeit in der Kirche (Flensburg, Hamburg, Hannover), Ordinationsverständnis (Heidelberg, Frankfurt), Kirchenwahlen und Kirchen-Großstrukturen (Göttingen), Kritische Begleitung der Synoden (EKD-Synode Berlin, Westfalen, Rheinland, Württemberg, Hessen-Nassau, Bayern), Gottesdienstreform (Frankfurt), Konfirmanden- und Religionsunterricht sowie Kirchenverfassung (Bayern), Kirchenbauten (Heidelberg) sowie Ausbildungsordnung der Pfarrer (Berlin). Diese Aufzählung allein zeigt bereits, daß sich diese Kreise praktisch mit allen Lebensfragen der Kirche befassen.

Ähnliche Bestrebungen um eine Reform der Kirchen zeigen sich auch in der katholischen Kirche, etwa in Österreich, in Holland und in einigen deutschen Bistümern sowie in der anglikanischen Kirche, wo es neuerdings zur Bildung von Synoden kommt, in denen auch Laienvertreter sind. Dort ist freilich der Nachholbedarf an Demokratisierung noch weit größer als in den evangelischen Landeskirchen, die immerhin auf eine mehr als hundertjährige synodale Tradition zurückblicken können.

III

In den nachfolgenden Ausführungen soll eine rechtliche Würdigung der vorstehend geschilderten Sachverhalte vorgenommen werden: Die oben unter I und II 1 dargestellten Vorfälle der studentischen Unruhen, der Teilnahme an nicht genehmigten Demonstrationen, der Nichtbefolgung der Anordnungen der Polizeibeamten, der Beleidigung des Gerichts, der Beschimpfung der Bundesrepublik Deutschland, die Störung der Gottesdienste und der Beschädigung der Kriegerdenkmäler in den Kirchen können nach den bestehenden strafrechtlichen Bestimmungen[2] unschwer verfolgt werden. Zahlreiche Strafverfahren sind in der Zwischenzeit auch gegen die Demonstranten durchgeführt worden. Im Einzelfall — so in der Kaiser-Wilhelm-Gedächtnis-Kirche in Berlin und in der Michaeliskirche in Hamburg — haben kirchliche Funktionäre auch die Polizei bzw. die Bundeswehr zur Hilfe gerufen, um die Ordnung der Gottesdienste zu gewährleisten. In der Grundsatzdebatte des Bundestages über die studentischen Unruhen am 9. Februar 1968 hat der CSU-Abgeordnete Dr. Richard Jäger die Bundeswehrsoldaten, die die Ordnung in der Michaeliskirche aufrechterhalten haben, öffentlich belobigt. Gleichzeitig hat er den damaligen Justizminister Heinemann getadelt, weil er empfohlen hatte, zur Vermeidung von Gottesdienststörungen geistliche Lieder bis zu vier Stunden zu singen, anstatt die Hamburger Staatsanwaltschaft anzuhalten, ein Offizialdelikt nach § 167 StGB zu verfolgen. Richard Jäger hat in diesem Zusammenhang allen Ministern, Rektoren und Polizeipräsidenten zugerufen: „Landgraf werde hart!" Diese Äußerung hat freilich nicht ungeteilte Zustimmung gefunden. Im Hinblick auf die Verfolgung der Gottesdienststörungen ergibt sich für die

---

[2] Vgl. §§ 96, 113, 116, 123, 124, 125, 166, 167, 304 StGB.

Kirche die alte Frage Rudolf Sohms an das Kirchenrecht: Ist es der Kirche gemäß, die Störer ihrer Ordnung mit der vollen Härte des Gesetzes zu verfolgen? Die Frage des adäquaten Schutzes der öffentlichen Gottesdienste durch strafrechtliche Bestimmungen wird auch in den Diskussionen im Rahmen der Strafrechtsreform immer wieder — wenn auch vielfach mit falschen Argumenten — in Frage gestellt. In den meisten Fällen hat man deshalb auch darauf verzichtet, die Gottesdienststörer strafrechtlicher Verfolgung auszusetzen, vielmehr hat man die Störer aufgefordert, im Anschluß an die Gottesdienste sich einer Diskussion mit der Kirche zu stellen, um zu zeigen, daß die Kirche bereit ist, auf die Fragen der Jugend einzugehen.

Keinerlei rechtliche Schwierigkeiten dürften auch die Störaktionen der Synoden durch ein „Go in" oder „Sit in" oder sonstige Provokationen bereiten. Die Synodalordnungen sehen zwar grundsätzlich die Öffentlichkeit ihrer Sitzungen vor.[3] Hieraus folgt, daß Demonstranten solange nicht abgewiesen werden können als sie sich der Ordnung beugen. Sobald sie aber den Synodalsaal betreten haben, unterliegen sie — auch als Zuhörer — den Anordnungen des Präsidenten der Landessynode zur Erhaltung der Ruhe und Ordnung.[4] Zuhörer dürfen — so heißt es in Abs. 2 der Geschäftsordnung weiter — die Verhandlung nicht stören und keine Zeichen des Beifalls oder Mißfallens geben. Wird hiergegen gefehlt und die verletzte Ordnung auf Anordnung des Präsidenten nicht unverzüglich hergestellt, so hat dieser — kraft seines Hausrechts — die sofortige Entfernung der Zuhörer anzuordnen. Sofern ein Störer dieser Anordnung nicht folgt, kann er gemäß § 123 StGB strafrechtlich verfolgt werden. Gleiches würde auch gelten, wenn sich ein Störer in einer Sitzung eines kirchenleitenden Organs oder einer kirchlichen Behörde den Anordnungen des Hausrechtsinhabers widersetzt.

Schwieriger wird die Rechtslage indessen in den Fällen, in denen Geistliche an politischen Demonstrationen teilnehmen. Grundsätzlich wird man davon ausgehen müssen, daß einem Geistlichen ebenso wie einem Beamten die in Artikel 5 Abs. 1 und Artikel 8 BGB verbrieften Grundrechte der freien Meinungsäußerung und der Versammlungsfreiheit zustehen, die im Einzelfall auch die Teilnahme an einer genehmigten Demonstration umschließen könnten. Ein Beamter hat jedoch[5] bei politischer Betätigung diejenige Mäßigung und Zurückhaltung zu wahren, die sich aus seiner Stellung gegenüber der Gesamtheit und aus der Rücksicht auf die Pflichten seines Amtes ergeben. So muß bei einem Beamten unter Umständen das Grundrecht der freien Meinungsäußerung hinter die durch das Beamtenverhältnis zum Staat verankerte besondere Pflicht zum Gehorsam zurücktreten. Ähnliches dürfte für einen Geistlichen gelten, der sich nach § 51 des Pfarrergesetzes gleichfalls bei politischer Betätigung diejenige Zurückhaltung und Mäßigung auferlegen muß, die aus dem Amt und aus der Rücksicht auf Kirche und Gemeinde folgen. Insbesondere soll er um der rechten Ausübung des Dienstes willen, den er allen ohne Ansehen ihrer parteipoliti-

---

[3] Vgl. z. B. § 37 der Geschäftsordnung der Landessynode der Ev.-luth. Landeskirche Hannovers.   [4] Vgl. § 38 Abs. 1 der Geschäftsordnung.
[5] Vgl. etwa § 61 Abs. 3 des Niedersächsischen Beamtengesetzes.

schen Einstellung schuldig ist, in der Öffentlichkeit nicht als Anhänger einer bestimmten politischen Partei oder eines bestimmten politischen Programms hervortreten. Von daher dürfte es sich für einen Pfarrer aus Standesgründen verbieten, im Talar an politischen Demonstrationen, Ostermärschen und dergleichen teilzunehmen. Sofern ein Pfarrer gleichwohl im Talar an derartigen Veranstaltungen teilnimmt, macht er sich einer Amtspflichtverletzung schuldig, die von seiner vorgesetzten Behörde verfolgt werden sollte. Dies geschieht allerdings weitgehend nicht, weil die Einleitung von Amtszuchtverfahren nicht dem Legalitäts-, sondern dem Opportunitätsprinzip unterliegt, so daß es allein von der Autorität und dem Durchhaltevermögen einer Kirchenleitung und der kirchlichen Amtszucht- und Disziplinargerichte abhängt, ob ein demonstrierender Pfarrer deswegen zur Rechenschaft gezogen wird oder nicht. Nach Artikel 34 der Kirchenverfassung der Ev.-luth. Landeskirche Hannovers in Verbindung mit § 53 Abs. 2 der Kirchengemeindeordnung dürfte es im Bereich der Ev.-luth. Landeskirche Hannovers möglich sein, Pfarramt und Kirchenvorstand anzuweisen, die Durchführung politischer Veranstaltungen in der Kirche zu verbieten, da es sich hierbei um eine Nutzung gottesdienstlicher Räume handelt, die dem Stiftungszweck entgegensteht.

Die oben unter II 2 dargestellten Fälle, in denen Theologiestudenten, Pfarrer oder angehende Professoren Irrlehren anhängen oder sie verbreiten, kann man dann rechtlich befriedigend lösen, wenn man sich rechtzeitig, ausreichend und zuverlässig über die betreffenden Personen informiert. Hier gilt es, zuverlässige Studiendirektoren und Vikariatsleiter auszuwählen, die den theologischen Nachwuchs auf seine Lehrauffassungen hin überprüfen. Angesichts der aufgezeigten Bedrohung der Kirche durch eine Überfremdung mit linksradikalen Theologen, die wie „Wölfe im Schafspelz" in die Kirchen eindringen wollen, um die Kirchen zu gesellschaftspolitischen Gruppen umzufunktionieren, wird man künftig strengere Maßstäbe bei der Verleihung der Anstellungsfähigkeit anlegen müssen. Ein Beispiel dafür, daß man hierzu bereit ist, zeigte die mutige Entscheidung der württembergischen Kirchenleitung, die der Kandidatin Regula Rotschuh die Anstellungsfähigkeit versagt hat, weil sie in ihrer Examenspredigt nicht das Wort Gottes ausgelegt, sondern lediglich sozial-therapeutische Aussagen gemacht hat. Entsprechende Presseverlautbarungen, nach denen der kürzlich in den Ruhestand getretene westfälische Präses Wilm die Theologiestudenten aufgefordert hat, gewissen modernen Irrlehren abzusagen, lassen vermuten, daß auch die westfälische Kirche nicht gewillt ist, jedem jungen Theologen unabhängig von der von ihm vertretenen Lehre die Anstellungsfähigkeit zu verleihen. Wenn die Äußerungen des Präses Wilm in der Presse und von der theologischen Fakultät in Bochum als „erschreckend autoritäres Denken" verurteilt worden sind, so sollten sich die Kirchenleitungen hierdurch nicht beirren lassen, im Interesse einer sachgemäßen geistlichen Versorgung der Kirchengemeinden nur solchen Theologen die Anstellungsfähigkeit zu verleihen, die sich ausdrücklich zur Heiligen Schrift und den Bekenntnisschriften bekennen.

Sofern ein Geistlicher erst nach seiner Ordination beginnt, Irrlehren zu verbreiten, muß die Kirche gegen ihn ein Lehrzuchtverfahren nach Maßgabe des

Kirchengesetzes über das Verfahren bei Lehrbeanstandungen vom 16. Juni 1956 durchführen.

Eine Amtspflichtverletzung dürfte bei Geistlichen und kirchlichen Amtsträgern immer dann gegeben sein, wenn sie mit ihren Äußerungen in der Öffentlichkeit ihre Loyalitätspflicht gegenüber der verfaßten Kirche — zu der sie in einem Dienst- und Treueverhältnis stehen — verletzen. Die Arbeitsgerichte haben im Rahmen der Rechtsprechung zum Tendenzbetrieb entschieden, daß sich ein Arbeitnehmer mit seinem Eintritt in einen Tendenzbetrieb stillschweigend verpflichtet, die Tendenz des Unternehmens zu vertreten und sich insoweit einer Einschränkung des Grundrechts der freien Meinungsäußerung unterwerfen muß. In diesem Zusammenhang ist z. B. entschieden worden, daß eine fristlose Kündigung gerechtfertigt ist, wenn ein Redakteur einer konfessionellen Zeitung kirchenfeindliche Artikel schreibt oder wenn eine Putzfrau einer konfessionellen Einrichtung zum Kirchenaustritt auffordert.[6]

Aus diesen beiden Beispielen folgt deutlich, daß auch entsprechende dienstrechtliche Folgerungen gegen Geistliche gezogen werden müssen, die die Kirche öffentlich bekämpfen oder die ihre abweichenden Auffassungen in Fragen, die die Existenz der verfaßten Kirche berühren könnten, in einer Weise vortragen, die geeignet ist, der Kirche zu schaden. Unter diesem Aspekt müßte auch manche Äußerung von Geistlichen in Fragen der Kirchensteuern kritisch durchleuchtet werden.

Schließlich haben die Landeskirchen aufgrund der Staatskirchenverträge[7] die Möglichkeit, der Ernennung eines Professors an der Theologischen Fakultät der Landesuniversität und eines Religionspädagogen an den pädagogischen Hochschulen des Landes zu widersprechen, wenn begründete Bedenken gegen dessen Lehre bestehen. Auch von dieser Bestimmung sollten die Landeskirchen Gebrauch machen, um zu verhindern, daß ihr theologischer Nachwuchs vergiftet wird.

IV

Die oben unter II 3 dargestellten Anregungen der Aktion Kirchenreform geben Anlaß zu verfassungsrechtlichen Überlegungen. In diesem Zusammenhang muß man insbesondere im Hinblick auf die unüberhörbare Forderung nach Demokratisierung der Kirche und Abbau autoritärer Strukturen der Frage nachgehen, ob man schematisch die Organisationsformen des Staates auf die Kirche übertragen kann oder ob für die Verfassung einer Kirche eigene Gesetze gelten. Diese Frage gilt ganz besonders für den Typus der lutherischen Kirchenverfassung, der einerseits von einem stark geprägten geistlichen Amtsdenken, vom Hirtenamt des Pfarrers und andererseits von dem Grundsatz des allgemeinen Priestertums aller Gläubigen ausgeht. Bei der Zuordnung von Amt und Gemeinde hat man den Geistlichen in der Regel eine hervorgehobene Stellung eingeräumt. So ist er insbesondere in den Fragen der Lehre und der

---

[6] Vgl. Neumann-Duesberg, Freie Meinungsäußerung - Tendenzbetriebe in NJW 1964, S. 1697 ff.
[7] z. B. Artikel 3 Abs. 2 und Artikel 4 des Loccumer Vertrages.

Verwaltung des Pfarramtes vom Kirchenvorstand unabhängig. Diese unabhängige Stellung, die in den lutherischen Kirchenverfassungen auch den geistlichen Oberen, insbesondere den Bischöfen zugestanden ist, hat in bestimmten Kreisen, die sich mit der Kirchenreform befassen, zu dem Vorwurf autoritärer Strukturen in der Kirche geführt.

In der Kontroverse um die Demokratisierung der Kirche liegen zahlreiche amtliche Äußerungen von Bischöfen und Kirchenpräsidenten vor, die sich alle darin einig sind, daß man Demokratisierung in der Kirche nicht um der Demokratisierung willen als ideologisches Vorhaben betreiben dürfe, sondern dabei stets die Aufgabe der Kirche, nämlich die bestmögliche Verkündigung des Evangeliums von Jesus Christus im Auge haben muß. So weist beispielsweise Niemöller mit Recht darauf hin, daß derjenige, der sich daran begibt, eine kirchliche Ordnung zu schaffen oder zu verändern, nicht allein danach zu fragen habe, was praktisch zweckmäßig und wirtschaftlich ist, sondern ob das, was er plane und tue, dem Willen dessen entspricht, den er als glaubendes Glied der Jüngergemeinde Jesu Christi seinen Herrn heißt. Glaubensfragen lassen sich deshalb nicht durch parlamentarische Mehrheitsentscheidungen lösen. Nun soll dies freilich nicht heißen, daß sich die Kirchen in ihren Strukturen überhaupt nicht an die staatlichen Ordnungen anlehnen dürfen. Die Verfassungsgeschichte der evangelischen Landeskirchen zeigt, daß die jeweils geltende staatliche Ordnung häufig auch das Vorbild für die kirchliche Ordnung geworden ist. Die Hauptforderungen der Aktionsgemeinschaften Kirchenreform im Hinblick auf die Verfassungsstruktur der Kirchen betreffen folgende Komplexe:

1. den Abbau autoritärer Strukturen durch Einführung der Gewaltenteilung;
2. eine grundlegende Reform des kirchlichen Wahlrechts und die Zulassung kirchlicher Gruppen in den Synoden;
3. eine Reform des Ämterrechts.

Zu 1.: In der Tat ist der Grundsatz der Gewaltenteilung in den Kirchenverfassungen nicht überall rein durchgeführt; so dürfte es beispielsweise diesem Grundsatz widersprechen, daß im Rheinland und Westfalen der Präses der Synode gleichzeitig Vorsitzender der Kirchenleitung ist, wenngleich diese Funktionsverkoppelung dort bewußt nach dem Prinzip eingeführt ist, daß alle Gewalt von der Synode ausgehen sollte. Betrachtet man demgegenüber die Kirchenverfassung der Ev.-luth. Landeskirche Hannovers vom 11. Februar 1965, so wird man bestätigen müssen, daß hier demokratischen Regeln bereits weitgehend Rechnung getragen wurde. So ist in der hannoverschen Kirchenverfassung in Artikel 16 der Selbstverwaltungsgrundsatz für die kirchlichen Körperschaften verankert, die Gewaltenteilung weitgehendst durchgeführt, in Artikel 79 ausdrücklich die Inkompatibilität verankert, in Artikel 76 der Synode das Etatrecht und in Artikel 91 dem Landessynodalausschuß Kontroll- und Mitwirkungsbefugnisse insbesondere bei der Geldverwaltung eingeräumt, das Verordnungsrecht des Landeskirchenamtes durch umfangreiche Gesetzesvorbehalte weitgehend eingeschränkt und eine allgemeine Rechtskontrolle kirchlicher Verwaltungsakte durch einen unabhängigen Rechtshof vorgesehen.

Bedenken im Hinblick auf sogenannte autoritäre Strukturen könnten allenfalls gegen die Zusammensetzung des Kirchensenates erhoben werden, die durch aristokratische Züge bestimmt ist. Bei der Zusammensetzung des Kirchensenates ist man um des Prinzips der Einmütigkeit willen der bewährten „Konzeption des runden Tisches" gefolgt und hat den Kirchensenat aus Vertretern aller kirchenleitenden Organe besetzt. Die Frage der Zusammensetzung des Kirchensenates war bereits in den Verfassungsdebatten äußerst umstritten; schon damals gab es beachtliche Störungen, die anstelle der „Konzeption des runden Tisches" einen abhängigen Kirchensenat wünschten.

Schließlich konnte man gewisse Bedenken gegen die verhältnismäßig starke Stellung des von der Synode auf Lebenszeit gewählten Landesbischofs haben, der gemäß Artikel 62 der Kirchenverfassung der Ev.-luth. Landeskirche Hannovers neben der geistlichen Leitung und Repräsentation der Landeskirche von Amts wegen auch den Vorsitz im Kirchensenat, im Landeskirchenamt und im Bischofsrat führt. Diese starke Stellung des Landesbischofs — die in den Verfassungsdebatten in keiner Phase umstritten war — entspricht jedoch lutherischem Verfassungsdenken. Die elementarsten Grundsätze der Gewaltenteilung sind aber auch bei der Rechtsstellung des Landesbischofs in der hannoverschen Landeskirche gewährt, indem ihm keine unmittelbare Mitwirkung bei der Gesetzgebung zugestanden ist. In der bayerischen Verfassung hat der Landesbischof auch insoweit eigene Kompetenzen.

Zu 2.: Begründet sind dagegen die Reformwünsche auf dem Gebiet der kirchlichen Wahlen. Hier gilt es, den Zugang zu kirchlichen Ämtern zu erleichtern, um eine angemessene Repräsentanz des Kirchenvolkes in den Kirchenvorständen und Synoden zu erreichen. Dabei müßte auch überdacht werden, ob man bei den Synodalwahlen anstelle des Stufen-, Sieb- und Filtersystems zu echten unmittelbaren Wahlen auch bei den Laienvertretern kommen sollte, wie man sie in einigen Landeskirchen bereits nach 1919 kannte.

Erste Ansätze für eine Wahlreform sind beispielsweise in der Ev.-luth. Landeskirche Hannovers bereits für die Wahl der Kirchen- und Kapellenvorsteher vollzogen. Die wichtigsten Punkte des neuen Kirchenvorsteherwahlrechts bestehen in der Herabsetzung des aktiven Wahlrechts auf 18 Jahre und des passiven Wahlrechts auf 21 Jahre, in der Führung der Wahlliste von Amts wegen und der Ermöglichung der Briefwahl. Das neue hannoversche Kirchenvorsteherwahlrecht dürfte damit den demokratischen und rechtsstaatlichen Grundsätzen vollauf gerecht werden. Die hohe Wahlbeteiligung bei der Kirchenvorsteherwahl am 1. Februar 1970 dürfte diesem Reformbestreben Recht gegeben haben.

Ein weiteres sehr ernst zu nehmendes Anliegen der Kirchenreformgruppen ist die Zulassung kirchlicher Fraktionen und Gruppen in den Synoden. Grundlegende richtungsweisende Anregungen hierfür sind auf dem Kirchentag 1967 in Hannover vom Landesbischof Dr. Heintze und Staatssekretär Dr. Konrad Müller im Rahmen der Arbeitsgruppe Kirchenreform gegeben worden.[8] Der-

---

[8] Vgl. Heintze „Wieweit muß die Kirche einig sein?" und Müller „Möglichkeit und Notwendigkeit von Partei und Gruppenbildung in der Kirche".

artige Gruppenbildungen haben sich in den letzten Jahren innerhalb der Evangelischen Kirche Deutschlands auch bereits vollzogen. So hat sich als Reaktion auf gewisse moderne theologische Richtungen die Bekenntnisgemeinschaft „Kein anderes Evangelium" gebildet, der die unverfälschte Erhaltung der reinen Lehre am Herzen liegt. Ferner hat sich die Notgemeinschaft Evangelischer Deutscher zusammengeschlossen, die mit einer groß aufgemachten Anzeige in „Die Welt" vom 15. März 1968 in die Öffentlichkeit trat. Sie wendet sich ebenfalls gegen die moderne Theologie und gegen das politische Engagement der Kirche unter dem Leitwort „Kirche muß Kirche bleiben". Schließlich seien in diesem Zusammenhang die zahlreichen kirchlich interessierten Gruppen erwähnt, die sich als außersynodale Opposition, kritische Begleitung der Synode, kritische Kirche oder Aktionsgemeinschaft für Kirche und Gesellschaft formiert haben. Hierdurch waren die Grundlagen für echte Fraktionen in den Synoden gegeben. Eine Fraktions- und Gruppenarbeit in den Synoden setzt jedoch voraus, daß sich die einzelnen Gruppen nicht gegenseitig der Ketzerei verdächtigen, sondern tolerant miteinander umgehen und die Entscheidung von Glaubensfragen nicht demokratischen Abstimmungen unterwerfen.

Zu 3.: Schließlich fordern die Reformgruppen sehr nachdrücklich eine grundsätzliche Überprüfung des kirchlichen Ämterrechts. So fordert man, kirchliche Ämter nur noch durch Wahl auf Zeit zu besetzen, und erstrebt eine größere Austauschbarkeit der Ämter innerhalb der Kirchen. Die Verwirklichung dieser Forderung ist bei der derzeitigen Rechtslage nur durch Verfassungsänderungen und entsprechende Änderungen des Pfarrerrechts möglich, da man bisher die wirkliche geistige Unabhängigkeit eines Pfarrers gerade durch seine Unversetzbarkeit gegeben sah. Eine gewisse Bereitschaft, den Reformgedanken in diesem Punkte nachzugeben, haben die Bischöfe Dr. Heintze und Wölber bereits zu erkennen gegeben. Derartige Änderungen setzen freilich eine Überprüfung des bisher herrschenden lutherischen Amtsverständnisses voraus; sie machen in erster Linie theologische Überlegungen erforderlich. Dabei sollte man durchaus nicht übersehen, daß es im Einzelfall dem Leben der Gemeinde dienlich sein kann, wenn nach Ablauf einer bestimmten Frist Bilanz gezogen werden muß, ob die bisherige Wirksamkeit den Vertrauenserweis einer Wiederwahl rechtfertigt.

Darüber hinaus wird angegriffen, daß die Pfarrer und Superintendenten in der Regel geborene Vorsitzende des Kirchenvorstandes, des Kirchenkreisvorstandes und des Kirchenkreistages sind. Hierdurch sieht man die Kontrollfunktion der Kirchenvorstände gegenüber den Pastoren gefährdet. Dabei muß man allerdings fragen, ob den Kirchenvorständen von der verfassungsrechtlichen Grundkonzeption her überhaupt Kontrollfunktionen über den Pfarrer zustehen — was zumindestens sehr zweifelhaft sein dürfte. Aber auch in diesem Punkte will die im Entwurf vorliegende Kirchengemeindeordnung der Ev.-luth. Landeskirche Hannovers Abhilfe schaffen und die Vorsitzregelung in demokratischer Weise abändern. So sieht § 46 des Entwurfes vor, daß der Kirchenvorstand seinen Vorsitzenden frei wählt, während nach § 42 der zur Zeit noch geltenden Kirchengemeindeordnung ein Laie nur dann den Vorsitz im Kirchenvorstand führen kann, wenn die Geistlichen zustimmen.

Endlich sieht man autoritäre Strukturen darin, daß den nichtgeistlichen kirchlichen Amtsträgern keine Chancengleichheit in der Kirche gewährt wurde und ihnen die Rolle zweitrangiger Hilfskräfte zufiele.[9] Diesem Vorwurf wird man jedenfalls für den Bereich der Ev.-luth. Landeskirche Hannovers mit dem Hinweis auf das neue Mitarbeitergesetz und das neue Mitarbeitervertretungsgesetz begegnen können. Diese beiden Gesetze, die den modernsten Forderungen genügen, gehen von einer echten Dienstgemeinschaft aus und geben den kirchlichen Mitarbeitern die gleichen Rechte wie das Betriebsverfassungs- und das Personalrügegesetz und sichern damit ihre Rechtsstellung und -unabhängigkeit auch gegenüber der Geistlichkeit.

V

Abschließend soll auf mögliche kirchenpolitische Folgerungen hingewiesen werden, die sich aus den Forderungen bestimmter Kirchenreformgruppen ergeben könnten.

In diesem Zusammenhang muß mit aller Deutlichkeit ausgesprochen werden, daß die Freigabe des Taufalters ganz erhebliche Konsequenzen für den Bestand der Volkskirche haben könnte. Der bisherigen Praxis der Kindertaufe stehen weder moralische noch rechtliche Bedenken entgegen. Die Kindertaufe ist in der Geschichte der Kirche bis hin zur Urgemeinde verbürgt und bis zum heutigen Tage in den christlichen Ländern geübt. Nach der kirchlichen Ordnung gehört es zu den ausdrücklichen Pflichten der Eltern, ihre Kinder durch die Taufe der Kirche Jesu Christi zuzuführen. Dieser kirchlichen Verpflichtung steht auch die staatliche Rechtsordnung nicht entgegen; denn das Personenfürsorgerecht der Eltern erstreckt sich nach herrschender Lehre auch auf die Anregung und Befriedigung der geistigen und geistlichen Interessen der Kinder. Hierdurch wird auch das Grundrecht der Glaubens- und Gewissensfreiheit nicht berührt, dessen Gebrauch den Kindern bereits mit Erreichen der Religionsmündigkeit mit 14 Jahren zu einem Zeitpunkt zugestanden wird, in dem sie eine derart weitreichende Entscheidung überhaupt noch nicht verantwortlich fällen können.

Ähnliches gilt auch, wenn man sich gegen den herkömmlichen Religionsunterricht oder die Abhaltung von Schulgottesdiensten am Reformationsfest wendet. Bekenntnisgebundener Religionsunterricht ist nach Artikel 7 Abs. 3 des Bonner Grundgesetzes ordentliches Lehrfach an den öffentlichen Schulen. Wer hier Änderungen erstrebt, fördert eine weitere Säkularisierung unseres Lebens und verstößt damit gegen den volksmissionarischen Auftrag der Kirche.

Wenn man den Wert der Statistiken auch nicht überschätzen darf, so sprechen doch die Zahlen für sich. Danach haben 1967 immerhin 99 Prozent der Kirchenglieder in der Ev.-luth. Landeskirche Hannovers ihre Kinder taufen lassen, 90 Prozent ihre Ehen kirchlich einsegnen und 98 Prozent die kirchliche

---

[9] Vgl. Reinhard Dross in Radius 1969 Heft 1, S. 17.

Bestattung nachgesucht und damit weiteste Kreise Berührung mit ihrer Kirche gehabt. Sonntag für Sonntag versammeln sich im Bereich der hannoverschen Landeskirche — seit über zehn Jahren fast unverändert — rund 170 000 Personen, also knapp 5,3 Prozent der über zehn Jahre alten Gemeindeglieder zum Gottesdienst. Berücksichtigt man, daß es sich bei den sonntäglichen Gottesdienstbesuchern keineswegs immer um die gleichen Menschen handelt, so ergibt sich, daß noch immer ein hoher Prozentsatz der Kirchenglieder aktiv am kirchlichen Leben teilnimmt. Diese Zahlen — die keine der Gruppen in unserer pluralistischen Gesellschaft erreicht —, geben der Kirche die Rechtfertigung, an der bewährten Konzeption der Volkskirche unverbrüchlich festzuhalten, auch wenn sich für die Zukunft ein gewisser Schrumpfungsprozeß abzuzeichnen scheint.

VI

Bei dem Versuch einer Zusammenfassung liegt es auf den ersten Blick nahe, trotz aller positiven Ansätze für die Zukunft der Kirche eine traurige Bilanz zu ziehen. Ein solcher Schluß dürfte indessen voreilig sein. Der Berliner Propst Dr. Heinrich Grüber hat sich anläßlich der Störungen der Ostergottesdienste 1968 dahin erklärt, daß man einzelne Äußerungen von Theologen und Professoren nicht überbewerten soll, wenn sie nicht symptomatisch sind. In seiner 50jährigen Amtserfahrung habe er erfahren, daß es keine noch so ausgefallene Sache gebe, für die sich nicht irgendein evangelischer Theologe einsetze.[10] Dies möge tröstlich sein im Hinblick auf manche Verirrungen der letzten Jahre. Dennoch sollte man es positiv bewerten, daß die Kirche noch so im Mittelpunkt des allgemeinen Interesses steht. Ein Blick zurück in die Geschichte der Kirche sollte uns gelehrt haben, daß das Schicksal der Kirche nicht allein in menschlichen Händen steht, sondern daß nach Zeiten geistiger Armut auch Zeiten echter Erweckung folgen können, wenn es dem Herrn der Kirche gefällt. Dieser Glaube rechtfertigt freilich nicht, alles beim alten zu lassen. Vielmehr muß sich die Kirche ständig den wechselnden Anforderungen ihrer Umgebung anpassen, um ihren Auftrag für alle verständlich und sachgerecht erfüllen zu können. Dabei darf sie sich aber nicht des Verrats an ihrem stiftungsgemäßen Verkündigungsauftrag schuldig machen, der auch für die Zukunft unabänderlich feststeht.

---

[10] Zit. nach Winkler, Das Establishment - Antwort der APO, S. 27.

Hans-Georg Jaedicke

Bernhard von Clairvaux

Versuch eines Persönlichkeitsbildes

„Ich halt St. *Bernhard* höher, denn alle Müniche und Pfaffen auf Erden; ich hab seines Gleichen nicht gehört noch gelesen. Darumb will Gott also dadurch anzeigen, daß alle Werk für seinen Augen verloren sind, nämlich, wenn sie in der Meinung geschehen, daß man damit für Gott will bestehen." So schrieb Martin *Luther* über *Bernhard von Clairvaux*. An anderer Stelle bemerkte er: „... er hat zuviel getan in der Verehrung der Maria."[1]

Im Hohen Chor des Klosters *Amelungsborn* überragt sein Standbild die Köpfe der betenden klösterlichen Familie. Der Geist dieses heiligen Zisterziensers lebt fort in Liturgie, Kirchenlied und geistlicher Einübung. Mit seinem Namen verknüpfen sich Gegensätze zur Einheit christlichen Lebens: strenge Sachlichkeit mit ekstatischem Erleben, Vernunft mit fast übermenschlicher Askese, politischer Realismus mit „Verklärung der liebenden Geistseele".[2] In Bernhard vereinigt sich puritanischer Eifer eines unbeirrbaren Revolutionärs mit mystischer „Liebesvereinigung der Braut mit dem Bräutigam, der geistlich erhöhten Seele mit dem eingeborenen Ewigen Wort". Diese Aussage Alois Dempfs hat enge Beziehungen zu neuzeitlichen Ideen und Arbeitshypothesen der Tiefenpsychologie und Psychoanalyse,[3] denken wir an das Animus-Anima-Problem. Die Berührungspunkte zwischen dem Leben und Wirken Bernhards von Clairvaux und sowohl soziologischen wie psychologischen Fragestellungen unserer Zeit gaben den Anreiz zu den nachfolgenden Überlegungen. Sie sollen nicht über den Rahmen eines anspruchslosen Versuches hinausgehen, das Persönlichkeitsbild des Heiligen mit geistigen Mitteln unserer Zeit etwas klarer sehen zu lernen. Das Absehen von theologischen Aussagen, die Beschränkung auf psychodynamische und psychosoziale Gedankengänge aus ärztlicher Perspektive engen den Rahmen der Studie ebenso ein wie die kritische Einstellung zu dem benutzten Überlieferungsmaterial. Die Literatur über Bernhard, soweit sie verwendet werden konnte, enthält Biographisches, Zeitgeschichtliches, Legende, Poesie und projektive bzw. zweckbedingte Spekulationen. Es wird der Forschung vorbehalten bleiben, diese von Gesichertem abzugrenzen.

---

[1] Johann Konrad Irmischer, Dr. Martin Luthers deutsche Schriften, III. Abt. Exegetische deutsche Schriften, Bd. 4, Erlangen 1844.

[2] Die Chimäre seines Jahrhunderts. Vier Vorträge über Bernhard von Clairvaux von Alois Dempf, Robert Folz, Romano Guardini, Johannes Spörl. Würzburg 1964.

[3] Carl Gustav Jung, Seelenprobleme der Gegenwart. Zürich 1932; K. v. Dürckheim, Der Durchbruch zum Wesen; V. v. Gelbsattel, Prolegomena einer medizinischen Anthropologie, Berlin 1954.

Als Quellen dienten dem Verfasser vor allem die Ausgabe der S. Bernardi Opera omnia 1620 (lateinisch) Amsterdam[4] sowie die deutsche Übersetzung der Werke des hl. Bernhard von Dr. M. Agnes Wolters, herausgegeben von Dr. P. Eberhard Friedrich, beide S. O. Cist. Wittlich 1934,[5] und umfangreiche Sekundärliteratur.

I. *Bernhard und seine Zeit*

Das 12. Jahrhundert war die Zeit der Feudalherrschaft, der Kreuzzüge, der Kämpfe zwischen Kaiser und Papst. Die Gotik blühte auf, die Städte bildeten einen neuen sozial-kulturellen Schwerpunkt. Der damalige burgundische Raum, die Heimat Bernhards, vereinigte viele Zeitströmungen und Entwicklungstendenzen auf engem Territorium. Reste der durch Europa getriebenen Nordmänner Bornholms neben keltischer Grundbevölkerung unter starken fränkischen Einflüssen formten ihn zu einer Art Zwischenreich von besonderer Dynamik, zum Zentrum europäischer Geistesbildung.[6] Die religiöse Fernwirkung machte den Anfang. Wir brauchen nur an die Klöster Cluny als Ausgangspunkt der Klosterreform und Cîteaux mit seiner weltweiten Ausstrahlung von Glaubenskräften zu denken. Diese monastische Tradition ging auf Benedikt von Nursia in der Einsiedlerhütte Subiaco zurück. Seit seinem Tode 577 auf dem Monte Cassino blieb seine Regel im klösterlichen Leben bestimmend.

Zerstörung der Klöster von außen und Verweltlichung von innen forderten immer wieder eine Neuorientierung. Krankheitserscheinungen wie Gesundungsbemühungen der geistlichen Orden wurden zum Katalysator europäischer Kulturentwicklung. Das regionale Zentrum dieser geistigen Auseinandersetzung war Burgund. Im Kloster Fleury, das die Reliquien Benedikts aufbewahrte, traten bald Verweltlichungserscheinungen auf, wonach das Kloster Cluny die Strenge der benediktinischen Regel wiederherstellte. Aber auch hier kam es bald zu einer Abflachung der geistlichen Strenge, zu Veräußerlichung, zu einem gewissen theatralischen Glanz und Gepränge in Liturgie und Lebensform. Ein neuer Reinigungsversuch mönchischen Lebens begann nun in der unmittelbaren Nachbarschaft von Bernhards Geburtsort, der Burg Fontaines. Der Benediktiner Stephan *Harding* gründete 1098 in einem Sumpfgelände das Kloster Cîteaux. Stephan Harding war Engländer; in den strengsten Klöstern seiner Heimat erzogen, trat er in mehrere französische Benediktinerklöster ein. Überall, zuletzt in der Abtei Molesmes, fand er Verweltlichung und Völlerei vor. Mit sieben Gefährten gründete er eine Stätte äußerster Askese, völligen Schweigens bei schwerer Land- und Bauarbeit. Robert, aus Molesmes, war der erste, Alberich der zweite Abt. Nach zehn Jahren wurde Stephan Harding

---

[4] Sancti Bernardi Claraevallensis Abbatis primi Opera omnia, Köln 1620 (Vita S. Bernardi v. Gulielmus, Abbas S. Theodoritii).
[5] Die Schriften des Honigfließenden Lehrers Bernhard von Clairvaux. Nach der Übertragung von Dr. M. Agnes Wolters S. O. Cist., hrsg. von der Abtei Mehrerau durch Dr. P. Eberhard Friedrich S. O. Cist., Wittlich 1934, Bd. 1—6.
[6] Max Hildebert Boehm, Geheimnisvolles Burgund, München 1944.

Abt seiner Neugründung, die sehr viel Ähnlichkeit mit den monastischen Vorformen der Wüsteneremiten aufwies. Sechs Tagesstunden wurden die Horen gebetet, alle drei Stunden des Tages und der Nacht. Einmal wöchentlich wurden sämtliche Psalmen durchgebetet. Essen und Schlafen war nebensächlich. Sechs Tagesstunden galten harter körperlicher Arbeit. Fünf weitere Tagesstunden gehörten intensiver geistiger Tätigkeit. Kleidung und Schuhe durften auch beim Schlafen in sargähnlichen harten Pritschen nicht abgelegt werden. Das Äußerste an menschlicher Belastbarkeit war erreicht. Die ersten Zisterzienser haben immer an der Grenze des Sterbens vor Hunger und Erschöpfung gelebt. Ihr Weiterbestehen wurde fraglich.

In diesem geistlichen Raum beginnt die Geschichte Bernhards. 1114, mit vierundzwanzig Jahren, legte er in Cîteaux die weiße Kutte an, gelobte Armut, Keuschheit, Gehorsam und „stabilitas loci". Sein Geist erweckte neues Leben in dem Kloster, das praktisch am Ende war. Starker Zuzug aus Ritterkreisen machte Tochtergründungen erforderlich. Schon ein Jahr nach seinem Gelübde wurde Bernhard Abt des neu zu gründenden Klosters Clara Vallis. Er war fünfundzwanzig Jahre alt. Eine heute unvorstellbare Härte mönchischer Askese verband er mit einer mystischen Erneuerung und einer geistlichen Erweckung. Eine Faszination sondergleichen ging von diesem Abt von Clairvaux aus. Man kann ihn mit gutem Recht als den größten Kopf Europas bezeichnen, der Kirche, Geistesleben und die sittlichen Normen der Gesellschaft des 12. Jahrhunderts entscheidend beeinflußte. Die hellsten Köpfe seiner Zeit erkannten schnell die Bedeutung von Bernhards immenser Persönlichkeit. Sein Freund und Bischof, Wilhelm von Champaux, ließ ihn im Dom predigen und verbreitete eifrig die Kunde von der Größe Bernhards. Völkerwanderungen setzten zu seinen Predigten ein; weit über Reims hinaus rühmte man ihn. Seine geistige Autorität wurde so groß, daß er es wagen konnte, öffentlich gegen die Verweichlichung, besonders der Cluniacenser, zu kämpfen. Seine Schrift, die Apologie, hatte ungeahnten Erfolg. Das damalige Mönchtum reformierte sich. Ganz Frankreich wurde von einer Erneuerungswelle erfaßt. Aber auch neue Orden, die Kartäuser und vor allem die Prämonstratenser, folgten dieser Inspiration. Die enorme Wirkung der Apologie auf die geistliche Zucht der Klöster nicht nur Frankreichs wurde noch übertroffen durch die von Bernhards Richtlinien für das geistliche Verhalten der Bischöfe (De officio episcoporum). Darin verurteilte er Berufsehrgeiz, Prunk und Ruhm. Stephan von Senlis, Erzbischof von Paris, bekehrte sich sofort und verließ den französischen König. Bernhard wurde um Vermittlung gebeten, schrieb an Ludwig VI. und besuchte daraufhin den König selbst. Dieser fürchtete die Macht des Abtes und war zu eigener Bekehrung und Versöhnung bereit.

Bernhard war auch schriftstellerisch unermüdlich tätig. Auf Anregung des mit ihm befreundeten Kartäuserabtes Guigo, bei dem er sich in die Mystik einführen ließ, schrieb er sein großes Werk über die Liebe, De Diligendo Deo. Auf seinen Einfluß hin reformierte Abt Norbert, der Prämonstratenser, ein Freund und Berater Kaiser Lothars von Supplinburg, die französische und deutsche Klerikerschaft bis in die untersten Stufen. Schon konnten die 18 Tochterklöster von Cîteaux und Clairvaux die Zahl der Mönche nicht mehr fassen. Pontigny,

Trois Fontaines, Fontenay, Foigny und Morimond, die größten von ihnen, drängten zu Tochtergründungen. In der berühmten Charta Caritatis legten die Äbte die Verfassung der Zisterzienser fest. Bernhards Ruf durcheilte Europa. Botschaften, Briefe, Rufe drangen nach Clairvaux und schreckten den Abt immer wieder aus seiner so sehnsuchtsvoll gesuchten Stille auf. Weltpolitische Entscheidungen traten an ihn heran. Schon 1128 wurde der II. Kreuzzug im Konzil zu Troyes geplant. Bei diesem Anlaß mag sich die Rittertradition in Bernhard noch einmal geregt haben. Er geriet in eine sehr kämpferische Phase hinein, reformierte das Leben der Ritter, nahm ausführlich Stellung zum Kriege, geriet mit dem Heiligen Stuhl in schwere Konflikte und wurde nach Aufstellung eines Gegenpapstes im Schisma 1130 nach dem Tode von Papst Honorius beim Konzil von Etampes als Schiedsrichter aufgerufen. Er entschied sich für Innozenz II. aus dem römischen Geschlecht der Frangipani gegen Anaklet II. Er traf sich in dieser Angelegenheit mit dem englischen König, Heinrich I., am 22. März 1131 mit Kaiser Lothar und den deutschen Fürsten in Lüttich, bekehrte in dramatischer Weise den abtrünnigen Herzog von Aquitanien — also halb Frankreichs — und empfing schließlich den Papst im Kloster Clairvaux.

Bernhard war der geistige Mittelpunkt seiner Zeit. 1133 riefen ihn Kaiser Lothar und Papst Innozenz nach Italien zu ihrem Kriegszuge. Kaiser und Abt teilten das Zeltlagerleben. Im gleichen Jahre entsandte ihn der Papst zum Reichstag nach Bamberg. Bernhard bewegte dort Friedrich von Staufen zum demütigenden Bußgange vor dem Kaiser. Wieder in Mailand, wurde der kranke, unscheinbare Abt wie ein König empfangen, als Heiliger geehrt. Das Volk, der Adel und der Klerus wollten ihn zum Erzbischof der oberitalienischen Metropole machen. Von hier aus schrieb er an Innozenz II. einen Brief, der nur als höfliche, aber deutliche Maßregelung verstanden werden kann. Auf der Heimkehr aus Italien überschüttete den 43jährigen Abt ganz Norditalien mit den höchsten Ehren.

1137 treffen wir Bernhard wieder in Italien als Vermittler zwischen Kaiser und Papst, bei dem Normannenkönig Roger von Sizilien, der ihm zum Freunde wurde, als Zuschauer bei der Schlacht von Salerno. Der Nachfolger des Gegenpapstes Anaklets II., Viktor IV., beugte vor Bernhard die Knie und legte, von ihm bekehrt, reumütig sein Amt nieder. Endlich gelang es Bernhard, seinen Feind, Professor Peter Abälard, einen der ersten scharfsinnigen Scholastiker, in der Bischofskonferenz in Sens geistig in die Knie zu zwingen. Noch einmal hatte die Mystik über die kritische Ratio gesiegt. Unversöhnlich und kompromißlos kämpfte Bernhard gegen den Scholastiker Arnold von Brescia und gegen die Bewegung des Petrus Valdus, gegen die Albigenser und Waldenser, gegen den Schwarmgeist Heinrich von Lausanne.

Am 18. Februar 1146 stand Abt Bernhard auf dem Höhepunkt seiner geistlichen Macht. Ein Zisterzienser, einer seiner eigenen Schüler, wurde als Eugen III. zum Papst gewählt. Zisterziensergeist beherrschte die abendländische Kirche. Diese Zeit seines Lebens offenbarte in Bernhard den „burgundischen" Zwiespalt. Als die wohl größte und aggressivste politische Autorität seiner Epoche folgte er der germanischen Tradition seiner Vorfahren, nicht aber der rationalistischen Dialektik damaliger französischer geschliffener Geheimdiplomatie. Zwar kennzeichnete ihn Friedrich Schiller 1802 einmal recht böse als einen „weltklugen geistlichen Schuft ohnegleichen", Jakob Burkhardt schrieb, er „half, den Geist des XII. Jahrhunderts unterdrücken". Romano Guardini sagt zwar auch, „er habe das geistige Schwert zu scharf geführt", meint aber, daß er „ein Mann war, der die mächtigste Geschichtswirkung ausübte, ... weil über seinem Wesen der Glanz der Ritterlichkeit lag". Abt Bernhard erlebte den inneren Zwiespalt des Mannes der Kirche mit seinem Drang nach praktischer Wirkung sehr deutlich. Er schrieb an seine Brüder: „Ich bin wer weiß welch eine Chimäre meines Jahrhunderts, weder Kleriker noch Laie; denn das Leben des Mönchs führe ich längst nicht mehr, nur das Gewand trage ich. Was ich betreibe, durch welche Gefahren und Abgründe der Welt ich umgetrieben werde, das wißt ihr." War es dieser innere Zwiespalt in dem ritterlichen Abt, den die Politiker benutzten, um Bernhard zum verantwortlichen Propagandisten des II. Kreuzzuges zu berufen, der Europa die Blüte des Nachwuchses kostete?

Auf die inneren, soziologischen, politischen und kulturellen Ursachen dieses europäischen Krieges zur Befreiung des Heiligen Landes kann hier nicht eingegangen werden. Bemerkenswert ist nur, daß Papst Eugen III. zur Kriegsvorbereitung auf den Abt von Clairvaux zurückgriff. Dieser identifizierte sich mit diesem Auftrag in einer geschichtlich ungewöhnlichen Weise und entwickelte eine in jeder Hinsicht außergewöhnliche Aktivität. Nur seinem Ruf, seiner Faszination konnte es gelingen, die auseinanderstrebenden Kräfte zusammenzuführen. „Gott will es", so predigte er durch Frankreich und Deutschland. Wir sehen ihn in Frankfurt, Bingen, Boppard, Koblenz, Remagen und Köln. Wir finden ihn in Speyer, Regensburg, Jülich und Aachen. Er konferierte mit Kaiser Konrad und dem jungen Barbarossa. Wenn die Deutschen auch Bernhards Sprache nicht verstanden, sie waren hingerissen, wie im Taumel, von seinen Predigten und Aufrufen. Der Erfolg war, daß bereits im Juni 1147 die Heere aufbrachen. Der burgundische Rittersohn war die zentrale Gestalt des damaligen Abendlandes. Seine Macht zeigte sich besonders während des Konzils von Trier Ende 1147. Als Reformator für das Verhalten der gesamten Geistlichkeit setzte er die Regeln fest. Die Templer übernahmen die von ihm ausgearbeitete Ordensregel. Er verteidigte die Mystik der Hildegard von Bingen, gewann den Papst für die mystische Marienverehrung und führte ihn nach Clairvaux. Unter dem Bilde der gekrönten Maria fanden sich die beiden Großen in mystischer Inbrunst. „Zu dieser Quelle denn eile unsere dürstende Seele", so überliefern die Niederschriften den Beginn von Bernhards Predigt an jenem gemeinsam begangenen Fest der Himmelfahrt Mariae. Die von Martin Luther als übertrieben empfundene Marienverehrung war wohl ein Zug der damaligen Glaubens- und Geistesentwicklung. Sie war aber auch Bernhards ganz persönliche Angelegenheit, ebenso wie das Liebesthema. In immer neuen Interpretationen in Predigten und Schriften verkündigte er die „himmlische Liebe" und legte bis zum Tode das Hohelied in dieser Weise aus.

In zeitgenössischen Äußerungen, in den Nachrichten über seine zahlreichen Wunderheilungen — für den heutigen Arzt ein wichtiger Beitrag zur Neurosenlehre —, wurde Bernhard zu Lebzeiten schon eine heute kaum verständliche überschwengliche Heiligenverehrung zuteil. Peter der Ehrwürdige, Abt von Cluny, begrüßte ihn in einem Brief als „die starke Säule, welche infolge eines besonderen Planes der göttlichen Vorsehung das ganze Gebäude des Mönchlebens aufrecht hält". Der Erzbischof von Chalons nannte ihn „den großen Schiedsrichter in göttlichen und menschlichen Angelegenheiten, den Lehrer der Christen, den Wagen der Kirche und seinen Lenker". Man verglich ihn mit Salomon. „Wie ein üppiger Weinstock streckte er seine Zweige über die ganze Erde aus." 288 Klostergründungen gehen auf die Mutterklöster Cîteaux und Clairvaux zurück, davon 150 auf Clairvaux. 700 Mönche, einschließlich der Conversen, lebten allein zeitweilig in Clairvaux.

In Bernhards sechzigstem Lebensjahr trat die Schicksalswende ein, als die wenigen Überlebenden des Kreuzzuges heimkamen. Die Katastrophe dieses Krieges wurde ihm zur Last gelegt; er wurde geschmäht, verlor seine Freunde und das Ansehen und wurde vom Papst zur Rechenschaft gezogen. Sein Rechtfertigungsversuch war dürftig und matt, seine ehemalige Kraft gebrochen. Er zog sich in tiefer Depression und chronisch magenkrank in seine Klosterzelle zurück. Am 20. August 1153 erlosch die Flamme dieses gewaltigen Geistes. Zwei Tage später betteten ihn seine Zisterzienser unter dem Bilde der Himmelskönigin.

II. *Die Mutter und der Sohn*

Wollen wir in das Wesen eines Menschen tiefer verstehend eindringen, als es uns der äußere Lebenslauf gewährt, so gilt es, den Wirkkräften nachzuspüren. Biogenetisches Erbgut, frühkindliche Prägung, zeitgeschichtliche Einflüsse, Erziehung und Schicksal, Klima und Landschaft u. a. bilden einen Wirkungskomplex, der das Werden und Wachsen eines Menschen bestimmt. Dabei kommt der frühkindlichen Umwelt eine besondere Bedeutung zu. So soll versucht werden, aus dem spärlichen Literaturmaterial[7] über die Eltern des Bernhard und seine eigene kindliche Entwicklung einen Anhalt für das angedeutete Vorhaben zu gewinnen.

Der Vater Tescelin, aus altem Adel, entstammte dem burgundischen Rittertum. Seine christliche und feine Bildung wird hervorgehoben. Als Jurist stand er in herzoglichen Diensten. Ein einziger Ausspruch ist von ihm überliefert: „Ich begreife nicht, daß Gerechtigkeit für so viele Leute etwas Lästiges ist." Er muß wohl ein äußerst nüchterner Mann gewesen sein. In Bernhards Lebensgeschichte wird nicht viel von ihm berichtet, was seinen direkten Einfluß auf Bernhard verdeutlichen würde.

Bernhard wurde etwa 1091 in der Burg Fontaines-le-Dijon als sein drittes Kind geboren. Die kulturelle Atmosphäre wird entsprechend der Zeit vorwiegend von männlichen Idealen bestimmt gewesen sein. Es war die Epoche heldischer Traditionen und ritterlicher Tugenden, des Cid, des Rolands- und Nibelungenliedes. Der Minnesang, als eine Art Gegenbewegung, muß der Über-

---

[7] Elphegius Vacandard, Leben des Heiligen Bernhard von Clairvaux, 2 Bde., übers. v. M. Sierz, Mainz 1897.

lieferung nach eine Art „Sex-Welle" ausgelöst haben, gegen die sich Bernhards Eltern streng verwahrten. Nach den wenigen Anmerkungen muß die männliche Verwandtschaft von ritterlichen Idealen geprägt gewesen sein.

Mehr wird über Bernhards Mutter Aleth berichtet. Mutmaßlich entstammte sie keltischem Hochadel — alteingesessener Bevölkerung vor der römischen Umsiedlung der Burgunder 443 aus der Gegend um Worms —, dem Grafen von Montbard, Geschlecht der Grafen von Tonnere. Die Eltern hatten die hochbegabte Tochter schon als Kleinkind zur Nonne bestimmt und sie völlig daraufhin erzogen. Sie hatte hohe Bildung, beherrschte Latein und Griechisch und unterrichtete anfangs ihre sieben Kinder selbst. Ihre Heirat mit Tescelin brachte sie, wie berichtet wird, in lebenslange schwere innere Konflikte zwischen ihren anerzogenen Tendenzen zum weltabgewandten, dem Himmel geweihten, entsagenden Leben und ihrem Hausfrauendasein. Es heißt, daß sie sich „immer im Zwiespalt zwischen irdischer und himmlischer Bestimmung" befunden habe. Für die Ritterfrauen sei damals das Leben langweilig und eng gewesen. Aleth wird als „teils traurig, teils heiter" geschildert. Sie lehnte jeglichen Prunk ab, wie er damals als Folge des I. Kreuzzuges aus dem Orient nach Frankreich kam. Sie war mehr als genügsam. Man sah sie stets in einem langen weißen Kleide. Sie muß aber eine sehr schöne Frau gewesen sein. Bernhard, ihr dritter Sohn, hat dies oft schwärmerisch gepriesen. „Mit verzehrender Inbrunst", wird gesagt, verfolgte sie das Ziel, ihre sieben Kinder zu Gott zu führen und sie nicht für die Welt zu erziehen. Gleich nach der Geburt habe sie sie emporgehoben und Gott geweiht. Während die beiden älteren Söhne mehr dem Rittertum zuneigten und Jura studierten, richtete sie ihre religiöse Beeinflussung besonders auf ihren dritten, auf Bernhard.

Ein bedeutsamer Traum wird von ihr berichtet, den sie während der Schwangerschaft mit Bernhard erlebte: „Ein weißes Hündchen, am Rücken etwas rötlich, bellte in ihrem Schoß." Auf das heftigste erschreckt, eilte sie daraufhin zu einem Geistlichen.[8] Traumanalytisch würde heute hieraus auf sexuelle und aggressive Konflikte zu schließen sein.

Völlig rätselhaft ist ihr Tod. Sie muß Mitte Vierzig gewesen sein, als sie aus völliger Gesundheit heraus, wohlaussehend, der erstaunten Familie in aller Ruhe eröffnete, sie werde in den nächsten Tagen sterben. Schmidt-Pauli[9] schreibt, daß die Familie auf diese Ankündigung hin nichts unternommen habe, da keiner ernsthaft daran glauben konnte. Ein paar Tage später, am 1. September 1107, nachdem sie ihren Gastgeberpflichten wie gewohnt nachgekommen war, habe sie sich ins Bett gelegt, den Priester verlangt und sei gestorben. Wir werden dieses Rätsel nie aufklären können. Nur, daß sie offenbar selbst nicht mehr leben wollte, kann aus der kurzen Schilderung entnommen werden; tat sie doch nichts, um ihr Sterben zu verhindern. Es könnte eine Depression vorgelegen haben, wie sie in den Wechseljahren häufig ausbricht. Als sie starb, war Bernhard siebzehn Jahre alt.

Als Knabe war Bernhard zart und durchsichtig. Der Jüngling wird als schön und edelgestaltet geschildert. Er war großgewachsen, hellblond und hatte strah-

---

[8] Vgl. oben Anm. 4.   [9] Elisabeth Schmidt-Pauli, Bernhard von Clairvaux, Düsseldorf 1953.

lende blaue Augen, die auf die Umgebung, besonders auf Frauen, eine Art Faszination, eine bezaubernde Wirkung ausübten. Außer der Schilderung eines Krankenlagers mit migräneartigen Kopfschmerzen verlief seine Kindheit gesund. Dagegen war sein Verhalten der Umwelt gegenüber von einer gewissen Gehemmtheit bestimmt. Er wird als scheu und zurückhaltend geschildert, neigte zu Absonderung und weinte oft, wenn er Fehler gemacht hatte; er war den Eltern gegenüber sehr artig, ergeben und schweigsam und fügte sich gehorsam den Ausbildungswünschen seiner Mutter. Seine Verlegenheit wechselte mit einem starken Temperament. Diese Unausgeglichenheit setzte sich früh in auffallende geistige Leistungen um. Seine Lehrer in der höheren Schule schildern ihn als schüchtern, still, als Träumer, heben aber seinen hellen Kopf hervor. Für Mathematik hatte er allerdings nichts übrig. Später wurde ihm oft unexaktes Denken vorgeworfen.

Als Vierzehnjähriger konnte er in geradezu rauschhafter Begeisterung dichten und singen. Er hat sich immer für die Kirchenmusik interessiert und sorgte später für Liturgie und Choral. Abt Christhard Mahrenholz hob dies besonders hervor.[10] Auch Hymnendichter ist Bernhard möglicherweise gewesen. Geistig überflügelte Bernhard bald seine Mitschüler, unter denen er viele echte Freunde erwarb. Hervorgehoben werden sein Geist und sein Rednertalent. Gleichzeitig litt er aber unter einer Neigung, rot zu werden, sobald man ihn ansprach. Ohne einen äußeren Anlaß geriet er im siebzehnten Lebensjahre erstmalig in eine schwere Depression mit „Traurigkeit zum Tode", Antriebslosigkeit zum Lernen und zum Kontakt, Unlust, Mattigkeit, Beziehungslosigkeit, tiefer Niedergeschlagenheit und Gottesferne.

Derartige jugendliche Depressionen sind fast immer Ausdruck einer sogenannten „Mutter-Thematik". Diese Entwicklungseigentümlichkeit blieb dann auch lebenslang Bernhards innere Not im Sinne eines latenten Konfliktes zwischen Natur, Geist und Gewissen. Nur so können wir verstehen, warum in dieser ersten, wie auch in allen weiteren depressiven Phasen Bernhards, alle auf die Welt gerichteten Antriebe erlahmt waren, bis auf eine heftige Sehnsucht nach der leiblichen Mutter oder nach einer vergeistigten Mutterinstanz.

Aleth nahm sich damals seiner während der Schulferien an. Die Brüder dagegen versuchten, ihn in ihren männlich betonten Kreis einzubeziehen, indem sie ihn zu ihren „Parties" einluden. Bei einer solchen begegnete Bernhard ein junges Mädchen, in das er sich verliebte. Vor diesem ihm bisher unbekannten Gefühl erschrak er so heftig, daß er in Panik geriet und die Gesellschaft fluchtartig verließ. In seiner Angst vor dem in ihm wirkenden Bilde des jungen Mädchens stürzte er sich in einen Teich (in der Bildwelt des Menschen in Träumen, Märchen und Riten ein Mutterschoßsymbol). Nach der Lebensbeschreibung Bernhards, u. a. der von Elphegius Vacandard,[11] blieb der Geängstigte so lange im eisigen Wasser, bis „seine Einbildungskraft und seine fleischlichen Gelüste um Gnade baten. Von diesem Tage ab schloß er, wie Hiob, einen Bund

---

[10] Christhard Mahrenholz, Zur musikalischen Gestaltung von Luthers Gottesdienstreform, in: Musik und Kirche 3, 1933.   [11] Vgl. oben Anm. 7.

mit seinen Augen, daß er auch keinen Gedanken mehr hätte auf eine Jungfrau".

Kurze Zeit darauf starb Bernhards Mutter unter den beschriebenen rätselhaften Umständen. Der inzwischen Siebzehnjährige litt von allen ihren Kindern am tiefsten darunter, war wie zerschmettert und verfiel erneut in eine Depression. Wieder versuchte ihn die Familie durch Zerstreuungen abzulenken. Dabei kam es zu einer dritten Begegnung mit dem weiblichen Geschlecht. Als sich seine Gastgeberin, eine Schloßherrin, nachts in sein Zimmer schlich, schrie Bernhard gellend auf und rief: „Diebe, Diebe". Alles sei daraufhin durcheinandergeraten, was aber die Dame nicht davon abgehalten habe, noch einen zweiten Versuch zu wagen. Dabei wiederholte sich Bernhards Reaktion in gleicher Weise. Auch eine weitere sehr verführerische Begegnung mit dem weiblichen Geschlecht wurde von ihm heftig als dämonische Versuchung abgewehrt. Man hatte ihm ein unbekleidetes Mädchen ins Bett gelegt.

Die Brüder Bernhards vereinbarten mit ihm ein Universitätsstudium in Deutschland und begaben sich gemeinsam auf die Reise. Unterwegs flüchtete er sich in eine Kirche, wo er weinend zusammenbrach. In diesem Augenblick beschloß er, der Welt zu entsagen und sein Leben der Kirche hinzugeben. Die Mutter in ihm hatte ihr Ziel erreicht.

Nach kurzer Zeit hatte Bernhard 30 junge Rittersöhne um sich geschart, um sich mit ihnen vor dem Noviziat zu üben in „Loslösung von irdischen Wünschen, Beseitigen von Störgedanken und -gefühlen."

Trotz — oder vielleicht gerade wegen seiner Absonderlichkeit ging von Bernhard eine ungewöhnliche Faszination aus. Wir finden derartige Wirkungen oft bei Menschen, bei denen sich psychische Aberrationen mit außergewöhnlicher geistiger Begabung und dem Streben nach „Reinheit" vereinigen. Solche Faszinationen durch den echten Besessenen gehen auch aus den alten Bezeichnungen der Epilepsie und der Schizophrenie als „heilige Krankheiten" hervor. Sind schon im klinischen Bereich die Grenzen zwischen Kranksein und Gesundheit fließende, so wäre vollends die Einbeziehung von Verhaltens-Bewertungen in diesem Bereich unmenschlich. So mögen uns die nachfolgenden Überlegungen aus dem Bereich der Psychosomatik, der Entwicklungsphysiologie und -pathologie zu einer vertieften Schau in das Geheimnis menschlicher Größe, ja in das noch weitgehend unbekannte Wesen Mensch mit seinen schwer deutbaren Rätseln anreizen.

III. *Bernhard und sein Kranksein*

Als Bernhard in Cîteaux mit seinen Gefährten um Aufnahme bat, war Abt Stephan Harding darüber recht froh. Infolge der fast undurchführbaren Härte der ernährungsmäßigen und hygienischen Askese war der Bestand an Mönchen durch zahlreiche Todesfälle stark reduziert. Angesichts dieser Tatsache, die andere vielleicht zur Vorsicht hätte mahnen können, stellte sich bei Bernhard ein pathologischer Zug dar, den wir als Masochismus bezeichnen würden. Ihm erschien die schwere körperliche Arbeit dieses strengen Ordens bei äußerst kärglicher Verpflegung noch viel zu leicht. So mähte er neben seinem strengen Dienst Felder ab, dehnte das Wachen aus und versagte sich zusätzlich auch noch das Essen. Er neigte dazu, sich über die anderen zu ärgern, die nicht derartig weit gingen. Nach seinem Eintritt in das Kloster Cîteaux nahm er so stark an körperlicher Substanz ab, daß er hinfort verfallen, zusammengekrümmt und verbittert wirkte. In einem Brief schrieb er selbst: „So viele Schmerzen bedrücken mich, daß mir das Leben oft zur Last und zum Ekel wird." Er schildert sich weiterhin als „ein bleiches Gespenst, das tief traurig sei und sich herumschleppe."[12] Von Außenstehenden wird er als „leichenblaß und hager", als „Halbtoter" bezeichnet, den „Mund von Furchen gezeichnet, die Lider halb geschlossen". Klinisch würden wir hierin ein Bild der psychogenen Magersucht wiedererkennen, der übrigens auch eine Mutterthematik zugrunde liegt. Den Antrieb zu den anormalen Entsagungstendenzen können wir als einen Kompensationsversuch tief unbewußter Schuld- und Angstkomplexe verstehen, verbunden mit Symptomen von Autoaggression.

Daraus würde auch verständlich werden, warum Bernhard, wie berichtet wird, vor dem Einschlafen täglich lange und inbrünstig für seine Mutter betete. Es wäre analytisch denkbar, daß er sich unterbewußt an dem Tode der Mutter schuldig fühlte. Als Ausdruck ähnlicher Konfliktsituationen kann auch jenes Leiden angesehen werden, das ihn nunmehr bis zu seinem Tode begleitete: das Magenleiden. Als Magenkranker legte er 1114 seine Gelübde als Zisterziensermönch ab. 1115 wurde er Abt von Clairvaux. Ein Jahr später verfiel er erneut in eine Depression, die dritte, von der wir wissen. Es wird berichtet, daß er in seinem Verhalten zu den Mönchen unmenschlich, unnahbar, starr, immer schweigsam gewesen sei. Die Brüder konnten ihn nicht mehr ertragen. Nachts mußte er aufstehen, krümmte sich vor Schmerzen, erbrach sich mehrmals täglich vor seinen Mönchen und konnte sich kaum noch aufrecht halten. Dieses Symptomenbild könnte als kennzeichnend für ein Zwölffingerdarmgeschwür oder eine Entero-Colitis angesehen werden. Erbrechen und Hungern führten zunächst zu einer völligen Auszehrung, einer Kachexie, und später zu Hungerödemen. Er hatte immer geschwollene Füße. Wie wir es bei den hungernden Kriegsgefangenen gesehen haben, treten dabei auch gelegentlich Durchfälle auf, die Bernhard lebenslang plagten. Während der Horen mußte er deswegen eine für ihn in das Chorgestühl eingelassene Einrichtung benutzen. Bernhards Freund, der Bischof von Champaux, sorgte angesichts des schweren Krankheitsbildes für eine einjährige Trennung vom Kloster und eine ärztliche Heilbehandlung. Doch danach verfiel der Genesene wieder in seinen vorherigen Lebenswandel.

Vielleicht wird uns aus dieser Haltung Bernhards verständlich, warum er mit einem fanatischen Eifer gegen alle Orden ankämpfte, in denen gut gegessen wurde. In seiner Schrift zur Reform des Mönchstums, der Apologie, forderte er vor allem „Brot der Seele statt guten Essens". Bernhard starb dennoch erst als 63jähriger Mann nach einem Leben voller unerhörter geistiger und körperlicher Anstrengungen und Leistungen. Kurz vor seinem Tode klagte er nochmals über Schlaflosigkeit, ein Hauptsymptom der Depression, und seine oft beschriebene Traurigkeit zum Tode und schrieb: „Nicht zu essen ist das einzige, das mir

---

[12] Vgl. oben Anm. 9.

gefallen würde. Mein ganzes Leiden kommt vom Magen. Ich muß Tag und Nacht zu jeder Stunde etwas Flüssiges nehmen." Er wird also an den Folgen seines Magendarmleidens gestorben sein.

Das Thema „die Mutter" durchzieht die Lebensgeschichte des Bernhard. Aus seiner frühkindlichen Beziehung zu ihr, aus der seiner Mutter zu ihm, erklären sich die Wesensprägungen, die psychischen Strukturen (Fritz Riemann), die für das gesunde und krankhafte Verhaltensbild jedes Menschen lebenslang in hohem Maße bestimmend bleiben. Aus ihnen lassen sich auch Bernhards Einstellungen in bezug auf sein Nahrungs- und Besitzverhalten (Oralität), gewisse sadomasochistische Züge, seine Darmstörungen, auto-aggressive Züge im Sinne von Selbstbestrafung im Rahmen übertriebener Askese, vor allem auch seine sexuellen Ängste und Abwehrmechanismen verstehen. Neurotisches Verhalten ist nie krankhaft an sich. Aus seiner Spannung heraus ist vielleicht überragendes Menschsein überhaupt nur denkbar. So könnte man den Ausspruch von Aurelius Augustinus verstehen: „Denen, die Gott lieben, verwandelt er alles in Güte, auch ihre Irrwege und Fehltritte läßt Gott ihnen zum Guten werden, denn an Demut und Erkenntnis nehmen sie zu."

Mutter Aleth hatte, wie wir sehen, tiefe eigene innere Schwierigkeiten, die irdische Liebeswelt zu bewältigen. Auch ihre auf die gesunden und natürlichen Bedürfnisse gerichteten Antriebe waren mit Schuldkomplexen besetzt. Ihre Bestimmung für das geistliche Leben im Kloster war ihr durch ihre Eltern wiederum schon in frühester Jugend eingeprägt worden. Wir können annehmen, daß Aleths Eltern unbewußt dieses Versprechen aus eigenen dunklen Schuldgefühlen, als eine Art Sühne, ablegten. Aleth hat ihre Heirat mit Ritter Tescelin und ihre Ehe sehr zwiespältig angenommen. Stets lebte sie in einer Ambivalenz zwischen Gatten- und Kinderliebe und damit verbundenen religiösen Schuldgefühlen. Nach der Lebensbeschreibung müssen wir annehmen, daß sie jedem üblichen natürlichen unbefangenen Lebensgenuß gegenüber Versagung übte. In ihrem Hausfrauen- und Mutterdasein konnte sie ihre Lebenserfüllung nicht sehen. In der „Vita Bernardi" (Liber I) wird geschildert, daß sie zwar ihre ehelichen Pflichten erfüllt habe, aber eine Reihe von Jahren vor ihrem Tode an Frömmigkeit alle ihre darauf erzogenen Söhne übertroffen habe, „soweit sie es konnte und es einer Frau erlaubt war, die unter der Gewalt des Mannes stand und keine Gewalt über ihren eigenen Körper hatte. Denn in ihrem Hause, im Ehestand und in der Welt schien sie lange einem Einsiedler- oder Mönchsleben nachzueifern". Dazu sind im frühen Mittelalter die repressiven Rollenzwänge über dem Leben der Frau für unbewußte Aggressionen, gegenüber einer fast ausschließlich männlich bestimmten Gesellschaft, in hohem Maße disponierend gewesen. Man denke an die wenigen Möglichkeiten, die die geistig hochbegabte Aleth zu sozialer Verwirklichung damals hatte. So projizierte Aleth ihre gegen die damalige Männerwelt gerichteten Aggressionen, die auch in dem Hündchentraum zum Ausdruck kommen, auf ihre Söhne, besonders auf Bernhard. Aleth fand auch im Minnedienst-Gehabe keine Entlastung, da ihre sexuelle Wunschwelt schwer gehemmt war.

Wir können also mit hoher Wahrscheinlichkeit annehmen, daß sie in ambivalenter Weise den Geschlechtsverkehr und die sieben Geburten als Vergewaltigung seitens der Männerwelt erlebt hat, ohne daß ihr das bewußt wurde. Auch dafür spricht der Hündchentraum. Die unbefangene und ganz kreaturhafte Mutterrolle pflegt in solchen Fällen ein Ambivalenzverhalten aufzuweisen, so daß Aleth wahrscheinlich gerade Bernhard frustrierte. Die resultierenden unbewußten Schuldkomplexe stellten sich dann bei ihm als besondere Zuwendung, vielleicht verwöhnendes Verhalten (Overprotection) dar. Bernhards „orale Schuldkomplexe", in ihrer asketischen Ausprägung bis zur Magersucht und pathologischen Bedürfnislosigkeit und der Aggression gegen Gut-Essende, gegen Besitzende getrieben, sprechen für diese gestörte Mutter-Kind-Beziehung. Die Magenleiden sind eine häufige Somatisierung dieses Konfliktes. Triebdynamisch läuft hier eine starke orale Wunschwelt nach Bemutterung, Zärtlichkeit, Wärme einer gleichzeitigen aggressiven Abwehr dieser Triebtendenzen entgegen.

Strukturanalytisch können wir bei Bernhard neben der oralen Gehemmtheit, vor allem auch in seiner schweren depressiven Symptomatik, schizoide Züge und Fehlprägungen im Bereich analer Gehemmtheit erkennen.[13] Diese Mischform frühkindlicher Prägungen erklärt u. a. das scheue und verschlossene Gehabe Bernhards, seine Migräne, seine fast brutale Härte im unmittelbaren menschlichen Kontakt, seine Neigung, rot zu werden beim Angesprochenwerden, als Ausdruck von Schuldgefühlen, und seine Flucht in die unpersönliche Beziehungswelt der klösterlichen Strenge. Als typisch muß auch seine erotische, seine Liebesentwicklung angesehen werden.

Elphegius Vacandard berichtet einen kennzeichnenden Traum Bernhards, als dieser mit achtunddreißig Jahren wieder einmal krank darniederlag zwischen Tod und Leben. Auf dem „Höhepunkt der Krise" träumte der Kranke: „Ich sah mich an ein Gestade versetzt, wo mich ein Schiff erwartete, das zum Absegeln in das Meer bereit war. Dreimal versuchte ich, das Schiff zu besteigen, aber immer entfernte es sich vom Ufer und verschwand endlich, um nicht wiederzukehren." Dieser Traum verdichtet in prägnanter Weise die triebdynamische Ursache von Bernhards rezidivierendem Kranksein. Schiffe, die ja einen „Bauch" haben, von Wasser umgeben sind und den Menschen „tragen", ihm Geborgenheit inmitten der Urgefahren des Lebens vermitteln, deuten die Wunschwelt nach „Mutter", ja nach uteriner Geborgenheit an. Das An-Bord-Gehen-Wollen spricht von einem Bedürfnis, eine bestimmte Entwicklung durchmachen zu wollen, zu „neuen Ufern" hin, mit dem Sinn, sich selbst zu „erfahren", die eigene Triebwelt zu bewältigen mit dem Ziel der vollen Erwachsenenreife (vgl. den volkstümlichen Ausspruch: „in den Hafen der Ehe einlaufen"). In dreifacher Wiederholung stellt der Traum diese „Versuchungs- und Versagungssituation" dar, aus der die depressiven Syndrome in den Kranken einwuchsen. Die Psychoanalyse würde Bernhards Tendenzen zu Weltabgewandtheit, Klöstern, Zellen und dem Marienkult als eine Regression in die Mutterwelt deuten.

Endlich ist für das Verständnis des heranwachsenden Bernhard sein inneres Verhältnis zu seinem Elternpaar zu untersuchen. Nach den vorliegenden Be-

---

[13] Vgl. Fritz Riemann, Grundformen der Angst.

richten hatte die Mutter den Haupteinfluß auf die, auch geistige, Heranbildung der Kinder. Ihre Wünsche nach einem weltabgewandten geistlichen Leben bestimmten die Atmosphäre der Erziehung. Nach der Geburt ihrer Kinder hob sie diese empor und weihte sie Gott. Mit besonderer Inbrunst vollzog sie diesen Akt bei Bernhard, was mit ihrem inneren, in dem Hündchentraum angedeuteten psychischen Zustand in Verbindung stehen dürfte. „So weihte sie ihn nicht nur Gott in der Weise, wie sie es mit den anderen zu tun pflegte. Sie brachte ihn in der Kirche zum dauernden Dienste Gottes als wohlgefälliges Geschenk dar. Danach übergab sie ihn, so schnell sie konnte, der besonders weltabgewandten strengen Gemeinde Castellios."[14]

Der Vater war oft außerhalb des Hauses tätig und verkörperte, obwohl ein gläubiger Christ, die Tradition des burgundischen Rittertums. Der hierin zum Ausdruck kommende unausgesprochene geistige Zwiespalt in dem Elternpaar erklärt gerade bei Bernhard die in der Lebensgeschichte seiner Jugend geschilderte Ambivalenz zwischen geistlichen und ritterlichen Idealen. Sein „Über-Ich" (S. Freud), also die Instanz der überpersönlichen Wertorientierung, wurde weitgehend von dem mütterlichen Verhaltensbild geprägt. Die besondere Bedeutung einer solchen Entwicklung liegt in dem Problem der Vater-Identifikation bei jedem gesunden männlichen Kinde. Hierbei gilt es, den in mehreren kindlichen Entwicklungsstufen zu beobachtenden Vaterwiderstand für das weitere Leben zu überführen in eine Annahme der Wertwelt der Väter. So sind die Ausdrücke: der Glaube der Väter, der Geist der Väter, der Väter Sitte und die Gevattern, als Paten, zu verstehen. Sie sind auch Ausdruck der inneren Kontinuität in der Kulturentwicklung des Abendlandes.

Diese Identifikation mit dem Vater fand bei Bernhard nicht statt. Wenn ein Kind sogar erlebt, wie die Mutter an der Vaterwelt bewußt oder unbewußt leidet, kann sich ein lebenslanger unbewußter Vaterhaß entwickeln. Die innere Bindung an seine Mutter lenkte das Denken und Handeln des späteren Heiligen bis in die kleinste Eigenheit. Wenn wir die Lebensgeschichte Bernhards daraufhin untersuchen, zwingt sich uns der Vergleich mit dem Ödipus-Thema geradezu auf.

Ödipus, wegen der Folgen seiner Achillessehnendurchschneidung „Schwellfuß" genannt, tötete bekanntlich unwissend seinen Vater und heiratete seine Mutter, ohne die Zusammenhänge zu erkennen (es ist ein eigenartiger Zufall, daß in der lebenslangen Krankheitsgeschichte Bernhards immer wieder von dessen geschwollenen Füßen die Rede ist). Papst Eugen III., ein Schüler Bernhards, bezeichnete ihn als einen „Minnesänger der Gottesmutter". Dabei war Bernhard immer das Bild Aleths vor Augen.[15]

Wenn wir die soziologischen Institutionen der Menschen grob in väterliche und mütterliche unterteilen, so gehörte Bernhard stets auf die Mutterseite. Wir sprechen bei Klöstern von Mutter- und Tochterklöstern. Wenn sich Bernhard oft selbst als Mann der Kirche bezeichnete, so ist auch diese als mutterhafte Instanz zu erkennen. Die soziologische Struktur eines Klosters zeigt den Abt

---

[14] Vgl. die Vita Anm. 4.   [15] Vgl. oben Anm. 9.

als Vater, das Kloster selbst als Mutter, die Mönche als Söhne. In Bernhards Lebensgeschichte wird evident, wie sehr er sich lebenslang als Sohn empfand. Traten im Laufe seiner Entwicklung Angebote an ihn heran, ein Vateramt zu übernehmen, so lehnte er ab. Bei seinen Italienreisen wurden ihm, dem berühmtesten Repräsentanten der Kirche, wiederholt Bischofs- und Erzbischofssitze angetragen, so in Genua und Mailand. Als man gar daran dachte, ihn zum Führer des II. Kreuzzuges zu machen, den er geistig propagiert hatte, lehnte er entrüstet ab. In geradezu selbstquälerischer masochistischer Art vermied er jede Äußerlichkeit, die ihn anders als einen ganz bescheidenen Sohn der Kirche hätten kennzeichnen können. Es wird von schweren inneren Kämpfen berichtet, ehe er sich zu der ihm von Stephan Harding angetragenen Abtswürde bekannte. Sie blieb sein einziges rein äußerliches Vateramt in seinem Leben. Dagegen entfaltete er einen fast fanatischen Eifer, die jungen Söhne der Ritter in den geistlichen Dienst zu ziehen. Er wurde der Schrecken der ritterlichen Familien. Im modernen Sinne könnte man fast von einer Bewegung zur vaterlosen Gesellschaft, einer Rebellion der Söhne, auf die Mutter Kirche zu, reden.[16]

Geradezu dramatisch spitzte sich Bernhards Ödipussituation zu, als an einem Tage im Jahre 1112 auf sein Betreiben hin alle fünf Söhne Tescelins den alternden Vater verließen. Das Schicksal der Familie war damit besiegelt. Der Bruder Veith verließ seine Frau und zwei Kinder auf Bernhards Einfluß hin. Für die Söhne war damit der Vater und seine Welt „erledigt", tot. An die griechische Tragödie erinnert fast der Brief Bernhards, Nr. 322,[17] in seiner ihm von vielen Seiten immer wieder vorgeworfenen grausamen, gleichsam sadistischen Härte. Ich zitiere daraus: „Sollte auch dein Vater sich auf die Türschwelle legen, deine Mutter mit fliegenden Haaren und zerrissenen Kleidern dir die Brüste zeigen, an denen du genährt worden bist, schreite hinweg über den Leib deines Vaters, über den Leib deiner Mutter, und mit trockenen Augen eile hin zur Fahne des Kreuzes. Der höchste Grad der kindlichen Liebe ist in einem solchen Falle, grausam zu sein für Christus."

Wie Ödipus unwissend seinen Vater tötete, so mutet auch der Tod Tescelins an: Eines Tages bat der von seinen Söhnen Verlassene in Clairvaux um Aufnahme als Mönch. Aus dem leiblichen Vater Bernhards wurde dessen geistlicher Sohn, ein Bruder seiner weiteren in dem Kloster aufgenommenen Söhne. Unter der Härte des Mönchslebens litt und starb der Vater bald darauf.

---

[16] Eine verblüffende Parallele zu Bernhards Mutterthematik bietet uns die römische Antike. Die beiden Sozialreformer, Tiberius Sempronius und Gaius Gracchus, wurden allein durch eine überragende Mutter erzogen und geprägt, die sich durch besondere Sittenstrenge auszeichnete, Cornelia, die Tochter des Scipio Africanus (um 160 v. Chr.). Tiberius durchlief die Schule eines vornehmen Priesterkollegiums (der Auguren). Auch ihn sehen wir dann als Revolutionär gegen Reichtum und Schwelgerei der paternitären Gesellschaft zugunsten der unteren armen Geschwistergesellschaft. Nach seinem Tode setzte sein jüngerer Bruder die Bodenreform zugunsten der Besitzlosen fort. Beide erfuhren später ähnliche Totenehrungen, wie sie Heiligen zuteil werden (Fritz Taeger, Das Altertum, Stuttgart 1950). In der Zeit dieser Sozialbewegungen (191 v. Chr.) begann der Kult der kleinasiatischen Göttermutter sich in Rom auszubreiten. Sie erhielt auf dem Palatin einen Tempel. Es mußte den römischen Bürgern gesetzlich verboten werden, sich zu entmannen und als „Galli" zu Priestern dieser Muttergottheit zu werden. [17] Vgl. oben Anm. 4.

Die Vaterthematik muß dem tief sensiblen Gemüt Bernhards in ähnlicher Weise nach dem katastrophalen Ausgang „seiner Hauptstiftung, des II. Kreuzzuges" (Jakob Burkhardt) noch einmal begegnet sein. „Gott will es", so hatte er gepredigt, in einer Art Identifikation mit dem himmlischen Vater. Wie sollte er aber mit dem Willen des Vaters das Massensterben der Söhne Europas in Einklang bringen? Welche Wirkung wird eine solche Vorstellung vom Vaterbild Gottes auf ihn gehabt haben? Wir wissen nur, daß seine Kraft danach gebrochen war und die Schwermut ihn überkam.

IV. *Bernhard und die Marien-Mystik*

Während seines ganzen ersten Lebensabschnittes schwebte Bernhard das Bild der Mutter Aleth vor Augen, das sich zeitweise zu einer Art eidetischer Verdichtung (Vision im Halbwachsein) steigerte. So erlebte er während einer Weihnachtsnacht im Stadthause des Vaters visionär die Geburt des Christkindes und die Maria. Diese forderte ihn auf, mit dem Kinde zu spielen. Immer wechselte in den Bildern dieser Wachträume sich Mutter Aleth, die für ihn die Schönste im ganzen Lande war, mit der Mutter Maria ab. Kurz nach dem rätselhaften Tode der Mutter, als Siebzehnjähriger befangen in seinem Zwiespalt zwischen dem Wunsch des Vaters und der Brüder, daß er in Deutschland studieren solle und dem Wunsch der Mutter nach geistlichen Weihen hatte Bernhard eine erneute Mutter-Vision. Diese wird in seiner Lebensgeschichte so beschrieben: „Er glaubte zu sehen, wie sie sich beklagte und ihn erinnerte, daß sie ihn nicht für die Eitelkeit der Welt mit solcher Zärtlichkeit erzogen, und daß sie eine andere Hoffnung gehabt habe, als sie ihn mit solcher Sorgfalt gebildet."[18] Eine andere Marienhalluzination hatte Bernhard einige Jahre später während eines erneuten Krankenlagers, offenbar wegen eines Zwölffingerdarmgeschwürs. „Mit dem Ausdruck des höchsten Friedens, der den Himmel füllt, trat sie (Maria) an Bernhards Bett und berührte mit ihren heiligen Händen seinen Leib an den Stellen, wo der Schmerz am heftigsten war. Mit einem Male wich der Schmerz."[19] — In der Ikonographie des Bernhard von Tiburtius Hümpfner (1927) werden mehrere Lichtbilder von Darstellungen wiedergegeben, wie die Himmelsmutter einen Milchstrahl aus ihrer nackten Brust in seinen geöffneten Mund spritzt („Lactation"). Ähnliche visionäre Ereignisse werden weiterhin beschrieben, wobei unklar bleibt, ob es sich wechselweise um die Erscheinung der leiblichen oder der Jesus-Mutter handelte.

Nur zweimal in seinem Leben hat Bernhard eine rudimentäre Liebesbindung zustande gebracht. Die erste richtete sich in seiner Pubertät während der Schulferien auf seine als sehr reizvoll beschriebene Schwester Hombeline, deren Klostereintritt er später veranlaßte, obgleich sie verheiratet und Mutter war. Die zweite tritt uns in seinen Briefen an Ermengarde, Gräfin von Bretagne, vor Augen. Als reifer Mann pflegte er sie gelegentlich zu besuchen; die beiden

---

[18] Vgl. oben Anm. 9. [19] ebenda.

überlieferten Briefe könnten durchaus als vergeistigte Liebesbriefe schönster Art gewertet werden. Wenn wir auch psychoanalytisch von einer Sublimierung des Eros-Triebes im Hinblick auf Bernhards Mystik sprechen können, so bleibt seine Liebesentwicklung dennoch vorwiegend auf die Mutter-Imago bezogen.

Sein ganzes Leben lang beschäftigte sich Bernhard, vor allem auf seinen Krankenlagern, in geradezu glühender Inbrunst mit den Cantica canticorum. Sie bildeten den Hauptinhalt seiner fast ekstatischen Predigten in Clairvaux und ein Hauptthema seiner mystischen Erfahrungen. Bernhard sprach auch oft vom „bräutlichen Schleier der Gottheit — dem Heiligen Geist" (in Diligendo Deo). Er predigte von dem himmlischen Gespräch zwischen Bräutigam und Braut im Hohen Liede. Dabei wies er dann auf die Primitivität hin, die solche Gespräche zwischen irdisch Liebenden kennzeichnete. Die Linie seiner Liebesentwicklung mündete dann endgültig in die Verehrung der Maria ein. In der Zeit des Minnesanges erscheint es bedeutsam, daß Papst Eugen III. Bernhard als den „Minnesänger Mariens" bezeichnete. Das Altarbild in Clairvaux, wie in allen anderen Tochterklöstern, zeigte die zum Himmel aufsteigende oder im Himmel, von Christus gekrönte Maria: „Die Himmelfahrt Mariens — das unaussprechliche Geheimnis, vor dem die Zisterziensermystik kniete."

Zum Abschluß öffnen sich mannigfache Räume zu persönlicher Spekulation. Auch Ephesos und Delphi waren einst Stätten mystischer Kulte der göttlichen Mutter. Nach Ephesos, nicht weit vom Artemision entfernt, verlegte die Legende das Sterbehaus der Mutter Maria.

Wir Menschen unserer Zeit haben zu den Geheimnissen der Marien-Mystik keinen Zugang mehr. Es handelt sich um Bereiche inneren Erlebens, an die kein Gedanke, keine Deutung rühren kann. Wir können sie nicht „verstehen", weil sie erschwiegen werden wollen, ebenso wie Bernhard ihrer zuteil wurde. Dante wußte darum, als er in seinen Visionen der Divina Commedia, angesichts der letzten Geheimnisse von Gottes Menschwerdung, sagte: „Allein für solchen Flug waren die eigenen Flügel nicht gemäß. Doch ward mein Geist von einem Blitze getroffen, in dem ihm seiner Sehnsucht Stillung kam."[20] Er läßt den Bernhard von Clairvaux bei der Mutter des Herrn fürbitten, und jener „Blitz" fällt in Dantes Geist, führt den Schauenden zu ihr, die die innigste Mitwisserin des erlösenden Geschehens ist, und sie erwirkt ihm die Gnade, einen Blick in das Geheimnis zu tun, das sich in ihr vollzogen hat (Romano Guardini).[21]

Unsere Aufgabe, den verschlungenen Wegen behutsam nachzuspüren, auf denen Bernhard sich verwirklichte, endet im Erstaunen. Erweckt wird aber neue Hoffnung, daß innermenschliche Not und Verstrickung auch heute noch Menschen zur Größe und zum Leuchten bringen kann. Wieder vermännlicht sich das Leben unserer Zeit im isolierten Animus; wieder ist das Weibliche, die Anima der Seele, bedroht, vor allem in der Emanzipation der Frau. Romano Guardini erkennt diese Gefahr, die ärztlichem Sorgen nicht fremd ist: „Die Kräfte des Herzens scheinen abzunehmen. Durch alles das kommt das Leben

---

[20] III 33, 139—141.   [21] Vgl. Anm. 2.

des Menschen in eine Gefahr, ... an der Herrschaft des Maskulinen nicht bloß zu erkranken, sondern zu sterben." Vielleicht hilft das wirkende Bild des burgundischen Abtes [22] dem Manne unserer Zeit zu seiner Emanzipation, der inneren Vermählung von Tat und Stille, von Geist und Seele, von Animus und Anima.

[22] Zum Ganzen vgl. Wilhelm Hiss, Die Anthropologie Bernhards von Clairvaux, Berlin 1964; Xavier von Hornstein v. Maximilian Roesle, Bernhard von Clairvaux, 1953; H. Lilje, Zisterziensischer Geist und zisterziensische Frömmigkeit, in: Loccum vivum, 1963; Schnath, Vom Wesen und Wirken der Zisterzienser in Niedersachsen im XII. Jahrhundert, Hildesheim 1963.

Kloster Amelungsborn in der deutschen Literaturgeschichte

Nicolaus Heutger

Im Jahre 1960 wurde Prof. D. Dr. Christhard Mahrenholz Abt des um 1129 durch den Northeimer Grafen Siegfried IV. von Homburg gegründeten und 1135 mit Zisterziensern aus Altenkamp besetzten Klosters Amelungsborn, des Mutterklosters von Marienthal, Riddagshausen und Doberan.[1]

Das Kloster gewann erhebliche Bedeutung für die Erschließung des Ostens. So z. B. setzte 1155 Heinrich der Löwe den Amelungsborner Mönch Berno zum Bischof von Mecklenburg und Schwerin ein.[2]

Das 14. Jahrhundert war für Amelungsborn eine Zeit der *Kunstblüte*. Das bezeugen vor allem die berühmten Glasfenster. Betrachten wir die Werke dieser Zeit, z. B. den Levitenstuhl dort, kirchenhistorisch, dann merken wir, daß sie vor dem Hintergrund nachlassender Regelstrenge stehen.

Von den Werken dieser Amelungsborner Kulturblüte bisher am wenigsten beachtet ist die kostbar illustrierte Leidener *Wigalois-Handschrift*,[3] die der Amelungsborner Mönch *Johann von Braunschweig* im Jahre 1372 gestaltete. Die letzte Miniatur zeigt den kunstfertigen Zisterzienser selbst.

Die Prachthandschrift war für Herzog Albrecht II. von Braunschweig-Grubenhagen (1361—1383) bestimmt. Später war die Handschrift im Besitz von Cyriacus Spangenberg,[4] einem der charaktervollsten Theologen der zweiten Generation der Reformationszeit. Dieser übergab die Handschrift den Grafen von Mansfeld, deren Vorfahr Hoyer von Mansfeld einst mit dem Ritter Wigalois gekämpft haben soll. Seit dem Anfang des 19. Jahrhunderts ist das Manuskript in den Niederlanden nachweisbar.[5] Das 11 780 Verse umfassende Werk enthält 49 herrlich gestaltete Miniaturen in kostbaren Farben, die in märchenhafter Erzählart die Geschichte des Wigalois, des Ritters mit dem Rade, ein Werk aus dem Artus-Kreis, illuminieren.[6]

---

[1] Vgl. N. Heutger, Das Kloster Amelungsborn im Spiegel der zisterziensischen Ordensgeschichte, Hildesheim 1967. K. Lübeck, Abt Heinrich von Korvey (1143—1146) = Westfäl. Zeitschr. 97, 1947. Wolfgang Heinemann, Das Bistum Hildesheim im Kräftespiel der Reichs- und Territorialpolitik, Hildesheim 1968, Register. Karl-Heinz Lange, Der Herrschaftsbereich der Grafen von Northeim, Göttingen 1969, bes. S. 36 ff.

[2] Karl Jordan, Die Bistumsgründungen Heinrichs des Löwen, Stuttgart 1952 S. 94 ff. und 103—105.

[3] Bibliotheek der Rijksuniv. Ms. Ltk. 537.   [4] 1528—1604; vgl. Prot. RE³ 18, 567 ff.

[5] Vgl. Kunst und Kultur im Weserraum, 800—1600, Münster 1966² S. 541—543, mit Literaturangaben.

[6] Vgl. die Tafeln XV und 74 in: Alte Kunst im Weserland, Köln 1967.

Das Manuskript aus Amelungsborn ist die älteste erhaltene Bildhandschrift des vor 1209 vollendeten Versromans des *Wirnt von Gravenberg*,[7] des im Anfang des 13. Jahrhunderts lebenden oberfränkischen Dichters, der nach dem Grafenberg zwischen Nürnberg und Bayreuth heißt und länger in Meran wirkte.

Der *Inhalt* des einstigen Publikumserfolges ist so, wie wir uns einen Ritterroman vorstellen. Der Ritter Wigalois, Gaweins Sohn, überwindet auf der Suche nach seinem Vater den Drachen Pfetan, um das Königreich zu befreien und die Geliebte zu erringen. Die Abenteuergeschichte hat eine lehrhafte Tendenz; sie will zum rechten ritterlich-höfischen Benehmen hinführen. Auffällig ist der zeitkritische Einschlag. Der Einfluß altfranzösischer Überlieferungen, keltischer Märchen und Mythen, des fränkischen Landsmannes Wolfram von Eschenbach — besonders dessen Parzival — und Hartmanns von Aue auf diesen Abenteuerroman ist deutlich. Der bedeutende *Epigone* Wirnt von Gravenberg hat seine Quellen freilich nicht gelesen, sondern einzig beim höfischen Vortrag in sich aufgenommen.

Ist das an Zauber-, Wunder-, Zwergen-, Feen- und Ungeheuer-Wesen reiche Versepos an sich schon sittsamer als andere Artuserzählungen, so hat der Amelungsborner Miniator in klösterlicher Zurückhaltung wenigstens in seinen Bildern weiter gemildert, so z. B. bei der im Text ziemlich drastisch beschriebenen Anatomie eines Waldweibes — eine solche Gestalt finden wir übrigens auch im Amelungsborner Chorraum — und bei dem Hochzeitsbild.

Wirnts damals unerhört beliebtes Buch wirkte weiter auf die jüngere Artusdichtung des bayrisch-österreichischen Gebietes.[8]

Daß dieser Ritterroman in dem auch sonst nachweisbaren Amelungsborner *Scriptorium*[9] geschrieben und formvollendet illuminiert werden konnte, zeigt, daß das Zisterzienser-Kloster Amelungsborn nach der Mitte des 14. Jahrhunderts den künstlerischen Strömungen der Zeit geöffnet war.

Die Zisterze Amelungsborn stand damit in Niedersachsen nicht allein. Vieles an den Amelungsborner Miniaturen, die gemusterten Bildhintergründe, die köstlichen Gewänder, die ins Bild hineinragenden Füllornamente, die märchenhafte Kolorierung und der applikationsartige Bildaufbau erinnern nämlich an Wandteppiche, wie im *Wienhausener* Tristanteppich ein fast gleichzeitiger aus derselben Atmosphäre erhalten ist.[10]

Erstaunlicherweise finden wir im Kloster *Loccum*, das für Wienhausens Anfänge bestimmend wurde[11] und zu Amelungsborn mancherlei Beziehungen

---

[7] Textausgabe: J. M. N. Kapteyn, Wigalois der Ritter mit dem Rade. Rheinische Beiträge und Hülfsbücher zur germanischen Philologie und Volkskunde Bd. 9, Bonn 1926.
[8] W. Mitgau, Bauformen des Erzählens im Wigalois, Diss. Göttingen 1959. R. Bauer, Studien z. Wigalois des W. v. G. 1936.
[9] Vgl. Christhard Mahrenholz, Die Amelungsborner Bibel von 1280/1290, Berlin und Hamburg 1963.
[10] N. Heutger, Ev. Konvente . . . 1961, Register und Lit.; Marie Schuette, Gestickte Bildteppiche und Decken des Mittelalters I, 1927 S. 1—27; Tafel 1—28.
[11] Vgl. Canivez, Statuta Capitulorum Generalium Ord. Cist. Bd. II, 282.

unterhielt,[12] aus demselben 14. Jahrhundert bescheidene Fragmente — nur zwei Doppelblätter — eines niederdeutschen epischen Gedichtes ebenfalls aus dem Kreise des Königs *Artus*. Das hoch oben im Sakramentshaus wiederentdeckte Loccumer Bruchstück enthält im wesentlichen den Kampf Galants, des heldenhaften Ritters mit dem Hirschgeweih auf dem Helm, mit dem Ritter von Asurye, der einen Hahn als Helmzier trägt. Auf die Ursprünge des Artusromans deuten in dem nur teilweise lesbaren Loccumer Bruchstück die zahlreichen französischen Brocken hin, die meistens übersetzt werden.[13]

Der aufgezeigte Einzug ritterlich-höfischer Kulturelemente in die Mauern der niedersächsischen Zisterzienserklöster erklärt sich aus der *Herkunft* der Klosterpersonen: Alle drei Zisterzen nahmen im Hochmittelalter als Vollmitglieder einzig Adlige auf. In der asketischen Zeit der Anfänge konnte sich diese für die mittelalterliche Adelskirche typische Gegebenheit kaum auswirken; sie macht sich später bemerkbar, zumal nun die ritterliche Bildungsbewegung ihre größte Wirkung erreichte. Nicht nur durch die älteste Wigalois-Illustration, sondern auch durch Wilhelm Raabes Werk „Das Odfeld" hat Kloster Amelungsborn einen Platz in der deutschen Literaturgeschichte gewonnen.[14]

Wilhelm Raabes wenig bekannte Erzählung verrät genaue, freilich nicht ständig eingesetzte Kenntnis der Amelungsborner Klostergeschichte und innige Vertrautheit mit der Klosteranlage. Die meisterhaft geschilderte, romantische Umgebung des Klosters ist die Jugendheimat Raabes. Freilich sind alle diese Realien nicht im Sinne der ungezählten Heimat- und Historien-Romane des 19. Jahrhunderts vordergründig vergegenwärtigt; vielmehr sind die Realien *Zeichen*; sie werden in dieser durch und durch antirealistischen, also dem Zeitgeschmack widersprechenden, von persönlichem Leben durchbluteten Erzählung einem höheren Zweck dienstbar gemacht. Das Eigentliche liegt zwischen den festen Daten der Handlung.

Das Büchlein, ein Kunstwerk, aber kein Geschichtswerk, möchte „*Trost*" vermitteln.

Die 1888 erschienene Erzählung konzentriert sich auf den Ablauf eines einzigen Tages im Kriegsjahr 1761.[15]

Im ersten Kapitel gibt Raabe voll Liebe zur Geschichte der Heimat einen Überblick der Amelungsborner Klostergeschichte bis zur Verlegung der Klosterschule nach Holzminden, wo Raabe selbst zur Schule gegangen ist.

---

[12] Vgl. z. B. Calenberger Urkundenbuch III, 902; Weidemann-Köster, Geschichte des Klosters Loccum, Göttingen 1822 S. 150.

[13] C. Borchling in: Nachrichten der Königl. Gesellschaft der Wissenschaften zu Göttingen, Geschäftl. Mitt. 1898 S. 183 ff.

[14] Wilhelm Raabes Sämtliche Werke 3. Serie, Bd. 4, Berlin-Grunewald 1916; beste Interpretation von W. Killy in Benno von Wiese, Der deutsche Roman II, 1963 S. 128—145.

[15] Vgl. Franz Hahne, Das „Odfeld" und „Hastenbeck", in: Raabe-Studien hrsg. C. Bauer, Wolfenbüttel 1925. Richard Hinke, Studien zu Raabes historischer Erzählung „Das Odfeld", Jahrbuch der Philos. Fakultät der Deutschen Universität in Prag, Dekanatsjahr 1924/25; 1926. Helmut Lamprecht, Studien zur epischen Zeitgestaltung in W. Raabes Roman „Das Odfeld", Diss. Phil. Frankfurt a. Main 1958.

Bei Erwähnung des (unechten) Bernhardbriefes für Amelungsborn weist Raabe Goethes abschätziges Urteil über S. Bernhard zurück und macht sich Luthers Wertung zu eigen. Bernhards Werk ist für Raabe wie für den heutigen Konvent wichtig für das Erfassen der inneren Antriebe der Amelungsborner Klostergeschichte. Die konservative Behandlung des Klosterproblems in den welfischen Landen findet Raabes Zustimmung. „Was die Mönche verloren, das bekamen die Wissenschaften."

Auf dem *Odfeld*, dem „alten Blutort", wird eine auch von den Historikern des Siebenjährigen Krieges behandelte Schlacht zwischen einem preußisch-englischen Heer unter Herzog Ferdinand von Braunschweig und einer französischen Armee geschlagen. Eine prodigienhafte Rabenschlacht über dem Odinsfeld hat in archaischer Symbolik die Dämonie des Krieges gespiegelt. Der Siebenjährige Krieg steht in geheimnisvoller Kommunikation mit allen früheren Kämpfen. Raabe will nicht zeigen, „wie es wirklich gewesen ist", sondern wie es *immer* ist.

Der eigentliche „Held" der streng geformten, im Gegensatz zum literarischen Photographismus aller Zeiten stehenden Erzählung ist das Odfeld, das dem großen epischen Kunstwerk seine innere Einheit gibt. Die nicht im vordergründigen Sinne historische Hauptgestalt dieser Erzählung, Magister *Buchius*, der angebliche Ururenkel des Amelungsborner Abtes Vitus Buch, steht mitten im Chaos des Siebenjährigen Krieges, gezeichnet von der „Angst der gejagten Menschennatur im Finstern". Buchius erleidet die geschichtliche Umwälzung, aber er spürt mit dem Mystiker Raabe, daß sich Ewiges in die Geschichte einlagert und ihr eine Mitte gibt. In Buchius zeigt Raabe, wie dem geistigen Menschen das unablässige innere Bemühen durch die furchtbare Zeit hilft. Das Licht aus der *Zelle* leuchtet „in die sturmvolle Finsternis". In der Stille seiner armseligen Zelle behält Buchius im Elend der Zeit den Kopf oben. Er gewinnt seine Gelassenheit aus der Bibel und der Stoa. In solcher Verinnerlichung wird er als *der letzte wirkliche Zisterzienser* von Kloster Amelungsborn bezeichnet. Auch Noah Buchius begegnet der Bedrohung der Seele durch die Welt mit innerer Tapferkeit. Der angefochtene Magister in seiner unmodernen Geistestiefe ist für Raabe der rechte Erbe des Zisterziensertums. In diesem Sinne ist er von allen in Amelungsborn „dem Siebenjährigen Krieg am meisten gewachsen".

In seiner meditativen Grundstimmung, die aus dem klösterlichen Bereich ins allgemein Menschliche übergeht, hat er den Tod ins Leben hineingenommen und lebt so in äußerlicher Kargheit getrost in innerer Freiheit.

In all seiner Gebrechlichkeit gibt der altmodische, „als fünftes Rad am Wagen in Amelungsborn verbliebene Gelehrte", der in seiner Zelle den dunklen Gast beherbergt, anderen jäh bedrängten Menschen aus der Tapferkeit seines gütigen Herzens heraus inneren Halt. Wir finden bei diesem Erben der Zisterzienser eine sich selbst wagende *Seelsorge* z. B. an seinem früheren, übermütigen Schüler Thedel von Münchhausen, dessen Leiche er kurz darauf auf dem Schlachtfeld findet, an dem Knecht Schelze und an Wieschen, der Magd.

Der Höhepunkt der durchsichtig und abgewogen aufgebauten Erzählung ist die Begegnung des bedrückten Magisters, des Betrachtenden, mit dem guten Herzog Ferdinand, dem Handelnden, auf dem Schlachtfeld. Beide beklagen den letztlich sinnlosen Krieg, die „Schlächterei ohne Ende", wie der Herzog sagt. Raabe will die Dämonie des Krieges aufzeigen und das namenlose Leid, das da gerade über die Zivilbevölkerung kommt — für nichts und wieder nichts.

Schließlich wird Buchius, der passive Held, wie ihn Hans Oppermann in seiner vorzüglichen Odfeld-Interpretation im Jahrbuch der Raabegesellschaft 1967 nennt, das Objekt einer überlegenen, der Vernunft nicht zugänglichen Macht, zum *Ausgangspunkt* zurückgetrieben, also zu seiner Mönchszelle, die merkwürdigerweise in dem Kriegschaos ziemlich unversehrt geblieben ist. Dieses Zellenmotiv weist uns auf das *Einsamkeitsverlangen* des Magisters Buchius hin, der nicht umsonst in der Zelle des letzten katholischen Mönches Philemon haust. Raabe gerät so in die Nähe der Gedanken des ältesten Mönchtums über die heilschaffende Trösteinsamkeit der Zelle.

Die einsame Zelle — in Raabes Jugendzeit waren in Amelungsborn noch solche Räume zu sehen — birgt übrigens liebevoll gesammelte Altertümer und geologische Fundstücke. Seine wissenschaftlichen Interessen helfen dem Magister, manche überraschenden Erscheinungen wissenschaftlich einzuordnen, sie innerlich zu bewältigen und seinen Nächsten hilfreich zu erklären.

Buchius steht der Welt gegenüber als ein Mann, der das Erforschbare hingebungsvoll untersucht und das Unerforschbare, Hindergründige, still verehrt.

Wenn wir Raabes Erzählung mit der realen historischen Situation am 5. November 1761 vergleichen, so ergibt sich, daß damals nur ein unbedeutendes Gefecht stattgefunden hat. Raabe hat demnach kraft seiner schöpferischen Phantasie ein monumentales Gemälde geschaffen, das sämtliche Kampfhandlungen des Siebenjährigen Krieges zu einem einzigen Stimmungsbild zusammenfügt. Mit dem Siebenjährigen Krieg hatte Raabe noch einen unmittelbaren Traditionszusammenhang. In seiner Kindheit hatte er sich noch von einem Mitkämpfer erzählen lassen.

Es geht Raabe im Odfeld nicht um Ereignisse der vordergründigen Historie, sondern um die tiefe geschichtliche Bestimmtheit des menschlichen Seins.

Das Werk ist mit dem dichten Netz seiner tiefsinnigen Entsprechungen fast unausschöpflich. Deshalb konnte Raabe von diesem Wortkunstwerk seinem Verleger stolz sagen, es sei darin keine Zeile, „die nicht dreimal im Feuer und auf dem Amboß gewesen ist".[16]

Die scheinbare Einfachheit der literarischen Mittel, die in Wirklichkeit höchste künstlerische Abgeklärtheit ist, hat in den anderen späten Werken des Dichters ihre Entsprechungen.

Auch Raabes Amelungsborner Magister mit seinem mühsamen Leben steht in enger Beziehung zu vielen anderen versponnenen Raabe-Charakteren, die von der einzig äußeren Erfolg fordernden Welt in den Winkel gedrängt werden oder zum Scheitern verurteilt sind und doch klaglos, mit heiterem Herzen, stilles Heldentum verkörpern.

Auch die Namen anderer niedersächsischer Klöster begegnen uns in der deutschen Literaturgeschichte. W. Raabe hat „Höxter und Corvey" in sein Werk eingeflochten. Das bedeutendste, mit Amelungsborn einst eng verbundene,

---

[16] Vgl. Killy aaO. S. 140.

Weserkloster wurde in F. W. Webers Dreizehnlinden verherrlicht. Wir denken weiter an Roswitha von Gandersheim, die erste deutsche Dichterin,[17] an den an Amelungsborns Tochterkloster Riddagshausen haftenden Teil der Volksüberlieferung von Eulenspiegel und an das Wienhäuser Liederbuch,[18] dessen Melodien alljährlich in der Chorwoche des evangelischen Konventes wieder lebendig werden.

Auf die im zisterziensischen Geist erbaute Klosterkirche Mariensee bezieht sich Ludwig Heinrich Christoph Höltys (1748—1776) ergreifendes Gedicht „Auftrag". Joh. Gottfried Herder besuchte in Hannover den Abt des Klosters Loccum, in dem später Jeremias Gotthelf Einkehr hielt. Hermann Löns hat das Stift Fischbeck an der Weser gewürdigt, zu dessen Tausendjahrfeier Manfred Hausmann seinen „Fischbecker Wandteppich" schuf.

Mit derselben einfühlsamen Liebe wie Wilhelm Raabe hat sich Abt Christhard dem damals noch vom Kriegschaos gezeichneten Kloster Amelungsborn und dessen geistiger Überlieferung zugewandt. Zugleich versuchte der allverehrte Jubilar, das ehrwürdige Gehäuse mit neuem, innerem Leben zu erfüllen und so auch von Amelungsborn aus den innerlich bedrängten Menschen der Gegenwart wirksame, geistliche Impulse zu vermitteln.[19]

---

[17] Strecker, Hroswithae opera, 1906.
[18] Paul Alpers, Das Wienhäuser Liederbuch, in: Niederdeutsches Jahrbuch 69/70, Neumünster 1943—1947, Textkrit. Ausgabe.
[19] Vgl. Nicolaus Heutger, Amelungsborn, 1967 S. 88—91.

Gesetz und Evangelium

Hans-Walter Krumwiede

Zur Begrifflichkeit
reformatorischer Theologie
in niedersächsischen Lehrschriften

Die reformatorische Lehre von „Gesetz und Evangelium" ist bis in unsere Tage umstritten geblieben. Eine Untersuchung niedersächsischer Lehrschriften soll zeigen, daß die Probleme der Lehre von Gesetz und Evangelium weithin nur verbale Probleme und damit Scheinprobleme gewesen sind. Es handelt sich um zwei Predigtanweisungen: Urbanus Rhegius. *Wie man fürsichtiglich und ohne Ärgerniss reden soll von den fürnemesten Artikeln christlicher Lehre* (Formulae quaedam caute et citra scandalum loquendi), nach der Deutschen Ausgabe von 1536 nebst der Predigtanweisung Herzog Ernst des Bekenners von 1529 (Quellenschriften zur Geschichte des Protestantismus 6. Heft, hrsg. von Alfred Uckeley, 1908). Die dritte Schrift ist der *„Kurze, einfeltige und nothwendige bericht von etlichen fürnemen artickeln der lehr, wie dieselbige mit gebürlicher bescheidenheit zur erbauung fürgetragen und wieder alle verfelschung verwahret mögen werden"* aus der Feder Martin Chemnitz'.[1] Diesen Schriften kommt um so mehr Bedeutung zu, als sie keine scriptae privatae,[2] sondern Bestandteil niedersächsischer corpora doctrinae bzw. Kirchenordnungen geworden sind, die bis heute in Geltung geblieben sind. Urbanus Rhegius formulae sind dem corpus doctrinae Wilhelminum (1576) für das Fürstentum Lüneburg und dem corpus doctrinae Julium (1576) für das Fürstentum Wolfenbüttel beigefügt. Der Kurze Bericht von Chemnitz ist Bestandteil des Corpus doctrinae Julium und der Kirchenordnung des Herzog Julius für Braunschweig-Wolfenbüttel (1569), die nach dem Aussterben der Calenberger Linie des Welfenhauses 1584 auch für das Fürstentum Calenberg-Wolfenbüttel Geltung erhielt, während für Wolfenbüttel 1709 eine neue Kirchenordnung eingeführt wurde. Als sogenannte Calenberger Kirchenordnung steht sie noch heute in Geltung.[3] In den Schriften des Urbanus Rhegius und Martin Chemnitz findet sich demnach eine eigenständige Lehrtradition der welfischen Territorien im Rahmen des Gesamtluthertums. Diese Untersuchung möchte ihren Beitrag dazu leisten, daß die lutherische Kirche und Theologie ihre Tradition besser verstehen lernt und in diesem Prozeß der Vergewisserung zugleich erfährt, daß der Lehre von „Gesetz und

---

[1] Die evangelischen Kirchenordnungen des XVI. Jahrhunderts, hrsg. von E. Sehling, Bd. VI., Niedersachsen I. 1, 1955, S. 92—139.
[2] Die Predigtanweisung Herzog Ernsts war eine von der Obrigkeit erlassene Instruktion: „Wie und was wir Ernst, von gots gnaden Hertzog zu Braunswick und Leuneborg, unsers fürstenthumbs pharhern und predigern zu predigen befohlen."
[3] Vgl. H. W. Gensichen, Die Lehrverpflichtung in der Hannoverschen Landeskirche, Jahrbuch der Gesellschaft für nieders. Kirchengeschichte 48, 1950 S. 98 ff.

Evangelium" eine gesamtevangelische Bedeutung zukommt und sie nicht als Spezialfrage einer lutherischen Apologetik behandelt zu werden braucht.[4]

I

Als 1521/22 in Wittenberg Unruhen ausbrachen, verließ Luther die Wartburg und führte durch seine Invocavitpredigten eine gesunde kirchliche Entwicklung herbei. In dieser Situation, als für die evangelische Bewegung alles auf dem Spiel stand, wollte Luther der Wittenberger Gemeinde deutlich machen, was reformatorischer Glaube war. So findet sich am Anfang der ersten Predigt eine komprimierte Zusammenfassung der evangelischen Lehre.[5] Vor allem anderen wird der personale Glauben genannt: Jeder muß selbst glauben, weil er selbst sterben muß. Darum „so muß ein yederman selber die hauptstück so einen Christen belangen, wol wissen vnd gerüst sein . . ." Luther nennt vier Hauptstücke: „Zum ersten, wie wir kinder des zorns seind, vnd all vnßer werck, synn vnd gedancken sonderlich nichts sein . . ." „Zum andern, das vns got sein eingebornen son gesant hat, auff das wir in jn glaüben, vnd der in jn vertrawen wirt sol der sünde frey sein vnd ein kind gottes."

Mit diesen beiden Sätzen ist ein Sachbezug gegeben, den man nicht umkehren kann: Die Menschen stehen ihrer Schuld wegen unter dem Zorn Gottes. Aber Gott selbst sendet seinen Sohn, um die Menschen frei und zu Kindern Gottes zu machen. Die Thematik von Gesetz und Evangelium klingt in diesen beiden Punkten an, ohne expressis verbis ausgeführt zu werden.

Die Intaktheit dieser Lehre von Gesetz und Evangelium allein tut es nun nicht. Luther fährt in der ersten Invocavitpredigt fort: „In den zweyen stücken spür ich noch keynen fehel odr mangel, sonder sie seyn euch reinlich gepredigt, vnd wer mir leyd, wann es anders geschehen were . . ."

Die Gefährdung der jungen evangelischen Kirche durch die Wittenberger Unruhen geht demnach nicht auf eine falsche Lehre von Gesetz und Evangelium zurück. Der Grund dafür liegt vielmehr in der theologischen Spekulation ohne Beziehung zur Wirklichkeit des Christenlebens: „Ich sihe es wol vnd darffs sagen das jr gelerter dann ich bin, nit allein. einer. zwen. drey. vier. sonder wol zehen oder meher, die so erleücht sein jm erkentnuß." So entfaltet Luther die evangelische Lehre konsequent auf die Liebe zu: „Zum dritten müssen wir auch die liebe haben vnd durch die Liebe einander thun wie vns Gott gethan hat, durch den glaüben, on welche Liebe der glaub nit ist." Diese Liebe vermißt Luther bei den Wittenbergern. Unter Berufung auf 1. Kor. 13, 1 wirft er ihnen vor: „Alhie lieben freündt ist es nitt fast gefelt, vnd spur in keynem die liebe, vnd merck fast woll, das jr Gott nit seyt danckpar gewesen umb solchen reichen schatz und gabe." Die Liebe zum Nächsten fließt aus der Dankbarkeit für die erfahrene Liebe Gottes.

---

[4] Vgl. H. W. Krumwiede, Vom reformatorischen Glauben Luthers zur Orthodoxie. Theologische Bemerkungen zu Bugenhagens Braunschweiger Kirchenordnung und zu Urbanus Rhegius' formulae quaedam caute et citra scandalum loquendi, Jahrbuch der Gesellschaft für nieders. Kirchengeschichte 53, 1955, S. 23 ff.

[5] Luthers Werke in Auswahl, Clemen VII, 1932, S. 363—365.

Aber auch die Lehre von Glaube und Liebe tut es allein noch nicht. Die theologische Deklamation der Lehre, die wuchernde Reflexion, das Räsonnieren werden zurückgewiesen: „jch sihe wol das jr vil wyst von lere zureden, eüch geprediget von dem glauben vnd liebe, vnd ist nit wunder, kan doch schier ein esell lection singen, solt jr dann nit die lere oder wörtlin reden vnd leren. Also lieben freündt, das reich Gottes, das wir sein, steet nit in der rede oder worten, sonder in der thättigkeit, das ist in der that, in den wercken vnd vbungen. Got wil nit zuhörer oder nachredner haben, sonder nachvölger, vnd vber das in dem glauben durch die liebe. Dann der glaub on die liebe ist nit gnugsam, ja ist nit ein glaub, sond' ein schein des glaubens wie ein angesicht jnn spiegel gesehen, ist nicht ein wahrhafftigs angesicht, sonder nür ein scheyn des angesichts."[5a] Man kann Luther nicht richtig interpretieren, ohne seine Wirklichkeitsbezogenheit als hermeneutisches Axiom im Auge zu haben. Es geht hier nicht um eine spekulative Ergänzung des Glaubensbegriffes durch das ethische Postulat der Liebe. Die Wirklichkeit der empfangenen Liebe Gottes in Jesus Christus wird zur Wirklichkeit einer gebenden Liebe des Glaubenden in der Zuwendung zum Nächsten. Diese Wirklichkeit hat zwar verschiedene Dimensionen, aber sie ist ungeteilt. Es gibt keine Gottesliebe ohne Nächstenliebe.

Als vierten Punkt nennt Luther die Geduld. Sie ist für die besondere Situation in Wittenberg der Inhalt der Liebe. Die Kirchenreform darf nicht wie eine Walze über die Schwachen hinweggehen. „Allhie lieben freündt müß nitt ein jederman thůn was er recht hat, sond' sehen was seinem brůder nutzlich vnd fürderlich ist... Darumb müssen wir nit auff vns oder vnser vermügen sehen vnd ansehen sond' vnsers nechsten..." Dabei bezieht sich die Liebe nicht nur auf das irdische Leben. Im Gegenteil: die Liebe ist für Luther vor allem eschatologisch bestimmt: Die Wittenberger sollen den Schwachen mit Geduld tragen, „biß er auch starck werde vnd nit allein gen hymel fare, sonder vnser brüder die jetzt nit vnser freünd sein mit pringen..." Wichtig für die Interpretation niedersächsischer Lehrschriften ist dann noch der Satz: „Also der glaub můß allzeyt reyn vnbeweglich in vnsern hertzen bleyben, vnd müssen nit dauon weychen, sonder die liebe beügt vnd lenckt sich ⟨daß⟩ vnser nechsten begreyffen vnd volgen mag." Der geschenkte Glaube ist unbeweglich und konstant, die Liebe aber flexibel auf den Nächsten bezogen.

Das Problem Glaube und Liebe, die Frage nach dem tertius usus legis hängen mit dem Wirklichkeitsverständnis zusammen. Ist man auf ein exaktes Rechtfertigungsschema bedacht, so fordert die begriffliche Fassung des Evangeliums als Gabe die Definition des Empfangenden. Dieser ist ja kein punctus mathematicus, er ist ein Mensch, dessen Existenz als Glaubender Konsequenzen für sein Leben in dieser Welt hat. Es ist also durchaus folgerichtig, wenn bei aller sonstigen Verschiedenheit sowohl Calvin als auch die FC zum tertius usus legis kommen. Es geht hier um die Suffizienz der Rechtfertigung als *Lehre:* Calvin: „Denn das Gesetz ist für die Wiedergeborenen das beste Werkzeug, durch das sie von Tag zu Tag besser lernen, was des Herrn Wille sei, nach dem sie ja

---

[5a] Der in den Originaltexten übergeschriebene Buchstabe e bei a, o, u wird als ä, ö, ü wiedergegeben.

verlangen, und durch das sie auch in solcher *Erkenntnis* gefestigt werden sollen. Wenn ein Knecht auch noch so sehr von ganzem Herzen danach trachtet, sich bei seinem Herrn recht zu bewähren, so hat er doch noch immer nötig, die Eigenart seines Herrn genauer zu erforschen und zu beachten, der er sich ja recht anpassen will. So ist es auch bei den Gläubigen."[6] Für Calvin ist die Erkenntnis des Willens Gottes eine elementare theologische Forderung, die an keiner Stelle verkürzt werden darf. Darum also usus legis in renatis! Die Konkordienformel formuliert entsprechend, betont aber stärker als Calvin, daß die Gläubigen in diesem Leben noch nicht vollkommen sind und darum des Gesetzes bedürfen.[7] Bei Luther steckt die Wahrheit weniger in der Erkenntnis als in der Wirklichkeit des glaubenden Menschen coram Deo und coram hominibus. Darum kann er auf den tertius usus legis verzichten und die Frucht des Glaubens schlicht als Liebe bezeichnen.

II

Der Autor der Predigtanweisung Herzog Ernsts des Bekenners von 1529, einer kleinen Schrift, die die Vorlage von Urbanus Rhegius' Formulae caute loquendi gewesen ist, hat bis heute nicht ermittelt werden können. Um so mehr zwingt der sachliche Gehalt, sie zu beachten. Es geht in der Anweisung um zwei Fragen: *wie* und *was* die evangelischen Pfarrer predigen sollen. Bei dem „Wie" wird die Intention der Schrift angegeben: Es genügt nicht, wenn der Prediger sich darauf berufen kann, nichts „Böses" gepredigt zu haben. Die Predigt muß Frucht bringen (10). Dazu ist erforderlich, daß zunächst ein „gutter unbewechliger grundt gelegt" werde, „drauff man onsorglich bauwn und das liecht Gotlichs worths im mittel angeßundet werde, der bey die Christglaubige gleich als in eynem dunckeln orth mogen sehen, bey welchem auch berurte mißbrauche sich nicht vorstellen, sonder an ihn selbs der maße gebloset werden, das Irer falscher scheyn entlichen vorlesche" (9 f.).

Dieser Satz läßt die Erfahrung erkennen, die Ernst der Bekenner mit seinen evangelischen Predigern bei der Reformation des Landes gemacht hatte. Die Mißbräuche, von denen in der Predigtanweisung die Rede ist, beziehen sich auf das Artikelbuch, die erste Lehrschrift des Fürstentums: „Artikel, darinne etlike mysbruke by den parren des förstendoms Lüneborg entdecket unde darjegen gude ordenynge angegeven werden mit bewysynge und vorklarynge der schrift. 1527."[8] Man hatte in Lüneburg die Reformation mit der Abschaffung der Mißbräuche beginnen wollen. In der Predigtanweisung von 1529 nun findet sich eine neue Erkenntnis: Das Entscheidende ist das Licht des Evangeliums. In ihm werden die Mißbräuche von selbst offenbar, so daß ihr falscher Schein verlischt. Darum soll der Prediger nicht zum Ärgernis der Zuhörer gegen die menschliche Gerechtigkeit kämpfen, „dieweill der grundtvest gotliger gerechtigkeit, welcher ist Cristus, noch nicht gelegt ist, dieweill das Evangelion so lange noch nicht gepredigt ist, das men glaub, der sundt vergebung durch gots gnade und das ewig leben nur alleyn in unnserm Hern Jesu Christo" (9 f.).

---

[6] Institutio II, 7, 12 nach der Übersetzung von O. Weber, 1955.
[7] FC: Solida Declaratio VI, De tertio usu legis divinae.   [8] Sehling aaO. S. 492 ff.

Man könnte fragen, ob hier nicht aufgrund ganz konkreter kirchlicher Erfahrungen die Position „Evangelium und Gesetz" vertreten wird. Erst muß das Evangelium gepredigt werden, dann kann die menschliche Gerechtigkeit verworfen werden. Evangelium aber heißt Sündenvergebung durch Gottes Gnade und ewiges Leben allein in Christus. Hier ist in genuinlutherischem Sinn Evangelium als Sündenvergebung verstanden. Widerstreitet das nun aber nicht der Voranstellung des Evangeliums? Vergebung der Sünde setzt Sünde und Sündenerkenntnis voraus.

In seiner Untersuchung „Luthers Predigt von Gesetz und Evangelium" 1958 hat Gerhard Heintze als Programm der Predigt Luthers herausgestellt: „Nihil nisi Christus praedicandus."[9] Gesetz und Evangelium sind für Luther kein homiletisches Schema. David Löfgren hat jedoch davor gewarnt, aus diesem Sachverhalt falsche Konsequenzen zu ziehen. Die Predigt sei darum in der Hauptsache Evangeliumspredigt, „weil ja das Gesetz für Luther nicht mit dem in der Kirche gepredigten Dekalog identisch, sondern die Stimme des göttlichen Willens ist, die zu jeder Zeit und in jeder Situation des menschlichen Daseins ertönt. Der Mensch kann Gottes Gesetz nicht dadurch entfliehen, daß er nicht auf die Predigt hört, denn das Gesetz ist mit der Existenz des Menschen gegeben, es trägt und bewahrt das Leben des Menschen."[10] Im systematischen Zusammenhang hat Martin Schloemann die These herausgestellt, „das Gesetz sei ⟨nach Luther⟩ ein schlechterdings unentrinnbares Faktum für jeden Menschen."[11] „Nam lex iam adest, ist schon da. Lex prius adest in facto. Sed nunc quaeritur, quomodo liberemur a lege."[12]

Diese These: „Das Gesetz ist schon da" kann nun in der Predigtanweisung nachgewiesen werden: „Hir sollen abir die selsorgers mit den gewissen seuberlick fharen, die sie befindten albereyt erschrogken und rechtschaffen von wegen Irer ßunt und erkantnus Ires irsals vorschembt, dann denselbigen ist noth, von ßunt eynen Rath und Artzney des Evangelii bey zu br⟨ingen⟩" (14). Die Lüneburger Predigtanweisung stimmt hier also durchaus mit Luthers Lehre von Gesetz und Evangelium überein: Die Gemeinde entsteht durch das gepredigte Evangelium und nicht durch die Predigt von Gesetz und Evangelium. Christus und nicht die doctrina von Gesetz und Evangelium ist der Grundstein der Kirche. Dem Evangelium aber geht die verurteilende Funktion des Gesetzes voraus.[13]

Ebenfalls nicht ohne weiteres in die Lehre von Gesetz und Evangelium einzuordnen ist es, wenn den Predigern eingeschärft wird, „durch predig der puße van irsalen und ßunden nuchtern zu reden und durch predig des Evangelii zu glauben und salicheit zu entpfangen auff die vorheißung. In Christo wird Innen got puße geben, die warheit zuerkennen . . ." (10). Zunächst wird die Predigt der Buße von der Predigt des Evangeliums unterschieden. Dann aber

---

[9] S. 68.
[10] Verschiedene Tendenzen in der Neueren Lutherforschung, in: KuD 5, 1959, S. 148.
[11] Natürliches und gepredigtes Gesetz bei Luther, 1961, S. 50.   [12] Ebenda S. 49.
[13] 28. These gegen die Antinomer, 1537—40: „Ordo rei est, quod mors et peccatum est in natura ante vitam et iustitiam." (WA 39 I, 347).

wird die Buße „in Christus" gegeben. Wird hier nicht Christus vom Evangelium getrennt? Zum rechten Verständnis muß auf die theologische Dimension geachtet werden. In der Predigtanweisung steht nicht, daß die Buße ihren Grund im Evangelium hat, sondern daß Gott die Buße gibt in Christus. Es macht keine Schwierigkeiten, die Gottbezogenheit der Buße im Sinne des usus theologicus legis zu verstehen. Wenn nun auch die Christusbezogenheit ausgesprochen ist, so läßt sich aufgrund dieses einen Satzes nicht entscheiden, ob die Buße hier auf Christus hin oder von Christus her verstanden wird. Die Darstellung der Hauptstücke des Glaubens im zweiten Teil der Predigtanweisung wird hier die Antwort bringen müssen.

Die Entfaltung der Lehre im zweiten Hauptstück der Predigtanweisung zeigt schon in den Überschriften die Lehrform „Gesetz und Evangelium": „Rechtschaffen erkantnus der Sundt", „Keyn hoffnung in unß", „Vorgebung der Sundt und Ewiges leben durch Jeßum Christum".

Nach dem ersten Abschnitt „Rechtschaffen erkantnus der Sundt" ist die „erbawung cristligs glaubens im predigen auff zwey Ding gericht..., nemlich auff pusse und vergebung der ßunt" (12). Gemeint ist die Erkenntnis der Sünde durch den usus theologicus legis, daß die Zuhörer der Predigt erkennen, „das ßie der Innerligen des hertzen gerechtigkeit mangeln, und got nicht preisen Ro. 3, welche des hertzen gerechtigkeit und er (scil. Ehre) Gotts das Gesetz woll foddert gibt sie doch nit. Disses ist die predig des gesetzs..." (13). „Solch predig des gesetzs foddert krefftiglich zur busse" (13). Gesetz und Buße sind demnach nicht identisch, das Gesetz ist Gottes Forderung aber nicht die Gabe der Gerechtigkeit, die Buße ist die anthropologische Konsequenz des usus legis theologicus. Nicht das Gesetz, sondern die Buße ist das erste telos der Predigt.

Neben der theologischen Lehrform „Gesetz und Evangelium" steht das homiletische Regulativ „Buße und Evangelium", was eine Predigt des Gesetzes vor Unbußfertigen nicht ausschließt. Die Buße hat nun auch einen Sachbezug zu Christus: „Als Cristus luce am lesten ⟨Luk. 24, 46—47⟩ spricht: also muste Cristus leyden etc. und predigen lassen in seynem namen busse und vergebung der ßunt..." (12). Das darf nicht in dem Sinne verstanden werden, als käme die Busse aus dem „Evangelium". Nur das wird man sagen können: Es gibt keinen usus legis theologicus ohne einen Sachbezug zum Evangelium. Wer lex coram Deo sagt, sagt auch Christus.

Zwischen dem Abschnitt über die Erkenntnis der Sünde und der Vergebung durch Jesus Christus findet sich der Abschnitt: „Keyn hoffnung in unß", zwischen Gesetz und Evangelium steht die Buße als anthropologisches Scharnier im Rechtfertigungsgeschehen. Die funktionale Verbindung zwischen Gesetz und Evangelium findet sich in dem Satz „Sonst, wen das entrynnen in uns gelegen were, was bedarfften wir Christo?" (14) Nun ist es aber nicht so, daß die menschliche Gerechtigkeit einfach mit der göttlichen vertauscht wird, ohne daß gegenwärtig bliebe, wie es bei der Rechtfertigung um den Menschen selbst steht. Wenn der Mensch über seine Ungerechtigkeit erschrickt, ist eine Hoffnung, die in ihm selbst begründet ist, nichts mehr „als dem hungerien eyn essen ist ⟨ge⟩malte speisse" (14). Ohne die Erkenntnis der Sünde und ohne die Hoffnungslosigkeit im Blick auf das Vermögen des Menschen selbst kann der Mensch „wedder lieben noch das Evangelion Christi annemen" (14). Der Abschnitt endet mit der so lang verschütteten und übersehenen These Luthers lex iam adest: „Hir sollen abir die selsorgers mit den gewissen seuberlick fharen, die sie befindten albereydt (allbereits) erschrogken und rechtschaffen von wegen Ihrer ßunt und erkantnus Ires irsals vorschembt, dann denselbigen ist noth, von ßunt eynen Rath und Artzney des Evangelii bey zu br⟨ingen⟩ (14). Die objektive Verurteilung des Menschen durch das Gesetz coram Deo führt zum erschrockenen Gewissen, zur Scham, führt über die Schuld zur Buße.

Der dritte Abschnitt handelt von der „Vorgebung der Sundt und Ewigs leben durch Jeßum Cristum" (14 f.). Auf die Verurteilung durch das Gesetz „trifft eben das Evangelion, das ist vorkundigung, das die ßunt durch Cristum vorgeben seyn" (14). Buße und Evangelium gehören auf das engste zusammen. Es gibt keinen usus legis theologicus ohne Buße, es sei denn ein Mensch begeht die Sünde wider den Geist, und es gibt kein Evangelium ohne Buße. Die Bindung der Buße an das Gesetz verbietet es, sie als Bedingung für das Evangelium zu verstehen, denn das Gesetz verurteilt den Menschen. Ihre Bindung an das Evangelium läßt die Buße nicht zur Verzweiflung führen. Die innere Einheit von Gesetz, Buße und Evangelium wird im Glauben vollzogen. Glaube wird in der Predigtanweisung als fiducia verstanden: „Cristliger glaub abir ist das vortrauwen nur In gottis barmhertzickeit" (16).

Wurde das Gesetz bisher in seiner verurteilenden Funktion verstanden, so ist die Frage nach der Liebe bzw. nach dem tertius usus legis zu stellen. Die Formulierung der Predigtanweisung zeigt Originalität und theologische Kraft: „Des glaubens brauch ist, durch die lieb den anderen dienen und hinwidder den bruder bekleyden mit unser fromigkeit, weißheit und allen unsern wolvormugen, gleich als wir von Christo auffgenomen sein, und mit seynen guedtern bekleydt und reich gemacht" (17). Hier ist die Liebe als Brauch, als usus des Glaubens verstanden. Die übliche Verwendung dieses Begriffes bezieht sich auf das Gesetz: usus legis politicus, usus legis theologicus. Indem die Liebe als usus des Glaubens definiert wird, bleibt die lutherische Einheit von Glaube und Liebe bestehen; die Liebe ist nicht etwas neben dem Glauben, keine Konsequenz des Glaubens, kein Akt der Dankbarkeit für den Glauben, sondern: der Glaube liebt! Die Dialektik von Gesetz und Evangelium kommt auch darin zum Ausdruck, daß die Werke der Liebe von Gott geboten sind, aber daß sie der Heilige Geist „ungeheißen" im Glaubenden vollbringt (17).

In der Beziehung zum Nächsten ist Glaube Liebe. Besonders deutlich wird dieser Gedanke durch die Erläuterung: Des Glaubens Brauch ist „den bruder bekleyden mit unser fromigkeit" (17). Frömmigkeit ist Glaube von der anthropologischen Seite her ins Auge gefaßt. Wird der Nächste bekleidet mit der Frömmigkeit des Glaubenden, dann ist sowohl das orthodoxe als das pietistische Mißverständnis der Rechtfertigung vermieden: sola doctrina sancta sine vita und sola vita sancta sine doctrina.

III

Urbanus Rhegius' formulae 1535/36 führen die Intentionen der Predigtanweisung Herzog Ernsts von 1529 weiter. Dabei geht der klare Aufbau der Vorlage jedoch verloren. Für Urbanus Rhegius stehen die Buße und der christliche Wandel im Vordergrund. Auf das Evangelium wird Bezug genommen, soweit es sachlich notwendig ist. Nach einer Reihe von anderen Themen folgt noch ein Abschnitt „Gnugthuung".

Urbanus Rhegius führt einen doppelten Evangeliumsbegriff ein: „Etliche sagen gar selten etwas von der *busse,* wenn sie reden vom glauben und vergebung der sunde, gleich als kondten die, so nicht busse thun, dem Evangelio gleuben und vergebung derr sunde empfahen, so doch das Evangelion beides zu gleich innhelt, als inn einer summa, nemlich busse und vergebung der sunden ..." (31). Im gleichen Absatz wird von der *Ordnung* gesprochen, „so Christus selbs stellet, das man sol zum ersten von der Busse predigen, darauff sol denn folgen die predigt von vergebung der sunde" (ebenda). Hiernach sind Vergebung der Sünde und Evangelium nicht identisch, es handelt sich um einen engeren und einen weiteren Begriff des Evangeliums: Buße und Evangelium als Sündenvergebung sowie „Evangelium" als Summe von Buße und Sündenvergebung. Auch Urbanus Rhegius betont dann den funktionalen Charakter der Buße gegenüber Gesetz und Evangelium: „Etliche treiben wol die Busse und schrecken die leute feindlich mit dem Gesetz, können sie aber nicht wider trösten mit dem Evangelio" (ebenda). Hier wird das Evangelium speziell als Trost für die durch das Gesetz Erschrockenen verstanden.

In der Ausführung des Lehrstückes von der Buße lehrt das „Evangelium" „also von der Busse, das es sey, Hertzlich reu und leid haben vor begangene sunde ... und darneben,[14] ungezweivelt glauben, das alle sunde ... uns von Gott vergeben werden durch Christus verdienst ..." (42). Das „Evangelium" wird hier also verstanden als *Lehre* von Gesetz, Buße und Sündenvergebung. Urbanus Rhegius kann dann auch von der Buße aus Gesetz und Evangelium bestimmen. Das bedeutet keine Aufhebung der Rechtfertigung solo Christo, sola fide, sola gratia, sondern eine homiletische theologia poenitentiae: „Darumb ist dis die ordnung inn der lere von der busse. Zum ersten: So das Gesetz recht gepredigt wird, erwechset inn uns durch den Heiligen geist warhafftig erkenntnis der sunden, das heissen wir Reu und Leid. Zum andern: Wird uns gegeben durch rechtschaffene predigt des Evangelii erkentnis der gnaden Gottes inn Christo, das heissen wir glauben oder vertrauen auff Gottes gnade" (42). Auch hier wird Evangelium im speziellen Sinn verstanden. Der Oberbegriff ist die Buße, die an die Stelle des erweiterten Evangeliumsbegriffs treten kann. So werden Evangelium und Buße austauschbar. Wenn es um eine theologische Aussage über die Rechtfertigung geht, kann nur das „Evangelium" als Summe der Rechtfertigung der Rahmenbegriff sein; geht es jedoch um die Situation des Predigthörers, schließt die Buße Gesetz und Evangelium zu einer Einheit zusammen. Wiederum ist die Buße das anthropologische Scharnier zwischen dem

---

[14] Vgl. CA, Art. XII.

göttlichen Handeln durch das Gesetz (Verurteilung) und durch das Evangelium (Gnade).

In der Ordnung der Buße gibt es jedoch noch ein drittes Stück: Aus der rechten Buße werden ohne Zweifel folgen „rechtschaffene früchte der Busse, das ist Besserung des lebens und gute werck" (43). Dieses dritte Stück der Buße entspricht dem tertius usus legis. Durch den Verzicht auf diesen Begriff wird das „Gesetz" als umgreifende Definition, als Summe der Rechtfertigung, im Gegensatz zu Buße und „Evangelium" nicht gebraucht. Eine von der paulinischen Theologie her entwickelte Rechtfertigungslehre wird sich ja auch schwer tun, das Evangelium in einen Gesetzesbegriff einzubeziehen. Wenn das Gesetz tötet, würde es eine metabasis eis allo genos bedeuten, es als nova lex für den Wandel des Christen wieder aufzurichten. Urbanus Rhegius kennt dann auch weder den tertius usus legis noch die nova lex, sondern nur die nova oboedientia.

Die Umbildung des katholischen Bußsakraments vollzieht sich durch den neuen Glaubensbegriff. Anstelle von contritio, confessio oris und satisfactio tritt der Glaube, der tätig ist im guten Werk. Weder Luther noch Urbanus Rhegius aber haben die Buße als Bestandteil der Rechtfertigung eliminiert. Damit ist die Aufgabe gestellt, die Beziehung zwischen Buße und Glauben zu klären.

Urbanus Rhegius hat als zweites Stück der Buße den „Glauben des Evangelii" genannt. In der homiletischen theologia poenitentiae wird also auch der Glaube in die Buße einbezogen. Glaube und Buße, so eng sie aufeinander bezogen sind, können jedoch nicht einfach als identisch bezeichnet werden. Die Buße geht dem Glauben voraus: „Hie sihestu auch, das kein rechter glaube inn einem menschen sein kan, wo nicht zuvor Busse oder Reu und leid da ist" (43). Wie in der Predigtanweisung von 1529 Glaube als fiducia verstanden wurde (16), so ist der Glaube auch in den formulae auf die Gnade bezogen; fides und gratia korrespondieren einander.

Die Buße ist wie das Evangelium in doppelter Weise zu verstehen: einmal im weiteren Sinne als Bezeichnung der christlichen Existenz (Dominus et magister noster Jesus christus dicendo: Penitentiam agite etc. omnem vitam fidelium penitentiam esse voluit), dann als spezieller Begriff, als eine Buße, die dem Glauben des Evangelii vorausgeht. Einmal heißt es: Die Stücke der Buße sind Reu und Glauben, dann werden Busse oder Reue als dem Glauben vorausgehend genannt. In der begrifflichen Entfaltung entsprechen einander also Evangelium und Buße und nicht Evangelium und Glauben. So heißt es dann auch „Reu ⟨spezielle Buße⟩ und Glaube müssen bey einander sein" (44).

Wie es nach Urbanus Rhegius eine Ordnung der Buße gibt, so gibt es auch eine „Ordnung zwischen dem Glauben und Wercken" (46). Die Werke nun stehen in einer doppelten Relation, sie sind Früchte der Buße (43) und Früchte des Glaubens (46). Auch die zeitliche Abfolge in der Ordnung der Buße und des Glaubens ist analog: zuvor Buße oder Reue, hernach Früchte der Buße (43). „Erstlich empfehet das hertz den Glauben aus dem Evangelio ... Darnach ... so thue ich gute werck" (46). Wieder kann festgestellt werden, daß sich das „hernach" nicht auf das Gesetz im Sinne des tertius usus legis, sondern auf Buße und Glaube bezieht. Wenn die guten Werke aus der Buße und aus dem

Glauben hergeleitet werden, so liegt hier keine Spannung in der Begrifflichkeit vor, weil der Glaube als zweites Stück der Buße im generellen Sinn verstanden wird. Die guten Werke folgen also nicht aus der Reue (poenitentiale Werkgerechtigkeit), sondern aus der Buße, deren erste zwei Stücke Reue und Glauben des Evangelii sind.[15]

Es entspricht dem Aufbau der Rechtfertigungslehre des Urbanus Rhegius, daß das Werk des Christen nicht vom Gesetz, sondern vom Glauben, von der Buße aus beschrieben wird. Es werden sechs Punkte genannt:
(1) „Zum Ersten sind sie ein gebotener schuldiger Gehorsam, den wir Gott als unsern Schepffer schuldig sind. So sind sie auch eine Dancksagung fur allerley wolthat Gottes. Dazu sind sie das rechte Opffer oder Gottesdienst, die im gefallen umb der person willen, so an Christum gleubt."
(2) „Zum Andern, Unser himlischer Vater, wird dadurch inn uns gepreiset, wie Christus Matth. am fünfften sagt."
(3) „Zum Dritten, Unser Glaube wird durch gute werck geübet und gesterckt, das er zu neme und wachse."
(4) „Zum Vierden, Gute werck sind ein zeugnis gegen unserm nehesten, da durch er gebessert wird, und ein exempel, dadurch er gereitzt wird, dem selben nach zu folgen. Dazu wird im auch leiblich inn seiner not geholffen.
(5) „Zum Fünfften, Durch gute werck wird mir meine beruffung gewis. Denn so ich meinen nehesten liebe und guts thue, so erfare ich, das mein glaube nicht falsch, und das ich ein rechter Christ sey."
(6) „Zum Sechsten, Unser gute werck, ob sie wol die grossen, unaussprechlichen schetze nicht verdienen, nemlich Vergebung der sunde, Gerechtigkeit, Erlösung vom Tod und Teufel (denn das alles thut allein Jhesus Christus), so haben sie (aus Gottes verheissung, aus lauter gnaden gethan) beide, leibliche und geistliche belonung zu gleich inn diesem leben und nach diesem leben."

In diesen sechs Punkten werden Thesen vertreten, die man in einer lutherischen Lehrschrift nicht so selbstverständlich erwartet: Gute Werke als Danksagung für allerlei Wohltat Gottes, als Preis Gottes, als Exempel für den Nächsten, als Vergewisserung der Berufung und als Verheissung leiblicher und geistlicher Belohnung. Man vergleiche nur den Heidelberger Katechismus in der 86. Frage: „Dieweil wir denn auß unserm elend one alle unsere verdienst, auß gnaden durch Christum erlöset seind, warumb sollen wir guote werck thuon? Antwort: Darumb, daß Christus, nach dem er uns mit seinem blut erkaufft hat, uns auch durch seinen heiligen Geist erneuert zu seinem ebenbildt, daß wir mit unserm gantzen leben uns danckbar gegen Gott für seine wolthat erzeigen, und er durch uns gepriesen werde: Darnach auch, daß wir bei uns selbst unsers glaubens auß seinen früchten gewiß sein, unnd mit unserm Gottseligen wandel, unsere nechsten auch Christo gewinnen."[16]

---

[15] Der Passus über die guten Werke als Früchte der Buße steht zwischen der Bestimmung der Buße im Zusammenhang mit Gesetz und Evangelium (42) und der Buße, deren Teile Reue und Glauben sind (43). Beide Male handelt es sich also um den generellen Begriff der Buße.

[16] Die Bekenntnisschriften der reformierten Kirche, hrsg. von E. F. Karl Müller, 1903, S. 706.

Wenn Urbanus Rhegius die guten Werke im Anschluß an den Glauben und an die Buße behandelt, wie steht es mit dem Gesetz? Das Gesetz war in der zwiefachen Relation des usus legis theologicus (coram Deo) und der Betroffenheit des Menschen durch Erschrecken und Reue als das erste Stück der Buße definiert worden (42). In einem besonderen Abschnitt, der nach den Ausführungen über das Gesetz als erstes Stück der Buße über Evangelium, Glaube und gute Werke folgt, will er dartun: „Wie man recht reden sol von dem Gesetz oder Zehen Geboten" (53 ff.). In diesem Abschnitt zeigt sich, daß das Gesetz bei der Entfaltung der Rechtfertigung (Buße, Evangelium, Glaube, gute Werke) nicht Zug um Zug in den progressus der Reflexion hineingenommen wird. Die Aussage über das Gesetz stand am Anfang (als erstes Stück der Buße) und wird nun abschließend noch einmal erläutert, wie auch das Werk Christi in dem Abschnitt: „Wie man recht leren sol von der Gnugthuung" noch einmal aufgenommen wird. Gleich im ersten Satz des Abschnittes über das Gesetz wird deutlich, warum das Gesetz unverrückt am Anfang steht: „Zum Ersten, Gottes Gesetz sind wir schuldig, auffs volkomenst zu halten also, das auch kein buchstaben noch Titel da von nachbleiben solt, denn das ist der allerheiligste Gottes wille und das rechte, Gottselige leben. Und wo das Gesetz nicht gehalten wird, ist die ewige seligkeit nicht zu hoffen" (53). Dieser Forderung Gottes gegenüber vollzieht sich die Rechtfertigung. Gottes Beziehung zum Menschen verändert sich nicht im Blick auf das Gesetz seines heiligen Willens. Das Gesetz als Willen Gottes bleibt immer in Kraft, wird niemals aufgehoben.

Wenn Urbanus Rhegius schreibt, daß „der barmhertzige Gott sein Gesetz schriftlich gegeben" hat (54), so ist der Weg zur Verbalinspiration schon beschritten. Gibt der barmherzige Gott das Gesetz, so unterstreicht er, daß das Gesetz zwar verurteilt, aber daß der verurteilende Gott auch der barmherzige ist, der den Sünder begnadigt: Es gibt kein Gesetz ohne Evangelium!

IV

Wie Urbanus Rhegius' formulae an die Predigtanweisung Herzog Ernsts anknüpfen, so der Kurze Bericht des Chemnitz an die formulae (93a). Die Erfahrung der Celler Geistlichen, daß es bei der Reformation der Kirche weniger um die Beseitigung der Mißstände als um die Grundlegung des Evangeliums geht, wird nun auch für Wolfenbüttel fruchtbar gemacht: „Und die erfahrung gibts, das vil unverstendige pastores nur allein brechen und nicht bauen, auch mit unbescheidenheit [„bescheiden" = belehrt, erfahren] die arme, irrende gewissen mehr ergern und verwirren, dann auß grunde underweisen und zurechtebringen" (92b).

Chemnitz beginnt die Darlegung der rechten Lehre nach einem Abschnitt über Gott mit der Buße. Er ist sich der doppelten Bedeutung dieses Wortes bewußt: „Das wörtlein (busse) wird in der schrift an etlichen örtern gebraucht für das erste theil der bekerung, welches man sonst nennet contritionem, reu und leid, als wenn underscheidlich gennnet werden busse, glauben und früchte der busse ... (94b). Also auch, wenn man busse nennet und verstehet die ganze bekehrung des menschen, ists gebreuchlich, das man sagt, die busse habe drey theil oder stück, erstlich reu und leid oder schrecken des gewissens von wegen der sünde, zum andern den glauben, der im evangelio sucht und ergreift vergebung der sünden auß gnaden um Christus willen, zum dritten die früchte der busse, das ist den Anfang eines neuen lebens oder neuen gehorsams" (94 f.). Über den doppelten Bußbegriff sollen die Prediger „kein wortgezenk anrichten, sondern den verstand und die Meinung einfeltig und deutlich erkleren" (94b). Die Begrifflichkeit Chemnitz' differenziert also von der des Rhegius: Bekehrung ist der allgemeine Begriff, der aus Busse = Reue, Glauben (auf das Evangelium bezogen) und dem neuen Gehorsam zusammengesetzt wird.

Chemnitz will nun nicht darüber streiten, ob „in der lehr von der busse zu der reu und zu dem glauben mit gezelet und gerechnet wird der neu gehorsam ... (95a). Das Sachproblem muß deutlich werden und darf durch verbale Streitereien nicht verdeckt werden. „... zu der göttlichen traurigkeit, welche zur seligkeit wirket eine reu, die niemand gereuet, 2. Cor. 7 [10], gehören zwey stück, contritio et fides, reu und glauben, der neue gehorsam aber gehöret nicht darzu" (95a). Man darf aus dieser Zurückstellung der „Heiligung" nicht darauf schließen, daß es auf sie weniger ankäme. Die ganze Schrift Chemnitz' ist ein Hymnus auf die Rechtfertigung *und* Heiligung. Es geht um die theologische Position: Die nova oboedientia, die Früchte der Buße treten hinter dem sola gratia, sola Christo zurück: „wenn erstlich durch den glauben die sünde vergeben ist, *alßdann* folgen die früchte in guten werken..." (95a). „Die gnad aber, vergebung der sünden und das ewig leben hat allein Christus verdienet und wird allein durch den glauben ergriffen und angenommen, und *darnach, darauf und darauß* folgen dann gute früchte" (95a).[17] Bei der Begrifflichkeit der Rechtfertigung muß das Werk Gottes (Christi) immer vom Werk des Menschen getrennt werden. Werk Gottes (Christi): usus legis theologicus, Evangelium als Vergebung, die Gabe des heiligen Geistes für das Leben des Christen. Werk des Menschen: Buße als Reue, Annahme der Vergebung, neuer Gehorsam.

Die Rechtfertigung in diesem Sinne ist „fast die ganze summa der christlichen lehre" (95b). Bei der Predigt der Rechtfertigung geht es nun darum, daß also „allwege sey applicatio seu accomodatio ad usum" (95b). In der Predigtanweisung von 1529 hieß es kurz und bündig, die Liebe ist der Brauch des Glaubens. Nach der breiten Entfaltung der reformatorischen Rechtfertigungslehre durch die Orthodoxie wird weniger spontan aber ohne Unterschied in der Sache gefordert, die Lehre, die Begriffe müssen in den usus kommen, eine Forderung, die sich durch die ganze Schrift hinzieht. Die Prediger sollen die evangelische Lehre der Gemeinde nicht schlicht im Vorbeigehen „erzelen, sondern ad usum accommodiren, den nutz und brauch weisen, also das die leute fein sich selbs nach der lehre Pauli, 2. Corinth. 13 [5], probieren lehrnen, ob sie ein bußfertiges herz haben oder nicht, ob sie im glauben seind oder nicht, ob ein anfang des neuen gehorsams bey ihnen sey oder nicht" (97a). Auf diese Weise kann „der gemeine man die lehre von der busse nicht allein gründlich verstehen, sondern

---

[17] Hervorhebungen vom Verfasser.

auch in christliger teglicher ubung zum brauch bringen" (97b). „Wer darauf nicht denkt und damit sich nicht bekümmert, ob Gott sein freund oder feind sey, der hat keinen glauben. Item, wer allein die artickel des glaubens in genere für wahr helt, der hat darumb noch nicht den wahren seligmachenden glauben ..." (97b).

Das folgende Kapitel handelt „Von underscheid des gesetzes und evangelii". „Die ganze lehre des göttlichen worts, in der heiligen schrift geoffenbaret, stehet in diesen zweyen underschiedlichen hauptstücken, in der lehre des gesetzes und in der lehre des evangelii" (98b). Nicht die ganze Schrift, sondern die ganze Lehre des göttlichen Wortes soll deutlich werden durch die Hauptstücke Gesetz und Evangelium. Der reformierten Position der „ganzen Schrift" gegenüber geht es also nicht um die „lutherische Zwangsjacke" von Gesetz und Evangelium, sondern um Gesetz und Evangelium als Interpretament: die Verlorenheit, das Elend des Menschen und seine Rettung.

Es ist nun im Blick auf die weitere Geschichte der lutherischen Theologie von entscheidender Bedeutung, wenn Chemnitz schreibt: „Und die beide heuptstück müssen in der kirchen Gottes beysamen bleiben und miteinander getrieben werden, nicht allein das Gesetz ohne das evangelium, auch nicht allein das evangelium ohne das gesetz, und müssen doch die zwey heuptstück mit hohem fleiß underscheiden werden, sein und bleiben ..." (98b). Was bei Urbanus Rhegius implizit nachgewiesen werden konnte,[18] ist bei Chemnitz explizit formuliert. Es gibt kein Gesetz ohne Evangelium, es gibt kein Evangelium ohne Gesetz.

Chemnitz wendet sich dann unter Berufung auf Luther gegen solche, die lehren, die Reue „solle nicht auß dem Gesetz, sondern auß dem evangelio" kommen. Er weist jedoch auch die ab, „die da den tertium usum legis verwerfen" (100b). Damit ist die Schlüsselstelle in der Frage „Gesetz und Evangelium" erreicht, und es ist sachgemäß, daß Chemnitz gerade hier um eine exakte Begriffsbestimmung bemüht ist. Er fordert von den Predigern eine klare Vorstellung „de usitate et generali definitione evangelii, das sie nicht entweder gezenk darüber erregen oder auß mißverstand derselbigen den nötigen underscheid des gesetzes und evangelii confundieren" (100b). Es gibt also ein Evangelium im eigentlichen (gebräuchlichen) und im uneigentlichen (generellen) Sinn; dasselbe gilt für das Gesetz: „wie das wörtlin (gesetz) oft für die ganze lehre des göttlichen worts, auch das evangelii, gebraucht wird, Psal. 19 [8] und 119 [1; 18 usw.]; Jsa. 2 [3]; Roma. 8 [2], also wird auch das wörtlin (evangelion) zuweilen in gemein gebraucht für die ganze summa des göttlichen worts, Mar. 1 [15] und 16 [15]; Lu. 9 [6]; Act. 20 [24]. Und in dem verstand seind die fürnemsten zwey heuptstück des evangelii in genere busse und glauben oder vergebung der sünden, L. 24 [47]; Actor. 21 ([21]" (101a).

Der generelle Begriff des Gesetzes ist von der reformatorischen Theologie Luthers nicht verwandt worden, jedoch läßt sich der zwiefache Evangeliumsbegriff auch bei ihm nachweisen. Chemnitz zitiert aus Luthers Galaterkommentar 1535: daß das Gesetz nicht nur die Sünde zeigt, sondern auch zu Christus

---

[18] S. oben S. 528.

treibt. Aber dieser Brauch des Gesetzes geschieht allein durch den Heiligen Geist und das „Evangelion" zeigt denselben. Das Gesetz sagt, wer das tut, der wird leben, das „Evangelium" sagt, du hälst das Gesetz nicht und wirst nicht leben (101b). Hier ist das Evangelium generell verstanden und schließt den durch den Heiligen Geist bewirkten usus legis theologicus ein. „Evangelium proprie est promissio remissionis peccatorum et iustificationis propter Christum" (102a). Im Anschluß an Luther hat Chemnitz die Begrifflichkeit von „Gesetz und Evangelium" geklärt. Das Gesetz ist Gottes heiliger Wille. Er könnte terminologisch auch auf die Rechtfertigung bezogen werden, doch steht dem die paulinische Gesetzeslehre entgegen. Das Evangelium im generellen Sinn schließt den usus legis theologicus und die diesem usus korrespondierende Buße ein. Das Evangelium im eigentlichen Sinn ist Sündenvergebung, ist die Gnade, die in Christus gegeben wird. Gericht und Gnade sind auf einander bezogen, sie bilden eine Einheit im Handeln Gottes, sie können aber nie identisch sein im Glauben des Menschen. Darum schließt er das Kapitel mit der Mahnung: „ne fiat confusio legis et evangelii" (102a).

In den Kapiteln „Von dem artickel der rechtfertigung des armen sünders für Gott zum ewigen leben" und „Von güten werken" schließt Chemnitz diese Thematik ab. Noch einmal betont er, daß die Früchte der Buße das sola gratia, solo Christo nicht beeinträchtigen dürfen. Er lehnt die Rechtfertigungslehre des Tridentinums ab: die „gerechtigkeit stehe nicht allein in der versönung oder gnedigen vergebung der sünden umb Christus willen, sondern auch zugleich in der heiligung und verneuerung des menschen, welcher sey inhaerens forma nostrae iustificationis" (108a). Zwar ist es richtig, daß die Heiligung eine Wohltat Christi sei, doch „menget die schrift unsere novitatem nicht mit ein in den artickel unser rechtfertigung, sondern setzet dieselbige allein darin, das wir auß gnaden umb Christus willen durch den glauben mit Gott versönet, vergebung der sünden, einen gnedigen Gott und die erbschaft des ewigen lebens haben..." (108a).

Wie bei Urbanus Rhegius folgen am Ende der Artikel über Gesetz und Evangelium, über die Rechtfertigung die Ausführungen über die guten Werke. Das Gesetz, das „Gott mit seine eigenen fingern geschrieben" (109b) (Verbalinspiration!) bleibt auch für den Gerechtfertigten im tertius usus in Geltung. In welchem Verhältnis steht nun der Glaube zum Werk? Chemnitz lehnt die dialektisch überspitzte These Amsdorfs[19] ab, daß gute Werke schädlich für die Seligkeit seien (111b). Der Glaube steht in einer doppelten Relation: „... denn ein wahrer glaube ergreift auf einer Seite im wort und sacramenten Christum und Gottes gnade in Christo, auf der anderen seite ist er durch die liebe und andere gute werk thetig, Galat. 5 [6]" (111b). Die doppelte Relation des Glaubens ist begründet im Unterschied zwischen Gott und Mensch. Coram Deo empfängt der Glaube die Gnade, coram hominibus erweist der Glaube seinen Nächsten gute Werke. Damit ist Chemnitz nicht weit entfernt von der Formu-

---

[19] RGG² I Sp. 311.

lierung der Predigtanweisung von 1529, daß nämlich der Brauch des Glaubens die Liebe ist. Bei der Angabe der „causas" für die guten Werke bezieht er sich auf die sechs Punkte des Urbanus Rhegius, auf Melanchthons Loci, aber auch auf Luther: Gute Werke soll man tun erstens um Gottes willen, zweitens um des Nächsten willen und drittes um der Gewissheit des eigenen Glaubens willen (113 f.).

Hermann Dörries

Erasmus
oder
Luther

Eine kirchengeschichtliche Einführung*

In der Kirchengeschichte gibt es Namenpaare, die auf ein Zusammengehen und gegenseitiges Ergänzen hindeuten: Basilius und Gregor von Nazianz, Franz von Assisi und Dominikus. Andere läßt nur der Gegensatz zusammenstellen: Athanasius und Arius, Augustin und Pelagius. Sie stehen uns — was immer sie auch sonst gewesen sein mögen — für je zwei einander ausschließende Überzeugungen, zwischen denen Zeitgenossen und Spätere sich entscheiden sollen.

Luther und Erasmus — die Auseinandersetzung der beiden Männer, von denen jeder der Wortführer einer Bewegung geschichtlichen Ranges war, hat immer wieder die Blicke auf sich gezogen. Man empfand, es gehe um mehr als einen spätmittelalterlichen Schulstreit und er bedeute etwas auch für spätere Zeiten.

Verschieden aber ist die Weise, in der man ihn zu deuten unternahm. Man hat darin wohl ein Beispiel für den stets möglichen Unterschied zweier Geistes- und Glaubenshaltungen sehen wollen, der unbeugsamen, aber auch starren, oder der biegsamen und zugleich anpassungswilligen. Andere fanden in dem Streit die von Luther ergriffene Gelegenheit, seine Gedanken zusammenhängend zu entwickeln. Dann waren Anlaß und Verlauf von nur zeitgeschichtlichem Interesse; für das gedankliche Erfassen und Verstehen der Erkenntnisse Luthers bedeutete es wenig, wann und zu wem sie gesagt waren. Eine dritte Möglichkeit ist hier gewählt. Da Luther in De servo arbitrio dem Gedankengang der Diatribe nachgeht, muß man sie kennen, um seinen Einwänden ganz folgen zu können; das kritische Gegenbild setzt das Bild voraus. Wie Luther sodann das Gewicht der Frage einschätzte, bestimmt auch das Gewicht seiner Antwort und damit zugleich deren Bedeutung für das Verständnis seiner Theologie und seines Glaubens. Schließlich enthält Luthers Erwiderung sein Urteil über die Lehre, der er sich entgegensetzte. Auch das geht uns an. Denn in demselben Grade, in dem die Argumente des Erasmus uns einleuchten, verlieren die Luthers für uns an Kraft; stimmen wir umgekehrt Luther zu, so können wir nicht umhin, von seinem Gegner abzurücken. Geht die Frage uns an, so fordert sie eine Stellungnahme. Wie kam es zu dem Streit?

---

* Der in der Zeit des Kirchenkampfes auf einer hannoverschen Pfingstkonferenz gehaltene, noch ungedruckte Vortrag mag jetzt in einer Neufassung dem verehrten Jubilar dargebracht werden als ein Erinnerungsblatt an jene Jahre, in denen Altbekanntes entdeckt wurde und neue Gemeinschaft entstand.

I

Anfangs sah es so aus — und Erasmus teilt darin gerade wie Luther das Urteil seiner humanistischen Freunde, die in beiden Männern Wortführer der gleichen Sache sahen —, als werde es, wenn nicht zu einem engen Zusammengehen, so mindestens zu einem friedlichen Nebeneinander kommen.[1] War doch mehr als ein anerkennendes Wort des Humanistenführers im Umlauf über den streitbaren Mitkämpfer, der das von ihm selbst maßvoll begonnene Reformwerk nur mit größerer Entschiedenheit fortzusetzen schien. Man weiß, welchen Wert für Luthers Landesherrn ein spottendes Wort des Erasmus gehabt hat, Luthers ganzes Verbrechen bestehe darin, daß er den Mönchen an ihren Bauch, dem Papst an seine Krone gefaßt habe.[2] Und Luther hat nicht nur gelegentlich an den gefeierten Mann geschrieben, sondern ihn auch im engeren Kreise als den „Unsern" bezeichnet.[3] Freilich kommen beide frühzeitig zur Einsicht der Verschiedenheit ihres Wesens wie ihrer Ziele.[4] Luther vermißt bei dem Schüler des Hieronymus die tieferen Erkenntnisse Augustins, und Erasmus bittet den bereits Umstrittenen, das Gedeihen der Sprachstudien nicht dadurch zu gefährden, daß er seinen Namen in die Kämpfe hineinziehe.[5]

Der erste Brief an Luther läßt schon erkennen, wie Erasmus auch künftig zu ihm stand.[6] Dieser mit freundlicher Höflichkeit geschriebene Brief beginnt mit einer Klage, Luthers kleine Schriften hätten[7] „Tragödien" angerichtet und er selber vermöge den Verdacht nicht zu zerstreuen, daran mitgewirkt zu haben — als sei Erasmus der „Bannerträger dieser Partei".[8] Die Löwener Gegner nähmen das zum Anlaß, die bonae litterae zu unterdrücken; zunächst eine kleine eifernde Minderheit von Theologen, hätten sie die ganze Universität angesteckt. Erasmus wahrt demgegenüber eine entschlossene Neutralität,[9] die auch jede Kenntnisnahme von Luthers Schriften vermeidet: „Ich bezeugte ihnen, du seiest mir ganz unbekannt, ich hätte deine Bücher noch nicht gelesen, könnte sie also weder billigen noch verwerfen."[10] Erasmus erklärt sein Verhal-

---

[1] Als exemplarisch für eine geschichtliche Würdigung sei gleich zu Beginn der Aufsatz „Erasmus und Luther" von Heinrich Bornkamm genannt (Das Jahrhundert der Reformation, 1966², S. 36—55). — Die neueste Biographie erhielten wir von Roland H. Bainton, Erasmus of Christendom, New York 1969 (deutsche Ausgabe in Vorbereitung).

[2] Zu Spalatins, des Ohrenzeugen, Bericht vgl. Allen tom. IV, S. 370 f. Er wurde weit verbreitet; auch Luther erzählt 1531 davon in einer Tischrede (WA TR 1, Nr. 131).

[3] WA Br 1, Nr. 35, 15.   [4] Vgl. u. S. 539 f.   [5] 1. August 1520, WA Br 2, Nr. 321, 66 f.

[6] Löwen 30. Mai 1519, WA Br 1, Nr. 183; Antwort auf Luthers Brief vom 28. März (den er freilich nicht zur Hand habe).   [7] Ebenda Z. 4.   [8] Ebenda Z. 7.

[9] Sie bewährt sich auch darin, daß Erasmus den Löwener Theologen empfahl, Luther mit Büchern oder Disputationen zu widerlegen, statt — ohne seine Schriften zu kennen — ihn vor dem Volk zu verketzern (ebenda Z. 18 ff.).

[10] Ebenda Z. 16 ff.: Testatus sum, te mihi ignotissimum esse, libros tuos nondum esse lectos, proinde nec improbare quicquam, nec probare. Dem widerspricht nicht, daß Erasmus gegen Schluß des Briefes von einem „Kosten" (des eben erschienenen ersten Teils) der Operationis in psalmos spricht — lateinisch und unpolemisch! Ganz ähnlich lautet ein Wunsch vom 1. August 1520, nach allem Streit möge L. ein biblisches Buch auslegen, „nullis admixtis affectibus" (WA Br 2, Nr. 321, 84 f.; unmittelbar anschließend ein erneutes Lob

ten nicht nur mit der Rücksicht auf das Gedeihen der humanistischen Studien, sondern gibt ihm eine Begründung, die Luther gewiß als auch für sich gültig verstehen sollte: Besonnenheit ist besser als Ungestüm. „So hat Christus sich die Welt botmäßig gemacht, so Paulus das jüdische Gesetz aufgehoben, indem er alles allegorisch deutete." [11] Statt die Menschen zu erbittern und bei ihnen Eingewurzeltes gewaltsam herausreißen zu wollen, soll man behutsam und mit wirkungsvollen Argumenten vorgehen, besser als mit bloßem Behaupten. Erasmus rät an, mit Machthabern diplomatisch zu verfahren, Anfeindungen zu übersehen und sich vor parteiischem Reden und Tun zu hüten. „Das, meine ich, sei dem Geiste Christi willkommen." [12] — Dieses bezeichnende Selbstzeugnis macht nicht nur das bisherige Verhalten des Erasmus verständlich, es gibt Einblick in seine Denkweise und läßt schon seine künftige Stellungnahme voraussehen. Die „aufblühenden Wissenschaften" haben für ihn die bestimmende Geltung. Sie halten ihn aus allem Streit heraus, erfordern Frieden und verwehren alle Gewaltsamkeit. Hier bereitet sich schon die erasmische Absage an alle Tumulte vor. Alles Parteiliche, ein Aufreizen des Volks und die Leidenschaften in den Lehrkämpfen sind verwehrt. Erasmus will pädagogisch wirken durch Belehren und Überzeugen, was Ruhe und Zeit braucht. Dieser Weg ist für ihn auch der theologisch allein legitime, für den er sich auf Paulus und Christus selbst beruft.

Erasmus ist es jedoch gewesen, der mit seiner Diatribe de libero arbitrio die Auseinandersetzung eröffnete. Gewiß, er hätte sich schwerlich dazu verstanden, das ihm fremde Feld der Lehrkämpfe zu betreten, wenn er nicht von anderen, Gönnern und Gegnern, dazu gedrängt worden wäre. Die einen hofften, in dem berühmten Gelehrten endlich Luther einen ebenbürtigen Streiter entgegenstellen zu können. Die anderen hatten den alten Kritiker von Mönchtum und Scholastik im Verdacht heimlicher Sympathien mit dem Reformator und wollten ihn nötigen, einmal Farbe zu bekennen. Als er nun im September 1524 wirklich gegen Luther antrat, tat Erasmus zwar seiner Neigung, sich aus dem Streit herauszuhalten, Gewalt an, nicht aber auch seiner Meinung. Denn Erasmus hatte nicht nur inzwischen mit wachsendem Unbehagen angesehen, wie der lutherische Wettersturm das ruhige Aufblühen der Wissenschaften bedrohte, sich also durch Art und Folgen der Reformation beunruhigt gefühlt, sondern er nahm auch am Inhalt mancher theologischer Sätze Luthers Anstoß.

Wenn aber die anderen Luthergegner die Abwehr dort versuchten, wo der erste Angriff erfolgt war, bei Ablaß und Fegefeuer, oder wenn sie den Gegensatz rasch auf die Papstgewalt hinwendeten als auf den festen Turm, von dem aus sie Trotz bieten könnten, so ist Erasmus am Institutionellen nicht interessiert. Er mochte sich wohl auch nicht gern schützend vor Einrichtungen stellen, über

---

der Operationes in psalmos). Ungefähr gleichzeitig, am 18. Mai 1519, hatte er Kardinal Wolsey bezeugt, Luther sei ihm gänzlich unbekannt, er habe kaum die eine oder andere Seite von ihm gelesen, und an dem Gerücht, Erasmus habe Luther bei dessen Schriften geholfen, sei schlechterdings nichts (Allen tom. III, Nr. 967, 78 ff.).

[11] WA Br 1, Nr. 183, 36 ff. Zur Funktion der Allegorie bei Erasmus vgl. H. Bornkamm, aaO. S. 40 f.   [12] WA Br. 1, Nr. 183, 45.

die er selbst schon manches beißende Wort geäußert hatte, das er nun hätte verleugnen müssen. Nicht also einfach als Anwalt des ganzen hergebrachten Systems wollte er auftreten. Vielmehr fand er mit sicherem Instinkt für sein Vorgehen den Punkt heraus, wo das Alte und sein eigenes Neues sich berührten: die Frage der menschlichen Entscheidungsfreiheit. Die Katholiken mußten ihm Dank wissen, wenn sie an dieser auch ihnen wesentlichen Stelle einen unverdächtigen Zeugen fanden. Erst recht aber konnte die selbstgewisse neue Bewegung, die auf Entfaltung der menschlichen Kräfte ausging, sich selber in Frage gestellt fühlen, wenn Luthers radikale Leugnung der Unabhängigkeit und Eigenmächtigkeit des Menschen sich durchsetzte. Ihrer aller Dank verdiente, wer hier den Kampf aufnahm.

Ohne Zweifel hat bei der Wahl des Themas die Hoffnung mitgesprochen, damit außerhalb der Gefahrenzone des Dogmas zu bleiben. Immer wieder hat Erasmus ausgesprochen, daß ihm an einer dogmatischen Bestimmung nicht gelegen sei. Aber gleichwohl ist er fest davon überzeugt, daß es an dieser Stelle etwas Unaufgebbares zu verteidigen gelte. Wie immer die menschliche Kraft definiert werden mochte, für die er focht, ihr Dasein war ihm gewiß. Wenn die Anpassungsfähigkeit zum Wesen von Humanismus und Renaissance gehört und Erasmus sonst vermied, Stellung zu beziehen, an dieser Stelle konnte er nicht weichen, ohne sich selbst aufzugeben. Daß er den Punkt herausfand, macht der Einsicht des Erasmus alle Ehre: hier lag wirklich der Hauptgegensatz der Humanisten, deren Wortführer er war, zur Reformation.

Wie verficht Erasmus seine Sache? Man ist auf den ersten Blick verwundert und möchte es für bloße Taktik halten, wenn Erasmus nicht nur einmal erklärt, daß er die doch auch für ihn selbst zentrale Frage am liebsten unerörtert sähe — so schwierig und so unnötig sei sie! Wie bei allen Glaubensfragen, soweit es nicht schon autoritative Entscheidungen darüber gibt, möchte er gern auf jede Antwort verzichten, nachdem so viele Köpfe darüber umsonst gegrübelt haben; dogmatische Kämpfe führen doch zu nichts, als daß sie Liebe und Eintracht vernichten. Es gibt in der Bibel Geheimnisse, die Gott undurchdrungen lassen will. Halten wir uns vielmehr an das Klare und jedenfalls für Laien Zureichende! Dieses Wesentliche ist: auf dem Wege der Frömmigkeit kräftig das Bessere anstreben, in Sünde das Heilmittel der Buße und Gottes Barmherzigkeit angehen, alles Schlechte uns, alles Gute dem Schöpfer zuschreiben, glauben, daß glückliches oder widriges Geschick von Gott kommt, der niemandem ein Unrecht zufügt, und gewiß sein, daß keiner an der Verzeihung des gütigen Gottes verzweifeln muß. Das ist genug zu christlicher Frömmigkeit; man soll nicht mit gottloser Neugier in das Verschlossene, um nicht zu sagen Überflüssige eindringen wollen.[13]

---

[13] De libero arbitrio diatribe sive collatio, in: Erasmus von Rotterdam, Ausgewählte Schriften, hrsg. von W. Welzig, Bd. IV, 1969; hrsg. von J. von Walter, in: Quellenschriften zur Geschichte des Protestantismus, 8. Heft, 1935; im folgenden wird zitiert nach von Walter Ia 8, S. 6, 10 ff. Erasmus bezeichnet dies nicht nur als Minimalforderung (haec tenere meo iudicio satis erat ad Christianam pietatem; S. 6, 22 f.), sondern als Inbegriff der Christiana pietas, sofern er die irreligiosa curiositas abwehrt, die darüber hinausgehen möchte (ebenda Z. 23 ff.).

Das so von Erasmus umrissene Laienchristentum stellt sich also dar als ein optimistischer Vorsehungsglaube, der in guter Zuversicht auf göttliche Hilfe Bescheidenheit übt. Alles weitere Fragen ist verwehrt: ob unser Wille bei dem, was sich auf das ewige Heil bezieht, etwas tut oder nur ein Handeln der Gnade erfährt — Gott will uns das unbekannt bleiben lassen. Selbst wenn etwas von dem wahr wäre, was Luther darüber sagt: was kann es Unnützeres geben, als das öffentlich auszusprechen?[14] Vielleicht mag man es im Kreise der Gelehrten oder an theologischen Schulen durchdenken; vor dem großen Publikum ist es nur schädlich, da es den Willen lähmt und das Vertrauen auf Gottes Gerechtigkeit gefährdet.[15] Aber Erasmus ist auch weit davon entfernt, Luthers Leugnung der Willensfreiheit anzuerkennen: es trifft gar nicht zu, daß es wahr und biblische Lehre ist; sonst hätten so viele ausgezeichnete Schriftkenner es nicht übersehen können. Ja — so nimmt Erasmus den katholischen Grundsatz auf — es ist von vornherein wahrscheinlicher, daß die alle Jahrhunderte hindurch geltenden Autoritäten, Märtyrer, Kirchenväter, Päpste und Konzilien, das Richtige gesehen haben, als daß jetzt ein einzelner gegen sie Recht hat![16]

Doch Luther will ja nur durch die Bibel sich belehren lassen, und so tritt denn Erasmus den Schriftbeweis an. Diesen Beweis liefert ihm jede Seite der Bibel. So oft sie von guten Werken zur Gerechtigkeit, von Lohn, vom Gericht spricht, so oft sie mahnt, gebietet oder droht, bestätigt sie das Dasein einer Kraft im Menschen, die zu gehorchen, zu streben, zu handeln vermag; der Mensch ist deshalb verantwortlich und kann belohnt oder bestraft werden. Welche Folgerungen ergäben sich sonst auch für Gott und Menschen! Religion und Sittlichkeit stehen und fallen mit der Möglichkeit freier Entscheidung. Erasmus faßt zum Schluß die Gründe zusammen, warum man dem menschlichen Willen und Urteil etwas zuschreiben muß: „um den Gottlosen zurechnen zu können, daß sie mit eigenem Entschluß von der Gnade Gottes abgefallen sind; um von Gott den Vorwurf der Grausamkeit und Ungerechtigkeit fernzuhalten; um bei uns der Verzweiflung zu wehren und um andererseits die Sicherheit auszuschließen; um immer wieder zu neuem Versuch anzuspornen."[17]

Gewiß gibt es — räumt Erasmus ein — in der Bibel auch Stellen, die Luther für sich in Anspruch nehmen kann. Da gilt es, den Ausgleich zu finden, indem man die buchstäbliche Bedeutung aufgibt und eine mittlere Linie zwischen den Extremen sucht. Der ganze Streit kommt ja daher, daß die Radikalen links und rechts die für sie sprechenden Stellen herausgreifen und danach alles andere für ihren Zweck umdeuten. Die einen bedenken die Trägheit der Menschen und wollen sie auch wieder nicht in Verzweiflung fallen lassen; darum übertreiben sie die Unabhängigkeit des Menschen, der zum Guten und Bösen sein Geschick ganz in eigener Hand halte. Die anderen erwägen den Schaden der

---

[14] Diatribe Ia 9, S. 8, 9 ff. u. S. 9, 12 f. [15] Diatribe Ia 11, S. 11, 12 ff.
[16] Diatribe Ib 7.8, S. 17, 14 ff.; 18, 3 u. ö. Einige Hinweise zu scholastischen Bezügen gibt die Studie von E.-W. Kohls, Die theologische Position und der Traditionszusammenhang des Erasmus mit dem Mittelalter, in: De libero arbitrio, Humanitas - Christianitas, Festschrift für W. v. Loewenich, 1968, S. 32—46. [17] Diatribe IV 16, S. 90, 25 ff.

Selbstgefälligkeit und den Hochmut derer, die auf ihre Leistungen pochen, führen deshalb alles auf bloße Notwendigkeit zurück. „Mir aber gefällt am meisten die Meinung derer, die *etwas* dem freien Willen zuschreiben, doch das meiste der Gnade."[18] „Durch solche maßvolle Lehre wird gesagt, daß es irgendwie ein gutes Werk gibt, wenn auch unvollkommen und so, daß der Mensch keine Ansprüche darauf stützen kann, und irgendwie ein Verdienst, wenn auch dessen Vollendung Gott zu verdanken bleibt."[19] Damit ist dann zugleich — meint Erasmus — das berechtigte Anliegen Luthers gewahrt, nämlich das, was er fromm und christlich über die ungeteilte Liebe zu Gott, über die Absage an das Vertrauen auf Verdienste, Werke und Eigenkräfte und über das Gründen der ganzen Zuversicht auf Gott und seine Verheißungen schreibe. Erasmus schließt: „Das Amt des Disputators übernahm ich, nicht das des Richters." „Ich habe das Meine beigetragen; nun mögen andere urteilen!"[20]

Zu sicherem Verständnis der an sich klar, aber mit vorsichtiger Zurückhaltung geschriebenen Schrift mag ein früheres Werk des Erasmus, das „Handbüchlein des christlichen Kriegsmannes", herangezogen werden.[21] Dort wird ausführlicher und ohne polemische Abzielung von den Anlagen und Fähigkeiten des Menschen geredet. Im Anschluß an Plato und die christlichen Platoniker wird der Mensch als ein Gefüge verschiedener Naturen beschrieben, einer höheren, die, ihres himmlischen Ursprungs eingedenk, nach oben strebt, und einer unteren, die ihrer Art nach dem Leiblichen und Vergänglichen zugekehrt ist. In den Menschengeist ist ein „Same des Guten" eingesenkt, und jedenfalls das Edelste im Menschen, die Vernunft, darf nicht „Fleisch", d. h. unfromme Leidenschaft, genannt werden.[22] Die Seele aber hat die Freiheit, sich für das in die Vernunft eingeschriebene ewige Gesetz des Rechten oder für die Leidenschaft und ihr Gesetz der Sünde zu entscheiden. Es bedarf deshalb des Appells an den Willen: „Ein großes Stück des Christentums besteht darin, mit ganzem Herzen Christ werden zu *wollen*."[23] „Nichts hat der menschliche Geist je energisch von sich selbst verlangt, was er nicht auch geleistet hätte."[24] Hier ist — pädagogisch — die uneingeschränkte Willensfreiheit proklamiert.[25]

---

[18] Ebenda Z. 11.   [19] Ebenda Z. 17.

[20] Diatribe IV 17, S. 92, 8. — Der Begriff der „collatio" im Titel wird hier in seinem einschränkenden Sinne voll sichtbar.

[21] In: Desiderius Erasmus Roterodamus, Ausgewählte Werke, hrsg. von H. Holborn, 1933, S. 1 ff.

[22] Das ist auch in der Diatribe beibehalten; vgl. z. B. IIIb 4, S. 63, 13 ff.: Nec tamen omnis affectus hominis est caro, sed est, qui dicitur anima, est, qui dicitur spiritus, quo nitimur ad honesta. — Aus dem Enchiridion vgl. auch die Gleichsetzung: „Quod philosophi rationem, id Paulus modo spiritum, modo interiorem hominem, modo legem mentis vocat" (S. 47, 28 ff.).

[23] Enchiridion S. 46, 37 f.   [24] Ebenda Z. 36 f.

[25] Über die widerspruchslose Einheit antiken und christlichen Denkens, die Erasmus gerade auch im Enchiridion vertritt, vgl. H. Bornkamm, aaO. S. 39 ff. Eine monographische Darstellung der „Theologie des ‹frühen› Erasmus" hat Ernst Wilhelm Kohls 1966 vorgelegt. Darin behandelt er eingehend die „Entfaltung der erasmischen Theologie im Enchiridion militis Christiani" (S. 69—190).

Es ist jedoch nicht bloße Anpassung an den kirchlichen Sprachgebrauch, wenn Erasmus nach dieser klassischen Formulierung des Freiheitsdogmas dann gleichwohl die Sache, für die er in seiner Diatribe Luther gegenüber eintritt, sehr viel vorsichtiger bestimmt. Er tritt ein für „die Kraft des menschlichen Willens, mit der sich der Mensch dem, was zum ewigen Heil führt, zuwenden oder sich davon abkehren kann".[26] Genötigt, sich um begriffliche Schärfe zu bemühen, einem Gegner gegenüber, der den von der scholastischen Tradition behaupteten menschlichen Anteil zur Seite warf, will Erasmus nur das für ihn Unaufgebbare behaupten. In dieser Lage mußte ihm eine vorsichtige Formulierung angemessen erscheinen. Er konnte meinen, Luthers Anliegen gerecht zu werden und dabei doch die eigene Überzeugung nicht zu verleugnen. Überdies gehört die Abneigung gegen dogmatisches Festlegen und die Anpassung an das jeweils Gegebene zu den Kennzeichen der humanistischen Denkweise. Diese geht nicht auf Schärfe und Entschiedenheit; ihr liegt an ruhiger Entwicklung, die, ohne mit der Vergangenheit schroff zu brechen, auch vom Gegner übernimmt. So will Erasmus, was Schrift und Kirchenlehre von Gnade wie von Sünde zu sagen wissen, keineswegs preisgeben, will auch nicht mit den verschiedenen Theologenschulen in den Streit über die Größe des Anteils eintreten, den die auf den Willen einwirkenden Kräfte an dessen Entschließungen haben, nur das steht ihm schlechthin fest, daß es *irgend*eine Kraft des Willens gebe: für sie zieht er ins Feld!

Solcherart also begann der große Humanist den Kampf mit der Reformation. Lediglich das für ihn Wesentliche behauptend, übrigens ohne Enge, maßvoll auch im Ton, geistvoll, beredt: es konnte nicht fehlen, daß Sympathien ihm zufielen. Noch der ähnlich gestimmte Historiker der neueren Geistesgeschichte, Wilhelm Dilthey, kommt zu dem Schluß, daß Erasmus „mit siegreicher Kraft" seine Sache gegen Luther erwiesen habe.[27]

II

Was hat Luther Erasmus entgegenzusetzen? Ehe wir uns der großen Schrift De servo arbitrio zuwenden, bedarf es des Rückblicks sowohl auf das frühere Verhältnis Luthers zu Erasmus, bis zu ihrem Bruch, als auch auf die immer deutlichere Herausbildung der lutherischen Lehre vom unfreien Willen.

Schon im Herbst 1516 berührt ein Brief Luthers an Spalatin das Thema des späteren Kampfes.[28] Er bittet den Freund, der Erasmus nahesteht, um den christlichen Dienst an dem berühmten Humanisten, ihm das Studium Augustins ans Herz zu legen. Denn Erasmus verstehe unter den „Werken des Gesetzes", vor denen der Römerbrief warnt, wie Hieronymus nur die Observanz der Zeremonialgesetze, nicht auch die Weisung Jesu, erfasse also die paulinische

---

[26] Porro liberum arbitrium hoc loco sentimus vim humanae voluntatis, qua se possit homo applicare ad ea, quae perducunt ad aeternam salutem, aut ab iisdem avertere (Diatribe Ib 10, S. 19, 7 ff.).
[27] W. Diltheys Gesammelte Schriften, Bd. II, hrsg. von G. Misch, 1914, S. 76.
[28] 19. Oktober 1516, WA Br 1, Nr. 27.

Zentrallehre vom Gesetz und Evangelium, wie auch die dazugehörige von der Erbsünde nicht recht. Wir sind damit dicht bei Gedanken von Luthers Römerbriefvorlesung, die ja der gleichen Zeit angehört, stehen also bereits im inneren Kreis seines theologischen Denkens.[29] Dazu paßt auch der Fortgang dieses Briefes, der sich gegen die aristotelische und scholastische Ethik wendet: „Wir werden nicht durch Rechttun gerecht, sondern wenn wir gerecht werden, tun wir das Rechte.[30] Zuerst muß die Person verwandelt sein, dann werden es auch die Taten."[31] Damit sind für Erasmus die Grundlagen seines ethischen Denkens in Frage gestellt, und der ihm durch Spalatin vermittelte Rat Luthers mußte ihn, wenn er ihn bedachte, grundstürzend dünken.

Wenige Monate später teilt Luther einem anderen Freund mit, er beginne über dem Lesen des Erasmus von ihm abzukommen.[32] Zwar daß dieser die schläfrige Unwissenheit der Priester und Mönche zaust, findet seinen Beifall. Aber wieder zeigt sich ihm der Gegensatz zwischen hieronymianischer Gelehrsamkeit und augustinischer Erkenntnis. „Anders ist das Urteil dessen, der der Entscheidung des Menschen etwas zutraut, und dessen, der außer der Gnade nichts weiß."[33] In diesem Satz augustinischen Klanges gestaltet sich das Urteil über Erasmus: „Das Menschliche überwiegt bei ihm das Göttliche."[34] Der Kern dessen, was Luther später Erasmus entgegenhalten wird, ist hier schon vorhanden.

Vorerst aber hält Luther solche Meinung noch zurück, um die Gegner des Erasmus nicht zu bestätigen.[35] Ganz im gleichen Sinne schreibt er am 18. Januar 1518 an Spalatin: „Obwohl vieles bei Erasmus ist, was mir der Erkenntnis Christi sehr fern scheint, hüte ich mich, von mir zu geben, worin ich mit ihm nicht übereinstimme";[36] Luther will die neidischen Angriffe auf ihn nicht stärken. Zu viele gibt es, die nur nach einer Gelegenheit suchen, die bonae litterae zu verdächtigen. Luther würde es darum als einen Vertrauensbruch ansehen, wenn Spalatin etwas von diesem Urteil verlauten ließe. Luther hatte in der Tat gute Gründe, mit seinem theologischen Urteil zurückzuhalten, denn auch er wußte das Wirken des Erasmus zu würdigen. Das Aufblühen der bonae litterae, das Erasmus so beglückte und das mit seinem Namen so eng verbunden war, sieht Luther als Wegbereiter für das Wiederaufleben des Evangeliums an. Das Werk des Erasmus bedeutete also viel für ihn, und er genügte einer Dankespflicht, wenn er am 28. März 1519 an ihn schrieb.[37] Bereitwillig nimmt

---

[29] H. Volz verweist dafür auf WA 56, 267 f. u. 276 (WA Br 13, 7).
[30] Ähnlich lautet These 40 der Disputatio contra scholasticam theologiam 1517: „Non efficimur iusti iusta operando, sed iusti facti operamur iusta" (WA 1, S. 226, 8).
[31] WA Br. 1, Nr. 27, 29 ff. Dem entspricht These 4 der erwähnten Disputation: „Veritas itaque est quod homo arbor mala factus non potest nisi malum velle et facere" (WA 1, S. 224, 13 f.).
[32] An Joh. Lang, 1. März 1517, WA Br 1, Nr. 35; „indies decrescit mihi animus erga eum".
[33] Ebenda Z. 25 f.
[34] Ebenda Z. 19 f.: „humana praevalent in eo plus quam divina."
[35] Ebenda Z. 27 f.: „Ego tamen hoc iudicium vehementer celo, ne consensum aemulorum eius confirmem; dabit ei Dominus intellectum suo forte tempore."
[36] WA Br 1, Nr. 57.   [37] WA Br 1, Nr. 163.

er den Humanistenbrauch auf, einen gelehrten Mann brieflich zu grüßen. Er knüpft dabei an eine Mitteilung des Straßburger Erasmusschülers Capito an, jener habe von Luthers Ablaßschriften Kenntnis genommen; er selbst freut sich, aus der neuen Vorrede zum Enchiridion ersehen zu dürfen, daß Erasmus zustimme. „Wir haben von dir Geist und Hilfe in deinen Büchern, auch ohne Brief und leibliche Gegenwart."[38] Wie solle er dem nicht dankbaren Ausdruck geben. „Die die Wissenschaft lieben, werden von Erasmus belehrt, von ihm beherrscht."[39] Das Mißfallen, das er bei anderen erregt, erscheint Luther nur als Vorzug: „So pflege ich die Gaben des gnädigen Gottes von denen des erzürnten zu unterscheiden."[40] Den erasmischen Tadel seines Ungestüms, von dem Luther weiß, hat er so wenig übel genommen wie die Bitte des Vorsichtigen, sich doch nie auf ihn zu berufen. Ebensowenig freilich läßt er sich beirren durch Warnungen, doch die Mächtigen nicht zu reizen, und Mahnungen, nur unmerklich zu besseren Studien hinzuleiten.[41]

Allmählich regt sich doch die Sorge in Luther, das friedliche Geltenlassen könne einmal ein Ende nehmen, auch wenn er selbst weiter jede Herausforderung unterlasse. Und über das Thema der herannahenden Auseinandersetzungen besteht für ihn kein Zweifel: „Ich sehe, daß Erasmus von der Erkenntnis der Gnade entfernt ist, der nicht auf Kreuz, sondern auf Frieden aussieht in allen seinen Schriften." „Ich finde, daß Erasmus weniger über die Prädestination weiß als bisher die Sophistenschulen."[42] Aber wenn Luther den Streit nicht sucht, so fürchtet er ihn auch nicht: „Mächtiger ist die Wahrheit als die Beredsamkeit, stärker der Geist als das Genie, der Glaube größer als die Bildung."[43] „Ich mit meinem Stammeln werde dem beredten Erasmus entgegentreten, ohne etwas auf seine Autorität, seinen Namen und seine Gunst zu geben."[44]

Bangt ihm also nicht vor dem künftigen Waffengang, so hält doch noch im Jahre 1523 die unbefangene Würdigung des Gegners den Wunsch in Luther wach, bei gegenseitigem Anerkennen der Verschiedenheit ihrer Wirkungsbereiche den Bruch trotz allem Trennenden zu vermeiden. Nach wie vor weiß er die Leistung des Gelehrten zu schätzen, mag es auch nur ein vorbereitender Dienst sein, den Erasmus versah: „Er hat getan, wozu er verordnet war: die Sprachen hat er eingeführt und von den lästerlichen Studien abgerufen; zu den besseren freilich gelangt er nicht."[45] Der Ausgleich, den Luther anstrebt, bedeutet danach nicht ein Neben-, sondern ein Überordnen der höheren über die geringere Sache. Mit erstaunlichem Freimut trägt ein Brief im Frühjahr 1524

---

[38] Ebenda Z. 26 ff.   [39] Ebenda Z. 5 ff.
[40] „Satis gaudeo, quod inter caetera dona Christi etiam hoc numeratur, quod multis displices, quo ego argumento soleo discernere dona clementis Dei a donis irati" (ebenda Z. 7 ff.).
[41] Vgl. dazu Erasmus an Luther, 30. Mai 1519, WA Br 1, Nr. 183; s. o. S. 536 ff.
[42] Brief nach Leipzig vom 28. Mai 1522; WA Br 2, Nr. 499, 8 f.
[43] Potentior est veritas quam eloquentia, potior spiritus quam ingenium, maior fides quam eruditio (ebenda Z. 12 f.).   [44] Ebenda Z. 25 f.
[45] An Joh. Ökolampad vom 20. Juni 1523, WA Br. 3, Nr. 626.

solch ein Abkommen dem sich rüstenden Gegner selber vor.[46] Luther will sich nicht darüber beklagen, daß Erasmus zunehmend von ihm abrückt und in seinen Schriften auf ihn stichelt, beides mit Blick auf die Päpstlichen. „Ich sehe ja, daß dir vom Herrn noch nicht die Tapferkeit und das Herz gegeben sind, frei und kühn mit uns jenen Ungeheuern entgegenzutreten, und ich wage nicht, zu fordern, was deine Kraft und dein Maß übersteigt."[47] Auch ist dieses Maß nicht klein: „Die ganze Welt kann ja nicht leugnen, daß die Wissenschaften blühen und vorherrschen, durch die man zu reinem Lesen der Hl. Schrift gelangt, daß also die Gabe Gottes in dir herrlich und groß ist, wofür man danken muß."[48] Luther verlangt nicht, daß Erasmus sein Maß verlasse und ins reformatorische Lager übergehe, hat aber Sorge, daß jener unter dem Drängen der Gegner zum Schreiben gegen ihn verführt werde. „Kannst du nichts anderes, so bleibe doch ein bloßer Zuschauer unserer Tragödie."[49] — Die Anmutung Luthers in diesem Brief scheint uns naiv. Wohl sollte die Aufforderung, sich auf seine Grenze zu besinnen, unter Christen jederzeit möglich sein. Aber Erasmus wußte sich gerade auch als Theologe und konnte in dem Verlangen, sich auf die Sprachen zu beschränken, nur eine Herabsetzung erblicken. Überdies war die ihm nahegelegte Neutralität für ihn keine Möglichkeit. Der Verzicht darauf, gegen Luther zu schreiben, hätte diesem das Feld geräumt. In jedermanns Augen wäre das eine Option für Luther gewesen, im Eingehen auf dessen Wunsch. Seine eigene Weise von Neutralität hätte Erasmus damit preisgegeben.[49a]

---

[46] 18. April (?) 1524, WA Br 3, Nr. 729.

[47] Ebenda Z. 8 ff. Zu der gleichzeitigen gescheiterten Vermittlungsaktion Melanchthons vgl. W. Maurer, Der junge Melanchthon, Bd. II, 1969, S. 441 ff.

[48] Ebenda Z. 12 ff. Daß dieses Lob völlig ernst gemeint war, erweist sich schon dadurch, daß Luther bei seiner Bibelübersetzung sich nicht nur an den griechischen Text des Erasmus hielt, sondern auch dessen lateinische Wiedergabe und die Paraphrasen ständig zu Rate zog als das vertrauenswürdige philologische Werkzeug, das er dankbar benutzte. Vgl. die eingehenden Nachweise in dem gediegenen Buch von Heinz Bluhm, Martin Luther, Creative Translator, St. Louis 1965.   [49] WA Br 3, Nr. 729.

[49a] Nicht eigens in die Waagschale gelegt zu werden braucht, daß Erasmus sich schon weitgehend festgelegt hatte und sich zudem gegen den Verdacht heimlicher Lutherfreundschaft wehren mußte. Für die Zwangslage, in der er sich befand, ist bezeichnend ein Briefwechsel mit Herzog Georg. Auf dessen Bitte, gegen Luther zu schreiben, entschuldigte sich Erasmus mit seiner geringen Kenntnis des Deutschen und der Erfahrung von der Wirkungslosigkeit solcher Schriften: „Mein Leitsatz ist immer gewesen, diese Tragödie könne auf keine andere Weise besser beschwichtigt werden als durch Schweigen" (Allen tom. V, Nr. 1313, 58 ff. vom 3. Nov. 1522). Georg erwidert kurz, ihm sei jetzt klar, warum Erasmus sich immer entziehe: er sympathisiere offenbar mit Luther; er solle deshalb nie wieder aufgefordert werden. Die Behauptung des Erasmus, des Deutschen zu wenig mächtig zu sein, um die ihm zugesandten Lutherschriften zu lesen, hält der Herzog für eine Ausrede: er werde sie vermutlich in demselben Geiste lesen, in dem man sie ihm zuschicke! (Allen tom. V, Nr. 1340 vom 25. Januar 1523.) Wenn sich Erasmus mit dem Entschluß zum Schweigen schon in Dresden dem Verdacht eines heimlichen Einverständnisses mit Luther aussetzte, wie erst, wenn dahinter so erkennbar Luthers Wunsch stand!

Immerhin konnte noch am 1. September 1524 ein so urteilsfähiger Freund des Erasmus wie Willibald Pirckheimer ihm im Blick auf Luthers Brief vom Kampf abraten. Gewiß

Als es dann zum Kampfe kam, hat Luther es Erasmus gedankt, daß er als erster das Thema des freien Willens aufnahm, für das sich bisher kein Partner gefunden hatte, das Luther aber von Anfang an, seit er das katholische System angriff, in den Vordergrund der Auseinandersetzung zu rücken gewünscht hatte. Daß es doch nicht nur eine Streitfrage war, auf die sich das Verhältnis zu Erasmus schließlich zugespitzt hatte, Luther darin vielmehr den Angelpunkt auch seiner eigenen Theologie sah, wie sie sich im Gegenüber zur mittelalterlichen Lehrtradition gestaltete, mag noch ein Rückblick auf die Zeugnisse zeigen, in denen diese Entwicklung ihren Ausdruck gefunden hatte.

Gleich die ersten akademischen Disputationen, in denen Luther der scholastischen Theologie den Kampf ansagte, wiesen auf diesen Streitpunkt hin. In den Fragestellungen des Mönchtums und mit den Schulausdrücken des ausgehenden Mittelalters stritten sie gegen Sätze und Begriffe, die wahrlich nicht bloß im Hörsaal zu Hause waren, deren lastende Herrschaft Luther vielmehr gründlich in seinem Leben erfahren hatte. Die „Frage nach den Kräften und dem Willen des Menschen außerhalb der Gnade"[50] hat allgemeine Bedeutung, und die Antworten scheinen nicht selten zum Voraus auf Gedanken des Erasmus abzuzielen. Daß die natürlichen Kräfte des Menschen nur das Ihre suchen,[51] daß der ganze alte Mensch, auch der weise und gerechte, „Fleisch" ist,[52] daß der Wille des Menschen nicht frei ist, sondern verknechtet:[53] das alles mutet wie ein Vorklang des Kommenden an. Auch die große Thesenreihe „gegen die scholastische Theologie" enthält Sätze, die in „De servo arbitrio" ihren Platz haben könnten.[54] Steht hinter den darin bestrittenen Lehren eine ehrwürdige Tradition, in der wirklicher Ernst und heißes Bemühen ihre Erfahrungen niedergelegt hatten, so hat doch auch die Denkweise, die sich dann bei Erasmus nur unbeschwerter und weniger bedacht zu Wort meldet, bereits an den beson-

---

schreibe Luther bisweilen etwas heftig (amarulentior, Allen tom. V, Nr. 1480, Z. 23); aber auch Erasmus fehle der Stachel nicht. Im Ganzen wolle Luther ihm nicht übel und werde ohne Zweifel sich an sein Angebot halten, wenn Erasmus nicht den Streit eröffne (nisi tu prior bellicum canas, Z. 28 f.). Pirckheimer hält einen Ausgleich zwischen Luther und dem Anliegen des Erasmus noch für durchaus möglich und ist überzeugt, damit nicht allein zu stehen. Es braucht uns nicht zu beschäftigen, ob er am 1. September noch im Ernst hätte denken können, Erasmus werde den Druck seiner Streitschrift anhalten; bemerkenswert ist, daß dem Zeitgenossen der Vorschlag Luthers, Erasmus möge neutral bleiben, nicht so abwegig erschien wie uns.

[50] So der Gegenstand der Disputation im September 1516: Quaestio de viribus et voluntate hominis sine gratia, WA 1, 145 ff.
[51] Homo ... suis naturalibus viribus ... sua et quae carnis sunt quaerit (ebenda S. 145, 10 ff.).
[52] Carnis nomine dicitur homo vetus ... etiam si est castus, sapiens, iustus (ebenda S. 146, 14 f.).
[53] Voluntas hominis sine gratia non est libera, sed servit, licet non invita (ebenda S. 147, 38 f.; vgl. 148, 12).
[54] These 29: Optima et infallibilis ad gratiam praeparatio et unica dispositio est aeterna dei electio et praedestinatio (WA 1, S. 225, 27 f.); These 30: Ex parte autem hominis nihil nisi indispositio, immo rebellio gratiae gratiam praecedit (ebenda Z. 29 f.); These 38: Nulla est virtus moralis sine vel superbia vel tristicia, id est, peccato (ebenda S. 226, 5); vgl. auch These 71.

neneren Formulierungen ihren Anteil, die Luther als unzureichend herausstellt. Erasmus hat sich denn auch manch eines der alten Schulausdrücke bedient; und der Vorwurf, den Luther 1516 dem Erasmus gemacht hat, begegnet ein Jahr später fast wörtlich in einer These der disputatio contra scholasticam theologiam: das von Paulus mit dem Evangelium in Gegensatz gestellte Gesetz darf nicht auf das Zeremonialgesetz beschränkt werden.[55]

Nach Beginn des Ablaßstreites hat Luther noch mehrfach versucht, den Streit dorthin zu lenken, wo für ihn die Entscheidungsfragen lagen, am nachdrücklichsten in der Heidelberger Disputation 1518. Hier ist es, wo er mit seiner „theologia crucis" vor die weitere Öffentlichkeit trat und mit den aus Paulus und Augustin abgeleiteten „paradoxa" die bisher geltende „theologia gloriae" herausforderte. Damit gewann er die aufgeschlossene Jugend[56] und stieß die Vertreter des Alten zurück. Die „theologica paradoxa", die Erasmus so beirrt haben, sind nicht in sich selbst widersprüchlich, feiern auch nicht das Irrationale, sondern bringen den Unterschied des göttlichen und menschlichen Urteils ans Licht. „Die Werke der Menschen, wie schön und gut sie immer scheinen, sind vermutlich doch nur tödliche Sünden."[57] „Die Werke Gottes, wie ungestalt und böse sie scheinen, sind in Wahrheit unsterbliche Verdienste."[58] Luther erläutert die zweite These mit dem oft von ihm verwandten Wort, der Herr töte und mache lebendig (1. Sam. 2, 6): er macht den Menschen zunichte, damit er sich selbst erkennt und sich ganz in Gottes Gnade wirft.[59] Gott ist erkennbarer in Kreuz und Leiden am Werk als in der bewundernswerten Schöpfung.[60] Und der anstößigste Satz: „Der freie Wille nach der Sünde ist ein leerer Name, und wenn er tut, was er kann, sündigt er tödlich."[61] Das war die Absage an die optimistische antike wie mittelalterliche Menschenvorstellung und Ethik. Kein Wunder, wenn nach dem Vorgang von Köln und Löwen die päpstliche Bulle solche schroffen Sätze verdammt hat! Im allgemeinen freilich hat die katholische Gegenwehr andere Kampfabschnitte bevorzugt. In der Assertio, dem Behaupten aller durch die Bannbulle verdammten Sätze, klagt Luther, daß er so viel Zeit und Mühe mit Nichtigkeiten habe vergeuden müssen, ehe er, in Artikel 31, sich endlich „den ernsten und heilsamen Dingen" zuwenden könne, der Gnade, dem freien Willen, der Sünde.[62] Mit Artikel 36 setzt dann die unmittelbare Vorgeschichte des Erasmus-Kampfes ein. Denn hier wird die durch die Bulle verworfene Heidelberger These verteidigt und erhärtet, daß der freie Wille nach der Sünde bloßer Name sei.[63] Diese assertio ist für Erasmus zu dem Ärgernis geworden, an dem sich seine Stellung zur Reformation entschied. Hier aber liegt für Luther das Zentrum seiner Sache. „In den übrigen Artikeln, vom Papst, den Konzilien, den Ablässen und anderen nicht notwen-

---

[55] These 82: Non tantum caeremonialia sunt lex non bona et praecepta in quibus non vivitur (ebenda S. 228, 7 f.); dazu These 83 über den Dekalog. — Vgl. dazu o. S. 539 f.
[56] Vgl. H. Bornkamm, aaO., S. 46.
[57] These 3, WA 1, 353, 19 f.   [58] These 4, ebenda Z. 21 f.
[59] Probationes conclusionum zu These 4, WA 1, 356, 33 f.
[60] These 19.20, ebenda S. 354, 17 ff.
[61] These 13, ebenda Z. 5 f.   [62] WA 7, 136, 21 ff.   [63] Ebenda S. 142, 23 ff.

digen Belanglosigkeiten, kann man die Leichtfertigkeit und Torheit des Papstes und der Seinen ertragen, aber bei diesem Artikel, der von allen der beste und die Summe unserer Sache ist, muß man trauern und weinen, daß die Elenden so verblendet sind."[64] Und Luther schließt: die Bulle und fast alle scholastischen Lehrer haben nicht für, sondern gegen die Gnade geschrieben, so daß nichts so notwendig behandelt werden muß wie dies. „Wie oft habe ich gewünscht, jene frivolen päpstlichen Nichtigkeiten und Geschäfte, die die Kirche nichts angehen, sondern sie nur verwüsten, beiseite lassen und diese Sache behandeln zu können. Aber die Länge der Zeit und die Größe des Mißbrauchs hat den Sinn der Menschen so stumpf gemacht, daß ich niemanden sehe, der imstande ist, die Frage auch nur zu verstehen, geschweige, daß jemand den Streit darüber aufnehme."[65]

III

Jetzt fand sich ein Gegner und gab Luther Gelegenheit, von Grund auf die Frage zu behandeln, die ihm wie keine andere am Herzen lag. Wie hat er sie wahrgenommen? Man hätte denken können, er sei froh gewesen, wenn denn schon nicht einen gleichgesinnten Gesprächspartner, so doch einen ebenbürtigen Gegner gefunden zu haben. Nun war es gar der Führer der Humanisten, der für die Kenntnis der biblischen Sprachen und damit für ein vertieftes Bibelstudium so viel getan hatte und der zudem bemerkte, welche ausschlaggebende Rolle der Frage vom freien Willen im gegenwärtigen Ringen zukam. Luther hat Erasmus ausdrücklich seinen Dank bezeugt, daß er den „cardo rerum" getroffen habe.[66] Aber beim Lesen der Diatribe erkannte Luther rasch, daß ihrem Verfasser ein tieferes Verständnis abging. So wenig ihn das noch überraschen konnte, so bedeutete es für ihn doch eine Enttäuschung. Er zögerte deshalb mit seiner Antwort, ungeachtet des Drängens seiner Freunde.[67] Erst im Sommer 1525 begann er mit der Erwiderung. Über dem Schreiben ist er

---

[64] Ebenda S. 148, 14 ff.   [65] Ebenda Z. 36 ff.
[66] WA 18, 786, 26 f. u. 30 f.: hoc in te vehementer laudo et praedico, quod solus prae omnibus rem ipsam es aggressus, hoc est summam caussae, ... Unus tu et solus cardinem rerum vidisti et ipsum iugulum petisti, pro quo ex animo tibi gratias ago.
[67] Eine dringende Aufforderung, die Diatribe nicht unerwidert zu lassen, kam Luther Ende 1524 von den Straßburger Predigern zu, unter ihnen Capito, Hedio und Bucer (WA Br 3, Nr. 797, 207—236). Humanisten, die von sich bekennen, von Erasmus non parva initia veritatis empfangen zu haben (Z. 209 f.), sind sie doch überzeugt, er schade jetzt dem Reiche Christi mehr als er ihm früher genützt habe. Tue er doch jetzt nichts anderes als die Autorität der Schrift aufzuheben und die Ruhe des antichristlichen Reichs der Unruhe des christlichen Reichs vorzuziehen. Der Gegensatz von quies und turbae, der in der Auseinandersetzung zwischen Luther und Erasmus eine so große Rolle spielen sollte, ist auch hier sicher erfaßt. Nicht minder trifft es Erasmus und seine Sache, wenn sie, in klarer Erkenntnis dessen, zwischen wem es zu wählen gilt, der Sache des Erasmus absagen: „Pereat latinae linguae decor, pereat eruditionis miraculum, quo Christi gloria obscuratur" (Z. 222 f.). Die Diatribe des Erasmus habe schon in Köln Verwirrung angerichtet, und sie schicken ein Exemplar mit, damit Luther desto rascher und entschiedener seine Antwort schreibe. Eindringlich halten sie ihm vor, wieviel sein Wort bedeutet: „Quot millia animarum a tuo ore, quod persuasum eis est, esse os Domini, pendeant" (Z. 227 f.).

dann doch warm geworden und hat sich mit voller Hingabe dem großen Werk De servo arbitrio gewidmet. Mitte November war es abgeschlossen und erschien im Dezember.[68]

Schon die Art, wie Luther mit Erasmus umgeht, verdient volle Aufmerksamkeit. Er ist überzeugt, maßvoll geschrieben zu haben. Dahin rechnet er, daß er zwischen der Meinung des Erasmus und seinen Worten unterscheidet, diesen ohne Rückhalt ihre Ungenauigkeiten, Widersprüche, ihre Tragweite vorhält, während er die wirkliche Gesinnung des Redenden besser einschätzen will. Solche Rücksicht schließt nicht aus, daß bisweilen — wie Luther zugibt — seine Sprache sich erhitzt. Da bekommt Erasmus manches herbe Wort zu hören. „Blind" und „unwissend" wird die Diatribe genannt, „stumpf" und ihrer Sache nicht gewachsen; sie wird „unbedacht" und „hochmütig" gescholten; ihr wird nachgesagt, daß sie am Boden krieche, nichts über menschlichen Verstand hinaus denke und in fleischlichen Sinn verstrickt sei. Aber es kommt auch zu noch schärferen Ausdrücken. Erasmus hat sich später beim Kurfürsten beschwert, daß, obwohl er selbst mit größter Zurückhaltung ohne ein einziges schmähendes Wort geschrieben habe, Luther gegen ihn heftiger geworden sei als gegen seine schmähsüchtigsten Gegner. Er könne es hingehen lassen, wenn Luther ihn begriffsstutzig, ungelehrt, trunken, einen Stein, einen Klotz, einen Pilz nenne: „ich bin ein Mensch und das ist menschlich."[69] Aber daß er ihn einen gottlosen Lucian, ein Schwein aus der Herde Epikurs, der nicht glaube, daß Gott sich um die Angelegenheiten der Sterblichen kümmert, einen Verächter der Hl. Schrift, Verstörer der christlichen Religion, Feind des Christentums und schändlichen Heuchler schelte —, paßt das zu der ernsten und gefährlichen Aufgabe, die Luther sich vorgenommen hat und womit er fast die ganze Welt erschüttert?

Luther hat sich mitten in seiner Streitschrift für manche Schärfe entschuldigt. Sie komme nicht aus Übelwollen, sondern weil Erasmus mit seiner Autorität der Sache Christi schade. Überdies gibt er dem Zurechtgewiesenen nicht ohne Grund zu bedenken, daß auch er bei aller Abgewogenheit und Kühle seiner Sprache nicht selten recht scharfe und giftige Pfeile abgeschossen habe.[70] „Das

---

[68] Unmittelbar nach Abschluß des Werkes begann Jonas mit der Übersetzung, die dann Erasmus zu der Klage veranlaßt, Luther bringe damit seine Anwürfe gegen ihn auch unter die Handwerker und Bauern, für die er, Erasmus, stumm sei (mutus). Erasmus, der sich mit seinem literarischen Wirken an die europäische Bildungsschicht hielt, mußte sich mit seiner Diatribe auf diese beschränken. Luther hingegen hat selbst ein so tiefgründiges Werk, das hohe Ansprüche an das Verständnis stellt, allen zugänglich gewünscht. Vgl. Erasmus an Bischof Michael am 13. März 1526: „Volumen est plusquam iustae magnitudinis, et vertitur in linguam Germanicam, quo cerdones et agricolas in me concitet; nam apud eos mutus est Erasmus" (Allen tom. VI, Nr. 1678, 13 ff.).

[69] 2. März 1526, Allen tom. VI, Nr. 1670, 29.

[70] Dazu gehört — im Zeitalter der Ketzerprozesse — der verdächtigende Hinweis auf Mani und Wyclif (im Hyperaspistes auch Hus) als die einzigen Gewährsmänner Luthers (Diatribe I b 2, S. 13, 8 ff.). An Äußerungen dieser Art wird Melanchthon gedacht haben, wenn er vom „schwarzen Salz" sprach, das Erasmus seiner Schrift untermischt habe (Allen tom. V, Nr. 1523, 125 ff.). Zur Genese des Hussiten-Vorwurfs vgl. Gottfried G. Krodel, Luther, Erasmus and Henry VIII, Archiv für Reformationsgeschichte 53, 1962, S. 60—78.

müssen wir uns gegenseitig verzeihen, Menschen, die wir sind und in denen nur Menschliches ist."[71] Ein andermal aber bricht Luther in heiligem Zorn los: „Göttliche Worte so zu behandeln, verrät einen Sinn, der Gott und Menschen verachtet und keine Geduld verdient." Jahre später hat Luther erklärt: „Ich versuchte den frostigen und trägen Disputator zu wecken und reizte ihn mit den Namen Epikurs, Lucians oder der Skeptiker, um ihn dazu zu bringen, daß er seine Sache energischer anfasse."[72]

Doch nicht auf die Schärfe oder Milde des Tons kommt es an, auch nicht darauf, wieweit sie entschuldbar oder verdient ist, sondern darauf, daß alles, indem es der Sache dient, zugleich dem Bekämpften nützen soll. „Wer weiß" — so redet Luther gleich anfangs seinen Widersacher an —, „ob Gott nicht auch dich heimsuchen will, lieber Erasmus, durch mich, sein armes und gebrechliches Gefäß, so daß ich zu glücklicher Stunde mit diesem Buch zu dir komme und einen lieben Bruder gewinne."[73] Und der Schluß des Buches nimmt das auf in einem Satz, der das Ergebnis der ganzen Auseinandersetzung festhält und doch in brüderlicher Zukehr jeden Siegerstolz fahren läßt. Wohl weist Luther mit voller Offenheit auf die Grenze des Erasmus hin: „Daß du dieser unserer Sache gewachsen seist, hat Gott noch nicht gewollt oder gegeben, und ich bitte dich nur, überzeugt zu sein, daß ich das ohne alle Anmaßung feststelle."[74] Doch dabei bleibt Luther nicht stehen. Wie er im unmittelbar vorangehenden Satz Erasmus die ihm zukommende Ehre seiner Verdienste um Sprachen und literarische Bildung ungeschmälert zuerkennt,[75] so erklärt er sich ganz bereit, hinter ihn zurückzutreten, wenn ihm die tiefere Erkenntnis des Evangeliums geschenkt würde: „Ich bete, der Herr wolle dich auch in dieser Sache soviel größer machen als mich, wie du mir in allem anderen überlegen bist. Es ist ja nichts Neues, wenn Gott einen Mose durch einen Jethro unterweist, einen Paulus durch einen Ananias belehrt."[76] Es geht nicht um einen geistigen Machtkampf zwischen Menschen, sondern um die Sache Gottes, der sich seine Werkzeuge wählt, wie er will; „er erleuchte dich und mache dich zu einem Gefäß der Ehre und des Ruhmes".[77]

Es sind schöne Zeugnisse von Bescheidenheit und Versöhnlichkeit, aber sie führen zugleich schon mitten in den Kampf hinein. Nach Erasmus bedarf es, um einen Zwist zu beenden, nur des Appells an die reifere Einsicht und das bessere Ich, damit sich alle auf ihre unverlierbare Gemeinsamkeit besinnen, statt lieblos und kurzsichtig am Streit über die Gegenstände festzuhalten, die die Menschen zu entzweien pflegen. Nach Luther aber kommt Gemeinschaft nicht dadurch zustande, daß man sich auf ein unter allem Trennenden liegendes

---

[71] WA 18, 756, 21.   [72] 11. März 1534, WA Br 7, Nr. 2093, 57 ff.
[73] WA 18, 602, 18 ff.   [74] Ebenda S. 786, 40 f.
[75] Zu dem, was Luther gerade an dieser Stelle Erasmus dankt, gehört erst recht, daß er als einziger die Bedeutung der Frage erkannt habe, des cardo rerum (vgl. oben S. 545). Das Verdienst, den Kampf an die zentrale Stelle verlegt zu haben, erkennt Luther vorbehaltlos an. Diese ritterliche Auszeichnung des Gegners hätte Erasmus die Aufnahme des Kampfes erleichtern können.
[76] WA 18, 786, 40—787, 3.   [77] Ebenda S. 787, 14.

Gemeinsames besinnt, sondern durch ein Handeln Gottes, das, so geheimnisvoll und selbstmächtig es bleibt, sich doch menschlicher Rede bedient. Solche Gemeinschaft gibt es nur bei Glaubenseinigkeit, da wo „ein lieber Bruder gewonnen wird".[78] Nur wo das den Streitenden verkündete Wort sie innerlich überführt, kann sie jeweils neu entstehen.

In allem Streit dürfen deshalb nicht Zanksucht, Eigensinn und Anmaßung reden, sondern allein der Gehorsam gegen die Wahrheit und die Liebe zu den durch Irrtum Verführten. Das fordert ebensogut Entschiedenheit wie Zartsinn. Wohl hat Luther während des Schreibens den Entschluß geäußert, bei nichts zuzugeben, daß Erasmus recht geredet habe, wie er denn in der Tat nichts recht gesagt habe. Aber die Überwindung dient nicht dem eigenen Triumph und der Vernichtung des Gegners, sondern Gottes Ehre und der Rettung des Bruders, für die der Sieg nur das Mittel ist.

Ist also das Verlangen, den Gegner selbst zu überzeugen, stets im Spiel, so denkt Luther doch vor allem an die, die durch die Autorität des Erasmus verführt und gefährdet sind. Für sie ist es erforderlich, den Kampf so lange fortzusetzen, bis in der Lehre vom freien Willen niemand mehr Widerstand leisten kann. Nicht, daß jemand gezwungen werden könnte, wider seinen Willen zu glauben und seinen Irrtum einzugestehen oder zu schweigen; aber alle müssen so widerlegt sein, daß sie nichts mehr zu entgegnen wissen. Reden sie dann doch noch weiter, so tun sie es nur gegen die Stimme ihres Gewissens oder haben doch nach dem Urteil der öffentlichen Meinung nichts mehr zu sagen. Bis zu solcher Evidenz seine Sache gegen Erasmus bringen zu können, ist Luther überzeugt. Er setzt dabei voraus, es gebe ein öffentliches Forum der Urteilsfähigen, vor dem die geistigen Kämpfe ausgetragen werden.[79] Das ist eine der in De servo arbitrio vertretenen Grunderkenntnisse. Von universaler Geltung, begleitet sie Luthers ganze Schrift gegen Erasmus, mag sie auch bisweilen zurücktreten.

Im Aufbau seiner großen Kampfschrift folgt Luther dem Erasmus. Eine lange Vorrede und eine Einleitung gehen auf die allgemeinen Betrachtungen des ersten Teils der Diatribe ein. Der größte Teil des Buches besteht aus der Auslegung von Bibelstellen, die nach ihrem Sinn für das Problem des freien Willens befragt werden; sie ordnen sich in die Belege des Erasmus, die Gegenstellen, die dieser umgedeutet hatte, und die von Luther neu beigebrachten Stellen aus Paulus und Johannes. Die Ordnung nach Schriftstellen bringt es mit sich, daß ein straffer Gedankengang nicht nachgezeichnet werden kann, so gut aufeinander ausgerichtet und in sich gefügt die Einzelerörterungen auch sind; sie wollen nichts anderes als die Schriftworte, die über die Frage dieses Buches handeln, zu Rede und Geltung bringen. Das Ganze ist von einem Reichtum und einer Großartigkeit, von der ein Bericht keine Vorstellung zu erwecken vermag. Denn als so zentral beweist sich die Sache, der das Werk dient, daß der gesamte Umkreis der christlichen Lehre von daher beleuchtet wird und deshalb fast alle Grundfragen der Dogmatik zur Sprache kommen. Die Fülle

---

[78] Ebenda S. 602, 21.   [79] Ebenda S. 656, 35 ff.

ist gebändigt durch die strenge Bezogenheit aller dieser Abschnitte über die Gotteslehre, über Gesetz und Evangelium, über die Kirche und ihre Verborgenheit auf den leitenden Gedanken; gleichwohl kann nicht versucht werden, sie auch nur in Umrissen zu erfassen.[80] Erst recht geht es nicht an, so fesselnd es wäre, die eigentliche Auseinandersetzung mit Erasmus zu verfolgen, dem scharfsinnigen Widerlegen von dessen Definition seiner These zuzusehen und die überlegene Logik zu erkennen, die mit dem Vernunftstolz des Rationalisten aufräumt. Nur einiges wenige sei herausgehoben und nur solches, was unmittelbar verdeutlicht, worum es Luther geht und in welcher Frontstellung er seine Sache führt. Erasmus hatte seine Grundgedanken schon in der Praefatio dargelegt, und Luther folgt dieser Anordnung. Demgemäß ist das, was Luther ihm dazu erwidert, gleichfalls in seiner Praefatio enthalten. Sie umfaßt ein Fünftel des Werkes und ist zugleich der beste Zugang zu dessen Verständnis.[81] Wie also Luther stets Erasmus im Blick behält, so muß auch für uns der geschichtliche Ort stets gegenwärtig bleiben.

Erasmus gibt der zwischen ihm und Luther schwebenden Frage eine Gestalt, die es ihm erlaubt, sie sogleich als unfromme Neugier abzuweisen: wissen zu wollen, „ob Gott mit oder ohne Notwendigkeit etwas voraussehe und ob unser Wille in dem, was sich auf das ewige Heil erstreckt, etwas wirkt oder allein das Wirken der Gnade erfährt".[82] Luther nimmt die so gestellte Frage auf, erfaßt sie aber in ihrem Gewicht. Ihm geht es darin um den Heilswillen Gottes und die Gewißheit seiner Verwirklichung, zugleich aber um die Erlösungsbedürftigkeit des Menschen, der ganz auf die Gnade gewiesen ist. Darum ist es für Luther im Gegensatz zu Erasmus eine Frage von höchster Dringlichkeit. Ohne hier zur Klarheit gekommen zu sein, kann man weder über Christus noch den ganzen christlichen Glauben Sicherheit gewinnen. Wenn ich nicht weiß, was ich vermag und tue gegen Gott, dann wird mir auch ungewiß bleiben, was

---

[80] Für die gedankliche Erschließung sei nach wie vor auf die mit innerer Anteilnahme geschriebenen „Erläuterungen" Hans Joachim Iwands hingewiesen (im ersten Ergänzungsband der Münchener Lutherausgabe 1939 u. 1954). Statt einzelnes aus der Fülle der Literatur über spezielle Fragen wie die des Deus absconditus und der claritas Scripturae anzuführen, beschränke ich mich darauf, die beiden letzten Darstellungen der Theologie Luthers zu nennen, die De servo arbitrio eigene Abschnitte widmen: Rudolf Hermann, 1967, S. 145—168 und Friedrich Gogarten, 1967, S. 128—171. Wichtig ist auch weiterhin Martin Doernes Erörterung der „evangelischen Grundlagen und theologischen Spitzensätze in De servo arbitrio" (Gottes Ehre am gebundenen Willen, Luther Jahrbuch 1938, S. 45—92). Anders als der Kirchenhistoriker geht er nicht von der Auseinandersetzung Luthers mit Erasmus aus, sondern hält sich an die aus seinen paulinischen und johanneischen Grundstellen entwickelten Erkenntnisse Luthers im letzten Teil des Werkes (von WA 18, 756, 24 an). Er nimmt den Leser hinein in ein fragendes Gespräch mit Luther. Einen Eindruck von der Fülle der Literatur zu De servo arbitrio gibt Klaus Schwarzwäller, ssiboleth. Die Interpretation von Luthers Schrift De servo arbitrio seit Theodosius Harnack, 1969.

[81] Diese kirchengeschichtliche Einführung hält sich darum hauptsächlich an die Praefatio WA 18, 603—639. Von den capita der Praefatio des Erasmus sagt Luther, daß sie „ferme totam causam complectuntur magis pene quam sequens corpus libelli" (ebenda S. 638, 12 f.). [82] Diatribe I a 8, S. 6, 22 f.

Gott gegen mich kann und tut. Kenne ich aber seine Werke und seine Macht nicht, so kenne ich Gott selber nicht. Wie kann ich Gott verehren, ihn loben, ihm danken und dienen, wenn ich nicht weiß, wieviel ich mir selber, wieviel ich Gott zuschreiben muß? Selbsterkenntnis und Gotteserkenntnis sind bestimmt durch die Antwort auf diese Frage. Und wiederum, der Glaube an die Verheißungen Gottes hängt davon ab, ob Gott alles mit Unwandelbarkeit vorausweiß und -will oder nicht. Muß man da zweifeln, so fällt alle Sicherheit des Gewissens.[82a]

Mit der Wichtigkeit der Frage ist für Luther zugleich über ihre Lösbarkeit entschieden; für den Glauben ist beides ungetrennt. Erasmus aber, der schon die Frage unfromm fand, berief sich auf das Wort des Römerbriefs über die Unerforschlichkeit und Unbegreiflichkeit der Weisheit und der Erkenntnis Gottes (Röm. 11, 33);[82b] an solcher Unerforschlichkeit habe auch die Hl. Schrift Anteil, so daß — meint Erasmus sich bescheiden zu sollen — vieles in ihr dunkel und undeutlich bleibt. Luther hingegen verweist ihm diese vermeintlich fromme Bescheidung. Wo Gott in seinem Wort aus dem Geheimnis heraustritt, will er gehört werden; hier ist er nicht verborgen, sondern offenbar. Wohl weiß auch Luther, daß in Gott selbst vieles verborgen bleibt, und gerade über die Unzugänglichkeit des geheimnisvollen Gotteswillens, den Deus absconditus, handeln die in neuerer Zeit viel beachteten Abschnitte von De servo arbitrio; sie führen sich jedoch ausdrücklich als Grenzübertritte ein, am Rande des eigentlichen Themas. In dem offenbarten Gotteswort aber ist alles für den Glauben Notwendige klar und gewiß, mögen auch einzelne Stellen noch philologischer Untersuchung auf Grammatik und Wortbedeutung bedürfen. Gegenüber dem Angriff auf die Eindeutigkeit und Klarheit der Schrift entwickelt Luther seine Lehre von ihrer doppelten Klarheit.[82c] Nach der äußeren liegt der Schriftinhalt durch Christus im hellen Licht und wird der ganzen Welt verkündigt; danach prüfen auch die Träger des kirchlichen Amts vor der Gemeinde Recht und Unrecht einer Lehre, um die Schwachen zu stärken und die Widersacher zu bestreiten. Nach der inneren Klarheit aber versteht kein Mensch auch nur ein Jota in der Schrift, wenn er nicht den Geist Gottes hat, den auch das umfassendste Schriftstudium nicht gewährleistet und nicht ersetzt; ihrer kann kein Christ entraten. Die verborgene Wahrheit muß aus dem Gelesenen und Gehörten als ein Licht aufleuchten, ohne das es kein wahres Erkennen, keinen Glauben an Gott, kein Begreifen seiner selbst als einer Kreatur Gottes geben kann. Daß sich der Sinn der Schrift erschließt, wird nicht erlernt, sondern empfangen. Nicht sie, sondern das Herz ist dunkel und muß erleuchtet werden.

Alle Artikel der Christen sind derart, daß sie nicht nur ihnen selbst ganz gewiß sind, sondern auch mit so klaren und offenen Schriftaussagen bewährt, daß kein Gegner ihnen widerstehen kann. Luthers ganze exegetischen Ausführungen zielen denn auch darauf ab, diese These an den einzelnen Schriftstellen zu erweisen. Dabei hängt der Beweis, wie hier Erasmus gegenüber betont wird,

---

[82a] Vgl. WA 18, 618, 19 ff. — Nicht anders spricht Luther in seiner Römerbriefvorrede von der „ewigen Versehung Gottes", die uns „Hoffnung wider die Sünde" gebe (WA DB 7, 22, 26 ff.   [82b] Diatribe I a 7, S. 5, 17 ff.   [82c] WA 18, 609, 4 ff.

an der einfachen und natürlichen Wortbedeutung, wie Grammatik und Sprachgebrauch sie an die Hand geben. „Ich habe beobachtet, alle Häresien und Irrtümer in der Hl. Schrift kommen nicht aus der Einfachheit der Worte, sondern aus ihrer Vernachlässigung, aus den Figuren und Folgerungen", gerade mit solchen aber pflege Erasmus die Bibelstellen nach seinem Sinn zu deuten.[83]

Wie es aber um andere dunkle Stellen in der Bibel stehen mag, Erasmus rechnet die Frage des freien Willens auf jeden Fall dazu und findet sie weder notwendig noch nützlich. Das jedoch erregt Luthers hellen Zorn. Schon die tägliche Erfahrung zeigt, daß kein Vornehmen — eine Rede machen, ein Feld bestellen, einen Krieg beginnen — geraten kann, wenn man nicht vorher seine Kraft geprüft hat; und beim höchsten Vornehmen braucht man nichts davon zu wissen, wieviel die menschliche Kraft vermag? „Wenn wir nicht wissen, was unser Wille kann, was er erleidet, wie er sich zu Gottes Gnade verhält, dann wissen wir auch nicht, was Gott an uns kann und tut, und wir kennen weder Gott noch uns selbst."[84] Hier kommt zugleich zum Ausdruck, was solche Kenntnis bedeutet und welchen Halt solcher Glaube zu geben vermag: „Der eine und höchste Trost der Christen ist, bei allen Widerfahrnissen zu wissen, daß Gott nicht lügt, sondern unwandelbar alles tut, und daß seinem Willen nicht widerstanden und er nicht verändert oder gehindert werden kann."[85] Das hieße sonst den Glauben verachten, die Verheißungen Gottes aufgeben, allen Trost des Geistes und die Sicherheit des Gewissens für nichts achten.[86]

Der Hauptteil von De servo arbitrio hat sodann die Aufgabe, einen umfassenden Schriftbeweis für die reformatorische Grundlehre zu führen, die dem antiken und humanistischen Menschenbild gegenüber entfaltete Erkenntnis der menschlichen Wirklichkeit. Am Schluß dieser biblischen Unterweisung stellt Luther fünf Gründe zusammen, aus denen die menschliche Unfreiheit mit Notwendigkeit gefolgert werden müsse: Gottes Allmacht, die Tyrannei des Fürsten dieser Welt, die Erbsünde, die geschichtliche Erfahrung erfolglosen Gerechtigkeitsstrebens oder unverhoffter Gnadenannahme und die Tatsache der Sendung Christi.[86a] Davon sind am wichtigsten der erste und der letzte. Nach dem einen weiß und ordnet Gott alles vorher und kann darin weder getäuscht noch gehindert werden; darum geschieht nichts ohne seinen Willen, neben dem kein anderer Wille besteht. Nach dem anderen setzt der Glaube an den Erlöser die volle Erlösungsbedürftigkeit der Menschen voraus; sie zu bestreiten wäre Blasphemie. Wie in den Schmalkaldischen Artikeln gewinnt Luther auch hier die volle Gültigkeit einer dogmatischen Aussage erst dadurch, daß er ihren unzerreißbaren Zusammenhang mit dem Zweiten Artikel aufweist!

Erasmus, der Repräsentant des Humanismus, verzichtet grundsätzlich auf eine festumrissene Aussage über Wesen und Kräfte des Menschen, und er rechnet sich diesen Verzicht als Vorzug an. Gerade auch in dem bestimmten Anspruch, mit dem die Reformation ihre Aussage macht, empfindet er einen Angriff auf seine eigenen Grundlagen; diese stehen ihm ja im allgemeinen vor aller Erörterung fest, bleiben aber im einzelnen von einer Unbestimmtheit, die

---

[83] Ebenda S. 701, 10 ff. [84] Ebenda S. 614, 9 ff. [85] Ebenda S. 619, 19 ff.
[86] Ebenda S. 620, 2 f. [86a] Ebenda S. 786, 3 ff.

eine Mannigfaltigkeit der Anschauungen zuläßt. Dem stellt Luther die These entgegen, daß „ein Christ sich an festen Behauptungen freuen muß, oder er ist kein Christ!"[87] Natürlich ist bei zweifelhaften und unnützen Dingen alles Streiten vom Übel. Aber im Entscheidenden steht bei Christen nichts höher im Ansehen als eine feste Behauptung. Sollen wir doch bekennen vor den Menschen und Rechenschaft ablegen von der Hoffnung, die in uns ist! „Der Heilige Geist ist kein Skeptiker und hat nicht Zweifel und bloße Meinungen in unsere Herzen geschrieben, sondern Behauptungen, die gewisser und fester sind als das Leben selbst und alle Erfahrung."[88]

Das führt alsbald auf die innere Verbindung, die bei Erasmus zwischen Skepsis und Toleranz besteht, und die verhängnisvollen Folgen, die sich dann für die christliche Predigt ergeben müßten. „Deine Worte klingen so" — hält Luther Erasmus vor —, „als sei es dir gleich, was irgendwo von irgendwem geglaubt werde, wenn nur der Friede der Welt besteht, und als sei die christliche Lehre um nichts besser als Philosophen- und überhaupt Menschenmeinungen, um die es sehr töricht wäre zu hadern, weil daraus doch nichts anderes als Unfriede entsteht."[89] Zweifel duldet auch andere Meinungen, solange sie die feste Grenze der Erfordernisse eines geordneten Zusammenlebens respektieren. In solchem Sinne betrachtet Erasmus auch Luthers Lehre vom unfreien Willen: „Selbst wenn sie wahr wäre, frommte es nicht, sie vor Laienohren zu tragen." Diese Auffassung des Erasmus findet Zustimmung überall, wo man nichts von der Pflicht zur Verkündigung weiß. Die Unbedingtheit dieser Pflicht setzt Luther solchen Ansichten und Wünschen entgegen. „Was von der Hl. Schrift gesagt oder gebilligt wird, *darf* nicht nur, sondern *muß* öffentlich verkündigt, gelernt und gewußt werden."[90] Mit großer Eindringlichkeit spricht Luther aus, daß derartige Ratschläge, wie Erasmus sie zugunsten des öffentlichen Friedens erteilt, nur bei innerweltlichen Ideen und Interessen angebracht sind. „Mir aber geht es um eine ernste und notwendige Sache, die man auch mit seinem Tode besiegeln müßte, selbst wenn die ganze Welt nicht nur in Unruhe und Streit geriete, sondern gänzlich ins Nichts zerfiele."[91] So ist es denn nicht erlaubt, aus noch so wohlgemeinten Rücksichten ein Stück des Evangeliums eine Zeitlang unausgesprochen zu lassen. „Man darf nicht um der Päpste, Fürsten und des Friedens willen ein gewisses Gotteswort unterbrechen, denn damit unterbrächen wir Gott, Glauben und Heil."[92] Das „Muß" der Verkündigung hat seinen Anhalt an 2. Tim. 2, 9: „Das Wort Gottes ist nicht gebunden."[93] „Die Wahrheit und Lehre müssen immer, öffentlich und beständig verkündigt und dürfen niemals abgeschwächt oder verhüllt werden."[94] Für Erasmus muß auch die Wahrheit hinter dem Frieden zurücktreten und die Predigt sich danach richten, welche Wirkungen sie hervorruft. Der Prediger wird zum Lehrer, der seine Unterweisung dem Verständnis der Schüler anpaßt, vom Leichteren zum Schwererem fortschreitet, das Schwerste aber nur einem kleinen Kreis von

---

[87] Ebenda S. 603, 10 ff. [88] Ebenda S. 605, 32 ff. [89] Ebenda Z. 15 ff.
[90] Ebenda S. 621, 5 ff. [91] Ebenda S. 625, 13 ff. [92] Ebenda S. 626, 2 ff.
[93] Zit. ebenda S. 628, 32. [94] Ebenda S. 628, 27 ff.

Geförderten mitteilt. Es liegt in seinem Ermessen, wieviel oder -wenig er zumutet, ja ob er nicht vielleicht besser tut, manches zu verschweigen. Am Ende solchen Denkens steht die von Kierkegaard verneinte Frage, „ob jemand auch für die Wahrheit sterben dürfe". Die Verantwortung für Reden und Schweigen liegt dann beim Menschen. Luther aber weiß wie Paulus von einem Muß der Verkündigung. Er gehorcht einem Auftrag Gottes, und die Verantwortung für die Wirkung seiner Worte liegt nicht bei ihm, sondern bei dem, der ihn gesandt hat.[94a]

Wir werden uns zu erinnern haben, daß Luther seine Sätze in einer Zeit geschrieben hat, die unter der Drohung des Wormser Edikts stand. Er wußte, was es hieß, wenn das Wort Gottes laut wurde, und was es heraufbeschwor. Er faßte also nicht bloße entfernte Möglichkeiten ins Auge, zu denen er nur in akademischer Betrachtung und durch den Widerspruch hingeführt worden wäre. Vielmehr ist hier die Stelle, wo er über das Schicksal des Evangeliums in der Welt die bestimmtesten Erwartungen äußert: „Es ist das beständige Los des Gotteswortes, daß die Welt seinetwegen in Aufruhr gerät."[95] „Die Masse, die Höhe, der Reichtum, die Macht, die Weisheit, die Gerechtigkeit setzen sich dem Wort Gottes entgegen."[96] „Solchen Aufruhr stillen zu wollen, ist nichts anderes als das Wort Gottes aufheben und hindern zu wollen."[97] „Was mich angeht: sähe ich diesen Aufruhr nicht, so würde ich sagen, das Wort Gottes sei nicht in der Welt; nun ich ihn sehe, freue ich mich von Herzen und verachte ihn."[98] Wenn Erasmus sagt, es gebe Krankheiten, die man mit geringerem Schaden ertrage als bekämpfe, so gilt das — umgekehrt als er meint — von dem Lärm, den Unruhen, der Zwietracht, den Kriegen der Welt, nicht von den geistlichen Übeln. Denn was ist Zeitliches im Vergleich mit dem Ewigen? Der äußere Friede wäre mit dem Verlust einer einzigen Seele zu teuer erkauft, die selbst um den Preis der ganzen Welt nicht errettet werden kann. Man soll auch nicht denken, daß es jemals anders werde. Luther erneuert im Gegenteil die biblische Sicht: „Ich sehe andere größere Tumulte in einem künftigen Zeitalter voraus, mit denen verglichen die gegenwärtigen wie der Hauch eines sanften Lüftchens erscheinen oder wie lindes Wassermurmeln."[99] Das ist kein Pessimismus, sondern ein Glaube, der vor der Wirklichkeit nicht die Augen schließt; solcher Glaube läßt sich die Erfahrung nicht befremden, daß Gottes Sache, je sichtbarer sie hervortritt, desto wütenderer Gegenwehr ausgesetzt ist, der sie zudem nicht obzusiegen, sondern zu erliegen scheint.

Wenn denn aber wirklich die Lehre vom unfreien Willen erwiesen werden könnte — Erasmus weigert sich durchaus, das zuzugeben —: was gebe es Unnützeres, ja Schädlicheres, als sie zu verbreiten? Das würde nur der Gottlosigkeit ein Fenster öffnen: welcher Schwache wird den ständigen und mühsamen

---

[94a] Wie sich die zwischen Erasmus und Luther strittige Lehre vom freien Willen fördernd oder hemmend auf die öffentliche Predigt auswirkt, zeigt Alfred Niebergall in einem Aufsatz über „Luthers Auffassung von der Predigt nach ‚De servo arbitrio'" in: Reformation und Gegenwart, 1968, S. 83—109.
[95] WA 18, 626, 8 ff.   [96] Ebenda Z. 14 ff.   [97] Ebenda Z. 25 f.
[98] Ebenda Z. 31 f.   [99] Ebenda S. 627, 21 ff.

Kampf gegen sein Fleisch durchhalten, welcher Böse sein Leben bessern? Wer kann Gott lieben, wenn er Unschuldige in die Hölle wirft? Der Sinn der Sterblichen ist grob und fleischlich, zum Unglauben geneigt, zur Lästerung bereit; darum darf man nicht noch Öl ins Feuer gießen.[100] Erasmus erwartet also von Luthers Lehre eine Schwächung des Willens und eine Gefährdung der Zucht, ja sogar des Glaubens — für ihn liegt beides ineinander. Man wird aus diesen Einwänden eine aufrichtige Sorge für moralisches Mühen und die es antreibenden Kräfte heraushören; dabei erscheint der Gottesglaube bedingt durch das eigene sittliche Urteil; mit dem freien Willen fiele auch der Gottesglaube hin. Aber Luther fertigt solche Einwände schroff ab: „Kein Mensch wird sein Leben verbessern und kann es auch nicht. Denn Gott achtet nicht deine geistlosen Verbesserer, es sind Heuchler." [101] Auch glauben wird und kann kein Mensch. Das „offene Fenster zum Unglauben" nimmt Luther als unvermeidlich in Kauf; Erasmus aber öffne ihm ein ganzes Tor, ja reiße den Abgrund zur Hölle auf. Die Lehre des Erasmus versperre allen den Weg zum Heil, Luthers Lehre aber schließe ihn auf, mag auch der Heilige Geist nur die Erwählten diesen Weg führen.[102] Luther weist gegenüber dem Versuch des Erasmus, das Recht einer Lehre nach deren Wirkungen zu beurteilen, jede solche Erörterung ab. Die Wahrheit der Hl. Schrift darf nicht am menschlichen Urteil gemessen werden. „Soll dein Schöpfer von dir lernen, was nützlich oder unnütz zu lehren ist?" [103] „Es ist also Antwort genug zu sagen: Gott will es so gepredigt haben." [104]

Gleichwohl will Luther „zum Überfluß" zwei Gründe nennen, die auch zeigen können, wie heilsam diese Lehre ist. Einmal dient es zur Demütigung der Hoffart des Menschen, wenn er erfährt, daß sein Heil nicht von seinen Kräften und Ratschlägen, seinem Wollen oder Leisten abhängt, sondern von Gott allein. Quam diu persuasus fuerit, sese vel *tantulum* posse pro salute sua, manet in fiducia sui; solange ein Mensch überzeugt ist, er vermöge noch etwas zu seinem Heil zu leisten, und sei es das Geringste, verharrt er in Selbstsicherheit und verzweifelt nicht gänzlich an sich.[105] Er demütigt sich also nicht vor Gott, sondern sucht sich auf etwas zu gründen, das er — jetzt oder künftig — vorweisen möchte: er „maßt sich einen Ort an, eine Zeit, ein Werk, erhofft oder wünscht es sich wenigstens", wodurch er endlich zum Heil gelange.[106] Doch auch das Geringste, das der Mensch geltend macht, wird für ihn zur Bastion der Selbstsicherheit. Behält er sich auch nur das Kleinste vor, so wird sein ganzes Verhältnis zu Gott dadurch bestimmt; es gibt hier nur den ganzen Menschen, der vor Gott entweder Fleisch oder Geist ist. Jeder Versuch, sich ein noch so kleines Stück eigenen Leistens vorzubehalten, bricht das Vertrauen in die väterliche Güte Gottes und verletzt seine Ehre. Es wäre nur eine Wiederaufnahme des alten „Eritis sicut Deus". Erst die volle Preisgabe der superbia und die vor-

---

[100] Diatribe I a 10, S. 10, 5 ff. [101] WA 18, S. 632, 3 ff. [102] Ebenda Z. 11 ff.
[103] Ebenda S. 631, 3 f. [104] Ebenda S. 632, 22 f. [105] Ebenda Z. 33 f.
[106] Quam diu persuasus fuerit, sese vel tantulum posse pro salute sua, manet in fiducia sui, nec de se penitus desperat, ideo non humiliatur coram Deo, sed locum, tempus, opus aliquod sibi praesumit vel sperat vel optat saltem, quo tandem perveniat ad salutem (ebenda S. 632, 33 ff.).

behaltlose Hingabe an den Heilswillen Gottes ist Antwort auf die Offenbarung der Gnade Gottes in Christus. Wer aber sicher weiß, daß er ganz von Gottes Willen abhängt, völlig an sich selbst verzweifelt und nur auf das Wirken Gottes ausblickt, der ist ganz nahe der Gnade. Wer jedoch solche Demütigung verwirft und aliquid vel modiculum behalten möchte, der bleibt in heimlichem Hochmut, ist Feind der Gnade Gottes.[107] Diese Erkenntnis ist es, die Luther nötigt, dem freien Willen nicht das mindeste einzuräumen, und so versteht sich sein entschiedenes Urteil über das Buch des Erasmus.[107a]

Vorbehaltloser Glaube — davon handelt auch der andere Grund, der sich aus dem Wesen des Glaubens selber ableitet. Luther knüpft einmal mehr an das Wort des Hebräerbriefs an, wonach sich der Glaube auf das richtet, was man nicht sieht, und erinnert daran, daß nichts tiefer verborgen sein kann als unter seinem Gegenteil. Es ist der Luther so vertraute Gedanke von 1. Sam. 2, 6: Gott tötet, wenn er lebendig macht. Schon die theologia crucis der Heidelberger Disputation leitete an, dem Weg Gottes mit den Menschen nicht über die Höhen, sondern durch die Tiefen ihrer Geschichte zu folgen; Kreuz und Tod, nicht Sieg und Triumph sind dessen Zeichen. Der Glaube hat deshalb sein Übungsfeld in den schweren Widerfahrnissen des Lebens, kann das Leid als förderlich begreifen und noch im Tod das Leben finden: media morte in vita sumus.[108] Diesen Gedanken wendet Luther jetzt in einer letzten Steigerung an auf die Frage der Prädestination: „So verbirgt Gott seine ewige Güte und Barmherzigkeit unter ewigem Zorn, die Gerechtigkeit unter Ungerechtigkeit."[109] Das ist die tiefste Verborgenheit Gottes und darum die schwerste Anfechtung des Glaubens, aber zugleich ist er nirgends so gefordert wie hier. „Könnte ich mit meiner Vernunft im mindesten begreifen, wie der Gott barmherzig und gerecht ist, der solchen Zorn und Ungerechtigkeit zeigt im Verdammen so vieler, die doch mit seinem Willen verdammenswert sind, und dem Erretten der wenigen — die es doch gar nicht verdient haben —, so bedürfte es des Glaubens

---

[107] Ebenda S. 633, 3 ff.
[107a] Man könnte sagen, der ganze Streit zwischen Erasmus und Luther gehe zuletzt um das tantulum, das Reservat des Moralisten. Coram hominibus dagegen bejaht Luther in einer für jeden Determinismus anstößigen Allgemeinheit das coram Deo Verneinte. Im irdischen Bereich ist der Mensch frei: „fertur suo arbitrio et consilio, absque praeceptis et mandatis Dei, puta in rebus sese inferioribus. Hic regnat et est dominus, ut in manu consilii sui relictus" (WA 18, 672, 9 ff.). Nicht erst gegenüber Erasmus hat Luther so gesprochen. Schon in den früheren Texten, an denen Erasmus Anstoß nahm, hat Luther solcherart unterschieden. Er rede „de libertate voluntatis respectu meriti et demeriti"; dagegen „respectu aliorum suorum inferiorum" bestreite er die Freiheit nicht (Explicatio zur 6. These der Heidelberger Disputation, WA 1, 365, 32 ff.). In der Assertio heißt es prägnant: „Cessat liberum arbitrium erga deum, quod apparet erga nos et temporalia" (WA 7, 146, 32 f.). Gegen das immer wieder begegnende deterministische Mißverständnis von Luthers Lehre de servo arbitrio wendet sich R. Hermann und verweist dabei auf die kühne Gleichsetzung vom liberum arbitrium mit dem cor humanum (WA 18, 658, 24). Luther verstehe unter „freiem Willen" in „spezifisch theologischer Begriffsbildung" „das Leben in der Abwendung von Gott"; ihm gehe es also nicht um ein psychologisches oder metaphysisches Problem (Luthers Theologie, hrsg. von H. Beintker, 1967, S. 148).
[108] S. o. S. 544.   [109] WA 18, S. 633, 14 f.

nicht."[110] Anders als Erasmus meint, ist die Lehre von der Vorherbestimmung Gottes nicht unvereinbar mit dem christlichen Glauben, vielmehr ist gerade hier das Feld seiner letzten Bewährung, ja es ist der „höchste Grad des Glaubens",[111] um den es hier geht.

Was bedeutete — damit kommen wir zum Schluß der Gegenüberstellung — die Frage, die zwischen Erasmus und Luther stand, für den einen und was für den anderen? Bei Erasmus könnte man meinen, sie stehe für ihn am Rande. Er fand es ja eine dunkle, eine überflüssige, gar schädliche Frage, die höchstens unter Gelehrten, nicht aber öffentlich erörtert werden dürfte. Schon die Formulierung zeigt in ihrer tastenden Vorsicht und der spürbaren Scheu vor festem Definieren, wie ungern er an diese Frage ging und daß sie ihm nicht lag.[112] Von vornherein zweifelte er, ob es je Sicherheit darüber gebe, wie hoch der menschliche Anteil und der der Gnade sei. Daß aber der menschliche Wille etwas zu leisten habe und mitwirken müsse an unserem Heil — dafür focht Erasmus mit größter Entschiedenheit. An solcher Freiheit hing ihm Leben und Wesen des Menschen. Luther jedoch bekennt von sich selbst und öffnet so für uns einen Zugang zu seiner scheinbar so harten und schroffen Lehre: „Ich bekenne über mich: wenn es je dazu kommen könnte, so wollte ich doch nicht, daß mir ein freier Wille gegeben würde oder irgend etwas in meiner Hand belassen würde, womit ich mich um das Heil zu mühen vermöchte. Denn einmal könnte ich es in so viel Versuchungen und Gefahren, von so viel Dämonen angefochten doch nicht festhalten und könnte nicht bestehen... Dann aber wäre ich, auch wenn es keine Gefahren, keine Kämpfe, keine Dämonen gäbe, dennoch genötigt, ständig im Ungewissen zu arbeiten und ins Leere zu fechten, und niemals würde mein Gewissen, auch wenn ich ewig lebte und schaffte, sicher und gewiß werden, wieviel es tun müsse, daß es für Gott genug sei. Bei jedem vollendeten Werk bliebe ja der Skrupel, ob es Gott gefalle oder er noch weiteres verlange, wie es die Erfahrung aller auf Gerechtigkeit Ausgehenden beweist und ich selbst es zu meinem großen Schaden lange Jahre lernen mußte. Aber jetzt, da Gott mein Heil aus meiner Entscheidung in seine genommen und mir verheißen hat, mich nicht durch mein Wirken und Laufen, sondern durch seine Gnade und Barmherzigkeit zu retten, da bin ich sicher und gewiß, daß er treu ist und mir nicht lügt, und daß er mächtig und groß ist, so daß keine Dämonen und keine Widersacher ihn brechen oder mich ihm rauben können. ‚Niemand, sagt Christus, wird sie aus meiner Hand reißen, denn der Vater, der sie mir gab, ist größer als alle.'"[113]

Hier bricht sich Luthers eigenste Überzeugung Bahn und gewinnt seine evangelische Erfahrung Ausdruck: die Unfreiheit des Willens ist nicht etwa Mangel und Verlust, vielmehr ist dies Preisgegebensein des Menschen an Gottes Erbarmen und Vatergüte gerade sein Adel und ein Erbteil, das er sich niemals entreißen lassen darf. Worauf andere stolz sind oder was sie zum mindesten ersehnen, die Freiheit ihres Willens, das wäre das Unseligste, was dem Menschen geschehen könnte, denn es würfe ihn in eine stete Ungewißheit, Angst

---

[110] Ebenda Z. 16 ff.   [111] Ebenda Z. 15.   [112] S. o. S. 539.   [113] WA 18, 783, 17 ff.

und Sorge hinein, eine Gewissensnot, die niemals und durch keine noch so große Leistung behoben werden könnte. Da wird sichtbar, warum für Luther der Kampf gegen das mittelalterlich-katholische und erst recht gegen das humanistische Freiheits- und Leistungsprinzip zur zentralen Aufgabe werden mußte; an dieser Stelle wird für ihn die christliche Botschaft in ihrem Kern angetastet. Luther schließt sein Werk mit dem entschiedensten Anspruch: „Ich habe in diesem Buche nicht beigetragen, sondern behauptet und tue es noch, und ich will keinem das Urteil darüber zugestehen, sondern rate allen an, Gehorsam zu leisten. Der Herr aber, dessen Sache dies ist, erleuchte dich und mache dich zu einem Gefäß der Ehre und Herrlichkeit. Amen."

IV

Wie Erasmus, so hatte nun auch Luther sein Wort gesagt. Es war ein Wort persönlichen Bekenntnisses, das zugleich hohe theologische Erkenntnis aussprach. Seine Gestalt gewann es im Gegenüber zu einer ihm unverträglichen Lehre und hielt doch in acht, daß hinter ihr ein Mensch stehe, den es nicht polemisch zu vernichten, sondern von seinem Irrtum zurückzurufen gelte. Der Nachlebende wird in Luthers Schrift die Anrede des „Bruders" nicht überhören und noch den nie ganz vergessenen Versuch, zwischen der bestrittenen Schrift und ihrem Verfasser zu unterscheiden, in diesem Sinne zu deuten haben.

Welche Möglichkeiten gab es, eine solche Schrift aufzunehmen? Wollte sich Erasmus auf das von Luther Gemeinte einlassen, so wäre viel von ihm gefordert gewesen. Er hätte nicht nur den Grundgedanken seiner Diatribe widerrufen, sondern die gesamte Stellung aufgeben müssen, die er zwischen den Gegensätzen seiner Zeit eingenommen hatte. Wohl hätte er, wie das Beispiel Melanchthons zeigt, vieles von den humanistischen Bestrebungen bewahren können, aber die Sache, für die er stand, hätte er als Ganzes aufgeben müssen. Sein Lebenswerk — so mußte er meinen — wäre gescheitert.

Eine zweite Möglichkeit bot sich an, daß er das ihm von Luther Gesagte ernst genug nahm, es sorgfältig zu bedenken, und daß er dann, mit gesammelter Kraft, auf einen neuen und endgültigen Ausdruck brachte, worum es ihm ging. Es hätte den Versuch bedeutet, Luthers großem Werk ein womöglich gleichrangiges entgegenzustellen. — Ein drittes stand ihm, dem Geistesfürsten, offen, zu schweigen. Seiner Würde hätte er damit nichts vergeben. Wollte oder konnte er — schon bei seinem Alter — nichts De servo arbitrio Ebenbürtiges schaffen, so mochte er hoffen, die Sache, die er vertrat, werde sich mit der Zeit von selber durchsetzen; sein bisheriges Wirken und die Zahl seiner Gesinnungsgenossen bedeuteten viel, zumal wenn erst der Kampflärm der Gegenwart verstummt sein würde.

Erasmus hat einen vierten Weg gewählt. Er hörte aus Luthers Werk nur die Kränkung seiner Person. Der Lobredner des Friedens fuhr heftig auf. Zwölf Tage, nachdem er Luthers Schrift zu Gesicht bekommen hatte, war schon eine hastige Gegenschrift gedruckt, die im Februar 1526 erschien, mehr als doppelt so lang wie die Diatribe. Der „Hyperaspistes" hielt einen Schild über die gefährdete Diatribe, ohne doch Besseres beizubringen.[114] Nichts von der Gedankenfülle, geschweige der Gedankentiefe von De servo arbitrio fand bei Erasmus einen Widerhall. Er sah auch nicht ein, daß sein Einspruch gegen Luthers Lehre, gedämpft, wie der Ton der Diatribe war, sachlich einen zentralen Angriff darstellte,[114a] eine Herausforderung, die Luthers ganze theologische Energie auf den Plan rufen mußte. In diesem Falle durfte Luther nicht denken, die Schrift des Erasmus wie manche Schmähschriften einfach durch Nichtachtung abfertigen zu können. Es war darum ein Wort nicht geringer Anerkennung, wenn Luther sagte, Erasmus habe den cardo rerum getroffen. Dieser aber nahm das so wenig auf, daß es ihn nur ärgerte: meinte Luther etwa, er sei ihm dafür noch Dank schuldig?[115] Das einzige, was einen — immer erneuerten — Eindruck auf ihn gemacht hat, war die derbe Art, mit der Luther ihn seinen Zorn und seinen Spott fühlen ließ. Bei seiner Schutzschrift, dem Hyperaspistes, hielten sich die Gegner an die zweite Bedeutung des Wortes „aspis", die Schlange, und sprachen davon als von einer aufgestörten Viper. Erasmus schimpfte. Einen versöhnlichen Brief Luthers beantwortete er im Ton gekränkter Eitelkeit und mit sich überstürzenden Schmähworten: „mit deinem arroganten, frechen, aufsässigen Sinn bringst du die ganze Welt zu tödlicher Zwietracht durcheinander; wirfst gute Leute, die die bonae litterae lieben, wütenden Pharisäern vor; lieferst dreisten und neuerungssüchtigen Menschen Waffen zum Aufstand."[116] An Kurfürst Johann von Sachsen schrieb er einen Beschwerdebrief, der eine

---

[114] Hyperaspistes diatribae adversus servum arbitrium Martini Lutheri, in: Opera omnia, ed. J. Clericus, Leiden, Bd. 10, col. 1249 ff.; mit deutscher Übersetzung in: Ausgewählte Schriften, hrsg. von W. Welzig, Bd. 4, S. 197 ff. — Vgl. dazu A. Renaudet, Études Érasmiennes, 1939, S. 338 ff.

[114a] Wie immer wir über die äußere und innere Nötigung denken mögen, die Erasmus zum Schreiben drängte — er selbst mußte sich doch sagen, daß schließlich er es gewesen war, der entgegen Luthers Neutralitätsvorschlag den Streit angefangen hatte. Er durfte sich nicht beschweren, wenn er die Stärke des Gegners zu spüren bekam.

[115] An Cricius, vom 9. Sept. 1526, Allen tom. VI, Nr. 1753 Z. 30 ff. Dieser Brief an einen ihm nahestehenden Bischof zeigt zugleich, wie Erasmus noch während des Kampfes dessen Anfänge und dessen Charakter ansieht. Er gibt an, was er für seine Lebensaufgabe hält: er möchte die bonae litterae, die in Italien „fast heidnisch" geworden seien, „gewöhnen, von Christus zu sprechen". Dies große Vorhaben sei durch „haec tempestas fatalis" — Luthers Reformation — jäh gestört. Er habe dann die Diatribe veröffentlicht, nachdem er einsehen mußte, er könne sich auf keine andere Weise von dem hartnäckigen Verdacht der Lutherbegünstigung befreien (Z. 19-28). Die Reformation ist für Erasmus also die große Störung in der als christlich verstandenen Lebensaufgabe, die Diatribe aber erscheint lediglich als Mittel, sich und seinen Humanismus zu sichern. Von dem darin vertretenen sachlichen Anliegen sagt er kein Wort.

[116] WA Br 4, Nr. 992, 27 ff. Im gleichen Ton fährt Erasmus bis zum Schluß fort: „Die unheilbare Konfusion aller Dinge verdanken wir niemand als deinem schwächlichen Geist, der für freundschaftlichen Rat unzugänglich ist, aber durch leichtfertige Schwindler zu allem bestimmbar." „Mir kannst du wünschen, was du willst, nur nicht deinen Sinn, wenn der Herr ihn dir nicht ganz verändert hat. Basel, am 11. April, am Tage, an dem ich deinen Brief erhielt, 1526" (Z. 35 ff.). — Der Brief Luthers, auf den Erasmus hier antwortet, ist nicht erhalten und nur aus einigen Halbzitaten in mehreren Briefen des Erasmus zu erschließen.

Bestrafung Luthers verlangte.[117] Der im folgenden Jahr erschienene umfängliche zweite Teil des Hyperaspistes hatte gleichfalls sachlich nichts Neues zu sagen.[118] Über die bittere Beschwerde, so rücksichslos angefaßt zu sein, ist Erasmus nie weggekommen. Das Gefühl persönlicher Kränkung hat beigetragen, ihn endgültig der Reformation zu entfremden. Im Zentralen hatte er nie etwas mit ihr gemein.[118a]

Luther hat auf jede Antwort verzichtet. Erst in den dreißiger Jahren gab es für ihn einen Anlaß, sich noch einmal zu Erasmus zu äußern. Nachdem es sich herausgestellt hatte, daß der vom Augsburger Reichstag 1530 eröffnete Weg der Gewalt nicht gangbar war und der Nürnberger Anstand 1532 ein vorläufiges Halt gebot, war Raum für vermittelnde Kräfte. Gedanken des Erasmus kamen in allgemeineren Umlauf, und man erwartete von ihm selbst ein lösendes Wort. Der katholische Humanist Julius Pflug, der später als Bischof von Naumburg am Augsburger Interim mitwirkte, hatte Erasmus um eine Schrift

---

[117] S. o. S. 546 mit Anm. 69.

[118] in: Opera omnia, Leiden, Bd. 10, col. 1337 ff. A. Renaudet sieht im Hyperaspistes II immerhin „le testament humaniste". Er läßt darin den „classicisme humaniste" gegen den „romantisme théologique de Luther" antreten, den „humanisme chrétien" gegen den „fatalisme biblique" streiten, den „rationalisme chrétien d'Érasme" dem „irrationalisme luthérien" begegnen. Das Buch wird für Renaudet so zum repräsentativen Werk des „modernisme érasmien" (Érasme et l'Italie, 1954, S. 171—175).
Während der Arbeit am Hyperaspistes II erörtert Erasmus gegenüber Thomas Morus (am 30. März 1527; Allen tom. VII, Nr. 1804), wie sich ihm im Für und Wider die Frage des freien Willens an sich selbst und im Streit der Parteien darstelle; er sieht sich von allen Seiten angegriffen, möchte dabei weder die geltende kirchliche Meinung noch auch Paulus und Augustin gegen sich haben und bleibt doch dabei, daß er sich vor allem gegen Luther abgrenzen müsse. Von der Wirkungskraft seiner antilutherischen Kampfschriften dachte er dabei aber nicht gering: „hoc persuasum est plerisque Luteranae factionis, me unum obsistere quominus tota Germania amplectatur Evangelium" (Z. 172 ff.).
Am Schluß des Hyperaspistes II sagt Erasmus, er verwehre dem Leser nicht, wie Luther, das Urteil und verlange keinen Gehorsam, vielmehr „quicquid a nobis dissertum est, Ecclesiae Catholicae submitto, paratus corrigere, si quid excidit a veritate discrepans" (Opera omnia, Leiden, Bd. 10, col. 1536 f.). Die Diatribe hatte nur geschlossen: „contuli, penes alios esto iudicium". Hatte es auch dort nicht an der Versicherung gefehlt, dogmatische Entscheidungen der Kirche zu respektieren, jetzt gibt er dem kirchlichen Lehrentscheid nachdrücklich das letzte Wort. Sein Versuch einer Neutralität zwischen den Fronten ließ sich nicht mehr festhalten.
Auf die Humanisten in Luthers Umgebung verfehlte der Hyperaspistes seine Wirkung. Zu Melanchthons Urteil s. u. S. 569. Justus Jonas kam dadurch endgültig von Erasmus ab (vgl. WA Br 4 Nr. 1160, 1—10; Nachtragshinweis Bd. 13, S. 94).

[118a] Karl Heinz Oelrich, Der späte Erasmus und die Reformation, 1961, trägt aus der Fundgrube des Allen'schen Briefkorpus vieles bei, was dem Verständnis des traditionserschlosseneren späten Erasmus dient. Er stellt fest, daß Erasmus nach 1525 in keinem seiner Briefe noch ein freundliches Wort über Luther sage (damit berichtigt Oelrich A. Freitag, der in der materialreichen Einleitung seiner Ausgabe von De servo arbitrio in WA 18 bei Erasmus einen Rest persönlicher Achtung für Luther sehen möchte; vgl. die kritischen Bemerkungen bei Oelrich S. 42 ff., Anm. 148 a). Zur Frage der Willensfreiheit hat sich Erasmus in seinen Briefen kaum mehr geäußert, so sehr er bei seiner früheren Meinung blieb. Er verweist die Frage an die Theologen: „De libero arbitrio disputent in Sorbona theologi, laici simpliciter ambulent et confidenter" (Allen tom. X, Nr. 2853, 35 f.).

zur Kirchenunion gebeten. Dieser entsprach der Bitte und schrieb De amabili Ecclesiae concordia (1533).[119]

Als das Wesentliche der darin enthaltenen Vorschläge sieht Luther, beide Seiten sollten einander Zugeständnisse machen, wobei aber schon um des Friedens willen das kirchliche Ordnungsgefüge unter Papst und Konzilien gewahrt werden müsse. Daß damit auch die christliche Lehre in den Bereich der Zugeständnisse und Kompromisse gerät, ist für Luther eindeutig. Er erkennt in diesen Vorschlägen den skeptischen Geist wieder, den er schon in der Diatribe an der Theologie des Erasmus wahrgenommen hatte und der bereit war, um des Friedens und der Einheit willen in Lehrfragen mit sich reden zu lassen. Aber — setzt Luther dagegen — so viel um der concordia charitatis willen eingeräumt und nachgegeben werden soll, bei der concordia fidei steht es anders. Das Gewissen und die Wahrheit selbst dulden kein Abmarkten. „In der Kirche muß es notwendig eine sichere Lehre, das sichere Wort Gottes geben, dem wir sicher und gewiß zu glauben vermögen und wo wir in ebender Gewißheit des Glaubens leben und sterben können."[120] Da Erasmus diese certitudo außer acht läßt, sind seine Vorschläge unannehmbar.

Dieses Urteil bestimmt vollends die Schlußabrechnung, die Luther zur gleichen Zeit mit Erasmus und dessen ganzem Werke hält. Luthers Freund Amsdorf machte ihn Ende Januar 1534 darauf aufmerksam, daß man die Erasmusschüler, die sich neu zu regen begännen, in ihrem Meister treffen müsse, von dem all das Ihre eigentlich stamme.[121] Das bald in Druck gegebene ausführliche Antwortschreiben kann als die letzte Stellungnahme des Reformators zu dem Humanistenhaupt gelten.[122] Luther überblickt darin sein ganzes Verhältnis zu Erasmus, von dem er anfangs als dem Lehrer der bonae litterae so viel gehalten hatte. Aus dem dann ausgebrochenen Kampf hebt Luther zweierlei heraus: einmal habe er, als er beim Widerlegen der Diatribe ihre Worte wog, bemerkt, wie undurchdacht und haltlos sie waren, und sodann habe er vergeblich versucht, durch kräftigere Tonart Erasmus aus seiner Teilnahmslosigkeit zu wecken, damit er seine Sache energischer führe, die Fragen tiefer durchdenke und seine Thesen schärfer fasse. Aber der akademische Brauch, theologische Fragen durch Disputation zu klären, war dem Rhetor Erasmus fremd. Luthers Provokation erboste ihn nur, zur Sache selbst antwortete er nicht. „Er erzeugte nur zwei Viperaspides, ihres Erzeugers würdig und ihm nur zu ähnlich."[123]

Ehe Luther aber sein abschließendes Urteil ausspricht, hat er sich noch einmal vergewissert, daß es auch auf die übrigen Schriften des Erasmus zutreffe. Überall begegnete ihm darin der gleiche Unernst, von den größten Dingen leichtfertig und so verdeckt und zweideutig zu reden, daß, während es aussehe, als werde Religion gelehrt und verteidigt, sie in Wahrheit von Grund auf umge-

---

[119] Opera omnia, Leiden, Bd. 5, col. 469 ff. — Zu dieser Schrift des Erasmus nahm auf protestantischer Seite Antonius Corvinus in einer Gegenschrift Stellung, und für diese schrieb Luther auf Drängen des Druckers eine Vorrede (WA 38, 276—279). Corvin ist Ende des Jahres entschiedener von Erasmus abgerückt (WA Br 7 Nr. 2148).
[120] WA 38, 278, 7 ff. [121] WA Br 7, Nr. 2086, 15 ff. [122] WA Br 7, Nr. 2093.
[123] Ebenda, Z. 60 ff.

stürzt werde.¹²⁴ Der „stille, hartnäckige Haß" gegen die kirchlichen Dogmen, den ein moderner Erasmusfreund bei ihm findet, ist schon von Luther erkannt und mit ingrimmigem Zorn beantwortet.¹²⁵

Statt einer neuen Gegenschrift will Luther dem Erasmus nur ein Zeugnis aushändigen, worin er ihn gegen den Vorwurf katholischer Gegner verteidigt, ein Lutheraner zu sein. Sie tun ihm Unrecht: er gehört auf keine Weise zu uns, und „man sollte ihn den Papisten überlassen, die eines solchen Apostels würdig sind"!¹²⁶ — Damit ist Luthers letztes Urteil gesprochen. Ein Jahrzehnt, nachdem er Erasmus hatte bewegen wollen, sich zu stellen, macht er nun keinen Versuch mehr, mit ihm zu reden. Luther spricht nur noch *von* Erasmus, ihm endgültig abgekehrt.

Diese Stellungnahme schließt für Luther zugleich in sich, daß er sogar den vorbereitenden Dienst der sprachlichen Bildung, für den er ehedem des Erasmus Gabe geschätzt hatte, ihm jetzt nicht mehr anvertraut: die Jugend würde nur lernen, von keiner Sache ernst und würdig zu reden und zu denken.¹²⁷ „Wollen die Wissenschaften nicht dienen, sondern Christus mit Füßen treten, so ist es besser, die Wissenschaften fallen, als die Religion."¹²⁸ Aus der Menge der Tischreden, die von Erasmus sprechen, sei nur eine herausgehoben, weil sie die eben zitierte Briefstelle über den Rang der Wissenschaften verdeutlicht. „Die vom Teufel besessene Vernunft hindert nur, und je feiner und klüger sie ist, desto mehr schadet sie, wie wir es bei den klugen Männer sehen, die durch ihre Vernunft vom Wort abkommen; aber vom Geist erleuchtet hilft sie, die Hl. Schrift zu beurteilen. Sprache, als Sprache, hilft dem Glauben nicht, und doch dient sie ihm, wenn das Herz erleuchtet ist. So dient auch die Vernunft dem Glauben, daß sie einem Ding nachdenkt, wenn sie erleuchtet ist, aber ohne Glauben nützt und vermag sie nichts. Die erleuchtete Vernunft nimmt alle Gedanken

---

¹²⁴ ... insidiose et oblique loquendi de rebus maximis ... (ebenda Z. 160 f.). Luther beruft sich für dieses Urteil speziell auf die Paraclesis, von der er hier angibt, sie habe ihn zuerst dem Erasmus entfremdet (Z. 154). Er bespricht aber eine ganze Anzahl weiterer Erasmusschriften, darunter den „Katechismus", den „Methodus" und die Römerbrief-Paraphrase. Sofern Erasmus in seiner Paraclesis, die den Ausgaben des Neuen Testament mitgegeben war, für die philosophia Christi eintritt und dabei Christus als Gesetzgeber versteht, muß ihm Luthers Vorwurf unbegreiflich erscheinen und kann er darin nur eine persönliche Verunglimpfung erblicken (vgl. seine Reaktion auf den Amsdorfbrief, den er nicht abläßt, als simpliciter furiosa anzuprangern; Allen tom. X Nr. 2922, 19; tom. XI, Nr. 2976, 3 ff. u. ö.). Luther dagegen konnte in dieser Deutung Christi nur eine völlige Verkehrung des Evangeliums sehen, gerade in ihrer Eingängigkeit doppelt gefährlich. Von daher begreift sich die Schärfe seines Urteils, und sie muß auch in diesem Zusammenhang verstanden werden. Dem entspricht eine Tischrede des Jahres 1532: „Erasmus nil facit cum sua theologia, quam quod Christum iuristam facit" (WA TR 2, Nr. 1605).

¹²⁵ W. Diltheys Gesammelte Schriften, Bd. II, hrsg. von G. Misch, 1914, S. 77. Daneben könnte man Carl J. Burckhardts Satz stellen, Erasmus gehe „vorsichtig und unaufhaltsam gegen das eigentliche Wesen des Christentums und seine dogmatischen Grundlagen vor" (Gestalten und Mächte, 1961, S. 50).

¹²⁶ WA Br 7, Nr. 2093, 402 ff und 416. ¹²⁷ Ebenda Z. 409 ff.

¹²⁸ Vgl. den ähnlichen Gedanken in Luthers Brief vom 28. Mai 1522: „Victoria est penes balbutientem veritatem, non apud mendacem eloquentiam" (WA Br 2, Nr. 499 Z. 16 f.).

vom Wort."¹²⁹ Die doppelte Bestimmtheit des ganzen Menschen, für die Luthers De servo arbitrio das größte Zeugnis darstellt, kehrt hier wieder. Die höchsten Gaben des Menschen, Sprache und Vernunft, können dem Glauben zur Klarheit verhelfen, oder aber ihn aufs höchste gefährden. Von daher versteht sich Luthers kurze, schneidende Absage: „Erasmus, id est ratio!"¹³⁰

V

Luthers Wunsch, aus seiner Kirche den Einfluß des Erasmus völlig auszuscheiden, erfüllte sich nicht. Ein Bild des jüngeren Lucas Cranach aus dem Jahre 1558 nimmt Erasmus bedenkenlos in den Kreis der Reformatoren auf.¹³¹ Er steht dort etwas fremd, in kühler Distanz, aber als ein gleichgeachteter Lehrer neben Luther, Melanchthon, Amsdorf und den anderen Wittenbergern. Er hat hier offenbar Heimatrecht gewonnen. Hatte er es nicht gar von Anfang an besessen? Einst ebnete der Humanismus der Reformation den Weg, er erzog ihr die wichtigsten Führer.¹³² Erasmus hat später mit grimmigem Spott darauf hingewiesen, daß „diese Menschen" von den Wissenschaften — seinen bonae litterae — zehrten.¹³³ Ja, er konnte sagen, er lehre dasselbe wie Luther, nur ohne dessen anstößige Heftigkeit und darum ohne den Unfrieden, den dieser verschulde.¹³⁴ Wirklich konnte man an beiden Bewegungen vieles Gemeinsame

---

¹²⁹ WA TR 1, Nr. 439 (Veit Dietrich 1533).
¹³⁰ WA TR 3, Nr. 3316. — Wie Luthers Scharfblick in einer noch nicht revolutionären Schrift Thomas Müntzers den künftigen Aufruf zur Gewalt voraussah, so erkannte er in den Schriften des Erasmus, wohin sie trieben. Mag ein rückschauender Historiker Bedenken haben, Erasmus zum Rationalisten zu stempeln und ihn mit Bayle zum Vater der Aufklärung zu machen —, angelegt sind deren Wesenszüge schon bei dem großen Humanisten. Luthers Urteil über Erasmus, er sei kein Christ, ist deshalb sowohl ungerecht wie gerecht. Das eine, weil Erasmus die Verchristlichung des Humanismus als sein Ziel anstrebte, das andere, weil Grundgedanken des Erasmus in die Richtung des 18. Jahrhunderts wiesen, das sie verwirklichte. Karl Jaspers schließt die lange Liste der Namen, die für ihn Europa repräsentieren, mit Cicero, Erasmus, Voltaire — Luther fehlt (Vom europäischen Geist, 1947, S. 10).
¹³¹ Oskar Thulin hat in sein Werk „Cranach - Altäre der Reformation", 1955, auch das Meienburgsche Epitaph aus Nordhausen aufgenommen, das im Kriege zerstört wurde, aber in guten Kopien und Fotografien erhalten ist. Thulin erläutert S. 76—78 den „Bildgedanken" und fügt gute Abbildungen hinzu (Erasmus Bild Nr. 98 u. 109). Meienburg war mit Melanchthon freundschaftlich und verwandtschaftlich verbunden (ein Sohn heiratete die Enkelin Melanchthons) und Melanchthon fand während des Schmalkaldischen Krieges Aufnahme im Meienburgschen Hause. Es ist nicht zu bezweifeln, daß er es war, der Erasmus unter die Reformatoren einreihen ließ. Eine gleichzeitige Rede erklärt uns, wie das möglich war (s. u. S. 570; den Hinweis auf das Cranachbild verdanke ich Ernst Berneburg).
¹³² Wie hoch der Anteil der Humanisten an der ersten Führergeneration war, zeigt Bernd Moeller: Die deutschen Humanisten und die Anfänge der Reformation, ZKG 70, 1959, 46—61.   ¹³³ Erasmus an W. Pirckheimer, 20. März 1528, Allen tom. VII, Nr. 1977, 42.
¹³⁴ Am 31. August 1523 schreibt er an Zwingli: „videor mihi fere omnia docuisse que docet Lutherus, nisi quod non tam atrociter, quodque abstinui a quibusdam enigmatis et paradoxis" (Allen tom. V, Nr. 1384, 90 f.). Diesen „sehr merkwürdigen Brief" hat später J. G. Hamann für seine „paradoxe Wahrheit" herangezogen (Sämtliche Werke, hrsg. von J. Nadler, Bd. II, 1950, S. 247, Anm. 16).

wahrnehmen, und wenn damit auch noch nichts über eine innere Einheit gesagt war, so vereinigten sich doch in den Anfangsjahren der Reformation ihre Wirkungen und verstärkten einander.[135] Konnte es darum nicht auch nach 1525 rätlich und möglich scheinen, die vordem Verbundenen zusammenzuhalten oder wieder zusammenzubringen? Die deutschen Humanisten hatten sich ohnehin zu einem guten Teil der Reformation angeschlossen, und sie waren es nicht zuletzt, die den akademischen Unterricht bestimmten.

In der späteren Geschichte des Luthertums hat es nicht an Stimmen gefehlt, die Erasmus einen Platz neben Luther einräumten. In Helmstedt Calixts erneuerte man die Ausgleichsbestrebungen der Erasmianer; die Buchhandlung des hallischen Waisenhauses nahm keinen Anstand, unter ihren ersten Veröffentlichungen das Enchiridion des Erasmus neu herauszugeben,[135a] und der Theologe der Aufklärung Johann Salomo Semler rühmte den von Luther verworfenen Methodus des Erasmus als grundlegendes Werk, während er De servo arbitrio „niemalen vorzüglich gelobet" habe.[136] Als eine Gegenstimme aus diesem Jahrhundert wäre nur etwa der Herder der Bückeburger Jahre zu nennen, für den Luther „mit seiner Knechtschaft des Willens Halbweisen ein Ärgernis und Halbtugendhaften eine Torheit" behauptete.[137]

Erasmianische Gedanken sind bis heute unter uns lebendig. Es hatte seinen Grund, daß die theologische Auseinandersetzung über die Frage des freien Willens zu Beginn der Neuzeit geschah. Man könnte nicht an die Stelle Luthers Augustin setzen, der doch der „Lehrer der Gnade" und Gegner des Pelagius war, und man könnte auch nicht Erasmus gegen Eck austauschen, obwohl dieser

---

[135] Nicht nur Erasmus und viele seiner Schüler waren von der inneren Einheit ihrer Erneuerungsbewegung mit der Reformation überzeugt. Auch heute noch kann man lesen, daß „sich der christliche Humanist Erasmus zum Grundgedanken der Reformation, der Erneuerung des Glaubens durch den Rückgang auf das ursprüngliche Christentum", bekannt habe (August Buck, Zu Begriff und Problem der Renaissance, 1969, S. 7). Aber eine Betrachtungsweise, die sich allein an gleichlautende Losungen hält, kommt hier an ihre Grenze. Die formale Übereinstimmung hat ihr die realiter bestehende Unvereinbarkeit verdeckt. Es ist ein klassisches Beispiel dafür, daß zwei historische Gestalten nebeneinander stehen können, sie gar eine Zeitlang zusammengehen, und daß sie doch in einem nicht minder scharfen Gegensatz stehen als Augustin und Pelagius. Es gibt also neben den beiden eingangs genannten noch eine dritte Art von Namenpaaren, deren Verhältnis nicht leicht zu durchschauen ist. Es ist nicht das der Rivalität im gleichen Lager, der feindlichen Brüder; gerade in der Tiefe liegt hier die Geschiedenheit, während es im geschichtlichen Wirken vieles an Gemeinsamkeiten gibt.
[135a] RGG³ I, Sp. 1462.
[136] Lebensbeschreibung, von ihm selbst verfaßt, Bd. II, 1782; zit. nach E. W. Zeeden, Martin Luther und die Reformation, Bd. II, Dokumente, 1952, S. 275. Insbesondere rühmt Semler den von Luther so getadelten Methodus des Erasmus. Er geht soweit, kaum daran zu zweifeln, „daß Luther und zumal Melanchthon gerade auf diese herrlichen Grundsätze gebaut haben". „Einige Male bin ich der Meinung gewesen, der Hauptinhalt unserer Augsburgischen Konfession sei aus dieser Schrift des Erasmus" (ebd. S. 285). Hier ist Erasmus aus dem Gegner Luthers geradehin zum Urheber und besten Repräsentanten der Reformation geworden!
[137] Vom Erkennen und Empfinden der menschlichen Seele, Bemerkungen und Träume, 1778, in: Sämtliche Werke, hrsg. von B. Suphan, Bd. 8, 1892, S. 308.

schon vorher in scholastischer Weise über das liberum arbitrium geschrieben hatte. De servo arbitrio ruht auf der voll entwickelten Theologie Luthers, ist deren Inbegriff. Die Diatribe aber ist ganz vom Geist des Erasmus geprägt und dankt ihre Wirksamkeit der Verbindung von devotio moderna, Rationalität und sittlichen Impulsen; der berühmte Humanistenführer hatte ein europäisches Auditorium.[137a] Und geht nicht die Auseinandersetzung zwischen Luther und Erasmus, die beide aus der Neuzeit nicht fortzudenken sind, gerade diese aufs nächste an? An der Besinnung auf die Fundamente scheiden sich auch weiterhin die Geister.

Die Frage, die von den beiden Kampfschriften gestellt wird, ist uns demnach durch die Nachgeschichte nicht abgenommen.[138] Die weithin erfolgte Option für Erasmus geschah meist unter der Hand, ohne daß der Entscheidungscharakter der Frage recht beachtet wurde. Ein oft zu beobachtendes harmonistisches Verhalten der kirchlichen Tradition hat eine ausschließende Stellungnahme eher erschwert. Daß es hier ein friedliches Nebeneinander nicht geben kann, ist wenigen bewußt geworden. Nur etwa in den Krisenzeiten des 20. Jahrhunderts ist in Deutschland mit einer erneuten Besinnung auf De servo arbitrio das Problem wieder lebendig geworden. Man mag sich dabei an das Schicksal der paulinischen Theologie in der voraugustinischen Alten Kirche erinnern.

De servo arbitrio ist eine Streitschrift gegen einen keineswegs verschollenen Gegner. Es war ein Bekenntnis und forderte eine Entscheidung. Gilt das für uns nun nicht mehr uneingeschränkt? Wollen wir sagen, Luther habe sich in seinem größten theologischen Werk zu weit vorgewagt und sich mit seinen paradoxen Formeln übernommen?[139] In einer von Luthers frühen Disputationen heißt es: wer behauptet, Augustin rede gegen die Pelagianer excessive, macht ihn zum Lügner und läßt sie triumphieren.[140] Das trifft ganz ebenso auf Luther und seine Widerlegung des Erasmus zu: wer die Kernsätze von De servo arbitrio für übertrieben erklärt, setzt Luthers gesamte Theologie ins Unrecht und tritt zu Erasmus über. Hier gibt es kein Sowohl-Als-auch, nur ein Entweder-Oder.

[137a] Wenn schon in der lutherischen Kirche Gedanken des Erasmus fortlebten, so mit unvergleichlich größerer Kraft in Westeuropa. Werner Kaegi zeichnet am Beispiel des Erasmus die „humanistische Kontinuität im konfessionellen Zeitalter" (1954, S. 16—22). Nach Basel wurden vor allem Holland und England die Stätte, an der die Werke des Erasmus betreut wurden und seine Ideen eine Wiedergeburt erfuhren.

[138] In die Lehrüberlieferung der lutherischen Kirche hat die Auseinandersetzung Luthers mit Erasmus kaum Eingang gefunden. Nur an einer Stelle beruft sich die Konkordienformel auf De servo arbitrio und erwähnt dabei den Namen des Erasmus (FC Sol. Decl. II 44, Bekenntnisschriften der ev.-luth. Kirche S. 889).

[139] Rudolf Hermann (Luthers Theologie, hrsg. von H. Beintker, 1967, S. 145) weist darauf hin, daß Luther selber in De servo arbitrio eine solche Deutung aufs entschiedenste zurückgewiesen habe: „Hoc autem deprecor, Mi Erasme, ne credas me caussam hanc studio magis quam iudicio agere" (WA 18, 756, 1 f.).

[140] „Dicere, quod Augustinus contra haereticos excessive loquatur, Est dicere, Augustinum fere ubique mentitum esse" (Disputatio contra scholasticam theologiam 1517, These 1, WA 1, 224, 7 f.). „Idem est Pelagianis et omnibus haereticis tribuere occasionem triumphandi, immo victoriam" (These 2, ebenda Z. 8 f.).

Erasmus stützte seine These vom freien Willen auch auf das Gleichnis vom verlorenen Sohn: der Sohn machte sich doch mit eigenem Willen zum Vater auf.[141] Das ist ein auf den ersten Blick sehr einleuchtender Schluß, und manch anderer hat ihn nach Erasmus gezogen. Aber er ergeht vom Standpunkt des Außenstehenden her, es ist die Deutung eines Betrachters. Der Sohn selbst konnte und durfte das mit keinem Gedanken streifen. In actu, von Angesicht zu Angesicht mit dem Vater, gibt es für ihn nichts als dessen überwältigende Liebe, die lediglich empfangen werden kann. Der Sohn wird gewiß nicht beim Vater geltend machen, er sei immerhin aus eigenem Antrieb gekommen![142] Jeder selbstgefällige Gedanke, er habe doch auch das Seine dazu beigetragen, um das Verhältnis herzustellen, würde es vielmehr zunichte machen. Er verdürbe dem Sohn von Grund auf sowohl die Erkenntnis seiner selbst wie auch die Erkenntnis Gottes. Hier ist es, wo — erhellend und bekräftigend — Luthers Ausführungen über das „tantulum" ihren theologischen Ort haben.[143] Die so bequem sich anbietende Auskunft, der Sohn habe sich aus freiem Willen aufgemacht, wie sie Erasmus durch ein Allegorisieren dem Gleichnis unterlegt, erweist sich für dessen Sinn als völlig zerstörend.[144] Glaube, Hingabe, Vertrauen gibt es nur ganz oder gar nicht. Jeder Vorbehalt zerstört alles.

Und Erasmus? Es hat etwas nicht nur Tragisches, sondern Unheimliches, zu beobachten, wie Menschen, die Gutes und Sinnvolles wollten, von der Zeit überholt und vor Entscheidungen gestellt werden, die zu vollziehen sie weder willens noch fähig sind. Die Gemäßigten werden zwischen den Radikalen zerrieben, die Friedliebenden von den Kompromißlosen übermocht. Der Nachlebende darf dann nicht — bedauernd oder achselzuckend — an Person und Werk der von solchem Schicksal Betroffenen haften bleiben; er muß vielmehr nach Recht oder Unrecht der Entscheidungsforderung fragen, vor die sich jener gestellt sah. Wer deren Recht bejaht, kann nicht umhin, vom Versagen des

---

[141] Diatribe IIIc 11, S. 75, 3 ff.
[142] Dem gleichen Gedanken gibt Luther in einer Bemerkung zu Luk. 15, 17 Ausdruck: „Ecce fiduciam erga Patrem ante omnia concipit, postea vadit, confitetur usw. ut scias fide sine operibus iustificari" (DB 4, 452, 7 f.). Nicht anders heißt es in der Genesisvorlesung mit Blick auf das Bekenntnis des verlorenen Sohns: „angustia cordis et contritio praecipua fuit, quam sequitur rugitus ex gutture, et alte ducta suspiria" (WA 43, 175, 23 f.). — W. von Loewenich rechtfertigt mit dem gleichen Argument wie Erasmus den späteren Melanchthon: „Ohne den freien Entschluß zur Rückkehr hätte der verlorene Sohn die Barmherzigkeit des Vaters nicht erfahren" (Von Augustin zu Luther, 1959, S. 387). Das oben im Text Gesagte gilt doch gegen Loewenichs Argumente ebenso wie gegen die des Erasmus. Dem Einwand aber: „Dem Personsein des Menschen trägt die Anschauung Melanchthons mehr Rechnung als die Luthers" (ebenda) ist die Frage entgegenzuhalten, ob nicht gerade die Annahme des Vaters dies Personsein wahrhaft konstituiere!
[143] S. o. S. 554.
[144] Man braucht das Aus- oder Eindeuten des Gleichnisses nur etwas fortzusetzen, um das Widersinnige dieser scheinbar so naheliegenden und vermeintlich so rationalen Deutung zu sehen. Dies Reservieren eines eigenen Antriebs für den rückkehrenden Sohn wäre nichts anderes, als wollte er, wenn er sich beim Vater um die Stelle eines Tagelöhners bewirbt, günstige Bedingungen mit dem Bemerken aushandeln, er sei schließlich ein weitgereister Mann, mit Erfahrung in der Schweinezucht.

Unschlüssigen zu sprechen;[144a] wer sie verneint, wird die Standhaftigkeit anerkennen, die keinem Drängen nachgab. Das Geschehnis selbst, daß ein Mensch sich unversehens oder doch unvorbereitet vor eine Entscheidung gestellt sieht, der er nicht ausweichen darf, begegnet auf christlichem Boden von Anfang an, nicht nur in Verfolgungs-, sondern auch in Übergangszeiten, wenn Altes unsicher geworden und Neues noch unbewährt ist. Man durfte etwa im arianischen Streit nicht mit „frommer" Ausrede — „nach der Schrift" — vor der Frage halt machen wollen und sie damit für müßig erklären. Versagt sich jemand der Forderung, so kann für den Kirchenhistoriker das menschlich-verständnisvolle Wort nicht das letzte sein.[145] Bei Erasmus wird dann die Darstellung seines Denkens und Wirkens vor 1524/25 — des „eigentlichen" Erasmus — zur Vorgeschichte. Sie kann zwar helfen, seine Stellungnahme in und nach der Stunde der Entscheidung zu verstehen, aber wie er durch seine früheren Leistungen nicht der Pflicht überhoben war, sich zu stellen, so darf auch unser theologisches Urteil über Erasmus nicht von dieser Entscheidung absehen.

Was aber wird darüber aus all den Gemeinsamkeiten, die es vor und nach 1525 zwischen Humanismus und Reformation doch gegeben hat? War es ein gegenseitiges Mißverständnis, das sie einander stützen und fördern ließ? Bildet umgekehrt die Tatsache ihres Zusammengehens einen Einwand gegen Luthers Entscheidungsforderung? Um sich nicht von solchen Fragen beirren zu lassen, ist eine Unterscheidung geboten, die leicht verfehlt wird und die doch unerläßlich ist, will man sein Ja oder Nein nicht an falscher Stelle sprechen. Verfehlt wird sie, wenn man mit Erasmus Reformation und Humanismus als Widerspruch versteht, im Sinne seines Satzes: „ubicunque regnat Lutheranismus, ibi litterarum est interitus".[146] Sie würde ebenso verfehlt, wollte man Luthers De servo arbitrio als Kampfansage gegen den Humanismus als solchen deuten.[146a] In beiden Fällen ginge es um die Wahl zwischen zwei vermeintlich einander ausschließenden historischen Bewegungen. Statt dessen werden wir gut tun, uns der Tischrede zu erinnern, mit der wir die Darstellung Luthers beschlossen haben: sie bestimmte der Vernunft wie der Sprache ihr Recht und ihre Grenze.[147] Beide gelten Luther viel, und gerade er hat hohe Worte der Würdigung

---

[144a] Die ein klares Bekenntnis fordern, gewärtigen freilich die Rüge des Humanisten Carl J. Burckhardt: „Wer in Suggestionen dahinlebt, sucht keinen Ausweg, sondern Entscheidung" (Gestalten und Mächte, 1961, S. 50).

[145] Er darf also nicht wie Reinhard Newald in seinem Erasmus Roterodamus (1947) die „Auseinandersetzung mit Luther" damit schließen: „die anderen wurden von den Stürmen der Zeit aus der Bahn geworfen, nicht Erasmus" (S. 249).

[146] Erasmus an W. Pirckheimer, 20. März 1528, Allen tom. VII, Nr. 1977, Z. 40 f.

[146a] Früher, noch in der Vortragsfassung dieses Aufsatzes, habe ich selber gemeint, Luthers Auseinandersetzung mit Erasmus sei die Absage der Reformation an Renaissance und Humanismus und damit an Grundelemente der Moderne. Aber das war ein vorschnelles Urteil, das nicht nur ungerecht wurde gegen viele Humanisten, sondern auch den Ernst und die Tiefe von Luthers Lehre verkannte. — Zum Thema vgl. jüngst auch Ernst Wolf, Reformatorische Botschaft und Humanismus, in: Studien zur Geschichte und Theologie der Reformation. Festschrift für Ernst Bizer, 1969, S. 97–119.

[147] S. o. S. 561 f.

für sie gebraucht, bis hin zu dem Satz von den Sprachen als dem „Vorläufer Johannes" vor dem Neuaufgehen des Evangeliums.[148] Aber sie verlieren jedes Recht, wo sie ihre Grenze überschreiten und dem „Eritis sicut Deus" zu Dienst und Willen stehen. Dann trifft sie die Absage jenes Lutherwortes. Es ist also zu unterscheiden zwischen dem, wessen der Humanismus sich rühmen durfte, einer Erweiterung der Kenntnis sowohl der heidnischen wie der christlichen Antike, vorab der alten Sprachen, und andererseits der Verführungsmacht, die wie in alle menschliche Erkenntnis so auch in das Neue des Humanismus Eingang suchte und oft genug gefunden hat. Der humanistischen Wissenschaft haben gerade auch die lutherischen Schulen und Universitäten Raum gewährt und haben ihr viel zu verdanken. Humanismus als „Dritte Kraft" hingegen ist eine Kraft des Unheils und eine Fremdmacht.[149]

Es geht mithin Luther nicht um einen Kampf gegen den Humanismus selbst. Was er in seiner Streitschrift bekämpft, leitet er nirgends aus Wesenszügen des Humanismus ab, und man könnte sagen, für das von Luther Gemeinte sei der Begriff Humanismus zu weit. Aber ebensogut könnte man sagen — und mit nicht weniger Recht —, der Begriff sei zu eng. Denn Luthers Überzeugung von der Unfreiheit des Willens ist nicht erst Erasmus gegenüber ausgesprochen. Sie fand ihren Ausdruck schon in den Thesen der Heidelberger Disputation; diese richteten sich ebenso wie ihre Wittenberger Vorstufen nicht gegen den Humanismus, sondern gegen die scholastische Theologie und den Einfluß des Aristoteles. Luthers Einspruch galt also Meinungen, die lange vor dem Humanismus verbreitet waren, bis dann Erasmus sich zu ihrem Wortführer machte. De servo arbitrio, das sich dessen Diatribe entgegensetzte, griff doch tiefer, und seine Reichweite war größer als die Freiheitslehre des Humanismus. Indem dann Luther im Jahre 1534 Erasmus als „Apostel der Papisten" hinstellte, wird vollends deutlich, daß er nicht nur den Humanismus im Blick hatte.[150] Wenn im Streit um den gebundenen Willen Erasmus es ist, der Luthers Gegenüber repräsentiert, so doch weder zuerst noch auch vollständig. Es ist ein viel umfassenderer Gegensatz, in dem Luther seine Sache zu behaupten hat. Aber daß es wirklich seine eigene „Sache" ist, der cardo rerum, was er von Erasmus in Frage gestellt sieht, darüber läßt er keinen Zweifel. Diese Front deckt sich nicht mit einer der historisch formierten; sie geht durch alle hindurch, nicht zuletzt durch die lutherische Kirche selbst.

---

[148] Vgl. Wa 15, 37, 11 f.: „Niemand hat gewußt, warum Gott die Sprachen hervorkommen ließ, bis man nun allererst sieht, daß es um des Evangeliums willen geschehen ist"; ebenda S. 38, 8 f.: „Die Sprachen sind die Scheiden, darin das Messer des Geistes steckt." — Schon seine Würdigung von Sprache und Vernunft sollten dem Reden von Luthers Irrationalismus ein Ende setzen.
[149] Es braucht danach nicht eigens ausgeführt zu werden, daß Luthers Kritik nur den Humanisten trifft, der mehr sein will als er sein darf und sich — wie bei Erasmus — zum Sprecher einer Heilslehre machen möchte.
[150] WA Br 7, Nr. 2093, 416. — Schon von Luthers Ansatz her ist mithin der naheliegenden Deutung gewehrt, ihm sei es, wie gegenüber den Sozialrevolutionären und den Enthusiasten, auch beim Humanismus darum gegangen, sich von einem anfänglichen Bundesgenossen frei zu machen, um seine Sache nicht mit der ihren verwirren zu lassen.

Weil danach die kirchen- und geistesgeschichtlichen Grenzziehungen nicht mit Luthers Gegenüber zusammenfallen, verlieren die verschiedenen Traditionen, so wirksam und auch fruchtbar sie in manchem Betracht noch sein mögen, angesichts der geforderten Entscheidung ihr Gewicht. In der von Luther vollzogenen Stellungnahme treten die Unterschiede der Gegenlehren zurück und verschmelzen zu einer einzigen Front. Darum kann die Frage, von der wir ausgingen, was denn die Gemeinsamkeiten zwischen Reformation und Humanismus bedeuten, im Augenblick der Entscheidung nur die Antwort erhalten: nichts, ja, wenn sie uns den Gegensatz verdecken wollen, weniger als nichts. Wenn wir die in De servo arbitrio getroffene, erklärte und geforderte Entscheidung verstanden und uns zu ihr bekannt haben, dann wird es gelten, sie auch unsererseits zu verwirklichen. Dabei mögen wir merken, daß wir es in den so eingängigen und verständlichen Sätzen des Erasmus mit Gegenwartsmeinungen um uns und in uns zu tun haben. So kann etwa der Gedanke, eine der bestehenden oder erstrebten Gesellschaftsordnungen habe den Primat über den Einspruch des Gewissens und das Recht des Glaubens, ebensogut revolutionär wie konservativ ausfallen. Wir werden uns immer wieder gehalten sehen, das einst Gesagte in die heutige Sprache zu übersetzen und auch neue Zugänge zum Lehrinhalt sowohl der Diatribe wie vor allem von De servo arbitrio zu suchen. Erkennen wir die in der Reformationszeit getroffene Entscheidung als für uns mitvollzogen an, dann müssen wir bedenken, was wir damit tun. Denn darüber kann kein Zweifel sein, daß wir, wenn wir uns zu Luther oder zu Erasmus stellen, damit für uns selbst und unser eigenes Leben eine Wahl treffen, die von größerer Tragweite ist, als sie sonst Stellungnahmen zu geschichtlichen Problemen zukommt. Auch durch die alten Worte und fremdartigen Namen aber redet die Sache, um die es hüben und drüben ging, vernehmlich noch zu unserer Zeit. In dem gewaltigen Werke Luthers, ernst und hart, wie uns seine Lehre zuerst anmutet, haben wir nichts anderes vor uns als das Dunkel eines alten Chorfensters. Im durchscheinenden Licht des Evangeliums beginnt es in seinen Farben zu leuchten und wird uns mit seinen Gestalten selbst zu einer Form der Verkündigung, für deren Dienst es bestimmt ist.

Äußerungen Melanchthons in und nach dem Streit

Es geht nicht an, in unserem Zusammenhang *Melanchthon* unerwähnt zu lassen, und es bedürfte doch einer eigenen Untersuchung, ihm gerecht zu werden.[151] So beschränke ich mich auf wenige Daten, die für sich sprechen mögen.

---

[151] Zum Verhältnis Melanchthons zu Erasmus vgl. außer A. Renaudet, Études Érasmiennes, 1939, S. 324—353, besonders Wilhelm Maurer, Der junge Melanchthon, Bd. I, 1967, S. 171—214 und Bd. II, 1969, S. 27—42, 435—445 und 481—489. Der Abschnitt zur „Willensfrage" schließt mit dem Satz: „Sein vermittelnder Standpunkt ist damit von Luther und Erasmus gleich weit entfernt" (Bd. II, S. 489). W. Maurers beachtenswerter Aufsatz über „Melanchthons Anteil am Streit zwischen Luther und Erasmus" (Melanchthon-Studien, 1964, S. 137—162) untersucht das antithetische Verhältnis, in dem die Erstfassung der loci zum Methodus des Erasmus und wiederum die Diatribe zu den loci steht.

Melanchthon hat in einem Brief an Erasmus [152] auf dessen Diatribe hin zwar deren moderatio gelobt — der freilich bisweilen „schwarzes Salz" beigemischt sei [153] —, auch eine Übereinstimmung des Erasmus mit Luther in der Kritik des usus ceremoniarum festgestellt, sich aber in der Frage des freien Willens mit Wärme zu Luther bekannt: „Ego integra conscientia dogmata Lutheri non possum damnare." „Certe nec hominum autoritate nec scandalis ullis revocari me ab hac sententia patiar." [154] Die von ihm erhoffte und in Aussicht gestellte moderatio der Erwiderung Luthers erwähnt Melanchthon sowohl gegenüber Erasmus wie in einem wohl gleichzeitigen Brief an Ökolampad, worin er überdies bedauert, daß Erasmus sich zu seiner Streitschrift hergegeben habe: „Papisticum bellum renovat Erasmus, quem optarim pacis potius quam novorum motuum auctorem esse." [155] — Der Hyperaspistes I nötigt Melanchthon zu einem ärgerlichen Wort an den vertrauten Camerarius: „Ecquid unquam legisti scriptum acerbius quam Erasmicum hyperaspisten? Est is plane aspis." Besorgt wartet er, wie Luther reagieren werde. [156] Über den noch breiteren zweiten Teil des Hyperaspistes äußert sich Melanchthon in einem Brief an Justus Jonas vom September 1527: „Schlau und spitzfindig verdreht er alles, was Luther ihm entgegenhielt. Niemand aus dem Volk kann dies Opus verstehen. Es ist konfus und überlang, und es ist nicht leicht, aus den gewundenen Sätzen der langen Streitschrift die wahre Meinung des Verfassers herauszufinden." [157] Das spricht nicht gerade für einen nachhaltigen Eindruck, den das Buch auf ihn gemacht habe. [158]

Im Jahre 1528 nimmt Melanchthon erfreut einen kurzen, freundlich gehaltenen Brief des Erasmus auf und versichert diesem, wieviel ihm an seinem guten Willen gelegen sei. Wohl steht er zu seinem früheren Urteil, bedauert aber die Schärfe von Luthers Ton: „Luther hielt nicht genug deine dignitas in acht, und du wiederum hast sein Bild nach seinen heftigen Äußerungen entstellt. Könnte doch der Streit zwischen euch schweigen, die ihr die Kampfrichter nicht der Zwistigkeiten, sondern der besten Bestrebungen sein solltet!" Luther und Erasmus sind danach für Melanchthon die beiden Großen, deren Urteil entscheidende Bedeutung zukommt. In den studia literarum, das betont Melanchthon zum Schluß ausdrücklich, will er ein treuer Gefolgsmann des Erasmus bleiben. [159] — Der letzte Brief, vom 12. Mai 1536, versichert

---

[152] 30. Sept. 1524, Allen tom. V, Nr. 1500.
[153] Erasmus will es in seiner Antwort nicht auf Luther, sondern auf Leute wie Farel bezogen wissen; Allen tom. V, Nr. 1523, 125 ff.
[154] Allen tom. V, Nr. 1500, 37 ff. Man hat gesagt, ohne die Gemeinschaft mit Luther wäre Melanchthon „ein zweiter Erasmus geworden oder geblieben" (Nitzsch, zit. nach RE³ XII, 527). Das ist vorstellbar. Nicht ebenso vorstellbar aber ist, daß Erasmus unter gleichen Bedingungen je ein anderer Melanchthon hätte werden können — was für Melanchthon spricht! [155] Allen tom. V, S. 553.
[156] WA Br 4, Nr. 1007, Anm. 8; vgl. auch WA 18, 586. Melanchthon fürchtet, es könne sich ein heftiger Streit daraus entwickeln, und hofft, Luther werde schweigen.
[157] Allen tom. VII, S. 371.
[158] So W. Lesowsky in: Erasmus von Rotterdam, Ausgewählte Schriften, Bd. IV, 1969, S. XXIII.
[159] 23. März 1528, Allen tom. VII, Nr. 1981, 44 ff. — Solche Gefolgschaft hindert Melanchthon freilich nicht, sich etwa in der Frage des Abendmahls von Erasmus scharf zu distanzieren und ihn für die Lehrmeinungen der Oberländer verantwortlich zu machen. In einem von W. Maurer (Der junge Melanchthon, Bd. II, S. 597, Anm. 138) herangezogenen Brief an Camerarius vom 26. Juli 1529 läßt er Erasmus in „seinen Büchern die Samenkörner vieler Meinungen" aussäen, „die vielleicht einmal viele schwere Tumulte erweckt haben würden, wenn nicht Luther aufgestanden wäre". Gerade Erasmus gegenüber, der

Erasmus kurz vor dessen Tode noch einmal seiner Dankbarkeit und meint, im Abmildern schroffer Formulierungen und dem Verzicht auf „die starken Paradoxien der Unseren" auch inhaltlich mit Erasmus übereinzukommen. Die certa assensio, die Melanchthon in der neuen Fassung seiner loci für die articuli fidei verlange, fordere doch auch Erasmus, und dessen Skepsis in den übrigen Fragen übe auch er. Melanchthon ist also von einer weitgehenden Übereinstimmung mit dem nach wie vor bewunderten Humanistenführer überzeugt.[160] In der Antwort darauf, vom 6. Juni 1536, billigt Erasmus die moderatio aut etiam correctio der Neufassung von Melanchthons loci aus dem Jahre 1535.[160a] Doch wünschte er, Melanchthon gäbe in der Vorrede an, was und warum er gegenüber der vorangehenden Fassung geändert habe. Ein Lehrer verliere an Autorität, wenn er nicht stetig in seinen Meinungen sei. Zum Schluß berichtet Erasmus von zahlreichen literarischen Angriffen, denen er nur die fromme Gelassenheit König Davids entgegensetzen wolle (2. Sam 16, 11 f.). Er läßt sich also in diesem letzten Brief die Versicherungen Melanchthons gefallen und meint sie durch eine auch sachliche Annäherung bestätigt zu sehen. Ein Ausgleich scheint sich ihm anzubahnen. — Zwei Jahrzehnte später hat sich bei Melanchthon der Ton der Harmonie vollends durchgesetzt. Eine aus dem Jahre 1557 stammende akademische Rede auf Erasmus, die von Melanchthon verfaßt, wenn auch nicht von ihm gehalten ist, feiert den großen Humanisten als Beispiel unverdrossenen Fleißes, des Maßes und der Guttätigkeit. Er habe sich als Krönung aller seiner Leistungen um die Kenntnis und Erklärung des neutestamentlichen Urtextes verdient gemacht, ein vorbereitender Dienst für die Reinigung der Kirchenlehre durch Luther. Habe es in einigen Kontroversfragen Unstimmigkeit zwischen den beiden Männern gegeben, so doch nicht bei der Säuberung der Kirche von menschlichen Riten. Bei einer solchen Menge an Streitfragen könne es nicht wundernehmen, wenn es auch zwischen guten Menschen Unterschiedenheit im Urteil gebe. Sed hanc disputationem omitto. Übereinstimmung in der Kirchenreform, wenn auch Diskrepanz in einigen Lehrfragen — bis zu solcher Unkenntlichkeit ist der Kampf zwischen Erasmus und Luther verblaßt! Ein doppeltes Urteil hatte Melanchthon auch schon 1524 in seinem Brief an Erasmus ausgesprochen; aber während damals der Nachdruck darauf lag, daß Melanchthon in der Frage des freien Willens ganz bei Luther stehe, werden jetzt die „einigen Lehrfragen" übergangen! So bleibt zuletzt der Dank gegen Gott, daß er — durch Erasmus — der Kirche die Kenntnis der Sprache gab, und — durch Luther — das Licht seiner Lehre darreicht: die Harmonie des Nordhäuser Epitaphs![161]

---

die „Tumulte" so scheute, ein überraschender Satz! Ja, Melanchthon geht so weit, ihn mit Arius zu parallelisieren (CR I, col. 1083 f.).

[160] Allen tom. XI, Nr. 3120. Bezeichnend für die Haltung des Briefes ist der Satz: „Etenim non solum veneror te propter vim ingenii, excellentem doctrinam et virtutes tuas, sed etiam in plerisque controversiis iudicandis meam opinionem ad tuam sententiam libenter adiungo." (Ebenda Z. 45 ff.) Man könnte danach versucht sein, die hier bezeugte Übereinstimmung allzu erasmisch zu deuten und etwa an den S. 562, Anm. 134 erwähnten Brief des Erasmus an Zwingli erinnern. Aber zur sicheren Deutung der hier bekundeten Übereinstimmung bedürfte es einer genauen Untersuchung der theologischen Gedankenentfaltung Melanchthons, besonders in den verschiedenen Ausgaben der loci, wie Maurer sie für die Erstfassung von 1521 vorgenommen hat. Georg Hoffmann weist darauf hin, in den loci von 1548 finde sich „wörtlich die von Erasmus vertretene Definition des freien Willens als der facultas applicandi se ad gratiam (CR XXI, p. 659), der Luther einst so scharf entgegengetreten war" (Luthers Streit mit Erasmus, in: Zeitschrift für systematische Theologie 13, 1936, S. 613—651, das Zitat S. 646).

[160a] Allen tom. XI, Nr. 3127.   [161] CR XII, Nr. 164, col. 264—271.

Bibliographie Christhard Mahrenholz 1960-1970

I. Orgel, Glocken und andere Instrumente

A. Bücher und Schriften

Die Orgelregister. Ihre Geschichte und ihr Bau. Unveränderter Nachdruck der 2. Aufl. (1944). Bärenreiter Verlag, Kassel 1968, XVI, 330 S., 8 Taf.

Die Berechnung der Orgelpfeifenmensuren vom Mittelalter bis zur Mitte des 19. Jahrhunderts. 2., unveränderte Aufl. (1. Aufl. 1938). Bärenreiter Verlag, Kassel 1968, 88 S., 63 Tab. u. Zeichnungen.

B. Herausgabe von Sammelwerken und Neuausgaben

Jacob Adlung, Musica mechanica organoedi. Berlin 1768. 2. Aufl. (1. Aufl. 1931). Bärenreiter Verlag, Kassel 1961, II, 292 u. XX, 206 S.

Dom Bedos, L'art du facteur d'orgues, 1766 bis 1768. 2. Aufl. (1. Aufl. 1934/36). Bärenreiter Verlag, Kassel 1963/66, 4 Teile in 3 Bänden.

C. Aufsätze, Artikel und Berichte

Art. *Orgel* (II 2 Klangkörper, Pfeifenwerk) in: MGG X, 1962, Sp. 247-252. 1 Abb. im Text. Vorabdruck in: Die Orgel in Geschichte und Gegenwart. Veröffentl. der Gesellschaft der Orgelfreunde Bd. 21, Bärenreiter Verlag, Kassel 1961.

Die Compenius-Orgel in Derneburg. Walter Blankenburg zum 65. Geburtstag. In: Musik und Kirche 38, 1968, S. 146-153.

D. Besprechungen und Miszellen

Andreas Weissenbäck und Joseph Pfundtner: Tönendes Erz. Die abendländische Glocke als Toninstrument und die historischen Glocken in Österreich. Graz und Köln. Verlag Hermann Böhlaus Nachf. 1961 XVI, 616 S., 76 Bildtafeln, eine Übersichtskarte. Besprechung in: Die Musik-Forschung, 19. Jahrg. 1966, S. 90-92.

Willkomm-Ansprache zur Eröffnung der Internationalen Orgeltagung am 29. Juni 1968 in Hannover. In: Ars Organi, 16. Jahrg. 1968, S. 1210-1213.

II. Musikwissenschaft und Kirchenmusik

A. Herausgabe von Sammelwerken, Zeitschriften, Musikalien und dergleichen

Zeitschrift *Musik und Kirche*. Bärenreiter Verlag, Kassel seit 1929 (Mitbegründer und Herausgeber).

Samuel Scheidts Werke (Hrsg. seit 1932). Ugrino Verlag, Hamburg.

Samuel Scheidt, Geistliche Konzerte II. Mit krit. Bericht (Samuel Scheidts Werke, Bd. IX). Ugrino Verlag, Hamburg 1961, XII, 149 S.

Samuel Scheidt, 70 Symphonien. Mit krit. Bericht (Samuel Scheidts Werke, Bd. XIII). Ugrino Verlag, Hamburg 1962, X, 90 S.

Samuel Scheidt, Geistliche Konzerte III 1. Mit krit. Bericht (Samuel Scheidts Werke, Bd. X). Ugrino Verlag, Hamburg 1964, IV, 113 S.

Samuel Scheidt, Geistliche Konzerte III 2. Mit krit. Bericht (Samuel Scheidts Werke Bd. XI). Ugrino Verlag, Hamburg 1964, 116 S.

Samuel Scheidt, Geistliche Konzerte IV. Mit krit. Bericht (Samuel Scheidts Werke, Bd. XII). Ugrino Verlag, Hamburg 1965, X, 159 S.

Samuel Scheidt, Tabulatura nova 1624, Teil I und II. Mit krit. Bericht (Samuel Scheidts Werke, Bd. VI). Revidierte Ausgabe der 1. Aufl. (1954). Ugrino Verlag, Hamburg 1965, VIII, 126 u. IV, 92 S.

Samuel Scheidt, Tabulatura nova 1624, Teil III. Mit krit. Bericht (Samuel Scheidts Werke, Bd. VII). Revidierte Ausgabe der 1. Aufl. (1954). Ugrino Verlag, Hamburg 1965, X, 108 u. 64 S.

Verband evangelischer Kirchenchöre Deutschlands — Ordnung und Arbeit — (Hrsg.). Ringbuch (2. Aufl. des Verwaltungsdienstes 1957) 1968.

B. Aufsätze, Vorträge, Berichte

Vorwort zu: Kleines Kantionale I für einstimmigen Chor. Zum Band I der Agende für evangelisch-lutherische Kirchen und Gemeinden. 2. Aufl. (1. Aufl. 1958). Schlütersche Verlagsanstalt, Hannover 1960, 126 S.

Art. *Scheidt* in: MGG XI, 1963, Sp. 1627-1640. Mit 4 Abb. im Text u. 2 Abb. Kunstdrucktaf. 80.

Geleitwort zu: Mit einem Mund. Einstimmiges Chorbuch für den Gottesdienst (Veröffentlichung des Verbandes evangelischer Kirchenchöre Deutschlands). Edition Merseburger 390, 1964.

Kirchenchor im Gottesdienst heute. In: Der Kirchenchor, 24. Jahrg. 1964, S. 57.

Ansprache bei der Eröffnung des 41. Deutschen Bachfestes in Leipzig 1966. In: Musik und Kirche 36, 1966, S. 153-157; auszugsweise abgedruckt unter dem Titel *Bachpflege* in: Die Zeichen der Zeit, 21. Jahrg. 1967, S. 24-26.

Art. *Ugrino Verlag.* In: MGG XIII, 1966, Sp. 1025-1026. 1 Abb. im Text.

Kirchenmusik. In: Musik und Verlag. Karl Vötterle zum 65. Geburtstag am 12. April 1968. Hrsg. von Richard Baum und Wolfgang Rehm, Bärenreiter Verlag, Kassel 1968, S. 39-45.

Vorwort zu: Kleines Kantionale II für einstimmigen Chor. Zum Band II der Agende für evangelisch-lutherische Kirchen und Gemeinden. Schlütersche Verlagsanstalt, Hannover 1969, 195 S.

C. Besprechungen, Miszellen

Grußworte in den Programmheften des Niedersächsischen Kirchenchorverbandes anläßlich der Verbandsfeste: 1960 in Hildesheim, 1962 in Aurich, Emden und Norden, 1964 in Rotenburg, 1966 in Braunschweig.

Gedanken nach dem Bach-Fest. LVZ-Gespräch. In: Leipziger Volkszeitung vom 29. 6. 1962.

Begleitwort zum 50. Jahrgang des Bach-Jahrbuches. In: Bach-Jahrbuch, 50. Jahrg. 1963/64, S. 7.

Nachruf für Conrad Freyse. In: Bach-Jahrbuch, 50. Jahrg. 1963/64, S. 5.

65 Jahre Neue Bachgesellschaft. In: Musica, 19. Jahrg. 1965, S. 81-82.

Nachruf für Nathan Notowicz. In: Bach-Jahrbuch, 54. Jahrg. 1968, S. 7.

D. Dr. Karl Vötterle zum 65. Geburtstag. In: Musik und Kirche 38, 1968, S. 49.

Nachruf für Nathan Notowicz. In: Musik und Kirche 38, 1968, S. 141.

Walter Blankenburg zum 65. Geburtstag am 31. Juli 1968. In: Musik und Kirche 38, 1968, S. 145.

Grußwort des Verbandes evangelischer Kirchenchöre in Deutschland zum 39. Landeskirchengesangstag (Baden) in Karlsruhe am 23. und 24. Mai 1970, Programmheft S. 4.

III. Liturgik

A. Bücher, Schriften und Periodica

Jahrbuch für Liturgik und Hymnologie. (Mithrsg.) Johannes Stauda-Verlag, Kassel seit 1955.

Begleitwort zu Agende für evangelisch-lutherische Kirchen und Gemeinden II. Band. Die Gebetsgottesdienste. (Zur Erprobung bestimmter Entwurf.) Lutherisches Verlagshaus, Berlin 1960, 308 S. Teilabdruck in Evangelisch-Lutherische Kirchenzeitung, 15. Jahrg. 1961, S. 45-46.

Begleitwort zur 2. Auflage des Lektionars für evangelisch-lutherische Kirchen und Gemeinden. Lutherisches Verlagshaus, Berlin 1961, 44 S.

Zur Einführung von Agende III. In: Informationsblatt für die Gemeinden in den Niederdeutschen Lutherischen Landeskirchen, 10. Jahrg., 1961, S. 119-121.

Kompendium der Liturgik des Hauptgottesdienstes. Agende I für evangelisch-lutherische Kirchen und Gemeinden und Agende I für die Evangelische Kirche der Union. Johannes Stauda-Verlag, Kassel 1963, 160 S. mit Notenbeisp., Übersichten und Tab.

Amelungsborner Brevier. Entwurf 1963. Maschschr. 28 S. (unveröffentlicht).

Kurze Auslegung zum Amelungsborner Brevier. Maschschr. o. J. 10 S. (unveröffentlicht).

Persönliche Gedenktage / Fürbitte, Bitte und Dank. Anhang zum Amelungsborner Brevier. Maschschr. o. J. 14 S. (unveröffentlicht).

Die Feier der Osternacht. Hrsg. im Auftrage der Luth. Liturgischen Konferenz Deutschlands. 2., verbesserte Aufl. (1. Aufl. 1954). Lutherisches Verlagshaus, Berlin 1963, 45 S.

Begleitwort zu Agende für evangelisch-lutherische Kirchen und Gemeinden. Zweiter Sonderband: Der Kindergottesdienst. Hrsg. von der Luth. Liturgischen Konferenz Deutschlands. 1. Aufl. Lutherisches Verlagshaus, Berlin 1964, 216 S.

Denkschrift über die Festlegung des Ostertermins. Rundschreiben der Luth. Liturgischen Konferenz Deutschlands, 1966. Maschschr., 14 S. (unveröffentlicht).

Die Schriftlesungen des Amelungsborner Breviers. Entwurf 1966/67. Maschschr., 73 S. (unveröffentlicht).

Gemeinsames Vaterunser. Gemeinsamer Text des Vaterunsers für das deutsche Sprachgebiet. o. J. (1968), 28 S.

reihe gottesdienst. Mithrsg. Lutherisches Verlagshaus, Berlin und Hamburg. Heft 1: Kirchengebete. 1969, 34 S.

B. Aufsätze, Vorträge, Vorlagen, Besprechungen

Die Gebetsgottesdienste. In: Reich Gottes und Wirklichkeit. Festschrift für Alfred Dedo Müller, Evangelische Verlagsanstalt, Berlin 1960, S. 137-149. Auch als Sonderdruck (1961).

20 Jahre Lutherische Liturgische Konferenz. In: Lutherische Monatshefte, 1. Jahrg. 1962, S. 154-162 (Festvortrag, gehalten am 29. 1. 1962 in Hannover anläßlich des 20jährigen Bestehens der Luth. Liturgischen Konferenz Deutschlands).

Betr. Agende III. Schreiben des Landeskirchenamtes Hannover. Aktenstück der 16. Landessynode Hannover Nr. 39A 27. 9. 1962, 30 S. (im Druck).

Referat über Agende III vor der Generalsynode der Vereinigten Evangelisch-Lutherischen Kirche Deutschlands am 12. April 1961 in Berlin. Veröffentlicht in: Lutherische Generalsynode 1961. Lutherisches Verlagshaus, Berlin 1963, S. 162-183.

Das Wesen des christlichen Gottesdienstes (1959). Teilabdruck aus: Musicologica et Liturgica, Ges. Aufsätze, Bärenreiter Verlag, Kassel 1960, S. 287-295, in: Württembergische Blätter für Kirchenmusik, 30. Jahrg., 1963, S. 153.

Das Gebet des Einzelnen und der Gebetsgottesdienst der Gemeinde. In: Zur Auferbauung des Leibes Christi, Festgabe für Professor D. Peter Brunner zum 65. Geburtstag am 25. April 1965, hrsg. von Edmund Schlink und Albrecht Peters. Johannes Stauda-Verlag, Kassel 1965, S. 247-272.

Zur Agende für ev.-luth. Kirchen und Gemeinden, Bd. III. In: Jahrbuch für Liturgik und Hymnologie, Bd. 11, 1966, S. 132-136.

Liturgie — nur für Könner? In: dialog, Korrespondenzblatt für die Ev.-luth. Landeskirchen Hannover und Braunschweig 1966, S. 4-21.

Die Marginaltexte in der Ordnung der Predigttexte. In: Göttinger Predigtmeditationen, 21. Jahrg., 1966/67 (= Pastoraltheologie, 55. Jahrg., 1966), S. 12-17.

Entwürfe zu neuen deutschen Texten für das gottesdienstliche Ordinarium. In: Musik und Kirche 40, 1970, S. 27-32.

C. Mitverfasserschaft und redaktionelle Arbeiten bei Agenden und Entwürfen dazu

Sonn- und Festtagskalender. Hrsg. von der Luth. Liturgischen Konferenz Deutschlands. Seit 1959/60 (1952/53) jährlich.

Ordnung des Gottesdienstes anläßlich der Einführung des Abtes D. Dr. Mahrenholz durch S. Hochwürden den Landesbischof und Abt D. Dr. Lilje am 22. Oktober 1960 in der Klosterkirche St. Mariae et Pancratii zu Amelungsborn, o. J. (1960), 12 S.

Handreichung zur Fürbitte für das Konzil der römisch-katholischen Kirche. Bearb. von der Luth. Liturgischen Konferenz Deutschlands. 1961, 4 S. Abgedruckt in: Kirchliches Jahrbuch 89, 1962, S. 22-23.

Lektionar für evangelisch-lutherische Kirchen und Gemeinden. 2., veränderte Aufl. (1. Aufl. 1953). Lutherisches Verlagshaus, Berlin 1961, 371 S. (3. Aufl. 1968).

Agende für evangelisch-lutherische Kirchen und Gemeinden I. Band. Der Hauptgottesdienst mit Predigt und heiligem Abendmahl und die sonstigen Predigt- und Abendmahlsgottesdienste. Große Ausgabe (Altarausgabe), 2., veränderte Aufl. (1. Aufl. 1957). Lutherisches Verlagshaus, Berlin 1963, 379 + 46 S. Ausgabe für den Pfarrer (Schreibtischausgabe), 3., veränderte Aufl. (1. Aufl. 1955). Lutherisches Verlagshaus, Berlin 1964, 83 + 390 + 81 S. Ausgabe für die Gemeinde, 2., veränderte Aufl. (1. Aufl. 1955). Lutherisches Verlagshaus, Berlin 1962, 58 + 377 + 22 S.

Das Proprium für das heilige Christfest. Sonderdruck aus der Agende I für evangelisch-lutherische Kirchen und Gemeinden. Lutherisches Verlagshaus, Berlin o. J.

Agende für evangelisch-lutherische Kirchen und Gemeinden III. Band. Die Amtshandlungen. Große Ausgabe. Lutherisches Verlagshaus, Berlin 1964,

313 S. Studienausgabe, 2., unveränderte Aufl. (1. Aufl. 1962). Lutherisches Verlagshaus, Berlin 1963, 266 S.

Die heilige Taufe. Auszug aus Agende III für evangelisch-lutherische Kirchen und Gemeinden. Lutherisches Verlagshaus, Berlin 1964, 43 S.

Die Trauung. Auszug aus Agende III für evangelisch-lutherische Kirchen und Gemeinden. Lutherisches Verlagshaus, Berlin 1964, 20 S.

Das Begräbnis. Auszug aus Agende III für evangelisch-lutherische Kirchen und Gemeinden. Lutherisches Verlagshaus, Berlin 1964, 72 S.

Agende für evangelisch-lutherische Kirchen und Gemeinden IV. Band. Ordinations-, Einsegnungs-, Einführungs- und Einweihungshandlungen. Große Ausgabe, 2., verbesserte Aufl. (1. Aufl. 1952). Lutherisches Verlagshaus, Berlin und Hamburg 1966, 233 S. Studienausgabe, 2., verbesserte Aufl. (1. Aufl. Freimund-Verlag, Neuendettelsau 1951). Lutherisches Verlagshaus, Berlin 1964, 184 S.

Ordnung der Predigttexte. Hrsg. von der Luth. Liturgischen Konferenz Deutschlands. 2. Aufl. (1. Aufl. 1958). Lutherisches Verlagshaus, Berlin und Hamburg 1965, 16 + 10 S., 7 Tab.

Lektorenagende. Agende für evangelisch-lutherische Kirchen und Gemeinden. Dritter Sonderband. Lutherisches Verlagshaus, Berlin und Hamburg 1965, 84 S.

Richtlinien für das Verhalten von Gemeinde und Pfarrer im Gottesdienst (Entwurf). Hrsg. von der Luth. Liturgischen Konferenz Deutschlands. Lutherisches Verlagshaus, Berlin und Hamburg 1965, 60 S.

Perikopenbuch zur Ordnung der Predigttexte. Bearb. und hrsg. von der Luth. Liturgischen Konferenz Deutschlands. Lutherisches Verlagshaus, Berlin und Hamburg 1966, 539 S.

Der Evangelische Namenkalender. Berichtigter Text nach der endgültigen Fassung von 1966 (Anhang zu „Astronomische Grundlagen für das Kalenderjahr 1971"). Hrsg. vom Astronomischen Rechen-Institut Heidelberg. Verlag G. Braun, Karlsruhe 1971, 15 S.

Handreichung für den seelsorgerlichen Dienst. Agende für evangelisch-lutherische Kirchen und Gemeinden. Erster Sonderband. 2. Aufl. (1. Aufl. 1958). Lutherisches Verlagshaus, Berlin und Hamburg 1966, 357 S. (3. Aufl. 1967).

Beistand bei Verunglückten. Sonderdruck aus der Handreichung für den seelsorgerlichen Dienst. Lutherisches Verlagshaus, Berlin und Hamburg 1967, 4 S.

IV. Hymnologie

A. Bücher, Schriften, Periodica

Handbuch zum Evangelischen Kirchengesangbuch. Mithrsg. Vandenhoeck und Ruprecht, Göttingen seit 1956.

B. Aufsätze, Vorträge, Ausarbeitungen, Besprechungen

Auswahl und Einordnung der Katechismuslieder in den Wittenberger Gesangbüchern seit 1529. In: Gestalt und Glaube, Festschrift für Vizepräsident Prof. D. Dr. Oskar Söhngen zum 60. Geburtstag am 5. Dezember 1960, hrsg. von einem Freundeskreis. Luther Verlag Witten - Verlag Merseburger, Berlin 1960, S. 123-132 mit 21 Anm. ebenda S. 237-238. Auch als Sonderdruck.

Die Varianten des Evangelischen Kirchengesangbuchs. In: Deutsches Pfarrerblatt, 61. Jahrg., 1961, S. 223-224.

Das Evangelische Kirchengesangbuch als Einheitsgesangbuch der evangelischen Christenheit in Deutschland. Referat auf der westfälischen Landessynode am 19. Oktober 1965. In: Verhandlungen der 5. Westfälischen Landessynode, 2. (ordentliche) Tagung vom 17.-22. Oktober 1965, Anlage 9, S. 153-169.

Das Evangelische Kirchengesangbuch. Referat vor der Lippischen Landessynode am 19. Juni 1967. In: Abschrift der Niederschrift der 24. Ordentlichen Landessynode Lippe am Montag, den 19. 6. 1967 in „Haus Stapellage", Anlage. Maschschr., 18 S.

Das Evangelische Kirchengesangbuch, Rückblick und Ausblick. In: Kirchenmusik im Spannungsfeld der Gegenwart, hrsg. von Walter Blankenburg, Friedrich Hofmann und Erich Hübner. Bärenreiter Verlag, Kassel 1968, S. 90-111.

Das Evangelische Kirchengesangbuch. Ausgabe für die Ev. Kirche Westfalens, die Ev. Kirche im Rheinland, die Lippische Landeskirche und Ev.-reformierte Kirche in Nordwestdeutschland. In: Musik und Kirche 39, 1969, S. 120-121.

C. Mitverfasserschaft und redaktionelle Arbeiten bei Gesangbüchern und Liederheften

Die heilige Taufe. Liederheft als Auszug aus dem EKG. Sonderdruck des Niedersächsischen Kirchenchorverbandes. Schlütersche Verlagsanstalt, Hannover 1961, 23 S.

Die Trauung (Ehestandslieder). Liederheft als Auszug aus dem EKG. Sonderdruck des Niedersächsischen Kirchenchorverbandes. Schlütersche Verlagsanstalt, Hannover 1961, 23 S.

Begräbnislieder. Liederheft als Auszug aus dem EKG. Sonderdruck des Niedersächsischen Kirchenchorverbandes. Schlütersche Verlagsanstalt, Hannover 1961, 51 S.

V. Kirchenrecht und Kirchengeschichte

A. Bücher, Schriften, Periodica

Zeitschrift für evangelisches Kirchenrecht. Mithrsg. (bis 1969). Verlag J. C. B. Mohr (Paul Siebeck), Tübingen.

Ordnungen des Klosters Amelungsborn. Lutherisches Verlagshaus, Berlin 1961, 24 S., Neuhrsg. 1969, 22 S.

Festschrift des Klosters Amelungsborn zum 60. Geburtstag des Konventualen Prof. D. Georg Hoffmann am 2. März 1962. Maschschr., 96 S.

Die Amelungsborner Bibel von 1280/1290. Ein Festbeitrag zur 800-Jahr-Feier des Klosters Loccum, dargebracht im Namen des Klosters Amelungsborn. Lutherisches Verlagshaus, Berlin 1963, 31 S., 8 Abb.

Festschrift für Professor D. Karl Heinrich Rengstorf, theol. Dr. h. c. D. D., Konventuale des Klosters Amelungsborn, zum 60. Geburtstag am 1. Oktober 1963 überreicht von Abt, Konvent und Familiaritas des Klosters Amelungsborn. Lutherisches Verlagshaus, Berlin 1963, 111 S.

Kloster Amelungsborn. Neues Leben auf altem Boden. Lutherisches Verlagshaus, Berlin und Hamburg 1966, 56 S.

Zur Geschichte des theologischen Prüfungswesens in der Ev.-luth. Landeskirche Hannovers. o. J. Maschschr., 26 S. (unveröffentlicht).

Denkschrift zur Ordnung des Visitationswesens in der Ev.-luth. Landeskirche Hannovers. 1967. Maschschr., 31 S. mit 4 Anl. (unveröffentlicht).

Das Patronat in der Ev.-lutherischen Landeskirche Hannovers. Denkschrift 1968. Maschschr., 73 S. mit 4 Anl. (unveröffentlicht).

B. Aufsätze, Vorträge, Besprechungen

Die Verfassungs- und Rechtsgestaltung der Ev.-luth. Landeskirche Hannovers in Geschichte und Gegenwart. In: Zeitschrift für ev. Kirchenrecht Bd. 8, 1961/62, S. 113-137 (Vortrag bei der Kirchenjuristentagung in Loccum am 26. 9. 1960).

Das Landessuperintendentenamt in der hannoverschen Landeskirche. In: Informationsblatt für die Gemeinden in den Niederdeutschen Lutherischen Landeskirchen, 10. Jahrg. 1961, S. 240-244.

Studien zur Amelungsborner Abtsliste. In: Festschrift des Klosters Amelungsborn für Prof. D. Georg Hoffmann 1962, maschschr., S. 1-15.

Studien zur Amelungsborner Abtsliste I. In: Jahrbuch der Gesellschaft für Niedersächsische Kirchengeschichte Bd. 61, 1963, S. 13-31. Auch als Sonderdruck.

Studien zur Amelungsborner Abtsliste II. In: Festschrift für Prof. D. Karl Heinrich Rengstorf. Lutherisches Verlagshaus, Berlin 1963, S. 5-25; erweitert und umgearb. in: Jahrbuch der Gesellschaft für Niedersächsische Kirchengeschichte Bd. 63, 1965, S. 95-139. Auch als Sonderdruck.

Das Kloster Amelungsborn im Spiegel der niedersächsischen Klostergeschichte. In: Jahrbuch der Gesellschaft für Niedersächsische Kirchengeschichte Bd. 62, 1964, S. 5-28; verändert und auszugsweise abgedruckt in: Kloster Amelungsborn. Neues Leben auf altem Boden. Lutherisches Verlagshaus, Berlin und Hamburg 1966, S. 53-56.

Ansprache des Abtes zur Gedenkfeier des Konventes und der Familiaritas von Amelungsborn am 28. 6. 1966, in: Kloster Amelungsborn. Neues Leben auf altem Boden. Lutherisches Verlagshaus, Berlin und Hamburg 1966, S. 47-52.

Festansprache am 29. 6. 1966 (in Amelungsborn). In: Kloster Amelungsborn. Neues Leben auf altem Boden. Lutherisches Verlagshaus, Berlin und Hamburg 1966, S. 33-38.

Studien zur Amelungsborner Abtsliste III. In: Jahrbuch der Gesellschaft für Niedersächsische Kirchengeschichte Bd. 65, 1967, S. 187-217. Auch als Sonderdruck.

Studien zur Amelungsborner Abtsliste IV. In: Jahrbuch der Gesellschaft für Niedersächsische Kirchengeschichte Bd. 66, 1968, S. 141-171. Auch als Sonderdruck.

VI. Verschiedenes

Predigt des Abtes D. Dr. Christhard Mahrenholz anläßlich seiner Einführung in Amelungsborn am 22. Oktober 1960. o. J. (1960), 12 S.

Offen für die Aufgaben der Gegenwart. Zum 60. Geburtstag von Oberlandeskirchenrat Friedrich Bartels. In: Die Botschaft vom 27. Januar 1963.

Art. *Mahrenholz, Christhard (Christian Reinhard).* In: Wer ist Wer? Das deutsche Who's Who, 2. Aufl., Berlin 1963, Bd. I, S. 955.

Zum Ganzen sei auf die Liste der Veröffentlichungen von Christhard Mahrenholz bis 1960 verwiesen auf: Musicologica et Liturgica, Gesammelte Aufsätze von Christhard Mahrenholz, Bärenreiter-Verlag, Kassel 1960, S. 662-675.

Corrigenda

Zu Martin *Geck*, Carl Eduard Herings Bautzener a-capella-Passion von 1860

S. 246	Z. 16 v. o.	Ergänze vor „lauten": (wegen eines technischen Versehens ist auch die Alt-Stimme mitgeteilt)
S. 251	Z. 8 v. u.	ersetze „Schicht" durch „Weinlig"
	Anm. 1 Z. 2 v. o.	ersetze „Seminar in" durch „Lehrerseminars zu"
S. 252	Z. 3 v. o.	lies „mochte" statt „möchte"
	Z. 15 v. o.	lies „historistische" statt „historische"
	Z. 3 v. u.	lies „kann man mit Sicherheit" statt „muß man"
	Anm. 4	lautet: In dem im Jahresbericht des Bautzener Lehrerseminars für 1880 veröffentlichten Nachruf ist die „Passionsmusik a capella" lediglich als Handschrift — unter dem Jahr 1860 — aufgeführt. Hingegen ist die 4. Auflage der 250 vierstimmigen Choräle nach demselben Werkverzeichnis bei Herings Witwe zu haben. Vollhardts Verzeichnis von 1899 gibt hingegen die Angabe: „Eine Passionsmusik a capella (unter dem Pseudonym: H. G. Keerin). Autographirt. Bautzen, Fr. verw. Musikdir. Hering." Demnach muß der Druck in der Zwischenzeit erschienen sein. Solche Veröffentlichungen geschahen meist aus Pietät gegenüber dem Verstorbenen und zum Besten der Angehörigen, die oft in finanziell beengten Verhältnissen zurückblieben.
S. 253	Z. 26 v. o.	„historistisch" statt „historisch"
S. 254	Z. 1 v. o.	lies „allbestimmend" statt „allzubestimmend"
	Z. 1 v. u.	lies „Identifikation" statt „Identifizierung".

Zu Christoph *Wolff*, Publikationen liturgischer Orgelmusik vom 16. bis ins 18. Jahrhundert

S. 277 Anm. 41:   ersetze 1953 durch 1954.

Zu Walther *Lipphardt*, Deutsche Kirchenlieder in einem niedersächsischen Zisterzienserinnenkloster des Mittelalters

S. 315 Anm. 45:	ergänze: Zwei neu aufgefundene Nonnengebetbücher aus der Lüneburger Heide als Quelle niederdeutscher Kirchenlieder des Mittelalters (aaO., S. 127).
S. 316 Anm. 46:	ergänze: S. 127 und Taf. III.
S. 317 Anm. 56:	ergänze: S. 130 und Taf. VI.

Christhard Mahrenholz

grüßen zu seinem 70. Geburtstag

Otto Abel, Kirchenmusikdirektor, Berlin
Talitha Ackermann, Lüneburg
Dietrich Adam, Landesobmann des Verbandes ev. Kirchenmusiker Hannovers, Stadtoldendorf
Evang.-luth. Kirchengemeinde, Adelebsen
Dr. Wolfgang Adelung, Singen
Dr. Adam Adrio, Professor, Romsthal über Schlüchtern
Dr. Johannes Aengenvoort, Dozent am Institut für Katholische Kirchenmusik Essen, Essen
Albert-Schweitzer-Freundeskreis, Osnabrück
Dr. Christoph Albrecht, Kirchenmusikdirektor, Dresden
Georg Albrecht, Pastor, Missionsinspektor, Hermannsburg
Johanna Albrecht, Weimar
Dr. theol. Wilhelm Albs, Prälat, Generalvikar, Berlin
Dr. phil. Konrad Ameln, Lüdenscheid
Dr. Karl Amon, Professor, Graz (Österreich)
Amt für Kirchenmusik der pfälzischen Landeskirche, Speyer
Dieter Andersen, Landessuperintendent, Lüneburg
Dr. Wilhelm Andersen, Professor, Rektor der Augustana-Hochschule in Neuendettelsau, Neuendettelsau
Dorothea Andrasch, Zepernick
Åke Andren, Universitätsprofessor, Uppsala (Schweden)
Carl Apel, Altprior des Klosters Amelungsborn, Holzminden
Wolfgang Appelhans, Borken
Dr. Ernst Arfken, Göttingen
Direktion der Museen der Stadt Arnstadt, J. S. Bach-Gedenkstätte

Bach Choir of Bethlehem, Bethlehem/Pa. (USA)
Johann-Sebastian-Bach-Institut, Göttingen
Bach-Chor von St. Lorenz, Nürnberg
Johann-Sebastian-Bach-Gesellschaft e. V., Würzburg
Hans-Georg Badenhop, Pastor, Großburgwedel
Hans Bäppler, Sprendlingen
Ruth Bäppler, Sprendlingen
Hans Jürgen Baller, Kantor, Rendsburg
Adelheid Bamberg, Naumburg/Saale
Luise v. Bamberg, Gotha
D. Friedrich Bartels, Vizepräsident i. R., Hemmingen-Westerfeld
Joachim Barthel, Wolfen
Gisela Bartke, Mansfeld
Dr. phil. Maria Bauer, Kusel/Pfalz
Dr. Richard Baum, Kassel

Johannes Baumann, Kirchenmusikdirektor, Hildesheim
Rolf Baumann, Jößnitz
Dr. Günther Baumgarten, Wernigerode
Heinz Becker, Bochum-Querenburg
Horst Becker, Döbeln
D. Dr. Joachim Beckmann, Professor, Präses der Evangelischen Kirche im Rheinland, Düsseldorf
Klaus Beckmann, Studienrat, Recklinghausen
Lütje Behnken, Diakon, Osterholz-Scharmbeck
Wilhelm Behr, Pastor, Bevensen
Dr. Jörn Behrens, Professor, Clausthal-Zellerfeld
Mathilde Behrens, Kirchenmusikerin, Hermannsburg
Dr. med. Walter Behrens, Cuxhaven
Gustav Beierbach, Pfarrer i. R., Spraitbach
Dr. Wolfgang Beinert, Wiss. Assistent beim Lehrstuhl f. systematische Theologie der Universität Regensburg, Regensburg
Camilla Bender, Malchin
Elisabeth Bendt, Staats
Lieselotte Bense, Halle
Rotraut Bense, Magdeburg
Ralph Bente, Pastor, Berlin
Dr. Joop Bergsma, Pfarrer, Professor, Hildesheim
Martha Berheim, Magdeburg
Gerhard Bernbeck, Dekan, Gießen
Ingeburg Berzon, Bad Berka
Dr. Rudolf Berzon, Med.-Rat, Bad Berka
D. Günther Besch, Pastor, Schriftführer des Kirchenausschusses der Bremischen Ev. Kirche, Bremen
Heinrich Besser, Seifersdorf
Dr. Erich Beyreuther, Professor, Feldkirchen-München
Bibliothek der Staatl. Hochschule für Musik und Darstellende Kunst, Frankfurt a. M.
Harduin Biehsle, Abt, O. S. B., Meschede
Dr. Oswald Bill, Wehrshausen
Gertrud Birmele, Ebersdorf
Martin Blankenburg, Studienassessor, Köln
D. Dr. Walter Blankenburg, Kirchenrat, Schlüchtern
Dietrich Blessin, Superintendent, Wittmund
Rudolf Bley, Eisenach
Dr. Friedrich Blume, Professor, Schlüchtern
Rudolf Bodag, Pastor, Krankenhagen über Rinteln
Hermann Bode, Domchordirektor, Hildesheim
Jörg Böhnke, Berlin
Joachim Bönecke, Pfarrer, Eilenburg
Dr. Wolfgang Boetticher, Professor, Göttingen
Martin Bohne, Pastor, Bardowick
Bernd Boie, Kantor, Hornberg
Dr. Werner Bollert, Berlin

Dr. Urbanus Bomm, Abt, O. S. B., Maria Laach
Dr. med. Werner Borchers, Westerkappeln
Hildegard Bormann, Benneckenstein/Harz
D. Günther Bornkamm DD., Professor, Heidelberg
Svend Borregaard, Propst, Kopenhagen
Dr. Siegfried Borris, Professor, Berlin
Sigurd Bothe, Kirchenmusikdirektor, Berlin
Dr. theol. h. c. Ingo Braecklein, Landesbischof der Ev.-luth. Kirche in Thüringen, Eisenach
Marianne Bräuer, Karl-Marx-Stadt
Ruth Braun, Rudolstadt
Dr. Werner Braun, Professor, Spiesen/Saar
Dr. Werner Breig, Freiburg i. Br.
Franz Breil, Orgelbaumeister, Dorsten
VEB Breitkopf & Härtel, Musikverlag, Leipzig
Breitkopf & Härtel, Wiesbaden
Gisela Bremer, Jena
Dr. Wilfried Brennecke, Köln
Dr.-Ing. Herbert Briefs, Krefeld
Rudolf Brinckmeier, Oberlandeskirchenrat, Wolfenbüttel
Gerhard auf dem Brinke, Erichsburg
Dr. Otto Brodde, Kirchenmusikdirektor, Professor, Hamburg
Das Bruckner-Konservatorium des Landes Oberösterreich, Linz
Ulrich von Brück, Oberlandeskirchenrat, Radebeul
Herbert Brünjes, Pastor, Engelbostel
Rudolf Bruhnin, Präsident der Arbeitsgemeinschaft für schweizerische Orgeldenkmalpflege, Basel
Carl Brummack, Oberlandeskirchenrat i. R., Preetz
Dr. Helga Brunnemann, Weimar
D. Peter Brunner, Professor em., Neckargemünd
D. Heinz Brunotte, Präsident der Kirchenkanzlei i. R., Hannover
Georg Bruns, Superintendent, Buer
Dr. Hans-Joachim Buch, Studiendirektor, Mettmann bei Düsseldorf
Arno Büchner, Pfarrer, Berlin
Klaus Buchholtz, Pastor, Rotenburg
Otto Buhbe, Dipl.-Landwirt, Präsident der Generalsynode der VELKD, Schöppenstedt
Dr. Franz Gerhard Bullmann, Berlin
Else Bunsch, Luckenwalde
Gottfried Burkhardt, Kirchenmusikdirektor, Leipzig
Werner Burkhardt, Kantor, Braunschweig
Dr. Karl-Christian Buschbeck, Gmelin-Institut f. Anorganische Chemie i. d. M. P. G., Hanau a. M.
Andreas Buschnakowski, Karl-Marx-Stadt
Werner Buschnakowski, Leipzig

Dr. Walter E. Buszin, DD., Mus. D., Professor, Omaha (Nebraska/USA)

Dr. Richard R. Caemmerer, Professor, St. Louis (Missouri/USA)
Chorwerk der Ev. Kirche im Görlitzer Kirchengebiet, Landeskirchenmusikdirektor Rolf Lammert, Landesobmann, Görlitz
Walter Coccejus, Magdeburg
Dr.-Ing. Alfred Coenen, Marl
Louis Cognet, Doyen de la Faculté de Théologie catholique de Paris, Collège de Juilly, Seine-et-Marne (Frankreich)
D. Dr. Paul Collmer, Vizepräsident, Stuttgart
Joachim Crome, Superintendent i. R., für die Ev.-luth. (altluth.) Kirche, Radevormwald
Erna Cunow, Hannover
Dr. Alexander Czeglédy, Debrecen (Ungarn)

Dr. Georg von Dadelsen, Professor, Hamburg
Dr. phil. Ulrich Dähnert, Dresden
Erich Dahlgrün, Dekan i. R., Florenz (Italien)
Karl Dahn, Dozent, Bundesobmann des Christlichen Sängerbundes, Frankfurt/M.
Paul Damjakob, Domorganist, Würzburg
Dr. phil. Rolf Dammann, Professor, Oberrotweil am Kaiserstuhl
Horst Danielzik, Stellvertretender Direktor Jugendmusikschule Frankfurt e. V., Frankfurt/Main
Georg Daur, Pastor em., Oberkirchenrat a. D., Hamburg-Bergedorf
Annegret Decker, Wuppertal-Elberfeld
Elfriede Decker, Dresden
Rudolf Decker, Oberkirchenrat, Dresden
Bernd Degenkolbe, Bad Dürrenberg
Alfred Dekker, Utrecht (Niederlande)
D. Dr. Walter Delius, Professor, Berlin
Friedrich Dickmann, Pfarrer, Rhena/Waldeck
Horst Christoph Diehl, Studienrat, Frankfurt/Main
Otto Dietz, Kirchenrat, Dekan i. R., Bamberg
D. Dr. Erich Dinkler, Professor, Heidelberg
Dr. theol. Wilhelm Dittmann, Propst im Evangelischen Konsistorium Berlin-Brandenburg (West), Berlin
Dr. Luther A. Dittmer-Poser, Professor, Binningen (Schweiz)
Reinhard Doberenz, Kantor, Pößneck
Helmuth Doeden, Pastor, Pewsum ü. Emden
Luise Dörmer, Erfurt
D. Dr. Martin Doerne, Professor, Göttingen
D. Hermann Dörries, Professor, Göttingen
Dr. iur. Hans Dombois, Heidelberg
Ludwig Doormann, Kirchenmusikdirektor i. R., Göttingen
Dr. med. Hans-Alfred Donner, Greifswald
Dr. med. Ingeborg Donner, Greifswald

Dr. Walter Dreß, Professor, Berlin-Lichterfelde
Franz Xaver Dressler, Professor, Dirigent des Bach-Chors, Sibiu-Hermannstadt (Rumänien)
Hans-Jürgen Drewes, Pastor, Golmbach über Holzminden
Christoph Dreyer, Pastor, Sarstedt
Lieselotte Drosselmeyer, Leese/Weser
Pastor Drosselmeyer, Leese/Weser
Dr. Helmut Droste, Hamburg
Dr. Hans-Christian Drömann, Pastor, Brüggen/Leine
Wilhelm Drömann, Pastor i. R., Hildesheim
Dr. Alfred Dürr, Göttingen
Else Dunzelt, Dresden

Friedrich Wilhelm Ebeling, Pastor, Kerstlingerode über Göttingen
Dr. Hans Heinrich Eggebrecht, Professor, Freiburg i. Br.
Dr. Wilhelm Ehmann, Professor, Herford
Dr. med. Guenther Eichhorn, Schwetzingen
Renate Eichhorn, Schwetzingen
Dr. Klaus von Eickstedt, Göttingen
Rosemarie Eisenberg, Oberin des Diakonissen-Mutterhauses, Rotenburg
D. Dr. Otto Eißfeldt, Professor, Halle/Saale
Dr. Rudolf Eller, Professor, Rostock
Dr. Walter Enders, Dipl.-Kfm., Alsfeld
Walther Engelhardt, Pfarrer i. R., Essen
Walther Engelke, Bad Salzuflen
Klaus Engler, Reutlingen-Betzingen
Margret Epping, Bielefeld
Dr. Rolf Ermshaus, Karlsruhe
Gabriele Ernst, Steinthaleben
Hans Helmut Ernst, Landeskirchenmusikdirektor, Dessau
Johannes Eschen, Kantor, Wolfsburg
Evangelisches Kirchenchorwerk Berlin, Kirchenmusikdirektor Erich Piasetzki, Landesobmann
Evang. Kirchenmusikalisches Institut, Heidelberg
Evangelisch-lutherische (altluth.) Kirche, Das Oberkirchenkollegium, Wuppertal-Elberfeld
Evangelische Michaelsbruderschaft, Pfarrer Gerhard Hage, Ältester

Reinhold Falk, Pastor, Groß Lengden
Dr. phil. Georg Feder, Porz-Westhoven
Dr. Hellmut Federhofer, Professor, Mainz
Dr. Renate Federhofer-Königs, Mainz
Dr. P. Ekkehard Federl, Schweiklberg/Vilshofen
Dr. theol. Helge Fehn, Sandvika/Oslo (Norwegen)
Dr. Werner Felix, Professor, Leipzig

Dr. Imogen Fellerer, Köln
Dr. Karl Gustav Fellerer, Professor, Köln
Ernst Ficker, Schwarzenberg
Helmut Finsch, Pharmazierat, Hohenmölsen
Alwin Fischer, Niederholzhausen
Dr. Kurt v. Fischer, Professor, Erlenbach/Zürich (Schweiz)
Rudolf Fischer, Professor, Rektor der Hochschule für Musik, Leipzig
Ruth Fleischer, Hann.-Münden
Adelheid Flemming, Großrückerswalde
Fred Flemming, Großrückerswalde
Jürgen Flemming, Großrückerswalde
Waltraud Flemming, Großrückerswalde
Alma Floß, Wimbach
Dr. Rudolf Flotzinger, Univ.-Doz., Wien (Österreich)
Dr. Gustav Fock, Hamburg
Heinrich Foerster, Oberkirchenrat, Berlin
Walter v. Forster, Komponist, Wildenroth
Dr. Johann Frank, Oberkirchenrat, Hannover
Karl Fregemann, Dipl.-Soz., Osnabrück
Friedrich Frerichs, Superintendent i. R., Bad Gandersheim
Wolfgang Freudenberger, Kantor, Norden
Eberhard Freymann, Kirchenmusikdirektor, Wuppertal-Barmen
Dr. E. Freytag, Wedel/Holstein
Eberhard Friedrich, Leipzig
Gernot Friedrich, Jena
Dr. Manfred Frisch, Dresden
Th. Frobenius & Sønner Orgelbyggeri A/S, Kongens Lyngby (Dänemark)
Horst Fröhlich, Kantor, Jena
Dr. theol. Karl-Gottfried Fröhlich, Pfarrer i. R., Marburg/Lahn
Kurt Froemer, Oberrechtsrat, Freiburg i. Br.
Ottilie Froeschle, Dipl.-Musiklehrerin, Heilbronn
Ruth Froriep, Dipl.-Bibl., Hannover
Dr. A. Frucht, Professor, Berlin
Victor Frund, Orgelexperte, Luzern (Schweiz)
Dr. Roderich Fuhrmann, Hilchenbach-Lützel

Dr. K. Gaertner, Delitzsch
Sigrid Gafert, Berlin-Treptow
Hans-Adolf Galley, Landessuperintendent, Güstrow
Dr. Martin Geck, München
Erika Gehrich, Eisenach
Gehrz, Pastor, Uelzen (früher Adelebsen)
Wilfried Geißler, Direktor, Hannover
Joachim Gennerich, Pastor, Rotenburg
D. H.-W. Gensichen, Professor, Heidelberg
Reinhold George, Superintendent, Berlin
D. Alberich Gerards S. O. Cist., Abt von Seligenporten, Kloster Frauenthal/Hagendorn (Schweiz)

Wilhelm Gerhold, Oberkirchenrat, Militärdekan, Hannover-Kleefeld
Eva Gerland, Mainz-Gonsenheim
Friedrich Gerschwitz, Kirchenmusikdirektor, Solingen-Wald
Dr. Walter Gerstenberg, Professor, Tübingen
D. Ernst Gerstenmaier, Prof. i. R., Bad Nauheim
Johannes Gerth, Singen
Die Gesellschaft der Orgelfreunde, Eßlingen
Gesellschaft für Musikforschung
Nils Giesecke, Leipzig
Reinhart Ginzel, Leipzig
Helmut Gleim, Kantor, Halle
Peter Glitsch, Kantor, Königsfeld/Schwarzw.
Hermann Eberhard Goebel, Oberkirchenrat a. D., Pastor, Hannover-Kleefeld
Ernst-Michael Gohles, Leipzig
Herbert Goltzen, Kirchenrat, Weißensee/Allgäu
Eugen Goschenhofer, Pfarrer, Göggingen über Augsburg
Dr. Dr. h. c. Adam Gottron, Prälat, Professor, Mainz
Anna Martina Gottschick, Kassel-Wilhelmshöhe
Dr. Walter Graf, Domkapellmeister, St. Pölten (Österreich)
Archiv Produktion der Deutschen Grammophon Gesellschaft, Hamburg
Susanne Griesebach, Schwetzingen
Ruth Grießbach, Landau
Volker Grießbach, Amtsgerichtsrat, Landau
Dr. Alois Grillmeier, S. J., Frankfurt/Main Phil.-Theol. Hochschule St. Georgen, Frankfurt/Main
Dr. phil. Jürgen Grimm, Kantor, Einbeck
Reinhard Groscurth, Oberkonsistorialrat, Berlin
Dr. jur. Reinhard Groscurth, Bremen
Dr. Heinrich Grössel, Oberstudienrat, Hannover
Dr. Heinz-Dietrich Groß, Dompropst, Ratzeburg
Gottfried Grote, Professor, Berlin-Dahlem
Johann C. Grote, Diakon, Klein Ilsede
Werner Grote, Superintendent, Uslar
Klaus Grothe, Kantor, Berlin-Pankow
Dr. h. c. Bruno Grusnick, Kirchenmusikdirektor, Lübeck
Dr. Georg Gudelius, Professor, Hemer
Dr. Kurt Gudewill, Professor, Kiel
Paul Gümbel, Kassel
Dr. Walther Günther, D. D. Oberkirchenrat i. R., Oberursel/Ts.
Dr. med. H. Günzel, Mühlhausen
Wilhelm Gundert, Oberkirchenrat, Hannover
Anni Guntau-Schwieger, Wernigerode
Elisabeth Guntau-Schwieger, Wernigerode
Dipl.-phil. Anne Marlene Gurgel, Leipzig
Horst Gurgel, Kapellmeister, Leipzig
Volker Gwinner, Professor, Kirchenmusikdirektor, Lüneburg

Dr. Gisela Haack, Leipzig
Dr. Walter Haacke, Kirchenmusikdirektor, Wiesbaden
Dr. Herbert Haag, Professor, Landeskirchenmusikdirektor, Heidelberg
Christiane Haake, Leipzig
Dr. Dr. med. Konrad Haake, Berlin
Lydia Haaker, Essen
Heinrich Haarmann, Pastor, Nettelkamp
Dr. Ferdinand Haberl, Professor, Regensburg
Dr. med. Wolfram Hackel, Dresden
Hans Carl von Haebler, Schriftleiter, Marburg/Lahn
Wilfried Hänsel, Leipzig
Eggo Hafermann, Superintendent, Alfeld/Leine
Friedolf Hagemann, Pastor i. R., Hamburg-Harburg
Klaus Hagen, Kantor, Bruchhausen-Vilsen
Hans Jakob Haller, Kirchenmusikdirektor am Ulmer Münster, Reutti bei Neu-Ulm
Walter Hammer, Präsident, Leiter der Kirchenkanzlei der EKD, Hannover
Dr. Reinhold Hammerstein, Professor, Heidelberg
Andrea Handmann, Döbeln
Rita Handmann, Gotha
Lic. Karl Hanne, Superintendent i. R., Lübeck
S. K. H. Ernst August Prinz von Hannover, Dr. jur., Schulenburg/Leine, Hausgut Calenberg
Frohwalt Hardege, Kapellmeister, Amtl. Glockenrevisor, Göttingen/Kassel
Lutz-Michael Harder, Singleiter, Alfeld/Leine
Eta Harich-Schneider M. A., Professor, Wien (Österreich)
D. Dr. Hans Heinrich Harms, Bischof, Oldenburg
Heinrich Harmsen, Prokurist i. R., Wunstorf
Dr. Philipp Harnoncourt, Professor, Vorstand des Institutes für kath. Kirchenmusik an der Musikhochschule in Graz, Graz (Österreich)
Otto Harrassowitz, Buchhandlung, Wiesbaden
Dr. med. Fritz Hartig, San.-Rat, Leipzig
Kurt-Joachim Hartig, Kammermusiker, Bonn
Armin Hartung, Eisenach
Helmut Hase, Kirchhofen
Dr. Hans Haselböck, Professor, Vorstand der Abteilung für Kirchenmusik an der Musikhochschule Wien, Wien (Österreich)
Horst Hatscher, Gemeindehelfer, Aachen

Dr. iur. Ernst Hatz, München
Dr. Friedrich Haufe, Professor, Pönitz
Malte Haupt, Pastor, Hannover-Mittelfeld
Dr. Karl Hauschildt, Propst, Neumünster
Dr. Günter Hausswald, Stuttgart
Dr. Harald Heckmann, Kassel
Dr. Gerhard Heilfurth, o. Univ.-Prof., Marburg
Harald Heilmann, Komponist, Brombach
Hilde Heilmann, Brombach
Werner Heilmann, Pastor, Lübeck
Rudolf Heimburger, Pfarrer, Bickensohl
Ulrich Heinemann, Karl-Marx-Stadt
Herbert Heinrich, Oederen
Dr. Johannes Heinrich, Siegen-Trupbach
Hans Heintze, Professor, Bremen
Marianne Helfer, Leipzig
Eduard Heller, Pastor, Hannover
Diethard Hellmann, Professor, Mainz
Heinz Henche, Pfarrer, Landesobmann des westfälischen Kirchenchorverbandes, Dankersen Kr. Minden
Bernhard Henking, Kirchenmusikdirektor, Winterthur (Schweiz)
Charlotte Henneberg, Leipzig
Gudrun Henneberg, Leipzig
Harold Henning, Kirchenmusikdirektor, Oberstudienrat i. R., Leonberg
Klaus Hensel, Superintendent, Holzminden
Anneliese Henze, Bleicherode
Ernst Henze, Landessuperintendent, Hildesheim
Dr. Frank Herand, Professor, Honolulu (Hawaii/USA)
Charlotte Herntrich, Hamburg-Fuhlsbüttel
Hans-Volker Herntrich, Pastor, Hannover
D. Walter Herrenbrück, Pastor, Hannover
Rudolf Herrfahrdt, Direktor, Hannover
Dr. Dr. H. Herz, Professor, Weimar
Dr. phil. Elisabeth Hesse, Lippstadt
Dr. Joachim Heubach, Professor, Landessuperintendent, Ratzeburg
Dr. Horst Heussner, Marburg/Lahn
Dr. theol. Dr. en Théol. Nicolaus Heutger, Pastor, Nienburg
Magdalene Heyse, Wernigerode
Adolf Hieber, München
Dr. med. habil. E. Hienzsch, Professor, Jena
Siegfried Hildenbrand, Domorganist, St. Gallen (Schweiz)
Dr. theol. Herbert von Hintzenstern, Kirchenrat, Weimar
Günther Hinz, Kantor, Hamburg
Karol Hlawiczka, Cieszyn (Polen)
Wolf Hobohm, Magdeburg
Hans-Bernhard Hoch, Kantor, Radebeul
Friedrich Högner, Professor, München
Johanna Hölig, Lengenfeld

Heinrich Höpken, Oberkirchenrat, Oldenburg
Paul Höpner, Kantor, Dresden
Reinhold v. Hören, Studentenpfarrer, Detmold
D. Georg Hoffmann, Professor, Kiel
Dr. Lothar Hoffmann-Erbrecht, Professor, Frankfurt a. M.
Doris Hoffmann, Dinslaken
Dr. phil. Werner Hoffmann, Dinslaken
Friedrich Hofmann, Dekan, Neumarkt/Oberpf.
Hanna Hofmann, Leipzig
Hans Hofmann, Pfarrer i. R., Teutschenthal-Ost
Curt Holscher, Superintendent i. R., Göttingen
Ortwin von Holst, Kirchenmusikdirektor, Hamburg
Dr. theol. Henry Holze, Rektor des Pastoralkollegs, Loccum
Dr. Karl Honemeyer, Düsseldorf
P. Laurentius Hora O. S. B., Dipl.-Ing., Professor, Benediktiner-Abtei Seckau, Steiermark (Österreich)
Kurt Horn, Oberkirchenrat, München
Friedrich Hoyer, Superintendent, Soltau
Dr. Hans-Olaf Hudemann, Heidelberg
Erich Hübner, Kirchenmusikdirektor, Heidelberg
Dr. Friedrich Hübner, Bischof, Kiel
Dr. Lini Hübsch-Pfleger, Heidelberg
Dr. Heinrich Hüschen, Professor, Direktor des Musikwissenschaftlichen Institutes der Philipps-Universität Marburg, Bad Oeynhausen
Ulrich Hüttel, Studienassessor, Hamburg
Dr. phil. Walter Hüttel, Glauchau
Hans-Theodor Huhn, Pastor, Hannover
Käthe Hyprath, Kirchenmusikdirektor, Hagen

Joachim Ibe, Pfarrer, Viernau
Wolfram Iwer, Kantor, Potsdam

Dr. phil. Erwin R. Jacobi, Zürich (Schweiz)
Gertrud Jacobi, Dresden
Dr. med. Hans-Georg Jaedicke, Leit. Arzt des Dr. Schüßler-Sanatoriums, Hahnenklee-Bockswiese/Harz
Walter-Helmut Jähnig, Berlin
Erhard Jahn, Meiningen
Heribert Jansson, Kyrkoherde, Berlin
Dr. Georgi N. Jantarski, Musikwissenschaftler und Redakteur, Sofia (Bulgarien)
Johannes Jelten, Dipl.-Volkswirt, Porz
Günter Jena, Würzburg
Dr. Markus Jenny, Privatdozent, Zürich (Schweiz)

Brigitte Jentzsch, Kirchmöser
D. Dr. J. Jeremias, Professor, Abt von Bursfelde, Göttingen
Dr. Wilhelm Jerger, Professor, Linz
Arno Jochums, Essen
Ruth-Edith Jochums, Essen
Dr. Johannes, Präsident, Dresden
Dr. theol. Bruno Jordahn, Pastor, Hamburg-Altona
Dr. theol. Ottfried Jordahn, Pastor, Hamburg
Maria Jost, Hochschuldozentin, Wuppertal-Barmen
Dr. Johannes Juhnke, Oberkirchenrat, Hannover
Georg Jung, Oberstudienrat i. R., Göttingen
Karl Jung, Oberstudienrat i. R., Heilbronn/N.
Gerhard Jungnickel, Dresden
D. Hanna Jursch, Professor, Jena

W. Kabusch, Kantor, Friedensau
Dr. Dietrich Kämper, Professor, Köln
Hannes Kästner, Thomasorganist, Leipzig
Helmut Kahlhöfer, Professor, Kirchenmusikdirektor, Wuppertal-Barmen
Gebhard Kaiser, Kantor, Bremen
Dr. Friedrich Kalb, Pfarrer und Direktor der Kirchenmusikschule Bayreuth, Bayreuth
Dr. Artur Kalkoff, Landeskirchenmusikdirektor, Oldenburg
Käthe Kallus, Altdöbern
Raimar Kannengießer, Kantor, Heide/Holst.
Dr. theol. Gerhard Kappner, Pastor, Bremen
Hans Kappner, Pfarrer, Fulda
Elfriede Karl, Sondershausen
Dr. Albert Karsch, Funkhaus Hannover des Norddeutschen Rundfunks, Hannover
Helmut Katschner, Prenzlau
Ingrid Katschner, Prenzlau
Dr. med. Hiroshi Kawata, Fukuoka (Japan)
Annemarie Keibel, Eisenach
Werner Keil, Dipl.-Musikpädagoge, Greiz
Bernd Keinert, Jena
Walther Kelber, Suhl
Alfred Kellner, Gotha
Dr. med. vet. Eckehart Kelterborn, Karl-Marx-Stadt
Steffi Kelterborn, Karl-Marx-Stadt
Dr. med. Ernst Kern, Professor, Würzburg
Dr. Franz Keßler, Universitätsmusikdirektor, Erlangen
Wilhelm Kieckbusch, Bischof, Eutin
D. Walter Kiefner, Kirchenmusikdirektor, Tübingen
Arthur Kiewe, Berlin
Dr. Dietrich Kilian, Göttingen
D. Dr. Ernst Kinder, Professor, Münster

Gerhard Kirchberg, Pastor, Börry
Kirchenchorwerk der Evang. Landeskirche Anhalts, Landeskirchenmusikdirektor Hans Helmut Ernst, Landesobmann
Kirchenchorwerk im Lande Brandenburg, Kirchenmusikdirektor Volker Ochs, Landesobmann
Kirchenchorwerk der Ev.-Luth. Landeskirche Mecklenburg, Kirchenmusikdirektor Dr. Hans-Joachim Wagner, Landesobmann
Kirchenchorwerk der evgl.-luth. Landeskirche Sachsens, Kirchenmusikdirektor Hans Heinrich Albrecht, Dresden
Kirchenchorwerk der Evang.-Luth. Kirche in Thüringen, D. Ingo Braecklein, Landesobmann
Kirchenmusikschule der ev.-luth. Landeskirche Hannovers, Hannover
Christhard Kirchner, Kirchenmusikdirektor, Sondershausen
Dr. Hans Kirsten, Prof. em., Präses der Ev.-luth. Freikirche, Bad Homburg v. d. Höhe
Johannes Klais, Orgelbau, Bonn
Eva-Marie Klamann, Hannover
Gottfried Klapper, Oberkirchenrat, Hannover
P. Gregor Klaus, O. S. B., Weingarten-Mietingen
Otto Klebs, Lehrer i. R., Ilten
Wolfgang Kleemann, Mühlhausen
Michael Klein, Weimar
Adolf Kleine, Pastor, Hämelschenburg
Dr. med. Maria Kleinhempel, Leipzig
Dr. med. Frohmut Klemm, Annaberg
Gerhard Kleuker, Superintendent, Nienburg/Weser
Ilse Klingebiel, Hannover
Georg Klingemann, Kantor i. R., Ehrenlandesobman für Niedersachsen, Hannover
Charlotte Klingsporn, Grabow
Rudolf Klinkhammer, Wesseling-Berzdorf
Dr. Rudolf Klockmann, Seelze-Hann.
Gerhard Klose, Superintendent, Detmold
Dr. Hans Klotz, Professor, Köln-Lindenthal
Hertha Kluge-Kahn, Cembalistin, Braunschweig
Eva Knabe, Leipzig
Hans Wolf Knaths, in Firma Carl Giesecke & Sohn, Zungenstimmen, Göttingen
Irmgard Kneist, Eisenach
Wulfhilde Kneist, Organistin i. R., Düsseldorf
Friedrich-Hermann Knippel, Pastor, Hannover
Irmengard Knitl, Konzertorganistin, Wien (Österreich)
Margarete Knoblauch, Nordhausen
Karl Knoch, Dekan i. R., Frommern Kr. Balingen

Manfred Knoch, Kantor, Landesobmann, Frankfurt/Main
Msgr. Dr. Otto Knoch, Direktor des Katholischen Bibelwerkes, Stuttgart
Hans-Heinrich Knolle, Pastor, Hamburg
Hilde Koblin-Schlickum, Neukirchen-Vluyn
Elfriede Koch, Münchehof
Dr. phil. habil. Herbert Koch, Professor, Berleburg
Dr. Wilhelm Koch, Konsistorial-Präsident, Magdeburg
Wolfgang H. Koch, Musikdirektor, Görlitz
D. Adolf Köberle, Professor, München
Alfred Kögel, Kantor, Karl-Marx-Stadt
Joh. Ernst Köhler, Professor, Weimar
Rudolf Köhler, Pfarrer, Berlin
Dr. Volkmar Köhler, Wolfsburg
Eva Kohl-Eickemeyer, Jena
Dr. E.-W. Kohls, Professor, Marburg/Lahn
Johanna Kolbinger, Hermsdorf
Konvent des Klosters Amelungsborn in Amelungsborn
Konzertdirektion Fritz Dietrich, Frankfurt/M.
Walter Kopf, Quedlinburg
Helmut Kornemann, Pfarrer und Studienleiter, Herford
Dr. Heinrich Korte, Professor, Leitender Ministerialrat, Hannover-Kirchrode
Udo Kortmann, Pastor, Nordseebad Baltrum
Walter Kowalewsky, Pfarrer i. R., Schlitz
Erich Kraemer, Kirchenmusikdirektor, Nürnberg
Sigisbert Kraft, Stadtpfarrer, Karlsruhe
Curt Kraus, Kantor, Lengenfeld
Albert Krause, Pastor, Studiendirektor a. D., Laatzen, Ortsteil Grasdorf
Hans Krauspe, Pfarrer, Leipzig
Dr. Franz Krautwurst, Professor, Buckenhof bei Erlangen
Dr. jur. Wilhelm Kregel, Oberlandesgerichtspräsident, Celle
Karl-Heinz Kresse, Köthen
Dresdner Kreuzchor, Dresden
Hans Ulrich Krieger, München-Eboldshausen
Alfred Kröhnert, Kantor, Dresden
Dr. Siegfried Kross, Professor, Bonn
Dietrich Krüger, Oberstudienrat, Arolsen
Dr. Hanfried Krüger, Oberkirchenrat, Frankfurt/Main
Ingeburg Krüger, Magdeburg
Lienhard Krüger, Lübeck
Dr. Krumhaar, Gotha
Dr. Friedhelm Krummacher, Buckenhof bei Erlangen
D. Dr. Friedrich-Wilhelm Krummacher, Bischof zu Greifswald, Greifswald
Dr. Dr. Hans-Walter Krumwiede, Professor, Göttingen

Ernst Kruse, Pastor, Hamburg
Günther Kruse, Kirchenmusikdirektor, Loccum
Dr. Martin Kruse, Landessuperintendent, Stade/Elbe
Axel Gerhard Kühl, Pastor, Schätzendorf
Gerold Kühne, 1. Schloßprediger, Hannover
Hans Kühnemund, Kirchenmusikdirektor, Halberstadt
Günther Künne, Velbert
Dr. Friedrich-Wilhelm Künneth, Pfarrer, Sekretär der Kommission für Gottesdienst u. Geistl. Leben des LWB, Genf (Schweiz)
Dr. theol. Werner Küppers, Professor, Bonn
Elisabeth Kuhne, Uchtspringe
Deutscher Kulturbund, Jößnitz
Brigitte Kunert, Wolkenstein
Horst Kunert, Kantor, Wolkenstein
Anni Kupke, Professor, Berlin
D. Hermann Kunst DD., Bischof, Bonn

Erich Lässig, Leipzig
Landeskirchenamt Hamburg
Landeskirchenamt der Ev.-luth. Landeskirche Hannovers, Hannover
Evangelischer Landeskirchenrat für Anhalt, Oberkirchenrat Werner Gerhard, Dessau
Präsident des Ev.-luth. Landeskirchenamtes Sachsen, Dresden
Landeskirchliches Amt für Kirchenmusik der Evangelisch-lutherischen Kirche im Hamburgischen Staate
Landesverband der Brüder-Unität West, Königsfeld/Schwarzwald
Landesverband der ev. Kirchenchöre in Baden
Landesverband ev. Kirchenchöre Hessen und Nassau
Landesverband ev. Kirchenchöre von Kurhessen-Waldeck
Landesverband ev. Kirchenchöre in Lippe
Landesverband der evangelischen Kirchenchöre der Pfalz, Pfarrer Karl Martin Hust, Landesobmann, Kaiserslautern
Landesverband evang. Kirchenchöre im Rheinland, Wuppertal-Barmen
Landesverband der evang. Kirchenchöre Westfalens
Fritz Landmann, Dresden
Franz Lang, Architekt AKS., Webenheim
Helmut K. H. Lange, Großburgwedel
Martin Lange, Bezirkskantor, Konstanz
Otto Lange, Kirchenmusikdirektor, Bernburg
Dr. Günter Langhammer, Professor, Leipzig
Elisabeth Langheinrich, Kantorin, Gersfeld
D. theol. Gerhard Langmaack, Architekt BDA, Hamburg
Dr. Jens Peter Larsen, Professor, Kopenhagen
Dr. Karl Laux, Professor, Dresden

Wolfgang Leber, Direktor der Museen der Stadt Arnstadt, Arnstadt
Manfred Legler, Dittersdorf
Henriette Lehne-Reichelt, Konzert- und Oratoriensängerin, Rostock
Ernst Lemcke, Pfarrer em., komm. Pf. in Breitenberg (Schwarzwald), fr. Eschwege-St. Katharinen
Heinz Lemmert, Oberstudienrat, Ratzeburg
Max Lenz, Hamburg
Bettina Lepetit, Leipzig
Hanna Lepetit, Köthen
Konrad Lepetit, Leipzig
Maurice Lepetit, Leipzig
Erich Leßke, Superintendent i. R., Rotenburg
Gerlinde Leubner, Brandenburg
Karl Leyn, Pfarrer i. R., Zwickau
Gabriele Liebau, Halberstadt
Dr. habil. Annelise Liebe, Berlin
Maria Liebezeit, Leipzig
Marianne Liebold, Pirna
Dr. Andreas Liess, Professor, Wien
D. theol. h. c. Dr. jur. Hans Liermann, Professor, Erlangen
Dr. Klaus Lindner, Leipzig
Dr. Walther Lipphardt, Oberstudienrat i. R., Frankfurt am Main
Erich Lochmann, Hamburg
Karl Löffler, Oberstudiendirektor i. R., Orgelsachberater des Bischöfl. Ordinariats Rottenburg, Rottenburg am Neckar
Ruth Löwentraut, Forst
Heinz Lohmann, Kantor, Düsseldorf
Dr. Werner Lottermoser, Direktor und Professor, Physikalisch-Techn. Bundesanstalt, Braunschweig
Erwin Lucht, Bonn
Margot Ludwig, Leipzig
Dr. jur. Hans Lübbing, Oberlandeskirchenrat i. R., Hannover-Kirchrode
August Lüdecke, Oberstudienrat, Berlin
Konrad Lüder, Stollberg
Wilhelm Lutter, Eisenach

Dr. Ernst Gottfried Mahrenholz, Direktor, Hannover-Kleefeld
Dr. Hans Christhard Mahrenholz, Stadtdirektor, Hilchenbach
Jürgen Mahrenholz, Pfarrer, Bielefeld-Brake
Johann Gottfried Maltusch, Landesbischof, Bückeburg
Alfred Mann, Professor, Westfield/New Jersey und Bethlehem (Pa./USA)
Hellmuth Markert, Custos des Johann-Rosenmüller-Archivs, Oelsnitz
Lothar Markus, Berlin
Helene Marschall, Bremen
Dr. Hans Joachim Marx, Bonn
Franz Marx, Thurland
Selma Marx, Thurland
Dr. Günther Massenkeil, Professor, Bonn
Dr. theol. Joachim Maßner, Pastor, Hannover
Dr. med. Ursula Mathow, Ebersbach/Sa.
Hanns-Peter Matschke, Berlin-Buch
Dr. Arno Matthes, Professor, Dessau
Wolfgang Matthes, Dessau
Carl H. Mau, Beigeordneter Generalsekretär, Genf (Schweiz)
Erhard Mauersberger, Professor, Thomaskantor, Leipzig
D. D. Rudolf Mauersberger, Professor, Kreuzkantor, Dresden
D. Wilhelm Maurer, Professor, Erlangen
Johannes G. Mehl, Kirchenrat, Ansbach
Herbert Meier, Seifhennersdorf
D. Peter Meinhold, Professor, Kiel
Ruth Meißner, Steinbach-Hallenberg
Friederike Mellinghoff, Berlin
Heinz Melzer, Verbandsdirektor, Ev. Presseverband Niedersachsen-Bremen e. V., Hannover
B. Menke, Pfarrer, Westerstede i. O.
Dr. Werner Menke, Leiter der „Musikschule Taunus e. V.", Eschborn
Dr. Friedmann Merkel, Professor, Berlin
Karlheinz Merkel, Pastor, Apelern
Karl Merseburger, Musikverleger, Ober Ramstadt
Dr. Hans Mersmann, Professor, Köln
Dr. Werner Merten, Pastor, Hannover-Stöcken
D. Dr. Friedrich Merzyn, Oberkirchenrat, Hannover
Hans Mestern, Staatsrat a. D., Hamburg
Hans-Arnold Metzger, Professor, Eßlingen/Neckar
D. Wolfgang Metzger, Prälat, Stuttgart
Horst Mey, Kantor, Buttstedt
Herta Meyer, Eisenach
Michael Meyer, Pfarrer, Wien
Otto Meyer, Kirchenmusikdirektor, Ansbach
Walter Meyer, Pastor, Selsingen
Hans Meyer-Roscher, Superintendent, Hoheneggelsen
Maria Meyns, Ahrensburg
Dr. iur. Karl Michaelis, Professor, Göttingen
Edmund Mikkers, Cistercienser Abtei, Achel (Belgien)
Dr. Franz Paul Mittermaier, Bibliotheksrat a. D., Kassel
D. Moritz Mitzenheim, Landesbischof, Eisenach
Hildegard Möller, Erfurt
Eva Mohr, Falkenstein/Ts.
Dr. Wilhelm Mohr, Falkenstein/Ts.

Christa Müller, Dessau
D. Dr. Dedo Müller, Professor, Leipzig
Johanna Müller, Güstrow
Johannes Müller, Bitterfeld
Dr. Karl Ferdinand Müller, Direktor der Kirchenmusikschule der ev.-luth. Landeskirche Hannovers, Hannover
Dr. Konrad Müller, Professor, Staatssekretär a. D., Bad Homburg v. d. H.
Dr. Siegfried Müller, San.-Rat., Halberstadt
Kurt Müller-Osten, Propst, Marburg/Lahn
Münchner Bachverein e. V., München
Dietfried Mundry, Kassel
Musikwissenschaftliches Institut der Ruhr-Universität Bochum
Musikwissenschaftliches Institut der Universität Kiel
Musikwissenschaftliches Institut der Universität Köln
Musikwissenschaftliches Institut der Universität Saarbrücken

Gerda Nadolny, Luckenwalde
Horst Nagel, Kirchenoberinspektor, Hannover
D. William Nagel, Professor, Greifswald
Wilhelm Nahme, Erfurt
Frieder Naumann, Rechtsreferendar, Würzburg
Dr. Dr. med. Nebel, Moorbad Hopfenberg über Petershagen/Weser
Marie Nelle geb. Smend, Oldenburg
Gertrud Neminar, Neukirchen
Gustav Neuling, Brandenburg
Dr. Werner Neumann, Professor, Leipzig
Hanns Neupert, Bamberg
I. C. Neupert, Cembalobau, Bamberg/Nürnberg
Dr. Joseph Neyses, Professor, Düsseldorf
Ekkehart Nickel, Kantor, Schwabach
D. Alfred Niebergall, Professor, Marburg
Niedersächsischer Kirchenchor-Verband, Die Geschäftsstelle, Hannover
Niedersächsische Landesbibliothek, Hannover
Karl Niemann, Oberkirchenrat i. R., Bielefeld
Dr. Klaus Wolfgang Niemöller, Professor, Köln
Helene Niens geb. Mahrenholz, Salzgitter-Ohlendorf
Dr. med. Hermann Nies, Pirmasens
Dorothee Nieschlag, Hannover
Herbert Nitsche, Dekan, Kirchheim/Teck
Christine Noack, Dessau
Dr. Elisabeth Noack, Darmstadt
Achim Nordmann, Bremen
D. Gottfried Noth, D. D., Landesbischof, Dresden
Dr. D. Helge Nyman, Professor, Åbo (Finnland)

Dr. Erich Odermann, Leipzig
Ilse Oehler, Hedersleben
Kurt Oehler, Hedersleben
Joachim Oehlert, Hoyerswerda
Dr. Peter Oelkers, Pastor, Dozent am Pfarrvikarseminar, Celle
Heinz-Georg Oertel, Kirchenmusikdirektor, Berlin
Rudolf v. Oertzen, Professor, Hamburg
D. Hans Oesch, Professor, Basel
Christoph Oeters, Pastor, Westerende-Kirchloog über Aurich
Dr. Alfons Ott, München
Paul Ott, Orgelbaumeister, Göttingen

Walter Pabst, Oberkirchenrat, Berlin
Pahlitzsch, Kirchenmusikdirektor, Leer
Siegfried Pank, Leipzig
D. Dr. Joseph Pascher, Professor, Prälat, München
Helmuth Paul, Kleingladbach
Irmgard Paul, Leipzig
Anne-Kristin Paul-Mai, Organistin und Opernsängerin, Leipzig
Herbert Peter, Landeskirchenmusikdirektor, Eisenach
Julius Peter, Professor, Wien (Österreich)
Dr. Johannes Petschull, Frankfurt/Main
Dr. Richard Petzoldt, Professor, Leipzig
Annelise Pflugbeil, Greifswald
Hans Pflugbeil, Landeskirchenmusikdirektor, Greifswald
Karl Matthias Pflugbeil, Greifswald
Hans Philippi, Oberstudiendirektor, Ansbach
Frida Picard, Eisenach
Dr. theol. h. c. Pierre Pidoux, Territet (Schweiz)
Elisabeth Pille, Oberwünsch
Dipl.-Ing. Martin Pille, Oberwünsch
Karl Hermann Pillney, Professor, Bensberg bei Köln
Ernst Plamann, Berlin
Dr. Emil Platen, Bonn
Werner Plath, Apotheker, Ruhla
Edith Pohl, Babelsberg
Dr. Heinrich Poos, Berlin
Posaunenwerk der Evangel. Kirche in Deutschland, Pfarrer Hans Martin Schlemm, Leitender Obmann, Unna
Dr. Milan Poštolka, Prag (ČSSR)
Corvinus-Predigerseminar auf der Erichsburg, Erichsburg
Helene Preukschat, Porz-Eil
Dr. Horst Dietrich Preuß, Privatdozent, Celle
Dora Prinzhorn, Merseburg
Dr. med. Dr. phil. Christian Probst, Familiare des Klosters Amelungsborn, Münster

Viktor Werner Promnitz, Musikbibliothekar (Wiss. Mitarbeiter), Rostock
Ruth Püttschneider, Dresden
Sigrid Putscher, Weimar

Erhard Quack, Domkapellmeister i. R., Speyer
Hans-Jürgen Quest, Hauptpastor, Hamburg
Elisabeth Quitt, Erfurt

Dr. h. c. Friedrich Rabenschlag, Professor, Leipzig
Edgar Rabsch, Kirchenmusikdirektor, Backnang
Volker Rabus, Karlsruhe-Berghausen
D. Dr. h. c. Gerhard von Rad D. D., Professor der Theologie, Heidelberg-Handschuhsheim
Edgar Räuschel, Kirchenmusiker, Bückeburg
Charlotte Ramin, Ingelheim
Hansjürg Ranke, Konsistorialpräsident, Berlin
Ingeburg Rapsilber, Leipzig
Charlotte Raschack, Eisenach
Helmut Rattke, Kirchenmusiker, Leonberg-Eltingen
Johannes Rau MdL, Oberbürgermeister, Vorsitzender der SPD-Fraktion im Landtag Nordrhein-Westfalen, Wuppertal-Barmen
Gerd Raudnitzky, Pfarrer, Frankfurt am Main
Kurt Rebermann, Kirchenrat, Bad Wildungen
D. theol. h. c. Oskar Rebling, Univ.-Prof., Halle
Dr. Hans Rectanus, Mückenloch bei Heidelberg
Dr. Wolfgang Rehm, Kassel
Gerhard Reich, Kantor, Burgdorf
Herbert Reich D. D., Pastor, Hannover
Philipp Reich, Landeskirchenmusikdirektor und Kantor, Frankfurt/Main
Herbert Reichelt, Kantor, Rostock
Dr. Margarete Reimann, Professor, Berlin
Wolfgang Reimann, Prof. em., Ehrendomherr von Brandenburg, Ehrenmitglied der Neuen Bachgesellschaft, Rottach/Egern
Dr. phil. Gottfried Reimer, Döbeln
Thea Reinhardt, Pharmazierat, Magdeburg
Hedwig Reischauer, Bremen
Dr. Horst Reller, Oberkirchenrat, Hannover
D. theol. Dr. h. c. Karl Heinrich Rengstorf D. D., Professor, Konventuale des Klosters Amelungsborn, Münster
Dr. Herbert Renner, Verleger, Senior der Familiaritas des Klosters Amelungsborn, Berlin
Richard Rensch, Orgelbaumeister und Kantor, Lauffen am Neckar
Annelise Richter, Wolfen
Dr. Christoph Richter, Schmalbach

Gerhard Richter, Kirchenmusikdirektor, Auerbach
Dr. med. Hans Richter, Wolfen
Dr. Lukas Richter, Berlin
Matthias Richter, Halle
Reimute Richter, Naunhof
Walter Ricke, Musikantiquar, München
Heinrich Riehm, Pfarrer und Kantor, Landesobmann des badischen Kirchenchorverbandes, Allensbach am Bodensee
Dr. Dr. h. c. Günther Rienäcker, Professor, Berlin-Niederschönhausen
Dr. theol. Christian Rietschel, Radebeul
Kantoreigesellschaft Rochlitz/Sachsen
Waltraud Rode, Wernigerode
Margarete Röber, Jena
Dr. theol. Gerhard Rödding, Landeskirchenrat, Bielefeld
Gertrud Röske, Engelsdorf
Dipl. rer. pol. Heinz Rösler, Neu-Zittau
E. Karl Rößler, Pfarrer, Dozent, Hohenzell-Schlüchtern
Paul Rohleder, Dekan i. R., Leiter des Berneuchener Hauses, Kirchberg über Horb a. N.
Eberhard Ronnewinkel, Erftstadt-Lechenich
Fritz Roos, Oberkirchenrat, Speyer
Dr. Helmut Roscher, Pastor, Hamburg-Neuenfelde
Paul Rose, Carlsdorf
Dr. Enno Rosenboom, Ephorus, Dortmund
Michael Rosenthal, Leipzig
D. Dr. Leonhard Rost, Professor, Erlangen
Melitta Roth, Saalfeld
Dr. Edith Rothe, Wilhelmsfeld
Ilse Rothmann, Dresden
Helmut Rothweiler, Kirchenmusikdirektor, Stuttgart
Hans-Joachim Rotzsch, Leipzig
Otto Rudnick, Kirchenmusikdirektor, Koblenz-Asterstein
Dr. M. Ruhnke, Professor, Erlangen
Ralph Ruhtenberg, Pastor, Berlin/Soest
Dr. Erich Ruppel, Vizepräsident, Hannover
Günther Ruprecht, Verleger, Göttingen

Jan Sachau, Pastor, Bremerhaven-Lehe
Klaus-Jürgen Sachs, Erlangen
Evang. Sängerbund, Pastor Willi Horstmann, Oberhausen
Elfriede Sahre, Eichwalde bei Berlin
Klaus E. Sander, Pastor, Hannover
Gottfried Sanke, Kirchenmusikdirektor, Kulmbach
Hans-Joachim Sassenberg, Pastor, Landesobmann des Posaunenwerks der Evangelisch-lutherischen Kirche Hannovers, Großenrode

Rudolf Sauerbrei, Superintendent, Hannover
Carla Freifrau von Schade, Hamburg
Herwarth Freiherr von Schade, Oberkirchenrat, Hamburg
Harald Schäfer, Pastor, Hannover
Inge Schäfer, Jößnitz
Adolf Schäffer, Professor, Oberschützen (Österreich)
D. Dr. Wolfgang Schanze, Oberkirchenrat i. R., Weimar
Dr. Dr. J.-H. Scharf, Professor, Direktor Ephemeridum, Halle
Anton Scheithauer, Böhlen
Erna Scheithauer, Böhlen
Friedel Scheithauer, Hamburg-Blankenese
Wilfried Scheller, Leipzig
Dr. Dr. h. c. mult. Erich Schenk, Univ.-Professor, Wien (Österreich)
Kurt Scheulen, Superintendent, Lemgo
Siegfried v. Scheven, Superintendent, Stolzenau
Burkhard Schiffner, Leipzig
Hanns Schildmann, Organist, Obmann der Landesgruppe Oldenburg des Niedersächsischen Kirchenchorverbandes, Westerstede
Rainer Schill, Kapellmeister, Schwerin
Dr. theol. habil. Gottfried Schille, Pfarrer, Borsdorf b. Leipzig
Walter Schindler, Kantor, Hannover
Manfred Schlenker, Kirchenmusikdirektor, Stendal
Margarethe Schlenker, Stendal
Sophie Schlesinger, Geigerin i. R., Leipzig
Johannes Schlick, Professor, Domvikar, Eichstätt/Bayern
Burghard Schloemann, Halle/Westf.
Christine Schlund, Mitarbeiterin im Verband evang. Kirchenchöre Deutschlands, Nürnberg
Dipl.-Ing. Hermann Schmalfuß, Bad Berka
Edmund Schmid, Hamburg
Gerhard Schmid, Cappel
Dr. Günther Schmidt, München
Herbert Schmidt, Dresden
Dr. Walter Schmidt, San.-Rat, Waren/Müritz
Georg Schmidt-Arzberg, Kantor, Frankfurt/M-Ginnheim
Dr. theol. Kurt Schmidt-Clausen, Oberlandeskirchenrat, Prior des Klosters Amelungsborn, Hannover
Hans Schmidt-Mannheim, Kantor und Dozent, Bayreuth
Gottfried Schmiedel, Dresden
Dr. Peter Schmiedel, Leipzig
Dr. Wolfgang Schmieder, Freiburg i. Br.
Dr. Wilhelm Schmitzdorff, Pastor, Hannover
Gerhard Schmock, Pastor, Reinerzau
Berta Schneider, Celle
Eva Schneider, Gesangspädagogin, Leipzig
Franz Schneider, Kirchenmusikdirektor, Wuppertal
Hans Schneider, Musikantiquariat, Tutzing
Horst Schneider, Landeskirchenmusikdirektor, Ober-Roden
Dr. Michael Schneider, Professor, Gürzenich-Organist, Köln
Dr. Thekla Schneider, Kirchenmusikerin, Berlin
Hugo Schnell, Präsident, Hannover
Nikolaus Schnell, Neuwied
D. Herman Schneller, Pfarrer i. R., Reutlingen
Dr. Hans Schnoor, Bielefeld
Lore Schnur, Hannover
Ernst Schönbohm, Pastor, Rhade
Dr. theol. Jobst Schöne, Pfarrer, Berlin-Zehlendorf
Renate Schoene, Dipl.-Bibliothekarin, Bonn
Dr. Friedrich Schöneich, Professor, Bad Vilbel-Heilsberg
Arno Schönstedt, Kirchenmusikdirektor, Herford/Westf.
Martin Schomerus, Pastor, Stade
Krista Schramm, Leipzig
Dietrich Schreiner, Superintendent und Domprediger, Halberstadt
Michael Schreiner, Berlin
Gerda Schriever-Drechsel, Leipzig
Werner Schröder, Pastor, Lemförde
Dieter Schubert, Leipzig
Else Schulze, Köthen
Dr. med. habil. Ernst Schubert, Professor, Berlin
Dr. med. Frank Schubert, Weimar
Dr. theol. Dietrich Schuberth, Hamburg
Siegfried Schüler, Pastor, Hamburg-Volksdorf
Eilhard Schütt, Superintendent i. R., Aurich/Ostfriesland
Heinrich-Schütz-Chor, Heilbronn
Dr. Gerhard Schuhmacher, Kassel
Karl Schuke, Professor, Berlin
Frieder Schulz, Pfarrer, Rektor, Heidelberg
Ernst Gerhard Schulze, Burgstädt
Hans-Joachim Schulze, Leipzig
Herbert Schulze, Leipzig
Johannes Schulze D. D., Landessuperintendent i. R., Hannover
Siegfried Schulze, Pfarrer, Dessau
Kurt Schulze-Herringen, Dipl.-Ing. Architekt, Osterholz-Scharmbeck
Phia Schulze-Herringen, Osterholz-Scharmbeck
Dr. Hans Schustala, Obermedizinalrat, Ebersbach

Dr. Heinrich W. Schwab, Musikwissenschaftliches Institut der Universität, Kiel
Gerhard Schwalbe, Berlin
Heidi Schwanecke, Freiberg
Gerhard von Schwartz, Kirchenmusikdirektor, Domorganist, Verden/Aller
Hans Schwarz, Kantor, Zwickau
Margarita Schwarze, Leipzig
Dr. Helmut Schwela, Möbisburg
Willi Schwennen, Propst, Hamburg-Volksdorf
Gerhard Schwerendt, Johanngeorgenstadt
Walther Seezen, Kantor (an St. Marien), Borna
Klaus Seichter, Ing., Bemerode
Dr. med. Sigmar Seimer, Bremen
Anneliese Seitz, Hamburg
Dr. Manfred Seitz, Professor, Heidelberg
Dr. Guido Senzig, Syndikus, Offenbach
Josef Seuffert, Pfarrer, Sekretär der Kommission für das kath. Einheitsgesangbuch, Trier
Elisabeth Seyboth, Ludwigsburg
Werner Seyboth, Ludwigsburg
Dr. phil. Pater Hubert Sidler, OFMCap., Sursee (Schweiz)
R. Siebenbrodt, Kirchenmusikdirektor, Halle
Dr. phil. habil. Walther Siegmund-Schulze, Professor, Halle/Saale
Marianne Sieder, Jena
Dr. Reinhold Sietz, Universitätsbibliothekar a. D., Köln-Klettenberg
Dr. Heinrich Sievers, Professor, Hannover
Heinz Werner Simon, Kantor, Kiel
Dr. Berthold Simons, OSB., Abt der Benediktinerabtei Kornelimünster, Kornelimünster
Singakademie zu Berlin, Berlin-Charlottenburg
D. Dr. h. c. Friedrich Smend, Professor, Berlin
Gottfried Smend, Schwedt
Heinz Sobolewski, Greiz
D. Dr. Oskar Söhngen, Professor, Vizepräsident i. R., Berlin
Adolf Sörensen, Kantor, Bodenwerder
Dr. Sören Sörensen, Professor, Aarhus (Dänemark)
Walter Sohn, Kirchenamtmann, Speyer
Ernst Sommer, Studienrat a. D., Bad Schwartau
D. Ernst Sommerlath, Professor, Leipzig
Georg A. Speck, Leipzig
Dr. jur. Eberhard Sperling, Oberlandeskirchenrat, Benthe/Hannover
Gert Spiering, Kirchenmusikdirektor, Nienburg/Weser
Rudolf Spieker, Pastor em., Hamburg
Dr. jur. Bernhard Sprengel, Hannover
Dr. Bruno Stäblein, Professor, Erlangen

Friedrich Städtler, Kirchenmusikdirektor, Augsburg
D. Dr. Wilhelm Stählin D. D., Professor, Altbischof von Oldenburg, Prien/Chiemsee
Dr. Joachim Stalmann, Pastor, Bremke Krs. Göttingen
Dr. Ernst Stammeier, Hamburg
Wolfgang Starke, Kirchenmusikdirektor, Zittau
Dr. Wolfgang Staude, Berlin-Buch
Helmut Steege, Pastor, Scheeßel
Maria-Gertrud von Steinau-Steinrück, Hahnenklee-Bockswiese
Gustav Steinmann, Orgelbaumeister, Vlotho
Hugo Stelzner, Kirchenmusikdirektor, Oschatz
Erfa Stenzel, Berlin
Dr. Jürg Stenzl, Freiburg (Schweiz)
Dr. C. Joseph Sterk, Geleen (Niederlande)
Hermann Stern, Kirchenmusikdirektor und Landeskirchenmusikwart, Hohengehren
Beate Sterzik, Unterwellenborn
Michael Stier, Laubach
Dr. Günther Stiller, Pfarrer, Stralsund
Karl Adolf Stisser, Superintendent, Bramsche
Lothar Stöbel, Kantor, Bremen
Dr. Oskar Stollberg, Kirchenmusikdirektor, Schwabach-Nürnberg
Adele Stolte-Iwer, Konzert- und Oratoriensängerin, Potsdam
Alma Studti, Luckenwalde
Martin Stünkel, Superintendent i. R., Altkonventuale von Amelungsborn, Benthe bei Hannover
Dr. Wolfgang Suppan, Konservator, Niederrimsingen bei Freiburg i. Br.
Dr. Walter Supper, Hauptkonservator, Eßlingen

Helmut Tacke, Pastor, Studiendirektor, Wuppertal-Elberfeld
Dr. med. Hans-Joachim Tamaschke, Berlin-Buch
Hildegard Tamaschke, Berlin-Buch
Klara Tell, Magdeburg
Gisela Tempel, Magdeburg
Ulrich Teuber, Dozent, Kopenhagen-Lyngby (Dänemark)
Ernst Tewes, Regionalbischof, München
Theologisches Seminar der Ev. Kirche in Hessen und Nassau, Friedberg
Theodor Thermann, Pfarrer, Freiberg
Johannes Thiel, Pfarrer, Schönborn
Alfred Thiele, Weimar
Eva Thiemann, Berlin-Schönefeld
Horst Thiemann, Pfarrer, Berlin-Schönefeld
Helene Thiersch, Dresden
Thomanerchor, Leipzig

Edgar Thomaschke, Kirchenmusikdirektor, Crimmitschau
Lic. Wilhelm Thomas, Oberkirchenrat i. R., Hildesheim
Hans-Jürgen Thomm, Landeskirchenmusikdirektor, Leipzig
Knut Thomsen, Oberstudienrat, Bad Homburg v. d. H.
Dr. Marie-Luise Thurmair, München
Ekkehard Tietze, Professor, Potsdam
Ilse Tietze, Forst
Dietrich Timm, Propst i. R., Warsow
Traugott Timme, Kirchenmusikdirektor, Osnabrück
Dr. Karl Tittel, Herborn
Dr. med. Richard Toellner, Dozent, Novize des Klosters Amelungsborn, Münster
Rudolf Töpfer, Kantor, Eisenach
Wolfgang Töppen, Pfarrer, Frankfurt/Oder
Ursula Toporski, Jena
Christoph Trautmann, Berlin
Dora Trautmann, Berlin
Gottfried Trautmann, Berlin
Hans Trautmann, Berlin
Ingrid Trautmann, Berlin
Signe Trede-Jahnn, Karlslunde (Dänemark)
Georg Trexler, Professor, Leipzig
D. Dr. Dr. h. c. Wolfgang Trillhaas, o. Professor, Göttingen
Lic. theol. Robert Trottmann, Zürich (Schweiz)
Dr. med. Helmut Tüngler, Sanitätsrat, Schraplau
Irmgard Tüngler, Schraplau
Heinrich Tünnermann, Pastor, Beber/über Hameln
Hildegard Tunger, Waldheim

Ugrino Verlag Hamburg, Hamburg
Helmuth Uhrig, Bildhauer, Arnoldshain/Ts.
Waltraud Ulbrich, Dipl.-phil. germ., Halle/Saale
Johannes Ulbricht, Dresden
Fritz Ullrich, Pastor, Holzminden
Manfred Ungelenk, Museumsdirektor, Burgk/Saale
Friedrich-Schiller-Universität, Fachbereich Musikwissenschaft, Jena
Universitätsbibliothek, Arbeitsgebiet Musik, Rostock
Universitätsbibliothek, Tübingen
Dr. Hubert Unverricht, Privatdozent, Mainz
Rudolf Utermöhlen, Oberlandeskirchenrat, Hannover

D. Dr. Vilmos Vajta, Forschungsprofessor, Strasbourg (Frankreich)
Dr. Horst Vanja, Pfarrer, Caldern

Dr. phil. Christian Vasterling, Pastor, Hannover-Mittelfeld
VEB Deutscher Verlag für Musik, Leipzig
Gotthold Veigel, Pastor, Speele
Verband evangelischer Kirchenchöre Deutschlands, Hannover/Nürnberg
Verband evang. Kirchenmusiker Deutschlands - Geschäftsstelle -, Speyer
Verband für evangelische Kirchenmusik in Österreich
Verband evang. Kirchenchöre in Schleswig-Holstein, Landesobmann Dr. Gerhard Schröder, Thumby Krs. Schleswig
Verband evang. Kirchenchöre in Württemberg
Ursula Vetter, Ballenstedt
Albert Vieth, Superintendent, Hannover
Dr. med. Hans Vieweg, Grimma
Berthold Vinz, Domprediger i. R., Würzburg
Dr. Wilhelm Vierneisel, Bibliotheksrat i. R., Siegsdorf Obb.
B. Visbeck, Pastor, Lüthorst
Hildegard Visbeck, Kirchenmusikerin, Lüthorst
Alexander Völker, Pfarrer, Buchholz
D. Dr. h. c. Karl Vötterle, Kassel
D. Dr. theol. habil. Gottfried Voigt, Dozent, Theologisches Seminar Leipzig, Leipzig
Dr. Karl-Heinrich Voigt, Patentanwalt, Heidenheim
Martin Voigt, Studiendirektor, Rotenburg
Dr. Dr. Hermann Volk, Professor, Bischof von Mainz, Mainz
D. Dr. phil. Hans Volz, Göttingen
Konrad Voppel, Kirchenmusikdirektor, Duisburg
Wiebe Vos, Pastor, Herausgeber der Studia Liturgica, Rotterdam (Niederlande)
P. Dr. Gerhard Voß, OSB, Abtei Niederaltaich

Dr. Karl-Friedrich Waack, Kantor, Hannover
Oskar Wachinger, Pastor i. R., Hermannsburg
Dr. jur. Karl Wagenmann, Präsident des Landeskirchenamtes Hannover, Hannover
Dr. Günter Wagner, Professor, Rüschlikon-Zürich (Schweiz)
Dr. Hans-Joachim Wagner, Kirchenmusikdirektor, Rostock
Dr. Johannes Wagner, Prälat, Leiter des Liturgischen Instituts, Trier
Christian Wallbaum, Kantor, Hamburg
Albrecht Walsemann, Pastor, Wunstorf
Joachim P. Walter, Dozent und Studienleiter, Hannover
Lisa Walter, Professor, Berlin
Dr. Nikolaus Walter, Naumburg
Dr. Robert Walter, Wolfen
Wilhelm Walter, Berlin
Erich Warmers, Pastor, Wolfenbüttel

Dr. med. Friedrich Karl Wedegärtner, Medizinaldirektor, Detmold
Gertrud von Wedelstädt, Blankenburg
Max Wedemeyer, Oberlandeskirchenrat, Braunschweig
Hermann Wehmeyer, Köln-Deutz
Christian Weickert, Rechtsanwalt und Notar, Berlin
Friedrich Weigle, Orgelbau, Echterdingen
Gottfried Weigle, Kantor, Berlin-Buch
Herbert Weigt, Pastor, Hamburg
Dorothea Weinmeister, Linz-Pöstlingberg (Österreich)
Mali Weinreiter, Erfurt
Eberhard Weismann, Oberkirchenrat, Stuttgart
Wilhelm Weismann, Professor, Leipzig
Fritz Weisse, Berlin
Karl Wenckebach, Pfarrer, Wetter
Dr. Ernst Wilhelm Wendebourg, Superintendent, Hannover
Paul Wendler, Kaufmann, Leipzig
Dr. Christoph Wolff, Professor, Toronto (Canada)
Frieda Wenk-Wolff, Eisenach
Dr. Eberhard Wenzel, Kirchenmusikdirektor, Schwaigern
Helmut Werkle, Pfarrer, Rheinhausen
Fritz Werner, Professor, Kirchenmusikdirektor, Heilbronn
Arnulf Werwath, Pastor, Nienburg/Weser
Hans-Robert Wesenick, Missionsdirektor, Hermannsburg
Dr. Othmar Wessely, Univ.-Professor, Graz (Österreich)
D. Reinhard Wester, Bischof em., Eutin-Fissau
Knut Wettig, Gotha
Dr. Christoph Wetzel, Pfarrer, Leipzig
Günter Widemann, Leipzig
Dr. Magdalene Wiemann, Eisenach
Götz Wiese, Landeskirchenmusikdirektor, Northeim/Hann.
H. Wild, Pasteur, Haguenau (Frankreich)
Dietrich Wilke, Superintendent, Minden
Erik Wilkens, Pastor, ehemals Büchereidirektor, Langeneß

Hedwig Willms, Kirchenmusikerin und Konventualin, Kloster Medingen
Margarete Wilm-Dittmann, Oberaudorf am Inn
Christa Wilson, Dresden
Göttinger Wingolf und Göttinger Wingolfsphilister, Göttingen
Clara Winkhaus, Berlin
Eckart Winkler, Dipl.-Phys., Leipzig
Dr. phil. Jürgen Wilhelm Winterhager D. D., Professor, Berlin
Dr. phil. Otto Wissig und Frau, Oldenburg
Martin Witte, Superintendent des Kirchenkreises Hameln-Pyrmont, Hameln
Friedrich Wittig, Verleger, Hamburg
Hans-Jürgen Wizisla, Pfarrer, Direktor des Burckhardthauses in der DDR, Leipzig-Berlin
D. Hans-Otto Wölber, Bischof, Leitender Bischof der VELKD, Hamburg
D. Dr. Dr. Dr. Ernst Wolf, Professor, Göttingen
Dr.-Ing. Heinz Wolff, Oberkonservator, Hannover
Dr. Hellmuth Christian Wolff, Professor, Leipzig
Heinz Wunderlich, Professor, Kirchenmusikdirektor, Hamburg
Ernst Robert Wyser, Kantor, Glarus (Schweiz)

W. Zabel, Parchim
Raimar von Zadow, Bad Hersfeld
Dr. Ernest Zavarský, Bratislava (ČSSR)
Dr. Franz Zeilinger, Mühlhausen
Gertrud Zeilinger, Mühlhausen
Georg Zenker, Werdau
Else Zerrahn, Schwerin
Werner Zeuner, Greiz
Käte Ziemer, Schmalkalden
Karl Heinz Zierenberg, Pastor, Negenborn
Else Zillmann, Karl-Marx-Stadt
D. Walther Zimmerli, Professor, Göttingen
D. Dr. Walter Zimmermann DD, Vizepräsident i. R., Berlin
Hermann Zürn, Kantor, Glauchau
Frieder Zschoch, Leipzig